Macroeconomia

O GEN | Grupo Editorial Nacional – maior plataforma editorial brasileira no segmento científico, técnico e profissional – publica conteúdos nas áreas de ciências sociais aplicadas, exatas, humanas, jurídicas e da saúde, além de prover serviços direcionados à educação continuada e à preparação para concursos.

As editoras que integram o GEN, das mais respeitadas no mercado editorial, construíram catálogos inigualáveis, com obras decisivas para a formação acadêmica e o aperfeiçoamento de várias gerações de profissionais e estudantes, tendo se tornado sinônimo de qualidade e seriedade.

A missão do GEN e dos núcleos de conteúdo que o compõem é prover a melhor informação científica e distribuí-la de maneira flexível e conveniente, a preços justos, gerando benefícios e servindo a autores, docentes, livreiros, funcionários, colaboradores e acionistas.

Nosso comportamento ético incondicional e nossa responsabilidade social e ambiental são reforçados pela natureza educacional de nossa atividade e dão sustentabilidade ao crescimento contínuo e à rentabilidade do grupo.

Macroeconomia

N. Gregory Mankiw
Harvard University

Tradução
Teresa Cristina Padilha de Souza
Mestre em Gestão Empresarial pela Fundação Getulio Vargas (FGV)
Pós-Graduada em Administração Pública pela FGV
Graduada em Ciências Econômicas pela Universidade Federal
do Rio de Janeiro (UFRJ)

Revisão Técnica
Ronaldo Fiani
Doutor em Economia pela Universidade Federal do Rio de Janeiro (UFRJ)
Professor Associado do Instituto de Economia da UFRJ

Décima edição

- O autor deste livro e a editora empenharam seus melhores esforços para assegurar que as informações e os procedimentos apresentados no texto estejam em acordo com os padrões aceitos à época da publicação, *e todos os dados foram atualizados pelo autor até a data de fechamento do livro.* Entretanto, tendo em conta a evolução das ciências, as atualizações legislativas, as mudanças regulamentares governamentais e o constante fluxo de novas informações sobre os temas que constam do livro, recomendamos enfaticamente que os leitores consultem sempre outras fontes fidedignas, de modo a se certificarem de que as informações contidas no texto estão corretas e de que não houve alterações nas recomendações ou na legislação regulamentadora.

- Data do fechamento do livro: 18/12/2020

- O autor e a editora se empenharam para citar adequadamente e dar o devido crédito a todos os detentores de direitos autorais de qualquer material utilizado neste livro, dispondo-se a possíveis acertos posteriores caso, inadvertida e involuntariamente, a identificação de algum deles tenha sido omitida.

- **Atendimento ao cliente: (11) 5080-0751 | faleconosco@grupogen.com.br**

- Traduzido de:
  Macroeconomics, 10e
  First published in the United States by Worth Publishers
  Copyright © 2019, 2016, 2013, 2010 by Worth Publishers
  All rights reserved.
  ISBN-13: 978-1-319-10599-0

- COVID-19 material excerpted from Macroeconomics, 11e
  First published in the United States by Worth Publishers.
  Copyright © 2022, 2019, 2016, 2013 by Worth Publishers
  All rights reserved.
  Included in Chapter 10 of the Portuguese language edition.

- Publicado originalmente nos Estados Unidos por Worth Publishers
  Copyright © 2019, 2016, 2013, 2010 by Worth Publishers
  Todos os direitos reservados.
  ISBN-13: 978-1-319-10599-0

- Material sobre COVID-19 extraído de Macroeconomics, 11e
  Publicado originalmente nos Estados Unidos por Worth Publishers
  Copyright © 2022, 2019, 2016, 2013 by Worth Publishers
  Todos os direitos reservados.
  Incluído no Capítulo 10 da edição em Português.

- Direitos exclusivos para a língua portuguesa
  Copyright © 2021, 2024 (2ª impressão) by
  Editora Atlas Ltda.
  Uma editora integrante do GEN | Grupo Editorial Nacional
  Travessa do Ouvidor, 11
  Rio de Janeiro – RJ – 20040-040
  www.grupogen.com.br

- Reservados todos os direitos. É proibida a duplicação ou reprodução deste volume, no todo ou em parte, em quaisquer formas ou por quaisquer meios (eletrônico, mecânico, gravação, fotocópia, distribuição pela Internet ou outros), sem permissão, por escrito, da Editora Atlas Ltda.

- Capa: John Callahan

- Imagem da capa: Kirsten Hinte/Shutterstock

- Editoração eletrônica: Leandro Duarte

- Ficha catalográfica

CIP-BRASIL. CATALOGAÇÃO NA PUBLICAÇÃO
SINDICATO NACIONAL DOS EDITORES DE LIVROS, RJ

M245m
10. ed.

   Mankiw, N. Gregory
   Macroeconomia / N. Gregory Mankiw ; tradução Teresa Cristina Padilha de
Souza ; revisão técnica Ronaldo Fiani. - 10. ed. [2ª Reimp.] - Rio de Janeiro : Atlas, 2024.
     : il. ; 28 cm.

   Tradução de: Macroeconomics
   Inclui índice e glossário
   ISBN 978-85-97-02453-1

   1. Macroeconomia. I. Souza, Teresa Cristina Padilha de. II. Fiani, Ronaldo. III. Título.

20-65461   CDD: 339
                                CDU: 330.101.541

Meri Gleice Rodrigues de Souza - Bibliotecária - CRB-7/6439

Para Deborah

Sobre o Autor

N. Gregory Mankiw é professor de Economia, titular da cadeira Robert M. Beren na Harvard University. Iniciou seus estudos em economia na Princeton University, onde recebeu o título de Bacharel na área de economia aplicada (A.B.), em 1980. Depois de obter o título de Ph.D. em economia no Massachusetts Institute of Technology (MIT), começou a lecionar em Harvard em 1985, sendo promovido à categoria de professor pleno em 1987. Nessa universidade, lecionou em cursos regulares de graduação e pós-graduação em macroeconomia. É, também, autor do popular livro de introdução à economia, *Principles of economics* (Cengage Learning).

O Professor Mankiw participa regularmente de debates acadêmicos e sobre política econômica. Seu campo de pesquisas se estende além do ramo da macroeconomia e inclui trabalhos sobre ajuste de preços, comportamento do consumidor, mercados financeiros, política monetária e fiscal, bem como crescimento econômico. Além de seus compromissos em Harvard, é pesquisador do National Bureau of Economic Research, membro do Brookings Panel on Economic Activity, curador do Urban Institute e conselheiro do Congressional Budget Office e dos bancos centrais de Boston e de Nova York. De 2003 a 2005, foi presidente do Council of Economic Advisers (Conselho de Consultores em Economia), órgão vinculado à presidência dos Estados Unidos.

Reside em Wellesley, Massachusetts, com sua esposa, Deborah, os filhos Catherine, Nicholas e Peter.

Os ramos da política, ou das leis da vida social, sobre os quais existe um conjunto de fatos suficientemente analisados e sistematizados para formar o princípio de uma ciência, devem ser ensinados com perfeita maestria. Dentre os mais importantes, encontra-se a Economia Política, que consiste nas fontes e nas condições da riqueza e da prosperidade material para conjuntos agregados de seres humanos...

As mesmas pessoas que menosprezam a Lógica geralmente também nos advertem contra a Economia Política. É insensível, dirão. Reconhece fatos desagradáveis. De minha parte, a coisa mais insensível que conheço é a lei da gravidade: quebra o pescoço da pessoa mais bondosa e amável, sem o menor escrúpulo, caso essa pessoa esqueça, por um momento sequer, de lhe dar a devida atenção. Os ventos e as ondas também são bastante insensíveis. Você aconselharia aqueles que saem ao mar a negar a existência dos ventos e das ondas - ou a fazer uso deles e encontrar os meios de se proteger contra os perigos por eles impostos? Meu conselho é que você estude os grandes autores da Economia Política e se apegue firmemente à parcela de seus escritos que considere verdadeira; e que tenha a convicção de que, se você não é egoísta ou desumano antes disso, não será a Economia Política que fará com que você o seja.

John Stuart Mill, 1867

Prelúdio

CELEBRANDO A DÉCIMA EDIÇÃO

Comecei a escrever a primeira edição deste livro em 1988. Meu chefe de departamento havia me pedido para ensinar macroeconomia intermediária, matéria obrigatória para os cursos de economia de Harvard. Aceitei com satisfação a tarefa e continuei a lecionar ao longo dos 15 anos subsequentes. (Me afastei apenas quando solicitado a assumir o curso de princípios de macroeconomia.) Ao me preparar para o curso, pesquisando a bibliografia existente, percebi que nada me satisfazia integralmente. Embora muitos livros fossem excelentes, senti que não proporcionavam o equilíbrio correto entre perspectivas de longo e curto prazo, entre ideias clássicas e ideias keynesianas. E alguns deles eram longos e abrangentes demais para serem facilmente ensinados em um único semestre. Assim, este livro nasceu.

Desde sua publicação inicial em 1991, o livro encontrou um público ansioso. Meu editor afirma ter sido o livro de macroeconomia intermediária mais vendido em quase toda a sua vida. Isso é realmente encorajador. Sou grato aos inúmeros professores que adotaram o livro e, ao longo de muitas edições, me ajudaram a melhorá-lo com suas contribuições. Ainda mais animadores são as cartas e os *e-mails* de estudantes de todo o mundo, que me dizem como o livro os ajudou a navegar no emocionante e desafiador campo da macroeconomia.

Nos últimos 30 anos, a macroeconomia evoluiu à medida que a história foi apresentando novas perguntas e as pesquisas ofereceram novas respostas. Quando a primeira edição foi liberada, ninguém tinha ouvido falar de moedas digitais como *bitcoin*, a Europa não tinha uma moeda comum, John Taylor não havia planejado sua regra de mesmo nome para a política monetária, economistas comportamentais, como David Laibson e Richard Thaler, não haviam proposto novas maneiras de explicar o comportamento do consumidor e os profissionais da área econômica ainda haveriam de ser forçados, pelos eventos de 2008, a se concentrar novamente em crises financeiras. Devido a esses e muitos outros acontecimentos, atualizei este livro a cada três anos para garantir que os alunos sempre tivessem acesso ao estado da arte com relação ao pensamento macroeconômico.

Nós, macroeconomistas, ainda temos muito a aprender. Porém, o atual corpo de conhecimentos macroeconômicos oferece aos alunos muitas informações sobre o mundo em que vivem. Nada me encanta mais do que saber que este livro ajudou a transmitir essa percepção para a próxima geração.

Sumário

PARTE 1 | Introdução 1

1. A Ciência da Macroeconomia 3
1.1 O QUE OS MACROECONOMISTAS ESTUDAM 3
   ESTUDO DE CASO - O desempenho histórico da economia norte-americana 4
1.2 COMO OS ECONOMISTAS PENSAM 5
   Teoria como construção de modelo 5
   O uso de vários modelos 8
   SAIBA MAIS - Usando funções para expressar relações entre variáveis 8
   Preços: flexíveis *versus* rígidos 8
   Raciocínio microeconômico e modelos macroeconômicos 9
1.3 COMO ESTE LIVRO SE DESENVOLVE 9
   SAIBA MAIS - O início de carreira de macroeconomistas 10

2. Os Dados da Macroeconomia 13
2.1 MENSURANDO O VALOR DA ATIVIDADE ECONÔMICA: O PRODUTO INTERNO BRUTO 13
   Renda, gasto e fluxo circular 14
   Regras para calcular o PIB 14
   SAIBA MAIS - Estoques e fluxos 15
   PIB real versus PIB nominal 17
   Indicadores do PIB real ponderados em cadeia 17
   Os componentes da despesa 18
   SAIBA MAIS - Dois artifícios úteis para se trabalhar com variações percentuais 18
   ESTUDO DE CASO - O PIB e seus componentes 19
   SAIBA MAIS - O que significa investimento? 19
   Outros indicadores de renda 20
   Ajustes sazonais 21
2.2 MENSURANDO O CUSTO DE VIDA: O ÍNDICE DE PREÇOS AO CONSUMIDOR 21
   O preço de uma cesta de bens 21
   Como o IPC se compara ao deflator do PIB e ao deflator PCE 21
   O IPC superestima a inflação? 22
2.3 MEDINDO A FALTA DE EMPREGO: A TAXA DE DESEMPREGO 23
   A pesquisa nos domicílios 23
   ESTUDO DE CASO - Homens, mulheres e participação na força de trabalho 24
   A pesquisa nos estabelecimentos 25
2.4 CONCLUSÃO: DAS ESTATÍSTICAS ECONÔMICAS AOS MODELOS ECONÔMICOS 25

PARTE 2 | Teoria Clássica: A Economia no Longo Prazo 29

3. Renda Nacional: De Onde Ela Vem e para Onde Ela Vai 31
3.1 O QUE DETERMINA O TOTAL DA PRODUÇÃO DE BENS E SERVIÇOS? 31
   Os fatores de produção 31
   A função produção 32
   A oferta de bens e serviços 32
3.2 COMO A RENDA NACIONAL É DISTRIBUÍDA ENTRE OS FATORES DE PRODUÇÃO 33
   Preços dos fatores 33
   As decisões enfrentadas por uma empresa competitiva 33
   A demanda da empresa por fatores 34
   A divisão da renda nacional 36
   ESTUDO DE CASO - A peste negra e os preços dos fatores 36
   A função produção de Cobb-Douglas 37
   ESTUDO DE CASO - Produtividade da mão de obra como o determinante-chave para os salários reais 38
   SAIBA MAIS - A lacuna crescente entre ricos e pobres 39
3.3 O QUE DETERMINA A DEMANDA POR BENS E SERVIÇOS? 40
   Consumo 40
   Investimento 40
   SAIBA MAIS - As diferentes taxas de juros 42
3.4 O QUE CONDUZ A OFERTA E A DEMANDA POR BENS E SERVIÇOS AO EQUILÍBRIO? 42
   Equilíbrio no mercado de bens e serviços: a oferta e a demanda para a produção da economia 42
   Equilíbrio nos mercados financeiros: a oferta e a demanda de fundos de empréstimos 43
   Variações na poupança: os efeitos da política fiscal 44
   Mudanças na demanda por investimentos 44
3.5 CONCLUSÃO 45

4. O Sistema Monetário: O que é e como funciona 51
4.1 O QUE É MOEDA? 51
   As funções da moeda 51
   Os tipos de moeda 52
   ESTUDO DE CASO - A moeda em um campo de prisioneiros de guerra 52
   O desenvolvimento da moeda fiduciária 52
   ESTUDO DE CASO - Moeda e convenções sociais na ilha de Yap 52
   Como é controlada a quantidade de moeda 53
   SAIBA MAIS - Bitcoin: O estranho caso de uma moeda digital 53
   Como é mensurada a quantidade de moeda 54

4.2 O PAPEL DOS BANCOS NO SISTEMA MONETÁRIO 54
    Reserva bancária de 100% 55
    Reserva bancária fracionária 55
    SAIBA MAIS - Como os cartões de crédito e os cartões de débito se encaixam no sistema monetário? 55
    Capital bancário, alavancagem e regulação da proporção de capital 56

4.3 COMO O BANCO CENTRAL INFLUENCIA A OFERTA MONETÁRIA 57
    Um modelo para a oferta monetária 57
    Os instrumentos da política monetária 58
    ESTUDO DE CASO - Afrouxo quantitativo e a explosão da base monetária 59
    Problemas no controle monetário 60
    ESTUDO DE CASO - Falências bancárias e a oferta monetária na década de 1930 60

4.4 CONCLUSÃO 61

5. Inflação: Causas, Efeitos e Custos Sociais 65

5.1 A TEORIA QUANTITATIVA DA MOEDA 65
    Transações e a equação quantitativa 66
    Das transações para a renda 66
    A função da demanda por moeda e a equação quantitativa .66
    A premissa da velocidade constante 67
    Moeda, preços e inflação 67
    ESTUDO DE CASO - Inflação e expansão monetária 68

5.2 SENHORIAGEM: A RECEITA DA EMISSÃO DE MOEDA 68
    ESTUDO DE CASO - Pagando pela Revolução Americana 69

5.3 INFLAÇÃO E TAXAS DE JUROS 69
    Duas taxas de juros: real e nominal 69
    O efeito Fisher 70
    ESTUDO DE CASO - Inflação e taxas de juros nominais 70
    Duas taxas de juros reais: ex ante e ex post 71

5.4 A TAXA DE JUROS NOMINAL E A DEMANDA POR MOEDA 71
    O custo da retenção da moeda 71
    Moeda futura e preços correntes 72

5.5 OS CUSTOS SOCIAIS DA INFLAÇÃO 73
    A visão do público leigo e a reação clássica 73
    ESTUDO DE CASO - O que os economistas e o público leigo afirmam sobre a inflação 73
    Os custos da inflação esperada 73
    Os custos da inflação não esperada 74
    ESTUDO DE CASO - O movimento em favor da prata livre, a eleição de 1896 nos Estados Unidos e o Mágico de Oz 75
    Um benefício da inflação 75

5.6 HIPERINFLAÇÃO 76
    Os custos da hiperinflação 76
    As causas da hiperinflação 76
    ESTUDO DE CASO - Hiperinflação na Alemanha do entreguerras .. 77
    ESTUDO DE CASO - Hiperinflação no Zimbábue 78

5.7 CONCLUSÃO: A DICOTOMIA CLÁSSICA 78

6. A Economia Aberta 83

6.1 OS FLUXOS INTERNACIONAIS DE CAPITAIS E DE BENS 84
    O papel das exportações líquidas 84
    Fluxos de capital internacional e a balança comercial 84
    Fluxos internacionais de bens e de capital: um exemplo ... 85
    A irrelevância das balanças comerciais bilaterais 85

6.2 POUPANÇA E INVESTIMENTO EM UMA ECONOMIA ABERTA DE PEQUENO PORTE 86
    Mobilidade do capital e a taxa de juros internacional 86
    Por que pressupor uma economia aberta de pequeno porte? 86
    O modelo 87
    Como as políticas econômicas influenciam a balança comercial 88
    Avaliando a política econômica 88
    ESTUDO DE CASO - O Déficit Comercial dos Estados Unidos ... 89
    ESTUDO DE CASO - Por que o capital não flui para países pobres? 91

6.3 TAXAS DE CÂMBIO 91
    A taxa de câmbio nominal e a taxa de câmbio real 92
    A taxa de câmbio real e a balança comercial 92
    Determinantes da taxa de câmbio real 92
    Como as políticas econômicas influenciam a taxa de câmbio real 93
    Efeitos das políticas comerciais 94
    Determinantes da taxa de câmbio nominal 96
    ESTUDO DE CASO - Inflação e taxas de câmbio nominais ... 96
    O caso especial da paridade do poder de compra 96
    ESTUDO DE CASO - O Big Mac ao redor do mundo 98

6.4 CONCLUSÃO: OS ESTADOS UNIDOS COMO ECONOMIA ABERTA DE GRANDE PORTE 98
    APÊNDICE A Economia Aberta de Grande Porte 103

7. Desemprego e o Mercado de Mão de Obra 109

7.1 PERDA DE EMPREGO, OBTENÇÃO DE EMPREGO E A TAXA NATURAL DE DESEMPREGO 110

7.2 BUSCA DE EMPREGO E DESEMPREGO FRICCIONAL 111
    Causas do desemprego friccional 111
    Políticas públicas e desemprego friccional 111
    ESTUDO DE CASO - Seguro-desemprego e a taxa de obtenção de emprego 112

7.3 RIGIDEZ DO SALÁRIO REAL E DESEMPREGO ESTRUTURAL 112
    Leis do salário mínimo 113
    Sindicatos trabalhistas e negociação coletiva 114
    Salários de eficiência 114
    ESTUDO DE CASO - O dia de trabalho de US$ 5 de Henry Ford ... 115

7.4 EXPERIÊNCIA DO MERCADO DE MÃO DE OBRA: OS ESTADOS UNIDOS 115
    Duração do desemprego 116
    ESTUDO DE CASO - O aumento do desemprego de longa duração nos Estados Unidos e o debate sobre seguro-desemprego 116
    Variação na taxa de desemprego entre grupos demográficos 117
    Transições para dentro e para fora da força de trabalho ... 118
    ESTUDO DE CASO - O declínio na participação na força de trabalho DE 2007 a 2017 118

7.5 EXPERIÊNCIAS NO MERCADO DE TRABALHO: EUROPA 119
O aumento no desemprego europeu 120
Variação do desemprego na Europa 120
O crescimento do tempo de lazer dos europeus 121
7.6 CONCLUSÃO 122

PARTE 3 | Teoria do Crescimento: A Economia no Longuíssimo Prazo 127

8. Crescimento Econômico I: Acumulação de Capital e Crescimento Populacional 129

8.1 ACUMULAÇÃO DE CAPITAL 129
A oferta e a demanda por bens 130
Crescimento no estoque de capital e o estado estacionário 131
Aproximando-se do estado estacionário: exemplo numérico 132
ESTUDO DE CASO - O milagre do crescimento japonês e do crescimento alemão 133
Como a poupança afeta o crescimento 133
8.2 O NÍVEL DE CAPITAL DA REGRA DE OURO 134
Comparando estados estacionários 134
Encontrando o estado estacionário da Regra de Ouro: um exemplo numérico 136
A transição para o estado estacionário da regra de ouro 137
8.3 CRESCIMENTO POPULACIONAL 138
Estado estacionário com crescimento populacional 138
Efeitos do crescimento populacional 139
ESTUDO DE CASO - Investimento e crescimento populacional ao redor do mundo 140
Perspectivas alternativas sobre crescimento populacional 141
Modelo malthusiano 141
8.4 CONCLUSÃO 142

9. Crescimento Econômico II: Tecnologia, Prática e Políticas 147

9.1 PROGRESSO TECNOLÓGICO NO MODELO DE SOLOW 147
Eficiência da mão de obra 147
O estado estacionário com progresso tecnológico 148
Efeitos do progresso tecnológico 148
9.2 DA TEORIA DO CRESCIMENTO À PRÁTICA DO CRESCIMENTO 149
Crescimento equilibrado 149
Convergência 149
Acumulação de fatores versus eficiência da produção 150
ESTUDO DE CASO - Boa administração como fonte de produtividade 150
9.3 POLÍTICAS PARA PROMOVER CRESCIMENTO 151
Avaliando a taxa de poupança 151
Alterando a taxa de poupança 152
Alocando o investimento na economia 153
ESTUDO DE CASO - Política setorial na prática 154
Criando as instituições corretas 154
ESTUDO DE CASO - As origens coloniais das instituições modernas 155

Apoiando uma cultura pró-crescimento 155
Estimulando o progresso tecnológico 156
ESTUDO DE CASO - O livre-comércio é bom para o crescimento econômico? 156
9.4 ALÉM DO MODELO DE SOLOW: A TEORIA DO CRESCIMENTO ENDÓGENO 157
O modelo básico 157
Um modelo com dois setores 157
Microeconomia em pesquisa e desenvolvimento 158
O processo de destruição criativa 159
9.5 CONCLUSÃO 159
APÊNDICE Modelando a Origem do Crescimento Econômico 163

PARTE 4 | Teoria do Ciclo Econômico: A Economia no Curto Prazo 169

10. Introdução às Flutuações Econômicas 171

10.1 OS FATOS SOBRE O CICLO ECONÔMICO 171
O PIB e seus componentes 171
Desemprego e a Lei de Okun 172
Principais indicadores econômicos 173
10.2 HORIZONTES DE TEMPO NA MACROECONOMIA 175
Diferenças entre curto prazo e longo prazo 176
ESTUDO DE CASO - Se você deseja saber por que as empresas mantêm preços rígidos, pergunte a elas 176
O modelo da oferta agregada e da demanda agregada 177
10.3 DEMANDA AGREGADA 178
A equação quantitativa sob a forma de demanda agregada 178
Por que a curva da demanda agregada apresenta inclinação descendente? 178
Deslocamentos na curva da demanda agregada 178
10.4 OFERTA AGREGADA 179
Longo prazo: a curva vertical da oferta agregada 179
Curto prazo: a curva horizontal da oferta agregada 180
Do curto prazo para o longo prazo 180
ESTUDO DE CASO - Uma lição monetária na história da França 182
10.5 POLÍTICAS DE ESTABILIZAÇÃO 182
Choques na demanda agregada 182
Choques na oferta agregada 183
ESTUDO DE CASO - Como a OPEP ajudou a causar estagflação na década de 1970 e euforia nos anos de 1980 184
10.6 O GRANDE FECHAMENTO DA ECONOMIA EM 2020 185
Modelando o fechamento total da economia 185
Resposta da política 186
A estrada adiante 186
10.7 CONCLUSÃO 186

11. Demanda Agregada I: Construindo o Modelo IS-LM 189

11.1 O MERCADO DE BENS E A CURVA IS 190
A cruz keynesiana 190

ESTUDO DE CASO - Reduzir impostos para estimular a economia: as reduções de impostos de Kennedy e de Bush 193

ESTUDO DE CASO - Aumentando as compras do governo para estimular a economia: o plano de gastos de Obama 193

ESTUDO DE CASO - Uso de dados regionais para estimar multiplicadores 194

Taxa de juros, investimento e a curva *IS* 195
Como a política fiscal desloca a curva *IS* 196

11.2 O MERCADO MONETÁRIO E A CURVA *LM* 196
A teoria da preferência pela liquidez 196

ESTUDO DE CASO - Uma política de restrição monetária aumenta ou diminui a taxa de juros? 198

Renda, demanda por moeda e a curva *LM* 199
Como a política monetária desloca a curva *LM* 199

11.3 CONCLUSÃO: O EQUILÍBRIO NO CURTO PRAZO 199

12. Demanda Agregada II: Aplicando o Modelo IS-LM 205

12.1 EXPLICANDO FLUTUAÇÕES POR INTERMÉDIO DO MODELO *IS-LM* 205
Como a política fiscal desloca a curva *IS* e modifica o equilíbrio de curto prazo 205
Como a política monetária desloca a curva *LM* e altera o equilíbrio de curto prazo 207
Interação entre política monetária e política fiscal 207
Choques no modelo *IS-LM* 209

ESTUDO DE CASO - A recessão dos Estados Unidos em 2001 209

Qual é o instrumento de política econômica do banco central: a oferta monetária ou a taxa de juros? 210

12.2 IS-LM COMO TEORIA PARA A DEMANDA AGREGADA 210
Do modelo *IS-LM* à curva da demanda agregada 210
O modelo *IS-LM* no curto e no longo prazo 211

12.3 A GRANDE DEPRESSÃO 213
A hipótese do gasto: choques na curva *IS* 213
A hipótese monetária: um choque na curva *LM* 214
A hipótese monetária mais uma vez: efeitos dos preços decrescentes 215
A Depressão pode voltar a acontecer? 216

ESTUDO DE CASO - A crise financeira e a grande recessão de 2008 e 2009 216

A armadilha de liquidez (também conhecida como limite inferior zero) 218

12.4 CONCLUSÃO 219

SAIBA MAIS - O curioso caso de taxas de juros negativas 219

13. A Economia Aberta Revisitada: O Modelo Mundell-Fleming e o Regime da Taxa de Câmbio 223

13.1 O MODELO MUNDELL-FLEMING 224
O pressuposto fundamental: economia aberta, de pequeno porte, com perfeita mobilidade do capital 224
O mercado de bens e a curva *IS* 224
O mercado monetário e a curva *LM* 225
Juntando as peças 225

13.2 ECONOMIA ABERTA DE PEQUENO PORTE COM TAXAS DE CÂMBIO FLUTUANTES 226
Política fiscal 226
Política monetária 227
Política comercial 228

13.3 ECONOMIA ABERTA DE PEQUENO PORTE COM TAXAS DE CÂMBIO FIXAS 228
Como funciona um sistema de taxa de câmbio fixa 229

ESTUDO DE CASO - O padrão-ouro internacional 230

Política fiscal 230
Política monetária 230

ESTUDO DE CASO - Desvalorização da Moeda e a Recuperação Depois da Grande Depressão 231

Política comercial 231
Política econômica no modelo Mundell-Fleming: uma síntese 231

13.4 DIFERENCIAIS NAS TAXAS DE JUROS 232
Risco país e expectativas sobre taxas de câmbio 232
Diferenciais no modelo Mundell-Fleming 232

ESTUDO DE CASO - Crise financeira internacional: México, 1994-1995 233

ESTUDO DE CASO - Crise financeira internacional: Ásia, 1997-1998 234

13.5 TAXAS DE CÂMBIO DEVEM SER FLUTUANTES OU FIXAS? 235
Prós e contras de diferentes sistemas de taxa de câmbio .. 235

ESTUDO DE CASO - O debate sobre o euro 235

Ataques especulativos, caixas de conversão e dolarização 236
A trindade impossível 237

ESTUDO DE CASO - A controvérsia sobre a moeda chinesa 237

13.6 DO CURTO PARA O LONGO PRAZO: O MODELO MUNDELL-FLEMING COM NÍVEL DE PREÇOS VARIÁVEL 238

13.7 LEMBRETE A TÍTULO DE CONCLUSÃO 239
Política fiscal 243
Política monetária 245
Uma regra prática 245

14. Oferta Agregada e o *Trade-off* entre Inflação e Desemprego no Curto Prazo 247

14.1 A TEORIA BÁSICA DA OFERTA AGREGADA 247
Modelo de preços rígidos 248
Uma teoria alternativa: o modelo da informação imperfeita 249

ESTUDO DE CASO - Diferenças internacionais na curva da oferta agregada 250

Implicações 250

14.2 INFLAÇÃO, DESEMPREGO E A CURVA DE PHILLIPS 251
Derivando a curva de Phillips a partir da curva da oferta agregada 252
Expectativas adaptativas e inércia inflacionária 252
Duas causas para inflação crescente e inflação decrescente 253

ESTUDO DE CASO - Inflação e desemprego nos Estados Unidos 253

SAIBA MAIS - A história da curva de Phillips moderna 253

Trade-off entre inflação e desemprego no curto prazo 255
Desinflação e taxa de sacrifício 255
SAIBA MAIS - Qual é o grau de precisão das estimativas para a taxa natural de desemprego? 256
Expectativas racionais e a possibilidade de desinflação indolor 256
ESTUDO DE CASO - A taxa de sacrifício na prática 257
Histerese e o desafio à hipótese da taxa natural 258

14.3 CONCLUSÃO 258

PARTE 5 | Tópicos sobre Teoria e Política Macroeconômica 265

15. Um Modelo Dinâmico para Flutuações Econômicas 267

15.1 ELEMENTOS DO MODELO 267
Produção: a demanda por bens e serviços 267
A Taxa de juros real: a equação de Fisher 268
Inflação: a curva de Phillips 268
Inflação esperada: expectativas adaptativas 269
Taxa de juros nominal: a regra da política monetária 269
ESTUDO DE CASO - A regra de Taylor 270

15.2 FAZENDO OS CÁLCULOS DO MODELO 271
Equilíbrio de longo prazo 272
Curva da oferta agregada dinâmica 272
Curva de demanda agregada dinâmica 273
Equilíbrio de curto prazo 274

15.3 UTILIZANDO O MODELO 275
Crescimento de longo prazo 275
Choque na oferta agregada 276
Choque na demanda agregada 277
SAIBA MAIS - Calibragem numérica e simulações 278
Um deslocamento na política monetária 279

15.4 DUAS APLICAÇÕES: LIÇÕES PARA A POLÍTICA MONETÁRIA 280
Trade-off entre variabilidade da produção e variabilidade da inflação 281
ESTUDO DE CASO - Diferentes atribuições, diferentes realidades: Federal Reserve *versus* Banco Central Europeu 283
O princípio de Taylor 283
ESTUDO DE CASO - O que causou a grande inflação? 285

15.5 CONCLUSÃO: RUMO AOS MODELOS DEEG 285

16. Perspectivas Alternativas nas Políticas de Estabilização 289

16.1 A POLÍTICA ECONÔMICA DEVE SER ATIVA OU PASSIVA? 289
Hiatos entre a implementação das políticas econômicas e os seus efeitos 290
A difícil tarefa da previsão econômica 290
ESTUDO DE CASO - Erros de previsão 291
Falta de conhecimento, expectativas e a crítica de Lucas .. 291
O registro histórico 292
ESTUDO DE CASO - A estabilização da economia é uma ficção criada pelos dados? 293
ESTUDO DE CASO - Como a incerteza na política afeta a economia? 293

16.2 A POLÍTICA ECONÔMICA DEVE SER CONDUZIDA POR REGRAS OU POR PODER DISCRICIONÁRIO? 294
Falta de confiança nos formuladores de políticas econômicas e no processo político 294
Inconsistência temporal da política econômica discricionária 295
ESTUDO DE CASO - Alexander Hamilton *versus* inconsistência temporal 296
Regras para a política monetária 296
ESTUDO DE CASO - Meta para a inflação: política econômica por regra ou poder discricionário restrito? 297
ESTUDO DE CASO - Independência do banco central 297

16.3 CONCLUSÃO 298
APÊNDICE Inconsistência Temporal e *Trade-off* entre Inflação e Desemprego 301

17. Endividamento do Governo e Déficits Orçamentários 303

17.1 O TAMANHO DA DÍVIDA DO GOVERNO 303
ESTUDO DE CASO - Perspectiva preocupante para a política fiscal no longo prazo 305

17.2 PROBLEMAS DE MEDIÇÃO 306
Problema 1: Inflação 306
Problema 2: Ativos de capital 306
Problema 3: Obrigações não contabilizadas 307
Problema 4: Ciclo econômico 307
Recapitulando 307

17.3 ABORDAGEM TRADICIONAL PARA O ENDIVIDAMENTO DO GOVERNO 307

17.4 ABORDAGEM RICARDIANA PARA A DÍVIDA DO GOVERNO 308
Lógica básica da equivalência ricardiana 309
SAIBA MAIS - Impostos e incentivos 309
Consumidores e impostos futuros 310
ESTUDO DE CASO - O experimento de George Bush da retenção na fonte 310
Fazendo uma escolha 311

17.5 OUTRAS PERSPECTIVAS PARA O ENDIVIDAMENTO DO GOVERNO 311
Orçamentos equilibrados *versus* política fiscal ideal 311
SAIBA MAIS - Ricardo e a equivalência ricardiana 312
Efeitos fiscais sobre a política monetária 313
Endividamento e o processo político 313
Dimensões internacionais 313

17.6 CONCLUSÃO 314

18. O Sistema Financeiro: Oportunidades e Perigos 317

18.1 O QUE FAZ O SISTEMA FINANCEIRO? 317
Financiando o investimento 317

Divisão de riscos 318
Lidando com informações assimétricas 318
Estimulando o crescimento econômico 319

18.2 CRISES FINANCEIRAS 320
A anatomia de uma crise 320

SAIBA MAIS - A hipótese dos mercados eficientes *versus* o concurso de beleza de Keynes 321

SAIBA MAIS - TED Spread 323

ESTUDO DE CASO - A quem devemos atribuir a culpa pela crise financeira de 2008-2009? 324

Respostas da política econômica às crises 324
Políticas para evitar a ocorrência de crises 326

ESTUDO DE CASO - A crise da dívida soberana europeia 328

18.3 CONCLUSÃO 328

19. Os Microfundamentos do Consumo e do Investimento 331

19.1 O QUE DETERMINA O GASTO DO CONSUMIDOR? 331
John Maynard Keynes e a função consumo 331
Franco Modigliani e a hipótese do ciclo de vida 333
Milton Friedman e a hipótese da renda permanente 335

ESTUDO DE CASO - A redução na carga tributária de 1964 e a sobrecarga tributária de 1968 nos Estados Unidos 336

ESTUDO DE CASO - O reembolso de impostos de 2008 336

Robert Hall e a hipótese do passeio aleatório 337

ESTUDO DE CASO - Variações previsíveis na renda causam variações previsíveis no consumo? 337

David Laibson e a pressão pela gratificação imediata 338

ESTUDO DE CASO - Como fazer com que as pessoas poupem mais 338

Conclusão sobre o consumo 339

19.2 O QUE DETERMINA O GASTO COM INVESTIMENTOS? 339
Preço do aluguel do capital 340
Custo do capital 340
Cálculo do custo-benefício para o investimento 341
Impostos e investimento 342
Mercado de ações e o *q* de Tobin 343

ESTUDO DE CASO - Mercado de ações como indicador econômico 344

Restrições ao financiamento 344
Conclusão sobre investimento 345

19.3 CONCLUSÃO: O PAPEL FUNDAMENTAL DAS EXPECTATIVAS 345

EPÍLOGO O que sabemos, o que não sabemos 349

AS QUATRO LIÇÕES MAIS IMPORTANTES DA MACROECONOMIA 349

Lição 1: No longo prazo, a capacidade de um país de produzir bens e serviços determina o padrão de vida de seus cidadãos 349

Lição 2: No curto prazo, a demanda agregada influencia a quantidade de bens e serviços que um país produz 349

Lição 3: No longo prazo, a taxa de expansão monetária determina a taxa de inflação, mas não afeta a taxa de desemprego 350

Lição 4: No curto prazo, os formuladores de políticas que controlam as políticas monetária e fiscal se deparam com *trade-off* entre inflação e desemprego 350

AS QUATRO PERGUNTAS MAIS IMPORTANTES DA MACROECONOMIA QUE AINDA NÃO FORAM RESPONDIDAS 350

Pergunta 1: Como os formuladores de políticas econômicas devem tentar promover o crescimento no nível natural de produção da economia? 350

Pergunta 2: Formuladores de políticas econômicas devem tentar estabilizar a economia? 351

Pergunta 3: Qual o custo da inflação e qual o custo inerente a reduzi-la? 352

Pergunta 4: Até que ponto os déficits orçamentários do governo representam um grande problema? 352

Conclusão 353

Glossário 355

Índice Alfabético 365

Prefácio

Um economista precisa ser, ao mesmo tempo, "matemático, historiador, estadista, filósofo, até certo ponto [...] tão isento de interesses pessoais e tão incorruptível quanto um artista, embora, algumas vezes, tão próximo ao planeta Terra quanto um político". Foi o que observou John Maynard Keynes, o grande economista britânico que, mais do que qualquer outra pessoa, pode ser chamado de pai da macroeconomia. Nenhuma outra afirmação é capaz de sintetizar melhor o que significa ser um economista.

Como sugere a avaliação de Keynes, estudantes que desejam aprender economia precisam recorrer a muitos talentos diferentes. A tarefa de ajudá-los a encontrar e desenvolver esses talentos compete aos professores e aos autores de livros didáticos. Ao escrever este livro para cursos de nível intermediário em macroeconomia, meu objetivo foi tornar a macroeconomia compreensível, relevante e (acreditem ou não) divertida. Aqueles entre nós que optaram por ser macroeconomistas profissionais assim o fizeram porque nós somos fascinados por essa área de estudos. Mais importante, acreditamos que o estudo da macroeconomia pode esclarecer muita coisa sobre o mundo, e que as lições aprendidas, caso aplicadas apropriadamente, podem fazer do mundo um lugar melhor. Espero que este livro transmita não somente os conhecimentos acumulados de nossa profissão, mas também todo o entusiasmo e o sentido prático desses conhecimentos.

ABORDAGEM DESTE LIVRO

Os macroeconomistas compartilham um conjunto de conhecimentos, mas nem todos têm a mesma perspectiva sobre a melhor maneira de transmitir tais conhecimentos. Começarei esta nova edição recapitulando quatro de meus objetivos que, conjuntamente, definem a abordagem do livro para o campo da macroeconomia.

Em primeiro lugar, tento proporcionar um equilíbrio entre as questões de curto prazo e de longo prazo no âmbito da macroeconomia. Todos os economistas concordam que políticas públicas e outros eventos influenciam a economia ao longo de diferentes horizontes de tempo. Vivemos em nosso curto prazo, embora também vivamos no longo prazo herdado de nossos pais. Como resultado, os cursos de macroeconomia precisam abordar tanto questões de curto prazo, como o ciclo econômico e as políticas de estabilização, quanto questões de longo prazo, como o crescimento econômico, a taxa natural de desemprego, a persistência da inflação e os efeitos do endividamento público. Nenhum desses dois horizontes de tempo prevalece sobre o outro.

Em segundo lugar, integro os critérios da teoria keynesiana e da teoria clássica. Embora a *Teoria Geral* de Keynes proporcione os fundamentos para grande parte de nosso entendimento atual sobre as flutuações econômicas, é importante lembrar que a economia clássica proporciona as respostas corretas para muitas questões fundamentais. Neste livro, incorporo muitas contribuições dos economistas clássicos que antecederam Keynes e dos novos economistas clássicos das três últimas décadas. É oferecida, por exemplo, cobertura substancial para a teoria dos fundos de empréstimos que trata da taxa de juros, para a teoria quantitativa da moeda e para o problema da inconsistência temporal. Simultaneamente, reconheço que muitas das ideias de Keynes e dos neokeynesianos são necessárias para compreendermos as flutuações econômicas. Uma cobertura substancial é também dedicada ao modelo *IS-LM* para a demanda agregada, ao conflito de escolha entre inflação e desemprego no curto prazo e aos modelos modernos que tratam da dinâmica do ciclo econômico.

Em terceiro lugar, apresento a macroeconomia utilizando uma variedade de modelos simples. Em vez de fazer de conta que existe um único modelo, completo o suficiente para explicar todos os aspectos da economia, incentivo os leitores a aprenderem a utilizar e comparar um conjunto de modelos importantes. Essa abordagem conta com o valor pedagógico de manter relativamente simples cada um dos modelos, o que é apresentado no âmbito de um ou dois capítulos. Mais importante ainda, essa abordagem induz os alunos a raciocinarem como economistas, que sempre têm em mente vários modelos ao analisarem eventos econômicos ou políticas públicas.

Em quarto lugar, enfatizo que a macroeconomia é uma disciplina empírica, motivada e orientada por ampla gama de experiências. Este livro contém inúmeros Estudos de Caso que utilizam a teoria macroeconômica para lançar luz sobre dados ou eventos do mundo real. Para enfatizarem a extensa aplicabilidade da teoria básica, os Estudos de Caso abordam tanto questões atuais enfrentadas por economias de todo o mundo, quanto episódios históricos dramáticos. Eles ensinam o leitor a aplicar princípios econômicos a questões relacionadas com a Europa do século XIV, a Ilha de Yap, a terra de Oz e os jornais dos dias de hoje.

O que há de novo na décima edição?

Eis um breve resumo das mudanças mais importantes nesta edição:

- *Aparar os excessos*. tl; dr. Para quem não conhece as gírias da internet, essa abreviação significa *"too long, didn't read"* (muito longo, não li). Infelizmente, muitos leitores adotam esse critério para livros didáticos. Meu principal objetivo nesta revisão, portanto, tem um compromisso renovado com a brevidade. Em particular, assumi a tarefa de aparar os excessos que se acumularam ao longo de muitas edições. Mais importante do que o que foi adicionado a esta edição é o que foi retirado. Esta tarefa se beneficiou de pesquisas junto a instrutores que usam o livro. Mantive o que muitos consideram essencial e retirei o que a maioria considera supérfluo.
- *Concentrar a cobertura sobre consumo e investimento*. O material sobre os fundamentos microeconômicos de consumo e investimento foi condensado em um único capítulo mais acessível.

- *Novo tópico no Capítulo 9.* O papel da cultura no crescimento econômico.
- *Novo tópico no Capítulo 10.* Conteúdo atualizado sobre o fechamento total da economia (*shutdown*) devido à pandemia da Covid-19 em 2020.
- *Novo tópico no Capítulo 12.* O curioso caso das taxas de juros negativas.
- *Novo tópico no Capítulo 18.* Os testes de estresse que os reguladores têm usado para avaliar a segurança e a integridade dos bancos.
- *Nova ferramenta de avaliação.* Esta edição inclui um novo recurso pedagógico. Cada capítulo termina com um questionário rápido de seis perguntas de múltipla escolha. Estudantes podem usar esses testes para examinar imediatamente sua compreensão dos principais conceitos do capítulo. As respostas para o questionário estão disponíveis no final de cada capítulo.
- *Dados atualizados.* Como sempre, o livro foi totalmente atualizado. Todos os dados são os mais atuais possíveis.

Apesar dessas mudanças, meu objetivo permanece o mesmo das edições anteriores: oferecer ao leitor o curso mais claro, atualizado e acessível de macroeconomia, com o menor número de palavras possível.

Disposição dos tópicos

Minha estratégia para o ensino da macroeconomia é, em primeiro lugar, examinar o longo prazo, quando os preços são flexíveis, e a partir de então examinar o curto prazo, quando os preços são rígidos. Essa abordagem apresenta inúmeras vantagens. A primeira delas é que, como a dicotomia clássica possibilita a separação entre questões reais e questões monetárias, fica mais fácil para o leitor compreender o material que trata do longo prazo. A segunda vantagem é que, quando começam a estudar as flutuações que ocorrerão no curto prazo, os leitores compreendem plenamente o equilíbrio de longo prazo em torno do qual a economia está oscilando. A terceira vantagem é que, ao começar com os modelos de equilíbrio do mercado, fica mais clara a relação entre macroeconomia e microeconomia. A quarta vantagem mostra que leitores aprendem em primeiro lugar o material que é menos controvertido entre os macroeconomistas. Por todas essas razões, a estratégia de iniciar com modelos clássicos de longo prazo simplifica o ensino da macroeconomia.

Passemos, agora, da estratégia para a tática. O que vem a seguir é um passeio rápido em torno do livro.

Parte 1, Introdução

O material de introdução da Parte 1 é sucinto para que os leitores possam rapidamente chegar aos tópicos essenciais. O Capítulo 1 discute as questões amplas abordadas pelos macroeconomistas e a abordagem econômica de modelos para explicar o mundo. O Capítulo 2 introduz os dados da macroeconomia, enfatizando o produto interno bruto, o índice de preços ao consumidor e a taxa de desemprego.

Parte 2, Teoria Clássica: a Economia no Longo Prazo

A Parte 2 examina o longo prazo, durante o qual os preços são flexíveis. O Capítulo 3 apresenta o modelo clássico básico para a renda nacional. Nesse modelo, os fatores de produção e a tecnologia da produção determinam o nível de renda, e os produtos marginais dos fatores determinam a sua distribuição entre os domicílios. Além disso, o modelo mostra como a política fiscal influencia a alocação dos recursos da economia entre consumo, investimento e compras do governo, e enfatiza o modo como a taxa de juros real equilibra a oferta e a demanda por bens e serviços.

Moeda e nível de preços são apresentados em seguida. O Capítulo 4 examina o sistema monetário e as ferramentas de política monetária. O Capítulo 5 dá início à discussão sobre os efeitos da política monetária. Em razão do pressuposto de que os preços são flexíveis, o capítulo apresenta as ideias da teoria monetária clássica: teoria quantitativa da moeda, imposto inflacionário, efeito de Fisher, custos sociais da inflação, causas e custos da hiperinflação.

O estudo da macroeconomia em economias abertas tem início no Capítulo 6. Preservando o pressuposto do pleno emprego, esse capítulo apresenta modelos que explicam a balança comercial e a taxa de câmbio. São abordadas várias questões sobre política econômica: a relação entre déficit orçamentário e déficit comercial, o impacto macroeconômico de políticas comerciais protecionistas e o efeito da política monetária sobre o valor de uma moeda corrente no mercado de câmbio internacional.

O Capítulo 7 deixa um pouco de lado o pressuposto do pleno emprego ao discutir a dinâmica do mercado de trabalho e a taxa natural de desemprego. O capítulo examina várias causas para o desemprego, incluindo a busca por emprego, as leis que tratam do salário mínimo, o poder dos sindicatos e os salários de eficiência. Apresenta, também, alguns fatos importantes sobre padrões de desemprego.

Parte 3, Teoria do Crescimento: a Economia no Longuíssimo Prazo

A Parte 3 realiza a análise clássica da dinâmica da economia com as ferramentas da teoria do crescimento. O Capítulo 8 apresenta o modelo de crescimento de Solow, enfatizando a acumulação de capital e o crescimento da população. O Capítulo 9, em continuidade, acrescenta o progresso tecnológico ao modelo de Solow. Utiliza o modelo para analisar experiências de crescimento ao redor do mundo, bem como políticas públicas que influenciam o nível e o crescimento do padrão de vida. O Capítulo 9 também apresenta aos leitores as teorias modernas de crescimento endógeno.

Parte 4, Teoria do Ciclo Econômico: a Economia no Curto Prazo

A Parte 4 examina o curto prazo, quando os preços são rígidos. Começa, no Capítulo 10, examinando alguns dos fatos fundamentais que descrevem as flutuações de curto prazo na economia. O capítulo segue apresentando o modelo de oferta agregada e demanda agregada, bem como o papel das políticas de estabilização. Os capítulos subsequentes aprimoram as ideias apresentadas nesse capítulo.

Os Capítulos 11 e 12 examinam de modo mais minucioso a demanda agregada. O Capítulo 11 apresenta a cruz keynesiana e a teoria da preferência pela liquidez, e utiliza esses modelos como os pilares para o desenvolvimento do modelo *IS-LM*. O Capítulo 12 utiliza o modelo *IS-LM* para explicar oscilações econômicas e a curva de demanda agregada. O capítulo é concluído com um extenso estudo de caso sobre a Grande Depressão.

A análise sobre oscilações de curto prazo continua no Capítulo 13, que se concentra na demanda agregada em uma economia aberta. O capítulo apresenta o modelo de Mundell-Fleming e mostra como a política monetária e a política fiscal afetam a economia, sob a égide de sistemas de taxas de câmbio flutuantes e de taxas de câmbio fixas. Discute, também, se a taxa de câmbio deve ser flutuante ou fixa.

O Capítulo 14 analisa mais detalhadamente a oferta agregada. Examina várias abordagens para explicar a curva de oferta agregada de curto prazo e argumenta sobre o conflito de escolha entre inflação e desemprego, no curto prazo.

Parte 5, Tópicos sobre Teoria e Política Macroeconômica

Uma vez que o leitor passa a dominar solidamente os modelos econômicos tradicionais, o livro lhe proporciona capítulos opcionais que mergulham mais profundamente na teoria e na política macroeconômicas.

O Capítulo 15 desenvolve um modelo dinâmico para demanda agregada e oferta agregada. Fundamenta-se em ideias que os estudantes já encontraram e as utiliza como degraus de acesso para levá-los mais para perto da fronteira do conhecimento científico sobre flutuações econômicas de curto prazo. O modelo apresentado aqui é uma versão simplificada dos modernos modelos *DEEG* (do inglês *DSGE - dynamic, stochastic, general equilibrium* - dinâmico, estocástico, de equilíbrio geral).

O Capítulo 16 considera o debate sobre como os formuladores de política econômica devem reagir às oscilações econômicas de curto prazo. O capítulo enfatiza duas perguntas: A política monetária e a política fiscal devem ser ativas ou passivas? A política econômica deve ser conduzida com base em regras ou no poder discricionário? O capítulo apresenta argumentos para ambos os lados dessas perguntas.

O Capítulo 17 se concentra nos vários debates sobre dívida pública e déficits orçamentários. Apresenta uma perspectiva abrangente para a magnitude do endividamento público; analisa a razão pela qual a mensuração dos déficits orçamentários nem sempre é tarefa simples e direta; recapitula a visão tradicional sobre os efeitos decorrentes da dívida pública; apresenta a equivalência ricardiana como abordagem alternativa; e discorre sobre várias outras perspectivas relacionadas ao endividamento do governo. Assim como no capítulo anterior, os leitores não recebem conclusões preestabelecidas, mas recebem as ferramentas para avaliar por si mesmos as abordagens alternativas.

O Capítulo 18 analisa o sistema financeiro e suas ligações com a economia em geral. Começa examinando o que faz o sistema financeiro: financiar investimentos, compartilhar o risco, lidar com informações assimétricas e fomentar o crescimento. Depois disso, discute as causas das crises financeiras, seu impacto macroeconômico e as políticas que podem atenuar seus efeitos e reduzir a possibilidade de que elas venham a ocorrer.

O Capítulo 19 analisa parte da microeconomia que existe por trás das decisões sobre consumo e investimento. Aborda várias teorias sobre o comportamento do consumidor, incluindo a função consumo keynesiana, a hipótese do ciclo de vida de Modigiliani, a hipótese de Friedman para a renda permanente, a hipótese de Hall para o passeio aleatório e o modelo de Laibson para a gratificação imediata. Examina, também, a teoria por trás da função investimento, focando o investimento fixo em capital privado e incluindo tópicos como o custo do capital, o *q* de Tobin e o papel das restrições financeiras.

Epílogo

O livro termina com um epílogo que recapitula as lições abrangentes com as quais a maioria dos macroeconomistas concorda, além de alguns questionamentos em aberto. Independentemente de quais capítulos o professor opte por abordar, esse epílogo pode ser utilizado para lembrar aos leitores como os diversos modelos e temas da macroeconomia se relacionam uns com os outros. Aqui e ao longo de todo o livro, enfatizo que, apesar das divergências entre os macroeconomistas, existe muita coisa que sabemos sobre o funcionamento da economia.

Roteiros alternativos para o conteúdo do livro

Embora tenha organizado o material no formato em que prefiro lecionar a macroeconomia de nível intermediário, compreendo que outros professores têm preferências diferentes. Tentei ter isso em mente ao escrever o livro, para que ele pudesse oferecer certo grau de flexibilidade. Eis aqui alguns caminhos que os professores podem considerar ao reorganizar o material:

- Alguns professores gostam de começar abordando as flutuações econômicas de curto prazo. Para esse tipo de curso, recomendo os Capítulos 1 a 5, de modo que os alunos tenham boa base de teoria clássica e então pulem para os Capítulos 10, 11, 12, 14 e 15, no intuito de abordar o modelo de demanda agregada e oferta agregada.
- Alguns professores gostam de começar tratando do crescimento econômico de longo prazo. Esses professores podem ir aos Capítulos 8 e 9 imediatamente após o Capítulo 3.
- Algum professor que deseje protelar (ou mesmo omitir) a macroeconomia das economias abertas pode deixar de lado os Capítulos 6 e 13, sem que haja perda de continuidade.
- O professor que deseje enfatizar a política macroeconômica pode pular os Capítulos 8, 9 e 15 para chegar mais rapidamente aos Capítulos 16, 17 e 18.
- O professor que deseje enfatizar os fundamentos microeconômicos da macroeconomia pode abordar o Capítulo 19 em um estágio inicial do curso, mesmo imediatamente depois do Capítulo 3.

Experiências bem-sucedidas de centenas de instrutores com as edições anteriores sugerem que este livro complementa bem uma variedade de abordagens para o campo de estudos da macroeconomia.

Ferramentas de aprendizagem

Fico feliz pelos leitores terem considerado as edições anteriores deste livro fáceis de usar. Tentei fazer com que esta décima edição fosse ainda melhor nesse sentido.

Estudos de Caso

A economia ganha vida quando é aplicada à compreensão dos eventos da vida real. Portanto, os inúmeros Estudos de Caso constituem uma importante ferramenta de aprendizagem, intrinsecamente integrada ao material teórico apresentado em cada capítulo. A frequência com que ocorre cada um desses Estudos de Caso assegura que o leitor não tenha que absorver uma dose excessiva de teoria antes de vê-la aplicada. Leitores relatam que os Estudos de Caso são a sua parte preferida no livro.

Boxes Saiba Mais

Esses boxes apresentam material auxiliar para que você "saiba mais" a respeito do tópico em questão. Faço uso deles para esclarecer conceitos difíceis; proporcionar informações adicionais sobre as ferramentas da economia; e mostrar como a economia se relaciona com a nossa vida cotidiana.

Gráficos
Compreender a análise gráfica constitui uma parte fundamental do aprendizado da macroeconomia, portanto trabalhei arduamente para fazer com que as figuras pudessem ser entendidas com facilidade. Utilizo com frequência caixas com comentários dentro das figuras para descrever e chamar a atenção para os pontos importantes que as figuras ilustram. O uso pedagógico de tons mais claros e mais escuros, legendas detalhadas e caixas de comentários torna mais fácil para os estudantes aprender e revisar a matéria.

Notas Matemáticas
Ocasionalmente, utilizo notas de rodapé em linguagem matemática, no intuito de manter fora do texto principal o material mais difícil. Essas notas apresentam um argumento mais rigoroso ou uma prova para um resultado matemático. Leitores que não tenham domínio das ferramentas matemáticas necessárias podem, sem maiores dificuldades, ignorar essas notas.

Questionários Rápidos
Cada capítulo termina com seis perguntas de múltipla escolha, que o leitor pode utilizar para testar seus conhecimentos sobre o que acabou de ser lido. As respostas são fornecidas ao final de cada capítulo. Esses questionários são novos na presente edição.

Resumos dos capítulos
Cada um dos capítulos se encerra com um breve resumo, não técnico, das principais lições nele contidas. Os leitores podem fazer uso desses resumos para colocar a matéria em perspectiva e revisá-la para provas.

Conceitos-chave
Aprender a linguagem dos conceitos relacionados a uma disciplina é parte fundamental para qualquer curso. Dentro de cada capítulo, os conceitos-chave são impressos em **negrito** quando apresentados pela primeira vez. Ao final do capítulo, os conceitos-chave são novamente apresentados, para fins de revisão.

Questões para Revisão
É solicitado aos leitores que testem sua compreensão das lições básicas do capítulo em Questões para Revisão.

Problemas e Aplicações
Cada capítulo inclui Problemas e Aplicações que podem ser realizados como exercícios extraclasse. Alguns deles consistem em aplicações numéricas da teoria contida no capítulo. Outros estimulam o leitor a ir além da matéria abordada, ao exporem novas questões estreitamente relacionadas com os tópicos do capítulo.

Apêndices dos capítulos
Vários capítulos incluem apêndices que oferecem material adicional, às vezes em um nível mais alto de sofisticação matemática. Esses apêndices foram desenvolvidos para que os professores possam abordar determinados tópicos com maior profundidade, caso desejem. Os apêndices podem ser ignorados por completo sem perda de continuidade.

Glossário
Para ajudar o leitor a se familiarizar com a linguagem da macroeconomia, apresenta-se ao final do livro um glossário com mais de 250 termos.

Edições internacionais
A versão em idioma inglês deste livro vem sendo utilizada em dezenas de países. Para torná-lo mais acessível a estudantes do mundo inteiro, já existem (ou existirão em breve) edições disponíveis em 16 outros idiomas: armênio, chinês (simplificado e tradicional), francês, alemão, grego, húngaro, indonésio, italiano, japonês, coreano, português, romeno, russo, espanhol, ucraniano e vietnamita. Além disso, estão disponíveis uma adaptação canadense sob coautoria de William Scarch (McMaster University) e uma adaptação europeia sob coautoria de Mark Taylor (Warwick University). Professores que desejem informações sobre essas versões do livro devem entrar em contato com a Worth Publishers.

Material Suplementar

Este livro conta com o seguinte material suplementar:

- Banco de Questões (em inglês) – exclusivo para professores.

O acesso ao material suplementar é gratuito. Basta que o leitor se cadastre, faça seu *login* em nosso *site* (www.grupogen.com.br) e, após, clique em Ambiente de aprendizagem.

O acesso ao material suplementar online fica disponível até seis meses após a edição do livro ser retirada do mercado.

Caso haja alguma mudança no sistema ou dificuldade de acesso, entre em contato conosco (gendigital@grupogen.com.br).

Agradecimentos

Desde que comecei a escrever a primeira edição deste livro, duas décadas atrás, fui beneficiado com a contribuição de diversos revisores e colegas de profissão da economia. Agora que o livro está em sua décima edição, a lista dessas pessoas ficou grande demais para ser apresentada integralmente. No entanto, continuo sendo grato pela disposição de cada uma delas em abrir mão de seu tempo escasso para me ajudar a aperfeiçoar os aspectos econômicos e pedagógicos desta obra. Seu aconselhamento fez deste livro uma ferramenta mais aperfeiçoada para centenas de milhares de leitores em todo o mundo.

Gostaria de mencionar os professores cuja contribuição recente modelou esta nova edição:

David Aadland
University of Wyoming

Lian An
University of Northern Florida

Samuel K. Andoh
Southern Connecticut State University

Dennis Avola
Northeastern University

Mustapha Ibn Boamah
University of New Brunswick, Saint John

Jeffrey Buser
The Ohio State University

Kenneth I. Carlaw
University of British Columbia, Okanagan

Sel Dibooglu
University of Missouri, St. Louis

Oguzhan Dincer
Illinois State University

Christi-Anna Durodola
University of Winnipeg

Per Fredriksson
University of Louisville

Mark J. Gibson
Washington State University

Lisa R. Gladson
St. Louis University

David W. Johnson
University of Wisconsin – Madison

J.B. Kim
Oklahoma State University

Ryan Lee
Indiana University

Meghan Millea
Mississippi State University

Daniel Moncayo
Brigham Young University

Robert Murphy
Boston College

John Neri
University of Maryland

Russell M. Price
Howard University

Raul Razo-Garcia
Carleton University

Subarna Samanta
The College of New Jersey

Ruben Sargsyan
California State University, Chico

Fahlino F. Sjuib
Framingham State University

Julie K. Smith
Lafayette College

Peter Summers
High Point University

Ariuntungalag Taivan
University of Minnesota Duluth

Kiril Tochkov
Texas Christian University

Christian vom Lehn
Brigham Young University

Paul Wachtel
New York University

Além disso, sou grato a *Nina Vendhan*, aluna da graduação em Harvard, que me ajudou a atualizar os dados e refinar minha prosa. Nina, junto com meu filho Nick Mankiw, também me ajudou a revisar as provas do livro.

O pessoal da Worth Publishers continua a ser muito amável e dedicado. Gostaria de agradecer a Catherine Woods, vice-presidente, gerente de conteúdo; Charles Linsmeier, vice-presidente sênior, responsável por estratégia de conteúdo; Shani Fisher, diretor de conteúdo e avaliação; Simon Glick, gerente-executivo de programação; Andrew Zierman, gerente de marketing; Travis Long, especialista em soluções de aprendizado; Noel Hohnstine, diretor de mídia editorial; Nikolas Toner, editor-assistente de mídia; Kristyn Brown, gerente de avaliação; Joshua Hill, editor de avaliação; Lukia Kliossis, editora de desenvolvimento; Courtney Lindwall, editor assistente; Amanda Gaglione, assistente de editoração; Hannah Aronowitz, estagiária da editoração; Lisa Kinne, editora administrativa sênior; Tracey Kuehn, diretora, reforço de gerenciamento de conteúdo; Diana Blume, diretora de projeto, gerenciamento de conteúdo; e Kitty Wilson, preparador de texto.

Muitas outras pessoas também forneceram contribuições valiosas. Sobretudo Jane Tufts, editora independente de desenvolvimento de projetos, mais uma vez fez uso de sua magia neste livro, confirmando que é a melhor nessa especialidade. Alexandra Nickerson fez um excelente trabalho na preparação do índice remissivo. Deborah Mankiw, minha esposa e editora particular, continua sendo a primeira leitora de material inédito proporcionando a combinação certa entre crítica e incentivo.

Por fim, gostaria de agradecer a meus três filhos, Catherine, Nicholas e Peter. Eles ajudaram imensamente nesta revisão – tanto ao me proporcionar uma agradável distração quanto ao me lembrar que livros didáticos são escritos para a próxima geração.

N. Gregory Mankiw
Maio de 2018

Macroeconomia

Parte 1

Introdução

A Ciência da Macroeconomia

A ciência, como um todo, nada mais é do que o refinamento do pensamento de todos os dias.

– Albert Einstein

Quando fez a observação acima, Albert Einstein estava, provavelmente, se referindo às ciências naturais como a física e a química. No entanto, sua observação aplica-se também a ciências sociais como a economia. Como participantes da economia e cidadãos em uma democracia, não há como não pensarmos nas questões econômicas quando entramos em uma cabine de votação ou quando conduzimos nossas vidas. Mas se você é como a maioria das pessoas, seu pensamento do dia a dia sobre economia provavelmente é causal, e não muito rigoroso (ou, pelo menos, era antes de fazer seu primeiro curso de economia). O objetivo do estudo da economia é aperfeiçoar esse raciocínio. Este livro tem como meta ajudá-lo nessa tarefa, focando a parte do campo da economia chamado **macroeconomia,** que estuda as forças que influenciam a economia como um todo.

1.1 O QUE OS MACROECONOMISTAS ESTUDAM

Por que alguns países apresentaram rápido crescimento da renda, ao longo do século passado, enquanto outros permanecem estagnados na pobreza? Por que alguns países têm altas taxas de inflação, enquanto outros conseguem manter preços estáveis? Por que todos os países passam por recessões e por depressões – períodos recorrentes de queda na renda e aumento no desemprego – e de que modo as políticas governamentais são capazes de reduzir a frequência e a gravidade desses episódios? A macroeconomia tenta responder a essas perguntas, e a muitas outras correlatas.

Para avaliar a importância da macroeconomia, basta acessar um portal de notícias. Todos os dias, é possível que você veja manchetes como: RENDA VOLTA A CRESCER, BANCO CENTRAL INTERVÉM PARA COMBATER A INFLAÇÃO, ou AÇÕES CAEM POR MEDO DE RECESSÃO. Esses eventos macroeconômicos podem parecer abstratos, mas afetam a vida de todos nós. Executivos de empresas que estejam realizando previsões de demanda para seus produtos precisam avaliar a rapidez com que a renda dos consumidores crescerá. Cidadãos idosos, que sobrevivem com uma renda fixa, especulam sobre o ritmo do aumento dos preços. Recém-graduados em faculdades, na busca por empregos, esperam que a economia se aqueça e que as empresas passem a contratar novos profissionais.

Uma vez que a situação econômica afeta todas as pessoas, as questões macroeconômicas desempenham um papel fundamental nos debates políticos de âmbito nacional. Os eleitores estão atentos ao desempenho da economia e sabem que as políticas governamentais podem afetar a economia consideravelmente. Como resultado, a popularidade do presidente em exercício geralmente cresce quando a economia apresenta bom desempenho e diminui quando o desempenho é precário.

Questões macroeconômicas também são fundamentais para a política mundial, os noticiários internacionais estão repletos de questões macroeconômicas. Terá sido mesmo uma boa opção, para grande parte da Europa, adotar uma moeda comum? A China deve manter taxa de câmbio fixa em relação ao dólar norte-americano? Qual o motivo do enorme déficit comercial dos Estados Unidos? De que modo as nações mais pobres podem elevar os seus padrões de vida? Nas ocasiões em que os líderes das grandes potências mundiais se reúnem, esses tópicos geralmente ocupam lugar de destaque em suas agendas.

Embora a atribuição de formular políticas econômicas seja papel dos líderes das grandes potências mundiais, cabe aos macroeconomistas a tarefa de explicar o funcionamento da economia, como um todo. Com essa finalidade, os macroeconomistas coletam dados sobre renda, preços, desemprego e muitas outras variáveis, originários de diferentes períodos de tempo e diferentes países. Depois disso, eles tentam formular teorias gerais com o objetivo de explicar esses dados. Assim como os astrônomos que estudam a evolução das estrelas, ou os biólogos que estudam a evolução das espécies, os macroeconomistas não conseguem conduzir experimentos controlados dentro de um laboratório. Em vez disso, precisam fazer uso dos dados que a história lhes fornece. Os macroeconomistas observam que as economias diferem de país para país e se modificam ao longo do tempo. Essas observações proporcionam tanto a motivação para desenvolver teorias macroeconômicas quanto os dados para testá-las.

Seguramente, a macroeconomia é uma ciência imperfeita. A capacidade dos macroeconomistas de prever o curso futuro de eventos econômicos não é maior do que a capacidade dos meteorologistas de realizar previsões do tempo para o mês seguinte. Entretanto, como você verá, os macroeconomistas conhecem bem o funcionamento das economias. Esse conhecimento é útil tanto para explicar eventos econômicos quanto para formular políticas econômicas.

Cada época tem seu quinhão de problemas econômicos específicos. Na década de 1970, os presidentes norte-americanos Richard Nixon, Gerald Ford e Jimmy Carter lutaram, todos eles em vão, contra a crescente taxa de inflação. Na década de 1980, a inflação acabou cedendo, e os presidentes Ronald Reagan e George Bush governaram sob o jugo de enormes déficits orçamentários nacionais. Na década de 1990, com o presidente

Clinton ocupando o Salão Oval, a economia e o mercado de ações desfrutaram de um extraordinário surto de crescimento e o orçamento federal passou de deficitário a superavitário. No entanto, quando Clinton terminou seu mandato, o mercado de ações começou a recuar, e a economia caminhou rumo a uma recessão. Em 2001, o presidente George W. Bush reduziu os impostos no intuito de ajudar a dar um fim à recessão, mas essa redução contribuiu também para o ressurgimento de déficits orçamentários.

O presidente Barack Obama assumiu a Casa Branca em 2009, em um período de intensa turbulência econômica. A economia estava se reerguendo lentamente depois de uma crise financeira, conduzida por uma queda significativa nos preços dos imóveis, pelo crescimento vertiginoso em termos de inadimplência no crédito imobiliário e pela falência, ou quase falência, de diversas instituições financeiras. Ao se espalhar, a crise financeira fez ressurgir o espectro da Grande Depressão da década de 1930, momento em que, em seu pior ano, um em cada quatro cidadãos norte-americanos que desejavam trabalhar não conseguia encontrar emprego. Em 2008 e 2009, agentes do Tesouro e do Federal Reserve (o Banco Central dos Estados Unidos), bem como de outros setores do governo norte-americano, estavam adotando medidas rigorosas para evitar a recorrência daquelas mesmas consequências.

Sob alguns aspectos, as políticas foram bem-sucedidas; o pico da taxa de desemprego foi de 10% em 2009. Não obstante, a queda na atividade econômica foi grave e a recuperação subsequente lenta. A renda total da economia, ajustada pela inflação, cresceu a uma taxa média de 1,3% ao ano, de 2006 a 2016, bem abaixo da média normal histórica de 3,2% ao ano. Esses eventos ajudaram a estabelecer o cenário para o *slogan* da campanha de 2016 do Presidente Donald Trump: "Tornar a América Novamente Grande."

A história da macroeconomia não é um relato simples, mas proporciona valiosa motivação para a teoria macroeconômica. Embora os princípios básicos da macroeconomia não se modifiquem de uma década para outra, o macroeconomista precisa aplicá-los com flexibilidade e criatividade para se adequar às mudanças nas circunstâncias ao longo do tempo.

ESTUDO DE CASO

O DESEMPENHO HISTÓRICO DA ECONOMIA NORTE-AMERICANA

Os economistas usam vários tipos de dados para medir o desempenho de determinada economia. Três variáveis macroeconômicas são especialmente importantes: o produto interno bruto (PIB) real, a taxa de inflação e a taxa de desemprego. O **PIB real** mede a renda total de todas as pessoas na economia (ajustada ao nível de preços). A **taxa de inflação** mede a velocidade com que os preços estão subindo. A **taxa de desemprego** mede a fração da força de trabalho que está sem ocupação. Os macroeconomistas estudam como essas variáveis são determinadas, razão pela qual elas se modificam ao longo do tempo e como interagem entre si.

A Figura 1.1 mostra o PIB real *per capita* nos Estados Unidos. Vale a pena observar dois aspectos dessa figura. Em primeiro lugar, o PIB real cresce ao longo do tempo. O PIB real *per capita* é hoje aproximadamente oito vezes maior do que em 1900. Tal crescimento na renda média permite aos cidadãos norte-americanos desfrutar de um padrão de vida bem mais elevado do que aquele de seus bisavós. Em segundo lugar, embora o PIB real aumente na maior parte dos anos, esse crescimento não é constante. Existem períodos repetidos durante os quais o PIB real cai; o exemplo mais dramático é o início da

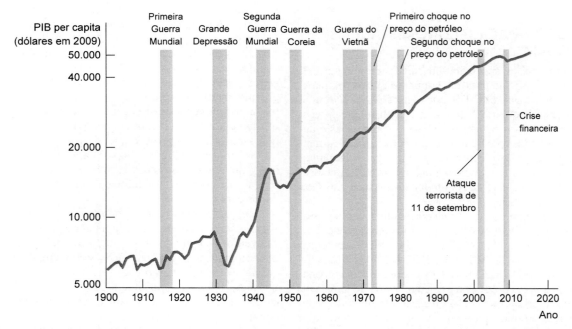

Figura 1.1 PIB real *per capita* na economia norte-americana. O PIB real mede a renda total de todas as pessoas na economia e o PIB *per capita* mede a renda média calculada para um indivíduo da população na economia. Esta figura mostra que o PIB real *per capita* tende a crescer ao longo do tempo e que esse crescimento normal é às vezes interrompido por períodos de diminuição da renda, conhecidos como recessões ou depressões.

Nota: O PIB real é plotado aqui em uma escala logarítmica. Nesse tipo de escala, distâncias iguais no eixo vertical representam variações *percentuais* equivalentes. Consequentemente, a distância entre $ 4.000 e $ 8.000 (uma variação percentual de 100%) é igual à distância entre $ 10.000 e $ 20.000 (uma variação percentual de 100%).

Fontes: U.S. Department of Commerce e Economic History Association.

década de 1930. Esses períodos são conhecidos como **recessões**, caso sejam brandos, e **depressões**, caso sejam mais severos. Não é surpreendente que períodos de queda na renda estejam associados a dificuldades econômicas significativas.

A Figura 1.2 mostra a taxa de inflação dos Estados Unidos. Podemos verificar que a inflação varia substancialmente ao longo do tempo. Na primeira metade do século XX, a taxa de inflação ficou, em média, apenas um pouco acima de zero. Períodos de queda nos preços, conhecidos como **deflação**, foram quase tão comuns quanto períodos de crescimento nos índices de preços. Em contrapartida, a inflação foi o padrão nos últimos 50 anos do século passado. A inflação agravou-se bastante durante o final da década de 1970, quando os preços cresceram a uma taxa de quase 10% ao ano nos EUA. Em anos recentes, a taxa de inflação no país tem sido em torno de 2 por cento ao ano, indicando que os preços têm permanecido relativamente estáveis.

A Figura 1.3 mostra a taxa de desemprego nos EUA. Observe que existe sempre algum desemprego na economia. Além disso, embora não apresente qualquer tendência de longo prazo, a taxa de desemprego varia substancialmente de ano para ano. Recessões e depressões estão associadas a níveis de desemprego extraordinariamente elevados. As taxas mais altas de desemprego ocorreram durante a Grande Depressão da década de 1930. O pior período de desaceleração da atividade econômica desde a Grande Depressão ocorreu após a crise financeira de 2008-2009, quando o desemprego aumentou substancialmente. Mesmo vários anos depois da crise (conhecida como "Grande Recessão"), o desemprego permaneceu alto. O desemprego não retornou a seu patamar de 2007 até 2016.

Essas três figuras permitem vislumbrar a história da economia norte-americana. Nos capítulos que seguem, abordamos, primeiramente, como são medidas essas variáveis e depois desenvolvemos teorias para explicar como elas se comportam.

1.2 COMO OS ECONOMISTAS PENSAM

Os economistas, de modo geral, estudam questões politicamente importantes, mas tentam abordar essas questões com a objetividade de um cientista. Assim como qualquer outra ciência, a economia possui conjunto próprio de ferramentas – terminologia, dados e uma forma de raciocinar – que podem parecer estranhas e enigmáticas para os leigos. A melhor maneira de familiarizar-se com essas ferramentas é utilizá-las, e este livro proporciona a você inúmeras oportunidades de fazê-lo. Entretanto, para tornar essas ferramentas menos intimidadoras, abordaremos aqui algumas delas.

Teoria como construção de modelo

As crianças pequenas aprendem muito sobre o mundo ao seu redor com brinquedos que correspondem a versões de objetos do mundo real. Por exemplo, elas costumam montar miniaturas de modelos de automóveis, trens ou aviões. Ainda que esses modelos não sejam realistas, quem os monta aprende muito com eles. O modelo ilustra a essência do objeto real que procura representar. (Além disso, para muitas crianças, construir modelos é divertido.)

Os economistas também usam **modelos** para compreender o mundo, mas o modelo de um economista muito provavelmente será composto de símbolos e equações, não de plástico e cola. Economistas desenvolvem suas "economias de brinquedo" para ajudar a explicar variáveis econômicas como PIB, inflação e desemprego. Os modelos econômicos ilustram, geralmente em termos matemáticos, as relações entre as variáveis. Modelos são úteis porque nos ajudam a deixar de lado detalhes irrelevantes para que nos concentremos em relações importantes. (Além disso, para muitos economistas, elaborar modelos é uma diversão.)

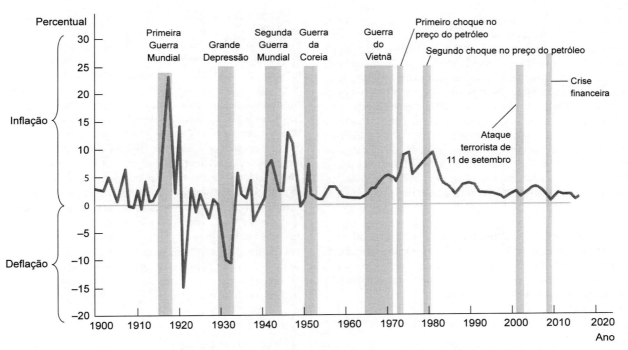

Figura 1.2 Taxa de inflação na economia norte-americana. A taxa de inflação mede a variação percentual no nível médio de preços, tendo como base o ano anterior. Quando a taxa de inflação é superior a zero, os preços estão aumentando. Quando está abaixo de zero, os preços estão diminuindo. Se a taxa de inflação declina mas permanece positiva, os preços estão aumentando, ainda que a uma velocidade mais lenta.
Nota: A taxa de inflação é medida, neste caso, utilizando-se o deflator do PIB.
Fontes: U.S. Department of Commerce e Economic History Services

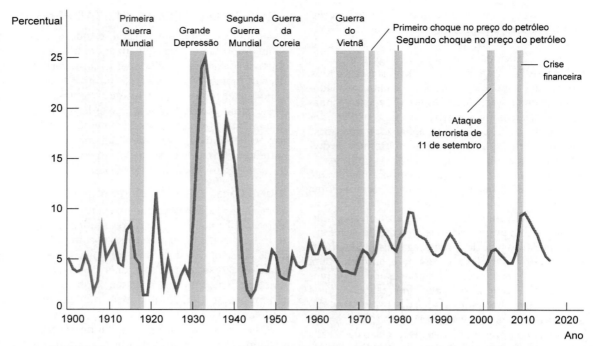

Figura 1.3 Taxa de desemprego na economia dos Estados Unidos. A taxa de desemprego mede o percentual de pessoas integrantes da força de trabalho que não têm emprego. A figura mostra que a economia sempre apresenta alguma parcela de desemprego, e que essa parcela oscila de ano para ano. Fontes: U.S. Department of Labor e U.S. Bureau of the Census (*Historical Statistics of the United States; Colonial Times to 1970*).

Os modelos possuem dois tipos de variáveis: endógenas e exógenas. **Variáveis endógenas** são aquelas que um modelo explica. **Variáveis exógenas** são aquelas que o modelo pressupõe como dadas. O objetivo de um modelo é demonstrar como as variáveis exógenas afetam as variáveis endógenas. Em outras palavras, como ilustra a Figura 1.4, as variáveis exógenas são oriundas de fora do modelo e lhe servem como insumo, enquanto as variáveis endógenas são determinadas no âmbito do modelo e correspondem ao resultado gerado por ele.

Para tornar essas ideias mais concretas, vamos examinar o modelo econômico mais conhecido de todos – o modelo da oferta e demanda. Imagine que um economista estivesse interessado em identificar quais fatores influenciam o preço da pizza e a quantidade de pizzas vendidas. Esse economista desenvolveria um modelo que descrevesse o comportamento dos consumidores de pizza, o comportamento dos vendedores de pizza e a interação entre eles no mercado de pizzas. Por exemplo, o economista pressupõe que a quantidade de pizzas demandada pelos consumidores, Q^d, depende do preço da pizza, P, e da renda agregada, Y. Essa relação é expressa na equação

$$Q^d = D(P, Y),$$

em que $D(\ )$ representa a função de demanda. O economista igualmente pressupõe que a quantidade de pizzas fornecida pelas pizzarias, Q^s, depende do preço da pizza, P, e do preço das matérias-primas, P_m, tais como queijo, tomates, farinha e anchovas. Essa relação é expressa sob a forma

$$Q^s = S(P, P_m),$$

em que $S(\ )$ representa a função de oferta. Por fim, o economista pressupõe que o preço da pizza se ajusta de modo a equilibrar a quantidade ofertada e a quantidade demandada:

$$Q^s = Q^d.$$

Essas três equações compõem um modelo para o mercado de pizzas.

O economista ilustra o modelo com um gráfico de oferta e demanda, como apresenta a Figura 1.5. A curva da demanda mostra a relação entre a quantidade demandada de pizzas e o preço da pizza, mantendo-se constante a renda agregada. A curva da demanda é descendente, uma vez que um preço mais alto para a pizza estimula os consumidores a comprar menos pizzas e optar por, digamos, hambúrgueres e tacos. A curva da oferta mostra a relação entre a quantidade de pizzas ofertada e o preço da pizza, mantendo-se constante o preço das matérias-primas. A curva da oferta é ascendente, uma vez que um preço mais alto para a pizza torna mais lucrativa a venda de pizzas, o que estimula as pizzarias a oferecerem mais pizzas. O equilíbrio de mercado corresponde ao preço e à quantidade nos quais as curvas de oferta e demanda se interceptam. No preço de equilíbrio, os consumidores optam por comprar a quantidade de pizzas que as pizzarias optam por produzir.

Esse modelo para o mercado de pizzas possui duas variáveis exógenas e duas variáveis endógenas. As variáveis exógenas são

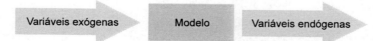

Figura 1.4 Como os modelos funcionam. Modelos são teorias simplificadas que demonstram as relações fundamentais entre as variáveis econômicas. As variáveis exógenas são aquelas oriundas de fora do modelo. As variáveis endógenas são aquelas que o modelo explica. O modelo mostra como alterações nas variáveis exógenas afetam as variáveis endógenas.

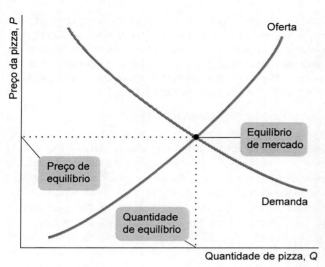

Figura 1.5 Modelo de oferta e demanda. O modelo econômico mais famoso é o de oferta e demanda para um determinado bem ou serviço – neste caso, pizza. A curva da demanda é uma curva *descendente* que relaciona o preço da pizza à quantidade de pizzas demandada pelos consumidores A curva da oferta é uma curva *ascendente* que relaciona o preço da pizza à quantidade ofertada nas pizzarias. O preço da pizza se ajusta até que a quantidade ofertada se iguale à quantidade demandada. O ponto no qual as duas curvas se interceptam corresponde ao equilíbrio de mercado, que mostra o preço e a quantidade de equilíbrio para a pizza.

a renda agregada e o preço da matéria-prima. O modelo não tenta explicá-las; em vez disso, trata-as como fornecidas *a priori* (talvez a serem explicadas por outro modelo). As variáveis endógenas são o preço da pizza e a quantidade de pizzas comercializada. Essas são as variáveis que o modelo explica.

O modelo pode ser utilizado para ilustrar como uma alteração em uma das variáveis exógenas afeta ambas as variáveis endógenas. Por exemplo, se a renda agregada aumenta, a demanda por pizzas aumenta, como mostra o painel (a) da Figura 1.6. O modelo mostra que tanto o preço de equilíbrio quanto a quantidade de equilíbrio para a pizza aumentam. De maneira análoga, se o preço da matéria-prima aumenta, a oferta de pizza consequentemente diminui, como ilustra o painel (b) da Figura 1.6. O modelo mostra que, nesse caso, o preço de equilíbrio para a pizza aumenta e a quantidade de equilíbrio para a pizza decresce. Por conseguinte, o modelo demonstra como variações na renda agregada ou no preço das matérias-primas afetam o preço e a quantidade no mercado de pizzas.

Tal como todos os modelos, o modelo em pauta para o mercado de pizzas adota premissas simplificadoras. Não leva em conta, por exemplo, o fato de cada pizzaria estar em um local diferente. Para cada consumidor, determinada pizzaria é mais conveniente do que as outras e, por conseguinte, as pizzarias têm certa capacidade de estabelecer os seus próprios preços. Embora o modelo pressuponha um único preço para a pizza, na realidade pode existir um preço diferenciado para cada pizzaria.

Como deveríamos reagir à falta de realismo do modelo? Descartando o modelo simples de oferta e demanda de pizzas? Tentando elaborar um modelo mais complexo, que admitisse vários preços para as pizzas? A resposta para essas perguntas depende do nosso propósito. Caso nosso objetivo seja explicar como o preço do queijo afeta o preço médio da pizza e a quantidade de pizzas vendida, a diversidade dos preços da pizza provavelmente não será importante. O modelo simples para o mercado de pizzas é bastante eficiente para a abordagem dessa questão. No entanto, caso nosso objetivo seja explicar por que

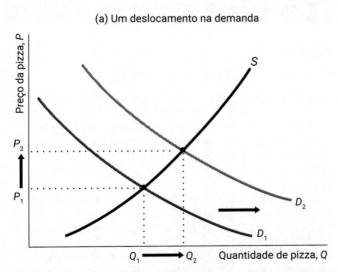
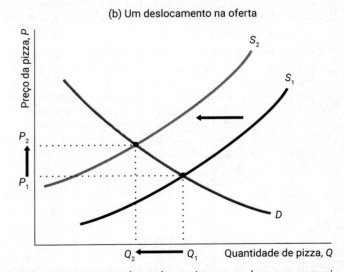

Figura 1.6 Mudanças no equilíbrio. No painel (a), a elevação na renda agregada faz com que aumente a demanda por pizza: em qualquer preço especificado, os consumidores desejam agora adquirir maior quantidade de pizzas. Isso é representado por meio de um deslocamento para a direita, de D_1 para D_2, na curva da demanda. O mercado se move para a nova interseção entre oferta e demanda. O preço de equilíbrio cresce de P_1 para P_2 e a quantidade de pizzas aumenta de Q_1 para Q_2. No painel (b), um aumento no preço da matéria-prima faz com que diminua a oferta de pizzas, porque as pizzarias consideram a venda menos lucrativa para qualquer nível de preços e, por conseguinte, optam por produzir menor quantidade de pizzas. Isso é representado por um deslocamento para a esquerda, de S_1 para S_2, na curva de oferta. O mercado se move para a nova interseção entre oferta e demanda. O preço de equilíbrio aumenta de P_1 para P_2, ao passo que a quantidade de equilíbrio decresce de Q_1 para Q_2.

cidades com dez pizzarias apresentam preços mais baixos do que cidades com duas pizzarias, o modelo simplificado passa a ter menor utilidade.

A arte da economia consiste em avaliar quando uma premissa simplificadora (por exemplo, a premissa da existência de um preço único para a pizza) esclarece o nosso raciocínio e quando ela nos conduz a equívoco. A simplificação representa uma parte necessária para a construção de um modelo eficiente: qualquer modelo desenvolvido de modo a ser completamente realista seria demasiadamente complicado para nosso entendimento. No entanto, modelos podem levar a conclusões incorretas, se deixarem de considerar características da economia que sejam fundamentais para a questão que está sendo tratada. A modelagem econômica, por conseguinte, requer cautela e bom senso.

O uso de vários modelos

Os macroeconomistas estudam muitas facetas da economia. Por exemplo, eles examinam o papel da poupança no crescimento econômico; o impacto das leis que regulamentam o salário mínimo sobre o desemprego; o efeito da inflação sobre as taxas de juros; e a influência da política comercial sobre a balança comercial e a taxa de câmbio.

Os economistas utilizam modelos para abordar todas essas questões, mas nenhum modelo, sozinho, é capaz de apresentar respostas para todos esses questionamentos. Assim como carpinteiros utilizam diferentes ferramentas para executar diferentes tarefas, economistas utilizam diferentes modelos para explicar diferentes fenômenos econômicos. Os estudantes de macroeconomia, por conseguinte, devem ter em mente que não existe um único modelo "correto" que possa sempre ser aplicado a cada questão econômica. Em vez disso, existem muitos modelos, cada um dos quais é útil para lançar luz sobre determinada faceta da economia. O campo da macroeconomia se assemelha a um canivete suíço – um conjunto de ferramentas complementares, embora distintas, que podem ser aplicadas de diferentes maneiras em diferentes circunstâncias.

Este livro apresenta muitos modelos distintos, que abordam diferentes questões e partem de diferentes premissas. Lembre-se de que a validade de um modelo depende de suas premissas, e que uma premissa que seja válida para alguns propósitos pode ser equivocada para outros. Ao utilizar um modelo para abordar determinada questão, o economista precisa ter em mente as premissas subjacentes, avaliando se elas são aceitáveis para analisar o assunto em questão.

Preços: flexíveis *versus* rígidos

Ao longo de todo este livro, um grupo de premissas se mostrará especialmente importante – aquelas relativas à velocidade com que os salários e os preços se ajustam a variações nas condições econômicas. Os economistas normalmente pressupõem que o preço de um bem ou de um serviço se move rapidamente de modo a trazer para o equilíbrio a quantidade ofertada e a quantidade demandada. Em outras palavras, eles pressupõem que os mercados normalmente estão em equilíbrio, de modo tal que o preço de qualquer bem ou serviço esteja posicionado no ponto em que as curvas de oferta e de demanda se interceptam. Essa premissa é conhecida como **ajuste de mercado**, e é essencial para o modelo do mercado de pizzas discutido anteriormente. Para responder à maior parte das questões, os economistas fazem uso dos modelos de ajuste de mercado.

No entanto, a premissa de ajuste *contínuo* do mercado não é inteiramente realista. Para que os mercados se ajustem continuamente, os preços precisam se ajustar instantaneamente em relação a variações na oferta e na demanda. Na realidade, muitos salários e preços se ajustam devagar. Contratos de trabalho nos Estados Unidos, de modo geral, estabelecem salários para períodos de até três anos. Muitas empresas fazem com que os preços de seus produtos permaneçam os mesmos durante longos períodos – nos Estados Unidos, por exemplo, os editores de revistas, de modo geral, modificam os preços de suas revistas nas bancas somente a cada três ou quatro anos. Embora modelos de ajuste de mercado pressuponham que todos os salários e preços sejam **flexíveis**, no mundo real, alguns salários e alguns preços são **rígidos**.

SAIBA MAIS

Usando funções para expressar relações entre variáveis

Todos os modelos econômicos expressam relações entre variáveis econômicas. De modo geral, essas relações são expressas sob a forma de funções. Uma *função* corresponde a um conceito matemático que demonstra de que maneira uma variável depende de um conjunto de outras variáveis. Por exemplo, no modelo para o mercado de pizzas, afirmamos que a quantidade demandada de pizzas depende do preço da pizza e da renda agregada. Para expressar essa afirmativa, utilizamos a notação funcional para escrever

$$Q^d = D(P, Y).$$

Essa equação afirma que a quantidade demandada de pizzas, Q^d, é uma função do preço da pizza, P, e da renda agregada, Y. Na notação funcional, a variável que precede os parênteses denota a função. Nesse caso, $D(\ )$ é uma função que expressa o modo pelo qual as variáveis dentro dos parênteses determinam a quantidade demandada.

Caso conhecêssemos mais sobre o mercado de pizzas, poderíamos fornecer uma fórmula numérica para a quantidade demandada. Por exemplo, poderíamos escrever

$$Q^d = 60 - 10P + 2Y.$$

Nesse caso, a função demanda seria

$$D(P, Y) = 60 - 10P + 2Y.$$

Para qualquer preço de pizza e qualquer renda agregada, essa função fornece a correspondente quantidade de pizzas demandada. Por exemplo, caso a renda agregada seja $ 10 e o preço da pizza corresponda a $ 2, então a quantidade demandada será igual a 60 unidades; caso o preço da pizza suba para $ 3, a quantidade demandada cairá para 50 unidades.

A notação funcional nos permite expressar a ideia geral de que as variáveis estão relacionadas entre si, mesmo quando não temos em mãos informações suficientes para indicar a relação numérica precisa. Por exemplo, podemos saber que a quantidade de pizzas demandada diminui quando o preço aumenta de $ 2 para $ 3; entretanto, podemos não saber em que montante ela diminui. Nesse caso, a notação funcional é útil: contanto que saibamos que existe uma relação entre as variáveis, podemos expressar essa relação utilizando a notação funcional.

A aparente rigidez nos preços não invalida os modelos baseados no ajuste de mercado. Afinal, os preços não permanecem rígidos para sempre; eles acabam se ajustando a variações na oferta e na demanda. Modelos de ajuste de mercado podem não descrever a economia a todo instante, mas efetivamente descrevem o equilíbrio em direção ao qual a economia gravita. Sendo assim, a maior parte dos macroeconomistas acredita que a flexibilidade de preços é uma premissa válida para analisar questões de longo prazo, tais como o crescimento do PIB real que observamos de uma década para outra.

Para estudar questões de curto prazo, como as flutuações do PIB real e do desemprego de ano para ano, a premissa de flexibilidade de preços se mostra menos plausível. Ao longo de períodos de curta duração, muitos preços na economia são fixados em níveis preestabelecidos. Por conseguinte, a maior parte dos macroeconomistas acredita que a rigidez de preços é uma premissa mais eficiente para se estudar o comportamento da economia no curto prazo.

Raciocínio microeconômico e modelos macroeconômicos

A **microeconomia** estuda como domicílios* e empresas tomam decisões, e o modo como esses tomadores de decisão interagem no mercado. Um princípio fundamental para a microeconomia diz respeito ao fato de que domicílios e empresas *otimizam* – fazem o melhor que podem para si mesmos, levando em consideração seus objetivos e as restrições que enfrentam. Nos modelos microeconômicos, os domicílios escolhem aquilo que vão adquirir para maximizar seu nível de satisfação – o que os economistas chamam de *utilidade* –, enquanto as empresas tomam decisões sobre produção com o objetivo de maximizar os seus lucros.

Uma vez que eventos no âmbito da economia surgem da interação entre muitos domicílios e muitas empresas, a macroeconomia e a microeconomia estão inextricavelmente vinculadas. Quando estudamos a economia como um todo, devemos considerar as decisões individuais dos atores econômicos. Por exemplo, para compreender aquilo que determina o dispêndio total do consumidor, devemos imaginar uma família decidindo quanto gastar hoje e quanto economizar para o futuro. Para compreender aquilo que determina o dispêndio total em termos de investimento, devemos imaginar uma empresa decidindo se deve construir uma nova fábrica. Considerando que variáveis agregadas correspondem à soma entre as variáveis que descrevem inúmeras decisões individuais, a teoria macroeconômica se fundamenta em um alicerce microeconômico.

Embora decisões microeconômicas permeiem todos os modelos econômicos, em muitos modelos o comportamento de domicílios e empresas voltado para a otimização é implícito, não explícito. O modelo para o mercado de pizzas que discutimos anteriormente é um exemplo disso. As decisões dos domicílios em relação a quantas pizzas adquirir são subjacentes à demanda por pizzas, enquanto as decisões das pizzarias sobre quantas pizzas produzir são subjacentes à oferta de pizzas. Presumivelmente, os domicílios tomam suas decisões com vistas a maximizar a utilidade, enquanto as pizzarias tomam as suas decisões com o objetivo de maximizar os lucros. Contudo, o foco do modelo não é o modo como essas decisões microeconômicas são tomadas; tais decisões ficam em segundo plano. Por analogia, embora decisões microeconômicas sejam subjacentes aos fenômenos macroeconômicos, os modelos macroeconômicos não se concentram necessariamente no comportamento otimizador de domicílios e empresas; novamente, algumas vezes deixam esse tipo de comportamento em segundo plano.

1.3 COMO ESTE LIVRO SE DESENVOLVE

Este livro tem cinco partes. O presente capítulo e o próximo compõem a Parte 1 – Introdução. O Capítulo 2 discute como os economistas mensuram variáveis econômicas tais como renda agregada, taxa de inflação e taxa de desemprego.

A Parte 2 – Teoria clássica: a economia no longo prazo – apresenta o modelo clássico do funcionamento da economia. A premissa central do modelo clássico é que os preços são flexíveis. Ou seja, com raras exceções, o modelo clássico pressupõe que os mercados acabam se ajustando. A premissa da flexibilidade de preços simplifica consideravelmente a análise, motivo pelo qual começamos por ela. Entretanto, como essa premissa descreve a economia com precisão apenas no longo prazo, a teoria clássica torna-se mais apropriada para a análise de um horizonte de tempo de, pelo menos, vários anos.

A Parte 3 – Teoria do crescimento: a economia no longuíssimo prazo – é fundamentada no modelo clássico. Preserva as premissas da flexibilidade de preços e do ajuste de mercado, mas acrescenta nova ênfase no crescimento do estoque de capital, da força de trabalho e do conhecimento tecnológico. A teoria do crescimento tem como objetivo explicar como a economia evolui ao longo de um período de várias décadas.

A Parte 4 – Teoria do ciclo econômico: a economia no curto prazo – examina o comportamento da economia quando os preços são rígidos. O modelo que tem como premissa que não há o ajuste do mercado, aqui desenvolvido, busca analisar questões de curto prazo, tais como as razões para as flutuações econômicas e a influência das políticas governamentais sobre essas flutuações. É mais apropriado para analisar as mudanças na economia que observamos de um mês para outro ou de um ano para outro.

A Parte 5 – Tópicos sobre teoria e política macroeconômica – aborda matérias para suplementar, reforçar e refinar nossas análises de longo e curto prazo. Alguns capítulos apresentam material avançado de natureza um tanto teórica, incluindo dinâmica macroeconômica, modelos de comportamento do consumidor e teoria das decisões de investimento das empresas. Outros capítulos consideram o papel que o governo deve assumir na economia, e abordam os debates sobre políticas de estabilização, endividamento do governo e crise financeira.

Resumo

1. A macroeconomia é o estudo da economia como um todo, incluindo crescimento da renda, variações nos preços e taxa de desemprego. A macroeconomia tenta explicar eventos econômicos e, ao mesmo tempo, oferecer políticas para melhorar o desempenho econômico.

2. Para compreender a economia, os economistas usam modelos – teorias que simplificam a realidade – com o objetivo de revelar de que maneira as variáveis exógenas influenciam as variáveis endógenas. A arte na ciência da economia está em avaliar se determinado modelo captura as relações econômicas importantes para o assunto em questão. Uma vez que nenhum modelo, por si só, tem a capacidade de responder a todas as perguntas, os macroeconomistas utilizam diferentes modelos para analisar diferentes questões.

3. Uma característica fundamental para um modelo macroeconômico é o fato de ele pressupor que os preços sejam flexíveis ou que os preços sejam rígidos. De acordo com a

---

* Domicílio, nesse caso, refere-se à nomenclatura utilizada pelos órgãos de pesquisa para definir o conjunto de pessoas que coabitam em uma mesma unidade domiciliar, em relação às quais são coletados os dados para censos e outros indicadores. (N.T.)

maior parte dos macroeconomistas, modelos que pressupõem preços flexíveis descrevem a economia no longo prazo, enquanto modelos que pressupõem preços rígidos oferecem melhor descrição da economia no curto prazo.
4. A microeconomia é o estudo do modo como as empresas e os indivíduos tomam decisões, e do modo pelo qual esses responsáveis pelas decisões interagem uns com os outros. Considerando-se que os eventos macroeconômicos surgem a partir de inúmeras interações microeconômicas, todos os modelos macroeconômicos precisam ser coerentes com os fundamentos microeconômicos, mesmo que esses sejam somente implícitos.

SAIBA MAIS

O início de carreira de macroeconomistas

Como as pessoas optam por se tornarem macroeconomistas? Não existe um caminho único para a carreira. Eis aqui histórias de alguns economistas que, mais tarde, ganharam Prêmios Nobel de Economia por seus trabalhos:*

Milton Friedman (Nobel, 1976): "Formei-me na faculdade em 1932, quando os Estados Unidos passavam pela mais profunda depressão já vivida ao longo de toda a sua história. O problema predominante àquela época dizia respeito à economia. Como sair da depressão? Como reduzir o desemprego? O que explicaria o paradoxo de uma grande carência de recursos de um lado e recursos subutilizados de outro? Sob essas circunstâncias, tornar-se economista parecia mais relevante para as questões mais prementes daquela época do que se tornar um profissional de matemática aplicada ou um especialista em ciências atuariais."

James Tobin (Nobel, 1981): "Fui atraído para o campo da macroeconomia por duas razões. Uma delas foi o fato de que a teoria econômica representa um desafio intelectual fascinante, da magnitude da matemática ou do jogo de xadrez. Gostei da análise e dos argumentos lógicos [...] A outra razão dizia respeito à óbvia relevância da economia para compreender e, talvez, superar a Grande Depressão."

Franco Modigliani (Nobel, 1985): "Durante algum tempo, imaginou-se que eu deveria estudar medicina, uma vez que meu pai era médico [...] Cheguei ao local onde me matricularia em medicina, mas, ao fechar os olhos, comecei a pensar no sangue! Fiquei pálido só de imaginar todo aquele sangue e decidi, diante daquelas condições, que era melhor ficar longe da medicina [...] Na procura de alguma coisa à qual me dedicar, aconteceu de me deparar com algumas atividades econômicas. Sabia um pouco de alemão, e me foi solicitado que traduzisse do alemão para o italiano alguns artigos para uma das associações de comércio. Desse modo, comecei a me tornar familiarizado com os problemas econômicos que se apresentavam na literatura alemã."

Robert Solow (Nobel, 1987): "Voltei [para a faculdade, depois de ter servido no exército] e, quase sem pensar no assunto, matriculei-me para concluir meu curso de graduação com especialização em economia. O prazo era curto e precisei tomar uma decisão rápida. Sem dúvida, agi como se estivesse maximizando uma soma incalculável e infinita de coisas úteis em um período mínimo de tempo, as quais ninguém poderia experimentar em meu lugar. Parecia que estava dizendo para mim mesmo: 'Ora, que diabos!'"

Robert Lucas (Nobel, 1995): "Na escola pública, o estudo da ciência correspondia a uma lista interminável de coisas não muito bem organizadas, que outras pessoas haviam descoberto há muito tempo. Na faculdade, aprendi alguma coisa sobre o processo da descoberta científica, e aquilo que havia aprendido não me atraía como uma possibilidade de carreira [...] O que eu realmente gostava era de raciocinar em termos de política e de questões sociais."

George Akerlof (Nobel, 2001): "Quando fui para Yale, estava convencido de que desejava ser economista ou historiador. Na realidade, para mim, isso representava uma escolha sem muita diferença. Caso viesse a ser historiador, seria um historiador da área econômica. E se viesse a ser economista, consideraria a história como o alicerce para o meu estudo da economia."

Edward Prescott (Nobel, 2004): "Por meio de conversas [com meu pai], aprendi muito sobre o modo como as empresas operavam. Essa foi uma das razões pelas quais gostei tanto do meu curso de microeconomia, no meu primeiro ano em Swarthmore College. A teoria de preços que aprendi naquele curso trouxe uma base racional para aquilo que aprendera com meu pai sobre a operação das empresas. A outra razão foi o livro-texto que usei naquele curso: *Principles of economics*, de Paul A. Samuelson. Adorava o modo como Samuelson apresentava a teoria em seu livro, de maneira tão simples e clara."

Edmund Phelps (Nobel, 2006): "Assim como a maior parte dos norte-americanos que ingressam na faculdade, entrei em Amherst College sem uma área de especialização predeterminada, nem sequer uma perspectiva de carreira. Minha premissa tácita era de que me deixaria levar para o mundo dos negócios – do dinheiro –, fazendo algo extremamente inteligente. No primeiro ano, entretanto, Platão, David Hume e William James impressionaram-me profundamente. Talvez eu tivesse ingressado no campo da filosofia, se não fosse por meu pai, que me adulou para que experimentasse o campo da economia, o que fiz no segundo ano [...] Fiquei impressionadíssimo ao constatar que era possível submeter os eventos dos jornais que eu havia lido a uma espécie de análise formal."

Christopher Sims (Nobel, 2011) "[Meu tio] Mark foi me incentivando, regularmente, dos meus 13 anos de idade em diante, a estudar economia. Quando eu estava na faculdade, ele me deu de presente de Natal o livro *Theory of games*, de Neumann e Morgenstern. Durante meu primeiro curso de economia, lembro-me de discutir com ele se seria possível que a taxa de inflação explodisse verticalmente caso a oferta de dinheiro se mantivesse constante. Eu assumia a posição monetarista. Ele questionou se eu teria um argumento sólido para respaldar minha suposição. Durante anos, imaginei que ele havia conseguido o efeito contrário daquilo que pretendia, e não estudei nada de economia até meu primeiro ano de faculdade. Mas, tão logo comecei a duvidar de que desejaria me aprofundar nas abstrações da matemática pura ao longo de toda minha carreira, os esforços de Mark tinham me deixado uma ideia clara de alternativa."

---

* As cinco primeiras citações são extraídas de BREIT, William; HIRSCH, Barry T. (Ed.) *Lives of the laureates*. 4. ed. Cambridge, MA: MIT Press, 2004. A sexta, a sétima e a nona foram extraídas do portal da Internet para o Prêmio Nobel, www.nobelprize.org. A oitava é de HEERTJIE, Arnold (Ed.) *The makers of modern economics*. Aldershot: Edward Edgar, 1995. v. 2.

Questionário rápido

1. Recessões são períodos de:
   a) renda crescente.
   b) renda decrescente.
   c) elevação de preços.
   d) queda de preços.

2. A taxa de desemprego mede a fração da
   a) população adulta que parou de procurar emprego.
   b) população adulta que não está trabalhando.
   c) força de trabalho que parou de procurar emprego.
   d) força de trabalho que não está trabalhando.

3. Na história dos EUA, deflação
   a) tem sido o padrão.
   b) é quase tão comum quanto a inflação.
   c) é rara atualmente, mas ocorreu em momentos do passado.
   d) jamais ocorreu.

4. Os economistas usam modelos porque eles
   a) esclarecem nosso raciocínio.
   b) mostram como variáveis exógenas influenciam variáveis endógenas.
   c) são divertidos.
   d) todas as opções anteriores.

5. Modelos de ajuste de mercado pressupõem que os preços são _____ e são mais adequados para compreender a economia no _____ prazo.
   a) flexíveis, longo
   b) flexíveis, curto
   c) rígidos, longo
   d) rígidos, curto

6. Microeconomia é
   a) o estudo de como dados macroeconômicos são construídos a partir de observações individuais.
   b) útil para compreender as decisões por trás das relações macroeconômicas.
   c) um campo separado não relacionado à macroeconomia.
   d) a escrita incorreta da palavra *macroeconomia*.

CONCEITOS-CHAVE

Macroeconomia	Recessão	Variáveis exógenas
PIB real	Depressão	Ajuste de mercado
Inflação e deflação	Modelos	Preços flexíveis e preços rígidos
Desemprego	Variáveis endógenas	Microeconomia

Questões para revisão

1. Explique a diferença entre macroeconomia e microeconomia. Qual a relação entre esses dois campos de estudo?
2. Por que os economistas desenvolvem modelos?
3. O que é um modelo de ajuste de mercado? Em que ocasiões é apropriado pressupor que os mercados acabam por se ajustar?

Problemas e aplicações

1. Apresente três questões macroeconômicas que tenham aparecido ultimamente no noticiário.
2. Em sua opinião, que características definem uma ciência? O estudo da economia apresenta essas características? Para você, a macroeconomia deve ser considerada uma ciência? Por que sim ou por que não?
3. Use o modelo da oferta e da demanda para explicar como uma queda no preço do *frozen yogurt* afetaria o preço do sorvete e a quantidade de sorvetes vendida. Em sua explanação, identifique as variáveis exógenas e as variáveis endógenas.
4. Com que frequência muda o preço que você paga por um corte de cabelo? Quais são as implicações de sua resposta para a utilidade dos modelos de ajuste de mercado na análise do mercado de cortes de cabelo?

Respostas do questionário rápido

1. b
2. d
3. c
4. d
5. a
6. b

Os Dados da Macroeconomia

2

É um erro capital teorizar antes de ter dados. Inadvertidamente, começamos a distorcer os fatos para que eles se adaptem às teorias, em vez de as teorias se adaptarem aos fatos.

– Sherlock Holmes

Cientistas, economistas e detetives têm muita coisa em comum: todos desejam entender o que está acontecendo no mundo que os envolve. Para tanto, eles se baseiam em teorias e observações. Desenvolvem teorias na tentativa de buscar explicação para aquilo que estão vendo acontecer. Depois então, se voltam para observações mais sistemáticas com o objetivo de avaliar a validade das teorias. Somente quando teoria e evidência se alinham é que eles passam a ter a sensação de que compreendem a situação. Este capítulo analisa os tipos de observação que os economistas utilizam para desenvolver e testar suas teorias.

A observação casual é uma fonte de informações sobre aquilo que está acontecendo no âmbito da economia. Quando vai às compras, você observa se os preços estão aumentando, diminuindo ou permanecendo inalterados. Quando está procurando um emprego, você verifica se as empresas estão contratando mão de obra. Todos os dias de nossa vida, participamos de algum aspecto da economia e interpretamos as condições da economia.

Um século atrás, os economistas que monitoravam a economia contavam com pouca coisa além dessas observações casuais para dar sequência a seus estudos. Esse tipo de informação fragmentada dificultava a formulação de políticas econômicas. A experiência vivida por uma pessoa poderia sugerir que a economia estava se movendo em determinada direção, enquanto a experiência vivida por outra pessoa sugeria que a economia estava se movimentando em outra direção. Os economistas precisavam de alguma maneira de combinar as inúmeras experiências individuais em um todo coerente. Havia uma solução óbvia: como afirma um ditado espirituoso, o plural para "experiência pessoal" é "dados".

Atualmente, dados econômicos proporcionam uma fonte sistemática e objetiva de informações, e quase todos os dias você pode ouvir falar ou ler uma história sobre alguma estatística recentemente liberada. A maior parte dessas estatísticas é produzida pelo governo. Várias entidades governamentais realizam levantamentos científicos em domicílios e empresas, com o objetivo de aprender alguma coisa sobre suas atividades econômicas – quanto estão ganhando em termos de renda; o que estão comprando; se estão empregados ou se estão em busca de trabalho; que preços estão cobrando; quanto estão produzindo, e assim sucessivamente. Com base nesses levantamentos, são calculadas várias estatísticas que sintetizam as condições da economia. Os economistas usam tais estatísticas para estudar a economia; os formuladores de políticas públicas as utilizam para monitorar os avanços e formular políticas.

Este capítulo se concentra em três estatísticas que os economistas e os formuladores de políticas utilizam com maior frequência. O produto interno bruto, ou PIB, nos informa sobre a renda total da nação e o total de dispêndios, em termos da produção de bens e serviços dessa nação. O índice de preços ao consumidor, ou IPC, mede o nível de preços. A taxa de desemprego nos informa sobre a parcela dos trabalhadores que está desempregada. Nas páginas que se seguem, verificamos como são calculadas essas estatísticas e o que elas nos informam a respeito da economia.

2.1 MENSURANDO O VALOR DA ATIVIDADE ECONÔMICA: O PRODUTO INTERNO BRUTO

O **produto interno bruto**, ou **PIB**, é geralmente considerado o melhor indicador para avaliar o desempenho da economia. Nos Estados Unidos, essa estatística é calculada a cada três meses pelo Bureau of Economic Analysis (uma divisão do U.S. Department of Commerce), com base em um grande número de fontes de dados primários.[*] Essas fontes primárias incluem (1) dados administrativos, derivados das funções do governo, tais como arrecadação de impostos, programas educacionais, defesa e regulamentação, bem como (2) dados estatísticos gerados a partir de pesquisas do governo sobre, por exemplo, estabelecimentos do comércio varejista, empresas do setor manufatureiro e atividades agropecuárias. O objetivo do PIB é sintetizar todos esses dados em um único número, representando o valor da atividade econômica em moeda corrente durante determinado período de tempo.

Existem duas maneiras de levar em conta essa estatística. Uma delas considera como PIB *a renda total de todos os indivíduos que integram a economia*. Outra considera *o total de gastos em termos da produção de bens e serviços na economia*. Seja de um ponto de vista ou de outro, fica clara a razão pela qual o PIB é um indicador para o desempenho econômico. O PIB mede algo com que as pessoas se importam – suas respectivas rendas. Por analogia, uma economia com grande produção de bens e serviços é capaz de suprir melhor as demandas das famílias, das empresas e do governo.

---

[*] No Brasil, o PIB é calculado pelo Instituto Brasileiro de Geografia e Estatística – IBGE. (N.T.)

Como o PIB consegue medir tanto os rendimentos da economia quanto os dispêndios relacionados à sua produção? A razão para isso é que esses dois valores, na realidade, são iguais: para a economia como um todo, a renda (receita) deve ser equivalente ao gasto (despesa). Esse fato, por sua vez, decorre de outro ainda mais fundamental: dado que em todas as transações existem um comprador e um vendedor, cada unidade monetária de despesa de um comprador deve se transformar em uma unidade monetária de renda para um vendedor. Quando Joe pinta a casa de Jane por $ 10.000,00, esses $ 10.000,00 representam uma renda para Joe e uma despesa para Jane. A transação contribui em $ 10.000,00 para o PIB, independentemente de estarmos somando o total da renda ou o total da despesa.

Para compreender melhor o significado do PIB, vamos recorrer às **contas nacionais**, o sistema contábil utilizado para medir o PIB e muitas estatísticas a ele relacionadas.

Renda, gasto e fluxo circular

Imagine uma economia que produz um único bem, pão, a partir de um único insumo, mão de obra. A Figura 2.1 ilustra todas as transações econômicas que ocorrem entre domicílios e empresas nesse tipo de economia.

O ciclo interno na Figura 2.1 representa os fluxos correspondentes a pão e mão de obra. Os domicílios vendem sua mão de obra para as empresas. As empresas utilizam a mão de obra de seus trabalhadores no intuito de produzir o pão que, por sua vez, as empresas vendem para os domicílios. Desse modo, a mão de obra flui dos domicílios para as empresas, enquanto o pão flui das empresas para os domicílios.

O ciclo externo na Figura 2.1 representa o fluxo correspondente em moeda corrente. Os domicílios compram pão das empresas. As empresas utilizam parte da receita proveniente dessas vendas para pagar os salários de seus trabalhadores, e a parte remanescente corresponde ao lucro que cabe aos proprietários das empresas (que são, eles próprios, parte do setor de domicílios). Consequentemente, a despesa com pão flui dos domicílios para as empresas, e a renda, sob a forma de salários e lucros, flui das empresas para os domicílios.

O PIB mede o fluxo em moeda corrente nessa economia. Podemos fazer o cálculo desse fluxo de duas maneiras. O PIB corresponde à renda total oriunda da produção de pão, que é igual à soma de salários e lucros – a metade superior do fluxo circular de moeda corrente. O PIB representa também o total de gastos com a compra de pão – a metade inferior do fluxo circular de moeda corrente. Para calcular o PIB, podemos analisar tanto o fluxo de moeda corrente das empresas para os domicílios quanto o fluxo dos domicílios para as empresas.

Essas duas maneiras de calcular o PIB precisam ser equivalentes, uma vez que, segundo as regras da contabilidade, a despesa dos compradores com os produtos representa renda para os vendedores desses produtos. Toda transação que afeta a despesa deve necessariamente afetar a renda, e toda transação que afeta a renda deve necessariamente afetar a despesa. Por exemplo, suponha que uma empresa produza e venda uma bisnaga a mais de pão para determinado domicílio. Essa transação certamente faz aumentar o total de despesas com pão, mas também exerce um efeito equivalente sobre o total da renda. Se a empresa produz a bisnaga adicional sem contratar qualquer mão de obra adicional (por exemplo, tornando mais eficiente o processo de produção), o lucro, consequentemente, aumenta. Se a empresa produz a bisnaga adicional mediante contratação de mão de obra adicional, os salários, consequentemente, crescem. Em ambos os casos, despesa e renda aumentam de modo equivalente.

Regras para calcular o PIB

Em uma economia que produz exclusivamente pão, podemos calcular o PIB somando o total das despesas relacionadas a pão. As economias do mundo real, entretanto, incluem a produção e a venda de um vasto número de bens e serviços. Para calcular o PIB de uma economia assim tão complexa, é útil contar com uma definição mais precisa: *O produto interno bruto (PIB) representa o valor de mercado de todos os bens e serviços finais produzidos em uma economia durante certo período de tempo.* Para verificar como se aplica essa definição, vamos discutir algumas das regras que os economistas seguem ao elaborar essa estatística.

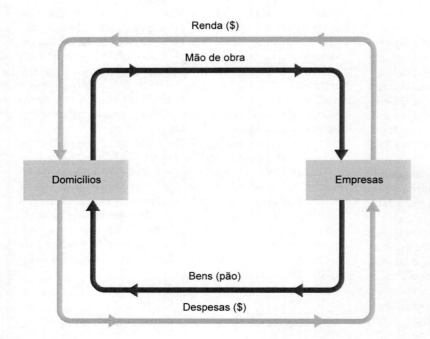

Figura 2.1 Fluxo circular. Esta figura ilustra os fluxos entre empresas e domicílios, em uma economia que produz um único bem, pão, a partir de um único insumo, mão de obra. O ciclo interno representa os fluxos de mão de obra e de pão: os domicílios vendem a sua mão de obra para as empresas, as empresas vendem para os domicílios o pão que produzem. O ciclo externo representa os fluxos correspondentes de moeda corrente: os domicílios pagam às empresas pelo pão, as empresas pagam salários e distribuem lucros para os domicílios. Nessa economia, o PIB representa tanto o total de gastos com o pão como o total da renda oriunda da produção de pão.

SAIBA MAIS

Estoques e fluxos

Muitas variáveis econômicas medem a quantidade de determinada coisa – uma quantidade de dinheiro, uma quantidade de bens e assim sucessivamente. Os economistas distinguem dois tipos de variáveis quantitativas: estoques e fluxos. Um **estoque** representa uma quantidade mensurada em determinado momento no tempo, enquanto um **fluxo** representa uma quantidade mensurada por unidade de tempo.

Uma banheira, apresentada na Figura 2.2, representa o exemplo clássico utilizado para ilustrar estoques e fluxos. A quantidade de água na banheira representa um estoque: corresponde à quantidade de água na banheira em dado momento no tempo. A quantidade de água que sai da torneira representa um fluxo: corresponde à quantidade de água que está sendo acrescentada à banheira, por unidade de tempo. Observe que mensuramos estoques e fluxos em diferentes unidades. Afirmamos

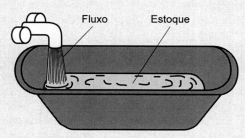

Figura 2.2 Estoques e fluxos. A quantidade de água em uma banheira representa um estoque: corresponde à quantidade mensurada em dado momento no tempo. A quantidade de água que sai da torneira representa um fluxo: corresponde à quantidade mensurada por unidade de tempo.

que a banheira contém cerca de 190 *litros* de água, sendo que a água está saindo da torneira a 19 *litros por minuto*.

O PIB é provavelmente a variável de fluxo mais importante no âmbito da economia: ele nos informa a quantidade de moeda corrente que está fluindo em torno do fluxo circular da economia, por unidade de tempo. Quando alguém afirma que o PIB dos EUA corresponde a US$ 20 trilhões, significa 20 trilhões de dólares *por ano*. (De maneira equivalente, poderíamos afirmar que o PIB dos EUA corresponde a US$ 634.000 por segundo.)

Estoques e fluxos geralmente estão relacionados entre si. No exemplo correspondente à banheira, as relações estão claras. O estoque de água na banheira representa a acumulação do fluxo que sai da torneira, enquanto o fluxo de água representa a variação do estoque. Ao elaborar teorias para explicar variáveis econômicas, geralmente é útil determinar se as variáveis correspondem a estoques ou a fluxos, e se existe algum tipo de relação que as associe.

Apresentamos a seguir alguns exemplos de estoques e de fluxos relacionados entre si, que estudaremos em capítulos futuros:

- O patrimônio de uma pessoa é estoque; sua renda e sua despesa são fluxos.
- O número de pessoas desempregadas é estoque; o número de pessoas que estão perdendo seus empregos é fluxo.
- A quantidade de capital na economia é estoque; a quantidade de investimento é fluxo.
- O endividamento do governo (dívida pública) é estoque; o déficit orçamentário do governo é fluxo.

Somando maçãs e laranjas

A economia dos EUA produz inúmeros bens e serviços diferentes – hambúrgueres, cortes de cabelo, automóveis, computadores e assim por diante. O PIB combina o valor desses bens e serviços em um único indicador. A diversidade de produtos na economia complica o cálculo do PIB, uma vez que diferentes produtos apresentam diferentes valores.

Suponhamos, por exemplo, que a economia produza quatro maçãs e três laranjas. Como é calculado o PIB? Poderíamos simplesmente somar maçãs e laranjas, concluindo que o PIB é igual a sete unidades de fruta. Entretanto, isso só faz sentido se imaginarmos que maçãs e laranjas têm valor equivalente, o que, em geral, não é verdadeiro. (Isso ficaria ainda mais claro se a economia tivesse produzido quatro melões e três uvas.)

Para calcular o valor total de diferentes bens e serviços, as contas nacionais utilizam os preços de mercado, pois tais valores refletem em quanto as pessoas estão dispostas a pagar por um bem ou serviço. Então, se uma maçã custa $ 0,50 e uma laranja custa $ 1,00, o PIB seria

$$\text{PIB} = (\text{Preço das Maçãs} \times \text{Quantidade de Maçãs})$$
$$(\text{Preço das Laranjas} \times \text{Quantidade de Laranjas})$$
$$= (\$\,0{,}50 \times 4) + (\$\,1{,}00 \times 3)$$
$$= \$\,5{,}00.$$

O PIB é igual a $ 5,00 – o valor correspondente a todas as maçãs, $ 2,00, somado ao valor correspondente a todas as laranjas, $ 3,00.

Bens usados

Quando a Topps Company fabrica um pacote de figurinhas de jogadores de beisebol e vende esse pacote por $ 2,00, esses $ 2,00 são acrescentados ao PIB da nação. No entanto, quando um colecionador vende por $ 500,00 uma figurinha difícil do jogador Mickey Mantle para outro colecionador, esses $ 500,00 não integram o PIB. O PIB mede o valor correspondente a bens e serviços produzidos *no momento presente*. A venda da figurinha de Mickey Mantle reflete a transferência de um ativo, não um acréscimo para a renda da economia. Sendo assim, a venda de bens usados não é incluída como parte do PIB.

O tratamento de estoques

Imagine que uma padaria contrate trabalhadores para produzir maior quantidade de pão, pague seus respectivos salários e, depois disso, não consiga vender a quantidade adicional de pães que produziu. De que modo essa transação afeta o PIB?

A resposta depende daquilo que acontece com o pão que não foi vendido. Vamos, em primeiro lugar, supor que o pão estrague. Nesse caso, a empresa teve um gasto maior com salários, mas não obteve receita adicional, de modo que o lucro da empresa é reduzido no montante equivalente ao aumento na quantidade de salários. O total da despesa na economia não se modificou, uma vez que ninguém comprou o pão. A renda total também não se alterou – embora um valor maior seja distribuído sob a forma de salários e um valor menor sob a forma de lucro. Por não afetar a despesa ou a renda, essa transação não altera o PIB.

Suponhamos agora que, em vez disso, o pão seja colocado no estoque para ser vendido posteriormente. Nesse caso, as contas nacionais tratam a transação de modo diferente. Considera-se que os proprietários da empresa "compraram" o pão para o estoque da empresa, e o lucro da empresa não é reduzido no montante equivalente aos salários adicionais pagos por ela. Uma vez que os salários mais altos fazem crescer o total da renda e um dispêndio maior com estoques faz crescer o total da despesa, o PIB da economia aumenta.

O que acontece depois disso, quando a empresa vende o pão que está no estoque? Esse caso é bastante parecido com a venda de um bem usado. Existe dispêndio por parte dos consumidores de pão, mas existe desinvestimento em estoques por parte da empresa. Esse dispêndio negativo da empresa compensa o dispêndio positivo dos consumidores, e por isso a venda que sai do estoque não afeta o PIB.

A regra geral é que, quando uma empresa aumenta o seu estoque de bens, esse investimento em estoque é contabilizado como despesa por parte dos proprietários da empresa. Sendo assim, a produção para fins de estoque faz crescer o PIB em um montante exatamente igual à produção para fins de venda final. Uma venda que sai do estoque, entretanto, corresponde a uma combinação entre dispêndio positivo (a compra) e dispêndio negativo (desinvestimento em estoques), de tal modo que o PIB não é influenciado. Esse tratamento dado aos estoques assegura que o PIB reflita a produção corrente de bens e serviços na economia.

Bens intermediários

Muitos bens são produzidos em estágios: matérias-primas são processadas por uma empresa, transformando-se em bens intermediários que, por sua vez, são vendidos a outra empresa para o processamento final. De que maneira devemos tratar tais produtos ao calcular o PIB? Por exemplo, suponhamos que o dono de uma fazenda de gado venda 113 gramas de carne para o McDonald's por $ 1,00 e, posteriormente, o McDonald's venda a você um hambúrguer por $ 3,00. O PIB deveria incluir tanto a carne quanto o hambúrguer (um total correspondente a $ 4,00) ou apenas o hambúrguer ($ 3,00)?

A resposta é que o PIB inclui somente o valor correspondente a bens finais. Sendo assim, o hambúrguer é incluído no PIB, mas a carne não: o PIB aumenta em $ 3,00 e não em $ 4,00. A razão para isso é que o valor correspondente aos bens intermediários já faz parte do preço de mercado dos bens finais nos quais esses bens são utilizados. Somar os bens intermediários aos bens finais significaria dupla contagem – ou seja, a carne seria contabilizada duas vezes. Por conseguinte, o PIB corresponde ao valor total de bens finais e serviços produzidos.

Uma das maneiras de calcular o valor de todos os bens e serviços finais é somar o valor agregado em cada estágio da produção. O **valor agregado** de uma empresa é igual ao valor do produto da empresa menos o valor dos bens intermediários que a empresa adquire. No caso do hambúrguer, o valor agregado para o fazendeiro corresponde a $ 1,00 (considerando-se que o fazendeiro não tenha adquirido quaisquer bens intermediários), e o valor agregado para o McDonald's é de $ 3,00 - $ 1,00, ou $ 2,00. O valor agregado total corresponde a $ 1,00 + $ 2,00, o que é igual a $ 3,00. Para o conjunto da economia, a soma de todo o valor agregado deve ser igual ao valor de todos os bens e serviços finais. Por conseguinte, o PIB corresponde também ao total do valor agregado de todas as empresas na economia.

Imputações de valor

Embora a maior parte de bens e serviços seja valorada com base em seus preços de mercado ao se calcular o PIB, alguns deles não são vendidos no mercado e, por essa razão, não têm preços de mercado. Para que o PIB inclua o valor desses bens e serviços, precisamos usar uma estimativa de seus valores. Esse tipo de estimativa é conhecido como **valor imputado.**

As imputações de valor são especialmente importantes para que se determine o valor da moradia. Alguém que esteja alugando uma casa está comprando serviços de moradia e proporcionando renda para o proprietário do imóvel; o aluguel faz parte do PIB, tanto como despesa para o locatário quanto como renda para o locador. Muitas pessoas, entretanto, são proprietárias de suas residências. Embora não paguem aluguel ao proprietário do imóvel, desfrutam de serviços de moradia semelhantes aos que são adquiridos pelos locatários. Para levar em conta os serviços de moradia usufruídos pelos proprietários de imóveis, o PIB inclui o "aluguel" que esses proprietários "pagam" a si mesmos. Evidentemente, os proprietários dos imóveis não pagam de fato a si mesmos esse aluguel. O U.S. Department of Commerce estima qual seria o valor de mercado para o aluguel do imóvel, caso ele fosse alugado, e inclui esse aluguel imputado no cálculo do PIB. Esse aluguel imputado é incluído tanto na despesa do proprietário do imóvel quanto em sua renda.

Imputações de valor se fazem presentes também na atribuição de valores aos serviços prestados pelo governo. Por exemplo, policiais, bombeiros e senadores prestam serviços à população. É difícil atribuir um valor a esses serviços, uma vez que eles não são comercializados no mercado e, consequentemente, não têm preço de mercado. As contas nacionais contabilizam esses serviços no PIB avaliando-os com base em seus respectivos custos. Ou seja, os salários desses servidores públicos são utilizados como medida para o valor correspondente à sua produção.

Em muitos casos, uma imputação de valor seria em princípio necessária, mas, para fins de simplificação, não é realizada na prática. Uma vez que o PIB inclui o aluguel imputado de imóveis ocupados por seus proprietários, era de se esperar que também incluísse o valor imputado para o aluguel de automóveis, cortadores de grama, joias e outros bens duráveis de propriedade dos domicílios. Não obstante, o valor desses serviços de aluguel é deixado de fora do cálculo do PIB. Além disso, parte do produto da economia é produzida e consumida em casa, jamais chegando a ingressar no mercado. Por exemplo, refeições preparadas em casa são semelhantes a refeições preparadas em restaurantes, contudo, o valor agregado das refeições preparadas em casa é deixado de fora do cálculo do PIB.

Finalmente, nenhuma imputação é feita para o valor de bens e serviços vendidos na *economia informal*. A economia informal corresponde à parcela da economia que as pessoas escondem do governo, seja porque desejam escapar da tributação, seja porque a atividade é ilegal. Entre os exemplos estão os trabalhadores domésticos sem carteira assinada, bem como o comércio de drogas ilegais. O tamanho da economia informal varia consideravelmente de um país para outro. Nos Estados Unidos, a economia informal é estimada em menos de 10% da economia oficial; enquanto isso, em algumas nações em desenvolvimento, como Tailândia, Nigéria e Bolívia, a economia informal equivale a mais da metade da economia oficial

Uma vez que as imputações necessárias para o cálculo do PIB correspondem apenas a aproximações, e considerando-se que o valor de muitos bens e serviços é deixado completamente de fora, o PIB é um indicador imperfeito para a atividade econômica. Tais imperfeições são ainda mais problemáticas quando se compara o padrão de vida entre países. Entretanto, desde que a magnitude dessas imperfeições permaneça relativamente constante ao longo do tempo, o PIB é útil para comparar a atividade econômica de um ano para outro.

PIB real versus PIB nominal

Os economistas utilizam as regras que acabamos de descrever para calcular o PIB, que avalia a produção total de bens e serviços na economia. Mas será que o PIB é um bom indicador para o bem-estar da economia? Considere, mais uma vez, a economia que produz exclusivamente maçãs e laranjas. Nessa economia, o PIB representa a soma do valor de todas as maçãs produzidas e o valor de todas as laranjas produzidas. Ou seja,

PIB = (Preço das Maçãs × Quantidade de Maçãs)
+ (Preço das Laranjas × Quantidade de Laranjas)

Os economistas chamam de **PIB nominal** o valor de bens e serviços medidos em termos de preços correntes. Observe que o PIB nominal pode crescer, seja porque os preços sobem, seja porque as quantidades aumentam.

É fácil perceber que o PIB calculado desse modo não representa um bom indicador para o bem-estar econômico. Ou seja, esse indicador não reflete precisamente até que ponto a economia consegue satisfazer a demanda dos domicílios, das empresas e do governo. Se todos os preços dobrassem sem que houvesse quaisquer modificações na quantidade, o PIB dobraria. Não obstante, seria enganoso afirmar que a capacidade da economia no sentido de satisfazer demandas tenha dobrado, uma vez que a quantidade de todos os bens produzidos permanece inalterada.

Um indicador mais eficiente para o bem-estar econômico levaria em conta a produção de bens e serviços da economia, sem ser influenciado por variações nos preços. Para esse propósito, os economistas utilizam o **PIB real**, que corresponde ao valor de bens e serviços mensurados utilizando-se um conjunto constante de preços. Ou seja, o PIB real mostra aquilo que teria acontecido com os gastos relacionados à produção, caso as quantidades tivessem se modificado, mas não os preços.

Para verificar como o PIB real é calculado, imagine que desejássemos comparar a produção em 2017 com a produção em anos subsequentes em nossa economia composta de maçãs e laranjas. Começaríamos escolhendo um conjunto de preços, chamados de *preços do ano-base*, tais como os valores vigentes em 2017. Os bens e serviços seriam então somados, utilizando-se esses preços correspondentes ao ano-base, para valorar os diferentes bens a cada ano. O PIB real para 2017 seria

PIB Real = (Preço das Maçãs em 2017 ×
Quantidade de Maçãs em 2017)

+ (Preço das Laranjas em 2017 ×
Quantidade de Laranjas em 2017)

De modo semelhante, o PIB real em 2018 seria

PIB Real = (Preço das Maçãs em 2017 ×
Quantidade de Maçãs em 2018)

+ (Preço das Laranjas em 2017 ×
Quantidade de Laranjas em 2018)

E o PIB real em 2019 seria

PIB Real = (Preço das Maçãs em 2017 ×
Quantidade de Maçãs em 2019)

+ (Preço das Laranjas em 2017 ×
Quantidade de Laranjas em 2019).

Observe que os preços de 2017 são utilizados para calcular o PIB real dos três anos. Considerando-se que os preços são mantidos constantes, o PIB real varia de ano para ano unicamente se as quantidades produzidas variarem. Uma vez que a capacidade da sociedade de proporcionar satisfação econômica a seus membros depende, em última instância, da quantidade de bens e serviços produzidos, o PIB real constitui melhor indicador para o bem-estar econômico do que o PIB nominal.

O deflator do PIB

Tendo como base o PIB nominal e o PIB real, podemos calcular uma terceira estatística: o deflator do PIB. Também conhecido como *deflator implícito de preços para o PIB*, **deflator do PIB** corresponde à razão entre o PIB nominal e o PIB real:

$$\text{Deflator do PIB} = \frac{(\text{PIB Nominal})}{(\text{PIB Real})}$$

O deflator do PIB reflete aquilo que está acontecendo com o nível geral de preços na economia.

Para melhor compreender isso, considere novamente uma economia com um único bem, pão. Se P corresponde ao preço do pão e Q representa a quantidade vendida, o PIB nominal corresponde ao número total de unidades de moeda corrente gastas com pão, naquele ano, $P \times Q$. O PIB real corresponde ao número de bisnagas de pão produzidas naquele ano, multiplicado pelo preço do pão em algum ano-base, $P_{base} \times Q$. O deflator do PIB corresponde ao preço do pão naquele ano em relação ao preço do pão no ano-base, P/P_{base}.

A definição para o deflator do PIB nos permite separar o PIB nominal em duas partes: uma parte mede quantidades (PIB real) e a outra mede preços (o deflator do PIB). Ou seja,

PIB Nominal = PIB Real × Deflator do PIB.

O PIB nominal mede o valor atual, em unidades de moeda corrente, para o total da produção da economia. O PIB real mede a produção, com valores a preços constantes. O deflator do PIB mede o preço da produção em relação ao preço respectivo da produção no ano-base. Podemos também representar essa equação da seguinte forma

$$\text{PIB Real} = \frac{(\text{PIB Nominal})}{(\text{Deflator do PIB})}$$

Nessa fórmula, podemos constatar a origem para o nome *deflator*: ele é utilizado para deflacionar o PIB nominal (ou seja, expurgar a inflação), de modo a gerar o PIB real.

Indicadores do PIB real ponderados em cadeia

Até agora, analisamos o PIB real como se os preços utilizados para calcular esse indicador jamais se modificassem a partir de seus valores correspondentes ao ano-base. Se isso fosse verdade, os preços ficariam cada vez mais defasados ao longo do tempo. Por exemplo, o preço dos computadores vem caindo substancialmente nos últimos anos, enquanto o preço da anuidade em uma faculdade vem aumentando. Ao se atribuírem valores à produção de computadores e à educação, seria enganoso utilizar os preços que prevaleciam dez ou vinte anos atrás.

Para solucionar esse problema, o Bureau of Economic Analysis dos Estados Unidos costumava atualizar periodicamente os preços utilizados para o cálculo do PIB real nos EUA. Aproximadamente a cada cinco anos, um novo ano-base era escolhido. Os preços eram, então, mantidos fixos e utilizados no intuito de mensurar variações de ano para ano na produção de bens e serviços, até que o ano-base fosse atualizado mais uma vez.

Em 1995, o Bureau anunciou uma nova política para lidar com variações no ano-base. Em particular, essa política utiliza agora indicadores *ponderados em cadeia* para o PIB real. Com esses novos indicadores, o ano-base se modifica continuamente ao longo do tempo. Essencialmente, os preços médios em 2017 e 2018 são utilizados para mensurar o crescimento real de 2017 para 2018; os preços médios em 2018 e 2019 são utilizados com o objetivo de mensurar o crescimento real de 2018 para 2019; e assim sucessivamente. Essas diversas taxas de crescimento de ano para ano são, posteriormente, consolidadas no intuito de formar uma "cadeia", que pode ser utilizada de modo a comparar a produção de bens e serviços entre duas datas quaisquer.

Esse novo indicador para o PIB real, ponderado em cadeia, é melhor que o indicador mais tradicional, pois garante que os preços utilizados para calcular o PIB real nunca estejam demasiadamente desatualizados. Para a maior parte dos propósitos, entretanto, as diferenças não são significativas. Ocorre que os dois indicadores do PIB real são fortemente correlacionados entre si. Em termos práticos, ambos os indicadores do PIB real refletem a mesma coisa: variações no âmbito de toda a economia, em termos da produção de bens e serviços.

Os componentes da despesa

Economistas e formuladores de políticas econômicas preocupam-se não somente com a produção total de bens e serviços no âmbito da economia, mas também com a distribuição dessa produção por entre aplicações alternativas. As contas nacionais dividem o PIB em quatro categorias abrangentes para despesas:

- Consumo (C)
- Investimento (I)
- Compras do governo (G)
- Exportações líquidas (NX).

Por conseguinte, considerando-se que Y representa o PIB,

$$Y = C + I + G + NX.$$

O PIB é a soma de consumo, investimento, compras do governo e exportações líquidas. Cada unidade monetária do PIB está incluída em uma dessas categorias. Essa equação corresponde a uma *identidade* – uma equação que é sempre verdadeira, em decorrência do modo pelo qual as variáveis estão definidas. Ela é conhecida como a **identidade das contas nacionais**.

Consumo consiste nos gastos dos domicílios com bens e serviços. Bens são itens tangíveis e, por sua vez, estão divididos entre duráveis e não duráveis. Bens duráveis são bens que duram um período longo, como, por exemplo, automóveis e aparelhos de televisão. Bens não duráveis são os que duram somente um curto intervalo de tempo, tais como alimentos e vestuário. Serviços incluem vários itens intangíveis que os consumidores adquirem, como, por exemplo, cortes de cabelo e consultas médicas.

Investimento consiste em bens adquiridos para uso futuro. O investimento é também dividido em três subcategorias: investimento fixo de empresas, investimento fixo residencial e investimento em estoques. O investimento fixo de empresas, também

---

SAIBA MAIS

Dois artifícios úteis para se trabalhar com variações percentuais

Para lidarmos com inúmeras relações na economia, vale a pena conhecermos um artifício aritmético: *a variação percentual de um produto entre duas variáveis é aproximadamente igual à soma das variações percentuais em cada uma das variáveis.*

Consideremos um exemplo. Suponhamos que P represente o deflator do PIB e Y corresponda ao PIB real. O PIB nominal corresponde a $P \times Y$. Aplicando o artifício aritmético, obtemos

Variação Percentual em ($P \times Y$)
≈ (Variação Percentual em P)
+ (Variação Percentual em Y).

Por exemplo, suponhamos que em determinado ano o PIB real corresponda a 100 e o deflator do PIB seja 2; no ano seguinte, o PIB real seja 103 e o deflator do PIB seja 2,1. Podemos calcular que o PIB real cresceu 3% e que o deflator do PIB cresceu 5%. O PIB nominal cresceu de 200 no primeiro ano para 216,3 no segundo ano, um crescimento de 8,15%. Observe que o crescimento no PIB nominal (8,15%) é aproximadamente igual à soma entre o crescimento no deflator do PIB (5%) e o crescimento no PIB real (3%).*

Segue-se um segundo artifício aritmético como corolário do primeiro: *A variação percentual de uma fração é aproximadamente igual à variação percentual no numerador menos a variação percentual no denominador.* Novamente, consideremos um exemplo. Suponhamos que Y represente o PIB e L a população, de modo tal que Y/L corresponda ao PIB *per capita*. O segundo artifício afirma que

Variação Percentual em (Y/L)
≈ (Variação Percentual em Y)
− (Variação Percentual em L).

Por exemplo, suponha que no primeiro ano Y seja igual a 100.000 e L seja igual a 100, de maneira tal que Y/L corresponda a 1.000; no segundo ano, Y seja igual a 110.000 e L seja igual a 103, de maneira tal que Y/L corresponda a 1.068. Observe que o crescimento no PIB *per capita* (6,8%) corresponde, aproximadamente, ao crescimento na renda (10%) menos o crescimento na população (3%).

---

* *Nota matemática*: A prova de fato aritmético começa com a regra do produto do cálculo matemático:

$$d(PY) = Y\,dP + P\,dY.$$

Agora, divida ambos os lados dessa equação por PY, de modo a obter:

$$d(PY)/(PY) = dP/P + dY/Y.$$

Observe que todos os três termos nessa equação correspondem a variações percentuais.

conhecido como investimento fixo não residencial, é a compra de novas unidades produtivas, equipamentos e itens de propriedade intelectual por parte das empresas. (Itens de propriedade intelectual incluem *software*, pesquisa e desenvolvimento, bem como entretenimento, literatura e originais artísticos.) Investimento imobiliário é a aquisição de um novo imóvel para fins de moradia ou locação. Investimento em estoques é o aumento na armazenagem de bens de uma empresa. (Caso os estoques estejam diminuindo, esse investimento é negativo.)

Compras do governo correspondem aos bens e serviços adquiridos pelo governo federal, bem como pelos governos estaduais e municipais. Essa categoria inclui itens como equipamentos militares, estradas e os serviços prestados pelos servidores públicos. Não inclui pagamento de transferências para pessoas, tais como previdência e assistência social. Por realocarem uma renda já existente e não ocorrer um intercâmbio por bens e serviços, os pagamentos de transferências não integram o PIB.

A última categoria, **exportações líquidas**, leva em conta o comércio com outros países. Exportações líquidas correspondem ao valor de bens e serviços vendidos para outros países (exportações) menos o valor dos bens e serviços que os países estrangeiros vendem para nosso país (importações). As exportações líquidas são positivas quando o valor de nossas exportações é superior ao de nossas importações, e são negativas quando o valor de nossas importações é superior ao de nossas exportações. Exportações líquidas representam a despesa líquida do exterior em relação a nossos bens e serviços, o que proporciona renda para os produtores internos.

ESTUDO DE CASO

O PIB E SEUS COMPONENTES

Em 2016, o PIB dos Estados Unidos totalizou aproximadamente US$ 18,6 trilhões. Essa cifra é tão alta que fica difícil ter noção de tal ordem de grandeza. Podemos facilitar sua compreensão ao dividi-la pela população dos EUA em 2016, que correspondia a 323 milhões de habitantes. Desse modo, obtemos o PIB *per capita* – o montante de dispêndio para cada norte-americano –, que correspondia a US$ 57.638,00.

Como foi utilizado esse PIB? A Tabela 2.1 mostra que aproximadamente dois terços dele, ou US$ 39.677,00 por pessoa, foram gastos com consumo. O investimento correspondeu a US$ 9.461 por pessoa. As compras do governo totalizaram US$ 10.113,00 por pessoa, US$ 2.256,00 dos quais foram gastos pelo governo federal em defesa nacional.

Tabela 2.1 O PIB e os componentes da despesa: 2016

	Total (bilhões de dólares)	*Per capita* (dólares)
Produto Interno Bruto	18.624	57.638
Consumo	12.821	39.677
Bens não duráveis	2.710	8.388
Bens duráveis	1.411	4.367
Serviços	8.699	26.922
Investimento	3.057	9.461
Investimento fixo não residencial	2.316	7.168
Investimento fixo residencial	706	2.185
Investimento em estoques	35	109
Compras do Governo	3.268	10.113
Federal	1.231	3.811
Defesa	729	2.256
Não relacionadas com a defesa	503	1.555
Estadual e municipal	2.036	6.302
Exportações Líquidas	– 521	– 1.613
Exportações	2.215	6.854
Importações	2.736	8.467

Fonte: U.S. Department of Commerce, U.S. Census Bureau.

SAIBA MAIS

O que significa investimento?

Novatos em macroeconomia às vezes ficam confusos com o uso por parte dos economistas de palavras familiares em sentidos novos e específicos. Um exemplo é o termo *investimento*. A confusão surge porque aquilo que aparenta ser investimento para um único indivíduo pode não significar investimento para a economia como um todo. A regra geral é que o investimento, no contexto geral da economia, não inclui aquisições que meramente redistribuem ativos já existentes por entre diferentes indivíduos. Investimento, no sentido em que os macroeconomistas o utilizam, cria um novo ativo físico, chamado capital, que pode ser usado na produção futura.

Vejamos alguns exemplos. Suponha que observemos estes dois eventos:

- Smith compra, para seu uso pessoal, uma casa construída há 100 anos em estilo vitoriano.
- Jones constrói para si uma casa nova em estilo contemporâneo.

Qual é o investimento total nesses casos? Duas casas, uma casa ou zero casa?

Um macroeconomista, diante dessas duas transações, contabiliza somente a casa de Jones como investimento. A transação realizada por Smith não criou moradia nova para a economia como um todo; meramente realocou um imóvel residencial já existente, de um proprietário anterior para Smith. Em contrapartida, dado que Jones agregou uma nova moradia à economia, sua nova casa é contabilizada como investimento.

De modo semelhante, considere estes dois eventos:

- Bill Gates compra, de Warren Buffett, $ 5 milhões em ações da IBM na Bolsa de Valores de Nova York.
- A General Motors vende $ 10 milhões em ações para o público e utiliza essa receita para construir uma nova fábrica de automóveis.

Nesse caso, o investimento corresponde a $ 10 milhões. A primeira transação realoca a propriedade de ações da IBM de Buffet para Gates; o estoque de capital da economia permanece inalterado, de tal modo que não existe qualquer tipo de investimento no sentido empregado pelos macroeconomistas. Em contrapartida, uma vez que a General Motors está utilizando parte da produção de bens e serviços da economia para fazer crescer seu estoque de capital, sua nova fábrica é contabilizada como investimento.

O cidadão norte-americano em geral adquiriu US$ 8.467,00 em bens importados do exterior e produziu US$ 6.854,00 em bens que foram exportados para outros países. Tendo em vista que o norte-americano médio importou mais do que exportou, as exportações líquidas foram negativas. Além disso, uma vez que o norte-americano médio obteve menor ganho com a venda para o estrangeiro do que gastou com bens oriundos do exterior, ele deve ter financiado a diferença assumindo empréstimos de estrangeiros (ou, de modo equivalente, vendendo a eles alguns de seus ativos). Por conseguinte, o norte-americano médio tomou como empréstimo US$ 1.613,00 do exterior em 2016.

Outros indicadores de renda

As contas nacionais incluem outros indicadores de renda cuja definição difere ligeiramente do PIB. É importante ter conhecimento dos vários indicadores, uma vez que os economistas e a imprensa costumam se referir a eles.

Para verificar como os indicadores alternativos de renda se relacionam entre si, partimos do PIB, modificando-o de várias maneiras. Para obter o *produto nacional bruto (PNB)*, somamos ao PIB os recebimentos de renda dos fatores de produção (salários, lucros e aluguéis) do restante do mundo e subtraímos os pagamentos de renda dos fatores de produção destinados ao restante do mundo:

PNB = PIB + Renda dos Fatores Oriunda do Exterior −
Renda dos Fatores Destinada ao Exterior.

Enquanto o PIB mede o total da renda produzida *internamente*, o PNB mede a renda total ganha pelos chamados *nacionais* (residentes de uma nação). Por exemplo, se um residente japonês é proprietário de um prédio de apartamentos em Nova York, a renda decorrente do aluguel que ele recebe é parte integrante do PIB dos EUA, já que é recebida dentro dos Estados Unidos. Entretanto, uma vez que essa renda de aluguel representa um pagamento de fator para o exterior, ela não integra o PNB dos Estados Unidos. Nos EUA, pagamentos de fatores oriundos do exterior e pagamentos de fatores destinados ao exterior são semelhantes em termos de tamanho – cada um deles representa aproximadamente 4% do PIB –, de modo tal que o PIB e o PNB são bastante próximos.

Para obter o *produto nacional líquido (PNL)*, subtraímos a depreciação do capital – a parcela do estoque de fábricas, equipamentos e estruturas residenciais da economia que sofre desgaste ao longo do ano:

PNL = PNB − Depreciação.

Nas contas nacionais, a depreciação é conhecida como *consumo do capital fixo*. Isso equivale a cerca de 16% do PNB. Uma vez que a depreciação do capital representa um custo de produção do produto total da economia, a subtração da depreciação apresenta o resultado líquido da atividade econômica.

O produto nacional líquido é aproximadamente igual a outro indicador, conhecido como *renda nacional*. Os dois diferem em razão de uma pequena correção conhecida como *discrepância estatística*, que surge porque diferentes fontes de dados podem não ser completamente consistentes.

Renda Nacional = PNL − Discrepância Estatística

A renda nacional mede quanto ganharam todos os indivíduos que integram a economia.

As contas nacionais dividem a renda nacional em seis componentes, dependendo de quem aufere a renda. As seis categorias, e a percentagem da renda nacional paga a cada uma das categorias em 2016, se apresentam deste modo:

- *Remuneração dos empregados* (62%). Os salários e benefícios adicionais percebidos pelos trabalhadores.
- *Renda dos proprietários* (8%). A renda decorrente de negócios que não possuem natureza empresarial, como pequenas fazendas, empresas familiares e escritórios de advocacia.
- *Renda de aluguéis* (4%). A renda que os proprietários recebem, incluindo o aluguel imputado correspondente ao que os proprietários "pagam" a si mesmos, deduzidas as despesas, tais como a depreciação.
- *Lucros corporativos* (13%). A renda das empresas depois dos pagamentos feitos a seus trabalhadores e credores.
- *Juros líquidos* (4%). Os juros que as empresas domésticas pagam, deduzindo-se os juros que elas recebem, acrescidos dos juros recebidos de estrangeiros.
- *Impostos sobre produção e importações* (9%). Alguns impostos cobrados das empresas, como impostos sobre vendas, deduzidos os subsídios oferecidos a elas. Esses impostos geram uma diferença entre o preço que os consumidores pagam por um bem e o preço que a empresa recebe por esse mesmo bem.

Uma série de ajustes nos conduz da renda nacional para a *renda pessoal*, o montante de renda que os domicílios e os negócios de natureza não empresarial recebem. Quatro desses ajustes são os mais importantes. Em primeiro lugar, subtraímos os impostos cobrados sobre produção e importações, uma vez que esses impostos jamais integram a renda de quem quer que seja. Em segundo lugar, reduzimos a renda nacional no montante equivalente àquilo que as empresas recebem mas não pagam, seja por estarem retendo lucros, seja por estarem pagando impostos ao governo. Esse ajuste é feito por meio da subtração dos lucros corporativos (que correspondem à soma dos impostos das empresas, dividendos e lucros retidos) e pelo reacréscimo dos dividendos. Em terceiro lugar, aumentamos a renda nacional no montante líquido correspondente àquilo que o governo paga em transferências. Esse ajuste é igual às transferências do governo para os indivíduos subtraindo-se as contribuições para a seguridade social pagas ao governo. Em quarto lugar, ajustamos a renda nacional de modo a incluir os juros que os domicílios auferem, e não os juros que as empresas pagam. Esse ajuste é feito por meio da soma da renda de juros de pessoas físicas e pela subtração dos juros líquidos. (A diferença entre juros de pessoa física e juros líquidos surge, em parte, pelo fato de os juros sobre a dívida do governo representarem parte dos juros que os domicílios auferem, mas não representarem parte dos juros que as empresas pagam.) Sendo assim,

Renda Pessoal = Renda Nacional
− Impostos Indiretos das Empresas
− Lucros Corporativos
− Contribuições para a Seguridade Social
− Juros Líquidos
+ Dividendos
+ Transferências do Governo para os Indivíduos
+ Renda de Juros de Pessoa Física.

Em seguida, se subtrairmos os pagamentos de impostos de pessoa física, obteremos a *renda pessoal disponível*:

Renda Pessoal Disponível = Renda Pessoal − Impostos de Pessoas Físicas.

Nosso interesse se concentra na renda pessoal disponível porque ela corresponde ao montante que os domicílios e os negócios de natureza não empresarial têm disponível para gastar, depois de terem cumprido suas obrigações fiscais com o governo.

Ajustes sazonais

Uma vez que o PIB real e os outros indicadores de renda refletem o bom ou o mau desempenho da economia, interessa aos economistas estudar as flutuações trimestrais nessas variáveis. No entanto, quando começamos a fazer isso, um fato logo sobressai: todos esses indicadores de renda exibem um padrão sazonal regular. A produção total da economia aumenta durante o ano, atingindo um pico no quarto trimestre (outubro, novembro e dezembro) e decrescendo, posteriormente, no primeiro trimestre (janeiro, fevereiro e março) do ano subsequente. Essas variações sazonais regulares são substanciais. Tomando como ponto de partida o quarto trimestre até o primeiro trimestre subsequente, o PIB real decresce, em média, aproximadamente 8 por cento.*

Não é de surpreender que o PIB real siga um ciclo sazonal. Algumas dessas variações podem ser atribuídas a variações em nossa capacidade de produzir: por exemplo, em alguns países a construção de casas é mais difícil durante o frio do inverno do que durante as outras estações. Além disso, as pessoas apresentam preferências de natureza sazonal: têm épocas preferidas para atividades como tirar férias e fazer compras de Natal.

Quando os economistas estudam flutuações no PIB real e outras variáveis econômicas, eles geralmente desejam eliminar a parcela da flutuação decorrente de variações sazonais previsíveis. Você vai descobrir que a maior parte das estatísticas econômicas relatadas nos jornais é *ajustada sazonalmente*. Isso significa que os dados foram ajustados de modo a remover as flutuações sazonais regulares. (Os procedimentos estatísticos precisos utilizados são demasiadamente complexos para serem discutidos aqui, embora, essencialmente, envolvam a subtração de variações na renda que sejam previsíveis simplesmente em razão de variações sazonais.) Portanto, quando observamos um crescimento ou uma queda no PIB real, ou em qualquer outra série histórica de dados, é preciso irmos além do ciclo sazonal para buscarmos a explicação de tal ocorrência.**

2.2 MENSURANDO O CUSTO DE VIDA: O ÍNDICE DE PREÇOS AO CONSUMIDOR

Um dólar, nos dias de hoje, não compra tanto quanto comprava há vinte anos. O custo de quase todas as coisas aumentou. Esse aumento no nível geral de preços é conhecido como *inflação*, e a variação percentual no nível de preços, de um período para o período seguinte, é chamada de *taxa de inflação*. Inflação é uma das principais preocupações dos economistas e dos formuladores de políticas. Em capítulos posteriores, examinaremos as causas e os efeitos decorrentes da inflação. Neste capítulo, discutiremos o modo pelo qual os economistas medem variações no custo de vida.

O preço de uma cesta de bens

O indicador mais frequentemente utilizado para o nível de preços é o índice de preços ao consumidor (IPC).*** O Bureau of Labor Statistics (BLS), parte integrante do U.S. Department of Labor, tem a atribuição de calcular o IPC. O processo começa com a coleta de preços de milhares de bens e serviços. Assim como o PIB transforma valores correspondentes a inúmeros bens e serviços em um único número que mede o valor correspondente à produção, o IPC converte os preços de inúmeros bens e serviços em um único índice que mede o nível geral de preços.

De que modo os economistas deveriam agregar os inúmeros preços na economia em um único índice que mensurasse, de maneira confiável, o nível de preços? Eles poderiam simplesmente calcular uma média para todos os preços. Entretanto, esse tipo de abordagem trataria equitativamente todos os bens e serviços. Como as pessoas compram maior quantidade de frangos do que de caviar, o preço do frango deve ter peso maior no IPC do que o preço do caviar. Nos Estados Unidos, o Bureau of Labor Statistics faz a ponderação entre os diferentes itens, por meio do cálculo do preço de uma cesta de bens e serviços adquirida por um consumidor padrão. O IPC corresponde ao preço dessa cesta de bens e serviços em relação ao preço dessa mesma cesta em algum ano-base.

Por exemplo, suponhamos que um consumidor padrão compre 5 maçãs e 2 laranjas todos os meses. Sendo assim, a cesta de bens consiste em 5 maçãs e 2 laranjas, e o IPC é

$$\text{IPC} = \frac{(5 \times \text{Preço Corrente das Maçãs}) + (2 \times \text{Preço Corrente das Laranjas})}{(5 \times \text{Preço das Maçãs em 2017}) + 2 \times \text{Preço das Laranjas em 2017})}$$

Nesse IPC, o ano-base é 2017. O índice nos informa quanto custa, no presente, comprar 5 maçãs e 2 laranjas em relação a quanto custava adquirir a mesma cesta de frutas em 2017.

O índice de preços ao consumidor é o indicador de preços mais minuciosamente observado, mas não é o único. Outro é o *índice de preços ao produtor*, que mede o preço de uma cesta típica de bens adquiridos por empresas, não por consumidores. Além desses índices gerais de preços, nos EUA, o Bureau of Labor Statistics calcula índices de preços para tipos específicos de bens, como alimentos, moradia e energia elétrica. Outro indicador, às vezes chamado *núcleo da inflação*, mede o aumento nos preços de uma cesta de consumo que exclui alimentos e produtos do setor de energia elétrica. Como os preços desses bens exibem grande volatilidade no curto prazo, o núcleo da inflação é visto como melhor indicador para tendências de inflação no curto prazo.

Como o IPC se compara ao deflator do PIB e ao deflator PCE

Anteriormente neste capítulo, analisamos outro indicador de preços – o deflator implícito de preços para o PIB, que corresponde ao quociente entre o PIB nominal e o PIB real. O deflator do PIB e o IPC fornecem informações ligeiramente diferentes em relação ao que está ocorrendo no nível geral de preços na economia. Existem três diferenças fundamentais entre os dois indicadores.

A primeira diferença é que o deflator do PIB mede o preço de todos os bens e serviços produzidos, enquanto o IPC mede somente os preços de bens e serviços adquiridos por consumidores. Sendo assim, um aumento no preço de bens adquiridos somente por empresas ou pelo governo aparecerá no deflator do PIB, mas não no IPC.

A segunda diferença é que o deflator do PIB inclui somente aqueles bens produzidos internamente. Bens importados não fazem parte do PIB e não aparecem no deflator do PIB. Consequentemente, um crescimento no preço de uma Toyota fabricada no Japão e vendida nos EUA afeta o IPC dos EUA, já que

---

* BARSKY, Robert B.; MIRON, Jeffrey A. The seasonal cycle and the business cycle. *Journal of Political Economy*, v. 97, p. 503-504, June 1989.
** Para conhecer mais sobre a construção do PIB, veja LANDEFELD, J. Steven; SESKIN, Eugene P.; FRAUMENI, Barbara M. Taking the pulse of the economy: measuring GDP. *Journal of Economic Perspectives*, ano 22, n. 2, p. 193-216, 2008.
*** No Brasil, existem vários indicadores para índices de preços, como o IPC da Fundação Getulio Vargas, o IPC da FIPE e o IPCA e o INPC calculados pelo IBGE, cada um com suas especificidades. (N.T.)

a Toyota é adquirida por consumidores norte-americanos, mas não afeta o deflator do PIB dos EUA.

A terceira e mais sutil diferença resulta do modo pelo qual os dois indicadores agregam os inúmeros preços na economia. O IPC atribui pesos fixos aos preços dos diferentes bens, ao passo que o deflator do PIB atribui pesos que podem variar. Em outras palavras, o IPC é calculado com o uso de uma cesta fixa de bens, enquanto o deflator do PIB permite que a cesta de bens varie ao longo do tempo, à medida que varia a composição do PIB. O exemplo a seguir ilustra a diferença entre essas abordagens. Suponha que fortes geadas destruam a safra de laranjas dos EUA. A quantidade de laranjas produzidas cai para zero, e o preço das poucas laranjas que eventualmente permanecem nas prateleiras dos supermercados sobe assustadoramente. Se laranjas passam a não mais fazer parte do PIB, o crescimento no preço das laranjas não aparece no deflator do PIB. Não obstante, uma vez que o IPC é calculado com base em uma cesta fixa de bens que inclui laranjas, o crescimento no preço das laranjas causa um aumento substancial no IPC.

Os economistas chamam o índice de preços com uma cesta fixa de bens de índice de *Laspeyres* e o índice de preços com uma cesta variável de índice de *Paasche*. Teóricos da economia vêm estudando as propriedades desses diferentes tipos de índice de preços com o objetivo de determinar qual deles representaria um melhor indicador para o custo de vida. A resposta, conforme se verifica, é que nenhum deles é evidentemente superior ao outro. Quando os preços correspondentes a diferentes bens variam em diferentes proporções, um índice de Laspeyres (cesta fixa) tende a superestimar o crescimento no custo de vida, uma vez que não leva em conta o fato de os consumidores terem a oportunidade de substituir bens mais caros por outros mais baratos. Em contrapartida, o índice de Paasche (cesta variável) tende a subestimar o aumento no custo de vida. Apesar de levar em conta a substituição de bens alternativos, ele não reflete a redução em termos do bem-estar e satisfação dos consumidores, que pode resultar desse tipo de substituição.

O exemplo da safra de laranjas destruída ilustra os problemas dos índices de preços de Laspeyres e de Paasche. Por ser um índice de Laspeyres, o IPC superestima o impacto do aumento nos preços das laranjas sobre os consumidores: por utilizar uma cesta fixa de bens, ele ignora a capacidade dos consumidores de substituir as laranjas por maçãs. Em contrapartida, uma vez que o deflator do PIB corresponde a um índice de Paasche, ele subestima o impacto sobre os consumidores: o deflator do PIB não demonstra qualquer aumento nos preços, ainda que o preço mais elevado das laranjas certamente afete o nível de satisfação dos consumidores.*

Além do IPC e do deflator do PIB, outro indicador importante da inflação é o deflator implícito dos gastos pessoais com consumo (*personal consumption* expenditures, PCE) ou **deflator PCE**. O deflator PCE é calculado do mesmo modo que o deflator do PIB mas, em vez de se basear em todo o PIB, baseia-se apenas no componente consumo. Ou seja, o deflator PCE é a razão entre a despesa nominal do consumidor e a despesa real do consumidor.

O deflator PCE se assemelha ao IPC em alguns aspectos e ao deflator do PIB em outros. Do mesmo modo que o IPC, o deflator PCE inclui somente os preços de bens e serviços que os consumidores compram; exclui os preços de bens e serviços que fazem parte de investimentos e compras do governo. Também como o IPC, o deflator PCE inclui os preços de bens importados. No entanto, assim como o deflator do PIB, o deflator PCE permite que a cesta de bens se modifique ao longo do tempo, à medida que se altera a composição das despesas com consumo. Devido a essa combinação de atributos, o Federal Reserve utiliza o deflator PCE como seu indicador preferido para a velocidade no crescimento dos preços.

Felizmente, em geral, a diferença entre esses vários indicadores é pequena na prática. A Figura 2.3 mostra a inflação medida pelo IPC, pelo deflator do PIB e pelo deflator PCE para cada ano de 1948 a 2016. Todos os três indicadores, de modo geral, contam a mesma história sobre quão rapidamente os preços estão aumentando.

O IPC superestima a inflação?

O índice de preços ao consumidor é um indicador de inflação observado minuciosamente. Os formuladores de políticas no Banco Central (como é o caso do Fed, nos EUA) monitoram o IPC juntamente com muitas outras variáveis ao elaborarem políticas monetárias. Além disso, muitas leis e contratos do setor privado apresentam cláusulas que levam em conta o aumento no custo de vida, e o IPC é utilizado para realizar ajustes nos contratos em decorrência de variações no nível de preços. Por exemplo, os benefícios da seguridade social, nos EUA, são ajustados automaticamente a cada ano, de modo a que a inflação não corroa o padrão de vida dos idosos.

Como tantas coisas dependem do IPC, é importante garantir a precisão desse indicador para o nível de preços. Muitos economistas acreditam que, por uma série de razões, o IPC tende a superestimar a inflação.

Um dos problemas diz respeito ao viés de substituição, sobre o qual já discutimos. Por medir o preço de uma cesta de mercadorias fixa, o IPC não reflete a capacidade dos consumidores de fazer substituições em favor de mercadorias cujos preços relativos tenham caído. Sendo assim, quando os preços relativos se modificam, o custo de vida verdadeiro cresce mais lentamente do que o IPC.

Um segundo problema diz respeito ao lançamento de novos bens. Quando um novo bem é lançado no mercado, melhora a situação dos consumidores, que passam a ter maior variedade de produtos à sua escolha. Com efeito, o lançamento de novos bens faz crescer o valor real da moeda. Entretanto, esse aumento no poder de compra da moeda não se reflete em IPC mais baixo.

Um terceiro problema diz respeito a variações não mensuradas na qualidade. Quando uma empresa altera a qualidade de um produto que vende, nem toda a variação do preço da mercadoria reflete uma variação no custo de vida. Nos EUA, o Bureau of Labor Statistics faz o melhor que pode para levar em conta variações na qualidade das mercadorias ao longo do tempo. Por exemplo, se a Ford aumentar a potência de determinado modelo de automóvel de um ano para o outro, o IPC refletirá a mudança: o preço do automóvel, ajustado para a melhoria de qualidade, não aumentará tão rápido quanto o preço que não tenha sofrido qualquer ajuste. Entretanto, inúmeras variações em termos de qualidade, como conforto ou segurança, não podem ser mensuradas com facilidade. Caso melhoras de qualidade não mensuradas sejam mais comuns do que pioras (também não mensuradas), o IPC medido aumentará mais rapidamente do que deveria.

Em 1995, o Comitê de Finanças do Senado dos Estados Unidos designou um grupo de cinco economistas renomados – Michael Boskin, Ellen Dulberger, Robert Gordon, Zvi Griliches e Dale Jorgenson – para estudar a magnitude do erro de

---

* Posto que um índice de Laspeyres superestima a inflação e um índice de Paasche a subestima, é possível arriscar um meio-termo, calculando-se a média entre as duas taxas de inflação mensuradas. Essa é a abordagem utilizada por outro tipo de índice, conhecido como índice de *Fisher*.

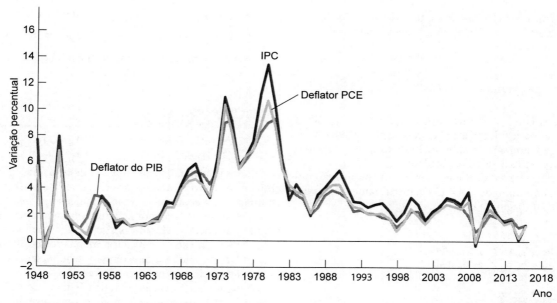

Figura 2.3 Três indicadores da inflação. Esta figura ilustra a variação percentual no IPC, no deflator do PIB e no deflator PCE, para todos os anos de 1948 a 2016. Embora às vezes apresentem divergências entre si, esses indicadores de preços geralmente contam a mesma história sobre a rapidez com que os preços aumentam. Tanto o IPC quanto o deflator do PIB demonstram que os preços cresceram lentamente na maior parte dos anos correspondentes às décadas de 1950 e 1960; que cresceram bem mais rápido ao longo da década de 1970; e que voltaram a crescer lentamente desde a metade da década de 1980.
Fontes: U.S. Department of Commerce, U.S. Department of Labor.

mensuração no IPC. O grupo concluiu que o IPC apresentava um viés para maior, em cerca de 0,8 a 1,6 ponto percentual ao ano, com a sua "melhor estimativa" sendo de 1,1 ponto percentual. Esse relatório acarretou algumas alterações no cálculo do IPC; sendo assim, imagina-se que o viés esteja atualmente abaixo de 1 ponto percentual. O IPC continua superestimando a inflação, mas não tanto quanto no passado.*

2.3 MEDINDO A FALTA DE EMPREGO: A TAXA DE DESEMPREGO

Um aspecto do desempenho econômico diz respeito à eficiência com que uma economia utiliza seus recursos. Dado que os trabalhadores constituem o recurso de maior importância em uma economia, o fato de manter trabalhadores empregados é uma preocupação fundamental dos formuladores de políticas econômicas. A taxa de desemprego é a estatística que mede a percentagem daquelas pessoas que desejam trabalhar e não têm emprego.** Todo mês, o U.S. Bureau of Labor Statistics calcula a taxa de desemprego dos EUA e muitas outras estatísticas que os economistas e os formuladores de políticas utilizam para monitorar mudanças no mercado de trabalho.

A pesquisa nos domicílios

Nos EUA, a taxa de desemprego resulta de um levantamento feito junto a aproximadamente 60.000 domicílios, conhecida como Current Population Survey [Pesquisa sobre a População Atual]. Esses domicílios incluem cerca de 110.000 indivíduos. Com base nas respostas às perguntas formuladas na pesquisa, cada adulto (16 anos de idade ou mais), em cada domicílio, é posicionado em uma de três categorias:

- *Empregado.* Esta categoria inclui aquelas pessoas que, na ocasião da pesquisa, trabalhavam como empregados remunerados; trabalhavam em seus próprios negócios; ou atuavam como trabalhadores não remunerados em um negócio de algum membro da família. Inclui também as pessoas que não estavam trabalhando mas que tinham empregos dos quais estavam temporariamente afastadas em decorrência, por exemplo, de férias, enfermidade ou condições climáticas adversas.
- *Desempregado.* Esta categoria inclui as pessoas que não estavam empregadas; que estavam disponíveis para o trabalho; e que tinham tentado encontrar emprego ao longo das quatro semanas anteriores à pesquisa. Inclui também as pessoas que esperavam ser chamadas de volta para o emprego do qual tinham sido temporariamente dispensadas.
- *Fora da força de trabalho.* Esta categoria inclui as pessoas que não se enquadram em nenhuma das duas primeiras categorias, tais como estudantes em regime integral, donas de casa ou aposentados.

Observe que quem deseja um emprego mas tem deixado de procurá-lo – um *trabalhador desalentado* – é contabilizado como fora da força de trabalho.

A **força de trabalho** é definida como a soma de pessoas empregadas e pessoas desempregadas, e a **taxa de desemprego** é definida como o percentual da força de trabalho que está desempregada. Ou seja,

Força de trabalho = Número de Pessoas Empregadas + Número de Pessoas Desempregadas

e

$$\text{Taxa de Desemprego} = \frac{(\text{Número de Pessoas Desempregadas})}{(\text{Força de Trabalho})} \times 100$$

---
* Para ampliar a discussão sobre essas questões, veja SHAPIRO, Matthew; WILCOX, David. Mismeasurement in the consumer price index: an evaluation. *NBER Macroeconomics Annual*, 1996, e o simpósio Measuring the CPI na edição de inverno de 1998 do *The Journal of Economic Perspectives*.
** No Brasil, o desemprego é calculado pelo IBGE, com base na PME – Pesquisa Mensal de Emprego. (N.T.)

Uma estatística correlacionada é a **taxa de participação na força de trabalho**, o percentual da população adulta que faz parte da força de trabalho:

$$\text{Taxa de Participação na Força de Trabalho} = \frac{(\text{Força de Trabalho})}{(\text{População Adulta})} \times 100$$

Nos Estados Unidos, o Bureau of Labor Statistics calcula essas estatísticas para a população em geral e para grupos dentro da população: homens e mulheres, brancos e negros, trabalhadores adolescentes e menores de idade.

A Figura 2.4 mostra o desmembramento da população nas três categorias em junho de 2017. O desmembramento das estatísticas se deu da seguinte maneira:

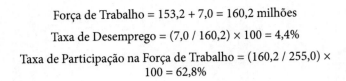

Força de Trabalho = 153,2 + 7,0 = 160,2 milhões

Taxa de Desemprego = (7,0 / 160,2) × 100 = 4,4%

Taxa de Participação na Força de Trabalho = (160,2 / 255,0) × 100 = 62,8%

ESTUDO DE CASO

HOMENS, MULHERES E PARTICIPAÇÃO NA FORÇA DE TRABALHO

Os dados relacionados ao mercado de trabalho, coletados pelo Bureau of Labor Statistics nos EUA, refletem não somente as flutuações da economia, como grandes expansões e recessões profundas do ciclo econômico, mas também uma variedade de mudanças sociais. Mudanças sociais de mais longo prazo, no que diz respeito aos papéis desempenhados por homens e mulheres na sociedade, por exemplo, evidenciam-se nos dados sobre a participação na força de trabalho.

A Figura 2.5 ilustra as taxas de participação na força de trabalho, para homens e para mulheres nos Estados Unidos, de 1950 a 2016. No período imediatamente posterior à Segunda Guerra Mundial, homens e mulheres desempenhavam diferentes papéis no âmbito da economia. Somente 34% das mulheres estavam trabalhando ou buscando trabalho, em contraste com 86% dos homens. Desde então, a diferença entre as taxas de participação de homens e mulheres vem diminuindo gradativamente, à medida que um número cada vez maior de mulheres vem ingressando na força de trabalho enquanto alguns homens a têm deixado. Conforme mensurado pela participação na força de trabalho, homens e mulheres desempenham, atualmente, papéis mais equitativos no âmbito da economia.

Existem muitas razões para essa mudança. Em parte, ela se deve ao surgimento de novas tecnologias, como a máquinas de lavar e secar roupas, *freezers* e lava-louça, que reduzem a quantidade de tempo necessária para realizar tarefas domésticas rotineiras. Deve-se, em parte, também ao melhor controle da natalidade, que reduziu o número de filhos em uma família típica. E ainda, em parte, essa mudança no papel desempenhado pelas mulheres decorre de uma mudança nas atitudes políticas

Figura 2.4 Os três grupos da população. Quando o Bureau of Labor Statistics investiga a população, ele coloca todos os adultos em uma dentre três categorias: empregados, desempregados ou fora da força de trabalho. Esta figura mostra o número de pessoas em cada uma das categorias no mês de junho de 2017.
Fonte: U.S. Department of Labor.

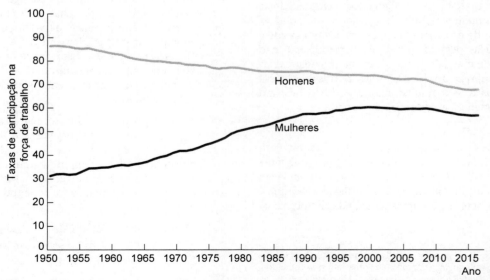

Figura 2.5 Participação na força de trabalho. Ao longo das últimas décadas, a taxa de participação das mulheres na força de trabalho aumentou, enquanto a dos homens diminuiu.
Fonte: U.S. Department of Labor.

e sociais. Em conjunto, esses avanços tiveram um impacto significativo, como demonstram esses dados.

Embora o crescimento da participação das mulheres na força de trabalho possa ser facilmente explicado, a queda na participação dos homens pode parecer intrigante. Existem vários fatores em ação. Em primeiro lugar, os jovens do sexo masculino permanecem atualmente por mais tempo na escola do que seus pais e avós. Em segundo, os homens idosos aposentam-se atualmente mais cedo e vivem mais. Em terceiro, com um número maior de mulheres empregadas, maior quantidade de pais (homens) fica atualmente em casa, cuidando dos filhos. Estudantes com atividades em tempo integral, aposentados e pais que ficam em casa para cuidar dos filhos são, todos eles, computados como não integrantes da força de trabalho.

A Figura 2.5 mostra que, na última década, a participação na força de trabalho diminuiu tanto para os homens quanto para as mulheres. Esse fenômeno será examinado no Capítulo 7. Veremos que grande parte desse declínio recente nos EUA deve-se ao início da aposentadoria da grande geração *baby-boom*.

A pesquisa nos estabelecimentos

Quando o Bureau of Labor Statistics divulga a taxa de desemprego a cada mês, divulga também diversas outras estatísticas que descrevem condições do mercado de trabalho. Algumas delas, como a taxa de participação na força de trabalho, são derivadas da Current Population Survey. Outras estatísticas, ainda, são oriundas de uma pesquisa realizada em separado, junto a aproximadamente 160.000 estabelecimentos empresariais, que empregam mais de 40 milhões de trabalhadores. Quando você lê uma manchete que afirma que a economia criou certo número de empregos no mês anterior, essa estatística representa a variação no número de trabalhadores que as empresas reportam como integrantes de suas folhas de pagamento.

Como o Bureau of Labor Statistics conduz duas pesquisas sobre as condições do mercado de trabalho, são gerados dois tipos de indicadores para o total de pessoas empregadas. Por meio da pesquisa realizada junto aos domicílios, ele obtém uma estimativa para o número de pessoas que afirmam estar trabalhando. Com a pesquisa realizada junto aos estabelecimentos, obtém uma estimativa para o número de trabalhadores que as empresas apresentam em suas respectivas folhas de pagamento.

Poder-se-ia esperar que esses dois indicadores para o emprego fossem idênticos, mas não são. Embora estejam positivamente correlacionados, os dois indicadores podem divergir entre si, especialmente ao longo de períodos curtos de tempo. Uma divergência particularmente significativa ocorreu no início da década de 2000, à medida que a economia norte-americana foi se recuperando da recessão de 2001. De novembro de 2001 a agosto de 2003, a pesquisa realizada junto aos estabelecimentos apresentou declínio de 1,0 milhão no emprego, enquanto a pesquisa realizada junto aos domicílios mostrou crescimento de 1,4 milhão. Alguns comentaristas afirmaram que a economia estava passando por uma "recuperação sem geração de emprego", mas essa descrição se aplicava somente aos dados da pesquisa realizada junto aos estabelecimentos e não aos da pesquisa feita nos domicílios.

Por que esses dois indicadores sobre emprego divergem um do outro? Parte da explicação decorre do fato de que as pesquisas medem coisas diferentes. Por exemplo, uma pessoa que opera seu próprio negócio é autônoma. A pesquisa realizada junto aos domicílios contabiliza essa pessoa como tendo um emprego, enquanto a pesquisa nos estabelecimentos não a contabiliza, já que ela não aparece na folha de pagamento de empresa alguma. Em outro exemplo, uma pessoa que tenha dois empregos é contabilizada como uma única pessoa empregada na pesquisa realizada junto aos domicílios, mas aparece duas vezes na pesquisa feita nos estabelecimentos, uma vez que aparece na folha de pagamento de duas empresas.

Além disso, os dois indicadores de emprego divergem porque as pesquisas são imperfeitas. Por exemplo, novas empresas que começam a operar talvez levem algum tempo até serem incluídas na pesquisa junto aos estabelecimentos. O Bureau of Labor Statistics tenta estimar o emprego nas empresas que estão começando a operar, mas o modelo que utiliza para produzir essas estimativas pode ser uma possível fonte de erro. Problema diferente resulta do modo pelo qual o levantamento realizado nos domicílios extrapola para toda a população o nível de emprego encontrado junto aos domicílios pesquisados. Se o Bureau of Labor Statistics utilizar estimativas incorretas para o tamanho da população, esses erros serão refletidos em suas estimativas sobre o nível de emprego na pesquisa domiciliar. Uma possível fonte de estimativas incorretas da população diz respeito a mudanças na taxa de imigração, tanto de natureza legal quanto ilegal.

Em última análise, a divergência entre as pesquisas realizadas junto a domicílios e junto a estabelecimentos, de 2001 para 2003, continua sendo um mistério. Alguns economistas acreditam que a pesquisa feita nos estabelecimentos é a mais precisa, uma vez que conta com amostra de maior tamanho. Um estudo recente sugere que o melhor indicador para o nível de emprego corresponde a uma média entre as duas pesquisas.[*]

Mais importante do que as especificidades inerentes a tais pesquisas ou esse episódio em particular, quando ambas divergiram, é a lição em âmbito mais abrangente: todas as estatísticas econômicas são imperfeitas. Embora contenham informações valiosas sobre o que ocorre na economia, cada uma delas deve ser interpretada com uma dose salutar de cautela.

2.4 CONCLUSÃO: DAS ESTATÍSTICAS ECONÔMICAS AOS MODELOS ECONÔMICOS

As três estatísticas discutidas neste capítulo – produto interno bruto, índice de preços ao consumidor e taxa de desemprego – quantificam o desempenho da economia. Os responsáveis pelos processos decisórios nos setores público e privado usam essas estatísticas para monitorar mudanças na economia e formular políticas apropriadas. Os economistas se utilizam delas para desenvolver e testar teorias relacionadas ao modo como funciona a economia.

Nos capítulos que se seguem, examinamos algumas dessas teorias. Ou seja, construímos modelos que explicam como essas variáveis são determinadas e como a política econômica as afeta. Tendo aprendido a mensurar o desempenho econômico, estamos agora prontos para aprendermos a explicá-lo.

Resumo

1. O produto interno bruto (PIB) mede a renda de todas as pessoas na economia e, de modo equivalente, a despesa total relacionada à produção de bens e serviços na economia.
2. O PIB nominal estabelece valores para bens e serviços a preços correntes. O PIB real estabelece valores para bens e serviços a preços constantes. O PIB real cresce somente

---

[*] PERRY, George. Gauging employment: is the professional wisdom wrong? *Brookings Papers on Economic Activity*, v. 2, p. 285-321, 2005.

quando a quantidade de bens e serviços aumenta, enquanto o PIB nominal pode crescer seja porque a produção total tenha aumentado, seja porque os preços subiram. O deflator do PIB é a razão entre o PIB nominal e o real e mede o nível geral de preços

3. O PIB corresponde à soma de quatro categorias de despesa: consumo, investimento, compras do governo e exportações líquidas. Essa relação é conhecida como identidade das contas nacionais.

4. O índice de preços ao consumidor (IPC) mede o preço de uma cesta fixa de bens e serviços adquirida por um consumidor padrão, comparada a essa mesma cesta em determinado ano-base. Assim como o deflator do PIB e o deflator dos gastos pessoais com consumo (PCE), o IPC mede o nível geral de preços, mas, diferentemente dos deflatores, ele não permite que uma cesta de bens e serviços se modifique ao longo do tempo, à medida que os consumidores reagem a variações nos preços relativos.

5. A taxa de participação da força de trabalho mostra a fração de adultos que estão trabalhando ou que desejam trabalhar. A taxa de desemprego mostra a fração daquelas pessoas que gostariam de trabalhar e não têm emprego.

Questionário rápido

1. O PIB _____ mede o valor da produção da economia a preços correntes e é uma variável _____.
   a) Nominal, de estoque
   b) Nominal, de fluxo
   c) Real, de estoque
   d) Real, de fluxo

2. O maior componente do PIB é
   a) consumo.
   b) investimento.
   c) compras do governo.
   d) exportações líquidas.

3. A Ford Motor Company fabrica um carro em 2020 e o vende para a família Jones em 2021. Este evento aumenta
   a) o consumo e o PIB em 2020.
   b) o consumo e o PIB em 2021.
   c) o consumo em 2020 e o PIB em 2021.
   d) o consumo em 2021 e o PIB em 2020.

4. Se o PIB nominal e o PIB real crescem 10%, o deflator do PIB
   a) também cresce 10%.
   b) cresce em cerca de 20%.
   c) cai 10%.
   d) permanece inalterado.

5. Quais, dentre os seguintes eventos, afetaria o IPC e não o deflator do PIB?
   a) A Boeing, fabricante norte-americana de aeronaves, aumenta o preço que cobra da U.S. Air Force por jatos de combate.
   b) A Volvo, fabricante sueca de automóveis, aumenta o preço dos carros que vende nos Estados Unidos.
   c) A Kellogs, fabricante norte-americana de cereais, reduz o preço de uma caixa de *corn flakes*.
   d) Barbeiros, em todo o país, elevam os preços que cobram por cortes de cabelo.

6. Se uma pessoa deixa seu emprego para tomar conta de um parente em casa, a taxa de participação na força de trabalho _____ e a taxa de desemprego _____.
   a) cresce, cresce
   b) cresce, permanece a mesma
   c) diminui, cresce
   d) diminui, permanece a mesma

CONCEITOS-CHAVE

Produto interno bruto (PIB)
Contas nacionais
Estoques e fluxos
Valor agregado
Valor imputado
PIB nominal *versus* PIB real

Deflator do PIB
Identidade das contas nacionais
Consumo
Investimento
Compras do governo
Exportações líquidas

Índice de preços ao consumidor (IPC)
Deflator PCE
Força de trabalho
Taxa de desemprego
Taxa de participação na força de trabalho

Questões para revisão

1. Liste as duas coisas que o PIB mede. De que modo o PIB consegue medir duas coisas de uma só vez?
2. Quais são os quatro componentes do PIB? Dê um exemplo de cada um deles.
3. O que mede o índice de preços ao consumidor? Apresente três modos pelos quais ele difere do deflator do PIB.
4. Quais são as semelhanças e quais as diferenças entre o IPC e o deflator PCE?
5. Enumere as três categorias utilizadas pelo Bureau of Labor Statistics para classificar todas as pessoas na economia. Como essa instituição calcula a taxa de desemprego?
6. Descreva as duas maneiras pelas quais o Bureau of Labor Statistics mede o desemprego total.

Problemas e aplicações

1. Visite o portal do Instituto Brasileiro de Geografia e Estatística (IBGE) e encontre a taxa de crescimento do PIB real para o trimestre mais recente. Também no portal do IBGE (ibge.gov.br), encontre a taxa de inflação medida pelo IPCA ao longo do último ano e a taxa de desemprego para o trimestre mais recente. Como você interpreta essas estatísticas?

2. Um fazendeiro cultiva um lote de trigo e vende esse lote para um moinho por $ 1. O moinho transforma o trigo em farinha e, depois disso, vende a farinha para o padeiro por $ 3. O padeiro utiliza a farinha para fazer pão e vende o pão para um engenheiro por $ 6. O engenheiro come o pão. Qual é o valor agregado por cada pessoa? Qual a contribuição do pão para o PIB?

3. Suponha que uma mulher se case com o seu mordomo. Depois do casamento, o marido continua a prestar serviços a ela do mesmo modo que antes, e ela continua a sustentá-lo do mesmo modo que antes (só que agora como marido, e não mais como empregado). De que modo o casamento afeta o PIB? Em sua opinião, de que maneira deveria afetar o PIB?

4. Posicione cada uma das transações a seguir em um dos quatro componentes da despesa: consumo, investimento, compras do governo e exportações líquidas.
   a) A Apple vende um computador para uma escola pública em Paris, Kentucky.
   b) A Apple vende um computador para uma firma de contabilidade em Paris, Illinois.
   c) A Apple vende um computador para uma padaria em Paris, França.
   d) A Apple vende um computador para Paris Hilton.
   e) A Apple monta um computador para ser vendido no próximo ano.

5. Encontre dados sobre o PIB e seus componentes e calcule o percentual do PIB correspondente aos componentes a seguir para os anos de 1950, 1990 e o ano mais recente disponível.
   a) Despesas com consumo pessoal
   b) Investimento interno privado bruto
   c) Compras do governo
   d) Exportações líquidas
   e) Compras para defesa nacional
   f) Importações

   Você observa alguma relação estável entre esses dados? Consegue identificar algum tipo de tendência? (*Dica:* Os dados podem ser encontrados em ibge.gov.br, o *site* do IBGE.)

6. Tina é a única proprietária da Tina's Lawn Moving, Incorporated (TLM). Em um ano, a TLM recebe $ 1.000.000 de clientes para aparar o gramado de suas casas. O equipamento da TLM deprecia-se no valor de $ 125.000. A TLM paga $ 600.000 a seus empregados, que pagam $ 140.000 em impostos sobre essa renda. A TLM paga $ 50.000 em impostos sobre seus rendimentos e paga a Tina um dividendo de $ 1.000. Tina paga $ 60.000 em impostos sobre a renda decorrente dos dividendos. A TLM retém lucros a partir das receitas geradas pela empresa no valor de $ 75.000 para financiar expansões futuras. Em que montante essa atividade econômica contribui para cada um dos itens a seguir?
   a) PIB
   b) PNL
   c) Renda nacional
   d) Remuneração de empregados
   e) Renda dos proprietários
   f) Lucros das empresas
   g) Renda pessoal
   h) Renda pessoal disponível

7. Considere uma economia que produza e consuma cachorro-quente e hambúrguer. Na tabela a seguir encontram-se os dados para dois anos diferentes.

	2010		2018	
Bem	Quantidade	Preço	Quantidade	Preço
Cachorros-quentes	200	$ 2	250	$ 4
Hambúrgueres	200	$ 3	500	$ 4

   a) Utilizando o ano de 2010 como base, calcule as seguintes estatísticas para cada ano: PIB nominal, PIB real, deflator implícito de preços para o PIB e IPC.
   b) Em que percentual os preços cresceram entre 2010 e 2018? Apresente a resposta para cada um dos bens e também para os dois indicadores do nível geral de preços. Compare as respostas fornecidas com base no índice de Laspeyres e no índice de Paasche. Explique a diferença.

8. Abby consome somente maçãs. No ano 1, uma maçã vermelha custa $ 1, uma maçã verde custa $ 2 e Abby compra 10 maçãs vermelhas. No ano 2, a maçã vermelha custa $ 2, a maçã verde custa $ 1 e Abby compra 10 maçãs verdes.
   a) Calcule o índice de preços ao consumidor referente a maçãs, para cada ano. Suponha que o ano 1 seja o ano-base, no qual a cesta do consumidor é fixa. Qual a variação do seu índice do ano 1 para o ano 2?
   b) Calcule o gasto nominal de Abby com maçãs a cada ano. Qual a variação nesse gasto do ano 1 para o ano 2?
   c) Utilizando o ano 1 como base, calcule o gasto real de Abby com maçãs a cada ano. Qual a variação do gasto real do ano 1 para o ano 2?
   d) Definindo o deflator implícito de preços como a despesa nominal dividida pela despesa total, calcule o deflator para cada ano. Qual a variação do deflator do ano 1 para o ano 2?
   e) Suponha que Abby se sinta igualmente satisfeita comendo maçãs vermelhas ou maçãs verdes. Qual foi o aumento do custo de vida real para Abby? Compare essa resposta com as que você deu para os itens (a) e (d). O que esse exemplo lhe diz em relação ao índice de preços de Laspeyres e ao índice de preços de Paasche?

9. Uma economia tem 100 pessoas divididas entre os seguintes grupos: 25 têm emprego com expediente integral, 20 têm emprego com meio expediente, 5 têm dois empregos com meio expediente, 10 gostariam de trabalhar e estão procurando emprego, 10 gostariam de trabalhar

Problemas e aplicações

mas estão desalentadas a tal ponto que deixaram de procurar, 10 estão gerenciando seus próprios negócios, 10 estão aposentadas e 10 são crianças pequenas.
a) Calcule a força de trabalho e a taxa de participação na força de trabalho.
b) Calcule o número de desempregados e a taxa de desemprego.
c) Calcule o desemprego total de duas maneiras: pelo método de medição da pesquisa de domicílios e pelo método de medição da pesquisa junto a estabelecimentos.

10. Em um discurso quando concorria à presidência em 1968, o senador Robert Kennedy afirmou o seguinte sobre o PIB:

> [O PIB] não leva em conta a saúde de nossos filhos, a qualidade de sua educação ou a alegria de suas brincadeiras. Não inclui a beleza de nossa poesia ou a força de nossos casamentos, a inteligência de nossos debates públicos ou a integridade de nossas autoridades públicas. Não mede nem a nossa inteligência, nem a nossa coragem, nem a nossa sabedoria, nem nossa aprendizagem, nem a nossa solidariedade e nem a nossa dedicação a nosso país. Mede todas as coisas, em resumo, exceto aquilo que faz com que a vida valha a pena e pode nos dizer tudo sobre a América, exceto a razão pela qual nos sentimos orgulhosos de ser americanos.

Robert Kennedy estava certo? Se estava, por que nos preocupamos tanto com o PIB?

11. Considere o modo como cada um dos eventos a seguir pode vir a aumentar ou diminuir o PIB real. Em cada caso, você acredita que o bem-estar de uma pessoa comum na sociedade tem grande possibilidade de variar na mesma direção do PIB real? Justifique sua resposta, explicitando as razões.
a) Um furacão na Flórida força a Disney World a fechar seus parques durante um mês.
b) A descoberta de uma nova variedade de trigo, de fácil cultivo, aumenta as colheitas dos fazendeiros.
c) A crescente hostilidade entre sindicatos e a direção das empresas desencadeia uma série de greves.
d) Empresas em todos os setores da economia sofrem uma queda na demanda, o que faz com que elas dispensem funcionários.
e) O Congresso aprova novas leis ambientais proibindo que as empresas utilizem métodos de produção que emitam grande quantidade de poluentes.
f) Uma quantidade maior de alunos do ensino médio deixa a escola para realizar trabalhos de jardinagem.
g) Pais (homens), em todo o país, reduzem sua carga de trabalho para passar mais tempo com os filhos.

Respostas do questionário rápido

1. b
2. a
3. d
4. d
5. b
6. c

Parte 2

Teoria Clássica: A Economia no Longo Prazo

Renda Nacional: De Onde Ela Vem e para Onde Ela Vai

3

Uma renda elevada é a melhor receita para a felicidade de que já ouvi falar.

– Jane Austen

A variável macroeconômica mais importante é o produto interno bruto (PIB). Como já verificamos, o PIB mede a produção total de bens e serviços de uma nação, bem como o total da renda dessa nação. Para avaliarmos o significado do PIB, basta examinar rapidamente os dados internacionais: em comparação com outros países mais pobres, nações com um nível mais elevado de PIB *per capita* desfrutam de tudo, desde melhor nutrição na infância até maior número de computadores por domicílio. Um PIB elevado não garante que todos os cidadãos de uma nação estejam felizes, mas pode representar a melhor receita para felicidade que os macroeconomistas têm a oferecer.

Este capítulo aborda quatro grupos de perguntas sobre as fontes e usos do PIB de uma nação.

- Quanto produzem as empresas na economia? O que determina a renda total de uma nação?
- Quem recebe a renda gerada pela produção? Qual a parcela destinada a remunerar os trabalhadores, e qual a parcela destinada a remunerar os proprietários do capital?
- Quem compra o produto da economia? Quanto os domicílios compram para fins de consumo? Quanto os domicílios e as empresas compram para fins de investimento? Quanto o governo compra para propósitos públicos?
- O que equilibra a demanda e a oferta de bens e serviços? O que garante que o gasto desejado com consumo, investimento e compras do governo seja igual ao nível de produção?

Para responder a essas perguntas, é necessário examinar a interação entre as várias partes da economia.

Um bom lugar para começarmos é o diagrama do fluxo circular. No Capítulo 2, desenhamos o fluxo circular de moeda corrente, em uma economia hipotética que utilizava um único insumo (mão de obra) para produzir um único produto (pão). A Figura 3.1 reflete com mais precisão o funcionamento das economias reais. Demonstra os elos entre os atores da economia – domicílios, empresas e o governo – e de que maneira a moeda flui por entre eles nos vários mercados que integram a economia.

Examinemos o fluxo de dinheiro, partindo do ponto de vista desses atores da economia. Os domicílios auferem renda e a utilizam para pagar impostos ao governo, consumir bens e serviços, e para poupar por meio dos mercados financeiros. As empresas obtêm receitas por intermédio da venda de bens e serviços que produzem, e utilizam essas receitas para remunerar os fatores de produção. Domicílios e empresas tomam empréstimos nos mercados financeiros para comprar bens de investimento, tais como edifícios e fábricas. O governo aufere receitas decorrentes de impostos e as utiliza para pagar pelas compras do governo. Qualquer excedente de receita fiscal em relação ao gasto do governo é chamado de *poupança pública*, que pode ser tanto positiva (*superávit orçamentário*) quanto negativa (*déficit orçamentário*).

Neste capítulo, desenvolvemos um modelo clássico básico, no sentido de explicar as interações econômicas ilustradas na Figura 3.1. Começamos pelas empresas, e examinamos aquilo que determina os seus respectivos níveis de produção (e, consequentemente, o nível da renda nacional). Examinamos, em seguida, o modo como o mercado de fatores de produção distribui essa renda para os domicílios. Depois disso, avaliamos quanto dessa renda os domicílios consomem e quanto poupam. Além de discutir a demanda por bens e serviços que surge a partir do consumo por parte dos domicílios, discutimos a demanda que decorre do investimento e das compras do governo. Por fim, concluímos o ciclo e examinamos como a demanda por bens e serviços (a soma de consumo, investimento e compras do governo) e a oferta de bens e serviços (o nível de produção) são conduzidas ao equilíbrio.

3.1 O QUE DETERMINA O TOTAL DA PRODUÇÃO DE BENS E SERVIÇOS?

A produção de bens e serviços em uma economia – seu PIB – depende (1) da quantidade de seus insumos, conhecidos como fatores de produção, e (2) da sua capacidade de transformar insumos em produtos, conforme representado pela função produção.

Os fatores de produção

Fatores de produção são os insumos utilizados para a produção de bens e serviços. Os dois fatores de produção mais importantes são capital e mão de obra. *Capital* é o conjunto de ferramentas que os trabalhadores utilizam: o guindaste do operário da construção civil, a calculadora do contador e o microcomputador deste autor. *Mão de obra* é o tempo que as pessoas gastam no trabalho. Utilizamos o símbolo K para representar a quantidade de capital e o símbolo L para representar a quantidade de mão de obra.

Neste capítulo, consideramos que os fatores de produção da economia são preestabelecidos. Em outras palavras, partimos do pressuposto de que a economia possui uma quantidade fixa de capital e uma quantidade fixa de mão de obra. Escrevemos

$$K = \overline{K}.$$
$$L = \overline{L}.$$

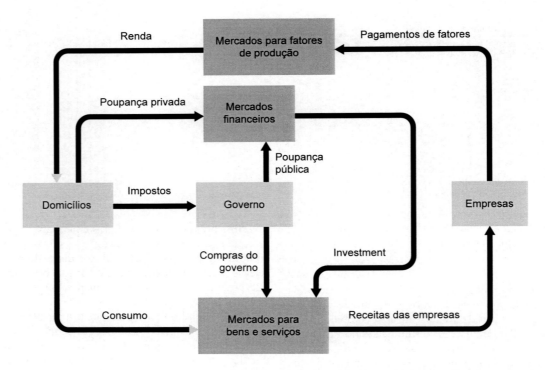

Figura 3.1 Fluxo circular de moeda na economia. Esta figura é uma versão mais realista do diagrama do fluxo circular apresentado no Capítulo 2. Cada uma das caixas cinza-claro representa um ator na economia – domicílios, empresas e o governo. Cada uma das caixas na cor cinza-escuro representa um tipo de mercado – os mercados de bens e serviços; os mercados de fatores de produção e os mercados financeiros. As setas tracejadas ilustram o fluxo de moeda entre os atores da economia, nos três tipos de mercado.

A barra superior significa que cada uma das variáveis é fixa em algum nível. No Capítulo 8, examinamos o que ocorre quando os fatores de produção se modificam ao longo do tempo, como acontece no mundo real. Por enquanto, para manter simples a nossa análise, adotamos o pressuposto de quantidades fixas de capital e de mão de obra.

Consideramos também, neste capítulo, que os fatores de produção estão sendo plenamente utilizados – ou seja, que nenhum recurso é desperdiçado. Novamente, no mundo real, parte da força de trabalho está desempregada e parte do capital se mantém ociosa. No Capítulo 7, examinaremos as razões para o desemprego, mas, por enquanto, consideramos que capital e mão de obra estão sendo plenamente empregados.

A função produção

A tecnologia de produção disponível determina quanto se produz a partir de quantidades determinadas de capital e de mão de obra. Os economistas expressam essa relação por meio de uma **função produção**. Fazendo com que Y represente a quantidade produzida, escrevemos a função produção sob a forma

$$Y = F(K, L).$$

Essa equação enuncia que a produção é uma função da quantidade de capital e da quantidade de mão de obra.

A função produção reflete a tecnologia disponível para transformar capital e mão de obra em produção. Se alguém inventa uma maneira mais eficiente de produzir determinado bem, o resultado é um volume maior de produção com as mesmas quantidades de capital e mão de obra. Por conseguinte, uma mudança tecnológica altera a função produção.

Muitas funções de produção apresentam uma propriedade conhecida como **retornos constantes de escala**. Uma função produção tem retornos constantes de escala se um aumento percentual igual em todos os fatores de produção causa aumento da produção nesse mesmo percentual. Se a função produção apresenta retornos constantes de escala, então obtemos 10% a mais de produção quando aumentamos capital e mão de obra em 10%. Em termos matemáticos, uma função produção apresenta retornos constantes de escala se

$$zY = F(zK, zL).$$

para qualquer número positivo z. Essa equação afirma que, se multiplicarmos a quantidade de capital e a quantidade de mão de obra por algum número z, a produção também será multiplicada por z. Na próxima seção, veremos que a premissa de retornos constantes de escala tem implicação importante na distribuição da renda gerada pela produção.

Como exemplo de função produção, considere a produção de uma padaria. A cozinha e seu equipamento constituem o capital da padaria; os trabalhadores contratados para fazer o pão constituem a mão de obra; e os pães, a produção. A função produção da padaria demonstra que o número de pães produzidos depende da quantidade de equipamento e do número de trabalhadores. Se a função produção apresenta retornos constantes de escala, quando dobramos a quantidade de equipamento e a quantidade de trabalhadores, a produção de pães também dobra.

A oferta de bens e serviços

Fatores de produção e função produção, em conjunto, determinam a quantidade ofertada de bens e serviços, que, por sua vez, corresponde ao total da produção na economia. Para que isso seja expresso em termos matemáticos, escrevemos

$$Y = F(\overline{K},\overline{L})$$
$$= \overline{Y}$$

Neste capítulo, uma vez que partimos do pressuposto de que tanto a tecnologia quanto as ofertas de capital e mão de obra são fixas, a produção também será fixa (em um nível aqui representado como $\overline{y}$). Quando falarmos em crescimento econômico, nos Capítulos 8 e 9, veremos como aumentos no capital e na mão de obra, assim como inovações na tecnologia de produção, levam ao crescimento na produção da economia.

3.2 COMO A RENDA NACIONAL É DISTRIBUÍDA ENTRE OS FATORES DE PRODUÇÃO

Como discutimos no Capítulo 2, o total da produção de uma economia é igual ao total de sua renda. Como os fatores de produção determinam, conjuntamente, a produção total de bens e serviços, eles também determinam a renda nacional. O diagrama de fluxo circular apresentado na Figura 3.1 mostra que a renda nacional flui das empresas aos domicílios por meio dos mercados para os fatores de produção.

Nesta seção, continuamos a desenvolver nosso modelo para a economia, discutindo como esses mercados de fatores funcionam. Há muito, os economistas vêm estudando os mercados de fatores com o objetivo de entender a distribuição de renda. Por exemplo, Karl Marx, o renomado economista do século XIX, dedicou-se durante um bom tempo à tentativa de explicar os rendimentos do capital e da mão de obra. A filosofia política do comunismo foi baseada, em parte, na teoria de Marx, atualmente em descrédito.

Neste capítulo, analisamos a teoria moderna, que trata do modo pelo qual a renda nacional é dividida entre os fatores de produção. A teoria se baseia na ideia clássica (do século XVIII) de que os preços se ajustam de modo a equilibrar oferta e demanda, aplicada neste caso aos mercados para fatores de produção, juntamente com a ideia mais recente (do século XIX) de que a demanda para cada fator de produção depende da produtividade marginal desse fator. Essa teoria, chamada de *teoria neoclássica da distribuição*, é hoje aceita pela maior parte dos economistas como o melhor meio de começar a entender como a renda da economia é distribuída das empresas para os domicílios.

Preços dos fatores

A distribuição da renda nacional é determinada com base nos preços dos fatores. **Preços dos fatores** correspondem aos montantes pagos aos fatores de produção. Em uma economia na qual os dois fatores de produção são capital e mão de obra, os dois preços de fatores correspondem à renda que os proprietários do capital auferem e ao salário que os trabalhadores recebem.

Como ilustra a Figura 3.2, o preço que cada fator de produção recebe por seus serviços é determinado pela oferta e pela demanda correspondentes a esse fator. Como partimos do pressuposto de que os fatores de produção da economia são fixos, a curva de oferta para determinado fator, apresentada na Figura 3.2, é vertical. Independentemente do preço correspondente ao fator, a quantidade desse fator proporcionada ao mercado é a mesma. A interseção entre a curva correspondente à demanda pelo fator, com inclinação descendente, e a curva vertical correspondente à oferta do fator determina o preço de equilíbrio para esse fator.

Para entender os preços dos fatores e a distribuição da renda, precisamos examinar a demanda dos fatores de produção.

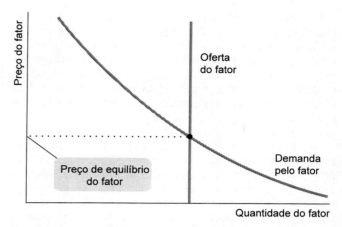

Figura 3.2 Como um fator de produção é remunerado. O preço pago por qualquer um dos fatores de produção depende da oferta e da demanda para os serviços desse fator. Como partimos do pressuposto de que a oferta é fixa, a curva de oferta é vertical. A curva de demanda é descendente. A interseção entre oferta e demanda determina o preço de equilíbrio para esse fator.

Uma vez que a demanda por fatores tem origem em milhares de empresas que utilizam capital e mão de obra, começaremos examinando as decisões que uma empresa típica toma em relação a quanto empregar desses fatores.

As decisões enfrentadas por uma empresa competitiva

A premissa mais simples a ser estabelecida sobre uma empresa típica diz respeito ao fato de ela ser competitiva. Uma **empresa competitiva** é pequena em relação aos mercados em que opera, e, por essa razão, exerce pouca influência sobre os preços de mercado. Por exemplo, nossa empresa produz certo bem e vende esse mesmo bem ao preço de mercado. Uma vez que muitas empresas produzem esse bem, nossa empresa pode vender a quantidade que desejar, sem fazer com que o preço do bem caia, ou pode deixar definitivamente de vendê-lo, sem fazer com que o preço do bem suba. De maneira análoga, nossa empresa não consegue influenciar os salários dos trabalhadores que emprega, pelo fato de que muitas outras empresas locais também empregam trabalhadores. A empresa não tem qualquer razão para pagar mais do que o salário de mercado, e se tentasse pagar menos, seus trabalhadores conseguiriam emprego em outros lugares. Portanto, a empresa competitiva considera os preços de sua produção e de seus insumos como determinados pelas condições do mercado.

Para fabricar seu produto, a empresa precisa de dois fatores de produção, capital e mão de obra. Do mesmo modo que procedemos no caso da economia agregada, representamos a tecnologia de produção da empresa pela função produção

$$Y = F(K,L),$$

em que Y representa o número de unidades produzidas (a produção da empresa); K corresponde ao número de máquinas utilizadas (a quantidade de capital); e L, ao número de horas trabalhadas pelos empregados da empresa (a quantidade de mão de obra). Mantendo-se constante a tecnologia, conforme expresso pela função produção, a empresa apresenta maior volume de produção caso conte com maior quantidade de máquinas, ou se os empregados trabalharem por maior número de horas.

A empresa vende sua produção a um preço P; contrata trabalhadores por um salário W; e aluga o capital a uma taxa R. Observe que, quando falamos de empresas alugando capital, estamos pressupondo que os domicílios detêm a propriedade do estoque de capital da economia. Nesta análise, os domicílios alugam o seu capital a terceiros, do mesmo modo que vendem a sua mão de obra. A empresa obtém ambos os fatores de produção a partir dos domicílios que detêm a propriedade desses fatores.*

O objetivo da empresa é maximizar o lucro. **Lucro** corresponde à diferença entre a receita e os custos; é o que cabe aos proprietários da empresa depois de remunerados os custos de produção. Receita é igual a $P \times Y$, o preço de venda do bem P multiplicado pela quantidade Y do bem produzido pela empresa. Custos incluem os custos de mão de obra e os do capital. Os custos inerentes à mão de obra correspondem a $W \times L$, o salário, W, multiplicado pela quantidade de mão de obra, L. Os custos inerentes ao capital correspondem a $R \times K$, o preço do aluguel do capital, R, multiplicado pela quantidade de capital, K. Podemos escrever

$$Lucro = Receita - Custos\ de\ Mão\ de\ obra - Custos\ de\ Capital$$
$$= PY - WL - RK.$$

Para vermos como o lucro depende dos fatores de produção, utilizamos a função produção $Y = F(K, L)$ para substituir Y, de modo a obter

$$Lucro = PF(K, L) - WL - RK.$$

Essa equação demonstra que o lucro depende de P, o preço do produto; de W e R, os preços dos fatores; e de L e K, as quantidades dos fatores. A empresa competitiva pressupõe que o preço do produto e os preços correspondentes aos fatores são preestabelecidos, e escolhe as quantidades de mão de obra e capital que maximizem o lucro.

A demanda da empresa por fatores

Sabemos, agora, que nossa empresa contrata mão de obra e aluga capital com base nas quantidades que maximizam o lucro. Mas que quantidades são essas, que maximizam os lucros? Para responder a essa pergunta, devemos considerar, de início, a quantidade de mão de obra e, posteriormente, a quantidade para o capital.

O produto marginal da mão de obra

Quanto maior a quantidade de mão de obra que a empresa passa a empregar, maior será a sua produção. O **produto marginal da mão de obra** (PMgL) corresponde à quantidade adicional de produção que a empresa obtém a partir de uma unidade adicional de mão de obra, mantendo-se fixa a quantidade de capital. Podemos expressar essa afirmativa utilizando a função produção:

$$PMgL = F(K, L+1) - F(K, L).$$

O primeiro termo, ao lado direito da equação, corresponde à quantidade de produção obtida com K unidades de capital e L + 1 unidades de mão de obra; o segundo termo da equação corresponde à quantidade de produção obtida com K unidades de capital e L unidades de mão de obra. Essa equação enuncia que o produto marginal da mão de obra corresponde à diferença entre a quantidade de produção obtida com L + 1 unidades de mão de obra e a quantidade produzida com apenas L unidades de mão de obra.

A maior parte das funções de produção apresenta a propriedade do **produto marginal decrescente:**** mantendo-se fixa a quantidade de capital, o produto marginal da mão de obra diminui à medida que a quantidade de mão de obra aumenta. Para verificarmos o porquê disso, consideremos novamente a produção de pães em uma padaria. Quanto mais mão de obra contrata, mais pães a padaria produz. O PMgL representa a quantidade adicional de pão produzida quando uma unidade adicional de mão de obra é contratada. No entanto, à medida que vai sendo acrescentada maior quantidade de mão de obra a uma quantidade fixa de capital, o PMgL cai. Menor quantidade adicional de pães passa a ser produzida, uma vez que os trabalhadores tornam-se menos produtivos quando a cozinha está mais cheia de pessoas. Em outras palavras, mantendo-se fixo o tamanho da cozinha, cada trabalhador adicional passa a acrescentar uma quantidade cada vez menor de pão à produção total da padaria.

A Figura 3.3 apresenta a função produção. Ilustra o que acontece com a quantidade produzida, quando mantemos constante a quantidade de capital e variamos a quantidade de mão de obra. A figura mostra que o produto marginal da mão de obra corresponde à inclinação da função produção. À medida que aumenta a quantidade de mão de obra, a função produção vai se tornando cada vez mais plana, indicando uma diminuição no produto marginal.

Do produto marginal da mão de obra à demanda por mão de obra Quando está decidindo se deve contratar uma unidade adicional de mão de obra, a empresa competitiva que visa à maximização do lucro leva em conta o modo como essa decisão pode vir a afetar o seu lucro. Sendo assim, ela compara a receita adicional gerada pelo aumento na produção com o custo adicional gerado pela contratação de uma unidade de mão de obra a mais. O aumento da receita que decorre de uma unidade adicional de mão de obra depende de duas variáveis: o produto marginal da mão de obra e o preço do produto. Dado que uma unidade adicional de mão de obra produz PMgL unidades de produto e cada unidade de produto é vendida por P unidades de moeda corrente, a receita adicional é igual a $P \times PMgL$. O custo adicional da contratação de uma unidade adicional de mão de obra corresponde ao salário W. Sendo assim, a variação no lucro decorrente da contratação de uma unidade adicional de mão de obra é

$$\Delta Lucro = \Delta Receita - \Delta Custo$$
$$= (P \times PMgL) - W.$$

O símbolo Δ (conhecido como *delta*) representa a alteração em uma variável.

Podemos, agora, responder à pergunta que formulamos no início desta seção: Que quantidade de mão de obra a empresa deve contratar? O gerente da empresa sabe que, se a receita adicional $P \times PMgL$ excede o salário W, uma unidade adicional de mão de obra faz com que o lucro aumente. Consequentemente, o gerente continua a contratar mão de obra até que a unidade

---

* Trata-se de uma simplificação. No mundo real, a propriedade do capital é indireta, uma vez que as empresas detêm a propriedade do capital e os domicílios detêm a propriedade das empresas. Ou seja, as empresas reais apresentam duas funções: possuir capital e produzir bens. Para nos ajudar a compreender de que maneira os fatores de produção são remunerados, partimos do pressuposto de que as empresas somente produzem bens e de que os domicílios possuem o capital diretamente.

** Também conhecida como lei dos rendimentos marginais decrescentes. (N.R.)

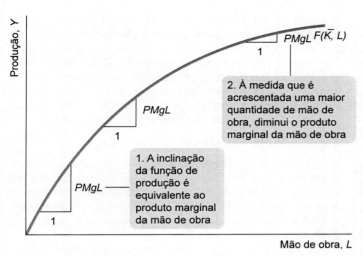

Figura 3.3 Função produção. Essa curva ilustra a dependência da produção em relação ao insumo mão de obra, mantendo-se constante a quantidade de capital. O produto marginal da mão de obra, *PMgL*, corresponde à variação no total da produção quando o insumo mão de obra é aumentado em 1 unidade. À medida que a quantidade de mão de obra aumenta, a função produção vai ficando mais plana (menos inclinada), indicando um produto marginal decrescente.

seguinte não mais venha a ser lucrativa – ou seja, até que o *PMgL* diminua até o ponto em que a receita adicional venha a ser igual ao salário. A demanda da empresa competitiva por mão de obra é determinada sob a forma

$$P \times PMgL = W.$$

Podemos também escrever como

$$PMgL = W/P, \text{ em que}$$

W/P é o **salário real** – a remuneração para a mão de obra, medida em unidades de produto e não em unidades de moeda corrente. Para maximizar o lucro, a empresa vai contratando até o ponto em que o produto marginal da mão de obra passa a ser igual ao salário real.

Por exemplo, considere novamente uma padaria. Suponha que o preço do pão, *P*, seja igual a $ 2 por unidade e que um trabalhador receba salário *W* de $ 20 por hora. O salário real *W/P* corresponde a 10 unidades de pão por hora. Neste exemplo, a empresa continuará a contratar trabalhadores enquanto cada empregado adicional produzir pelo menos 10 unidades de pão por hora. Quando o *PMgL* cair para 10 pães por hora ou menos, a contratação de trabalhadores adicionais passará a não mais ser lucrativa.

A Figura 3.4 ilustra como o produto marginal da mão de obra depende da quantidade de mão de obra empregada (mantendo-se constante o estoque de capital da empresa). Ou seja, a figura representa graficamente a curva para o *PMgL*. Como o *PMgL* diminui à medida que a quantidade de mão de obra aumenta, a curva apresenta inclinação descendente. Para qualquer salário real, a empresa vai contratando até o ponto em que o *PMgL* passa a ser igual ao salário real. Por conseguinte, a escala do *PMgL* é também a curva de demanda da empresa por mão de obra.

O produto marginal do capital e a demanda por capital

A empresa decide sobre a quantidade de capital a ser arrendado da mesma maneira que decide sobre a quantidade de mão de obra a ser contratada. O **produto marginal do capital** (PMgK) corresponde à quantidade de produto adicional que a empresa passa a obter a partir de uma unidade adicional de capital, mantendo-se constante a quantidade de mão de obra:

$$PMgK = F(K + 1, L) - F(K, L).$$

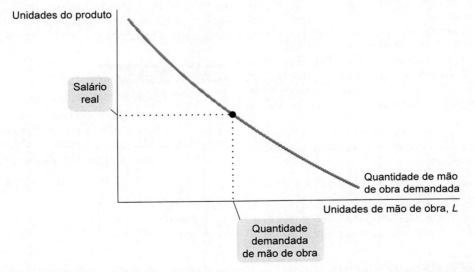

Figura 3.4 Curva do produto marginal da mão de obra. O produto marginal da mão de obra, *PMgL*, depende da quantidade de mão de obra. A curva *PMgL* apresenta inclinação descendente, uma vez que o *PMgL* diminui à medida que *L* aumenta. A empresa contrata mão de obra até o ponto em que o salário real, *W/P*, passa a ser igual ao *PMgL*. Sendo assim, essa escala é igual à curva de demanda por mão de obra para a empresa.

Sendo assim, o produto marginal do capital corresponde à diferença entre a quantidade total produzida com $K + 1$ unidades de capital e a quantidade total produzida com somente K unidades de capital.

Assim como ocorre com a mão de obra, o capital está sujeito ao produto marginal decrescente. Mais uma vez, considere a produção de pães em uma padaria. As primeiras unidades de forno instaladas na cozinha serão bastante produtivas. Entretanto, caso instale uma quantidade cada vez maior de fornos, mantendo constante a força de trabalho, a padaria terminará por conter uma quantidade de fornos maior do que aquela que seus empregados serão efetivamente capazes de operar. Consequentemente, o produto marginal correspondente às últimas unidades de forno será menor do que o produto marginal relativo às primeiras unidades de forno.

O aumento nos lucros, proveniente do arrendamento de uma máquina adicional, corresponde à receita adicional proveniente da venda da produção oriunda dessa máquina, subtraindo-se o preço do aluguel da máquina:

$$\Delta Lucro = \Delta Receita - \Delta Custo$$
$$(P \times PMgK) - R.$$

Para maximizar o lucro, a empresa continua a arrendar uma quantidade cada vez maior de capital, até que o $PMgK$ decresça de modo a se igualar ao preço real do aluguel:

$$PMgK = R/P.$$

O **preço real do aluguel de capital** corresponde ao preço do aluguel medido em unidades de bens produzidos, não em unidades de moeda corrente.

Em resumo, a empresa competitiva, que visa à maximização de seus lucros, segue uma regra simples em relação à quantidade de mão de obra a ser contratada e à quantidade de capital a ser arrendada. *A empresa demanda cada fator de produção até que o produto marginal desse fator venha a se igualar a seu respectivo preço real.*

A divisão da renda nacional

Tendo analisado de que maneira uma empresa decide sobre a quantidade de cada fator a ser empregada, podemos, agora, explicar como os mercados dos fatores de produção distribuem a renda total da economia. Se todas as empresas da economia são competitivas e visam à maximização de seus lucros, cada um dos fatores de produção é remunerado com base em sua respectiva contribuição marginal para o processo de produção. O salário real pago a cada trabalhador é igual ao $PMgL$, e o preço real do aluguel pago a cada proprietário do capital é igual ao $PMgK$. O total de salários reais pagos aos trabalhadores, por conseguinte, corresponde a $PMgL \times L$, enquanto o rendimento real total pago aos proprietários do capital corresponde a $PMgK \times K$.

A renda que sobra depois de as empresas terem remunerado os fatores de produção corresponde ao **lucro econômico** dos proprietários das empresas.

$$Lucro\ Econômico = Y - (PMgL \times L) - (PMgK \times K).$$

Observe que a renda Y e o lucro econômico estão expressos aqui em termos reais. Como desejamos examinar a distribuição da renda nacional, reorganizamos os termos da equação, da seguinte maneira:

$$Y = (PMgL \times L) + (PMgK \times K) + Lucro\ Econômico.$$

A renda total é dividida entre a remuneração da mão de obra, a remuneração do capital e o lucro econômico.

Qual o tamanho do lucro econômico? A resposta é surpreendente: se a função produção tem a propriedade de retornos constantes de escala, o que frequentemente se imagina ser o caso, o lucro econômico deve ser igual a zero. Ou seja, nada sobra depois que os fatores de produção são remunerados. Essa conclusão decorre de uma famosa dedução matemática conhecida como *teorema de Euler*,[*] o qual enuncia que, se a função produção apresenta retornos constantes de escala, então

$$F(K, L) = (PMgK \times K) + (MPL \times L).$$

Se cada um dos fatores de produção é remunerado com o equivalente a seu produto marginal, a soma desses pagamentos de fatores é igual ao total da produção. Em outras palavras, os retornos constantes de escala, a maximização do lucro e a concorrência determinam, conjuntamente, que o lucro econômico deve ser igual a zero.

Se o lucro econômico é igual a zero, como explicar a existência de "lucro" na economia? A resposta é que o termo *lucro*, no modo habitualmente utilizado, é diferente do lucro econômico. Até agora, pressupomos que existem três tipos de agentes: os trabalhadores, os proprietários do capital e os proprietários das empresas. A renda total é dividida entre salários, retorno do capital e lucro econômico. No mundo real, entretanto, a maioria das empresas detém a propriedade do capital que utiliza, em vez de alugá-lo. Uma vez que os proprietários das empresas e os proprietários do capital são as mesmas pessoas, o lucro econômico e o retorno do capital são, de modo geral, agregados um ao outro. Se chamarmos essa definição alternativa de **lucro contábil**, poderemos afirmar que

$$Lucro\ Contábil = Lucro\ Econômico + PMgK \times K$$

Tomando como base nossos pressupostos – retornos constantes de escala, maximização do lucro e competitividade –, o lucro econômico é igual a zero. Se esses pressupostos descrevem o mundo de maneira aproximada, então o "lucro" contabilizado nas contas nacionais deve representar, basicamente, o retorno do capital.

Podemos, agora, responder à pergunta proposta no início deste capítulo, sobre como a renda da economia é distribuída das empresas para os domicílios. Cada um dos fatores de produção é remunerado com base em seu respectivo produto marginal, e esses pagamentos de fatores exaurem o total da produção. *A produção total é dividida entre a remuneração (pagamentos) para o capital e a remuneração (pagamentos) para a mão de obra, dependendo de suas respectivas produtividades marginais.*

ESTUDO DE CASO

A PESTE NEGRA E OS PREÇOS DOS FATORES

De acordo com a teoria neoclássica que trata da distribuição da renda, os preços dos fatores são equivalentes aos produtos marginais dos fatores de produção. Considerando-se que os produtos marginais dependem das quantidades dos fatores,

---

[*] *Nota matemática*: Para provar o teorema de Euler, é necessário lançar mão do cálculo multivariado. Comece com a definição de retornos constantes de escala: $zY = F(zK, zL)$. Agora, faça a diferenciação com relação a z, de modo a obter

$$Y = F_1(zK, zL) K + F_2(zK, zL) L,$$

em que F_1 e F_2 representam derivadas parciais com respeito ao primeiro e ao segundo argumentos da função. A avaliação dessa expressão em $z = 1$ e a observação de que as derivadas parciais equivalem aos produtos marginais resultam no teorema de Euler.

uma alteração na quantidade de qualquer um dos fatores faz com que se alterem os produtos marginais de todos os fatores. Consequentemente, uma alteração na oferta de determinado fator altera os preços de equilíbrio dos fatores e a distribuição da renda.

A Europa do século XIV proporciona um exemplo tenebrosamente real para se estudar o efeito das quantidades dos fatores sobre os preços dos fatores. A epidemia de peste bubônica – a Peste Negra – de 1348 reduziu a população da Europa em aproximadamente um terço ao longo de poucos anos. Uma vez que o produto marginal da mão de obra aumenta à medida que a quantidade de mão de obra diminui, essa redução maciça na força de trabalho deveria ter feito com que o produto marginal da mão de obra e os salários reais de equilíbrio aumentassem. (Ou seja, a economia deveria ter se deslocado para a esquerda ao longo das curvas das Figuras 3.3 e 3.4.) A evidência confirma a teoria: os salários reais chegaram quase a dobrar durante os anos da peste. Os camponeses que foram afortunados o bastante para sobreviver à peste desfrutaram de prosperidade econômica.

A redução na força de trabalho acarretada pela peste deveria também ter afetado o rendimento da terra, o outro importante fator de produção na Europa medieval. Com menor quantidade de trabalhadores disponíveis para cultivar a terra, uma unidade adicional de terra deveria gerar menor produção adicional e, consequentemente, o aluguel de terras deveria sofrer redução. Mais uma vez, a teoria se confirma: os aluguéis reais diminuíram 50%, ou mais, ao longo daquele período. Enquanto as classes camponesas prosperaram, os proprietários de terras amargaram reduções em sua renda.*<FIM BOXE>

A função produção de Cobb-Douglas

Qual função produção descreve a maneira pela qual as economias do mundo real transformam capital e mão de obra em PIB? Uma resposta para essa pergunta teve origem na colaboração histórica entre um senador dos Estados Unidos e um matemático.

Paul Douglas foi senador pelo estado americano do Illinois, de 1949 a 1967. Em 1927, no entanto, quando era ainda professor de economia, observou um fato surpreendente: a divisão da renda nacional entre capital e mão de obra mantivera-se aproximadamente constante por um longo período. Em outras palavras, à medida que a economia ia se tornando cada vez mais próspera ao longo do tempo, a renda total dos trabalhadores e a renda total dos proprietários do capital aumentavam quase exatamente na mesma proporção. Essa observação fez com que Douglas especulasse sobre as condições que poderiam acarretar participações constantes dos fatores na renda.

Douglas perguntou a Charles Cobb, matemático, se existiria alguma função produção capaz de garantir participações constantes dos fatores na renda, caso os fatores sempre fossem remunerados com base em seus respectivos produtos marginais. A função produção precisaria necessariamente apresentar a propriedade de

$$\text{Rendimento do Capital} = PMgK = \alpha Y$$

e

$$\text{Rendimento da Mão de obra} = PMgL = (1 - \alpha)Y,$$

em que α representa uma constante entre zero e 1, que mede a participação do capital na renda. Ou seja, α determina qual parcela da renda vai para o capital e qual parcela vai para a mão de obra. Cobb demonstrou que a função que contempla essa propriedade é

$$F(K, L) = AK^\alpha L^{1-\alpha},$$

em que A é um parâmetro maior do que zero, que mede a produtividade da tecnologia disponível. Essa função tornou-se conhecida como **função produção de Cobb-Douglas**.

Examinemos mais minuciosamente algumas das propriedades dessa função de produção. Em primeiro lugar, a função produção de Cobb-Douglas apresenta retornos constantes de escala. Ou seja, se capital e mão de obra aumentarem na mesma proporção, a produção aumentará nessa mesma proporção.**

Em seguida, consideremos os produtos marginais para a função produção de Cobb-Douglas. O produto marginal da mão de obra é***

$$MPL = (1 - \alpha)AK^\alpha L^{-\alpha}$$

e o produto marginal do capital é

$$MPK = \alpha AK^{\alpha-1}L^{1-\alpha}.$$

Com base nessas equações, sabendo que α se situa entre zero e 1, podemos ver o que faz com que os produtos marginais dos dois fatores se modifiquem. Um aumento na quantidade de capital faz com que o $PMgL$ aumente e o $PMgK$ diminua. De maneira análoga, um aumento na quantidade de mão de obra reduz o $PMgL$ e aumenta o $PMgK$. Um avanço tecnológico que faça crescer o parâmetro A aumenta, proporcionalmente, o produto marginal de ambos os fatores.

Os produtos marginais da função produção de Cobb-Douglas também podem ser escritos sob a forma ****

$$PMgL = (1 - \alpha)Y/L.$$
$$PMgK = \alpha Y/K.$$

---

* CIPOLLA, Carlo M. *Before the industrial revolution*: European society and economy, 1000-1700. 2. ed. New York: Norton, 1980, p. 200-202.

** *Nota matemática:* Para provarmos que a função de Cobb-Douglas apresenta retornos constantes de escala, examine o que acontece quando multiplicamos capital e mão de obra por uma constante z:

$$F(zK, zL) = A(zK)^\alpha(zL)^{1-\alpha}.$$

Expandindo os termos à direita,

$$F(zK, zL) = Az^\alpha K^\alpha z^{1-\alpha} L^{1-\alpha}.$$

Reorganizando de modo a agrupar os termos similares, obtemos

$$F(zK, zL) = Az^\alpha z^{1-\alpha} K^\alpha L^{1-\alpha}.$$

Uma vez que $z^\alpha z^{1-\alpha} = z$, nossa função passa a ser

$$F(zK, zL) = zAK^\alpha L^{1-\alpha}.$$

Mas $A K^\alpha L^{1-\alpha} = F(K, L)$. Então

$$F(zK, zL) = zF(K, L) = zY.$$

Consequentemente, a quantidade de produção Y aumenta com base no mesmo fator z, o que implica que essa função de produção apresenta retornos constantes de escala.

*** *Nota matemática:* A obtenção de fórmulas para os produtos marginais a partir da função de produção requer alguns cálculos. Para encontrar o $PMgL$, faça a diferenciação da função de produção em relação a L. Isso é realizado por meio da multiplicação pelo expoente $(1 - \alpha)$, seguida pela subtração de 1 do antigo expoente, de modo tal que seja obtido o novo expoente, $-\alpha$. De modo semelhante, para obter o $PMgK$, faça a diferenciação da função de produção em relação a K.

**** *Nota matemática*: Para verificar essas expressões em relação aos produtos marginais, insira a função de produção no lugar de Y, para mostrar que essas expressões são equivalentes às fórmulas para os produtos marginais.

O *PMgL* é proporcional à produção por trabalhador e o *PMgK* é proporcional à produção por unidade de capital. *Y/L* é chamada de *produtividade média da mão de obra*, e *Y/K* é chamada de *produtividade média do capital*. Se a função produção é Cobb-Douglas, a produtividade marginal de um fator é proporcional à sua produtividade média.

Podemos agora verificar que, se os fatores são remunerados com base em seus respectivos produtos marginais, então o parâmetro α verdadeiramente nos informa quanto da renda se destina à mão de obra e quanto se destina ao capital. O montante total pago à mão de obra, que verificamos ser igual a *PMgL* × *L*, é igual a (1 − α)*Y*. Sendo assim, (1 − α) corresponde à participação da mão de obra no total da produção. De maneira análoga, o montante total pago ao capital, *PMgK* × *K*, é igual a α*Y*, e α corresponde à participação do capital na produção. A proporção entre a renda correspondente à mão de obra e a renda correspondente ao capital é uma constante, (1 − α)/ α, tal como Douglas observou. As participações dos fatores dependem exclusivamente do parâmetro α, não das quantidades de capital ou de mão de obra, ou do estado da tecnologia, conforme mensurado pelo parâmetro *A*.

Dados mais recentes dos Estados Unidos também são condizentes com a função produção de Cobb-Douglas. A Figura 3.5 ilustra a proporção entre a renda correspondente à mão de obra e a renda total nos Estados Unidos de 1960 a 2016. Apesar das inúmeras mudanças na economia ao longo das últimas cinco décadas, essa proporção tem permanecido em torno de 2/3. Essa divisão da renda é facilmente explicada por uma função produção de Cobb-Douglas, na qual o parâmetro α corresponde a aproximadamente 1/3. De acordo com esse parâmetro, o capital recebe um terço da renda e a mão de obra recebe dois terços.

Embora as participações de capital e mão de obra sejam aproximadamente constantes, essa constância não é exata. Na Figura 3.5, a participação da mão de obra caiu de 72% em 1970 para 63% em 2014. E, evidentemente, a participação do capital cresceu de 28% para 37%. A razão para essa variação não é bem conhecida. Uma possibilidade é que o progresso tecnológico ao longo das últimas décadas não tenha simplesmente feito crescer o parâmetro *A*, mas possa também ter modificado a importância relativa de capital e mão de obra no processo de produção, alterando desse modo o parâmetro α. Ou pode ser que haja determinantes importantes da renda que não sejam bem captados pela função produção de Cobb-Douglas juntamente com o modelo de mercados competitivos de produtos e fatores, como é o caso do instável poder de mercado de empresas ou sindicatos.

A função produção de Cobb-Douglas não é a última palavra para explicar a produção de bens e serviços da economia ou a distribuição da renda nacional entre capital e mão de obra. No entanto, ela constitui um bom ponto de partida.

ESTUDO DE CASO

PRODUTIVIDADE DA MÃO DE OBRA COMO O DETERMINANTE-CHAVE PARA OS SALÁRIOS REAIS

A teoria neoclássica da distribuição de renda nos informa que o salário real, *W/P*, é igual ao produto marginal da mão de obra. A função produção de Cobb-Douglas nos afirma que o produto marginal da mão de obra é proporcional à produtividade média da mão de obra, *Y/L*. Se essa teoria está correta, os trabalhadores devem desfrutar de padrões de vida cada vez mais elevados quando a produtividade da mão de obra está crescendo vigorosamente. Isso é verdade?

A Tabela 3.1 apresenta alguns dados relacionados ao crescimento em produtividade e salários reais para a economia dos

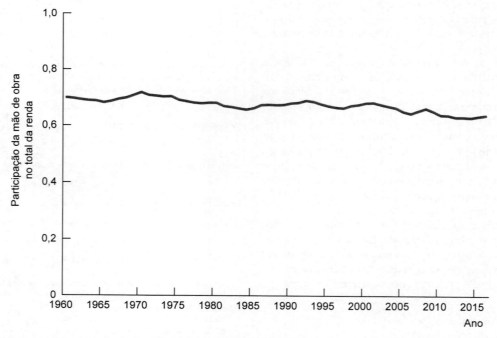

Figura 3.5 Proporção entre renda da mão de obra e renda total. A renda da mão de obra permaneceu em torno de dois terços do total da renda durante um longo período. Essa constância aproximada da participação dos fatores na renda é coerente com a função produção de Cobb-Douglas. Fonte: U.S. Department of Commerce. Esta figura foi produzida a partir de dados extraídos do sistema de contas nacionais dos Estados Unidos. A renda da mão de obra corresponde à remuneração dos trabalhadores. A renda total corresponde à soma da renda da mão de obra, lucros das empresas, juros líquidos, renda de aluguéis e depreciação. A renda dos proprietários está excluída desses cálculos, pois corresponde a uma combinação entre a renda da mão de obra e a renda do capital.

Tabela 3.1 Crescimento da produtividade da mão de obra e salários reais: a experiência dos Estados Unidos

Período	Taxa de crescimento da produtividade da mão de obra (percentual)	Taxa de crescimento dos salários reais (percentual)
1960-2016	2,0%	1,8%
1960-1973	3,0%	2,7%
1973-1995	1,5%	1,2%
1995-2010	2,6%	2,2%
2010-2016	0,5%	0,9%

Fonte: U.S. Department of Labor. O crescimento na produtividade da mão de obra é medido, nesse caso, como a taxa anual de variação da produção, por hora, no setor de negócios não agrícolas. O crescimento nos salários reais é mensurado como a variação, em termos anuais, da remuneração por hora trabalhada no setor de negócios não agrícolas dividida pelo deflator implícito de preços para esse setor.

Estados Unidos. De 1960 a 2016, a produtividade, medida em termos de produção por hora de trabalho, cresceu aproximadamente 2% ao ano. Os salários reais cresceram 1,8% – quase a mesma taxa. Com uma taxa de crescimento de 2% ao ano, a produtividade e os salários reais dobram aproximadamente a cada 35 anos.

O crescimento da produtividade varia ao longo do tempo. A tabela mostra os dados para três períodos mais curtos em que os economistas identificaram diferentes experiências em termos de produtividade. Por volta de 1973, a economia dos Estados Unidos passou por uma desaceleração acentuada no crescimento da produtividade, que durou até 1995. A causa para essa desaceleração na produtividade não é bem compreendida, mas a associação entre produtividade e salários reais foi exatamente como prevê a teoria-padrão. A desaceleração no crescimento da produtividade, de 3% para 1,5% ao ano, coincidiu com uma desaceleração no crescimento dos salários de 2,7% para 1,2%.

O crescimento da produtividade foi retomado por volta de 1995 e muitos observadores comemoraram a chegada da "nova economia". Essa aceleração na produtividade costuma ser atribuída à ampla disseminação de computadores e da tecnologia da informação. Como prevê a teoria, o crescimento nos salários reais também foi retomado. De 1995 a 2010, a produtividade cresceu 2,6% ao ano, enquanto os salários reais cresceram 2,2% ao ano. Depois de 2010, produtividade e salários reais desaceleraram novamente, e analistas lamentaram essa "nova normalidade". De 2010 a 2016, produtividade e salários reais cresceram menos do que 1% ao ano.

Essas variações no crescimento da produtividade são bastante imprevisíveis e, mesmo diante de uma análise *a posteriori*, continuam difíceis de explicar. Contudo, tanto a teoria quanto a história confirmam a estreita associação entre produtividade da mão de obra e salários reais. Essa lição é fundamental para entendermos a razão pela qual os trabalhadores de hoje em dia estão em melhor situação do que os de gerações anteriores.

SAIBA MAIS

A lacuna crescente entre ricos e pobres

Uma mudança evidente na economia norte-americana, e também em muitas outras economias de todo o mundo, é o crescimento na desigualdade de renda desde 1970. Essa evolução não corresponde fundamentalmente à distribuição da renda nacional entre capital e mão de obra. Em vez disso, diz respeito à distribuição da renda da mão de obra entre trabalhadores qualificados (aqueles com formação universitária, por exemplo) e trabalhadores não qualificados (aqueles sem formação universitária). Trabalhadores qualificados sempre receberam salários mais altos do que trabalhadores não qualificados, mas ao longo das últimas décadas os salários dos trabalhadores qualificados cresceram mais rapidamente do que o dos não qualificados, exacerbando a desigualdade.

Por que isso ocorreu? Um diagnóstico vem dos economistas Claudia Goldin e Lawrence Katz em seu livro *The race between education and technology*.* A conclusão é que "o acentuado crescimento da desigualdade deveu-se, em grande parte, ao atraso educacional".

Segundo Goldin e Katz, nos últimos cem anos os avanços tecnológicos foram um uma força econômica constante, não somente elevando o padrão de vida como também aumentando a demanda por trabalhadores qualificados em relação aos trabalhadores não qualificados. Trabalhadores qualificados são necessários para aplicar e gerenciar novas tecnologias, enquanto trabalhadores menos qualificados tendem a se tornar obsoletos. (Imagine robôs, por exemplo, ou até mesmo o caixa eletrônico de seu banco.) Por si só, essa *mudança tecnológica baseada na qualificação* tende a fazer com que os salários dos trabalhadores qualificados cresçam em relação aos salários de trabalhadores não qualificados, aumentando, com isso, a desigualdade.

Durante grande parte do século XX, no entanto, o ritmo da mudança tecnológica baseada na qualificação foi superado por avanços no rendimento do ensino. Em outras palavras, embora o progresso tecnológico tenha aumentado a demanda por trabalhadores qualificados, o sistema educacional aumentou a oferta de trabalhadores qualificados ainda mais rápido. Como resultado, os trabalhadores qualificados não se beneficiaram desproporcionalmente do crescimento econômico. Na realidade, até a década de 1970, os salários para trabalhadores qualificados cresceram mais lentamente do que os salários para trabalhadores não qualificados, reduzindo a desigualdade.

Recentemente, as coisas mudaram. Nas últimas décadas, argumentam Goldin e Katz, a mudança tecnológica baseada na qualificação continuou a ocorrer, mas o progresso educacional desacelerou. O grupo de trabalhadores nascidos em 1950 tinha, em média, 4,67 anos a mais de escolaridade do que o grupo nascido em 1900, representando um crescimento de 0,93 ano de escolaridade por década. Em contrapartida, o grupo nascido em 1975 tinha apenas 0,74 ano a mais de escolaridade do que o nascido em 1950, crescimento de somente 0,30 ano por década. Ou seja, o ritmo do progresso educacional diminuiu 68%.

---

* GOLDIN, Claudia; KATZ, Lawrence F. *The race between education and technology*. Cambridge, MA: Belknap Press, 2011. Veja também AUTOR, David H. Skills, education, and the raise of earnings inequality among the "other 88 percent". *Science*, v. 344, n.6186, p. 843-851, 23 May 2014.

SAIBA MAIS

Uma vez que o crescimento na oferta de trabalhadores qualificados desacelerou, seus salários cresceram em comparação com os salários de trabalhadores menos qualificados. (Implicação para a tomada de decisões de ordem pessoal: para a maior parte das pessoas, faculdades e universidades são investimentos que vale a pena realizar.)

O crescimento na desigualdade de renda é um tópico importante nos debates sobre políticas públicas. Alguns formuladores de políticas defendem um sistema mais redistributivo de impostos e transferências, tirando daqueles que estão mais acima na escada econômica e dando para os que estão nos degraus mais baixos. Essa abordagem trata os sintomas, mas não as causas subjacentes da crescente desigualdade. Se Goldin e Katz estiverem corretos, a reversão do crescimento na desigualdade de renda exigirá que se invista maior parcela dos recursos da sociedade na educação (que os economistas chamam de *capital humano*). Reforma educacional é um tópico que extrapola o escopo deste livro, mas vale observar que, caso bem-sucedida, essa reforma poderia afetar profundamente a economia e a distribuição da renda.

3.3 O QUE DETERMINA A DEMANDA POR BENS E SERVIÇOS?

Vimos o que determina o nível de produção e como a renda proveniente da produção é distribuída entre trabalhadores e proprietários de capital. Agora, continuaremos nosso passeio pelo diagrama do fluxo circular, Figura 3.1, e examinaremos como é utilizado aquilo que resulta da produção.

No Capítulo 2, identificamos os quatro componentes do PIB:

- Consumo (C)
- Investimento (I)
- Compras do governo (G)
- Exportações líquidas (NX)

O diagrama do fluxo circular contém apenas os três primeiros componentes. Por enquanto, para simplificar a análise, vamos partir do pressuposto de que nossa economia seja uma *economia fechada* – um país que não realiza transações comerciais com outros países. Consequentemente, as exportações líquidas são sempre iguais a zero. (Examinaremos a macroeconomia das *economias abertas* no Capítulo 6.)

Uma economia fechada tem três usos para os bens e serviços que produz. Esses três componentes do PIB são expressos na *identidade das contas nacionais*:

$$Y = C + I + G.$$

Os domicílios consomem uma parcela do total da produção da economia; as empresas e os domicílios utilizam uma parcela da produção para fins de investimento; e o governo compra uma parte da produção para finalidades públicas. Desejamos ver como o PIB é distribuído entre esses três usos.

Consumo

Quando ingerimos um alimento, vestimos roupas ou vamos ao cinema, estamos consumindo uma parcela da produção total da economia. Todas as formas de consumo, conjuntamente, constituem cerca de dois terços do PIB. Como o consumo é muito grande, os macroeconomistas dedicaram muita energia ao estudo das decisões de consumo tomadas pelos domicílios. O Capítulo 19 examina detalhadamente esse tópico. Neste capítulo, vamos considerar a história mais simples do comportamento do consumidor.

Os domicílios recebem a renda proveniente de seu trabalho e da propriedade de seu capital, pagam impostos ao governo e decidem então quanto consumir e quanto poupar da renda remanescente após o pagamento desses impostos. Como discutimos na Seção 3.2, a renda que os domicílios recebem é igual ao produto da economia Y. O governo, então, tributa os domicílios em um montante T. (Embora o governo imponha muitos tipos de impostos, como o imposto de renda de pessoa física e de pessoa jurídica e o imposto sobre circulação de mercadorias, para os nossos propósitos podemos agregá-los em um único lote.) Definimos a renda remanescente após o pagamento de todos os impostos, $Y - T$, como **renda disponível**. Os domicílios dividem a sua renda disponível entre consumo e poupança.

Partimos do pressuposto de que o nível de consumo depende diretamente do nível de renda disponível. Maior patamar de renda disponível acarreta maior consumo. Por conseguinte,

$$C = C(Y - T).$$

Essa equação indica que o consumo é uma função da renda disponível. A relação entre consumo e renda disponível é chamada de **função consumo**.

A **propensão marginal a consumir** (PMgC) corresponde ao montante em que o consumo se modifica quando a renda disponível aumenta em uma unidade de moeda corrente. A *PMgC* está situada entre zero e 1: uma unidade adicional de moeda em termos de renda faz aumentar o consumo, porém em um montante inferior a uma unidade de moeda. Sendo assim, se os domicílios obtêm uma unidade adicional de moeda a título de renda, eles poupam uma parcela dessa unidade de moeda. Por exemplo, se a *PMgC* é igual a 0,7, os domicílios gastam, com bens de consumo e serviços, 70 centavos de cada unidade adicional de moeda de sua renda disponível, e poupam 30 centavos.

A Figura 3.6 ilustra a função consumo. A inclinação da função consumo nos informa em quanto o consumo aumenta quando a renda disponível aumenta em uma unidade de moeda corrente. Ou seja, a inclinação da função consumo corresponde à *PMgC*.

Investimento

Tanto as empresas quanto os domicílios adquirem bens de investimento. As empresas adquirem bens de investimento com o objetivo de aumentar seu estoque de capital e de substituir o capital existente, à medida que ele vai se deteriorando. Os domicílios adquirem novas moradias, que também fazem parte do investimento. Nos Estados Unidos, o investimento total alcança a média de 15% do PIB.

A quantidade demandada de bens de investimento depende da **taxa de juros**, que mede o custo dos recursos utilizados para financiar o investimento. Para que um projeto de investimento venha a ser lucrativo, o seu retorno (a receita decorrente da maior produção futura de bens e serviços) deve necessariamente superar o custo (os pagamentos pelos recursos financeiros tomados a título de empréstimo). Se a taxa de juros aumenta, uma quantidade menor de projetos de investimento

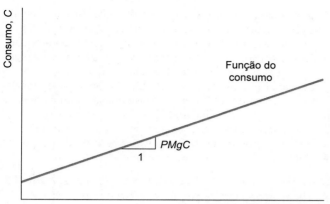

Figura 3.6 Função consumo. A função consumo estabelece uma relação entre o consumo C e a renda disponível Y – T. A propensão marginal a consumir, PMgC, corresponde ao aumento do consumo quando a renda disponível aumenta em uma unidade de moeda corrente.

passa a ser lucrativa e a quantidade demandada de bens de investimento diminui.

Suponhamos, por exemplo, que uma empresa esteja ponderando se deve ou não construir uma fábrica, no valor de $ 1 milhão, que proporcionaria retorno correspondente a $ 100.000 por ano, ou 10%. A empresa compara esse retorno com o custo decorrente de tomar emprestado $ 1 milhão. Se a taxa de juros estiver abaixo de 10%, a empresa tomará emprestado o dinheiro nos mercados financeiros e realizará o investimento. Se a taxa de juros estiver acima de 10%, a empresa desistirá da oportunidade de investimento e não construirá a fábrica.

A empresa toma a mesma decisão em termos de investimento, até mesmo quando não precisa tomar emprestado $ 1 milhão, podendo, em vez disso, empregar recursos próprios. Ela tem sempre a possibilidade de depositar esse dinheiro em um banco ou em um fundo de investimentos do mercado financeiro, auferindo juros sobre esse dinheiro. Construir a fábrica será mais lucrativo do que a aplicação financeira se, e somente se, a taxa de juros for inferior aos 10% de retorno, decorrentes da construção da fábrica.

Uma pessoa que deseje adquirir uma nova moradia enfrenta decisão semelhante. Quanto mais alta a taxa de juros, maior o custo do financiamento de um imóvel. Um financiamento de $ 100.000 custa $ 6.000 por ano, se a taxa de juros é de 6%, e $ 8.000 por ano se a taxa de juros é de 8%. Quando a taxa de juros aumenta, o custo inerente ao proprietário de um imóvel aumenta, e a demanda por novos imóveis diminui.

Ao estudarem o papel da taxa de juros na economia, os economistas distinguem entre taxa de juros nominal e taxa de juros real. Essa distinção é relevante quando o nível geral de preços está variando. **Taxa de juros nominal** é a taxa de juros tal como geralmente ela é expressa: é a taxa que os investidores pagam para tomar dinheiro emprestado. **Taxa de juros real** é a taxa de juros nominal corrigida pela inflação. Se a taxa de juros nominal é de 8% e a taxa de inflação é de 3%, a taxa de juros real é de 5%. No Capítulo 5, discutiremos em detalhes a relação entre taxa de juros nominal e taxa de juros real. Neste capítulo, basta observar que a taxa de juros real mede o verdadeiro custo de tomar dinheiro emprestado e, sendo assim, determina o montante do investimento.

Podemos sintetizar essa discussão com uma equação que relaciona o investimento, I, à taxa de juros real, r:

$$I = I(r).$$

A Figura 3.7 mostra essa função investimento. Tal função é descendente porque, à medida que a taxa de juros aumenta, a quantidade demandada de investimentos diminui.

Compras do governo

As compras do governo são o terceiro componente da demanda por bens e serviços. O governo federal compra armamentos, mísseis e os serviços dos funcionários públicos. Os governos municipais compram livros para as bibliotecas, constroem escolas e contratam professores. Governos em todas as instâncias constroem estradas e realizam outras obras públicas. Todas essas transações constituem as compras do governo de bens e serviços, que, nos Estados Unidos, são responsáveis por aproximadamente 20% do PIB.*

Essas compras representam somente um tipo de gasto do governo. O outro tipo diz respeito a pagamentos de transferência para domicílios, tais como assistência social para os pobres e pagamento de aposentadorias e pensões para os idosos. Diferentemente das compras do governo, os pagamentos de transferência não são efetuados em troca de alguma parcela da produção de bens e serviços da economia. Consequentemente, não estão incluídos na variável G.

Pagamentos de transferência efetivamente afetam a demanda por bens e serviços, mas o fazem de maneira indireta. Os pagamentos de transferência são o oposto dos impostos: aumentam a renda disponível dos domicílios, exatamente do mesmo modo que os impostos causam redução nessa renda. Sendo assim, um aumento no pagamento de transferências financiado por aumento nos impostos faz com que a renda disponível permaneça inalterada. Podemos agora reexaminar a nossa definição de T como igual a impostos menos pagamentos de transferências. A renda disponível, Y – T, inclui, ao mesmo tempo, o impacto negativo decorrente dos impostos e o impacto positivo do pagamento de transferências.

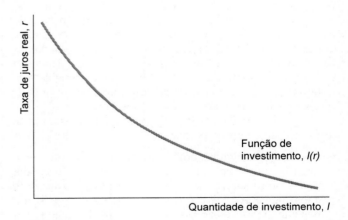

Figura 3.7 Função investimento. A função investimento relaciona a quantidade de investimento, I, à taxa de juros real, r. O investimento depende da taxa de juros real, uma vez que a taxa de juros é o custo de tomar dinheiro emprestado. A função investimento é descendente: quanto mais alta a taxa de juros, menor a quantidade de projetos de investimento lucrativos.

---

* No Brasil, a proporção entre compras do governo e PIB também gira em torno de 20%. (N.T.)

Se as compras do governo são iguais a impostos menos transferências, então $G = T$, e o governo está com *orçamento equilibrado*. Se G excede T, o governo incorre em um *déficit orçamentário*, que financia com a emissão de títulos da dívida pública – ou seja, pegando dinheiro emprestado nos mercados financeiros. Se G é menor que T, o governo incorre em um *superávit orçamentário*, ao qual pode recorrer para saldar uma parcela remanescente de sua dívida.

Não tentaremos explicar aqui o processo político que leva a determinada política fiscal – ou seja, o nível de compras do governo e de impostos. Em vez disso, consideramos as compras do governo e os impostos como variáveis exógenas. Para indicar que essas variáveis são fixadas fora do nosso modelo para renda nacional, escrevemos

$$G = \overline{G}$$
$$T = \overline{T}$$

Entretanto, desejamos examinar o impacto da política fiscal sobre as variáveis endógenas, que são determinadas no âmbito do modelo. As variáveis endógenas, no presente caso, correspondem a consumo, investimento e taxa de juros.

Para ver como as variáveis exógenas afetam as variáveis endógenas, precisamos completar o modelo. Esse é o assunto da próxima seção.

3.4 O QUE CONDUZ A OFERTA E A DEMANDA POR BENS E SERVIÇOS AO EQUILÍBRIO?

Fechamos, agora, o círculo completo no diagrama do fluxo circular apresentado na Figura 3.1. Começamos pelo exame da oferta de bens e serviços e acabamos de discutir sua respectiva demanda.

Como podemos ter certeza de que todos esses fluxos se equilibram? Em outras palavras, o que garante que a soma entre consumo, investimento e compras do governo seja igual ao montante total da produção? Nesse modelo clássico, a taxa de juros é o preço que tem o papel crucial de equilibrar oferta e demanda.

Existem duas maneiras de raciocinar sobre o papel da taxa de juros na economia. Podemos considerar o efeito da taxa de juros sobre a oferta e a demanda por bens e serviços. Ou podemos considerar como a taxa de juros afeta a oferta e a demanda de fundos de empréstimos. Como veremos, esses dois aspectos são dois lados de uma mesma moeda.

Equilíbrio no mercado de bens e serviços: a oferta e a demanda para a produção da economia

As equações a seguir sintetizam a análise sobre a demanda por bens e serviços, apresentada na Seção 3.3:

$$Y = C + I + G.$$
$$C = C(Y - T).$$
$$I = I(r).$$
$$G = \overline{G}$$
$$T = \overline{T}$$

A demanda por aquilo que é produzido na economia tem sua origem no consumo, no investimento e nas compras do governo. O consumo depende da renda disponível; o investimento depende da taxa de juros real; e as compras do governo e os impostos representam as variáveis exógenas definidas pelos formuladores da política econômica.

Para esta análise, acrescentaremos o que aprendemos na Seção 3.1 sobre a oferta de bens e serviços. Verificamos, naquela seção, que os fatores de produção e a função produção determinam a quantidade da produção que é ofertada para a economia:

SAIBA MAIS

As diferentes taxas de juros

Se der uma olhada na seção de economia de um jornal ou em um *site* sobre finanças, você encontrará referências a diversas taxas de juros diferentes. Por outro lado, ao longo de todo este livro, falaremos sobre "a" taxa de juros, como se existisse apenas uma única taxa de juros na economia. A única distinção que faremos será entre a taxa de juros nominal (que não é corrigida pela inflação) e a taxa real (que é corrigida pela inflação). Quase todas as taxas de juros informadas por entidades jornalísticas da área financeira são nominais.

Por que existem tantas taxas de juros? As várias taxas de juros diferem em três aspectos:

- *Prazo*. Alguns empréstimos na economia são de curto prazo, alguns chegam a ser tão curtos quanto de um dia para o outro. Outros tipos de empréstimo são para trinta anos, ou até mais. A taxa de juros sobre um empréstimo depende de seu prazo. As taxas de juros de longo prazo são, em geral mas nem sempre, mais altas do que as taxas de juros de curto prazo.
- *Risco de crédito*. Ao decidir se deve ou não conceder um empréstimo, o emprestador precisa considerar a probabilidade de que o tomador venha a quitá-lo. Nos Estados Unidos, a legislação permite que tomadores de empréstimos fiquem inadimplentes, declarando falência. Quanto mais alta a probabilidade percebida de inadimplência, mais alta a taxa de juros. Uma vez que o menor risco de crédito é aquele que envolve o governo, os títulos do governo tendem a pagar taxa de juros baixa. No outro extremo, empresas financeiramente instáveis apenas conseguem levantar fundos por meio da emissão dos chamados *junk bonds*, títulos que pagam taxa de juros alta para compensar o elevado risco de inadimplência.
- *Regime fiscal*. Os juros pagos sobre diferentes tipos de títulos são tributados de maneiras distintas. É importante observar que nos Estados Unidos, por exemplo, quando o governo estadual e o governo municipal emitem títulos, conhecidos como *títulos municipais*, os compradores não pagam imposto de renda sobre os rendimentos decorrentes dos juros. Por causa dessa vantagem fiscal, os títulos municipais pagam uma taxa de juros bem mais baixa.

Quando vemos duas taxas de juros diferentes nos noticiários, quase sempre é possível explicar a diferença considerando-se o prazo, o risco de crédito e o regime fiscal dos referidos empréstimos.

Embora existam muitas taxas de juros diferentes na economia, os macroeconomistas normalmente ignoram essas distinções. As diversas taxas de juros tendem a variar para cima e para baixo juntas. Na maior parte das situações, a premissa de que existe somente uma única taxa de juros não nos deixará incorrer em erro.

$$Y = F(\overline{K}, \overline{L})$$
$$= \overline{Y}$$

Agora, vamos combinar essas equações que descrevem a oferta e a demanda para a produção da economia. Se substituirmos a função consumo e a função investimento na identidade das contas nacionais, obteremos

$$Y = C(Y - T) + I(r) + G$$

Uma vez que as variáveis G e T são fixadas pela política governamental e o nível de produção, Y, é fixado pelos fatores de produção e pela função produção, podemos escrever

$$\overline{Y} = C(\overline{Y} - \overline{T}) + I(r) + \overline{G}$$

Essa equação enuncia que a oferta da produção da economia é igual à sua demanda, que corresponde à soma de consumo, investimento e compras do governo.

Observe que a taxa de juros, r, é a única variável ainda não determinada na última equação. A razão para isso é que a taxa de juros continua tendo um papel fundamental a desempenhar: ela deve se ajustar, de modo a garantir que a demanda por bens e serviços seja igual à oferta. Quanto mais alta a taxa de juros, mais baixo o nível de investimento e, consequentemente, menor a demanda por bens e serviços, $C + I + G$. Se a taxa de juros for demasiadamente alta, o investimento será demasiadamente baixo e a demanda pelo produto da economia ficará aquém da oferta. Se a taxa de juros for demasiadamente baixa, o investimento será demasiadamente alto e a demanda excederá a oferta. *Na taxa de juros de equilíbrio, a demanda por bens e serviços é igual à oferta.*

Essa conclusão pode parecer um tanto misteriosa: de que maneira a taxa de juros chega ao patamar em que equilibra a oferta e a demanda por bens e serviços? A melhor maneira de responder a essa pergunta é considerar como os mercados financeiros se encaixam na história.

Equilíbrio nos mercados financeiros: a oferta e a demanda de fundos de empréstimos

Uma vez que a taxa de juros é o custo inerente a tomar emprestado e o retorno decorrente de conceder empréstimos nos mercados financeiros, podemos compreender melhor o papel da taxa de juros na economia se raciocinarmos em termos dos mercados financeiros. Para fazer isso, reescrevemos a identidade das contas nacionais sob a forma

$$Y - C - G = I$$

O termo $Y - C - G$ corresponde ao produto que permanece depois que as demandas dos consumidores e do governo foram atendidas; é chamado de **poupança nacional**, ou simplesmente **poupança** (S). Sob essa forma, a identidade das contas nacionais demonstra que a poupança é igual ao investimento.

Para compreendermos mais plenamente essa identidade, podemos dividir a poupança nacional em duas partes – uma parte representando a poupança privada e a outra representando a poupança do governo:

$$S = (Y - T - C) + (T - G) = I.$$

O termo $(Y - T - C)$ corresponde a renda disponível menos consumo, que representa a **poupança privada.** O termo $(T - G)$ corresponde a receita do governo menos despesa do governo, que é a **poupança pública**. (Se o gasto do governo supera a sua receita, o governo incorre em um déficit orçamentário e a poupança pública passa a ser negativa.) A poupança nacional corresponde à soma entre poupança privada e poupança pública. O diagrama de fluxo circular da Figura 3.1 revela uma interpretação para essa equação: ela enuncia que os fluxos de entrada nos mercados financeiros (poupança privada e poupança pública) devem necessariamente equilibrar os fluxos de saída dos mercados financeiros (investimento).

Para verificar como a taxa de juros conduz os mercados financeiros ao equilíbrio, insira a função consumo e a função investimento na identidade das contas nacionais:

$$Y - C(Y - T) - G = I(r).$$

Em seguida, observe que G e T são estabelecidos com base na política econômica, e Y é definido com base nos fatores de produção e na função produção:

$$\overline{Y} - C(\overline{Y} - \overline{T}) - \overline{G} = I(r)$$
$$(\overline{S}) = I(r).$$

O lado esquerdo dessa equação mostra que a poupança nacional depende da renda, Y, e das variáveis da política fiscal G e T. Para valores fixos de Y, G e T, a poupança nacional, S, também é fixa. O lado direito da equação mostra que o investimento depende da taxa de juros.

A Figura 3.8 representa graficamente poupança e investimento como funções da taxa de juros. A função poupança é uma linha vertical, já que, nesse modelo, a poupança não depende da taxa de juros (deixaremos essa premissa um pouco de lado mais adiante). A função investimento tem inclinação descendente; quanto menor a taxa de juros, maior a quantidade de projetos de investimento lucrativos.

Uma análise rápida da Figura 3.8 nos leva a imaginar que se trata de um diagrama de oferta e demanda para determinado

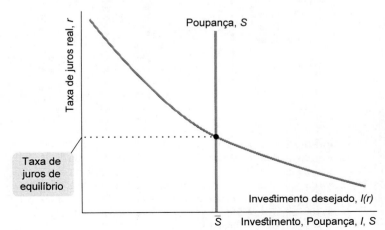

Figura 3.8 Poupança, investimento e taxa de juros. A taxa de juros se ajusta de modo a conduzir poupança e investimento ao equilíbrio. A linha vertical representa a poupança – a oferta de fundos de empréstimo. A linha com inclinação descendente representa o investimento – a demanda por fundos de empréstimos A interseção entre essas duas curvas determina a taxa de juros de equilíbrio.

bem. Na verdade, poupança e investimento podem ser interpretados em termos de oferta e demanda. Nesse caso, o "bem" corresponde a **fundos de empréstimo**, e o "preço" corresponde à taxa de juros. A poupança corresponde à oferta de fundos de empréstimo – os domicílios emprestam sua poupança aos investidores ou depositam suas poupanças em um banco que, por sua vez, concede empréstimos com esses fundos. O investimento corresponde à demanda por fundos de empréstimo – os investidores tomam emprestado diretamente do público, por meio da venda de títulos, ou indiretamente, tomando empréstimos dos bancos. Como o investimento depende da taxa de juros, a quantidade demandada de fundos de empréstimo também depende da taxa de juros.

A taxa de juros vai se ajustando até que o montante que as empresas desejam investir se equivalha ao montante que os domicílios desejam poupar. Se a taxa de juros for demasiadamente baixa, os investidores desejarão mais em relação ao produto da economia do que os domicílios desejam poupar. De maneira equivalente, a quantidade demandada de fundos de empréstimo supera a quantidade ofertada. Quando isso acontece, a taxa de juros aumenta. Inversamente, se a taxa de juros for demasiadamente alta, os domicílios desejarão poupar mais do que as empresas desejam investir; uma vez que a quantidade ofertada de fundos de empréstimos é maior que a quantidade demandada, a taxa de juros diminui. A taxa de juros de equilíbrio é encontrada no ponto em que as duas curvas se interceptam. *Na taxa de juros de equilíbrio, o desejo dos domicílios de poupar é igual ao desejo das empresas de investir, e a quantidade ofertada de fundos de empréstimos é igual à quantidade demandada.*

Variações na poupança: os efeitos da política fiscal

Podemos usar nosso modelo para mostrar como a política fiscal afeta a economia. Quando o governo modifica os seus gastos ou o nível dos impostos, isso afeta a demanda pela produção de bens e serviços da economia, e altera a poupança nacional, o investimento e a taxa de juros de equilíbrio.

Um aumento nas compras do governo

Considere, inicialmente, os efeitos decorrentes de um aumento nas compras do governo, em um montante ΔG. O impacto imediato é aumentar em ΔG a demanda por bens e serviços. Entretanto, como o total da produção é fixado pelos fatores de produção, o aumento nas compras do governo precisa vir acompanhado por diminuição em alguma outra categoria de demanda. Uma vez que a renda disponível, $Y - T$, se mantém inalterada, o consumo, C, também permanece inalterado. Por conseguinte, o aumento nas compras do governo deve ser acompanhado de redução equivalente no investimento.

Para induzir uma queda no investimento, a taxa de juros precisa aumentar. Consequentemente, o aumento nas compras do governo faz com que a taxa de juros aumente e o investimento diminua. Diz-se que as compras do governo **afastam** o investimento.

Para melhor entendermos os efeitos decorrentes de um aumento nas compras do governo, consideremos o impacto sobre o mercado de fundos de empréstimo. Uma vez que o crescimento nas compras do governo não vem acompanhado por aumento nos impostos, o governo financia o gasto adicional por meio da tomada de empréstimos – ou seja, reduzindo a poupança pública. Com a poupança privada inalterada, essa tomada de empréstimo pelo governo reduz a poupança nacional. Como ilustra a Figura 3.9, uma redução na poupança nacional é representada pelo deslocamento para a esquerda na oferta de fundos de empréstimos disponíveis para fins de investimento. Na taxa de juros inicial, a demanda por fundos de empréstimo excede a oferta. A taxa de juros de equilíbrio aumenta até o ponto em que a curva correspondente ao investimento intercepta a nova curva da poupança. Consequentemente, um aumento nas compras do governo faz com que a taxa de juros cresça de r_1 para r_2.

Redução nos impostos

Considere agora uma redução de ΔT nos impostos. O impacto imediato do corte fiscal é o aumento na renda disponível e, por conseguinte, aumento no consumo. A renda disponível se eleva em ΔT, e o consumo se eleva em uma quantidade equivalente a ΔT vezes a propensão marginal a consumir, $PMgC$. Quanto maior a $PMgC$, maior o impacto do corte fiscal em relação ao consumo.

Uma vez que a produção da economia é definida com base nos fatores de produção e o nível de compras do governo é fixado pelo próprio governo, o aumento no consumo deve vir acompanhado por uma diminuição no investimento. Para que o investimento caia, a taxa de juros precisa aumentar. Consequentemente, uma redução nos impostos, assim como um aumento nas compras do governo, afasta o investimento e eleva a taxa de juros.

Podemos, também, analisar o efeito de um corte fiscal examinando a poupança e o investimento. Uma vez que o corte fiscal aumenta a renda disponível em ΔT, o consumo se eleva em $PMgC \times \Delta T$. A poupança nacional, S, que é igual a $Y - C - G$, diminui na mesma proporção em que aumenta o consumo. Como é o caso na Figura 3.9, a redução na poupança desloca a oferta de fundos de empréstimos para a esquerda, o que causa a elevação da taxa de juros de equilíbrio e afasta o investimento.

Mudanças na demanda por investimentos

Até agora, analisamos como a política fiscal pode alterar a poupança nacional. Podemos também utilizar nosso modelo para examinar o outro lado do mercado – a demanda por investimentos. Nesta seção, estudaremos as causas e os efeitos das alterações na demanda por investimentos.

Uma das razões para que a demanda por investimentos possa aumentar é a inovação tecnológica. Suponhamos, por exemplo, que alguém invente uma nova tecnologia, tal como a

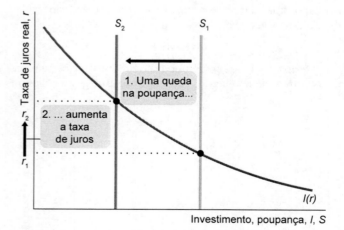

Figura 3.9 Redução da poupança. Uma redução na poupança, possivelmente resultado de mudança na política fiscal, desloca a curva da poupança para a esquerda. O novo equilíbrio passa a ser o ponto no qual a nova curva da poupança intercepta a curva do investimento. Uma redução na poupança diminui o montante de investimentos e faz com que a taxa de juros aumente. Diz-se que medidas de política fiscal que reduzem a poupança afastam os investimentos.

ferrovia ou o computador. Para que possam tirar proveito da inovação, uma empresa ou um domicílio precisam adquirir bens de investimento. A invenção da ferrovia não teve valor algum antes de os vagões começarem a ser fabricados e os trilhos serem instalados. A ideia do computador não foi produtiva até que os computadores começassem a ser fabricados. Sendo assim, a inovação tecnológica leva a um crescimento na demanda por investimentos.

A demanda por investimentos também pode se modificar em virtude de o governo estimular ou desestimular o investimento, por meio da legislação fiscal. Suponhamos, por exemplo, que o governo aumente o imposto de renda da pessoa física e utilize a receita adicional para financiar reduções fiscais para quem investe em capital novo. Esse tipo de modificação na legislação fiscal faz com que uma quantidade maior de projetos de investimento venha a ser lucrativa e, assim como ocorre com uma inovação tecnológica, acarreta aumento na demanda por bens de investimento.

A Figura 3.10 mostra os efeitos de um crescimento na demanda por investimentos. Sob qualquer taxa de juros determinada, a demanda por bens de investimento (e também por fundos de empréstimo) é maior. Esse aumento na demanda é representado por um deslocamento para a direita na curva do investimento. A economia se desloca do equilíbrio antigo, ponto A, para o novo equilíbrio, ponto B.

A surpreendente implicação da Figura 3.10 é que a quantidade de equilíbrio para o investimento permanece inalterada. De acordo com as nossas premissas, o nível fixo de poupança determina o montante para o investimento; em outras palavras, existe uma oferta fixa para os fundos de empréstimo. Um crescimento na demanda por investimentos simplesmente ocasiona o aumento da taxa de juros de equilíbrio.

No entanto, chegaríamos a uma conclusão diferente caso modificássemos nossa função consumo simples e permitíssemos que o consumo (e seu lado inverso, a poupança) dependesse da taxa de juros. Considerando-se que a taxa de juros representa o retorno da poupança (assim como o custo inerente a tomar emprestado), uma taxa de juros mais elevada poderia reduzir o consumo e fazer crescer a poupança. Sendo assim, a curva da poupança teria inclinação ascendente e não vertical.

Com curva de poupança ascendente, um crescimento na demanda por investimentos faria crescer tanto a taxa de juros de equilíbrio quanto a quantidade de equilíbrio em relação ao investimento. A Figura 3.11 ilustra esse tipo de alteração. O aumento na taxa de juros faz com que os domicílios passem a consumir menos e poupar mais. A diminuição no consumo libera recursos para investimentos.

3.5 CONCLUSÃO

Neste capítulo, desenvolvemos um modelo que explica a produção, a distribuição e a alocação da produção de bens e serviços da economia. O modelo se baseia na premissa clássica de que os preços se ajustam de modo a equilibrar oferta e demanda. Nesse modelo, os preços dos fatores equilibram os mercados de fatores, e a taxa de juros equilibra a oferta e a demanda por bens e serviços (ou, de modo equivalente, a oferta e a demanda por fundos de empréstimo). Como o modelo incorpora

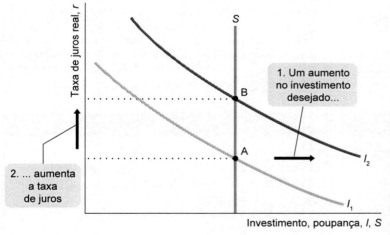

Figura 3.10 Aumento na demanda por investimentos. Um aumento na demanda por bens de investimento desloca para a direita a curva do investimento. Sob qualquer taxa de juros, o montante de investimento agora é maior. O equilíbrio se desloca do ponto A para o ponto B. Uma vez que o montante correspondente à poupança é fixo, o crescimento na demanda por investimentos faz com que aumente a taxa de juros, ao mesmo tempo em que deixa inalterada a quantidade de equilíbrio para o investimento.

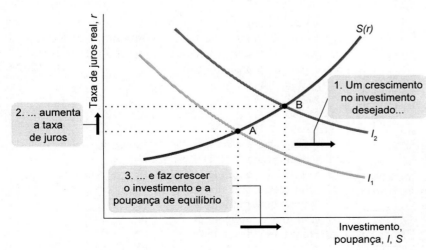

Figura 3.11 Aumento na demanda por investimentos quando a poupança depende da taxa de juros. Quando a poupança está positivamente relacionada com a taxa de juros, um deslocamento para a direita na curva do investimento faz com que a taxa de juros e o montante de investimento aumentem. A taxa de juros mais elevada induz as pessoas a aumentarem a poupança, o que, por sua vez, permite que o investimento aumente.

todas as interações ilustradas no digrama de fluxo circular da Figura 3.1, ele é às vezes chamado de *modelo de equilíbrio geral*.

Ao longo de todo o capítulo, discorremos sobre várias aplicações do modelo. Este consegue explicar como a renda é dividida entre os fatores de produção e como os preços dos fatores dependem da oferta dos fatores. Também utilizamos o modelo para analisar como a política fiscal altera a alocação da produção entre os seus usos alternativos – consumo, investimento e compras do governo – e quais os efeitos da política fiscal sobre a taxa de juros de equilíbrio.

A essa altura, é útil revisar algumas das premissas de simplificação que definimos neste capítulo, que deixaremos de lado em capítulos futuros.

- Ignoramos o papel da moeda, o ativo com o qual bens e serviços são comprados e vendidos. Nos Capítulo 4 e 5, discutiremos como a moeda afeta a economia e a influência da política monetária.
- Partimos do pressuposto de que não existe qualquer tipo de comércio com outros países. No Capítulo 6, examinaremos como as interações internacionais afetam nossas conclusões.
- Partimos do pressuposto de que a força de trabalho está em pleno emprego. No Capítulo 7, examinaremos os motivos para o desemprego e verificaremos como as políticas públicas influenciam o nível de desemprego.
- Partimos do pressuposto de que o estoque de capital, a força de trabalho e a tecnologia da produção são fixos. Nos Capítulos 8 e 9, verificaremos como as mudanças ao longo do tempo, em cada um desses fatores, levam ao aumento na produção de bens e serviços da economia.
- Ignoramos o papel dos preços rígidos no curto prazo. Nos Capítulos 10 a 14, desenvolveremos um modelo tratando de oscilações de curto prazo, que inclui preços rígidos.

Antes de seguir em frente, porém, volte ao início deste capítulo e assegure-se de que é capaz de responder às perguntas sobre renda nacional que fizemos na abertura.

Resumo

1. Os fatores de produção e a tecnologia da produção determinam a produção de bens e serviços da economia. Crescimento em um dos fatores de produção ou avanço tecnológico fazem crescer a produção.
2. As empresas competitivas, que visam à maximização de seus lucros, contratam mão de obra até o ponto em que o produto marginal da mão de obra se iguala ao salário real. De maneira análoga, essas empresas arrendam capital até que o produto marginal do capital se iguale ao preço real do seu aluguel. Por conseguinte, cada um dos fatores de produção é remunerado com base em seu respectivo produto marginal. Se a função produção tem retornos constantes de escala, de acordo com o teorema de Euler, toda a produção é utilizada para remunerar os insumos.
3. A produção da economia é utilizada para fins de consumo, investimento e compras do governo. O consumo depende positivamente da renda disponível. O investimento depende negativamente da taxa de juros real. As compras do governo e os impostos são variáveis exógenas inerentes à política fiscal.
4. A taxa de juros real se ajusta de modo a equilibrar a oferta e a demanda correspondentes ao produto da economia – ou, em termos equivalentes, a oferta de fundos de empréstimo (poupança) e a demanda por fundos de empréstimo (investimento). Uma redução na poupança nacional, talvez em decorrência de aumento nas compras do governo ou de diminuição nos impostos, diminui a oferta de fundos de empréstimos, reduz a quantidade de equilíbrio de investimentos e ocasiona a elevação da taxa de juros. Um aumento na demanda por investimentos, talvez em decorrência de inovação tecnológica ou de incentivo fiscal para o investimento, aumenta a demanda de fundos de empréstimos e também ocasiona a elevação da taxa de juros. Um crescimento na demanda por investimentos somente aumentará a quantidade de investimento se taxas de juros mais altas estimularem a poupança adicional.

Questionário rápido

1. Um gerente de uma empresa perfeitamente competitiva observa que o produto marginal da mão de obra é 5 unidades por hora, o produto marginal do capital é 40 unidades por máquina, o salário é $ 20 por hora, o preço do aluguel do capital é $ 120 por máquina e o preço do produto é $ 5 por unidade. Para maximizar o lucro, o gerente deve contratar _____ mão de obra e alugar _____ capital.
    a) mais, mais
    b) mais, menos
    c) menos, mais
    d) menos, menos
2. Uma economia tem a função produção de Cobb-Douglas $Y = 10 K^{1/3} L^{2/3}$. Se o estoque de capital da economia dobra, a participação da renda total paga aos proprietários do capital
    a) aumentará em 10%.
    b) aumentará em 1/3.
    c) aumentará em 2/3.
    d) permanecerá a mesma.
3. Se a imigração faz amplia a força de trabalho em uma economia com uma função produção de Cobb-Douglas, o salário _____ e o preço do aluguel do capital _____.
    a) aumenta, aumenta
    b) aumenta, diminui
    c) diminui, aumenta
    d) diminui, diminui
4. Um crescimento na taxa de juros _____ faz com que _____ o investimento
    a) nominal, aumente
    b) nominal, diminua
    c) real, aumente
    d) real, diminua
5. Se a renda nacional é $ 1.200, o consumo é $ 600, os impostos correspondem a $ 200 e as compras do governo são $ 300, a poupança nacional será
    a) $ 300.
    b) $ 400.
    c) $ 500.
    d) $ 600.
6. Uma redução nas compras de bens e serviços pelo governo, mantendo constantes os impostos, _____ a taxa de juros real de equilíbrio e _____ o investimento.
    a) aumentará, aumentará
    b) aumentará, diminuirá
    c) diminuirá, aumentará
    d) diminuirá, diminuirá

CONCEITOS-CHAVE

Fatores de produção
Função de produção
Retornos constantes de escala
Preços de fatores
Empresa competitiva
Lucro
Produto marginal da mão de obra ($PMgL$)
Produto marginal decrescente

Salário real
Produto marginal do capital ($PMgK$)
Preço real do aluguel de capital
Lucro econômico *versus* lucro contábil
Função produção de Cobb-Douglas
Renda disponível
Função consumo
Propensão marginal a consumir ($PMgC$)

Taxa de juros
Taxa de juros nominal
Taxa de juros real
Poupança nacional (poupança)
Poupança privada
Poupança pública
Fundos de empréstimo
Afastar o investimento

Questões para revisão

1. O que determina a produção total de uma economia?
2. Explique o modo pelo qual uma empresa competitiva, que visa à maximização de seus lucros, decide quanto demandar de cada um dos fatores de produção.
3. Qual é o papel dos retornos constantes de escala na distribuição da renda?
4. Simule uma função produção de Cobb-Douglas para a qual o capital seja remunerado com um quarto da renda total.
5. O que determina o consumo e o investimento?
6. Explique a diferença entre compras do governo e pagamentos de transferência. Apresente dois exemplos de cada.
7. O que faz com que a demanda pelos bens e serviços produzidos na economia seja igual à oferta?
8. Explique o que acontece com o consumo, o investimento e a taxa de juros quando o governo aumenta os impostos.

Problemas e aplicações

1. Use a teoria neoclássica da distribuição para prever o impacto de cada um dos eventos a seguir sobre o salário real e o preço real do aluguel do capital.
   a) Uma onda de imigração faz crescer a força de trabalho.
   b) Um terremoto destrói parte do estoque de capital.
   c) Um avanço tecnológico melhora a função produção.
   d) Altas taxas de inflação dobram os preços de todos os fatores e produtos da economia.

2. Suponha que a função produção na Europa medieval seja $Y = K^{0,50}L^{0,50}$, em que K corresponde à quantidade de terra e L é a quantidade de mão de obra. A economia começa com 10 unidades de terra e 100 unidades de mão de obra. Utilize uma calculadora e as equações apresentadas no capítulo para encontrar uma reposta numérica para cada uma das perguntas a seguir:
   a) Qual a quantidade de produto gerada pela economia?
   b) Quanto é o salário e qual o preço do aluguel do capital?
   c) Qual a proporção da produção que a mão de obra recebe?
   d) Caso uma praga mate metade de uma população, qual será o novo nível de produção?
   e) Qual é o novo salário e qual é o novo preço do aluguel do capital?
   f) Qual a proporção da produção que a mão de obra recebe agora?

3. Se um aumento de 10% no capital e na mão de obra faz com que a produção aumente menos de 10%, diz-se que a função produção apresenta *retornos decrescentes de escala*. Se esse mesmo aumento faz com que a produção aumente mais de 10%, diz-se que a função produção apresenta *retornos crescentes de escala*. Por que determinada função de produção poderia apresentar retornos crescentes ou retornos decrescentes de escala?

4. Suponha que uma função produção seja de Cobb-Douglas, com parâmetro $\alpha = 0,3$.
   a) Que frações da renda recebem o capital e a mão de obra?
   b) Suponhamos que a imigração ocasione um aumento de 10% na força de trabalho. O que acontece com a produção total (em termos percentuais)? O que ocorre com o preço de aluguel do capital? E com o salário real?
   c) Suponhamos que uma doação de capital, oriunda do exterior, faça com que o estoque de capital aumente 10%. O que acontece com o total da produção (em termos percentuais)? O que ocorre com o preço do aluguel do capital? E com o salário real?
   d) Suponhamos que um avanço tecnológico aumente o valor do parâmetro A em 10%. O que acontece com a produção total (em termos percentuais)? O que ocorre com o preço de aluguel do capital? E com o salário real?

5. A Figura 3.5 mostra que, nos dados para os EUA, a parcela da mão de obra em relação à renda total é aproximadamente uma constante ao longo do tempo. A Tabela 3.1 mostra que a tendência no salário real acompanha de perto a tendência em termos da produtividade da mão de obra. Qual é a relação entre esses fatos? O primeiro fato poderia ser verdadeiro sem que o segundo também fosse? Use a expressão matemática correspondente à participação da mão de obra para justificar a sua resposta.

6. De acordo com a teoria neoclássica da distribuição, o salário real recebido por qualquer trabalhador é igual à sua produtividade. Vamos partir desse raciocínio para examinar as rendas de dois grupos de trabalhadores: agricultores e barbeiros. Faça com que W_a e W_b sejam os salários nominais de agricultores e barbeiros; P_a e P_b os preços de alimentos e cortes de cabelo; e A_a e A_b representem a produtividade marginal de agricultores e barbeiros.

Problemas e aplicações

a) Para cada uma das seis variáveis definidas no enunciado, defina, do modo mais preciso que puder, as unidades em que elas são mensuradas. (*Dica*: Cada um das respostas assume a forma "X por unidade de Y".)

b) Ao longo do século passado, a produtividade dos agricultores, A_a, aumentou substancialmente em decorrência do progresso tecnológico. De acordo com a teoria neoclássica, o que deveria ter acontecido com o salário real desses agricultores, W_a/P_b? Em que unidades é mensurado esse salário real?

c) Ao longo do mesmo período, a produtividade dos barbeiros, A_b, permaneceu constante. O que deveria ter acontecido com salários reais dos barbeiros, W_b/P_b? Em que unidades é mensurado esse salário real?

d) Suponha que, no longo prazo, os trabalhadores sejam capazes de se deslocar livremente entre as atividades de agricultor e barbeiro. O que essa mobilidade implica em relação aos salários de agricultores e barbeiros, W_a e W_b?

e) O que suas respostas anteriores implicam para o preço de cortes de cabelo em relação ao preço dos alimentos?

f) Suponha que barbeiros e agricultores consumam a mesma cesta de bens e serviços. Quem se beneficia mais do progresso tecnológico na agricultura – os agricultores ou os barbeiros? Explique como sua resposta é coerente com os resultados dos salários reais nos itens (b) e (c).

7. (Este problema requer o uso de cálculos.) Considere uma função produção de Cobb-Douglas com três insumos. K corresponde ao capital (o número de máquinas), L corresponde à mão de obra (o número de trabalhadores) e H corresponde ao capital humano (o número de pessoas com formação de nível superior entre os trabalhadores). A função produção é

$$Y = K^{1/3} L^{1/3} H^{1/3}.$$

a) Derive uma expressão para o produto marginal da mão de obra. De que modo um crescimento na quantidade de capital humano afeta o produto marginal da mão de obra?

b) Derive uma expressão para o produto marginal do capital humano. De que modo um aumento na quantidade de capital humano afeta o produto marginal do capital humano?

c) Qual é a parcela da renda paga à mão de obra? Qual é a parcela da renda paga ao capital humano? Nas contas nacionais dessa economia, que parcela da renda total você imagina que os trabalhadores aparentariam receber? (*Dica*: Considere o ponto em que aparece o retorno relacionado ao capital humano.)

d) Um trabalhador não qualificado é remunerado com o produto marginal da mão de obra, enquanto um trabalhador qualificado é remunerado com o produto marginal da mão de obra somado ao produto marginal do capital humano. Utilizando as suas respostas para os itens (a) e (b), encontre a proporção entre salário para trabalhadores qualificados e salário para trabalhadores não qualificados. De que modo um crescimento na quantidade de capital humano afeta essa proporção? Explique.

e) Há quem defenda que o governo deveria financiar bolsas de estudo para universidades como meio de criar uma sociedade mais igualitária. Outros argumentam que as bolsas de estudo ajudam apenas aqueles que têm condições de ingressar em uma universidade. Suas respostas às questões anteriores lançam alguma luz sobre a discussão?

8. O governo aumenta os impostos em $ 100 bilhões. Se a propensão marginal a consumir é 0,6, o que acontece com os itens relacionados a seguir? Eles aumentam ou diminuem? Em que montante?
a) Poupança pública.
b) Poupança privada.
c) Poupança nacional.
d) Investimento.

9. Suponhamos que um aumento na confiança dos consumidores eleve as expectativas desses consumidores em relação a seus rendimentos no futuro e, consequentemente, amplie o montante que desejem consumir no presente. Isso poderia ser interpretado como um deslocamento para cima na função consumo. De que maneira esse deslocamento afeta o investimento e a taxa de juros?

10. Considere uma economia descrita com base nas seguintes equações:

$$Y = C + I + G.$$
$$Y = 8.000.$$
$$G = 2.500.$$
$$T = 2.000.$$
$$C = 1.000 + 2/3 \ (Y - T).$$
$$I = 1.200 - 100r.$$

a) Nessa economia, calcule a poupança privada, a poupança pública e a poupança nacional.
b) Encontre a taxa de juros de equilíbrio.
c) Suponhamos, agora, que G é reduzido em 500. Calcule a poupança privada, a poupança pública e a poupança nacional.
d) Encontre a nova taxa de juros de equilíbrio.

11. Suponhamos que o governo aumente os impostos e as compras do governo em montantes equivalentes. O que acontece com a taxa de juros e com o investimento, em resposta a essa mudança no orçamento que estava equilibrado? Explique como sua resposta depende da propensão marginal a consumir.

12. Quando o governo subsidia o investimento – por exemplo, por meio de um crédito fiscal para investimentos –, o subsídio, de modo geral, só se aplica a alguns tipos de investimento. Esta questão pede que você considere o efeito decorrente desse tipo de mudança. Suponha que existam dois tipos de investimento na economia: o investimento empresarial e o investimento residencial. A taxa de juros se ajusta de modo a equilibrar a poupança nacional e o investimento total, que é a soma entre o investimento empresarial e o investimento residencial. Suponha agora que o governo institua um crédito fiscal para investimentos somente para o investimento empresarial.

Problemas e aplicações

a) De que maneira essa política afeta a curva de demanda para investimentos empresariais? E a curva de demanda para investimentos residenciais?
b) Elabore um gráfico para a oferta e a demanda de fundos de empréstimo. De que maneira essa política afeta a oferta e a demanda para fundos de empréstimo? O que acontece com a taxa de juros de equilíbrio?
c) Compare o antigo e o novo equilíbrio. De que modo essa política afeta a quantidade total de investimento? E a quantidade de investimento empresarial? E a quantidade de investimento residencial?

13. Suponha que o consumo dependa da taxa de juros. De que modo isso altera, se é que altera, as conclusões alcançadas no capítulo sobre o impacto de um aumento nas compras do governo sobre o investimento, o consumo, a poupança nacional e a taxa de juros?

14. Dados macroeconômicos não demonstram forte correlação entre investimento e taxas de juros. Vamos examinar a razão pela qual isso poderia ser verdadeiro. Utilize o nosso modelo, no qual a taxa de juros se ajusta de modo a equilibrar a oferta de fundos de empréstimo (que apresenta uma inclinação ascendente) e a demanda por fundos de empréstimo (que apresenta uma inclinação descendente).

a) Suponha que a demanda por fundos de empréstimo seja estável, mas a oferta oscile de ano para ano. O que poderia causar essas flutuações na oferta? Nesse caso, que correlação entre investimento e taxa de juros você encontraria?
b) Suponha que a oferta de fundos de empréstimo seja estável, mas a demanda oscile de ano para ano. O que poderia causar essas flutuações na demanda? Nesse caso, que correlação entre investimento e taxa de juros você encontraria?
c) Suponha que tanto a oferta quanto a demanda nesse mercado oscilem ao longo do tempo. Se você precisasse elaborar um diagrama de dispersão para investimento e taxa de juros, o que descobriria?
d) Qual entre os três casos anteriores lhe parece mais empiricamente realista? Por quê?

Respostas do questionário rápido

1. a
2. d
3. c
4. d
5. a
6. c

O Sistema Monetário: O que é e como funciona

4

Desde o início dos tempos, houve três grandes invenções: o fogo, a roda e o banco central

– Will Rogers

Os dois braços da política macroeconômica são a política monetária e a política fiscal. Política fiscal engloba as decisões do governo sobre gastos e impostos, como vimos no capítulo anterior. Política monetária refere-se às decisões sobre o sistema monetário, o sistema cambial e o sistema bancário de uma nação. A política fiscal normalmente é definida por políticos eleitos, como acontece no Congresso dos Estados Unidos, no Parlamento inglês ou na Dieta Nacional do Japão. A política monetária é elaborada pelos bancos centrais que, de modo geral, são constituídos por políticos eleitos, embora contem com autonomia para operar de modo independente. Entre os exemplos estão o Federal Reserve dos EUA, o Bank of England e o Bank of Japan. Will Rogers exagerou ao afirmar que o banco central teria sido uma das três maiores invenções de todos os tempos, mas tinha razão ao afirmar que essas instituições têm grande influência sobre a vida e o sustento das pessoas em todos os países do mundo.

Grande parte deste livro tem por objetivo explicar os efeitos e as funções adequadas das políticas monetária e fiscal. O presente capítulo inicia nossa análise da política monetária. Abordamos três questões correlatas. Primeira, o que é a moeda? Segunda, qual é o papel do sistema bancário de um país na determinação da quantidade de dinheiro presente na economia? Terceira, como o banco central de um país influencia o sistema bancário e a oferta monetária?

A introdução deste capítulo ao sistema monetário serve como alicerce para a compreensão da política monetária. No próximo capítulo, seguindo a mesma linha de foco no longo prazo desta parte do livro, examinamos os efeitos de longo prazo da política monetária. Os efeitos de curto prazo são mais complexos. Começaremos a discutir o assunto no Capítulo 10, mas serão necessários vários capítulos para desenvolver uma explicação completa. O presente capítulo nos deixa preparados. A análise da política monetária, tanto no curto quanto no longo prazo, precisa ser fundamentada em uma sólida compreensão do que significa moeda, de como ela é afetada pelos bancos e como é controlada pelos bancos centrais.

4.1 O QUE É MOEDA?

Quando dizemos que uma pessoa tem muito dinheiro (ou grande quantidade de moeda), geralmente queremos dizer que ela é rica. Em contrapartida, os economistas utilizam o termo "moeda" (ou dinheiro) de maneira mais específica. Para um economista, moeda não se refere a todos os tipos de riqueza, e sim a um único tipo de riqueza: moeda significa um estoque de ativos que podem ser prontamente utilizados para realizar transações. *Grosso modo*, os dólares nas mãos da população norte-americana constituem o estoque de moeda daquela nação.

As funções da moeda

A moeda tem três finalidades: é uma reserva de valor, uma unidade de conta e um meio de troca.

Como **reserva de valor**, a moeda representa um meio de transferir o poder de compra do presente para o futuro. Se você trabalha hoje e ganha $ 100, pode guardar esse valor e gastá-lo amanhã, na próxima semana ou no próximo mês. Evidentemente, a moeda não é uma reserva de valor perfeita: se os preços estão aumentando, o montante que você consegue comprar com qualquer quantidade específica de moeda está diminuindo. Ainda assim, as pessoas guardam moeda, uma vez que podem negociá-la em troca por bens e serviços em algum momento no futuro.

Como **unidade de conta,** a moeda define os termos segundo os quais os preços são determinados e as dívidas registradas. A microeconomia nos ensina que os recursos são alocados de acordo com os preços relativos – os preços dos bens em relação a outros bens – ainda que os estabelecimentos comerciais estipulem seus preços em unidades de moeda corrente, como, por exemplo, dólares e centavos. Um vendedor de automóveis afirma que determinado veículo custa $ 20.000 e não 400 camisas (embora os valores possam ser equivalentes). De modo semelhante, a maioria das dívidas requer que o devedor abra mão de um número específico de unidades monetárias no futuro, e não de uma quantidade específica de alguma mercadoria. A moeda constitui o padrão por meio do qual mensuramos as transações econômicas.

Como **meio de troca**, moeda é aquilo que utilizamos para adquirir bens e serviços. Está impressa na nota de um dólar norte-americano a frase: "Esta nota tem valor legal de pagamento para todas as dívidas, públicas e privadas." Quando entramos nos estabelecimentos comerciais, estamos confiantes de que os lojistas aceitarão nossa moeda em troca dos itens que estão sendo comercializados. A facilidade com que certo ativo pode ser convertido em um meio de troca e utilizado para adquirir outras coisas (bens, serviços ou ativos de capital) é conhecida como a *liquidez* desse ativo. Uma vez que, por definição, é o meio de troca, a moeda é o ativo com maior liquidez.

Para entender melhor as funções da moeda, tente imaginar uma economia sem ela: uma economia de escambo. Em um mundo como esse, o comércio exige a *dupla coincidência de desejos* – a eventualidade improvável de duas pessoas, cada uma delas com determinado bem que a outra deseja, se encontrarem no momento exato, no lugar exato, para realizarem esse intercâmbio. Uma economia de escambo permite exclusivamente transações simples.

A moeda possibilita transações mais indiretas. Uma professora utiliza seu salário para comprar livros; o editor utiliza a receita da venda dos livros para comprar papel; o fabricante de papel utiliza a receita da venda de papel para comprar madeira e transformá-la em polpa de celulose; a madeireira utiliza a renda obtida com a venda da madeira para pagar o lenhador; o lenhador usa sua renda para mandar o filho à faculdade; e a faculdade utiliza a mensalidade que recebe do aluno para pagar o salário da professora. Em uma economia moderna, complexa, o comércio geralmente envolve muitos participantes, e é facilitado pelo uso da moeda.

Os tipos de moeda

A moeda assume muitas formas. Na economia dos Estados Unidos, são realizadas transações com um item cuja função exclusiva é atuar como moeda: as cédulas de dólares. Esses pedaços de papel verde, com pequenos retratos de norte-americanos famosos, teriam pouco valor caso não fossem universalmente aceitos como moeda. Uma moeda que não possui valor intrínseco é chamada de **moeda fiduciária**, uma vez que é instituída como moeda por decreto ou determinação do governo.

Embora a moeda fiduciária seja a norma em quase todas as economias de hoje, a maior parte das sociedades do passado utilizava como moeda alguma mercadoria com determinado valor intrínseco. A moeda dessa espécie é chamada de **moeda-mercadoria**. O exemplo mais disseminado de moeda-mercadoria é o ouro. Quando as pessoas utilizam o ouro como moeda (ou utilizam papel-moeda que pode ser trocado por ouro), diz-se que a economia está sob o **padrão-ouro**. O ouro é uma forma de moeda-mercadoria, uma vez que pode ser utilizado para vários propósitos – joias, restaurações dentárias e assim sucessivamente – do mesmo modo que para transações comerciais. O padrão-ouro era comum no mundo inteiro durante o final do século XIX.

ESTUDO DE CASO

A MOEDA EM UM CAMPO DE PRISIONEIROS DE GUERRA

Uma forma pouco comum de moeda-mercadoria foi desenvolvida em alguns campos nazistas de prisioneiros de guerra, durante a Segunda Guerra Mundial. A Cruz Vermelha fornecia diversas mercadorias aos prisioneiros – alimentos, vestuário, cigarros etc. Essas rações, no entanto, eram distribuídas sem maior atenção a preferências pessoais, de modo que sua alocação era, frequentemente, ineficaz. Um prisioneiro poderia preferir chocolate, enquanto outro poderia preferir queijo e um terceiro, uma camisa nova. Os diferentes gostos e preferências dos prisioneiros faziam com que eles negociassem uns com os outros.

O escambo, no entanto, provou ser uma maneira inapropriada de distribuir esses recursos, já que exigia a dupla coincidência de desejos. Em outras palavras, um sistema de escambo não era a maneira mais fácil de garantir que cada prisioneiro viesse a receber os bens que mais valorizava. Até mesmo a economia restrita do campo de prisioneiros de guerra precisava de alguma forma de moeda para facilitar as transações.

Por fim, os cigarros passaram a ser a "moeda corrente" estabelecida, com base na qual os preços eram estipulados e as transações comerciais efetuadas. Uma camisa, por exemplo, custava aproximadamente 80 cigarros. Os serviços também eram cotados em cigarros: alguns prisioneiros se ofereciam para lavar as roupas de outros prisioneiros pelo custo de 2 cigarros a peça. Até mesmo os não fumantes ficavam felizes em aceitar cigarros como meio de troca, sabendo que poderiam comercializá-los, no futuro, por algum bem que efetivamente apreciassem. No âmbito do campo de prisioneiros de guerra, o cigarro tornou-se a reserva de valor, a unidade de conta e o meio de troca.*

O desenvolvimento da moeda fiduciária

Não é surpreendente que, em qualquer sociedade, independentemente de quão primitiva seja, alguma forma de moeda-mercadoria surja, de modo a facilitar o intercâmbio: as pessoas dispõem-se a aceitar determinada moeda-mercadoria, tal como o ouro, em razão de essa mercadoria possuir valor intrínseco. O desenvolvimento da moeda fiduciária, no entanto, acarreta ainda mais perplexidade. O que leva as pessoas a valorizar alguma coisa que seja, intrinsecamente, inútil?

Para entender como ocorre a evolução da moeda-mercadoria para a moeda fiduciária, imagine uma economia na qual as pessoas carreguem consigo sacos com ouro por toda parte. Quando uma compra é realizada, o comprador mede a quantidade apropriada de ouro. Se o vendedor estiver convencido de que o peso e a pureza do ouro estão de acordo, comprador e vendedor realizam a transação comercial.

O governo pode, inicialmente, se envolver no sistema monetário de modo a ajudar as pessoas a reduzir o custo das transações. A utilização do ouro bruto como moeda é dispendiosa, pois é necessário algum tempo para verificar a pureza do ouro e mensurar a quantidade correta. Para reduzir esses custos, o governo pode mandar cunhar moedas de ouro, com pureza e peso conhecidos. É mais fácil utilizar moedas do que lingotes de ouro, já que o valor dessas moedas é universalmente reconhecido.

No passo seguinte, o governo aceita ouro da população em troca de certificados de ouro – pedaços de papel que podem ser utilizados para resgatar certa quantidade de ouro. Se as pessoas acreditam na promessa do governo de resgatar o papel, devolvendo o seu respectivo valor em ouro, as notas passam a ter exatamente o mesmo valor do ouro propriamente dito. Além disso, uma vez que são mais leves do que o ouro (e do que as moedas de ouro), as notas são mais fáceis de utilizar nos negócios. Em algum momento, ninguém mais carrega ouro por aí e esses certificados do governo, lastreados em ouro, passam a representar o padrão monetário.

Por fim, o lastro em ouro passa a ser irrelevante. Se nenhuma pessoa jamais se dá ao trabalho de resgatar as notas em troca de ouro, ninguém se importa se essa opção for deixada de lado. Enquanto todos continuarem a aceitar notas de papel como meio de troca, elas terão valor e servirão como moeda. Por conseguinte, o sistema de moeda-mercadoria evolui para um sistema de moeda fiduciária. Observe que, no final das contas, o uso da moeda no intercâmbio passa a ser uma convenção social: todas as pessoas valorizam a moeda fiduciária, pois esperam que todas as outras também valorizem.

ESTUDO DE CASO

MOEDA E CONVENÇÕES SOCIAIS NA ILHA DE YAP

A economia de Yap, uma pequena ilha no Pacífico, já teve um tipo de moeda que correspondia a um meio-termo entre moe-

---
* RADFORD, R.A. The economic organisation of a P.O.W. Camp. *Economica*, p. 189-201, Nov. 1945. O uso de cigarros como moeda não se limita a esse exemplo. Na União Soviética, no final da década de 1980, prefiriam-se maços de Marlboro aos rublos na grande economia informal.

da-mercadoria e moeda fiduciária. O meio tradicional de troca em Yap era a *fei*, uma roda de pedra com até três metros de diâmetro. As pedras tinham um buraco no centro, de modo que pudessem ser carregadas com estacas e utilizadas para fins de troca.

Grandes rodas de pedra não eram uma forma conveniente de moeda. As moedas eram muito pesadas, de maneira que era necessário um esforço substancial do novo dono para carregar sua *fei* para casa, depois de realizada a transação comercial. Embora o sistema monetário facilitasse o intercâmbio, isso se dava a um grande custo.

Com o passar do tempo, tornou-se prática comum o novo proprietário da *fei* não se preocupar com a posse física da pedra. Em vez disso, aceitava um título de posse da *fei*, sem retirá-la do lugar em que se encontrava. Em transações futuras, ele negociava esse título em troca dos bens que desejasse. Tomar posse física da pedra passou a ser menos importante do que ter o direito legal sobre ela.

Essa prática foi colocada em teste quando uma pedra valiosa se perdeu no mar, durante uma tempestade. Como o dono perdera o dinheiro por acidente e não por negligência, todos concordaram no sentido de que seu título de posse da *fei* continuaria válido. Mesmo gerações depois, quando não havia mais qualquer pessoa viva que tivesse visto essa pedra, o título de posse dessa *fei* ainda era válido em transações.

Até mesmo nos dias de hoje, o dinheiro em forma de pedra ainda é valorizado na ilha. Contudo, não é o meio de troca usado para a maior parte das transações rotineiras. Para essa finalidade, os 11.000 residentes de Yap utilizam algo mais prosaico: o dólar norte-americano.*

Como é controlada a quantidade de moeda

A quantidade de moeda disponível em uma economia é conhecida como **oferta monetária**. Em um sistema no qual haja moeda-mercadoria, a oferta de moeda representa a quantidade dessa mercadoria. Em uma economia que utilize moeda fiduciária, como é o caso na maioria das economias atuais, o governo controla a oferta monetária: restrições de natureza legal concedem ao governo o monopólio sobre a impressão de moeda. Assim como o nível de tributação e o nível de compras governamentais representam instrumentos de política econômica do governo, o mesmo ocorre com a oferta monetária. O controle sobre a oferta monetária é chamado de **política monetária**.

Na maioria dos países, a política monetária é delegada a uma instituição parcialmente independente, conhecida como **banco central**. O banco central dos Estados Unidos é o **Federal**

SAIBA MAIS

Bitcoin: O estranho caso de uma moeda digital

Em 2009, foi apresentado ao mundo um ativo novo e incomum, chamado *bitcoin*. Concebida por um especialista (ou grupo de especialistas) em informática conhecido pelo nome Satoshi Nakamoto, a bitcoin destinava-se a ser uma forma de moeda que existe apenas na forma eletrônica. As pessoas originalmente obtêm bitcoins utilizando computadores para solucionar problemas matemáticos complexos. O protocolo da bitcoin é projetado de modo a limitar em até 21 milhões de unidades o número de bitcoins que pode ser "extraído" desse modo (embora os especialistas discordem em relação ao fato de o número de bitcoins ser realmente limitado). Depois de criadas, as bitcoins podem ser usadas como meio de troca. Elas podem ser compradas e vendidas por dólares norte-americanos e outras moedas correntes em corretoras organizadas para compra e venda de bitcoins, onde a taxa de câmbio é determinada com base em oferta e demanda. Você pode usar bitcoins para comprar coisas de qualquer vendedor que esteja disposto a aceitá-las.

Como forma de moeda, bitcoins não são moeda-mercadoria ou moeda-fiduciária. Diferentemente de moeda-mercadoria, elas não possuem valor intrínseco. Você não consegue usar bitcoins para qualquer coisa que não seja o câmbio. Diferentemente da moeda fiduciária, elas não são criadas por decreto governamental. De fato, muitos fãs das bitcoins reconhecem o fato de que esse dinheiro eletrônico existe independentemente do governo. (Alguns usuários delas estão envolvidos em transações ilícitas como o tráfico de drogas e, portanto, gostam do anonimato que as transações em bitcoin oferecem.) Bitcoins terão valor somente até o ponto em que as pessoas estejam dispostas a aceitar a convenção social de recebê-las em troca de outra moeda. Por essa perspectiva, a moderna bitcoin se assemelha à primitiva moeda de Yap.

Ao longo de toda a sua breve história, o valor de uma bitcoin, medida com base em seu preço em dólares norte-americanos, tem flutuado violentamente. No decorrer de 2010, o preço de uma bitcoin variou de 5 centavos a 39 centavos de dólar. Em 2011, o preço cresceu para mais de US$ 1,00 e em 2013 subiu para mais de US$ 1.000,00, patamar onde permaneceu por pouco tempo antes de baixar para menos de US$ 500,00 em 2014. Durante os anos seguintes, a moeda disparou, chegando a mais de US$ 15.000,00 em 2017. O ouro é geralmente considerado um ativo de risco, mas a volatilidade dos preços da bitcoin, de um dia para o outro, tem sido várias vezes maior do que a volatilidade dos preços do ouro.

O sucesso de longo prazo da bitcoin depende de ela ser bem-sucedida na realização das funções de uma moeda: reserva de valor, unidade de conta e meio de troca. Muitos economistas são céticos de que ela possa realizar bem essas tarefas. A volatilidade da bitcoin faz dela um meio arriscado de manter riqueza e uma medida pouco conveniente pela qual estabelecer preços. Pelo menos até agora, poucos comerciantes aceitam a bitcoin para fins de troca, e aqueles que o fazem têm apenas um volume pequeno de transações com bitcoin.

Defensores da bitcoin consideram-na a moeda do futuro. Outra possibilidade, no entanto, é que seja um modismo especulativo que, em algum momento, encerrará seu ciclo.*

---

* Para ler mais sobre bitcoin, veja YERMACK, David. Is bitcoin a real currency? I: LEE, David K. C. (ed.). *The handbook of digital currency*. Elsevier, 2015, p. 31-44.

---

* ANGELL, Norman. *The story of money*. New York: Frederick A. Stokes, 1929, p. 88-89.

Reserve – muitas vezes conhecido apenas como *Fed*. Se você examinar uma nota de dólar norte-americano, verá que ela tem o nome de *Federal Reserve Note*. Nos Estados Unidos, as decisões sobre política monetária são tomadas pelo Federal Open Market Committee (FOMC).* Esse comitê é constituído por dois grupos: (1) membros do Federal Reserve Board, que são indicados pelo presidente e confirmados pelo Congresso, e (2) os presidentes das unidades regionais do Fed, os Federal Reserve Banks, escolhidos pelos conselhos de diretores desses bancos. O FOMC se reúne aproximadamente a cada seis semanas para discutir e estabelecer a política monetária.

O Fed controla a oferta monetária basicamente por intermédio de **operações do mercado aberto** – compra e venda de títulos do governo. Quando deseja aumentar a oferta monetária, o Fed utiliza alguns dos dólares de que dispõe para comprar do público títulos do governo. Uma vez que esses dólares deixam o Fed e passam para as mãos do público, essa compra aumenta a quantidade de moeda em circulação. Inversamente, quando deseja diminuir a oferta monetária, o Fed vende alguns títulos do governo existentes em sua carteira. Essa venda de títulos no mercado aberto retira alguns dólares das mãos do público e, consequentemente, diminui a quantidade de moeda em circulação. (Mais adiante, neste capítulo, explicaremos mais detalhadamente como o Fed controla a oferta monetária.)

Como é mensurada a quantidade de moeda

Um dos nossos objetivos é determinar como a oferta monetária afeta a economia; trataremos desse tópico no próximo capítulo. Como base para essa análise, estudaremos inicialmente o modo pelo qual os economistas medem a quantidade de moeda.

Como moeda é o estoque de ativos utilizados para transações, a quantidade de moeda representa a quantidade desses ativos. Em economias simples, essa quantidade é fácil de ser mensurada. No campo de prisioneiros de guerra, a quantidade de moeda correspondia à quantidade de cigarros lá existente. Na ilha de Yap, a quantidade de dinheiro era o número de *fei* na ilha. Mas como medir a quantidade de moeda em economias mais complexas? A resposta não é óbvia, já que não existe um ativo único utilizado para todas as transações. As pessoas podem utilizar vários ativos para realizar transações, tais como dinheiro vivo na carteira ou depósitos em suas contas-correntes, embora alguns ativos sejam mais adequados do que outros.

O ativo mais óbvio a ser incluído na quantidade de moeda é a **moeda corrente**, a soma de papel-moeda e moedas metálicas em circulação. A maior parte das transações do dia a dia utiliza moeda corrente como meio de troca.

Um segundo tipo de ativo utilizado para transações são os **depósitos à vista** nos bancos, os recursos que as pessoas mantêm em suas contas-correntes. Se a maior parte dos vendedores aceita cheques pessoais ou cartões de débito que acessam o saldo em conta-corrente, os ativos em uma conta-corrente são quase tão acessíveis quanto a moeda corrente. Ou seja, os ativos estão disponíveis de uma forma que facilmente viabiliza determinada transação. Os depósitos à vista nos bancos são, por conseguinte, acrescentados à moeda corrente quando se mede a quantidade de moeda.

Depois de termos compreendido a lógica de incluir na mensuração do estoque monetário os depósitos à vista em bancos, muitos outros ativos passam a ser candidatos à inclusão. Os recursos em contas de poupança, por exemplo, podem ser facilmente transferidos para contas-correntes ou acessados por cartões de débito; esses ativos são quase tão acessíveis para transações quanto os depósitos à vista. Os fundos mútuos do mercado monetário permitem que investidores emitam cheques a serem sacados de suas contas-correntes, embora vez por outra possam existir restrições em relação ao valor do cheque ou ao número de cheques emitidos. Considerando que podem ser facilmente utilizados em transações, é defensável que esses ativos sejam incluídos na quantidade de moeda.

Pelo fato de ser difícil julgar quais ativos devam ser incluídos no estoque monetário, existem várias medidas disponíveis. A Tabela 4.1 apresenta as três medidas para o estoque monetário que o Federal Reserve calcula para a economia dos Estados Unidos, juntamente com a lista dos ativos que estão incluídos em cada medida.** Da mais restrita para a mais ampla, elas estão designadas como *C*, *M*1, *M*2. As unidades de medida mais comuns para estudar os efeitos da moeda na economia são *M*1 e *M*2.

4.2 O PAPEL DOS BANCOS NO SISTEMA MONETÁRIO

Introduzimos antes o conceito de "oferta monetária" de maneira altamente simplificada. Definimos a quantidade de moeda como o número de unidades monetárias em poder do público, e partimos do pressuposto de que o banco central controla a oferta monetária alterando a quantidade de unidades monetárias em circulação, por meio de operações de mercado aberto (*open-market*). A explicação constitui um bom ponto de partida para entender o que determina a oferta monetária, mas está incompleta na medida em que omite o papel do sistema bancário nesse processo.

Nesta seção, vimos que a oferta monetária é determinada não só pela política econômica do banco central, mas também pelo comportamento dos domicílios (que mantêm moeda corrente em mãos) e dos bancos (nos quais a moeda é mantida).

Tabela 4.1 As medidas para a moeda

Símbolo	Ativos incluídos	Montante em julho de 2017 (bilhões de dólares)
C	Moeda corrente	$ 1.486
M1	Moeda corrente mais depósitos à vista em bancos, *traveler's checks* e outros depósitos descontáveis por meio de cheques	3.528
M2	M1 mais saldos de fundos mútuos no mercado financeiro de varejo, depósitos em contas de poupança (incluindo contas de depósitos no mercado monetário) e depósitos de curto prazo	13.602

Fonte: Federal Reserve.

---

* No Brasil, esse tipo de decisão é tomado pelo Comitê de Política Monetária (COPOM). (N.T.)

** No Brasil, essas medidas são chamadas *agregados monetários*. Assim como nos Estados Unidos, o agregado monetário mais restrito é o *C*, sendo os agregados monetários M1 e M2 as medidas mais amplas. (N.R.)

Começamos recapitulando que a oferta monetária inclui tanto a moeda corrente em mãos do público quanto os depósitos à vista (como saldos de contas-correntes), em bancos que os domicílios podem utilizar, a qualquer momento, para realizar transações. Se M representa a oferta monetária, C a moeda corrente e D os depósitos à vista, podemos escrever

Oferta Monetária = Moeda Corrente + Depósitos à Vista
$$M = C + D$$

Para entender a oferta monetária, é preciso compreender a interação entre moeda corrente e depósitos à vista e o modo como a política econômica do banco central influencia esses dois componentes da oferta monetária.

Reserva bancária de 100%

Começamos imaginando um mundo sem bancos. Nesse tipo de mundo, toda moeda assume a forma de moeda corrente, e a quantidade de moeda corresponde simplesmente à quantidade de moeda que o público tem em mãos. Para os propósitos de nossa análise, suponhamos que existam $ 1.000 de moeda corrente na economia.

Agora, introduzimos os bancos. De início, suponhamos que os bancos aceitem depósitos mas não concedam empréstimos. O único propósito dos bancos é proporcionar um lugar seguro para que os depositantes possam guardar o seu dinheiro.

Os depósitos que os bancos receberam mas não emprestaram a terceiros são chamados de **reservas**. Algumas reservas são guardadas nos cofres dos bancos locais, em todo o país, mas a maior parte fica em um banco central, como o Federal Reserve nos EUA. Em nossa economia hipotética, todos os depósitos são mantidos como reservas: os bancos simplesmente aceitam os depósitos, depositam a moeda como reserva, e deixam essa moeda lá, até que o depositante venha a fazer uma retirada ou preencha um cheque para saque de seu saldo bancário. Esse sistema é chamado de **reserva bancária de 100%**.

Vamos supor que os domicílios depositem a totalidade dos $ 1.000 da economia no Primeiro Banco. O **balanço financeiro** do Primeiro Banco – sua declaração contábil de ativos e passivos – seria o seguinte:

Balanço financeiro do Primeiro Banco

Ativo		Passivo	
Reservas	$ 1.000	Depósitos	$ 1.000

O ativo do banco corresponde aos $ 1.000 que o banco mantém a título de reserva; o passivo corresponde aos $ 1.000 que o banco deve aos correntistas. Diferentemente dos bancos em nossa economia, esse banco não está concedendo empréstimos; portanto, não aufere lucros sobre seu ativo. O banco, presumivelmente, cobra dos correntistas uma pequena tarifa para custear suas despesas.

Qual é a oferta monetária nessa economia? Antes da criação do Primeiro Banco, a oferta monetária correspondia aos $ 1.000 em moeda corrente. Depois da criação do Primeiro Banco, a oferta monetária passa a ser $ 1.000 em depósitos à vista. Uma unidade monetária depositada em banco reduz o total de moeda corrente em uma unidade monetária e aumenta os depósitos em uma unidade monetária, de tal modo que a oferta monetária permanece a mesma. *Se os bancos guardam 100% dos depósitos sob a forma de reservas, o sistema bancário não afeta a oferta monetária.*

Reserva bancária fracionária

Imaginemos agora que os bancos comecem a utilizar uma parcela de seus depósitos para a concessão de empréstimos – por exemplo, para famílias que estejam adquirindo imóveis residenciais ou para empresas que desejem investir em novas fábricas e equipamentos. A vantagem para os bancos é que eles podem cobrar juros sobre os empréstimos. Bancos precisam manter alguma reserva em caixa que esteja disponível sempre que os correntistas desejarem fazer retiradas. Porém, contanto que o montante de novos depósitos seja aproximadamente igual ao montante de retiradas, um banco não precisa manter todos os depósitos sob a forma de reserva. Consequentemente,

---

SAIBA MAIS

Como os cartões de crédito e os cartões de débito se encaixam no sistema monetário?

Muita gente usa cartão de crédito ou de débito para fazer compras. Uma vez que a moeda representa o meio de troca, é natural se perguntar como esses cartões se enquadram na mensuração e na análise da moeda.

Comecemos pelos cartões de crédito. Seria razoável supor que cartões de crédito fazem parte do estoque monetário da economia. Contudo, na realidade as mensurações da quantidade de moeda não levam em conta os cartões de crédito porque esses cartões não representam realmente um método de pagamento, mas um método para *adiar* pagamentos. Quando você adquire certo item com cartão de crédito, o banco que emitiu o cartão paga ao estabelecimento aquilo que é devido. Posteriormente, você terá que pagar de volta ao banco. Quando chega a data do vencimento da fatura de seu cartão de crédito, você provavelmente fará o pagamento por meio da transferência de recursos de sua conta-corrente, eletronicamente ou emitindo um cheque. O saldo dessa conta-corrente faz parte do estoque monetário da economia.

A história é diferente quando se trata de cartões de débito, que retiram automaticamente os recursos de uma conta-corrente bancária para pagar pelos itens adquiridos. Em vez de permitir que os usuários adiem o pagamento de suas compras, um cartão de débito lhes dá acesso imediato aos depósitos em suas contas bancárias. A utilização de um cartão de débito é semelhante à emissão de um cheque. Os saldos bancários por trás de cartões de débito estão incluídos nas medições da quantidade de moeda.

Apesar de os cartões de crédito não representarem uma forma de moeda, eles são importantes para analisarmos o sistema monetário. Podendo as pessoas com cartões de crédito pagar muitas de suas contas de uma única vez ao final do mês, e não ocasionalmente à medida que fazem compras, elas podem ter em mãos uma quantidade menor de moeda, em média, do que pessoas que não têm cartão de crédito. Consequentemente, a popularidade cada vez maior dos cartões de crédito pode vir a reduzir a quantidade de moeda que se opta por ter em mãos. Em outras palavras, cartões de crédito não fazem parte da oferta monetária, mas podem afetar a demanda por moeda.

os banqueiros passam a ter um incentivo para conceder empréstimos. Quando eles assim procedem, temos a **reserva bancária fracionária**, um sistema pelo qual os bancos mantêm apenas uma fração de seus depósitos sob a forma de reserva.

Eis aqui o balanço financeiro do Primeiro Banco depois que ele concede um empréstimo:

Balanço financeiro do Primeiro Banco

Ativo		Passivo	
Reservas	$ 1.000	Depósitos	$ 1.000
Empréstimo	$ 800		

Esse balanço financeiro pressupõe que a *proporção entre reserva e depósitos* – a fração de depósitos mantida sob a forma de reserva – é de 20%. O Primeiro Banco mantém $ 200 dos $ 1.000 de depósitos sob a forma de reserva e empresta a terceiros os $ 800 restantes.

Observe que o Primeiro Banco estimula o crescimento da oferta monetária em $ 800 no momento em que concede esse empréstimo. Antes de o empréstimo ser concedido, a oferta monetária corresponde a $ 1.000, o que equivale aos depósitos no Primeiro Banco. Depois que o empréstimo é concedido, a oferta monetária passa a ser de $ 1.800: o depositante continua a ter um depósito à vista de $ 1.000, mas agora o tomador do empréstimo tem $ 800 em moeda corrente. *Assim, em um sistema com reserva bancária fracionária, os bancos criam moeda corrente.*

A criação de moeda não se interrompe no Primeiro Banco. Se o tomador do empréstimo deposita esses $ 800 em outro banco (ou utiliza esses mesmos $ 800 para pagar a alguém que posteriormente venha a depositar esse dinheiro), o processo de criação de moeda continua. Eis aqui o balanço financeiro para o Segundo Banco:

Balanço financeiro do Segundo Banco

Ativo		Passivo	
Reservas	$ 160	Depósitos	$ 800
Empréstimo	$ 640		

O Segundo Banco recebe os $ 800 em depósitos, mantém 20% do valor, ou $ 160, sob a forma de reserva e posteriormente empresta $ 640. Sendo assim, o Segundo Banco cria $ 640 em moeda. Se esses $ 640 forem posteriormente depositados no Terceiro Banco, este mantém 20% do valor, ou $ 128, sob a forma de reserva e empresta $ 512, o que resulta no seguinte balanço financeiro:

Balanço financeiro do Terceiro Banco

Ativo		Passivo	
Reservas	$ 128	Depósitos	$ 640
Empréstimo	$ 512		

O processo prossegue ininterruptamente. A cada depósito e concessão de empréstimo, maior quantidade de moeda é criada.

Embora esse processo de criação de moeda possa prosseguir indefinidamente, ele não cria uma quantidade infinita. Fazendo com que rr represente a proporção entre depósito e reserva, a quantidade de moeda que os $ 1.000 originais criam passa a ser

$$\begin{aligned}
\text{Depósito Original} &= \$\ 1.000 \\
\text{Empréstimo do Primeiro Banco} &= (1 - rr) \times \$\ 1.000 \\
\text{Empréstimo do Segundo Banco} &= (1 - rr)^2 \times \$\ 1.000 \\
\text{Empréstimo do Terceiro Banco} &= (1 - rr)^3 \times \$\ 1.000 \\
\hline
\text{Oferta Monetária Total} &= [1 + (1 - rr) + (1 - rr)^2 \\
&\quad + (1 - rr)^3 + \ldots\ ] \times \$\ 1.000 \\
&= (1/rr) \times \$\ 1.000
\end{aligned}$$

Cada $ 1 em termos de reserva gera $ $(1/rr)$ em termos de moeda. Em nosso exemplo, $rr = 0,2$, de modo que os $ 1.000 originais geram $ 5.000 em termos de moeda.*

A capacidade do sistema bancário de criar moeda é a principal diferença entre os bancos e as outras instituições financeiras. Como discutimos inicialmente no Capítulo 3, os mercados financeiros têm a importante função de transferir os recursos da economia, partindo dos domicílios que desejam poupar parte de sua renda para o futuro, com destino aos domicílios e às empresas que desejam obter empréstimos para a compra de bens de investimento a serem utilizados na produção futura. O processo de transferência de fundos, partindo dos poupadores com destino aos tomadores de empréstimos é chamado de **intermediação financeira.** Muitas instituições atuam na economia como intermediadores financeiros. Os exemplos de maior destaque são o mercado de ações, o mercado de títulos e o sistema bancário. No entanto, entre essas instituições financeiras, somente os bancos têm autoridade legal para criar ativos (como contas-correntes) que fazem parte da oferta monetária. Por conseguinte, os bancos são as únicas instituições financeiras que influenciam diretamente a oferta monetária.

Observe que, embora o sistema bancário de reserva fracionária crie moeda, ele não cria riqueza. Quando um banco empresta parte de suas reservas a terceiros, ele concede ao tomador de empréstimo a capacidade de realizar transações e, sendo assim, promove o crescimento da oferta monetária. No entanto, os tomadores de empréstimo também estão assumindo uma obrigação financeira junto ao banco, de tal modo que o empréstimo não os torna mais ricos. Em outras palavras, a criação de moeda pelo sistema bancário eleva a liquidez da economia, mas não a sua riqueza.

Capital bancário, alavancagem e regulação da proporção de capital

O modelo de sistema bancário apresentado até agora é simplificado. Isso não é necessariamente um problema; afinal de contas, todos os modelos são simplificados. Contudo, vale a pena chamar a atenção para um particular pressuposto simplificador.

Nos balanços financeiros que acabamos de examinar, um banco recebe depósitos e os utiliza para conceder empréstimos a terceiros ou para manter reservas. Com base nessa discussão, você poderia imaginar que não seriam necessários quaisquer recursos para a abertura de um banco. Isso, no entanto, não é verdade. Abrir um banco requer um volume de capital. Ou seja, os proprietários dos bancos precisam começar com uma parcela de recursos financeiros, a fim de fazer com que o negócio comece a operar. Esses recursos são conhecidos como **capi-**

---

* *Nota matemática:* A última etapa na derivação do total da oferta monetária utiliza o resultado algébrico da soma de uma progressão geométrica infinita. De acordo com esse resultado, se x é um número entre −1 e 1, então

$$1 + x + x^2 + x^3 + \ldots = 1/(1 - x).$$

Nesta aplicação, $x = (1 - rr)$.

tal bancário ou, de modo equivalente, o patrimônio líquido dos proprietários dos bancos.

Apresentamos a seguir um esboço mais realista de como seria um balanço financeiro:

Balanço financeiro de um banco real

Ativo		Passivo e Patrimônio Líquido dos Proprietários	
Reservas	$ 200	Depósitos	$ 750
Empréstimos	$ 500	Obrigações	$ 200
Títulos	$ 300	Capital (patrimônio líquido dos proprietários)	$ 50

O banco obtém recursos de seus proprietários, que proporcionam o capital; de clientes, por meio de depósitos; e de investidores, mediante a emissão de dívidas. Ele utiliza esses recursos de três maneiras. Alguns recursos são mantidos sob a forma de reservas; alguns são utilizados para conceder empréstimos bancários; e outros são usados para adquirir títulos financeiros, como títulos do governo ou de empresas privadas. O banco distribui esses recursos entre essas classes de ativos, levando em conta o risco e o retorno que cada um deles oferece, assim como quaisquer regulamentações que possam restringir a opção por eles. As reservas, empréstimos e títulos do lado esquerdo do balanço devem ser iguais, em seu total, aos depósitos, obrigações e capital do lado direito desse mesmo balanço.

Tal estratégia de negócios se baseia em um fenômeno conhecido como **alavancagem**, que corresponde ao uso de dinheiro de empréstimos para complementar recursos existentes destinados a investimentos. A *taxa de alavancagem* corresponde à proporção entre o total de ativos do banco (o lado esquerdo do balanço) e o capital bancário (aquele item, no lado direito do balanço, que representa o patrimônio líquido dos proprietários do banco). Nesse exemplo, a proporção da alavancagem corresponde a $ 1000/$ 50, ou 20. Isso significa que, para cada unidade monetária de capital com a qual contribuíram os proprietários do banco, este possui $ 20 em ativos e, consequentemente, $ 19 em depósitos e obrigações.

Uma implicação da alavancagem é que, em momentos difíceis, um banco pode perder grande parte de seu capital com bastante rapidez. Para ver como isso pode acontecer, vamos continuar com esse exemplo numérico. Se os ativos do banco diminuírem de valor em meros 5%, os $ 1000 em ativos passam agora a valer apenas $ 950. Uma vez que depositantes e credores têm o direito legal de ser reembolsados em primeiro lugar, o valor do patrimônio líquido dos proprietários cai para zero. Ou seja, quando a proporção da alavancagem corresponde a 20, uma queda de 5% no valor dos ativos do banco acarreta queda de 100% no capital bancário. Se o valor dos ativos declina mais do que 5%, os ativos ficam mais baixos do que as obrigações, fazendo com que o capital bancário fique abaixo de zero (negativo). Diz-se então que o banco está *insolvente*. O receio de que o capital bancário possa estar se esgotando, e, consequentemente, de que os depositantes possam não ser plenamente reembolsados, é o que normalmente gera corrida aos bancos quando não existem garantias para os depósitos.

As normas do sistema bancário impõem que os bancos mantenham uma quantidade suficiente de capital. O objetivo desse tipo de **regulação da proporção de capital** é assegurar que os bancos sejam capazes de devolver os valores aos seus depositantes e outros credores. O montante de capital necessário depende da espécie de ativo que o banco mantenha. Se o banco mantiver ativos seguros, como títulos do governo, os reguladores requerem menor montante de capital do que nos casos em que o banco mantém ativos de risco, tais como empréstimos a devedores cujo crédito possa ser de qualidade duvidosa.

Embora as questões mais complexas inerentes ao capital bancário e alavancagem fiquem geralmente a cargo dos banqueiros, órgãos reguladores e especialistas em finanças, esses tópicos ganharam destaque nos debates públicos durante e depois da crise de 2008-2009. Durante esse período, a queda de preços dos imóveis residenciais fez com que muitos bancos e outras instituições financeiras tivessem prejuízos em títulos vinculados ao setor imobiliário. Por causa da alavancagem, os prejuízos para o capital bancário foram proporcionalmente muito maiores do que as perdas para os ativos bancários. Algumas instituições tornaram-se insolventes. Esses eventos tiveram repercussões não apenas no âmbito do sistema financeiro mas em toda a economia mundial. Na sequência da crise, muitos observadores sugeriram que fosse exigido que os bancos aumentassem suas reservas de capital.[*]

Por enquanto, podemos deixar de lado as questões de capital bancário e alavancagem. Mas elas virão novamente à tona quando discutirmos crises financeiras, nos Capítulos 12 e 18.

4.3 COMO O BANCO CENTRAL INFLUENCIA A OFERTA MONETÁRIA

Agora que vimos o que é moeda e como o sistema bancário afeta a quantidade de dinheiro na economia, estamos prontos para examinar de que maneira o banco central influencia o sistema bancário e a oferta monetária. Tal influência constitui a essência da política monetária

Um modelo para a oferta monetária

Se o Federal Reserve acrescenta um dólar à economia e esse dólar é mantido sob a forma de moeda corrente, a oferta monetária cresce em exatamente um dólar. Mas, como vimos, se esse dólar é depositado em um banco, e os bancos mantêm somente uma fração de seus depósitos em reserva, a oferta monetária cresce mais do que um dólar. Como resultado, para entendermos o que determina a oferta monetária no sistema de reserva bancária fracionária, precisamos ter em conta as interações entre (1) as decisões do Fed sobre quantos dólares criar, (2) as decisões dos bancos sobre manter depósitos como reservas ou emprestá-los a terceiros e (3) as decisões dos domicílios sobre manter seu dinheiro na forma de moeda corrente ou depósitos à vista. Esta seção desenvolve um modelo da oferta monetária que inclui todos esses fatores.

O modelo possui três variáveis exógenas:

- A **base monetária**, B, corresponde ao número total de unidades monetárias em poder do público, sob a forma de moeda corrente, C, e em poder dos bancos, sob a forma de reservas, R. É controlada diretamente pelo banco central.
- A **proporção entre reserva e depósitos**, rr, é a fração de depósitos que os bancos mantêm sob a forma de reserva. É determinada pelas políticas comerciais dos bancos e pelas leis que regulamentam o sistema bancário.
- A **proporção entre moeda corrente e depósitos**, cr, é a quantidade de moeda corrente, C, que as pessoas retêm como fração de seus ativos em depósitos à vista, D. Reflete as preferências dos domicílios em relação à forma de moeda que desejam manter.

---

[*] No caso da exigência de maiores reservas de capital, veja ADMATI, Anat; HELLWIG, Martin. *The bankers' new clothes*: what's wrong with banking and what to do about it. Princeton: Princeton University Press, 2013.

Este modelo demonstra como a oferta monetária depende da base monetária, da proporção entre reserva e depósitos e da proporção entre moeda corrente e depósitos, e nos permite entender como a política do banco central e as escolhas por parte dos bancos e dos domicílios influenciam a oferta monetária.

Começamos com as definições de oferta monetária e base monetária:

$$M = C + D,$$
$$B = C + R.$$

A primeira equação enuncia que a oferta monetária é a soma entre moeda corrente e depósitos à vista. A segunda equação enuncia que a base monetária é a soma entre moeda corrente e reservas bancárias. Para encontrar a oferta monetária como função das três variáveis exógenas (B, rr e cr), começamos pela divisão da primeira equação pela segunda, de modo a obter

$$\frac{M}{B} = \frac{C+D}{C+R}$$

Em seguida, dividimos tanto a parte superior quanto a parte inferior da expressão à direita por D.

$$\frac{M}{B} = \frac{C/D + 1}{C/D + C/R}$$

Observe que C/D é a proporção entre moeda corrente e depósitos, cr, e que R/D é a proporção entre reserva e depósito, rr. Efetuando essas substituições, e transferindo B do lado esquerdo para o lado direito da equação, obtemos

$$M = \frac{Cr + 1}{Cr + rr} \times B$$

Essa equação demonstra como a oferta monetária depende das três variáveis exógenas.

Podemos, agora, constatar que a oferta monetária é proporcional à base monetária. O fator de proporcionalidade, $(cr+1)/(cr+rr)$, é representado por m e é chamado de **multiplicador monetário**. Podemos escrever

$$M = m \times B.$$

Cada unidade de moeda corrente constante da base monetária gera m unidades de moeda corrente. Como a base monetária exerce um efeito multiplicador sobre a oferta monetária, a base monetária costuma ser chamada de **moeda de alta potência**.

Eis aqui um exemplo numérico. Suponha que a base monetária, B, corresponda a $ 800 bilhões; a proporção entre reservas e depósitos, rr, seja 0,1; e a proporção entre moeda corrente e depósitos corresponda a 0,8. Nesse caso, o multiplicador monetário é

$$m = \frac{0,8 + 1}{0,8 + 0,1} = 2,0$$

e a oferta monetária é

$$M = 2,0 \times \$ 800 \text{ bilhões} = \$ 1.600 \text{ bilhões}.$$

Cada unidade de moeda corrente da base monetária gera duas unidades de moeda corrente, de tal modo que a oferta monetária total passa a ser igual a $ 1.600 bilhões.

Podemos ver agora como mudanças nas três variáveis exógenas – B, rr e cr – fazem com que a oferta monetária também mude:

1. A oferta monetária é proporcional à base monetária. Consequentemente, um aumento na base monetária faz com que a oferta monetária aumente na mesma proporção.
2. Quanto mais baixa a proporção entre reservas e depósitos, maior a quantidade de empréstimos que os bancos concedem, e maior a quantidade de moeda corrente que os bancos criam a partir de cada unidade de moeda da reserva. Consequentemente, uma diminuição na proporção entre reservas e depósitos eleva o multiplicador monetário e a oferta monetária.
3. Quanto menor a proporção entre moeda corrente e depósitos, menor a quantidade de unidades de moeda corrente da base monetária que o público mantém sob a forma de moeda corrente; maior a quantidade de unidades de moeda da base monetária que os bancos mantêm como reservas; e maior a quantidade de moeda corrente que os bancos conseguem criar. Consequentemente, uma redução na proporção entre moeda corrente e depósitos eleva o multiplicador monetário e a oferta monetária.

Com esse modelo em mente, podemos discutir de que maneira o banco central influencia a oferta monetária.

Os instrumentos da política monetária

Embora muitas vezes seja conveniente adotar o pressuposto simplificador de que o banco central controla diretamente a oferta monetária, na realidade o banco central controla a oferta monetária indiretamente, utilizando uma variedade de instrumentos. Esses instrumentos podem ser classificados em dois grupos abrangentes: os que influenciam a base monetária e os que influenciam a proporção entre reserva e depósitos e, consequentemente, o multiplicador monetário.

Como o banco central muda a base monetária

Como discutimos anteriormente, *operações de mercado aberto (open-market)* são as compras e vendas de títulos do governo pelo banco central. Quando o banco central compra títulos do público, a quantidade de moeda corrente que ele paga por esses títulos eleva a base monetária e, consequentemente, aumenta a oferta monetária. Quando o banco central vende títulos para o público, a quantidade de moeda corrente recebida por ele reduz a base monetária e, consequentemente, diminui a oferta monetária. As operações de mercado aberto constituem o instrumento de política econômica que o banco central utiliza com maior frequência. Na realidade, quase todos os dias da semana o banco central realiza operações de mercado aberto no âmbito dos mercados de títulos.

O banco central também pode alterar a base monetária e a oferta monetária emprestando reservas aos bancos. Estes contraem empréstimos junto ao banco central quando acreditam não ter reservas suficientes à mão, seja para cumprir a regulação bancária, seja para honrar as retiradas dos depositantes, conceder novos empréstimos ou atender a alguma outra necessidade comercial. Quando o banco central concede empréstimo a um banco que está com dificuldade de obter fundos de alguma outra fonte, diz-se que ele está atuando como *emprestador de última instância*.

Existem vários meios pelos quais os bancos podem contrair empréstimos junto ao banco central. Tradicionalmente, eles contraem empréstimos na chamada *janela de redesconto* do banco central; **taxa de redesconto** é a taxa de juros que o banco central cobra quando concede empréstimos aos outros bancos. Quanto menor a taxa de redesconto, mais baratas passam a ser as reservas tomadas a título de empréstimo, e maior o volume de empréstimos aos quais os bancos recorrem junto à janela de redesconto do banco central. Consequentemente, uma redução na taxa de redesconto eleva a base monetária e a oferta monetária.

Em resposta à crise financeira de 2008-2009, o Federal Reserve criou vários novos mecanismos para os bancos que quisessem recorrer a ele para a concessão de empréstimos. Por exemplo, sob a égide do *Term Auction Facility*, o Fed define a quantidade de recursos que deseja emprestar aos bancos, e os bancos elegíveis candidatam-se a um empréstimo. Os empréstimos vão para aqueles que fizerem as ofertas mais altas – ou seja, aos bancos que ofereçam garantias aceitáveis e que estejam dispostos a pagar a taxa de juros mais alta. Diferentemente da janela de desconto, na qual o Fed define o preço e os bancos determinam o montante do empréstimo, pelo Term Auction Facility o Fed define o volume do empréstimo e um processo de leilão competitivo entre os bancos determina o preço. O último leilão do Term Auction Facility foi conduzido em 2010, mas essa política demonstra que o Federal Reserve tem muitos meios de alterar a base monetária e a oferta monetária.

Como o banco central muda a proporção entre reserva e depósitos

De acordo com o que mostra nosso modelo de oferta, o multiplicador monetário é o elo entre a base monetária e a oferta monetária. O multiplicador monetário depende da proporção entre reserva e depósitos, que, por sua vez, é influenciada por vários instrumentos de política do Fed.

Regulação da proporção de reservas são as regras do banco central, que impõem aos bancos uma proporção mínima entre reserva e depósitos. A imposição de uma regulação mais restritiva tende a aumentar a proporção entre reserva e depósitos e, consequentemente, diminuir o multiplicador monetário e a oferta monetária. Mudanças na regulação da proporção de reservas costumam ser o menos utilizado dos três instrumentos de política monetária de alguns bancos centrais, como é o caso do Fed. Além disso, nos últimos anos, esse instrumento específico tornou-se menos eficaz uma vez que muitos bancos mantêm mais reservas do que o exigido. Um volume de reservas superior à proporção exigida por lei é conhecido como **excesso de reservas**.

Em outubro de 2008, o Fed começou a pagar **juros sobre as reservas**. Ou seja, quando um banco mantém reservas em depósito no Fed, este paga ao banco juros sobre tais depósitos. Essa mudança proporciona ao Fed outro instrumento com o qual influenciar a economia. Quanto mais alta a taxa de juros sobre as reservas, maior o volume de reservas que os bancos optarão por manter. Consequentemente, um aumento na taxa de juros sobre as reservas tenderá a aumentar a proporção entre reserva e depósitos, diminuir o multiplicador monetário e a oferta de moeda.

ESTUDO DE CASO

AFROUXO QUANTITATIVO E A EXPLOSÃO DA BASE MONETÁRIA

A Figura 4.1 mostra a base monetária no período de 1960 até 2017. Podemos constatar que algo extraordinário aconteceu depois de 2007. De 1960 a 2007, a base monetária cresceu gradualmente ao longo do tempo. No entanto, de 2007 a 2014, o crescimento deu um salto vertiginoso, multiplicando por 5 seu valor em apenas alguns anos.

Esse enorme aumento na base monetária pode ser atribuído às ações do Federal Reserve durante a crise financeira e à recessão econômica do período. Com a instabilidade dos mercados financeiros, o Fed tentou desempenhar sua função de emprestador de última instância com um vigor histórico. Começou comprando grandes quantidades de títulos lastreados em hipotecas. Seu objetivo era restaurar a ordem no mercado de financiamento de imóveis, para que mutuários futuros pudessem buscar financiamentos. Posteriormente, o Fed buscou uma política de compra de títulos de longo prazo do governo para manter seus respectivos preços em alta e as taxas de juros de longo prazo em baixa. A política, chamada de *afrouxo monetário (quantitative easing)*, é uma espécie de operação de

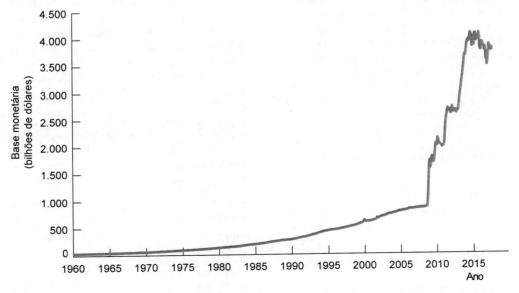

Figura 4.1 Base monetária. Historicamente, a base monetária apresentou crescimento relativamente gradual ao longo do tempo, mas, de 2007 a 2014, teve um crescimento de aproximadamente 5 vezes seu valor anterior. A gigantesca expansão da base monetária, entretanto, não foi acompanhada por crescimentos equivalentes em *M*1 e *M*2.
Fonte: U.S. Federal Reserve.

mercado aberto. No entanto, em vez de comprar títulos do Tesouro de curto prazo, como normalmente faz em operações de mercado aberto, o Fed comprou títulos de mais longo prazo e ligeiramente mais arriscados. Essas compras de mercado aberto levaram a um aumento substancial na base monetária.

A enorme expansão da base monetária, no entanto, não ocasionou aumento semelhante em indicadores mais amplos da oferta monetária. Enquanto a base monetária cresceu aproximadamente 400% de 2007 a 2014, $M1$ cresceu somente 100% e $M2$ somente 55%. Esses percentuais mostram que a enorme expansão da base monetária foi acompanhada de um acentuado declínio no multiplicador monetário. Quais foram as causas desse declínio?

O modelo da oferta monetária apresentado anteriormente neste capítulo mostra que um determinante-chave para o multiplicador monetário é a proporção entre reserva e depósitos, rr. De 2007 a 2014, a proporção entre reserva e depósitos aumentou substancialmente porque os bancos optaram por manter volumes substanciais de excessos de reserva. Ou seja, em lugar de conceder empréstimos, os bancos mantiveram grande parte dos fundos disponíveis em reserva. (Os excessos de reserva cresceram de aproximadamente US$ 1,5 *bilhão* em 2007 para cerca de US$ 2,5 *trilhões* em 2014.) Essa decisão impediu o processo normal de criação de moeda que ocorre em um sistema de reserva fracionária.

Por que os bancos optaram por manter tal volume de excessos de reservas? Em parte, porque os bancos haviam concedido muitos empréstimos ruins, que acabaram levando à crise financeira; quando esse fato ficou aparente, os banqueiros tentaram tornar mais rígidos seus padrões de crédito e conceder empréstimos apenas para quem eles tivessem certeza de que honraria o pagamento da dívida. Além disso, as taxas de juros haviam caído a níveis tão baixos que a concessão de empréstimos já não era tão lucrativa quanto normalmente é. Ao optarem por deixar os seus recursos financeiros ociosos, sob a forma de excesso de reserva, os bancos não perderam muito.

Embora a explosão da base monetária não tenha levado a uma explosão semelhante na oferta monetária, alguns observadores temiam que isso ainda pudesse vir a ocorrer. À medida que a economia fosse se recuperando da recessão econômica e as taxas de juros crescessem para patamares normais, argumentavam eles, os bancos poderiam diminuir os seus excessos de reservas e voltar a conceder empréstimos. A oferta monetária começaria a aumentar, talvez demasiadamente rápido.

Os formuladores de políticas do Federal Reserve, no entanto, estavam atentos para esse problema potencial e prontos para lidar com ele. De 2014 a 2017, o Fed aumentou de 0,25 para 1,50% a taxa de juros que paga sobre as reservas. Uma taxa de juros mais alta sobre as reservas faz com que manter essas reservas seja mais lucrativo para os bancos, com isso desestimulando os empréstimos bancários e mantendo baixo o multiplicador monetário.*

Problemas no controle monetário

O banco central tem poder significativo para influenciar a oferta monetária, mas não consegue controlar com perfeição essa oferta. A prudência do banco na condução de seus negócios, bem como as decisões dos domicílios com relação a seus assuntos financeiros pessoais, pode fazer com que a oferta monetária sofra mudanças imprevisíveis. Por exemplo, os bancos podem optar por manter maior volume de excesso de reservas, decisão que aumenta a proporção entre reservas e depósitos e reduz a oferta monetária. De modo similar, se os domicílios optam por manter maior quantidade de seu dinheiro na forma de moeda corrente, a proporção entre reservas e depósitos aumenta e a oferta monetária diminui. Consequentemente, a oferta monetária às vezes move-se em direções que o banco central não pretendia.

ESTUDO DE CASO

FALÊNCIAS BANCÁRIAS E A OFERTA MONETÁRIA NA DÉCADA DE 1930

Entre agosto de 1929 e março de 1933, a oferta monetária nos Estados Unidos diminuiu 28 por cento. Conforme ressaltaremos no Capítulo 12, alguns economistas acreditam que esse grande declínio na oferta monetária representou a principal causa para a Grande Depressão da década de 1930, quando o desemprego alcançou patamares sem precedentes, os preços caíram vertiginosamente e as dificuldades econômicas se espalharam por todo o mundo. À luz dessa hipótese, somos naturalmente levados a indagar a razão pela qual a oferta monetária caiu de maneira tão drástica.

As três variáveis que determinam a oferta monetária – a base monetária, a proporção entre reserva e depósitos e a proporção entre moeda corrente e depósitos – são apresentadas na Tabela 4.2 para 1929 e 1933. Você pode verificar que a queda na oferta monetária não pode ser atribuída a uma diminuição na base monetária; na realidade, a base monetária cresceu 18% ao longo desse período. Em vez disso, a oferta monetária diminuiu porque o multiplicador monetário caiu 38%. O multiplicador monetário diminuiu porque a proporção entre moeda corrente e depósitos e a proporção entre reserva e depósitos cresceram consideravelmente.

A maior parte dos economistas atribui a queda do multiplicador monetário ao grande número de falências bancárias no início da década de 1930. De 1930 a 1933, mais de 9.000 bancos suspenderam suas operações, muitas vezes deixando de honrar suas obrigações junto aos correntistas. Falências bancárias fizeram com que a oferta monetária diminuísse em razão da alteração no comportamento dos correntistas e dos banqueiros.

As falências bancárias elevaram a proporção entre moeda corrente e depósitos, pelo fato de diminuir a confiança do pú-

Tabela 4.2 A oferta monetária e seus determinantes: 1929 e 1933

	Agosto de 1929	Março de 1933
Oferta monetária	26,5	19,0
Moeda corrente	3,9	5,5
Depósitos à vista	22,6	13,5
Base monetária	7,1	8,4
Moeda corrente	3,9	5,5
Reservas	3,2	2,9
Multiplicador monetário	3,7	2,3
Proporção entre reserva e depósitos	0,14	0,21
Proporção entre moeda corrente e depósitos	0,17	0,41

Fonte: FRIEDMAN, Milton; SCHWARTZ, Anna. *A monetary history of the United States, 1867-1960.* Princeton: Princeton University Press, 1963, Appendix A.

---

* Para mais informação sobre afrouxo quantitativo, leia KRISHNAMURTHY, Arvind; VISSING-JORGENSEN, Annette. The ins and outs of LSAPs. In: Economic Policy Symposium – Jackson Hole, Federal Reserve Bank of Kansas, 2013.

blico em relação ao sistema bancário. Pessoas temiam que as falências bancárias pudessem continuar e passaram a considerar a moeda em espécie uma forma mais desejável de dinheiro do que os depósitos à vista. Quando sacavam depósitos de suas contas-correntes, essas pessoas exauriam as reservas dos bancos. O processo de criação de moeda foi se revertendo, à medida que os bancos passaram a reagir a reservas mais baixas por meio da redução no saldo remanescente para a concessão de empréstimos.

Além disso, as falências bancárias fizeram aumentar a proporção entre reservas e depósitos, ao tornarem os banqueiros mais criteriosos. Tendo acabado de observar inúmeras corridas a bancos, os banqueiros ficaram apreensivos em relação ao fato de operar com pequeno volume de reservas. Por essa razão, aumentaram seu volume de reservas muito além do mínimo estabelecido por lei. Do mesmo modo que os domicílios reagiram à crise nos bancos mantendo em seu poder maior quantidade de moeda em espécie do que de depósitos em bancos, os banqueiros reagiram mantendo maior quantidade de reservas em comparação com a concessão de empréstimos. Conjuntamente, essas mudanças causaram uma grande queda no multiplicador monetário.

Embora seja fácil explicar a razão pela qual a oferta monetária caiu, é mais difícil decidir se a culpa deve ser atribuída ao Federal Reserve. É possível argumentar que a base monetária não diminuiu, razão pela qual o Fed não deve ser culpado. Críticos opositores da política do Fed durante esse período apresentam dois contra-argumentos. Em primeiro lugar, eles alegam que o Fed deveria ter assumido um papel mais incisivo na prevenção das falências bancárias, atuando como *emprestador de última instância*, no momento em que as instituições bancárias precisaram de dinheiro disponível em caixa, durante as corridas aos bancos. Isso teria ajudado a manter a confiança no sistema bancário e evitado a grande queda no multiplicador monetário. Em segundo lugar, eles ressaltam que o Fed poderia ter reagido à queda no multiplicador monetário fazendo com que a base monetária crescesse ainda mais do que cresceu. Qualquer uma dessas ações provavelmente teria evitado uma queda tão grande na oferta monetária, o que, por sua vez, poderia ter reduzido a gravidade da Grande Depressão.

Desde a década de 1930, foram implementadas inúmeras políticas que tornaram menos provável, nos dias de hoje, uma queda tão significativa e tão repentina no multiplicador monetário. Mais importante ainda, o sistema federal de garantia para depósitos bancários protege os correntistas quando um banco declara insolvência. Essa política foi projetada no intuito de manter a confiança do público no sistema bancário e, por conseguinte, evitar grandes oscilações na proporção entre moeda corrente e depósitos. A garantia para depósitos tem um custo: no final da década de 1980 e início da de 1990, o governo federal dos EUA incorreu em grandes despesas para salvar da insolvência muitas instituições de poupança e empréstimos. De qualquer modo, a garantia para os depósitos ajuda a estabilizar o sistema bancário e a oferta monetária. Essa é a razão pela qual, durante a crise financeira de 2008-2009, a Federal Deposit Insurance Corporation, empresa concedente da garantia para depósitos nos EUA, aumentou o montante garantido de US$ 100.000 para U$ 250.000, por depositante.

4.4 CONCLUSÃO

A essa altura, você já deve ter entendido o que é moeda e como o banco central afeta sua oferta. Entretanto, esse feito, por mais valioso que seja, é apenas o primeiro passo para a compreensão da política monetária. O próximo passo e, também o mais interessante, é ver como mudanças na oferta monetária influenciam a economia. Começamos nosso estudo dessa questão no próximo capítulo. Ao examinarmos os efeitos da política mo-

---

Questionário rápido

1. Qual dos itens a seguir *não* faz parte da oferta monetária?
   a) As moedas de metal em seu bolso.
   b) O papel-moeda em sua carteira.
   c) O saldo na sua conta de previdência privada.
   d) Os recursos em sua conta-corrente.

2. Em um sistema bancário com reserva fracionária, os empréstimos concedidos pelos bancos aumentam
   a) a base monetária.
   b) a oferta monetária.
   c) o montante de excesso de reservas.
   d) a riqueza líquida da economia.

3. Se o banco central deseja aumentar a oferta monetária, ele pode _____ títulos em operações de mercado aberto ou _____ as exigências de reservas bancárias.
   a) comprar, aumentar
   b) comprar, diminuir
   c) vender, aumentar
   d) vender, diminuir

4. Se o banco central reduz a taxa de juros que paga sobre as reservas, isso tenderá a _____ o multiplicador monetário e_____ a oferta monetária.
   a) aumentar, aumentar
   b) aumentar, diminuir
   c) diminuir, aumentar
   d) diminuir, diminuir

5. Por causa da alavancagem, um decréscimo de 5% no valor dos ativos de um banco fará com que o valor de _____ diminua em _____ de 5%.
   a) capital, mais
   b) capital, menos
   c) depósitos, mais
   d) depósitos, menos

6. Suponha que uma modificação na tecnologia para transações reduza a quantidade de dinheiro em espécie que as pessoas desejam ter em mãos em comparação a depósitos à vista. Se o banco central não tomar qualquer atitude, a oferta monetária tenderá a _____. Contudo, o banco central consegue manter constante a oferta monetária _____ títulos em operações de mercado aberto.
   a) aumentar, comprando
   b) aumentar, vendendo
   c) diminuir, comprando
   d) diminuir, vendendo

netária, nos aproximamos da análise do que os bancos centrais conseguem fazer para melhorar o funcionamento da economia e do que, igualmente importante, eles não conseguem fazer. Cabe aqui, porém, uma advertência: é preciso esperar até chegarmos ao final do livro para que todas as peças do quebra-cabeça se encaixem.

Resumo

1. Moeda é o estoque de ativos utilizados para transações. Funciona como reserva de valor, unidade de conta e meio de troca. Diferentes tipos de ativos são utilizados como moeda: os sistemas com moeda-mercadoria utilizam um ativo com valor intrínseco, enquanto os sistemas com moeda fiduciária utilizam um ativo cuja única função corresponde a servir como moeda. Nas economias modernas, um banco central, como é o caso do Federal Reserve nos Estados Unidos, é responsável por controlar a oferta monetária.
2. O sistema de reserva bancária fracionária cria moeda, uma vez que cada unidade de moeda a título de reserva gera muitas unidades de moeda a título de depósitos à vista.
3. Para abrir um banco, os proprietários precisam contribuir com parte de seus próprios recursos financeiros, que passam a constituir o capital da instituição. No entanto, como os bancos são fortemente alavancados, um pequeno declínio no valor de seus ativos pode exercer impacto potencialmente significativo sobre o valor do capital do banco. Os reguladores do sistema bancário exigem que os bancos tenham capital suficiente para garantir que os depósitos dos correntistas sejam reembolsados.
4. A oferta monetária depende da base monetária, da proporção entre reserva e depósitos e da proporção entre moeda e depósitos. Crescimento na base monetária leva a crescimento proporcional na oferta monetária. Diminuição na proporção entre reserva e depósitos ou na proporção entre moeda e depósitos estimula o crescimento do multiplicador monetário e, consequentemente, da oferta monetária.
5. O banco central influencia a oferta monetária modificando a base monetária ou a proporção de reservas e, consequentemente, o multiplicador monetário. Ele pode modificar a base monetária por meio de operações de mercado aberto ou pela concessão de empréstimos aos bancos. Pode influenciar a proporção de reservas alterando as exigências de reservas ou modificando a taxa de juros que paga aos bancos pelas reservas que eles mantêm.

CONCEITOS-CHAVE

Moeda
Reserva de valor
Unidade de conta
Meio de troca
Moeda fiduciária
Moeda-mercadoria
Padrão-ouro
Oferta monetária
Política monetária
Banco central
Federal Reserve

Operações de mercado aberto
Moeda corrente
Depósitos à vista
Reservas
Reserva bancária de 100%
Balanço financeiro
Reserva bancária fracionária
Intermediação financeira
Capital bancário
Alavancagem
Regulação da proporção de capital

Base monetária
Proporção entre reserva e depósitos
Proporção entre moeda corrente e depósitos
Multiplicador monetário
Moeda de alta potência
Taxa de redesconto
Regulação da proporção de reservas
Excesso de reservas
Juros sobre as reservas

Questões para revisão

1. Descreva as funções da moeda.
2. O que significa moeda fiduciária? O que significa moeda-mercadoria?
3. O que são operações de mercado aberto e como elas influenciam a oferta monetária?
4. Explique como os bancos criam moeda.
5. Quais são os vários meios pelos quais o banco central pode influenciar a oferta monetária?
6. Por que uma crise bancária pode acarretar queda na oferta monetária?

Problemas e aplicações

1. Apresente três questões macroeconômicas que tenham aparecido ultimamente no noticiário.
2. Em sua opinião, que características definem uma ciência? O estudo da economia apresenta essas características? Para você, a macroeconomia deve ser considerada uma ciência? Por que sim ou por que não?
3. Use o modelo da oferta e da demanda para explicar como uma queda no preço do *frozen yogurt* afetaria o preço do sorvete e a quantidade de sorvetes vendida. Em sua explanação, identifique as variáveis exógenas e as variáveis endógenas.
4. Com que frequência muda o preço que você paga por um corte de cabelo? Quais são as implicações de sua resposta para a utilidade dos modelos de ajuste de mercado na análise do mercado de cortes de cabelo?

Problemas e aplicações

5. Quais são as três funções da moeda? Quais dessas funções são satisfeitas pelos itens a seguir? Quais delas não são satisfeitas?
   a) Um cartão de crédito
   b) Uma pintura de Rembrandt
   c) Um bilhete do metrô

6. Explique de que maneira cada um dos eventos a seguir afeta a base monetária, o multiplicador monetário e a oferta monetária.
   a) O banco central compra títulos em uma operação de mercado aberto.
   b) O banco central aumenta a taxa de juros que paga aos bancos para manterem reservas.
   c) O banco central reduz os empréstimos aos bancos por meio do Term Auction Facility.
   d) Boatos sobre ataque de um vírus de computador aos caixas eletrônicos aumentam a quantidade de moeda que as pessoas mantêm sob a forma de dinheiro vivo, no lugar de depósitos bancários.
   e) O banco central envia um helicóptero para sobrevoar a Quinta Avenida na cidade de Nova York e manda despejar cédulas de US$ 100,00 que acabaram de ser emitidas.

7. Uma economia tem base monetária de 1.000 cédulas de $ 1. Calcule a oferta monetária nos cenários (a) a (d) e, em seguida, responda ao item (e).
   a) Todo o dinheiro é mantido sob a forma de moeda corrente.
   b) Todo o dinheiro é mantido sob a forma de depósitos bancários à vista. Os bancos mantêm 100% dos depósitos sob a forma de reservas.
   c) Todo o dinheiro é mantido sob a forma de depósitos bancários à vista. Os bancos mantêm 20% dos depósitos sob a forma de reservas.
   d) As pessoas mantêm quantidades iguais de moeda sob a forma de depósitos bancários e moeda corrente. Os bancos mantêm 20% dos depósitos sob a forma de reservas.
   e) O banco central decide aumentar a oferta monetária em 10%. Em cada um dos quatro cenários anteriores, qual seria o aumento necessário na base monetária?

8. Na nação de Wiknam, as pessoas mantêm $ 1.000 sob a forma de moeda corrente e $ 4.000 na forma de depósitos à vista no único banco existente, o Wikbank. A proporção entre reserva e depósitos é 0,25.
   a) Qual o valor da oferta monetária, da base monetária e do multiplicador monetário.
   b) Suponha que o Wikbank seja um banco simples: recebe depósitos, concede empréstimos e não tem capital próprio. Apresente o balanço financeiro do Wikbank. Que valor relativo à concessão de empréstimos o banco apresenta?
   c) O banco central de Wiknam deseja aumentar a oferta monetária em 10%. Para isso, ele deveria comprar ou vender títulos em operações de mercado aberto? Pressupondo a inexistência de alterações no multiplicador monetário, calcule o montante que o banco central precisa envolver na transação.

9. Na economia de Panícia, a base monetária é $ 1.000. As pessoas mantêm 1/3 de seu dinheiro sob a forma de moeda corrente (e, consequentemente, 2/3 na forma de depósitos bancários). Os bancos mantêm 1/3 de seus depósitos sob a forma de reservas.
   a) Quais são os valores para a proporção entre reserva e depósitos, a proporção entre moeda corrente e depósitos, o multiplicador monetário e a oferta monetária?
   b) Certo dia, temores com relação ao sistema bancário atingem a população, e as pessoas agora desejam manter metade de seu dinheiro na forma de moeda corrente. Se o banco central não tomar qualquer atitude, qual será a nova oferta monetária?
   c) Se, face a esse pânico, o banco central desejar conduzir uma operação de mercado aberto para manter a oferta monetária em seu patamar original, ele deve comprar ou vender títulos do governo? Calcule o montante que o banco central precisa envolver na transação.

10. Como discute um Estudo de Caso do capítulo, a oferta monetária caiu de 1929 a 1933 porque tanto a proporção entre moeda corrente e depósitos quanto a proporção entre reserva e depósitos aumentaram. Utilize o modelo da oferta monetária e os dados apresentados na Tabela 4.2 para responder às seguintes perguntas hipotéticas sobre o episódio.
    a) O que teria acontecido com a oferta monetária caso a proporção entre moeda corrente e depósitos tivesse aumentado, mas a proporção entre reservas e depósitos tivesse permanecido a mesma?
    b) O que teria acontecido com a oferta monetária caso a proporção entre reservas e depósitos tivesse aumentado, mas a proporção entre moeda corrente e depósitos tivesse permanecido a mesma?
    c) Qual das duas modificações teve maior responsabilidade sobre a queda da oferta monetária?

11. Para aumentar a receita tributária, o governo dos EUA, em 1932, impôs uma tarifa de 2% sobre cheques emitidos contra depósitos em contas bancárias. (Em valores atuais, essa taxa corresponderia a aproximadamente 35 centavos de dólar por cheque.)
    a) De que maneira você acredita que a tarifa sobre o cheque afetou a proporção entre moeda corrente e depósitos?
    b) Utilize o modelo da oferta monetária, sob a égide do sistema bancário fracionário, para discutir como essa tarifa afetou a oferta monetária.
    c) Muitos economistas acreditam que uma oferta monetária decrescente foi, em parte, responsável pela gravidade da Grande Depressão da década de 1930. Partindo dessa perspectiva, será que a tarifa sobre o cheque foi uma boa política para se implementar no meio da Grande Depressão?

12. Forneça um exemplo de balanço financeiro com uma taxa de alavancagem correspondente a 20. Se o valor dos ativos do banco crescer 2%, o que acontece com o valor do patrimônio líquido dos proprietários nesse banco? Que redução no valor dos ativos do banco seria necessária para reduzir o seu capital para zero?

Problemas e aplicações

13. Jimmy Paul Miller abre seu próprio banco, chamado JPM. Como proprietário, Jimmy coloca $ 2.000 de seu próprio dinheiro. O JPM pega, então, um empréstimo de $ 4.000 do tio de Jimmy, com financiamento de longo prazo; aceita $ 14.000 em depósitos à vista por parte de seus vizinhos; compra $ 7.000 em títulos do Tesouro dos EUA; empresta $ 10.000 a empresas locais para o financiamento de novos investimentos; e mantém o restante dos ativos do banco no Fed, como reserva.

a) Apresente o balanço financeiro do JPM. Qual é a taxa de alavancagem do JPM?
b) Uma recessão econômica faz com que 5% das empresas locais declarem falência e tornem-se inadimplentes com relação a seus empréstimos. Apresente o novo balanço financeiro do JPM. Em que percentual cai o valor dos ativos do JPM? Em que percentual cai o capital do JPM?

Respostas do questionário rápido

1. c
2. b
3. b
4. a
5. a
6. b

Inflação: Causas, Efeitos e Custos Sociais

5

Diz-se que Lênin teria declarado que a melhor maneira de destruir o Sistema Capitalista seria pela desmoralização da moeda corrente [...] Lênin estava absolutamente correto. Não existe meio mais sutil e mais garantido de subverter a base existente da sociedade do que pela desmoralização da moeda corrente. O processo congrega todas as forças ocultas das leis econômicas para o lado da destruição e o faz de tal maneira que nem um homem em um milhão é capaz de diagnosticar.

– John Maynard Keynes

Em 1970, o *The New York Times* custava 15 centavos de dólar, o preço médio de um imóvel residencial nos Estados Unidos era de US$ 23.400 e o salário médio na indústria correspondia a US$ 3,39 por hora. Em 2017, o *Times* custava 2,50 dólares, o preço médio de uma casa havia subido para US$ 317.200 e o salário médio correspondia a US$ 20,90 por hora. Esse aumento geral nos preços é chamado de **inflação**, que é o tema deste capítulo.

A taxa de inflação – o percentual de variação no nível geral de preços – varia significativamente ao longo do tempo e de um país para outro. Nos Estados Unidos, de acordo com o índice de preços ao consumidor, os preços aumentaram em uma média de 2,3% ao ano na década de 1960, 7,1% ao ano na década de 1970, 5,6% ao ano na década de 1980, 3,0% ao ano na década de 1990, e 2,2% de 2000 a 2016. No entanto, mesmo quando se agravou, durante a década de 1970, o problema da inflação norte-americana nem de longe foi comparável aos episódios de inflação extraordinariamente alta, conhecidos como **hiperinflação**, pelos quais outros países passaram em determinadas ocasiões. Um exemplo clássico é a Alemanha de 1923, quando os preços aumentavam, em média, 500% *ao mês*. Mais recentemente, exemplos semelhantes de inflação extraordinariamente elevada atingiram as nações do Zimbábue em 2008 e da Venezuela em 2017.

Neste capítulo, examinamos a teoria clássica que trata das causas, dos efeitos e dos custos sociais da inflação. A teoria é "clássica" no sentido de que pressupõe preços flexíveis. Conforme discutimos inicialmente no Capítulo 1, a maioria dos economistas acredita que esse pressuposto descreve o comportamento da economia no longo prazo. Por outro lado, acredita-se que muitos preços sejam rígidos no curto prazo e, a partir do Capítulo 10, passaremos a incorporar esse fato em nossa análise. Por enquanto, vamos ignorar a rigidez dos preços no curto prazo. Como veremos, a teoria clássica da inflação proporciona uma boa descrição para o longo prazo e um alicerce útil para a análise de curto prazo que desenvolveremos mais adiante.

As "forças ocultas das leis econômicas" que resultam na inflação não são tão misteriosas quanto Keynes declara na epígrafe deste capítulo. Inflação significa, simplesmente, aumento no nível médio de preços, e um preço corresponde à razão de troca entre dinheiro e determinado bem ou serviço. Para entender a inflação, precisamos entender a moeda – o que é, o que afeta sua oferta e demanda e sua influência sobre a economia. No capítulo anterior, apresentamos o conceito de "moeda" para os economistas e discutimos como, na maior parte das economias modernas, um banco central criado pelo governo controla a quantidade de moeda em poder do público. O presente capítulo começa, na Seção 5.1 por mostrar que a quantidade de moeda determina o nível de preços e que a taxa de crescimento da quantidade de moeda determina a taxa de inflação.

A inflação, por sua vez, exerce seus próprios efeitos sobre a economia. A Seção 5.2 discute a receita que os governos conseguem arrecadar por meio da emissão de dinheiro, frequentemente conhecida como *imposto inflacionário*. A Seção 5.3 examina de que maneira a inflação afeta a taxa de juros nominal. A Seção 5.4 discute como a taxa de juros nominal afeta a quantidade de dinheiro que as pessoas desejam ter em mãos e, portanto, o nível de preços.

Depois de concluir nossa análise sobre as causas e os efeitos da inflação, abordamos na Seção 5.5 aquela que talvez seja a questão mais importante relacionada à inflação: trata-se de um grande problema social? Será que a inflação equivale a "subverter a base existente da sociedade", conforme sugere a epígrafe deste capítulo?

Por fim, na Seção 5.6, discutimos o caso dramático da hiperinflação. Hiperinflação é um tema interessante de examinar, pois demonstra claramente as causas, os efeitos e os custos da inflação. Exatamente do mesmo modo que os sismólogos aprendem bastante sobre placas tectônicas estudando os terremotos, os economistas também aprendem bastante sobre moeda estudando como começa e termina a hiperinflação.

5.1 A TEORIA QUANTITATIVA DA MOEDA

No Capítulo 4, definimos o que é moeda e aprendemos que a quantidade de moeda disponível na economia é chamada de oferta monetária. Vimos, também, que a oferta monetária é determinada pelo sistema bancário, juntamente com as decisões políticas do banco central. Com base nisso, podemos começar a examinar os efeitos macroeconômicos da política econômica. Para tanto, precisamos de uma teoria que nos diga como a quantidade de moeda está relacionada a outras variáveis econômicas, como preços e renda. A teoria que desenvolvemos nesta seção, conhecida como *teoria quantitativa da moeda*, tem suas origens no trabalho de pioneiros no estudo da teoria monetária, entre eles o filósofo e economista David Hume (1711-1776). Essa continua sendo a principal explicação para o efeito da moeda sobre a economia, no longo prazo.

Transações e a equação quantitativa

Ao ouvir um economista usar a palavra "oferta", você pode ter certeza de que a palavra "demanda" virá logo em seguida. De fato, depois de ter explorado detalhadamente a oferta de dinheiro, podemos agora voltar nosso foco para a demanda por ele.

O ponto de partida para a teoria quantitativa da moeda é a percepção de que as pessoas guardam dinheiro para adquirir bens e serviços. Quanto maior a quantidade de moeda de que precisam para essas transações, maior a quantidade de moeda que guardam. Por conseguinte, a quantidade de moeda na economia está relacionada à quantidade de unidades monetárias trocadas nas transações.

O elo entre transações e moeda é expresso na seguinte equação, chamada de **equação quantitativa:**

$$Moeda \times Velocidade = Preço \times Transações$$
$$M \times V = P \times T.$$

Vamos examinar cada uma das quatro variáveis contidas nessa equação.

O lado direito da equação quantitativa nos informa sobre as transações. T representa a quantidade total de transações durante certo período, digamos, um ano. Em outras palavras, T corresponde ao número de vezes, em um ano, que bens ou serviços são trocados por moeda. P representa o preço de uma transação típica – o número de unidades monetárias trocadas. O produto entre o preço de uma transação e o número de transações, PT, é igual à quantidade de unidades monetárias trocadas em um ano.

O lado esquerdo da equação quantitativa nos informa sobre a moeda utilizada para concretizar as transações. M corresponde à quantidade de moeda; V, chamado de **velocidade de circulação da moeda**, mede o ritmo em que a moeda circula na economia. Em outras palavras, a velocidade nos informa sobre o número de vezes que uma unidade monetária troca de mãos ao longo de um período de tempo.

Suponhamos, por exemplo, que 50 unidades de pão sejam vendidas em determinado ano a $ 2 cada unidade. Sendo assim, T é igual a 50 unidades de pão por ano, e P é igual a $ 2 por unidade. A quantidade total de dinheiro trocado é

$$PT = \$ 2/pão \times 50 \, pães/ano = \$ 100/ano.$$

O lado direito da equação quantitativa é igual a $ 100 por ano, que corresponde ao valor em unidades monetárias para todas as transações.

Suponhamos, ainda, que a quantidade de moeda na economia corresponda a $ 20. Reformulando a equação quantitativa, podemos calcular a velocidade sob a forma

$$V = PT/M$$
$$= (\$ 100/ano)/(\$ 20)$$
$$= 5 \, vezes \, ao \, ano.$$

Ou seja, para que ocorram $ 100 de transações ao ano, com $ 20 em moeda, cada unidade monetária deve trocar de mãos 5 vezes ao ano.

A equação quantitativa é uma *identidade*: as definições para as quatro variáveis fazem com que ela se torne sempre verdadeira. Esse tipo de equação é útil porque demonstra que, se uma das variáveis se modifica, uma ou mais dentre as outras variáveis também devem necessariamente se modificar, a fim de que a igualdade seja preservada. Por exemplo, se a quantidade de moeda aumenta e a velocidade de circulação da moeda permanece inalterada, o preço ou o número de transações deve necessariamente aumentar.

Das transações para a renda

Quando estudam a função da moeda no contexto da economia, os economistas, de modo geral, utilizam uma versão da equação quantitativa ligeiramente diferente da que acaba de ser apresentada. O problema da primeira equação é que é difícil mensurar a quantidade de transações. Para solucionar esse problema, o número de transações, T, é substituído pelo produto total da economia, Y.

Transações e produto estão relacionados entre si, uma vez que, quanto mais a economia produz, mais bens são comprados e vendidos. Entretanto, eles não significam a mesma coisa. Quando uma pessoa vende um carro usado para outra pessoa, por exemplo, ambas efetuam uma transação utilizando moeda, embora o carro usado não faça parte da produção atual da economia. Ainda assim, o valor das transações, em unidades de moeda corrente, é mais ou menos proporcional ao valor do produto.

Se Y representa o montante relacionado ao produto, e P corresponde ao preço para uma unidade de produto, o valor do produto, em unidades monetárias, é igual a PY. Encontramos indicadores para essas variáveis, quando discorremos sobre as contas nacionais, no Capítulo 2: Y corresponde ao PIB real, P é o deflator do PIB e PY é o PIB nominal. A equação quantitativa passa então a ser

$$Moeda \times Velocidade = Preço \times Produto$$
$$M \times V = P \times Y.$$

Uma vez que Y também corresponde ao total da renda, V, nessa versão para a equação quantitativa, é conhecido como **velocidade renda da moeda.** A velocidade renda da moeda nos informa o número de vezes em que uma cédula de unidade monetária entra na renda de uma pessoa em determinado período de tempo. Essa versão da equação quantitativa é a mais comum, e é a que utilizaremos daqui por diante.

A função da demanda por moeda e a equação quantitativa

Quando analisamos o modo como a moeda afeta a economia, é geralmente útil expressar a quantidade de moeda em termos da quantidade de bens e serviços que tal quantidade consegue adquirir. Esse montante, M/P, é chamado de **saldos monetários reais.**

Os saldos monetários reais medem o poder aquisitivo do estoque de moeda. Considere, por exemplo, uma economia que produza unicamente pão. Se a quantidade de moeda corresponde a $ 20 e o preço de uma unidade de pão é igual a $ 2, então o saldo monetário real corresponde a 10 unidades de pão. Ou seja, a preços correntes, o estoque de moeda na economia é capaz de comprar 10 unidades de pão.

Uma **função da demanda por moeda** corresponde a uma equação que apresenta os determinantes da quantidade de saldos monetários reais que as pessoas desejam ter em suas mãos. Uma função simples para a demanda por moeda seria

$$(M/P)^d = kY,$$

na qual k representa uma constante que nos informa a quantidade de moeda que as pessoas desejam ter em mãos, para cada unidade monetária de renda. Essa equação enuncia que a quantidade demandada de saldo monetário real é proporcional à renda real.

A função da demanda por moeda é semelhante à função da demanda por determinado bem. Nesse caso, o "bem" é a conveniência de ter em mãos saldos monetários reais. Do mesmo modo que ter um carro facilita para uma pessoa viajar, ter em mãos moeda torna mais fácil realizar transações. Portanto, exatamente do mesmo modo que uma renda mais alta acarreta maior demanda por automóveis, acarreta também maior demanda por saldos monetários reais.

Essa função da demanda por moeda oferece outra maneira de visualizar a equação quantitativa. Para ver isso, acrescente à função da demanda por moeda a condição de que a demanda por saldos monetários reais $(M/P)^d$ seja igual à oferta, M/P. Portanto,

$$M/P = kY.$$

Uma simples reformulação dos termos modifica essa equação para

$$M(1/k) = PY.$$

que pode ser escrita como

$$MV = PY.$$

em que $V = 1/k$. Esses poucos passos da matemática simples ilustram a relação entre a demanda por moeda e a velocidade de circulação da moeda. Quando as pessoas desejam ter em mãos uma quantidade grande de moeda para cada unidade monetária de renda (k é grande), a moeda troca de mãos com pouca frequência (V é pequeno). Inversamente, quando as pessoas desejam ter em mãos apenas uma quantidade pequena de moeda (k é pequeno), a moeda troca de mãos com mais frequência (V é grande). Em outras palavras, o parâmetro k, para a demanda por moeda, e a velocidade de circulação da moeda, V, correspondem a "dois lados da mesma moeda".

A premissa da velocidade constante

A equação quantitativa pode ser vista como uma definição: define a velocidade, V, como a proporção entre o PIB nominal, PY, e a quantidade de moeda, M. Entretanto, se adicionarmos a premissa de que a velocidade da moeda é constante, a equação quantitativa passa a ser uma teoria útil sobre os efeitos da moeda, conhecida como **teoria quantitativa da moeda**.

Assim como ocorre com muitas premissas no campo da economia, a premissa da velocidade constante corresponde apenas a uma aproximação da realidade. A velocidade efetivamente se altera quando a função da demanda por moeda se modifica. Por exemplo, quando apareceram os caixas eletrônicos dos bancos, as pessoas puderam reduzir a quantidade média de moeda que guardavam em mãos, o que significou uma diminuição no parâmetro k, da demanda por moeda, e um aumento na velocidade, V. Ainda assim, a experiência demonstra que o pressuposto da velocidade constante proporciona uma boa aproximação em muitas situações. Vamos, por essa razão, pressupor que a velocidade seja constante, e vejamos o que essa premissa implica no que se refere aos efeitos da oferta de moeda sobre a economia.

Partindo do pressuposto da velocidade constante, a equação quantitativa pode ser vista como uma teoria para os determinantes do PIB nominal. A equação quantitativa afirma que

$$M\overline{V} = PY$$

em que a barra sobre V significa que a velocidade é fixa. Portanto, uma alteração na quantidade de moeda (M) deve necessariamente causar alteração proporcional no PIB nominal (PY). Ou seja, se a velocidade é fixa, a quantidade de moeda determina o valor, em unidades monetárias, correspondente ao total do produto da economia.

Moeda, preços e inflação

Temos, agora, uma teoria que explica aquilo que determina o nível geral de preços da economia. A teoria tem três fundamentos:

1. Os fatores de produção e a função produção determinam o patamar de produção, Y. Pegamos emprestada essa conclusão com base no que foi exposto no Capítulo 3.
2. A oferta monetária, M, estabelecida pelo banco central, determina o valor nominal da produção, PY. Essa conclusão decorre da equação quantitativa e do pressuposto de que a velocidade da moeda é fixa.
3. O nível de preços, P, corresponde, assim, à proporção entre o valor nominal da produção, PY, e o patamar de produção, Y.

Em outras palavras, a capacidade produtiva da economia determina o PIB real, a quantidade de moeda determina o PIB nominal e o deflator do PIB é a proporção entre o PIB nominal e o PIB real.

Essa teoria explica o que acontece quando o banco central modifica a oferta monetária. Sendo fixa a velocidade, qualquer alteração na oferta monetária deve necessariamente levar a uma mudança proporcional no valor nominal da produção, PY. Levando em conta que os fatores de produção e a função produção já determinaram o nível total da produção, o valor nominal da produção, PY, consegue se ajustar somente se houver alteração no nível de preços, P. Por conseguinte, a teoria quantitativa implica que o nível de preços é proporcional à oferta monetária.

Uma vez que a taxa de inflação corresponde à variação percentual no nível de preços, essa teoria que trata do nível de preços é também uma teoria sobre a taxa de inflação. A equação quantitativa, escrita sob a forma de variação percentual, corresponde a

$$\%\Delta M + \%\Delta V = \%\Delta P + \%\Delta Y$$

Considere cada um desses quatro termos. O primeiro deles, a variação percentual na quantidade de moeda ($\%\Delta M$), está sob o controle do banco central. O segundo, a variação percentual na velocidade ($\%\Delta V$), reflete as alterações na demanda por moeda; adotamos a premissa de que a velocidade é constante, e, por essa razão, a variação percentual na velocidade é zero. O terceiro, a variação percentual no nível de preços ($\%\Delta P$), corresponde à taxa de inflação; essa é a variável da equação que gostaríamos de explicar. O quarto termo, a variação percentual no total da produção ($\%\Delta Y$), depende do crescimento nos fatores de produção e do progresso tecnológico, os quais podem ser considerados predeterminados para nossos propósitos atuais. Essa análise nos informa que (exceto no que diz respeito a uma constante que dependa do crescimento exógeno na produção) o crescimento da oferta monetária determina a taxa de inflação.

Portanto, a teoria quantitativa da moeda enuncia que o banco central, que controla a oferta monetária, exerce o controle definitivo sobre a taxa de inflação. Se o banco central mantém estável a oferta monetária, o nível de preços permanece estável. Se o banco central aumenta rapidamente a oferta monetária, o nível de preço sobe rapidamente.

ESTUDO DE CASO

INFLAÇÃO E EXPANSÃO MONETÁRIA

"A inflação é, sempre e em toda parte, um fenômeno monetário." Foi o que escreveu Milton Friedman, o grande economista que ganhou o Prêmio Nobel de Economia em 1976. A teoria quantitativa da moeda nos leva a concordar que o crescimento na quantidade de moeda é o principal determinante para a taxa de inflação. Entretanto, a declaração de Friedman é empírica, não teórica. Para avaliar a declaração feita por ele, e julgar a utilidade da nossa teoria, precisamos examinar os dados sobre moeda e preços.

Friedman, juntamente com sua colega economista Anna Schwartz, escreveu dois tratados sobre a história monetária que documentou as fontes e os efeitos de variações na quantidade de moeda, ao longo do último século.* A Figura 5.1 utiliza alguns dos dados desses tratados e apresenta um gráfico para a taxa média de expansão monetária e a taxa média de inflação dos Estados Unidos, ao longo de cada década, desde a década de 1870. Os dados confirmam a relação entre inflação e crescimento da quantidade de moeda. As décadas com grande expansão monetária (como a de 1970) tendem a apresentar altas taxas de inflação, enquanto as décadas com pequena expansão monetária (como a de 1930) tendem a apresentar inflação baixa.

Como você já deve ter aprendido nas aulas de estatística, uma das maneiras para quantificar a relação entre duas variáveis é o uso de uma medida chamada *correlação*. Uma correlação de +1 significa que as duas variáveis se movem exatamente juntas; correlação de 0 (zero) indica que não há relação entre elas;, e −1 significa que as duas variáveis se movem em direções exatamente opostas uma à outra. Na Figura 5.1 a correlação é 0,79, indicando que as duas variáveis se deslocam aproximadamente juntas.

A Figura 5.2 examina a mesma questão utilizando dados internacionais. Mostra a taxa média de inflação e a taxa média de expansão monetária em 123 países, durante o período de 2007 a 2016. Mais uma vez, a ligação entre expansão monetária e taxa de inflação torna-se evidente. Países com forte expansão monetária (como Gana e Moçambique) tendem a ter uma inflação alta, enquanto países com baixa expansão monetária (como Japão e Estados Unidos) tendem a uma inflação baixa. A correlação, neste caso, é 0,70.

Se examinássemos os dados mensais sobre expansão monetária e inflação em vez de dados relativos a períodos correspondentes a décadas, não verificaríamos uma relação tão estreita entre essas duas variáveis. Essa teoria da inflação se mostra mais clara no longo prazo, não no curto prazo. Examinaremos o impacto de curto prazo de variações na quantidade de moeda quando estudarmos as flutuações econômicas, na Parte 4 deste livro.

5.2 SENHORIAGEM: A RECEITA DA EMISSÃO DE MOEDA

Até agora, vimos como o crescimento da oferta monetária causa inflação. Tendo a inflação como consequência, o que poderia induzir determinado banco central a aumentar substancialmente a oferta monetária? Nesta seção, examinamos uma resposta para essa pergunta.

Comecemos por um fato irrefutável: todos os governos gastam dinheiro. Parte desses gastos destina-se à aquisição de bens e serviços (construção de estradas e policiamento) e outra parte destina-se a pagamentos de transferências (para os pobres e os idosos, por exemplo). Um governo pode financiar seus gastos de três maneiras. Primeiro, ele pode aumentar a receita por meio de impostos, como é o caso do imposto de renda da pessoa física e da pessoa jurídica. Segundo, pode recorrer a empréstimos da população, vendendo títulos emitidos pelo governo. E, terceiro, pode emitir moeda.

A receita auferida por meio da emissão de moeda é chamada de **senhoriagem.** O termo se origina de *seigneur*, a palavra francesa para "senhor feudal". Na Idade Média, o senhor feudal tinha o direito exclusivo de cunhar moeda no âmbito de suas terras. Atualmente, esse direito pertence ao governo central, constituindo uma fonte de receita.

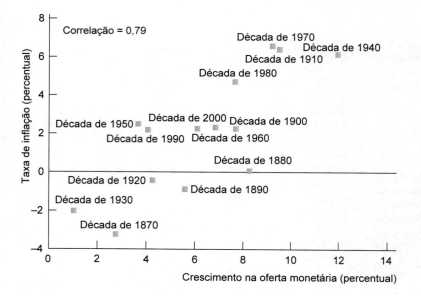

Figura 5.1 Dados históricos sobre inflação e expansão monetária nos Estados Unidos. Neste gráfico de dispersão sobre expansão monetária e inflação, cada ponto representa uma década. O eixo horizontal mostra o crescimento médio na oferta monetária (medido com base em *M*2) ao longo da década, enquanto o eixo vertical mostra a taxa média de inflação (medida com base no deflator do PIB). A correlação positiva entre expansão monetária e inflação constitui uma evidência para os postulados da teoria quantitativa que estabelecem que forte expansão monetária resulta em alta inflação.

Fontes: Para os dados correspondentes à década de 1960: FRIEDMAN, Milton; SCHWARTZ, Anna J. *Monetary trends in the United States and the United Kingdom*: their relation to income, prices, and interest rates, 1867-1975. Chicago: University of Chicago Press, 1982. Para dados recentes: U.S. Department of Commerce e Federal Reserve Board.

---

* FRIEDMAN, Milton; SCHWARTZ, Anna J. *A monetary history of the United States, 1867-1960*. Princeton: Princeton University Press, 1963; FRIEDMAN, Milton; SCHWARTZ, Anna J. *Monetary trends in the United States and the United Kingdom*: their relation to income, prices, and interest rates, 1867-1975. Chicago: University of Chicago Press, 1982.

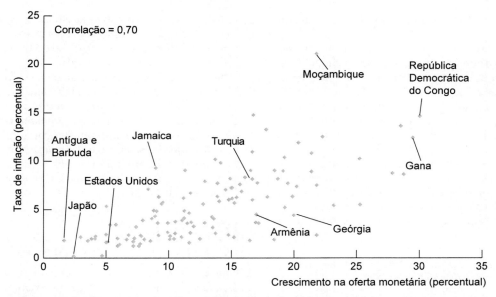

Figura 5.2 Dados internacionais sobre inflação e expansão monetária. Neste gráfico de dispersão, cada ponto representa um país. O eixo horizontal apresenta o crescimento médio da oferta monetária (medida por um agregado monetário amplo), durante o período de 2007 a 2016, enquanto o eixo vertical apresenta a taxa média de inflação (medida com base no IPC). Mais uma vez, a correlação positiva constitui uma evidência para os postulados da teoria quantitativa de que expansão monetária forte resulta em alta inflação.
Fonte: International Monetary Fund.

Quando o governo emite moeda para financiar despesas, ele aumenta a oferta monetária. Aumento na oferta monetária, por sua vez, causa inflação. A emissão de moeda com o objetivo de aumentar a receita é semelhante à imposição de um *imposto inflacionário*.

Em um primeiro momento, pode não parecer evidente que a inflação possa ser considerada um imposto. Afinal de contas, ninguém recebe a conta desse imposto – o governo simplesmente emite o dinheiro de que necessita. Quem, então, paga pelo imposto inflacionário? A resposta é: quem tem em mãos dinheiro em espécie. À medida que os preços sobem, o valor real da moeda na sua carteira diminui. Consequentemente, quando o governo emite moeda nova para uso próprio, ele faz com que a moeda antiga, que está nas mãos do público, passe a valer menos. A inflação se assemelha a um imposto sobre a posse de moeda em espécie.

O montante de receita arrecadado pela emissão de moeda varia de um país para outro. Nos Estados Unidos, o montante tem sido pequeno: a senhoriagem geralmente é responsável por menos de 3% da receita do governo. Na Itália e na Grécia, a senhoriagem costuma corresponder a mais de 10% da receita do governo.* Em países que passam por situações de hiperinflação, a senhoriagem passa a ser, com frequência, a principal fonte de receita do governo – de fato, a necessidade de emitir moeda com o objetivo de financiar despesas é uma das principais causas da hiperinflação.

ESTUDO DE CASO

PAGANDO PELA REVOLUÇÃO AMERICANA

Embora a senhoriagem não tenha representado uma fonte de receita significativa para o governo dos Estados Unidos na história recente, a situação era bastante diferente há dois séculos.

A partir de 1775, o Congresso Continental precisou encontrar um meio de financiar a Revolução, mas tinha capacidade limitada de levantar receitas por meio de tributação. Portanto, dependia da emissão de moeda fiduciária para ajudar a arcar com os custos da guerra.

A dependência do Congresso Continental em relação à senhoriagem foi aumentando com o passar do tempo. As novas emissões de moeda continental correspondiam a aproximadamente US$ 6 milhões em 1775, US$ 19 milhões em 1776 e US$ 13 milhões em 1777. Esse montante aumentou para US$ 63 milhões em 1778 e para US$ 125 milhões em 1779.

Como era de se esperar, o rápido crescimento da oferta monetária gerou uma forte inflação. Ao final da guerra, o preço do ouro, medido em dólares continentais, correspondia a mais de 100 vezes o seu valor de apenas alguns anos antes. A grande quantidade da moeda continental fez com que o dólar continental passasse a não ter praticamente valor algum. Essa experiência também deu origem a uma expressão que ficou popular: as pessoas costumavam afirmar que alguma coisa "não valia um continental", significando que o item tinha pouco valor real.

Quando a nova nação conquistou sua independência, houve um ceticismo natural em relação à moeda fiduciária. Por recomendação do primeiro secretário do Tesouro, Alexander Hamilton, o Congresso promulgou a Lei de Cunhagem (*Mint Act*) de 1792, que estabeleceu o ouro e a prata como as bases para um novo sistema de moeda-mercadoria.

5.3 INFLAÇÃO E TAXAS DE JUROS

Como discutimos inicialmente no Capítulo 3, as taxas de juros figuram entre as mais importantes variáveis macroeconômicas. Em essência, são os preços que vinculam o presente ao futuro. Nesta seção, vamos examinar a relação entre inflação e taxas de juros.

Duas taxas de juros: real e nominal

Suponha que você deposite suas economias em uma conta bancária que remunere 8% de juros ao ano. No ano subsequente, você retira do banco sua poupança e os juros acumulados.

---

* FISHER, Stanley. Seignorage and the case for a national money. *Journal of Political Economy*, v. 90, p. 295-313, Apr. 1982.

Está 8% mais rico do que na ocasião em que fez o depósito, um ano antes?

A resposta depende do que significa "mais rico". Certamente, você tem 8% a mais do que antes, em termos de unidades monetárias. Contudo, se os preços subiram, cada unidade monetária compra menos e o seu poder de compra não aumentou em 8%. Se a taxa de inflação foi de 5% ao longo do ano, a quantidade de bens que você consegue comprar aumentou apenas 3%. E se a taxa de inflação foi de 10%, seu poder de compra teve uma perda de 2%.

A taxa de juros com que o banco remunera é conhecida como **taxa de juros nominal**, enquanto o aumento em seu poder de compra é conhecido como **taxa de juros real**. Se i representa a taxa de juros nominal, r a taxa de juros real e π a taxa de inflação, a relação entre essas três variáveis pode ser escrita sob a forma

$$r = i - \pi.$$

A taxa de juros real corresponde à diferença entre a taxa de juros nominal e a taxa de inflação.*

O efeito Fisher

Reorganizando os termos em nossa equação para a taxa de juros real, podemos demonstrar que a taxa de juros nominal corresponde à soma da taxa de juros real com a taxa de inflação:

$$i = r + \pi.$$

A equação escrita dessa maneira é chamada de **equação de Fisher**, em homenagem ao economista Irving Fisher (1867-1947). Ela demonstra que a taxa de juros nominal pode se modificar por duas razões: porque a taxa de juros real se modifica ou porque a taxa de inflação se modifica.

Uma vez que estabelecemos a distinção da taxa de juros nominal entre essas duas partes, podemos utilizar a equação no intuito de desenvolver uma teoria que explique a taxa de juros nominal. O Capítulo 3 mostrou que a taxa de juros real se ajusta de modo a equilibrar poupança e investimento. A teoria quantitativa da moeda mostra que a taxa de expansão monetária determina a taxa de inflação. A equação de Fisher nos induz, então, a somar a taxa de juros real e a taxa de inflação para determinar a taxa de juros nominal.

A teoria quantitativa e a equação de Fisher, conjuntamente, definem como a expansão monetária afeta a taxa de juros nominal. *De acordo com a teoria quantitativa, um crescimento equivalente a 1% na taxa de expansão monetária causa crescimento de 1% na taxa de inflação. De acordo com a equação de Fisher, aumento de 1% na taxa de inflação, por sua vez, causa aumento de 1% na taxa de juros nominal.* A relação do tipo um para um, entre a taxa de inflação e a taxa de juros nominal, é chamada de **efeito Fisher**.

ESTUDO DE CASO

INFLAÇÃO E TAXAS DE JUROS NOMINAIS

Até que ponto o efeito Fisher é útil para explicar as taxas de juros? Para responder a essa pergunta, examinamos dois tipos de dados sobre taxas de inflação e taxas de juros nominais.

A Figura 5.3 mostra a variação ao longo do tempo na taxa de juros nominal e na taxa de inflação, nos Estados Unidos, de 1954 a 2016. Você consegue verificar que o efeito Fisher fez um ótimo trabalho em explicar as flutuações na taxa de juros nominal durante esse período. Quando a inflação está alta, as taxas de juros nominais geralmente são elevadas; quando a inflação está baixa, essas taxas também costumam ser baixas. A correlação entre taxa de inflação e taxa de juros nominal é 0,76.

Outro argumento que corrobora o efeito Fisher decorre da análise da variação entre os países. Como demonstra a Figura 5.4, a taxa de inflação de determinada nação e sua respectiva taxa de juros nominal são correlacionadas. Países com inflação alta tendem a apresentar também taxas de juros nominais altas, enquanto países com baixa inflação tendem a apresentar taxas baixas. A correlação entre essas duas variáveis é 0,75.

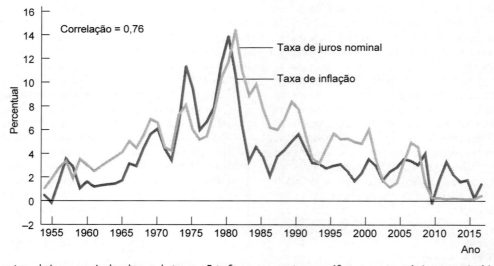

Figura 5.3 Inflação e taxa de juros nominal ao longo do tempo. Esta figura apresenta um gráfico para a taxa de juros nominal (para títulos com vencimento em três meses, emitidos pelo Tesouro dos EUA) e para a taxa de inflação (medida com base no IPC) nos Estados Unidos, desde 1954. A figura demonstra o efeito Fisher: quanto mais alta a inflação, mais alta a taxa de juros nominal.
Fonte: Federal Reserve.

---

* *Nota matemática*: Essa equação que vincula a taxa de juros real, a taxa de juros nominal e a taxa de inflação é somente uma aproximação. A fórmula exata é $(1 + r) = (1 + i) / (1 + \pi)$. A aproximação apresentada no texto é relativamente precisa enquanto r, i e π forem relativamente pequenos (digamos, menos de 20% ao ano).

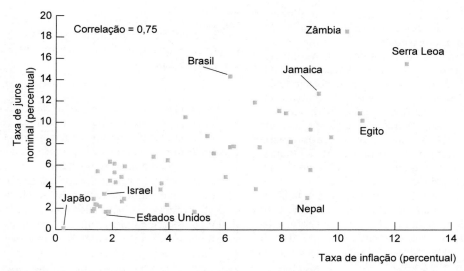

Figura. 5.4 Inflação e taxa de juros nominal em diferentes países. Este gráfico de dispersão exibe a taxa de juros nominal média aplicada em títulos de curto prazo do Tesouro e a taxa de inflação média, em quase 100 países, durante o período de 2000 a 2010. A correlação positiva entre a taxa de inflação e a taxa de juros nominal é uma evidência do efeito Fisher.
Fonte: International Monetary Fund.

O elo entre inflação e taxa de juros é bastante conhecido pelas empresas de investimentos de Wall Street. Dado que os preços dos títulos se movimentam na direção inversa das taxas de juros, uma pessoa pode ficar rica ao prever corretamente a direção em que a taxa de juros vai se deslocar. Muitas empresas de Wall Street contratam *olheiros do Fed* para monitorar a política monetária e as notícias sobre inflação, com o objetivo de antever alterações nas taxas de juros.

Duas taxas de juros reais: ex ante e ex post

Quando quem toma o empréstimo e quem está concedendo o empréstimo concordam em relação a certa taxa de juros nominal, eles não sabem qual será a taxa de inflação ao longo do prazo correspondente ao empréstimo. Sendo assim, devemos ser capazes de estabelecer uma distinção entre dois conceitos para a taxa de juros real: a taxa de juros real esperada pelo tomador do empréstimo e por quem está concedendo o empréstimo, no momento em que o empréstimo é feito, conhecida como **taxa de juros real** *ex ante*, e a taxa de juros real efetivamente ocorrida, conhecida como **taxa de juros real** *ex post*.

Embora não sejam capazes de antever com exatidão a inflação futura, quem toma o empréstimo e quem está concedendo o empréstimo contam com algum tipo de expectativa em relação a qual será a taxa da inflação. Façamos com que π represente a inflação futura efetiva e $E\pi$ represente a expectativa em relação à inflação futura. A taxa de juros real *ex ante* é $i - E\pi$, enquanto a taxa de juros real *ex post* é $i - \pi$. As duas taxas de juros reais diferem quando a inflação real, π, difere da inflação esperada, $E\pi$.

De que modo essa diferença entre inflação real e inflação esperada modifica o efeito Fisher? É evidente que a taxa de juros nominal não consegue se ajustar à inflação real, tendo em vista que a inflação real não é conhecida no momento em que a taxa de juros nominal é estabelecida. A taxa de juros nominal consegue se ajustar unicamente à inflação esperada. O efeito Fisher é escrito de modo mais preciso sob a forma

$$i = r + E\pi.$$

A taxa de juros real *ex ante*, r, é determinada por meio do equilíbrio no mercado para bens e serviços, conforme descrito pelo modelo apresentado no Capítulo 3. A taxa de juros nominal, i, se desloca no mesmo passo que as mudanças na inflação esperada, $E\pi$.

Se a taxa de juros nominal deve reagir à inflação esperada, por que verificamos uma correlação tão forte entre a taxa de juros nominal e a inflação real nas Figuras 5.3 e 5.4? A resposta é que a inflação real geralmente é persistente e, portanto, inflação alta real é acompanhada por inflação alta esperada. Mas isso não precisa sempre ser verdade. Durante o final do século XIX e o início do século XX, a inflação mostrou pouca persistência. Enquanto passavam por períodos de alta inflação, as pessoas não tinham qualquer razão para esperar que a inflação alta continuasse. Como resultado, a correlação entre taxas de juros nominais e inflação real foi bem mais fraca. O próprio Fisher observou esse fato e sugeriu que a inflação "pegou os negociantes cochilando".[*]

5.4 A TAXA DE JUROS NOMINAL E A DEMANDA POR MOEDA

A teoria quantitativa é baseada em uma função simples de demanda por moeda: pressupõe que a demanda por saldos monetários seja proporcional à renda. Embora seja um bom ponto de partida quando se analisa os efeitos da moeda sobre a economia, a teoria quantitativa não consegue explicar toda a história. Acrescentamos, aqui, outro determinante para a quantidade de moeda demandada – a taxa de juros nominal.

O custo da retenção da moeda

A moeda corrente que você mantém parada na carteira não rende juros. Se, em vez de ficar com o dinheiro parado, você o utilizasse para comprar títulos do governo ou depositasse esse dinheiro em uma conta de poupança, faria jus aos rendimentos da taxa de juros nominal. Portanto, a taxa de juros nominal consiste no custo de oportunidade de manter moeda corrente

---
[*] BARSKY, Robert B. The Fisher effect and the forecastability and persistence of inflation. *Journal of Monetary Economics*, v. 19, p. 3-24, Jan. 1987.

parada: é aquilo do qual você abre mão ao ficar com dinheiro parado, em vez de adquirir títulos mobiliários.

Outro modo de verificar que o custo de manter moeda corrente parada é equivalente à taxa de juros nominal é comparar os retornos reais sobre ativos alternativos. Ativos outros que não moeda corrente, tais como títulos do governo, rendem o retorno real, r. O dinheiro em espécie rende um retorno real esperado correspondente a $-E\pi$, uma vez que seu valor real declina de acordo com a taxa de inflação. Quando mantém moeda corrente parada, você abre mão da diferença entre esses dois retornos. Consequentemente, o custo inerente à retenção de moeda corrente é $r - (-E\pi)$, o que a equação de Fisher nos afirma tratar-se da taxa de juros nominal, i.

Do mesmo modo que a quantidade de pão demandada depende do preço do pão, a quantidade de moeda demandada depende do preço de retenção da moeda. Por essa razão, a demanda por saldos monetários reais depende tanto do nível de renda quanto da taxa de juros nominal. Escrevemos a função geral de demanda por moeda como

$$(M/P)^d = L(i, Y).$$

A letra L é utilizada para representar a demanda por moeda, já que esta é o ativo que apresenta maior liquidez na economia (o ativo utilizado com mais facilidade para realizar transações de troca). Essa equação afirma que a demanda pela liquidez dos saldos monetários é uma função da renda e da taxa de juros nominal. Quanto mais alto o nível de renda, Y, maior a demanda por saldos monetários reais. Quanto maior a taxa de juros nominal, i, mais baixa a demanda por saldos monetários reais.

Moeda futura e preços correntes

Moeda, preços e taxas de juros estão agora correlacionados de várias maneiras. A Figura 5.5 ilustra as relações que acabamos de analisar. Como explica a teoria quantitativa da moeda, a oferta monetária e a demanda por moeda, conjuntamente, determinam o nível de preços de equilíbrio. As alterações no nível de preços, por definição, constituem a taxa de inflação. A inflação, por sua vez, afeta a taxa de juros nominal, por meio do efeito Fisher. Agora, no entanto, ao se levar em conta que a taxa de juros nominal corresponde ao custo inerente a manter moeda parada, a taxa de juros nominal passa a exercer o efeito em sentido inverso, e afeta a demanda por moeda.

Considere como a introdução desta última relação afeta a nossa teoria sobre o nível de preços. Primeiro, iguale a oferta de saldos monetários reais, M/P, à demanda, $L(i,Y)$:

$$M/P = L(i,Y).$$

Em seguida, utilize a equação de Fisher para escrever a taxa de juros nominal sob a forma da soma entre a taxa de juros real e a inflação esperada:

$$M/P = L(r + E\pi, Y).$$

Essa equação enuncia que o nível de saldos monetários reais depende da taxa de inflação esperada.

A última equação nos relata uma história mais sofisticada sobre a determinação do nível de preços do que a teoria quantitativa. A teoria quantitativa da moeda afirma que a oferta monetária de hoje determina o nível de preços de hoje. Essa conclusão continua sendo parcialmente verdadeira: se a taxa de juros nominal e o nível de produção são mantidos constantes, o nível de preços se desloca proporcionalmente em relação à oferta monetária. Entretanto, a taxa de juros nominal não é constante; depende da inflação esperada, que, por sua vez, depende da expansão na oferta monetária. A presença da taxa de juros nominal na função da demanda por moeda produz um canal adicional, por meio do qual a oferta monetária afeta o nível de preços.

Essa equação geral de demanda por moeda indica que o nível de preços depende não somente da oferta monetária de hoje, mas também da oferta monetária esperada no futuro. Para vermos por que isso acontece, suponhamos que o Fed anuncie que vai aumentar a oferta monetária no futuro, mas não modifique a oferta monetária do presente. Esse anúncio faz com que as pessoas passem a esperar maior expansão monetária e inflação mais alta. Por meio do efeito Fisher, esse crescimento na inflação esperada aumenta a taxa de juros nominal. A taxa de juros nominal mais alta faz aumentar o custo inerente a manter moeda parada e, por conseguinte, reduz a demanda por saldos monetários reais. Uma vez que o Fed não modificou a quantidade de moeda disponível no presente, a demanda menor por saldos monetários reais acarreta um nível de preços mais alto. Sendo assim, a expectativa de maior expansão monetária no futuro acarreta um nível de preços mais alto no presente.

O efeito da moeda sobre os preços é, consequentemente, mais complicado do que sugere a teoria quantitativa mais simples. Modelos formais mostram o que determina o nível de preços com função de demanda por moeda mais geral. Embora estejam além do escopo deste livro, a conclusão desses modelos é simples. *O nível de preços depende de uma média ponderada entre a oferta monetária do presente e a oferta monetária que se espera que prevaleça no futuro. A inflação é determinada tanto*

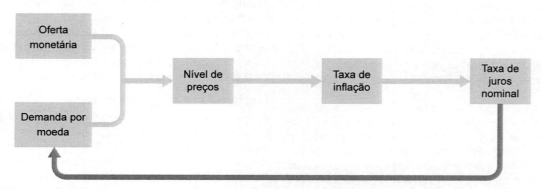

Figura 5.5 As relações entre moeda, preços e taxas de juros. Esta figura ilustra as relações entre moeda, preços e taxas de juros. A oferta monetária e a demanda por moeda determinam o nível de preços. As alterações no nível de preços determinam a taxa de inflação. A taxa de inflação influencia a taxa de juros nominal. Como a taxa de juros nominal é o custo inerente a manter moeda parada, ela pode vir a afetar a demanda por moeda. Esta última relação (apresentada pela linha mais escura) é omitida na teoria quantitativa da moeda básica.

pela expansão atual na oferta monetária quanto por seu crescimento esperado no futuro.

5.5 OS CUSTOS SOCIAIS DA INFLAÇÃO

Nossa argumentação sobre as causas e os efeitos da inflação não nos informa muito sobre os problemas sociais que resultam da inflação. Vamos tratar desses problemas agora.

A visão do público leigo e a reação clássica

Se você perguntar a uma pessoa comum por que a inflação é um problema social, é bem provável que ela responda que a inflação faz com que ela fique mais pobre. "Todo ano, meu patrão me dá um aumento de salário, mas os preços sobem e isso consome uma parte do meu aumento." A premissa implícita nessa declaração é que, caso não houvesse inflação, essa pessoa teria o mesmo aumento e conseguiria comprar maior quantidade de bens.

Essa queixa sobre a inflação é uma falácia bastante comum. Como sabemos, com base no Capítulo 3, o poder de compra da mão de obra – o salário real – depende da produtividade marginal da mão de obra, não da quantidade de moeda que o governo opta por emitir. Se o banco central reduzir a inflação por meio da desaceleração da taxa de expansão monetária, os trabalhadores não verão seus respectivos salários reais crescerem mais rapidamente. Em vez disso, quando a inflação desacelera, as empresas passam a aumentar menos os preços de seus produtos a cada ano e, como resultado, concedem aumentos salariais menores a seus empregados.

De acordo com a teoria monetária clássica, uma alteração no nível geral de preços se assemelha a uma alteração nas unidades de medida. É como se deixássemos de medir distâncias em metros e passássemos a medi-las em centímetros: os números ficam maiores, embora, na realidade, nada se modifique. Imagine que amanhã pela manhã você acorde e descubra que, por algum motivo, todas as cifras expressas na moeda corrente de seu país foram multiplicadas por dez. O preço de tudo o que você compra aumentou dez vezes; o mesmo aconteceu com seu salário e com o valor daquilo que você tem poupado. Que diferença esse tipo de aumento nos preços faria para sua vida? Todas as cifras teriam um zero a mais no final, e nada mais se modificaria. Seu bem-estar econômico depende dos preços relativos e não do nível geral dos preços.

Por que, então, um aumento persistente no nível de preços representaria um problema social? Ocorre que os custos decorrentes da inflação são sutis. Na realidade, os economistas discordam no tocante à dimensão desses custos sociais. Para surpresa de muitos leigos no assunto, alguns economistas argumentam que os custos decorrentes da inflação são pequenos — pelo menos no que diz respeito a taxas de inflação moderadas que a maioria dos países têm vivenciado ao longo dos últimos anos.*

ESTUDO DE CASO

O QUE OS ECONOMISTAS E O PÚBLICO LEIGO AFIRMAM SOBRE A INFLAÇÃO

Como temos argumentado, o público leigo em economia e os economistas defendem pontos de vista bastante diferentes no tocante aos custos inerentes à inflação. Em 1996, o economista (e vencedor do Prêmio Nobel em 2013) Robert Shiller documentou essa diferença de opinião em uma pesquisa realizada junto a dois grupos. Os resultados dessa pesquisa são impressionantes, pois demonstram como o estudo da economia modifica as atitudes de uma pessoa.

Em um dos itens da pesquisa, Shiller indagava às pessoas se "a maior queixa contra a inflação" era o fato de que "a inflação prejudica meu poder de compra real e me deixa mais pobre". Do público em geral, 77% concordaram com essa declaração, em comparação com apenas 12% dos economistas. Shiller também perguntou às pessoas se elas concordavam com a seguinte declaração: "Quando vejo projeções sobre quantas vezes mais elevado será o custo inerente a cursar uma faculdade, ou quantas vezes mais elevado será o custo de vida ao longo das próximas décadas, tenho uma sensação de apreensão: essas projeções sobre a inflação realmente me preocupam, no sentido de que minha renda pessoal possa não aumentar tanto quanto esses custos." Entre o público leigo em geral, 66% responderam que concordavam integralmente com essa declaração, enquanto apenas 5% dos economistas concordaram com ela.

Solicitou-se aos participantes da pesquisa que julgassem a gravidade da inflação como problema político: "Você concorda que evitar uma inflação alta seja prioridade nacional, tão importante quanto prevenir o uso abusivo de drogas ou evitar a deterioração na qualidade de ensino em nossas escolas?" Shiller descobriu que 52% do público leigo, mas somente 18% dos economistas, concordaram plenamente com esse ponto de vista. Aparentemente, a inflação preocupa muito mais o público leigo do que os economistas.

A aversão do público leigo à inflação pode ser psicológica. Shiller perguntou aos entrevistados se eles concordavam com a declaração a seguir: "Acredito que, se meu salário aumentasse, eu ficaria mais satisfeito com meu emprego, teria maior sensação de autorrealização, ainda que os preços aumentassem na mesma proporção." Entre o público leigo, 49% concordaram plenamente ou parcialmente com a afirmativa em questão, comparados a 8% dos economistas.

Esses resultados das pesquisas significam que o público leigo está equivocado e os economistas estão certos em relação aos custos inerentes à inflação? Não necessariamente. Mas os economistas, de fato, contam com a vantagem de ter refletido mais sobre a questão. Sendo assim, vamos agora considerar quais poderiam ser alguns dos custos da inflação.**

Os custos da inflação esperada

Considere, em primeiro lugar, o caso da inflação esperada. Suponha que, todos os meses, o nível de preços aumente 0,5%. Quais seriam os custos sociais decorrentes de uma inflação assim tão estável e previsível de aproximadamente 6% ao ano?

Um dos custos é o efeito de distorção da taxa de inflação relativamente à quantidade de moeda que as pessoas têm em mãos. Como já ressaltamos, uma taxa de inflação mais alta acarreta uma taxa de juros nominal mais alta, o que, por sua vez, acarreta menores saldos monetários reais. Mas para que pessoas mantenham, em média, saldos monetários mais baixos, e gastem a mesma quantia habitual, elas devem se deslocar com mais frequência ao banco para retirar dinheiro – por exemplo, podem retirar $ 50 duas vezes por semana, em vez de

---

* Veja, por exemplo, o Capítulo 2 de BLINDER, Alan S. *Hard heads, soft hearts*: tough-minded economics for a just society. Reading, MA: Addison Wesley, 1987.

** SHILLER, Robert J. Why do people dislike inflation? In: ROMER, Christina D.; ROMER, David H. (Ed.). *Reducing inflation*: motivation and strategy. Chicago: University of Chicago Press, 1997, p. 13-65.

$ 100, uma vez por semana. A inconveniência de reduzir a quantidade de dinheiro na mão das pessoas é chamada metaforicamente de **custo da sola de sapato** decorrente da inflação, uma vez que o ato de caminhar até o banco com mais frequência faz com que os sapatos se desgastem com mais rapidez.

Um segundo custo da inflação surge porque a inflação alta induz as empresas a alterarem seus preços estabelecidos com maior frequência. A alteração de preços é, algumas vezes, dispendiosa; por exemplo, pode exigir a impressão e a distribuição de um novo catálogo. Esses custos são chamados de **custos de menu**, pois quanto mais alta a taxa de inflação, com mais frequência os restaurantes terão que imprimir novos menus.

Um terceiro custo da inflação ocorre porque as empresas que enfrentam custos de menu alteram os preços sem uma frequência certa; sendo assim, quanto mais alta a taxa de inflação, maior a variabilidade dos preços relativos. Suponhamos, por exemplo, que uma empresa emita um novo catálogo a cada mês de janeiro. Se não existe inflação, os preços da empresa, em relação ao nível geral de preços, permanecem constantes ao longo do ano. Entretanto, se a inflação é de 0,5% ao mês, do início até o fim do ano os preços relativos da empresa diminuem cerca de 6%. As vendas baseadas nesse catálogo tenderão a ser mais baixas no início do ano (quando os preços estão relativamente altos) e altas mais tarde no ano (quando os preços estão relativamente baixos). Por conseguinte, quando induz variabilidade nos preços relativos, a inflação traz ineficiências microeconômicas na alocação de recursos.

Um quarto custo da inflação resulta da legislação fiscal. Muitos dispositivos do código tributário não levam em consideração os efeitos da inflação. A inflação pode alterar o passivo fiscal dos indivíduos, muitas vezes de maneiras que os legisladores não pretendiam.

Um exemplo da falha no código tributário em lidar com a inflação é o tratamento dispensado aos ganhos de capital. Suponha que você compre algumas ações hoje e venda essas ações daqui a um ano, ao mesmo preço real. Pareceria razoável que o governo não cobrasse imposto, uma vez que você não obteve rendimento real com o investimento. De fato, se não existe inflação, o resultado deve ser uma cobrança fiscal correspondente a zero. Suponha, entretanto, que a taxa de inflação seja de 6% ao ano e que você tenha pago, inicialmente, $ 100 por cada ação; para que o preço real seja o mesmo um ano depois, você precisa vender cada ação a $ 106. Nesse caso, o código tributário, que ignora os efeitos da inflação, afirma que você obteve um rendimento de $ 6 em cada ação, e o governo tributa você por esse ganho de capital. O problema é que o código tributário mede o rendimento como ganho de capital nominal, não como ganho de capital real. Nesse exemplo, e em muitos outros, a inflação distorce a forma de cobrança dos impostos.

Um quinto custo da inflação é a inconveniência de viver em um mundo no qual o nível de preços se modifica constantemente. A moeda é a fita métrica com a qual medimos as transações econômicas. Quando existe inflação, o comprimento da fita métrica se modifica. Nessa mesma linha de analogia, suponha que o Congresso aprovasse uma lei especificando que um metro seria igual a 98 centímetros em 2019, 96 centímetros em 2020, 94 centímetros em 2021 e assim sucessivamente. Embora a lei não desse margem a qualquer tipo de ambiguidade, ela seria bastante inconveniente. Quando alguém medisse uma distância em metros, seria necessário especificar se a medição foi feita com o metro de 2020 ou com o metro de 2021; para comparar extensões medidas em anos diferentes, seria necessário realizar uma "correção" pela inflação. De maneira análoga, a unidade monetária do país passa a ser uma unidade de medida menos útil quando o seu valor está sempre se modificando. O valor inconstante de uma unidade monetária requer que façamos as correções pela inflação quando comparamos cifras em unidades monetárias de diferentes períodos.

Por exemplo, um nível de preços em constante variação complica o planejamento financeiro pessoal. Uma decisão importante, que todas as famílias enfrentam, diz respeito à parcela da renda que se deve destinar ao consumo e à parte que se deve poupar para a aposentadoria. Uma unidade monetária poupada hoje e investida a taxa de juros nominal fixa renderá uma quantidade fixa de unidades monetárias no futuro. Contudo, o valor real dessa quantidade de unidades monetárias – que vai determinar o padrão de vida do aposentado – depende do nível futuro de preços. Decidir quanto poupar seria muito mais simples se as pessoas pudessem confiar no fato de que o nível de preços dentro de 30 anos seria semelhante ao nível de hoje.

Os custos da inflação não esperada

A inflação não esperada exerce efeito ainda mais pernicioso do que qualquer um dos custos da inflação estável e previsível: ela redistribui arbitrariamente a riqueza entre os indivíduos. É possível verificar como isso funciona examinando os financiamentos de longo prazo. A maior parte dos contratos de financiamento especifica uma taxa de juros nominal, baseada na taxa de inflação esperada por ocasião da assinatura do contrato. Caso a inflação venha a ser diferente da esperada, o retorno real *ex post* que o devedor paga ao credor diferirá daquilo que ambas as partes previram. Por um lado, se a inflação for mais alta do que o esperado, o devedor ganhará e o credor perderá, pois o devedor paga o empréstimo com unidades monetárias que passaram a ter menor valor. Por outro lado, se a inflação for mais baixa do que o esperado, o credor ganhará e o devedor perderá, já que o pagamento passará a valer mais do que as duas partes previram.

Consideremos, por exemplo, uma pessoa que tenha contraído financiamento para compra de um imóvel em 1960. Naquela ocasião, um financiamento de 30 anos tinha taxa de juros de aproximadamente 6% ao ano. Essa taxa era baseada em uma taxa de inflação esperada baixa – ao longo da década anterior, a inflação média tinha girado em torno de apenas 2,5%. O credor provavelmente esperava receber um retorno real de aproximadamente 3,5%, e o devedor esperava pagar esse retorno real. Na realidade, ao longo do prazo de vigência do financiamento, a taxa de inflação média girou em torno de 5%, de modo que o retorno real *ex post* foi de apenas 1%. Essa inflação não prevista beneficiou o devedor, à custa do credor.

A inflação não prevista também prejudica as pessoas que vivem de pensões fixas. Nos EUA, os trabalhadores e as empresas, de modo geral, fazem acordos em relação a uma pensão nominal fixa quando o trabalhador se aposenta (ou até mesmo antes). Como a pensão representa uma renda futura, o trabalhador está, essencialmente, concedendo um empréstimo à empresa: presta serviços de mão de obra à empresa enquanto jovem, mas só recebe a sua remuneração total quando chega à idade de se aposentar. Como qualquer credor, o trabalhador fica prejudicado quando a inflação é mais elevada do que o previsto. Como qualquer devedor, a empresa fica prejudicada quando a inflação é mais baixa do que o previsto.

Essas situações proporcionam um argumento claro contra a inflação variável. Quanto mais variável a taxa de inflação, maior a incerteza enfrentada por devedores e credores. Dado que a maioria das pessoas é *avessa ao risco* – tem aversão a incertezas –, a imprevisibilidade causada por uma inflação altamente variável prejudica quase todas as pessoas.

Considerando esses efeitos da inflação incerta, é impressionante constatar que os contratos nominais sejam tão preponderantes. Era de se esperar que devedores e credores se protegessem contra essa incerteza, elaborando contratos em termos reais – ou seja, indexando-os em termos de algum indicador para o nível de preços. Em economias com inflação alta e variável, a indexação é, de modo geral, amplamente disseminada; às vezes, essa indexação assume a forma de contratos lastreados em uma moeda estrangeira mais estável. Em economias com inflação moderada, como nos Estados Unidos, a indexação é uma prática pouco habitual. Ainda assim, até mesmo nesse país algumas obrigações de longo prazo são indexadas. Por exemplo, os benefícios da previdência social para os idosos são reajustados anualmente, em resposta a variações no índice de preços ao consumidor. E em 1997, o governo federal norte-americano, pela primeira vez, emitiu títulos indexados pela inflação.

Por fim, ao raciocinar sobre os custos da inflação, é importante destacar um fato amplamente documentado, embora pouco compreendido: inflação alta é inflação variável. Ou seja, países com inflação média elevada também tendem a ter taxas de inflação que variam significativamente de um ano para o outro. A implicação disso é que, se um país opta por adotar uma política monetária de inflação alta, é provável que ele venha a aceitar também uma inflação altamente variável. Como acabamos de analisar, a inflação fortemente variável aumenta a incerteza, tanto para credores quanto para devedores, pelo fato de sujeitá-los a redistribuições de riqueza arbitrárias e potencialmente grandes.

ESTUDO DE CASO

O MOVIMENTO EM FAVOR DA PRATA LIVRE, A ELEIÇÃO DE 1896 NOS ESTADOS UNIDOS E O MÁGICO DE OZ

As redistribuições de riqueza causadas por mudanças não esperadas no nível de preços constituem, com frequência, uma fonte de perturbações políticas, conforme ficou evidenciado pelo movimento nos Estados Unidos em favor da Prata Livre, no final do século XIX. De 1880 a 1896, o nível de preços no país decresceu 23%. Essa deflação foi benéfica para os credores, em particular para os banqueiros da região nordeste dos EUA, mas se mostrou desfavorável para os devedores, particularmente para os agricultores das regiões sul e oeste do país. Uma das soluções propostas para esse problema foi a substituição do padrão-ouro por um padrão bimetálico, por meio do qual moedas poderiam ser cunhadas tanto em ouro quanto em prata. A adoção de um padrão bimetálico aumentaria a oferta monetária e acabaria com a deflação.

A questão da prata dominou a eleição presidencial de 1896 nos EUA. William McKinley, o candidato republicano, desenvolveu sua campanha com uma plataforma de preservação do padrão-ouro. William Jennings Bryan, o candidato democrata, defendia o padrão bimetálico. Em um discurso famoso, Bryan proclamou: "Vocês não pressionarão a fronte do trabalhador com essa coroa de espinhos; não vão crucificar a humanidade em uma cruz de ouro." Não surpreende o fato de que McKinley fosse o candidato do leste conservador, enquanto Bryan era o candidato dos populistas do sul e do oeste.

Esse debate sobre a prata obteve sua expressão mais memorável em um livro para crianças, O mágico de Oz. Escrito por um jornalista do centro-oeste dos EUA, L. Frank Baum, imediatamente após as eleições de 1896, o livro narra a história de Dorothy, uma menina perdida em uma terra estranha, longe de sua casa no Kansas. Dorothy (representando os valores tradicionais norte-americanos) conquista três amigos: um espantalho (o agricultor), um homem de lata (o trabalhador industrial) e um leão, cujo rugido é mais forte do que seu poder (William Jennings Bryan). Juntos, os quatro seguem seu caminho ao longo de uma perigosa estrada de tijolos amarelos (o padrão-ouro), na esperança de encontrar o Mágico que ajudará Dorothy a voltar para casa. Por fim, eles acabam chegando a Oz (Washington), onde todos enxergam o mundo através de óculos verdes (o dinheiro). O Mágico (William McKinley) tenta ser todas as coisas para todas as pessoas, mas se revela uma fraude. O problema de Dorothy é solucionado apenas quando ela toma conhecimento do poder mágico de seus sapatos prateados.[*]

Os republicanos venceram a eleição de 1896 e os Estados Unidos permaneceram no padrão-ouro, mas os defensores da Prata Livre conseguiram a inflação que desejavam. Próximo à época da eleição, descobriu-se ouro no Alasca, na Austrália e na África do Sul. Além disso, os refinadores de ouro criaram o processo de lixiviação com cianeto, que facilita a extração do ouro a partir do minério. Esses progressos acarretaram aumentos na oferta monetária e nos preços. De 1896 a 1910, o nível de preços subiu 35%.

Um benefício da inflação

Até aqui, discutimos os inúmeros custos da inflação. Esses custos levam muitos economistas a concluir que os formuladores de políticas monetárias deveriam ter como meta inflação zero. Entretanto, existe o outro lado da história. Alguns economistas acreditam que um pouco de inflação – digamos, 2 a 3% ao ano – pode ser uma boa coisa.

O argumento em favor de uma inflação moderada começa com a observação de que cortes nos salários nominais são raros: as empresas relutam em cortar os salários nominais de seus trabalhadores, e os trabalhadores relutam em aceitar tais cortes. Um corte de 2% no salário, em um mundo com inflação zero, é, em termos reais, a mesma coisa que um aumento real de 3% com inflação de 5%; mas os trabalhadores nem sempre têm essa percepção. O corte de 2% no salário pode parecer um insulto, enquanto o aumento de 3%, afinal de contas, ainda representa aumento. Estudos empíricos confirmam que os salários nominais raramente diminuem.

Essa descoberta sugere que um pouco de inflação pode fazer com que os mercados de mão de obra funcionem melhor. A oferta e a demanda correspondentes a diferentes tipos de mão de obra estão sempre se modificando. Às vezes, um aumento na oferta ou uma diminuição na demanda acarretam diminuição no salário real de equilíbrio para determinado grupo de trabalhadores. Quando os salários nominais não podem ser reduzidos, então a única maneira de diminuir os salários reais é permitir que a inflação cumpra essa função. Sem inflação, o salário real permanecerá estagnado acima do nível de equilíbrio, resultando em maior nível de desemprego.

---

[*] O filme, realizado cerca de 40 anos depois, escondeu grande parte da alegoria ao mudar as sandálias de Dorothy de prata para rubi. Para saber mais sobre esse tópico, consulte LITTLEFIELD, Henry M. The Wizard of Oz: parable on populism. *American Quarterly*, v. 16, p. 47-58, Spring 1964); e ROCKOFF, Hugh. The Wizard of Oz as a monetary allegory. *Journal of Political Economy*, v. 98, p. 739-760, Aug. 1990. Observe que não existem indícios diretos de que Baum pretendia fazer de seu trabalho uma alegoria monetária, de modo que algumas pessoas acreditam que os paralelos são apenas obra da imaginação criativa de historiadores da área econômica.

Por essa razão, alguns economistas argumentam que a inflação "azeita as engrenagens" dos mercados de mão de obra. Basta um pouco de inflação: uma taxa de inflação de 2% faz com que os salários reais caiam 2% ao ano, ou 20% por década, sem cortes nos salários nominais. Tais reduções automáticas nos salários reais são impossíveis com inflação zero.*

5.6 HIPERINFLAÇÃO

A hiperinflação é frequentemente definida como a inflação que ultrapassa 50% ao mês, o que representa pouco mais de 1% ao dia. Consolidada ao longo de muitos meses, essa taxa de inflação acarreta aumentos demasiadamente grandes no nível de preços. Uma taxa de inflação de 50% ao mês implica crescimento de mais de 100 vezes no nível de preços ao longo de um ano e de mais de 2 milhões de vezes ao longo de três anos. Nesta seção, passaremos a considerar os custos e as causas dessa inflação excessiva.

Os custos da hiperinflação

Embora os economistas ainda não tenham chegado a um consenso em relação ao fato de os custos da inflação moderada serem grandes ou pequenos, ninguém duvida que a hiperinflação cobra alto tributo da sociedade. Os custos são relativamente os mesmos daqueles que abordamos anteriormente. Entretanto, quando a inflação alcança níveis extremos, esses custos tornam-se mais evidentes em razão de serem tão drásticos.

Os custos da sola de sapato, associados ao fato de se ter em mãos uma quantidade menor de moeda, por exemplo, são altíssimos na hiperinflação. Os executivos de empresas dedicam muito tempo e energia administrando seu caixa quando o dinheiro perde seu valor rapidamente. Pelo fato de desviar esse tempo e essa energia de atividades socialmente mais valiosas, tais como decisões relacionadas a produção e investimentos, a hiperinflação faz com que a economia seja administrada com menos eficiência.

Os custos de menu também passam a ser mais altos em períodos de hiperinflação. Empresas têm que alterar os preços com tanta frequência que as práticas normais de negócios, tais como imprimir e distribuir catálogos com preços fixos, tornam-se impossíveis. Em certo restaurante, durante a hiperinflação da década de 1920 na Alemanha, um garçom subia em uma mesa a cada 30 minutos para anunciar os novos preços.

De maneira análoga, os preços relativos não conseguem refletir bem a verdadeira escassez durante períodos de hiperinflação. Quando os preços se modificam com muita frequência e em grandes montantes, fica difícil para os consumidores sair às compras em busca dos melhores preços. Preços altamente voláteis e com rápido crescimento podem alterar o comportamento das pessoas, sob muitos aspectos. Segundo um relato, durante a hiperinflação alemã, quando clientes entravam em uma cervejaria, eles costumavam comprar logo duas canecas de cerveja. Embora a segunda caneca perdesse valor pelo fato de esquentar com o passar do tempo, ela perderia seu valor menos rapidamente do que o dinheiro parado na carteira do freguês.

Sistemas tributários também ficam distorcidos pela hiperinflação – mas em aspectos que são diferentes das distorções decorrentes da inflação moderada. Na maioria dos sistemas tributários, existe defasagem entre o momento em que um imposto é cobrado e o momento em que é pago ao governo. Nos Estados Unidos, por exemplo, os contribuintes são obrigados a efetuar pagamentos de impostos sobre a renda estimada a cada três meses. Essa pequena defasagem não tem grande importância em períodos de baixa inflação. Em contrapartida, durante a hiperinflação, até mesmo uma pequena defasagem reduz consideravelmente a receita fiscal. No momento em que o governo recebe o que lhe é devido, o montante de dinheiro já perdeu parte de seu valor. Como resultado, assim que começam os períodos de hiperinflação, a receita fiscal real do governo, de modo geral, decresce substancialmente.

Por fim, ninguém deve subestimar a verdadeira inconveniência de conviver com a hiperinflação. No momento em que levar o dinheiro para o supermercado torna-se tão incômodo como carregar as compras de volta para casa, o sistema monetário não está fazendo o melhor que pode no sentido de facilitar esse intercâmbio. O governo tenta superar esse problema acrescentando mais e mais zeros ao papel-moeda, porém, frequentemente, não consegue acompanhar o passo da explosão no nível de preços.

Em última análise, esses custos da hiperinflação acabam tornando-se intoleráveis. Com o passar do tempo, a moeda perde sua função como reserva de valor, unidade de conta e meio de troca. O escambo passa a ser mais habitual. E moedas não oficiais mais estáveis – cigarros ou dólares norte-americanos — começam a substituir a moeda oficial.

As causas da hiperinflação

Por que as hiperinflações começam e como terminam? Essa pergunta pode ser respondida em diferentes níveis.

A resposta mais evidente é que hiperinflações resultam de aumento excessivo na oferta monetária. Quando o banco central emite moeda, o nível de preços aumenta. Quando emite moeda muito rapidamente, o resultado é hiperinflação. Para deter a hiperinflação, o banco central precisa reduzir a taxa de expansão monetária.

Essa resposta, no entanto, está incompleta, uma vez que deixa em aberto a pergunta sobre o motivo pelo qual os bancos centrais, em economias sob hiperinflação, optam por emitir uma quantidade tão grande de moeda. Para abordar essa questão mais profunda, devemos desviar nosso foco da política monetária para a política fiscal. A maior parte das hiperinflações começa quando o governo conta com uma receita fiscal inadequada para cobrir seus gastos. Embora pudesse preferir financiar esse déficit orçamentário por meio da emissão de títulos da dívida pública, o governo pode vir a se descobrir incapaz de tomar dinheiro emprestado, talvez pelo fato de aqueles que concedem o empréstimo considerarem o governo um credor de grande risco. Para cobrir o déficit, o governo recorre ao único mecanismo à sua disposição – a máquina de imprimir moeda. O resultado é uma rápida expansão monetária e hiperinflação.

Uma vez que a hiperinflação já esteja em curso, os problemas fiscais tornam-se ainda mais graves. Em razão da defasagem na arrecadação de impostos, a receita fiscal real diminui à medida que a inflação aumenta. Consequentemente, a necessidade de o governo fazer uso da senhoriagem passa a ser um mecanismo que se autorreforça. A criação rápida de moeda acarreta hiperinflação, que leva a um déficit orçamentário ainda maior e que ocasiona a criação de moeda com rapidez ainda maior.

---

* Para ver um recente ensaio que examina esse benefício da inflação, consulte AKERLOF, George A.; DICKENS, William T.; PERRY, George L. The macroeconomics of low inflation. *Brookings Papers on Economic Activity*, n. 1, p. 1-76, 1996. Outro argumento em favor da inflação positiva é que ela permite a possibilidade de taxas de juros reais negativas. Essa questão é discutida no boxe SAIBA MAIS do Capítulo 12 "A Armadilha da Liquidez".

Os finais das hiperinflações quase sempre coincidem com reformas fiscais. Tão logo a magnitude do problema se torna aparente, o governo congrega vontade política para reduzir os gastos públicos e aumentar os impostos. Essas reformas fiscais reduzem a necessidade de senhoriagem, o que permite redução na expansão monetária. Desse modo, ainda que a inflação seja sempre, e em toda parte, um fenômeno monetário, o término da hiperinflação é, frequentemente, também um fenômeno fiscal.*

ESTUDO DE CASO

HIPERINFLAÇÃO NA ALEMANHA DO ENTREGUERRAS

Depois da Primeira Guerra Mundial, a Alemanha passou por um dos mais espetaculares exemplos de hiperinflação da história. Ao final da guerra, os Aliados exigiram que os alemães pagassem indenizações substanciais. Esses pagamentos acarretaram déficits fiscais na Alemanha, que o governo alemão acabou financiando com a emissão de grandes quantidades de moeda.

O painel (a) da Figura 5.6 mostra a quantidade de moeda e o nível geral de preços na Alemanha, de janeiro de 1922 a dezembro de 1924. Durante esse período, tanto a moeda quanto os preços cresceram a um ritmo espantoso. Por exemplo, o preço de um jornal passou de 0,30 marco em janeiro de 1921 para 1 marco em maio de 1922, 8 marcos em outubro de 1922, 100 marcos em fevereiro de 1923 e 1.000 marcos em setembro de 1923. Em seguida, no outono de 1923, os preços dispararam: o jornal era vendido a 2.000 marcos em 1º de outubro, 20.000 marcos em 15 de outubro, 1 milhão de marcos em 29 de outubro, 15 milhões de marcos em 9 de novembro e 70 milhões de

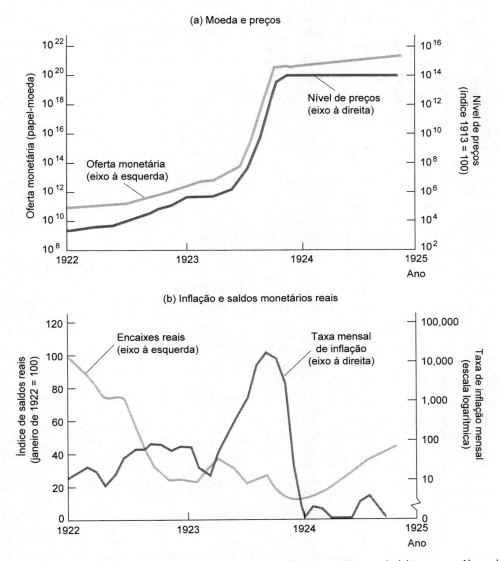

Figura 5.6 Moeda e preços na Alemanha do entreguerras. O painel (a) demonstra a oferta monetária e o nível de preços na Alemanha de janeiro de 1922 a dezembro de 1924. Os gigantescos crescimentos na oferta monetária e no nível de preços constituem uma ilustração dramática dos efeitos decorrentes da emissão de grandes quantidades de moeda. O painel (b) apresenta a inflação e os saldos monetários reais. À medida que a inflação aumentava, os saldos monetários reais diminuíam. Quando a inflação terminou, ao final de 1923, os saldos monetários reais aumentaram.
Fonte: Adaptada de SARGENT, Thomas J. The end of four big inflations. In: HALL, Robert (Ed.). *Inflation*. Chicago: University of Chicago Press, 1983. p. 41–98.

---

* Para saber mais sobre essas questões, consulte SARGENT, Thomas J. The end of four big inflations. In: HALL, Robert (Ed.). *Inflation*: causes and effects. Chicago: University of Chicago Press, 1983. p. 41–98; e DORNBUSCH, Rudiger; FISCHER, Stanley. Stopping hyperinflations: past and present. *Weltwirtschaftliches Archiv*, n. 122, p. 1–47, Apr. 1986.

marcos em 17 de novembro. Em dezembro de 1923, a oferta monetária e os preços tiveram uma estabilização abrupta.*

Da mesma maneira que problemas fiscais foram a causa da hiperinflação alemã, uma reforma fiscal lhe impôs um término. Ao final de 1923, o número de funcionários públicos foi reduzido em um terço e os pagamentos de indenizações foram temporariamente suspensos e, por fim, reduzidos. Ao mesmo tempo, um novo banco central, o Rentenbank, substituiu o antigo banco central, o Reichsbank. O Rentenbank assumiu o compromisso de não financiar o governo por meio da emissão de moeda.

De acordo com nossa análise teórica sobre demanda por moeda, o término de uma hiperinflação deveria acarretar crescimento nos saldos monetários reais, já que diminui o custo decorrente de manter moeda parada. O painel (b) da Figura 5.6 demonstra que os saldos monetários reais na Alemanha efetivamente diminuíram à medida que a inflação aumentava e, em seguida, voltaram a aumentar conforme a inflação diminuía. No entanto, o crescimento nos saldos monetários reais não se deu de imediato. Pode ser que o ajuste dos saldos monetários reais ao custo de manter moeda parada constitua um processo gradativo. Ou, talvez, tenha sido necessário tempo para que as pessoas na Alemanha acreditassem que a inflação havia terminado, o que fez com que a inflação esperada diminuísse mais lentamente do que a inflação real.

ESTUDO DE CASO
HIPERINFLAÇÃO NO ZIMBÁBUE

Em 1980, depois de anos sob regime colonial, a Rodésia, ex-colônia britânica, tornou-se a nova nação africana do Zimbábue. Uma nova moeda corrente, o dólar do Zimbábue, foi introduzida de modo a substituir o dólar rodesiano. Durante essa primeira década, a inflação do novo país foi moderada – aproximadamente 10 a 20% ao ano. Isso, no entanto, viria a se modificar logo em seguida.

O herói do movimento pela independência do Zimbábue foi Robert Mugabe. Nas eleições gerais de 1980, ele se tornou o primeiro-ministro do país e, posteriormente, depois de uma reformulação no governo, seu presidente. Ao longo dos anos, ele continuou a ser reeleito. Na reeleição de 2008, entretanto, houve disseminados protestos alegando fraude eleitoral e ameaças a eleitores que viessem a apoiar candidatos rivais. Aos 84 anos de idade, Mugabe já não era tão popular quanto havia sido no passado, embora não tenha demonstrado sinais de qualquer predisposição a renunciar ao poder.

Ao longo de todo o seu mandato, a filosofia econômica de Mugabe era marxista, e uma de suas metas era redistribuir a riqueza do país. Na década de 1990, seu governo instituiu uma série de reformas agrárias, com o propósito ostensivo de redistribuir terras da minoria de raça branca, que havia governado o Zimbábue durante o período colonial, para a população negra, historicamente destituída do direito de voto. Um dos resultados dessas reformas foi a corrupção disseminada. Muitas fazendas abandonadas e expropriadas dos brancos acabaram parando nas mãos de ministros do governo e servidores públicos dos altos escalões. Outro resultado foi um declínio substancial na produção agrícola. A produtividade diminuiu uma vez que muitos dos agricultores mais experientes, de raça branca, abandonaram o país.

O declínio na produção da economia levou a uma queda na receita proveniente da arrecadação de tributos. O governo respondeu a essa escassez de receitas com a impressão de dinheiro para pagar os salários dos seus empregados. Como preveem os livros teóricos sobre economia, a expansão monetária provocou uma inflação mais alta.

Mugabe tentou lidar com a inflação impondo controles de preços. Mais uma vez, o resultado era previsível: escassez de muitos bens e o crescimento de uma economia informal na qual os controles de preços e a arrecadação de tributos eram burlados. A receita proveniente da arrecadação de impostos declinou ainda mais, induzindo uma expansão monetária ainda maior e inflação ainda mais alta. Em julho de 2008, a taxa de inflação oficialmente divulgada correspondia a 231 milhões por cento (aproximadamente 4% ao dia), embora alguns observadores afirmem que foi ainda mais elevada. Dados oficiais sobre inflação foram logo suspensos, mas relatórios extraoficiais indicam que a inflação continuou a acelerar e, ao final de 2008, estava totalmente fora de controle.

As repercussões da hiperinflação foram amplamente disseminadas. Em um artigo do *Washington Post*, um cidadão zimbabuano descreve a situação do seguinte modo: "Se você não resgatar um título em 48 horas, não valerá mais a pena resgatá-lo, pois ele não terá qualquer valor. Sempre que conseguimos algum dinheiro, devemos imediatamente gastá-lo, simplesmente sair e comprar o que pudermos. Nossas pensões foram destruídas anos atrás. Não temos mais qualquer tipo de poupança."

A hiperinflação do Zimbábue finalmente teve fim em março de 2009, quando o governo abandonou o uso de sua própria moeda corrente. O dólar norte-americano passou a ser a moeda corrente oficial da nação. A inflação rapidamente se estabilizou e permaneceu baixa nos anos subsequentes. O Zimbábue continuou tendo seus problemas mas, pelo menos, a hiperinflação não estava entre eles.

5.7 CONCLUSÃO: A DICOTOMIA CLÁSSICA

Ao longo deste capítulo e do anterior, estudamos o que é moeda e o impacto da oferta monetária sobre a inflação e diversas outras variáveis. Essa análise fundamenta-se em nosso modelo de renda nacional, apresentado no Capítulo 3. Vamos, agora, dar um passo para trás e examinar um pressuposto fundamental implícito em nossa argumentação.

No Capítulo 3, explicamos diversas variáveis macroeconômicas. Algumas dessas variáveis representavam *quantidades*, como o PIB real e o estoque de capital; outras representavam *preços relativos*, como o salário real e a taxa de juros real. No entanto, todas essas variáveis tinham uma coisa em comum – mediam uma quantidade física (e não monetária). O PIB real corresponde à quantidade de bens e serviços produzidos em determinado ano, enquanto o estoque de capital corresponde à quantidade de máquinas e estruturas disponíveis em certo momento. O salário real corresponde à quantidade de produto que um trabalhador recebe a cada hora de trabalho, enquanto a taxa de juros real corresponde à quantidade de produto que uma pessoa recebe, no futuro, pelo fato de emprestar uma unidade de produto no presente. Todas as variáveis medidas em termos de unidades físicas, tais como quantidades e preços relativos, são conhecidas como **variáveis reais.**

Neste capítulo, examinamos as **variáveis nominais** – variáveis expressas em termos de moeda corrente. A economia possui muitas variáveis nominais, como o nível de preços, a taxa de inflação e o salário, em unidades de moeda corrente, que uma pessoa ganha.

Em uma análise inicial, pode parecer surpreendente que tenhamos sido capazes de explicar as variáveis reais sem intro-

---

* Os dados sobre os preços do jornal são de MUSSA, Michael. Sticky individual prices and the dynamics of the general price level. *Carnegie-Rochester Conference Series on Public Policy*, n. 15, p. 261-296, Autumn 1981.

duzir as variáveis nominais ou a existência de moeda corrente. No Capítulo 3, estudamos o nível de produção e a alocação do produto da economia, sem mencionar o nível de preços ou a taxa de inflação. Nossa teoria sobre o mercado de mão de obra explicou o salário real sem explicar o salário nominal.

Os economistas chamam essa separação teórica entre variáveis reais e variáveis nominais de **dicotomia clássica**. Trata-se da marca registrada da teoria macroeconômica clássica. A dicotomia clássica é um critério da maior importância, pois simplifica a teoria econômica. Permite-nos examinar as variáveis reais, como temos feito, ao mesmo tempo ignorando as variáveis nominais. A dicotomia clássica ocorre pelo fato de, na teoria econômica clássica, as variações na oferta monetária não influenciarem as variáveis reais. Essa irrelevância da moeda em relação às variáveis reais é chamada de **neutralidade da moeda**. Para muitos propósitos – em particular para estudar questões de longo prazo –, a neutralidade da moeda está aproximadamente correta.

Entretanto, a neutralidade da moeda não descreve integralmente o mundo em que vivemos. A partir do Capítulo 10, estudaremos alguns desvios do modelo clássico e a neutralidade da moeda. Esses desvios são fundamentais para a compreensão de muitos fenômenos macroeconômicos, tais como as oscilações econômicas no curto prazo.

Resumo

1. A teoria quantitativa da moeda pressupõe que a velocidade da moeda é estável, e conclui que o PIB nominal é proporcional ao estoque monetário. Como os fatores de produção e a função produção determinam o PIB real, a teoria quantitativa implica que o nível de preços é proporcional à quantidade de moeda. Por conseguinte, a taxa de crescimento da quantidade de moeda determina a taxa de inflação.
2. Senhoriagem é a receita que o governo arrecada com a emissão de moeda. Trata-se de um imposto sobre a retenção de moeda corrente. Embora seja quantitativamente pequena na maioria das economias, a senhoriagem é, com frequência, uma importante fonte de receita para o governo em economias que passam por períodos de hiperinflação.
3. A taxa de juros nominal é a taxa de juros real (taxa de juros conforme reportada normalmente) corrigida pela inflação. A taxa de juros real *ex post* baseia-se na inflação real, enquanto a taxa de juros real *ex ante* se baseia na inflação esperada. O efeito Fisher enuncia que a taxa de juros nominal acompanha, em uma relação 1 para 1, a inflação esperada.
4. A taxa de juros nominal é o custo de oportunidade da retenção da moeda corrente em espécie. Consequentemente, é de se esperar que a demanda por moeda dependa da taxa de juros nominal. Se isso é verdade, o nível de preços depende tanto da quantidade de moeda no presente quanto das quantidades de moeda esperadas no futuro.
5. Os custos da inflação esperada incluem o custo da sola de sapato, o custo de menu, o custo da variabilidade dos preços relativos, as distorções fiscais e a inconveniência de realizar ajustes pela inflação. Além disso, a inflação não esperada causa redistribuições arbitrárias da riqueza entre devedores e credores. Um possível benefício da inflação é o melhor funcionamento dos mercados de mão de obra, pelo fato de permitir que os salários reais alcancem níveis de equilíbrio, sem cortes nos salários nominais.
6. Durante períodos de hiperinflação, a maior parte dos custos da inflação torna-se bastante grave. As hiperinflações geralmente começam quando os governos financiam grandes déficits orçamentários, por meio da emissão de moeda. Elas terminam quando as reformas fiscais fazem cessar a necessidade de senhoriagem.
7. De acordo com a teoria econômica clássica, a moeda é neutra: a oferta monetária não afeta as variáveis reais. Sendo assim, a teoria clássica nos permite estudar como são determinadas as variáveis reais, sem qualquer referência à oferta monetária. O equilíbrio no mercado monetário, por sua vez, determina o nível de preços e, como resultado, todas as outras variáveis nominais. Essa separação teórica entre variáveis reais e variáveis nominais é conhecida como dicotomia clássica.

Questionário rápido

1. Uma economia produz 50 dispositivos, que vende a $ 4 cada, e tem uma oferta monetária de $ 100. A velocidade da moeda é
    a) 1/8.
    b) 1/2.
    c) 2.
    d) 8.

2. Uma economia com velocidade constante tem crescimento de 3% no PIB real, expansão monetária de 7% e taxa de juros real de 2%. A taxa de juros nominal é
    a) 2.
    b) 6.
    c) 8.
    d) 12.

3. De acordo com o efeito Fisher, um crescimento na inflação _____ causa igual crescimento na taxa de juros _____.
    a) esperada, nominal
    b) esperada, real
    c) não esperada, nominal
    d) não esperada, real

4. Uma vez que a maior parte dos financiamentos é especificada em termos nominais, inflação alta _____ prejudica os _____.
    a) esperada, devedores
    b) esperada, credores
    c) não esperada, devedores
    d) não esperada, credores

5. Episódios de hiperinflação tendem a ocorrer quando
    a) empresas monopolistas elevam os preços acima de patamares competitivos.
    b) os custos de menu decorrentes de variações nos preços tornam-se demasiadamente baixos.
    c) os bancos centrais financiam grandes déficits orçamentários do governo.
    d) formuladores de políticas monetárias agem independentemente da política fiscal.

6. Se a demanda por saldos monetários reais depende da taxa de juros nominal, inflação mais alta pode
    a) aumentar a quantidade dos saldos monetários reais.
    b) reduzir a taxa de juros nominal.
    c) ser causada por uma aceleração na taxa de crescimento do PIB real.
    d) surgir da expectativa de crescimento monetário futuro.

CONCEITOS-CHAVE

- Inflação
- Hiperinflação
- Equação quantitativa
- Velocidade de circulação da moeda
- Velocidade renda da moeda
- Saldos monetários reais
- Função da demanda por moeda
- Teoria quantitativa da moeda
- Senhoriagem
- Taxa de juros nominal e taxa de juros real
- Equação de Fisher e efeito Fisher
- Taxas de juros reais *ex ante* e *ex post*
- Custos da sola de sapato
- Custos do menu
- Variáveis reais e variáveis nominais
- Dicotomia clássica
- Neutralidade da moeda

Questões para revisão

1. Escreva a equação quantitativa e explique-a.
2. O que implica a premissa da velocidade constante?
3. Quem paga o imposto inflacionário?
4. Se a inflação sobe de 6% para 8%, o que acontece com a taxa de juros real e com a taxa de juros nominal, de acordo com o efeito Fisher?
5. Faça uma lista com todos os custos da inflação que você possa imaginar, e classifique-os de acordo com a importância que você imagina que eles tenham.
6. Explique os papéis das políticas monetária e fiscal no que diz respeito às causas e ao término da hiperinflação.
7. Defina os termos *variável real* e *variável nominal*, apresentando um exemplo de cada.

Problemas e aplicações

1. Na economia de um país chamado Wiknam, a velocidade da moeda é constante. O PIB real cresce 3% ao ano; o estoque monetário cresce aproximadamente 8% ao ano; e a taxa de juros nominal corresponde a 9%. Quanto representa
   a) a taxa de crescimento do PIB nominal?
   b) a taxa de inflação?
   c) a taxa de juros real?

2. Suponhamos que certo país tenha uma função de demanda por moeda $(M/P)^d = kY$, em que k corresponde a um parâmetro constante. A oferta monetária cresce 12% por ano e a renda real, 4% ao ano.
   a) Qual é a taxa média de inflação?
   b) Quão diferente seria a inflação, se o crescimento real da renda fosse mais alto? Explique.
   c) Como você interpreta o parâmetro k? Qual é sua relação com a velocidade da moeda?
   d) Suponha que, em vez de uma função constante de demanda por moeda, a velocidade da moeda nessa economia estivesse crescendo a um ritmo constante em razão de inovações financeiras. De que modo isso afetaria a taxa de inflação? Explique.

3. Uma economia tem a seguinte função de demanda por moeda: $(M/P)^d = 0,2Y/i^{1/2}$.
   a) Derive uma expressão para a velocidade da moeda. De que depende a velocidade? Explique a razão pela qual pode ocorrer essa dependência.
   b) Calcule a velocidade caso a taxa de juros nominal, i, seja 4%.
   c) Se o total da produção, Y, é 1.000 unidades e a oferta monetária, M, é $ 1.200, qual é o nível de preços P?
   d) Suponha que o anúncio de um novo dirigente para o banco central, com reputação de ser indulgente com a inflação, faça crescer a inflação esperada em 5 pontos percentuais. De acordo com o efeito Fisher, qual é a nova taxa de juros nominal?
   e) Calcule a nova velocidade da moeda.
   f) Se, na sequência do anúncio, tanto a produção da economia quanto a oferta de moeda corrente permanecem inalteradas, o que acontece com o nível de preços? Explique por que isso ocorre.
   g) Caso o novo dirigente do banco central deseje manter inalterado o nível de preços depois do anúncio, em que patamar ele deve estabelecer a oferta monetária?

4. Suponha que a função de demanda por moeda assuma a forma

   $$(M/P)^d = L(i,Y) = Y/(5i)$$

   a) Se a produção cresce a uma taxa g, e a taxa de juros nominal é constante, a que taxa cresce a demanda por saldos reais?
   b) Qual é a velocidade da moeda nessa economia?
   c) Se a inflação e as taxas de juros nominais são constantes, a qual taxa, se é que haverá alguma, crescerá a velocidade?
   d) De que modo um crescimento permanente (e de uma vez por todas) no nível das taxas de juros afetará o nível da velocidade? De que modo afetará a subsequente taxa de crescimento da velocidade?
   e) Se o banco central deseja alcançar uma meta de inflação de longo prazo, π, a que taxa deve crescer a oferta monetária?

5. Uma matéria de jornal, certa vez, reportou que a economia dos Estados Unidos estava passando por uma taxa baixa de inflação. Afirmava que "a inflação baixa tem o seu lado negativo: 45 milhões de beneficiários da Previdência Social e de outros benefícios verão o valor de seus contracheques aumentar em apenas 2,8%, no próximo ano".
   a) Por que os formuladores de políticas econômicas vinculariam aumentos nos benefícios da Previdência Social e em outros benefícios à inflação?

Problemas e aplicações

b) O baixo crescimento nos benefícios seria um lado negativo da inflação baixa, como sugere a matéria? Por que sim, ou por que não?

6. Durante a Segunda Guerra Mundial, Alemanha e Inglaterra tinham planos de criar uma arma de papel: cada um desses países imprimiu o papel-moeda da outra, com a intenção de lançar de avião grandes quantidades desse papel-moeda. Por que isso poderia ter sido uma arma eficaz?

7. Em cada um dos cenários a seguir, explique e categorize o custo da inflação.
   a) Como a inflação aumentou, a empresa de vestuário decide emitir um novo catálogo a cada mês, e não a cada trimestre.
   b) Meu avô compra anuidade de $ 100.000 de uma seguradora que promete pagar a ele $ 10.000 por ano, pelo resto de sua vida. Depois da compra, ele se surpreende ao constatar que a inflação alta triplica o nível de preços nos anos subsequentes.
   c) Maria vive em uma economia com hiperinflação. Todos os dias, depois de receber sua remuneração, ela corre para a loja o mais rápido possível a fim de gastar o dinheiro que recebeu antes que ele perca o valor.
   d) Gita vive em uma economia com taxa de inflação de 10%. Ao longo do último ano, ela teve retorno de US$ 50.000 sobre sua carteira de ações e títulos de um milhão de dólares. Como sua alíquota de imposto é 20%, ela pagou US$ 10.000 ao governo.
   e). Seu pai lhe diz que, quando tinha a sua idade, trabalhava por apenas $ 4 a hora. Ele sugere que você tem sorte de ter um emprego que lhe paga $ 9 por hora.

8. Alguns historiadores da área econômica observaram que, durante a época do padrão-ouro, descobertas de minas de ouro tinham maior probabilidade de ocorrer depois de um longo período de deflação. (As descobertas de 1896 são um exemplo.) Por que isso pode ser verdadeiro?

Respostas do questionário rápido

1. c
2. b
3. a
4. d
5. c
6. d

A Economia Aberta

6

Nenhuma nação jamais foi arruinada pelo comércio.

— Benjamin Franklin

Ainda que nunca saia de sua cidade natal, você é participante ativo de uma economia global. Quando vai ao supermercado, por exemplo, você pode escolher maçãs cultivadas no seu próprio país ou uvas cultivadas no Chile. Quando você faz um depósito em seu banco local, o banco pode emprestar o dinheiro para o seu vizinho ou para uma empresa japonesa que esteja construindo uma nova fábrica de automóveis nos arredores de Tóquio. Como nossa economia está integrada a várias outras ao redor do mundo, os consumidores têm maior quantidade de bens e serviços à sua escolha, e os poupadores têm mais oportunidades de investir seus recursos.

Em capítulos anteriores, simplificamos nossa análise pressupondo uma economia fechada. Na realidade, porém, quase todas as economias são abertas: exportam bens e serviços para o exterior; importam bens e serviços do exterior; e tomam empréstimos e emprestam nos mercados financeiros internacionais. A Figura 6.1 proporciona uma noção sobre essas interações internacionais, ao mostrar importações e exportações sob a forma de um percentual do PIB para dez importantes países industrializados. Como ilustra a figura, as exportações dos Estados Unidos representam cerca de 13% do PIB, enquanto as importações representam cerca de 15%. O comércio é ainda mais importante para muitos outros países — as importações e exportações correspondem a aproximadamente 20% do PIB na China, cerca de 33% do PIB no Canadá e quase 50% na Alemanha. Nesses países, o comércio internacional é fundamental para a análise do desenvolvimento econômico e para a formulação de políticas econômicas.

Este capítulo dá início ao nosso estudo sobre a macroeconomia das economias abertas. Começamos na Seção 6.1 com questões relacionadas a mensuração. Para compreender o funcionamento da economia aberta, precisamos entender as variáveis macroeconômicas fundamentais que medem as interações entre os países. As identidades contábeis revelam uma percepção fundamental: o fluxo de bens e serviços que atravessa as fronteiras nacionais é, sempre, acompanhado por um fluxo equivalente de recursos financeiros destinados a financiar a acumulação de capital.

Na Seção 6.2, examinamos os fatores determinantes desses fluxos internacionais. Desenvolvemos um modelo para a economia aberta de pequeno porte, que corresponde ao nosso modelo para a economia fechada apresentado no Capítulo 3. O modelo mostra os fatores que determinam se um país é devedor ou credor nos mercados internacionais, e de que maneira as políticas internas e externas afetam os fluxos de capital e de bens.

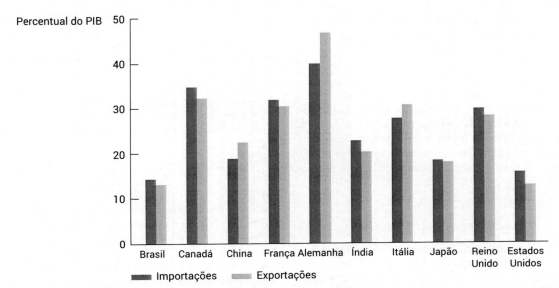

Figura 6.1 Importações e exportações como percentuais da produção: 2015. Embora seja importante para os Estados Unidos, o comércio internacional é ainda mais vital para outros países.
Fonte: Banco Mundial.

Na Seção 6.3, ampliamos o modelo com o objetivo de discutir os preços pelos quais um país realiza trocas nos mercados internacionais. Examinamos o que determina o preço dos bens nacionais em relação aos bens estrangeiros. Examinamos também o que determina a taxa na qual a moeda corrente nacional é trocada por moedas correntes estrangeiras. Nosso modelo mostra como políticas comerciais protecionistas – políticas projetadas para proteger as indústrias domésticas contra a concorrência externa – influenciam o volume de comércio internacional e a taxa de câmbio.

6.1 OS FLUXOS INTERNACIONAIS DE CAPITAIS E DE BENS

A principal diferença macroeconômica entre economia aberta e economia fechada é o fato de que, em uma economia aberta, os gastos de determinado país, em qualquer ano específico, não precisam ser iguais à sua produção de bens e serviços. Um país pode gastar mais do que produz, pelo fato de tomar emprestado do exterior, ou pode gastar menos do que produz e emprestar a diferença a países estrangeiros. Para entender isso melhor, analisemos, novamente, as contas nacionais que abordamos no Capítulo 2.

O papel das exportações líquidas

Considere o gasto de uma economia com a produção de bens e serviços, novamente representado por Y. Em uma economia fechada, toda a produção é vendida internamente, e o gasto é dividido entre três componentes: consumo, C, investimento, I, e compras do governo, G. Em uma economia aberta, uma parte da produção é vendida internamente e a outra parte é exportada, para ser vendida no exterior. Além disso, parte dos bens e serviços incluídos no consumo, investimento e compras do governo são produzidos no exterior e importados. Sendo assim, podemos escrever a identidade das contas nacionais como

$$Y = C + I + G + X - IM,$$

em que X representa exportações e IM representa importações. Uma vez que o gasto com importações está incluído no gasto interno ($C + I + G$), e tendo em vista que os bens e serviços importados do exterior não fazem parte da produção interna de um país, essa equação subtrai os gastos com importações. Definindo **exportações líquidas** como exportações menos importações, ($NX = X - IM$), a identidade passa a ser

$$Y = C + I + G + NX.$$

Esta equação enuncia que o gasto com a produção interna corresponde à soma de consumo, investimento, compras do governo e exportações líquidas. Esta forma para a identidade das contas nacionais deve ser familiar desde o Capítulo 2.

A identidade das contas nacionais mostra como a produção interna, o gasto interno e as exportações líquidas se relacionam. Em particular,

$$NX = Y - (C + I + G)$$

Exportações Líquidas = Produção − Gasto Interno

Esta equação demonstra que, em uma economia aberta, o gasto interno não precisa ser igual à produção de bens e serviços. *Se a produção interna de um país excede seu gasto interno, ele exporta a diferença: as exportações líquidas são positivas. Se a produção interna fica aquém do gasto interno, ele importa a diferença: as exportações líquidas são negativas.*

Fluxos de capital internacional e a balança comercial

Em uma economia aberta, do mesmo modo que na economia fechada que examinamos no Capítulo 3, os mercados financeiros e os mercados de bens estão estreitamente relacionados. Para verificar essa relação, devemos reescrever a identidade das contas nacionais, em termos de poupança e investimento. Comece com a identidade

$$Y = C + I + G + NX.$$

Subtraia C e G de ambos os lados, para obter

$$Y - C - G = I + NX.$$

Lembre-se, do Capítulo 3, em que $Y - C - G$ corresponde à poupança nacional, S, que, por sua vez, é igual à soma da poupança privada, $Y - T - C$, com a poupança pública, $T - G$, em que T representa os impostos. Consequentemente,

$$S = I + NX.$$

Subtraindo I de ambos os lados da equação, podemos escrever a identidade das contas nacionais como

$$S - I = NX.$$

Esta forma da identidade das contas nacionais mostra que as exportações líquidas de uma economia devem sempre ser iguais à diferença entre sua poupança e seu investimento.

Examinemos mais atentamente cada uma das partes dessa identidade. O lado direito, NX, corresponde às exportações líquidas de bens e serviços. Outro nome para exportações líquidas é **balança comercial**, uma vez que nos informa até que ponto nosso comércio de bens e serviços se afasta do ponto de referência que é a igualdade entre importações e exportações.

O lado esquerdo da identidade corresponde à diferença entre poupança interna e investimento interno, $S - I$, que chamaremos de **fluxo líquido de capital para o exterior** (às vezes chamado de *investimento externo líquido*). O fluxo líquido de capital para o exterior é igual ao montante que os residentes de um país estão emprestando para o exterior, menos o montante que os estrangeiros estão emprestando para esse país. Se o fluxo líquido de capital para o exterior é positivo, a poupança dessa economia excede o seu investimento e ela está emprestando o excedente para os estrangeiros. Se o fluxo líquido de capital para o exterior é negativo, está havendo um ingresso de capital externo na economia: o investimento excede a poupança e a economia está financiando esse excedente de investimento tomando recursos emprestados do exterior. Sendo assim, o fluxo líquido de capital para o exterior reflete o fluxo internacional de recursos para financiar a acumulação de capital.

A identidade das contas nacionais mostra que o fluxo líquido de capital para o exterior é sempre igual à balança comercial. Ou seja,

Fluxo líquido de capital para o exterior = Balança comercial

$$S - I = NX.$$

Se $S - I$ e NX são positivos, o país tem **superávit comercial**. Neste caso, ele é um credor líquido nos mercados financeiros internacionais e está exportando maior quantidade de bens do que importa. Se $S - I$ e NX são negativos, um país tem **déficit comercial**. Neste caso, é um devedor líquido nos mercados financeiros internacionais e está importando maior quantidade de bens do que exporta. Se $SI - I$ e NX são exatamente iguais a zero, diz-se que o país tem uma **balança comercial equilibrada**, pois o valor de suas importações é igual ao valor das exportações.

A identidade das contas nacionais mostra que o fluxo internacional de recursos para financiar a acumulação de capital e o fluxo internacional de bens e serviços são dois lados de uma mesma moeda. Suponhamos que, na nação de Westeros, a poupança interna excede o investimento interno. Neste caso, o excedente de poupança de Westeros é utilizado para a concessão de empréstimos a países estrangeiros. Os países estrangeiros recorrem a esses empréstimos porque Westeros está fornecendo a eles uma quantidade de bens e serviços maior do que eles fornecem a Westeros. Ou seja, Westeros está incorrendo em um superávit comercial. Inversamente, suponhamos que na nação de Essos o investimento excede a poupança. Sendo assim, o excedente de investimentos em Essos precisa ser financiado por meio de empréstimos tomados de países estrangeiros. Esses empréstimos externos permitem que Essos importe mais bens e serviços do que exporta. Ou seja, Essos está incorrendo em um déficit comercial. A Tabela 6.1 sintetiza essas ideias.

O fluxo internacional de capital pode assumir muitas formas. É mais fácil pressupor – como fizemos até aqui – que, quando incorremos em um déficit comercial, os estrangeiros nos concedem empréstimos. Isso acontece, por exemplo, quando os chineses adquirem as dívidas emitidas por empresas norte-americanas ou pelo governo dos Estados Unidos. Entretanto, o fluxo de capital pode também assumir a forma de estrangeiros adquirindo ativos internos, conforme se verifica quando um cidadão da Alemanha obtém ações de um norte-americano na Bolsa de Valores de Nova York. Independentemente de estarem adquirindo títulos de dívidas emitidos internamente ou ativos de propriedade interna, os estrangeiros estão obtendo um direito em relação a retornos futuros do capital interno. Em ambos os casos, os estrangeiros acabam tendo a posse de alguma parte do estoque de capital interno do outro país.

Fluxos internacionais de bens e de capital: um exemplo

A igualdade entre exportações líquidas e fluxo líquido de capital para o exterior é uma identidade: precisa se manter em razão do modo como são definidas as variáveis e como os números são somados. Mas é fácil deixar de perceber a intuição que existe por trás dessa importante relação. A melhor maneira de compreendê-la é pela consideração de um exemplo.

Imagine que Bill Gates venda uma cópia do sistema operacional Windows a um consumidor japonês pelo valor de 10.000 ienes. Como Bill Gates é cidadão residente nos Estados Unidos, a venda representa uma exportação dos Estados Unidos. Mantendo-se constantes todos os demais fatores, as exportações líquidas norte-americanas aumentam. O que acontece, além disso, para fazer com que a identidade se mantenha? Depende daquilo que Gates venha a fazer com os 10.000 ienes.

Suponhamos que Gates decida rechear seu colchão com os 10.000 ienes. Nesse caso, ele terá alocado uma parte de sua poupança em um investimento na economia japonesa (sob a forma de moeda corrente japonesa), em detrimento de um investimento na economia norte-americana. Em tal circunstância, a poupança americana excede o investimento americano. O aumento nas exportações líquidas dos Estados Unidos é acompanhado por um crescimento no fluxo líquido de capital para fora dos EUA.

No entanto, se Bill Gates desejar investir no Japão, é improvável que faça da moeda corrente japonesa seu ativo escolhido. Ele pode utilizar os 10.000 ienes para adquirir algumas ações, digamos, da Sony, ou pode obter algum título emitido pelo governo japonês. Em qualquer dos casos, uma parte da poupança norte-americana está fluindo para o exterior. Mais uma vez, o fluxo líquido de capital para o exterior, nos Estados Unidos, é exatamente igual às exportações líquidas norte-americanas.

Situação oposta ocorre no Japão. Quando o consumidor japonês compra uma cópia do sistema operacional Windows, as compras de bens e serviços ($C + I + G$) do Japão crescem, mas não existe qualquer alteração naquilo que o Japão produziu (Y). As importações do Japão crescem e suas exportações líquidas diminuem. Além disso, a transação reduz a poupança do Japão ($S = Y - C - G$) para determinado nível de investimento (I). Enquanto os Estados Unidos estão incorrendo em um fluxo líquido de capital para o exterior, o Japão incorre em um influxo líquido de capital oriundo do exterior.

Agora, vamos modificar o exemplo. Suponhamos que, em vez de investir os seus 10.000 ienes em algum ativo japonês, Bill Gates utilize esse montante para adquirir alguma coisa fabricada no Japão, como, por exemplo, um caixa de cartas Pokémon tamanho gigante. Nesse caso, as importações dos Estados Unidos aumentam. Conjuntamente, a exportação do sistema Windows e a importação das cartas Pokémon representam uma balança comercial equilibrada entre Japão e EUA. Como as exportações e as importações aumentam equitativamente, as exportações líquidas e o fluxo líquido de capital para o exterior permanecem, ambos, inalterados.

Uma possibilidade final é de que Bill Gates troque seus 10.000 ienes por dólares norte-americanos, em um banco local. Isso, porém, não modifica a situação; o banco, agora, tem que fazer alguma coisa com os 10.000 ienes. Ele pode comprar ativos japoneses (fluxo líquido de saída de capital partindo dos Estados Unidos); pode comprar um bem japonês (importação para os EUA); ou pode vender os ienes para outro americano que deseje realizar essa transação. Se você acompanhar a moeda, poderá constatar que, no final, as exportações líquidas norte-americanas devem ser iguais ao fluxo líquido de capital para o exterior dos Estados Unidos.

A irrelevância das balanças comerciais bilaterais

A balança comercial que discutimos até agora mede a diferença entre as exportações e as importações de uma nação em relação ao resto do mundo. Às vezes, vemos nos meios de comunicação

Tabela 6.1 Fluxos internacionais de bens e de capital: resumo

Esta tabela mostra os três resultados que uma economia aberta pode experimentar.		
Superávit comercial	**Comércio equilibrado**	**Déficit comercial**
Exportações > Importações	Exportações = Importações	Exportações < Importações
Exportações Líquidas >0	Exportações Líquidas = 0	Exportações Líquidas < 0
$Y > C + I + G$	$Y = C + I + G$	$Y < C + I + G$
Poupança > Investimento	Poupança = Investimento	Poupança < Investimento
Fluxo Líquido de Capital para o Exterior > 0	Fluxo Líquido de Capital para o Exterior = 0	Fluxo Líquido de Capital para o Exterior < 0

um relato sobre a balança comercial de uma nação em relação a outra. Isso é conhecido como balança comercial *bilateral*. Por exemplo, a balança comercial bilateral dos EUA com a China equivale às exportações que os Estados Unidos vendem para a China menos as importações que os EUA compram da China.

A balança comercial global, como verificamos, está intrinsecamente ligada à poupança e ao investimento de uma nação. Isso não é verdade quando se trata da balança comercial bilateral. Na realidade, uma nação pode apresentar significativos déficits comerciais e superávits comerciais com relação a parceiros comerciais específicos e, ao mesmo tempo, apresentar uma balança comercial global equilibrada.

Por exemplo, suponhamos que o mundo seja composto por três países: Estados Unidos, China e Austrália. Os EUA vendem US$100 bilhões em equipamentos para a Austrália. A Austrália vende US$100 bilhões em trigo para a China e a China vende US$100 bilhões em brinquedos para os Estados Unidos. Nesse caso, os EUA têm um déficit comercial bilateral com a China; a China tem um déficit comercial bilateral com a Austrália; e a Austrália apresenta déficit comercial bilateral com os Estados Unidos. Entretanto, os três países apresentam balança comercial geral equilibrada, exportando e importando US$100 bilhões em bens.

Déficits comerciais bilaterais recebem mais atenção do que merecem na arena política. Isso ocorre, em parte, porque as relações internacionais são conduzidas de país para país, de modo tal que os políticos e os diplomatas são naturalmente direcionados para estatísticas que medem transações econômicas de país para país. A maior parte dos economistas, entretanto, acredita que balanças comerciais bilaterais não são muito significativas. Do ponto de vista macroeconômico, o que efetivamente importa é a balança comercial de uma nação com o conjunto de todas as nações estrangeiras

A mesma ideia se aplica aos indivíduos e às nações. Sua própria balança comercial pessoal é a diferença entre sua renda e sua despesa, e você pode se preocupar caso essas duas variáveis estejam em desequilíbrio. Entretanto, não deve se preocupar com a diferença entre a sua renda e o gasto com determinada pessoa ou empresa. O economista Robert Solow explicou certa vez a irrelevância das balanças comerciais bilaterais usando a seguinte afirmação: "Tenho um déficit crônico com meu barbeiro, que não compra absolutamente nada de mim." Mas isso não impede Robert Solow de sobreviver com seus próprios meios – ou de cortar o cabelo quando precisa.

6.2 POUPANÇA E INVESTIMENTO EM UMA ECONOMIA ABERTA DE PEQUENO PORTE

Até este ponto de nossa discussão sobre fluxos internacionais de bens e de capital, apenas reformulamos identidades contábeis. Ou seja, definimos algumas das variáveis que mensuram transações em uma economia aberta, e demonstramos as relações entre essas variáveis que decorrem de suas respectivas definições. Nossa próxima etapa consiste em desenvolver um modelo que explique o comportamento dessas variáveis. Poderemos, então, utilizar um modelo para responder a perguntas tais como de que maneira a balança comercial reage a mudanças na política econômica.

Mobilidade do capital e a taxa de juros internacional

Logo a seguir, apresentaremos um modelo para os fluxos internacionais de bens e de capital. Uma vez que a balança comercial é igual ao fluxo líquido de capital para o exterior, que, por sua vez, é igual a poupança menos investimento, nosso modelo se concentra na poupança e no investimento. Para desenvolver esse modelo, utilizamos alguns elementos dos quais você deve se lembrar, pois foram apresentados no Capítulo 3, mas, diferentemente do modelo apresentado no Capítulo 3, não pressupomos que a taxa de juros real equilibre poupança e investimento. Em vez disso, permitimos que a economia incorra em déficit comercial e recorra a empréstimos de outros países, ou que incorra em superávit comercial e conceda empréstimos para outros países.

Se, nesse modelo, a taxa de juros real não se ajusta no sentido de equilibrar poupança e investimento, o que *efetivamente* determina a taxa de juros real? Respondemos a esta pergunta, aqui, ao considerar o caso simples de uma **economia aberta de pequeno porte**, com perfeita mobilidade do capital. Com "de pequeno porte", queremos dizer que essa economia representa uma pequena parte do mercado mundial e, em consequência, individualmente consegue exercer apenas um efeito muito pouco significativo sobre a taxa de juros mundial. Com "perfeita mobilidade do capital", queremos dizer que os residentes do país têm acesso irrestrito aos mercados financeiros internacionais. Particularmente, o governo não impede a tomada de empréstimos ou a concessão de empréstimos em âmbito internacional.

Em decorrência desse pressuposto da perfeita mobilidade do capital, a taxa de juros em nossa economia aberta de pequeno porte, r, precisa ser igual à **taxa de juros internacional**, r^*, a taxa de juros real que prevalece nos mercados financeiros internacionais:

$$r = r^*.$$

Os residentes da economia aberta de pequeno porte jamais precisam tomar emprestado a uma taxa de juros acima de r^*, já que conseguem, sempre, obter empréstimo do exterior com a taxa r^*. Por analogia, os residentes dessa economia jamais precisam emprestar a qualquer taxa inferior a r^*, pois conseguem, sempre, obter a taxa r^* ao emprestar para o exterior. Consequentemente, a taxa de juros internacional determina a taxa de juros em nossa economia aberta de pequeno porte.

Examinemos, por um momento, o que determina a taxa de juros internacional. Em uma economia fechada, o equilíbrio entre poupança interna e investimento interno determina a taxa de juros. Exceto pela existência de comércio interplanetário, a economia internacional representa uma economia fechada. Sendo assim, o equilíbrio entre poupança internacional e investimento internacional determina a taxa de juros internacional. Nossa economia aberta de pequeno porte exerce efeito muito pouco significativo sobre a taxa de juros internacional, uma vez que, representando apenas uma pequena parcela do mundo, tem muito pouca influência sobre a poupança internacional e o investimento internacional. Consequentemente, nossa economia aberta de pequeno porte considera a taxa de juros internacional como uma variável dada de maneira exógena.

Por que pressupor uma economia aberta de pequeno porte?

A análise feita neste capítulo pressupõe que a nação em estudo seja uma economia aberta de pequeno porte. (A mesma abordagem é considerada no Capítulo 13, que examina oscilações de curto prazo em uma economia aberta.) Essa premissa levanta algumas questões.

P: Os Estados Unidos estão bem descritos pela premissa de uma economia aberta de pequeno porte?

R: Não estão, pelo menos não completamente. Os Estados Unidos efetivamente tomam empréstimos e concedem empréstimos nos mercados financeiros internacionais, e esses mercados exercem forte influência sobre a taxa de juros real dos Estados Unidos, sendo que seria exagero afirmar que a taxa de juros real dos EUA é determinada exclusivamente pelos mercados financeiros internacionais.

P: Então, por que estamos pressupondo uma economia aberta de pequeno porte?

R: Algumas nações, como Canadá e Holanda, são mais bem descritas dentro do pressuposto de uma economia aberta de pequeno porte. Contudo, a principal razão para adotar esse pressuposto é desenvolver um entendimento e uma intuição para a macroeconomia das economias abertas. Conforme vimos no Capítulo 1, modelos econômicos são desenvolvidos com base em premissas simplificadoras. Uma premissa não precisa ser realista para que seja útil. Pressupor uma economia aberta de pequeno porte simplifica muito a análise e, assim, ajuda a esclarecer nosso raciocínio.

P: Podemos deixar um pouco de lado essa premissa e tornar o modelo mais realista?

R: Sim, podemos e assim faremos. O apêndice deste capítulo (além do apêndice do Capítulo 13) considera o caso, mais realista e mais complicado, de uma economia aberta de grande porte. Alguns professores pulam diretamente para essa matéria ao ensinar tais tópicos, uma vez que a abordagem é mais realista para economias como a dos Estados Unidos. Outros partem da premissa simplificadora de uma economia aberta de pequeno porte.

O modelo

Para desenvolver o modelo da economia aberta de pequeno porte, adotamos três premissas do Capítulo 3:

- A produção da economia, Y, é fixada com base nos fatores de produção e na função produção. Escrevemos isso sob a forma

$$Y = \overline{Y} = F(\overline{K}, \overline{L}).$$

- O consumo, C, tem relação positiva com a renda disponível, $Y - T$. Escrevemos a função consumo como

$$C = C(Y - T)$$

- O investimento, I, tem relação negativa com taxa de juros real, r. Escrevemos a função investimento como

$$I = I(r)$$

Essas são as três partes fundamentais de nosso modelo. Se você não consegue compreender essas relações, revise o Capítulo 3 antes de seguir adiante.

Podemos, agora, retornar para a identidade das contas nacionais e escrevê-la como

$$NX = (Y-C-G) - I$$
$$NX = S-I$$

Inserindo os três pressupostos adotados no Capítulo 3 e revistos na equação ora apresentada, bem como a premissa de que a taxa de juros é igual à taxa de juros internacional, obtemos

$$NX = [\overline{Y} - C(\overline{Y} - T) - G] - I(r^*)$$
$$= \overline{S} - I(r^*).$$

A equação demonstra que a balança comercial, NX, depende daquelas variáveis que determinam a poupança, S, e o investimento, I. Como a poupança depende da política fiscal (menor volume de compras do governo, G, e maior carga tributária, T, fazem crescer a poupança nacional) e o investimento depende da taxa de juros internacional, r^* (uma taxa de juros mais elevada faz com que alguns projetos de investimento tornem-se não lucrativos), a balança comercial também depende dessas variáveis.

No Capítulo 3, representamos graficamente poupança e investimento do mesmo modo que na Figura 6.2. Na economia fechada que estudamos naquele capítulo, a taxa de juros real se ajusta de modo a equilibrar poupança e investimento – ou seja, a taxa de juros real é encontrada no ponto em que as curvas de poupança e investimento se interceptam. Na economia aberta de pequeno porte, contudo, a taxa de juros real é igual à taxa de juros internacional. *A balança comercial é determinada pela diferença entre poupança e investimento, sendo aplicada a taxa de juros internacional.*

A essa altura, você pode estar curioso por conhecer o mecanismo que faz com que a balança comercial seja igual ao fluxo líquido de capital para o exterior. É fácil compreender os determinantes dos fluxos de capital. Quando a poupança fica aquém do investimento, os investidores tomam empréstimos do exterior; quando a poupança excede o investimento, o excedente é concedido como empréstimo a outros países. Entretanto, o que faz com que importadores e exportadores se comportem de maneira a garantir que o fluxo internacional de bens esteja em equilíbrio exato com esse fluxo internacional de capital? Por enquanto, deixaremos este questionamento sem resposta, mas voltaremos a tratar do assunto na Seção 6.3, quando discutiremos a determinação das taxas de câmbio.

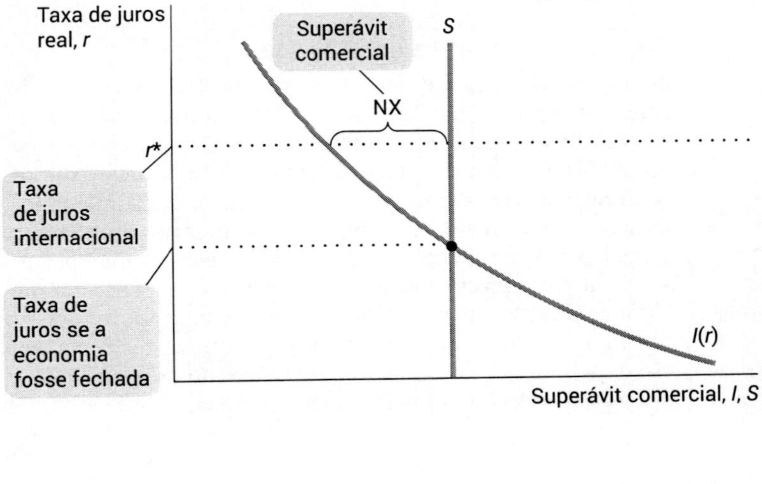

Figura 6.2 Poupança e investimento em uma economia aberta de pequeno porte em uma economia fechada, a taxa de juros real se ajusta de modo a equilibrar poupança e investimento. Em uma economia aberta de pequeno porte, a taxa de juros é determinada nos mercados financeiros internacionais. A diferença entre poupança e investimento determina a balança comercial. Neste caso, existe superávit comercial, uma vez que a poupança excede o investimento quando é aplicada a taxa de juros internacional.

Como as políticas econômicas influenciam a balança comercial

Suponhamos que a economia comece em uma posição comercial equilibrada. Ou seja, quando se considera a taxa de juros internacional, o investimento, *I*, é igual à poupança, *S*, e as exportações líquidas, *NX*, são iguais a zero. Vamos utilizar o nosso modelo para prever os efeitos decorrentes de políticas de governo no país e no exterior.

Política fiscal interna

Consideremos, inicialmente, o que acontece com a economia aberta de pequeno porte se o governo expande os gastos internos por meio de um aumento nas compras do governo. O crescimento em *G* reduz a poupança nacional, já que $S = Y - C - G$. Com uma taxa de juros real internacional inalterada, o investimento permanece o mesmo. Portanto, a poupança fica abaixo do investimento, e uma parcela do investimento precisa agora ser financiada pela tomada de empréstimos do exterior. Uma vez que $NX = S - I$, a diminuição em *S* implica uma queda em *NX*. A economia, agora, passa a incorrer em déficit comercial.

A mesma lógica se aplica no caso de redução na carga tributária. Uma redução nos impostos diminui *T*, aumenta a renda disponível, *Y − T*, estimula o consumo e reduz a poupança nacional. (Ainda que uma parcela da redução fiscal encontre seu caminho em direção à poupança privada, a poupança pública é reduzida no montante exato correspondente à redução nos impostos; no total, a poupança diminui.) Como $NX = S - I$, a redução da poupança nacional, por sua vez, diminui *NX*.

A Figura 6.3 ilustra esses efeitos. Uma mudança na política fiscal, que faça crescer o consumo privado, *C*, ou o consumo público *G*, reduz a poupança nacional ($Y - C - G$), e, consequentemente, desloca de S_1 para S_2 a linha vertical que representa a poupança. Como *NX* corresponde à distância entre a curva da poupança e a curva do investimento no nível correspondente à taxa de juros internacional, esse deslocamento reduz *NX*. Portanto, *partindo do comércio equilibrado, uma mudança na política fiscal que reduza a poupança nacional acarreta déficit comercial.*

Política fiscal no exterior

Considere, agora, o que acontece com uma economia aberta de pequeno porte quando governos estrangeiros elevam o patamar de suas compras de governo. Se esses países estrangeiros representam uma pequena parcela da economia mundial, então as modificações em suas respectivas políticas fiscais têm impacto quase insignificante sobre outros países. Entretanto, se os outros países representam uma parcela grande da economia mundial, o crescimento nas compras do governo nesses países reduz a poupança internacional. A redução na poupança mundial eleva a taxa de juros internacional, exatamente como vimos em nosso modelo para a economia fechada (lembre-se, o planeta Terra é uma economia fechada).

O aumento na taxa de juros internacional eleva o custo de contrair empréstimos, e, consequentemente, reduz o investimento em nossa economia aberta de pequeno porte. Não tendo havido qualquer alteração na poupança interna, a poupança, *S*, supera agora o investimento, *I*, e uma parte de nossa poupança começa a fluir para o exterior. Uma vez que $NX = S - I$, a redução em *I* deve necessariamente também elevar *NX*. Sendo assim, a redução da poupança no exterior acarreta superávit comercial interno.

A Figura 6.4 ilustra de que maneira uma economia aberta de pequeno porte, partindo de uma balança comercial equilibrada, responde a uma expansão fiscal no exterior. Como a mudança na política está ocorrendo no exterior, as curvas de poupança interna e de investimento interno permanecem inalteradas. A única alteração é um aumento na taxa de juros internacional, de r^*_1 para r^*_2. A balança comercial corresponde à diferença entre as curvas de poupança e de investimento; uma vez que a poupança excede o investimento em r^*_2, existe superávit comercial. *Portanto, partindo de um comércio equilibrado, o aumento na taxa de juros internacional, em decorrência de uma expansão fiscal no exterior, acarreta superávit comercial.*

Mudanças na demanda por investimentos

Considere o que acontece com nossa economia aberta de pequeno porte se a sua respectiva curva de investimento se desloca para fora, de modo tal que exista maior demanda por bens de investimento, sob qualquer que seja a taxa de juros. Essa mudança ocorreria se, por exemplo, o governo modificasse a legislação fiscal de modo a estimular o investimento, concedendo créditos fiscais para investimentos. A Figura 6.5 ilustra o impacto de um deslocamento na curva do investimento. Sob determinada taxa de juros internacional, o investimento é agora mais elevado. Como a poupança permanece inalterada, parte do investimento precisa agora ser financiada pela tomada de empréstimos do exterior. Fluindo o capital para dentro da economia, no sentido de financiar o aumento no investimento, o fluxo líquido de capital para o exterior passa a ser negativo. Colocando de modo diferente, uma vez que $NX = S - I$, o crescimento em *I* implica um decréscimo em *NX*. Portanto, *partindo do comércio equilibrado, um deslocamento para fora na curva de investimento causa déficit comercial.*

Avaliando a política econômica

Nosso modelo para a economia aberta mostra que o fluxo de bens e serviços, medido com base na balança comercial, está intrinsecamente vinculado ao fluxo internacional de recursos para acumulação de capital. O fluxo líquido de capital para o exterior equivale à diferença entre poupança interna e investimento interno. Consequentemente, o impacto das políticas econômicas sobre a balança comercial pode sempre ser encontrado quando se examina o impacto dessas políticas sobre a poupança interna e o investimento interno. Políticas que fazem crescer o investimento ou diminuir a poupança tendem a causar déficit comercial, e políticas que diminuem o investimento ou aumentam a poupança tendem a causar superávit comercial.

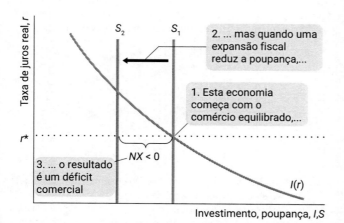

Figura 6.3 Expansão fiscal interna em uma economia aberta de pequeno porte. Crescimento nas compras do governo ou redução nos impostos diminui a poupança nacional, e, consequentemente, desloca a curva da poupança para a esquerda, de S_1 para S_2. O resultado é um déficit comercial.

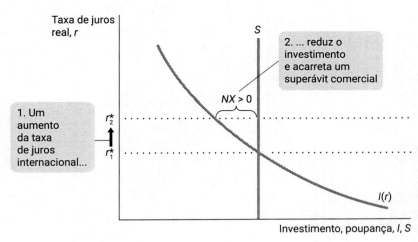

Figura 6.4 Expansão fiscal no exterior em uma economia aberta de pequeno porte. Expansão fiscal em uma economia estrangeira, grande o suficiente para influenciar a poupança e o investimento internacionais, faz com que a taxa de juros internacional se eleve de r^*_1 para r^*_2. A taxa de juros internacional mais elevada reduz o investimento nessa economia aberta de pequeno porte, causando um superávit comercial.

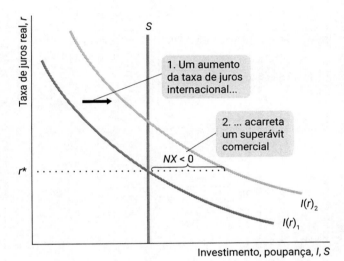

Figura 6.5 Deslocamento na curva de investimento em uma economia aberta de pequeno porte. Um deslocamento para fora na curva de investimento, de $I(r)_1$ para $I(r)_2$, aumenta a quantidade de investimentos no patamar da taxa de juros internacional, r^*. Como resultado, o investimento agora excede a poupança, o que significa que a economia está tomando empréstimos do exterior e incorrendo em déficit comercial.

Nossa análise sobre a economia aberta tem sido positiva, não normativa. Mostrou como várias políticas econômicas influenciam os fluxos internacionais de bens e de capital, mas não nos disse se essas políticas e seus resultados são desejáveis. A avaliação das políticas econômicas e de seu impacto na economia aberta é um assunto de frequentes debates entre economistas e legisladores.

Quando um país incorre em déficit comercial, os legisladores precisam enfrentar a questão: isso representa ou não um problema nacional? A maior parte dos economistas enxerga um déficit comercial não como problema em si mesmo mas, talvez, como sintoma de um problema. Um déficit comercial pode representar o reflexo de baixo patamar de poupança. Em uma economia fechada, patamar baixo de poupança resulta em baixo patamar de investimento e menor estoque de capital futuro. Em uma economia aberta, baixo patamar de poupança resulta em déficit comercial e dívida externa cada vez maior, a qual, no final das contas, deverá ser quitada. Em ambos os casos, o patamar elevado de consumo no presente acarreta menor consumo no futuro, implicando que as gerações futuras devam arcar com o ônus de um baixo patamar de poupança nacional.

Contudo, os déficits comerciais nem sempre são reflexo de algum mal na economia. Quando economias rurais pobres se desenvolvem transformando-se em economias modernas industrializadas, às vezes elas financiam níveis de investimento crescentes com empréstimos tomados do exterior. Nesses casos, os déficits comerciais representam um sinal de desenvolvimento econômico. Por exemplo, a Coreia do Sul incorreu em vultosos déficits comerciais ao longo de toda a década de 1970 e início da década de 1980, e tornou-se uma das histórias de sucesso de crescimento econômico. A lição é que não se pode avaliar o desempenho econômico simplesmente com base na balança comercial. Em vez disso, é necessário procurar as causas subjacentes para os fluxos internacionais.

ESTUDO DE CASO

O DÉFICIT COMERCIAL DOS ESTADOS UNIDOS

Durante as décadas de 1980, 1990 e 2000, os Estados Unidos incorreram em grandes déficits comerciais. O painel (a) da Figura 6.6 documenta essa experiência, demonstrando as exportações líquidas sob a forma de um percentual do PIB. O tamanho exato do déficit comercial oscilou ao longo do tempo, mas manteve-se grande ao longo dessas três décadas. Em 2016, o déficit comercial correspondia a US$ 452 bilhões, ou 2,8% do PIB norte-americano. Como exigem as identidades das contas nacionais, esse déficit comercial teve que ser financiado por meio de empréstimos oriundos do exterior (ou, de modo equivalente, pela venda de ativos dos Estados Unidos para o exterior). Ao longo desse período, os Estados Unidos deixaram de ser o maior credor em todo o mundo, passando a se tornar o maior devedor de todo o mundo.

O que causou o déficit comercial dos Estados Unidos? Não existe uma única explicação isolada. No entanto, para compreender algumas das forças em ação, é útil examinarmos a poupança nacional e o investimento interno, conforme ilustra o painel (b) da Figura 6.6. Lembre-se de que o déficit comercial corresponde à diferença entre poupança e investimento.

O início do déficit comercial coincidiu com uma queda na poupança nacional. O desenrolar desse fato pode ser explicado pela política fiscal expansionista da década de 1980. Com o apoio do Presidente Reagan, o Congresso dos Estados Unidos aprovou, em 1981, uma legislação que reduzia substancialmente o imposto de renda de pessoas físicas ao longo dos três anos subsequentes. Como essas reduções fiscais não foram acompanhadas por reduções equivalentes nos gastos do governo, o orçamento federal incorreu em déficit. Esses déficits orçamentários

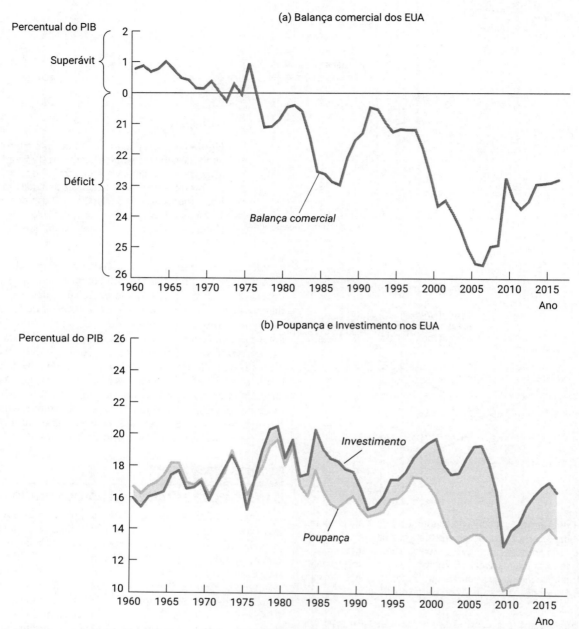

Figura 6.6 Balança comercial, poupança e investimento: a experiência dos Estados Unidos. O painel (a) mostra a balança comercial sob a forma de percentual do PIB. Números positivos representam superávit e números negativos representam déficit. O painel (b) mostra a poupança nacional e o investimento nacional, sob a forma de percentual do PIB, de 1960 a 2016. A balança comercial é igual a poupança menos investimento.
Fonte: U.S. Department of Commerce.

figuraram entre os maiores já experimentados em um período de paz e prosperidade, e persistiram ainda muito tempo depois de Reagan ter deixado a presidência. De acordo com o nosso modelo, esse tipo de política econômica deveria reduzir a poupança nacional, acarretando, dessa maneira, um déficit comercial. De fato, foi exatamente o que aconteceu. Uma vez que o orçamento do governo e a balança comercial tornaram-se deficitários, mais ou menos por volta da mesma ocasião, esses saldos negativos foram chamados de *déficits gêmeos*.

As coisas começaram a mudar na década de 1990, quando o governo federal dos Estados Unidos resolveu colocar em ordem os seus problemas de natureza fiscal. O primeiro Presidente Bush e o Presidente Clinton, ambos, assinaram leis regulamentando o aumento de impostos, ao mesmo tempo que o Congresso segurava as rédeas dos gastos do governo. Além dessas mudanças políticas, um crescimento rápido na produtividade, ao final da década de 1990, fez crescerem as rendas e, por conseguinte, aumentou ainda mais a receita gerada pela arrecadação fiscal. Tais acontecimentos fizeram com que o orçamento federal norte-americano passasse de deficitário para superavitário, o que, por sua vez, levou ao crescimento da poupança nacional.

Contrariamente ao que prevê o nosso modelo, o aumento na poupança nacional não coincidiu com um enxugamento no déficit comercial, pelo fato de que o investimento interno cresceu ao mesmo tempo. A explicação provável é que a rápida disseminação da tecnologia da informação tenha causado uma mudança expansionista na função investimento nos Estados Unidos. Embora a política fiscal já estivesse pressionando o déficit comercial em direção a um superávit, o crescimento repentino no investimento representou uma força ainda maior, empurrando a balança comercial na direção do déficit.

No início da década de 2000, a política fiscal, mais uma vez, exerceu pressão decrescente sobre a poupança nacional. Com o segundo Presidente Bush na Casa Branca, as reduções de impostos foram transformadas em lei em 2001 e 2003, ao mesmo tempo que a guerra contra o terrorismo acarretava crescimentos substanciais nos gastos governamentais. O governo federal estava novamente incorrendo em déficits orçamentários. A poupança nacional caiu para níveis historicamente baixos, enquanto o déficit comercial atingia pontos historicamente altos.

Alguns anos mais tarde, o déficit comercial começou a diminuir um pouco, enquanto a economia passava por um declínio substancial nos preços de imóveis residenciais (o que levou à Grande Recessão, fenômeno examinado no Capítulo 12). A queda nos preços dos imóveis causou declínio substancial nos investimentos com imóveis residenciais. O déficit comercial caiu de 5,5% do PIB em seu pico em 2006 para 3,0% em 2013. De 2013 a 2016, à medida que a economia gradualmente se recuperava da recessão econômica, a poupança e o investimento cresceram, com pouca alteração na balança comercial.

A história do déficit comercial dos Estados Unidos demonstra que essa estatística, por si só, não nos diz muito sobre o que está acontecendo na economia. Temos que examinar mais profundamente a poupança, o investimento, assim como as políticas econômicas e os eventos que fazem com que ambos (e consequentemente a balança comercial) se modifiquem ao longo do tempo.[*]

ESTUDO DE CASO

POR QUE O CAPITAL NÃO FLUI PARA PAÍSES POBRES?

O déficit comercial americano discutido no Estudo de Caso anterior representa um fluxo de entrada de capital nos Estados Unidos, proveniente do restante do mundo. Que países representaram a fonte desses fluxos de capital? Sendo o mundo uma economia fechada, o capital deve necessariamente estar vindo daqueles países que estão incorrendo em superávits comerciais. Em 2017, esse grupo incluía muitas nações que eram muito mais pobres do que os Estados Unidos, como China, Malásia, Tailândia, Estônia e Eslovênia. Nessas nações, a poupança excedeu o investimento em termos de capital interno. Tais países estavam enviando recursos para o exterior, em direção a países como os Estados Unidos, onde o investimento em capital interno excedia a poupança.

Sob certa perspectiva, a direção dos fluxos internacionais de capital é um paradoxo. Você deve estar lembrado de nossa discussão sobre funções produção no Capítulo 3. Naquele caso, estabelecemos que uma função produção empiricamente realista seria a fórmula de Cobb-Douglas:

$$F(K, L) = AK^{\alpha}L^{1-\alpha},$$

em que K corresponde ao capital, L é a mão de obra, A corresponde a uma variável que representa o estado da tecnologia e α é um parâmetro que determina a parcela do capital no total da renda. Para essa função produção, o produto marginal do capital é

$$PMgK = \alpha A(K, L)^{\alpha-1}.$$

O produto marginal do capital nos informa quanto, em termos de produção adicional, seria produzido por uma unidade adicional de capital. Por corresponder à parcela do capital, α deve ser menor do que 1, de modo que $\alpha - 1 < 0$. Isto significa que um crescimento em K/L reduz $PMgK$. Em outras palavras, mantendo constantes as outras variáveis, quanto mais capital possua determinada nação, menos valiosa será uma unidade adicional de capital. Este fenômeno de produto marginal decrescente mostra que o capital deve ser mais valioso onde ele é escasso.

Esse prognóstico, entretanto, parece estar em desacordo com o fluxo internacional de capital, representado pelos desequilíbrios comerciais. O capital não parece fluir em direção aos países nos quais deveria ser mais valioso. Em vez de os países ricos em capital, como os Estados Unidos, concederem empréstimos para países pobres em capital, frequentemente observamos o contrário. Por quê?

Uma das razões seria o fato de existirem diferenças consideráveis entre as nações, além de suas respectivas acumulações de capital. Países pobres apresentam não apenas níveis mais baixos de acumulação de capital por trabalhador (representados por K/L), como também capacidades inferiores de produção (representadas pela variável A). Por exemplo, comparados aos mais ricos, os países mais pobres podem ter menos acesso a tecnologias avançadas, níveis mais baixos de escolaridade (ou *capital humano*) ou políticas econômicas menos eficientes. Tais diferenças podem significar menor quantidade de produto para determinadas quantidades de insumos de capital e mão de obra; na função produção de Cobb-Douglas, isso se traduz em valor menor para o parâmetro A. Se é esse o caso, o capital não precisa ser mais valioso nos países mais pobres, ainda que o capital venha a ser escasso.

Uma segunda razão pela qual o capital pode não fluir para os países pobres é o fato de os direitos de propriedade frequentemente não serem exercidos. A corrupção geralmente é muito mais forte; revoluções, golpes e expropriação de riquezas são mais comuns; e os governos frequentemente deixam de honrar suas dívidas. Sendo assim, ainda que o capital seja mais valioso nos países pobres, os estrangeiros podem evitar investir suas riquezas nesses países, simplesmente por receio de perderem seus investimentos. Além disso, investidores locais enfrentam incentivos similares. Imagine que você vivesse em um país pobre e tivesse a sorte de ter recursos excedentes para investir; você poderia concluir que colocá-los em um país seguro como os Estados Unidos seria sua melhor opção, ainda que o capital fosse menos valioso lá do que em seu país de origem.

Qualquer que seja a razão correta entre as apresentadas, o desafio para países pobres consiste em encontrar meios para reverter a situação. Se essas nações oferecessem a mesma eficiência de produção e as mesmas proteções legais da economia norte-americana, a direção dos fluxos internacionais de capital possivelmente seria inversa. O déficit comercial dos Estados Unidos se transformaria em superávit comercial, e o capital fluiria para esses países emergentes. Uma mudança assim ajudaria os pobres do mundo a escaparem da pobreza.[**]

6.3 TAXAS DE CÂMBIO

Depois de ter examinado os fluxos internacionais de capital e de bens e serviços, vamos agora ampliar a análise, considerando os preços que são aplicados a essas transações. A *taxa de câmbio* entre dois países corresponde ao preço pelo qual os residentes desses dois países comercializam um com o outro. Nesta seção, em primeiro lugar examinaremos exatamente o que é medido pela taxa de câmbio e, em seguida, verificaremos como são definidas as taxas de câmbio.

---

[*] Para saber mais sobre este tópico, veja MANN, Catherine L. *Is the U.S. trade deficit sustainable?* Institute for International Economics, 1999.

[**] Para mais informação sobre este tópico, veja LUCAS, Robert E. Why doesn't capital flow from rich to poor countries? *American Economic Review*, v. 80, p. 92-96, May 1990.

A taxa de câmbio nominal e a taxa de câmbio real

Os economistas estabelecem uma distinção entre duas taxas de câmbio: a nominal e a real. Vamos discuti-las, uma de cada vez, e verificar a relação ente elas.

Taxa de câmbio nominal A **taxa de câmbio nominal** é o preço relativo das moedas correntes de dois países. Por exemplo, se a taxa de câmbio entre o dólar norte-americano e o iene japonês é de 100 ienes para cada dólar, você pode então trocar um dólar por 100 ienes nos mercados de câmbio internacionais. Um japonês que deseje obter dólares pagará 100 ienes por cada dólar que compre. Um norte-americano que queira obter ienes receberá 100 ienes para cada dólar. Quando as pessoas se referem à "taxa de câmbio" entre dois países, geralmente estão se referindo à taxa de câmbio nominal.

Observe que uma taxa de câmbio pode ser determinada de duas maneiras. Se um dólar compra 100 ienes, então 1 iene compra 0,01 dólar. Podemos afirmar que a taxa de câmbio é de 100 ienes por dólar ou que a taxa de câmbio é de 0,01 dólar por iene. Uma vez que 0,01 é igual a 1/100, esses dois modos de expressar a taxa de câmbio são equivalentes.

Este livro sempre expressa a taxa de câmbio em unidades de moeda corrente estrangeira por dólar.* Com essa convenção, uma elevação na taxa de câmbio – digamos, de 100 para 110 ienes por dólar – é chamada de *apreciação* do dólar; uma queda na taxa de câmbio é camada de *depreciação*. Quando a moeda corrente interna se aprecia, ela compra mais da moeda corrente estrangeira; quando ela se deprecia, compra menos. Uma valorização é chamada às vezes de *fortalecimento* da moeda corrente, enquanto uma depreciação pode ser chamada de *enfraquecimento* da moeda corrente.

Taxa de câmbio real A **taxa de câmbio real** é o preço relativo dos bens de dois países. Ou seja, a taxa de câmbio real nos informa a taxa com base na qual podemos trocar bens de um país por bens de outro. A taxa de câmbio real é às vezes conhecida como *termos de troca*.

Para verificar a relação entre a taxa de câmbio real e a taxa de câmbio nominal, consideremos um único bem produzido em muitos países: automóveis. Suponhamos que um automóvel norte-americano custe US$ 30.000, enquanto um carro japonês similar custe 6.000.000 de ienes. Para comparar o preço desses dois automóveis, devemos converter esses preços em uma moeda corrente comum. Se um dólar vale 100 ienes, então o automóvel norte-americano custa 100 × 30.000 ou 3.000.000 de ienes. Comparando o preço do automóvel norte-americano (3.000.000 de ienes) com o preço do automóvel japonês (6.000.000), concluímos que o carro norte-americano custa a metade do que custa o carro japonês. Em outras palavras, considerando os preços correntes, podemos trocar dois automóveis norte-americanos por um automóvel japonês.

Podemos sintetizar nosso cálculo da seguinte maneira:

$$\text{Taxa de Câmbio Real} = \frac{(110 \text{ Ienes/Dólares}) \times \left(30.000 \dfrac{\text{Dólares}}{\text{Automóvel}} \text{ norte-americano}\right)}{6.000.000 \text{ Ienes / Automóvel japonês}}$$

$$= 0,5 \frac{\text{Automóvel japonês}}{\text{Automóvel norte-americano}}$$

Por esses preços e essa taxa de câmbio, obtemos metade de um carro japonês por carro norte-americano. Em termos mais gerais, podemos escrever esse cálculo sob a forma

$$\text{Taxa de Câmbio Real} = \frac{\text{Taxa de Câmbio Nominal} \times \text{Preço do Bem Nacional}}{\text{Preço do Bem Estrangeiro}}$$

A taxa com base na qual trocamos bens estrangeiros por bens nacionais depende dos preços dos bens, nas moedas correntes locais, e da taxa na qual essas moedas correntes são trocadas.

Esse cálculo para a taxa de câmbio real, correspondente a um único bem, sugere o modo como devemos definir a taxa de câmbio real para uma cesta de bens mais ampla. Façamos com que e represente a taxa de câmbio nominal (a quantidade de ienes por dólar), P o nível de preços nos Estados Unidos (mensurado em dólares) e P^* o nível de preços do Japão (mensurado em ienes). Com isso, a taxa de câmbio real, ϵ, passa a ser

$$\text{Taxa de Câmbio Real} = \text{Taxa de Câmbio Nominal} \times \text{Razão entre os Níveis de Preços}$$

$$\epsilon = e \times (P/P^*).$$

A taxa de câmbio real entre dois países é calculada a partir da taxa de câmbio nominal e dos níveis de preços nos dois países. *Se a taxa de câmbio real é alta, os bens estrangeiros são relativamente baratos e os bens nacionais são relativamente caros. Se a taxa de câmbio real é baixa, os bens estrangeiros são relativamente caros e os bens nacionais, relativamente baratos.*

A taxa de câmbio real e a balança comercial

Que influência macroeconômica exerce a taxa de câmbio real? Para responder a essa pergunta, lembre-se de que a taxa de câmbio real representa nada mais do que um preço relativo. Exatamente do mesmo modo que os preços relativos de hambúrgueres e pizzas determinam qual deles você escolhe para o almoço, o preço relativo dos bens nacionais e dos bens estrangeiros afeta a demanda por esses bens.

Suponhamos, por exemplo, que a taxa de câmbio real para os Estados Unidos seja baixa. Nesse caso, uma vez que os bens norte-americanos estejam relativamente baratos, os habitantes do país desejarão comprar menor quantidade de bens importados: comprarão Fords em vez de Toyotas; beberão Budweiser em vez de Heineken; e passarão suas férias na Flórida, não na Itália. Pela mesma razão, os estrangeiros desejarão adquirir uma grande quantidade de bens norte-americanos. Comprarão Fords, beberão Budweiser, viajarão de férias para Orlando. Como resultado das ações de norte-americanos e estrangeiros, as exportações líquidas dos EUA serão altas.

O oposto ocorre caso a taxa de câmbio real dos Estados Unidos seja alta. Nesse caso, os bens norte-americanos estarão caros em relação a bens estrangeiros. Os norte-americanos comprarão muitos bens importados e os estrangeiros comprarão menor quantidade de bens norte-americanos. Consequentemente, as exportações líquidas dos EUA serão baixas.

Escrevemos essa relação entre a taxa de câmbio real e as exportações líquidas como

$$NX = NX(\epsilon).$$

Esta equação enuncia que as exportações líquidas são uma função da taxa de câmbio real. A Figura 6.7 ilustra a relação negativa entre a balança comercial e a taxa de câmbio real.

Determinantes da taxa de câmbio real

Temos, agora, todas as peças necessárias para desenvolver um modelo que explique quais fatores determinam a taxa de câm-

---

* No Brasil, convencionou-se expressar a taxa de câmbio em unidades de moeda nacional (real) por unidade de moeda estrangeira (dólar, euro etc,), o contrário do que o autor adotou. Isso não altera a taxa, pois um caso é apenas o inverso do outro. (N.R.)

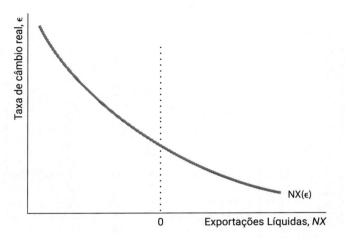

Figura 6.7 Exportações líquidas e a taxa de câmbio real. A Figura mostra a relação entre a taxa de câmbio real e as exportações líquidas: quanto mais baixa a taxa de câmbio real, mais baratos serão os bens nacionais em relação aos bens estrangeiros e, consequentemente, maiores serão nossas exportações líquidas. Observe que uma parcela do eixo horizontal mede valores negativos para *NX*: se as importações podem exceder as exportações, as exportações líquidas podem ser menores do que zero.

bio real. Especificamente, combinamos a relação entre exportações líquidas e taxa de câmbio real, que acabamos de analisar, com o modelo para a balança comercial, que desenvolvemos anteriormente neste capítulo. Podemos sintetizar a análise da seguinte maneira:

- O valor real de uma moeda corrente está inversamente relacionado com as exportações líquidas. Quando a taxa de câmbio real é mais baixa, os bens nacionais ficam mais baratos em relação aos bens estrangeiros e as exportações líquidas são maiores.
- A balança comercial (exportações líquidas) deve necessariamente ser igual ao fluxo líquido de capital para o exterior, que, por sua vez, é igual a poupança menos investimento. A poupança é determinada pela função consumo e pela política fiscal; o investimento é determinado pela função investimento e pela taxa de juros internacional.

A Figura 6.8 ilustra essas duas condições. A linha que mostra a relação entre exportações líquidas e taxa de câmbio real apresenta inclinação descendente, uma vez que uma taxa de câmbio real baixa faz com que os bens nacionais tornem-se relativamente baratos. A linha que representa o excedente da poupança em relação ao investimento, $S - I$, é vertical, já que nem a poupança nem o investimento dependem da taxa de câmbio real. A intercessão entre essas duas linhas determina a taxa de câmbio real de equilíbrio.

A Figura 6.8 se assemelha a um diagrama comum para oferta e demanda. Na realidade, você pode imaginar esse diagrama como a representação de oferta e demanda para o câmbio de moeda estrangeira. A linha vertical, $S - I$, representa o fluxo líquido de capital para o exterior e, por conseguinte, a oferta de moeda corrente nacional a ser trocada por moeda corrente estrangeira e investida no exterior. A linha que apresenta inclinação descendente, $NX(\epsilon)$, representa a demanda líquida por moeda nacional oriunda de estrangeiros que desejam moeda nacional com o objetivo de adquirir bens desse país. *Na taxa de câmbio real de equilíbrio, a oferta de moeda nacional, disponível a partir do fluxo líquido de capital para o exterior, equilibra a demanda por moeda nacional por parte de estrangeiros que desejam comprar as exportações líquidas desse país.*

Como as políticas econômicas influenciam a taxa de câmbio real

Podemos usar esse modelo para mostrar de que modo as mudanças na política econômica discutidas anteriormente afetam a taxa de câmbio real.

Política fiscal interna

O que acontece com a taxa de câmbio real se o governo reduz a poupança nacional, por meio do aumento nas compras do governo ou de um corte nos impostos? Como já ressaltamos, essa redução na poupança diminui $S - I$ e, consequentemente, NX. Ou seja, a redução da poupança causa um déficit comercial.

A Figura 6.9 mostra como a taxa de câmbio real de equilíbrio se ajusta, de modo a garantir que *NX* caia. A mudança na política fiscal desloca a linha vertical $S - I$ para a esquerda, reduzindo a oferta de moeda nacional a ser investida no exterior. A oferta mais baixa faz com que a taxa de câmbio real de equilíbrio se eleve de ϵ_1 para ϵ_2 - ou seja, a moeda nacional passa a valer mais. Em decorrência do aumento no valor da moeda nacional, os bens nacionais tornam-se mais caros em relação aos bens estrangeiros, o que faz com que as exportações diminuam e as importações cresçam. A variação nas exportações e a variação nas importações atuam, ambas, no sentido de reduzir as exportações líquidas.

Política fiscal no exterior

O que acontece com a taxa de câmbio real, se os governos estrangeiros aumentarem suas compras de governo ou reduzirem os impostos? Qualquer uma dessas mudanças na política

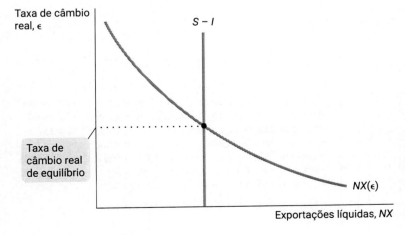

Figura 6.8 Como é determinada a taxa de câmbio real. A taxa de câmbio real é determinada pela interseção entre a linha vertical, que representa poupança menos investimento, e a curva das exportações líquidas, que apresenta inclinação descendente. Nessa intercessão, a quantidade de moeda nacional fornecida para o fluxo de capital ao exterior é igual à quantidade de moeda nacional demandada para a exportação líquida de bens e serviços.

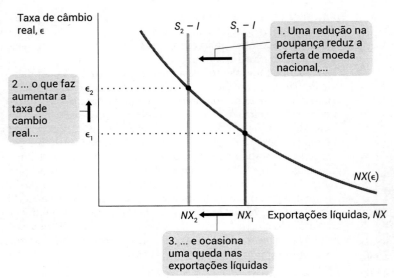

Figura 6.9 Impacto da política fiscal expansionista interna sobre a taxa de câmbio real. Uma política fiscal expansionista interna, tal como um crescimento nas compras do governo ou um corte nos impostos, reduz a poupança nacional. A queda na poupança reduz de $S_1 - I$ para $S_2 - I$ a oferta de moeda nacional a ser trocada por moeda estrangeira. Esse deslocamento faz com que a taxa de câmbio real de equilíbrio aumente de ϵ_1 para ϵ_2.

fiscal diminui a poupança internacional e aumenta a taxa de juros internacional. O aumento na taxa de juros internacional reduz o investimento interno, I, o que faz crescer $S - I$ e, consequentemente, NX. Ou seja, o aumento na taxa de juros internacional causa superávit comercial.

A Figura 6.10 mostra que essa mudança na política fiscal desloca a linha vertical $S - I$ para a direita, aumentando a oferta de moeda nacional a ser investida no exterior. A taxa de câmbio real de equilíbrio diminui. Ou seja, a moeda nacional passa a ser menos valiosa, e os bens internos tornam-se mais baratos em relação aos bens estrangeiros.

Variações na demanda por investimentos

O que acontece com a taxa de câmbio real se a demanda interna por investimentos aumenta, talvez porque o Congresso aprove um crédito fiscal para investimentos? No nível da taxa de juros internacional preestabelecida, o crescimento na demanda por investimentos acarreta investimento mais alto. Um valor mais alto de I significa valores mais baixos de $S - I$ e de NX. Ou seja, o crescimento na demanda por investimentos causa um déficit comercial.

A Figura 6.11 mostra que o crescimento na demanda por investimentos desloca a linha vertical $S - I$ para a esquerda, reduzindo a oferta de dólares a serem investidos no exterior. A taxa de câmbio real de equilíbrio se eleva. Por conseguinte, quando o crédito fiscal para investimentos torna mais atraente investir nos Estados Unidos, ele também eleva o valor dos dólares norte-americanos necessários para que esses investimentos sejam realizados. Quando o dólar se valoriza, os bens nacionais ficam mais caros em relação aos bens estrangeiros, e as exportações líquidas diminuem.

Efeitos das políticas comerciais

Agora que temos um modelo que explica a balança comercial e a taxa de câmbio real, dispomos também das ferramentas para examinar os efeitos macroeconômicos das políticas comerciais. Políticas comerciais, definidas em termos amplos, são políticas desenvolvidas para influenciar diretamente a quantidade de bens e serviços exportados ou importados. Com bastante frequência, as políticas comerciais assumem a forma de mecanismos de proteção para as indústrias nacionais contra a concorrência externa – seja pela aplicação de um imposto sobre as importações estrangeiras (uma tarifa), seja pela restrição em relação à quantidade de bens e serviços que podem ser importados (uma cota).

Como exemplo de política comercial protecionista, imagine o que aconteceria se o governo proibisse a importação de automóveis estrangeiros. Sob qualquer taxa de câmbio real de-

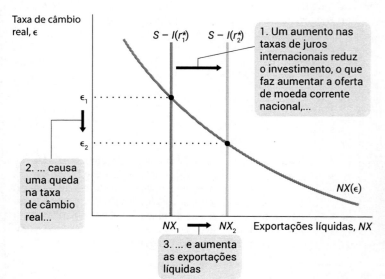

Figura 6.10 Impacto da política fiscal expansionista no exterior sobre a taxa de câmbio real. A política fiscal expansionista no exterior reduz a poupança internacional e eleva de r^*_1 para r^*_2 a taxa de juros internacional. O aumento na taxa de juros internacional reduz o investimento no país, o que, por sua vez, faz crescer a oferta de moeda corrente nacional a ser trocada por moedas correntes estrangeiras. Como resultado, a taxa de câmbio real de equilíbrio cai de ϵ_1 para ϵ_2.

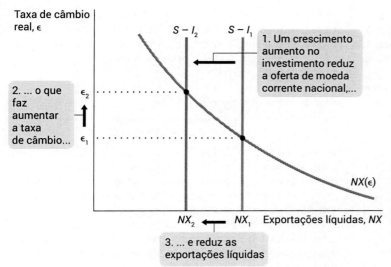

Figura 6.11 Impacto de um aumento na demanda por investimentos sobre a taxa de câmbio real. Um aumento na demanda por investimentos eleva de I_1 para I_2 a quantidade de investimentos internos. Como resultado, a oferta de moeda corrente nacional a ser trocada por moedas estrangeiras diminui de $S - I_1$ para $S - I_2$. Essa diminuição na oferta faz com que cresça de ϵ_1 pra ϵ_2 a taxa de câmbio real de equilíbrio.

terminada, as importações seriam agora menores, implicando que as exportações líquidas (exportações menos importações) seriam maiores. Por conseguinte, a curva de exportações líquidas se deslocaria para fora, como na Figura 6.12. Para ver os efeitos da política comercial, comparamos o antigo equilíbrio com o novo. No novo equilíbrio, a taxa de câmbio real é mais elevada e as exportações líquidas permanecem inalteradas. Apesar do deslocamento na curva de exportações líquidas, o nível de equilíbrio das exportações líquidas permanece inalterado, pois a política protecionista não altera a poupança ou o investimento.

Esta análise mostra que políticas comerciais protecionistas não afetam a balança comercial. Essa surpreendente conclusão é frequentemente ignorada nos debates públicos sobre políticas comerciais. Como um déficit comercial reflete excesso de importações em relação a exportações, pode-se imaginar que uma redução nas importações – como ocorre com a proibição da importação de automóveis estrangeiros – reduziria um déficit comercial. Entretanto, nosso modelo mostra que as políticas protecionistas acarretam apenas valorização na taxa de câmbio real. O aumento no preço dos bens nacionais em relação aos bens estrangeiros tende a diminuir as exportações líquidas, pelo fato de estimular importações e desestimular exportações. Por conseguinte, a valorização contrabalança os efeitos do crescimento nas exportações líquidas que possa ser atribuído diretamente à restrição comercial.

Embora não alterem a balança comercial, as políticas comerciais protecionistas efetivamente afetam o volume de comércio. Conforme já verificamos, uma vez que a taxa de câmbio real se valoriza, os bens e serviços que produzimos tornam-se mais caros em relação aos bens e serviços estrangeiros. Com isso, exportamos menos no novo equilíbrio. Com as exportações líquidas permanecendo inalteradas, precisamos também importar menos. (A valorização da taxa de câmbio efetivamente estimula as importações até certo ponto, mas isso contrabalança somente em parte o decréscimo nas importações resultante da restrição comercial.) Consequentemente, as políticas protecionistas reduzem tanto a quantidade de importações quanto a quantidade de exportações.

Essa queda no volume total de comércio é a razão pela qual os economistas quase sempre se opõem a políticas protecionistas. O comércio internacional beneficia todos os países, pelo

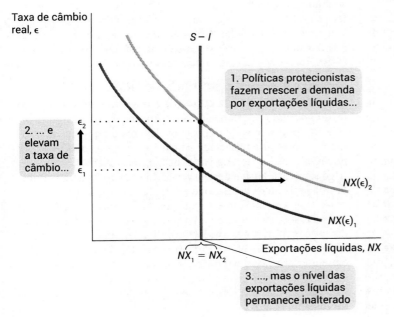

Figura 6.12 Impacto de políticas comerciais protecionistas sobre a taxa de câmbio real. Uma política comercial protecionista, tal como uma barreira à importação de automóveis, desloca a curva de exportações líquidas de $NX(\epsilon)_1$ para $NX(\epsilon)_2$, o que faz com que a taxa de câmbio real aumente de ϵ_1 para ϵ_2. Observe que, apesar do deslocamento na curva de exportações líquidas, o nível de equilíbrio das exportações líquidas permanece inalterado.

fato de permitir que cada país se especialize naquilo que produz melhor e por proporcionar a cada país uma variedade maior de bens e serviços. As políticas protecionistas diminuem esses ganhos provenientes do comércio. Embora tais políticas beneficiem determinados grupos no âmbito da sociedade – por exemplo, uma barreira em relação à importação de automóveis ajuda os produtores de automóveis nacionais –, a sociedade em geral fica em pior situação quando políticas reduzem o volume de comércio internacional.

Determinantes da taxa de câmbio nominal

Tendo verificado aquilo que determina a taxa de câmbio real, direcionamos agora nossa atenção para a taxa de câmbio nominal – a taxa na qual as moedas correntes de dois países são trocadas. Lembre-se da relação entre taxa de câmbio real e taxa de câmbio nominal:

Taxa de Câmbio Real = Taxa de Câmbio Nominal × Razão entre os Níveis de Preços

$$\in = e \times (P/P^*).$$

Podemos escrever a taxa de câmbio nominal como

$$e = \in \times (P^*/P).$$

Esta equação mostra que a taxa de câmbio nominal depende da taxa de câmbio real e dos níveis de preços nos dois países. Dado o valor da taxa de câmbio real, se o nível de preços interno, P, cresce, então a taxa de câmbio nominal, e, cai: se um dólar passa a valer menos, um dólar comprará menor quantidade de ienes. Entretanto, se o nível de preços no Japão, P^*, se elevar, a taxa de câmbio nominal aumentará: uma vez que um iene passa a valer menos, um dólar comprará maior quantidade de ienes.

É instrutivo considerar as variações na taxa de câmbio ao longo do tempo. A equação para a taxa de câmbio pode ser escrita como

Variação percentual em e = Variação percentual em $\in$ + Variação percentual em P^* – Variação percentual em P.

A variação percentual em $\in$ corresponde à variação na taxa de câmbio real. A variação percentual em P corresponde à taxa de inflação interna, π, e a variação percentual em P^* corresponde à taxa de inflação no país estrangeiro, π^*. Sendo assim, a variação percentual na taxa de câmbio nominal é

Variação percentual em e = Variação percentual em $\in$ + ($\pi^* - \pi$)

Variação Percentual na Taxa de Câmbio Nominal = Variação Percentual na Taxa de Câmbio Real + Diferença entre Taxas de Inflação

Esta equação enuncia que a variação percentual na taxa de câmbio nominal entre as moedas correntes de dois países é igual à variação percentual na taxa de câmbio real somada à diferença entre suas respectivas taxas de inflação. *Se um país apresenta alta taxa de inflação em relação aos Estados Unidos, um dólar comprará uma quantidade cada vez maior da moeda corrente desse país, ao longo do tempo. Se um país apresenta taxa de inflação baixa em relação aos Estados Unidos, um dólar comprará uma quantidade cada vez menor da moeda corrente desse país ao longo do tempo.*

A análise mostra como a política monetária afeta a taxa de câmbio nominal. Sabemos, pelo que vimos no Capítulo 5, que uma forte expansão monetária acarreta inflação alta. Nesta seção, acabamos de verificar que uma das consequências da inflação alta é uma moeda corrente em depreciação: π crescente implica e decrescente. Em outras palavras, do mesmo modo que um aumento na quantidade de moeda corrente eleva o preço dos bens, medido em termos monetários, também tende a elevar o preço de moedas correntes estrangeiras, medido na moeda corrente interna.

ESTUDO DE CASO

INFLAÇÃO E TAXAS DE CÂMBIO NOMINAIS

Se examinarmos os dados sobre taxas de câmbio e níveis de preços de diferentes países, verificaremos rapidamente a importância da inflação para explicar variações na taxa de câmbio nominal. Os exemplos mais contundentes se encontram em períodos de inflação muito alta. Por exemplo, o nível de preços no México aumentou 2.300% no período entre 1983 e 1988. Por causa dessa inflação, o número de pesos que uma pessoa conseguia comprar com um dólar norte-americano cresceu de 144 em 1983 para 2.281 em 1988.

A mesma relação se aplica a países com inflação mais moderada. A Figura 6.13 é um diagrama de dispersão que demonstra a relação entre inflação e taxa de câmbio para 15 países. No eixo horizontal, está a diferença entre a taxa de inflação média de cada país e a taxa de inflação média dos Estados Unidos ($\pi^* - \pi$). No eixo vertical, está a variação percentual média na taxa de câmbio entre a moeda corrente de cada país e o dólar norte-americano (variação percentual em e). A relação positiva entre essas duas variáveis fica clara na figura. A correlação entre essas variáveis – uma estatística que varia entre -1 e $+1$ e mede a intensidade da relação entre as variáveis – é 0,85. Países com inflação relativamente alta tendem a ter moedas que se depreciam (um norte-americano consegue comprar mais com seus dólares ao longo do tempo), enquanto os países com inflação relativamente baixa tendem a ter desvalorização de moeda (um norte-americano consegue comprar menos com seus dólares ao longo do tempo).

Como exemplo, considere a taxa de câmbio entre francos suíços e dólares norte-americanos. Tanto a Suíça quanto os Estados Unidos já passaram por períodos de inflação ao longo desses anos, de modo que tanto o franco quanto o dólar compram hoje uma quantidade menor de bens do que no passado. Entretanto, como ilustra a Figura 6.13, a inflação na Suíça tem se mantido mais baixa do que a inflação nos Estados Unidos. Isto significa que o valor do franco diminuiu menos do que valor referente ao dólar. Consequentemente, a quantidade de francos suíços que você consegue comprar com um dólar norte-americano vem decrescendo ao longo do tempo.

O caso especial da paridade do poder de compra

Uma hipótese famosa no estudo da economia, conhecida como *lei do preço único*, estabelece que o mesmo bem não pode ser vendido por preços diferentes, em lugares diferentes, ao mesmo tempo. Se uma tonelada de trigo é vendida em Nova York por menor valor do que em Chicago, seria lucrativo comprar trigo em Nova York e depois vendê-lo em Chicago. Essa oportunidade de lucro ficaria logo aparente para os astutos *arbitradores* – pessoas que se especializam em "comprar barato" em um mercado e "vender mais caro" em outro mercado. À medida que os arbitradores fossem tirando proveito dessa oportunidade, eles fariam subir a demanda por trigo em Nova York e aumentariam a oferta em Chicago. Suas ações impulsionariam os preços do trigo para cima em Nova York e para baixo em Chicago, garantindo, desse modo, que os preços ficassem iguais nos dois mercados.

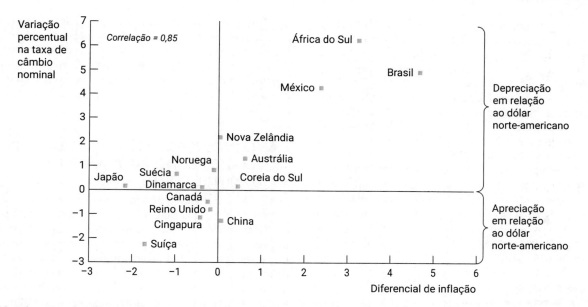

Figura 6.13 Diferenciais de inflação e taxa de câmbio. Este diagrama de dispersão mostra a relação entre inflação e a taxa de câmbio nominal. O eixo horizontal mostra a taxa de inflação média do país menos a taxa de inflação média dos Estados Unidos, durante o período de 2000 a 2016. O eixo vertical corresponde à variação percentual média na taxa de câmbio do país (por dólar norte-americano) ao longo desse mesmo período. A Figura mostra que países com inflação relativamente alta tendem a ter moedas em depreciação, enquanto países com inflação relativamente baixa tendem a ter moedas em valorização.
Fonte: St. Louis FRED.

A lei do preço único aplicada ao mercado internacional é conhecida como **paridade do poder de compra**. Segundo essa lei, se a arbitragem internacional é possível, um dólar (ou qualquer outra moeda corrente) deve ter o mesmo poder de compra em todos os países. O argumento é o seguinte: se um dólar conseguisse comprar mais trigo internamente do que no exterior, haveria oportunidades de lucrar com a compra do trigo dentro do país e com a sua venda no exterior. Os arbitradores, na busca por lucros, direcionariam para cima o preço interno do trigo em relação ao preço no exterior. De maneira análoga, se um dólar conseguisse comprar mais trigo no exterior do que internamente, os arbitradores comprariam trigo no exterior e venderiam esse trigo internamente, direcionando para baixo o preço interno em relação ao preço no exterior. Sendo assim, a busca de lucros por parte dos arbitradores internacionais faz com que os preços do trigo sejam os mesmos em todos os países.

Podemos interpretar a doutrina da paridade do poder de compra utilizando nosso modelo para a taxa de câmbio real. A rápida ação desses arbitradores internacionais indica que as exportações líquidas são fortemente sensíveis a pequenas alterações na taxa de câmbio real. Uma diminuição mínima no preço de bens internos em relação a bens do exterior – ou seja, uma pequena diminuição da taxa de câmbio real – faz com que os arbitradores comprem bens internamente e os vendam no exterior. Da mesma forma, um pequeno aumento no preço relativo dos bens internos faz com que os arbitradores importem bens do exterior. Consequentemente, como mostra a Figura 6.14, a curva de exportações líquidas é muito pouco inclinada no nível da taxa de câmbio real que iguala o poder de compra entre os países: uma pequena alteração na taxa de câmbio real acarreta uma grande mudança nas exportações líquidas. Essa extrema sensibilidade das exportações líquidas possibilita que a taxa de câmbio real de equilíbrio esteja sempre próxima do nível que garante a paridade do poder de compra.

A paridade do poder de compra tem duas implicações importantes. A primeira delas é que, sendo plana a curva de ex-

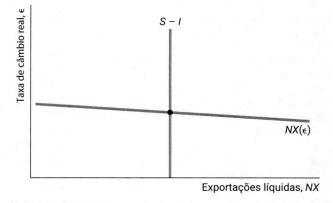

Figura 6.14 Paridade do poder de compra. A lei do preço único, aplicada ao mercado internacional, sugere que as exportações líquidas são fortemente sensíveis a pequenas variações na taxa de câmbio real. Essa forte sensibilidade é refletida aqui em uma curva de exportações líquidas praticamente plana.

portações líquidas, variações na poupança ou no investimento não influenciam a taxa de câmbio real ou a taxa de câmbio nominal. A segunda é que, se a taxa de câmbio real é fixa, todas as variações na taxa de câmbio nominal resultam de variações nos níveis de preços.

Essa doutrina da paridade de poder de compra é realista? A maior parte dos economistas acredita que, apesar de sua lógica atraente, a paridade do poder de compra não proporciona uma descrição completamente precisa do mundo. Uma das razões é que muitos bens e serviços não são facilmente comercializados. Um corte de cabelo pode ser mais caro em Tóquio do que em Nova York, mas não existem condições para a arbitragem internacional, já que é impossível transportar cortes de cabelo. Além disso, até mesmo os bens comercializáveis nem sempre constituem substitutos perfeitos. Como alguns consumidores preferem Toyotas enquanto outros preferem Fords, o preço relativo de Toyotas e Fords pode variar até certo ponto, sem que isso abra espaço para qualquer oportunidade de lucro pela arbitragem. Por esses motivos, as taxas de câmbio reais efetivamente variam ao longo do tempo.

Embora a teoria da paridade do poder de compra não descreva o mundo com perfeição, ela efetivamente proporciona uma razão pela qual a movimentação na taxa de câmbio real é limitada. Existe grande parcela de validade nessa lógica subjacente: quanto mais a taxa de câmbio real vai se afastando do nível previsto pela paridade do poder de compra, maior o incentivo para que as pessoas se envolvam na arbitragem internacional de bens. Embora não possamos nos basear na paridade do poder de compra para que se eliminem todas as variações na taxa de câmbio real, essa teoria proporciona uma razão para esperarmos que as oscilações na taxa de câmbio real sejam, de modo geral, pequenas ou temporárias.[*3]

ESTUDO DE CASO

O BIG MAC AO REDOR DO MUNDO

A teoria da paridade do poder de compra enuncia que, depois de ajustarmos as taxas de câmbio, devemos constatar que os bens são vendidos pelo mesmo preço, em toda parte. Por outro lado, ela afirma que a taxa de câmbio entre duas moedas correntes deve depender dos níveis de preços nos dois países.

Para verificar como funciona essa teoria, *The Economist*, uma revista informativa de âmbito internacional, coleta regularmente dados sobre o preço de um bem vendido em muitos países: o hambúrguer Big Mac, do McDonald's. De acordo com a paridade do poder de compra, o preço de um Big Mac deveria estar intrinsecamente relacionado com a taxa de câmbio nominal do país. Quanto mais alto o preço de um Big Mac, em termos da moeda corrente local, mais alta deverá ser a taxa de câmbio (medida em unidades da moeda corrente local por dólar norte-americano).

A Tabela 6.2 apresenta os preços internacionais em 2017, quando um Big Mac era vendido a US$ 5,30 nos Estados Unidos (este era o preço médio em Nova York, São Francisco, Chicago e Atlanta). Considerando esses dados, podemos utilizar a teoria da paridade do poder de compra para fazermos previsões sobre as taxas de câmbio nominais. Por exemplo, tendo em vista que um Big Mac custava 16,50 reais no Brasil, poderíamos prever que a taxa de câmbio entre o dólar e o real corresponderia a 16,50/5,30, ou 3,11 reais por dólar. No patamar dessa taxa de câmbio, um Big Mac teria que custar o mesmo no Brasil e nos Estados Unidos.

A Tabela 6.2 mostra a taxa de câmbio prevista e a taxa de câmbio real para 36 países, mais a área do Euro, ordenados com base na taxa de câmbio prevista. Você consegue verificar que os indícios sobre a paridade do poder de compra são convergentes. Como demonstram as duas últimas colunas, a taxa de câmbio prevista e a taxa de câmbio efetiva estão, de modo geral, no mesmo patamar. Nossa teoria prevê, por exemplo, que um dólar norte-americano deve comprar a maior quantidade de rupias indonésias e a menor quantidade de libras esterlinas, e isso se mostra verdadeiro. No caso do Brasil, a taxa de câmbio prevista, de 3,11 reais por dólar, está próxima da taxa de câmbio real, de 3,23 reais por dólar. Entretanto, as previsões da teoria estão longe de ser exatas, e, em muitos casos, a diferença corresponde a 30% ou mais. Portanto, embora proporcione uma orientação aproximada para o nível das taxas de câmbio, a teoria da paridade do poder de compra não consegue explicá-las completamente.

6.4 CONCLUSÃO: OS ESTADOS UNIDOS COMO ECONOMIA ABERTA DE GRANDE PORTE

Neste capítulo, vimos como funciona uma economia aberta de pequeno porte. Examinamos os determinantes do fluxo internacional de recursos para acumulação de capital e o fluxo internacional de bens e serviços. Examinamos também os determinantes das taxas de câmbio nominal e da taxa de câmbio real de um país. Nossa análise mostra como várias políticas econômicas – políticas monetárias, políticas fiscais e políticas comerciais – afetam a balança comercial e a taxa de câmbio.

A economia que estudamos é "de pequeno porte" no sentido de que sua taxa de juros é estabelecida pelos mercados financeiros internacionais. Ou seja, presumimos que essa economia não afeta a taxa de juros internacional e que ela pode tomar emprestado e emprestar, no nível da taxa de juros internacional, em quantias limitadas. Esse pressuposto se contrapõe àquele que definimos quando estudamos a economia fechada, no Capítulo 3. Na economia fechada, a taxa de juros interna equilibra a poupança interna e o investimento interno, implicando que as políticas econômicas que influenciam a poupança ou o investimento alteram a taxa de juros de equilíbrio.

Qual dessas análises devemos aplicar a uma economia como a dos Estados Unidos? A resposta é: um pouco de ambas. Os Estados Unidos não são nem tão grandes nem tão isolados para que fiquem imunes aos eventos que estejam ocorrendo no exterior. Os grandes déficits comerciais das décadas de 1980, 1990 e 2000 demonstram a importância dos mercados financeiros internacionais para o financiamento de investimentos nos Estados Unidos. Sendo assim, a análise de economia fechada apresentada no Capítulo 3 não consegue, por si só, explicar completamente o impacto das políticas econômicas sobre a economia norte-americana.

Contudo, a economia norte-americana também não é tão pequena ou tão aberta para que a análise apresentada neste capítulo possa ser perfeitamente aplicada. Em primeiro lugar, a economia dos Estados Unidos é grande o suficiente para que seja capaz de influenciar os mercados financeiros internacionais. Em segundo lugar, o capital pode não possuir perfeita mobilidade entre os países. Se os indivíduos preferem manter sua riqueza na forma de ativos internos, e não de ativos estrangeiros, os recursos destinados à acumulação de capital não fluirão livremente de modo a igualar as taxas de juros em todos os países. Por essas duas razões, não podemos aplicar diretamente nosso modelo da economia aberta de pequeno porte aos Estados Unidos.

Ao analisar a política econômica de um país como os Estados Unidos, precisamos combinar a lógica da economia fechada, apresentada no Capítulo 3, com a lógica da economia aberta de pequeno porte, apresentada neste capítulo. O apêndice deste capítulo desenvolve um modelo de economia entre esses dois extremos. Nesse caso intermediário, existem concessões de empréstimos e tomadas de empréstimos internacionais, mas a taxa de juros não é estabelecida pelos mercados

---

[*3] Para aprender mais sobre a paridade do poder de compra, veja FROOT, Kenneth A.; ROGOFF, Kenneth. Perspectives on PPP and long-run real exchange rates. In: GROSSMAN, Gene M.; ROGOFF, Kenneth (ed.). *Handbook of international economics*. Amsterdam: North-Holland, 1995. v. 3.

Tabela 6.2 Preços do Big Mac e a taxa de câmbio: uma aplicação da paridade do poder de compra

País	Moeda corrente	Preço de um Big Mac	Taxa de câmbio (por dólar norte-americano) Prevista	Real
Indonésia	Rupia	32.126,00	6.062	13.370
Colômbia	Peso colombiano	9.900,00	1.868	3.052
Coreia do Sul	Won	4.400,00	830	1.145
Chile	Peso chileno	2.550,00	481	663
Hungria	Florim húngaro	862,00	163	269
Japão	Iene	380,00	71,7	113,1
Paquistão	Rupia paquistanesa	375,00	70,8	105,2
Índia	Rupia	178,00	33,6	64,6
Rússia	Rublo	137,00	25,8	60,1
Filipinas	Peso filipino	134,00	25,3	50,6
Tailândia	Bate	119,00	22,5	34,0
República Tcheca	Coroa tcheca	75,00	14,2	22,9
Argentina	Peso argentino	70,00	13,2	17,0
Taiwan	Novo dólar taiwanês	69,00	13,0	30,5
Noruega	Coroa norueguesa	49,00	9,25	8,29
México	Peso mexicano	49,00	9,25	17,79
Suécia	Coroa sueca	48,97	9,24	8,42
Egito	Libra egípcia	31,37	5,92	17,89
Dinamarca	Coroa dinamarquesa	30,00	5,66	6,51
África do Sul	Rand	30,00	5,66	13,27
China	Yuan	19,80	3,74	6,79
Hong Kong	Dólar de Hong Kong	19,20	3,62	7,81
Israel	Novo shekel israelense	16,90	3,19	3,54
Brasil	Real	16,50	3,11	3,23
Arábia Saudita	Riyal	12,00	2,26	3,75
Turquia	Lira turca	10,75	2,03	3,58
Peru	Novo sol	10,50	1,98	3,25
Polônia	Zloty	10,10	1,91	3,71
Malásia	Ringgit malaio	8,60	1,62	4,29
Suíça	Franco suíço	6,50	1,23	0,96
Nova Zelândia	Dólar da Nova Zelândia	6,10	1,15	1,38
Canadá	Dólar canadense	5,97	1,13	1,28
Austrália	Dólar australiano	5,90	1,11	1,30
Singapura	Dólar de Singapura	5,60	1,06	1,38
Estados Unidos	Dólar	5,30	1,00	1,00
Área do Euro	Euro	3,91	0,74	0,88
Reino Unido	Libra	3,19	0,60	0,78

Observação: A taxa de câmbio prevista é a taxa de câmbio que tornaria o preço de um Big Mac em determinado país igual a seu preço nos Estados Unidos.
Fonte: *The Economist*.

financeiros internacionais. Em vez disso, quanto mais a economia toma emprestado do exterior, maior a taxa de juros que deve oferecer aos investidores estrangeiros. Os resultados, não surpreendentemente, são uma mistura dos dois casos extremos que já examinamos.

Considere, por exemplo, uma redução na poupança nacional decorrente de expansão fiscal. Do mesmo modo que na economia fechada, essa política eleva a taxa de juros real e não deixa espaço para o investimento interno. Do mesmo modo que na economia aberta de pequeno porte, essa política também reduz o fluxo líquido de capital para o exterior, acarretando déficit comercial e valorização na taxa de câmbio.

Consequentemente, embora não descreva com precisão uma economia como a dos Estados Unidos, o modelo da economia aberta de pequeno porte aqui examinado proporciona, aproximadamente, a resposta correta para o modo como as políticas econômicas afetam a balança comercial e a taxa de câmbio.

Resumo

1. Exportações líquidas correspondem à diferença entre exportações e importações. São iguais à diferença entre o que produzimos e o que demandamos para fins de consumo, investimento e compras do governo.

2. O fluxo líquido de capital para o exterior corresponde ao excedente da poupança interna em relação ao investimento interno. A balança comercial corresponde ao montante recebido por nossas exportações líquidas de bens e serviços. A identidade das contas nacionais mostra que o fluxo líquido de capital para o exterior é sempre igual à balança comercial.
3. O impacto de qualquer política econômica sobre a balança comercial pode ser determinado pelo exame de seu impacto na poupança e no investimento. Políticas que façam crescer a poupança ou que reduzam o investimento acarretam superávit comercial, enquanto políticas que reduzam a poupança ou façam crescer o investimento acarretam déficit comercial.
4. A taxa de câmbio nominal é a taxa com base na qual as pessoas negociam a moeda corrente de um país pela moeda corrente do outro país. A taxa de câmbio real corresponde à taxa com base na qual as pessoas negociam os bens produzidos pelos dois países. A taxa de câmbio real é a taxa de câmbio nominal multiplicada pela proporção entre os níveis de preços nos dois países.
5. Uma vez que a taxa de câmbio real corresponde ao preço dos bens nacionais em relação aos bens estrangeiros, uma valorização na taxa de câmbio real tende a reduzir as exportações líquidas. A taxa de câmbio real de equilíbrio é a taxa na qual a quantidade de exportações líquidas demandadas é igual ao fluxo líquido de capital para o exterior.
6. A taxa de câmbio nominal é determinada pela taxa de câmbio real e pelos níveis de preços nos dois países. Mantendo-se tudo o mais constante, uma taxa de inflação alta leva à depreciação da moeda.

Questionário rápido

1. Quando uma nação incorre em um déficit comercial,
   a) ele recebe um fluxo de capital oriundo do exterior.
   b) sua poupança excede seu investimento interno.
   c) sua produção excede a soma de seu consumo, investimento e compras do governo.
   d) todas as respostas anteriores

2. Tudo o mais permanecendo inalterado, um aumento nas compras de bens e serviços por parte do governo empurra a balança comercial em direção a um _____ e faz com que a moeda corrente se _____.
   a) superávit, valorize
   b) superávit, desvalorize
   c) déficit, valorize
   d) déficit, desvalorize

3. Tudo o mais permanecendo inalterado, um crescimento na taxa de juros internacional empurra a balança comercial em direção a um _____ e faz com que a moeda corrente se _____.
   a) superávit, valorize
   b) superávit, desvalorize
   c) déficit, valorize
   d) déficit, desvalorize

4. Se uma restrição à importação não influencia o investimento ou a poupança interna, ela faz com que a moeda corrente de um país se
   a) valorize, resultando em importações inalteradas.
   b) desvalorize, resultando em importações inalteradas.
   c) valorize, resultando em uma balança comercial inalterada.
   d) desvalorize, resultando em uma balança comercial inalterada.

5. Qual dos seguintes eventos faria com que a moeda corrente se depreciasse?
   a) uma redução fiscal
   b) uma aceleração no investimento
   c) um crescimento nos impostos no exterior
   d) um crescimento no nível de preços

6. Suponha que o preço para uma xícara de café seja US$ 3,00 em Boston e 6 euros em Berlim. De acordo com a teoria da paridade do poder de compra, a taxa de câmbio é
   a) 1/3 euro por dólar
   b) 1/2 euro por dólar
   c) 2 euros por dólar
   d) 3 euros por dólar

CONCEITOS-CHAVE

Exportações líquidas
Balança comercial
Fluxo líquido de capital para o exterior
Superávit comercial e déficit comercial

Comércio equilibrado
Economia aberta de pequeno porte
Taxa de juros internacional
Taxa de câmbio nominal

Taxa de câmbio real
Paridade do poder de compra

Questões para revisão

1. Defina fluxo líquido de capital para o exterior e balança comercial. Explique qual a relação entre esses dois conceitos.
2. Defina taxa de câmbio nominal e taxa de câmbio real.
3. Se uma economia aberta de pequeno porte corta gastos com defesa, o que acontece com a poupança, o investimento, a balança comercial, a taxa de juros e a taxa de câmbio?
4. Se uma economia aberta de pequeno porte proíbe a importação de sistemas de *videogame* japoneses, o que acontece com a poupança, o investimento, a balança comercial, a taxa de juros e a taxa de câmbio?
5. De acordo com a teoria da paridade do poder de compra, se o Japão tem inflação baixa e o México tem inflação alta, o que acontece com a taxa de câmbio entre o iene japonês e o peso mexicano?

Problemas e aplicações

1. Utilize o modelo da economia aberta de pequeno porte para prever o que aconteceria com a balança comercial, a taxa de câmbio real e a taxa de câmbio nominal em resposta a cada um dos seguintes eventos:
   a) Uma queda na confiança dos consumidores quanto ao futuro os induz a gastar menos e poupar mais.
   b) Uma reforma fiscal aumenta os incentivos para que empresas construam novas fábricas.
   c) O lançamento de uma linha especial de Toyotas faz com que alguns consumidores passem a preferir automóveis estrangeiros aos automóveis nacionais.
   d) O banco central dobra a oferta monetária.
   e) Novas regulamentações que restringem o uso de cartões de crédito aumentam a demanda por moeda.

2. Considere uma economia descrita pelas seguintes equações:

$$Y = C + I + G + NX,$$
$$Y = 8.000,$$
$$G = 2.500,$$
$$T = 2.000,$$
$$C = 500 + 2/3\ (Y - T),$$
$$I = 900 - 50r,$$
$$NX = 1.500 - 250\epsilon,$$
$$r = r^* = 8.$$

   a) Nessa economia, encontre a poupança privada, a poupança pública, a poupança nacional, o investimento, a balança comercial e a taxa de câmbio de equilíbrio.
   b) Suponhamos, agora, que G seja reduzido para 2.000. Encontre a poupança privada, a poupança pública, a poupança nacional, o investimento, a balança comercial e a taxa de câmbio de equilíbrio. Explique o resultado.
   c) Suponhamos agora que a taxa de juros internacional diminua de 8% para 3% (G volta a ser 2.500). Encontre a poupança privada, a poupança pública, a poupança nacional, o investimento, a balança comercial e a taxa de câmbio de equilíbrio. Explique o resultado.

3. O país de Leverett é uma economia aberta de pequeno porte. De uma hora para outra, uma mudança das preferências internacionais faz com que as exportações de Leverett deixem de ser populares.
   a) O que acontece em Leverett com a poupança, o investimento, as exportações líquidas, a taxa de juros e a taxa de câmbio?
   b) Os cidadãos de Leverett gostam de viajar para o exterior. De que modo essa mudança na taxa de câmbio irá afetá-los?
   c) Os formuladores de políticas fiscais de Leverett desejam ajustar os impostos, de modo a manter a taxa de câmbio em seu patamar anterior. O que devem fazer? Se assim fizerem, quais serão os efeitos gerais sobre a poupança, o investimento, as exportações líquidas e a taxa de juros?

4. O que aconteceria com a balança comercial e com a taxa de câmbio real de uma economia aberta de pequeno porte caso as compras do governo aumentassem, como ocorre durante uma guerra? Sua resposta depende do fato de se tratar de uma guerra local ou de uma guerra mundial?

5. Um estudo de caso neste capítulo conclui que, se os países pobres mostrassem maior eficiência na produção e proteções legais, a balança comercial em países ricos, como os Estados Unidos, se moveria na direção de um superávit. Consideremos as razões pelas quais isso poderia ser verdadeiro.
   a) Se os países pobres do mundo mostrassem maior eficiência na produção e proteções legais, o que aconteceria com a função da demanda por investimentos nesses países?
   b) De que modo a mudança que você descreveu no item (a) afetaria a demanda por fundos de empréstimos, nos mercados financeiros internacionais?
   c) De que modo a mudança que você descreveu no item (b) afetaria a taxa de juros internacional?
   d) De que modo a mudança na taxa de juros mundial que você descreveu no item (c) afetaria a balança comercial nos países ricos?

6. O presidente dos Estados Unidos está avaliando a possibilidade de colocar uma tarifa sobre a importação de carros japoneses de luxo. Utilizando o modelo apresentado neste capítulo, discuta os aspectos econômicos e políticos desse tipo de decisão. Especificamente, de que modo essa política afetaria o déficit comercial dos Estados Unidos? De que modo afetaria a taxa de câmbio? Quem seria prejudicado por tal tipo de política? Quem se beneficiaria dela?

7. Apresentamos uma tabela semelhante à Tabela 6.2 (mas em ordem alfabética) para as moedas correntes de quatro países imaginários. Utilize a teoria da paridade do poder de compra para preencher os espaços em branco com um número ou "NA" caso o valor não possa ser determinado a partir das informações fornecidas. Explique sua resposta.

País	Moeda corrente	Preço da cerveja amanteigada	Taxa de câmbio Prevista	Efetiva
Hagrid	Fofo	5	—	—
Hermionia	Galeão	—	80	70
Cidade de Potter	Sicle	60	—	10
Ronnylândia	Nuque	100	20	—

8. Suponha que a China exporte aparelhos de TV e utilize o yuan como sua moeda corrente, enquanto a Rússia exporta vodca e utiliza o rublo. A China apresenta oferta monetária estável e progresso tecnológico lento e regular na produção de aparelhos de TV, enquanto a Rússia apresenta crescimento bastante rápido na oferta monetária e nenhum progresso tecnológico na produção de vodca. Com base nessas informações, o que você poderia prever para a taxa de câmbio real (medida com base no número de garrafas de vodca por aparelho de TV) e para a taxa de câmbio nominal (medida com base em rublos por yuan)? Explique seu raciocínio. (*Dica*: Para a taxa de câmbio real, pense na associação entre escassez e preços relativos.)

Problemas e aplicações

9. A Oceania é uma economia aberta de pequeno porte. Suponha que um grande número de países estrangeiros comece a subsidiar os investimentos, instituindo crédito fiscal direcionado para os investimentos (ajustando outros impostos para manter constante a receita tributária), mas a Oceania não institua esse tipo de subsídio fiscal.
   a) O que aconteceria com a demanda internacional por investimentos como função da taxa de juros internacional?
   b) O que aconteceria com a taxa de juros internacional?
   c) O que aconteceria com o investimento na Oceania?
   d) O que aconteceria com a balança comercial da Oceania?
   e) O que aconteceria com a taxa de câmbio real da Oceania?

10. "Viajar para o México é bem mais barato agora do que há dez anos", diz um amigo. "Há dez anos, um dólar comprava 10 pesos; este ano, um dólar compra 15 pesos." Seu amigo está certo ou errado? Considerando que a inflação total ao longo desse período tenha sido de 25% nos Estados Unidos e 100% no México, passou a ser mais caro ou mais barato viajar para o México? Escreva sua resposta utilizando um exemplo concreto – um cachorro-quente norte-americano comparado a um *taco* mexicano — que convença seu amigo.

11. Você lê, em um portal de informações financeiras, que a taxa de juros nominal é de 12% ao ano no Canadá e 8% ao ano nos Estados Unidos. Suponhamos que os fluxos de capital para o exterior igualem as taxas de juros reais nos dois países e que a paridade do poder de compra seja mantida.
    a) Aplicando a equação de Fisher (discutida no Capítulo 4), o que você consegue inferir sobre a inflação esperada no Canadá e nos Estados Unidos?
    b) O que você consegue inferir sobre a variação esperada na taxa de câmbio entre o dólar canadense e o dólar americano?
    c) Um amigo propõe um esquema para enriquecer rapidamente: tome emprestado de um banco nos Estados Unidos a 8%, deposite o dinheiro em um banco canadense a 12% e obtenha um lucro correspondente a 4%. O que há de errado nesse esquema?

Respostas do questionário rápido

1. a
2. c
3. b
4. c
5. d
6. c

A Economia Aberta de Grande Porte

APÊNDICE

Ao analisar a política econômica de um país como os Estados Unidos, precisamos associar a lógica da economia fechada, discutida no Capítulo 3, com a lógica da economia aberta de pequeno porte, discutida no presente capítulo. Este apêndice apresenta um modelo de economia entre esses dois extremos, chamada de *economia aberta de grande porte*.

FLUXO LÍQUIDO DE CAPITAL PARA O EXTERIOR

A diferença fundamental entre a economia aberta de pequeno porte e a economia aberta de grande porte é o comportamento do fluxo líquido de capital para o exterior. No modelo da economia aberta de pequeno porte, o capital flui livremente para dentro ou para fora da economia, a uma taxa de juros internacional fixa, r^*. O modelo da economia aberta de grande porte adota uma premissa diferente sobre fluxos internacionais de capital. Para compreender essa premissa, lembre-se de que o fluxo líquido de capital para o exterior corresponde ao montante que os investidores internos emprestam no exterior, menos o montante que os investidores externos emprestam para o país.

Imagine que você seja um investidor interno – por exemplo, o administrador da carteira de investimentos de uma universidade – decidindo sobre onde investir seus recursos. Você pode investir internamente (por exemplo, concedendo empréstimos a empresas no seu próprio país), ou pode investir no exterior (concedendo empréstimos a empresas estrangeiras). Muitos fatores podem afetar sua decisão, mas, certamente, um deles será a taxa de juros que você pode conseguir. Quanto mais alta a taxa de juros que você puder obter internamente, menos atraente você achará o investimento no exterior.

Os investidores no exterior enfrentam uma decisão semelhante. Eles têm uma opção entre investir em seu próprio país e emprestar para alguém em nosso país. Quanto mais alta a taxa de juros no nosso país, mais os estrangeiros estarão dispostos a emprestar para nossas empresas e a comprar ativos de nosso país.

Portanto, em decorrência do comportamento dos investidores internos e dos investidores estrangeiros, o fluxo líquido de capital para outros países, que representaremos como CF, está negativamente relacionado com a taxa de juros real interna, r. À medida que a taxa de juros aumenta, um volume menor da poupança interna flui para o exterior, e um volume maior de fundos para acumulação de capital flui de outros países para o país em que a taxa de juros aumentou. Escrevemos isso sob a forma

$$CF = CF(r).$$

Essa equação enuncia que o fluxo líquido de capital para o exterior é função da taxa de juros interna. A Figura 6.15 ilustra

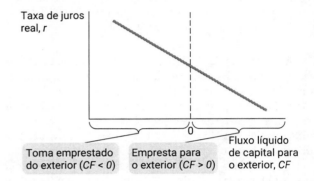

Figura 6.15 Como o fluxo líquido de capital para o exterior depende da taxa de juros. Uma taxa de juros interna mais alta desestimula os investidores internos a conceder empréstimos para o exterior e estimula os investidores estrangeiros a emprestar para esse país. Portanto, o fluxo líquido de capital para o exterior, CF, está negativamente relacionado com a taxa de juros.

essa relação. Observe que CF pode ser positivo ou negativo, dependendo de a economia ser devedora ou credora de empréstimos nos mercados financeiros internacionais.

Para ver como essa função de CF se relaciona com nossos modelos anteriores, considere a Figura 6.16. Essa figura mostra dois casos especiais: uma função de CF vertical e uma função de CF horizontal.

A economia fechada é o caso especial apresentado no painel (a) da Figura 6.16. Na economia fechada, não existe qualquer tipo de tomada de empréstimo ou concessão de empréstimo em âmbito internacional, e a taxa de juros se ajusta de modo a equilibrar a poupança interna e o investimento interno. Isso significa que $CF = 0$, para todas as taxas de juros. Essa situação ocorreria caso os investidores do país e do exterior não estivessem dispostos a manter ativos no exterior, independentemente do retorno. Também poderia ocorrer caso o governo viesse a proibir seus cidadãos de realizar transações em mercados financeiros estrangeiros, como fazem alguns governos.

A economia aberta de pequeno porte com perfeita mobilidade de capital é o caso especial apresentado no painel (b) da Figura 6.16. Nesse caso, o capital flui livremente para dentro e para fora do país, a uma taxa de juros internacional fixa, r^*. Essa situação ocorreria se investidores no país e no exterior comprassem qualquer ativo que viesse a apresentar o retorno mais alto, e se essa economia fosse demasiadamente pequena para influenciar a taxa de juros internacional. A taxa de juros da economia seria fixada com base na taxa de juros que prevalecesse nos mercados financeiros internacionais.

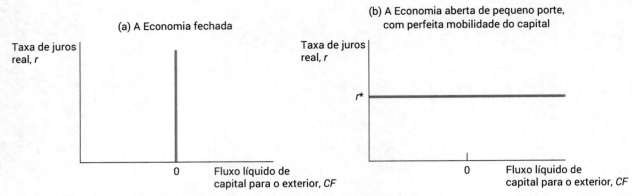

Figura 6.16 Dois casos especiais. Na economia fechada, mostrada no painel (a), o fluxo líquido de capital para o exterior é zero, sob todas as taxas de juros. Na economia aberta de pequeno porte com perfeita mobilidade de capital, mostrada no painel (b), o fluxo líquido de capital para o exterior é perfeitamente elástico, na taxa de juros internacional, r^*.

Por que a taxa de juros de uma economia aberta de grande porte, tal como os Estados Unidos, não é fixada com base na taxa de juros internacional? Por duas razões. A primeira é o fato de os Estados Unidos constituírem um país grande o suficiente para influenciar os mercados financeiros internacionais. Quanto mais os Estados Unidos emprestam para o exterior, maior passa a ser a oferta de empréstimos na economia internacional, e mais baixas passam a ser as taxas de juros em todo o mundo. Quanto mais os Estados Unidos tomam emprestado do exterior (ou seja, quanto mais negativo fica sendo CF), mais altas passam a ser as taxas de juros internacionais. Fazemos uso da legenda "economia aberta de grande porte" porque o modelo em pauta se aplica a uma economia grande o suficiente para afetar as taxas de juros internacionais.

Existe, no entanto, uma segunda razão para que a taxa de juros em uma economia possa não ser fixada com base na taxa de juros internacional: o capital pode não ser perfeitamente móvel. Ou seja, os investidores no país e no exterior podem preferir manter seu patrimônio em ativos internos e não em ativos externos. Essa preferência por ativos internos pode surgir em decorrência de informações imprecisas sobre os ativos externos, ou em razão de obstáculos estabelecidos pelo governo em relação à concessão ou à tomada de empréstimos em âmbito internacional. Em qualquer um dos casos, os fundos para acumulação de capital não fluirão livremente de modo a igualar as taxas de juros em todos os países. Em vez disso, o fluxo líquido de capital dependerá das taxas de juros internas em comparação com as taxas de juros no exterior. Os investidores norte-americanos concederão empréstimos no exterior exclusivamente se as taxas de juros nos Estados Unidos estiverem comparativamente baixas, e os investidores do exterior investirão nos Estados Unidos somente se as taxas de juros dos EUA estiverem comparativamente altas. O modelo para a economia aberta de grande porte, por conseguinte, pode ser aplicado até mesmo a uma economia de pequeno porte, caso o capital não flua livremente para dentro e para fora da economia.

Consequentemente, seja porque a economia aberta de grande porte afeta as taxas de juros internacionais, seja porque o capital não apresenta perfeita mobilidade, ou talvez por ambas as razões, a função CF apresenta inclinação descendente. Exceto no que diz respeito a essa nova função CF com inclinação descendente, o modelo para a economia aberta de grande porte se assemelha ao modelo para a economia aberta de pequeno porte. Vamos juntar todas as peças na próxima seção.

O MODELO

Para entender como funciona a economia aberta de grande porte, precisamos considerar dois mercados fundamentais: o mercado de fundos de empréstimos (no qual é determinada a taxa de juros) e o mercado de câmbio externo (no qual é determinada a taxa de câmbio). A taxa de juros e a taxa de câmbio são os dois preços que orientam a alocação de recursos.

O mercado de fundos de empréstimos

A poupança de uma economia aberta, S, é utilizada de duas maneiras: para financiar o investimento interno, I, e para financiar o fluxo líquido de capital para o exterior, CF. Podemos escrever

$$S = I + CF.$$

Considere de que maneira são determinadas essas três variáveis. A poupança nacional é fixada com base no nível de produção, na política fiscal e na função consumo. O investimento e o fluxo líquido de capital para o exterior dependem, ambos, da taxa de juros real interna. Podemos escrever

$$\overline{S} = I(r) + CF(r).$$

A Figura 6.17 mostra o mercado para fundos de empréstimos. A oferta de fundos de empréstimos é a poupança nacional. A demanda por fundos de empréstimos é a soma entre a demanda por investimentos internos e a demanda por investimentos externos (fluxo líquido de capital para o exterior). A taxa de juros se ajusta de modo a equilibrar oferta e demanda.

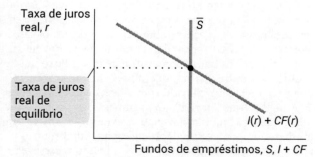

Figura 6.17 Mercado de fundos de empréstimos na economia aberta de grande porte. Na taxa de juros de equilíbrio, a oferta de fundos de empréstimos, gerada pela poupança S, equilibra a demanda por fundos de empréstimos gerada pelo investimento interno I, e pelos investimentos de capital no exterior CF.

O mercado de câmbio
Em seguida, considere a relação entre o fluxo líquido de capital para o exterior e a balança comercial. A identidade das contas nacionais nos diz que

$$NX = S - I.$$

Uma vez que NX é função da taxa de câmbio real, e porque $CF = S - I$, podemos escrever

$$NX(\epsilon) = CF.$$

A Figura 6.18 mostra o equilíbrio no mercado de câmbio externo. Mais uma vez, a taxa de câmbio real corresponde ao preço que equilibra a balança comercial e o fluxo líquido de capital para o exterior.

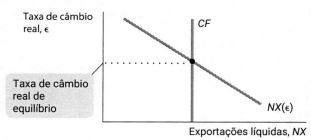

Figura 6.18 Mercado de câmbio na economia aberta de grande porte. No patamar da taxa de câmbio de equilíbrio, a oferta de moeda corrente nacional gerada a partir do fluxo líquido de capital para o exterior, *CF*, equilibra a demanda por moeda corrente nacional, decorrente das exportações líquidas de bens e serviços de um país, *NX*.

A última variável que devemos considerar é a taxa de câmbio nominal. Do mesmo modo que antes, a taxa de câmbio nominal é a taxa de câmbio real multiplicada pela proporção entre os níveis de preços:

$$e = \epsilon \times (P^*/P).$$

A taxa de câmbio real é determinada como na Figura 6.18, e os níveis de preços são determinados pelas políticas monetárias, no país e no exterior, conforme discutimos no Capítulo 4. As forças que movimentam a taxa de câmbio real ou os níveis de preços também movimentam a taxa de câmbio nominal.

Políticas econômicas na economia aberta de grande porte

Podemos, agora, considerar de que maneira as políticas econômicas influenciam a economia aberta de grande porte. A Figura 6.19 mostra os três gráficos de que precisamos para a análise. O painel (a) mostra o equilíbrio no mercado de fundos de empréstimos; o painel (b) mostra a relação entre a taxa de juros de equilíbrio e o fluxo líquido de capital para o exterior; e o painel (c) mostra o equilíbrio no mercado de câmbio.

Política fiscal interna

Considere os efeitos de uma política fiscal expansionista – crescimento nas compras do governo ou redução nos impostos. A Figura 6.20 mostra o que acontece. A política fiscal reduz a poupança nacional S, reduzindo com isso a oferta de fundos de empréstimos, e aumentando a taxa de juros de equilíbrio r. A taxa de juros mais alta reduz tanto o investimento interno, I, quanto o fluxo líquido de capital para o exterior, CF. A redução no fluxo líquido de capital para o exterior reduz a oferta de moeda corrente nacional a ser trocada por moeda corrente estrangeira. A taxa de câmbio se valoriza e as exportações líquidas diminuem.

Observe que o impacto da política fiscal nesse modelo associa seu impacto na economia fechada ao seu impacto na economia aberta de pequeno porte. Do mesmo modo que na economia fechada, uma expansão fiscal em economia aberta de grande porte eleva a taxa de juros e não deixa espaço para o investimento. Tal como na economia aberta de pequeno porte, uma expansão fiscal acarreta déficit comercial e valorização na taxa de câmbio.

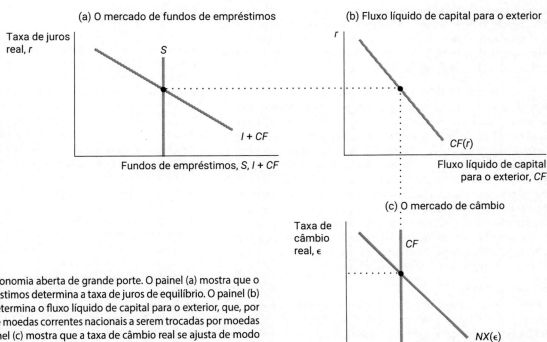

Figura 6.19 Equilíbrio na economia aberta de grande porte. O painel (a) mostra que o mercado de fundos de empréstimos determina a taxa de juros de equilíbrio. O painel (b) mostra que a taxa de juros determina o fluxo líquido de capital para o exterior, que, por sua vez, determina a oferta de moedas correntes nacionais a serem trocadas por moedas correntes estrangeiras. O painel (c) mostra que a taxa de câmbio real se ajusta de modo a equilibrar essa oferta de moeda corrente nacional com a demanda proveniente das exportações líquidas.

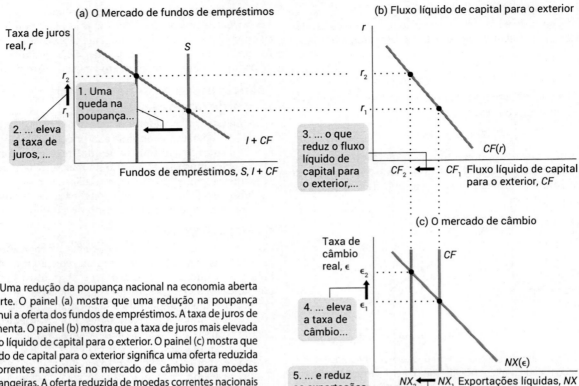

Figura 6.20 Uma redução da poupança nacional na economia aberta de grande porte. O painel (a) mostra que uma redução na poupança nacional diminui a oferta dos fundos de empréstimos. A taxa de juros de equilíbrio aumenta. O painel (b) mostra que a taxa de juros mais elevada diminui o fluxo líquido de capital para o exterior. O painel (c) mostra que o fluxo reduzido de capital para o exterior significa uma oferta reduzida de moedas correntes nacionais no mercado de câmbio para moedas correntes estrangeiras. A oferta reduzida de moedas correntes nacionais faz com que a taxa de câmbio real se valorize e as exportações líquidas diminuam.

Uma maneira de verificar como se relacionam os três tipos de economia é considerar a identidade

$$S = I + NX.$$

Em todos os três casos, a política fiscal expansionista reduz a poupança nacional, S. Na economia fechada, a queda em S coincide com uma queda equivalente em I, enquanto NX permanece constante em zero. Na economia aberta de pequeno porte, a queda em S coincide com uma queda equivalente em NX, enquanto I permanece constante no nível fixado pela taxa de juros internacional. A economia aberta de grande porte é o caso intermediário: tanto I quanto NX caem, cada um deles em menor valor do que a queda em S.

Mudanças na demanda por investimento
Suponhamos que a curva de demanda por investimento se desloque para fora, talvez porque o Congresso aprove um crédito fiscal direcionado para investimentos. A Figura 6.21 mostra o efeito disso. A demanda por fundos de empréstimos aumenta, elevando a taxa de juros de equilíbrio. A taxa de juros mais elevada reduz o fluxo líquido de capital para o exterior: os residentes de nosso país concedem uma quantidade menor de empréstimos para o exterior, e os estrangeiros concedem maior quantidade de empréstimos aos residentes de nosso país. A queda no fluxo líquido de capital para o exterior reduz a oferta de moeda corrente nacional no mercado de câmbio. A taxa de câmbio se valoriza e as exportações líquidas caem.

Políticas comerciais
A Figura 6.22 mostra o efeito de uma restrição ao comércio, como, por exemplo, uma quota de importação. A demanda menor por importações desloca para a direita a curva de exportações líquidas, no painel (c). Uma vez que nada se modificou no mercado de fundos de empréstimos, a taxa de juros permanece inalterada, o que, por sua vez, implica que o fluxo líquido de capital para o exterior permanece inalterado. O deslocamento na curva de exportações líquidas faz com que a taxa de câmbio se valorize. A elevação na taxa de câmbio faz com que os bens no nosso país se tornem mais caros em relação a bens estrangeiros, o que desestimula as exportações e estimula as importações no nosso país. Em última análise, a restrição ao comércio não afeta a balança comercial.

Mudanças no fluxo líquido de capital para o exterior
Existem várias razões para que a curva CF possa se deslocar. Uma delas é a política fiscal no exterior. Por exemplo, suponhamos que a Alemanha adote uma política fiscal que aumente a poupança alemã. Essa política reduz a taxa de juros daquele país. A taxa de juros alemã mais baixa desestimula os investidores norte-americanos a conceder empréstimos na Alemanha, ao mesmo tempo em que estimula os investidores alemães a conceder empréstimos nos Estados Unidos. Sob qualquer taxa de juros norte-americana determinada, o fluxo líquido de capital para fora dos Estados Unidos diminui.

Outra razão para que a curva CF venha a se deslocar é a instabilidade política no exterior. Suponha que seja deflagrada uma guerra ou uma revolução em algum outro país. Os investidores ao redor de todo o mundo tentarão retirar seus ativos daquele país e procurar um "porto seguro" em um país estável, tal como os Estados Unidos. O resultado é uma redução do fluxo líquido de capital para fora dos Estados Unidos.

A Figura 6.23 mostra o impacto de um deslocamento para a esquerda na curva CF. A demanda reduzida por fundos de empréstimos diminui a taxa de juros de equilíbrio. A taxa de juros mais baixa tende a fazer crescer o fluxo líquido de capital para o exterior, mas, como isso ameniza apenas parcialmente o deslocamento da curva CF, continua a haver queda em CF. O nível reduzido do fluxo líquido de capital para o exterior reduz

Capítulo 6 • A Economia Aberta 107

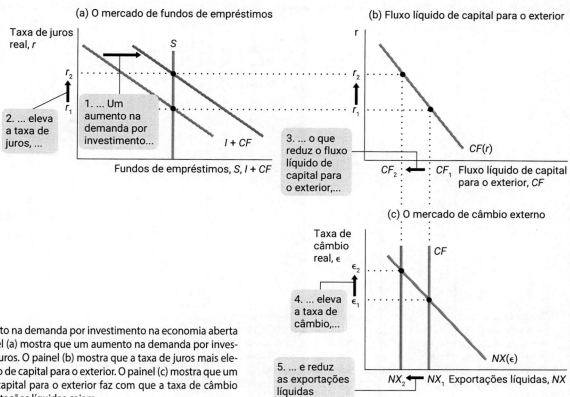

Figura 6.21 Um aumento na demanda por investimento na economia aberta de grande porte. O painel (a) mostra que um aumento na demanda por investimento eleva a taxa de juros. O painel (b) mostra que a taxa de juros mais elevada reduz o fluxo líquido de capital para o exterior. O painel (c) mostra que um fluxo líquido menor de capital para o exterior faz com que a taxa de câmbio real se aprecie e as exportações líquidas caiam.

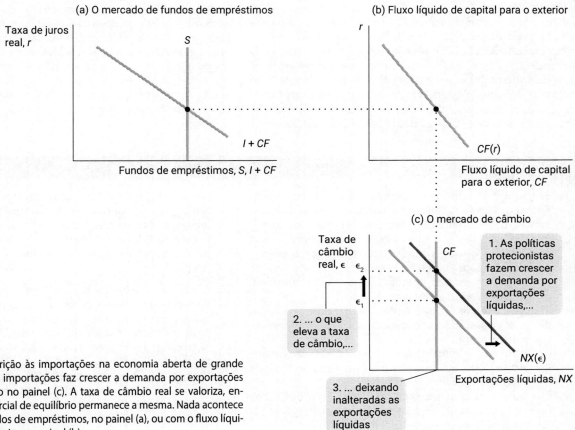

Figura 6.22 Uma restrição às importações na economia aberta de grande porte. Uma restrição às importações faz crescer a demanda por exportações líquidas, como ilustrado no painel (c). A taxa de câmbio real se valoriza, enquanto a balança comercial de equilíbrio permanece a mesma. Nada acontece com o mercado de fundos de empréstimos, no painel (a), ou com o fluxo líquido de capital para o exterior, no painel (b).

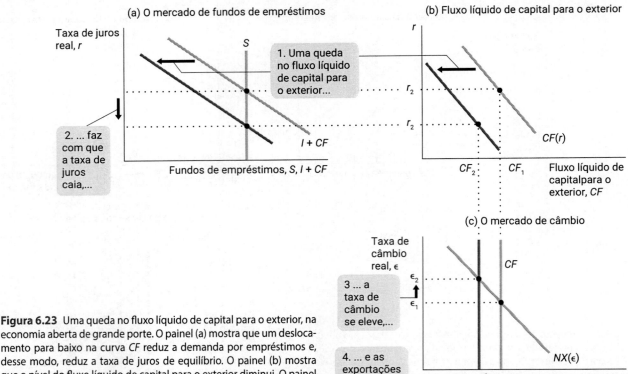

Figura 6.23 Uma queda no fluxo líquido de capital para o exterior, na economia aberta de grande porte. O painel (a) mostra que um deslocamento para baixo na curva CF reduz a demanda por empréstimos e, desse modo, reduz a taxa de juros de equilíbrio. O painel (b) mostra que o nível do fluxo líquido de capital para o exterior diminui. O painel (c) mostra que a taxa de câmbio real se aprecia e as exportações líquidas caem.

a oferta de moeda corrente nacional no mercado de câmbio. A taxa de câmbio se valoriza e as exportações líquidas caem.

Conclusão

Até que ponto a economia aberta de pequeno porte e a economia aberta de grande porte são diferentes? As políticas econômicas certamente afetam a taxa de juros em uma economia aberta de grande porte, ao contrário do que ocorre em uma economia aberta de pequeno porte. Entretanto, sob outros aspectos, os dois modelos proporcionam conclusões semelhantes. Tanto na economia aberta de pequeno porte quanto na economia aberta de grande porte, as políticas econômicas que causam crescimento na poupança ou diminuição no investimento acarretam superávits comerciais. De modo semelhante, políticas econômicas que reduzem a poupança ou aumentam o investimento acarretam déficits comerciais. Em ambas as economias, as políticas comerciais protecionistas fazem com que a taxa de câmbio se valorize, e não influenciam a balança comercial. Tendo em vista que os resultados são assim tão semelhantes no que diz respeito à maioria das questões, é possível utilizar o modelo mais simples, que corresponde à economia aberta de pequeno porte, ainda que a economia que esteja sendo examinada não seja, na realidade, uma economia de pequeno porte.

Problemas e aplicações

1. Se irrompesse uma guerra no exterior, ela afetaria a economia dos Estados Unidos em muitos aspectos. Utilize o modelo da economia aberta de grande porte para examinar cada um dos seguintes efeitos dessa guerra. O que acontece nos Estados Unidos com a poupança, o investimento, a balança comercial, a taxa de juros e a taxa de câmbio? (Para manter simplificadas as coisas, considere cada um dos efeitos separadamente.)
   a) O governo dos Estados Unidos, temendo a necessidade de ingressar na guerra, aumenta suas compras de equipamentos militares.
   b) Outros países aumentam sua demanda por armamentos de alta tecnologia, um dos mais importantes itens de exportação dos Estados Unidos.
   c) A guerra faz com que as empresas dos Estados Unidos fiquem inseguras em relação ao futuro e posterguem alguns projetos de investimento.
   d) A guerra faz com que os consumidores norte-americanos fiquem inseguros em relação ao futuro e, em resposta a isso, passem a poupar mais.
   e) Os norte-americanos ficam apreensivos em relação a viajar para o exterior, de modo que uma quantidade maior deles passa suas férias nos Estados Unidos.
   f) Os investidores estrangeiros buscam um porto seguro para suas aplicações financeiras, dentro dos Estados Unidos.

2. Em 21 de setembro de 1995, "o Presidente da Câmara dos Representantes, Newt Gingrich, ameaçou declarar os Estados Unidos inadimplentes em relação à sua dívida, pela primeira vez na história do país, a fim de forçar a Administração Clinton a equilibrar o orçamento, nos termos republicanos" (*The New York Times*, 22 de setembro de 1995, p. A1). Naquele mesmo dia, a taxa de juros para títulos de 30 anos do governo norte-americano subiu de 6,46% para 6,55% e o dólar caiu, em termos de valor, de 102,7 ienes para 99,0 ienes. Utilize o modelo da economia aberta de grande porte para explicar esse evento.

Desemprego e o Mercado de Mão de Obra

7

Um homem disposto a trabalhar, e incapaz de encontrar trabalho, talvez seja a visão mais triste que a desigualdade da fortuna expõe sob o sol.

– Thomas Carlyle

O desemprego é o problema macroeconômico que afeta as pessoas do modo mais direto e cruel. Para a maioria, a perda de um emprego significa padrão de vida reduzido e angústia psicológica. Não causa surpresa o fato de que o desemprego seja um tópico frequente no debate político, e que os políticos frequentemente declarem que as políticas econômicas propostas por eles ajudarão a criar empregos.

Os economistas estudam o desemprego com o objetivo de identificar suas causas e ajudar a aperfeiçoar as políticas públicas que afetam os desempregados. Algumas dessas políticas, tais como programas de treinamento, ajudam as pessoas a encontrar novos empregos. Outras, como o seguro-desemprego, amenizam algumas das dificuldades que os desempregados enfrentam. Outras, ainda, afetam, não intencionalmente, a prevalência do desemprego. Acredita-se que leis que determinam um salário mínimo demasiadamente elevado, por exemplo, costumam fazer crescer o desemprego entre os membros menos qualificados e menos experientes da força de trabalho.

Nossas discussões sobre o mercado de mão de obra, até agora, ignoraram o desemprego. Em particular, o modelo para a renda nacional apresentado no Capítulo 3 foi desenvolvido com base no pressuposto de que a economia estaria sempre em situação de pleno emprego. Na realidade, entretanto, nem todos os indivíduos que integram a força de trabalho estão empregados durante todo o tempo: em todas as economias de livre mercado, a qualquer momento, algumas pessoas ficam desempregadas.

A Figura 7.1 apresenta a taxa de desemprego – o percentual da força de trabalho que está desempregada – nos Estados Unidos, de 1950 a 2017. Embora a taxa de desemprego oscile de um ano para outro, ela jamais se aproxima de zero. A média se posiciona entre 5% e 6%, o que significa que aproximadamente uma entre 18 pessoas em busca de emprego não está empregada.

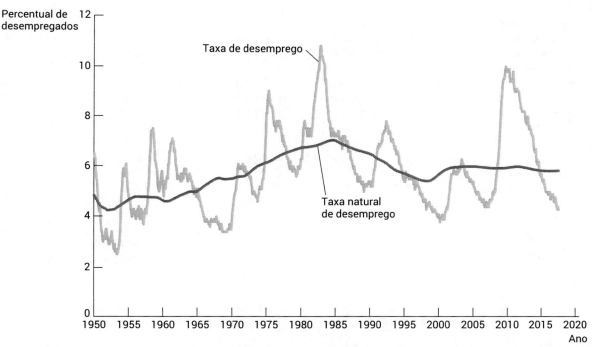

Figura 7.1 Taxa de desemprego e taxa natural de desemprego nos Estados Unidos. Existe sempre algum desemprego. A taxa natural de desemprego corresponde ao patamar médio em torno do qual oscila a taxa de desemprego. (A taxa natural de desemprego, para qualquer mês específico, é estimada, neste caso, com base na média entre todas as taxas de desemprego, indo dos dez anos anteriores até os dez anos posteriores. As taxas de desemprego futuras estão definidas em 5,5%.)
Fonte: Bureau of Labor Statistics.

Neste capítulo, iniciamos o estudo do desemprego discutindo por que existe sempre algum desemprego e o que determina o nível desse desemprego. Só estudaremos o que determina as oscilações na taxa de desemprego de um ano para outro a partir da Parte 4 deste livro, que examina as flutuações econômicas de curto prazo. Neste capítulo, analisamos os determinantes da **taxa natural de desemprego** – a taxa média de desemprego em torno da qual oscila a economia. A taxa natural corresponde à taxa de desemprego em direção à qual a economia gravita no longo prazo, considerando-se todas as imperfeições do mercado de trabalho que impedem os trabalhadores de encontrarem empregos instantaneamente.

7.1 PERDA DE EMPREGO, OBTENÇÃO DE EMPREGO E A TAXA NATURAL DE DESEMPREGO

Todos os dias, alguns trabalhadores perdem ou abandonam seus empregos enquanto alguns trabalhadores desempregados são contratados. Esse perpétuo fluxo e refluxo determina a fração da força de trabalho que está desempregada. Nesta seção, desenvolvemos um modelo para a dinâmica da força de trabalho mostrando o que determina a taxa natural de desemprego.*

Começamos com algumas representações. Seja L a força de trabalho, E o número de trabalhadores empregados e U o número de trabalhadores desempregados. Como todo trabalhador estará sempre empregado ou desempregado, a força de trabalho corresponde à soma de empregados e desempregados:

$$L = E + U$$

Utilizando essa notação, a taxa de desemprego é U/L.

Para verificar os fatores que determinam a taxa de desemprego, partimos da premissa de que a força de trabalho, L, é fixa e centramos o foco na transição dos indivíduos na força de trabalho entre emprego, E, e desemprego, U. Isso está ilustrado na Figura 7.2. Seja s a *taxa de perda de emprego*, a fração de indivíduos empregados que perdem ou deixam seus empregos a cada mês. E seja f a *taxa de obtenção de emprego*, a fração de indivíduos desempregados que conseguem obter um emprego a cada mês. Juntas, a taxa de perda de emprego, s, e a taxa de obtenção de emprego, f, determinam a taxa de desemprego.

Se a taxa de desemprego não está aumentando nem diminuindo – ou seja, se o mercado de mão de obra está se mantendo em um *estado estacionário* –, o número de pessoas que obtêm emprego, fU, deve necessariamente ser igual ao número de pessoas que perdem emprego, sE. Podemos escrever a condição de estado estacionário sob a forma

$$fU = sE.$$

Podemos utilizar essa equação para encontrar a taxa de desemprego na condição de estado estacionário. Partindo de nossa definição sobre força de trabalho, sabemos que $E = L - U$; ou seja, o número de indivíduos empregados é igual à força de trabalho menos o número de indivíduos desempregados. Se substituirmos E por $(L - U)$, na condição de estado estacionário, encontramos

$$fU = s(L - U).$$

Depois disso, dividimos os dois lados dessa equação por L, de modo a obter

$$f\frac{U}{L} = s\left(1 - \frac{U}{L}\right)$$

Agora, podemos encontrar a taxa de desemprego, U/L, resolvendo

$$\frac{U}{L} = \frac{s}{s+f}$$

Isso também pode ser escrito sob a forma

$$\frac{U}{L} = \frac{1}{1+f/s}$$

Essa equação mostra que a taxa de desemprego no estado estacionário, U/L, depende das taxas de perda de emprego s e de obtenção de emprego f. Quanto mais alta for a taxa de perda de emprego, maior será a taxa de desemprego. Quanto mais alta for a taxa de obtenção de emprego, mais baixa será a taxa de desemprego.

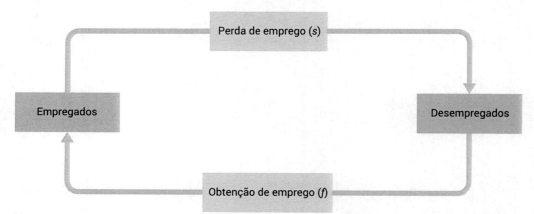

Figura 7.2 Transições entre emprego e desemprego. Em todos os períodos, uma fração s das pessoas empregadas perde seus respectivos empregos e uma fração f das pessoas desempregadas consegue um emprego. As taxas de perda de emprego e de obtenção de emprego determinam a taxa de desemprego.

---

* HALL, Robert E. A theory of the natural rate of unemployment and the duration of unemployment. *Journal of Monetary Economics*, v. 5, p. 153-169, Apr. 1979.

Vejamos agora um exemplo numérico. Suponha que 1% dos indivíduos empregados perca seu emprego a cada mês ($s = 0,01$). Isso significa que, em média, os períodos de emprego duram 1/0,01, ou 100 meses, ou cerca de 8 anos. Suponha, além disso, que aproximadamente 20% dos desempregados obtenham emprego a cada mês ($f = 0,20$), o que significa que os períodos de desemprego duram em média 5 meses. Sendo assim, a taxa de desemprego na condição de estado estacionário corresponde a

$$\frac{U}{L} = \frac{0,01}{0,01 + 0,20}$$

$$= 0,0476.$$

A taxa de desemprego, nesse exemplo, corresponde a cerca de 5%.

Esse modelo simples para a taxa natural de desemprego apresenta uma implicação importante para as políticas públicas. *Qualquer política pública direcionada para a diminuição da taxa natural de desemprego deve necessariamente reduzir a taxa de perda de emprego ou aumentar a taxa de obtenção de emprego. De maneira análoga, qualquer política que afete a taxa de perda de emprego ou a taxa de obtenção de emprego modificará, também, a taxa natural de desemprego.*

Embora seja útil para relacionar a taxa de desemprego à taxa de perda e à taxa de obtenção de emprego, esse modelo deixa em aberto uma questão fundamental: por que existe desemprego, em primeiro lugar? Se uma pessoa conseguisse sempre encontrar emprego rapidamente, a taxa de obtenção de emprego seria muito elevada e a taxa de desemprego seria próxima de zero. Esse modelo para a taxa de desemprego pressupõe que a obtenção de emprego não é instantânea, mas não explica por que isso acontece. Nas duas próximas seções, examinaremos duas razões subjacentes para o desemprego: a busca de emprego e a rigidez dos salários.

7.2 BUSCA DE EMPREGO E DESEMPREGO FRICCIONAL

Uma das razões para o desemprego é o fato de que é necessário um tempo para que ocorra ajuste entre trabalhadores e empregos. O modelo de equilíbrio para o mercado de mão de obra agregada, apresentado no Capítulo 3, pressupõe que todos os trabalhadores e todos os empregos sejam idênticos, e, por conseguinte, que todos os trabalhadores sejam igualmente adequados para todos os tipos de emprego. Se isso fosse verdadeiro e o mercado de trabalho estivesse em situação de equilíbrio, a perda de emprego não causaria desemprego: um trabalhador dispensado de seu emprego encontraria imediatamente um novo emprego, com salário de mercado.

Na realidade, os trabalhadores apresentam diferentes preferências e diferentes capacidades, enquanto os empregos exigem diferentes atributos. Além disso, o fluxo de informações sobre candidatos a emprego e sobre vagas em postos de trabalho é imperfeito, e a mobilidade geográfica dos trabalhadores não é instantânea. Por todas essas razões, a busca de um emprego apropriado exige tempo e esforço, e isso tende a reduzir a taxa de obtenção de emprego. De fato, uma vez que diferentes empregos exigem diferentes habilidades e pagam diferentes salários, os trabalhadores desempregados podem não aceitar a primeira oferta de emprego que venham a receber. O desemprego que tem como causa o tempo necessário para que os trabalhadores procurem emprego é conhecido como **desemprego friccional**.

Causas do desemprego friccional

Algum nível de desemprego friccional é inevitável em uma economia que passa por transformações constantes. Por muitas razões, os tipos de bens demandados pelas empresas e pelos domicílios variam ao longo do tempo. À medida que a demanda por bens vai se modificando, o mesmo acontece com a demanda pela mão de obra que vai produzi-los. A invenção do microcomputador, por exemplo, reduziu a demanda por máquinas de escrever e, como resultado, a demanda por mão de obra dos fabricantes de máquinas de escrever. Ao mesmo tempo, isso fez crescer a demanda por mão de obra no setor de eletrônicos. De maneira análoga, uma vez que diferentes regiões produzem diferentes mercadorias, a demanda por mão de obra pode aumentar em uma parte do país e diminuir em outra. Um aumento no preço do petróleo pode fazer com que a demanda por mão de obra aumente nos estados produtores de petróleo, como é o caso do estado norte-americano do Texas; mas, como petróleo caro significa gasolina cara, isso faz com que andar de carro passe a ser menos atraente e pode diminuir a demanda por mão de obra em estados fabricantes de automóveis, como Michigan. Os economistas chamam a mudança na composição da demanda entre setores ou regiões de **variações setoriais**. Uma vez que estão sempre ocorrendo variações setoriais, e por ser necessário algum tempo para que os trabalhadores mudem de setor, existe sempre algum desemprego friccional.

Variações setoriais não constituem a única causa para a perda de emprego e para o desemprego friccional. Além disso, trabalhadores podem ficar desempregados de uma hora para outra quando as empresas em que trabalham incorrem em falência; quando seu desempenho no trabalho é considerado insuficiente; ou quando suas habilidades específicas passam a não mais ser necessárias. Pode ser, também, que trabalhadores deixem seus empregos para mudar de carreira, ou porque se mudam para diferentes partes do país. Independentemente da causa para a perda do emprego, serão necessários tempo e esforço para que o trabalhador encontre um novo emprego. Enquanto a oferta e a demanda de trabalho por entre as empresas estiverem se modificando, o desemprego friccional será inevitável.

Políticas públicas e desemprego friccional

Muitas políticas econômicas procuram reduzir a taxa natural de desemprego por meio da redução no desemprego friccional. Nos Estados Unidos, agências de emprego do governo divulgam informações sobre vagas para postos de trabalho, com o objetivo de combinar de modo mais eficiente trabalhadores e vagas de emprego. Programas de treinamento financiados com recursos públicos são projetados com o fim de facilitar a transição de trabalhadores de setores em declínio para setores em expansão. Quando são bem-sucedidos no que diz respeito a aumentar a taxa de obtenção de emprego, esses programas fazem decrescer a taxa natural de desemprego.

Outros programas de governo, de maneira não proposital, aumentam a quantidade de desemprego friccional. Um deles é o do **seguro-desemprego**[*]. No âmbito desse programa, trabalhadores desempregados podem continuar recebendo uma fração de seus salários por certo período depois de terem perdido seus empregos. Embora os termos precisos do programa sejam

---
[*] No Brasil, o seguro-desemprego foi instituído em 1986, com a finalidade de promover assistência financeira temporária ao trabalhador desempregado, dispensado sem justa causa, desde que ele comprove o recebimento de pelo menos seis salários consecutivos até a data imediatamente anterior à dispensa. (N.T.)

diferentes de um ano para outro e de um país para outro, um trabalhador típico coberto pelo seguro-desemprego, nos Estados Unidos, recebe 50 por cento de seu antigo salário durante 26 semanas. Em muitos países europeus, os programas de seguro-desemprego são significativamente mais generosos.

Por amenizar as dificuldades econômicas do desemprego, o seguro-desemprego faz com que cresça a quantidade de desemprego friccional e aumente a taxa natural de desemprego. A pessoa desempregada que recebe os benefícios do seguro-desemprego se sente menos pressionada a procurar um novo emprego, e passa a ter maior probabilidade de rejeitar ofertas de emprego que não sejam muito atraentes. Essas duas mudanças de comportamento reduzem a taxa de obtenção de emprego. Além disso, como sabem que seus rendimentos estão parcialmente protegidos pelo seguro-desemprego, os trabalhadores tornam-se menos propensos a procurar emprego com perspectivas de estabilidade e menos inclinados a negociar garantias de segurança no emprego. Essas mudanças de comportamento elevam a taxa de perda de emprego.

Não obstante o fato de o seguro-desemprego aumentar a taxa natural de desemprego, não devemos inferir que a política em si seja desaconselhável. O programa tem como benefício o fato de reduzir a incerteza dos trabalhadores em relação a seus rendimentos. Além disso, o fato de induzir os trabalhadores a rejeitarem empregos pouco atraentes pode resultar em melhor ajuste entre trabalhadores e empregos. A avaliação dos custos e dos benefícios inerentes a diferentes sistemas de seguro-desemprego é uma tarefa difícil, que continua a ser objeto de pesquisas.

Os economistas frequentemente propõem reformas no sistema que possam reduzir o volume de desemprego. Uma proposta comum é exigir que a empresa que dispensa um empregado arque com todo o custo dos benefícios inerentes ao desemprego daquele trabalhador. Esse sistema é conhecido como *taxa da experiência de 100 por cento*, uma vez que a taxa que cada empresa paga ao sistema de seguro-desemprego reflete integralmente a experiência de desemprego de seus próprios trabalhadores. A maior parte dos programas atuais conta com a *taxa de experiência parcial*. No âmbito desse sistema, quando uma empresa dispensa um trabalhador, cobra-se dela apenas uma parcela dos benefícios inerentes ao desemprego daquela pessoa; a parcela remanescente provém da receita geral do programa. Como arca apenas com uma fração do custo do desemprego que acarreta, a empresa conta com um incentivo para dispensar trabalhadores quando sua demanda por mão de obra torna-se temporariamente baixa. Pelo fato de reduzir esse incentivo, a reforma proposta pode vir a reduzir a incidência de dispensas temporárias.

ESTUDO DE CASO

SEGURO-DESEMPREGO E A TAXA DE OBTENÇÃO DE EMPREGO

Muitos estudos examinaram o efeito do seguro-desemprego sobre a busca de emprego. Os estudos mais persuasivos utilizam dados relacionados às experiências de pessoas desempregadas, em vez de taxas de desemprego no âmbito da economia como um todo. Os dados que tratam dos indivíduos geralmente proporcionam resultados contundentes, abertos a menor quantidade de explicações alternativas.

Um estudo acompanhou a experiência de trabalhadores individuais à medida que estes iam perdendo o direito aos benefícios do seguro-desemprego. Esse estudo descobriu que, quando passam a não ter mais direito aos benefícios, os desempregados ficam mais propensos a encontrar novos empregos. Em particular, a probabilidade de uma pessoa encontrar um novo emprego mais do que dobra quando seus benefícios se esgotam. Uma possível explicação é que a ausência de benefícios aumenta o esforço de busca por parte dos trabalhadores desempregados. Outra possibilidade seria o fato de que os trabalhadores sem benefícios ficam mais propensos a aceitar ofertas de emprego que, em outras circunstâncias, seriam rejeitadas em decorrência de salários baixos ou condições de trabalho precárias.*

Outros indícios do efeito dos incentivos econômicos sobre a busca de empregos decorrem de um experimento realizado pelo estado de Illinois, em 1985. Novos candidatos ao seguro-desemprego, selecionados aleatoriamente, receberam a oferta de uma bonificação de US$ 500,00 caso encontrassem emprego dentro do prazo de 11 semanas. A experiência subsequente desse grupo foi comparada à experiência de um grupo de controle ao qual não foi oferecido o incentivo. A duração média do desemprego no âmbito do grupo que recebeu a oferta da bonificação de US$ 500,00 foi de 17,0 semanas, diante da média de 18,3 semanas para o grupo de controle. Consequentemente, a perspectiva de receber um bônus reduziu em 7% o tempo médio de desemprego, sugerindo maior esforço na busca por emprego por parte desse grupo. O experimento demonstra claramente que os incentivos proporcionados pelo sistema de seguro-desemprego afetam a taxa de obtenção de emprego.**

7.3 RIGIDEZ DO SALÁRIO REAL E DESEMPREGO ESTRUTURAL

Uma segunda explicação para o desemprego é a **rigidez salarial** – a impossibilidade de o salário se ajustar até chegar a um nível no qual a oferta de mão de obra seja igual à demanda por mão de obra. No modelo de equilíbrio do mercado de mão de obra, conforme descrito no Capítulo 3, o salário real se ajusta de modo a equilibrar a oferta e a demanda por mão de obra. Entretanto, nem sempre os salários são flexíveis. Às vezes, o salário real permanece estagnado acima do nível de ajuste de mercado.

A Figura 7.3 mostra por que a rigidez dos salários provoca desemprego. Quando o salário real está acima do nível que equilibra oferta e demanda, a quantidade de mão de obra ofertada excede a quantidade demandada. As empresas precisam, de alguma maneira, racionar os empregos escassos por entre os trabalhadores. A rigidez nos salários reais reduz a taxa de obtenção de emprego e faz crescer o nível de desemprego.

O desemprego resultante da rigidez salarial e do racionamento de empregos é às vezes chamado de **desemprego estrutural**. Os trabalhadores estão desempregados, não porque estejam diligentemente procurando empregos que melhor se adaptem a suas habilidades individuais, mas porque existe um descompasso fundamental entre o número de pessoas que desejam trabalhar e o número de empregos disponíveis. No nível salarial vigente, a quantidade de mão de obra ofertada excede a mão de obra demandada, de modo que uma grande quantidade de trabalhadores está simplesmente esperando o surgimento de oportunidades de trabalho.

Para compreender a rigidez salarial e o desemprego estrutural, precisamos examinar a razão pela qual o mercado de

---

* KATZ, Lawrence F.; MEYER, Bruce D. Unemployment insurance, recall expectations, and unemployment outcomes. *Quarterly Journal of Economics*, n. 105, p. 973-1002, Nov. 1990.
** WOODBURY, Stephen A.; SPIEGELMAN, Robert G. Bonuses to workers and employers to reduce unemployment: randomized trials in Illinois. *American Economic Review*, v. 77, p. 513-530, Sept. 1987.

Figura 7.3 Rigidez do salário real acarreta racionamento de empregos. Se o salário real fica estagnado acima do nível de equilíbrio, a oferta de mão de obra supera a demanda. O resultado é desemprego.

mão de obra não se ajusta. Quando o salário real excede o nível de equilíbrio e a oferta de trabalhadores excede a demanda, é de se esperar que as empresas reduzam os salários que pagam. O desemprego estrutural ocorre porque as empresas não reduzem os salários, apesar de um excesso na oferta de mão de obra. Passamos, agora, às três causas para essa rigidez salarial: as leis do salário mínimo, o poder de monopólio dos sindicatos trabalhistas e os salários de eficiência.

Leis do salário mínimo

O governo causa rigidez salarial quando impede que os salários caiam para os níveis de equilíbrio. As leis do salário mínimo estabelecem um mínimo legal para os salários que as empresas pagam a seus empregados. Desde a aprovação do *Fair Labor Standards Act* (Lei dos Padrões de Trabalho Justos) de 1938, o governo federal dos Estados Unidos vem definindo um salário mínimo que, de modo geral, corresponde a 30% a 50% do salário médio na indústria de transformação. Além disso, nos Estados Unidos, muitos estados e cidades definem salários mínimos mais altos do que o mínimo federal; por exemplo, em 2017, quando o salário mínimo norte-americano era US$ 7,25 por hora, a Califórnia tinha um salário mínimo de US$ 10,00 por hora e Seattle tinha um mínimo de US$ 15,00 por hora para grandes empregadores. Para a maior parte dos trabalhadores, o salário mínimo não é vinculativo, pois eles ganham muito acima do mínimo legislado. No entanto, no que se refere a alguns trabalhadores, especialmente aqueles não qualificados ou sem experiência, o salário mínimo eleva seus rendimentos a um patamar acima do nível de equilíbrio e, por conseguinte, reduz a quantidade desse tipo de mão de obra demandada pelas empresas.

Os economistas acreditam que o salário mínimo exerce seu maior impacto no desemprego entre adolescentes. Salários de equilíbrio dos adolescentes tendem a ser baixos, por duas razões. Em primeiro lugar, como estão entre os membros menos qualificados e menos experientes da força de trabalho, os adolescentes tendem a apresentar produtividade marginal baixa. Em segundo lugar, adolescentes muitas vezes recebem parte de sua "remuneração" sob a forma de treinamento oferecido no próprio ambiente de trabalho, em vez de salário direto. O sistema de aprendizado para principiantes é um exemplo clássico de oferta de treinamento em troca de salário. Por essas duas razões, é baixo o salário no qual a oferta de trabalhadores adolescentes se iguala à demanda. Por conseguinte, o salário mínimo, em geral, serve mais como base para trabalhadores adolescentes do que para as outras pessoas na força de trabalho. Estudos empíricos geralmente constatam que um crescimento de 10% no salário-mínimo reduz em cerca de 1% a 3% o emprego de adolescentes.[*]

O salário mínimo é uma fonte perene de debates políticos. Defensores de salário mínimo mais alto consideram que seja um meio de aumentar a renda do trabalhador mais desfavorecido. Certamente, o salário mínimo proporciona um padrão de vida bastante limitado: nos Estados Unidos, um pai ou mãe com um filho, trabalhando em tempo integral e ganhando salário mínimo, ficaria abaixo da linha de pobreza oficial para uma família desse tamanho. Embora muitas vezes admitam que essa política provoca desemprego para alguns trabalhadores, os defensores do salário mínimo também argumentam que vale a pena arcar com esse custo para tirar outros trabalhadores da pobreza.

Aqueles que se opõem a um salário mínimo mais alto alegam que essa não é a melhor maneira de ajudar os trabalhadores mais desfavorecidos. Argumentam não só que os custos mais altos com mão de obra fazem crescer o desemprego, mas também que pode estar havendo uma distorção na avaliação do público-alvo do salário mínimo. Nos Estados Unidos, por exemplo, muitos dos que recebem salário mínimo são adolescentes de classe média que trabalham para ganhar algum dinheiro para despesas supérfluas, não chefes de família que trabalham para sustentar o lar.

Poder-se-ia esperar que estudos empíricos encerrassem essa divisão de opiniões políticas. Infelizmente, diferentes estudos utilizando dados e metodologias variados com frequência geram resultados conflitantes. O grande crescimento do salário mínimo em Seattle, de 2014 a 2016, é um desses casos. Estudo realizado no setor de serviços de alimentação em Seattle concluiu que os salários cresceram consideravelmente sem um efeito detectável no nível de emprego.[**] Outro estudo concluiu

---

[*] BROWN, Charles. Minimum wage laws: are they overrated? *Journal of Economic Perspectives*, v. 2, p. 133-146, Summer 1988.
[**] REICH, Michael; ALLEGRETTO, Sylvia; GODOEY, Anna. Seattle's

que o número de horas trabalhadas em empregos com baixa remuneração diminuiu em aproximadamente 9%, enquanto os salários cresceram somente 3%, indicando que a renda dos trabalhadores caiu como resultado da escalada do salário mínimo.* Um dos problemas inerentes à maior parte dos estudos sobre salário mínimo é que eles se concentram nos efeitos ao longo de períodos curtos de tempo (como comparar o emprego no ano anterior e no ano posterior a uma variação no salário mínimo). Pode-se argumentar que os efeitos de mais longo prazo sobre o emprego são mais relevantes para avaliar a política, mas são mais difíceis de se estimar.

Ao avaliar o salário mínimo, é útil ter em mente políticas alternativas. Muitos economistas acreditam que créditos fiscais constituem a melhor maneira de aumentar os rendimentos dos trabalhadores pobres. Nos EUA, o *crédito fiscal por rendimento recebido* corresponde a uma quantia que as famílias de trabalhadores pobres são autorizadas a deduzir dos impostos que devem ao governo. Para uma família com rendimentos muito baixos, o crédito excede o montante de seus impostos, e a família recebe um pagamento por parte do governo. Diferentemente do salário mínimo, o crédito fiscal por rendimento recebido não eleva os custos de mão de obra para as empresas e, por conseguinte, não reduz a quantidade de mão de obra que as empresas demandam. Apresenta a desvantagem, no entanto, de reduzir a receita fiscal do governo.

Sindicatos trabalhistas e negociação coletiva

Uma segunda causa para a rigidez dos salários é o poder de monopólio dos sindicatos trabalhistas. A Tabela 7.1 mostra a influência dos sindicatos trabalhistas em vários países importantes. Nos Estados Unidos, somente 12% dos trabalhadores têm seus salários estabelecidos por negociações coletivas. Na maioria dos países europeus, os sindicatos trabalhistas desempenham uma função muito mais abrangente.

A remuneração dos trabalhadores sindicalizados não é determinada pelo equilíbrio entre oferta e demanda, e sim pela negociação entre líderes sindicais e a direção das empresas. Muitas vezes, o acordo final eleva o salário a um patamar acima do nível de equilíbrio e permite que a empresa decida sobre a quantidade de trabalhadores a ser empregada. O resultado é uma redução no número de trabalhadores contratados, taxa de obtenção de emprego mais baixa e aumento do desemprego estrutural.

Sindicatos também podem influenciar os salários pagos pelas empresas cuja força de trabalho não é sindicalizada, pois a ameaça de sindicalização pode manter os salários acima do nível de equilíbrio. A maior parte das empresas não simpatiza com os sindicatos trabalhistas. Sindicatos não só fazem crescer as remunerações, como também aumentam o poder de negociação da força de trabalho em muitas outras questões, como jornada e condições de trabalho. Uma empresa pode optar por pagar salários elevados a seus trabalhadores para mantê-los satisfeitos e desencorajá-los a constituir um sindicato.

O desemprego causado por sindicatos e pela ameaça de sindicalização é um exemplo de conflito entre diferentes grupos de trabalhadores – **aqueles que estão dentro da empresa (empregados) e aqueles que estão fora da empresa (desempregados)**. Os trabalhadores já empregados por uma empresa geralmente

Tabela 7.1 Percentual de trabalhadores abrangidos pelas negociações coletivas

Turquia	7%
Coreia do Sul	12%
Estados Unidos	12%
Polônia	15%
Japão	17%
Israel	26%
Canadá	29%
Reino Unido	30%
Grécia	42%
Suíça	49%
Alemanha	58%
Austrália	60%
Espanha	78%
Itália	80%
Holanda	85%
Suécia	89%
Bélgica	96%
França	98%

Fonte: *Economic Policy Reforms 2017*: Going for Growth. OECD, 2017.

tentam manter altos os salários das empresas em que trabalham. Os desempregados, pessoas que estão fora da empresa, arcam com parte do custo decorrente das remunerações mais elevadas, pois poderiam ser contratados caso a remuneração fosse mais baixa. Esses dois grupos têm, inevitavelmente, interesses conflitantes. O efeito decorrente de qualquer processo de negociação sobre a remuneração e o emprego depende, fundamentalmente, da influência relativa de cada um dos grupos.

O conflito entre os empregados e os desempregados é resolvido de diferentes maneiras em diferentes países. Em alguns países, como os Estados Unidos, a negociação salarial ocorre no âmbito da empresa ou da unidade de produção. Em outros, como a Suécia, a negociação salarial ocorre em âmbito nacional e o governo, muitas vezes, desempenha um papel de fundamental importância. Apesar de contar com uma força de trabalho fortemente sindicalizada, a Suécia jamais vivenciou uma taxa de desemprego extraordinariamente alta ao longo de toda a sua história. Uma possível explicação seria que a centralização da negociação salarial e o papel do governo no processo de negociação proporcionam maior influência aos desempregados, o que mantém os salários mais próximos do nível de equilíbrio.

Salários de eficiência

As teorias sobre o **salário de eficiência** propõem uma terceira causa para a rigidez salarial, além da legislação sobre salário mínimo e a sindicalização. Essas teorias sustentam que os salários elevados tornam os trabalhadores mais produtivos. A influência do salário sobre a eficiência dos trabalhadores pode explicar o fato de algumas empresas não realizarem reduções nos salários, apesar do excesso de oferta de mão de obra. Ainda que possa diminuir o valor relativo à folha de pagamentos da empresa, uma redução salarial poderia também – se essas teorias estiverem corretas – fazer diminuir a produtividade do trabalhador e os lucros da empresa.

Economistas propuseram diversas teorias para explicar como os salários afetam a produtividade do trabalhador. Uma das teorias para o salário de eficiência, que é aplicada principalmente nos países mais pobres, sustenta que os salários exer-

---

minimum wage experience 2015-16., University of California at Berkeley, June 2017.

* JARDIM, Ekaterina; LONG, Mark C.; PLOTNICK, Robert; VAN INWEGEN, Emma; VIGDOR, Jacob; WETHING, Hilary. Minimum wage increases, wages and low-wage, employment: evidence from Seattle. NBER Working Paper n. 23.352, June 2017.

cem influência sobre a nutrição. Trabalhadores mais bem remunerados conseguem dispor de uma dieta mais nutritiva, e trabalhadores mais saudáveis são mais produtivos. Uma empresa pode optar por pagar salários acima do nível de equilíbrio, com o objetivo de manter uma força de trabalho saudável. Essa consideração não é importante para os países mais ricos, como os Estados Unidos e a maioria dos países da Europa, tendo em vista que o salário de equilíbrio está bastante acima do nível necessário para a manutenção de uma boa saúde.

Uma segunda teoria para o salário de eficiência, que é mais relevante para os países desenvolvidos, sustenta que salários elevados reduzem a rotatividade da mão de obra. Trabalhadores deixam seus empregos por muitas razões – para aceitarem posições melhores em outras empresas, para mudarem de carreira ou por decidirem ir morar em outras partes do país. Quanto melhor uma empresa remunera seus trabalhadores, maior o incentivo para que eles permaneçam na empresa. Ao pagar um salário alto, uma empresa reduz a frequência com que seus empregados pedem demissão, desse modo diminuindo o tempo gasto com contratações e com o treinamento de novos trabalhadores.

Uma terceira teoria para o salário de eficiência afirma que a qualidade média da força de trabalho de uma empresa depende do salário que ela paga a seus empregados. Se a empresa reduz seus salários, os melhores empregados podem aceitar emprego em outros lugares, deixando a empresa com empregados não tão bons, que tenham menos oportunidades alternativas. Os economistas reconhecem essa escolha desfavorável como exemplo de *seleção adversa* – a tendência de as pessoas mais bem informadas (nesse caso, os trabalhadores que têm consciência de suas próprias oportunidades fora da empresa) se autosselecionarem de maneira tal a deixarem em desvantagem quem tem menor nível de informação (a empresa). Ao pagar um salário acima do nível de equilíbrio, a empresa pode reduzir a seleção adversa, melhorar a qualidade média de sua força de trabalho e, assim, aumentar a produtividade.

Uma quarta teoria para o salário de eficiência sustenta que salário alto melhora o esforço dos trabalhadores. Essa teoria postula que as empresas não conseguem monitorar com perfeição o esforço de trabalho de seus empregados, e que estes precisam, eles próprios, decidir sobre o empenho que dedicam ao trabalho. Os trabalhadores podem optar por trabalhar com afinco ou podem preferir se esquivar do esforço, correndo o risco de serem descobertos e demitidos. Os economistas reconhecem essa possibilidade como exemplo de *perigo moral* – a tendência de as pessoas se comportarem de maneira inapropriada quando seu comportamento não está sendo monitorado de modo eficaz. A empresa pode reduzir o problema do perigo moral pagando salário alto. Quanto mais alto for o salário, maior será o custo para o trabalhador, no caso de ele vir a ser demitido. Por pagar um salário mais alto, a empresa induz maior quantidade de seus empregados a não se esquivar do trabalho e, por conseguinte, eleva a produtividade dessas pessoas.

Embora divergentes no que diz respeito a detalhes, essas quatro teorias que tratam do salário de eficiência compartilham um tema em comum: já que a empresa opera com maior eficiência quando paga salário alto a seus trabalhadores, ela pode julgar lucrativo manter os salários acima do patamar que equilibra oferta e demanda. O resultado desse salário mais alto do que o salário de equilíbrio é uma taxa mais baixa de obtenção de emprego e um nível maior de desemprego.*

---

* Para uma análise mais extensa sobre salários de eficiência, veja YELLEN, Janet. Efficiency wage models of unemployment. *American Economic Review Papers and Proceedings*, p. 200-205, May 1984; e KATZ, Lawrence. Efficiency wages theories: a partial evaluation. *NBER Macroeconomics Annual*, p. 235-276, 1986.

ESTUDO DE CASO

O DIA DE TRABALHO DE US$ 5 DE HENRY FORD

Em 1914, a Ford Motor Company começou a pagar 5 dólares por dia a seus trabalhadores. O salário vigente àquela época estava entre US$ 2,00 e US$ 3,00 por dia, de modo que o salário pago por Ford estava bem acima do nível de equilíbrio. Como era de se esperar, longas filas de pessoas à procura de emprego formaram-se do lado de fora dos portões da fábrica da Ford, na esperança de uma oportunidade de ganhar esse salário alto.

Qual foi a motivação da Ford? Henry Ford escreveria mais tarde: "Desejávamos pagar esses salários para que a empresa tivesse um alicerce duradouro. Estávamos investindo no futuro. Uma empresa que paga salários baixos nunca está segura[...] O pagamento de cinco dólares por dia, por uma jornada de oito horas de trabalho, foi uma das melhores medidas de corte de custos que já tomamos."

Do ponto de vista da teoria econômica tradicional, a explicação de Ford parece peculiar. Ele estaria sugerindo que *altos* salários implicariam *baixos* custos. Mas talvez Ford tivesse descoberto a teoria para o salário de eficiência. Talvez ele estivesse utilizando o salário alto para fazer crescer a produtividade do trabalhador.

As evidências sugerem que o pagamento de salários assim tão altos de fato beneficiou a empresa. De acordo com um relatório de engenharia escrito na ocasião, "o alto salário da Ford acaba com toda inércia e toda resistência ao trabalho[...] Os trabalhadores são absolutamente disciplinados, e pode-se afirmar seguramente que todos os dias, desde o último dia de 1913, têm sido observadas nas unidades da Ford reduções significativas nos custos de mão de obra". O absenteísmo diminuiu 75%, sugerindo um considerável crescimento no esforço por parte dos trabalhadores. Alan Nevins, historiador que estudou os primórdios da Ford Motor Company, escreveu: "Ford e seus associados declararam explicitamente, em muitas ocasiões, que a política de altos salários tinha acabado por se transformar em um bom negócio. Com isso, estavam querendo dizer que essa política havia melhorado a disciplina de seus trabalhadores, proporcionando-lhes um interesse mais leal na instituição e aumentando a eficiência dessas pessoas."**

7.4 EXPERIÊNCIA DO MERCADO DE MÃO DE OBRA: OS ESTADOS UNIDOS

Até este ponto, desenvolvemos a teoria que existe por trás da taxa natural de desemprego. Começamos por demonstrar que a taxa de desemprego da economia no estado estacionário depende das taxas de perda e de obtenção de emprego. Em seguida, discutimos as duas razões para que a obtenção de emprego não seja instantânea: o processo de busca por emprego (que acarreta o desemprego friccional) e a rigidez salarial (que acarreta o desemprego estrutural). A rigidez salarial, por sua vez, surge das leis do salário mínimo, da sindicalização e dos salários de eficiência.

Adotando essas teorias como fundamento, passamos a examinar agora alguns outros fatos sobre o desemprego, concentrando o foco, inicialmente, no caso dos mercados de mão de obra norte-americanos. Esses fatos nos ajudarão a avaliar nossas teorias e a examinar as políticas econômicas direcionadas para a redução do desemprego.

** BULOW, Jeremy I.; SUMMERS, Lawrence H. A theory of dual labor markets with application to industrial policy, discrimination, and Keynesian unemployment. *Journal of Labor Economics*, v. 4, p. 376-414, July 1986; RAFF, Daniel M. G.; SUMMERS, Lawrence H. Did Henry Ford pay efficiency wages? *Journal of Labor Economics*, v. 5, p. S57-S86, Oct. 1987, Parte 2.

Duração do desemprego

Quando uma pessoa fica desempregada, o período de desemprego tem maior probabilidade de ser curto ou longo? A resposta para essa pergunta é importante, porque indica as razões para o desemprego e também a resposta adequada em termos de política econômica. Por um lado, se a maior parte do desemprego é de curto prazo, é possível argumentar que ele seja friccional e, talvez, inevitável. Pode ser que os trabalhadores desempregados precisem de algum tempo para procurar o emprego que seja mais adequado às suas habilidades e gostos. Por outro lado, o desemprego de longo prazo não pode ser facilmente atribuído ao tempo necessário para combinar empregos e trabalhadores: não seria de se esperar que esse processo levasse uma grande quantidade de meses. O desemprego de longo prazo tem maior possibilidade de ser desemprego estrutural, representando um descompasso entre a quantidade de empregos disponíveis e a quantidade de pessoas que buscam emprego. Sendo assim, os dados que tratam da duração do período de desemprego podem vir a afetar nosso ponto de vista sobre as razões para o desemprego.

A resposta à nossa pergunta é bastante sutil. *Os dados demonstram que a maior parte dos períodos ininterruptos de desemprego é de curta duração, sendo que a maior parte das semanas de desemprego* pode ser atribuída ao desempregado de longo prazo.* Para ver como esses fatos podem ser todos verdadeiros, considere um exemplo extremo, porém simples. Suponha que 10 pessoas estejam desempregadas durante parte de determinado ano. Dentre essas 10 pessoas, 8 estão desempregadas há 1 mês e 2 estão desempregadas há 12 meses, totalizando 32 meses de desemprego. Nesse exemplo, a maior parte dos períodos de desemprego é de curta duração: 8 dos 10 períodos de desemprego, ou 80%, se encerraram no prazo máximo de 1 mês. No entanto, a maior parte dos meses de desemprego pode ser atribuída a pessoas com desemprego de longo prazo: 24 dos 32 meses de desemprego, ou 75%, são experimentados pelos 2 trabalhadores que estão, cada um deles, desempregados há 12 meses. Dependendo do fato de observarmos períodos de desemprego ou meses de desemprego, a maior parte do desemprego pode aparentar ser de curto ou de longo prazo.

Tais indícios sobre a duração do desemprego têm uma implicação importante para as políticas públicas. Se o objetivo é reduzir substancialmente a taxa natural de desemprego, as políticas devem ser direcionadas aos desempregados de longo prazo, já que essas pessoas são responsáveis por grande parcela do desemprego. Entretanto, devem-se formular políticas com bastante cautela, uma vez que os desempregados de longo prazo constituem uma pequena minoria dentre aqueles que ficam desempregados. No caso dos Estados Unidos, a maioria das pessoas que ficam desempregadas encontra trabalho no curto prazo.

ESTUDO DE CASO

O AUMENTO DO DESEMPREGO DE LONGA DURAÇÃO NOS ESTADOS UNIDOS E O DEBATE SOBRE SEGURO-DESEMPREGO

Em 2008 e 2009, período em que a economia norte-americana passou por profunda recessão, o mercado de trabalho apresentou um fenômeno novo e impressionante: forte tendência de aumento na duração do desemprego. A Figura 7.4 mostra a duração mediana do desemprego entre trabalhadores sem emprego, de 1967 a 2017. As áreas sombreadas representam recessões. A figura mostra que a duração do desemprego normalmente aumenta durante recessões. O enorme aumento durante a recessão de 2008-2009, entretanto, não tem precedentes na história moderna.

Quais são as explicações para o fenômeno? Os economistas dividem-se em duas frentes.

Alguns acreditam que o aumento no desemprego no longo prazo é resultado de políticas governamentais. Em fevereiro de 2009, quando o momento de maior gravidade da recessão tornou-se aparente, o Congresso dos Estados Unidos ampliou a elegibilidade para o seguro-desemprego das 26 semanas normais para 99 semanas, e não permitiu que esse programa de benefícios estendidos expirasse até janeiro de 2014. A ampliação dos benefícios do seguro-desemprego é típica durante o período de recessão, pois é mais difícil encontrar emprego, mas uma ampliação de quase dois anos foi algo singular.

Em 30 de agosto de 2010, o economista Robert Barro escreveu um artigo no *Wall Street Journal* intitulado "The folly of subsidizing unemployment" [A insensatez de subsidiar o desemprego]. Segundo Barro, "a expansão radical da elegibilidade ao seguro-desemprego para 99 semanas é quase com certeza a culpada" pelo aumento no desemprego no longo prazo. No artigo, ele diz:

> Constatou-se que generosos programas de seguro-desemprego aumentam o desemprego em diversos países da Europa Ocidental nos quais as taxas de desemprego têm sido bem mais altas do que a atual taxa norte-americana. Na Europa, a influência funcionou particularmente através de aumento no desemprego de longo prazo.

Barro conclui que "a ampliação imprudente da cobertura do seguro-desemprego para 99 semanas foi uma insensatez política e econômica".

Outros economistas, no entanto, não acreditam que a culpa seja dessas políticas governamentais. Sob o ponto de vista deles, o aumento na elegibilidade ao seguro-desemprego foi uma reação sensata e humana a uma recessão historicamente profunda e ao fraco mercado de trabalho.

De acordo com o economista Paul Krugman, em um artigo intitulado "Punindo os desempregados", publicado pelo jornal *The New York Times* em 4 de julho de 2010:

> Os benefícios concedidos quando alguém perde o emprego desestimulam a busca por recolocação? Sim, os trabalhadores que recebem benefícios ao perderem seus empregos não ficam tão desesperados quanto os profissionais que não recebem esses benefícios. Além disso, são um pouco mais propensos a se tornarem um pouco mais exigentes em relação a aceitar novas oportunidades. A expressão operante em questão é "um pouco mais". Pesquisas recentes sugerem que o efeito dos benefícios concedidos sobre o comportamento do trabalhador é muito menor do que se acreditava no passado. Ainda assim, trata-se de um efeito real quando a economia está indo bem.
>
> Contudo, é um efeito totalmente irrelevante para nossa situação. Quando a economia está crescendo e a falta de trabalhadores dispostos limita o crescimento, benefícios generosos de desemprego podem manter o emprego mais baixo do que o contrário. Mas, como é possível perceber, a economia está crescendo neste exato momento e há cinco

---

* A definição para semana de desemprego não se restringe a uma semana na qual a pessoa não realize qualquer tipo de trabalho. Uma semana de desemprego inclui uma semana na qual a pessoa tenha trabalhado por menos do que uma semana completa de trabalho, e tenha recebido menos do que a remuneração correspondente a uma semana completa. Por outro lado, um período de desemprego se configura como intervalo ininterrupto de desemprego, sem qualquer tipo de trabalho ou remuneração. O mesmo se aplica, por analogia, a meses de desemprego. (N.T.)

Figura 7.4 Duração mediana do desemprego. Como mostram as áreas sombreadas da Figura, a duração mediana do desemprego normalmente aumenta durante as recessões, mas sua tendência ascendente durante a recessão de 2008 não teve precedentes na história.
Fonte: Bureau of Labor Statistics.

desempregados para cada vaga aberta. Cortar os benefícios a desempregados pode fazer com que se tornem mais desesperados por buscar trabalho, mas é difícil conseguir os empregos que não existem.

Espere: tem mais uma coisa. A razão principal para que não haja empregos suficientes atualmente é a demanda fraca dos consumidores. Ajudar os desempregados, colocando dinheiro nos bolsos de pessoas que precisam muito incentiva os gastos dos consumidores.*

Barro e Krugman são dois economistas proeminentes, mas têm visões opostas nesse debate fundamental sobre políticas públicas. A causa do aumento do desemprego de longo prazo nos Estados Unidos, portanto, continua sendo tópico de grandes discussões.

Variação na taxa de desemprego entre grupos demográficos

A taxa de desemprego varia substancialmente entre diferentes grupos na população. A Tabela 7.2 apresenta as taxas de desemprego nos Estados Unidos para diferentes grupos populacionais em 2016, quando a taxa geral de desemprego geral correspondeu a 4,9%.

Essa tabela mostra que as taxas de desemprego entre os trabalhadores mais jovens são bem mais altas do que entre as pessoas com mais idade. Para explicar essa diferença, lembre-se do nosso modelo para a taxa natural de desemprego. O modelo separa duas causas possíveis para uma taxa de desemprego elevada: baixa taxa de obtenção de emprego e alta taxa de perda de emprego. Quando os economistas estudam os dados sobre a transição das pessoas entre emprego e desemprego, descobrem que os grupos com altas taxas de desemprego tendem a apresentar altas taxas de perda de emprego. Esses economistas encontram menor variação na taxa de obtenção de emprego entre os grupos. Por exemplo, um homem branco, que esteja empregado, tem quatro vezes mais probabilidade de ficar desempregado se for adolescente do que se estiver na meia-idade; uma vez desempregado, a sua taxa de obtenção de emprego não estará estreitamente relacionada à sua idade.

Tais descobertas ajudam a explicar as taxas de desemprego mais altas entre os trabalhadores mais jovens. Estes ingressaram apenas recentemente no mercado de trabalho e, muitas vezes, ainda não têm certeza sobre seus planos de carreira. Pode ser melhor para eles experimentar diversos tipos de trabalho antes de assumir um compromisso de longo prazo com algum tipo específico de ocupação. Se for esse o caso, devemos esperar uma taxa mais alta de perda de emprego e uma taxa mais alta de desemprego friccional no que concerne a esse grupo.

Outro fato que se destaca na Tabela 7.2 é que as taxas de desemprego são muito mais elevadas entre os negros do que entre os brancos. Esse fenômeno não é bem compreendido. Os dados que tratam de transições entre emprego e desemprego demonstram que as taxas mais altas de desemprego entre os

Tabela 7.2 Taxa de desemprego por grupo demográfico: 2016

Idade	Homens brancos	Mulheres brancas	Homens negros	Mulheres negras
16-19	14,9	13,2	30,9	22,8
20-24	8,0	6,3	17,0	12,3
25-54	3,6	3,7	7,3	7,0

Fonte: Bureau of Labor Statistics.

---

* *The New York Times*, 5 de julho de 2010 © 2010 *The New York Times*. Todos os direitos reservados. Utilizado sob permissão e protegido pelas leis de direitos autorais dos Estados Unidos. Proibidas a impressão, reprodução, redistribuição ou retransmissão de seu conteúdo sem permissão expressa.

negros, em especial entre os adolescentes negros, ocorrem em razão tanto das taxas mais altas de perda de emprego quanto das taxas mais baixas para a obtenção de emprego. Entre as possíveis razões para as taxas mais baixas de obtenção de emprego estão o menor acesso às redes informais para busca de empregos e discriminação da parte dos empregadores.

Transições para dentro e para fora da força de trabalho

Até agora, ignoramos um aspecto importante da dinâmica do mercado de mão de obra: o movimento de entrada e saída de indivíduos na força de trabalho. Nosso modelo para a taxa natural de desemprego pressupõe que o tamanho da força de trabalho seja fixo. Nesse caso, a razão exclusiva para o desemprego é a perda de emprego, enquanto a razão exclusiva para deixar o desemprego é a obtenção de emprego.

De fato, os movimentos para dentro e para fora da força de trabalho são importantes. Aproximadamente um terço dos desempregados apenas recentemente ingressou na força de trabalho. Alguns desses estreantes são jovens trabalhadores, ainda à procura de seu primeiro emprego; outros já trabalharam antes, mas haviam deixado temporariamente a força de trabalho. Além disso, nem todo desemprego se encerra com a obtenção de um emprego: quase metade de todos os períodos de desemprego termina com a retirada da pessoa desempregada do mercado de trabalho.

Os indivíduos que entram e saem do mercado de mão de obra dificultam ainda mais a interpretação das estatísticas sobre desemprego. Por um lado, alguns indivíduos que se intitulam desempregados podem não estar seriamente procurando emprego, e talvez devessem ser mais corretamente avaliados como pessoas fora da força de trabalho. Seus respectivos "desempregos" podem não representar um problema social. Por outro lado, alguns indivíduos podem desejar obter emprego, mas acabam desistindo de procurar por ele depois de buscas infrutíferas. Esses **trabalhadores desalentados** são contabilizados como estando fora da força de trabalho e não aparecem nas estatísticas sobre desemprego. Embora a falta de emprego dessas pessoas não seja mensurada, ela pode, ainda assim, constituir um problema social.

Em decorrência dessas e de muitas outras questões que complicam a interpretação dos dados que tratam do desemprego, o Bureau of Labor Statistics calcula vários indicadores sobre a subutilização de mão de obra. A Tabela 7.3 apresenta as definições, juntamente com seus respectivos valores, correspondentes a julho de 2017. As medições se estendem de 1,7% até 8,6%, dependendo das características utilizadas para classificar um trabalhador como não plenamente empregado.

ESTUDO DE CASO

O DECLÍNIO NA PARTICIPAÇÃO NA FORÇA DE TRABALHO DE 2007 A 2017

Uma notável evolução recente no mercado de trabalho dos EUA é o declínio da participação da força de trabalho. A Figura 7.5 ilustra o fenômeno. De 1990 a 2007, a taxa de participação na força de trabalho oscilou em uma margem estreita, entre aproximadamente 66 e 67%. Mas, a partir daí, teve início um declínio gradual, porém significativo. Do quarto trimestre de 2007 até o primeiro trimestre de 2017, a taxa de participação na força de trabalho caiu de 66,1% para 62,8%. Como resultado, aproximadamente 8 milhões a menos de norte-americanos estavam trabalhando ou procurando emprego em 2017, ao se comparar com o que ocorreria em circunstâncias normais.

O que explica o declínio de 3,3 pontos percentuais na taxa de participação na força de trabalho? Para responder a essa pergunta, o ponto natural onde começar é estudar esses indivíduos que não fazem parte da força de trabalho e verificar a razão pela qual eles não estão trabalhando ou procurando trabalho. O economista Shigeru Fujita, do Federal Reserve Bank of Philadelphia, fez exatamente isso, utilizando os dados da Current Population Survey.

Suas descobertas, resumidas na Tabela 7.4, distribuem os 3,3 pontos percentuais entre cinco categorias.

- Um crescimento no total de trabalhadores aposentados é responsável por 2,2 pontos percentuais.
- Um crescimento no total de trabalhadores com necessidades especiais é responsável por 0,6 ponto percentual.
- Um crescimento no total de trabalhadores desalentados é responsável por 0,1 ponto percentual.

Tabela 7.3 Indicadores alternativos para subutilização da mão de obra

Variável	Descrição	Taxa
U-1	Pessoas desempregadas há 15 semanas ou mais, sob a forma de percentual da força de trabalho civil (inclui exclusivamente os desempregados de longuíssimo prazo)	1,7%
U-2	Pessoas que perderam empregos e pessoas que concluíram empregos temporários, sob a forma de percentual da força de trabalho civil (exclui os que deixaram o emprego)	2,1%
U-3	Total dos desempregados, sob a forma de percentual da força de trabalho civil (taxa oficial de desemprego)	4,3%
U-4	Total de desempregados, somado aos trabalhadores desalentados, sob a forma de percentual da força de trabalho civil somada aos trabalhadores desalentados	4,7%
U-5	Total de desempregados somado a todos os trabalhadores com vínculo marginal, sob a forma de percentual da força de trabalho civil somada a todos os trabalhadores com vínculo marginal	5,3%
U-6	Total de desempregados, somado a todos os trabalhadores com vínculo marginal e somado ao total de empregados em regime parcial por questões econômicas, sob a forma de percentual da força de trabalho civil somada a todos os trabalhadores com vínculo marginal	8,6%

Observação: trabalhadores com vínculo marginal são pessoas que, no momento atual, não estão trabalhando nem procurando trabalho, mas sinalizam que desejam trabalhar e estão disponíveis para um emprego, e que estiveram procurando emprego por algum tempo no passado recente. *Trabalhadores desalentados são um* subconjunto dos trabalhadores com vínculo marginal e que apresentaram uma razão relacionada ao mercado de mão de obra para não procurar trabalho no momento. *Empregados em regime parcial por questões econômicas* são aqueles que desejam e estão disponíveis para um emprego em regime integral, mas tiveram que se contentar com um trabalho em regime parcial.

Fonte: U.S. Department of Labor. Os dados correspondem a julho de 2017.

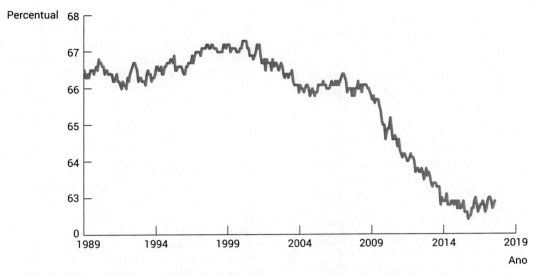

Figura 7.5 Taxa de participação na força de trabalho. A taxa de participação na força de trabalho declinou significativamente de 2007 a 2014.
Fonte: Bureau of Labor Statistics.

Tabela 7.4 Decompondo a variação na participação na força de trabalho
Por razão para a não participação

Trimestre	Não participação	Aposentados	Portadores de necessidades especiais	Desalentados	Na escola	Outra
2007: Q4	33,9%	15,5%	4,9%	1,9%	4,6%	7,1%
2017: Q1	37,2%	17,7%	5,5%	2,0%	4,9%	6,9%
Variação	+3,3	+ 2,2	+ 0,6	+ 0,1	+ 0,3	− 0,2

Fonte: FUJITA, Shigeru. On the causes of declines in the labor force participation rate. Federal Reserve Bank of Philadelphia, 2014, e atualizações *on-line*. A soma das partes pode não ser igual ao total em razão de arredondamentos.

- Um crescimento no total de pessoas que não estão buscando emprego porque estão na escola é responsável por 0,3 ponto percentual.
- A categoria "outra" representa aqueles que estão fora da força de trabalho e não estão aposentados, não são desalentados nem portadores de necessidades especiais ou não estão na escola, como pais e mães dedicados integralmente a seus filhos – não são responsáveis por qualquer alteração. De fato, esta última categoria se deslocou ligeiramente para a direção oposta.

De acordo com os números da Tabela 7.4, aposentadoria explica a maior parcela do crescimento da não participação na força de trabalho, responsável por 2/3 da variação. O crescimento no número de trabalhadores aposentados é, em grande parte, causado pelo avanço de idade da geração *baby-boom*. A geração *baby-boom* teve início em 1946, imediatamente depois do término da Segunda Guerra Mundial, quando os soldados voltaram para casa e formaram suas famílias, e continuou até 1964. Em 2008, os primeiros *baby boomers* completaram 62 anos de idade – a primeira idade com a qual um cidadão norte-americano pode começar a usufruir dos benefícios de aposentadoria da Seguridade Social nos EUA. Até agora, vimos apenas a ponta de um grande *iceberg*: à medida que uma quantidade maior de *baby boomers* alcançar a idade de aposentadoria nos anos vindouros, a taxa de participação na força de trabalho provavelmente continuará a declinar.

Para dizer a verdade, essa evolução não é totalmente adversa. Aposentadoria é, muitas vezes, uma mudança bem-vinda no estilo de vida depois de toda uma vida de labuta. Não obstante, o declínio na participação na força de trabalho efetivamente tem um custo. Com força de trabalho menor, a economia produz menor total de bens e serviços, o que significa um nível mais baixo para o PIB real.

Além disso, o avanço na idade da população não é a única força em atividade. A participação na força de trabalho entre pessoas que estão no apogeu de suas vidas (entre 25 e 54 anos de idade) caiu de 82,9% no quarto trimestre de 2007 para 81,6% no primeiro trimestre de 2017. Esse declínio de 1,3 ponto percentual é menor do que o declínio para o total da população, mas é mais difícil de explicar. As hipóteses propostas incluem: (1) maior dependência nos programas do governo para portadores de necessidades especiais; (2) fraca demanda para trabalhadores não qualificados em razão da globalização e variações tecnológicas baseadas em capacitação específica; (3) taxas mais altas de dependência química; e (4) maior disponibilidade de *videogames*, o que faz crescer o valor do lazer. Todas essas quatro forças podem atuar.

7.5 EXPERIÊNCIAS NO MERCADO DE TRABALHO: EUROPA

Embora nossa argumentação tenha se concentrado primordialmente nos Estados Unidos, inúmeros fenômenos fascinantes, e às vezes intrigantes, tornam-se aparentes quando os economistas comparam as experiências dos norte-americanos no mercado de trabalho com as experiências dos europeus.

O aumento no desemprego europeu

A Figura 7.6 mostra a taxa de desemprego, no período de 1960 a 2014, nos quatro maiores países europeus — França, Alemanha, Itália e Reino Unido. Como você pode ver, a taxa de desemprego nesses países cresceu de modo substancial. No que se refere à França, por exemplo, o desemprego médio era inferior a 2% na década de 1960 e acima de 8% em anos recentes.

Qual é a causa para o crescente desemprego europeu? Ninguém sabe ao certo, mas existe uma teoria que se destaca dentre as outras. Muitos economistas acreditam que o problema pode ser atribuído a uma interação entre uma política de longa data e um choque mais recente. A política de longa data diz respeito aos generosos benefícios concedidos aos trabalhadores desempregados. O choque recente corresponde a uma queda na demanda por trabalhadores não qualificados em relação aos trabalhadores qualificados, causada pela tecnologia.

Não restam dúvidas de que a maioria dos países europeus tem programas generosos para as pessoas desempregadas. Esses programas assumem diversos nomes: seguro social, estado do bem-estar social (*welfare state*) ou, simplesmente, "donativo". Muitos países permitem que os desempregados recebam benefícios ao longo de muitos anos, não por somente um curto período de tempo, como é o caso nos Estados Unidos. De certa maneira, as pessoas que estão vivendo à custa de benefícios estão, na realidade, fora da força de trabalho: ao se levar em conta as oportunidades de emprego disponíveis, assumir um emprego é menos atraente do que permanecer sem trabalho. Não obstante, nas estatísticas oficiais essas pessoas são frequentemente contabilizadas como desempregadas.

Também não resta a menor dúvida de que a demanda por trabalhadores não qualificados tem diminuído em relação à demanda por trabalhadores qualificados. Essa modificação na demanda decorre provavelmente de mudanças na tecnologia: os computadores, por exemplo, aumentam a demanda por trabalhadores que têm capacidade para usá-los e reduzem a demanda por trabalhadores que não têm essa capacidade. Nos Estados Unidos, essa mudança na demanda tem se refletido em termos de salários e não de desemprego: ao longo das duas últimas décadas, os salários dos trabalhadores não qualificados diminuíram substancialmente em relação aos salários dos trabalhadores qualificados. Na Europa, no entanto, o estado do bem-estar social (*welfare state*) proporciona aos trabalhadores não qualificados uma alternativa em relação a trabalhar por baixos salários. À medida que caem os salários dos trabalhadores não qualificados, uma quantidade maior de trabalhadores encara o benefício como sua melhor opção disponível. O resultado é um nível mais alto de desemprego.

Esse diagnóstico sobre o alto nível de desemprego europeu não sugere uma solução fácil. Reduzir a magnitude dos benefícios do governo para os desempregados estimularia os trabalhadores a abrir mão deles, aceitando empregos com baixos salários. Mas isso também exacerbaria a desigualdade econômica - exatamente o problema que as políticas do estado do bem-estar tiveram como objetivo ao serem projetadas.*

Variação do desemprego na Europa

A Europa não representa um único mercado de mão de obra, mas, em vez disso, corresponde a uma reunião de mercados de mão de obra nacionais, separados não somente por fronteiras nacionais mas também por diferenças culturais e de idioma. Como esses países diferem em suas políticas para o mercado de mão de obra e em suas instituições, a variação no âmbito de toda a Europa proporciona uma perspectiva útil sobre as causas para o desemprego. Muitos estudos empíricos têm, por conseguinte, se concentrado nessas diferenças internacionais.

O primeiro fato digno de ser observado é que a taxa de desemprego varia substancialmente de um país para outro. Por exemplo, em junho de 2017, quando a taxa de desemprego correspondia a 4,4% nos Estados Unidos, era de 3,8% na Alemanha e 17,1% na Espanha. Embora, nos últimos anos, a média do desemprego tenha sido mais alta na Europa do que nos Es-

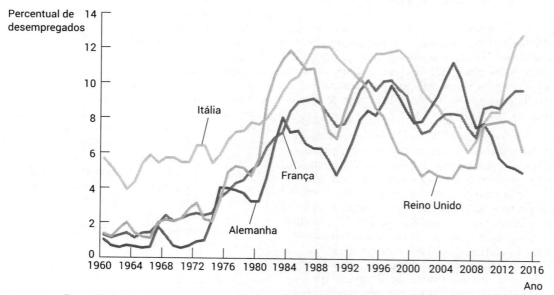

Figura 7.6 Desemprego na Europa. Esta Figura mostra taxa de desemprego nos quatro maiores países da Europa. A Figura mostra que a taxa de desemprego na Europa tem crescido substancialmente ao longo do tempo, em especial na França e na Alemanha.
Fonte: Dados da OECD.

---

* Para uma discussão mais aprofundada sobre essas questões, veja KRUGMAN, Paul. Past and prospective causes of high unemployment. In: *Reducing unemployment*: current issues and policy options, Kansas City: Federal Reserve Bank, Aug. 1994.

tados Unidos, muitos europeus vivem em nações com taxas de desemprego inferiores à taxa dos EUA.

Um segundo fato importante a ser observado é que grande parte da variação nas taxas de desemprego pode ser atribuída aos desempregados de longo prazo. A taxa de desemprego pode ser separada em duas parcelas – o percentual da força de trabalho que está desempregada há menos de um ano e o percentual que está desempregado há mais de um ano. A taxa de desemprego de longo prazo exibe maior variabilidade de país para país do que a taxa de curto prazo.

As taxas de desemprego nacionais estão correlacionadas com uma variedade de políticas para o mercado de mão de obra. As taxas de desemprego são mais altas em países que possuem seguro-desemprego mais generoso, conforme mensurado pela taxa de reposição – o percentual de salários anteriores que são repostos quando um trabalhador perde o emprego. Além disso, os países tendem a apresentar taxa mais alta de desemprego, especialmente uma taxa mais alta de desemprego de longo prazo, se os benefícios puderem ser colhidos ao longo de períodos mais extensos.

Embora os gastos do governo com seguro-desemprego pareçam fazer crescer o desemprego, o gasto com políticas para o mercado de mão de obra "ativa" parece fazer com que ele diminua. Essas políticas para o mercado de mão de obra ativa incluem treinamento para o trabalho, assistência na busca por empregos e empregos subsidiados. A Espanha, por exemplo, vem tendo historicamente uma alta taxa de desemprego, fato que pode ser explicado pela combinação entre generosos pagamentos aos desempregados e assistência mínima na ajuda para encontrar novos empregos.

O papel dos sindicatos trabalhistas também varia de um país para outro, como vimos na Tabela 7.1. Esse fato também ajuda a explicar diferenças nos resultados do mercado de mão de obra. As taxas de desemprego nacionais estão positivamente correlacionadas com o percentual da força de trabalho cujos salários são estabelecidos por meio de negociações coletivas com os sindicatos trabalhistas. Entretanto, o impacto adverso dos sindicatos trabalhistas sobre o desemprego é menor em países nos quais existe uma coordenação substancial entre empregadores na negociação com os sindicatos, talvez porque a coordenação possa moderar a crescente pressão sobre os salários.

Cabe aqui uma advertência: correlação não implica causa e efeito; por isso, resultados empíricos como esses devem ser interpretados com cautela. No entanto, eles efetivamente sugerem que a taxa de desemprego de um país não é imutável; ao contrário, é uma função das escolhas feitas pelo país.*

O crescimento do tempo de lazer dos europeus

Taxas de desemprego mais altas na Europa fazem parte de um fenômeno mais abrangente, qual seja, os europeus habitualmente trabalham uma quantidade menor de horas do que seus equivalentes norte-americanos. A Figura 7.7 apresenta alguns dados sobre a quantidade de horas que uma pessoa empregada típica trabalha nos Estados Unidos, na França e na Alemanha. No início da década de 1970, o número de horas trabalhadas era aproximadamente o mesmo em cada um desses países. Contudo, de lá para cá, a quantidade de horas se manteve constante nos Estados Unidos, ao passo que na Europa tem declinado substancialmente. Hoje em dia, o norte-americano típico trabalha um número bem maior de horas do que o típico residente desses dois países da Europa ocidental.

A diferença, em termos de horas trabalhadas, reflete dois fatos. O primeiro deles é que uma pessoa comum, empregada nos Estados Unidos, trabalha um número maior de horas por ano do que a pessoa comum empregada na Europa. Os europeus, de modo geral, desfrutam de semanas de trabalho mais curtas e feriados mais frequentes. O segundo fato é que um número maior de possíveis trabalhadores está empregado nos Estados Unidos. Ou seja, a proporção entre emprego e população é mais alta nos Estados Unidos do que na Europa. A taxa mais elevada de desemprego é uma das razões para a proporção mais baixa entre emprego e população na Europa. Outra razão é que a aposentadoria ocorre mais cedo na Europa e,

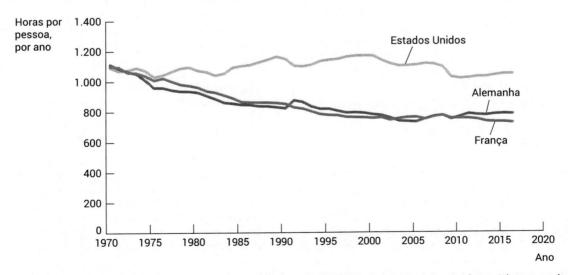

Figura 7.7 Horas anuais trabalhadas, por pessoa. Ao longo do tempo, muitos trabalhadores europeus reduziram substancialmente o número de horas que trabalham, enquanto os norte-americanos não reduziram.
Fontes: OECD e Bureau of Labor Statistics. Calculadas como a média de horas anuais efetivamente trabalhadas por pessoa empregada, multiplicada pela taxa de emprego.

---

* NICKELL, Stephen. Unemployment and labor market rigidities: Europe versus North America. *Journal of Economic Perspectives*, v. 11, p. 55-74, Sept. 1977.

consequentemente, há participação mais baixa na força de trabalho entre os trabalhadores com idade mais avançada.

Qual é a causa subjacente para essas diferenças nos padrões de trabalho? Economistas propuseram diversas hipóteses.

Edward Prescott, vencedor do prêmio Nobel de Economia em 2004, concluiu que "praticamente todas as grandes diferenças entre a oferta de mão de obra nos Estados Unidos e a oferta de mão de obra na Alemanha e na França são decorrentes de diferenças nos sistemas tributários". Essa hipótese é coerente com dois fatos: (1) os europeus se deparam com alíquotas de impostos mais altas do que os norte-americanos e (2) as alíquotas de impostos na Europa cresceram significativamente ao longo das últimas décadas. Alguns economistas consideram esses fatos como fortes indícios do impacto dos impostos sobre o esforço de trabalho. Outros, ainda, são céticos. Argumentam que explicar as diferenças, em termos de horas trabalhadas, apenas pelas alíquotas de impostos requer uma elasticidade inconcebivelmente grande na oferta de mão de obra.

Uma hipótese relacionada é o fato de que a diferença no esforço de trabalho observado pode ser atribuída à economia informal. Quando as alíquotas dos impostos são altas, as pessoas passam a ter maior incentivo para trabalhar "na informalidade", com o objetivo de escapar da tributação. Os dados que tratam da economia informal são difíceis de ser levantados, mas os economistas que estudam o assunto acreditam que a economia informal é maior na Europa do que nos Estados Unidos. Esse fato sugere que a diferença em termos de horas reais trabalhadas, incluindo o trabalho na economia informal, pode ser menor do que a diferença nas horas trabalhadas mensuradas.

Outra hipótese enfatiza o papel dos sindicatos trabalhistas. Como vimos, a negociação coletiva é mais importante nos mercados de mão de obra europeus do que nos norte-americanos. Os sindicatos trabalhistas geralmente exercem pressão a favor de semanas de trabalho mais curtas em negociações contratuais, e tentam influenciar o governo em relação a uma variedade de regulamentações relacionadas ao mercado de mão de obra, tais como feriados oficiais. Os economistas Alberto Alesina, Edward Glaeser e Bruce Sacerdote concluem que "feriados compulsórios conseguem explicar 80% da diferença entre os EUA e a Europa no número de semanas trabalhadas e 30% da diferença no total da oferta de mão de obra entre as duas regiões". Eles sugerem que Prescott pode estar superestimando o papel dos impostos, uma vez que, analisando os países, as alíquotas de impostos e o índice de sindicalização estão relacionados positivamente; como resultado, os efeitos da tributação e da sindicalização disseminada são difíceis de dissociar.

Uma hipótese final enfatiza a possibilidade de diferentes preferências. À medida que o progresso tecnológico e o crescimento econômico tornaram mais ricos os países, pessoas em todo o mundo precisam decidir se desfrutam da maior prosperidade na forma de maior consumo de bens e serviços ou de mais tempo livre para o lazer. De acordo com o economista Olivier Blanchard, "a principal diferença [entre os continentes] é que a Europa utiliza parte do aumento da produtividade para aumentar o tempo livre e de lazer, não a renda, enquanto os Estados Unidos fazem o contrário". Blanchard acredita que os europeus simplesmente têm maior predileção pelo lazer e o tempo livre do que os norte-americanos. (Sendo um economista francês trabalhando nos Estados Unidos, ele pode ter uma percepção especial em relação a esse fenômeno.) Se Blanchard estiver correto, isso faz surgir a questão, ainda mais difícil de ser respondida, sobre a razão pela qual os gostos variam conforme a localização geográfica.

Os economistas continuam a debater sobre os méritos dessas hipóteses alternativas. No final das contas, pode existir alguma parcela de verdade em todas elas.*

7.6 CONCLUSÃO

O desemprego representa recursos desperdiçados. Trabalhadores desempregados têm o potencial de contribuir para a renda nacional, mas não estão fazendo isso. Pessoas que procuram empregos condizentes com suas habilidades ficam felizes quando a busca termina, e aquelas que esperam emprego em empresas que pagam acima do salário de equilíbrio ficam felizes quando se abrem vagas em postos de trabalho.

Infelizmente, nem o desemprego friccional nem o desemprego estrutural podem ser reduzidos com facilidade. O governo não consegue fazer com que a obtenção de empregos seja instantânea, e também não consegue facilmente fazer com que os salários fiquem mais próximos do nível de equilíbrio. O desemprego zero não é uma meta plausível para as economias de livre mercado.

A política econômica, no entanto, não é impotente na luta para reduzir o desemprego. Programas de treinamento para o trabalho, o sistema de seguro-desemprego, o salário mínimo e as leis que regulamentam a negociação coletiva costumam ser tópicos de debates políticos. As políticas econômicas que escolhemos têm grande probabilidade de exercer efeitos importantes sobre a taxa de desemprego natural da economia.

Resumo

1. A taxa natural de desemprego é a taxa de desemprego no estado estacionário da economia. Depende da taxa de perda de emprego e da taxa de obtenção de emprego.
2. Considerando-se que é necessário um tempo para que os trabalhadores busquem o emprego mais adequado a suas habilidades e gostos individuais, algum desemprego friccional torna-se inevitável. Várias políticas governamentais, como o seguro-desemprego, alteram o volume de desemprego friccional.
3. O desemprego estrutural ocorre quando o salário real permanece acima do patamar que equilibra a oferta de mão de obra e a demanda por mão de obra. A legislação que trata do salário mínimo é uma das causas da rigidez salarial. Os sindicatos trabalhistas e a ameaça de sindicalização também o são. Por fim, as teorias que tratam do salário de eficiência sugerem que as empresas podem considerar lucrativo manter altos os salários, apesar de um excesso de oferta de mão de obra.
4. Concluirmos que a maior parte do desemprego é de curto prazo ou de longo prazo depende de como os dados são analisados. A maior parte dos períodos de desemprego é de curta duração. Contudo, a maior parte das semanas de desemprego pode ser atribuída à pequena quantidade de desempregados considerados de longo prazo.
5. As taxas de desemprego entre grupos demográficos diferem substancialmente entre si. Em particular, as taxas de desemprego para os trabalhadores mais jovens são muito

---

* Para ler mais sobre esse tópico, veja PRESCOTT, Edward C. Why do Americans work so much more than Europeans? *Federal Reserve Bank of Minneapolis Quarterly Review*, v. 28, n. 1, p. 2-13, July 2004; ALESINA, Alberto; GLAESER, Edward; SACERDOTE, Bruce. Work and leisure in the U.S. and Europe: why so different? *NBER Macroeconomics Annual*, p. 1-64, 2005; BLANCHARD, Olivier. The economic future of Europe. *Journal of Economic Perspectives*, v. 18, p. 3-26, Fall 2004.

mais altas do que entre os trabalhadores com mais idade. Isso resulta de uma diferença na taxa de perda de emprego, não de uma diferença na taxa de obtenção de emprego.
6. As pessoas que ingressaram recentemente na força de trabalho, incluindo tanto as estreantes quanto as reentrantes, constituem cerca de um terço dos desempregados. Transições para dentro e para fora da força de trabalho dificultam a interpretação das estatísticas sobre desemprego.
7. Os mercados de trabalho norte-americano e europeu apresentam diferenças significativas. Nos anos mais recentes, a Europa tem apresentado um volume significativamente maior de desemprego do que os Estados Unidos. Além disso, em razão de nível de desemprego mais alto, maior quantidade de feriados e aposentadoria mais precoce, os europeus trabalham menos horas do que os trabalhadores norte-americanos.

Questionário rápido

1. O principal objetivo do sistema de seguro-desemprego é reduzir
   a) a taxa de obtenção de emprego.
   b) a taxa de perda de emprego.
   c) o desemprego friccional.
   d) a incerteza dos trabalhadores com relação à sua renda.

2. Embora não seja um objetivo do sistema de seguro-desemprego, um de seus efeitos é que o sistema reduz
   a) a taxa de obtenção de emprego.
   b) a taxa de perda de emprego.
   c) o desemprego friccional.
   d) a incerteza dos trabalhadores com relação à sua renda.

3. De acordo com a teoria dos salários de eficiência, pagar um salário acima do salário de equilíbrio pode elevar todos os itens a seguir, *exceto*
   a) a taxa natural de desemprego.
   b) a rotatividade de trabalhadores.
   c) o esforço do trabalhador.
   d) a qualidade da força de trabalho de uma empresa.

4. A principal causa do declínio na participação na força de trabalho, desde 2007, é um crescimento na quantidade de
   a) trabalhadores desalentados.
   b) trabalhadores com necessidades especiais.
   c) trabalhadores aposentados.
   d) pessoas na escola.

5. Se uma economia tiver grande número de trabalhadores desalentados,
   a) a taxa de desemprego será alta, e a proporção entre emprego e população será baixa.
   b) a taxa de desemprego será alta, mas a proporção entre emprego e população não será muito afetada.
   c) a proporção entre emprego e população será baixa, mas a taxa de desemprego não será muito afetada.
   d) nem a taxa de desemprego nem a proporção entre emprego e população serão muito afetadas.

6. Uma explicação para o número diferente de horas trabalhadas nos Estados Unidos e na Europa Ocidental é
   a) impostos mais altos na Europa.
   b) sindicatos trabalhistas mais fortes nos Estados Unidos.
   c) maior predileção pelo lazer nos Estados Unidos.
   d) maior quantidade de idiomas na Europa.

CONCEITOS-CHAVE

Taxa natural de desemprego
Desemprego friccional
Mudanças setoriais
Seguro-desemprego
Rigidez salarial

Desemprego estrutural
Pessoas de dentro da empresa (empregados) *versus* pessoas de fora da empresa (desempregados)

Salários de eficiência
Trabalhadores desalentados

Questões para revisão

1. O que determina a taxa natural de desemprego?
2. Descreva a diferença entre desemprego friccional e desemprego estrutural.
3. Forneça três explicações para o fato de o salário real poder permanecer acima do nível que equilibra a oferta e a demanda de mão de obra.
4. A maior parte do desemprego é de longo ou de curto prazo? Explique sua resposta.
5. Os europeus trabalham mais ou menos horas do que os norte-americanos? Apresente três hipóteses que foram sugeridas para explicar a diferença.

Problemas e aplicações

1. Responda às seguintes questões sobre a sua própria experiência na força de trabalho:
   a) Quando você, ou um de seus amigos, está procurando um emprego com regime de meio expediente, quantas semanas costumam ser necessárias para encontrá-lo? Depois de ter encontrado um emprego, quantas semanas ele costuma durar?
   b) Com base em suas estimativas, calcule (em período semanal) sua taxa de obtenção de emprego, f, e sua taxa de perda de emprego, s. (*Dica:* Se f é a taxa de obtenção de emprego, então a média para o período de desemprego corresponde a $1/f$.)
   c) Qual é a taxa natural de desemprego para a população que você representa?

2. Ocupantes de um dormitório coletaram os seguintes dados: as pessoas que vivem em um dormitório podem ser classificadas como envolvidas em um relacionamento ou não envolvidas em um relacionamento. Entre as pessoas envolvidas, 10% passam por término em seus relacionamentos a cada mês. Entre os não envolvidos, 5% começam um relacionamento a cada mês. Qual é a fração de ocupantes em estado estacionário que não estão envolvidos em um relacionamento estável?

3. Neste capítulo, vimos que a taxa de desemprego no estado estacionário corresponde a $U/L = s/(s + f)$. Suponha que a taxa de desemprego não comece nesse nível. Demonstre que o desemprego vai evoluir ao longo do tempo e alcançar esse estado estacionário. (*Dica:* Expresse a mudança no número de desempregados sob a forma de uma função de s, f e U. Depois disso, demonstre que o desemprego diminui se está acima da taxa natural e aumenta se está abaixo da taxa natural.)

4. Suponha que o Congresso aprove uma legislação que dificulte a demissão de empregados pelas empresas. (Um exemplo seria uma lei que exigisse o pagamento de indenizações para os trabalhadores demitidos.)** Se essa legislação reduzisse a taxa de perda de emprego sem afetar a taxa de obtenção de emprego, como a taxa natural de desemprego se modificaria? Você acha que seria factível pressupor que a legislação não afetaria a taxa de obtenção de emprego? Por que sim, ou por que não?

5. Considere uma economia com a seguinte função produção de Cobb-Douglas:
   $$Y = 5K^{1/3}L^{2/3}.$$
   a) Derive a equação, descrevendo a demanda por mão de obra nessa economia como uma função do salário real e do estoque de capital. (*Dica:* Faça uma revisão do Capítulo 3.)
   b) A economia possui 27.000 unidades de capital e uma força de trabalho de 1.000 trabalhadores. Considerando que os preços dos fatores se ajustam de modo a equilibrar oferta e demanda, calcule o salário real, o total da produção e a remuneração total dos trabalhadores.
   c) Suponhamos, agora, que o Congresso, preocupado com o bem-estar da classe trabalhadora, aprove uma lei definindo um salário mínimo que seja 10% superior ao salário de equilíbrio que você derivou no item (b). Considerando que o Congresso não possa impor a quantidade de trabalhadores contratados com o salário obrigatório por lei, quais são os efeitos dessa lei? Especificamente, calcule o que acontece com o salário real, o emprego, a produção e a remuneração total dos trabalhadores.
   d) O Congresso será bem-sucedido em seu objetivo de ajudar a classe trabalhadora? Explique.
   e) Você acredita que essa análise proporciona uma boa maneira de refletir sobre uma lei para o salário mínimo? Por que sim, ou por que não?

6. Suponhamos que um país passe por uma redução em sua produtividade – ou seja, um choque adverso na função produção.
   a) O que acontece com a curva de demanda por mão de obra?
   b) De que modo essa mudança na produtividade afetaria o mercado de mão de obra – ou seja, o emprego, o desemprego e os salários reais – se o mercado de mão de obra estivesse sempre em equilíbrio?
   c) Como essa mudança na produtividade afetaria o mercado de mão de obra se os sindicatos impedissem a queda nos salários reais?

7. Considere uma economia com dois setores: produção e serviços. A demanda por mão de obra na produção e na prestação de serviços é descrita pelas seguintes equações:
   $$L_p = 200 - 6W_p$$
   $$L_s = 100 - 4W_s$$
   em que L corresponde à mão de obra (em número de trabalhadores), W corresponde ao salário (em dólares) e os subscritos representam os setores. A economia tem 100 trabalhadores que estão dispostos e são capazes de trabalhar em qualquer um dos dois setores.
   a) Se os trabalhadores estiverem livres para se movimentar entre os setores, qual relação haverá entre W_p e W_s?
   b) Suponha que a condição no item (a) seja verdadeira, e os salários se ajustem de modo a equilibrar a oferta e a demanda por mão de obra. Calcule o salário e o emprego em cada um dos setores.
   c) Suponha que um sindicato trabalhista se estabeleça no setor de produção e empurre o salário desse setor para $ 25,00. Calcule o emprego no setor de produção.
   d) Depois da sindicalização do setor de produção, todos os trabalhadores que não conseguem obter o alto salário obtido pelos sindicatos se deslocam para o setor de serviços. Calcule o salário e o emprego no setor de serviços.
   e) Suponhamos, agora, que os trabalhadores tenham um salário de reserva de $ 15,00 – ou seja, em vez de aceitar um emprego com salário inferior a $ 15,00, eles esperariam por um salário de $ 25,00 obtido pelo sindicato para começar. Calcule o salário e o emprego em cada um dos setores. Qual é a taxa de desemprego da economia?

---

* No Brasil, de acordo com a legislação vigente, no caso de dispensa sem justa causa, o empregador é obrigado a pagar, como parte das verbas indenizatórias, uma multa de 40% do valor total do Fundo de Garantia do Tempo de Serviço (FGTS). (N.T.)

Problemas e aplicações

8. Quando os salários dos trabalhadores crescem, suas decisões sobre a quantidade de tempo a ser gasto trabalhando são afetadas de duas maneiras conflitantes – como você pode ter aprendido em cursos sobre microeconomia. O *efeito da renda* corresponde ao impulso de trabalhar menos, pois rendas mais altas significam que os trabalhadores podem arcar com os custos de consumir um número maior de horas livres de lazer. O *efeito da substituição* corresponde ao impulso de trabalhar mais, pois a recompensa por trabalhar uma hora a mais aumentou (de modo equivalente, o custo de oportunidade para o lazer aumentou). Aplique esses conceitos à hipótese de Blanchard sobre as preferências dos norte-americanos e dos europeus em relação ao lazer. De que lado do Atlântico os efeitos da renda parecem maiores do que os efeitos da substituição? De que lado os dois efeitos aproximadamente se anulam? Você considera razoável a hipótese de que as preferências por lazer variam em razão da localização geográfica? Por que sim, ou por que não?

9. Em qualquer cidade, a qualquer momento, uma parte da reserva de espaço de escritório aproveitável está desocupada. Esse espaço de escritório desocupado corresponde a um capital não empregado. Como você explicaria esse fenômeno? Especificamente, que abordagem para explicar mão de obra não empregada melhor se aplica a capital não empregado? Você acredita que capital não empregado é um problema social? Explique sua resposta.

Respostas do questionário rápido

1. d
2. a
3. b
4. c
5. c
6. a

Parte 3

Teoria do Crescimento: A Economia no Longuíssimo Prazo

Crescimento Econômico I: Acumulação de Capital e Crescimento Populacional

A questão do crescimento não é novidade, mas um novo disfarce para uma antiga questão, que sempre intrigou e preocupou a economia: o presente em contraposição ao futuro.

– James Tobin

Se você já conversou com seus avós sobre como era a vida deles no tempo em que eram jovens, é bem provável que você tenha aprendido uma importante lição sobre crescimento econômico: os padrões de vida, em termos materiais, melhoraram substancialmente ao longo do tempo para a maior parte das famílias, na maioria dos países. Esse avanço resultou do aumento constante da renda, permitindo que as pessoas consumam maior quantidade de bens e serviços.

Para medir o crescimento econômico, os economistas utilizam dados sobre o produto interno bruto, que mede o total da renda de todos os integrantes da economia. O PIB real dos Estados Unidos é, atualmente, mais de sete vezes superior ao nível de 1950, e o PIB real *per capita* é mais de três vezes maior do que o nível vigente em 1950. Em qualquer ano específico, observamos também grandes diferenças no padrão de vida, de um país para outro. A Tabela 8.1 mostra a renda *per capita*, em 2010, para os 14 países mais populosos em todo o mundo. Os Estados Unidos encabeçam a lista, como uma renda *per capita* de US$ 57.467,00. A Etiópia tem renda *per capita* de apenas US$ 1.735,00 - aproximadamente 3% da renda *per capita* dos Estados Unidos.

Nosso objetivo nesta parte do livro é entender o que causa essas diferenças na renda ao longo do tempo e entre os países. No Capítulo 3, identificamos os fatores de produção - capital e mão de obra - e a tecnologia de produção como as fontes de produção da economia e, por conseguinte, do total de sua renda. As diferenças de renda ao longo do tempo e entre países devem, então, ser provenientes das diferenças no capital, na mão de obra e na tecnologia.

Nossa principal tarefa neste capítulo e no próximo é desenvolver uma teoria para o crescimento econômico, chamada de **modelo de crescimento de Solow**. Nossa análise, apresentada no Capítulo 3, nos possibilitou descrever o modo como a economia produz e utiliza sua produção em determinado momento no tempo. A análise foi estática – uma fotografia da economia. Para explicar por que nossa renda nacional cresce e por que algumas economias crescem mais rapidamente do que outras, temos que ampliar nossa análise, de modo tal que ela descreva mudanças na economia ao longo do tempo. Ao desenvolver esse modelo, nossa análise torna-se mais dinâmica, assemelhando-se mais a um filme do que a uma fotografia. O modelo de crescimento de Solow mostra de que maneira pou-

Tabela 8.1 Diferenças internacionais no padrão de vida

País	Renda per capita (2016)
Estados Unidos	$ 57.467
Japão	41.470
Rússia	23.163
México	17.862
China	15.535
Brasil	15.128
Indonésia	11.612
Egito	11.132
Filipinas	7.806
Índia	6.572
Nigéria	5.867
Paquistão	5.249
Bangladesh	3.581
Etiópia	1.735

Fonte: The World Bank (Banco Mundial). Os dados são ajustados pelo paridade do poder de compra (PPP) – ou seja, os valores correspondentes à renda levam em conta diferenças no custo de vida de um país para outro.

pança, crescimento populacional e avanço tecnológico afetam o nível de produção de uma economia e seu crescimento ao longo do tempo. Neste capítulo, analisamos os papéis da poupança e do crescimento populacional. No próximo capítulo, analisaremos as mudanças tecnológicas.[*]

8.1 ACUMULAÇÃO DE CAPITAL

O modelo de crescimento de Solow tem por objetivo demonstrar de que maneira o crescimento do estoque do capital, o crescimento da força de trabalho e os avanços tecnológicos interagem em uma economia, bem como de que maneira afetam a produção total de bens e serviços de uma nação. O modelo será desenvolvido em uma série de etapas. Nossa primeira etapa consiste em examinar de que maneira a oferta e a demanda por bens determinam a acumulação de capital. Nessa primeira etapa, partimos do pressuposto de que a força de trabalho e a tecnologia são fixas. Depois disso, deixamos esse pressuposto um pouco de lado e introduzimos, ainda neste capítulo, mu-

---

[*] O modelo de crescimento de Solow herdou seu nome do economista Robert Solow. Foi desenvolvido nas décadas de 1950 e 1960. Em 1987, Solow ganhou o Prêmio Nobel de Economia por seu trabalho em crescimento econômico. O modelo foi apresentado em SOLOW, Robert M. A contribution to the theory of economic growth. *Quarterly Journal of Economics*, p. 65-94, Feb. 1956.

danças na força de trabalho e, no próximo capítulo, mudanças tecnológicas.

A oferta e a demanda por bens

A oferta e a demanda por bens desempenharam papel fundamental em nosso modelo estático para a economia fechada, apresentado no Capítulo 3. O mesmo se aplica ao Modelo de Solow. Ao considerar a oferta e a demanda de bens, podemos verificar o que determina a quantidade de produto gerada, em qualquer momento dado, e como se dá a alocação dessa produção entre usos alternativos.

Oferta de bens e a função produção

A oferta de bens, no Modelo de Solow, é baseada na função produção, que afirma que a produção depende do estoque de capital e da força de trabalho:

$$Y = F(K, L).$$

O modelo de crescimento de Solow parte do pressuposto de que a função produção apresenta retornos constantes de escala. Esse pressuposto muitas vezes é considerado realista; e, conforme verificaremos em breve, ajuda a simplificar a análise. Lembre-se de que uma função de produção apresenta retornos constantes de escala se

$$zY = F(zK, zL)$$

para qualquer número positivo z. Ou seja, se tanto capital quanto mão de obra forem multiplicados por z, a produção total será, também, multiplicada por z.

As funções produção com retornos constantes de escala nos permitem analisar todos os valores na economia relativos ao tamanho da força de trabalho. Para verificar se isso é verdadeiro, faça com que $z = 1/L$ na equação anterior, de modo a obter

$$Y/L = F(K/L, 1).$$

Essa equação demonstra que a quantidade de produção por trabalhador, Y/L, é uma função do montante de capital por trabalhador, K/L. (O número 1 é constante e, por essa razão, pode ser ignorado.) O pressuposto de retornos constantes de escala implica que o tamanho da economia – mensurado com base no número de trabalhadores – não afeta a relação entre produção por trabalhador e capital por trabalhador.

Uma vez que o tamanho da economia não é importante, será conveniente representar todos os valores em termos de cada trabalhador individual. Indicamos esses montantes por trabalhador individual com o uso de letras minúsculas, de maneira tal que $y = Y/L$ corresponde à produção por trabalhador e $k = K/L$ corresponde ao capital por trabalhador. Podemos, então, escrever a função produção sob a forma

$$y = f(k),$$

na qual definimos $f(k) = F(k, 1)$. A Figura 8.1 ilustra a função produção em questão.

A inclinação dessa função produção mostra a quantidade de produção adicional que um trabalhador produz, quando considerada uma unidade adicional de capital. Essa quantidade é a produtividade marginal do capital, $PMgK$. Em termos matemáticos, escrevemos

$$PMgK = f(k+1) - f(k).$$

Observe que, na Figura 8.1, à medida que a quantidade de capital aumenta, a função produção vai se tornando mais plana, sinalizando que a função produção apresenta produto mar-

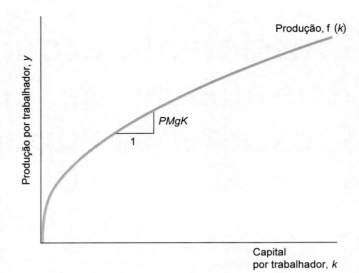

Figura 8.1 Função produção. A função produção mostra de que maneira a quantidade de capital por trabalhador, k, determina a produção por trabalhador, $y = f(k)$. A inclinação da função produção corresponde ao produto marginal do capital: se k aumenta em uma unidade, y aumenta em $PMgK$ unidades. A função produção fica mais plana à medida que k aumenta, indicando produto marginal do capital decrescente.

ginal do capital decrescente. Quando k é baixo, o trabalhador mediano conta com apenas uma pequena quantidade de capital com que trabalhar, de tal modo que uma unidade adicional de capital é bastante útil e gera uma grande quantidade adicional de produção. Quando k é alto, o trabalhador mediano conta com uma grande quantidade de capital com que trabalhar, de tal modo que uma unidade adicional de capital aumenta apenas ligeiramente a quantidade de produção.

Demanda por bens e a função consumo. A demanda por bens, no Modelo de Solow, deriva do consumo e do investimento. Em outras palavras, a produção por trabalhador, y, é dividida entre consumo por trabalhador, c, e investimento por trabalhador, i:

$$y = c + i$$

Essa equação corresponde à versão por trabalhador para a identidade das contas nacionais de uma economia. Observe que ela omite as compras do governo (as quais podemos ignorar para os propósitos atuais) e as exportações líquidas (já que estamos pressupondo uma economia fechada).

O Modelo de Solow pressupõe que, a cada ano, as pessoas poupam uma fração s de suas respectivas rendas e consomem uma fração $(1 - s)$. Podemos expressar essa ideia com a função consumo apresentada a seguir:

$$c = (1 - s)y,$$

em que s, a taxa de poupança, é um valor entre zero e um. Tenha em mente que várias políticas governamentais conseguem, potencialmente, influenciar a taxa de poupança de um país, de modo que um de nossos objetivos corresponde a descobrir qual é a taxa de poupança desejável. Por ora, todavia, consideramos a taxa de poupança, s, como predeterminada.

Para verificar o que essa função consumo implica para o investimento, substitua c por $(1 - s)y$ na identidade das contas nacionais:

$$y = (1 - s)y + i.$$

Reorganize os termos, de modo a obter

$$i = sy.$$

Essa equação demonstra que investimento é igual a poupança, como verificamos inicialmente no Capítulo 3. Por conseguinte, a taxa de poupança, s, é também a fração da produção destinada ao investimento.

Já introduzimos os dois principais ingredientes do Modelo de Solow – a função produção e a função consumo – que descrevem a economia em qualquer momento no tempo. Para qualquer estoque específico de capital, k, a função produção, $y = f(k)$, determina a quantidade de produção gerada pela economia, e a taxa de poupança, s, determina a distribuição dessa produção entre consumo e investimento.

Crescimento no estoque de capital e o estado estacionário

Em qualquer momento específico, o estoque de capital é um determinante fundamental da produção gerada na economia, embora possa se modificar ao longo do tempo, e essas variações podem levar ao crescimento econômico. Duas forças influenciam o estoque de capital: investimento e depreciação. *Investimento* corresponde ao gasto com novas instalações e novos equipamentos, e faz com que o estoque de capital aumente. *Depreciação* refere-se ao desgaste gradativo do capital antigo, provocado pelo envelhecimento e pelo uso, e faz com que diminua o estoque de capital. Consideraremos esses itens, um de cada vez.

Como já vimos, o investimento por trabalhador, i, é igual a sy. Ao substituirmos y pela função produção, seremos capazes de expressar o investimento por trabalhador, sob a forma de uma função do estoque de capital por trabalhador:

$$i = sf(k).$$

Essa equação relaciona o estoque de capital existente, k, à acumulação de novo capital, i. A Figura 8.2 mostra essa relação. A figura ilustra de que maneira, para qualquer valor de k, o montante de produção é determinado pela função produção $f(k)$, e de que maneira a distribuição dessa produção entre consumo e poupança é determinada pela taxa de poupança, s.

Para incorporar a depreciação no modelo, partimos do pressuposto de que determinada fração, δ, do estoque de capital se desgasta a cada ano. Nesse caso, δ (a letra grega minúscula delta) é chamada de *taxa de depreciação*. Por exemplo, se o capital dura uma média de 25 anos, a taxa de depreciação corresponde a 4% ao ano (δ = 0,04). O montante de capital que se deprecia a cada ano equivale a δk. A Figura 8.3 mostra como a depreciação depende do estoque de capital.

Podemos expressar o impacto do investimento e da depreciação sobre o estoque de capital com a seguinte equação:

Variação no Estoque do Capital = Investimento – Depreciação

$$\Delta k = i - \delta k,$$

na qual Δk corresponde à variação no estoque de capital entre um ano e o ano subsequente. Sendo o investimento, i, igual a $sf(k)$, podemos escrever isso como

$$\Delta k = sf(k) - \delta k.$$

A Figura 8.4 apresenta sob a forma de gráfico os termos dessa equação – investimento e depreciação – para diferentes níveis de estoque de capital, k. Quanto mais alto o estoque de capital, maiores os montantes relativos a produção e investimento. Contudo, quanto maior o estoque de capital, maior também o montante de depreciação.

Como mostra a Figura 8.4, existe um único estoque de capital, k^*, no qual o montante de investimento se iguala ao montante de depreciação. Se a economia se encontrar nesse nível de estoque de capital, o estoque de capital não variará, pois as duas forças que estão atuando sobre ele – investimento e depreciação – simplesmente se equilibram. Ou seja, em k^*, $\Delta k = 0$, de modo que o estoque de capital, k, e a produção, $f(k)$, permanecem constantes ao longo do tempo (em vez de crescer ou diminuir). Portanto, chamamos de k^* o nível de capital no estado estacionário.

O **estado estacionário** é significativo por duas razões. Conforme acabamos de ver, estando uma economia no estado estacionário, nele permanecerá. Além disso, e igualmente importante, uma economia que *não* se encontre no estado estacionário caminhará em direção a ele. Ou seja, independentemente do nível de capital com o qual comece, a economia terminará com o nível de capital do estado estacionário. Nesse sentido, o *estado estacionário representa o equilíbrio da economia no longo prazo*.

Para ver a razão pela qual determinada economia sempre acaba chegando ao estado estacionário, suponha que a econo-

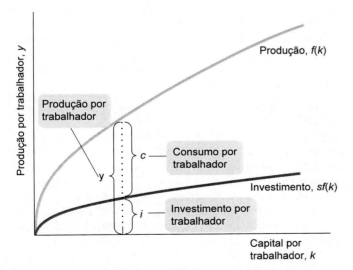

Figura 8.2 Produção, consumo e investimento. A taxa de poupança, s, determina a distribuição da produção entre consumo e investimento. Para qualquer nível de capital, k, a produção corresponde a $f(k)$, o investimento corresponde a $sf(k)$ e o consumo corresponde a $f(k) - sf(k)$.

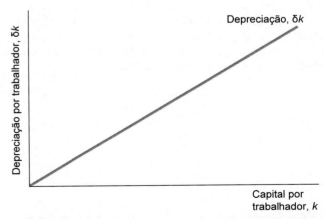

Figura 8.3 Depreciação. Uma fração constante, δ, do estoque de capital se desgasta a cada ano. A depreciação, portanto, é proporcional ao estoque de capital.

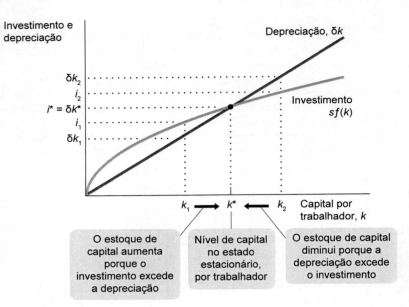

Figura 8.4 Investimento, depreciação e o estado estacionário. O nível de capital no estado estacionário, k^*, é o nível em que o investimento se iguala à depreciação, indicando que o montante de capital não varia ao longo do tempo. Abaixo de k^*, o investimento excede a depreciação, de modo que o estoque de capital aumenta. Acima de k^*, o investimento é menor do que a depreciação e, por essa razão, o estoque de capital diminui.

mia comece com menos do que o nível de capital do estado estacionário, como por exemplo o nível k_1 na Figura 8.4. Nesse caso, o nível de investimento excede o montante relativo à depreciação. Ao longo do tempo, o estoque de capital passará a crescer, e continuará a crescer – juntamente com a produção, $f(k)$ – até que venha a se aproximar do estado estacionário, k^*.

De maneira análoga, suponha que a economia comece com mais do que o nível de capital do estado estacionário, por exemplo, o nível k_2. Nesse caso, o investimento é menor do que a depreciação: o capital está se desgastando mais rapidamente do que é substituído. O estoque de capital diminuirá, novamente se aproximando do nível relativo ao estado estacionário. Uma vez que o estoque de capital alcança o estado estacionário, o investimento se iguala à depreciação, e não existe qualquer pressão para que o estoque de capital aumente ou diminua.

Aproximando-se do estado estacionário: exemplo numérico

Utilizemos um exemplo numérico para verificar como funciona o Modelo de Solow e como a economia se aproxima do estado estacionário. Para este exemplo, pressupomos que a função produção seja

$$Y = K^{1/2}L^{1/2}.$$

Tomando como base o Capítulo 3, você reconhecerá essa equação como a função produção de Cobb-Douglas, com o parâmetro de participação do capital, α, igual a 1/2. Para derivar a função produção por trabalhador, $f(k)$, divida os dois lados da função produção pela força de trabalho, L:

$$\frac{Y}{L} = \frac{K^{1/2}L^{1/2}}{L}$$

Reorganize de modo a obter

$$\frac{Y}{L} = \left(\frac{K}{L}\right)^{1/2}$$

Uma vez que $y = Y/L$ e $k = K/L$, essa equação passa a ser

$$y = k^{1/2},$$

que também pode ser escrita como

$$y = \sqrt{k}$$

Essa forma para a função produção afirma que a produção por trabalhador é igual à raiz quadrada do montante de capital por trabalhador.

Para completar o exemplo, vamos considerar que 30% da produção sejam poupados ($s = 0,3$); que 10% do estoque de capital se deprecie a cada ano ($\delta = 0,1$); e que a economia começa com 4 unidades de capital por trabalhador ($k = 4$). Definidos esses números, podemos agora examinar o que acontece com essa economia ao longo do tempo.

Começamos pelo exame da produção e da alocação do total produzido no primeiro ano, quando a economia possui 4 unidades de capital por trabalhador. Eis aqui as etapas que seguiremos:

- De acordo com a função produção $y = \sqrt{k}$, as quatro unidades de capital por trabalhador (k) produzem duas unidades de produção por trabalhador (y).
- Uma vez que 30% da produção são poupados e investidos e 70% são consumidos, $i = 0,6$ e $c = 1,4$.
- Tendo em vista que 10% do estoque de capital se depreciam, $\delta k = 0,4$.
- Com investimento de 0,6 e depreciação de 0,4, a variação do estoque de capital é $\Delta k = 0,2$.

Por conseguinte, a economia começa seu segundo ano com 4,2 unidades de capital por trabalhador.

Podemos fazer os mesmos cálculos para cada ano subsequente. A Tabela 8.2 mostra como a economia progride. A cada ano, como o investimento excede a depreciação, novo capital é acrescentado e a produção cresce. Ao longo de muitos anos, a economia se aproxima de um estado estacionário, com 9 unidades de capital por trabalhador. Nesse estado estacionário, o investimento de 0,9 compensa exatamente a depreciação de 0,9, de modo que o estoque de capital e a produção não crescem.

Acompanhar o progresso da economia por muitos anos é uma das maneiras de descobrir o estoque de capital de estado estacionário, mas existe outra maneira, que requer menos cálculos. Lembre-se de que

$$\Delta k = sf(k) - \delta k.$$

Tabela 8.2 Aproximando-se do estado estacionário: exemplo numérico
Pressupostos: $y = $; $s = 0,3$; $\delta = 0,1$; k inicial $= 4,0$

Ano	K	y	c	i	δk	Δk
1	4,000	2,000	1,400	0,600	0,400	0,200
2	4,200	2,049	1,435	0,615	0,420	0,195
3	4,395	2,096	1,467	0,629	0,440	0,189
4	4,584	2,141	1,499	0,642	0,458	0,184
5	4,768	2,181	1,529	0,655	0,477	0,178
.						
.						
.						
10	5,602	2,367	1,657	0,710	0,560	0,150
.						
.						
.						
25	7,321	2,706	1,894	0,812	0,732	0,080
.						
.						
.						
100	8,962	2,994	2,096	0,898	0,896	0,002
.						
.						
.						
∞	9,000	3,000	2,100	0,900	0,900	0,000

Essa equação mostra de que maneira k evolui ao longo do tempo. Uma vez que o estado estacionário corresponde (por definição) ao valor de k em que $\Delta k = 0$, sabemos que

$$0 = sf(k^*) - \delta k^*,$$

ou, em termos equivalentes,

$$\frac{k^*}{f(k^*)} = \frac{s}{\delta}$$

Essa equação proporciona uma maneira de encontrar o nível de capital de estado estacionário por trabalhador, k^*. Substituindo os números e a função produção a partir de nosso exemplo, obtemos

$$\frac{k^*}{\sqrt{k^*}} = \frac{0,3}{0,1}$$

Agora, eleve ao quadrado ambos os lados dessa equação, de modo a obter

$$k^* = 9.$$

O estoque de capital no estado estacionário corresponde a nove unidades por trabalhador. Esse resultado confirma os cálculos para o estado estacionário, constantes da Tabela 8.2.

ESTUDO DE CASO

O MILAGRE DO CRESCIMENTO JAPONÊS E DO CRESCIMENTO ALEMÃO

Japão e Alemanha representam duas histórias de sucesso em termos de crescimento econômico. Embora nos dias de hoje sejam superpotências econômicas, as economias de ambos os países estavam arruinadas em 1946. A Segunda Guerra Mundial havia destruído grande parte de seus estoques de capital. Nas duas nações, a produção *per capita* em 1946 correspondia à metade do que era antes da guerra. Nas décadas subsequentes à guerra, no entanto, os dois países experimentaram algumas das taxas de crescimento mais aceleradas de que se tem registro. Entre 1946 e 1972, a produção *per capita* cresceu 8,0% ao ano no Japão e 6,5% ao ano na Alemanha, em comparação com somente 2,1% ao ano nos Estados Unidos. Várias outras economias europeias prejudicadas também tiveram rápido crescimento durante esse período pós-guerra: por exemplo, a produção por trabalhador cresceu 4,6% ao ano na França e 5,5% por ano na Itália. Mas Japão e Alemanha são os dois países que tiveram a maior devastação durante a guerra e o mais rápido crescimento depois dela.

Mas será que essas experiências do pós-guerra no Japão e na Alemanha são assim tão surpreendentes do ponto de vista do modelo de crescimento de Solow? Consideremos uma economia em estado estacionário. Suponhamos, agora, que uma guerra destrua parcela do estoque de capital. (Ou seja, suponha que o estoque de capital caia de k^* para k_1, na Figura 8,4.) Como era de se esperar, o nível de produção cai imediatamente. Mas se a taxa de poupança – a fração da produção destinada à poupança e ao investimento – permanecer inalterada, a economia vivenciará então um período de intenso crescimento. A produção aumenta porque, no nível mais baixo de estoque de capital, uma quantidade maior de capital é acrescentada por meio de investimento do que é removida por meio da depreciação. Esse alto nível de crescimento continua até que a economia se aproxima de seu antigo estado estacionário. Sendo assim, embora a destruição de parte do estoque de capital reduza de imediato o total da produção, ela é acompanhada por um crescimento acima do normal. O "milagre" do rápido crescimento no Japão e na Alemanha, como costuma ser descrito na imprensa especializada, é exatamente o que o Modelo de Solow prevê para países nos quais a guerra reduziu significativamente o estoque de capital.

Depois dos milagres de crescimento no pós-guerra, Japão e Alemanha se estabilizaram com taxas moderadas, mais semelhantes às dos Estados Unidos. De 1972 a 2000, a produção *per capita* cresceu 2,4% ao ano no Japão e 1,8% na Alemanha, comparados a 2,1% ao ano nos Estados Unidos. Esse fenômeno também é o que prevê o Modelo de Solow. Quando uma economia chega perto de seu estado estacionário, ela deixa de ter o crescimento fora do normal que surge da transição de volta para o estado estacionário.

Para que não se tire lição errada desse episódio histórico, é importante observar que a destruição durante a guerra não deve ser vista como algo desejável. O rápido crescimento no Japão e na Alemanha durante o período pós-guerra meramente levou esses países até onde deveriam estar caso a guerra não tivesse ocorrido. Além disso, diferentemente de Japão e Alemanha, muitos países devastados pela guerra permaneceram com o legado de conflitos civis e instabilidade política, que prejudicou o crescimento subsequente.

Como a poupança afeta o crescimento

A explicação para o crescimento japonês e alemão depois da Segunda Guerra Mundial não é tão simples quanto sugere o Estudo de Caso. Outro fato relevante é que tanto o Japão quanto a Alemanha poupam e investem uma fração maior de suas respectivas produções do que os Estados Unidos. Para melhor entendimento sobre as diferenças internacionais em termos de desenvolvimento econômico, devemos considerar os efeitos decorrentes das diferentes taxas de poupança.

Considere o que acontece com uma economia quando sua taxa de poupança aumenta. A Figura 8.5 mostra esse tipo de mudança. Presume-se que a economia comece em estado estacionário, com a taxa de poupança s_1 e o estoque de capital k^*_1. Quando a taxa de poupança aumenta de s_1 para s_2, a curva $sf(k)$ se desloca em sentido ascendente. Na taxa de poupança inicial s_1 e no estoque de capital inicial k^*_1, o investimento simplesmente compensa a depreciação. Imediatamente após o crescimento da taxa de poupança, o montante de investimento passa a ser maior, mas o estoque de capital e a depreciação permanecem inalterados. Portanto, o investimento excede a depreciação. O estoque de capital passará a aumentar gradativamente, até que a economia alcance o novo estado estacionário k^*_2, que apresenta estoque de capital maior e nível de produção superior ao antigo estado estacionário.

O Modelo de Solow mostra que a taxa de poupança é um determinante fundamental para o estoque de capital do estado estacionário. *Se a taxa de poupança for alta, a economia terá grande estoque de capital e um nível de produção elevado no estado estacionário. Se a taxa de poupança for baixa, a economia terá um pequeno estoque de capital e nível de produção reduzido no estado estacionário.* Essa conclusão lança luz sobre muitas discussões relacionadas a políticas fiscais. Como vimos no Capítulo 3, um déficit orçamentário do governo pode reduzir a poupança nacional e não deixar espaço para o investimento. Agora, podemos constatar que as consequências de longo prazo de uma taxa de poupança reduzida são menor estoque de capital e renda nacional mais baixa. Essa é a razão pela qual os economistas criticam déficits orçamentários persistentes.

O que o Modelo de Solow afirma sobre a relação entre poupança e crescimento econômico? Uma poupança maior acarreta crescimento mais rápido no Modelo de Solow – mas apenas temporariamente. Um incremento na taxa de poupança aumenta o crescimento só até que a economia alcance o novo estado estacionário. Se a economia mantém uma taxa elevada de poupança, ela manterá grande estoque de capital e alto nível de produção, mas não será capaz de manter para sempre uma taxa de crescimento elevada. Afirma-se que políticas que alteram a taxa de crescimento da renda *per capita*, no estado estacionário, trazem consigo um *efeito de crescimento*; veremos exemplos desse tipo de política no próximo capítulo. Em contrapartida, afirma-se que uma taxa de poupança mais elevada traz consigo um *efeito de nível*, pelo fato de que somente o nível da renda *per capita* – e não a sua respectiva taxa de crescimento – é influenciado pela taxa de poupança no estado estacionário.

Agora que compreendemos a interação entre poupança e crescimento, podemos explicar melhor os impressionantes desempenhos econômicos de Alemanha e Japão depois da Segunda Guerra Mundial. Não só os seus estoques iniciais de capital eram baixos, em razão da guerra, como também seus respectivos estoques de capital de estado estacionário eram elevados por causa de suas altas taxas de poupança. Esses dois fatores ajudam a explicar o rápido crescimento desses dois países nas décadas de 1950 e 1960.

8.2 O NÍVEL DE CAPITAL DA REGRA DE OURO

Até aqui, utilizamos o Modelo de Solow para examinar o modo como a taxa de poupança e de investimento de uma economia determina os seus respectivos níveis de capital e de renda no estado estacionário. Essa análise pode levar você a pensar que nível de poupança mais alto é sempre uma boa coisa, pois sempre acarreta maior renda. Entretanto, suponhamos que certo país tivesse apresentado uma taxa de poupança de 100%. Isso acarretaria o maior estoque possível de capital e a maior renda possível. Mas de que adianta se toda essa renda for poupada e nenhuma parte jamais for consumida?

Esta seção utiliza o Modelo de Solow para discutir qual seria o montante ideal de acumulação de capital, do ponto de vista do bem-estar econômico. No próximo capítulo, analisaremos de que maneira as políticas governamentais influenciam a taxa de poupança de um país. Antes, porém, apresentaremos nesta seção a teoria que norteia as decisões de política econômica.

Comparando estados estacionários

Para simplificar nossa análise, vamos pressupor que um decisor de política econômica seja capaz de fixar em qualquer nível a taxa de poupança de uma economia. Ao fixar taxa de poupança, esse decisor determina o estado estacionário da economia. Que estado estacionário ele deve escolher?

O objetivo do decisor de política econômica é maximizar o bem-estar econômico dos indivíduos que compõem a sociedade. Os próprios indivíduos não se preocupam com o montante de capital da economia, nem mesmo com o montante de produção. Preocupam-se com a quantidade de bens e de serviços que podem consumir. Por conseguinte, um decisor benevolente optaria pelo estado estacionário com o mais elevado nível de consumo. O valor para k, no estado estacionário, que maximiza o consumo é conhecido como **nível de capital da Regra de Ouro**, e é representado por meio de k^*_{ouro}.*

Como saber se uma economia está no nível da Regra de Ouro? Para responder a essa pergunta, é preciso antes determinar o consumo por trabalhador no estado estacionário. Depois

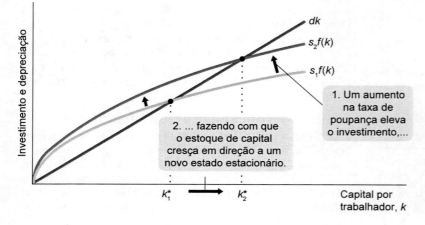

Figura 8.5 Crescimento na taxa de poupança. Um crescimento na taxa de poupança, s, implica que o montante de investimento, para qualquer estoque de capital determinado, é mais alto. Esse crescimento, portanto, desloca para cima a função poupança. No estado estacionário inicial, k^*_1, o investimento excede agora a depreciação. O estoque de capital aumenta até que a economia alcance novo estado estacionário, k^*_2, com mais capital e mais produção.

disso, poderemos ver qual estado estacionário proporciona o máximo de consumo.

Para encontrar o consumo por trabalhador no estado estacionário, começamos pela identidade das contas nacionais

$$y = c + i.$$

e reorganizamos sob a forma

$$c = y - i.$$

Consumo equivale a produção menos investimento. Como desejamos encontrar o consumo no estado estacionário, substituímos a produção e o investimento por seus respectivos valores no estado estacionário. A produção por trabalhador no estado estacionário é $f(k^*)$, em que k^* representa o estoque de capital por trabalhador no estado estacionário. Além disso, uma vez que o estoque de capital não varia no estado estacionário, investimento é igual a depreciação, δk^*. Substituindo y por $f(k^*)$ e i por δk^*, podemos escrever o consumo por trabalhador no estado estacionário como

$$c^* = f(k^*) - \delta k^*.$$

De acordo com essa equação, o consumo no estado estacionário é o que resta da produção depois de subtraída a depreciação no estado estacionário. A equação mostra que um aumento do capital no estado estacionário exerce dois efeitos opostos sobre o consumo no estado estacionário. Por um lado, mais capital significa mais produção. Por outro lado, mais capital também significa que maior quantidade da produção deve necessariamente ser utilizada para substituir o capital que está se deteriorando.

A Figura 8.6 apresenta a produção no estado estacionário sob a forma de um gráfico e a depreciação no estado estacionário sob a forma de uma função do estoque de capital no estado estacionário. O consumo no estado estacionário corresponde à diferença entre produção e depreciação. A figura demonstra que existe um nível para o estoque de capital – o nível da Regra de Ouro, k^*_{ouro} – que maximiza o consumo.

Ao compararmos estados estacionários, devemos ter em mente que níveis mais elevados de capital afetam tanto o total da produção quanto a depreciação. Se o estoque de capital está abaixo do nível da Regra de Ouro, um crescimento no estoque de capital faz com que a produção cresça mais do que a depreciação, de modo que o consumo aumenta. Nesse caso, a função produção tem declive mais íngreme do que a reta δk^*, de modo que o intervalo entre essas duas curvas – que é igual ao consumo – cresce à medida que k^* aumenta. Em contrapartida, se o estoque de capital está acima do nível da Regra de Ouro, um crescimento no estoque de capital reduz o consumo, uma vez que o crescimento na produção é menor do que o crescimento da depreciação. Nesse caso, a função produção é mais plana do que a reta δk^*, de modo que o intervalo entre as curvas – o consumo – vai diminuindo à medida que k^* aumenta. No nível de capital da Regra de Ouro, a função produção e a reta δk^* apresentam a mesma inclinação e o consumo está em seu nível mais elevado.

Podemos, agora, derivar uma condição simples, que caracteriza o nível de capital da Regra de Ouro. Lembre-se de que a inclinação da função produção corresponde ao produto marginal do capital, $PMgK$. A inclinação na reta δk^* é δ. Sendo essas duas inclinações iguais em k^*_{ouro}, a Regra de Ouro é descrita por meio da equação

$$PMgK = \delta.$$

No nível de capital da Regra de Ouro, o produto marginal do capital é igual à taxa de depreciação.

Para apresentar o argumento de modo um pouco diferente, suponhamos que a economia comece com algum estoque de capital do estado estacionário, k^*, e que o decisor econômico esteja pensando em aumentar o estoque de capital para $k^* + 1$. O montante de produção adicional, a partir desse aumento no capital, seria $f(k^* + 1) - f(k^*)$, que corresponde ao produto marginal do capital, $PMgK$. A quantidade adicional de depre-

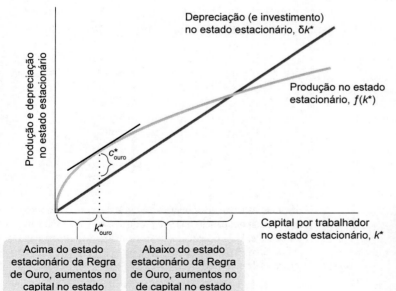

Figura 8.6 Consumo no estado estacionário. A produção da economia é utilizada para fins de consumo ou investimento. No estado estacionário, o investimento se iguala à depreciação. Portanto, o consumo no estado estacionário equivale à diferença entre produção, $f(k^*)$, e depreciação, δk^*. O consumo no estado estacionário é maximizado no estado estacionário da Regra de Ouro. O estoque de capital da Regra de Ouro é representado por k^*_{ouro}, e o nível de consumo da Regra de Ouro é representado por c^*_{ouro}.

---

* PHELPS, Edmund. The golden rule of accumulation: a fable for growthmen. *American Economic Review*, v. 51, p. 638-643, Sept. 1961.

ciação, decorrente de haver mais uma unidade de capital, corresponde à taxa de depreciação, δ. Sendo assim, o efeito líquido dessa unidade adicional de capital sobre o consumo é *PMgK* − δ. Se *PMgK* − δ > 0, então aumentos no capital ocasionam a elevação do consumo, de modo que k^* deve necessariamente estar abaixo do nível da Regra de Ouro. Se *PMgK* − δ < 0, aumentos no capital diminuem o consumo, de modo que k^* deve necessariamente estar acima do nível da Regra de Ouro. Portanto, a seguinte condição descreve a Regra de Ouro:

$$PMgK - \delta = 0.$$

No nível de capital da Regra de Ouro, o produto marginal do capital, depois de descontada a depreciação (*PMgK* − δ), é igual a zero. Como veremos, um formulador de políticas econômicas pode utilizar essa condição no intuito de encontrar o estoque de capital da Regra de Ouro para determinada economia.*

Tenha em mente que a economia não gravita automaticamente em direção ao estado estacionário da Regra de Ouro. Se desejamos qualquer estoque de capital de estado estacionário específico, como o da Regra de Ouro, precisamos de uma taxa de poupança específica para dar suporte a ele. A Figura 8.7 ilustra o estado estacionário, caso a taxa de poupança seja estabelecida de maneira a produzir o nível de capital da Regra de Ouro. Se a taxa de poupança for mais alta do que aquela utilizada na figura, o estoque de capital do estado estacionário será demasiadamente alto. Se a taxa de poupança for mais baixa, o estoque de capital do estado estacionário será demasiadamente baixo. Em qualquer um desses casos, o consumo do estado estacionário será mais baixo do que no estado estacionário correspondente à Regra de Ouro.

Encontrando o estado estacionário da Regra de Ouro: um exemplo numérico

Considere a decisão de um legislador de política econômica que esteja escolhendo um estado estacionário na economia apresentada a seguir. A função produção é a mesma apresentada no exemplo anterior:

$$y = \sqrt{k}$$

A produção por trabalhador corresponde à raiz quadrada do capital por trabalhador. A depreciação, δ, novamente equivale a 10% do capital. Dessa vez, o decisor escolhe a taxa de poupança *s* e, por conseguinte, o estado estacionário da economia.

Para ver os resultados disponíveis para o decisor, lembre-se de que a equação a seguir é válida no estado estacionário:

$$\frac{k^*}{f(k^*)} = \frac{s}{\delta}$$

Nessa economia, a equação passa a ser

$$\frac{k^*}{\sqrt{k^*}} = \frac{s}{0,1}$$

Elevando ao quadrado os dois lados dessa equação, obtemos uma solução para o estoque de capital do estado estacionário. Encontramos

$$k^* = 100s^2.$$

Tabela 8.3 Encontrando o estado estacionário da Regra de Ouro: exemplo numérico Pressupostos: $y = \sqrt{k}; \delta = 0,1$

s	k*	y*	δk*	c*	PMgK	PMgK − δ
0,0	0,0	0,0	0,0	0,0	∞	∞
0,1	1,0	1,0	0,1	0,9	0,500	0,400
0,2	4,0	2,0	0,4	1,6	0,250	0,150
0,3	9,0	3,0	0,9	2,1	0,167	0,067
0,4	16,0	4,0	1,6	2,4	0,125	0,025
0,5	25,0	5,0	2,5	2,5	0,100	0,000
0,6	36,0	6,0	3,6	2,4	0,083	−0,017
0,7	49,0	7,0	4,9	2,1	0,071	−0,029
0,8	64,0	8,0	6,4	1,6	0,062	−0,038
0,9	81,0	9,0	8,1	0,9	0,056	−0,044
1,0	100,0	10,0	10,0	0,0	0,050	−0,050

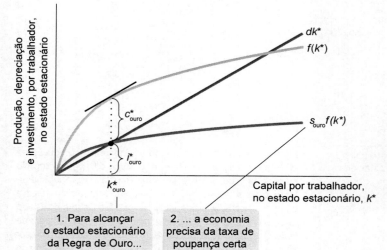

Figura 8.7 A taxa de poupança e a regra de ouro. Existe somente uma taxa de poupança capaz de produzir o nível de capital da Regra de Ouro, k^*_{ouro}. Qualquer alteração na taxa de poupança deslocaria a curva $sf(k)$ e levaria a economia para um estado estacionário com nível de consumo mais baixo.

---

* *Nota matemática*: Outra maneira de deduzir a condição para a Regra de Ouro emprega um pouco de cálculo. Lembre-se de que $c^* = f(k^*) − \delta k^*$. Para encontrar o k^* que maximiza c^*, efetue o cálculo do diferencial de modo a encontrar $dc^*/dk^* = f'(k^*) − \delta$ e faça com que essa derivada seja igual a zero. Ao observarmos que $f'(k^*)$ é o produto marginal do capital, obtemos a condição da Regra de Ouro apresentada neste capítulo.

Utilizando esse resultado, podemos calcular o estoque de capital do estado estacionário para qualquer taxa de poupança.

A Tabela 8.3 apresenta cálculos que demonstram os estados estacionários resultantes de várias taxas de poupança nessa economia. Verificamos que a poupança mais alta acarreta maior estoque de capital, aumentando a produção e a depreciação. O consumo no estado estacionário, a diferença entre produção e depreciação, inicialmente cresce com as taxas mais altas de poupança e depois declina. O consumo é maior quando a taxa de poupança é 0,5. Por conseguinte, uma taxa de poupança de 0,5 produz o estado estacionário da Regra de Ouro.

Lembre-se de que outra maneira de identificar o estado estacionário da Regra de Ouro consiste em encontrar o estoque de capital em que o produto marginal do capital líquido ($PMgK - \delta$) seja igual a zero. Para essa função produção, o produto marginal é*

$$PMgK = \frac{1}{2\sqrt{k}}$$

Utilizando essa fórmula, as duas últimas colunas da Tabela 8.3 apresentam os valores de $PMgK$ e $PMgK - \delta$ nos diferentes estados estacionários. Observe que o produto marginal do capital líquido é exatamente igual a zero quando a taxa de poupança está em seu valor da Regra de Ouro, ou seja, 0,5. Devido ao produto marginal decrescente, o produto marginal líquido do capital é maior do que zero sempre que a economia poupa menos do que esse montante, e é menor do que zero sempre que a economia poupa mais.

Esse exemplo numérico confirma que os dois modos de encontrar o estado estacionário da Regra de Ouro - pelo exame do consumo no estado estacionário ou pelo exame do produto marginal do capital - fornecem a mesma resposta. Se desejarmos saber se uma economia real está no momento acima ou abaixo de seu respectivo estoque de capital da Regra de Ouro, o segundo método costuma ser mais convincente, uma vez que é relativamente simples e direto estimar o produto marginal do capital. Em contrapartida, avaliar uma economia com base no primeiro método requer estimativas do consumo no estado estacionário, tendo como base muitas taxas diferentes de poupança; essas informações são mais difíceis de obter. Sendo assim, quando aplicarmos essa espécie de análise à economia dos Estados Unidos, no próximo capítulo, avaliaremos a poupança dos EUA tomando como base o exame do produto marginal do capital. No entanto, antes de nos envolvermos na análise sobre a política econômica, precisamos avançar ainda mais no que diz respeito a nosso desenvolvimento do Modelo de Solow.

A transição para o estado estacionário da regra de ouro

Agora, vamos tornar mais realista o problema do nosso decisor de política econômica. Até este ponto, estivemos pressupondo que o formulador de políticas econômicas poderia, simplesmente, escolher o estado estacionário da economia e saltar para lá imediatamente. Nesse caso, ele optaria pelo estado estacionário com mais alto nível de consumo - o estado estacionário da Regra de Ouro. No entanto, suponhamos agora que a economia tenha atingido um estado estacionário diferente daquele da Regra de Ouro. O que acontece com o consumo, o investimento e o capital quando a economia realiza a transição entre estados estacionários? O impacto da transição poderia dissuadir o decisor de tentar alcançar a Regra de Ouro?

Precisamos considerar dois casos: a economia pode começar com mais capital do que no estado estacionário da Regra de Ouro ou com menos. Ocorre que os dois casos proporcionam problemas bastante diferentes para os formuladores de políticas econômicas. (Como verificaremos no próximo capítulo, o segundo caso - capital escasso - descreve a maior parte das economias do mundo real, incluindo a economia dos Estados Unidos.)

Começando com uma quantidade demasiadamente grande de capital

Consideramos primeiro o caso em que a economia começa em um estado estacionário com maior quantidade de capital do que teria no estado estacionário da Regra de Ouro. Nesse caso, o decisor de política econômica deveria buscar políticas direcionadas para a redução da taxa de poupança, com o objetivo de reduzir o estoque de capital. Suponhamos que essas políticas venham a ser bem-sucedidas e que, em certo ponto - que passamos a chamar de t_0 -, a taxa de poupança caia para o nível que acabará levando ao estado estacionário da Regra de Ouro.

A Figura 8.8 mostra o que acontece com a produção, o consumo e o investimento quando a taxa de poupança diminui. A redução na taxa de poupança causa aumento imediato no consumo e diminuição imediata no investimento. Como o investimento e a depreciação eram iguais no estado estacionário inicial, o investimento agora será menor do que a depreciação, o que significa que a economia não se encontra mais em estado estacionário. Gradativamente, o estoque de capital cai, acarretando reduções na produção, no consumo e no investimento. Essas variáveis continuam a diminuir até que a economia alcance o novo estado estacionário. Como estamos pressupondo que o novo estado estacionário é aquele da Regra de Ouro, o consumo deve ser maior do que era antes da alteração da taxa de poupança, ainda que a produção e o investimento estejam em níveis mais baixos.

Observe que, comparado com o antigo estado estacionário, o consumo é mais alto não só no novo estado estacionário mas também ao longo de todo o caminho da transição até ele. Quando o estoque de capital excede o nível da Regra de Ouro, a redução da poupança é claramente uma boa política, pois eleva o consumo em todos os pontos do tempo.

Começando com muito pouco capital

Quando a economia começa com menos capital do que no estado estacionário da Regra de Ouro, o decisor de política econômica deve aumentar a taxa de poupança para alcançar a Regra de Ouro. A Figura 8.9 mostra o que acontece. O crescimento da taxa de poupança no tempo t_0 causa queda imediata no consumo e crescimento no investimento. Ao longo do tempo, o investimento mais alto faz o estoque de capital aumentar. À medida que o capital vai se acumulando, a produção, o consumo e o investimento vão aumentando gradativamente, terminando por se aproximar dos níveis do novo estado estacionário. Como o estado estacionário inicial estava abaixo da Regra de Ouro, o crescimento na poupança acaba provocando um nível mais alto de consumo do que aquele que prevalecia no início.

Será que o aumento da poupança que leva ao estado estacionário da Regra de Ouro faz crescer a prosperidade econômica? É o que acaba ocorrendo, já que o nível de consumo do estado estacionário é mais alto do que o nível inicial. Entretanto, alcançar esse novo estado estacionário requer um período inicial de consumo reduzido. Observe a contraposição com o caso em que a

---

* *Nota matemática:* Para derivar essa fórmula, observe que o produto marginal do capital é a derivada da função produção em relação a k.

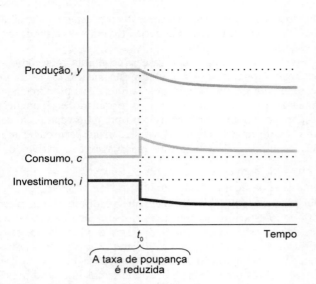

Figura 8.8 Reduzindo a poupança quando se começa com mais capital do que no estado estacionário da Regra de Ouro. A Figura mostra o que acontece ao longo do tempo com a produção, o consumo e o investimento, quando a economia começa com mais capital do que o nível para a Regra de Ouro e a taxa de poupança sofre uma redução. A redução da taxa de poupança (no momento t_0) causa crescimento imediato no consumo e diminuição equivalente no investimento. Ao longo do tempo, à medida que diminui o estoque de capital, a produção, o consumo e o investimento passam a diminuir conjuntamente. Tendo em vista que a economia começou com uma quantidade demasiadamente grande de capital, o novo estado estacionário apresenta um nível de consumo mais elevado do que o estado estacionário inicial.

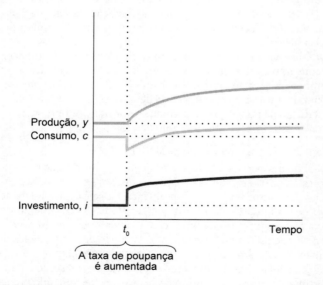

Figura 8.9 Aumentando a poupança quando se começa com menos capital do que no estado estacionário da Regra de Ouro. A Figura mostra o que acontece ao longo do tempo com a produção, o consumo e o investimento quando a economia começa com menos capital do que o nível da Regra de Ouro e a taxa de poupança é aumentada. O aumento da taxa de poupança (no momento t_0) causa queda imediata do consumo e um salto equivalente no investimento. Ao longo do tempo, à medida que o estoque de capital cresce, a produção, o consumo e o investimento aumentam conjuntamente. Como a economia começou com menos capital do que o nível da Regra de Ouro, o novo estado estacionário tem um nível de consumo mais elevado do que o estado estacionário inicial.

economia começa acima da Regra de Ouro. *Quando a economia começa acima da Regra de Ouro, alcançar a Regra de Ouro provoca um consumo mais elevado em todos os pontos do tempo. Quando a economia começa abaixo da Regra de Ouro, alcançar a Regra de Ouro requer, inicialmente, uma redução do consumo, com o objetivo de aumentá-lo no futuro.*

Ao decidir se devem tentar alcançar o estado estacionário da Regra de Ouro, os formuladores de políticas econômicas precisam levar em consideração que os consumidores atuais e os consumidores futuros nem sempre são as mesmas pessoas. Alcançar a Regra de Ouro proporciona o mais elevado nível de consumo do estado estacionário e, consequentemente, beneficia gerações futuras. No entanto, quando a economia se encontra inicialmente abaixo da Regra de Ouro, para chegar até lá é preciso aumentar o investimento, diminuindo com isso o consumo das gerações atuais. Por conseguinte, ao escolher se deve ou não aumentar a acumulação de capital, o decisor se depara com a escolha entre perdas e ganhos no que diz respeito ao bem-estar de diferentes gerações. Um decisor de política econômica que se preocupe mais com as gerações do presente do que com as futuras pode decidir não adotar políticas voltadas para alcançar o estado estacionário da Regra de Ouro. Em contrapartida, um decisor que se preocupe igualmente com todas as gerações optará por alcançar a Regra de Ouro. Ainda que as gerações do presente possam vir a consumir menos, um número infinito de gerações futuras irá se beneficiar da transição para a Regra de Ouro.

Consequentemente, a acumulação de capital considerada ótima depende essencialmente do modo como ponderamos os interesses das gerações do presente e das gerações futuras. A Regra de Ouro bíblica nos manda "agir com os outros da maneira que gostaríamos que eles agissem conosco". Se seguirmos esse conselho, atribuiremos peso igual a todas as gerações. Nesse caso, o ótimo seria alcançar o nível de capital da Regra de Ouro – que é a razão pela qual é chamada de "Regra de Ouro".

8.3 CRESCIMENTO POPULACIONAL

O Modelo de Solow básico demonstra que a acumulação de capital, por si só, não consegue explicar o crescimento econômico sustentável: taxas elevadas de poupança provocam intenso crescimento, de caráter temporário, mas a economia acaba se aproximando de um estado estacionário no qual capital e produção são constantes. Para explicar o crescimento econômico sustentável que observamos na maior parte do mundo, precisamos expandir o Modelo de Solow de modo tal que passe a incorporar as duas outras fontes de crescimento econômico – crescimento populacional e progresso tecnológico. Nesta seção, acrescentamos ao modelo o crescimento populacional.

Em vez de pressupor que a população seja fixa, como fizemos nas Seções 8.1 e 8.2, vamos agora supor que a população e a força de trabalho cresçam a uma taxa constante, n. Por exemplo, a população dos Estados Unidos cresce cerca de 1% ao ano, de modo que $n = 0,01$. Isso significa que, se 150 milhões de pessoas estão trabalhando em determinado ano, 151,5 milhões (1,01 × 150) estarão trabalhando no ano seguinte, 153,015 milhões (1,01 × 151,5) no ano subsequente e assim sucessivamente.

Estado estacionário com crescimento populacional

De que modo o crescimento da população afeta o estado estacionário? Para responder a essa pergunta, precisamos analisar de que maneira o crescimento populacional, juntamente com o investimento e a depreciação, influencia a acumulação de capital por trabalhador. Como observamos anteriormente, o investimento causa crescimento do estoque de capital, enquanto a depreciação faz com que ele seja reduzido. Agora, porém, existe uma terceira força atuando no sentido de alterar a quantidade de capital por trabalhador: o aumento no número de trabalhadores faz o capital por trabalhador diminuir.

Continuaremos a fazer com que letras minúsculas correspondam a quantidades por trabalhador. Sendo assim, $k = K/L$ corresponde ao capital por trabalhador, e $y = Y/L$ corresponde à produção por trabalhador. É importante lembrar, no entanto, que o número de trabalhadores está aumentando ao longo do tempo.

A variação no estoque de capital por trabalhador é

$$\Delta k = i - (\delta + n)k.$$

Essa equação mostra o modo como o investimento, a depreciação e o crescimento populacional influenciam o estoque de capital por trabalhador. O investimento faz com que k aumente, enquanto a depreciação e o crescimento populacional fazem com que k diminua. Vimos essa equação anteriormente neste capítulo, para o caso especial de uma população constante ($n = 0$).

Podemos pensar no termo $(\delta + n)k$ como definindo o *investimento de equilíbrio* – a quantidade necessária de investimento para manter constante o estoque de capital por trabalhador. O investimento de equilíbrio inclui a depreciação do capital existente, que é igual a δk. Inclui também o montante de investimento necessário para proporcionar capital aos novos trabalhadores. O montante de investimento necessário para esse propósito é nk, uma vez que existem n novos trabalhadores para cada trabalhador existente e uma vez que k corresponde ao montante de capital para cada trabalhador. A equação mostra que o crescimento populacional reduz a acumulação de capital por trabalhador quase do mesmo modo que o faz a depreciação. A depreciação reduz k em decorrência do desgaste do estoque de capital, enquanto o crescimento populacional reduz k em consequência de uma distribuição menos farta do estoque de capital por entre uma população maior de trabalhadores.*

Nossa análise, que agora incorpora o crescimento populacional, prossegue quase do mesmo modo que antes. Em primeiro lugar, substituímos i por $sf(k)$. A equação pode então ser escrita como

$$\Delta k = sf(k) - (\delta + n)k.$$

Para verificar o que determina o nível de capital do estado estacionário por trabalhador, utilizamos a Figura 8.10, que estende a análise da Figura 8.4 de modo a incluir os efeitos decorrentes do crescimento populacional. Uma economia está em estado estacionário se o capital por trabalhador, k, permanece inalterado. Do mesmo modo que antes, representamos o valor no estado estacionário de k como k^*. Se k é menor do que k^*, o investimento é maior do que o investimento de equilíbrio, de modo que k aumenta. Se k é maior do que k^*, o investimento é inferior ao investimento de equilíbrio, de modo que k diminui.

No estado estacionário, o efeito positivo do investimento sobre o estoque de capital por trabalhador compensa exatamente

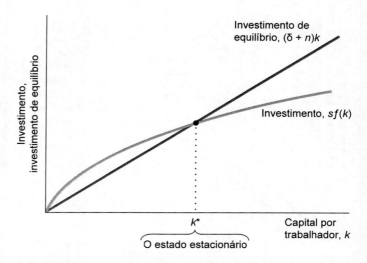

Figura 8.10 Crescimento populacional no Modelo de Solow. Depreciação e crescimento populacional são duas razões pelas quais o estoque de capital por trabalhador diminui. Se n representa a taxa de crescimento populacional e δ corresponde à taxa de depreciação, então $(\delta + n)k$ representa o *investimento de equilíbrio* – o montante de investimento necessário para manter constante o estoque de capital por trabalhador, k. Para que a economia esteja em estado estacionário, o investimento $sf(k)$ deve necessariamente compensar os efeitos decorrentes da depreciação e do crescimento populacional $(\delta + n)k$. Isso é representado pela interseção entre as duas curvas.

os efeitos negativos da depreciação e do crescimento populacional. Ou seja, em k^*, $\Delta k = 0$ e $i^* = \delta k^* + nk^*$. Uma vez que a economia esteja no estado estacionário, o investimento passa a ter dois propósitos. Uma parte dele (δk^*) substitui o capital depreciado, enquanto o restante (nk^*) proporciona aos novos trabalhadores o montante de capital do estado estacionário.

Efeitos do crescimento populacional

O crescimento populacional altera o Modelo de Solow básico de três maneiras. Em primeiro lugar, nos aproxima da explicação para o crescimento econômico sustentável. No estado estacionário com crescimento populacional, o capital por trabalhador e a produção por trabalhador são constantes. Entretanto, como o número de trabalhadores está aumentando a uma taxa n, o *total* do capital e o *total* da produção devem também necessariamente estar crescendo a uma taxa n. Por essa razão, embora não seja capaz de explicar o crescimento sustentável no padrão de vida (uma vez que a produção por trabalhador é constante no estado estacionário), o crescimento populacional pode ajudar a explicar o crescimento sustentável no total da produção.

Em segundo lugar, o crescimento populacional nos oferece outra razão pela qual alguns países são ricos e outros são pobres. Considere os efeitos decorrentes de um aumento na taxa de crescimento populacional. A Figura 8.11 mostra que um crescimento de n_1 para n_2 na taxa de crescimento da população reduz de k^*_1 para k^*_2 o nível de capital por trabalhador, no estado estacionário. Sendo k^* mais baixo e uma vez que $y^* = f(k^*)$, o nível de produção por trabalhador, y^*, é também mais baixo. Portanto, o Modelo de Solow prevê que países com maior crescimento populacional terão níveis mais baixos de PIB *per capita*. Observe que uma alteração na taxa de crescimento populacional, do mesmo modo que uma alteração na taxa de poupança, exerce efeito de nível sobre a renda *per capita*, mas não afeta a taxa de crescimento da renda *per capita* no estado estacionário.

---

* *Nota matemática:* Derivar formalmente a equação para a variação em k exige alguns cálculos. Observe que a variação em k, por unidade de tempo, é $dk/dt = d(K/L)/dt$. Depois de aplicar as regras padronizadas de cálculo, podemos escrever isso sob a forma $dk/dt = (1/L)(dK/dt - (K/L^2)(dL/dt)$. Agora, utilizamos os seguintes fatos para fazer substituições na equação: $dK/dt = 1 - \delta K$ e $(dL/dt)/L = n$. Depois de algumas manipulações, isso gera a equação apresentada neste capítulo.

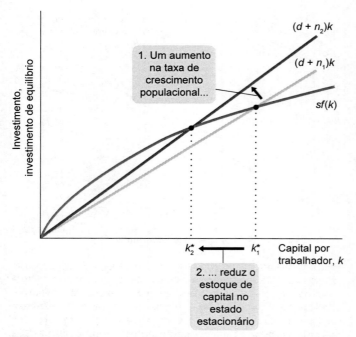

Figura 8.11 Impacto do crescimento populacional. Um aumento na taxa de crescimento populacional, de n_1 para n_2, desloca para cima a reta que representa o crescimento populacional e a depreciação. O novo estado estacionário, k^*_2, apresenta um nível de capital por trabalhador inferior ao estado estacionário inicial, k^*_1. Por conseguinte, o Modelo de Solow prevê que as economias com taxas mais elevadas de crescimento populacional terão níveis mais baixos de capital por trabalhador e, consequentemente, rendas mais baixas.

Por fim, o crescimento populacional afeta nossos critérios para determinar o nível de capital da Regra de Ouro (maximização do consumo). Para verificar de que maneira esse critério sofre modificações, observe que o consumo por trabalhador corresponde a

$$c = y - i.$$

Como a produção no estado estacionário é $f(k^*)$ e o investimento no estado estacionário é $(\delta + n)k^*$, podemos expressar o consumo no estado estacionário sob a forma

$$c^* = f(k^*) - (\delta + n)k^*.$$

Utilizando um argumento em grande parte semelhante ao anterior, concluímos que o nível de k^* que maximiza o consumo é aquele no qual

$$PMgK = \delta + n,$$

ou, de modo equivalente,

$$PMgK - \delta = n.$$

No estado estacionário da Regra de Ouro, o produto marginal do capital líquido, depois de extraída a depreciação, é igual à taxa de crescimento populacional.

ESTUDO DE CASO

INVESTIMENTO E CRESCIMENTO POPULACIONAL AO REDOR DO MUNDO

Iniciamos este capítulo com um questionamento importante: por que alguns países são tão ricos, enquanto outros permaneceram estagnados na pobreza? Nossa análise sugere algumas respostas. De acordo com o Modelo de Solow, se um país destina uma fração significativa de sua renda à poupança e ao investimento, terá alto estoque de capital no estado estacionário e elevado nível de renda. Se um país poupa e investe somente uma pequena fração de sua renda, o seu capital de estado estacionário e a sua renda serão baixos. Além disso, um país com alta taxa de crescimento populacional terá um estoque baixo de capital do estado estacionário por trabalhador e, consequentemente, também, um nível baixo de renda por trabalhador. Em outras palavras, alta taxa de crescimento populacional tende a empobrecer um país porque é difícil manter alto nível de capital por trabalhador quando o número de trabalhadores está crescendo rapidamente.

Para tornar mais precisas estas afirmativas, lembre-se de que, no estado estacionário, $\Delta k = 0$ e, por isso, o estado estacionário é descrito pela condição

$$sf(k) = (\delta + n)k.$$

Agora, suponhamos que a função produção seja Cobb-Douglas:

$$y = f(k) = k^\alpha.$$

A inversão da função produção resulta em

$$k = y^{1/\alpha}.$$

Depois da substituição para $f(k)$ e k, a condição do estado estacionário pode ser escrita como

$$sy = (\delta + n)\, y^{1/\alpha}.$$

Fazendo o cálculo para y, obtemos

$$y = \left(\frac{s}{\delta + n}\right)^{\alpha/(1-\alpha)}$$

Esta equação demonstra que a renda do estado estacionário, y, está positivamente relacionada com a taxa de poupança e o investimento, s, e inversamente relacionada com a taxa de crescimento populacional, n. Podemos pensar na variável $s/(\delta + n)$ como medindo a *taxa efetiva de investimento*. Leva em conta não somente o percentual da renda que é poupado e investido, mas também o fato de que maior volume de investimento é necessário quando o capital se deprecia e a população cresce.

Passemos agora a analisar alguns dados para ver se esse resultado teórico, de fato, ajuda a explicar a grande variação internacional em termos de padrões de vida. A Figura 8.12 é um gráfico de dispersão que utiliza dados oriundos de 160 países. (A figura inclui a maior parte das economias do mundo. Exclui países cuja principal fonte de renda seja o petróleo, como Kuwait e Arábia Saudita, uma vez que suas respectivas experiências de crescimento são explicadas pelas circunstâncias atípicas a eles afetas.) No eixo vertical está a renda *per capita* em 2014. No eixo horizontal, a taxa efetiva de investimento, $s/(\delta + n)$, em que s corresponde à participação média do investimento no PIB e n é a taxa de crescimento populacional ao longo dos 20 anos anteriores. A taxa de depreciação, δ, é presumida como sendo a mesma para todos os países e é definida como 5%. A figura mostra forte relação positiva entre a taxa efetiva de investimento, $s/(\delta + n)$, e o nível da renda *per capita*. Sendo assim, os dados são coerentes com a previsão do Modelo de Solow de que investimento e crescimento populacional são os principais determinantes para que um país seja rico ou pobre.

A correlação positiva mostrada na Figura 8.12 é um fato importante mas, tanto quanto esclarece, levanta perguntas. Se-

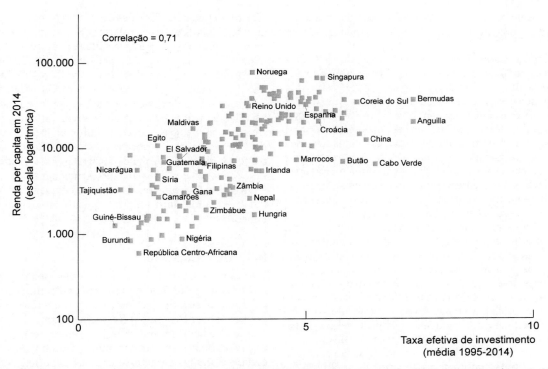

Figura 8.12 Evidências internacionais sobre o modelo de Solow. Este gráfico de dispersão mostra a experiência de aproximadamente 160 países, cada um deles representado por um único ponto. O eixo vertical mostra a renda *per capita do país*, enquanto o eixo horizontal mostra sua taxa de investimento efetiva s/(δ + n). Essas duas variáveis estão positivamente relacionadas, como prevê o Modelo de Solow.
Fonte: FEENSTRA, Robert C.; INKLAAR, Robert; TIMMER, Marcel P. *Penn World Table*, versão 9.0, The Center for International Data at the University of California, Davis and Groningen Growth and Development Centre at the University of Groningen, Oct. 2015.

ria possível, naturalmente, perguntar: por que as taxas de poupança e de investimento variam tanto de um país para outro? Existem muitas respostas potenciais, como políticas fiscais, padrões de aposentadoria, o desenvolvimento de mercados financeiros e diferenças culturais. Além disso, a estabilidade política pode ter um papel importante: não surpreende que as taxas de poupança e de investimento tendam a ser baixas em países com frequentes guerras, revoluções e golpes de estado. A poupança e o investimento também tendem a ser baixos em países com instituições políticas precárias, de acordo com estimativas sobre corrupção oficial.

Uma interpretação final para as evidências na figura é a causalidade inversa. Pode ser que níveis de renda elevados estimulem, de alguma maneira, elevadas taxas de poupança e de investimento. Por analogia, níveis de renda elevados podem vir a reduzir o crescimento populacional, talvez porque técnicas de controle de natalidade estejam mais prontamente disponíveis em países mais ricos. Dados internacionais podem nos ajudar a avaliar a teoria do crescimento, como no Modelo de Solow, porque nos mostram se os postulados da teoria se confirmam ao redor do mundo. Mas, com bastante frequência, mais de uma teoria consegue explicar os mesmos fatos.

Perspectivas alternativas sobre crescimento populacional

O modelo de crescimento de Solow enfatiza a interação entre crescimento populacional e acumulação de capital. Nesse modelo, o alto índice de crescimento populacional reduz a produção por trabalhador, uma vez que o rápido crescimento no número de trabalhadores força o estoque de capital a ser distribuído de maneira mais escassa, de modo que no estado estacionário cada trabalhador é provido de menor quantidade de capital. O modelo omite alguns outros efeitos potenciais do crescimento populacional. Aqui, consideramos dois deles – um que enfatiza a interação da população com recursos naturais e outro que enfatiza a interação da população com a tecnologia.

Modelo malthusiano

Em seu livro *Ensaio sobre o princípio da população*, o economista clássico Thomas Robert Malthus (1766-1834) proporcionou o que pode ser considerado o prognóstico mais aterrorizante de toda a história. Malthus argumentou que uma população em constante crescimento esgotaria continuamente a capacidade de a sociedade prover recursos para si mesma. A humanidade, prognosticou ele, viveria para sempre na miséria.

Malthus começou observando que "o alimento é necessário para a subsistência da humanidade" e que "a paixão entre os sexos é necessária, e permanecerá mais ou menos próxima de seu estado atual". Ele concluiu que "o poder da população é infinitamente maior do que o poder da terra de produzir a subsistência da raça humana". De acordo com Malthus, a única consequência para o crescimento populacional seria "miséria e degradação". Tentativas por parte de instituições de caridade ou dos governos, no sentido de amenizar a pobreza, seriam contraproducentes, argumentou, pois somente permitiriam que os pobres tivessem maior quantidade de filhos, gerando dificuldades ainda maiores para a capacidade produtiva da sociedade.

Embora o modelo malthusiano possa ter descrito o mundo à época em que Malthus viveu, seu prognóstico de que a humanidade permaneceria para sempre na pobreza tem se mostrado bastante equivocado. Apesar de a população mundial ter se multiplicado aproximadamente sete vezes ao longo dos últimos dois séculos, os padrões de vida médios estão muito mais altos. Por causa do crescimento econômico, a fome e a desnutrição crônicas são menos habituais hoje do que na época de Malthus. Surtos de fome ocorrem de tempos em tempos, embora sejam mais frequentemente resultado de distribuição desigual da renda ou de instabilidades políticas do que de produção inadequada de alimentos.

Malthus errou ao não prever que o crescimento da criatividade humana mais do que compensaria os efeitos de uma população maior. Pesticidas, fertilizantes, equipamentos mecanizados para a lavoura, novas variedades de cultura e outros avanços tecnológicos que Malthus jamais imaginou vêm possibilitando que cada agricultor alimente quantidades cada vez maiores de pessoas. Ainda que com um número maior de bocas para alimentar, menor quantidade de agricultores torna-se necessária, pois cada agricultor individual tornou-se mais produtivo. Atualmente, apenas cerca de 1% dos norte-americanos trabalham na agricultura, produzindo alimento suficiente para sustentar o país, sem contar também com algum excedente para fins de exportação.

Além disso, embora a "paixão entre os sexos" seja tão forte agora quanto era nos tempos de Malthus, a relação entre paixão e crescimento populacional, que Malthus pressupôs, foi rompida pelos mecanismos modernos de controle da natalidade. Muitos países desenvolvidos, como os da Europa Ocidental, apresentam atualmente taxas de fertilidade mais baixas do que as taxas de reposição. Ao longo do próximo século, o encolhimento populacional pode vir a ser mais provável do que a rápida expansão. Existem, atualmente, poucas razões para se imaginar que uma população em constante expansão supere a produção de alimentos e condene a humanidade à pobreza.*

O modelo kremeriano
Enquanto Malthus via o crescimento populacional como uma ameaça para padrões de vida crescentes, o economista Michael Kremer sugeria que o crescimento da população mundial seria um condutor fundamental para impulsionar a prosperidade econômica. Se existe uma quantidade maior de pessoas, argumenta Kremer, existem então mais cientistas, inventores e engenheiros para contribuir para a inovação e o progresso tecnológico.

Como evidências para essa hipótese, Kremer começa observando que, ao longo da vasta história da humanidade, as taxas de desenvolvimento mundial cresceram juntamente com a população mundial. Por exemplo, o desenvolvimento mundial foi mais rápido quando a população mundial equivalia a 1 bilhão de pessoas (o que ocorreu por volta do ano de 1800) do que quando a população correspondia a apenas 100 milhões de pessoas (por volta do ano 500 a.C.). Esse fato é coerente com a hipótese de que haver maior quantidade de pessoas induz a um maior progresso tecnológico.

O segundo, e mais contundente, indício para o Modelo de Kremer decorre da comparação entre as regiões do mundo. O degelo das calotas polares ao final da era glacial, em torno de 10.000 a.C., inundou as ligações entre os continentes e separou o mundo em várias regiões distintas que, ao longo de milhares de anos, não conseguiram se comunicar umas com as outras. Se o progresso tecnológico é mais rápido quando existe maior quantidade de pessoas para descobrir coisas novas, então as regiões mais populosas deveriam ter apresentado um desenvolvimento mais rápido.

E, de fato, foi o que ocorreu. A região mais bem-sucedida do mundo em 1500 (quando Colombo restabeleceu contato tecnológico) incluía as civilizações do "Velho Mundo", composto pela grande região da Eurásia-África. Em seguida, em termos de desenvolvimento tecnológico, estavam as civilizações asteca e maia, nas Américas, seguidas pelas tribos de caçadores-coletores da Austrália e depois pelos povos primitivos da Tasmânia, que não dispunham sequer de técnicas para fazer fogo ou de utensílios de pedra ou de osso. A região isolada menos populosa era a Ilha Flinders, uma pequena ilha entre a Tasmânia e a Austrália. Com poucas pessoas para contribuir com inovações, a Ilha Flinders apresentava o menor progresso tecnológico e, na verdade, parecia regredir. Por volta de 3000 a.C., a sociedade humana na Ilha Flinders havia desaparecido completamente.

Kremer conclui, com base nessas evidências, que uma população grande constitui pré-requisito para o progresso tecnológico.**

8.4 CONCLUSÃO

Este capítulo deu início ao processo de construção do modelo de crescimento de Solow. O modelo, tal como foi desenvolvido até aqui, mostra de que maneira a poupança e o crescimento populacional determinam o estoque de capital da economia no estado estacionário, assim como o seu respectivo nível de renda *per capita* no estado estacionário. Como vimos, esse modelo esclarece muitas características das experiências reais sobre crescimento: a razão pela qual Alemanha e Japão cresceram tão rapidamente depois de terem sido devastados pela Segunda Guerra Mundial; o porquê de os países que poupam e investem uma fração elevada de sua produção serem mais ricos do que os países que poupam e investem menos; e por que países com elevadas taxas de crescimento populacional são mais pobres do que países com taxas baixas.

O que o modelo não consegue, no entanto, é explicar o crescimento persistente dos padrões de vida que observamos na maioria dos países. No modelo que desenvolvemos até agora, a produção por trabalhador para de crescer quando a economia alcança seu estado estacionário. Para explicar o crescimento persistente, precisamos introduzir no modelo o progresso tecnológico. Será essa a nossa primeira tarefa no próximo capítulo.

Resumo

1. O modelo de crescimento de Solow mostra que, no longo prazo, a taxa de poupança de uma economia determina o tamanho do seu estoque de capital e, consequentemente, o seu respectivo nível de produção. Quanto mais alta a taxa de poupança, maior o estoque de capital e mais alto o nível de produção.

2. No Modelo de Solow, o aumento na taxa de poupança exerce um efeito de nível na renda *per capita*: acarreta um período de rápido crescimento, mas esse crescimento acaba se desacelerando à medida que o novo estado estacionário vai sendo alcançado. Por conseguinte, embora uma taxa de poupança alta proporcione elevado nível de produção no estado estacionário, a poupança, por si própria, não consegue gerar crescimento econômico persistente.

3. O nível de capital que maximiza o consumo no estado estacionário é chamado de nível da Regra de Ouro. Se uma economia conta com mais capital do que no estado estacionário da Regra de Ouro, então a redução na poupança aumentará

---

* Para análises modernas sobre o modelo malthusiano, veja GALOR, Oded; WEIL, David N. Population, technology and growth: from malthusian stagnation to the demographic transition and beyond. *American Economic Review*, v. 90, p. 806-828, Sept. 2000; e HANSEN, Gary D.; PRESCOTT, Edward C. Malthus to Solow. *American Economic Review*, v. 92, p. 1205-1217, Sept. 2002.

** KREMER, Michael. Population growth and technological change: one million B.C. to 1990. *Quarterly Journal of Economics*, v. 108, p. 681-716, Aug. 1993.

o consumo em todos os pontos do tempo. Em contrapartida, se a economia conta com menor volume de capital do que no estado estacionário da Regra de Ouro, para alcançar a Regra de Ouro são necessários maiores níveis de investimento e, consequentemente, menor nível de consumo para as gerações do presente.

4. O Modelo de Solow mostra que a taxa de crescimento populacional de uma economia constitui outro determinante para o padrão de vida no longo prazo. De acordo com o Modelo de Solow, quanto mais alta a taxa de crescimento populacional, mais baixos o nível de capital por trabalhador no estado estacionário e a produção por trabalhador no estado estacionário. Outras teorias enfatizam outros efeitos decorrentes do crescimento populacional. Malthus sugeriu que o crescimento populacional esgotará os recursos naturais necessários para a produção de alimentos; Kremer sugeriu que uma população vasta pode vir a promover o progresso tecnológico.

Questionário rápido

1. Uma economia tem função produção $y = 20k^{1/2}$. O estoque de capital atual é 100, a taxa de depreciação é 10% e a taxa de crescimento populacional é 2%. Para que a renda *per capita* cresça, a taxa de poupança deve exceder
   a) 6%.
   b) 8%.
   c) 10%.
   d) 12%.

2. De acordo com o Modelo de Solow, se uma economia aumenta sua taxa de poupança no novo estado estacionário em relação ao anterior, o produto marginal do capital é _____ e a taxa de crescimento é _____.
   a) o mesmo, mais baixa
   b) o mesmo, mais alta
   c) mais baixo, a mesma
   d) mais alto, a mesma

3. No estado estacionário do Modelo de Solow, maior crescimento populacional acarreta um nível _____ de renda por trabalhador e _____ crescimento no total da renda
   a) mais alto, maior
   b) mais alto, menor
   c) mais baixo, maior
   d) mais baixo, menor

4. Se a economia possui mais capital do que no estado estacionário da Regra de Ouro, reduzir a taxa de poupança
   a) aumenta tanto a renda do estado estacionário quanto o consumo do estado estacionário.
   b) diminui tanto a renda do estado estacionário quanto o consumo do estado estacionário.
   c) aumenta a renda do estado estacionário, mas diminui o consumo do estado estacionário.
   d) diminui a renda do estado estacionário, mas aumenta o consumo do estado estacionário.

5. No Modelo de Solow, um crescimento em qual dos seguintes itens eleva o crescimento na renda *per capita* no estado estacionário?
   a) a taxa de poupança.
   b) a taxa de crescimento populacional.
   c) a taxa de depreciação.
   d) nenhum dos itens anteriores.

6. Thomas Malthus acreditava que
   a) maiores populações apresentam maior inovação porque possuem mais cientistas e inventores.
   b) maiores populações acabam esgotando a capacidade de produção de alimentos de uma economia.
   c) maior crescimento populacional diminui a quantidade de capital do estado estacionário por trabalhador.
   d) maior crescimento populacional permite que as economias tirem vantagem das economias de escala.

CONCEITOS-CHAVE

Modelo de crescimento de Solow Estado estacionário Nível de capital da Regra de Ouro

Questões para revisão

1. No Modelo de Solow, de que modo a taxa de poupança afeta o nível de renda no estado estacionário? De que modo afeta a taxa de crescimento no estado estacionário?
2. Por que um decisor de política econômica poderia optar pelo nível de capital da Regra de Ouro?
3. Um decisor econômico poderia optar por um estado estacionário com mais capital do que no estado estacionário da Regra de Ouro? E com menos capital do que no estado estacionário da Regra de Ouro? Explique suas respostas.
4. No Modelo de Solow, de que modo a taxa de crescimento populacional afeta o nível de renda no estado estacionário? De que modo afeta a taxa de crescimento econômico no estado estacionário?

Problemas e aplicações

1. O país A e o país B possuem a mesma função produção

$$Y = F(K, L) = K^{1/3}L^{2/3}.$$

a) Essa função produção apresenta retornos constantes de escala? Explique.
b) O que representa a função produção por trabalhador $y = f(k)$?
c) Suponhamos que nenhum desses dois países apresente crescimento populacional ou progresso tecnológico, e que 20% do capital se deprecie a cada ano. Suponhamos, também, que o país A poupe 10% do total de sua produção a cada ano e que o país B poupe 30% de sua produção a cada ano. Utilizando a resposta que você apresentou para o item (b) e a condição de estado estacionário, que prescreve que o investimento é igual à depreciação, encontre o nível de capital por trabalhador, no estado estacionário, em relação a cada um dos países. Depois disso, encontre os níveis de renda por trabalhador e o consumo por trabalhador, ambos no estado estacionário.
d) Suponha que ambos os países comecem com um estoque de capital por trabalhador correspondente a 1. Quais são os níveis de renda por trabalhador e de consumo por trabalhador?
e) Lembrando que a variação no estoque de capital corresponde a investimento menos depreciação, utilize uma calculadora (ou, melhor ainda, uma planilha de cálculo eletrônica) para demonstrar de que maneira o estoque de capital por trabalhador evoluirá, ao longo do tempo, em ambos os países. Para cada ano, calcule a renda por trabalhador e o consumo por trabalhador. Quantos anos se passarão antes que o consumo no país B passe a ser maior do que o consumo no país A?

2. Na argumentação sobre o crescimento da Alemanha e do Japão no pós-guerra, o capítulo descreve o que acontece quando uma parcela do estoque de capital é destruída em uma guerra. Em contrapartida, suponha que uma guerra não afete diretamente o estoque de capital, mas que as baixas humanas reduzam a força de trabalho. Parta do pressuposto de que a economia estava em estado estacionário antes da guerra, que a poupança tenha permanecido inalterada e que a taxa de crescimento populacional depois da guerra retorne ao que era antes.
a) Qual é o impacto imediato da guerra sobre a produção total e sobre a produção *per capita*?
b) O que acontece, subsequentemente, com a produção por trabalhador na economia pós-guerra? A taxa de crescimento da produção por trabalhador passa a ser menor ou maior do que era antes da guerra?

3. Considere uma economia descrita pela função produção $Y = F(K, L) = K^{0,4}L^{0,6}$.
a) Qual a função produção por trabalhador?
b) Pressupondo que não haja qualquer crescimento populacional ou progresso tecnológico, encontre o estoque de capital por trabalhador, a produção por trabalhador e o consumo por trabalhador, todos no estado estacionário, sob a forma de funções da taxa de poupança e da taxa de depreciação.
c) Suponhamos que a taxa de depreciação seja de 15% ao ano. Faça uma tabela mostrando, em estado estacionário, o capital por trabalhador, a produção por trabalhador e o consumo por trabalhador, para taxas de poupança de 0%, 10%, 20%, 30% e assim sucessivamente. (Você pode achar mais fácil utilizar uma planilha eletrônica.) Qual taxa de poupança maximiza a produção por trabalhador? Qual taxa de poupança maximiza o consumo por trabalhador?
d) Utilize informações do Capítulo 3 para encontrar o produto marginal do capital. Acrescente à sua tabela do item (c) o produto marginal do capital, depois de extraída a depreciação, para cada uma das taxas de poupança. O que a sua tabela demonstra sobre a relação entre o produto marginal do capital líquido e o consumo no estado estacionário?

4. "Destinar uma parcela maior do produto nacional ao investimento ajudaria a restituir o rápido crescimento da produtividade e o aumento nos padrões de vida." Você concorda com essa afirmação? Explique usando o modelo de Solow.

5. Desenhe um gráfico, com rótulos bem definidos, que ilustre o estado estacionário do Modelo de Solow com crescimento populacional. Utilize o gráfico para descobrir o que acontece com o capital por trabalhador e a renda por trabalhador no estado estacionário em resposta a cada uma das seguintes mudanças exógenas:
a) Uma mudança nas preferências do consumidor faz crescer a taxa de poupança.
b) Uma mudança nos padrões climáticos eleva a taxa de depreciação.
c) Métodos mais eficazes de controle da natalidade reduzem a taxa de crescimento populacional.
d) Um avanço tecnológico único e permanente eleva a quantidade de produção que pode ser gerada com qualquer montante específico de capital e mão de obra.

6. Muitos demógrafos preveem que os Estados Unidos terão crescimento populacional zero nas próximas décadas, em contraposição ao crescimento populacional médio histórico de aproximadamente 1%. Utilize o Modelo de Solow para prever o efeito dessa desaceleração do crescimento populacional, sobre o crescimento do total da produção e sobre o crescimento do produto *per capita*. Considere os efeitos tanto no estado estacionário quanto na transição entre estados estacionários.

7. No Modelo de Solow, o crescimento populacional provoca o aumento do produto total no estado estacionário, mas não do produto *per capita*. Você imagina que isso seria ainda verdadeiro se a função produção apresentasse retornos crescentes ou decrescentes de escala? Explique. (Para as definições de retornos crescentes e retornos decrescentes de escala, veja, no Capítulo 3, "Problemas e Aplicações", Problema 3.)

8. Considere qual seria o efeito do desemprego sobre o modelo de crescimento de Solow. Suponha que o produto seja gerado de acordo com a função produção $Y = K^a[(1-u)L]^{1-a}$, em que K é o capital, L a força de trabalho e u, a taxa natural de desemprego. A taxa de poupança nacional é s; a força de trabalho cresce à taxa n; e o capital se deprecia à taxa δ.

Problemas e aplicações

1. a) Expresse o produto por trabalhador ($y = Y/L$) como uma função do capital por trabalhador ($k = K/L$) e da taxa natural de desemprego (u).
b) Escreva uma equação que descreva o estado estacionário dessa economia. Ilustre graficamente o estado estacionário, como fizemos neste capítulo para o modelo de Solow padrão.
c) Suponha que alguma mudança na política governamental reduza a taxa natural de desemprego. Utilizando o gráfico traçado no item (b), descreva de que maneira essa mudança afeta a produção, tanto de imediato quanto ao longo do tempo. O efeito no estado estacionário sobre o produto é maior ou menor do que o efeito imediato? Explique.

Respostas do questionário rápido

1. a	3. c	5. d
2. c	4. d	6. b

Crescimento Econômico II: Tecnologia, Prática e Políticas

9

> *Existe alguma ação que o governo da Índia possa adotar para levar a economia indiana a crescer como a economia da Indonésia ou a do Egito? Se existe, qual, exatamente, seria ela? Se não existe, o que há na "natureza da Índia" que faz com que ela seja assim?*
>
> *As consequências para o bem-estar humano envolvidas em questionamentos como esses são simplesmente perturbadoras: uma vez que se comece a refletir sobre elas, fica difícil pensar em qualquer outra coisa.*
>
> – Robert E. Lucas, Jr.

A citação de abertura deste capítulo foi escrita em 1988. De lá para cá, a Índia cresceu rapidamente, um fenômeno que tirou da extrema pobreza milhões de pessoas. Ao mesmo tempo, alguns outros países pobres, incluindo muitas nações da África subsaariana, tiveram pouco crescimento e seus cidadãos continuam vivendo na miséria. Cabe à teoria do crescimento explicar resultados tão discrepantes. Não são fáceis de explicar as razões pelas quais alguns países conseguem promover crescimento econômico no longo prazo enquanto outros não; mas, como sugere Robert Lucas, as consequências para o bem-estar da humanidade são, de fato, perturbadoras.

Este capítulo dá continuidade à nossa análise sobre as forças que regem o crescimento econômico no longo prazo. Utilizando como ponto de partida a versão básica do modelo de crescimento de Solow, vamos assumir quatro novas tarefas.

Nossa primeira tarefa é tornar o Modelo de Solow mais generalista e mais realista. No Capítulo 3, vimos que capital, mão de obra e tecnologia são os determinantes fundamentais para a produção de bens e serviços de uma nação. No Capítulo 8, desenvolvemos o Modelo de Solow com o objetivo de demonstrar em que medida as variações no capital (por meio da poupança e do investimento) e as variações na força de trabalho (por meio do crescimento populacional) afetam a produção total da economia. Estamos, agora, prontos para acrescentar à mistura a terceira fonte de crescimento – mudanças na tecnologia. O Modelo de Solow não explica o progresso tecnológico, mas, em vez disso, considera-o determinado exogenamente, e mostra como ele interage com outras variáveis no processo de crescimento econômico.

Nossa segunda tarefa consiste em passar da teoria para a prática. Ou seja, consideramos até que ponto o Modelo de Solow se coaduna com os fatos. Ao longo das duas últimas décadas, uma vasta literatura estudou os prognósticos do Modelo de Solow e de outros modelos para o crescimento econômico. Ocorre que o copo está, ao mesmo tempo, metade cheio e metade vazio. O Modelo de Solow pode ajudar a lançar muita luz sobre experiências internacionais relacionadas ao crescimento, embora esteja longe de ser a última palavra sobre o assunto.

Nossa terceira tarefa consiste em examinar de que maneira as políticas públicas de um país podem influenciar o nível e o crescimento do padrão de vida dos cidadãos. Abordamos, especialmente, seis indagações: Nossa sociedade deveria poupar mais ou poupar menos? De que modo a política econômica pode influenciar a taxa de poupança? Existem alguns tipos de investimento que as políticas econômicas devam incentivar em especial? Quais instituições garantem que os recursos da economia venham a ser aplicados da melhor maneira possível? Mudanças culturais conseguem estimular o crescimento econômico? De que maneira a política econômica pode aumentar a taxa de progresso tecnológico? O modelo de crescimento de Solow proporciona o arcabouço teórico no âmbito do qual consideramos cada uma dessas questões relacionadas a política econômica.

Nossa quarta e última tarefa consiste em analisar o que o Modelo de Solow deixa de fora. Conforme já discutimos, modelos nos ajudam a compreender o mundo ao simplificá-lo. Portanto, depois de concluir a análise de um modelo, é importante considerar se não estaríamos simplificando demasiadamente as questões. Na última seção, examinaremos um novo conjunto de teorias, chamadas de *teorias do crescimento endógeno*, que ajudam a explicar o progresso tecnológico que o Modelo de Solow pressupõe como exógeno.

9.1 PROGRESSO TECNOLÓGICO NO MODELO DE SOLOW

Até agora, nossa apresentação do Modelo de Solow pressupôs uma relação inalterável entre os insumos capital e mão de obra e a produção de bens e serviços. Não obstante, o modelo pode ser modificado de maneira a incluir o progresso tecnológico exógeno que, ao longo do tempo, expande a capacidade produtiva da sociedade.

Eficiência da mão de obra

Para incorporar o progresso tecnológico, devemos retornar à função produção, que relaciona o total do capital, K, e o total da mão de obra, L, com o total da produção, Y. Até aqui, a função produção tem sido

$$Y = F(K, L).$$

Escrevemos, agora, a função produção sob a forma

$$Y = F(K, L \times E),$$

em que E representa uma nova (e um tanto quanto abstrata) variável conhecida como **eficiência da mão de obra**. A eficiência da mão de obra tem como finalidade refletir o conhecimento dos métodos de produção pela sociedade: à medida que a tecnologia disponível se aperfeiçoa, aumenta a eficiência da mão de obra, e cada hora de trabalho passa a contribuir com mais para a produção de bens e serviços. Por exemplo, a eficiência da mão de obra aumentou quando a produção sob a forma de linhas de montagem transformou a indústria, no início do século XX, e voltou a aumentar com o advento da informática, ao final do século XX. A eficiência da mão de obra também aumenta quando ocorrem progressos e melhorias em saúde, educação ou competências da força de trabalho.

O termo $L \times E$ pode ser interpretado como uma medida para o *número de trabalhadores efetivos*. Leva em consideração o número efetivo de trabalhadores, L, e a eficiência de cada trabalhador individual, E. Em outras palavras, L mede a quantidade de trabalhadores na força de trabalho, enquanto $L \times E$ mede tanto a quantidade de trabalhadores quanto a tecnologia com a qual pode contar o trabalhador mediano. Essa nova função produção enuncia que o total da produção, Y, depende do capital, K, e dos trabalhadores efetivos, $L \times E$.

A essência dessa abordagem para a modelagem do progresso tecnológico está no fato de que aumentos na eficiência da mão de obra, E, são análogos a aumentos na força de trabalho, L. Suponhamos, por exemplo, que um avanço tecnológico nos métodos de produção faça dobrar a eficiência da mão de obra, E, entre 1980 e 2015. Isso significa que um único trabalhador em 2015 é, *efetivamente*, tão produtivo quanto dois trabalhadores em 1980. Ou seja, ainda que o número real de trabalhadores (L) permaneça o mesmo de 1980 a 2015, a quantidade de trabalhadores em termos de unidades de eficiência ($L \times E$) dobra e a economia se beneficia da maior produção de bens e de serviços.

O pressuposto mais simples a respeito do progresso tecnológico é que ele faz a eficiência da mão de obra, E, aumentar a uma taxa constante g. Por exemplo, se $g = 0,02$, cada unidade de mão dobra passa a ser 2% mais eficiente a cada ano: a produção aumenta como se a força de trabalho tivesse aumentado quantitativamente 2% a mais do que efetivamente ocorre. Esse modelo de progresso tecnológico é chamado de *ampliador da mão de obra*, e g é chamada de taxa de **progresso tecnológico ampliador da mão de obra**. Como a força de trabalho, L, está crescendo à taxa n e a eficiência de cada unidade de mão de obra, E, cresce à taxa g, a quantidade de unidades de eficiência $L \times E$ cresce à taxa $n + g$.

O estado estacionário com progresso tecnológico

Por ser modelado aqui como ampliador da mão de obra, o progresso tecnológico se insere no modelo de modo bastante semelhante ao crescimento populacional. Progresso tecnológico não aumenta o número efetivo de trabalhadores, mas, como cada trabalhador na realidade traz consigo uma quantidade maior de unidades de mão de obra ao longo do tempo, o progresso tecnológico eleva a quantidade de trabalhadores em termos de unidades de eficiência. Por conseguinte, as ferramentas analíticas que utilizamos no Capítulo 8 para estudar o Modelo de Solow com crescimento populacional podem ser facilmente adaptadas para que estudemos esse modelo com o progresso tecnológico ampliador da mão de obra.

Começamos reconsiderando nossa notação. No passado, antes de acrescentar o progresso tecnológico, analisamos a economia em termos de quantidades por trabalhador; agora, podemos generalizar a abordagem analisando a economia em termos de quantidades por unidade de trabalhador efetivo. Fazemos, agora, com que $k = K/(L \times E)$ represente o capital por trabalhador efetivo e $y = Y/(L \times E)$ represente a produção por trabalhador efetivo. Com essas definições, podemos novamente escrever $y = f(k)$.

Nossa análise prossegue do mesmo modo de quando examinamos o crescimento populacional. A equação que mostra a evolução de k ao longo do tempo passa agora a ser

$$\Delta k = sf(k) - (\delta + n + g)k.$$

Assim como ocorreu antes, a variação no estoque de capital, Δk, é igual ao investimento $sf(k)$ menos o investimento de equilíbrio $(\delta + n + g)k$. Agora, no entanto, uma vez que $k = K/(L \times E)$, o investimento de equilíbrio inclui três termos: para manter k constante, δk é necessário para substituir o capital que está se depreciando, nk é necessário para fornecer capital aos novos trabalhadores e gk é necessário para proporcionar capital para os novos "trabalhadores efetivos", criados pelo progresso tecnológico.

Como demonstra a Figura 9.1, a inclusão do progresso tecnológico não altera substancialmente nossa análise sobre o estado estacionário. Existe um nível de k, representado por k^*, no qual o capital por trabalhador efetivo e a produção por trabalhador efetivo são constantes. Do mesmo modo que antes, esse estado estacionário representa o equilíbrio da economia no longo prazo.

Efeitos do progresso tecnológico

A Tabela 9.1 mostra como quatro variáveis fundamentais se comportam no estado estacionário com progresso tecnológico. Como

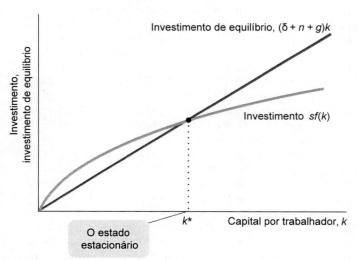

Figura 9.1 Progresso tecnológico e o modelo de crescimento de Solow. O progresso tecnológico ampliador de mão de obra, à taxa g, se insere em nossa análise do modelo de crescimento de Solow de maneira bastante semelhante ao crescimento populacional à taxa n. Agora que k está definido como o montante de capital por trabalhador efetivo, qualquer aumento no número de trabalhadores efetivos, em decorrência do progresso tecnológico, tende a fazer com que k diminua. No estado estacionário, o investimento $sf(k)$ compensa, exatamente, as reduções ocorridas em k, atribuíveis à depreciação, ao crescimento populacional e ao progresso tecnológico.

---

* *Nota matemática*: Esse modelo com progresso tecnológico é uma generalização estrita do modelo analisado no Capítulo 8. Em particular, caso a eficiência da mão de obra seja constante em $E = 1$, então $g = 0$, e as definições de k e y se reduzem às nossas definições anteriores. Nesse caso, o mesmo modelo geral aqui considerado é simplificado precisamente para a versão do Modelo de Solow apresentado no Capítulo 8.

Tabela 9.1 Taxas de crescimento em estado estacionário no Modelo de Solow com progresso tecnológico

Variável	Símbolo	Taxa de crescimento no estado estacionário
Capital por trabalhador efetivo	$k = K/(E \times L)$	0
Produção por trabalhador efetivo	$y = Y/(E \times L) = f(k)$	0
Produção por trabalhador	$Y/L = y \times E$	g
Produção total	$Y = y \times (E \times L)$	$n + g$

acabamos de ver, o capital por trabalhador efetivo, k, é constante no estado estacionário. Como $y = f(k)$, o produto por trabalhador efetivo é também constante. São essas quantidades por trabalhador efetivo que se comportam de maneira estacionária no estado estacionário.

Tomando como base essas informações, podemos também inferir o que acontece com as variáveis que não estão expressas em termos de unidades por trabalhador efetivo. Por exemplo, considere a produção por trabalhador efetivo, $Y/L = y \times E$. Como y é constante no estado estacionário e E está crescendo a uma taxa g, a produção por trabalhador deve, também, necessariamente estar crescendo a uma taxa g, no estado estacionário. De maneira análoga, a produção total da economia corresponde a $Y = y \times (E \times L)$. Tendo em vista que y é constante no estado estacionário, E cresce a uma taxa g e L cresce a uma taxa n, a produção total da economia cresce a uma taxa correspondente a $n + g$, no estado estacionário.

Com o acréscimo do progresso tecnológico, nosso modelo consegue, finalmente, explicar os crescimentos sustentáveis nos padrões de vida que observamos. Ou seja, mostramos que o progresso tecnológico pode trazer o crescimento sustentável do produto por trabalhador. Em contrapartida, uma taxa de poupança elevada provoca alta taxa de crescimento somente até que o estado estacionário seja alcançado. Uma vez que a economia se encontre no estado estacionário, a taxa de crescimento do produto por trabalhador depende unicamente da taxa de progresso tecnológico. *De acordo com o Modelo de Solow, somente o progresso tecnológico é capaz de explicar o crescimento sustentável e padrões de vida persistentemente elevados.*

A introdução do progresso tecnológico também modifica o critério para a Regra de Ouro. O nível de capital da Regra de Ouro é agora definido como o estado estacionário que maximiza o consumo por trabalhador efetivo. Seguindo os mesmos argumentos que utilizamos anteriormente, podemos demonstrar que o consumo no estado estacionário, por trabalhador efetivo, é

$$c^* = f(k^*) - (\delta + n + g)k^*.$$

O consumo no estado estacionário é maximizado se

$$PMgK = \delta + n + g,$$

ou

$$PMgK - \delta = n + g.$$

Ou seja, no nível de capital da Regra de Ouro, o produto marginal do capital líquido, $PMgK - \delta$, é igual à taxa de crescimento do produto total, $n + g$. Como as economias do mundo real experimentam tanto o crescimento populacional quanto o progresso tecnológico, devemos necessariamente utilizar esse critério para avaliar se elas contam com mais ou com menos capital do que teriam no estado estacionário da Regra de Ouro.

9.2 DA TEORIA DO CRESCIMENTO À PRÁTICA DO CRESCIMENTO

Até aqui, neste capítulo, introduzimos o progresso tecnológico exógeno no Modelo de Solow, com o objetivo de explicar o crescimento sustentável nos padrões de vida. Vamos discutir agora o que acontece quando a teoria é forçada a confrontar os fatos.

Crescimento equilibrado

De acordo com o Modelo de Solow, o progresso tecnológico eleva os valores de muitas variáveis, conjuntamente, no estado estacionário. Essa propriedade, conhecida como *crescimento equilibrado*, é bastante eficaz em descrever os dados de longo prazo referentes à economia dos Estados Unidos.

Consideremos, inicialmente, a produção por trabalhador Y/L e o estoque de capital por trabalhador K/L. De acordo com o Modelo de Solow, no estado estacionário essas duas variáveis crescem com base na taxa do progresso tecnológico, g. Os dados relativos aos Estados Unidos na segunda metade de século passado demonstram que a produção por trabalhador e o estoque de capital por trabalhador, na realidade, cresceram mais ou menos com base na mesma taxa – aproximadamente 2% ao ano. Colocando de outra maneira, a razão capital-produto permaneceu aproximadamente constante ao longo do tempo.

O progresso tecnológico também afeta os preços dos fatores. O Problema 4(d), ao final do capítulo, pede a você uma demonstração de que, no estado estacionário, o salário real cresce na mesma proporção que o progresso tecnológico. O preço real do arrendamento do capital, no entanto, é constante ao longo do tempo. Mais uma vez, esses prognósticos se mantêm verdadeiros para os Estados Unidos. Ao longo dos últimos 50 anos, o salário real vem crescendo cerca de 2% ao ano; aumentou aproximadamente na mesma proporção que o PIB real por trabalhador. Ainda assim, o preço real do arrendamento do capital (medido como o rendimento real do capital dividido pelo estoque de capital) permaneceu praticamente inalterado.

A previsão do Modelo de Solow sobre preços de fatores – e o sucesso dessa previsão – é especialmente digna de registro, quando comparada com a teoria de Karl Marx sobre o desenvolvimento de economias capitalistas. Marx previu que o retorno do capital declinaria ao longo do tempo, e que isso acarretaria crises econômicas e políticas. A história da economia não confirmou o prognóstico de Marx, o que explica, em parte, a razão pela qual, hoje, estudamos a teoria do crescimento de Solow e não a de Marx.

Convergência

Se você viajar pelo mundo, verificará uma gigantesca variação em termos de padrões de vida. A renda *per capita* nos Estados Unidos é aproximadamente 11 vezes mais alta do que no Paquistão. A renda na Alemanha é cerca de 8 vezes superior à da Nigéria. Essas disparidades de renda se refletem na maior parte dos indicadores para a qualidade de vida – desde o número de aparelhos de televisão, telefones celulares e acesso à internet até disponibilidade de água limpa, taxas de mortalidade infantil e expectativa de vida.

Muitas pesquisas têm se dedicado a tentar avaliar se as economias convergem ou não, uma em direção à outra, ao longo do tempo. Ou seja, será que as economias que começam pobres crescem subsequentemente mais rápido do que as economias que já começam ricas? Se isso de fato acontece, então as economias pobres do mundo tenderão a alcançar as economias ricas. Esse processo de alcance é chamado de *convergência*. Caso não ocorra convergência, os países que começam em desvantagem tenderão a permanecer pobres.

O Modelo de Solow faz previsões sobre quando deve ocorrer convergência. Segundo o modelo, a hipótese de duas economias convergirem ou não depende em primeiro lugar do motivo pelo qual elas diferem. Por um lado, suponhamos que, por um acidente histórico, duas economias comecem com diferentes estoques de capital, embora tenham o mesmo estado estacionário conforme determinado por suas taxas de poupança, por suas taxas de crescimento populacional e pela eficiência de sua mão de obra. Nesse caso, era de se esperar que as duas economias convergissem; a economia mais pobre, com o menor estoque de capital, naturalmente crescerá mais rápido para alcançar o estado estacionário. (No Capítulo 8, aplicamos essa lógica para explicar o rápido crescimento da Alemanha e do Japão depois da Segunda Guerra Mundial.) Por outro lado, se duas economias apresentam diferentes estados estacionários, talvez porque tenham diferentes taxas de poupança, não devemos então esperar a convergência. Em vez disso, cada economia se aproximará do seu próprio estado estacionário.

A experiência é coerente com essa análise. Em amostras realizadas com economias que apresentam culturas e políticas semelhantes, estudos revelam que as economias convergem, uma em direção à outra, a uma taxa aproximada de 2% ao ano. Ou seja, a desigualdade entre as economias ricas e as economias pobres diminui aproximadamente 2% a cada ano. Exemplo desse fato são as economias dos estados individuais norte-americanos. Por razões históricas, como é o caso da Guerra Civil na década de 1860, os níveis de renda nos Estados Unidos variavam consideravelmente entre os estados ao final do século XIX. Essas diferenças, no entanto, foram desaparecendo lentamente ao longo do tempo. Tal convergência pode ser explicada pelo Modelo de Solow, com base no pressuposto de que as economias desses estados apresentavam diferentes pontos de partida, mas estão se aproximando de um estado estacionário comum.

Em relação aos dados internacionais, surge um quadro mais complexo. Quando examinam exclusivamente os dados sobre renda *per capita*, os pesquisadores descobrem poucos indícios de convergência: países que começam pobres não crescem, em média, mais rapidamente do que os países que começam ricos. Essa descoberta sugere que diferentes países apresentam diferentes estados estacionários. Caso sejam utilizadas técnicas estatísticas para controlar alguns dos determinantes do estado estacionário, tais como taxas de poupança, taxas de crescimento populacional e acumulação de capital humano (educação), mais uma vez, os dados mostram uma convergência à taxa média de aproximadamente 2% ao ano. Em outras palavras, as economias do mundo apresentam *convergência condicional*: aparentam estar convergindo em direção a seus próprios estados estacionários, os quais, por sua vez, são determinados por variáveis como poupança, crescimento populacional e capital humano.*

Acumulação de fatores versus eficiência da produção

Como questão contábil, as diferenças internacionais, em termos de renda *per capita*, podem ser atribuídas tanto a diferenças nos fatores de produção, tais como as quantidades de capital físico e capital humano, quanto a diferenças na eficiência com que as economias utilizam seus fatores de produção. Ou seja, o trabalhador em um país pobre pode ser pobre porque carece de ferramentas e competências, ou porque suas próprias ferramentas e competências não estão sendo aproveitadas da melhor maneira. Para descrever esse problema em termos do Modelo de Solow, a questão é determinar se a grande lacuna entre ricos e pobres é explicada pelas diferenças na acumulação de capital (incluindo o capital humano) ou pelas diferenças na função produção.

Grande número de pesquisas vem tentando estimar a importância relativa dessas duas fontes de disparidade de rendas. A resposta exata varia de estudo para estudo, mas tanto a acumulação de fatores quanto a eficiência na produção aparentam ser importantes. Além disso, uma descoberta comum é o fato de que eles correlacionam-se positivamente: nações com elevados níveis de capital físico e de capital humano também tendem a utilizar esses fatores de maneira eficiente.**

Existem várias maneiras de interpretar essa correlação positiva. Uma hipótese seria o fato de que uma economia eficiente pode estimular a acumulação de capital. Por exemplo, uma pessoa em dada economia que esteja em bom funcionamento pode contar com mais recursos e mais incentivos para permanecer na escola e acumular capital humano. Outra hipótese seria que a acumulação de capital pode induzir maior eficiência. Se existem externalidades*** positivas para o capital físico e para o capital humano, então os países que poupam e investem mais aparentemente terão melhores funções produção (a menos que os estudos investigatórios levem em conta essas externalidades, o que é difícil fazer). Por conseguinte, maior eficiência na produção pode vir a acarretar maior acumulação de fatores, ou o inverso.

Uma hipótese final é que tanto a acumulação de fatores quanto a eficiência na produção são impulsionadas por uma terceira variável em comum. Talvez essa terceira variável em comum seja a qualidade das instituições da nação, incluindo o processo de formulação de políticas econômicas por parte do governo. Nas palavras de certo economista, quando os governos se atrapalham e cometem erros, eles erram de verdade. Políticas econômicas perniciosas, tais como inflação alta, excessivos déficits orçamentários, disseminada interferência no mercado e corrupção desenfreada, geralmente caminham de mãos dadas. Não nos deve surpreender o fato de que economias que apresentam esses males acumulem menos capital e deixem de utilizar o capital de que dispõem, com a devida eficiência.

ESTUDO DE CASO

BOA ADMINISTRAÇÃO COMO FONTE DE PRODUTIVIDADE

Rendas variam em todo o mundo, em parte porque alguns países apresentam maior eficiência na produção do que outros. Um fenômeno semelhante é observado dentro dos próprios

---

* BARRO, Robert; SALA-I-MARTIN Xavier. Convergence across states and regions. *Brookings Papers on Economic Activity*, v. 1, p. 107-182, 1991; MANKIW, N. Gregory; ROMER, David; WEIL, David N. A contribution to the empirics of economic growth. *Quarterly Journal of Economics*, p. 407-437, May 1992.

** HALL, Robert E.; JONES, Charles I. Why do some countries produce so much more output per worker than others? *Quarterly Journal of Economics*, v. 114, p. 83-116, Feb. 1999; KLENOW, Peter J.; RODRIGUEZ-CLARE, Andres. The neoclassical revival in growth economics: has it gone too far? *NBER Macroeconomics Annual*, v. 12, p. 73-103, 1997.

*** Externalidade é um conceito utilizado na ciência econômica para fazer referência aos efeitos exercidos pela produção de uma empresa ou ao consumo de um indivíduo sobre terceiros, de forma positiva ou negativa. (N.T.)

países: algumas empresas apresentam maior eficiência na produção do que outras. Por que será que isso ocorre?

Uma resposta possível consiste nas práticas de administração. Algumas empresas são bem administradas; outras não tão bem. Uma empresa bem administrada utiliza operações de última geração, monitora o desempenho de seus trabalhadores, estabelece metas desafiadoras porém razoáveis para o desempenho e proporciona incentivos para que os trabalhadores dediquem seus melhores esforços ao trabalho. Boa administração significa que uma empresa está obtendo o melhor que pode a partir dos fatores de produção que utiliza.

Um estudo influente de Nicholas Bloom e John Van Reenen documenta a importância da boa administração, bem como algumas das razões pelas quais nem todas as empresas contam com ela. Bloom e Van Reenen começaram pela pesquisa de 732 empresas de médio porte do setor de produção, em quatro países: França, Alemanha, Reino Unido e Estados Unidos. Fizeram diversas perguntas sobre como as empresas eram administradas e, depois disso, pontuaram cada empresa de acordo com o grau de conformidade com as melhores práticas da administração. Por exemplo, uma empresa que promovia seus empregados com base no desempenho obtinha pontuação mais alta do que uma empresa que promovia os empregados com base no tempo em que estavam na empresa.

Talvez não surpreenda o fato de Bloom e Van Reenen terem descoberto uma heterogeneidade substancial em termos da qualidade da administração. Em cada um dos países, algumas empresas eram bem administradas, enquanto outras eram mal administradas. Fato mais relevante a ser observado é que a distribuição da qualidade da administração era substancialmente diferente entre os quatro países. As empresas dos Estados Unidos apresentaram a maior pontuação média, seguindo-se Alemanha, depois França e, por fim, o Reino Unido. Grande parte da variação entre os países teve origem na prevalência de empresas particularmente mal administradas: firmas com a pontuação mais baixa em termos de administração eram bem mais comuns no Reino Unido e na França do que nos Estados Unidos e na Alemanha.

A descoberta seguinte do estudo é que essas pontuações em termos de administração estavam correlacionadas a indicadores do desempenho da empresa. Mantendo inalterados os outros fatores (tais como o tamanho do estoque de capital e da força de trabalho da empresa), empresas bem administradas apresentavam maior volume de vendas, maiores lucros, maiores valores no mercado de ações e menores índices de falência.

Se a boa administração gera todos esses resultados desejáveis, por que, então, todas as empresas não adotam as melhores práticas? Bloom e Van Reenen oferecem duas explicações para a persistência da má administração.

A primeira delas é a ausência de competição. Quando uma empresa com práticas precárias de administração está protegida da intensa competição, seus gerentes podem permanecer tranquilos e se acomodar. Em contrapartida, quando a empresa opera em um mercado altamente competitivo, a má administração tende a acarretar prejuízos que, com o passar do tempo, induzem a empresa a modificar suas práticas ou fechar suas portas. Como resultado, em mercados competitivos, somente as empresas com boa administração sobrevivem. Um determinante da concorrência é a abertura para o comércio externo: quando empresas têm que competir com entidades semelhantes em todo o mundo, é difícil manter práticas ineficientes de administração.

Uma segunda explicação para a persistência da má administração é a primogenitura – a tradição de algumas empresas familiares de apontar como executivo-chefe da empresa o filho mais velho da família. Essa prática significa que a posição de executivo-chefe pode não estar sendo destinada à pessoa mais bem qualificada para ela. Além disso, se o filho mais velho sabe que obterá o cargo simplesmente em virtude de sua data de nascimento, em vez de ter que competir por ela com gerentes profissionais ou, pelo menos, com outros membros da família, ele pode ter menos incentivos para aplicar o esforço necessário para se tornar um bom gerente. De fato, Bloom e Van Reenen relatam que empresas cujos cargos de executivo-chefe são ocupados por filhos mais velhos estão mais propensas a obter baixa pontuação em administração. Os autores descobriram, também, que a primogenitura é bem mais comum no Reino Unido e na França do que nos Estados Unidos e na Alemanha, talvez por causa da influência de longa data de tradições da Normandia.

O resultado final desse estudo é que diferenças nas práticas da administração podem ajudar a explicar por que alguns países apresentam maior produtividade e, consequentemente, maiores níveis de renda do que outros. Essas diferenças, em termos de administração, podem, por sua vez, ser acompanhadas por diferenças nos graus de concorrência e tradições e históricas.*

9.3 POLÍTICAS PARA PROMOVER CRESCIMENTO

Até aqui, utilizamos o Modelo de Solow para desvendar as relações teóricas entre as diferentes fontes de crescimento econômico, e discutimos alguns dos trabalhos empíricos que descrevem experiências reais sobre crescimento. Podemos, agora, fazer uso da teoria e das evidências para ajudar a orientar nosso raciocínio sobre políticas econômicas.

Avaliando a taxa de poupança

De acordo com o modelo de crescimento de Solow, o montante que uma nação poupa e investe é determinante fundamental para o padrão de vida de seus cidadãos. Sendo assim, vamos dar início a nossa análise sobre políticas econômicas com um questionamento natural: a taxa de poupança da economia dos Estados Unidos é demasiado baixa, demasiado alta ou está em um nível aproximadamente correto?

Conforme verificamos, a taxa de poupança determina os níveis do estado estacionário para o capital e para o total da produção. Determinada taxa de poupança gera o estado estacionário da Regra de Ouro, que maximiza o consumo por trabalhador e, consequentemente, a prosperidade econômica. A Regra de Ouro serve como ponto de referência em relação ao qual podemos comparar a economia dos Estados Unidos.

Para determinar se a economia norte-americana está no estado estacionário da Regra de Ouro, acima ou abaixo dele, precisamos comparar o produto marginal do capital, isento de

---

* BLOOM, Nicholas; VAN REENEN, John. Measuring and explaining management practices across firms and countries. *The Quarterly Journal of Economics*, v. 122, p. 1351-1408, 2007. Em trabalhos mais recentes, Bloom, Van Reenen e coautores estenderam suas pesquisas para outros países. Eles relatam que, em média, empresas norte-americanas, japonesas e alemãs são mais bem administradas, enquanto empresas de países em desenvolvimento, como Brasil, China e Índia, tendem a ser não tão bem administradas. Veja BLOOM, Nicholas; SADUN, Raffaella; VAN REENEN, John. Management practices across firms and countries. NBER Working Paper n. 17850, Feb. 2012.

depreciação ($PMgK - \delta$), com a taxa de crescimento do total da produção ($n + g$). Conforme estabelecemos na Seção 9.1, no estado estacionário da Regra de Ouro, $PMgK - \delta = n + g$. Se a economia está operando com menos capital do que no estado estacionário da Regra de Ouro, então a produtividade marginal decrescente nos afirma que $PMgK - \delta > n + g$. Nesse caso, o aumento da taxa de poupança ocasionará aumento da acumulação de capital e do crescimento econômico, e, por fim, conduzirá a um estado estacionário com maior nível de consumo (embora o consumo seja mais baixo durante parte da transição para o novo estado estacionário). Por outro lado, se a economia contar com maior quantidade de capital do que no estado estacionário da Regra de Ouro, então $PMgK - \delta < n + g$. Nesse caso, a acumulação de capital torna-se excessiva: a redução na taxa de poupança acarretará maior nível de consumo, tanto de imediato quanto no longo prazo.

Para aplicar essa comparação a uma economia do mundo real, como é o caso da economia dos Estados Unidos, precisamos de uma estimativa para a taxa de crescimento do total da produção ($n + g$) e de uma estimativa para o produto marginal do capital líquido ($PMgK - \delta$). O PIB real dos Estados Unidos cresce a uma taxa média de 3% ao ano, de modo que $n + g = 0{,}03$. Podemos estimar o produto marginal do capital líquido a partir dos três fatos a seguir:

1. O estoque de capital corresponde a cerca de 2,5 vezes o PIB de determinado ano.
2. A depreciação do capital corresponde a aproximadamente 10% do PIB.
3. O rendimento do capital corresponde a aproximadamente 30% do PIB.

Utilizando a notação de nosso modelo (e o resultado extraído do Capítulo 3, de que os proprietários do capital auferem uma renda correspondente a $PMgK$ para cada unidade de capital), podemos escrever esses fatos como

1. $k = 2{,}5y$.
2. $\delta k = 0{,}1y$.
3. $PMgK \times k = 0{,}3y$.

Fazemos o cálculo para a taxa de depreciação, δ, ao dividir a equação 2 pela equação 1:

$$\delta k/k = (0{,}1y)/(2{,}5y)$$
$$\delta = 0{,}04$$

E realizamos o cálculo do produto marginal do capital, $PMgK$, ao dividir a equação 3 pela equação 1:

$$(PMgK \times k)/k = (0{,}3y)/(2{,}5y)$$
$$PMgK = 0{,}12$$

Sendo assim, aproximadamente 4% do estoque de capital se depreciam a cada ano, e a produtividade marginal do capital corresponde a cerca de 12% ao ano. A produtividade marginal do capital líquido, $PMgK - \delta$, corresponde a cerca de 8% ao ano.

Podemos, agora, verificar que o retorno em relação ao capital ($PMgK - \delta$ = 8% ao ano) está bastante acima da taxa média de crescimento da economia ($n + g$ = 3% ao ano). Esse fato, juntamente com nossa análise anterior, indica que o estoque de capital da economia dos Estados Unidos está bem abaixo do nível da Regra de Ouro. Em outras palavras, se os Estados Unidos poupassem e investissem uma fração mais alta da sua renda, cresceriam mais rapidamente, e acabariam alcançando um estado estacionário com nível mais elevado de consumo.

Essa conclusão não se aplica exclusivamente à economia dos Estados Unidos. Quando se realizam cálculos semelhantes a esses apresentados para outras economias, os resultados são semelhantes. A possibilidade de poupança excessiva e de uma acumulação de capital acima do nível da Regra de Ouro é intrigante quando se trata de uma questão teórica, mas aparentemente não constitui um problema enfrentado pelas economias do mundo real. Na prática, os economistas geralmente se preocupam mais com poupança insuficiente. É esse tipo de cálculo que fornece a fundamentação intelectual para tal questão.*

Alterando a taxa de poupança

Os cálculos anteriores demonstram que, para conduzir a economia dos Estados Unidos em direção ao estado estacionário da Regra de Ouro, os formuladores econômicos devem elaborar políticas direcionadas para incentivar a poupança nacional. Como, porém, eles são capazes de fazer isso? Vimos no Capítulo 3 que, como questão meramente contábil, uma poupança nacional mais elevada significa maior poupança pública, maior poupança privada ou algum tipo de combinação entre as duas. Grande parte do debate sobre políticas econômicas direcionadas para aumentar o crescimento se concentra entre, essas opções, na que tem maior probabilidade de ser a mais eficaz.

A maneira mais direta pela qual o governo afeta a poupança nacional é por meio da poupança pública – a diferença entre o que o governo recebe, sob a forma de receita fiscal, e o que gasta. Quando o gasto do governo excede a sua receita, o governo incorre em *déficit orçamentário*, que representa uma poupança pública negativa. Conforme ressaltamos no Capítulo 3, um déficit orçamentário aumenta as taxas de juros e não deixa espaço para o investimento; a resultante redução no estoque de capital é parte do ônus do endividamento nacional para as gerações futuras. Inversamente, se o governo gasta menos do que arrecada em termos de receita, ele incorre em *superávit orçamentário*, que pode utilizar para abater uma parte da dívida nacional e estimular o investimento.

O governo também afeta a poupança nacional influenciando a poupança privada – poupança feita pelos domicílios e pelas empresas. Essencialmente, o montante que as pessoas decidem poupar depende dos incentivos que encontram, e esses incentivos são alterados por uma variedade de políticas públicas. Muitos economistas argumentam que uma tributação elevada sobre o capital – incluindo o imposto cobrado sobre o faturamento das empresas, o imposto de renda federal, os impostos estaduais e muitos outros impostos cobrados sobre receitas e sobre imóveis – desestimula a poupança privada pelo fato de reduzir a taxa de retorno auferida pelos poupadores. Por outro lado, as contas de aposentadoria com isenção fiscal, em especial as *Individual Retirement Arrangements* (IRA) nos Estados Unidos, são desenvolvidas para estimular a poupança privada, pelo fato de oferecerem tratamento preferencial para a renda poupada por meio dessas contas. Alguns economistas propõem que se aumente o incentivo para poupar, substituindo-se o atual sistema de tributação sobre a renda por um sistema de tributação sobre o consumo.

Muitas divergências em relação a políticas públicas fundamentam-se em diferentes pontos de vista sobre quanto a poupança privada reage a incentivos. Por exemplo, suponhamos que

---
* Para mais sobre esse tópico e algumas evidências internacionais, veja ABEL, Andrew B.; MANKIW, N. Gregory; SUMMERS, Lawrence H.; ZECKHAUSER, Richard J. Assessing dynamic efficiency: theory and evidence. *Review of Economic Studies*, v. 56, p. 1-19, 1989.

o governo norte-americano aumentasse o montante que as pessoas podem aplicar em contas de aposentadoria com isenção de impostos. As pessoas reagiriam a esse incentivo maior para poupar optando por poupar mais? Ou, em vez disso, elas simplesmente transfeririam para essas contas a poupança realizada em contas tributáveis, reduzindo a receita fiscal e, consequentemente, a poupança pública, sem qualquer estímulo à poupança privada? A conveniência da política depende das respostas para essas perguntas. Infelizmente, apesar de inúmeras pesquisas sobre o assunto, ainda não se chegou a um consenso.

Alocando o investimento na economia

O Modelo de Solow parte do pressuposto simplificador de que existe somente um único tipo de capital. No mundo real, evidentemente, existem inúmeros tipos. As empresas privadas investem em tipos tradicionais de capital, como, por exemplo, tratores e usinas siderúrgicas, e em tipos mais novos de capital, como computadores e robôs. O governo investe em várias formas de capital público, conhecidas como *infraestrutura*, tais como rodovias, pontes e sistemas de saneamento.

Além disso, existe o *capital humano* – os conhecimentos e as competências que os trabalhadores adquirem por meio de sua formação educacional, desde programas na primeira infância, como é o caso do Head Start** nos Estados Unidos, até o treinamento prático para adultos integrantes da força de trabalho. Embora geralmente se interprete que a variável capital, no Modelo de Solow básico, inclui unicamente o capital físico, sob muitos aspectos o capital humano é análogo ao capital físico. Do mesmo modo que o capital físico, o capital humano amplia nossa capacidade de produzir bens e serviços. Para elevarmos o nível de capital humano, precisamos de investimentos sob a forma de professores, bibliotecas e tempo de estudo. Pesquisas recentes sobre crescimento econômico têm enfatizado que o capital humano é, no mínimo, tão importante quanto o capital físico no que diz respeito à explicação das diferenças internacionais em termos de padrões de vida. Uma das maneiras de representar esse fato consiste em atribuir à variável que chamamos de "capital" uma definição mais abrangente, que venha a incluir tanto o capital humano quanto o capital físico.**

Formuladores de políticas econômicas que tentam estimular o crescimento devem enfrentar a questão sobre os tipos de capital mais necessários para a economia. Em outras palavras, quais tipos de capital proporcionam os produtos marginais mais altos? Em grande parte, os formuladores de políticas econômicas podem deixar que o próprio mercado aloque o conjunto da poupança aos tipos alternativos de investimento. Os setores com produtividades marginais mais elevadas para o capital serão, naturalmente, os mais predispostos a tomar empréstimos, com taxas de juros de mercado, para financiar novos investimentos. Muitos economistas defendem que o governo deve meramente criar um "campo de jogo nivelado" para diferentes tipos de capital – por exemplo, garantindo que o sistema fiscal dispense tratamento igualitário a todas as formas de capital. O governo pode, então, confiar que o mercado aloque o capital de modo eficiente.

Outros economistas têm sugerido que o governo deve estimular diligentemente formas específicas de capital. Suponha, por exemplo, que o avanço tecnológico ocorra como subproduto de determinadas atividades econômicas. Isso aconteceria se processos de produção novos e aperfeiçoados fossem inventados durante o processo de construção de capital (fenômeno conhecido como *aprender fazendo – learning by doing*) e se tais ideias passassem a fazer parte do conjunto de conhecimentos da sociedade. Esse tipo de subproduto é chamado de *externalidade tecnológica* (ou *transbordamento de conhecimento*). Na presença dessas externalidades, os retornos sociais do capital superam os retornos privados, e os benefícios para a sociedade, decorrentes da acumulação maior de capital, são mais numerosos do que sugere o Modelo de Solow.*** Além disso, alguns tipos de acumulação de capital podem proporcionar mais externalidades do que outros. Se, por exemplo, a instalação de robôs proporciona mais externalidades tecnológicas do que a construção de uma nova usina siderúrgica, então talvez o governo devesse fazer uso da legislação fiscal no intuito de estimular o investimento em robôs. O sucesso desse tipo de *política setorial*, como é algumas vezes chamada, depende da capacidade do governo de mensurar precisamente as externalidades decorrentes de diferentes atividades econômicas para, assim, ser capaz de conceder os incentivos corretos para cada atividade.

A maior parte dos economistas é cética em relação às políticas setoriais, por dois motivos. Em primeiro lugar, a mensuração das externalidades relativas a diferentes setores é muito difícil. Se a política for baseada em mensurações não muito precisas, seus efeitos podem ser quase aleatórios e, por conseguinte, piores do que nenhuma política setorial. Em segundo lugar, o processo político está longe de ser perfeito. Uma vez que o governo venha a se envolver na atividade de recompensar setores específicos por meio de subsídios e isenções fiscais, as recompensas passam a ter as mesmas chances de ser baseadas em articulações políticas ou na magnitude das externalidades.

Um tipo de capital que necessariamente envolve o governo é o capital público. Governos municipais, estaduais e o governo federal estão sempre decidindo se e quando devem tomar empréstimos para financiar novas estradas, pontes e sistemas de trânsito. Em 2016, o Presidente Donald Trump foi eleito com a promessa de aumentar em 1 trilhão de dólares os gastos com infraestrutura. Entre os economistas, essa proposta tinha, ao mesmo tempo, defensores e opositores. Contudo, existe consenso de que é difícil mensurar a produtividade marginal do capital público. O capital privado gera uma taxa de lucro facilmente mensurável para a empresa que detém a propriedade desse capital, enquanto os benefícios do capital público são mais difusos. Além disso, enquanto os investimentos com capital privado são realizados por investidores que estão lançando mão de seu próprio dinheiro, a alocação dos recursos relativos ao capital público envolve o processo político e recursos gerados pelo contribuinte. É fato mais do que comum observar "pontes que levam a lugar nenhum" sendo construídas simplesmente porque o senador ou o deputado daquele local conta com força política para conseguir a aprovação de recursos.

---

* Um híbrido de serviços educacionais e serviços sociais para crianças em idade pré-escolar e suas respectivas famílias. (N.T.)

** Anteriormente, neste capítulo, quando interpretamos K somente como capital físico, o capital humano estava englobado no parâmetro eficiência da mão de obra, E. A abordagem alternativa aqui sugerida consiste em incluir, em vez disso, o capital humano como parte de K, de modo que E represente tecnologia, mas não capital humano. Se for dada a K essa interpretação mais ampla, muito daquilo a que chamamos rendimento da mão de obra será, na realidade, o retorno em relação ao capital humano. Como resultado, a verdadeira parcela do capital será bem maior do que o valor tradicional de Cobb-Douglas, que corresponde a cerca de 1/3. Para mais sobre esse tópico, veja MANKIW, N. Gregory; ROMER, David; WEIL, David N. A Ccontribution to the empirics of economic growth. *Quarterly Journal of Economics*, p. 407-437, May 1992.

*** ROMER, Paul. Crazy explanations for the productivity slowdown. *NBER Macroeconomics Annual*, v. 2, p. 163-201, 1987.

ESTUDO DE CASO

POLÍTICA SETORIAL NA PRÁTICA

Há muito, formuladores de políticas econômicas e economistas vêm discutindo se o governo deveria promover determinados setores e empresas por serem estrategicamente importantes para a economia. Nos Estados Unidos, o debate remonta a mais de dois séculos Alexander Hamilton, primeiro Secretário do Tesouro dos EUA, defendia a imposição de tarifas sobre determinadas importações de modo a estimular o desenvolvimento da indústria doméstica. A lei de tarifas de 1789 foi o segundo projeto de lei aprovado pelo novo governo federal norte-americano. A tarifa ajudou os fabricantes, mas prejudicou os agricultores, que tiveram de pagar um valor mais alto por produtos importados. Como o norte do país era mais industrial enquanto o sul era mais agrícola, a tarifa foi uma das fontes das tensões regionais que acabaram levando à Guerra Civil.

Os defensores de um papel significativo do governo na promoção da tecnologia podem apontar alguns sucessos recentes. Por exemplo, o precursor da moderna internet é um sistema chamado ARPANET, criado por um braço do Departamento de Defesa dos EUA para permitir o fluxo de informação entre instalações militares. Há poucas dúvidas de que a internet esteja associada a grandes avanços na produtividade e que o governo tenha desempenhado um papel importante em sua criação. Segundo os defensores da política setorial, esse exemplo ilustra de que maneira o governo pode ajudar a dar o pontapé inicial em tecnologias emergentes.

No entanto, governos também podem cometer erros quando tentam interferir nas decisões de negócios privados. O Ministério do Comércio e da Indústria Internacional do Japão (MITI) às vezes é visto como defensor bem-sucedido da política setorial, mas já tentou impedir que a Honda expandisse seus negócios de motocicletas para automóveis. O MITI imaginou que o país já contava com uma quantidade suficiente de fabricantes de automóveis. Felizmente, o governo perdeu a batalha e a Honda se tornou um dos maiores e mais lucrativos fabricantes de automóveis. Soichiro Honda, fundador da empresa, declarou: "Se não fosse pelo MITI, é provável que eu fosse ainda mais bem-sucedido."

Ao longo dos últimos anos, a política governamental tem buscado promover "tecnologias verdes". Particularmente, o governo federal dos Estados Unidos subsidiou a produção de energias que gerassem menores taxas de emissão de carbono, consideradas como um dos grandes fatores por trás das mudanças climáticas globais. É cedo demais para julgar o sucesso dessa política no longo prazo, mas no curto prazo houve alguns constrangimentos. Em 2011, um fabricante de painéis solares chamado Solyndra declarou falência apenas dois anos depois de o governo federal lhe ter concedido garantia de empréstimos no valor de 535 milhões de dólares.

A discussão sobre política setorial certamente continuará ao longo dos próximos anos. O julgamento final sobre esse tipo de intervenção governamental no mercado exige tanto a avaliação da eficiência dos mercados irrestritos quanto a capacidade das instituições governamentais de identificar tecnologias que mereçam o seu apoio.

Criando as instituições corretas

Conforme examinamos anteriormente, economistas que estudam diferenças internacionais em termos de padrão de vida atribuem algumas dessas diferenças aos insumos de capital físico e capital humano, e outras à produtividade com a qual esses insumos são utilizados. Uma das razões para que os países apresentem diferentes níveis de eficiência na produção é a existência de diferentes instituições que norteiam a alocação de recursos escassos. Criar as instituições corretas é importante para garantir a melhor utilização possível dos recursos.

O exemplo atual talvez mais claro da importância das instituições é a comparação entre a Coreia do Norte e a Coreia do Sul. Durante muitos séculos, essas duas nações foram combinadas com governo, herança, cultura e economia comuns. Contudo, depois da Segunda Guerra Mundial, um acordo entre Estados Unidos e União Soviética dividiu a Coreia em duas partes. Acima do Paralelo 38, a Coreia do Norte estabeleceu instituições baseadas no modelo soviético de comunismo autoritário. Abaixo do Paralelo 38, a Coreia do Sul estabeleceu instituições baseadas no modelo norte-americano de capitalismo democrático. Hoje em dia, a diferença em termos de desenvolvimento econômico não poderia ser mais marcante. O PIB *per capita* na Coreia do Norte é menos de um décimo do PIB *per capita* da Coreia do Sul. Essa diferença é visível em fotos de satélite tiradas à noite. A Coreia do Sul é bem iluminada – seu uso disseminado de energia elétrica é um sinal de desenvolvimento econômico avançado. A Coreia do Norte está mergulhada na escuridão.

Entre as nações capitalistas democráticas, existem diferenças institucionais importantes, embora mais sutis. A tradição jurídica de uma nação é exemplo desse tipo de instituição. Alguns países, como Estados Unidos, Austrália, Índia e Singapura, são ex-colônias do Reino Unido e, por essa razão, apresentam sistemas legislativos comuns, no estilo inglês. Outros, como Itália, Espanha e a maior parte da América Latina, possuem tradições legais derivadas dos Códigos Napoleônicos franceses. Estudos revelaram que as proteções legais para acionistas e credores são mais fortes nos sistemas legais do estilo inglês do que para os sistemas do estilo francês. Como resultado, os países no estilo inglês apresentam mercados de capitais mais bem desenvolvidos. Nações com mercados de capitais mais desenvolvidos, por sua vez, vivenciam crescimento mais rápido, pois fica mais fácil para empresas de pequeno porte e para empresas embrionárias financiar projetos de investimentos, o que acarreta uma alocação mais eficiente para o capital do referido país.*

Outra diferença institucional importante entre os países está na qualidade do próprio governo e na honestidade dos agentes públicos. O ideal seria que os governos "estendessem a mão" ao sistema de mercado, protegendo direitos de propriedade, exigindo o cumprimento de contratos, promovendo a concorrência, reprimindo fraudes e assim por diante. Apesar disso, os governos às vezes divergem desse ideal e agem mais como uma "mão arrebatadora", fazendo uso da autoridade do Estado no intuito de enriquecer indivíduos poderosos à custa da comunidade como um todo. Estudos empíricos demonstraram que a abrangência da corrupção em uma nação é, verdadeiramente, um determinante significativo do crescimento econômico.**

Adam Smith, o grande economista do século XVIII, estava bastante consciente do papel das instituições no crescimento econômico. Ele escreveu, certa vez: "Pouco mais é necessário

---

* LA PORTA, Rafael; LOPEZ-DE-SILANES, Florencio; SHLEIFER, Andrei; VISHNY, Robert. Law and finance. *Journal of Political Economy*, v. 106, p. 1113-1155, 1998; LEVINE, Ross; KING, Robert G. Finance and growth: Schumpeter might be right. *Quarterly Journal of Economics*, v. 108, p. 717-737, 1993.
** MAURO, Paulo. Corruption and growth. *Quarterly Journal of Economics*, v. 110, p. 681-712, 1995.

para conduzir um Estado ao mais elevado grau de opulência, a partir do mais baixo barbarismo, do que paz, tributação amena e uma administração tolerável da justiça: todo o restante é trazido pelo curso natural das coisas." Lamentavelmente, muitas nações não desfrutam dessas três vantagens simples.

ESTUDO DE CASO

AS ORIGENS COLONIAIS DAS INSTITUIÇÕES MODERNAS

Dados internacionais revelam uma correlação extraordinária entre latitude e prosperidade econômica: nações mais próximas do equador geralmente apresentam níveis mais baixos de renda *per capita* do que nações mais distantes. Esse fato é verdadeiro tanto para o hemisfério norte quanto para o hemisfério sul.

O que explica tal correlação? Alguns economistas sugeriram que os climas tropicais próximos ao equador exercem impacto direto negativo sobre a produtividade. No calor dos trópicos, a agricultura fica mais difícil e enfermidades são mais prevalentes. Isso torna mais difícil a produção de bens e de serviços.

Embora seja uma das razões para que os países tropicais tendam a ser pobres, o impacto direto da geografia não representa toda a história. Pesquisas recentes realizadas por Daron Acemoglu, Simon Johnson e James Robinson sugeriram um mecanismo indireto – o impacto da geografia sobre as instituições. Eis aqui uma explanação, apresentada em várias etapas:

1. Nos séculos XVII, XVIII e XIX, o clima tropical proporcionava aos colonizadores europeus um risco crescente de enfermidades, especialmente malária e febre amarela. Como resultado, quando estavam colonizando grande parte do restante do mundo, os europeus evitavam realizar assentamentos nas áreas tropicais, como grande parte da África e da América Central. Os colonizadores europeus preferiam áreas com climas mais moderados e melhores condições de saúde, como é o caso das regiões que hoje correspondem a Estados Unidos, Canadá e Nova Zelândia.
2. Nas áreas em que houve assentamento de grande número de europeus, os colonizadores estabeleceram instituições no estilo europeu, que protegiam os direitos de propriedade individual e limitavam o poder do governo. Em contrapartida, nos climas tropicais, as autoridades colonizadoras geralmente estabeleciam instituições do tipo "extrativistas", incluindo governos autoritários, de modo tal que conseguissem obter vantagens com os recursos naturais da região. Essas instituições enriqueceram os colonizadores, embora pouco tenham feito para fomentar o crescimento econômico.
3. Embora a era do regime colonial esteja, agora, bem distante no passado, as primeiras instituições que os colonizadores europeus estabeleceram estão fortemente correlacionadas com as instituições modernas nas antigas colônias. Nas nações tropicais, onde as autoridades colonizadoras estabeleceram instituições extrativistas, existe, de um modo geral, menor protecionismo para os direitos de propriedade, até mesmo nos dias de hoje. Quando os colonizadores deixaram as colônias, as instituições extrativistas permaneceram e foram, simplesmente, assumidas pelas novas elites governantes.
4. A qualidade das instituições é um determinante fundamental do desempenho econômico. Onde os direitos de propriedade estão bem protegidos, as pessoas contam com mais incentivos para realizar os investimentos que propiciem crescimento econômico. Nos lugares em que os direitos de propriedade são menos respeitados, como habitualmente ocorre nos países tropicais, os investimentos e o crescimento tendem a ficar para trás.

Essas pesquisas sugerem que grande parte das variações internacionais de padrão de vida que observamos é resultado de um passado histórico de longa data.*

Apoiando uma cultura pró-crescimento

A cultura de uma nação refere-se aos valores, atitudes, e crenças de seu povo. Muitos cientistas sociais sugeriram que a cultura pode ter importante influência sobre o crescimento econômico. Por exemplo, em seu clássico livro de 1905, *A ética protestante e o espírito do capitalismo*, o sociólogo Max Weber argumentou que a aceleração do crescimento econômico no norte da Europa, que teve início no século XVI, pode ser atribuída ao surgimento do Calvinismo, uma ramificação do Protestantismo que enfatiza o trabalho árduo e a austeridade.

A cultura apresenta muitas facetas e é difícil de ser mensurada. Contudo, existem alguns meios claros pelos quais diferenças culturais podem ajudar a explicar por que algumas nações são ricas e outras são pobres. Eis aqui quatro exemplos:

- Sociedades diferem no modo como tratam as mulheres. Em algumas nações, as normas culturais prevalentes mantêm as mulheres com baixa escolaridade e fora da força de trabalho, diminuindo o padrão de vida.
- Sociedades diferem em suas atitudes com relação a filhos – tanto no que diz respeito a quantos filhos ter quanto ao nível de escolaridade a ser dado a eles. Maior crescimento populacional pode diminuir a renda, e maior capital humano pode aumentá-la.
- Sociedades diferem no grau de abertura para novas ideias, especialmente ideias do exterior. Nações mais abertas podem rapidamente adotar avanços tecnológicos quando quer que ocorram, enquanto nações menos abertas estão mais distantes da fronteira tecnológica do restante do mundo.
- Sociedades diferem no grau de confiança que as pessoas depositam umas nas outras. Sendo o sistema judiciário um mecanismo dispendioso e imperfeito para fazer com que acordos sejam cumpridos, é mais fácil coordenar atividades econômicas quando a confiança é alta. De fato, existe correlação positiva entre o nível de confiança, como informam as pesquisas, e a renda *per capita* de uma nação. A confiança está relacionada ao que alguns economistas chamam de *capital social*, a rede de relações de cooperação entre pessoas, incluindo grupos tão diversos como igrejas e ligas de boliche.

A cultura de uma nação surge de várias forças históricas, antropológicas e sociológicas, e não é facilmente controlável pelos formuladores de políticas econômicas. Contudo, a cultura evolui ao longo do tempo, e as políticas podem desempenhar importante papel de apoio a ela. A mudança de atitude com relação às mulheres nos Estados Unidos, ao longo do último século, é um desses exemplos. As mulheres de hoje dispõem de maior grau de escolaridade e têm maior possibilidade de estar na força de trabalho do que estavam no passado, e essas mudanças elevam o padrão de vida para as famílias norte-

---

* ACEMOGLU, Daron; JOHNSON, Simon; ROBINSON, James A. The colonial origins of comparative development: an empirical investigation. *American Economic Association*, v. 91, p.1369-1401, Dec. 2001.

americanas. Políticas públicas não são a principal causa desses desenvolvimentos, mas leis que expandem as oportunidades de estudo para as mulheres e protegem os direitos das mulheres no ambiente de trabalho foram um complemento para a evolução da cultura.

Estimulando o progresso tecnológico

O Modelo de Solow mostra que o crescimento sustentável na renda por trabalhador deve necessariamente advir do progresso tecnológico. O Modelo de Solow, no entanto, pressupõe o progresso tecnológico como exógeno; não o explica. Infelizmente, os determinantes do progresso tecnológico não são bem compreendidos.

Apesar desse entendimento limitado, muitas políticas públicas são elaboradas com o objetivo de estimular o progresso tecnológico. A maior parte dessas políticas incentiva o setor privado a destinar recursos para a inovação tecnológica. Por exemplo, o sistema de patentes concede monopólio temporário aos inventores de novos produtos; o código tributário oferece isenções tributárias a empresas que se envolvem em atividades de pesquisa e desenvolvimento; e órgãos do governo, como a National Science Foundation nos EUA, subsidiam diretamente pesquisas básicas nas universidades. Além disso, como já discutimos, os defensores da política setorial argumentam que o governo deveria assumir um papel mais atuante na promoção de setores específicos que são fundamentais para o rápido progresso tecnológico.

Nos últimos anos, o estímulo ao progresso tecnológico vem assumindo dimensão internacional. Muitas das empresas que investem em pesquisas voltadas para o progresso tecnológico estão localizadas nos Estados Unidos e em outros países desenvolvidos. Países em desenvolvimento, a exemplo da China, contam com incentivos para "pegar carona" nesse tipo de pesquisa, pelo fato de não fazerem cumprir estritamente a legislação sobre direitos de propriedade intelectual. Ou seja, as empresas chinesas frequentemente utilizam as ideias desenvolvidas no exterior, sem pagar direitos aos detentores das patentes. Os Estados Unidos apresentam diligentemente objeções a essa prática, e a China prometeu reforçar o cumprimento desses direitos. Se as exigências em relação ao cumprimento da legislação sobre direitos de propriedade intelectual fossem cobradas com mais vigor em todo o mundo, as empresas teriam maiores incentivos para investir em pesquisa e isso promoveria o progresso tecnológico mundial.

ESTUDO DE CASO

O LIVRE-COMÉRCIO É BOM PARA O CRESCIMENTO ECONÔMICO?

Pelo menos desde Adam Smith, os economistas defendem o livre-comércio como política que promove a prosperidade nacional. Eis aqui a maneira pela qual Adam Smith apresentou o argumento em seu clássico de 1776, *A riqueza das nações*:

> É uma máxima de todo chefe de família prudente jamais tentar fazer em casa aquilo que lhe custará mais fazer do que comprar. O alfaiate não tenta fazer seus próprios sapatos, mas compra de um sapateiro. O sapateiro não tenta fazer suas próprias roupas, mas contrata um alfaiate [...].
> O que constitui prudência na conduta de toda família privada dificilmente seria insensato na conduta de um grande reino. Se um país estrangeiro consegue nos fornecer um bem mais barato do que conseguimos nós mesmos produzi-lo, melhor comprá-lo dele com alguma parte do produto de nosso próprio setor, empregado de maneira tal que obtenhamos alguma vantagem.

Hoje em dia, os economistas defendem o argumento com mais vigor, baseando-se na teoria da vantagem comparativa de David Ricardo, bem como teorias mais modernas sobre comércio internacional. De acordo com essas teorias, uma nação aberta ao comércio pode alcançar maior eficiência na produção e mais alto padrão de vida, especializando-se na produção dos bens para os quais possui vantagem competitiva.

Um cético poderia argumentar que se trata apenas de teoria. E quanto às evidências? As nações que permitem o livre-comércio verdadeiramente desfrutam de maior prosperidade? Grande volume de literatura aborda precisamente essa questão.

Uma abordagem consiste em examinar dados internacionais para ver se países que são abertos ao comércio costumam desfrutar de maior prosperidade. Evidências mostram que isso é verdade. Os economistas Andrew Warner e Jeffrey Sachs estudaram essa questão para o período de 1970 a 1989. Eles relatam que, entre países desenvolvidos, as economias abertas cresceram 2,3% ao ano, enquanto as economias fechadas cresceram 0,7% ao ano. Entre as nações em desenvolvimento, as economias abertas cresceram 4,5% ao ano, enquanto as economias fechadas novamente cresceram 0,7% ao ano. Embora não sejam conclusivas, essas descobertas são coerentes com o ponto de vista de Adam Smith de que o comércio fomenta a prosperidade. Correlação não implica relação de causa e efeito. Pode ser que o ato de fechar-se ao comércio esteja correlacionado a várias outras políticas restritivas do governo, e que sejam essas outras políticas que retardem o crescimento.

Uma segunda abordagem é examinar o que acontece quando economias fechadas removem suas restrições ao comércio. Uma vez mais, a hipótese de Adam Smith mostra-se coerente. Ao longo de toda a história, quando países se abrem para a economia mundial, o resultado comum é um subsequente aumento no crescimento econômico. Isto ocorreu no Japão na década de 1850, na Coreia do Sul na década de 1960 e no Vietnã na década de 1990. Contudo, novamente, a correlação não comprova uma relação de causa e efeito. A liberação do comércio é geralmente acompanhada por outras reformas que buscam promover o crescimento, sendo difícil separar os efeitos decorrentes do comércio dos efeitos de outras reformas.

Uma terceira abordagem para mensurar o impacto do comércio sobre o crescimento econômico, proposta pelos economistas Jeffrey Frankel e David Romer, consiste em analisar o impacto da geografia. Alguns países comercializam menos simplesmente porque estão em desvantagem geográfica. Por exemplo, a Nova Zelândia tem desvantagem na comparação com a Bélgica por estar mais distante de outros países populosos. De modo semelhante, países que não têm litoral ficam em desvantagem com relação a países com seus próprios portos. Uma vez que essas características geográficas estão correlacionadas ao comércio mas possivelmente não a outros determinantes de prosperidade, elas podem ser utilizadas para identificar o impacto de causa e efeito do comércio sobre a renda. (A técnica estatística que você pode ter estudado em um curso de econometria é chamada de *variáveis instrumentais*.) Depois de analisar os dados, Frankel e Romer concluem que

> *crescimento de um ponto percentual na proporção entre comércio e PIB aumenta a renda per capita em pelo menos 0,5%. O comércio parece aumentar a renda pelo ato de fomentar a acumulação de capital humano e capital físico e por aumentar a produção para um dado nível de capital.*

O peso impressionante das evidências de todas essas pesquisas é que Adam Smith estava certo: a abertura ao mercado internacional é boa para o crescimento econômico.*

9.4 ALÉM DO MODELO DE SOLOW: A TEORIA DO CRESCIMENTO ENDÓGENO

Um químico, um físico e um economista estão presos em uma ilha deserta, tentando encontrar uma forma de abrir uma lata de comida.

"Vamos aquecer a lata no fogo, até que ela exploda", propõe o químico.

"Não, não", afirma o físico. "Vamos jogar a lata de cima de uma árvore alta em direção às pedras."

"Tenho uma ideia", diz o economista. "Em primeiro lugar, vamos pressupor que exista um abridor de latas..."

Essa antiga piada tem como objetivo mostrar de que maneira os economistas fazem uso de premissas para simplificar – e, às vezes, supersimplificar – os problemas com que se deparam. Isso é particularmente apropriado quando se avalia a teoria do crescimento econômico. Um dos objetivos da teoria do crescimento consiste em explicar a elevação persistente dos padrões de vida que observamos na maior parte do mundo. O modelo de crescimento de Solow mostra que essa elevação persistente deve necessariamente advir do progresso tecnológico. Entretanto, de onde vem o progresso tecnológico? No Modelo de Solow, ele é simplesmente presumido!

Para entender plenamente o processo de crescimento econômico, precisamos ir além do Modelo de Solow e desenvolver modelos que expliquem o progresso tecnológico. Os modelos que fazem isso geralmente recebem o título de **teoria do crescimento endógeno**, pois rejeitam o pressuposto de mudança tecnológica exógena do Modelo de Solow. Embora o campo da teoria do crescimento endógeno seja vasto e às vezes complexo, apresentamos aqui uma amostra rápida dessas pesquisas modernas.**

O modelo básico

Para ilustrar a ideia que fundamenta a teoria do crescimento endógeno, vamos começar com uma função produção particularmente simples:

$$Y = AK,$$

em que Y corresponde ao total da produção, K corresponde ao estoque de capital e A representa uma constante que mede o montante de produto gerado, para cada unidade de capital. Observe que essa função produção não apresenta a propriedade de retornos decrescentes do capital. Uma unidade adicional de capital produz A unidades adicionais de produto, independentemente da quantidade de capital existente. Essa ausência de retornos decrescentes do capital constitui a diferença fundamental entre esse modelo de crescimento endógeno e o Modelo de Solow.

Agora, vamos examinar o que essa função produção afirma a respeito do crescimento econômico. Assim como antes, partimos do pressuposto de que uma fração s da renda é poupada e investida. Por conseguinte, descrevemos a acumulação de capital por meio de uma equação semelhante àquelas que utilizamos anteriormente:

$$\Delta K = sY - \delta K.$$

Essa equação enuncia que a variação no estoque de capital (ΔK) é igual ao investimento, sY, menos a depreciação, δK. Combinando essa equação com a função produção $Y = AK$, obtemos, depois de algumas adaptações,

$$\Delta Y/Y = \Delta K/K = sA - \delta.$$

Essa equação mostra o que determina a taxa de crescimento da produção, $\Delta Y/Y$. Observe que, enquanto $sA > \delta$, a renda da economia cresce para sempre, mesmo sem o pressuposto do progresso tecnológico exógeno.

Por conseguinte, uma simples alteração na função produção pode modificar drasticamente os prognósticos sobre o crescimento econômico. No Modelo de Solow, a poupança acarreta crescimento de caráter temporário, sendo que os retornos decrescentes do capital acabam forçando a economia a se aproximar de um estado estacionário no qual o crescimento depende exclusivamente do progresso tecnológico exógeno. Em contrapartida, nesse modelo de crescimento endógeno, a poupança e o investimento podem trazer crescimento sustentado.

No entanto, seria razoável abandonar o pressuposto de retornos decrescentes do capital? A resposta depende da maneira como interpretamos a variável K na função produção $Y = AK$. Se adotamos o ponto de vista tradicional de que K inclui somente o estoque de fábricas e equipamentos da economia, é natural, então, pressupor retornos decrescentes. Dar 10 computadores a cada trabalhador não faz com que ele se torne 10 vezes mais produtivo do que seria com apenas um computador.

Defensores da teoria do crescimento endógeno, no entanto, argumentam que o pressuposto de retornos constantes (em vez de decrescentes) do capital é mais palatável se K for interpretado de maneira mais abrangente. Talvez o melhor argumento para o modelo de crescimento endógeno seja considerar o conhecimento como um tipo de capital. Evidentemente, o conhecimento é um insumo importante na produção da economia – tanto na sua produção de bens e serviços quanto na sua produção de novos conhecimentos. Em comparação com outras formas de capital, no entanto, é menos natural pressupor que o conhecimento apresenta a propriedade de retornos decrescentes. (De fato, o ritmo crescente de inovações científicas e tecnológicas, ao longo dos últimos séculos, tem levado alguns economistas a argumentar que existem retornos crescentes em relação ao conhecimento.) Se aceitarmos o ponto de vista de que o conhecimento é um tipo de capital, então esse modelo de crescimento endógeno, com seu pressuposto de retornos constantes em relação ao capital, passa a ser uma descrição mais plausível para o crescimento econômico no longo prazo.

Um modelo com dois setores

Embora o modelo $Y = AK$ seja o exemplo mais simples de crescimento endógeno, a teoria caminhou muito além disso. Uma linha de pesquisa tem tentado desenvolver modelos com mais de um setor de produção, com o objetivo de proporcionar uma descrição mais eficiente para as forças que orientam o progresso

---

* SACHS, Jeffrey D.; WARNER, Andrew. Economic reform and the process of global integration. *Brookings Papers on Economic Activity*, p. 1-95, 1995; FRANKEL, Jeffrey A.; ROMER, David. Does trade cause growth? *American Economics Review*, v. 89, p. 379-399, June 1999.

** Esta seção oferece uma breve introdução para a vasta e fascinante literatura sobre a teoria do crescimento endógeno. As primeiras e mais importantes contribuições para essa literatura incluem ROMER, Paul M. Increasing returns and long-run growth. *Journal of Political Economy*, v. 94, p. 1002-1037, Oct. 1986; e LUCAS JR., Robert E. On the mechanics of economic development. *Journal of Monetary Economics*, v. 22, p. 3-42, 1988. O leitor pode aprender mais sobre esse tema no livro didático para universitários de David N. Weil, *Economic growth*, 3. ed. Pearson, 2008.

tecnológico. Para verificar o que podemos aprender a partir desses modelos, vamos esboçar um exemplo.

A economia possui dois setores, os quais podemos chamar de empresas manufatureiras e universidades de pesquisa. As empresas produzem bens e serviços, que são utilizados para o consumo e o investimento em capital físico. As universidades produzem um fator de produção chamado "conhecimento" que é, então, utilizado livremente em ambos os setores. A economia é descrita pela função produção para empresas, pela função produção para as universidades e pela equação da acumulação de capital:

$Y = F[K, (1 - u)LE]$(função produção em empresas manufatureiras),

$\Delta E = g(u)E$(função produção em universidades de pesquisa),

$\Delta K = sY - \delta K$(acumulação de capital),

em que u corresponde à fração da força de trabalho em universidades (e $1 - u$ é a fração na manufatura), E corresponde ao estoque de conhecimento (que, por sua vez, determina a eficiência da mão de obra) e g é uma função que mostra de que maneira o crescimento do conhecimento depende da fração da força de trabalho nas universidades. O restante da notação é padronizado. Como de costume, é pressuposto que a função produção das empresas manufatureiras apresenta retornos constantes de escala: se dobrarmos tanto o montante de capital físico (K) quanto o número efetivo de trabalhadores na manufatura $[(1 - u)LE]$, dobraremos a produção de bens e serviços (Y).

Esse modelo tem um parentesco com o modelo $Y = AK$. Mais importante do que isso, essa economia apresenta retornos constantes (e não decrescentes) de escala em relação ao capital, contanto que o capital seja definido de um modo mais abrangente, que inclua o conhecimento. Especialmente se dobrarmos tanto o capital físico, K, quanto o conhecimento, E, dobraremos então o produto de ambos os setores na economia. Como resultado, de modo semelhante ao modelo $Y = AK$, esse modelo pode gerar crescimento sustentado, sem a premissa de mudanças exógenas na função produção. Nesse caso, o crescimento persistente surge de maneira endógena, pois a criação de conhecimento nas universidades jamais se desacelera.

Ao mesmo tempo, entretanto, esse modelo tem também um parentesco com o modelo de crescimento de Solow. Se u, a fração da força de trabalho nas universidades, se mantiver constante, a eficiência da mão de obra, E, cresce então a uma taxa constante $g(u)$. Esse resultado de crescimento constante na eficiência da mão de obra à taxa g é, precisamente, a premissa adotada no Modelo de Solow com progresso tecnológico. Além disso, o restante do modelo – a função produção no setor manufatureiro e a equação para a acumulação de capital – também se assemelha ao restante do Modelo de Solow. Como resultado disso, para qualquer valor determinado de u, esse modelo de crescimento endógeno funciona exatamente como o Modelo de Solow.

Esse modelo apresenta duas variáveis essenciais para o processo decisório. Tal como no Modelo de Solow, a fração de produção utilizada para poupança e investimento, s, determina o estoque de capital físico do estado estacionário. Além disso, a fração de mão de obra em universidades, u, determina o crescimento do estoque de conhecimento. Tanto s quanto u afetam o nível de renda, embora apenas u afete a taxa de crescimento da renda no estado estacionário. Por conseguinte, esse modelo para o crescimento endógeno dá um pequeno passo em direção à demonstração do modo como as decisões que envolvem a sociedade determinam a taxa de mudança tecnológica.

Microeconomia em pesquisa e desenvolvimento

O modelo de crescimento endógeno com dois setores, que acabamos de apresentar, nos aproxima mais da compreensão sobre progresso tecnológico, mas, ainda assim, nos conta apenas uma história rudimentar sobre a criação do conhecimento. Se pensarmos, ainda que seja por um momento, sobre o processo de pesquisa e desenvolvimento, veremos que três fatos se tornam logo patentes. Em primeiro lugar, embora o conhecimento seja sobretudo um bem público (isto é, um bem disponível para todos, gratuitamente), grande parte das pesquisas científicas é realizada em empresas cuja motivação é o lucro. Em segundo lugar, a pesquisa científica é lucrativa porque inovações proporcionam às empresas monopólios temporários, seja em razão do sistema de patentes, seja porque existe algum tipo de vantagem em ser a primeira empresa no mercado com um novo produto. Em terceiro lugar, quando uma empresa inova, outras empresas se beneficiam dessa inovação com o objetivo de produzir a próxima geração de inovações. Esses fatos (essencialmente microeconômicos) não podem ser facilmente vinculados aos modelos de crescimento (essencialmente macroeconômicos) que analisamos até aqui.

Alguns modelos de crescimento endógeno tentam incorporar esses fatos sobre pesquisa e desenvolvimento. Fazer isso exige a modelagem tanto das decisões que as empresas enfrentam quando se envolvem em pesquisas, como das interações entre as empresas que exercem algum poder de monopólio sobre suas inovações. Detalhes sobre esses modelos não fazem parte do escopo deste livro. No entanto, já deve estar claro que uma das virtudes desses modelos de crescimento endógeno é o fato de que eles oferecem uma descrição mais completa do processo de inovação tecnológica.

Uma questão que esses modelos abordam diz respeito a determinar se, do ponto de vista da sociedade como um todo, as empresas privadas que visam à maximização do lucro tendem a se envolver em grande volume ou em um volume reduzido de pesquisas científicas. Em outras palavras, o retorno social em relação a pesquisas científicas (o que importa para a sociedade) é maior ou menor do que o retorno privado (o que motiva cada uma das empresas)? Ocorre que, como questão teórica, existem efeitos em ambas as direções. Por um lado, quando certa empresa cria uma nova tecnologia, ela proporciona benefícios para as outras empresas, pelo fato de conceder a elas uma base de conhecimento para o desenvolvimento de pesquisas futuras. Como Isaac Newton ressaltou em um comentário famoso: "Se enxerguei mais longe do que os outros, foi porque estava de pé sobre os ombros de gigantes." Por outro lado, quando uma empresa investe em pesquisa, ela pode também prejudicar outras empresas, meramente pelo fato de ser a primeira a descobrir uma tecnologia que alguma outra empresa teria inventado em algum momento oportuno. Essa duplicação de esforços direcionados para pesquisa é chamada de efeito de "pisar nos pés dos outros". O fato de as empresas, por sua própria conta, realizarem grande ou pequena quantidade de pesquisas depende do que será predominante: a externalidade positiva inerente a "subir nos ombros" ou a externalidade negativa de "pisar nos pés".

Embora a teoria, por si só, seja ambígua em relação ao fato de o esforço de pesquisa estar acima ou abaixo do ideal, o trabalho empírico nessa área geralmente é menos ambíguo. Muitos estudos têm sugerido que a externalidade de "subir nos ombros" é importante e, como resultado, o retorno social da pesquisa passa a ser grande – geralmente ultrapassando 40% ao ano. Trata-se de uma taxa de retorno impressionante, especialmente quando se compara com o retorno do capital físico, o qual calculamos antes como de aproximadamente 8% ao ano. Na avaliação de alguns economistas, essa descoberta justifica subsídios substanciais do governo para pesquisas.*

O processo de destruição criativa

Em seu livro de 1942 *Capitalismo, socialismo e democracia*, o economista Joseph Schumpeter sugeriu que o progresso econômico viria por meio de um processo de **destruição criativa**. De acordo com Schumpeter, a força propulsora subjacente ao progresso é o empreendedor com uma ideia de um novo produto; uma nova maneira de fabricar um antigo produto ou alguma outra inovação. Quando a firma à qual pertence o empreendedor entra no mercado, ela detém algum poder de monopólio sobre sua inovação; de fato, é a perspectiva do lucro decorrente do monopólio que motiva o empreendedor. A entrada da nova empresa é boa para os consumidores, que passam a ter, a partir daí, uma gama maior de opções, mas de modo geral é ruim para as outras empresas produtoras, que podem ter dificuldade de concorrer com o novo participante. Se o novo produto for suficientemente melhor do que os antigos, os produtores concorrentes podem, até mesmo, se ver forçados a sair do negócio. Ao longo do tempo, o processo permanece em constante renovação. A firma à qual pertence o empreendedor passa a ser uma entre as concorrentes no mercado, desfrutando de um patamar de lucratividade elevado, até que seu produto venha a ser superado por outro empreendedor com uma geração subsequente de inovações.

A história confirma a tese de Schumpeter de que o progresso tecnológico gera vencedores e perdedores. Por exemplo, na Inglaterra do início do século XIX, uma importante inovação foi a invenção e disseminação de equipamentos capazes de produzir tecidos utilizando trabalhadores não qualificados a baixo custo. Esse progresso tecnológico foi bom para os consumidores, que passaram a poder se vestir gastando menos. Contudo, os tecelões mais capacitados na Inglaterra viram seus empregos ameaçados pela nova tecnologia e reagiram organizando revoltas violentas. Os trabalhadores amotinados, conhecidos como luditas,** destruíram os teares das fábricas utilizados na tecelagem de lã e algodão e atearam fogo às casas dos proprietários das tecelagens (uma forma nada criativa de destruição). Hoje, o termo *ludita* refere-se a qualquer pessoa que se oponha ao progresso tecnológico.

Exemplo mais recente de destruição criativa envolve a Walmart, gigante de vendas no varejo. Embora a venda no varejo possa parecer uma atividade relativamente estática, na verdade trata-se de um setor que tem apresentado taxas consideráveis de progresso tecnológico ao longo das últimas décadas. Com melhores técnicas de controle de estoques, melhor marketing e melhores técnicas de administração de pessoal, por exemplo, a Walmart encontrou maneiras de levar mercadorias para os consumidores a um custo mais baixo do que o dos varejistas tradicionais. Essas mudanças beneficiam os consumidores, que conseguem adquirir mercadorias a preços mais baixos, e os acionistas da Walmart, que compartilham sua rentabilidade. No entanto, tais mudanças afetam adversamente as pequenas lojas do tipo familiar, que encontram dificuldade de se manter competitivas quando uma loja Walmart é aberta nas redondezas.

Diante da perspectiva de se tornarem vítimas da destruição criativa, os produtores que já fazem parte da concorrência geralmente acompanham o processo político, com o objetivo de evitar a entrada de novos concorrentes mais eficientes. Os luditas originais desejavam que o governo britânico salvasse seus empregos restringindo a disseminação da nova tecnologia têxtil; em vez disso, o Parlamento enviou tropas para reprimir a rebelião dos luditas. De maneira análoga, nos Estados Unidos a longo dos últimos anos, varejistas locais têm tentado recorrer a regulamentações sobre utilização de espaço de modo a evitar o ingresso da rede Walmart em seus mercados. O custo desse tipo de barreira à entrada, entretanto, é o ritmo lento do progresso tecnológico. Na Europa, onde as regulamentações sobre entrada no mercado são mais estritas do que nos Estados Unidos, as economias não tiveram a experiência de ver surgir gigantes do comércio varejista como a Walmart; como resultado, o crescimento da produtividade no setor varejista tem sido bem mais lento.***

O ponto de vista de Schumpeter sobre o modo de funcionamento das economias capitalistas tem seu mérito como tema da história econômica. Além disso, tal visão inspirou alguns trabalhos recentes sobre a teoria do crescimento econômico. Uma linha da teoria do crescimento endógeno, que teve como pioneiros os economistas Philippe Aghion e Peter Howitt, baseia-se na perspicácia de Schumpeter ao modelar o progresso tecnológico como um processo de inovação empreendedora e destruição criativa.****

9.5 CONCLUSÃO

O crescimento econômico no longo prazo é o único e mais importante determinante da prosperidade econômica dos cidadãos de um país. Comparativamente, tudo mais que os macroeconomistas estudam – desemprego, inflação, déficits comerciais etc. – perde em importância.

Felizmente, os economistas sabem muita coisa sobre as forças que regem o crescimento econômico. O modelo de crescimento de Solow e os modelos de crescimento endógeno mais recentes mostram como a poupança, o crescimento populacional e o progresso tecnológico interagem no sentido de determinar o nível e a melhoria do padrão de vida de uma nação. Embora não ofereçam qualquer tipo de receita mágica para assegurar que uma economia alcance rápido crescimento, essas teorias proporcionam percepções e arcabouço intelectual para parte considerável da discussão sobre políticas públicas que visam à promoção do crescimento econômico no longo prazo.

Resumo

1. No estado estacionário do modelo de crescimento de Solow, a taxa de crescimento da renda *per capita* é determinada exclusivamente pela taxa exógena de progresso tecnológico.
2. Muitos estudos empíricos têm examinado até que ponto o Modelo de Solow consegue ajudar a explicar o crescimento econômico no longo prazo. O modelo é capaz de explicar grande parte daquilo que verificamos nos dados, como o crescimento equilibrado e a convergência condicional. Estudos recentes revelaram também que variações interna-

---

* Para uma visão geral da literatura empírica sobre os efeitos decorrentes de pesquisas, veja GRILICHES, Zvi. The search for R&D spillovers. *Scandinavian Journal of Economics*, v. 94, p. 29-47, 1991.
** A designação vem do nome Ned Ludd, um dos líderes desse movimento na Inglaterra, no início do século XIX. (N.T.)

*** GORDON, Robert J. Why was Europe left at the station when America's productivity locomotive departed? *NBER Working Paper*, n. 10661, 2004.
**** AGHION, Philippe; HOWITT, Peter. A model of growth through creative destruction. *Econometrica*, v. 60, p. 323-351, 1992.

cionais em termos de padrão de vida podem ser atribuídas a uma combinação entre a acumulação do capital e a eficiência na utilização do capital.

3. No Modelo de Solow com crescimento populacional e progresso tecnológico, o estado estacionário da Regra de Ouro (maximização do consumo) é caracterizado pela igualdade entre o produto marginal do capital líquido ($PMgK - \delta$) e a taxa de crescimento do total da renda, no estado estacionário ($n + g$). Na economia dos Estados Unidos, o produto marginal do capital líquido encontra-se bastante acima da taxa de crescimento, indicando que a economia norte-americana possui menor taxa de poupança e menos capital do que teria no estado estacionário da Regra de Ouro.

4. Formuladores de políticas econômicas nos Estados Unidos e em outros países costumam alegar que seus respectivos países deveriam destinar um percentual maior do total de sua produção à poupança e ao investimento. Crescimento da poupança pública e incentivos fiscais para a poupança privada são duas maneiras de estimular a acumulação de capital. Os formuladores podem, também, promover crescimento econômico estabelecendo as instituições legais e financeiras apropriadas para que os recursos venham a ser alocados de modo eficiente e garantindo incentivos apropriados para incentivar o desenvolvimento de pesquisas e o progresso tecnológico.

5. As teorias modernas sobre crescimento endógeno tentam explicar a taxa de progresso tecnológico, que o Modelo de Solow pressupõe como exógeno. Esses modelos tentam explicar as decisões que determinam a criação de conhecimento por meio de pesquisa e desenvolvimento.

Questionário rápido

1. Suponhamos que uma economia seja descrita pelo Modelo de Solow. A taxa de crescimento populacional é 1%, a taxa de progresso tecnológico é 3%, a taxa de depreciação é 5% e a taxa de poupança é 10%. No estado estacionário, o produto gerado por pessoa cresce a uma taxa de
   a) 1%.
   b) 2%.
   c) 3%.
   d) 4%.

2. No estado estacionário do Modelo de Solow com progresso tecnológico, qual das seguintes variáveis *não* é constante?
   a) capital por trabalhador efetivo
   b) razão capital-produto
   c) preço real do arrendamento do capital
   d) salário real

3. Se o estoque de capital é 2 vezes maior que o PIB anual, a depreciação corresponde a 8% do PIB e o rendimento do capital corresponde a 20% do PIB, o produto marginal do capital líquido (sem depreciação) é
   a) 2.
   b) 4.
   c) 5.
   d) 6.

4. A economia dos EUA tem _____ capital no estado estacionário da Regra de Ouro, sugerindo que pode ser desejável _____ a taxa de poupança.
   a) mais, aumentar
   b) mais, diminuir
   c) menos, aumentar
   d) menos, diminuir

5. O objetivo da teoria do crescimento _____ é explicar o progresso tecnológico. Alguns desses modelos faz isso questionando o pressuposto do Modelo de Solow de retornos _____ do capital.
   a) endógeno, decrescentes
   b) endógeno, constantes
   c) exógeno, decrescentes
   d) exógeno, constantes

6. Os modelos de *destruição criativa* de Schumpeter têm como objetivo explicar
   a) por que as economias crescem rapidamente depois de passarem por devastações decorrentes de guerras.
   b) como empreendedores com novos produtos afastam do mercado produtores que já fazem parte da concorrência.
   c) a melhor maneira de retirar o capital antigo e substituí-lo por novo capital.
   d) por que o progresso tecnológico aparente pode reduzir a renda média.

CONCEITOS-CHAVE

Eficiência da mão de obra

Progresso tecnológico ampliador da mão de obra

Teoria do crescimento endógeno

Destruição criativa

Questões para revisão

1. No Modelo de Solow, o que determina a taxa de crescimento da renda por trabalhador no estado estacionário?
2. No estado estacionário do Modelo de Solow, a qual taxa cresce o produto *per capita*? A qual taxa cresce o capital *per capita*? De que maneira isso se compara com a experiência dos Estados Unidos?
3. De quais dados você precisaria para apontar se determinada economia tem mais ou menos capital do que no estado estacionário da Regra de Ouro?
4. De que maneira os formuladores de políticas econômicas influenciam a taxa de poupança de uma nação?
5. Apresente um exemplo de diferença institucional entre países que possa explicar as diferenças na renda *per capita*.
6. De que maneira a teoria do crescimento endógeno explica o crescimento persistente, sem a premissa do progresso tecnológico exógeno? Quais as diferenças entre essa teoria e o Modelo de Solow?

Problemas e aplicações

1. Suponhamos que uma economia descrita pelo Modelo de Solow tenha a seguinte função produção:

    $$Y = K^{1/2}(LE)^{1/2}.$$

    a) Para essa economia, encontre $f(k)$.
    b) Utilize sua resposta no item (a) para encontrar o valor de y, no estado estacionário, como uma função de s, n, g e δ.
    c) Duas economias vizinhas apresentam a função produção apresentada no enunciado, mas possuem diferentes valores para os parâmetros. Atlantis tem taxa de poupança de 28% e taxa de crescimento populacional de 1% ao ano. Xanadu apresenta taxa de poupança de 10% e taxa de crescimento populacional de 4% ao ano. Em ambos os países, $g = 0,02$ e $\delta = 0,04$. Encontre o valor de y, no estado estacionário, para cada um dos países.

2. Uma economia tem função produção Cobb-Douglas:

    $$Y = K^{\alpha}(LE)^{1-\alpha}$$

    (Para uma revisão da função produção Cobb-Douglas, veja o Capítulo 3.) A economia tem participação de 1/3 no capital, taxa de poupança de 24%, taxa de depreciação de 3%, taxa de crescimento populacional de 2% e taxa de 1% para o progresso tecnológico ampliador da mão de obra. Em seu estado estacionário,

    a) A que taxas crescem o total da produção, a produção por trabalhador e a produção por trabalhador efetivo?
    b) Encontre o capital por trabalhador efetivo, a produção por trabalhador efetivo e o produto marginal do capital.
    c) A economia em questão possui mais ou menos capital do que no estado estacionário da Regra de Ouro? Como você sabe? Para alcançar o estado estacionário da Regra de Ouro, a taxa de poupança precisa crescer ou diminuir?
    d) Suponhamos que ocorra a variação na taxa de poupança que você descreveu no item (c). Durante a transição para o estado estacionário da Regra de Ouro, a taxa de crescimento da produção por trabalhador será maior ou menor do que a taxa que você encontrou no item (a)? Depois de a economia alcançar seu novo estado estacionário, a taxa de crescimento da produção por trabalhador será mais alta ou mais baixa do que a taxa que você encontrou no item (a)? Explique suas respostas.

3. Nos Estados Unidos, a parcela do capital no PIB corresponde a cerca de 30%; o crescimento médio no total da produção corresponde a cerca de 3% ao ano; a taxa de depreciação equivale a cerca de 4% ao ano; e a razão capital-produto corresponde a cerca de 2,5. Suponha que a função produção seja do tipo Cobb-Douglas, e que os Estados Unidos tenham permanecido em estado estacionário. (Para uma análise sobre a função produção Cobb-Douglas, veja o Capítulo 3.)

    a) Qual deve necessariamente ser a taxa de poupança no estado estacionário inicial? [*Dica:* Utilize a relação do estado estacionário $sy = (\delta + n + g)k$.]
    b) Qual é o produto marginal do capital no estado estacionário inicial?
    c) Suponhamos que políticas públicas proporcionem o aumento na taxa de poupança, de modo tal que a economia alcance o nível de capital da Regra de Ouro. Qual será o produto marginal do capital no estado estacionário da Regra de Ouro? Compare a produtividade marginal no estado estacionário da Regra de Ouro com a produtividade marginal no estado estacionário inicial. Explique.
    d) Qual será a razão capital-produto no estado estacionário da Regra de Ouro? (*Dica:* Para a função produção de Cobb-Douglas, a razão capital-produto está relacionada com a produtividade marginal do capital.)
    e) Qual deve necessariamente ser a taxa de poupança para que se alcance o estado estacionário da Regra de Ouro?

4. Comprove cada uma das declarações a seguir, sobre o estado estacionário do Modelo de Solow com crescimento populacional e progresso tecnológico.

    a) A razão capital-produto é constante.
    b) Capital e mão de obra recebem, cada um deles, uma parcela constante da renda de determinada economia. [*Dica:* Lembre-se da definição $PMgK = f(k+1) - f(k)$.]
    c) A renda total do capital e a renda total da mão de obra aumentam em equivalência com a taxa de crescimento populacional acrescida da taxa de progresso tecnológico, $n + g$.
    d) O custo real do arrendamento do capital é constante e o salário real cresce em equivalência com taxa do progresso tecnológico, g. (*Dica:* O custo real do arrendamento do capital é igual ao rendimento total do capital dividido pelo estoque de capital, e o salário real é igual

Problemas e aplicações

à renda total da mão de obra dividida pela força de trabalho.)

5. Dois países, Ricolândia e Pobrelândia, são descritos pelo modelo de crescimento de Solow. Eles apresentam a mesma função produção de Cobb-Douglas, $F(K,L) = A\,K^{a}L^{1-a}$, embora contem com diferentes quantidades de capital e mão de obra. Ricolândia poupa 32% do total de sua renda, enquanto Pobrelândia poupa 10%. Ricolândia apresenta crescimento populacional de 1% ao ano, enquanto Pobrelândia apresenta crescimento populacional de 3%. (Os números neste problema são escolhidos de modo que correspondam a descrições aproximadamente realistas de nações pobres e nações ricas.) Ambas as nações apresentam taxa de progresso tecnológico de 2% ao ano e taxa de depreciação de 5% ao ano.
   a) Qual é a função produção, $f(k)$, por trabalhador?
   b) Encontre a proporção entre a renda por trabalhador no estado estacionário para Ricolândia e a renda por trabalhador no estado estacionário para Pobrelândia. (*Dica*: O parâmetro α desempenhará papel importante em sua resposta.)
   c) Se o parâmetro de Cobb-Douglas α assume o valor convencional de aproximadamente 1/3, quão mais alta deveria ser a renda por trabalhador em Ricolândia, em comparação com Pobrelândia?
   d) A renda por trabalhador em Ricolândia corresponde a, efetivamente, 16 vezes a renda por trabalhador em Pobrelândia. Você consegue explicar esse fato alterando o valor do parâmetro α? Qual deve necessariamente ser esse valor? Você consegue imaginar alguma maneira de justificar tal valor para esse parâmetro? De que outro modo você poderia explicar a grande diferença, em termos de renda, entre Ricolândia e Pobrelândia?

6. O nível de escolaridade que uma pessoa comum recebe varia consideravelmente de um país para outro. Suponhamos que você fosse comparar um país com alto nível de escolaridade na força de trabalho e um país com esse nível de escolaridade mais baixo. Pressuponha que a formação educacional afete apenas o nível de eficiência da mão de obra. Pressuponha, também, que os países, afora isso, sejam iguais: apresentem a mesma taxa de poupança, a mesma taxa de depreciação, a mesma taxa de crescimento populacional e a mesma taxa de progresso tecnológico. Os dois países são descritos pelo Modelo de Solow e se encontram em seus respectivos estados estacionários. Quais seriam as suas previsões para as variáveis a seguir?
   a) Taxa de crescimento da renda total.
   b) Nível de renda por trabalhador.
   c) Custo real do arrendamento do capital.
   d) Salário real.

7. Esta questão pede que você analise com mais detalhes o modelo de crescimento endógeno para dois setores apresentado no corpo deste capítulo.
   a) Reformule a função produção para bens manufaturados, em termos de produção por trabalhador efetivo e de capital por trabalhador efetivo.
   b) Nessa economia, o que representa o investimento de equilíbrio (o montante de investimento necessário para que o capital por trabalhador efetivo se mantenha constante)?
   c) Escreva a equação para a movimentação de k, que apresente Δk como poupança menos investimento de equilíbrio. Utilize essa equação para elaborar um gráfico que demonstre a determinação de k no estado estacionário. (*Dica*: Esse gráfico será bastante semelhante àqueles que utilizamos para analisar o Modelo de Solow.)
   d) Nessa economia, qual é a taxa de crescimento para a produção por trabalhador, Y/L, no estado estacionário? De que modo a taxa de poupança, s, e a fração da força de trabalho em universidades, u, afetam essa taxa de crescimento no estado estacionário?
   e) Utilizando o seu gráfico, mostre o impacto de um crescimento em u. (*Dica*: Essa mudança afeta ambas as curvas.) Descreva tanto os efeitos imediatos quanto os efeitos do estado estacionário.
   f) Com base em sua análise, um aumento em u é, sem dúvida, boa coisa para a economia? Explique.

8. Escolha dois países de seu interesse – um rico e um pobre. Qual é a renda *per capita* em cada país? Busque alguns dados sobre as características do país que possam ajudar a explicar a diferença de renda: taxas de investimento, taxa de crescimento populacional, nível de escolaridade da população etc. (*Dica*: O *site* do Banco Mundial, www.worldbank.org, é um dos lugares em que você poderá encontrar esses dados.) Como seria possível determinar quais desses fatores é mais responsável pela diferença de renda observada? Em sua avaliação, qual a utilidade do Modelo de Solow como ferramenta analítica para entender as diferenças entre os dois países escolhidos?

Respostas do questionário rápido

1. c
2. d
3. d
4. c
5. a
6. b

Modelando a Origem do Crescimento Econômico

APÊNDICE

O PIB real nos Estados Unidos tem crescido a uma média de aproximadamente 3% ao ano ao longo dos últimos 50 anos. O que pode explicar esse crescimento? No Capítulo 3, vinculamos o total da produção da economia aos fatores de produção – capital e mão de obra – e à tecnologia de produção. Neste capítulo, desenvolvemos uma técnica conhecida como *contabilidade do crescimento*, que divide o crescimento da produção conforme três diferentes origens: aumento do capital, crescimento da mão de obra e avanço tecnológico. Esse desmembramento nos proporciona um indicador para a taxa de mudança tecnológica.

AUMENTO NOS FATORES DE PRODUÇÃO

Examinaremos, em primeiro lugar, de que maneira o aumento nos fatores de produção contribui para o aumento da produção. Para fazer isso, começamos partindo do pressuposto de que não existe mudança tecnológica alguma, de modo que a função produção que relaciona a produção Y com o capital K e a mão de obra L seja constante, ao longo do tempo:

$$Y = F(K, L).$$

Nesse caso, o montante de produto varia somente porque o montante de capital ou de mão de obra varia.

Aumentos do capital

Em primeiro lugar, consideremos variações no capital. Se o montante de capital aumenta em ΔK unidades, em quanto aumenta o produto? Para respondermos a essa pergunta, precisamos relembrar a definição para o produto marginal do capital, $PMgK$:

$$PMgK = F(K + 1, L) - F(K, L).$$

O produto marginal do capital nos informa o montante de aumento no total da produção quando o capital é acrescido em uma unidade. Sendo assim, quando o capital é acrescido em ΔK unidades, o total da produção aumenta aproximadamente $PMgK \times \Delta K$.[*]

Por exemplo, suponhamos que o produto marginal do capital seja 1/5; ou seja, uma unidade adicional de capital aumenta o produto em um quinto de uma unidade. Se aumentarmos a quantidade de capital em 10 unidades, poderemos calcular o produto adicional da seguinte maneira:

$$\Delta Y = PMgK \times \Delta K$$
$$= 1/5 \frac{\text{unidades de produto}}{\text{unidades de capital}} \times 10 \text{ unidades de capital}$$
$$= 2 \text{ unidades de produto}$$

Ao aumentarmos o capital em 10 unidades, obtemos 2 unidades a mais de produto. Por conseguinte, utilizamos o produto marginal do capital para converter variações no capital em variações no produto.

Crescimento da mão de obra

Em seguida, consideremos variações na mão de obra. Se o montante de mão de obra aumenta em ΔL unidades, em que montante aumenta a produção? Respondemos a essa pergunta do mesmo modo que respondemos à pergunta sobre o capital. O produto marginal da mão de obra, $PMgL$, nos informa quanto varia o total da produção quando a mão de obra é acrescida em 1 unidade – ou seja,

$$PMgL = F(K, L + 1) - F(K, L).$$

Portanto, quando o montante de mão de obra é acrescido em ΔL unidades, o total da produção aumenta em aproximadamente $PMgL \times \Delta L$.

Por exemplo, suponhamos que o produto marginal da mão de obra seja equivalente a 2; ou seja, uma unidade adicional de mão de obra acresce duas unidades ao total da produção. Se fizermos com que a mão de obra cresça em 10 unidades, poderemos calcular o montante adicional de produção da seguinte maneira:

$$\Delta Y = PMgL \times \Delta L$$
$$= 2 \frac{\text{unidades de produto}}{\text{unidades de mão de obra}} \times 10 \text{ unidades de mão de obra}$$
$$= 20 \text{ unidades de mão de obra}$$

Fazendo com que a mão de obra aumente em 10 unidades, obteremos 20 unidades a mais de produto. Por conseguinte, utilizamos o produto marginal da mão de obra para converter as variações na mão de obra em variações no total da produção.

Aumento no capital e na mão de obra

Por fim, consideremos o caso mais realista, em que ambos os fatores de produção se modificam. Suponhamos que o montante de capital aumente em ΔK e o montante de mão de obra, em ΔL. O aumento na produção se origina, então, em duas fontes: maior quantidade de capital e maior quantidade de mão de obra. Podemos dividir esse aumento, nas duas fontes, utilizando os produtos marginais dos dois insumos:

---

[*] Observe, nesse caso, o uso da palavra *aproximadamente*. Essa resposta é somente uma aproximação, já que o produto marginal do capital varia: decresce à medida que o capital aumenta. Uma resposta exata levaria em consideração o fato de que cada unidade de capital tem um produto marginal diferente. No entanto, caso a variação em K não seja demasiadamente grande, a aproximação de um produto marginal constante é bem precisa.

$$\Delta Y = (PMgK \times \Delta K) + (PMgL \times \Delta L).$$

O primeiro termo entre parênteses corresponde ao aumento na produção, resultante do aumento no capital, enquanto o segundo termo entre parênteses corresponde ao aumento na produção, resultante do crescimento na mão de obra. Esta equação nos mostra de que maneira podemos atribuir o crescimento a cada um dos fatores de produção.

Desejamos, agora, converter essa última equação em uma fórmula que seja mais fácil de interpretar e se aplique aos dados disponíveis. Em primeiro lugar, com algumas manobras algébricas, a equação passa a ser*

$$\frac{\Delta Y}{Y} = \left(\frac{PMgK \times K}{Y}\right)\frac{\Delta K}{K} + \left(\frac{PMgL \times L}{Y}\right)\frac{\Delta L}{L}$$

Esse formato da equação relaciona a taxa de crescimento para a produção $\Delta Y/Y$ à taxa de crescimento para o capital $\Delta K/K$ e à taxa de crescimento para a mão de obra $\Delta L/L$.

Em seguida, precisamos encontrar alguma maneira de medir os termos entre parênteses da última equação. No Capítulo 3, mostramos que o produto marginal do capital é igual ao preço real do arrendamento desse capital. Por conseguinte, $PMgK \times K$ equivale ao retorno total do capital, e $(PMgK \times K)/Y$ corresponde à parcela do capital no total da produção. De maneira análoga, o produto marginal da mão de obra equivale ao salário real. Portanto, $PMgL \times L$ corresponde à remuneração total recebida pela mão de obra, e $(PMgL \times L)/Y$ corresponde à parcela da mão de obra no total da produção. Com base no pressuposto de que a função produção apresenta retornos constantes de escala, o teorema de Euler (que discutimos no Capítulo 3) nos informa que a soma entre essas duas parcelas totaliza 1. Nesse caso, podemos escrever

$$\frac{\Delta Y}{Y}\alpha\frac{\Delta K}{K} + (1-\alpha)\frac{\Delta L}{L},$$

em que α representa a parcela do capital e (1 − α) é a parcela correspondente à mão de obra.

Essa última equação nos fornece uma fórmula simples para mostrar de que maneira variações nos insumos resultam em variações no total da produção. Mostra, sobretudo, que devemos ponderar as taxas de crescimento nos insumos em função das parcelas correspondentes aos respectivos fatores. Conforme ressaltamos no Capítulo 3, a parcela do capital nos Estados Unidos corresponde a aproximadamente 30%, ou seja, α = 0,30. Por conseguinte, um aumento de 10% no montante de capital ($\Delta K/K = 0,10$) provoca crescimento de 3% no montante correspondente ao total da produção ($\Delta Y/Y = 0,03$). De modo semelhante, um crescimento de 10% no montante de mão de obra ($\Delta L/L = 0,10$) causa aumento de 7% no montante da produção ($\Delta Y/Y = 0,07$).

PROGRESSO TECNOLÓGICO

Até aqui, em nossa análise sobre as fontes de crescimento, adotamos o pressuposto de que a função produção não se modifica ao longo do tempo. Na prática, evidentemente, o progresso tecnológico aperfeiçoa a função produção. Para qualquer quantidade determinada de insumos, somos capazes de gerar uma quantidade maior de produto hoje do que no passado. Vamos agora, portanto, ampliar nossa análise de modo a admitir o progresso tecnológico.

Incluímos os efeitos das mudanças tecnológicas ao escrever a função produção sob a forma

$$Y = AF(K, L).$$

em que A representa um indicador para o nível atual de tecnologia conhecido como *produtividade total dos fatores*. A produção, agora, aumenta não somente em razão dos aumentos no capital e na mão de obra, mas também por causa dos aumentos na produtividade total dos fatores. Se a produtividade total dos fatores cresce 1%, e se os insumos permanecem inalterados, o total da produção aumenta 1%.

Admitir mudanças no nível da tecnologia acrescenta outro termo à nossa equação para o cálculo do crescimento econômico:

$$\frac{\Delta Y}{Y} = \alpha\frac{\Delta K}{K} + (1-\alpha)\frac{\Delta L}{L} + \frac{\Delta A}{A}$$

Crescimento na Produção = Contribuição do Capital + Contribuição da Mão de Obra + Aumento na Produtividade Total dos Fatores

Essa é a equação fundamental para a contabilidade do crescimento. Identifica e nos permite mensurar as três fontes de crescimento: variações na quantidade de capital, variações na quantidade de mão de obra e variações na produtividade total dos fatores.

Não sendo observável de modo direto, a produtividade total dos fatores é mensurada de maneira indireta. Dispomos dos dados sobre o aumento da produção, do capital e da mão de obra; dispomos, também, dos dados sobre a participação do capital no total da produção. Com base nesses dados e na equação para a contabilidade do crescimento, podemos calcular o aumento na produtividade total dos fatores para que possamos, assim, ter certeza de que tudo está sendo levado em consideração:

$$\frac{\Delta A}{A} = \frac{\Delta Y}{Y} - \alpha\frac{\Delta K}{K} - (1-\alpha)\frac{\Delta L}{L}$$

$\Delta A/A$ representa a variação no total da produção, que não pode ser explicada por meio de variações nos insumos. Por conseguinte, o crescimento na produtividade total dos fatores é calculado como resíduo – ou seja, como o montante de crescimento da produção que permanece depois de termos contabilizado os determinantes do crescimento que somos capazes de mensurar diretamente. Com efeito, $\Delta A/A$ é, de modo geral, conhecido como *resíduo de Solow*, em homenagem a Robert Solow, o primeiro a apresentar o modo de calcular esse valor.**

---

* *Nota matemática:* Para constatar que isso é equivalente à equação anterior, observe que podemos multiplicar ambos os lados dessa equação por Y e, com isso, cancelar Y nos três lugares em que ele aparece. Podemos cancelar o K na parte superior e na parte inferior do primeiro termo ao lado direito, e o L na parte superior e na parte inferior do segundo termo ao lado direito. Tais manobras algébricas transformaram essa equação na equação anterior.

** SOLOW, Robert M. Technical change and the aggregate production function. *Review of Economics and Statistics*, v. 39, p. 312-320, 1957. É natural indagar como o aumento da eficiência da mão de obra, E, está relacionado ao aumento da produtividade total dos fatores. É possível demonstrar que $\Delta A/A = (1 - \alpha)\Delta E/E$, em que α corresponde à parcela do capital. Por conseguinte, a mudança tecnológica, conforme mensurada por meio do crescimento na eficiência da mão de obra, é proporcional à mudança tecnológica medida com base no resíduo de Solow.

A produtividade total dos fatores pode variar por muitas razões. As variações surgem, mais frequentemente, em decorrência do maior conhecimento sobre métodos de produção, e o resíduo de Solow é geralmente utilizado como indicador para o progresso tecnológico. Contudo, outros fatores, como formação educacional e regulamentação governamental, podem também afetar a produtividade total dos fatores. Por exemplo, se o aumento nos gastos públicos eleva a qualidade da educação, os trabalhadores podem se tornar mais produtivos e o total da produção pode aumentar, o que implica maior produtividade total dos fatores. Em outro exemplo, se a regulamentação governamental exige que as empresas adquiram bens de capital, com o objetivo de reduzir os níveis de poluição ou aumentar a segurança do trabalhador, o estoque de capital pode então aumentar sem que haja qualquer crescimento no produto mensurado, o que indica menor produtividade total dos fatores. *A produtividade total dos fatores absorve qualquer coisa que modifique a relação entre insumos mensurados e produto mensurado.*

FONTES DE CRESCIMENTO NOS ESTADOS UNIDOS

Depois de termos aprendido a mensurar as fontes de crescimento econômico, passaremos agora a examinar os dados. A Tabela 9.2 utiliza dados dos Estados Unidos para medir as contribuições das três fontes de crescimento entre 1948 e 2016.

Essa tabela mostra que a produção no setor não agrícola cresceu em média 3,4% ao ano durante esse período. Desses 3,4%, 1,3% é atribuível a aumentos no estoque de capital; 1,0% a aumentos no insumo mão de obra; e 1,1% a aumentos na produtividade total dos fatores. Esses dados demonstram que aumentos no capital, na mão de obra e na produtividade têm contribuído quase equitativamente para o crescimento econômico nos Estados Unidos.

A Tabela 9.2 mostra também que o crescimento na produtividade total dos fatores se desacelerou substancialmente por volta de 1973. Antes de 1973, a produtividade total dos fatores cresceu a uma taxa de 1,9% ao ano; depois de 1973, cresceu somente 0,7% ao ano. Acumulada ao longo de muitos anos, até mesmo uma pequena variação na taxa de crescimento exerce efeito significativo sobre o bem-estar econômico. A renda real nos Estados Unidos, em 2016 teria sido quase 67% mais alta se o crescimento na produtividade tivesse permanecido em seu patamar anterior.

ESTUDO DE CASO

DESACELERAÇÃO NO CRESCIMENTO DA PRODUTIVIDADE

Por que ocorreu a desaceleração no crescimento da produtividade em torno do ano de 1973? Existem muitas hipóteses para explicar esse fenômeno adverso. Apresentamos aqui quatro delas:

Problemas de Mensuração Uma possibilidade é que a desaceleração na produtividade não tenha de fato ocorrido, e que ela se apresenta nos dados porque os dados estão incorretos. Como você deve se lembrar, com base no Capítulo 2, um problema inerente a medir a inflação consiste em fazer as devidas correções em razão de variações na qualidade de bens e serviços. A mesma questão surge quando medimos a produção e a produtividade. Por exemplo, se o progresso tecnológico resulta na fabricação de *mais* computadores, o crescimento na produção e na produtividade é mais fácil de mensurar. Contudo, se o avanço tecnológico resulta na produção de computadores *mais rápidos*, a produção e a produtividade aumentam, mas esse crescimento é mais sutil e difícil de mensurar. Estatísticos do governo tentam fazer correções em razão de variações na qualidade mas, apesar de seus esforços, os dados resultantes estão longe da perfeição.

Melhorias na qualidade não mensuradas significam que nosso padrão de vida está crescendo mais rapidamente do que indicam os dados oficiais. Essa questão pode levantar suspeitas sobre a precisão dos dados, mas, por si só, não consegue explicar a desaceleração na produtividade. Para explicar uma desaceleração do crescimento econômico, devemos considerar se os problemas relacionados à mensuração *pioraram*. Existe alguma indicação de que isto pode, de fato, ter ocorrido. Com o passar do tempo, uma quantidade menor de pessoas passa a trabalhar em setores com produção tangível e facilmente mensurada, como é o caso da agricultura, e mais pessoas passam a trabalhar em setores com produção intangível e mais difícil de mensurar, como é o caso de serviços médicos. Apesar disso, poucos economistas acreditam que os problemas de mensuração sejam responsáveis por toda a história.

Preços do Petróleo Quando a desaceleração da produtividade teve início, em torno de 1973, a hipótese evidente para explicá-la foi a grande elevação nos preços do petróleo causada pelas ações do cartel do petróleo, a OPEP. A principal fonte de evidências foi o fator temporal: o crescimento na produtividade se desacelerou mais ou menos ao mesmo tempo em que os preços do petróleo dispararam. No entanto, ao longo do tempo, essa hipótese tem parecido menos provável. Uma das razões é que a redução acumulada na produtividade parece demasiadamente grande para ser explicada por um aumento nos preços do petróleo; produtos derivados do petróleo não correspondem a uma fração assim tão grande dos custos de uma empresa comum. Além disso, se essa explicação estivesse correta, a produtividade deveria ter acelerado quando, em 1986, instabilidades políticas na OPEP fizeram com que os preços do petróleo despencassem. Infelizmente, isso não ocorreu.

Qualidade dos Trabalhadores Alguns economistas sugerem que a desaceleração na produtividade pode ter sido causada por modificações na força de trabalho. No início da década de 1970, a grande geração *baby boom* começou a deixar a escola e

Tabela 9.2 Contabilidade do crescimento econômico nos Estados Unidos

Anos	Aumento da Produção $\Delta Y/Y$	=	Capital $\alpha \Delta K/K$	+	FONTE DE CRESCIMENTO Mão de obra $(1 - \alpha)\Delta L/L$	Produtividade Total dos Fatores $\Delta A/A$
			Crescimento percentual por ano			
1948-2016	3,4		1,3		1,0	1,1
1948-1973	4,3		1,3		1,0	1,9
1973-2016	3,0		1,2		1,0	0,7

Fonte: U.S. Department of Labor. Os dados correspondem ao setor não agrícola. A soma das parcelas pode diferir do total em razão de arredondamentos.

assumir postos de trabalho. Ao mesmo tempo, mudanças nas normas sociais incentivaram muitas mulheres a deixar seu trabalho doméstico em tempo integral e ingressar na força de trabalho. Esses dois desenvolvimentos diminuíram o nível médio de experiência entre os trabalhadores, o que, por sua vez, diminuiu a produtividade média.

Outros economistas chamam a atenção para variações na qualidade dos trabalhadores, medida com base no capital humano. Embora o nível de instrução da força de trabalho tenha continuado a crescer ao longo desse período, não estava crescendo tão rapidamente quanto no passado. Além disso, o nível de desempenho decrescente em alguns testes padronizados sugere que a qualidade da educação estava declinando. Se isso é verdade, poder-se-ia explicar a desaceleração no crescimento da produtividade.

Esgotamento de Ideias Ainda outros economistas sugerem que, no início da década de 1970, o mundo começou a ficar carente de novas ideias sobre como produzir, empurrando a economia para uma era de progresso tecnológico mais lento. Esses economistas geralmente argumentam que tal anomalia não se dá no período iniciado em 1970, mas nas duas décadas antecedentes. Ao final da década de 1940, a economia tinha um grande acúmulo de ideias que não foram plenamente implementadas em razão da grande depressão da década de 1930 e da Segunda Guerra Mundial na primeira metade da década de 1940. Depois que a economia utilizou todo esse estoque, prossegue o argumento, era bem provável que ocorresse uma desaceleração no crescimento da produtividade. De fato, embora as taxas de crescimento depois de 1973 fossem desapontadoras em comparação com as taxas relativas às décadas de 1950 e 1960, não foram mais baixas do que as taxas de crescimento médio de 1870 a 1950

Infelizmente, a desaceleração no crescimento da produtividade continua sendo um mistério. Na metade da década de 1990, o crescimento na produtividade se acelerou, progresso geralmente atribuído a avanços na tecnologia da informação e aos computadores, mas a aceleração provou ser temporária. Ao longo da década que terminou em 2016, a produtividade total dos fatores cresceu menos 0,4% ao ano. A misteriosa desaceleração na produtividade permanece como característica da economia contemporânea.*

O RESÍDUO DE SOLOW NO CURTO PRAZO

Quando introduziu seu famoso resíduo, o propósito de Robert Solow era ajudar a lançar luz sobre as forças que determinam o progresso tecnológico e o crescimento econômico no longo prazo. Mas o economista Edward Prescott analisou o resíduo de Solow como indicador das mudanças tecnológicas ao longo de períodos mais curtos. Ele concluiu que oscilações na tecnologia constituem uma das principais fontes de mudanças em curto prazo na atividade econômica.

A Figura 9.2 mostra o resíduo de Solow e o crescimento da produção, utilizando dados relacionados aos Estados Unidos durante o período de 1960 a 2016. Observe que o resíduo do Solow oscila substancialmente. Se a interpretação de Prescott estiver correta, podemos tirar conclusões a partir dessas oscilações de curto prazo, como, por exemplo, o fato de a tecnologia ter sofrido retrocesso em 1982 e progresso em 1984. Observe, também, que o resíduo de Solow se movimenta passo a passo com a produção: em anos nos quais o nível de produção diminui, a tecnologia tende a sofrer um retrocesso. Sob o ponto de vista de Prescott, esse fato implica que recessões são impulsionadas por choques adversos na tecnologia. A hipótese de que choques tecnológicos constituem a força propulsora subjacente às oscilações econômicas de curto prazo, e a hipótese complementar de que as políticas monetárias não exercem papel algum na explicação dessas oscilações, constituem o alicerce para uma abordagem conhecida como *teoria do ciclo real de negócios*.

No entanto, a interpretação de Prescott para esses dados é controversa. Muitos economistas acreditam que o resíduo de Solow não representa com precisão as mudanças na tecnologia em curtos espaços de tempo. A explicação padronizada para o comportamento cíclico do resíduo de Solow é que ele resulta de dois problemas de mensuração.

O primeiro deles é que, durante as recessões, pode ser que as empresas continuem a manter empregados os trabalhadores dos quais não necessitam, de modo tal que venham a tê-los disponíveis quando a economia se recuperar. Esse fenômeno, chamado de *reserva de mão de obra*, significa que o insumo mão de obra é superestimado em períodos de recessão, já que os trabalhadores mantidos como reserva provavelmente não estão trabalhando tanto quanto seria o habitual. Como resultado, o resíduo de Solow passa a ser mais cíclico do que a tecnologia de produção disponível. Durante uma recessão, a produtividade, medida com base no resíduo de Solow, diminui mesmo que a tecnologia não tenha sofrido mudanças, simplesmente porque os trabalhadores mantidos como reserva estão ociosos, esperando que a recessão termine.

O segundo problema é que, quando a demanda está baixa, pode ser que as empresas produzam coisas que não sejam facilmente mensuradas. Durante as recessões, os trabalhadores podem limpar a fábrica, organizar o estoque, receber algum tipo de treinamento e realizar outras tarefas úteis negligenciadas pelos indicadores tradicionais de produção. Se for esse o caso, a produção é subestimada nos períodos de recessão, o que também faria com que o resíduo de Solow fosse cíclico por razões outras que não a tecnologia.

Sendo assim, economistas podem interpretar o comportamento cíclico do resíduo de Solow de diferentes maneiras. Alguns economistas apontam a baixa produtividade nos períodos de recessão como indícios de choques tecnológicos adversos. Outros acreditam que a produtividade medida é baixa nos períodos de recessão porque os trabalhadores não estão trabalhando no potencial de costume, e porque uma parcela maior de sua produção não está sendo mensurada. Infelizmente, não existe qualquer evidência clara da importância da reserva de mão de obra e das falhas na mensuração cíclica da produção. Por essa razão, continuam existindo diferentes interpretações para a Figura 9.2.**

---

* Para vários pontos de vista sobre desaceleração no crescimento econômico, veja, Symposium: The Slowdown in Productivity Growth, na edição do outono de 1988 do *Journal of Economic Perspectives*. Para uma discussão sobre a aceleração subsequente no crescimento e o papel da tecnologia da informação, veja Symposium: Computers and Productivity, na edição de outono de 2000 do *Journal of Economic Perpectives*.

** Para ler mais sobre esse tópico, consulte PRESCOTT, Edward C. Theory ahead of business cycle measurement, e SUMMERS, Lawrence H. Some skeptical observations on real business cycle theory, ambos publicados na *Quarterly Review*, Minneapolis Federal Reserve Bank, Fall 1986. MANKIW, N. Gregory. Real business cycles: a new Keynesian perspective. *Journal of Economic Perspectives*, v. 3, p. 79-90, Summer 1989; MCCALLUM, Bennett T. Real business cycle models. In: BARRO, R. (ed.). *Modern business cycle theory*. Cambridge, MA: Harvard University Press, 1989, p. 16-50 e PLOSSER, Charles I. Understanding real business cycles. *Journal of Economic Perspectives*, v. 3, p. 51-77, Summer 1989.

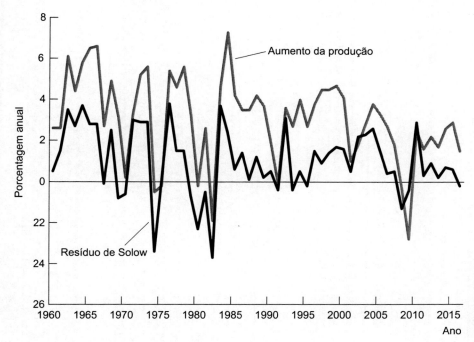

Figura 9.2 Crescimento da produção e o resíduo de Solow. O resíduo de Solow, que alguns economistas interpretam como indicador de choques tecnológicos, flutua juntamente com a produção de bens e serviços na economia.
Fonte: U.S. Department of Commerce.

Problemas e aplicações

1. Na economia de Solóvia, os proprietários do capital recebem dois terços da renda nacional, enquanto os trabalhadores recebem um terço.
   a. Os homens de Solóvia permanecem em casa, cuidando dos afazeres domésticos, enquanto as mulheres trabalham nas fábricas. Se alguns dos homens começassem a trabalhar fora, de modo que a força de trabalho aumentasse 5%, o que aconteceria com o total da produção mensurado da economia? A produtividade da mão de obra – definida como produção por trabalhador – aumentaria, diminuiria ou permaneceria a mesma? A produtividade total dos fatores aumentaria, diminuiria ou permaneceria a mesma?
   b. No ano 1, o estoque de capital correspondia a 6, o insumo mão de obra correspondia a 3 e o total da produção correspondia a 12. No ano 2, o estoque de capital correspondia a 7, o insumo mão de obra correspondia a 4 e o total da produção correspondia a 14. O que aconteceu com a produtividade total dos fatores entre esses dois anos?

2. A produtividade da mão de obra é definida como Y/L, o montante de produto dividido pela quantidade de insumo mão de obra. Comece com a equação para a contabilidade do crescimento econômico e demonstre que o crescimento na produtividade da mão de obra depende do crescimento na produtividade total dos fatores e do crescimento na proporção entre capital e mão de obra. Particularmente, mostre que

$$\frac{\Delta(Y/L)}{Y/L} = \frac{\Delta A}{A} + \alpha \frac{\Delta(K/L)}{K/L}$$

Dica: Você pode achar útil o seguinte macete matemático: se $z = wx$, a taxa de crescimento de z é aproximadamente igual à taxa de crescimento de w, somada à taxa de crescimento de x. Ou seja,

$$\Delta z/z \cong \Delta w/w + \Delta x/x.$$

3. Suponhamos que determinada economia, descrita no Modelo de Solow, esteja em estado estacionário, com crescimento populacional, n, correspondente a 1,8% ao ano e progresso tecnológico, g, de 1,8% ao ano. O total da produção e o total do capital crescem a uma taxa de 3,6% ao ano. Suponha, ainda, que a parcela do capital na produção corresponda a 1/3. Se você utilizou a equação para a contabilidade do crescimento para dividir o crescimento do produto em três fontes – capital, mão de obra e produtividade total dos fatores —, quanto atribuiria a cada uma das fontes? Compare seus resultados com os dados que encontramos para os Estados Unidos na Tabela 9.2.

Parte 4

Teoria do Ciclo Econômico: A Economia no Curto Prazo

Introdução às Flutuações Econômicas

> *O mundo moderno vê os ciclos econômicos quase da mesma maneira que os antigos egípcios viam o transbordamento das águas do Nilo. O fenômeno ocorre de tanto em tanto tempo, é de grande importância para todos e suas causas naturais não são visíveis.*
>
> – John Bates Clark, 1898

Flutuações econômicas representam um problema recorrente para economistas e formuladores de políticas econômicas. Em média, o PIB real dos EUA cresce em torno de 3% ao ano. Entretanto, essa média de longo prazo oculta o fato de que a produção de bens e serviços da economia não apresenta um crescimento uniforme. O crescimento é mais alto em alguns anos do que em outros; algumas vezes, a economia perde seu equilíbrio e o crescimento passa a ser negativo. Essas flutuações no produto total da economia são estreitamente associadas a flutuações no nível de emprego. Quando a economia passa por um período de produção decrescente e desemprego crescente, afirma-se que essa economia está em *recessão*.

Um retrocesso econômico recente e grave, conhecido como Grande Recessão, teve início no final de 2007 nos EUA. Do terceiro trimestre de 2007 até o primeiro trimestre de 2008, a produção de bens e serviços da economia norte-americana estava aproximadamente estagnada, ao se comparar com seu respectivo nível de crescimento normal. Foi então que, no quarto trimestre de 2008 e no primeiro trimestre de 2009, o PIB real norte-americano apresentou uma queda vertiginosa. A taxa de desemprego saltou de 4,7% em novembro de 2007 para 10,0% em outubro de 2009. A recessão terminou oficialmente em junho de 2009, quando o crescimento positivo foi retomado, mas a recuperação foi fraca e alguns anos depois o desemprego continuava elevado. A taxa de desemprego não retornou a um patamar inferior a 5% até 2016.

Os economistas dão a essas flutuações de curto prazo na produção e no nível de emprego o nome de *ciclos econômicos*. Embora a expressão sugira que flutuações econômicas sejam regulares e previsíveis, elas não o são. As recessões são, na realidade, tão irregulares quanto habituais. Algumas vezes, ocorrem próximas umas das outras; outras vezes, bem distantes umas das outras. Por exemplo, os Estados Unidos entraram em recessão em 1982, somente dois anos depois do declínio econômico anterior. Ao final daquele ano, a taxa de desemprego havia alcançado 10,8% – o mais alto patamar desde a Grande Depressão da década de 1930. Entretanto, depois da recessão de 1982, passaram-se oito anos até que a economia norte-americana chegasse a outra recessão.

Esses eventos históricos levantam uma série de questionamentos: O que causa flutuações de curto prazo? Que modelo deveríamos utilizar para explicá-las? Formuladores de políticas econômicas são capazes de evitar recessões? Em caso afirmativo, que tipo de apoio político eles deveriam utilizar?

Nas Partes 2 e 3 deste livro, desenvolvemos teorias para explicar como a economia se comporta no longo prazo. Aqui, na Parte 4, verificamos de que maneira os economistas explicam essas flutuações no curto prazo. Iniciamos este capítulo com três tarefas. Em primeiro lugar, examinamos os dados que descrevem flutuações econômicas no curto prazo. Em segundo lugar, analisamos as principais diferenças entre o comportamento da economia no longo e no curto prazo. Em terceiro lugar, apresentamos o modelo de oferta agregada e demanda agregada, que a maior parte dos economistas utiliza para explicar as flutuações no curto prazo. Desenvolver esse modelo com maior nível de detalhe será nossa principal tarefa nos próximos capítulos.

Assim como o Egito controla atualmente as inundações no vale do Nilo com a barragem de Assuã, a sociedade moderna tenta controlar o ciclo econômico por meio de políticas econômicas apropriadas. O modelo que desenvolveremos ao longo dos próximos capítulos mostra como políticas monetárias e fiscais influenciam o ciclo econômico. Verificaremos de que maneira essas políticas são capazes de potencialmente estabilizar a economia, ou, se conduzidas de maneira equivocada, agravam ainda mais os problemas relacionados à instabilidade econômica.

10.1 OS FATOS SOBRE O CICLO ECONÔMICO

Antes de discutirmos a teoria do ciclo econômico, vamos observar alguns dos fatos que descrevem flutuações de curto prazo na atividade econômica.

O PIB e seus componentes

O produto interno bruto da economia mede o total da renda e o total dos gastos no âmbito dessa economia. Uma vez que o PIB constitui o aferidor mais abrangente para as condições gerais da economia, trata-se do ponto natural para que se comece a análise do ciclo econômico. A Figura 10.1 ilustra o crescimento do PIB dos EUA, desde 1970 até 2017. A linha horizontal mostra a taxa média de crescimento, correspondente a 3% ao ano, ao longo desse período. Podemos constatar que o crescimento econômico definitivamente não é uniforme e que, ocasionalmente, ele passa a ser negativo.

As áreas sombreadas na figura indicam períodos de recessão. Nos Estados Unidos, o árbitro oficial que determina quando as recessões começam e quando terminam é o National

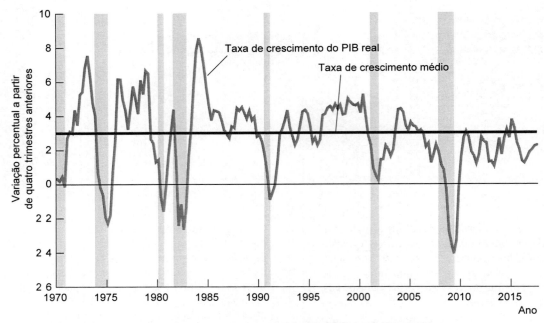

Figura 10.1 Crescimento do PIB real nos Estados Unidos. O crescimento do PIB tem média de aproximadamente 3% ao ano, mas existem flutuações substanciais em torno dessa média. As áreas sombreadas representam períodos de recessão.
Fonte: U.S. Department of Commerce, National Bureau of Economic Research.

Bureau of Economic Research (NBER), uma entidade de pesquisas econômicas, sem fins lucrativos. O Cycle Dating Committee do NBER (do qual foi membro, em certa ocasião, o autor deste livro) define a data de início para cada uma das recessões, chamada de *pico* do ciclo econômico, e a data de término, chamada de *vale* do ciclo econômico.

O que determina se um declínio na atividade econômica é suficientemente grave para ser tratado como recessão? Não existe uma resposta simples. De acordo com a antiga regra prática, a recessão é caracterizada por um período de pelo menos dois trimestres consecutivos de PIB real decrescente. Essa regra, entretanto, nem sempre se aplica. Por exemplo, a recessão de 2001 apresentava dois trimestres de crescimento negativo, sendo que esses trimestres não haviam sido consecutivos. Na realidade, o Business Cycle Dating Committee do NBER não segue uma regra fixa, mas, em vez disso, examina uma variedade de séries históricas da economia e utiliza seu poder discricionário ao estabelecer datas de início e de término para recessões.*

A Figura 10.2 apresenta o crescimento em dois componentes importantes do PIB – o consumo, no painel (a), e o investimento, no painel (b). O crescimento em ambas as variáveis diminui durante as recessões. Observe, entretanto, as escalas relativas aos eixos verticais. O investimento é muito mais volátil do que o consumo ao longo do ciclo econômico. Quando a economia caminha na direção de uma recessão, os domicílios reagem ao decréscimo em suas rendas consumindo menos, mas a diminuição nos dispêndios com equipamentos para empresas, instalações para empresas, novas habitações e estoques é ainda mais substancial.

Desemprego e a Lei de Okun

O ciclo econômico é aparente não somente nos dados extraídos das contas nacionais, mas também nos dados que descrevem as condições do mercado de mão de obra. A Figura 10.3 mostra a taxa de desemprego desde 1970 até o início de 2017, com as áreas sombreadas representando períodos de recessão. Podemos ver que o desemprego aumenta a cada recessão. Outros indicadores para o mercado de mão de obra contam história semelhante. Por exemplo, a abertura de vagas para postos de trabalho, medida com base no número de anúncios que as empresas publicam com oferta de empregos, declina durante recessões. Dito de modo simples, quando a economia caminha na direção de um período de declínio, fica mais difícil encontrar empregos.

Que tipo de relação deveríamos esperar encontrar entre desemprego e PIB real? Uma vez que trabalhadores empregados ajudam na produção de bens e serviços, enquanto trabalhadores desempregados não contribuem para essa produção, crescimentos na taxa de desemprego devem necessariamente estar associados a decréscimos no PIB real. Essa relação negativa entre desemprego e PIB é conhecida como **Lei de Okun**, em homenagem a Arthur Okun, o primeiro economista a estudá-la.**

A Figura 10.4 utiliza dados anuais dos Estados Unidos para ilustrar a Lei de Okun. Nesse gráfico de dispersão, cada um dos pontos representa os dados correspondentes a um ano. O eixo horizontal representa a variação na taxa de desemprego, partindo do ano anterior, enquanto o eixo vertical representa a variação percentual no PIB. Essa figura mostra claramente que variações de ano para ano na taxa de desemprego estão estreitamente relacionadas a variações de ano para ano no PIB real.

Podemos ser mais precisos sobre a magnitude da relação determinada pela lei de Okun. A linha traçada entre a dispersão de pontos nos afirma que

---

* Observe que a Figura 10.1 apresenta o crescimento no PIB real partindo de quatro trimestres anteriores, não do trimestre imediatamente anterior. Durante a recessão de 2001, esse indicador declinou, mas jamais se tornou negativo.

** OKUN, Arthur M. Potential GNP: its measurement and significance. *In*: *Proceedings of the Business and Economics Statistics Section, American Statistical Association*. Washington: American Statistical Association, 1962, p. 98-113. Reproduzido em OKUN, Arthur M. *Economics for çolicymaking*. Cambridge, MA: MIT Press, 1983, p. 145-158.

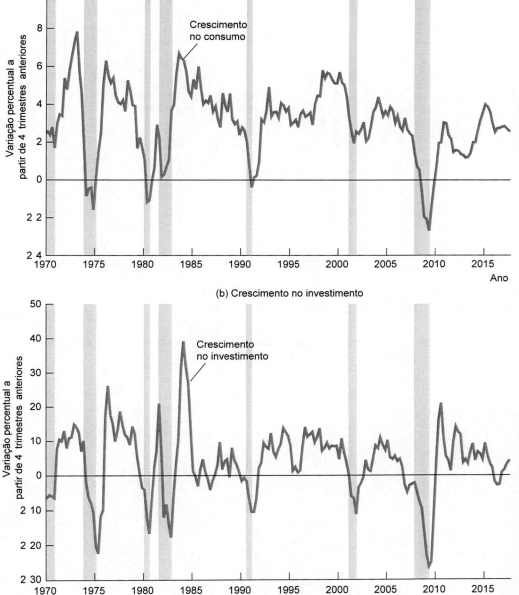

Figura 10.2 Crescimento no consumo e no investimento. Quando a economia caminha rumo a uma recessão, declinam o crescimento no consumo real e os dispêndios com investimentos. O dispêndio em investimentos, apresentado no painel (b), é consideravelmente mais volátil do que o dispêndio em consumo, apresentado no painel (a). As áreas sombreadas representam períodos de recessão.
Fonte: U.S. Department of Commerce, National Bureau of Economic Research.

Variação Percentual no PIB Real
= 3% − 2 × *Variação na Taxa de Desemprego.*

Caso a taxa de desemprego permaneça inalterada, o PIB real aumentará aproximadamente 3%; esse crescimento normal na produção de bens e serviços é decorrente do crescimento na força de trabalho, na acumulação de capital e no progresso tecnológico. Além disso, para cada ponto percentual no crescimento da taxa de desemprego, o crescimento no PIB real geralmente cai 2%. Por conseguinte, se a taxa de desemprego aumentar de 5 para 7 %, o crescimento no PIB real será

Variação Percentual no PIB Real = 3% − 2 × (7% − 5%)
= − 1%.

Nesse caso, a lei de Okun afirma que o PIB cairá 1%, indicando que a economia está em recessão.

A lei de Okun é um lembrete de que as forças que norteiam o ciclo econômico de curto prazo são significativamente diferentes daquelas que modelam o crescimento econômico de longo prazo. Como vimos nos Capítulos 8 e 9, o crescimento de longo prazo no PIB é determinado primordialmente pelo progresso tecnológico. A tendência de longo prazo que acarreta padrões de vida cada vez mais elevados, de geração para geração, não está associada a qualquer tendência de longo prazo no índice de desemprego. Em contrapartida, movimentações de curto prazo no PIB correlacionam-se com a utilização da força de trabalho no âmbito da economia. Os declínios na produção de bens e de serviços que ocorrem durante os períodos de recessão estão sempre associados ao aumento do desemprego.

Principais indicadores econômicos

Muitos economistas, particularmente aqueles que trabalham nas empresas e no governo, dedicam-se à tarefa de prever flutuações de curto prazo na economia. Os economistas do setor privado dedicam-se a elaborar previsões para ajudar suas em-

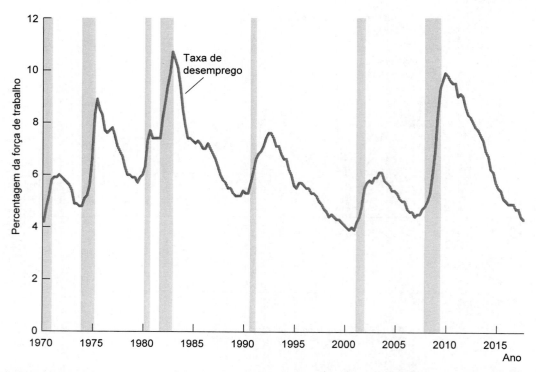

Figura 10.3 Desemprego. A taxa de desemprego aumenta significativamente durante períodos de recessão, indicados aqui pelas áreas sombreadas.
Fonte: U.S. Department of Labor, National Bureau of Economic Research.

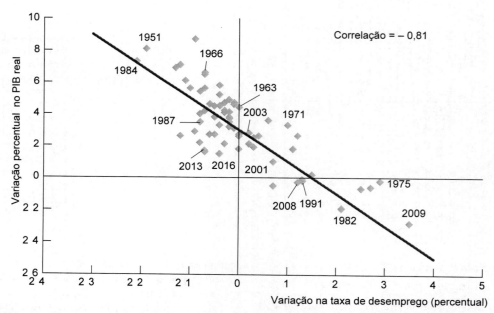

Figura 10.4 Lei de Okun. Esta Figura é um gráfico de dispersão que mostra a variação na taxa de desemprego no eixo horizontal e a variação percentual no PIB real no eixo vertical, utilizando dados sobre a economia dos Estados Unidos. Cada um dos pontos representa um ano. A Figura mostra que aumentos no desemprego tendem a estar associados a crescimentos menores do que o normal no PIB real.
Fonte: U.S. Department of Commerce, U.S. Department of Labor.

presas a se programarem para mudanças no ambiente econômico. Os economistas da esfera governamental fazem previsões por duas razões. Em primeiro lugar, o ambiente da economia afeta o governo; por exemplo, o estado em que se encontra a economia influencia o montante de receita tributária arrecadado pelo governo. Em segundo lugar, o governo pode afetar a economia por meio da utilização que faz de políticas monetárias e políticas fiscais. Previsões sobre a economia, portanto, constituem um recurso importante para o planejamento dessas políticas.

Uma das maneiras pelas quais os economistas chegam a suas previsões é a análise dos **principais indicadores**, variáveis que tendem a oscilar antes de se verem movimentos gerais na economia. As previsões podem diferir, em parte, pelo fato de os economistas sustentarem opiniões diversas em relação aos indicadores mais confiáveis.

Nos Estados Unidos, a cada mês, o Conference Board, grupo privado de pesquisas econômicas, divulga o índice dos principais indicadores econômicos. Esse índice inclui dez séries históricas que são habitualmente utilizadas para prever mudanças na atividade econômica com uma antecedência que gira em torno de seis a nove meses no futuro. Eis aqui uma lista das séries históricas:

- *Média semanal de horas trabalhadas no setor manufatureiro.* Como as empresas geralmente ajustam as horas trabalhadas por seus empregados já contratados antes de fazerem novas contratações ou dispensar empregados, a média de horas trabalhadas por semana é um dos principais indicadores de mudanças no nível de emprego. Uma semana de trabalho mais longa indica que as empresas estão solicitando que seus empregados trabalhem mais, por estarem elas enfrentando forte demanda por seus produtos; indica, por conseguinte, que as empresas estão propensas a aumentar as contratações e a produção no futuro. Uma semana de trabalho mais curta indica demanda fraca, sugerindo que as empresas estão mais propensas a dispensar trabalhadores e reduzir a produção.
- *Média semanal das solicitações iniciais de seguro-desemprego.* O número de pessoas fazendo novas solicitações no sistema de seguro-desemprego é um dos indicadores mais prontamente disponíveis sobre as condições no mercado de trabalho. Essa série histórica é invertida no cálculo do índice dos principais indicadores, de modo tal que um crescimento na série histórica diminui o índice. Um aumento no número de pessoas que estão fazendo novas solicitações de seguro-desemprego indica que as empresas estão dispensando trabalhadores e reduzindo a produção; essas demissões, em breve, vão se refletir nos dados sobre emprego e produção.
- *Novos pedidos de compra de bens e materiais para consumo.* Esse é um indicador bastante direto para a demanda que as empresas estão vivenciando. Posto que um aumento nos pedidos de compra esvazia os estoques das empresas, essa estatística geralmente sinaliza aumentos subsequentes na produção e no emprego.
- *Novos pedidos de compra de bens de capital não relacionados a material bélico, excluindo aeronaves.* Essa série de informações representa o equivalente em relação à série histórica apresentada no item anterior, exceto que para bens de investimento, e não de consumo. Quando se deparam com maior número de pedidos de compra, as empresas aumentam a produção e o emprego. Os pedidos de compra de aeronaves são excluídos porque são feitos com tanta antecedência em relação à produção que conterão poucas informações sobre a atividade econômica de curto prazo.
- Índice ISM para novos pedidos. Este índice, apurado pelo Institute for Supply Management, é um terceiro indicador para novos pedidos de compra. É baseado no número de empresas que relatam número crescente de pedidos de compra menos o número de empresas que relatam um número decrescente de pedidos de compra. Diferentemente dos dois anteriores, este índice mede a proporção de empresas que relatam números crescentes de pedidos e, consequentemente, mostra se uma variação está ocorrendo de modo generalizado. Quando muitas empresas se deparam com maior número de pedidos de compras, maior patamar de produção e mais empregos provavelmente ocorrerão pouco tempo depois.
- *Emissão de novas licenças para a construção de imóveis.* A construção de novos imóveis faz parte do investimento – um componente particularmente volátil do PIB. Crescimento no número de licenças para construção de imóveis significa que as empreiteiras estão planejando aumentar o número de construções, o que indica um crescimento na atividade econômica em geral.
- Índice de preços de ações em bolsa. O mercado de ações reflete expectativas sobre condições econômicas futuras, pois os investidores aumentam os preços das ações quando esperam que as empresas venham a ser lucrativas. Um aumento no preço das ações indica que os investidores esperam que a economia cresça rapidamente, enquanto uma diminuição indica que os investidores esperam desaceleração na economia.
- *Principal Índice de Crédito.* Esse componente é em si composto por seis indicadores financeiros, como o sentimento do investidor (baseado em pesquisa realizada junto a investidores do mercado de ações) e condições de financiamento (baseado em pesquisa com agentes bancários no setor financeiro). Quando as condições de crédito são adversas, consumidores e empresas encontram mais dificuldade em obter o financiamento de que precisam para fazer compras. Consequentemente, uma deterioração nas condições de crédito é prognóstico de declínio nos gastos, na produção e no nível de emprego. Este índice foi acrescido há pouco tempo aos principais indicadores. A crise financeira de 2008-2009 e a profunda recessão subsequente destacaram a importância das condições de crédito para a atividade econômica.
- *Diferencial da taxa de juros: a diferença entre o rendimento dos títulos do Tesouro para 10 anos e a taxa de fundos federais.* Esse diferencial, às vezes conhecido como inclinação da curva do rendimento, reflete as expectativas do mercado em relação a taxas de juros futuras, o que, por sua vez, reflete a condição da economia. Um diferencial acentuado significa que se espera que as taxas de juros aumentem, o que geralmente ocorre quando a atividade econômica se intensifica.
- *Expectativa média dos consumidores para as condições dos negócios e da economia.* Esse é um indicador direto das expectativas, com base em duas diferentes pesquisas realizadas junto aos domicílios (uma delas conduzida pelo Survey Research Center da Universidade de Michigan e outra conduzida pelo Conference Board). Otimismo crescente entre os consumidores a respeito das condições futuras da economia sugere maior demanda por bens e serviços da parte desses consumidores, o que, por sua vez, irá estimular as empresas a expandir a produção e o emprego para suprir a demanda.

O índice dos principais indicadores está longe de ser um instrumento de previsão preciso para o futuro, pois as flutuações econômicas de curto prazo são em grande parte imprevisíveis. Entretanto, o índice é uma informação útil para o planejamento tanto de empresas quanto do governo.

10.2 HORIZONTES DE TEMPO NA MACROECONOMIA

Agora que entendemos melhor os fatos que descrevem flutuações econômicas no curto prazo, podemos voltar à nossa tarefa básica nesta parte do livro: desenvolver uma teoria para explicar tais flutuações. Essa tarefa, ao que parece, não é fácil. Precisaremos não somente do restante deste capítulo, mas também dos próximos cinco capítulos, para desenvolver o modelo para flutuações de curto prazo em sua íntegra.

Antes de começar a construir o modelo, entretanto, vamos dar um passo para trás e fazer uma pergunta fundamental: por que economistas precisam de modelos diferentes para diferentes horizontes de tempo? Por que não podemos interromper o curso por aqui, contentando-nos com os modelos clássicos desenvolvidos nos Capítulos de 3 a 9? A resposta, como este livro tem lembrado sistematicamente ao leitor, é que a teoria macroeconômica clássica é aplicável no longo prazo mas não no curto prazo. Mas por que isso acontece?

Diferenças entre curto prazo e longo prazo

A maior parte dos macroeconomistas acredita que a diferença fundamental entre o curto prazo e o longo prazo é o comportamento dos preços. *No longo prazo, os preços são flexíveis e podem reagir a mudanças na oferta ou na demanda. No curto prazo, muitos preços ficam "rígidos" em algum nível predeterminado.* Como os preços se comportam de maneira diferente no curto prazo em relação ao longo prazo, vários eventos econômicos e políticas econômicas exercem efeitos diferentes ao longo de diferentes horizontes de tempo.

Para ver as diferenças entre o curto e o longo prazo, considere os efeitos de uma mudança na política monetária. Suponha que o banco central dos EUA, o Federal Reserve, subitamente reduza em 5% a oferta monetária. De acordo com o modelo clássico, a oferta monetária afeta as variáveis nominais – variáveis mensuradas em termos monetários –, mas não as variáveis reais. Como você deve estar lembrado, no Capítulo 5 afirmamos que a separação teórica entre variáveis reais e variáveis nominais é conhecida como *dicotomia clássica*, e a irrelevância da oferta monetária para a determinação de variáveis reais é conhecida como *neutralidade monetária*. A maior parte dos economistas acredita que essas ideias clássicas descrevem o funcionamento da economia no longo prazo: uma redução de 5% na oferta monetária causa redução em todos os preços (inclusive os salários nominais) em 5%, enquanto a produção, o emprego e outras variáveis reais permanecem inalterados. Por conseguinte, no longo prazo, variações na oferta monetária não causam flutuações na produção e no emprego.

No curto prazo, entretanto, muitos preços não reagem a mudanças na política monetária. Uma redução na oferta monetária não faz com que, imediatamente, todas as empresas cortem os salários que pagam, todas as lojas troquem as etiquetas de preço nas mercadorias e todos os restaurantes imprimam novos cardápios. Em vez disso, existem poucas mudanças imediatas em muitos preços; ou seja, muitos preços permanecem rígidos. Essa rigidez dos preços no curto prazo indica que o impacto no curto prazo, decorrente de uma variação na oferta monetária, não é igual ao impacto no longo prazo.

Um modelo para as flutuações econômicas deve necessariamente considerar essa rigidez dos preços no curto prazo. Verificaremos que o fato de os preços não se ajustarem rápida e completamente a mudanças na oferta monetária (e a outras mudanças exógenas nas condições econômicas) significa que, no curto prazo, variáveis reais, como a produção e o nível de emprego, devem ser responsáveis por alguma parte do ajuste. Em outras palavras, durante o horizonte de tempo ao longo do qual os preços se mantêm rígidos, a dicotomia clássica não se aplica: as variáveis nominais podem influenciar as variáveis reais, e a economia pode se desviar do equilíbrio previsto pelo modelo clássico.

ESTUDO DE CASO

SE VOCÊ DESEJA SABER POR QUE AS EMPRESAS MANTÊM PREÇOS RÍGIDOS, PERGUNTE A ELAS

Até que ponto são rígidos os preços, e por que eles são rígidos? Em um estudo intrigante, o economista Alan Blinder abordou diretamente essas perguntas, realizando pesquisas junto a empresas sobre as decisões por elas tomadas a respeito de ajustes de preços.

Blinder começou indagando gerentes de empresas sobre a frequência com que modificavam seus preços. As respostas, sintetizadas na Tabela 10.1, levaram a duas conclusões. Em primeiro lugar, preços rígidos são habituais. A empresa típica na economia ajusta seus preços uma ou duas vezes ao ano. Em segundo lugar, existem grandes diferenças entre as empresas no que concerne à frequência de ajustes de preços. Aproximadamente 10% das empresas modificavam preços com frequência maior do que uma vez na semana, e praticamente o mesmo número de empresas modificava preços com frequência menor do que uma vez por ano.

Blinder perguntou, então, aos gerentes das empresas a razão pela qual eles não modificavam preços com maior frequência. Em especial, ele explicou aos gerentes diversas teorias econômicas sobre preços rígidos, pedindo que eles avaliassem em que medida essas teorias descreviam suas empresas. A Tabela 10.2 resume as teorias e as classifica com base no percentual de gerentes que aceitaram a teoria como uma descrição precisa para as decisões de precificação tomadas por suas empresas. Observe que cada uma das terias foi endossada por alguns dos gerentes, mas cada uma delas foi, também, rejeitada por um grande número de gerentes. Uma interpretação para isso seria o fato de que diferentes teorias se aplicam a diferentes empresas, dependendo das características do setor, e que a rigidez de preços é um fenômeno macroeconômico para o qual não existe uma explicação microeconômica unificada.

Entre as dezenas de teorias, falha na coordenação encabeça a lista. De acordo com Blinder, essa é uma descoberta importante, pois sugere que a incapacidade de coordenar mudanças nos preços desempenha uma função primordial na explicação da rigidez de preços e, consequentemente, das flutuações econômicas de curto prazo. Escreve ele: "A implicação política mais evidente do modelo é que um ajuste mais bem coordenado entre salário e preços – de algum modo alcançado – poderia melhorar o bem-estar econômico. Mas se isso for difícil ou im-

Tabela 10.1 A frequência do ajuste de preços
Esta tabela é baseada em respostas para a pergunta: com que frequência os preços de seus produtos mais importantes se modificam, em um ano típico?

Frequência	Percentagem de empresas
Menos de uma vez	10,2
Uma vez	39,3
1,01 a 2	15,6
2,01 a 4	12,9
4,01 a 12	7,5
12,01 a 52	4,3
52,01 a 365	8,6
Mais de 365	1,6

Fonte: BLINDER, Alan S. On sticky prices: academic theories meet the real world. *In*: MANKIW, N. G. (ed.). *Monetary policy*. Chicago: University of Chicago Press, 1994, p. 117-154. Tabela 4.1.

Tabela 10.2 Teorias sobre rigidez de preços

Teoria e breve descrição	Percentual de gerentes que aceitaram a Teoria
Falha na coordenação: Empresas se contêm no momento de fazer alterações nos preços, aguardando que outras o façam antes	60,6
Precificação baseada em custos, com defasagem: Aumentos nos preços são adiados até que os custos aumentem	55,5
Maior prazo para entrega, serviços etc.: As empresas preferem diversificar outros atributos do produto, como maior prazo para entrega, serviços ou qualidade do produto	54,8
Contratos implícitos: As empresas concordam tacitamente em estabilizar preços, talvez por uma questão de "justiça" para com os consumidores	50,5
Contratos nominais: Os preços são fixados por contatos explícitos	35,7
Custos do ajuste de preços: As empresas incorrem em custos para alterar preços	30,0
Elasticidade pró-cíclica: As curvas de demanda tornam-se menos elásticas à medida que se deslocam	29,7
Preços estratégicos: Certos preços (como $ 9,99) têm significado psicológico especial	24,0
Estoques: As empresas variam seus estoques em vez dos preços	20,9
Custo marginal constante: O custo marginal é uniforme e as margens são constantes	19,7
Defasagens hierárquicas: Atrasos burocráticos tornam mais lentas as decisões	13,6
Avaliação da qualidade com base no preço: As empresas temem que os consumidores confundam cortes nos preços com redução na qualidade	10,0

Fonte: BLINDER, Alan S. On sticky prices: academic theories meet the real world. *In*: MANKIW, N. G. (ed.). *Monetary policy*. Chicago: University of Chicago Press, 1994, p. 117-154. Tabelas 4.3 e 4.4.

possível, a porta estará aberta para que a política monetária ativista cure recessões."*

O modelo da oferta agregada e da demanda agregada

Em que medida a introdução de preços rígidos modifica nosso ponto de vista sobre o funcionamento da economia? Podemos responder a essa pergunta considerando as duas palavras preferidas dos economistas: *oferta* e *demanda*.

Na teoria macroeconômica clássica, o montante de produto depende da capacidade da economia de *ofertar* bens e serviços, o que, por sua vez, depende das ofertas de capital e de mão de obra e da tecnologia de produção disponível. Essa é a essência do modelo clássico básico e do modelo de crescimento de Solow, vistos nos Capítulos 8 e 9. Preços flexíveis constituem um pressuposto primordial da teoria clássica. A teoria postula, às vezes de modo implícito, que os preços se ajustam de modo a garantir que a quantidade de produto demandada seja igual à quantidade ofertada.

A economia funciona de maneira bastante diferente quando os preços são rígidos. Nesse caso, como veremos, o produto total também depende da *demanda* da economia por bens e serviços. A demanda, por sua vez, depende de uma variedade de fatores: a confiança dos consumidores em relação a suas perspectivas econômicas; as percepções das empresas em relação à lucratividade de novos investimentos; e as políticas fiscal e monetária. Uma vez que a política monetária e a política fiscal podem influenciar a demanda, e a demanda, por sua vez, pode influenciar o produto total da economia ao longo do horizonte de tempo em que os preços permanecem rígidos, essa rigidez de preços proporciona uma fundamentação lógica para a razão pela qual essas políticas podem vir a ser úteis para a estabilização da economia no curto prazo.

No restante deste capítulo, passamos a desenvolver um modelo que torna essas ideias mais precisas. Começaremos pelo modelo de oferta e demanda, que utilizamos no Capítulo 1 para analisar o mercado de pizzas. Esse modelo básico oferece algumas das percepções mais fundamentais no estudo da economia. Mostra de que maneira a oferta e a demanda de qualquer bem determinam, conjuntamente, seus respectivos preço e quantidade vendida, e também como variações na oferta e na demanda afetam o preço e a quantidade. Introduzimos agora a versão tipo "do tamanho da economia" para esse modelo – *o modelo da oferta agregada e da demanda agregada*. Esse modelo macroeconômico nos possibilita estudar como são determinados o nível de preços agregado e o montante de produto agregado, no curto prazo. Proporciona, também, uma forma

---
* Para mais detalhes sobre este estudo, leia BLINDER, Alan S. On sticky prices: academic theories meet the real world. *In*: MANKIW, N. G. (ed.). *Monetary policy*. Chicago: University of Chicago Press, 1994, p. 117-154. Para evidências mais recentes sobre a frequência de ajustes de preços, NAKAMURA, Emi; STEINSSON, Jón. Five facts about prices: a reevaluation of menu cost models. *Quarterly Journal of Economics*, v. 123, p. 1415-1464. Nakamura e Steinsson examinam os dados microeconômicos subjacentes aos índices de preços do consumidor e do produtor. Relatam que, incluindo-se as vendas temporárias, 19 a 20% dos preços mudam todo mês. No entanto, se as vendas são excluídas, a frequência do ajuste cai para cerca de 9 a 12% por mês. Este último achado é bastante coerente com a conclusão de Blinder de que a empresa típica ajusta seus preços mais ou menos uma vez por ano.

de comparar o comportamento da economia no longo prazo com seu comportamento no curto prazo.

Embora o modelo de oferta agregada e demanda agregada se assemelhe ao modelo de oferta e demanda para um único bem, a analogia não é exata. O modelo para oferta e demanda de um único bem considera um único bem no âmbito de uma economia de grande porte. Por outro lado, conforme veremos nos próximos capítulos, o modelo de oferta agregada e demanda agregada é um sistema sofisticado, que incorpora as interações entre muitos mercados. Ainda neste capítulo, daremos uma primeira olhada nessas interações, por meio do exame do modelo em sua forma mais simplificada. Nosso objetivo, nesse caso, não é explicar o modelo integralmente, mas, em vez disso, apresentar seus elementos essenciais e ilustrar como ele pode ajudar a explicar flutuações econômicas no curto prazo.

10.3 DEMANDA AGREGADA

Demanda agregada (DA) é a relação entre a quantidade de produto demandada e o nível de preços agregado. Em outras palavras, a curva da demanda agregada nos revela a quantidade de bens e de serviços que as pessoas desejam adquirir em qualquer nível de preços predeterminado. Examinaremos em detalhes a teoria da demanda agregada nos Capítulos 11 a 13. Neste capítulo, utilizamos a teoria quantitativa da moeda para proporcionar uma derivação simples, embora incompleta, da curva de demanda agregada.

A equação quantitativa sob a forma de demanda agregada

Lembre-se, com base no Capítulo 5, de que a teoria quantitativa afirma que

$$MV = PY,$$

em que M é a oferta monetária, V é a velocidade da moeda, P é o nível de preços e Y é o montante relativo à produção. Se a velocidade da moeda é constante, essa equação enuncia que a oferta monetária determina o valor nominal da produção, que, por sua vez, é resultado da multiplicação entre o nível de preços e o montante relativo à produção.

Ao interpretar essa equação, é útil lembrar que a equação quantitativa pode ser reescrita em termos da oferta e da demanda por saldos monetários reais:

$$M/P = (M/P)^d = kY,$$

em que $k = 1/V$ corresponde a um parâmetro que representa o montante, em termos de moeda corrente, que as pessoas desejam ter em mãos para cada unidade monetária de renda. Dessa maneira, a equação quantitativa enuncia que a oferta de saldos monetários reais, M/P, é igual à demanda por saldos monetários reais $(M/P)^d$, e que a demanda é proporcional ao total da produção, Y. A velocidade da moeda, V, corresponde ao "contraponto" do parâmetro da demanda por moeda, k. O pressuposto que trata da velocidade constante é equivalente ao pressuposto de uma demanda constante de saldos reais monetários por unidade de produto.

Se utilizarmos o pressuposto de que a velocidade V é constante e que a oferta monetária M é preestabelecida pelo banco central, a equação quantitativa produz uma relação negativa entre o nível de preços P e o total da produção Y. A Figura 10.5 apresenta, sob a forma de gráfico, as combinações entre P e Y que satisfazem a equação quantitativa, mantendo-se M e V constantes. Essa curva com inclinação descendente é chamada de curva da demanda agregada.

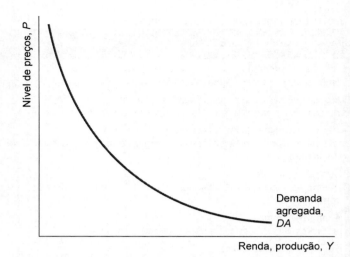

Figura 10.5 Curva da demanda agregada. A curva da demanda agregada, DA, mostra a relação entre o nível de preços, P, e a quantidade demandada de bens e serviços, Y. Ela é traçada para um valor da oferta monetária M. A curva de demanda agregada apresenta inclinação descendente: quanto mais alto o nível de preços P, mais baixo o nível de saldos monetários reais M/P e, consequentemente, menor a quantidade demandada de bens e serviços Y.

Por que a curva da demanda agregada apresenta inclinação descendente?

Questão estritamente matemática, a equação quantitativa explica de modo bastante simples a inclinação descendente da curva da demanda agregada. A oferta monetária, M, e a velocidade da moeda, V, determinam o valor nominal do total da produção, PY. Sendo PY constante, no caso de P crescer, Y deve necessariamente diminuir.

Qual é o princípio econômico que norteia essa relação matemática? Para termos uma explanação completa sobre a inclinação descendente da curva de demanda agregada, teremos que esperar mais alguns capítulos. Por enquanto, porém, consideremos a seguinte lógica: uma vez que adotamos o pressuposto de que a velocidade da moeda é constante, a oferta monetária determina o valor, em unidades de moeda corrente, de todas as transações na economia. (Essa conclusão já foi apresentada no Capítulo 5.) Se o nível de preços aumentar, cada transação exigirá maior quantidade de moeda corrente, de modo que o número de transações e, por conseguinte, a quantidade de bens e serviços adquiridos devem necessariamente diminuir.

Podemos, também, explicar a inclinação descendente da curva de demanda agregada ao considerarmos a oferta e a demanda de saldos monetários reais. Se o montante de produto for mais alto, as pessoas realizarão um número maior de transações comerciais e precisarão de maior quantidade de saldos monetários reais, M/P. Para uma oferta monetária fixa, M, um nível mais alto de saldos monetários reais implica nível de preços mais baixo. Por outro lado, se o nível de preços é mais baixo, a quantidade de saldos monetários reais passa a ser mais alta; o nível mais alto de saldos monetários reais possibilita maior volume de transações comerciais, o que significa que uma quantidade maior de produto passa a ser demandada.

Deslocamentos na curva da demanda agregada

A curva de demanda agregada é traçada para um valor fixo de oferta monetária. Em outras palavras, ela nos informa as possíveis combinações entre P e Y para determinado valor de M. Se o banco central altera a oferta monetária, as possíveis combinações entre P e Y se modificam, o que significa que a curva da demanda agregada se desloca.

Por exemplo, considere o que acontece caso o banco central reduza a oferta monetária. A equação quantitativa, $MV = PY$, nos afirma que uma redução na oferta monetária acarreta redução proporcional no valor nominal correspondente ao total da produção, PY. Para qualquer nível de preços predeterminado, o montante relativo ao total da produção passa a ser menor, e para qualquer montante predeterminado de produção o nível de preços torna-se mais baixo. Do mesmo modo que no painel (a) de Figura 10.6, a curva da demanda agregada, que relaciona P e Y, se desloca para dentro.

O oposto ocorrerá caso o banco central aumente a oferta monetária. A equação quantitativa nos afirma que um crescimento em M provoca crescimento em PY. Para qualquer nível determinado de preços, o montante de produto passa a ser maior; e para qualquer montante de produto, o nível de preços passa a ser mais alto. Como demonstra o painel (b) da Figura 10.6, a curva da demanda agregada se desloca para fora.

Embora a teoria quantitativa da moeda proporcione uma base bastante simples para compreender a curva da demanda agregada, saiba de antemão que a realidade é mais complicada. Flutuações na oferta monetária não representam a única fonte de flutuações na demanda agregada. Ainda que a oferta monetária se mantenha constante, a curva da demanda agregada se deslocará caso algum evento venha a acarretar uma mudança na velocidade da moeda. Ao longo dos dois capítulos subsequentes, desenvolveremos um modelo de âmbito mais geral para a demanda agregada, conhecido como *modelo IS-LM*, que nos permitirá considerar muitas razões possíveis para deslocamentos na curva da demanda agregada.

10.4 OFERTA AGREGADA

A curva da demanda agregada, por si só, não nos informa o nível de preços ou o montante de produto que prevalecerá na economia; apresenta meramente uma relação entre essas duas variáveis. Para acompanhar a curva da demanda agregada, precisamos de outra relação entre P e Y, que intercepte a curva da demanda agregada – uma curva para a oferta agregada. A curva da demanda agregada e a curva da oferta agregada determinam, conjuntamente, o nível de preços e o montante de produto para a economia.

A **oferta agregada** (*OA*) é a relação entre a quantidade ofertada de bens e serviços e o nível de preços. Como as empresas que ofertam bens e serviços apresentam preços flexíveis no longo prazo, mas preços rígidos no curto prazo, a relação da oferta agregada depende do horizonte de tempo. Precisamos apresentar duas curvas diferentes para a oferta agregada: a curva da oferta agregada no longo prazo, *OALP*, e a curva da oferta agregada no curto prazo, *OACP*. Precisamos, também, discutir sobre a maneira como a economia faz a transição, partindo do curto prazo para o longo prazo.

Longo prazo: a curva vertical da oferta agregada

Como o modelo clássico descreve o comportamento da economia no longo prazo, derivamos desse modelo a curva da oferta agregada de longo prazo. Você viu no Capítulo 3 que o montante de produto gerado depende de quantidades fixas de capital e mão de obra e da tecnologia disponível. Para demonstrar isso, escrevemos

$$Y = F(\overline{K}, \overline{L}) = \overline{Y}$$

De acordo com o modelo clássico, o total da produção não depende do nível de preços. Para demonstrar que o total da produção é fixo nesse nível, independentemente do nível de preços, traçamos uma curva vertical para a oferta agregada, como se vê na Figura 10.7. No longo prazo, a interseção entre a curva da demanda agregada e essa curva vertical para a oferta agregada determina o nível de preços.

Se a curva da oferta agregada é vertical, as variações na demanda agregada afetam os preços, mas não o total da produção. Por exemplo, se a oferta monetária diminui, a curva da demanda agregada se desloca para baixo, como é o caso na Figura 10.8. A economia se movimenta, partindo da antiga interseção entre oferta agregada e demanda agregada, o ponto A, para a nova interseção, o ponto B. O deslocamento da demanda agregada afeta somente os preços.

A curva vertical da oferta agregada satisfaz a dicotomia clássica, pois implica que a oferta monetária não afeta o total da produção. Esse patamar de produção no longo prazo, $\overline{Y}$, é chamado de nível de *pleno emprego* ou nível *natural* de produção. Trata-se

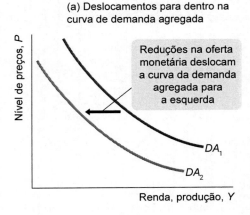
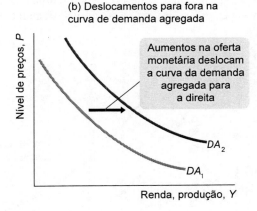

Figura 10.6 Deslocamentos na curva da demanda agregada. Alterações na oferta monetária deslocam a curva de demanda agregada. No painel (a), uma redução na oferta monetária M reduz o valor nominal do total da produção PY. Para qualquer nível de preços predeterminado P, o total da produção, Y, torna-se mais baixo. Por conseguinte, uma diminuição na oferta monetária desloca a curva da demanda agregada para dentro, de DA_1 para DA_2. No painel (b), um crescimento na oferta monetária M eleva o valor nominal do total da produção PY. Para qualquer nível determinado de preços P, o total da produção, Y, passa a ser mais alto. Por conseguinte, um aumento na oferta monetária desloca a curva da demanda agregada para fora, de DA_1 para DA_2.

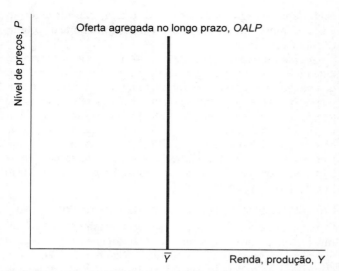

Figura 10.7 Curva da oferta agregada de longo prazo. No longo prazo, o nível de produção é determinado pela quantidade de capital e mão de obra e pela tecnologia disponível; não depende do nível de preços. A curva da oferta agregada de longo prazo, OALP, é vertical.

do nível de produção no qual os recursos da economia estão plenamente empregados, ou, de modo mais realista, no qual o desemprego encontra-se em sua taxa natural.

Curto prazo: a curva horizontal da oferta agregada

O modelo clássico e a curva vertical da oferta agregada são aplicáveis apenas no longo prazo. No curto prazo, alguns preços são rígidos e, portanto, não se ajustam a variações na demanda. Por causa da rigidez dos preços, a curva de oferta agregada no curto prazo não é vertical.

Neste capítulo, simplificaremos as coisas, pressupondo um exemplo extremo. Suponha que todas as empresas tenham editado catálogos de preços e que seja caro demais para elas confeccionar novos catálogos. Consequentemente, todos os preços estão presos em níveis predeterminados. Nesses patamares de preço, as empresas dispõem-se a vender a quantidade que os clientes estiverem propensos a comprar, e contratam a mão de obra suficiente apenas para produzir a quantidade demandada.

Sendo rígido o nível de preços, representamos essa situação na Figura 10.9, com uma curva horizontal para a oferta agregada.

O equilíbrio da economia no curto prazo corresponde à interseção da curva da demanda agregada com essa curva horizontal da oferta agregada no curto prazo. Nesse caso, variações na demanda agregada efetivamente afetam o nível da produção. Por exemplo, se o banco central reduzir repentinamente a oferta monetária, a curva da demanda agregada se deslocará para dentro, como se verifica na Figura 10.10. A economia se desloca da antiga interseção entre demanda agregada e oferta agregada, o ponto A, para a nova interseção, o ponto B. O deslocamento do ponto A para o ponto B representa um declínio no total da produção, em um nível de preços constante.

Sendo assim, uma queda na demanda agregada reduz o total da produção no curto prazo, pois os preços não se ajustam de maneira instantânea. Depois da queda repentina na demanda agregada, as empresas ficam presas a preços que estão demasiadamente altos. Com demanda baixa e preços altos, as empresas vendem uma quantidade menor de seus produtos; por essa razão, reduzem a produção e dispensam trabalhadores. A economia passa por um período de recessão.

Mais uma vez, saiba de antemão que a realidade é um pouco mais complicada do que o que foi ilustrado aqui. Embora muitos preços sejam rígidos no curto prazo, alguns conseguem reagir rapidamente às circunstâncias que vão se modificando. Conforme veremos no Capítulo 14, em uma economia com alguns preços rígidos e alguns preços flexíveis, a curva da oferta agregada no curto prazo tem inclinação ascendente e não horizontal. A Figura 10.10 ilustra um caso extremo, no qual todos os preços são rígidos. Por ser mais simples, esse caso constitui um ponto de partida útil para pensarmos sobre a oferta agregada no curto prazo.

Do curto prazo para o longo prazo

Podemos resumir da seguinte maneira nossa análise realizada até aqui: *Ao longo de extensos intervalos de tempo, os preços são flexíveis, a curva da oferta agregada é vertical e as variações na demanda agregada afetam o nível de preços, mas não o total da produção. Ao longo de pequenos intervalos de tempo, os preços são rígidos, a curva da oferta agregada é plana e as variações na demanda agregada efetivamente afetam a produção de bens e de serviços na economia.*

De que modo a economia faz a transição do curto para o longo prazo? Acompanharemos os efeitos de uma queda na demanda agregada ao longo do tempo. Suponhamos que a eco-

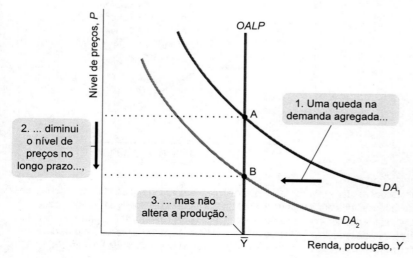

Figura 10.8 Deslocamentos na demanda agregada no longo prazo. Uma redução na oferta monetária desloca a curva da demanda agregada para baixo, de DA_1 para DA_2. O equilíbrio da economia se desloca do ponto A para o ponto B. Sendo vertical a curva da oferta agregada no longo prazo, a redução na demanda agregada afeta o nível de preços, mas não o nível do total da produção.

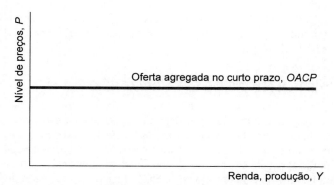

Figura 10.9 Curva da oferta agregada no curto prazo. Neste exemplo extremo, todos os preços estão fixos no curto prazo. Portanto, a curva da oferta agregada no curto prazo, *OACP*, é horizontal.

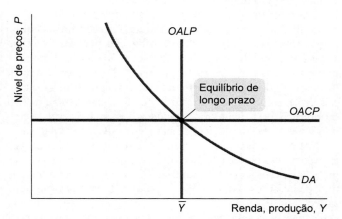

Figura 10.11 Equilíbrio de longo prazo. No longo prazo, a economia se encontra no ponto correspondente à interseção entre a curva da oferta agregada de longo prazo e a curva da demanda agregada. Uma vez que os preços já se ajustaram em relação a esse nível, a curva para a oferta agregada de curto prazo também intercepta esse ponto.

nomia esteja inicialmente no equilíbrio de longo prazo, como mostra a Figura 10.11. Existem três curvas nessa figura: a curva da demanda agregada, a curva da oferta agregada de longo prazo e a curva da oferta agregada de curto prazo. O equilíbrio de longo prazo é o ponto em que a curva da demanda agregada intercepta a curva da oferta agregada de longo prazo. Os preços já se ajustaram de modo a alcançar esse equilíbrio. Portanto,

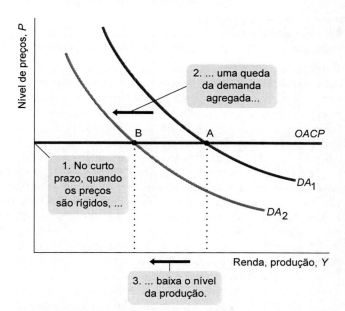

Figura 10.10 Deslocamentos da demanda agregada no curto prazo. Uma redução na oferta monetária desloca a curva de demanda agregada para baixo, de DA_1 para DA_2. O equilíbrio da economia se move do ponto A para o ponto B. Sendo a curva de oferta agregada horizontal no curto prazo, a redução na demanda agregada reduz o nível da produção.

quando a economia está no seu equilíbrio de longo prazo, a curva da oferta agregada de curto prazo deve, necessariamente, também cruzar esse ponto.

Suponhamos, agora, que o banco central reduza a oferta monetária e a curva de demanda agregada se desloque para baixo, como na Figura 10.12. No curto prazo, os preços são rígidos, de modo que a economia se movimenta do ponto A para o ponto B. Produção e emprego caem abaixo de seus níveis naturais, o que significa que a economia está em recessão. Com o passar do tempo, em reação à baixa demanda, os salários e os preços caem. A redução gradativa do nível de preços desloca a economia para baixo ao longo da curva de demanda agregada, até o ponto C, que é o novo equilíbrio de longo prazo. Nesse novo equilíbrio de longo prazo (ponto C), a produção e o emprego estão de volta aos seus níveis naturais, mas os preços estão mais baixos do que no antigo equilíbrio de longo prazo (ponto A). Por conseguinte, um deslocamento na demanda agregada afeta a produção no curto prazo, e esse efeito se dissipa ao longo do tempo, à medida que as empresas ajustam seus preços.

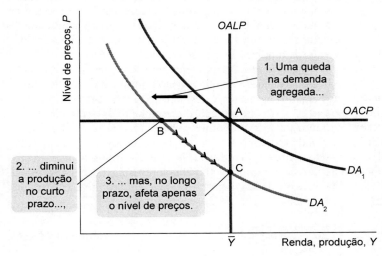

Figura 10.12 Redução na demanda agregada. A economia começa em situação de equilíbrio de longo prazo, no ponto A. Uma redução na demanda agregada, talvez causada por diminuição da oferta monetária, movimenta a economia do ponto A para o ponto B, no qual a produção está abaixo de seu nível natural. À medida que os preços caem, a economia gradativamente se recupera da recessão, deslocando-se do ponto B para o ponto C.

ESTUDO DE CASO

UMA LIÇÃO MONETÁRIA NA HISTÓRIA DA FRANÇA

É difícil encontrar exemplos modernos para ilustrar as lições extraídas da Figura 10.12. Bancos centrais modernos são espertos demais para arquitetar uma redução substancial na oferta monetária sem uma boa razão. Sabem que isso traria recessão e, de modo geral, fazem o melhor que podem para evitar que aconteça. Felizmente, a história costuma preencher a lacuna quando experiências recentes não conseguem produzir o experimento correto.

Exemplo bastante significativo dos efeitos de uma contração monetária ocorreu na França do século XVIII. François Velde, economista do Federal Reserve Bank de Chicago, estudou em 2009 esse episódio da história da economia francesa.

O caso começa com a natureza incomum do dinheiro francês à época. O estoque monetário dessa economia incluía uma variedade de moedas de ouro e prata que, ao contrário do que ocorre com o dinheiro moderno, não indicavam um valor monetário específico. Em vez disso, o valor monetário de cada moeda era estabelecido por decreto governamental e o governo podia alterar facilmente o valor monetário e, consequentemente, a oferta monetária. Algumas vezes, isso ocorria literalmente da noite para o dia. É quase como se, enquanto você estivesse dormindo, cada nota de $ 1,00 em sua carteira fosse substituída por uma nota com valor correspondente a apenas 80 centavos.

De fato, foi isso que aconteceu em 22 de setembro de 1724. Todas as pessoas na França acordaram com 20% a menos de dinheiro do que tinham na noite anterior. Ao longo de sete meses daquele ano, o valor nominal do estoque monetário foi reduzido em aproximadamente 45%. O objetivo dessas alterações era reduzir os preços na economia até um nível que o governo considerasse apropriado.

O que aconteceu como resultado dessa política? Velde relata as seguintes consequências:

> Embora preços e salários tenham efetivamente caído, a queda não chegou integralmente aos 45%; além disso, foram necessários meses, se não anos, para que eles caíssem esse tanto. Os salários reais de fato cresceram, pelo menos inicialmente. As taxas de juros cresceram. O único mercado que se ajustou instantânea e integralmente foi o mercado de câmbio para moedas estrangeiras. Nem mesmo os mercados que estavam o mais próximo possível de serem plenamente competitivos, como o de grãos, foram capazes de reagir logo de início.
> Ao mesmo tempo, o setor industrial da economia (ou, pelo menos, a indústria têxtil) sofreu grave contração, em torno de 30%. O deflagrar da recessão pode ter ocorrido antes de se iniciar a política deflacionária, embora, à época, tenha se difundido a crença de que a gravidade da contração decorreria da política monetária, particularmente de um "esmagamento do crédito", pois os detentores de moeda corrente deixaram de oferecer crédito para o comércio como precaução contra futuros declínios nos preços (a "escassez de dinheiro" frequentemente apontada pelos observadores como culpada). Do mesmo modo, era ampla a crença (baseada em experiências do passado) de que uma política inflacionária faria com que a recessão terminasse, e, coincidentemente ou não, a economia retomou o seu crescimento assim que a oferta monetária nominal teve aumento de aproximadamente 20%, em maio de 1726.

Esta descrição de eventos da história francesa se coaduna bem com as lições extraídas da teoria macroeconômica moderna.*

10.5 POLÍTICAS DE ESTABILIZAÇÃO

As flutuações no conjunto da economia têm origem em variações na oferta agregada ou na demanda agregada. Os economistas chamam de **choques** econômicos os eventos exógenos que deslocam essas curvas. Um choque que desloca a curva de demanda agregada é chamado de **choque de demanda**, enquanto um choque que altera a curva de oferta agregada é chamado de **choque de oferta**. Esses choques desorganizam a economia, pois afastam a produção e o emprego de seus respectivos níveis naturais. Um dos objetivos do modelo da oferta agregada e da demanda agregada consiste em demonstrar o modo como os choques causam flutuações na economia.

Outro objetivo do modelo é avaliar como a política macroeconômica pode reagir a esses choques. Os economistas utilizam a expressão **política de estabilização** para se referir às ações políticas voltadas para reduzir a gravidade das flutuações econômicas de curto prazo. Como o total da produção e o nível de emprego oscilam em torno de seus respectivos níveis naturais de longo prazo, a política de estabilização ameniza o ciclo econômico, pois mantém o total da produção e o nível de emprego o mais perto possível de suas respectivas taxas naturais.

Nos próximos capítulos, examinaremos detalhadamente como funciona a política de estabilização e quais são os problemas práticos que surgem em sua utilização. Por enquanto, neste capítulo, começamos nossa análise da política de estabilização utilizando nossa versão simplificada do modelo de demanda agregada e oferta agregada. Examinamos especialmente como a política monetária pode reagir a choques. A política monetária é um importante componente da política de estabilização pois, conforme já verificamos, a oferta monetária exerce um impacto significativo sobre a demanda agregada.

Choques na demanda agregada

Considere um exemplo de choque de demanda: o lançamento e a pogressiva disponibilidade de cartões de crédito. Por geralmente constituírem um meio mais conveniente de se fazer compras do que a utilização de dinheiro vivo, os cartões de crédito reduzem a quantidade de moeda corrente que as pessoas optam por ter em mãos. Essa redução na demanda por moeda corrente é equivalente a um aumento na velocidade da moeda. No momento em que cada pessoa passa a ter em mãos menor quantidade de moeda corrente, o parâmetro da demanda por moeda corrente, k, diminui. Isso significa que cada unidade de moeda corrente se movimenta de mão em mão mais rapidamente, de modo tal que a velocidade $V (= 1/k)$ aumenta.

Se a oferta monetária se mantém constante, o crescimento na velocidade faz com que o gasto nominal aumente e a curva da demanda agregada se desloque para fora, como ilustra a Figura 10.13. No curto prazo, o crescimento da demanda eleva o produto total da economia – causa um superaquecimento da atividade econômica. No nível de preços anterior, as empresas vendem maior quantidade de seus produtos. Consequentemente, contratam mais trabalhadores; solicitam que os trabalhadores que já fazem parte dos quadros da empresa trabalhem

---

* VELDE, François R. Chronicles of a deflation unforetold. *Journal of Political Economy*, v. 117, p. 591-634, Aug. 2009.

mais horas; e fazem maior uso de suas instalações e de seus equipamentos.

Com o passar do tempo, o nível elevado da demanda agregada puxa para cima os salários e os preços. À medida que o nível de preços vai se elevando, a quantidade demandada de produto passa a declinar, e a economia gradativamente vai se aproximando do nível natural de produção. Entretanto, durante a transição para o nível de preços mais elevado, o total da produção da economia está acima de sua respectiva taxa natural.

O que o banco central pode fazer para conter esse superaquecimento e manter o total da produção mais próximo da taxa natural? Ele pode reduzir a oferta monetária, de modo a contrabalançar o aumento na velocidade. O abrandamento da velocidade estabilizaria a demanda agregada. Consequentemente, o banco central pode reduzir, ou até mesmo eliminar, o impacto decorrente de choques de demanda sobre o total da produção e o emprego, caso consiga controlar com habilidade a oferta monetária. Se o banco central tem ou não a habilidade necessária, essa é uma questão mais difícil, que abordaremos no Capítulo 16.

Choques na oferta agregada

Choques na oferta agregada também podem causar flutuações na economia. Um choque de oferta é um choque na economia que altera o custo da produção de bens e serviços e, como resultado disso, os preços que as empresas cobram. Por exercerem impacto direto sobre o nível de preços, os choques de oferta são às vezes chamados de *choques de preços*. Eis aqui alguns exemplos:

- Uma seca que destrói as colheitas. A redução na oferta de alimentos empurra para cima o preço desses alimentos.
- Uma nova lei de proteção ambiental exigindo que as empresas reduzam a emissão de agentes poluentes. As empresas repassam os custos adicionais para os consumidores, sob a forma de preços mais altos.
- Um aumento no poder de pressão dos sindicatos. Isso impulsiona para cima os salários e os preços dos bens produzidos pelos trabalhadores sindicalizados.
- A organização de um cartel internacional de petróleo. Ao restringir a concorrência, os principais produtores de petróleo podem aumentar o preço internacional do produto.

Todos esses eventos constituem choques *adversos* na oferta, o que significa que empurram para cima os custos e os preços. Um choque *favorável* na oferta, tal como o desmembramento de um cartel internacional de petróleo, reduz os custos e os preços.

A Figura 10.14 mostra o efeito de um choque adverso na oferta sobre a economia. A curva da oferta agregada de curto prazo se desloca para cima. (O choque na oferta pode também reduzir o nível natural da produção e, consequentemente, deslocar para a esquerda a curva da oferta agregada de longo prazo, mas agora vamos ignorar esse efeito.) Se a demanda agregada se mantém constante, a economia se movimenta do ponto A para o ponto B: o nível de preços se eleva, e o montante correspondente à produção cai para um nível inferior a seu respectivo nível natural. Uma experiência como essa é chamada de *estagflação*, pois combina estagnação (produção decrescente e, conforme a Lei de Okun, desemprego crescente) com inflação (preços crescentes).

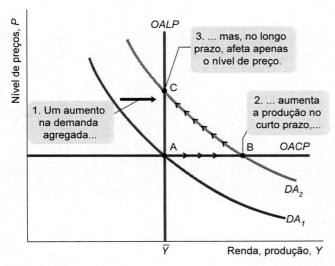

Figura 10.13 Crescimento na demanda agregada. A economia começa em situação de equilíbrio de longo prazo, no ponto A. Um crescimento na demanda agregada, talvez decorrente de crescimento na velocidade da moeda, desloca a economia do ponto A para o ponto B, em que o total da produção encontra-se acima de seu respectivo nível natural. À medida que os preços passam a crescer, a produção gradativamente retorna a seu respectivo nível natural e a economia se movimenta do ponto B para o ponto C.

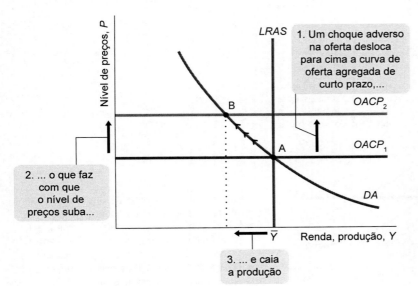

Figura 10.14 Choque adverso na oferta. Um choque adverso na oferta impulsiona para cima os custos e, consequentemente, os preços. Se a demanda agregada é mantida constante, a economia se movimenta do ponto A para o ponto B, acarretando estagflação – uma combinação entre preços crescentes e produção decrescente. Por fim, à medida que os preços vão diminuindo, a economia vai retornando ao nível natural de produção, o ponto A.

Diante de um choque adverso de oferta, um decisor político com capacidade de influenciar a demanda agregada, como é o caso do banco central, se depara com uma escolha difícil entre duas opções. A primeira opção, implícita na Figura 10.14, consiste em manter constante a demanda agregada. Nesse caso, a produção e o emprego estão mais baixos do que o nível natural. Os preços terminarão por cair, de modo a restabelecer o pleno emprego no nível de preços anterior (ponto A), embora o custo desse processo de ajuste seja uma dolorosa recessão.

A segunda opção, ilustrada na Figura 10.15, é expandir a demanda agregada de modo a conduzir mais rapidamente a economia em direção ao nível natural da produção. Caso o aumento na demanda agregada coincida com o choque na oferta agregada, a economia passa imediatamente do ponto A para o ponto C. Nesse caso, afirma-se que o banco central *acomoda* o choque na oferta. Uma desvantagem dessa opção, sem dúvida, é o fato de que o nível de preços passa a ser permanentemente mais elevado. Não existe uma maneira de ajustar a demanda agregada com o objetivo de preservar o pleno emprego e manter estável o nível de preços.

ESTUDO DE CASO

COMO A OPEP AJUDOU A CAUSAR ESTAGFLAÇÃO NA DÉCADA DE 1970 E EUFORIA NOS ANOS DE 1980

Os mais impactantes choques de oferta da história recente foram causados pela OPEP, a Organização dos Países Exportadores de Petróleo. A OPEP é um cartel, o que significa uma organização de fornecedores que coordenam os níveis de produção e os níveis de preço. No início da década de 1970, a redução na oferta de petróleo, coordenada pela OPEP, praticamente dobrou o preço internacional do produto. Esse aumento nos preços do petróleo causou estagflação na maior parte dos países industrializados. As estatísticas mostram o que aconteceu nos Estados Unidos:

Ano	Variação nos preços do petróleo	Taxa de inflação (IPC)	Taxa de desemprego
1973	11,0%	6,2%	4,9%
1974	68,0%	11,0%	5,6%
1975	16,0%	9,1%	8,5%
1976	3,3%	5,8%	7,7%
1977	8,1%	6,5%	7,1%

O aumento de 68% no preço do petróleo, em 1974, foi um choque de oferta adverso de enormes proporções. Como era de se esperar, esse choque acarretou, ao mesmo tempo, inflação mais alta e maior índice de desemprego.

Poucos anos mais tarde, quando a economia mundial estava quase recuperada da primeira recessão causada pela OPEP, praticamente a mesma coisa voltou a ocorrer. A OPEP aumentou os preços do petróleo, causando ainda mais estagflação. Eis as estatísticas para os Estados Unidos:

Ano	Variação nos preços do petróleo	Taxa de inflação (IPC)	Taxa de desemprego
1978	9,4%	7,7%	6,1%
1979	25,4%	11,3%	5,8%
1980	47,8%	13,5%	7,0%
1981	44,4%	10,3%	7,5%
1982	– 8,7%	6,1%	9,5%

Os aumentos nos preços do petróleo em 1979, 1980 e 1981 trouxeram de novo uma inflação correspondente a dois dígitos e um nível de desemprego ainda maior.

Em meados da década de 1980, reviravoltas políticas entre os países árabes enfraqueceram a capacidade da OPEP de restringir as ofertas de petróleo. Os preços caíram, revertendo a estagflação da década de 1970 e do início da década de 1980. Eis o que aconteceu nos EUA:

Ano	Variação nos preços do petróleo	Taxa de inflação (IPC)	Taxa de desemprego
1983	– 7,1%	3,2%	9,5%
1984	– 1,7%	4,3%	7,4%
1985	– 7,5%	3,6%	7,1%
1986	– 44,5%	1,9%	6,9%
1987	18,3	3,6%	6,1%

Em 1986, os preços do petróleo caíram praticamente à metade. Esse choque favorável, em termos da oferta, acarretou uma das taxas de inflação mais baixas já vivenciadas na história recente dos Estados Unidos, bem como uma queda no índice de desemprego.

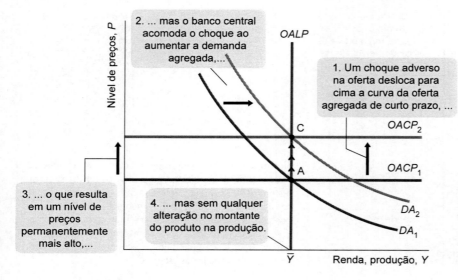

Figura 10.15 Acomodação de um choque adverso na oferta. Em resposta a um choque adverso na oferta, o banco central pode aumentar a demanda agregada, a fim de evitar uma redução no montante da produção. A economia se movimenta do ponto A para o ponto C. O custo dessa política é um nível de preços permanentemente mais alto.

Mais recentemente, a OPEP não tem sido uma causa importante de flutuações econômicas. Esforços de conservação e as mudanças tecnológicas que aumentam a eficiência da energia tornaram a economia dos Estados Unidos menos suscetível a choques do petróleo. Além disso, a economia norte-americana atual está mais fundamentada em serviços e menos em manufaturas, o que requer menos energia para sua produção. De 1980 a 2016, a quantidade de petróleo consumida por unidade do PIB real norte-americano caiu 55%. Como resultado, as flutuações nos preços do petróleo exercem, agora, menor impacto sobre a economia.*

10.6 O GRANDE FECHAMENTO DA ECONOMIA EM 2020

Quando esta edição estava para ser publicada, em meados de 2020, a economia dos EUA (juntamente com a maioria das outras economias do mundo) passava por uma crise econômica atípica, sob três aspectos.

A primeira característica atípica da crise de 2020 foi sua causa. Um novo vírus, causador da doença conhecida como Covid-19, estava varrendo o mundo. Os primeiros casos foram relatados em 31 de dezembro de 2019, na região de Wuhan, na China. O primeiro caso nos EUA foi confirmado em 21 de janeiro de 2020, no estado de Washington. O vírus provou ser especialmente infeccioso e perigoso. Em 1º de junho havia matado mais de 100.000 pessoas nos Estados Unidos e ultrapassou 300.000 mortos em todo o mundo. Para retardar a propagação do vírus, especialistas em saúde aconselharam as pessoas a evitar interações estreitas entre si. Os líderes eleitos, principalmente governadores estaduais e prefeitos, ordenaram o fechamento de grandes segmentos da economia, incluindo cinemas, eventos esportivos, *shows*, restaurantes (exceto para retirada no local e consumo fora do estabelecimento) e lojas não essenciais. As viagens aéreas caíram mais de 95%.

A segunda característica atípica da crise de 2020 foi sua extraordinária velocidade e profundidade. De fevereiro a abril de 2020, o nível de emprego, nos EUA, caiu de 61,1% da população adulta para 51,3%; de longe, a maior queda já registrada para um período de dois meses. A taxa de desemprego norte-americana, em abril de 2020, era de 14,7%, o nível mais alto desde a Grande Depressão, quando essa taxa atingiu 25% em 1933.

A terceira característica atípica da crise de 2020 foi que, de certa forma, ela foi intencional. A recessão típica é mais bem assimilada como um acidente. Alguns eventos inesperados deslocam a oferta ou a demanda agregada, reduzindo a produção e o emprego. Os formuladores de políticas mostram-se ansiosos para retornar a economia aos níveis normais de produção e emprego o mais rápido possível. Diferentemente disso, a desaceleração em 2020 foi uma recessão conscientemente elaborada. Para conter a pandemia de Covid-19, os formuladores de políticas impuseram mudanças no comportamento que reduziram a produção e o emprego. Por si só, a pandemia obviamente não era intencional nem desejada. Contudo, dadas as circunstâncias, uma grande desaceleração econômica foi, sem dúvida, o melhor resultado que poderia ser alcançado.

Modelando o fechamento total da economia

Podemos observar a crise econômica de 2020 utilizando o modelo de oferta agregada e demanda agregada. Dada a natureza atípica desse evento, no entanto, as mudanças diferem um pouco daquelas que ocorrem durante uma recessão típica. A Figura 10.16 modela os eventos da crise de 2020.

Vamos, primeiramente, considerar os efeitos na demanda agregada. A partir de março de 2020, muitos lugares onde as pessoas adquiriam bens e serviços, como restaurantes e lojas de varejo, foram fechados por decreto do governo. E, para reduzir o risco de infecção, as pessoas evitavam muitas empresas que permaneciam abertas. Essas mudanças no comportamento reduzem a velocidade do dinheiro: a moeda corrente permanece por mais tempo nas carteiras e nas contas bancárias das pessoas, já que não está sendo gasta com bens e serviços. Como resultado, a quantidade de bens e serviços demandados é menor para todos os níveis de preços e a curva de demanda agregada se desloca para a esquerda.

A seguir, veremos os efeitos sobre a oferta agregada. Precisamos considerar a curva da oferta agregada de curto prazo e a curva da oferta agregada de longo prazo. Mas começamos com uma ressalva: dadas as circunstâncias incomuns durante o fechamento da economia, os termos "curto prazo" e "longo prazo" passam a ter nova definição nesse contexto. Por consistência, continuamos chamando as curvas de OACP e OALP, mas é aconselhável focar menos no horizonte de tempo do que nos fenômenos econômicos que essas curvas representam.

A curva OACP representa os preços pelos quais as empresas dispõem-se a vender seus produtos. A pandemia não teve efeito imediato nos preços estabelecidos. Como resultado, a curva OACP permanece inalterada.

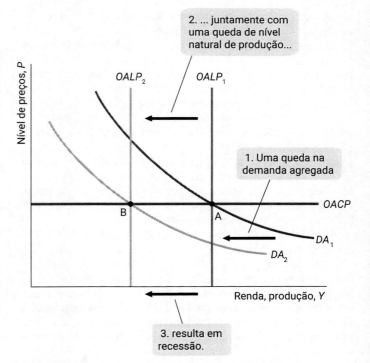

Figura 10.16 O Grande Fechamento da Economia de 2020.
Quando uma pandemia ocorre e muitas empresas são fechadas, a demanda agregada cai porque as pessoas não podem gastar em tais empresas. Como essas empresas não conseguem produzir bens e serviços, a produção potencial da economia, conforme refletida na curva OALP, também cai. A economia se desloca do ponto A para o ponto B.

---
* Alguns economistas sugerem que as alterações nos preços do petróleo desempenharam um papel importante nas flutuações econômicas, mesmo antes da década de 1970. Veja HAMILTON, James D. Oil and the macroeconomy since World War II. *Journal of Political Economy*, v. 91, p. 228-248, Apr. 1983.

A curva OALP representa o nível natural de produção, que é a produção de bens e serviços quando o desemprego está em sua taxa natural. Normalmente, a taxa natural de desemprego é estável e o nível natural de produção cresce sem percalços ao longo do tempo, devido ao crescimento populacional e ao progresso tecnológico. A paralisação em 2020 foi uma exceção. Quando a crise da saúde levou muitas empresas a fechar temporariamente e demitir seus trabalhadores, ela acarretou um aumento repentino e maciço na taxa natural de desemprego. O potencial da economia para produzir bens e serviços, representado pela curva OALP, diminuiu, pelo menos temporariamente, em função do fechamento de muitas empresas. Na Figura 10.16, a queda no potencial de produção é representada pelo deslocamento da curva OALP para a esquerda.

A economia mostrada na Figura 10.16 se desloca do ponto A para o ponto B (assim como a economia dos EUA em 2020). Ela está passando por uma recessão, no sentido de que a produção cai. No entanto, diferentemente de uma recessão típica, não existe excesso de capacidade uma vez que, dada a paralisação, o nível natural de produção da economia também cai.*

Resposta da política

Ao ficar clara a enormidade da crise, os formuladores de políticas reagiram rapidamente de modo a mitigar o sofrimento que resultaria dela. Em 27 de março de 2020, foi assinada nos EUA a Lei de Auxílio, Assistência e Segurança Econômica ao Coronavírus (CARES – *Coronavirus Aid, Relief, and Economic Security Act*). Juntamente com outra legislação promulgada na mesma época, autorizou uma combinação de aumentos de gastos e reduções de impostos de cerca de US$ 2 trilhões, aproximadamente 10% do PIB norte-americano, tornando essa medida a maior resposta fiscal a uma recessão na história. A lei CARES geralmente é chamada de lei de estímulo, mas o objetivo não era realmente estimular a economia e acabar com a recessão. Os formuladores de políticas entenderam que uma recessão seria inevitável diante da situação. Seu objetivo era aliviar as dificuldades que as pessoas enfrentariam durante um período difícil e impedir que a crise deixasse cicatrizes permanentes na economia após o término da pandemia.

Grande parte da resposta oficial pode ser chamada de seguro social ou assistência em catástrofes. Todas as famílias, exceto as de alta renda, receberam descontos de impostos de US$ 1.200 por adulto e US$ 500 por criança. A qualificação para o seguro-desemprego foi ampliada e os benefícios desse seguro aumentaram em US$ 600 por semana. Pequenas empresas receberam empréstimos que seriam perdoados e, portanto, transformados em doações, caso não demitissem nenhum trabalhador ao longo dos dois meses subsequentes.

Para evitar cicatrizes permanentes da recessão, a lei CARES continha várias disposições para promover a continuidade dos negócios. Isso fazia parte da motivação dos empréstimos perdoáveis para pequenas empresas. Os trabalhadores não só continuariam recebendo contracheques, mas também permaneceriam conectados aos seus empregadores, de modo que os negócios normais pudessem ser retomados rapidamente tão logo a crise passasse. Essa lei também proporcionou fundos que permitiram ao Federal Reserve emprestar para grandes empresas, estados e municípios. Nesse sentido, ampliou consideravelmente o papel do Fed como emprestador de última instância. A CARES também aumentou a autoridade do Secretário do Tesouro norte-americano para conceder empréstimos e garantias para empresas, estados e municípios elegíveis.

Economistas de modo geral aplaudiram essas mudanças políticas, mas os críticos apontaram falhas na legislação. Para muita gente, o aumento do seguro-desemprego pagou mais do que seu emprego pagava, dando poucas razões para retornar ao trabalho. Não se alocou dinheiro suficiente para pequenas empresas, o que provocou um embate para ser o primeiro da fila a obter os limitados fundos disponíveis. E algumas empresas que realmente não precisavam do dinheiro desfrutaram de lucros injustificados com tais empréstimos perdoáveis. (Algumas empresas que receberam empréstimos perdoáveis sofreram publicidade negativa como resultado, e, assim, foram induzidas a devolver o dinheiro. As cadeias de restaurantes Shake Shack e Sweetgreen, por exemplo, devolveram, cada uma, US$ 10 milhões.) Os críticos também temiam que o poder discricionário concedido ao Secretário do Tesouro pudesse acarretar o chamado "capitalismo clientelista",** no qual o crédito é concedido com base em influência política e não em fundamentos econômicos.

A lei CARES também ampliou significativamente o déficit orçamentário do governo federal, que já era grande antes de sua aprovação. Segundo o Congressional Budget Office (Escritório de Orçamento do Congresso norte-americano), o déficit orçamentário para 2020 seria de cerca de US$ 3,7 trilhões, aproximadamente 17% do PIB norte-americano, tornando-o o maior desequilíbrio fiscal em 75 anos. A dívida pública dos EUA, como parcela do PIB, foi projetada para atingir seu nível mais alto desde o final da Segunda Guerra Mundial, quando era de 103%. Conforme será discutido no Capítulo 17, a maioria dos economistas acredita ser apropriado que o governo tome emprestado durante crises, como guerras e recessões. Mas o alto endividamento deixará um legado potencialmente problemático para as gerações futuras.

A estrada adiante

Este livro estava para ser impresso no meio da crise econômica de 2020, e a duração da crise e a velocidade da recuperação continuaram sendo questões em aberto.

Um otimista poderia apontar que a maioria dos empregos perdidos durante a crise de 2020 seria caracterizada por demissões temporárias, de modo que as pessoas pudessem retornar rapidamente a seus empregos quando fosse seguro fazê-lo. Um pessimista observaria que as demissões temporárias podem se transformar em perdas permanentes de emprego se a pandemia persistir e muitas empresas fecharem seus negócios. Ao ler isso, você poderá saber qual dessas previsões demonstrou maior exatidão.

No final, as respostas teriam de vir mais da microbiologia do que da macroeconomia. Não se podia esperar que as pessoas voltassem à normalidade econômica até que a pandemia fosse contida, talvez com melhores testes ou o desenvolvimento de uma vacina.

10.7 CONCLUSÃO

Este capítulo apresentou a estrutura conceitual para o estudo das flutuações econômicas: o modelo da oferta agregada e da

---

* Observe que, na Figura 10.16, a alteração na curva DA e a alteração na curva OALP são de igual magnitude. Essa suposição é razoável se o fechamento de empresas durante a pandemia reduz os gastos de seus clientes na mesma dimensão em que reduz sua capacidade de atender à demanda dos clientes. Mas também as alterações podem diferir em tamanho, caso em que a economia se encontraria na interseção entre a curva DA e a curva OACP.

** Do inglês *crony capitalism*. (N.R.)

demanda agregada. O modelo é desenvolvido com base no pressuposto de que os preços permanecem rígidos no curto prazo e flexíveis no longo prazo. Mostra como os choques na economia fazem com que o montante de produção se desvie, temporariamente, do nível indicado pelo modelo clássico.

O modelo também enfatiza o papel da política monetária. Por um lado, uma política monetária mal elaborada e conduzida pode vir a constituir uma fonte de choques desestabilizadores para a economia. Por outro lado, uma política monetária bem administrada pode reagir a choques e estabilizar a economia.

Nos capítulos subsequentes, aperfeiçoaremos nosso entendimento sobre esse modelo e nossa análise sobre políticas de estabilização. Os Capítulos 11 a 13 se estendem além da equação quantitativa, com o objetivo de aprimorar nossa teoria sobre demanda agregada. O Capítulo 14 examina mais detalhadamente a oferta agregada. O restante do livro utiliza, então, esse modelo como plataforma a partir da qual mergulharemos em tópicos mais avançados em teoria e política macroeconômicas.

Resumo

1. As economias passam por flutuações de curto prazo na atividade econômica, mensuradas de modo mais abrangente pelo PIB real. Essas flutuações são associadas a mudanças em inúmeras variáveis macroeconômicas. Particularmente, quando o crescimento do PIB declina, cai o crescimento do consumo (geralmente em uma menor proporção), cai o crescimento do investimento (geralmente em maior proporção) e cresce o nível de desemprego. Embora os economistas examinem vários entre os principais indicadores para prever movimentações na economia, essas flutuações de curto prazo são, em sua grande maioria, imprevisíveis.

2. A diferença crucial entre o funcionamento da economia no longo e no curto prazo é o fato de que os preços são flexíveis no longo prazo mas rígidos no curto prazo. O modelo da oferta agregada e da demanda agregada proporciona uma estrutura conceitual que permite analisar as flutuações na economia e ver como o impacto das políticas econômicas e dos acontecimentos varia ao longo de diferentes horizontes de tempo.

3. A curva da demanda agregada é inclinada em sentido descendente. Ela nos informa que, quanto mais baixo o nível de preços, maior a quantidade agregada de bens e de serviços demandados.

4. No longo prazo, a curva da oferta agregada é vertical, pois o total da produção é determinado pelos montantes de capital e mão de obra e pela tecnologia disponível, mas não pelo nível de preços. Portanto, deslocamentos na demanda agregada afetam o nível de preços, mas não o total da produção ou o nível de emprego.

5. No curto prazo, a curva da oferta agregada é horizontal, uma vez que salários e preços permanecem rígidos em níveis predeterminados. Portanto, deslocamentos na demanda agregada afetam o total da produção e o nível de emprego.

6. Choques na demanda agregada e na oferta agregada causam flutuações na economia. Por ser capaz de deslocar a curva da demanda agregada, o banco central pode tentar atenuar esses choques, com o objetivo de manter a produção e o emprego em seus níveis naturais.

Questionário rápido

1. Em uma recessão típica, o consumo _____. O investimento se desloca na mesma direção, mas proporcionalmente _____ .
   a) aumenta, mais
   b) aumenta, menos
   c) diminui, mais
   d) diminui, menos

2. Quais, entre as seguintes variações, contribuiria para um declínio no índice dos principais indicadores, sugerindo que haveria possibilidade de recessão?
   a) um aumento nos preços das ações em bolsa
   b) um aumento nas licenças para construção de imóveis
   c) um declínio nos primeiros pedidos de seguro-desemprego
   d) uma diminuição na inclinação da curva de rendimento

3. Se uma falha técnica nos computadores das empresas de cartões de crédito fizer com que as lojas passem a aceitar apenas pagamentos em dinheiro, a demanda por moeda corrente _____. Se a oferta monetária se mantiver constante, a curva da demanda agregada se deslocará para a _____.
   a) aumentará, direita
   b) aumentará, esquerda
   c) diminuirá, direita
   d) diminuirá, esquerda

4. Uma expansão na demanda agregada eleva _____ no curto prazo. No longo prazo, contudo, eleva somente _____.
   a) o PIB real, o nível de preços
   b) o PIB real, a velocidade da moeda
   c) a taxa de desemprego, o nível de preços
   d) a taxa de desemprego, a velocidade da moeda

5. A estagflação – nível de produção mais baixo e preços mais altos – é causada por
   a) uma expansão na demanda agregada.
   b) uma contração na demanda agregada.
   c) um choque favorável na oferta agregada.
   d) um choque adverso na oferta agregada.

6. Se o banco central reagir a um choque adverso na oferta expandindo a oferta monetária, ele
   a) estabilizará a demanda agregada em seu patamar anterior.
   b) tornará a recessão resultante ainda mais grave do que se não tivesse reagido.
   c) manterá a economia mais próxima de seus patamares naturais de produção e emprego.
   d) permitirá que o nível de preços retorne ao patamar que prevalecia antes do choque.

CONCEITOS-CHAVE

Lei de Okun
Principais indicadores
Demanda agregada

Oferta agregada
Choques
Choques de demanda

Choques de oferta
Política de estabilização

Questões para revisão

1. Quando o PIB real declina durante uma recessão, o que acontece normalmente com o consumo, o investimento e a taxa de desemprego?
2. Dê um exemplo de preço que seja rígido no curto prazo e flexível no longo prazo.
3. Por que a curva da demanda agregada apresenta inclinação descendente?
4. Explique o impacto de um crescimento na oferta monetária no curto prazo e no longo prazo.
5. Por que é mais fácil para o banco central lidar com choques de demanda do que com choques de oferta?

Problemas e aplicações

1. Certa economia começa em situação de equilíbrio no longo prazo e, então, uma mudança na regulamentação governamental permite que os bancos comecem a pagar juros sobre contas-correntes bancárias. Lembre-se de que estoque monetário corresponde à soma de papel-moeda em circulação com depósitos à vista em bancos, incluindo as contas-correntes, de modo que essa mudança nas regras faz com que guardar moeda corrente em mãos passe a ser mais atrativo.
   a) Até que ponto essa mudança afeta a demanda por moeda?
   b) O que acontece com a velocidade da moeda?
   c) Se o banco central mantiver constante a oferta monetária, o que acontecerá com a produção e os preços, no curto prazo e no longo prazo?
   d) Se o objetivo do banco central é estabilizar o nível de preços, ele deve manter constante a oferta monetária em resposta a essa mudança na regulamentação? Se não, o que ele deve fazer? Por quê?
   e) Se o objetivo do banco central é estabilizar o total da produção, de que modo se modificaria a sua resposta ao item (d)?

2. Suponha que o banco central reduza a oferta monetária em 5%. Pressuponha que a velocidade da moeda seja constante.
   a) O que acontece com a curva da demanda agregada?
   b) O que acontece com o nível de produção e com o nível de preços no curto prazo e no longo prazo?
   c) À luz de sua resposta ao item (b), e de acordo com a lei de Okun, o que acontece com o desemprego no curto prazo e no longo prazo? Mais uma vez, forneça uma resposta numérica precisa.
   d) Em que direção se desloca a taxa de juros real no curto prazo e no longo prazo? (*Dica:* utilize o modelo para a taxa de juros real, apresentado no Capítulo 3, para ver o que acontece no momento em que o montante da produção se modifica.)

3. Vamos examinar como os objetivos do banco central influenciam a sua reação aos choques. Suponha que, no cenário A, o banco central se preocupe unicamente em manter estável o nível de preços, enquanto no cenário B a preocupação seja unicamente manter a produção e o emprego em seus respectivos níveis naturais. Explique como o banco central reagiria, em cada um dos cenários, às seguintes situações:
   a) Uma diminuição exógena na velocidade da moeda.
   b) Um aumento exógeno no preço do petróleo.

4. Nos Estados Unidos, a entidade que determina o momento em que as recessões começam e terminam é o National Bureau of Economic Research, um grupo de pesquisas econômicas sem finalidade lucrativa. Visite o *site* do NBER na Internet (www.nber.org), e descubra o mais recente ponto de virada no ciclo econômico. Em que momento ele ocorreu? Foi uma mudança de expansão para contração ou o contrário? Enumere todas as recessões (contrações) que ocorreram durante sua vida, e as datas em que elas começaram e terminaram.

Respostas do questionário rápido

1. c
2. d
3. b
4. a
5. d
6. c

Demanda Agregada I: Construindo o Modelo *IS-LM*

11

> *Sustentarei que os postulados da teoria clássica são aplicáveis a um caso especial apenas, não ao caso geral[...] Além disso, as características do caso especial, pressupostas pela teoria clássica, acabam não sendo aquelas que encontramos na sociedade econômica em que efetivamente vivemos; sendo assim, seu ensino será equivocado e desastroso se tentarmos aplicá-lo aos fatos da experiência.*
>
> – John Maynard Keynes, *A teoria geral*

De todas as flutuações econômicas na história do mundo, aquela que se destaca como particularmente intensa, dolorosa e intelectualmente significativa é a Grande Depressão da década de 1930. Durante esse período, os Estados Unidos e muitos outros países viveram a experiência de desemprego maciço e redução significativa na renda. No pior ano, 1933, um quarto da força de trabalho norte-americana estava desempregado, e o PIB real estava 30% abaixo do nível vigente em 1929.

Esse episódio devastador fez com que muitos economistas questionassem a validade da teoria econômica clássica – a teoria que examinamos nos Capítulos 3 a 7. A teoria clássica parecia ser incapaz de explicar a Depressão. De acordo com essa teoria, a renda nacional depende das ofertas de fatores e da tecnologia disponível, e nenhuma delas se modificou substancialmente no período entre 1929 e 1933. Depois do início da Depressão, muitos economistas passaram a acreditar que seria necessário novo modelo para explicar uma desaceleração tão intensa e repentina na atividade econômica e para sugerir políticas governamentais que pudessem vir a mitigar as dificuldades econômicas que tanta gente estava enfrentando.

Em 1936, o economista britânico John Maynard Keynes revolucionou a economia com o seu livro *A teoria geral do emprego, do juro e da moeda*. Keynes propôs uma nova maneira de analisar a economia, que ele apresentou como alternativa para a teoria clássica. Seu ponto de vista sobre o funcionamento da economia logo se tornou foco de controvérsias. Apesar disso, à medida que economistas debatiam *A teoria geral*, um novo entendimento sobre as flutuações econômicas foi gradualmente se desenvolvendo.

Keynes propôs que uma demanda agregada baixa seria responsável pela baixa renda e pelo alto nível de desemprego que caracterizam os períodos de desaceleração na atividade econômica. Criticou a teoria clássica por pressupor que a oferta agregada – capital, mão de obra e tecnologia –, por si só, determina a renda nacional. Economistas hoje conciliam esses dois pontos de vista com o modelo de demanda agregada e oferta agregada, apresentado no Capítulo 10. No longo prazo, os preços são flexíveis e a oferta agregada determina a renda. No curto prazo, entretanto, os preços são rígidos, de modo que variações na demanda agregada influenciam a renda.

Desde que foram propostas, na década de 1930, as ideias de Keynes sobre flutuações de curto prazo sempre mereceram destaque, mas receberam atenção renovada durante a Grande Recessão de 2008-2009. Quando o desemprego disparou, decisores políticos debateram sobre a melhor maneira de aumentar a demanda agregada. Muitas dessas questões que dominaram a atenção dos economistas durante a Grande Depressão estavam, uma vez mais, no centro dos debates políticos.

Neste capítulo e no próximo, continuaremos o estudo das flutuações econômicas, examinando mais minuciosamente a demanda agregada. Nosso objetivo é identificar as variáveis que deslocam a curva da demanda agregada, causando flutuações na renda nacional. Examinaremos também, mais minuciosamente, os instrumentos dos quais os formuladores de política econômica podem lançar mão com o objetivo de influenciar a demanda agregada. No Capítulo 10, derivamos a curva da demanda agregada a partir da teoria quantitativa da moeda, e demonstramos que a política monetária é capaz de deslocar a curva da demanda agregada. Neste capítulo, veremos que o governo tem a capacidade de influenciar a demanda agregada, tanto por meio da política monetária quanto por meio da política fiscal.

O modelo da demanda agregada desenvolvido neste capítulo, chamado de **modelo** IS-LM, é a principal interpretação para a teoria de Keynes. O objetivo do modelo é mostrar o que determina a renda nacional para qualquer nível de preços estabelecido. Existem duas maneiras de interpretar esse exercício. Podemos considerar que o modelo *IS-LM* mostra o que faz a renda se modificar no curto prazo, quando o nível de preços é fixo porque todos os preços estão rígidos. Ou, ainda, podemos considerar que o modelo mostra o que faz a curva da demanda agregada se deslocar. Essas duas interpretações sobre o modelo são equivalentes: como mostra a Figura 11.1, no curto prazo, quando o nível de preços é fixo os deslocamentos na curva da demanda agregada acarretam mudanças no nível de equilíbrio da renda nacional.

As duas partes do modelo *IS-LM* são, como era de se esperar, a **curva** IS e a **curva** LM. *IS* corresponde a "investimento" e "poupança", e a curva *IS* representa o que está acontecendo no mercado de bens e serviços (que discutimos pela primeira vez no Capítulo 3). *LM* corresponde a "liquidez" e "moeda", e a curva *LM* representa aquilo que está acontecendo com a oferta e com a demanda por moeda (o que discutimos pela primeira vez no Capítulo 5). Uma vez que influencia tanto o investimen-

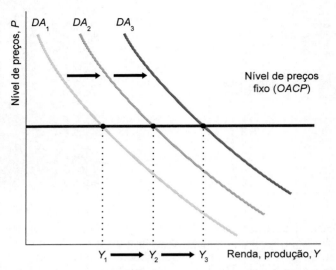

Figura 11.1 Deslocamentos na demanda agregada. Para um nível de preços preestabelecido, a renda nacional oscila em decorrência dos deslocamentos na curva da demanda agregada. O modelo *IS-LM* considera o nível de preços como preestabelecido, e mostra o que faz a renda se modificar. O modelo, portanto, mostra o que causa deslocamento na demanda agregada.

to quanto a demanda por moeda, a taxa de juros é a variável que faz a ligação entre as duas metades do modelo IS-LM. O modelo demonstra como interações entre o mercado de bens e o mercado de moeda determinam a posição e a inclinação da curva de demanda agregada e, consequentemente, o nível da renda nacional no curto prazo.*

11.1 O MERCADO DE BENS E A CURVA IS

A curva *IS* expressa graficamente a relação entre a taxa de juros e o nível de renda que surge no mercado de bens e serviços. Para desenvolver essa relação, começamos com um modelo básico, conhecido como **cruz keynesiana**. Esse modelo é a interpretação mais simples para a teoria de Keynes acerca de como é determinada a renda nacional e constitui o alicerce para o modelo *IS-LM*, mais complexo e mais realista.

A cruz keynesiana

Em *A teoria geral*, Keynes propôs que a renda total de uma economia é, no curto prazo, determinada em grande parte pelo planejamento de gastos por parte dos domicílios, das empresas e do governo. Quanto mais as pessoas desejam gastar, maior a quantidade de bens e serviços que as empresas conseguem vender. Quanto mais as empresas conseguem vender, mais elas produzirão e mais trabalhadores contratarão. Keynes acreditava que o problema durante os períodos de recessão e de depressão era inadequação nos gastos. A cruz keynesiana é uma tentativa de modelar essa linha de raciocínio.

Gasto planejado

Começamos nossa derivação da cruz keynesiana fazendo a representação gráfica da diferença entre gasto efetivo e gasto planejado. *Gasto efetivo* é o montante que os domicílios, as empresas e o governo gastam com bens e serviços, e, como verificamos inicialmente no Capítulo 2, é igual ao produto interno bruto (PIB) da economia. *Gasto planejado* é o montante que os domicílios, as empresas e o governo gostariam de gastar com bens e serviços.

Por que o gasto efetivo diferiria do gasto planejado? A resposta é que as empresas poderiam ter um investimento não planejado em estoques quando as vendas não correspondessem às suas expectativas. Quando as empresas vendem uma quantidade menor de produtos do que planejavam, o estoque automaticamente aumenta; de modo inverso, quando as empresas vendem uma quantidade maior de produtos do que planejavam, o volume de seus estoques diminui. Como essas variações não planejadas nos estoques são contabilizadas como dispêndios com investimentos por parte das empresas, o gasto efetivo pode se posicionar acima ou abaixo do gasto planejado.

Considere, agora, os determinantes do gasto planejado. Partindo do pressuposto de que a economia é fechada, de tal modo que as exportações líquidas sejam iguais a zero, escrevemos o gasto planejado, *PE*, como a soma entre consumo, *C*, investimento planejado, *I*, e compras do governo, *G*:

$$PE = C + I + G.$$

A essa equação acrescentamos a função consumo:

$$C = C(Y - T)$$

Essa equação estabelece que o consumo depende da renda disponível ($Y - T$), que corresponde à renda total, Y, menos os impostos, T. Para simplificar, consideremos por enquanto que o investimento planejado é determinado de maneira exógena:

$$I = \overline{I}$$

Por fim, do mesmo modo que no Capítulo 3, partimos do pressuposto de que a política fiscal – os níveis de compras do governo e as alíquotas dos impostos – seja fixa:

$$G = \overline{G}$$
$$T = \overline{T}$$

Combinando essas cinco equações, obtemos

$$PE = C(Y - \overline{T}) + \overline{I} + \overline{G}$$

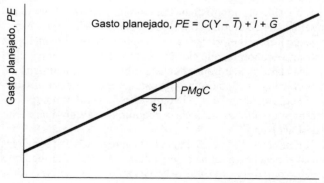

Figura 11.2 Gasto planejado como função de renda. O gasto planejado, *PE*, depende da renda, uma vez que renda mais elevada acarreta maior nível de consumo, o que faz parte do gasto planejado. A inclinação da função de gasto planejado é a propensão marginal a consumir, *PMgC*.

---

* O modelo *IS-LM* foi apresentado em um artigo clássico do economista John R. Hicks, ganhador do Prêmio Nobel: HICKS, John R. Mr. Keynes and the classics: a suggested interpretation. *Econometrica*, v. 5, p. 147-159, 1937.

Essa equação mostra que o gasto planejado é uma função da renda, Y, do investimento planejado $\bar{I}$ e das variáveis da política fiscal $\bar{G}$ e $\bar{T}$.

A Figura 11.2 representa sob a forma de gráfico o gasto planejado como função do nível de renda. Essa reta apresenta inclinação ascendente (positiva), pois uma renda mais alta acarreta maior nível de consumo e, consequentemente, um gasto planejado mais elevado. A inclinação dessa reta corresponde à propensão marginal a consumir, $PMgC$: ela mostra em quanto o gasto planejado aumenta quando a renda aumenta em $ 1 (uma unidade monetária). Essa função do gasto planejado representa a primeira peça do modelo conhecido como cruz keynesiana.

Economia em equilíbrio

A próxima peça da cruz keynesiana é o pressuposto de que a economia se encontra em equilíbrio quando o gasto efetivo é igual ao gasto planejado. Esse pressuposto é baseado na ideia de que, quando os planos das pessoas se concretizam, elas não têm qualquer razão para modificar aquilo que estão fazendo. Lembrando que Y, considerado como PIB, é igual não somente ao total da renda, mas também ao gasto total com bens e serviços, podemos escrever essa condição de equilíbrio como

$$\text{Gasto Efetivo} = \text{Gasto Planejado}.$$
$$Y = PE$$

A reta a 45 graus na Figura 11.3 representa, sob a forma de gráfico, os pontos nos quais essa condição permanece válida. Com o acréscimo da função do gasto planejado, esse gráfico passa a ser uma cruz keynesiana. O equilíbrio dessa economia está no ponto A, no qual a função do gasto planejado cruza a reta a 45 graus.

De que modo a economia alcança o equilíbrio? Nesse modelo, os estoques desempenham um papel importante no processo de ajuste. Sempre que determinada economia não está em equilíbrio, as empresas se deparam com mudanças não planejadas em seus estoques, o que as induz a modificar os seus respectivos níveis de produção. As mudanças no nível de produção, por sua vez, influenciam a renda total e o gasto total, conduzindo a economia ao equilíbrio.

Por exemplo, suponha que a economia se depare com o PIB em um nível superior ao nível de equilíbrio, como o nível Y_1 na Figura 11.4. Nesse caso, o gasto planejado, PE_1, é menor do que o total da produção, Y_1, de modo que as empresas estão vendendo menos do que produzem. As empresas acrescentam os bens não vendidos ao seu volume de estoques. Esse crescimento não planejado nos estoques induz as empresas a dispensarem trabalhadores e reduzir a produção; tais medidas, por sua vez, reduzem o PIB. Esse processo de acumulação não pretendida de estoques e de diminuição na renda continua até que a renda, Y, decresça ao nível de equilíbrio.

De maneira análoga, suponha que o PIB esteja em um nível inferior ao de equilíbrio, como o nível Y_2 na Figura 11.4. Nesse caso, o gasto planejado, PE_2, é maior que a produção, Y_2. Para dar conta do elevado nível de vendas, elas diminuem seus estoques. Entretanto, quando constatam que seus estoques estão se esgotando, as empresas passam a contratar mais trabalhadores e aumentam o volume de produção. O PIB cresce e a economia se aproxima do equilíbrio.

Em resumo, a cruz keynesiana mostra o modo como a renda, Y, é determinada para certos níveis de investimento planejado I e políticas fiscais G e T. Podemos utilizar esse modelo para mostrar alterações na renda quando uma dessas variáveis exógenas se modifica.

Política fiscal e o multiplicador: compras do governo

Considere o efeito sobre a economia decorrente de mudanças nas compras do governo. Como as compras do governo constituem um dos componentes da despesa, um volume maior de compras do governo resulta em gasto planejado mais elevado, para qualquer nível de renda especificado. Se as compras do governo crescem em uma quantidade equivalente a ΔG, a curva para o gasto planejado se desloca para cima em ΔG, como ilustra a Figura 11.5. O equilíbrio da economia se movimenta do ponto A para o ponto B.

O gráfico da Figura 11.5 demonstra que um crescimento nas compras do governo provoca um crescimento ainda maior

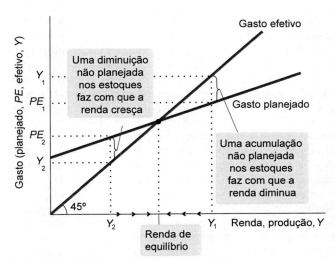

Figura 11.4 Ajuste para o equilíbrio na cruz keynesiana. Se as empresas produzem no nível Y_1, o gasto planejado, PE_1, fica aquém da produção e as empresas acumulam estoques. Essa acumulação de estoques induz as empresas a diminuírem a produção. De modo semelhante, se as empresas produzem no nível Y_2, então o gasto planejado, PE_2, excede a produção e as empresas esgotam seus estoques. Essa queda nos estoques induz as empresas a aumentarem a produção. Em ambos os casos, as decisões das empresas conduzem a economia em direção ao equilíbrio.

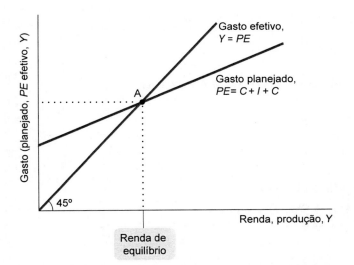

Figura 11.3 Cruz keynesiana. O equilíbrio na cruz keynesiana é o ponto no qual a renda (gasto efetivo) é igual ao gasto planejado (ponto A).

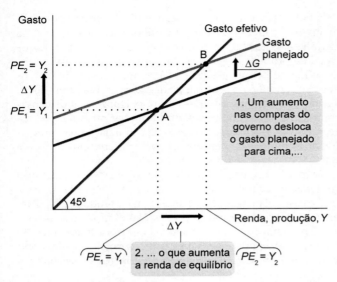

Figura 11.5 Aumento das compras do governo na cruz keynesiana. Um aumento de ΔG nas compras do governo eleva no mesmo montante o gasto planejado, para qualquer nível de renda predeterminado. O equilíbrio se desloca do ponto A para o ponto B e a renda cresce de Y_1 para Y_2. Observe que o crescimento na renda, correspondente a ΔY, supera o aumento nas compras do governo, ΔG. Sendo assim, a política fiscal exerce efeito multiplicador sobre a renda.

na renda. Ou seja, ΔY é maior do que ΔG. A proporção ΔY/ΔG é conhecida como **multiplicador das compras do governo**; ela nos informa o montante em que a renda aumenta, em resposta a um crescimento de $ 1 (uma unidade monetária) nas compras do governo. Uma implicação da cruz keynesiana é que o multiplicador das compras do governo é maior do que 1.

Por que a política fiscal exerce efeito multiplicador sobre a renda? A razão é que, de acordo com a função consumo $C = C(Y - T)$, renda mais alta provoca maior consumo. Quando um aumento nas compras do governo faz a renda crescer, isso também faz com que o consumo aumente, o que eleva ainda mais a renda, que eleva ainda mais o consumo, e assim sucessivamente. Portanto, nesse modelo, um aumento nas compras do governo causa aumento ainda maior na renda.

Qual é a dimensão do multiplicador? Para responder a essa pergunta, acompanhamos cada um dos passos da variação na renda. O processo começa quando o gasto aumenta em um montante ΔG, o que implica que a renda, do mesmo modo, aumenta em ΔG. Esse aumento na renda, por sua vez, também faz crescer o consumo em um montante $PMgC \times \Delta G$, sendo PMgC a propensão marginal a consumir. Esse crescimento no consumo aumenta o gasto e a renda, mais uma vez. Esse segundo aumento na renda, correspondente a $PMgC \times \Delta G$, novamente eleva o consumo, dessa vez em $PMgC \times (PMgC \times \Delta G)$, o que, mais uma vez, faz crescer o gasto e a renda, e assim sucessivamente. Esse processo contínuo de retroalimentação, partindo do consumo para a renda e voltando para o consumo, continua indefinidamente. O efeito total sobre a renda é

Variação Inicial nas Compras do Governo = ΔG

Primeira Variação no Consumo = $PMgC \times \Delta G$

Segunda Variação no Consumo = $PMgC^2 \times \Delta G$

Terceira Variação no Consumo = $PMgC^3 \times \Delta G$

$\Delta Y = (1 + PMgC + PMgC^2 + PMgC^3 + ...) \Delta G$.

O multiplicador das compras do governo é

$\Delta Y/\Delta G = 1 + PMgC + PMgC^2 + PMgC^3 + ...$

Essa expressão para o multiplicador é exemplo de uma *série geométrica infinita*. O resultado de uma regra algébrica nos permite escrever o multiplicador sob a forma*

$\Delta Y/\Delta G = 1/(1 - PMgC)$.

Por exemplo, se a propensão marginal a consumir é 0,6, o multiplicador é

$\Delta Y/\Delta G = 1 + 0,6 + 0,6^2 + 0,6^3 + ...$
$= 1/(1 - 0,6)$
$= 2,5$

Nesse caso, um aumento de $ 1,00 nas compras do governo faz crescer a renda de equilíbrio em $ 2,50.**

Política fiscal e o multiplicador: impostos

Considere, agora, o efeito de alterações nos impostos sobre a renda de equilíbrio. Uma redução nos impostos, equivalente a ΔT, imediatamente ocasiona o aumento da renda disponível, $Y - T$, em ΔT e, consequentemente, faz crescer o consumo no montante $PMgC \times \Delta T$. Para qualquer nível de renda Y específico, o gasto planejado é agora mais elevado. Como demonstra a Figura 11.6, a reta para o gasto planejado se desloca para cima em $PMgC \times \Delta T$. O equilíbrio da economia se movimenta do ponto A para o ponto B.

Exatamente do mesmo modo que um crescimento nas compras do governo exerce efeito multiplicador sobre a renda, assim acontece com uma diminuição nos impostos. Tal como antes, a alteração inicial no dispêndio, agora $PMgC \times \Delta T$, é multiplicada por $1/(1 - PMgC)$. O efeito geral sobre a renda, decorrente da alteração nos impostos, é

$\Delta Y/\Delta T = - PMgC/(1 - PMgC)$.

Essa expressão corresponde ao **efeito multiplicador dos impostos**, o montante em que a renda se modifica em resposta a uma mudança de $ 1 nos impostos. (O sinal negativo indica

---

* |X| *Nota matemática:* Provamos esse resultado algébrico como segue: Para < 1, faça com que

$z = 1 + x + x^2 + ...$

Multiplique ambos os lados dessa equação por x:

$xz = x + x^2 + x^3 + ...$

Subtraia a segunda equação da primeira:

$z - xz = 1$.

Reorganize essa última equação de modo a obter

$z(1 - x) = 1$,

o que implica

$z = 1/(1 - x)$.

Isso completa a prova.

** *Nota matemática:* O multiplicador das compras do governo pode ser derivado com mais facilidade quando se utilizam alguns poucos cálculos. Comece com a equação

$Y = C(Y - T) + I + G$.

Mantendo T e I fixos, faça o cálculo diferencial de modo a obter

$dY = C'dY + dG$,

e, depois disso, reorganize de modo a encontrar

$dY/dG = 1/(1 - C')$

Essa é a mesma equação apresentada no capítulo.

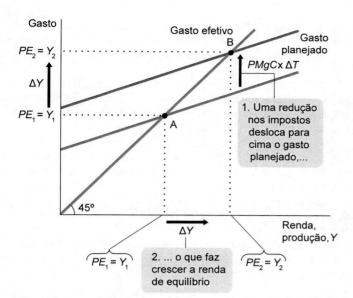

Figura 11.6 Redução de impostos na cruz keynesiana. Uma redução nos impostos equivalente a ΔT faz com que o gasto planejado cresça em PMgC × ΔT, para qualquer nível determinado de renda. O equilíbrio se movimenta do ponto A para o ponto B e a renda cresce de Y_1 para Y_2. Novamente, a política fiscal exerce um efeito multiplicador sobre a renda.

que a renda se movimenta na direção oposta dos impostos.) Por exemplo, se a propensão marginal a consumir é 0,6, o efeito multiplicador do imposto é

$$\Delta Y/\Delta T = -0,6/(1 - 0,6) = 1,5.$$

Neste exemplo, um corte de $ 1,00 nos impostos aumenta a renda de equilíbrio em $ 1,50.*

ESTUDO DE CASO

REDUZIR IMPOSTOS PARA ESTIMULAR A ECONOMIA: AS REDUÇÕES DE IMPOSTOS DE KENNEDY E DE BUSH

Quando John F. Kennedy tornou-se presidente dos Estados Unidos, em 1961, levou para Washington alguns dentre os mais brilhantes jovens economistas da época, para que trabalhassem em seu Conselho de Assessores Econômicos. Esses economistas, cuja formação seguia os fundamentos econômicos de Keynes, levaram as ideias keynesianas para o âmbito das discussões de mais elevado nível sobre política econômica.

Uma das primeiras propostas do Conselho foi a expansão da renda nacional, por meio da redução nos impostos. Isso acabou acarretando uma redução substancial no imposto de renda de pessoas físicas e de pessoas jurídicas, em 1964. A redução nos impostos tinha como objetivo estimular o dispêndio com consumo e investimentos, proporcionando níveis mais altos de renda e de emprego. Quando um repórter perguntou a Kennedy por que ele defendia uma redução nos impostos, ele respondeu: "Para estimular a economia. Não está lembrado de seu curso de Introdução à Economia?"

Conforme prognosticaram os assessores econômicos de Kennedy, a aprovação do projeto de lei que tratava da redução nos impostos foi seguida por uma hiperaceleração na atividade econômica. O crescimento no PIB real foi de 5,8% em 1964 e de 6,5% em 1965. A taxa de desemprego caiu de 5,6% em 1963 para 5,2% em 1964, depois para 4,5% em 1965.

Economistas continuam a debater a origem desse rápido crescimento no início da década de 1960. Um grupo conhecido como *partidários da oferta* argumenta que o crescimento econômico excessivamente acelerado foi resultado dos efeitos incentivadores decorrentes da redução nas alíquotas do imposto de renda. De acordo com esse grupo que se posiciona como partidário da oferta, quando conseguem preservar uma parcela maior de seus rendimentos, os trabalhadores proporcionam uma quantidade substancialmente maior de mão de obra e expandem a oferta agregada de bens e serviços. Os keynesianos, no entanto, enfatizam o impacto dos cortes fiscais sobre a demanda agregada. É bastante provável que ambos os pontos de vista contenham alguma parcela de verdade: *reduções nos impostos estimulam a oferta agregada, pelo fato de melhorarem os incentivos aos trabalhadores, e expandem a demanda agregada ao elevarem a renda disponível dos domicílios.*

Quando George W. Bush foi eleito presidente, em 2000, um importante elemento de sua plataforma era a redução no imposto de renda. Bush e seus assessores se fundamentaram tanto na retórica dos partidários da oferta quanto na teoria dos keynesianos para justificar sua política econômica. (Revelação: O autor deste livro era um dos assessores econômicos de Bush no período de 2003 a 2005.) Durante a campanha, quando a economia estava caminhando bem, eles argumentaram que alíquotas marginais mais baixas para impostos fariam melhorar os incentivos para o trabalho. No entanto, quando a economia começou a sofrer desaceleração e o desemprego começou a crescer, o debate se transformou e passou a enfatizar que a redução tributária estimularia o gasto e ajudaria a economia a se recuperar da recessão.

O Congresso norte-americano aprovou reduções significativas nos impostos em 2001 e em 2003. Depois da segunda redução tarifária, a fraca recuperação da recessão de 2001 se transformou em uma recuperação mais robusta. O crescimento no PIB real foi de 3,8% em 2004. A taxa de desemprego caiu de seu pico de 6,3% em junho de 2003 para 4,9% em dezembro de 2005.

Quando aprovou o projeto de lei tratando de tributação, em 2003, o Presidente Bush explicou a medida utilizando a lógica da demanda agregada: "Quando as pessoas têm em mãos uma quantidade maior de dinheiro, podem gastá-la com bens e serviços. E, em nossa sociedade, quando essas pessoas demandam determinado bem ou determinado serviço adicional, alguém irá produzir esse bem ou esse serviço. E quando alguém produz esse bem ou esse serviço, isso significa que alguém terá maior possibilidade de conseguir encontrar emprego." Essa explicação poderia ter sido extraída de uma prova em curso de Introdução à Economia.

ESTUDO DE CASO

AUMENTANDO AS COMPRAS DO GOVERNO PARA ESTIMULAR A ECONOMIA: O PLANO DE GASTOS DE OBAMA

Quando o Presidente Barack Obama assumiu a presidência dos EUA em janeiro de 2009, a economia passava por uma re-

---

* *Nota matemática:* Do mesmo modo que antes, o multiplicador pode ser derivado com mais facilidade utilizando um pouco de cálculo. Comece pela equação

$$Y = C(Y - T) + I + G.$$

Mantendo I e G inalterados, faça o cálculo diferencial de modo a obter

$$dY = C'(dY - dT),$$

e, depois disso, reorganize de modo a encontrar

$$dY/dT = -C'/(1 - C').$$

Essa é a mesma equação apresentada no capítulo.

cessão significativa. (As causas dessa recessão serão discutidas em Estudo de Caso no próximo capítulo e, mais detalhadamente, no Capítulo 18.) Ainda antes da posse, o presidente e seus assessores propuseram um vultoso pacote de incentivos com o objetivo de aumentar a demanda agregada. Do modo como foi proposto, o pacote custaria ao governo federal cerca de 800 bilhões de dólares, ou aproximadamente 5% do PIB norte-americano. O pacote incluía algumas reduções tributárias e maiores pagamentos de transferências, mas grande parte dele era composta de aumentos nas compras do governo referentes a bens e serviços.

Economistas profissionais debateram os méritos do plano. Defensores do plano de Obama argumentaram que aumentar os gastos seria melhor do que reduzir impostos uma vez que, de acordo com a teoria keynesiana padrão, o multiplicador das compras do governo excede o efeito multiplicador dos impostos. A razão para essa diferença é simples: quando o governo despende um dólar, esse dólar é gasto, ao passo que quando o governo proporciona aos domicílios redução de um dólar nos impostos, parte desse dólar poderia ser poupada. De acordo com uma análise feita pelos economistas da gestão de Obama, o multiplicador das compras do governo corresponde a 1,57, enquanto o efeito multiplicador dos impostos corresponde a somente 0,99. Nesse sentido, eles argumentaram que um aumento nos gastos do governo com rodovias, escolas e outros tipos de infraestrutura seria o melhor caminho para fazer crescer a demanda agregada e gerar empregos. A lógica, neste caso, é fundamentalmente keynesiana: no momento em que a economia mergulha em uma recessão, o governo está agindo como o demandante em última instância.

A proposta de incentivos de Obama gerou controvérsia entre os economistas, por diversos motivos. Uma das críticas era que, considerando-se a aparente profundidade da desaceleração econômica, o incentivo não era suficientemente grande. Em março de 2009, o economista Paul Krugman escreveu no jornal *The New York Times*:

> *O plano era demasiadamente pequeno e prudente [...]. As ofertas de emprego já haviam caído mais nesta recessão do que na crise de 1981-1982 – considerada a maior desde a Grande Depressão. Como resultado, a promessa de Obama de que seu plano criasse ou mantivesse 3,5 milhões de empregos até o final de 2010 pareceu, no mínimo, decepcionante. É uma promessa crível, pois os economistas de Obama utilizaram estimativas sólidas e atuais sobre os impactos das políticas fiscais e de gastos. Porém, 3,5 milhões de empregos em dois anos não são o suficiente diante de uma economia que já perdeu mais 600 mil postos por mês.**

Outros economistas, ainda, argumentavam que, apesar das previsões dos modelos keynesianos convencionais, o incentivo fiscal baseado em gastos não é tão eficaz quanto iniciativas baseadas em impostos. Um estudo recente, realizado junto a várias dezenas de países importantes desde 1970, examinou que tipos de incentivos fiscais foram mais bem sucedidos no sentido de promover crescimento na atividade econômica. O estudo revelou que os estímulos fiscais são mais bem sucedidos quando baseiam-se quase que inteiramente em cortes no imposto de renda de pessoa física e pessoa jurídica, e logram menos sucesso quando baseiam-se primordialmente em aumentos nos gastos do governo.**

Além disso, alguns economistas imaginavam que o uso de gastos em infraestrutura tendo em vista apenas promover o emprego poderia entrar em conflito com o objetivo de gastar em infraestrutura onde ela era realmente necessária.

No final das contas, o Congresso norte-americano deu prosseguimento aos planos de incentivos propostos pelo Presidente Obama, com modificações relativamente insignificantes. O presidente assinou o projeto de 787 bilhões de dólares em 17 de fevereiro de 2009. Será que funcionou? A economia se recuperou da recessão, embora mais lentamente do que os economistas da administração Obama previram a princípio. Continua como tema de debates o fato de a recuperação mais lenta refletir um fracasso da política de incentivos ou uma economia mais debilitada do que inicialmente teria sido avaliado pelos economistas.

ESTUDO DE CASO

USO DE DADOS REGIONAIS PARA ESTIMAR MULTIPLICADORES

Como demonstram os dois estudos de caso anteriores, decisores políticos geralmente alteram os impostos e os gastos do governo para influenciar a economia. Os efeitos de curto prazo desses movimentos políticos podem ser compreendidos utilizando-se a teoria keynesiana, como a cruz keynesiana e o modelo *IS-LM*. Mas será que essas políticas funcionam tão bem na prática como na teoria?

Infelizmente, essa pergunta é difícil de ser respondida. Quando os decisores modificam a política fiscal, geralmente o fazem por uma boa razão. Com muitas outras coisas acontecendo ao mesmo tempo, não existe uma maneira fácil de separar os efeitos da política fiscal dos efeitos decorrentes de outros eventos. Por exemplo, o Presidente Obama propôs seu plano de incentivos de 2009 porque a economia estava sofrendo os efeitos de uma crise financeira. Podemos observar o que aconteceu com a economia depois que o plano de incentivos foi aprovado, mas desemaranhar os efeitos do incentivo dos efeitos que permaneceram até depois da crise financeira é uma missão desafiadora.

Cada vez mais os economistas têm tentado estimar multiplicadores para a política fiscal utilizando dados regionais de estados e províncias no âmbito de um país. O uso de dados regionais apresenta duas vantagens. A primeira delas é que tais dados proporcionam maior número de observações: os Estados Unidos, por exemplo, possuem uma economia nacional, mas 50 economias estaduais. A segunda vantagem, e a mais importante, é que fica possível encontrar variações nos gastos dos governos regionais que talvez não estejam relacionados a outros eventos que afetam a economia regional. Ao examinar essa variação aleatória nos gastos do governo, um pesquisador pode identificar os respectivos efeitos econômicos sem ser desviado por outras variáveis.

---

* *The New York Times*, 9 de março de 2009 © 2009 *The New York Times*. Todos os direitos reservados. Utilizado sob permissão e protegido pelas Leis de direitos autorais dos Estados Unidos. Proibidas a impressão, reprodução, redistribuição ou retransmissão de seu conteúdo sem permissão expressa.

** ALESINA, Alberto; ARDAGNA, Silvia. Large changes in fiscal policy: taxes versus spending. *Tax Policy and the Economy*, v. 24, p. 35-68, 2010. Outro estudo relatando um multiplicador tarifário que excede o multiplicador de gastos é encontrado em BARRO, Robert J.; REDLICK, Charles J. Macroeconomic effects from government purchases and taxes. *Quarterly Journal of Economics*, n. 126, 2011, p. 51-102.

Em um desses estudos, Emi Nakamura e Jón Steinsson analisaram o impacto de gastos com defesa nas economias estaduais. Começaram com o fato de que os estados variam consideravelmente no tamanho de suas indústrias de defesa. Por exemplo, empreiteiras do setor militar são mais prevalentes na Califórnia do que em Illinois: quando o governo federal dos EUA aumenta os gastos com defesa em 1% do PIB norte-americano, os gastos com defesa na Califórnia crescem, em média, aproximadamente 3% do PIB da Califórnia, enquanto os gastos com defesa em Illinois crescem somente cerca de 0,5% do PIB deste estado. Ao examinarmos o que acontece com a economia da Califórnia em relação à economia de Illinois quando os Estados Unidos decidem aumentar seu investimento na área militar, podemos estimar os efeitos dos gastos do governo. Utilizando dados de todos os 50 estados, Nakamura e Steinsson relataram um multiplicador de compras do governo de 1,5. Ou seja, quando aumenta em US$ 1,00 seus gastos com defesa em determinado estado, o governo faz com que cresça em US$ 1,50 o PIB daquele estado.

Em outro estudo, Antonio Acconcia, Giancarlo Corsetti e Saverio Simonelli utilizaram dados de províncias da Itália para estudar o multiplicador. Nesse caso, a variação nos gastos do governo não advém de investimentos militares, mas de uma lei italiana para reprimir o crime organizado. De acordo com a lei, sempre que a polícia descobre evidências incriminadoras de que a Máfia se infiltrou na prefeitura de uma cidade, a prefeitura é destituída e substituída por profissionais comissionados externos. Esses profissionais geralmente implantam um corte imediato, imprevisto e temporário nos projetos de investimentos públicos. O estudo relatou que esse corte no gasto do governo tem impacto significativo sobre o PIB da respectiva província. Uma vez mais, o multiplicador é estimado em aproximadamente 1,5. Sendo assim, esses estudos confirmam a previsão da teoria keynesiana de que mudanças nas compras do governo podem exercer efeito considerável sobre a produção de bens e serviços da economia.

Não fica claro, no entanto, como utilizar essas estimativas de economias regionais para traçar inferências sobre economias nacionais. Um dos problemas é que o gasto do governo regional que esses pesquisadores estudaram não era financiado com impostos regionais. Os gastos com defesa na Califórnia eram, em grande parte, pagos com impostos federais cobrados nos outros 49 estados, e os projetos de investimentos públicos em uma província italiana são em larga medida pagos no nível federal. Em contrapartida, quando um país aumenta seus gastos do governo, ele deve necessariamente aumentar impostos, seja no presente ou no futuro, para financiá-los. Esses impostos mais altos reprimem a atividade econômica, resultando em menor multiplicador. Um segundo problema é que tais mudanças regionais nos gastos do governo não influenciam a política monetária já que os bancos centrais se concentram em condições nacionais e não em condições regionais. Em contrapartida, uma variação nacional nos gastos do governo pode induzir uma mudança na política monetária. Em sua tentativa de estabilizar a economia, o banco central pode compensar alguns dos efeitos da política fiscal tornando menor o multiplicador.

Embora esses dois problemas possam sugerir que multiplicadores nacionais sejam menores do que multiplicadores regionais, um terceiro problema opera na direção oposta. Em uma economia regional de pequeno porte, tal como um estado, muitos dos bens e serviços que as pessoas compram são importados de outros estados vizinhos, enquanto as importações constituem parcela menor de uma economia nacional de grande porte. Quando as importações desempenham um papel mais importante, a propensão marginal a consumir bens internos (aqueles produzidos dentro do estado) é menor. Como descreve a cruz keynesiana, menor propensão marginal a consumir bens internos acarreta menores efeitos secundários e terciários e, consequentemente, um multiplicador menor. Por essa razão, multiplicadores nacionais podem ser maiores do que multiplicadores regionais.

O resultado final de estudos sobre economias regionais é que a demanda decorrente de compras do governo pode exercer forte influência sobre a atividade econômica. Entretanto, o tamanho desse efeito, quando medido pelo multiplicador no nível nacional, permanece aberto a debates.*

Taxa de juros, investimento e a curva *IS*

A cruz keynesiana é simplesmente um degrau em nosso caminho para o modelo *IS-LM*, que explica a curva de demanda agregada da economia. A cruz keynesiana é útil porque mostra como os planos de gastos dos domicílios, das empresas e do governo determinam a renda da economia. Contudo, ela parte do pressuposto simplificador de que o nível de investimento planejado, *I*, é fixo. Como verificamos no Capítulo 3, uma importante relação macroeconômica é que o investimento planejado depende da taxa de juros, *r*.

Para acrescentar ao nosso modelo essa relação entre taxa de juros e investimento, escrevemos o nível de investimento planejado sob a forma

$$I = I(r).$$

Essa função investimento é representada graficamente no painel (a) da Figura 11.7. Como a taxa de juros equivale ao custo de tomar emprestado para financiar projetos de investimento, um aumento na taxa de juros reduz o investimento planejado. Como resultado, a função investimento se inclina em sentido descendente.

Para determinar de que maneira a renda se modifica quando a taxa de juros se altera, podemos combinar a função investimento com o gráfico da cruz keynesiana. Estando o investimento inversamente relacionado com a taxa de juros, um aumento na taxa de juros, de r_1 para r_2, reduz de $I(r_1)$ para $I(r_2)$ a quantidade de investimento. A redução no investimento planejado, por sua vez, desloca para baixo a função do gasto planejado, como ilustra o painel (b) da Figura 11.7. O deslocamento na função do gasto planejado faz com que o nível de renda caia de Y_1 para Y_2. Portanto, um aumento na taxa de juros faz com que a renda seja reduzida.

A curva *IS*, apresentada no painel (c) da Figura 11.7, sintetiza essa relação entre a taxa de juros e o nível de renda. Na realidade, a curva *IS* combina a interação entre *r* e *I*, expressa por meio da função investimento, e a interação entre *I* e *Y*, demonstrada pela cruz keynesiana. Cada um dos pontos na curva *IS* representa equilíbrio no mercado de bens, e a curva ilustra a dependência do nível de equilíbrio da renda em relação à taxa de juros. Tendo em vista que um aumento na taxa de juros causa decréscimo no investimento planejado, o que, por sua vez, provoca queda na renda de equilíbrio, a curva *IS* apresenta uma inclinação descendente.

---

* NAKAMURA, Emi; STEINSSON, Jón. Fiscal stimulus in a monetary union: evidence from US regions. *American Economic Review*, v. 104, p. 753-792, Mar. 2014); ACCONCIA, Antonio; CORSETTI, Giancarlo; SIMONELLI, Saverio. Mafia and public spending: evidence on the fiscal multiplier from a quasi-experiment. *American Economic Review*, v. 104, p. 2185-2209, July 2014. Resultados semelhantes são relatados em SHOAG, Daniel. Using state pension shocks to estimate fiscal multipliers since the Great Recession. *American Economic Review*, v. 103, p. 121-124, May 2013.

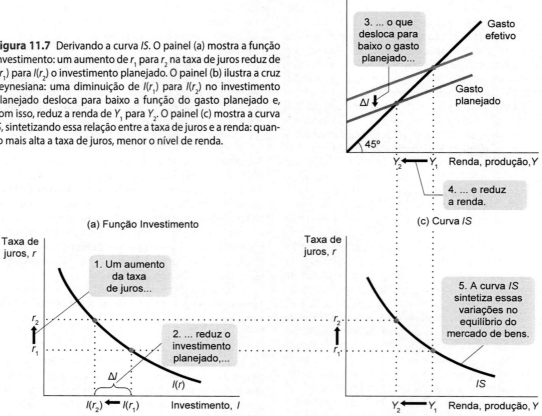

Figura 11.7 Derivando a curva IS. O painel (a) mostra a função investimento: um aumento de r_1 para r_2 na taxa de juros reduz de $I(r_1)$ para $I(r_2)$ o investimento planejado. O painel (b) ilustra a cruz keynesiana: uma diminuição de $I(r_1)$ para $I(r_2)$ no investimento planejado desloca para baixo a função do gasto planejado e, com isso, reduz a renda de Y_1 para Y_2. O painel (c) mostra a curva IS, sintetizando essa relação entre a taxa de juros e a renda: quanto mais alta a taxa de juros, menor o nível de renda.

Como a política fiscal desloca a curva IS

A curva IS nos mostra, para qualquer taxa de juros predeterminada, o nível de renda que conduz o mercado de bens à situação de equilíbrio. Como aprendemos a partir da cruz keynesiana, o nível de equilíbrio da renda também depende do nível de gastos do governo, G, e das alíquotas dos impostos, T. A curva IS é desenhada para determinada política fiscal; ou seja, quando construímos a curva IS, mantemos G e T constantes. Quando a política fiscal se modifica, a curva IS se desloca.

A Figura 11.8 utiliza a cruz keynesiana para demonstrar como um aumento nas compras do governo, correspondente a ΔG, desloca a curva IS. Essa figura é traçada para determinada taxa de juros $\bar{r}$ e, por conseguinte, para determinado nível de investimento planejado. A cruz keynesiana, no painel (a), mostra que essa mudança na política fiscal eleva o gasto planejado e, por meio disso, aumenta de Y_1 para Y_2 a renda de equilíbrio. Consequentemente, um aumento nas compras do governo desloca para fora a curva IS.

Podemos utilizar a cruz keynesiana para verificar como outras mudanças na política fiscal deslocam a curva IS. Como uma redução nos impostos também expande o gasto e a renda, ela igualmente desloca para fora a curva IS. Uma redução nas compras do governo, ou um aumento nos impostos, diminui a renda; consequentemente, esse tipo de mudança na política fiscal desloca para dentro a curva IS.

Em resumo, a curva IS mostra as combinações entre a taxa de juros e o nível de renda que são coerentes com o equilíbrio no mercado de bens e serviços. A curva IS é desenhada para determinada política fiscal. Mudanças na política fiscal que aumentem a demanda por bens e serviços deslocam a curva IS para a direita. Mudanças na política fiscal que reduzam a demanda por bens e serviços deslocam a curva IS para a esquerda.

11.2 O MERCADO MONETÁRIO E A CURVA LM

A curva LM representa graficamente a relação entre a taxa de juros e o nível de renda que ocorre no mercado para saldos monetários. Para compreendermos essa relação, começamos pelo exame de uma teoria sobre a taxa de juros, chamada de **teoria da preferência pela liquidez**.

A teoria da preferência pela liquidez

Em sua obra clássica *A teoria geral*, Keynes apresentou seu ponto de vista sobre como a taxa de juros é determinada no curto prazo. Sua explicação é chamada de teoria da preferência pela liquidez, uma vez que postula que a taxa de juros se ajusta com o objetivo de equilibrar a oferta e a demanda do ativo mais líquido da economia – a moeda corrente. Do mesmo modo que a cruz keynesiana é um alicerce para a construção da curva IS, a teoria da preferência pela liquidez é um alicerce para a construção da curva LM.

Para desenvolvermos essa teoria, começamos com a oferta de saldos monetários reais. Se M representa a oferta monetária e P representa o nível de preços, então M/P representa a oferta de saldos monetários reais. A teoria da preferência pela liquidez pressupõe que existe uma oferta fixa de saldos monetários reais. Ou seja,

$$(M/P)^s = \bar{M}/\bar{P}$$

A oferta monetária, M, é uma variável exógena da política econômica escolhida por um banco central, como o Federal

Capítulo 11 • Demanda Agregada I: Construindo o Modelo *IS-LM* 197

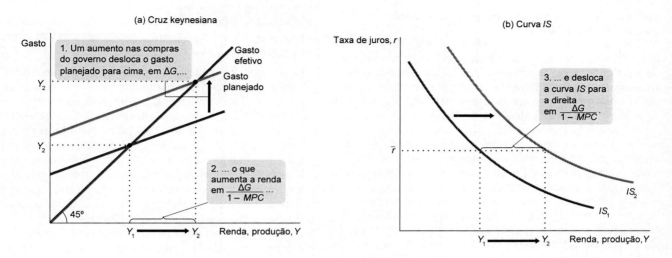

Figura 11.8 Um aumento nas compras do governo desloca para fora a curva *IS*. O painel (a) demonstra que um aumento nas compras do governo faz crescer o gasto planejado. Para qualquer taxa de juros determinada, o deslocamento para cima no gasto planejado, correspondente a ΔG, provoca aumento de renda, Y, de ΔG/(1 − PMgC). Portanto, no painel (b), a curva *IS* se desloca para a direita nesse mesmo montante.

Reserve nos Estados Unidos. O nível de preços, *P*, também é uma variável exógena nesse modelo. (Consideramos o nível de preços como predeterminado, uma vez que o modelo *IS-LM* explica o curto prazo, quando o nível de preços é fixo.) Esses pressupostos implicam que a oferta de saldos monetários reais é fixa e, em especial, não depende da taxa de juros. Portanto, quando representamos graficamente a oferta de saldos monetários reais em relação à taxa de juros na Figura 11.9, obtemos uma curva de oferta com formato vertical.

Agora, considere a demanda por saldos monetários reais. A teoria da preferência pela liquidez postula que a taxa de juros é determinante para a quantidade de moeda corrente que as pessoas optam por ter em mãos. A razão subjacente para isso é que a taxa de juros corresponde ao custo de oportunidade inerente a ter em mãos moeda corrente em espécie: é aquilo a que você renuncia pelo fato de manter uma parcela de seus ativos sob a forma de moeda corrente em espécie, que não rende juros, em vez de manter títulos ou depósitos bancários que oferecem rendimentos na forma de juros. Quando a taxa de juros aumenta, as pessoas optam por manter uma parcela menor de sua riqueza sob a forma de moeda corrente. Podemos escrever a demanda por saldos monetários reais sob a forma

$$(M/P)^d = L(r),$$

em que a função $L(\ )$ mostra que a quantidade de moeda corrente demandada depende da taxa de juros. A curva da demanda, na Figura 11.9, apresenta inclinação descendente, uma vez

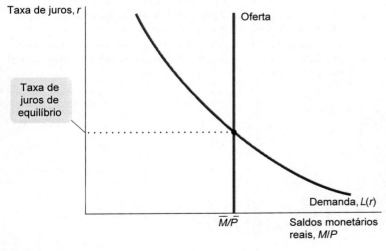

Figura 11.9 Teoria da preferência pela liquidez. A oferta e a demanda por saldos monetários reais determinam a taxa de juros. A curva da oferta de saldos monetários reais é vertical, já que a quantidade de saldos monetários reais não depende da taxa de juros. A curva da demanda apresenta inclinação descendente, pois uma taxa de juros mais alta eleva o custo inerente a manter moeda corrente em mãos e, portanto, diminui a quantidade demandada. Na taxa de juros de equilíbrio, a quantidade demandada de saldos monetários reais é igual à quantidade ofertada.

---

* Observe que *r* está sendo utilizado, neste caso, para representar a taxa de juros, do mesmo modo que em nossa discussão sobre a curva *IS*. Mais precisamente, é a taxa de juros nominal que determina a demanda por moeda corrente, e a taxa de juros real é que determina o investimento. Para simplificar, estamos ignorando a inflação esperada, que cria a diferença entre a taxa de juros real e a taxa de juros nominal. Para uma análise do curto prazo, de modo geral é realista pressupor que a inflação esperada é constante, situação na qual a taxa de juros real e a taxa de juros nominal caminham juntas. O papel da inflação esperada no modelo *IS-LM* é explorado no Capítulo 12.

que taxas de juros mais altas reduzem a quantidade demandada de saldos monetários reais.

De acordo com a teoria da preferência pela liquidez, a oferta e a demanda por saldos monetários reais determinam a taxa de juros que irá prevalecer na economia. Ou seja, a taxa de juros se ajusta, com o objetivo de equilibrar o mercado monetário. Conforme demonstra a figura, na taxa de juros de equilíbrio, a quantidade demandada de saldos monetários reais é igual à respectiva quantidade ofertada.

De que modo a taxa de juros chega a esse equilíbrio entre oferta de moeda corrente e demanda por moeda corrente? O ajuste ocorre porque, sempre que o mercado monetário não está em equilíbrio, as pessoas tentam ajustar suas carteiras de ativos e, nesse processo, alteram as taxas de juros. Por exemplo, se a taxa de juros está acima do nível de equilíbrio, a quantidade ofertada de saldos monetários reais excede a quantidade demandada. Quem tem em mãos o excedente da oferta monetária tenta converter uma parte de sua moeda que não rende juros em depósitos bancários ou títulos que rendam juros. Os bancos e os emissores de títulos, que preferem pagar taxas de juros mais baixas, reagem a esse excesso de oferta monetária com a redução das taxas de juros que oferecem. Inversamente, se a taxa de juros está abaixo do nível de equilíbrio, de tal modo que a quantidade de moeda demandada excede a quantidade ofertada, as pessoas tentam obter moeda corrente vendendo títulos ou retirando dinheiro em espécie de suas contas bancárias. No intuito de atrair recursos agora mais escassos, os bancos e os emissores de títulos reagem com o aumento das taxas de juros que oferecem. Com o passar do tempo, a taxa de juros acaba alcançando o nível de equilíbrio no qual as pessoas ficam satisfeitas com suas carteiras de ativos monetários e não monetários.

Agora que já vimos como é determinada a taxa de juros, podemos utilizar a teoria da preferência pela liquidez para demonstrar como a taxa de juros reage a mudanças na oferta monetária. Suponha, por exemplo, que o banco central diminua a oferta monetária. Uma diminuição em M reduz M/P, já que P é constante no modelo. A oferta de saldos monetários reais se desloca para a esquerda, como ilustra a Figura 11.10. A taxa de juros de equilíbrio aumenta de r_1 para r_2, e a taxa de juros mais elevada faz com que as pessoas fiquem satisfeitas por terem em mãos menores quantidades de saldos monetários reais. O oposto ocorreria se o banco central tivesse aumentado a oferta monetária. Por conseguinte, de acordo com a teoria da preferência pela liquidez, uma redução na oferta monetária aumenta a taxa de juros, enquanto um aumento na oferta monetária diminui a taxa de juros.

ESTUDO DE CASO

UMA POLÍTICA DE RESTRIÇÃO MONETÁRIA AUMENTA OU DIMINUI A TAXA DE JUROS?

De que maneira uma rigidez maior na política monetária influencia as taxas de juros nominais? De acordo com as teorias que desenvolvemos até agora, a resposta depende do horizonte de tempo. Nossa análise sobre o efeito Fisher, apresentado no Capítulo 5, sugere que no longo prazo, quando os preços são flexíveis, uma redução na expansão monetária reduziria a inflação, resultando em uma taxa de juros nominal mais baixa. No entanto, a teoria da preferência pela liquidez postula que, no curto prazo, quando os preços estão rígidos, uma política monetária anti-inflacionária provoca redução nos saldos monetários reais e taxas de juros mais elevadas.

Ambas as conclusões são coerentes com a realidade. Um bom exemplo disso ocorreu durante o início da década de 1980, quando a economia dos Estados Unidos passou por significativa e rápida redução na inflação.

Eis a história: por volta do final da década de 1970, a inflação na economia dos Estados Unidos tinha alcançado a marca de dois dígitos, e representava um grande problema de âmbito nacional. Em 1979, os preços no nível do consumidor crescia a uma taxa de 11,3% ao ano. Em outubro daquele mesmo ano, somente dois meses depois de ter se tornado presidente do Federal Reserve, Paul Volcker decidiu que era hora de realizar uma mudança de curso. Anunciou que a política monetária teria como objetivo reduzir a taxa de inflação. Esse pronunciamento deu início a um período de forte restrição monetária que, por volta de 1983, reduziu a taxa de inflação para aproximadamente 3,2%.

Vejamos o que aconteceu com as taxas de juros nominais. Se examinarmos o período imediatamente posterior ao anúncio de uma política monetária mais rígida, feito em outubro de 1979, verificaremos uma queda nos saldos monetários reais e um aumento na taxa de juros – exatamente do modo como prevê a teoria da preferência pela liquidez. As taxas de juros nominais para títulos do Tesouro com vencimento em três meses cresceram de 10,3%, imediatamente antes do anúncio feito em outubro de 1979, para 11,4% em 1980 e 14,0% em 1981. Não obstante, essas taxas de juros mais altas foram somente temporárias. À medida que a mudança feita por Volcker na política monetária baixava a inflação e as expectativas de inflação, as taxas de juros nominais iam caindo gradualmente, chegando a 6,0% em 1986.

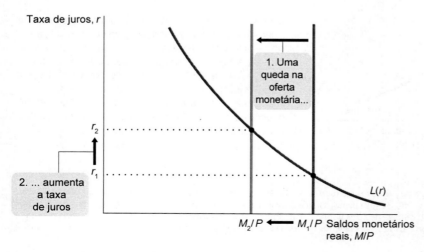

Figura 11.10 Redução na oferta monetária na teoria da preferência pela liquidez. Se o nível de preços é constante, uma redução na oferta monetária de M_1 para M_2 reduz a oferta de saldos monetários reais. A taxa de juros de equilíbrio, portanto, aumenta de r_1 para r_2.

Esse episódio ilustra uma lição geral: para entender a ligação entre política monetária e taxas de juros nominais, precisamos ter em mente tanto a teoria da preferência pela liquidez quanto o efeito Fisher. Uma restrição na oferta monetária produz taxas de juros nominais mais altas no curto prazo e mais baixas no longo prazo.

Renda, demanda por moeda e a curva *LM*

Tendo desenvolvido a teoria da preferência pela liquidez como explicação para a maneira como se determina a taxa de juros, podemos agora utilizar a teoria para derivar a curva *LM*. Começamos pela avaliação da seguinte pergunta: de que modo uma mudança no nível de renda da economia, Y, afeta o mercado de saldos monetários reais? A resposta (que já deve ser conhecida desde o Capítulo 5) é que o nível de renda afeta a demanda por moeda corrente. Quando a renda é alta, o gasto é alto e as pessoas se envolvem em um número maior de transações que exigem o uso de moeda corrente. Consequentemente, maior renda acarreta maior demanda por moeda. Podemos expressar essas ideias escrevendo a função da demanda por moeda sob a forma

$$(M/P)^d = L(r, Y).$$

A quantidade demandada de saldos monetários reais é negativamente relacionada com a taxa de juros e positivamente relacionada com a renda.

Utilizando a teoria da preferência pela liquidez, podemos desvendar o que acontece com a taxa de juros de equilíbrio quando o nível de renda se modifica. Por exemplo, considere o que acontece na Figura 11.11 quando a renda aumenta de Y_1 para Y_2. Conforme ilustra o painel (a), esse crescimento na renda desloca para a direita a curva de demanda por moeda corrente. Com a oferta de saldos monetários reais inalterada, a taxa de juros deve necessariamente crescer de r_1 para r_2, de modo a equilibrar o mercado monetário. Portanto, de acordo com a teoria da preferência pela liquidez, maior nível de renda gera uma taxa de juros mais elevada.

A curva *LM*, ilustrada no painel (b) da Figura 11.11, resume essa relação entre o nível de renda e a taxa de juros. Cada um dos pontos na curva *LM* representa um equilíbrio no mercado monetário, e a curva ilustra a dependência da taxa de juros de equilíbrio em relação ao nível de renda. Quanto mais elevado o nível de renda, mais alta a demanda por saldos monetários reais e mais alta a taxa de juros de equilíbrio. Por essa razão, a curva *LM* apresenta inclinação ascendente.

Como a política monetária desloca a curva *LM*

A curva *LM* nos informa a taxa de juros que equilibra o mercado monetário, em qualquer nível de renda. Contudo, como verificamos anteriormente, a taxa de juros de equilíbrio também depende da oferta de saldos monetários reais, M/P. Isso significa que a curva *LM* é desenhada para *determinada* oferta de saldos monetários reais. Se existe alguma alteração em termos de saldos monetários reais – por exemplo, caso o banco central altere a oferta monetária –, a curva *LM* se desloca.

Podemos utilizar a teoria da preferência pela liquidez para compreendermos de que maneira a política monetária desloca a curva *LM*. Suponhamos que o banco central diminua de M_1 para M_2 a oferta monetária, fazendo com que a oferta de saldos monetários reais diminua de M_1/P para M_2/P. A Figura 11.12 mostra o que acontece. Mantendo-se constantes o montante da renda e, consequentemente, a curva da demanda por saldos monetários reais, verificamos que uma redução na oferta de saldos monetários reais eleva a taxa de juros que equilibra o mercado monetário. Assim, uma redução na oferta monetária desloca para cima a curva *LM*.

Em resumo, a curva LM mostra as combinações entre a taxa de juros e o nível de renda, que são coerentes com o equilíbrio no mercado de saldos monetários reais. A curva LM é desenhada para determinada oferta de saldos monetários reais. Reduções na oferta de saldos monetários reais deslocam para cima a curva LM. Aumentos na oferta de saldos monetários reais deslocam para baixo a curva LM.

11.3 CONCLUSÃO: O EQUILÍBRIO NO CURTO PRAZO

Temos, agora, todas as peças para o modelo *IS-LM*. As duas equações desse modelo são

$$Y = C(Y - T) + I(r) + GIS,$$
$$M/P = L(r, Y)LM.$$

O modelo considera exógenos a política fiscal G e T, a política monetária M e o nível de preços P. Dadas essas variáveis exógenas, a curva *IS* proporciona as combinações entre r e Y que satisfazem a equação que representa o mercado de bens, enquanto a curva *LM* apresenta as combinações entre r e Y que satisfazem a equação que representa o mercado monetário. Essas duas curvas são ilustradas conjuntamente na Figura 11.13.

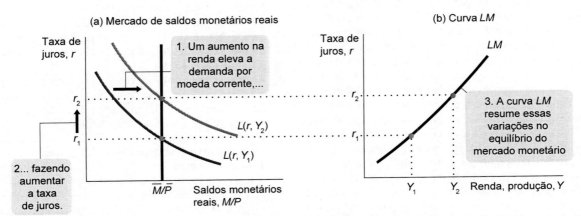

Figura 11.11 Derivando a curva *LM*. O painel (a) apresenta o mercado para saldos monetários reais: um crescimento na renda, partindo de Y_1 para Y_2, eleva a demanda por moeda corrente e, consequentemente, faz com que a taxa de juros se eleve de r_1 para r_2. O painel (b) ilustra a curva *LM*, fazendo uma síntese dessa relação entre a taxa de juros e a renda: quanto mais elevado o nível de renda, mais elevada a taxa de juros.

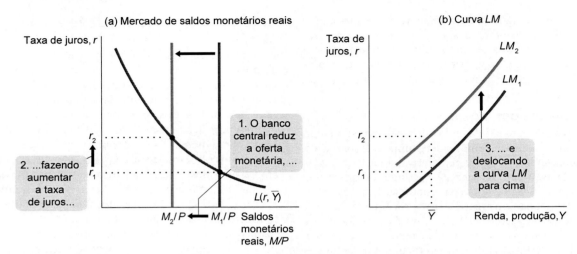

Figura 11.12 Uma redução na oferta monetária desloca para cima a curva *LM*. O painel (a) mostra que, para qualquer nível de renda preestabelecido $\overline{Y}$, uma redução na oferta monetária aumenta a taxa de juros que equilibra o mercado monetário. Portanto, a curva *LM*, no painel (b), se desloca em sentido ascendente.

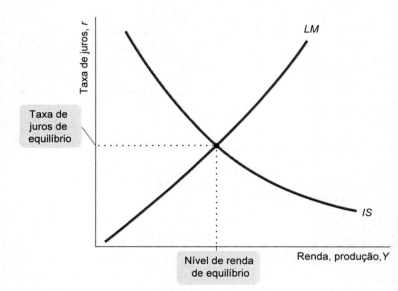

Figura 11.13 Equilíbrio no modelo *IS-LM*. A interseção entre as curvas *IS* e *LM* representa o equilíbrio simultâneo no mercado de bens e serviços e no mercado de saldos monetários reais para determinados valores de gastos do governo, impostos, oferta monetária e nível de preços.

O equilíbrio da economia corresponde ao ponto no qual a curva *IS* e a curva *LM* se interceptam. Esse ponto proporciona a taxa de juros, *r*, e o nível da renda, *Y*, que satisfazem as condições para o equilíbrio, tanto para o mercado de bens quanto para o mercado monetário. Em outras palavras, nesse ponto de interseção, o gasto efetivo é igual ao gasto planejado, e a demanda por saldos monetários reais é igual à oferta.

Ao concluirmos este capítulo, é importante termos em mente que nosso principal objetivo na explanação do modelo *IS-LM* é analisar as flutuações de curto prazo na atividade econômica. A Figura 11.14 ilustra como as diferentes peças de nossa teoria se encaixam umas às outras. Neste capítulo, desenvolvemos a cruz keynesiana e a teoria da preferência pela liquidez como blocos de construção para o modelo *IS-LM*. Conforme examinaremos no próximo capítulo, o modelo *IS-LM* ajuda a explicar o posicionamento e a inclinação da curva da demanda agregada. A curva da demanda agregada, por sua vez, é uma peça do modelo para oferta agregada e demanda agregada, que os economistas utilizam de modo a explicar os efeitos de curto prazo ocasionados por mudanças na política econômica e outros eventos relacionados à renda nacional.

Resumo

1. A cruz keynesiana é um modelo básico para a determinação do nível da renda. Pressupõe como exógenos a política fiscal e o investimento planejado, e em seguida demonstra que existe um nível determinado da renda nacional para o qual o gasto efetivo se iguala ao gasto planejado. Demonstra que alterações na política fiscal exercem impacto multiplicador sobre a renda.

2. Ao admitirmos que o investimento planejado dependa da taxa de juros, a cruz keynesiana gera uma relação entre a taxa de juros e a renda nacional. Uma taxa de juros mais elevada diminui o investimento planejado, e isso, por sua vez, faz diminuir a renda nacional. A inclinação descendente da curva *IS* sintetiza essa relação negativa entre a taxa de juros e a renda.

3. A teoria da preferência pela liquidez é um modelo básico para a determinação da taxa de juros. Considera exógenos a oferta monetária e o nível de preços, e pressupõe que a taxa de juros se ajusta de modo a equilibrar a oferta e a demanda de saldos monetários reais. A teoria implica que aumentos na oferta monetária reduzem a taxa de juros.

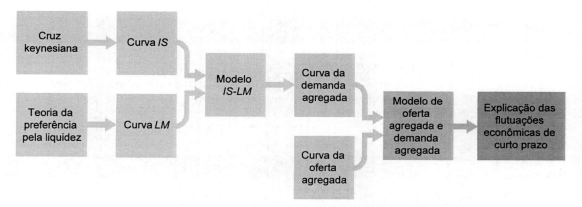

Figura 11.14 Teoria das flutuações no curto prazo. Este diagrama esquemático ilustra como se ajustam as diferentes peças da teoria para oscilações no curto prazo. A cruz keynesiana explica a curva *IS*, enquanto a teoria da preferência pela liquidez explica a curva *LM*. As curvas *IS* e *LM*, conjuntamente, produzem o modelo *IS-LM*, que explica a curva da demanda agregada. A curva da demanda agregada é parte do modelo de oferta agregada e demanda agregada que os economistas utilizam para explicar as flutuações de curto prazo na atividade econômica.

4. Ao admitirmos que a demanda por saldos monetários reais depende da renda nacional, a teoria da preferência pela liquidez estabelece uma relação entre a renda e a taxa de juros. Um nível de renda mais elevado aumenta a demanda por saldos monetários reais, e isso, por sua vez, faz a taxa de juros crescer. A curva *LM* com inclinação ascendente resume essa relação positiva entre a renda e a taxa de juros.

5. O modelo *IS-LM* combina os elementos da cruz keynesiana com os elementos da teoria da preferência pela liquidez. A curva *IS* ilustra os pontos que satisfazem a situação de equilíbrio no mercado de bens, enquanto a curva *LM* apresenta os pontos que satisfazem a situação de equilíbrio no mercado monetário. A interseção entre as curvas *IS* e *LM* mostra a taxa de juros e a renda que satisfazem a situação de equilíbrio em ambos os mercados para determinado nível de preços.

Questionário rápido

1. De acordo com o modelo da cruz keynesiana, se a propensão marginal a consumir é 2/3, um crescimento de $ 120 bilhões nas compras do governo faz com que a renda de equilíbrio cresça em
   a) $ 160 bilhões
   b) $ 180 bilhões
   c) $ 240 bilhões
   d) $ 360 bilhões

2. De acordo com o modelo da cruz keynesiana, se a propensão marginal a consumir é 2/3, uma redução de $ 120 bilhões nos impostos faz com que a renda de equilíbrio cresça em
   a) $ 160 bilhões
   b) $ 180 bilhões
   c) $ 240 bilhões
   d) $ 360 bilhões

3. A curva *IS* apresenta inclinação descendente porque uma taxa de juros _____ reduz _____ e, consequentemente, a renda.
   a) mais alta, o investimento planejado
   b) mais alta, a demanda por moeda corrente
   c) mais baixa, o investimento planejado
   d) mais baixa, a demanda por moeda corrente

4. De acordo com a teoria da preferência pela liquidez, o banco central pode aumentar a _____ de moeda e _____ a taxa de juros.
   a) oferta, elevar
   b) oferta, diminuir
   c) demanda, elevar
   d) demanda, diminuir

5. A curva *LM* apresenta inclinação ascendente porque a renda _____ aumenta a _____ monetária e, consequentemente, a taxa de juros.
   a) mais alta, oferta
   b) mais alta, demanda
   c) mais baixa, oferta
   d) mais baixa, demanda

6. Na interseção entre as curvas *IS* e *LM*,
   a) a economia alcançou o pleno emprego.
   b) a economia apresenta o equilíbrio correto entre inflação e desemprego.
   c) o mercado de bens e o mercado monetário estão, ambos, em equilíbrio.
   d) o desequilíbrio no mercado de bens compensa o desequilíbrio do mercado monetário.

CONCEITOS-CHAVE

Modelo *IS-LM*
Curva *IS*
Curva *LM*

Cruz keynesiana
Multiplicador de compras do governo

Multiplicador dos impostos
Teoria da preferência pela liquidez

Questões para revisão

1. Utilize a cruz keynesiana para explicar a razão pela qual a política fiscal exerce efeito multiplicador sobre a renda nacional.
2. Utilize a teoria da preferência pela liquidez para explicar a razão pela qual um aumento na oferta monetária reduz a taxa de juros. O que essa explicação pressupõe quanto ao nível de preços?
3. Por que a curva IS apresenta inclinação descendente?
4. Por que a curva LM apresenta inclinação ascendente?

Problemas e aplicações

1. Utilize o modelo da cruz keynesiana para prever o impacto dos itens apresentados a seguir sobre o PIB de equilíbrio. Em cada um dos casos, indique a direção da mudança e apresente uma fórmula para o tamanho do impacto.
    a) Aumento nas compras do governo.
    b) Elevação nos impostos.
    c) Aumentos de igual dimensão nas compras do governo e nos impostos.

2. No modelo da cruz keynesiana, pressuponha que a função consumo seja determinada por

   $C = 120 + 0,8(Y - T)$.

   O investimento planejado é igual a 200; as compras do governo e os impostos correspondem, ambos, a 400.
    a) Elabore um gráfico para o gasto planejado, como função da renda.
    b) Qual é a renda de equilíbrio?
    c) Se as compras do governo aumentam para 420, qual é a nova renda de equilíbrio? Qual é o multiplicador para as compras do governo?
    d) Que nível de compras do governo é necessário para que se alcance uma renda de 2.400? (Os impostos permanecem em 400.)
    e) Que nível de impostos é necessário para que se alcance uma renda de 2.400? (As compras do governo permanecem em 400.)

3. Embora nossa explanação da cruz keynesiana, neste capítulo, pressuponha que os impostos correspondem a um montante fixo, muitos países cobram impostos que crescem automaticamente com a renda nacional (exemplos nos Estados Unidos são o imposto de renda e o imposto cobrado sobre a folha de pagamento das empresas). Representamos o sistema tributário expressando a receita gerada por impostos sob a forma

   $T = \overline{T} + tY$,

   em que $\overline{T}$ e t são parâmetros do código tributário. O parâmetro $\overline{T}$ é um imposto de montante único (ou, se for negativo, uma transferência de montante único). O parâmetro t corresponde à alíquota marginal para o imposto: se a renda aumenta $\$1,00$, os impostos aumentam $t \times \$1,00$.
    a) De que maneira esse sistema tributário altera o modo como o consumo reage a variações no PIB?
    b) Na cruz keynesiana, de que modo esse sistema tributário altera o multiplicador de compras do governo?
    c) No modelo IS-LM, de que modo esse sistema tributário altera a inclinação da curva IS?

4. Considere o impacto decorrente de um aumento da parcimônia no modelo na da cruz keynesiana. Suponha que a função consumo corresponda a

   $C = \overline{C} + c(Y - T)$,

   em que $\overline{C}$ corresponde a um parâmetro denominado *consumo autônomo* que representa influências exógenas sobre o consumo e c é a propensão marginal a consumir.
    a) O que acontece com a renda de equilíbrio quando a sociedade se torna mais parcimoniosa (econômica em relação ao consumo), conforme representado por um declínio em $\overline{C}$?
    b) O que acontece com a poupança de equilíbrio?
    c) Por que você supõe que esse resultado é chamado de *paradoxo da parcimônia*?
    d) Esse paradoxo ocorre no modelo clássico descrito no Capítulo 3? Por que sim ou por que não?

5. Suponhamos que a função da demanda por moeda corrente seja

   $(M/P)^d = 800 - 50r$,

   em que r corresponde à taxa de juros, em termos percentuais. A oferta monetária M é igual a 2.000 e o nível de preços P é fixo em 5.
    a) Demonstre graficamente a oferta e a demanda de saldos monetários reais.
    b) Qual é a taxa de juros de equilíbrio?
    c) O que acontece com a taxa de juros de equilíbrio se a oferta monetária for reduzida de 2.000 para 1.500?
    d) Se o banco central deseja que a taxa de juros seja 4%, qual oferta monetária ele deve estabelecer?

6. As equações a seguir descrevem uma economia

   $Y = C + I + G$.
   $C = 50 + 0,75(Y - T)$.
   $I = 150 - 10r$.
   $(M/P)^d = Y - 50r$.
   $G = 250$.
   $T = 200$.
   $M = 3.000$.
   $P = 4$.

    a) Identifique todas as variáveis e explique, sucintamente, o significado de cada uma delas.
    b) Com base na lista apresentada neste problema, utilize o conjunto relevante de equações para derivar a curva IS. Trace a curva IS em um gráfico, com os rótulos apropriados.
    c) Com base na lista apresentada neste problema, utilize o conjunto relevante de equações para derivar a curva LM. Trace a curva LM no mesmo gráfico que você utilizou no item (b).
    d) Qual é o nível de equilíbrio para a renda e qual é a taxa de juros de equilíbrio?

Respostas do questionário rápido

1. d
2. c
3. a
4. b
5. b
6. c

Demanda Agregada II: Aplicando o Modelo *IS-LM*

12

A ciência é um parasita: quanto maior a população de pacientes, maiores os avanços na fisiologia e na patologia; e da patologia surge a terapia. O ano de 1932 representou o fundo do poço da grande depressão, e de seu solo apodrecido foi tardiamente gerada uma nova disciplina, que atualmente chamamos de macroeconomia.

– Paul Samuelson

No Capítulo 11, reunimos as peças do modelo *IS-LM* como um passo rumo à compreensão das flutuações econômicas de curto prazo. Verificamos que a curva *IS* representa o equilíbrio no mercado de bens e serviços, a curva *LM* representa o equilíbrio no mercado de saldos monetários reais, e que, juntas, as curvas *IS* e *LM* determinam a taxa de juros e a renda nacional no curto prazo quando o nível de preços é fixo. Vamos, agora, voltar nossa atenção à aplicação do modelo *IS-LM* para analisar três questões.

Em primeiro lugar, examinamos as causas potenciais para as flutuações na renda nacional. Utilizamos o modelo *IS-LM* para analisar de que maneira as variáveis exógenas (compras do governo, impostos e oferta monetária) influenciam as variáveis endógenas (a taxa de juros e a renda nacional) para determinado nível de preços. Examinamos, também, de que maneira vários choques no mercado de bens (a curva *IS*) e no mercado monetário (a curva *LM*) afetam, no curto prazo, a taxa de juros e a renda nacional.

Em segundo lugar, debatemos de que maneira o modelo *IS-LM* se ajusta ao modelo de oferta agregada e demanda agregada, apresentado no Capítulo 10. Examinamos especificamente como o modelo *IS-LM* proporciona uma teoria para explicar a inclinação e o posicionamento da curva da demanda agregada. Neste capítulo, deixamos um pouco de lado o pressuposto de que o nível de preços é fixo, e mostramos que o modelo *IS-LM* implica uma relação negativa entre o nível de preços e a renda nacional. O modelo também revela quais eventos deslocam a curva da demanda agregada, e em que direção.

Em terceiro lugar, examinamos a Grande Depressão da década de 1930. Como indica a citação de abertura do capítulo, esse episódio deu início à teoria macroeconômica para o curto prazo, pois levou Keynes e seus inúmeros seguidores a argumentar que a demanda agregada seria a chave para a compreensão das flutuações na renda nacional. Com o benefício da percepção *a posteriori*, podemos adotar o modelo *IS-LM* para discutir as várias explicações para essa traumática desaceleração na atividade econômica.

O modelo *IS-LM* desempenhou um papel fundamental na história do pensamento econômico, e nos proporcionou uma poderosa lente por meio da qual podemos enxergar a história econômica, mas tem também um significado muito mais moderno. Ao longo de todo este capítulo, veremos que o modelo também pode ser usado para lançar luz sobre flutuações mais recentes na economia; dois estudos de caso no capítulo utilizam o modelo para examinar as recessões que tiveram início em 2001 e 2008. Além disso, como veremos no Capítulo 15, a lógica do modelo *IS-LM* constitui um bom alicerce para a compreensão de teorias mais novas e mais sofisticadas para o ciclo de negócios.

12.1 EXPLICANDO FLUTUAÇÕES POR INTERMÉDIO DO MODELO *IS-LM*

A interseção entre a curva *IS* e a curva *LM* determina o nível da renda nacional. Quando uma dessas curvas se desloca, o equilíbrio de curto prazo da economia se modifica e a renda nacional varia. Nesta seção, examinamos como mudanças na política econômica e choques na economia podem fazer com que essas curvas se desloquem.

Como a política fiscal desloca a curva *IS* e modifica o equilíbrio de curto prazo

Comecemos examinando como as mudanças na política fiscal (compras do governo e impostos) alteram o equilíbrio de curto prazo da economia. Lembre-se de que mudanças na política fiscal influenciam o gasto planejado e, com isso, deslocam a curva *IS*. O modelo *IS-LM* demonstra como esses deslocamentos na curva *IS* afetam a renda e a taxa de juros.

Variações nas compras do governo

Considere um crescimento nas compras do governo equivalente a ΔG. O multiplicador das compras do governo na cruz keynesiana nos mostra que essa mudança na política fiscal eleva o nível de renda em $\Delta G/(1 - PMgC)$, para qualquer taxa de juros estabelecida. Portanto, como ilustra a Figura 12.1, a curva *IS* se desloca para a direita nesse mesmo montante. O equilíbrio da economia se movimenta do ponto A para o ponto B. O crescimento nas compras do governo eleva tanto a renda como a taxa de juros.

Para entender melhor o que está acontecendo na Figura 12.1, é útil ter em mente os elementos de base do modelo *IS-LM* apresentados no capítulo anterior – a cruz keynesiana e a teoria da preferência pela liquidez. Eis aqui o que acontece. Quando o governo aumenta suas aquisições de bens e serviços, o gasto planejado da economia aumenta. O crescimento no gasto planejado estimula a produção de bens e serviços, e isso faz crescer a renda total, Y. Esses efeitos já foram analisados quando estudamos a cruz keynesiana.

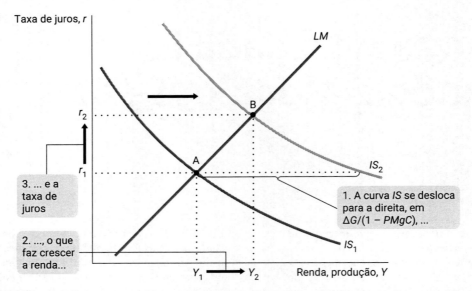

Figura 12.1 Crescimento nas compras do governo no modelo IS-LM. Um crescimento nas compras do governo desloca a curva IS para a direita. O equilíbrio se movimenta do ponto A para o ponto B. A renda se eleva de Y_1 para Y_2, e a taxa de juros cresce de r_1 para r_2.

Considere, agora, o mercado monetário tal como descrito pela teoria da preferência pela liquidez. Como a demanda da economia por moeda corrente depende da renda, o crescimento no total da renda aumenta a quantidade de moeda demandada, para qualquer que seja a taxa de juros. A oferta monetária, no entanto, não se modificou, de modo que a maior demanda por moeda eleva a taxa de juros de equilíbrio, r.

A taxa de juros mais alta que passa a prevalecer no mercado para moeda corrente, por sua vez, tem desdobramentos no mercado de bens. Quando as taxas de juros se elevam, as empresas fazem reduções em seus planos de investimento. Essa queda no investimento compensa parcialmente o efeito expansionista do crescimento nas compras do governo. Consequentemente, o crescimento na renda em resposta a uma expansão fiscal é menor no modelo IS-LM do que na cruz keynesiana (na qual se pressupõe que o investimento é fixo). Você consegue verificar isso na Figura 12.1. O deslocamento horizontal da curva IS é equivalente ao crescimento na renda de equilíbrio na cruz keynesiana. Esse montante é maior do que o crescimento da renda de equilíbrio, no caso presente do modelo IS-LM. A diferença é explicada pela redução no estímulo ao investimento, que decorre de uma taxa de juros mais elevada.

Variações nos impostos

No modelo IS-LM, variações nos impostos afetam a economia quase tanto quanto variações das compras do governo, exceto pelo fato de que os impostos afetam o gasto por meio do consumo. Considere, por exemplo, uma diminuição nos impostos equivalente a ΔT. A redução nos impostos estimula os consumidores a gastarem mais e, dessa maneira, eleva o gasto planejado. O efeito multiplicador dos impostos na cruz keynesiana nos mostra que essa mudança na política fiscal eleva em $\Delta T \times PMgC/(1 - PMgC)$ o nível de renda, sob qualquer taxa de juros determinada. Portanto, como ilustra a Figura 12.2, a curva IS se desloca para a direita nesse mesmo montante. O equilíbrio da economia se desloca do ponto A para o ponto B. A redução nos impostos eleva a renda e a taxa de juros. Mais uma vez, como a taxa de juros mais alta diminui o investimento, o aumento na renda é menor no modelo IS-LM do que na cruz keynesiana.

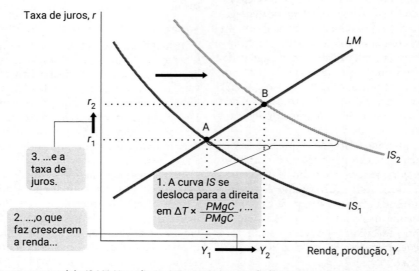

Figura 12.2 Redução nos impostos no modelo IS-LM. Uma diminuição nos impostos desloca a curva IS para a direita. A situação de equilíbrio se movimenta do ponto A para o ponto B. A renda aumenta de Y_1 para Y_2, e a taxa de juros se eleva de r_1 para r_2.

Como a política monetária desloca a curva *LM* e altera o equilíbrio de curto prazo

Examinaremos agora os efeitos da política monetária. Lembre-se de que uma mudança na oferta monetária altera a taxa de juros que equilibra o mercado monetário para qualquer nível de renda determinado e, com isso, desloca a curva *LM*. O modelo *IS-LM* mostra de que maneira um deslocamento na curva *LM* afeta a renda e a taxa de juros.

Considere um crescimento na oferta monetária. Crescimento em M provoca crescimento nos saldos monetários reais, M/P, uma vez que o nível de preços P é fixo no curto prazo. A teoria da preferência pela liquidez mostra que, para qualquer nível de renda determinado, um aumento nos saldos monetários gera taxa de juros mais baixa. Portanto, a curva *LM* se desloca para baixo, como mostra a Figura 12.3. O equilíbrio se move do ponto A para o ponto B. O crescimento na oferta monetária diminui a taxa de juros e aumenta o nível da renda.

Mais uma vez, para contar a história que explica o ajuste da economia do ponto A para o ponto B, nos baseamos nos fundamentos conceituais do modelo *IS-LM* – a cruz keynesiana e a teoria da preferência pela liquidez. Dessa vez, começamos com o mercado monetário, onde ocorre a ação da política monetária. Quando o banco central eleva a oferta monetária, as pessoas passam a ter em mãos uma quantidade maior do que desejam de moeda corrente à taxa de juros que prevalece no mercado. Como resultado, elas começam a depositar essa quantidade de moeda corrente excedente em bancos, ou passam a empregá-la na compra de títulos mobiliários. A taxa de juros, r, cai, então, até que as pessoas estejam dispostas a reter em mãos toda a moeda corrente adicional que o banco central tenha criado; isso conduz o mercado monetário a um novo equilíbrio. A taxa de juros mais baixa, por sua vez, gera desdobramentos para o mercado de bens. Uma taxa de juros mais baixa estimula o investimento planejado, o que faz crescerem o gasto planejado, a produção e a renda, Y.

Portanto, o modelo *IS-LM* demonstra que a política monetária influencia a renda pelo fato de alterar a taxa de juros. Essa conclusão ajuda a esclarecer nossa análise sobre política monetária apresentada no Capítulo 10. Nesse capítulo, demonstramos que, no curto prazo, quando os preços estão rígidos, uma expansão na oferta monetária faz com que a renda cresça. Entretanto, não examinamos *como* uma expansão monetária induz um dispêndio maior com bens e serviços – processo chamado de **mecanismo de transmissão monetária**. O modelo *IS-LM* ilustra uma parte importante desse mecanismo: *o aumento na oferta monetária faz com que a taxa de juros diminua, o que estimula o investimento e, com isso, expande a demanda por bens e serviços.* O próximo capítulo mostrará que, em economias abertas, a taxa de câmbio também exerce um papel importante no mecanismo de transmissão monetária; contudo, para economias de grande porte, como é o caso dos Estados Unidos, a taxa de juros desempenha o papel principal.

Interação entre política monetária e política fiscal

Ao se analisar qualquer tipo de mudança na política monetária ou na política fiscal, é importante ter em mente que os decisores que controlam esses instrumentos de política estão conscientes daquilo que os outros decisores estão fazendo. Uma mudança em determinada política pode, consequentemente, influenciar a outra, e essa interdependência tem como resultado a alteração do impacto de uma mudança de política econômica.

Suponha, por exemplo, que o Congresso decida aumentar impostos. Que efeito essa política terá sobre a economia? De acordo com o modelo *IS-LM*, a resposta depende da maneira como o banco central reage a esse aumento de impostos.

A Figura 12.4 ilustra três resultados possíveis. No painel (a), o banco central mantém a oferta monetária constante. O aumento nos impostos desloca a curva *IS* para a esquerda. A renda diminui (já que impostos mais altos reduzem o gasto por parte dos consumidores) e a taxa de juros diminui (pois renda mais alta reduz a demanda por moeda corrente). A diminuição da renda indica que o crescimento nos impostos causa uma recessão.

No painel (b), o banco central deseja manter constante a taxa de juros. Nesse caso, quando o aumento nos impostos desloca a curva *IS* para a esquerda, o banco central precisa necessariamente diminuir a oferta monetária para manter a taxa de juros em seu nível original. Essa diminuição na oferta monetária desloca a curva *LM* para cima. A taxa de juros não cai, mas a renda diminui em um montante maior do que se o banco central tivesse mantido a oferta monetária constante. Enquanto no painel (a) a taxa de juros mais baixa estimulou o investimento e compensou parcialmente o efeito de contração decorrente do aumento nos impostos, no painel (b) o banco central agrava a recessão ao manter a taxa de juros alta.

No painel (c), o banco central deseja evitar que o aumento nos impostos reduza a renda. Ele precisa, portanto, expandir a oferta monetária e deslocar a curva *LM* para baixo o suficiente para contrabalançar o deslocamento na curva *IS*. Nesse

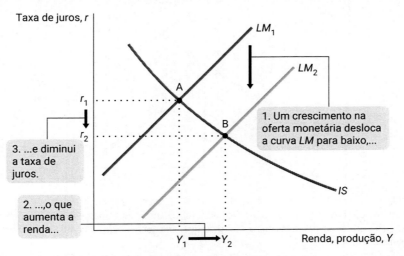

Figura 12.3 Aumento da oferta monetária no modelo *IS-LM*. Um aumento na oferta monetária desloca para baixo a curva *LM*. O equilíbrio se movimenta do ponto A para o ponto B. A renda cresce de Y_1 para Y_2 e a taxa de juros cai de r_1 para r_2.

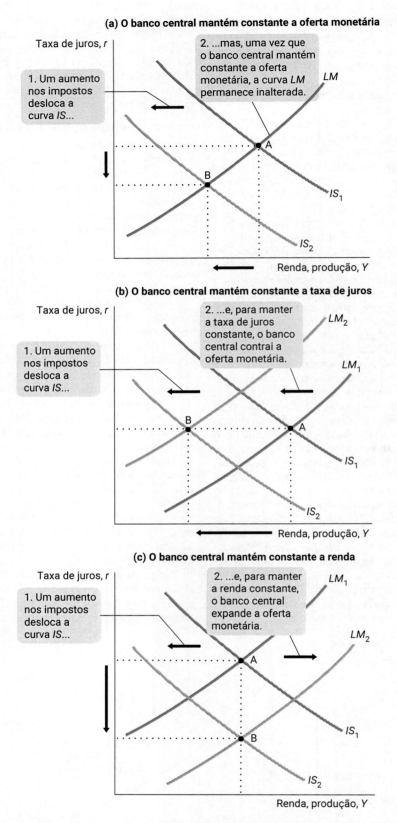

Figura 12.4 Reação da economia a um aumento de imposto. A reação da economia a um aumento nos impostos depende da reação do banco central. No painel (a), o banco central mantém a oferta monetária constante. No painel (b), o banco central mantém a taxa de juros constante por meio da redução na oferta monetária. No painel (c), o banco central mantém constante o nível de renda por meio do aumento na oferta monetária. Em cada um dos casos, a economia se movimenta do ponto A para o ponto B.

caso, o aumento nos impostos não causa recessão, mas provoca efetivamente uma grande queda na taxa de juros. Embora o nível de renda não se modifique, a combinação entre um aumento de impostos e uma expansão monetária altera, de fato, a distribuição dos recursos da economia. Os impostos mais altos fazem com que o consumo diminua, enquanto a taxa de juros mais baixa estimula o investimento. A renda permanece inalterada, pois esses dois efeitos se equilibram de modo exato.

Com base nesse exemplo, podemos verificar que o impacto de uma modificação na política fiscal depende da política que o banco central procura seguir – ou seja, se ele mantém a oferta monetária, a taxa de juros ou o nível de renda. De modo mais geral, sempre que analisamos uma mudança em uma política econômica, devemos fazer uma suposição sobre seu efeito na outra política econômica. A suposição mais apropriada vai depender do caso específico e das muitas considerações políticas que existem por trás da formulação de uma política econômica.

Choques no modelo IS-LM

Tendo em vista que o modelo IS-LM mostra como se determina a renda nacional no curto prazo, podemos utilizar o modelo para examinar de que maneira vários distúrbios econômicos afetam a renda. Até agora, vimos como mudanças na política fiscal deslocam a curva IS e mudanças na política monetária deslocam a curva LM. De maneira análoga, podemos agrupar outros tipos de distúrbio em duas categorias: choques na curva IS e choques na curva LM.

Choques na curva IS correspondem a mudanças exógenas na demanda por bens e serviços. Alguns economistas, entre eles Keynes, enfatizaram que essas variações na demanda podem ter origem no *instinto animal* dos investidores – ondas de otimismo e pessimismo exógenas que podem vir a se concretizar. Suponhamos, por exemplo, que as empresas passem a ter uma atitude pessimista em relação ao futuro da economia, e que esse pessimismo faça com que elas reduzam a construção de novas unidades de produção. Essa redução na demanda por bens de investimento causa um movimento de contração na função investimento: sob qualquer taxa de juros, as empresas desejam investir menos. A queda no investimento reduz o gasto planejado e desloca a curva IS para a esquerda, diminuindo a renda e o emprego. Tal diminuição na renda de equilíbrio valida, em parte, o pessimismo inicial por parte das empresas.

Choques na curva IS podem também resultar de variações na demanda por bens de consumo. Suponhamos, por exemplo, que a eleição de um presidente popular aumente a confiança do consumidor em relação à economia. Isso induz os consumidores a poupar menos para o futuro e consumir mais no presente. Podemos interpretar essa mudança como um deslocamento ascendente na função consumo. Tal deslocamento na função consumo faz crescer o gasto planejado e desloca a curva IS para a direita, o que provoca aumento na renda de equilíbrio.

Choques na curva LM resultam de mudanças exógenas na demanda por moeda corrente. Suponhamos, por exemplo, que novas restrições na disponibilidade de cartões de crédito provoquem aumento na quantidade de dinheiro que as pessoas optam por ter em mãos. Segundo a teoria da preferência pela liquidez, quando aumenta a demanda por moeda em espécie, a taxa de juros necessária para equilibrar o mercado monetário passa a ser mais alta (para qualquer nível de renda e de oferta monetária). Assim, um aumento na demanda por moeda desloca a curva LM para cima, o que tende a elevar a taxa de juros e puxar a renda para baixo.

Em resumo, várias espécies de eventos podem causar flutuações econômicas, alterando a curva IS ou a curva LM. Lembre-se, no entanto, de que esses tipos de flutuação não são inevitáveis. Decisores políticos podem tentar utilizar os instrumentos de política monetária e fiscal no intuito de contrabalançar choques exógenos. Se os decisores forem suficientemente ágeis e hábeis (sem sombra de dúvida, um grande "se"), choques nas curvas IS ou LM não causarão necessariamente flutuações na renda ou no emprego.

ESTUDO DE CASO

A RECESSÃO DOS ESTADOS UNIDOS EM 2001

Em 2001, a economia dos Estados Unidos passou por acentuada desaceleração em sua atividade econômica. A taxa de desemprego cresceu de 3,9% em setembro de 2000 para 4,9% em agosto de 2001, indo para 6,3% em junho de 2003. Sob inúmeros aspectos, a desaceleração na economia se assemelhava a uma recessão típica, impulsionada por redução na demanda agregada.

Três choques dignos de registro explicam esse acontecimento. O primeiro deles foi um declínio no mercado de ações. Durante a década de 1990, o mercado de ações passou por um crescimento de proporções históricas à medida que os investidores iam se tornando cada vez mais otimistas em relação às perspectivas da nova tecnologia de informação. Alguns economistas à época consideraram tal otimismo excessivo, e, passado o tempo, essa opinião veio a se comprovar. Quando o otimismo esmoreceu, os preços médios das ações em bolsa caíram aproximadamente 25% de agosto de 2000 a agosto de 2001. A queda no mercado de ações reduziu a prosperidade dos domicílios e, consequentemente, o gasto dos consumidores. Além disso, as perspectivas cada vez menores de lucratividade das novas tecnologias acarretaram queda nos gastos com investimentos. Na linguagem do modelo IS-LM, a curva IS se deslocou para a esquerda.

O segundo choque foi causado pelos ataques terroristas nas cidades de Nova York e Washington, em 11 de setembro de 2001. Na semana subsequente aos atentados, o mercado de ações caiu outros 12%, o que, naquela ocasião, representava a maior queda semanal desde a Grande Depressão da década de 1930. Além disso, os atentados fizeram crescer a incerteza em relação ao que o futuro poderia trazer. A incerteza pode reduzir o gasto, uma vez que os domicílios e as empresas postergam alguns de seus planos até que ela venha a ser superada. Por conseguinte, os atentados terroristas deslocaram a curva IS ainda mais para a esquerda.

O terceiro choque foi causado por uma série de escândalos contábeis em algumas das empresas de maior destaque nos Estados Unidos, como a Enron e a WorldCom. O resultado desses escândalos foi a falência de companhias que fraudulentamente haviam se mostrado mais rentáveis do que na verdade eram; condenações dos executivos considerados responsáveis pelas fraudes; e novas leis voltadas para regulamentação e acompanhamento mais minucioso de registros contábeis. Esses eventos pressionaram ainda mais para baixo os preços das ações e desestimularam os investimentos em empresas – um terceiro deslocamento para a esquerda na curva IS.

Decisores de políticas fiscais e monetárias reagiram rapidamente a esses eventos. O Congresso aprovou uma significativa redução nos impostos em 2001, incluindo um desconto imediato sobre as tarifas e uma segunda redução significativa nos impostos em 2003. Um dos objetivos dessas reduções de impostos era estimular o gasto por parte dos consumidores. (Veja o Estudo de Caso "Reduzir impostos para estimular a economia: as reduções de impostos de Kennedy e de Bush", no Capítulo 11.) Além disso, depois dos atentados terroristas de 2001, o Congresso aumentou os gastos do governo, destinando recursos para auxiliar a recuperação de Nova York e para tirar do fundo do poço o setor da aviação civil comercial, que amargava enormes prejuízos. Essas medidas fiscais deslocaram a curva IS para a direita.

Ao mesmo tempo, o Federal Reserve passou a seguir uma política monetária expansionista, deslocando a curva LM para a direita. O crescimento na disponibilidade de moeda foi acelerado e as taxas de juros diminuíram. A taxa de juros para os títulos do Tesouro norte-americano com vencimento em três meses caiu de 6,2% em novembro de 2000 para 3,4%, em agosto de 2001, imediatamente antes dos ataques terroristas. Depois de os ataques terroristas e os escândalos nas grandes corporações atingirem a economia, o Fed aumentou seus estímulos monetários, e a taxa para os títulos do Tesouro norte-americano caiu para 0,9% em julho de 2003 – o nível mais baixo em muitas décadas.

A política monetária e a política fiscal expansionistas tiveram os efeitos pretendidos. O crescimento econômico foi retomado na segunda metade de 2003 e permaneceu forte ao longo de todo o ano de 2004. Por volta de junho de 2005, a taxa de desemprego havia baixado novamente para 5,0% e permaneceu nesse patamar, ou abaixo dele, ao longo dos anos subsequentes. No entanto, o desemprego voltou a crescer novamente em 2008, quando a economia passou por outra recessão. As causas para a recessão norte-americana de 2008 serão examinadas em outro estudo de caso, apresentado mais adiante neste capítulo.

Qual é o instrumento de política econômica do banco central: a oferta monetária ou a taxa de juros?

Nossa análise sobre política monetária tem se baseado no pressuposto de que o banco central influencia a economia ao controlar a oferta monetária. Por outro lado, quando os meios de comunicação noticiam mudanças na política do banco central, eles geralmente se limitam a dizer que o banco aumentou ou diminuiu as taxas de juros. Qual dessas afirmativas está correta? Ainda que esses dois pontos de vista possam parecer diferentes, ambos estão corretos, e é importante compreender a razão para isso.

Nos últimos anos, o Fed, banco central dos Estados Unidos, utilizou a *taxa de fundos federais** – a taxa que os bancos cobram uns dos outros para empréstimos com duração de um pernoite – como seu instrumento de política de curto prazo. Quando o Federal Open Market Committee (Comitê Federal do Mercado Aberto) se reúne, mais ou menos a cada seis semanas, para estabelecer a política monetária, elege uma meta para essa taxa de juros que será aplicada até a reunião subsequente. Depois que a reunião termina, os operadores de títulos do Fed (que estão baseados em Nova York) são instruídos a conduzir as operações de mercado aberto necessárias para que essa meta seja alcançada. Essas operações de mercado aberto modificam a oferta monetária e deslocam a curva LM, de modo tal que a taxa de juros de equilíbrio (determinada pela interseção entre as curvas IS e LM) seja igual à taxa de juros escolhida como meta pelo Federal Open Market Committee.

Como resultado desse procedimento operacional, a política econômica do Fed é muitas vezes discutida em termos de taxas de juros que vão se modificando. Lembre-se, no entanto, de que por trás dessas variações nas taxas de juros encontram-se as necessárias variações na oferta monetária. Um jornal poderia noticiar, por exemplo, que "o Fed diminuiu as taxas de juros". Para sermos mais precisos, podemos traduzir essa nota da seguinte maneira: "O Federal Open Market Committee instruiu os operadores de títulos do Fed a comprar títulos em operações de mercado aberto, de modo a aumentar a oferta monetária, deslocar a curva LM e reduzir a taxa de juros de equilíbrio, para que se alcance uma nova meta mais baixa".

Por que o Fed optou por adotar uma taxa de juros, em vez da oferta monetária, como seu instrumento de política para o curto prazo? Uma resposta possível é que os choques na curva LM são mais prevalentes do que os choques na curva IS. Quando concentra o seu foco nas taxas de juros, o banco central automaticamente contrabalança os choques na curva LM via ajustes na oferta monetária, muito embora esse tipo de política exacerbe os choques na curva IS. Se os choques na curva LM representarem o tipo mais preponderante, uma política econômica que tenha como foco a taxa de juros promoverá estabilidade econômica mais forte do que uma política com foco na oferta monetária. (O Problema 8, ao final deste capítulo, pede que você analise essa questão mais exaustivamente.)

No Capítulo 15, estenderemos nossa teoria de flutuações de curto prazo de modo a incluir, explicitamente, uma política monetária que objetive a taxa de juros e modifique seu foco em resposta a condições econômicas. O modelo IS-LM apresentado neste capítulo constitui uma fundamentação útil para essa análise mais complicada e realista. Uma das lições extraídas do modelo IS-LM é que, quando o banco central estabelece a oferta monetária, ele determina a taxa de juros de equilíbrio. Assim, em determinadas circunstâncias, estabelecer a oferta monetária e retirar a taxa de juros são os dois lados de uma mesma moeda.

12.2 *IS-LM* COMO TEORIA PARA A DEMANDA AGREGADA

Até aqui, utilizamos o modelo *IS-LM* para explicar a renda nacional no curto prazo quando o nível de preços é fixo. Para verificar como o modelo *IS-LM* se ajusta ao modelo para oferta agregada e demanda agregada apresentado no Capítulo 10, examinaremos agora o que acontece com o modelo *IS-LM* quando se permitem variações no nível de preços. Ao examinarmos os efeitos das mudanças no nível de preços, seremos capazes de cumprir aquilo que foi prometido quando demos início ao estudo sobre o modelo *IS-LM*: uma teoria capaz de explicar o posicionamento e a inclinação da curva da demanda agregada.

Do modelo *IS-LM* à curva da demanda agregada

Lembre-se, pela leitura do Capítulo 10, de que a curva da demanda agregada descreve uma relação entre o nível de preços e o nível da renda nacional. No Capítulo 10, essa relação foi derivada da teoria quantitativa da moeda. A análise demonstrou que, para determinada oferta monetária, um nível de preços mais alto implica um nível de renda mais baixo. Aumentos na oferta monetária deslocam a curva da demanda agregada para a direita, enquanto diminuições na oferta monetária deslocam essa curva para a esquerda.

---
* Semelhante às operações conhecidas no Brasil como aplicações no *overnight*. (N.T.)

Para entendermos melhor os determinantes da demanda agregada, utilizaremos agora o modelo IS-LM em vez da teoria quantitativa, a fim de derivar a curva da demanda agregada. Em primeiro lugar, utilizamos o modelo IS-LM para mostrar a razão pela qual a renda nacional diminui à medida que o nível de preços cresce – ou seja, por que a curva da demanda agregada apresenta inclinação descendente. Em segundo lugar, examinaremos o que faz a curva da demanda agregada se deslocar.

Para explicar por que a curva de demanda agregada apresenta inclinação descendente, verificamos o que acontece com o modelo IS-LM quando o nível de preços se modifica. Isso é feito na Figura 12.5. Para qualquer oferta monetária M determinada, um nível de preços P mais elevado reduz a oferta de saldos monetários reais, M/P. Uma oferta mais baixa de saldos monetários reais desloca a curva LM para cima, o que eleva a taxa de juros de equilíbrio e diminui o nível de renda de equilíbrio, como ilustra o painel (a). Nesse caso, o nível de preços se eleva de P_1 para P_2 e a renda diminui de Y_1 para Y_2. A curva da demanda agregada, no painel (b), demonstra graficamente essa relação negativa entre renda nacional e nível de preços. Em outras palavras, a curva da demanda agregada demonstra o conjunto de pontos de equilíbrio que aparece no modelo IS-LM à medida que variamos o nível de preços e verificamos o que acontece com a renda.

O que faz com que a curva da demanda agregada se desloque? Como a curva da demanda agregada sintetiza os resultados do modelo IS-LM, eventos que deslocam a curva IS ou a curva LM (para um nível de preços determinado) provocam deslocamento da curva da demanda agregada. Por exemplo, um aumento na oferta monetária faz crescer a renda no modelo IS-LM para qualquer nível de preços determinado, deslocando a curva da demanda agregada para a direita, como mostra o painel (a) da Figura 12.6. De modo semelhante, um aumento nas compras do governo ou uma redução nos impostos fazem aumentar a renda no modelo IS-LM para determinado nível de preços, deslocando também a curva da demanda agregada para a direita, como mostra o painel (b). Inversamente, uma redução na oferta monetária, uma diminuição nas compras do governo ou um aumento nos impostos fazem decrescer a renda no modelo IS-LM e deslocam a curva da demanda agregada para a esquerda. Qualquer coisa que modifique a renda no modelo IS-LM, que não seja uma modificação no nível de preços, causa deslocamento na curva da demanda agregada. Os fatores que deslocam a demanda agregada incluem não somente políticas monetárias e fiscais, mas também choques no mercado de bens (a curva IS) e choques no mercado monetário (a curva LM).

Podemos sintetizar esses resultados da seguinte maneira: *Uma variação na renda no modelo IS-LM, resultante de uma variação no nível de preços, representa um movimento ao longo da curva da demanda agregada. Uma variação na renda no modelo IS-LM, para determinado nível de preços, representa um deslocamento da curva da demanda agregada.*

O modelo IS-LM no curto e no longo prazo

O modelo IS-LM tem por objetivo explicar a economia no curto prazo, quando o nível de preços é fixo. Contudo, agora que verificamos o modo como uma variação no nível de preços influencia o equilíbrio no modelo IS-LM, podemos também utilizar o modelo para descrever a economia no longo prazo, quando o nível de preços se ajusta de modo a assegurar que a economia mantenha a produção em sua taxa natural. Ao utilizar o modelo IS-LM para descrever o longo prazo, podemos demonstrar claramente como o modelo keynesiano para determinação da renda difere do modelo clássico apresentado no Capítulo 3.

O painel (a) da Figura 12.7 mostra as três curvas necessárias para compreender os equilíbrios de curto prazo e de longo prazo: a curva IS, a curva LM e a reta vertical que representa a taxa natural de produção, $\bar{Y}$. A curva LM, como sempre, é traçada para um nível de preços fixo, P_1. O equilíbrio de curto prazo da economia corresponde ao ponto K, no qual a curva IS intercepta a curva LM. Observe que, nesse equilíbrio de curto prazo, a renda da economia é mais baixa do que o seu nível natural.

O painel (b) da Figura 12.7 ilustra a mesma situação no diagrama para oferta agregada e demanda agregada. No nível de preços P_1, o montante de produto demandado está abaixo do nível natural. Em outras palavras, no nível de preços existente, há demanda por bens e serviços insuficiente para que se mantenha a economia produzindo em seu potencial.

Podemos examinar, nesses dois diagramas, o equilíbrio de curto prazo, em que se encontra a economia, e o equilíbrio de longo prazo, em direção ao qual a economia gravita.

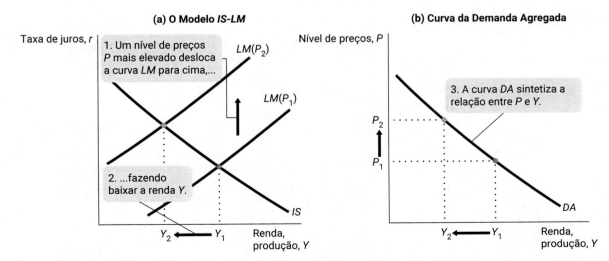

Figura 12.5 Derivando a curva da demanda agregada com o Modelo IS-LM. O painel (a) ilustra o modelo IS-LM: um aumento no nível de preços de P_1 para P_2 faz com que os saldos monetários reais diminuam e, por conseguinte, desloca a curva LM para cima. O deslocamento na curva LM aumenta a renda de Y_1 para Y_2. O painel (b) ilustra a curva da demanda agregada, sintetizando essa relação entre o nível de preços e a renda: quanto mais alto o nível de preços, mais baixo o nível de renda.

212 Parte 4 • Teoria do Ciclo Econômico: A Economia no Curto Prazo

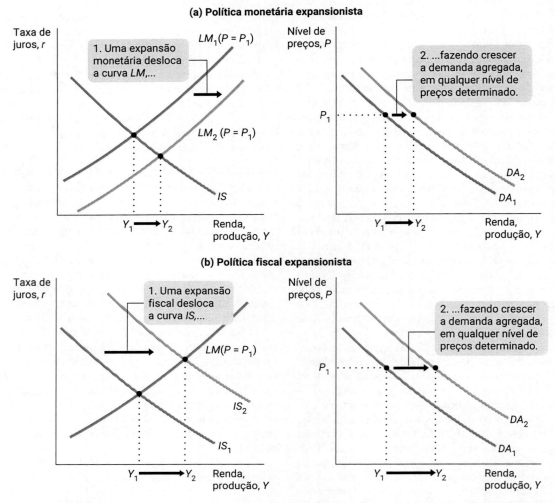

Figura 12.6 Como a política monetária e a política fiscal deslocam a curva da demanda agregada. O painel (a) mostra uma expansão monetária. Para qualquer nível de preços determinado, um crescimento na oferta monetária eleva os saldos monetários reais, desloca a curva LM para baixo e faz crescer a renda. Consequentemente, um aumento na oferta monetária desloca a curva da demanda agregada para a direita. O painel (b) mostra uma expansão fiscal, como um aumento nas compras do governo ou uma redução nos impostos. A expansão fiscal desloca a curva IS para a direita, e, para qualquer nível de preços determinado, faz crescer a renda. Consequentemente, uma expansão fiscal desloca para a direita a curva da demanda agregada.

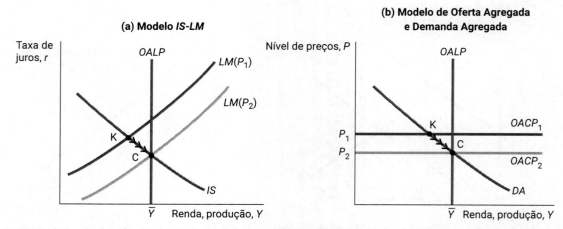

Figura 12.7 Equilíbrios de curto e de longo prazo. Podemos comparar os equilíbrios de curto prazo e de longo prazo utilizando o diagrama IS-LM no painel (a), ou o diagrama para oferta agregada-demanda agregada, no painel (b). No curto prazo, o nível de preços permanece rígido em P_1. O equilíbrio de curto prazo da economia, por conseguinte, corresponde ao ponto K. No longo prazo, o nível de preços se ajusta, de modo tal que a economia esteja em seu nível natural de produção. O equilíbrio de longo prazo está, portanto, no ponto C.

O ponto K descreve o equilíbrio de curto prazo, pois pressupõe que o nível de preços esteja estagnado em P_1. Com o passar do tempo, a baixa demanda por bens e serviços faz com que os preços caiam, e a economia volta a se deslocar em direção à sua taxa natural. Quando o nível de preços alcança P_2, a economia está no ponto C, o equilíbrio de longo prazo. O diagrama para demanda agregada e oferta agregada demonstra que, no ponto C, a quantidade demandada de bens e serviços é igual ao nível natural de produção. Esse equilíbrio de longo prazo é alcançado no diagrama IS-LM por meio de um deslocamento na curva LM: a queda no nível de preços faz os saldos monetários reais crescerem e, portanto, desloca a curva LM para a direita.

Podemos, agora, verificar a diferença fundamental entre a abordagem keynesiana e a abordagem clássica para a determinação da renda nacional. O pressuposto keynesiano (representado pelo ponto K) é que o nível de preços é rígido. Dependendo da política monetária, da política fiscal e dos outros determinantes da demanda agregada, o total da produção pode se desviar de sua taxa natural. O pressuposto clássico (representado pelo ponto C) é que o nível de preços é flexível. O nível de preços se ajusta de modo a garantir que a renda nacional esteja sempre em seu nível natural.

Para colocar essa mesma questão de maneira ligeiramente diferente, podemos imaginar a economia como descrita por três equações. As duas primeiras são as equações IS e LM:

$$Y = C(Y - T) + I(r) + G \quad IS,$$
$$M/P = L(r, Y) \quad LM.$$

A equação IS descreve o equilíbrio no mercado de bens, enquanto a equação LM descreve o equilíbrio no mercado monetário. Essas *duas* equações contêm *três* variáveis endógenas: Y, P e r. Para completar o sistema, precisamos de uma terceira equação. A abordagem keynesiana completa o modelo com o pressuposto de preços rígidos, de modo que a terceira equação keynesiana passa a ser

$$P = P_1,$$

Esse pressuposto implica que as duas variáveis remanescentes, r e Y, devem necessariamente se ajustar de modo a satisfazer as duas equações remanescentes, IS e LM. A abordagem clássica completa o modelo com o pressuposto de que a produção alcança o seu nível natural, de modo que a terceira equação clássica passa a ser

$$Y = \bar{Y}$$

Esse pressuposto implica que as duas variáveis remanescentes, r e P, devem necessariamente se ajustar, de maneira que venham a ser satisfeitas as duas equações remanescentes, IS e LM. Por conseguinte, a abordagem clássica mantém fixo o total da produção e permite que o nível de preços se ajuste, de modo que se satisfaçam as condições de equilíbrio do mercado de bens e do mercado monetário, enquanto o modelo keynesiano mantém fixo o nível de preços e deixa que o total da produção varie, de maneira a satisfazer as condições de equilíbrio.

Qual dos pressupostos é o mais apropriado? A resposta depende do horizonte de tempo. O pressuposto clássico descreve melhor o longo prazo. Consequentemente, nossa análise de longo prazo sobre a renda nacional, apresentada no Capítulo 3, e sobre preços, no Capítulo 5, pressupõe que o total da produção seja equivalente a seu nível natural. O pressuposto keynesiano descreve melhor o curto prazo. Portanto, nossa análise sobre flutuações econômicas baseia-se no pressuposto de um nível de preços fixo.

12.3 A GRANDE DEPRESSÃO

Agora que desenvolvemos o modelo para a demanda agregada, vamos utilizá-lo para abordar a pergunta que originalmente motivou Keynes: o que causou a Grande Depressão? Mesmo nos dias de hoje, quase um século depois do evento, os economistas continuam discutindo sobre a causa dessa acentuada desaceleração na atividade econômica. A Grande Depressão proporciona um estudo de caso estendido, cujo objetivo é demonstrar como os economistas utilizam o modelo IS-LM para analisar as flutuações econômicas.*

Antes de nos voltarmos para as explicações que os economistas têm proposto, dê uma olhada na Tabela 12.1, que apresenta algumas estatísticas relacionadas à Depressão. Essas estatísticas representam o campo de batalha no qual ocorrem os debates relacionados à Depressão. Em sua opinião, o que aconteceu? Um deslocamento na curva IS? Um deslocamento na curva LM? Ou alguma outra coisa além disso?

A hipótese do gasto: choques na curva IS

A Tabela 12.1 mostra que o declínio na renda, no início da década de 1930, coincidiu com as taxas de juros decrescentes. Esse fato levou alguns economistas a sugerirem que a causa para o declínio poderia ter sido um deslocamento de contração na curva IS. Esse ponto de vista é chamado algumas vezes de *hipótese do gasto*, porque atribui a principal culpa pela Depressão a uma queda exógena no gasto com bens e serviços.

Economistas vêm tentando explicar de várias maneiras esse declínio no gasto. Alguns deles argumentam que um deslocamento descendente na função consumo teria causado o movimento de contração na curva IS. O colapso no mercado de ações, em 1929, pode ter sido parcialmente responsável por esse deslocamento: ao reduzir a riqueza e aumentar a incerteza em relação às perspectivas futuras da economia dos Estados Unidos, esse colapso pode ter induzido os consumidores a poupar uma parcela maior de suas respectivas rendas em vez de gastá-la.

Outros economistas explicam o declínio no gasto apontando para a grande queda nos investimentos em imóveis residenciais. Alguns acreditam que o crescimento desenfreado do investimento em imóveis residenciais, na década de 1920, foi excessivo, e, uma vez que esse excedente de construções passou a ser aparente, a demanda por investimentos em imóveis residenciais declinou de maneira drástica. Outra possível explicação para a queda nos investimentos em imóveis residenciais poderia ser a redução da imigração na década de 1930: uma população com taxa de crescimento mais lenta demanda menor quantidade de novas habitações.

Uma vez iniciada a Depressão, ocorreram vários eventos que podem ter reduzido ainda mais o patamar de gastos. Em primeiro lugar, muitos bancos decretaram falência no início da década de 1930, parte devido a regulamentações inadequadas do sistema bancário e parte como consequência da relutância do Fed em desempenhar um papel atuante como concessor de empréstimos em última instância, quando teve início a corrida aos bancos. Como discutiremos em mais detalhe no Capítulo 18, bancos

---

* Para ter uma noção do debate, veja FRIEDMAN, Milton; SCHWARTZ, Anna J. *A monetary history of the United States, 1867-1960*. Princeton: Princeton University Press, 1963; TEMIN, Peter. *Did monetary forces cause the great depression?* New York: W.W. Norton, 1976; os ensaios em BRUNNER, Karl (ed.). *The great depression revisited.* Boston: Martinus Nijhoff, 1981; e o simpósio sobre a Grande Depressão, na edição da primavera de 1993 do *Journal of Economic Perspectives*.

TABELA 12.1 O que aconteceu durante a Grande Depressão?

Ano	Taxa de desemprego (1)	PIB Real (2)	Consumo (2)	Investimento (2)	Compras do governo (2)
1929	3,2	203,6	139,6	40,4	22,0
1930	8,9	183,5	130,4	27,4	24,3
1931	16,3	169,5	126,1	16,8	25,4
1932	24,1	144,2	114,8	4,7	24,2
1933	25,2	141,5	112,8	5,3	23,3
1934	22,0	154,3	118,1	9,4	26,6
1935	20,3	169,5	125,5	18,0	27,0
1936	17,0	193,2	138,4	24,0	31,8
1937	14,3	203,2	143,1	29,9	30,8
1938	19,1	192,9	140,2	17,0	33,9
1939	17,2	209,4	148,2	24,7	35,2
1940	14,6	227,2	155,7	33,0	36,4

Ano	Taxa de juros nominal (3)	Oferta monetária (4)	Nível de preços (5)	Inflação (6)	Saldos monetários reais (7)
1929	5,9	26,6	50,6	–	52,6
1930	3,6	25,8	49,3	–2,6	52,3
1931	2,6	24,1	44,8	–10,1	54,5
1932	2,7	21,1	40,2	–9,3	52,5
1933	1,7	19,9	39,3	–2,2	50,7
1934	1,0	21,9	42,2	7,4	51,8
1935	0,8	25,9	42,6	0,9	60,8
1936	0,8	29,6	42,7	0,2	62,9
1937	0,9	30,9	44,5	4,2	69,5
1938	0,8	30,5	43,9	–1,3	69,5
1939	0,6	34,2	43,2	–1,6	79,1
1940	0,6	39,7	43,9	1,6	90,3

Fonte: *Historical statistics of the United States, colonial times to 1970*. Washington: U.S. Department of Commerce, Bureau of Census, 1975. 2 v.
Notas: (1) A taxa de desemprego é a série D9; (2) o PIB real, o consumo, o investimento e as compras do governo são as séries F3, F48, F52 e F66, e são medidos em bilhões de dólares de 1958; (3) a taxa de juros é a *prime Commercial Paper rate*, 4-6 meses, série X445; (4) a oferta monetária corresponde à série X414, papel-moeda corrente mais depósitos à vista, medidos em bilhões de dólares; (5) o nível de preços é o deflator do PIB (1958 = 100), série E1; (6) a taxa de inflação corresponde à variação percentual na série para o nível de preços; (7) os saldos monetários reais, calculados por meio da divisão da oferta monetária pelo nível de preços e da multiplicação desse resultado por 100, estão em bilhões de dólares de 1958.

desempenham o papel fundamental de tornar os recursos destinados a investimentos disponíveis para os domicílios e as empresas que possam fazer o melhor uso deles. O fechamento de muitos bancos, no início da década de 1930, pode ter impedido que algumas empresas viessem a ter acesso aos recursos de que precisavam para fins de investimento de capital e, consequentemente, pode ter acarretado um deslocamento de contração ainda maior nos gastos com investimento.*

A política fiscal da década de 1930 também contribuiu para o deslocamento de contração na curva IS. Os políticos da época estavam mais preocupados em equilibrar o orçamento do que em utilizar a política fiscal de modo a preservar a produção e o emprego em seus níveis naturais. O *Revenue Act* de 1932 aumentou vários impostos, especialmente aqueles que incidiam sobre os consumidores com renda mais baixa e renda média.** A plataforma do Partido Democrata norte-americano, naquele ano, expressava preocupações com o déficit orçamentário e defendia uma "redução imediata e drástica dos gastos governamentais". Em meio a níveis de desemprego historicamente altos, decisores políticos buscaram meios de aumentar os impostos e reduzir os gastos do governo.

Existem, portanto, diversas maneiras de explicar um deslocamento de contração na curva IS. Tenha em mente que esses diferentes pontos de vista podem ser todos verdadeiros. Em vez de ter uma única explicação, o declínio expressivo no gasto pode ser resultado de muitas forças recessivas atingindo a economia ao mesmo tempo.

A hipótese monetária: um choque na curva LM

A Tabela 12.1 mostra que a oferta monetária diminuiu 25% de 1929 a 1933, período durante o qual a taxa de desemprego aumentou de 3,2% para 25,2%. Esse fato proporciona a motivação e a base de sustentação para o que se conhece como *hipótese monetária*, a qual atribui ao Federal Reserve a maior parcela da responsabilidade pela Depressão graças a ele ter permitido que a oferta monetária diminuísse em um montante tão significativo.*** Os mais conhecidos defensores dessa interpretação são Milton Friedman e Anna Schwartz, que a defendem em seu

---

* BERNANKE, Non-monetary effects of the financial crisis in the propagation of the Great Depression. *American Economic Review*, v. 73, jun. 1983, p. 257-276.
** BROWN, E. Cary. Fiscal Policy in the Thirties: a reappraisal. *American Economic Review*, v. 46, dez. 1956, p. 857-879.
*** Abordamos as razões para essa grande diminuição na oferta monetária no Capítulo 4, em que examinamos com mais detalhe o processo da oferta monetária. Veja especialmente o Estudo de Caso "Falências bancárias e a oferta monetária na década de 1930".

tratado sobre a história monetária dos Estados Unidos. Friedman e Schwartz argumentam que as contrações na oferta monetária causaram a maior parte das desacelerações econômicas, e que a Grande Depressão é um exemplo particularmente drástico.

Utilizando o modelo *IS-LM*, podemos interpretar a hipótese monetária como uma explicação para a Depressão por meio de um deslocamento de contração na curva *LM*. Vista sob esse aspecto, no entanto, a hipótese monetária esbarra em dois problemas.

O primeiro problema é o comportamento dos saldos monetários *reais*. A política monetária provoca deslocamento de contração na curva *LM* unicamente se os saldos monetários reais diminuírem. Apesar disso, de 1929 até 1931, os saldos monetários reais tiveram ligeiro crescimento, pois a redução na oferta monetária foi acompanhada por uma redução ainda maior no nível de preços. Embora possa ser responsável pelo crescimento do desemprego no período entre 1931 e 1933, quando os saldos monetários reais de fato se reduziram, a contração monetária não consegue explicar com facilidade a desaceleração inicial no período de 1929 a 1931.

O segundo problema em relação à hipótese monetária é o comportamento das taxas de juros. Se um deslocamento de contração na curva *LM* desencadeou a Depressão, deveríamos ter observado taxas de juros mais elevadas. No entanto, as taxas de juros nominais decresceram continuamente de 1929 até 1933.

Essas duas razões parecem ser suficientes para que se rejeite o argumento de que a Depressão teria sido instigada por um deslocamento de contração na curva *LM*. Mas será que a redução no estoque monetário teria sido irrelevante? A seguir, voltamos nossa atenção para outro mecanismo por meio do qual a política monetária pode ter sido responsável pela gravidade da Depressão – a deflação da década de 1930.

A hipótese monetária mais uma vez: efeitos dos preços decrescentes

De 1929 a 1933, o nível de preços caiu 22%. Muitos economistas culpam essa deflação pela gravidade da Grande Depressão. Eles argumentam que a deflação pode ter transformado aquilo que, em 1931, seria um típico declínio econômico em um período sem precedentes de altos índices de desemprego e renda reduzida. Se estiver correto, esse argumento proporcionará vida nova à hipótese monetária. Uma vez que a oferta monetária decrescente tenha sido, possivelmente, responsável pelo nível de preços decrescente, é plausível que ela tenha sido responsável pela gravidade da Depressão. Para avaliar esse argumento, devemos examinar como variações no nível de preços afetam a renda no modelo *IS-LM*.

Efeitos estabilizadores da deflação

No modelo *IS-LM* que desenvolvemos até agora, a queda nos preços faz com que a renda aumente. Para qualquer oferta monetária *M* determinada, um nível de preços mais baixo implica maior quantidade de saldos monetários reais, *M/P*. Um crescimento nos saldos monetários reais causa deslocamento de expansão na curva *LM*, o que resulta em renda mais alta.

Outro canal por meio do qual preços decrescentes expandem a renda é conhecido como **efeito Pigou**. Arthur Pigou, notável economista clássico da década de 1930, destacou que saldos monetários reais fazem parte da riqueza dos domicílios. À medida que os preços caem e os saldos monetários aumentam, os consumidores devem sentir-se mais ricos e passam a gastar mais. Tal crescimento nos gastos por parte dos consumidores deve causar um deslocamento de expansão na curva *IS*, acarretando também um nível de renda mais alto.

Essas duas razões levaram alguns economistas, na década de 1930, a acreditar que preços decrescentes ajudariam a estabilizar a economia. Ou seja, eles imaginavam que um declínio no nível de preços automaticamente conduziria a economia de volta ao pleno emprego. No entanto, outros economistas sentiam-se menos confiantes em relação à capacidade de autoajuste da economia. Eles apontavam para outros efeitos dos preços decrescentes, para os quais nos voltamos agora.

Efeitos desestabilizadores da deflação

Economistas propuseram duas teorias para explicar de que modo preços decrescentes podem causar redução na renda, em vez de fazer com que ela aumente. A primeira, conhecida como **teoria da deflação das dívidas**, descreve os efeitos da diminuição inesperada no nível de preços. A segunda explica os efeitos da deflação esperada.

A teoria da deflação das dívidas tem início com uma observação do Capítulo 5: variações não previstas no nível de preços redistribuem a riqueza entre devedores e credores. Caso alguém deva $ 1.000 a um credor, o montante real dessa dívida equivale a $ 1.000/*P*, em que *P* representa o nível de preços. Uma queda no nível de preços faz o valor real dessa dívida aumentar; o devedor terá que pagar de volta ao credor um valor mais alto, em termos de poder de compra. Sendo assim, uma deflação não esperada enriquece os credores e empobrece os devedores.

A teoria da deflação das dívidas, então, postula que essa redistribuição de riqueza afeta o gasto com bens e serviços. Como reação à redistribuição partindo dos devedores para os credores, os devedores passam a gastar menos enquanto os credores passam a gastar mais. Se esses dois grupos têm iguais propensões ao gasto, não existe impacto agregado algum. No entanto, pode ser que os devedores tenham maior propensão a gastar do que os credores; talvez seja por essa razão que os devedores estejam em situação de dívida, para início de conversa. Nesse caso, os devedores reduzem seus gastos em um montante superior àquele em que os credores aumentam os seus. O efeito líquido corresponde a redução nos gastos, deslocamento em sentido de contração na curva *IS* e renda nacional mais baixa.

Para entendermos de que maneira variações *esperadas* nos preços podem afetar a renda, precisamos acrescentar uma nova variável ao modelo *IS-LM*. Nossa análise sobre o modelo, até este ponto, não estabeleceu distinção entre taxa de juros nominal e taxa de juros real. Contudo, sabemos pela leitura de capítulos anteriores que o investimento depende da taxa de juros real e a demanda por moeda depende da taxa de juros nominal. Se *i* é a taxa de juros nominal e *Eπ* é a inflação esperada, a taxa de juros real *ex ante* é, então, *i* – *Eπ*. Podemos, agora, escrever o modelo *IS-LM* como

$$Y = C(Y - T) + I(i - E\pi) + G \quad IS,$$
$$M/P = L(i, Y) \quad LM.$$

A inflação esperada entra como uma variável na curva *IS*. Consequentemente, variações na inflação esperada deslocam a curva *IS*.

Vamos utilizar esse modelo *IS-LM* ampliado para examinar de que maneira variações na inflação esperada influenciam o nível de renda. Começamos pressupondo ser esperado que o nível de preços permaneça inalterado. Nesse caso, não existe qualquer inflação esperada (*Eπ* = 0), e essas duas equações produzem o conhecido modelo *IS-LM*. A Figura 12.8 ilustra essa situação inicial com a curva *LM* e a curva *IS*, identificada como IS_1. A interseção entre essas duas curvas determina a taxa de juros nominal e a taxa de juros real, que, por enquanto, são equivalentes.

Suponha, agora, que de repente todos esperem que o nível de preços venha a diminuir no futuro, de modo tal que $E\pi$ passe a ser negativo. A taxa de juros real é agora mais alta sob qualquer taxa de juros nominal determinada. Esse crescimento na taxa de juros real pressiona para baixo o gasto com investimento planejado, deslocando de IS_1 para IS_2 a curva *IS*. (A distância vertical do deslocamento em sentido descendente é exatamente igual à deflação esperada.) Portanto, uma deflação esperada traz redução de Y_1 para Y_2 na renda nacional. A taxa de juros nominal cai de i_1 para i_2, enquanto a taxa de juros real aumenta de r_1 para r_2.

Eis o que se encontra por trás desse cenário. Quando as empresas esperam deflação, elas ficam relutantes em contrair empréstimos para adquirir bens de investimento, pois acreditam que terão de quitar esses empréstimos, mais tarde, com uma moeda corrente que estará valendo mais. A queda nos investimentos causa diminuição no gasto planejado, o que, por sua vez, faz a renda diminuir. A queda da renda reduz a demanda por moeda, o que ocasiona redução na taxa de juros nominal que equilibra o mercado monetário. A taxa de juros nominal cai menos do que a deflação esperada, de modo que a taxa de juros real aumenta.

Observe que existe um traço em comum nessas duas histórias sobre deflação desestabilizadora. Em ambas, os preços decrescentes pressionam para baixo a renda nacional, pelo fato de causarem deslocamento em sentido de contração na curva *IS*. Como é improvável que ocorra uma deflação com a dimensão daquela observada no período de 1929 a 1933, exceto na presença de uma contração significativa na oferta monetária, essas duas explicações atribuem uma parte da responsabilidade pela Depressão – especialmente sua gravidade – ao Federal Reserve. Em outras palavras, se preços decrescentes são desestabilizadores, uma contração na oferta monetária pode acarretar queda na renda, ainda que não haja diminuição nos saldos monetários reais ou aumento nas taxas de juros nominais.

A Depressão pode voltar a acontecer?

Os economistas estudam a Depressão ao mesmo tempo para entender um importante evento econômico e para ajudar os legisladores a garantirem que ela não volte a acontecer novamente. Para podermos afirmar com segurança se esse evento pode ou não vir a ocorrer novamente, precisaremos saber por que ele aconteceu. Não existindo ainda consenso em relação às causas da Grande Depressão, é impossível descartar com segurança a possibilidade de outra depressão dessa magnitude.

Ainda assim, a maior parte dos economistas acredita ser improvável que se repitam os equívocos que provocaram a Grande Depressão. Parece improvável que o Federal Reserve venha a permitir que a oferta monetária caia em um quarto de seu total. Muitos economistas acreditam que a deflação do início da década de 1930 tenha sido responsável pela gravidade da Depressão. E parece provável que uma deflação tão prolongada tenha sido possível somente pela existência de uma oferta monetária decrescente.

É também improvável que venham a se repetir os equívocos da Depressão no que diz respeito à política fiscal. A política fiscal da década de 1930 não só deixou de ajudar como também, na realidade, pressionou a demanda agregada ainda mais para baixo. Atualmente, poucos economistas defenderiam uma fidelidade tão rigorosa ao princípio do orçamento equilibrado diante de um desemprego maciço.

Ademais, muitas instituições modernas ajudariam a evitar uma recorrência dos eventos da década de 1930. O sistema de Depósito Bancário Compulsório torna menos provável a quebra disseminada de vários bancos ao mesmo tempo. O imposto de renda causa uma redução automática nos impostos quando a renda cai, o que estabiliza a economia. Por fim, os economistas sabem mais hoje do que sabiam na década de 1930. Nosso conhecimento sobre o funcionamento da economia, por mais limitado que ainda seja, deve ajudar os legisladores a formular políticas mais eficazes para combater um desemprego generalizado.

ESTUDO DE CASO

A CRISE FINANCEIRA E A GRANDE RECESSÃO DE 2008 E 2009

Em 2008, a economia dos EUA vivenciou uma crise financeira seguida por uma profunda recessão econômica. Vários acontecimentos ao longo desse período faziam lembrar os eventos ocorridos durante a década de 1930, o que causou temor em muitos observadores de que a economia pudesse passar por uma segunda grande depressão.

O histórico da crise de 2008 tem início alguns anos antes, com uma substancial explosão no mercado de imóveis residenciais. Esse crescimento desenfreado tinha diversas origens. Em parte, ele foi estimulado por taxas de juros baixas. Conforme previmos em um estudo de caso anterior, o Federal Reserve reduziu as taxas de juros para níveis historicamente baixos ao final

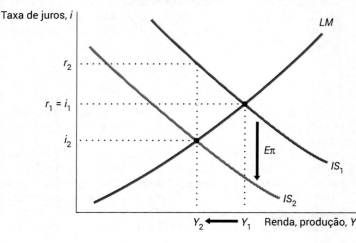

Figura 12.8 Deflação esperada no modelo *IS-LM*. Uma deflação esperada (um valor negativo de $E\pi$) eleva a taxa de juros real, para qualquer taxa de juros nominal determinada, e isso pressiona para baixo o gasto com investimentos. A redução no investimento desloca a curva *IS* em sentido descendente. O nível de renda cai de Y_1 para Y_2. A taxa de juros nominal cai de i_1 para i_2, e a taxa de juros real sobe de r_1 para r_2.

da recessão de 2001. Baixas taxas de juros ajudaram a economia a se recuperar, mas, ao tornarem mais barato conseguir uma hipoteca e adquirir um imóvel residencial, elas também contribuíram para um crescimento no preço dos imóveis residenciais.

Além disso, algumas inovações no mercado de hipotecas tornaram mais fácil para *devedores duvidosos* – tomadores de empréstimos com risco mais alto de inadimplência baseado em suas rendas pessoais e histórico de créditos anteriores – obter hipotecas para adquirir imóveis residenciais. Uma dessas inovações foi a *securitização*, processo por meio do qual uma instituição financeira (o gerador de uma hipoteca) concede financiamentos e, em seguida, vende essas hipotecas para um banco de investimentos, que, em seguida, faz delas um lote que se constitui de uma variedade de "títulos lastreados em hipotecas" para então vendê-los a uma terceira instituição financeira (como um banco, um fundo de pensão ou seguradora). Esses títulos pagam uma remuneração enquanto os proprietários dos imóveis continuarem a honrar o pagamento de suas hipotecas, mas perdem valor caso fiquem inadimplentes. Infelizmente, os detentores finais desses títulos lastreados em hipotecas, em alguns casos, não entendem plenamente os riscos que estão assumindo. Alguns economistas culpam a insuficiência de regulamentação para esses financiamentos de alto risco. Outros acreditam que o problema não estava na pouca regulamentação, mas no tipo errado de regulamentação: algumas políticas governamentais incentivavam esses empréstimos de alto risco, de modo a tornar mais acessível para famílias de baixa renda a meta de virem a se tornar proprietárias de um imóvel residencial.

Juntas, essas forças impulsionaram para cima a demanda por imóveis residenciais, bem como os preços desses imóveis. De 1995 a 2006, os preços médios para imóveis residenciais nos Estados Unidos mais do que dobraram. Alguns observadores veem esse aumento nos preços como uma bolha especulativa, já que um número maior de pessoas adquiria imóveis na expectativa de que o preço continuasse a subir.

O alto preço de imóveis residenciais, no entanto, se mostrou insustentável. De 2006 a 2009, os preços dos imóveis residenciais por todo o território dos Estados Unidos caíram aproximadamente 30%. Essas flutuações não deveriam necessariamente representar um problema em uma economia de mercado. Afinal de contas, movimentações de preços são necessárias para equilibrar oferta e demanda. Nesse caso, porém, o declínio nos preços criou uma série de repercussões problemáticas.

A primeira dessas repercussões foi o aumento substancial da inadimplência nas hipotecas e nas execuções de hipotecas. Durante o período de superaquecimento no mercado de imóveis residenciais, muitos proprietários de imóveis haviam comprado suas casas, a maioria deles com dinheiro emprestado e a minoria com pagamento à vista. Quando os preços dos imóveis residenciais caíram, esses proprietários se viram *afogados em dívidas*: deviam mais em suas hipotecas do que o valor de suas residências. Muitos dentre esses proprietários de imóveis pararam de pagar a hipoteca. Os bancos concedentes responderam executando as hipotecas para retomar os imóveis e, logo em seguida, revendê-los a terceiros. O objetivo dos bancos era recuperar qualquer coisa que pudessem. O crescimento no número de imóveis à venda, no entanto, exacerbou a espiral descendente dos preços dos imóveis residenciais.

Uma segunda repercussão foi a magnitude dos prejuízos para as várias instituições financeiras que possuíam títulos lastreados em hipotecas. Ao tomarem empréstimos de grande vulto com a finalidade de comprar hipotecas de alto risco, essas empresas haviam apostado que os preços dos imóveis residenciais permaneceriam em ascensão; quando tal aposta passou a não mais valer a pena, elas se viram em ponto de falência ou próximas dele. Até mesmo bancos fortes pararam de confiar uns nos outros, e passaram a evitar empréstimos interbancários, pois ficou difícil discernir qual seria a próxima instituição a fechar seu negócio. Em decorrência desses grandes prejuízos em instituições financeiras, assim como da disseminação do medo e da desconfiança, a capacidade do sistema financeiro de conceder financiamentos, até mesmo a clientes merecedores de crédito, ficou prejudicada. O Capítulo 18 discute as crises financeiras, incluindo esta, em mais detalhes.

Uma terceira repercussão foi um substancial crescimento na volatilidade do mercado. Muitas empresas contam com o sistema financeiro para obter os recursos de que precisam para expandir seus negócios ou poder gerenciar fluxos de caixa de curto prazo. Com o sistema financeiro menos capaz de desempenhar suas operações normais, a rentabilidade de muitas empresas passou a ser questionada. Pelo fato de ser difícil saber quão piores poderiam ficar as coisas, a volatilidade do mercado de ações alcançou patamares jamais vistos desde a década de 1930.

A queda nos preços dos imóveis residenciais, uma quantidade cada vez maior de empresas fechando, instabilidade financeira e volatilidade mais alta provocaram em conjunto uma quarta repercussão: declínio na confiança por parte do consumidor. Em meio a tanta incerteza, as famílias começaram a deixar de lado seus planos de gastos. Gastos com duráveis, como automóveis e aparelhos eletrodomésticos, particularmente, despencaram.

Como resultado de todos esses eventos, a economia vivenciou um grande deslocamento de contração na curva *IS*. Produção, renda e emprego declinaram. A taxa de desemprego cresceu de 4,7% em outubro de 2007 para 10,0% em outubro de 2009.

Os legisladores norte-americanos responderam vigorosamente durante o desenrolar da crise. Em primeiro lugar, o Fed cortou sua meta para a taxa de fundos federais de 5,25% em setembro de 2007 para aproximadamente zero em dezembro de 2008. Depois disso, em outubro de 2008, o Congresso norte-americano destinou US$ 700 bilhões para uso do Tesouro no socorro ao sistema financeiro. Grande parte desses fundos foi utilizada para injetar capital (patrimônio líquido) nos bancos. Ou seja, o Tesouro norte-americano injetou fundos no sistema bancário, os quais poderiam ser usados pelos bancos para conceder financiamentos; como contrapartida a esses fundos, o governo dos EUA temporariamente passou a ser proprietário parcial desses bancos. Em terceiro lugar, conforme discutido no Capítulo 11, um dos primeiros atos de Barack Obama como presidente foi apoiar um crescimento significativo nos gastos do governo, no intuito de expandir a demanda agregada. Por fim, o Fed se engajou em várias políticas monetárias não convencionais, tais como a compra de títulos de longo prazo, para baixar as taxas de juros de longo prazo e, com isso, incentivar a tomada de empréstimos e os gastos privados.

No final das contas, os legisladores podem receber algum crédito por terem evitado outra Grande Depressão. O desemprego cresceu para somente 10%, em comparação com os 25% em 1933. Outros dados relatam uma história semelhante. A Figura 12.9 compara a trajetória da produção industrial durante a Grande Depressão da década de 1930 e durante a Grande Recessão de 2008-2009. (A produção industrial mede o resultado das manufaturas, as unidades de mineração e as concessionárias de serviços públicos. Em razão da consistência de suas fontes de dados, trata-se de uma das séries históricas mais

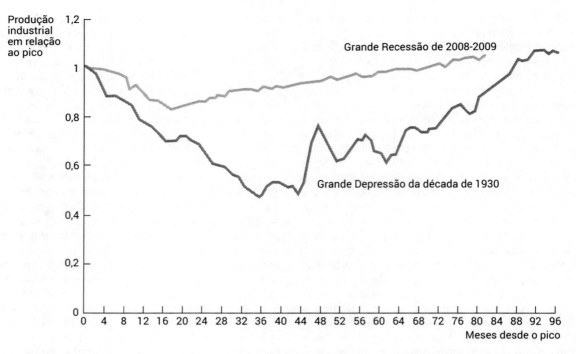

Figura 12.9 A Grande Recessão e a Grande Depressão. Esta figura compara a produção industrial durante a Grande Recessão de 2008-2009 e durante a Grande Depressão da década de 1930. A produção é normalizada para que corresponda a 100 no pico antes da desaceleração (dezembro de 2007 e agosto de 1929). Os dados mostram que a recessão recente foi bem menos profunda e menos duradoura.
Fonte: Comitê de Dirigentes do Federal Reserve System.

confiáveis para comparações históricas de curto prazo.) Essa figura mostra que, na Grande Depressão, a produção industrial declinou por cerca de três anos, caindo mais de 50%, e levou mais de sete anos para retornar a seu pico anterior. Em contrapartida, na Grande Recessão, a produção industrial declinou por apenas um ano e meio, caiu somente 17% e levou menos de seis anos para se recuperar.

Tal comparação, no entanto, proporciona um conforto apenas limitado. Embora a Grande Recessão de 2008-2009 tenha sido menos duradoura e menos grave do que a Grande Depressão, foi, ainda assim, um evento devastador para muitas famílias.

A armadilha de liquidez (também conhecida como limite inferior zero)

Nos Estados Unidos, durante a década de 1930, as taxas de juros alcançaram níveis bastante baixos. Como mostra a Tabela 12.1, elas estavam bem abaixo de 1% ao longo de toda a segunda metade da década de 1930. Situação semelhante ocorreu durante a Grande Recessão de 2008-2009. Em dezembro de 2008, o Federal Reserve reduziu sua meta para a taxa de fundos federais para o patamar de zero a 0,25%, mantendo a taxa nesse patamar até 2016.

Alguns economistas descrevem essa situação como uma **armadilha de liquidez**. De acordo com o modelo *IS-LM*, a política monetária expansionista funciona reduzindo as taxas de juros e estimulando o gasto com investimentos. Entretanto, se as taxas de juros já caíram para próximo de zero, pode ser que a política monetária não mais se mostre eficaz. Taxas de juros nominais não podem cair para abaixo de zero: em vez de fazer um financiamento com taxa de juros nominal negativa, uma pessoa simplesmente manteria dinheiro vivo em mãos. Nesse tipo de ambiente, a política monetária expansionista eleva a oferta de moeda corrente em espécie, tornando mais líquida a carteira de ativos do público; contudo, não podendo as taxas de juros cair mais do que já caíram, essa liquidez adicional pode não surtir qualquer tipo de efeito. A demanda agregada, a produção e o desemprego podem ficar "presos na armadilha" de níveis baixos. A armadilha de liquidez é conhecida também como o problema do *limite inferior zero*.

Outros economistas são céticos em relação à relevância das armadilhas de liquidez e acreditam que os bancos centrais continuam a possuir ferramentas para expandir a economia, mesmo depois de suas metas para as taxas de juros chegarem ao limite inferior a zero. Uma das possibilidades é a de que o banco central procure reduzir as taxas de juros de mais longo prazo. Ele pode conseguir isso tentando manter baixa a meta para a taxa de juros (geralmente, uma taxa de juros de prazo bastante curto) durante longo período. Uma política que anuncie ações monetárias futuras é conhecida como *orientação futura*.* O banco central pode, também, diminuir as taxas de juros de mais longo prazo conduzindo operações expansionistas de mercado aberto em uma variedade maior de instrumentos financeiros do que geralmente utiliza. Por exemplo, ele pode comprar títulos do governo de longo prazo, hipotecas e dívidas de empresas e, com isso, reduzir as taxas de juros nesses tipos de financiamento, política geralmente conhecida como *flexibilização quantitativa*.** Durante a Grande Recessão e no período posterior a ela, o Fed buscou uma política que combinava orientação futura e flexibilização quantitativa.

Alguns economistas sugeriram que a possibilidade de uma armadilha de liquidez demanda uma meta de taxa de inflação maior do que zero. Com inflação zero, a taxa de juros real, do

---
* Do inglês *forward guidance*. (N.R.)
** Do inglês *quantitative easing*. Também se usa em português a expressão *afrouxamento quantitativo*. (N.R.)

mesmo modo que a taxa de juros nominal, jamais pode ficar mais baixa do que zero. No entanto, se a taxa de inflação normal for, digamos, 4%, o banco central pode facilmente empurrar a taxa de juros real para 4% negativos, ao baixar a taxa de juros nominal em direção a zero. Dito de outra maneira, uma meta mais alta para a taxa de inflação significa uma taxa de juros nominal mais alta em períodos de normalidade (lembre-se do Efeito Fisher), o que, por sua vez, proporciona ao banco central maior espaço para reduzir as taxas de juros quando a economia passa por choques na direção da recessão. Consequentemente, uma meta de inflação mais alta proporciona aos decisores mais espaço para estimular a economia, quando necessário, reduzindo o risco de que ela venha a atingir o limite inferior a zero e caia em uma armadilha de liquidez.*

12.4 CONCLUSÃO

O propósito deste capítulo e do capítulo anterior foi aprofundar nosso entendimento sobre demanda agregada. Dispomos, agora, das ferramentas para analisar os efeitos da política monetária e da política fiscal, tanto no longo quanto no curto prazo. No longo prazo os preços são flexíveis, e utilizamos a análise clássica das Partes 2 e 3 deste livro. No curto prazo os preços são rígidos, e utilizamos o modelo IS-LM para examinar os efeitos das mudanças na política econômica sobre a economia.

Embora o modelo neste capítulo e no capítulo anterior proporcione a estrutura conceitual básica para analisar a economia no curto prazo, ele não esgota o assunto. Capítulos futuros refinarão a teoria. No Capítulo 13, examinaremos como as interações internacionais afetam a teoria da demanda agregada. No Capítulo 14, estudaremos a teoria por trás da oferta agregada de curto prazo. Os capítulos subsequentes aperfeiçoam a teoria e examinam várias questões que surgem à medida que a teoria vai sendo aplicada para a formulação de políticas macroeconômicas. O modelo IS-LM apresentado neste capítulo e no capítulo anterior proporciona o ponto de partida para essa análise mais minuciosa.

Resumo

1. O modelo IS-LM é uma teoria geral, que trata da demanda agregada por bens e serviços. As variáveis exógenas do modelo são a política fiscal, a política monetária e o nível de preços. O modelo explica duas variáveis endógenas: a taxa de juros e a renda nacional.

2. A curva IS representa a relação negativa entre a taxa de juros e o nível de renda que decorre do equilíbrio no mercado de bens e serviços. A curva LM representa a relação positiva entre a taxa de juros e o nível de renda que tem origem no equilíbrio do mercado de saldos monetários reais. O equilíbrio no modelo IS-LM – a interseção entre as curvas IS e LM – representa o equilíbrio simultâneo no mercado de bens e serviços e no mercado de saldos monetários reais.

3. A curva da demanda agregada resume os resultados do modelo IS-LM ao mostrar a renda de equilíbrio para qualquer nível de preços determinado. A curva da demanda agregada tem inclinação descendente, pois um nível de preços mais baixo eleva a quantidade de saldos monetários reais, diminui a taxa de juros, estimula o gasto com investimento e, com isso, faz crescer a renda de equilíbrio.

4. Uma política fiscal expansionista – crescimento nas compras do governo ou redução nos impostos – desloca a curva IS para a direita. Esse deslocamento na curva IS faz com que cresçam a taxa de juros e a renda. O crescimento na renda representa um deslocamento para a direita na curva da demanda agregada. De maneira análoga, uma política fiscal contracionista desloca a curva IS para a esquerda, diminui a taxa de juros e a renda, e desloca a curva da demanda agregada para a esquerda.

5. Uma política monetária expansionista desloca a curva LM em sentido descendente. Esse deslocamento na curva LM reduz a taxa de juros e aumenta o nível de renda. O crescimento na renda representa um deslocamento para a direita na curva da demanda agregada. De modo semelhante, uma política monetária contracionista desloca a curva LM em sentido ascendente, eleva a taxa de juros, diminui o nível de renda e desloca a curva da demanda agregada para a esquerda.

SAIBA MAIS

O curioso caso de taxas de juros negativas

Economistas geralmente pensam que zero é o limite mais baixo para taxas de juros. Afinal, por que emprestar dinheiro a alguém a uma taxa de juros negativa quando você pode simplesmente manter dinheiro em espécie? Dinheiro vivo remunera a uma taxa de juros zero; um dólar hoje ainda será um dólar amanhã. Taxa de retorno igual a zero é melhor do que taxa de retorno negativa.

Contudo, nos últimos anos, alguns bancos centrais no mundo tentaram estimular suas economias a reduzir as taxas de juros para menos que zero. Por exemplo, na Suíça, em 2017, a taxa de juros para três meses era 0,73% negativos. Isso significa que, se uma pessoa emprestasse 1.000 francos suíços, três meses mais tarde receberia somente 998 francos suíços.

Como isso é possível? A razão é que guardar dinheiro custa caro. Se você é uma pessoa comum, manter 1.000 francos debaixo de seu colchão é fácil. No entanto, suponha que você seja executivo em uma empresa com 1 bilhão de francos a serem guardados em segurança. Guardar uma quantidade assim tão grande de dinheiro não é simples porque existe sempre o risco de roubo ou decomposição física. (Em uma cena da série de TV *Narcos*, o chefe do tráfico de drogas Pablo Escobar cava seu esconderijo secreto de dinheiro até descobrir que ele havia se descomposto em resíduos sem qualquer valor.) Diante disso, você pode ficar satisfeito em pagar uma pequena taxa para garantir que o seu dinheiro seja devolvido são e salvo. Uma taxa de juros negativa representa essa garantia.

Existem, no entanto, limites para tal redução. Caso as taxas de juros venham a ser demasiadamente negativas, fica mais atraente adquirir cofres seguros para guardar dinheiro em espécie. Consequentemente, enquanto o limite inferior das taxas de juros não é exatamente zero, as taxas de juros não podem cair para muito abaixo de zero.

---

* Para saber mais sobre a armadilha de liquidez, veja KRUGMAN, Paul R. It's baaack: Japan's slump and the return of the liquidity trap. *Brookings Panel on Economic Activity*, n. 2, p. 137-205, 1998; EGGERTSSON, Gauti B.; WOODFORD, Michael. The zero bound on interest rates and optimal monetary policy. *Brookings Panel on Economic Activity*, n. 1, p. 139-233, 2003. Para ler mais sobre o argumento para inflação mais alta em razão da armadilha de liquidez, veja BALL, Laurence M. The case for four percent inflation. *Central Bank Review*, v. 13, p. 17-31, maio 2013.

Questionário rápido

1. No modelo *IS-LM*, qual dos seguintes itens faz com que a renda decline e a taxa de juros cresça?
   a) um aumento nos impostos.
   b) uma diminuição nos impostos.
   c) um aumento na oferta monetária.
   d) uma diminuição na oferta monetária.

2. No modelo *IS-LM*, qual dos seguintes itens faz com que diminuam tanto a taxa de juros quanto a renda?
   a) um aumento nos impostos.
   b) uma diminuição nos impostos.
   c) um aumento na oferta monetária.
   d) uma diminuição na oferta monetária.

3. Se o Fed mantém constante a taxa de juros, em resposta a um crescimento nas compras do governo, a oferta monetária _____ e o impacto sobre a renda será _____ do que no caso de a oferta monetária se manter constante.
   a) crescerá, maior
   b) crescerá, menor
   c) diminuirá, maior
   d) diminuirá, menor

4. Suponha que a morte repentina de um presidente popular reduza a confiança do consumidor, induzindo as pessoas a poupar mais. Para estabilizar a demanda agregada, o banco central deve
   a) aumentar a oferta monetária para elevar as taxas de juros.
   b) aumentar a oferta monetária para baixar as taxas de juros.
   c) diminuir a oferta monetária para elevar as taxas de juros.
   d) diminuir a oferta monetária para baixar as taxas de juros.

5. Se o total da produção estiver acima de seu nível natural, ao longo do tempo o nível de preços _____, deslocando a curva _____ e movendo a economia em direção a seu equilíbrio de longo prazo.
   a) aumentará, *IS*
   b) aumentará, *LM*
   c) diminuirá, *IS*
   d) diminuirá, *LM*

6. A gravidade da Grande Depressão pode ser parcialmente explicada por um crescimento na
   a) inflação esperada, que elevou as taxas de juros nominais acima das taxas de juros reais.
   b) inflação esperada, que elevou as taxas de juros reais acima das taxas de juros nominais.
   c) deflação esperada, que elevou as taxas de juros nominais acima das taxas de juros reais.
   d) deflação esperada, que elevou as taxas de juros reais acima das taxas de juros nominais.

CONCEITOS-CHAVE

Mecanismo de transmissão monetária
Efeito Pigou

Teoria da deflação das dívidas

Armadilha de liquidez

Questões para revisão

1. Explique por que a curva da demanda agregada tem inclinação descendente.
2. Qual é o impacto de um aumento nos impostos sobre a taxa de juros, a renda, o consumo e o investimento?
3. Qual é o impacto de uma redução na oferta monetária sobre a taxa de juros, a renda, o consumo e o investimento?
4. Descreva os efeitos possíveis de preços decrescentes sobre a renda de equilíbrio.

Problemas e aplicações

1. De acordo com o modelo *IS-LM*, o que acontece no curto prazo com a taxa de juros, a renda, o consumo e o investimento, diante das circunstâncias a seguir?
   a) O banco central aumenta a oferta monetária.
   b) O governo aumenta as suas compras.
   c) O governo aumenta os impostos.
   d) O governo aumenta em montantes iguais as compras do governo e os impostos.

2. Aplique o modelo *IS-LM* para prever os efeitos de cada um dos seguintes choques sobre a renda, a taxa de juros, o consumo e o investimento. Em cada um dos casos, explique o que o banco central deve fazer para manter a renda em seu nível inicial. Não deixe de utilizar um gráfico em cada uma de suas respostas.
   a) Depois da invenção de um novo circuito integrado de computador de alta velocidade, muitas empresas decidem atualizar os seus sistemas informáticos.
   b) Uma onda de fraudes com cartões de crédito faz aumentar a frequência com que as pessoas realizam transações com moeda em espécie.
   c) Um livro de grande sucesso, intitulado *Aposente-se rico*, convence o público a aumentar o percentual de sua renda destinado à poupança.
   d) A indicação de um novo presidente para o banco central, de perfil mais conciliador, aumenta a inflação esperada.

Problemas e aplicações

3. Considere a economia de Hicksonia.
a) A função consumo é dada por
$C = 300 + 0,6(Y - T)$.
A função investimento é

$$I = 700 - 80r.$$

As compras do governo e os impostos correspondem, cada um deles, a 500. Para essa economia, elabore um gráfico da curva IS, para r variando desde 0 (zero) até 8.
b) A função da demanda por moeda em Hicksonia é

$$(M/P)^d = Y - 200r.$$

A oferta monetária, M, é igual a 3.000, e o nível de preços, P, é igual a 3. Elabore o gráfico da curva LM, para r variando desde 0 (zero) até 8.
c) Encontre os valores para a taxa de juros de equilíbrio, r, e o nível de renda de equilíbrio, Y.
d) Suponha que as compras do governo aumentem de 500 para 700. Qual o deslocamento da curva IS? Quais seriam os valores para a nova taxa de juros de equilíbrio e para o novo nível de renda de equilíbrio?
e) Suponha, em vez disso, que a oferta monetária seja aumentada de 3.000 para 4.500. Qual o deslocamento da curva LM? Quais seriam os valores para a nova taxa de juros de equilíbrio e para o novo nível de renda de equilíbrio?
f) Considerando os valores iniciais para a política monetária e a política fiscal, suponha que o nível de preços se eleve de 3 para 5. O que acontece? Quais seriam os valores para a nova taxa de juros de equilíbrio e para o novo nível de renda de equilíbrio?
g) Para o valor inicial das políticas monetária e fiscal, derive e elabore em gráfico uma equação para a curva da demanda agregada. O que acontece com essa curva para a demanda agregada, no caso de a política fiscal ou a política monetária se modificarem como nos itens (d) e (e)?

4. Uma economia é inicialmente descrita pelas seguintes equações:

$$C = 500 + 0,75(Y - T)$$

$$I = 1.000 - 50r$$

$$M/P = Y - 200r$$

$$G = 1.000$$

$$T = 1.000$$

$$M = 6.000$$

$$p = 2$$

a) Derive e elabore em gráfico a curva IS e a curva LM. Calcule a taxa de juros de equilíbrio e a renda de equilíbrio. Identifique esse ponto como A em seu gráfico.
b) Suponha que um presidente recentemente eleito reduza os impostos em 20%. Pressupondo que a oferta monetária seja mantida constante, quais são os valores para a nova taxa de juros de equilíbrio e para a renda de equilíbrio?
c) Agora, suponha que o banco central ajuste a oferta monetária de modo a manter constante a taxa de juros. Qual é o valor para a nova renda de equilíbrio? Qual deve necessariamente ser a oferta monetária? Qual é o valor para o multiplicador de impostos?
d) Agora, suponha que o banco central ajuste a oferta monetária de modo a manter constante a renda. Qual é o valor para a nova taxa de juros de equilíbrio? Qual deve necessariamente ser a oferta monetária? Qual é o valor para o multiplicador de impostos?
e) Mostre no gráfico que você desenhou no item (a) os equilíbrios que você calculou nos itens (b), (c) e (d). Marque esses pontos com as legendas B, C e D.

5. Determine se cada uma das declarações a seguir é verdadeira ou falsa e explique por quê. Para cada afirmativa verdadeira, analise se existe alguma coisa incomum em relação ao impacto decorrente da política monetária e da política fiscal no caso específico.
a) Se o investimento não depende da taxa de juros, a curva LM é horizontal.
b) Se o investimento não depende da taxa de juros, a curva IS é vertical.
c) Se a demanda por moeda não depende da taxa de juros, a curva IS é horizontal.
d) Se a demanda por moeda não depende da taxa de juros, a curva LM é vertical.
e) Se a demanda por moeda não depende da renda, a curva LM é horizontal.
f) Se a demanda por moeda é extremamente sensível à taxa de juros, a curva LM é horizontal.

6. A política monetária e a política fiscal muitas vezes se alteram ao mesmo tempo.
a) Suponha que o governo desejasse aumentar o investimento, mas mantendo constante o total da produção. No modelo IS-LM, que combinação entre política monetária e política fiscal alcançaria esse objetivo?
b) No início da década de 1980, o governo dos Estados Unidos reduziu os impostos, e incorreu em um déficit orçamentário, enquanto o Federal Reserve seguia uma política monetária restritiva. Que efeito essa combinação entre políticas econômicas deveria ter?

7. Utilize o diagrama IS-LM para descrever os efeitos de curto e de longo prazo das variações a seguir na renda nacional, na taxa de juros, no nível de preços, no consumo, no investimento e nos saldos monetários reais.
a) Um aumento na oferta monetária
b) Um aumento nas compras do governo
c) Um aumento nos impostos

8. O banco central está analisando duas políticas monetárias alternativas:
 • Manter a oferta monetária constante e deixar que a taxa de juros acabe por se ajustar.
 • Ajustar a oferta monetária, de modo que a taxa de juros se mantenha constante.
No modelo IS-LM, qual dessas políticas será mais eficaz no que diz respeito a estabilizar o total da produção, sob as condições apresentadas a seguir? Explique sua resposta.
a) Todos os choques na economia advêm de variações exógenas na demanda por bens e serviços.
b) Todos os choques na economia advêm de variações exógenas na demanda por moeda corrente.

Problemas e aplicações

9. Suponha que a demanda por saldos monetários reais dependa da renda disponível. Ou seja, a função da demanda por moeda corrente é

$$M/P = L(r, Y - T).$$

Utilizando o modelo IS-LM, analise se essa variação na função da demanda por moeda altera o seguinte:
a) A análise das variações nas compras do governo.
b) A análise das variações nos impostos.

10. Este problema pede que você analise algebricamente a curva IS-LM. Suponhamos que o consumo seja uma função linear da renda disponível:

$$C(Y-T) = a + b(Y-T),$$

em que $a > 0$ e $0 < b < 1$. O parâmetro b é a propensão marginal a consumir e o parâmetro a é uma constante muitas vezes chamada de consumo autônomo. Suponha, também, que o investimento seja uma função linear da taxa de juros:

$$I(r) = c - dr,$$

em que $c > 0$ e $d > 0$. O parâmetro d mede a sensibilidade do investimento em relação à taxa de juros e o parâmetro c é uma constante muitas vezes chamada de investimento autônomo.
a) Faça o cálculo para Y como função de r para as variáveis exógenas G e T e para os parâmetros do modelo, a, b, c e d.
b) De que modo a inclinação da curva IS depende do parâmetro d, a sensibilidade do investimento em relação à taxa de juros? Reporte-se à sua resposta para o item (a) e explique a linha de raciocínio.
c) O que causará um deslocamento horizontal maior na curva IS, uma redução de impostos correspondente a $ 100 ou um crescimento nos gastos do governo equivalente a $ 100? Reporte-se à sua resposta para o item (a) e explique a linha de raciocínio.

Suponha, agora, que a demanda por saldos monetários reais seja uma função linear da renda e da taxa de juros:

$$L(r, Y) = eY - fr,$$

em que $e > 0$ e $f > 0$. O parâmetro e mede a sensibilidade da demanda por moeda corrente em relação à renda, enquanto o parâmetro f mede a sensibilidade da demanda por moeda corrente em relação à taxa de juros.
d) Faça o cálculo para r como função de Y, M e P e para os parâmetros e e f.
e) Utilizando sua resposta para o item (d), determine se a curva LM é mais íngreme para valores grandes ou para valores pequenos de f, e explique a linha de raciocínio.
f) De que modo a dimensão do deslocamento na curva LM, resultante de um crescimento de $ 100 em M, depende:
  i. do valor do parâmetro e, a sensibilidade da demanda por moeda corrente em relação à renda.
  ii. do valor do parâmetro f, a sensibilidade da demanda por moeda corrente em relação à taxa de juros.
g) Utilize suas respostas para os itens (a) e (d), para derivar uma expressão para a curva da demanda agregada. Sua expressão deve mostrar Y como função de P; das variáveis exógenas de políticas econômicas M, G e T; e dos parâmetros do modelo. Essa expressão não deve conter r.
h) Utilize suas respostas para o item (g), de modo a provar que a curva da demanda agregada apresenta inclinação negativa (descendente).
i) Utilize suas respostas para o item (g) de modo a provar que crescimentos em G e M, assim como decréscimos em T, deslocam para a direita a curva da demanda agregada. De que modo esse resultado se modifica caso o parâmetro f, a sensibilidade da demanda por moeda em relação à taxa de juros, seja igual a zero? Explique a linha de raciocínio de seu resultado.

Respostas do questionário rápido

1. d
2. a
3. a
4. b
5. b
6. d

A Economia Aberta Revisitada: O Modelo Mundell-Fleming e o Regime da Taxa de Câmbio

13

> *O mundo continua sendo uma economia fechada, mas suas regiões e seus países estão se tornando cada vez mais abertos. [...] O clima da economia internacional tem se modificado em direção à integração financeira, e isso tem implicações importantes para a política econômica.*
>
> – Robert Mundell, 1963

Quando conduzem a política monetária e a política fiscal, decisores políticos frequentemente enxergam além das fronteiras de seu próprio país. Ainda que a prosperidade interna seja o único objetivo buscado por eles, é necessário que levem em consideração o restante do mundo. O fluxo internacional de bens e serviços e o fluxo internacional de capital podem afetar profundamente uma economia.

Neste capítulo, estendemos nossa análise sobre demanda agregada, de modo a incluir o comércio internacional e as finanças internacionais. O modelo desenvolvido neste capítulo, chamado de **Modelo Mundell-Fleming**, é descrito como "o paradigma predominante da política econômica, para o estudo de políticas monetárias e políticas fiscais das economias abertas". Em 1999, Robert Mundell foi agraciado com o Prêmio Nobel por seu trabalho sobre macroeconomia das economias abertas, incluindo o modelo em pauta.*

O modelo Mundell-Fleming guarda estreita relação com o modelo *IS-LM*. Esses dois modelos ressaltam a interação entre o mercado de bens e o mercado monetário. Ambos os modelos pressupõem que o nível de preços se mantém fixo e, em seguida, mostram o que causa as oscilações na renda agregada (ou, de maneira equivalente, os deslocamentos na curva da demanda agregada) no curto prazo. A diferença fundamental é que o modelo *IS-LM* pressupõe uma economia fechada, enquanto o modelo Mundell-Fleming pressupõe uma economia aberta. O modelo Mundell-Fleming é uma extensão do modelo de curto prazo para a renda nacional, apresentado nos Capítulos 11 e 12, pelo fato de incluir os efeitos decorrentes do comércio internacional e das finanças internacionais abordados no Capítulo 6.

O modelo Mundell-Fleming adota um pressuposto extremo e importante: o de que a economia que está sendo estudada seja uma economia aberta de pequeno porte, com perfeita mobilidade de capital. Ou seja, a economia pode tomar ou conceder tantos empréstimos quanto desejar nos mercados financeiros internacionais e, como resultado, a taxa de juros da economia é determinada pela taxa de juros internacional. Eis como o próprio Mundell explicou, em seu artigo original de 1963, a razão pela qual adotou esse pressuposto:

A fim de apresentar minhas conclusões do modo mais simples possível, e para proporcionar o mais acentuado relevo às implicações em política econômica, adoto o pressuposto do extremo grau de mobilidade que prevalece quando um país não consegue manter uma taxa de juros diferente do patamar geral que predomina no exterior. Esse pressuposto pode ser exagerado, mas tem o mérito de atribuir um estereótipo rumo ao qual as relações financeiras internacionais parecem estar caminhando. Ao mesmo tempo, poder-se-ia argumentar que o pressuposto não está distante da verdade nos centros financeiros, dos quais Zurique, Amsterdã e Bruxelas podem ser tomados para fins de exemplo, onde as autoridades já reconhecem sua capacidade cada vez menor de dominar as condições do mercado monetário e isolar-se de influências estrangeiras. O pressuposto deve, também, trazer consigo alto grau de relevância para um país como o Canadá, cujos mercados financeiros são dominados, em grande parte, pelo enorme mercado de Nova York.

Como veremos, o pressuposto de Mundell em relação a uma economia aberta de pequeno porte, com perfeita mobilidade de capital, demonstrará ser bastante útil no desenvolvimento de um modelo fácil de ser tratado, além de esclarecedor.**

Uma das lições do modelo Mundell-Fleming é que o comportamento de uma economia depende do sistema de taxa de câmbio por ela adotado. Na realidade, o modelo foi inicialmente desenvolvido para compreender como funcionam regimes alternativos de taxas de câmbio e como a opção pelo regime da taxa de câmbio interfere na política monetária e na política fiscal. Começamos partindo do pressuposto de que a economia opera com taxa de câmbio flutuante. Ou seja, pressupomos que o banco central permite que a taxa de câmbio se ajuste a variações nas condições econômicas. Em seguida, examinamos a forma como

---

* A citação é de OBSTFELD, Maurice; ROGOFF, Kenneth. *Foundations of international finance.* Cambridge, MA: MIT Press, 1996 – um dos principais livros didáticos para cursos de graduação, que trata de macroeconomia das economias abertas. O modelo Mundell-Fleming foi desenvolvido no início da década de 1960. As contribuições de Mundell estão compiladas em MUNDELL, Robert A. *International economics.* New York: Macmillan, 1968. Para saber mais sobre a contribuição de Fleming, consulte FLEMING, J. Marcus. Domestic financial policies under fixed and under floating exchange rates. *IMF Staff Papers,* v. 9, p. 369-379, Nov. 1962. Fleming faleceu em 1976, de modo que não pôde se candidatar ao Prêmio Nobel.

** Esse pressuposto - e, por conseguinte, o modelo Mundell-Fleming – não se aplica exatamente a uma economia aberta de grande porte, tal como os Estados Unidos. Na conclusão deste capítulo (e mais integralmente no apêndice), examinamos o que acontece no caso mais complexo em que a mobilidade do capital internacional é menos do que perfeita, ou quando um país é grande ao ponto de ser capaz de influenciar os mercados financeiros internacionais.

a economia opera com uma taxa de câmbio fixa. Depois de desenvolver o modelo, estaremos em condições de abordar uma questão importante relacionada à política econômica: que sistema de taxa de câmbio um país deve adotar?

Nos últimos anos, essas questões relacionadas à macroeconomia de economias abertas estiveram em evidência nas manchetes dos jornais. A partir de 2009, diversos países da União Europeia, mais notadamente a Grécia, passaram por dificuldades financeiras, o que levou muitos observadores a se questionarem teria sido conveniente para grande parte do continente adotar uma moeda corrente comum – a forma mais extrema de uma taxa de câmbio fixa. Quando cada país tem sua própria moeda, a política monetária e a taxa de câmbio conseguem se ajustar mais facilmente às variações nas necessidades de cada um. Enquanto isso, muitos decisores políticos norte-americanos, como os presidentes George W. Bush, Barack Obama e Donald Trump, criticaram a China por não ter permitido que o valor de sua moeda corrente flutuasse livremente em relação ao dólar americano. Argumentaram que a China mantinha sua moeda artificialmente barata, o que tornava seus bens mais competitivos nos mercados internacionais. O modelo Mundell-Fleming oferece um ponto de partida bastante útil para compreender esses debates políticos.

13.1 O MODELO MUNDELL-FLEMING

Nesta seção, desenvolvemos o modelo Mundell-Fleming, e nas seções subsequentes aplicamos o modelo a fim de examinar vários tipos de política econômica. O modelo é construído com componentes que viemos utilizando em capítulos anteriores. No entanto, essas peças são reunidas de uma nova maneira para tratar de um novo conjunto de questões.

O pressuposto fundamental: economia aberta, de pequeno porte, com perfeita mobilidade do capital

Comecemos pelo pressuposto de uma economia aberta, de pequeno porte e com perfeita mobilidade do capital. Como verificamos no Capítulo 6, esse pressuposto significa que a taxa de juros nessa economia, r, é determinada pela taxa de juros internacional, r^*. Em termos matemáticos, podemos escrever esse pressuposto sob a forma

$$r = r^*.$$

Pressupõe-se que essa taxa de juros internacional seja determinada de maneira exógena, pelo fato de a economia ser suficientemente pequena em relação à economia internacional para que possa conceder ou tomar tantos empréstimos quanto desejar nos mercados financeiros externos, sem afetar a taxa de juros internacional.

Embora a ideia de perfeita mobilidade do capital esteja expressa por meio de uma equação simples, é importante não perder de vista o sofisticado processo que essa equação representa. Imagine a ocorrência de algum evento que, de modo geral, fizesse crescer a taxa de juros (tal como um decréscimo na poupança interna). Em uma economia aberta de pequeno porte, a taxa de juros interna poderia até aumentar um pouco, durante um curto período de tempo, mas tão logo isso acontecesse os estrangeiros veriam a taxa de juros mais alta e começariam a emprestar para esse país (por exemplo, comprando títulos públicos dele). O fluxo de entrada de capital impulsionaria a taxa de juros interna de volta para r^*. De modo semelhante, se algum evento começasse a impulsionar para baixo a taxa de juros interna, o capital fluiria para fora do país, de modo a obter retorno mais alto no exterior, e esse fluxo de saída de capital direcionaria para cima a taxa de juros interna, de volta para r^*. Consequentemente, a equação $r = r^*$ representa o pressuposto de que o fluxo internacional de capital é rápido o suficiente para manter a taxa de juros interna igual à taxa de juros internacional.

O mercado de bens e a curva IS*

O modelo Mundell-Fleming descreve o mercado de bens e serviços de modo bastante semelhante ao modelo IS-LM, mas acrescenta um novo termo para as exportações líquidas. Em particular, o mercado de bens é representado pela seguinte equação:

$$Y = C(Y - T) + I(r) + G + NX(e).$$

Essa equação enuncia que a renda agregada, Y, corresponde à soma entre consumo, C, investimento, I, compras do governo, G, e exportações líquidas, NX. O consumo depende positivamente da renda disponível, $Y - T$. O investimento depende negativamente da taxa de juros. As exportações líquidas dependem negativamente da taxa de câmbio, e. Do mesmo modo que antes, definimos a taxa de câmbio, e, como o montante de moeda corrente estrangeira por unidade de moeda interna; por exemplo, e pode corresponder a 100 ienes por dólar.

Você deve lembrar que, no Capítulo 6, relacionamos as exportações líquidas com a taxa de câmbio real (o preço relativo de bens no país e no exterior) e não com a taxa de câmbio nominal (o preço relativo da moeda corrente interna e das moedas correntes estrangeiras). Se e corresponde à taxa de câmbio nominal, então a taxa de câmbio real, ε, é igual a eP/P^*, em que P representa o nível de preços interno e P^* representa o nível de preços no exterior. O modelo Mundell-Fleming, entretanto, pressupõe que os níveis de preços no país e no exterior sejam fixos, de modo tal que a taxa de câmbio real seja proporcional à taxa de câmbio nominal. Isto é, quando a moeda corrente interna sofre alguma valorização e a taxa de câmbio nominal aumenta (digamos, de 100 para 120 ienes por dólar), a taxa de câmbio real também aumenta: sendo assim, os bens no exterior passam a ser mais baratos em comparação com os bens internos do país, e isso faz com que as exportações caiam e as importações aumentem.

A condição de equilíbrio do mercado de bens, que acabamos de descrever, apresenta duas variáveis financeiras que afetam o dispêndio com bens e serviços (a taxa de juros e a taxa de câmbio), mas podemos simplificar as coisas utilizando o pressuposto da perfeita mobilidade do capital, $r = r^*$.

$$Y = C(Y - T) + I(r^*) + G + NX(e).$$

Vamos dar a essa equação o nome de equação IS*. (O asterisco nos faz lembrar que a equação mantém a taxa de juros constante, no nível da taxa de juros internacional, r^*.) Podemos ilustrar essa equação em um gráfico no qual a renda se situa no eixo horizontal e a taxa de câmbio está no eixo vertical. Essa curva é a apresentada no painel (c) da Figura 13.1.

A curva IS* apresenta inclinação descendente (negativa), já que uma taxa de câmbio mais alta diminui as exportações líquidas, o que, por sua vez, reduz a renda agregada. Para mostrar como isso funciona, os outros painéis da Figura 13.1 fazem a combinação entre a curva das exportações líquidas e a cruz keynesiana, de modo a se obter a curva IS*. No painel (a), um crescimento na taxa de câmbio, de e_1 para e_2, faz diminuírem de $NX(e_1)$ para $NX(e_2)$ as exportações líquidas. No painel (b), a redução nas exportações líquidas desloca para baixo a curva do gasto planejado e, consequentemente, diminui a renda de Y_1

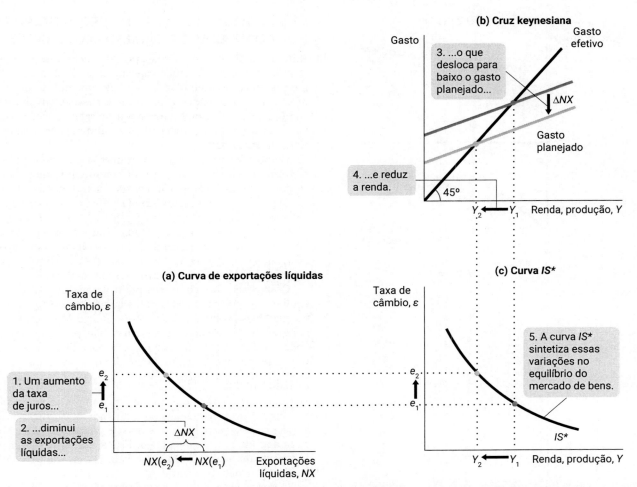

Figura 13.1 Curva IS*. A curva IS* é derivada da curva de exportações líquidas e da cruz keynesiana. O painel (a) mostra a curva de exportações líquidas: um aumento na taxa de câmbio, de e_1 para e_2, diminui de $NX(e_1)$ para $NX(e_2)$ as exportações líquidas. O painel (b) ilustra a cruz keynesiana: um decréscimo de $NX(e_1)$ para $NX(e_2)$ nas exportações líquidas desloca para baixo a reta correspondente ao gasto planejado, fazendo com que a renda decresça de Y_1 para Y_2. O painel (c) mostra a curva IS*, sintetizando essa relação entre a taxa de câmbio e a renda: quanto mais alta for a taxa de câmbio, mais baixo será o nível da renda.

para Y_2. A curva IS* sintetiza essa relação entre a taxa de câmbio, e, e a renda, Y.

O mercado monetário e a curva LM*

O modelo Mundell-Fleming representa o mercado monetário por meio de uma equação que já deve ser conhecida a partir do modelo IS-LM:

$$M/P = L(r, Y).$$

Essa equação enuncia que a oferta de saldos monetários reais, M/P, é igual à demanda $L(r, Y)$. A demanda por saldos reais depende negativamente da taxa de juros e positivamente da renda Y. A oferta monetária, M, é uma variável exógena, controlada pelo banco central e, como o modelo Mundell-Fleming é projetado com o objetivo de analisar oscilações de curto prazo, pressupõe-se também que o nível de preços, P, é determinado de maneira exógena.

Mais uma vez, acrescentamos o pressuposto de que a taxa de juros interna é igual à taxa de juros internacional, de tal modo que $r = r^*$:

$$M/P = L(r^*, Y).$$

Vamos dar a essa equação o nome de equação LM*. Podemos representá-la em um gráfico com uma linha vertical, como no painel (b) da Figura 13.2. A curva LM* é vertical, pois a taxa de câmbio não entra na equação LM*. Dada a taxa de juros internacional, a equação LM* determina a renda agregada, independentemente da taxa de câmbio. A Figura 13.2 mostra como a curva LM* resulta da taxa de juros internacional e da curva LM, que relaciona a taxa de juros com a renda.

Juntando as peças

De acordo com o modelo Mundell-Fleming, uma economia aberta de pequeno porte, com perfeita mobilidade do capital, pode ser descrita por meio de duas equações:

$$Y = C(Y - T) + I(r^*) + G + NX(e) \quad IS^*,$$

$$M/P = L(r^*, Y) \quad LM^*.$$

A primeira equação descreve o equilíbrio no mercado de bens, enquanto a segunda descreve o equilíbrio no mercado monetário. As variáveis exógenas correspondem à política fiscal, G e T, à política monetária M, ao nível de preços P e à taxa de juros internacional r^*. As variáveis endógenas correspondem à renda, Y, e à taxa de câmbio, e.

A Figura 13.3 ilustra essas duas relações. O equilíbrio da economia é encontrado no ponto em que a curva IS* e a curva LM* se interceptam. Essa interseção mostra a taxa de câmbio e

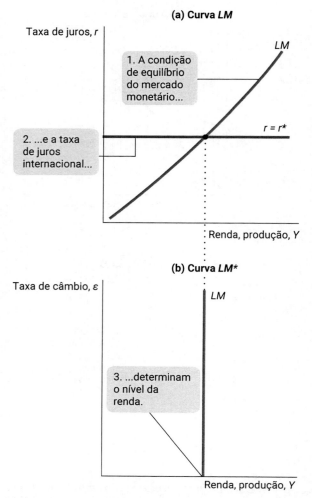

13.2 ECONOMIA ABERTA DE PEQUENO PORTE COM TAXAS DE CÂMBIO FLUTUANTES

Antes de analisar o impacto de políticas econômicas em uma economia aberta, devemos especificar o sistema monetário internacional no qual o país escolheu operar. Ou seja, devemos levar em consideração como as pessoas envolvidas no comércio internacional e nas finanças internacionais conseguem converter a moeda corrente de um país na moeda corrente de outro país.

Começamos pelo sistema relevante para a maior parte das economias de hoje em dia: **taxas de câmbio flutuantes**. Sob um sistema de taxas de câmbio flutuantes, a taxa de câmbio é estabelecida por forças de mercado e pode flutuar em resposta a variações nas condições econômicas. Nesse caso, a taxa de câmbio, e, se ajusta de modo a alcançar o equilíbrio simultâneo no mercado de bens e no mercado monetário. Quando alguma coisa acontece de modo tal que venha a modificar esse equilíbrio, a taxa de câmbio se desloca para um novo valor de equilíbrio.

Consideremos, agora, três políticas que podem alterar o equilíbrio: a política fiscal, a política monetária e a política comercial. Nosso objetivo é utilizar o modelo Mundell-Fleming para mostrar o impacto de mudanças nas políticas e compreender as forças econômicas em operação, à medida que a economia se movimenta de um ponto de equilíbrio para outro.

Política fiscal

Suponha que o governo estimule o gasto interno aumentando as compras governamentais ou reduzindo impostos. Por fazer crescer o gasto planejado, esse tipo de política fiscal expansionista desloca a curva IS^* para a direita, como na Figura 13.4. Em resultado, a taxa de câmbio se valoriza, enquanto o nível de renda permanece o mesmo.

Observe que a política fiscal exerce efeitos bastante diferentes em uma economia aberta de pequeno porte, em comparação com uma economia fechada. No modelo IS-LM para economias fechadas, uma expansão fiscal aumenta a renda, enquanto em uma economia aberta de pequeno porte, com taxa de câmbio flutuante, uma expansão fiscal deixa a renda no mesmo nível. Mecanicamente, a diferença surge pelo fato de a curva LM^* ser vertical, ao passo que a curva LM, que utilizamos para estudar uma economia fechada, apresenta inclinação ascendente. Contudo, essa explicação não é muito satisfatória. Quais são as forças econômicas que estão por trás dos diferentes resultados? Para responder a essa pergunta, devemos pensar no que está acontecendo em relação ao fluxo internacional

Figura 13.2 Curva LM^*. O painel (a) mostra a curva LM tradicional [que representa graficamente a equação $M/P = L(r, Y)$], juntamente com uma linha horizontal representando a taxa de juros internacional, r^*. A interseção entre essas duas curvas determina o nível de renda, independentemente da taxa de câmbio. Portanto, como mostra o painel (b), a curva LM^* é vertical.

o nível de renda nos quais o mercado de bens e o mercado monetário estão em equilíbrio. Com esse diagrama, podemos utilizar o modelo Mundell-Fleming para mostrar como a renda agregada, Y, e a taxa de câmbio, e, reagem a mudanças na política econômica.

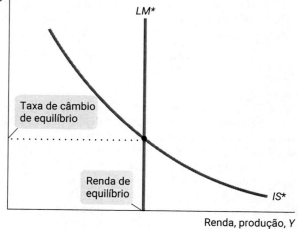

Figura 13.3 Modelo Mundell-Fleming. Este diagrama para o modelo Mundell-Fleming demonstra graficamente a condição de equilíbrio para o mercado de bens, IS^*, e a condição de equilíbrio para o mercado monetário, LM^*. As duas curvas são desenhadas mantendo-se constante a taxa de juros no nível internacional. A interseção entre essas duas curvas mostra o nível de renda e a taxa de câmbio que satisfazem a condição de equilíbrio, tanto no mercado de bens quanto no mercado monetário.

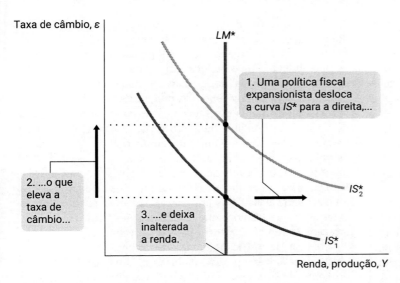

Figura 13.4 Expansão fiscal sob taxas de câmbio flutuantes. Um crescimento nas compras do governo ou uma redução nos impostos desloca a curva *IS** para a direita. Isso eleva a taxa de câmbio, mas não exerce qualquer efeito sobre a renda.

de capital e nas implicações desses fluxos de capital para a economia doméstica.

A taxa de juros e a taxa de câmbio são as variáveis essenciais na história. Quando a renda aumenta em uma economia fechada, a taxa de juros sobe, pois a renda mais alta eleva a demanda por moeda. Isso não é possível em uma economia aberta de pequeno porte, já que, tão logo a taxa de juros começa a crescer além da taxa de juros internacional, r^*, o capital rapidamente flui do exterior, de modo a obter vantagens do retorno mais alto. À medida que esse fluxo de entrada de capital vai empurrando a taxa de juros de volta para r^*, ele exerce também outro efeito: como os investidores estrangeiros precisam comprar a moeda corrente interna para que possam investir na economia interna, o fluxo de entrada de capital aumenta a demanda pela moeda interna no mercado de câmbio, pressionando para cima o valor da moeda corrente interna. A valorização da moeda corrente interna faz com que os bens internos tornem-se caros em comparação aos bens estrangeiros, reduzindo as exportações líquidas. A queda nas exportações líquidas compensa exatamente os efeitos da política fiscal expansionista sobre a renda.

Por que a diminuição nas exportações líquidas é tão significativa, a ponto de tornar a política fiscal incapaz de influenciar a renda? Para responder a essa pergunta, considere a equação que descreve o mercado monetário:

$$M/P = L(r,Y).$$

Tanto em economias fechadas quanto em abertas, a quantidade ofertada de saldos monetários reais, M/P, é estabelecida pelo banco central (que determina M) e pelo pressuposto de preços rígidos (que estabelece P). A quantidade demandada (determinada por r e Y) deve necessariamente ser igual a essa oferta fixada. Em economias fechadas, uma expansão fiscal faz com que a taxa de juros de equilíbrio se eleve. Esse crescimento na taxa de juros (que reduz a quantidade de moeda demandada) é acompanhado por um crescimento na renda de equilíbrio (o que faz crescer a quantidade de moeda demandada); esses dois efeitos, conjuntamente, mantêm equilíbrio no mercado monetário. Em contrapartida, em uma economia aberta de pequeno porte, r é fixa em r^*, de tal modo que existe somente um único nível de renda capaz de satisfazer essa equação, e esse nível de renda não se modifica quando a política fiscal se altera. Por conseguinte, quando o governo aumenta seus gastos ou diminui impostos, a valorização da moeda corrente e a queda nas exportações líquidas devem ser grandes o suficiente para contrabalançar completamente o efeito expansionista desse tipo de política sobre a renda.

Política monetária

Suponhamos, agora, que o banco central aumente a oferta monetária. Pressupondo-se que o nível de preços é fixo, o aumento na oferta monetária significa crescimento nos saldos monetários reais. O crescimento nos saldos monetários reais desloca a curva LM^* para a direita, como na Figura 13.5. Consequentemente, um aumento na oferta monetária aumenta a renda e reduz a taxa de câmbio.

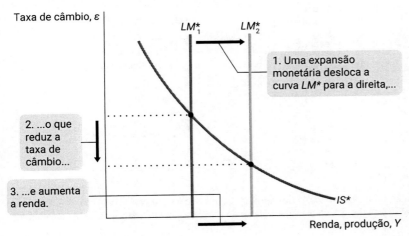

Figura 13.5 Expansão monetária sob taxas de câmbio flutuantes. Um crescimento na oferta monetária desloca a curva LM^* para a direita, reduzindo a taxa de câmbio e aumentando a renda.

Embora a política monetária influencie a renda em uma economia aberta do mesmo modo que em uma economia fechada, o mecanismo de transmissão monetária é diferente. Lembre-se de que, em uma economia fechada, crescimento na oferta monetária eleva o gasto, uma vez que faz baixar a taxa de juros e estimula o investimento. Em uma economia aberta de pequeno porte, esse canal de transmissão monetária não está disponível, pois a taxa de juros é fixada com base na taxa de juros internacional. Sendo assim, de que modo a política monetária influencia o gasto? Para responder a essa pergunta, precisamos, mais uma vez, pensar no fluxo internacional de capital e em suas implicações para a economia interna.

A taxa de juros e a taxa de câmbio são, mais uma vez, as variáveis fundamentais. Assim que um aumento na oferta monetária começa a pressionar para baixo a taxa de juros interna, o capital flui para fora da economia, já que os investidores passam a procurar retorno mais alto em outros lugares. Esse fluxo de saída de capital impede que a taxa de juros interna caia para um patamar inferior ao da taxa de juros internacional, r^*. Ele também exerce outro efeito: como investir no exterior exige conversão de moeda corrente interna em moeda estrangeira, o fluxo de saída de capital eleva a oferta de moeda interna no mercado de câmbio, fazendo com que a moeda interna sofra uma depreciação em seu valor. Essa depreciação torna os bens internos baratos em relação aos bens estrangeiros, estimulando exportações líquidas, e, consequentemente, o total da renda. Sendo assim, em uma economia aberta de pequeno porte a política monetária influencia a renda, pelo fato de alterar a taxa de câmbio, e não a taxa de juros.

Política comercial

Suponha que o governo reduza a demanda por bens importados, impondo uma tarifa ou uma quota sobre as importações. O que acontece com a renda agregada e a taxa de câmbio? De que modo a economia alcança o seu novo equilíbrio?

Uma vez que exportações líquidas correspondem a exportações menos importações, redução nas importações significa crescimento nas exportações líquidas. Ou seja, a curva de exportações líquidas se desloca para a direita, como na Figura 13.6. Esse deslocamento na curva de exportações líquidas faz crescer o gasto planejado e, por conseguinte, desloca a curva IS^* para a direita. Sendo a curva LM^* vertical, a restrição ao comércio eleva a taxa de câmbio, mas não afeta a renda.

As forças econômicas por trás dessa transição são semelhantes ao caso da política monetária expansionista. Considerando-se que as exportações líquidas representam um componente do PIB, o deslocamento para a direita na curva de exportações líquidas, tudo mais permanecendo constante, pressiona para cima a renda, Y; o crescimento em Y, por sua vez, eleva a demanda por moeda e pressiona para cima a taxa de juros, r. O capital estrangeiro reage rapidamente, fluindo para dentro da economia interna, empurrando a taxa de juros de volta para o patamar da taxa de juros internacional, r^*, e fazendo com que a moeda corrente interna sofra valorização. Essa valorização da moeda corrente torna os bens produzidos internamente mais caros em relação aos bens produzidos no exterior, o que faz com que as exportações líquidas, NX, decresçam e a renda, Y, retorne para seu nível inicial.

Políticas de restrição ao comércio muitas vezes têm como objetivo modificar a posição da balança comercial, NX. Contudo, como verificamos inicialmente no Capítulo 6, esses tipos de política não exercem necessariamente o efeito desejado. A mesma conclusão pode ser aplicada ao modelo Mundell-Fleming, sob o regime de taxas de câmbio flutuantes. Lembre-se de que

$$NX(e) = Y - C(Y - T) - I(r^*) - G.$$

Uma vez que não afeta a renda, o consumo, o investimento ou as compras do governo, uma restrição ao comércio não afeta a balança comercial. Embora o deslocamento na curva de exportações líquidas tenda a fazer com que NX cresça, o crescimento na taxa de câmbio reduz NX no mesmo montante. O efeito, em termos gerais, é simplesmente *menor volume de comércio*. A economia interna passa a importar menos do que antes da restrição ao comércio, mas também passa a exportar menos.

13.3 ECONOMIA ABERTA DE PEQUENO PORTE COM TAXAS DE CÂMBIO FIXAS

A partir de agora, vamos nos direcionar para o segundo tipo de sistema de taxa de câmbio: **taxas de câmbio fixas**. Sob tal sistema, o banco central anuncia certo valor para a taxa de câmbio e fica de sobreaviso, pronto para comprar e vender a moeda corrente interna de modo a manter a taxa de câmbio em seu nível anunciado. Esse sistema foi utilizado em muitos períodos históricos. De 1944 a 1971, a maior parte das economias mais importantes do mundo, inclusive os Estados Unidos, operava

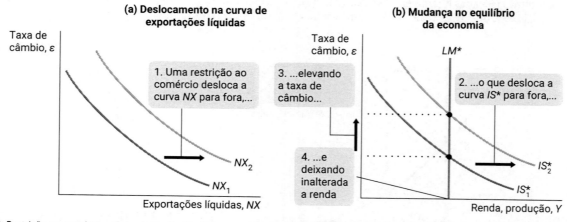

Figura 13.6 Restrição ao comércio sob taxas de câmbio flutuantes. Uma tarifa ou quota de importação desloca para a direita a curva das exportações líquidas, como no painel (a). Em consequência, a curva IS^*, no painel (b), se desloca para a direita, elevando a taxa de câmbio e deixando a renda inalterada.

sob a égide do *sistema de Bretton Woods* – um sistema monetário internacional, sob o qual a maior parte dos governos concordava em fixar as taxas de câmbio. De 1995 a 2005, a China fixou o valor de sua moeda em relação ao dólar norte-americano – política que, conforme veremos, foi fonte de algumas tensões entre os dois países.

Nesta seção, analisamos a operação de um sistema desse tipo e examinamos o impacto de políticas econômicas sobre uma economia com taxa de câmbio fixa. Posteriormente neste capítulo, examinamos os prós e contras de taxas de câmbio fixas.

Como funciona um sistema de taxa de câmbio fixa

Sob um sistema de taxas de câmbio fixas, um banco central permanece sempre de sobreaviso, pronto para comprar ou vender a moeda corrente interna, em troca de moedas estrangeiras, a preço predeterminado. Por exemplo, suponhamos que o Federal Reserve, o banco central dos EUA, anunciasse que fixaria a taxa de câmbio em 100 ienes por dólar. Ele permaneceria, então, pronto para dar US$ 1 em troca de 100 ienes ou dar 100 ienes em troca de US$ 1. Para levar a cabo essa política, o Fed precisaria de uma reserva de dólares (que ele próprio tem a capacidade de emitir) e de uma reserva de ienes (que ele precisa ter comprado anteriormente).

Uma taxa de câmbio fixa direciona a política monetária de determinado país ao objetivo único de manter a taxa de câmbio no nível anunciado. Em outras palavras, a essência de um sistema de taxa de câmbio fixa é o comprometimento do banco central no sentido de permitir que a oferta monetária se ajuste a qualquer nível que venha a assegurar que a taxa de câmbio de equilíbrio, no mercado de câmbio, seja igual à taxa de câmbio anunciada. Além disso, enquanto o banco central se mantiver pronto para comprar ou vender moeda estrangeira com base na taxa de câmbio fixada, a oferta monetária se ajustará automaticamente ao nível necessário.

Para verificar como a prefixação da taxa de câmbio determina a oferta monetária, considere um exemplo. Suponha que o Fed decida fixar a taxa de câmbio em 100 ienes por dólar mas, na situação de equilíbrio atual, com a oferta monetária atual, a taxa de câmbio corresponda a 150 ienes por dólar. Essa situação está ilustrada no painel (a) da Figura 13.7. Observe que existe uma oportunidade de lucro: um operador da bolsa de valores pode comprar no mercado de câmbio 300 ienes por US$ 2 e, logo em seguida, vender esses ienes ao Fed por US$ 3, perfazendo um lucro de US$ 1. Quando o Fed compra esses ienes do operador, os dólares que ele paga pelos ienes automaticamente aumentam a oferta monetária. O aumento na oferta monetária desloca a curva LM^* para a direita, diminuindo a taxa de câmbio de equilíbrio. Dessa maneira, a oferta monetária continua a crescer até que a taxa de câmbio de equilíbrio caia para o nível anunciado pelo Fed.

Inversamente, suponha que, no momento em que o Fed decida fixar a taxa de câmbio em 100 ienes por dólar, o equilíbrio no mercado de câmbio esteja em 50 ienes por dólar. O painel (b) da Figura 13.7 ilustra essa situação. Nesse caso, um operador da bolsa de valores pode obter lucro ao comprar 100 ienes do Fed por US$ 1 e, em seguida, vendê-los no mercado de câmbio por US$ 2. Quando o Fed vende esses ienes, aquele US$ 1 que ele recebe automaticamente reduz a oferta monetária. A queda na oferta monetária desloca a curva LM^* para a esquerda, aumentando a taxa de câmbio de equilíbrio. A oferta monetária continua a diminuir, até que a taxa de câmbio de equilíbrio se eleve ao nível anunciado.

Observe que esse sistema fixa a taxa de câmbio *nominal*. Pode também fixar, ou não, a taxa de câmbio real, dependendo do horizonte de tempo considerado. Se os preços são flexíveis, conforme ocorre no longo prazo, então a taxa de câmbio real pode variar, até mesmo enquanto a taxa de câmbio nominal permanece fixa. Portanto, no longo prazo descrito no Capítulo 6, uma política para fixar a taxa de câmbio nominal não influenciaria qualquer variável real, inclusive a taxa de câmbio real. Uma taxa de câmbio nominal fixa influenciaria somente a oferta monetária e o nível de preços. Contudo, no curto prazo descrito pelo modelo Mundell-Fleming, os preços são rígidos, de tal modo que uma taxa de câmbio nominal fixa implica uma taxa de câmbio real também fixa.

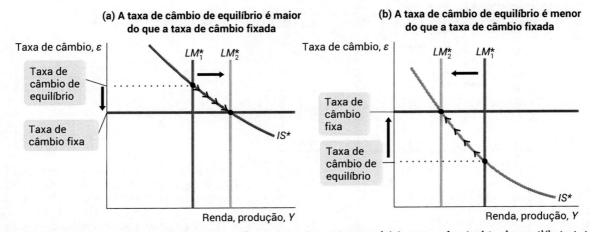

Figura 13.7 Como uma taxa de câmbio fixa regula a oferta monetária. No painel (a), a taxa de câmbio de equilíbrio inicialmente excede o nível fixado. Os operadores da bolsa de valores comprarão moeda estrangeira em mercados de câmbio externos e venderão essa moeda ao banco central de seu país, de modo a obter lucro. Esse processo automaticamente faz crescer a oferta monetária, deslocando a curva LM^* para a direita e diminuindo a taxa de câmbio. No painel (b), a taxa de câmbio de equilíbrio está inicialmente abaixo do nível fixado. Os operadores de bolsa comprarão a moeda estrangeira no banco central de seu país e venderão essa moeda nos mercados de câmbio estrangeiros, para obter lucro. Esse processo automaticamente reduz a oferta monetária, deslocando a curva LM^* para a esquerda e fazendo aumentar a taxa de câmbio.

ESTUDO DE CASO

O PADRÃO-OURO INTERNACIONAL

Durante o final do século XIX e o início do século XX, a maior parte das principais economias do mundo operava sob o padrão-ouro. Cada país mantinha uma reserva em ouro e concordava em trocar uma unidade de sua moeda corrente por uma quantidade especificada de ouro. Por meio do padrão-ouro, as economias do mundo mantinham um sistema de taxas de câmbio fixas.

Para verificar como um padrão-ouro internacional fixa a taxa de câmbio, suponha que o Tesouro dos Estados Unidos esteja disposto a comprar 1 onça* de ouro por 100 dólares e o Banco da Inglaterra esteja disposto a comprar uma onça de ouro por 100 libras esterlinas. Conjuntamente, essas políticas econômicas determinam a taxa de câmbio entre dólares e libras: 1 dólar deve necessariamente ser trocado por 1 libra esterlina. Se não fosse assim, a lei do preço único seria violada, e passaria a ser lucrativo comprar ouro em um dos países e vendê-lo no outro.

Por exemplo, suponha que a taxa de câmbio de mercado fosse de 2 libras esterlinas por dólar. Nesse caso, um negociador poderia comprar 200 libras esterlinas por 100 dólares, utilizar essas libras para comprar 2 onças de ouro do Banco da Inglaterra, levar o ouro para os Estados Unidos e vendê-lo ao Tesouro norte-americano por 200 dólares – perfazendo um lucro de 100 dólares. Além disso, ao levar o ouro da Inglaterra para os Estados Unidos, o negociador faria com que aumentasse a oferta monetária dos Estados Unidos e diminuísse a oferta monetária na Inglaterra.

Consequentemente, durante a era do padrão-ouro, o transporte internacional de ouro por negociadores era um mecanismo automático, que ajustava a oferta monetária e estabilizava as taxas de câmbio. Esse sistema não fixava completamente as taxas de câmbio, já que o transporte de ouro pelo Atlântico era dispendioso. Contudo, o padrão-ouro internacional efetivamente mantinha a taxa de câmbio dentro dos limites determinados pelos custos de transporte. Com isso, evitavam-se grandes e persistentes variações nas taxas de câmbio.**

Política fiscal

Vamos agora examinar como as políticas econômicas afetam uma economia aberta de pequeno porte com taxa de câmbio fixa. Suponhamos que o governo estimule o gasto interno aumentando as compras do governo ou cortando impostos. Essa política desloca a curva IS^* para a direita, como na Figura 13.8, pressionando para cima a taxa de câmbio de mercado. Entretanto, permanecendo o banco central disposto a realizar o câmbio entre moeda estrangeira e moeda interna, com base na taxa de câmbio fixada, os negociadores rapidamente reagem à taxa de câmbio em ascensão vendendo a moeda estrangeira ao banco central, o que provoca expansão monetária automática. O crescimento na oferta monetária desloca para a direita a curva LM^*. Consequentemente, sob a égide de um sistema de taxa de câmbio fixo, uma expansão fiscal eleva a renda agregada.

Política monetária

Imagine que determinado banco central, operando com taxa de câmbio fixa, tente aumentar a oferta monetária – por exemplo, comprando títulos do público. O que aconteceria? O impacto inicial dessa política corresponde a deslocar a curva LM^* para a direita, diminuindo a taxa de câmbio, como na Figura 13.9. Entretanto, uma vez que o banco central tem o compromisso de fazer o câmbio entre moeda interna e moeda estrangeira a uma taxa de câmbio fixada, os negociadores reagem rapidamente à taxa de câmbio decrescente com a venda de moeda interna ao banco central, fazendo com que a oferta monetária e a curva LM^* retornem às suas posições iniciais. Consequentemente, a política monetária, como habitualmente conduzida, é ineficaz sob um sistema de taxa de câmbio fixa. Ao concordar em fixar a taxa de câmbio, o banco central abre mão de seu controle sobre a oferta monetária.

Um país com taxa de câmbio fixa pode, no entanto, conduzir um tipo de política monetária: pode decidir modificar o nível em que a taxa de câmbio é fixada. A redução no valor

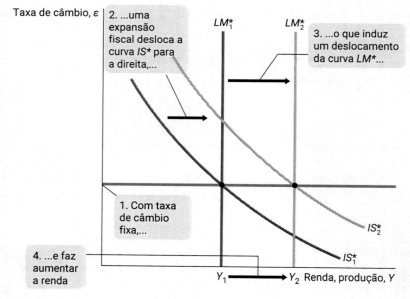

Figura 13.8 Expansão fiscal sob taxas de câmbio fixas. Uma expansão fiscal desloca a curva IS^* para a direita. Para manter a taxa de câmbio que foi fixada, o banco central do país precisa aumentar a oferta monetária, deslocando, desse modo, a curva LM^* para a direita. Consequentemente, em contraposição ao caso das taxas de câmbio flutuantes, sob o regime de taxas de câmbio fixas a expansão fiscal aumenta a renda.

---

* Uma onça ≅ 31,1 gramas. (N.T.)
** Para saber mais sobre como funcionava o padrão-ouro, veja os ensaios presentes em EICHENGREEN, Barry Eichengreen (ed). *The gold standard in theory and history.* New York: Methuen, 1985.

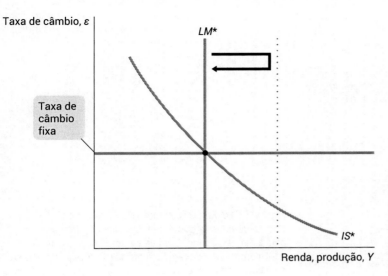

Figura 13.9 Expansão monetária sob taxas de câmbio fixas. Se o banco central tenta aumentar a oferta monetária – por exemplo, ao comprar títulos do público –, ele pressiona a taxa de câmbio para baixo. Para manter a taxa de câmbio que foi fixada, a oferta monetária e a curva LM^* precisam retornar às suas posições iniciais. Consequentemente, sob sistemas de taxas de câmbio fixas, a política monetária normal é ineficaz.

oficial da moeda corrente é chamada de **desvalorização**, enquanto o aumento no valor oficial da moeda é chamado de **valorização**. No modelo Mundell-Fleming, uma desvalorização desloca a curva LM^* para a direita; age como um crescimento na oferta monetária, sob taxa de câmbio flutuante. Uma desvalorização, por conseguinte, expande as exportações líquidas e eleva a renda agregada. Inversamente, uma valorização desloca a curva LM^* para a esquerda, reduz as exportações líquidas e diminui a renda agregada.

ESTUDO DE CASO

DESVALORIZAÇÃO DA MOEDA E A RECUPERAÇÃO DEPOIS DA GRANDE DEPRESSÃO

A Grande Depressão da década de 1930 foi um problema de âmbito global. Embora os eventos verificados nos Estados Unidos possam ter precipitado o declínio econômico, todas as principais economias do mundo viveram gigantescas diminuições na produção e no emprego. Nem todos os governos, porém, reagiram do mesmo modo a essa calamidade.

Uma diferença fundamental entre os governos foi o grau de comprometimento de cada um deles para com a taxa de câmbio fixa, determinada pelo padrão-ouro internacional. Alguns países, como França, Alemanha, Itália e Holanda, mantiveram a antiga taxa de câmbio entre ouro e moeda. Outros países, como Dinamarca, Finlândia, Noruega, Suécia e Reino Unido, reduziram em aproximadamente 50% o montante em ouro que pagariam por unidade de moeda. Ao diminuírem o lastro em ouro em relação a suas respectivas moedas, esses governos desvalorizaram suas moedas em relação às de outros países.

A experiência subsequente desses dois grupos de países confirma as previsões do modelo Mundell-Fleming. Países que adotaram uma política de desvalorização se recuperaram rapidamente da Depressão. O valor mais baixo para a moeda corrente fez crescer a oferta monetária, estimulou as exportações e expandiu a produção. Em contrapartida, os países que mantiveram a taxa de câmbio anterior sofreram durante mais tempo, com nível reduzido de atividade econômica.

E quanto aos Estados Unidos? O Presidente Herbert Hoover manteve os Estados Unidos no padrão-ouro; no entanto, em uma atitude controversa, o Presidente Franklin Roosevelt tirou o país do padrão-ouro em junho de 1933, apenas três meses depois de assumir a presidência. A data coincide aproximadamente com o fim da deflação e o início da recuperação.

Muitos historiadores da área econômica acreditam que a retirada do país do padrão-ouro foi a medida de política econômica mais importante que Roosevelt tomou para colocar um ponto final na Grande Depressão.*

Política comercial

Suponha que o governo reduza as importações impondo uma quota ou uma tarifa. Essa política desloca a curva das exportações líquidas para a direita e, consequentemente, desloca a curva IS^* para a direita, como na Figura 13.10. O deslocamento na curva IS^* tende a fazer com que a taxa de câmbio aumente. Para manter a taxa de câmbio no nível fixado, a oferta monetária precisa aumentar, deslocando a curva LM^* para a direita.

O resultado de uma restrição ao comércio sob taxa de câmbio fixa é muito diferente do que ocorre sob um sistema de taxa de câmbio flutuante. Em ambos os casos, uma restrição ao comércio desloca a curva de exportações líquidas para a direita, mas somente sob um sistema de taxa de câmbio fixa é que a restrição ao comércio aumentará as exportações líquidas, NX. A razão para isso é que uma restrição ao comércio sob taxa de câmbio fixa induz expansão monetária, não valorização da moeda corrente. A expansão monetária, por sua vez, aumenta a renda agregada. Lembre-se da identidade das contas nacionais

$$NX = S - I.$$

Quando a renda cresce, a poupança também cresce e isso provoca crescimento nas exportações líquidas.

Política econômica no modelo Mundell-Fleming: uma síntese

O modelo Mundell-Fleming mostra que o efeito de quase qualquer política econômica em uma economia aberta de pequeno porte depende do fato de a taxa de câmbio ser flutuante ou fixa. A Tabela 13.1 sintetiza nossa análise sobre os efeitos de curto prazo de políticas fiscais, monetárias e comerciais sobre a renda, a taxa de câmbio e a balança comercial. Observe que todos os resultados são diferentes sob sistemas de taxas de câmbio fixas e sob sistemas de taxas de câmbio flutuantes.

Especificamente, o modelo Mundell-Fleming mostra que o poder da política monetária e da política fiscal, no que concerne

---

* EICHENGREEN, Barry; SACHS, Jeffrey. Exchange rates and economic recovery in the 1930s. *Journal of Economic History*, v. 45, p. 925-946, Dec. 1985925-946.

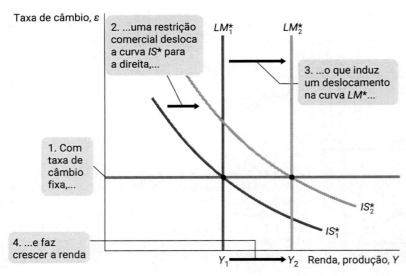

Figura 13.10 Restrição comercial sob taxas de câmbio fixas. Uma tarifa ou uma quota de importação desloca a curva IS* para a direita. Isso induz um crescimento na oferta monetária para manter a taxa de câmbio prefixada. Consequentemente, a renda agregada aumenta.

TABELA 13.1 Modelo Mundell-Fleming: resumo dos efeitos de políticas econômicas

	REGIME DA TAXA DE CÂMBIO					
	FLUTUANTE			FIXA		
	IMPACTO SOBRE:					
Política	Y	e	NX	Y	e	NX
Expansão fiscal	0	↑	↓	↑	0	0
Expansão monetária	↑	↓	↑	0	0	0
Restrição à importação	0	↑	0	↑	0	↑

Observação: Esta tabela mostra a direção do impacto de várias políticas econômicas sobre a renda, Y, a taxa de câmbio, e, e a balança comercial, NX. Uma "↑" indica que a variável cresce; uma "↓" indica que ela diminui; um "0" indica que não existe qualquer efeito. Lembre-se de que a taxa de câmbio é definida como o montante de moeda estrangeira por unidade de moeda interna (por exemplo, 100 ienes por dólar).

a influenciar a renda agregada, depende do regime da taxa de câmbio. Sob taxas de câmbio flutuantes, somente a política monetária consegue afetar a renda. O impacto expansionista usual da política fiscal é contrabalançado por um aumento no valor da moeda corrente e uma redução nas exportações líquidas. Sob taxas de câmbio fixas, apenas a política fiscal consegue afetar a renda. O potencial normal da política monetária é perdido, uma vez que a oferta monetária tem como objetivo manter a taxa de câmbio no nível anunciado.

13.4 DIFERENCIAIS NAS TAXAS DE JUROS

Até aqui, nossa análise tem adotado o pressuposto de que a taxa de juros em uma economia aberta de pequeno porte é igual à taxa de juros internacional: $r = r^*$. Até certo ponto, no entanto, as taxas de juros diferem por entre as diversas regiões do mundo. Estendemos agora nossa análise considerando as causas e os efeitos dos diferenciais internacionais nas taxas de juros.

Risco país e expectativas sobre taxas de câmbio

Quando, anteriormente, partimos do pressuposto de que a taxa de juros em nossa economia aberta de pequeno porte é determinada pela taxa de juros internacional, estávamos aplicando a lei do preço único. Ponderamos que, se a taxa de juros interna estivesse acima dela taxa internacional, pessoas no exterior concederiam empréstimos para esse país, direcionando para baixo a taxa de juros local. E se a taxa de juros interna estivesse abaixo da internacional, os residentes do país concederiam empréstimos ao exterior a fim de obter retorno mais elevado, direcionando para cima a taxa de juros. Ao final, a taxa de juros interna ficaria igual à taxa de juros internacional.

Por que essa lógica nem sempre pode ser aplicada? Existem duas razões.

Uma das razões é o risco país. Quando investidores compram títulos do governo dos Estados Unidos ou concedem empréstimos a empresas norte-americanas, eles estão relativamente confiantes de que receberão de volta o que emprestaram, acrescido de juros. Em contrapartida, em alguns países menos desenvolvidos, é plausível recear que uma revolução ou algum outro tipo de crise política possa causar inadimplência no pagamento dos empréstimos. Os devedores desses países, muitas vezes, têm que pagar taxas de juros mais altas de modo a compensar os credores por esse tipo de risco.

Outra razão pela qual as taxas de juros diferem entre países é a expectativa de variações na taxa de câmbio. Suponhamos, por exemplo, que haja expectativa de que o valor do peso mexicano vá se depreciar em relação ao dólar norte-americano. Empréstimos realizados em pesos serão reembolsados em uma moeda menos valorizada do que empréstimos realizados em dólares. Para compensar essa expectativa de queda no valor da moeda mexicana, a taxa de juros do México será mais alta do que a taxa de juros dos Estados Unidos.

Sendo assim, em razão do risco país e da expectativa de variações futuras na taxa de câmbio, a taxa de juros de uma economia aberta de pequeno porte pode diferir das taxas de outras economias ao redor do mundo. Vejamos, agora, como esse fato abrange a nossa análise.

Diferenciais no modelo Mundell-Fleming

Consideremos novamente o modelo Mundell-Fleming com taxa de câmbio flutuante. Para incorporar os diferenciais de taxas de juros ao modelo, partimos do pressuposto de que a taxa de juros em nossa economia aberta de pequeno porte é determinada pela taxa de juros internacional, acrescida de um prêmio de risco, θ:

$$R = r^* + \theta.$$

O prêmio de risco é determinado pela percepção do risco político de conceder empréstimos em determinado país e pela expectativa de variação na taxa de câmbio real. No que concerne a nossos propósitos neste capítulo, podemos considerar o prêmio de risco como exógeno ao examinarmos como as variações no prêmio afetam a economia.

O modelo é, em grande parte, o mesmo apresentado anteriormente. As duas equações são

$$Y = C(Y - T) + I(r^* + \theta) + G + NX(e) \qquad IS^*,$$

$$M/P = L(r^* + \theta, Y) \qquad LM^*$$

Para qualquer política fiscal, qualquer política monetária, nível de preços e prêmio de risco especificados, essas duas equações determinam o nível de renda e a taxa de câmbio que equilibram o mercado de bens e o mercado monetário. Mantendo-se constante o prêmio de risco, os instrumentos de política monetária, fiscal e comercial funcionam como já verificamos.

Suponhamos agora que uma reviravolta política faça aumentar o prêmio de risco, θ. Sendo $r = r^* + \theta$, o efeito mais direto é que a taxa de juros interna, r, aumente. A taxa de juros mais alta, por sua vez, exerce dois efeitos. Em primeiro lugar, a curva IS^* se desloca para a esquerda, já que a taxa de juros mais elevada diminui o investimento. Em segundo lugar, a curva LM^* se desloca para a direita, pois uma taxa de juros mais elevada reduz a demanda por moeda corrente, o que, por sua vez, implica um nível mais alto de renda para qualquer oferta monetária. [Lembre-se de que Y deve satisfazer a equação $M/P = L(r^* + \theta, Y)$.] Como ilustra a Figura 13.11, esses dois deslocamentos fazem com que a renda aumente e a moeda se deprecie.

Essa análise tem uma implicação importante: as expectativas em relação à taxa de câmbio acabam sendo, em parte, profecias autorrealizáveis. Suponhamos, por exemplo, que as pessoas comecem a acreditar que o peso mexicano passará a valer menos no futuro. Por causa dessa convicção, os investidores atribuirão aos ativos mexicanos um prêmio mais alto pelo risco (θ vai crescer no México). As taxas de juros mexicanas crescerão e, conforme acabamos de demonstrar, o valor da moeda mexicana diminuirá. *Sendo assim, a expectativa de que uma moeda venha a perder seu valor no futuro faz com que essa mesma moeda perca valor no presente.*

Um prognóstico surpreendente – e talvez impreciso – decorrente desta análise é que um crescimento no risco país, medido com base em θ, fará com que a renda da economia também aumente. Isso ocorre na Figura 13.11 em virtude do deslocamento para a direita na curva LM^*. Embora as taxas de juros mais elevadas pressionem para baixo o investimento, a depreciação da moeda estimula um volume ainda maior de exportações líquidas. Como resultado, a renda agregada aumenta.

Na prática, porém, esse tipo de expansão na renda geralmente não ocorre – por três razões. Em primeiro lugar, pode ser que o banco central deseje evitar uma depreciação significativa na moeda corrente interna e, por essa razão, reaja com a redução na oferta monetária, M. Em segundo lugar, a depreciação da moeda interna pode aumentar o preço dos bens importados, causando um crescimento no nível de preços, P. Em terceiro lugar, quando algum evento faz crescer o prêmio para o risco país, θ, pode ser que os habitantes desse país reajam a tal evento aumentando sua demanda por moeda corrente (para qualquer renda e taxa de juros especificadas), uma vez que a moeda é, com frequência, o ativo disponível mais seguro. Todas essas três mudanças deslocam a curva LM^* para a esquerda, o que ameniza a redução na taxa de juros, embora também pressione a renda para baixo.

Consequentemente, aumentos no risco país não são desejáveis. No curto prazo, eles geralmente causam depreciação gradativa na moeda corrente e, por meio dos três canais que acabamos de descrever, queda na renda agregada. Além disso, como uma taxa de juros mais elevada reduz o investimento, as implicações no longo prazo são menor acumulação de capital e nível de crescimento econômico mais baixo.

ESTUDO DE CASO

CRISE FINANCEIRA INTERNACIONAL: MÉXICO, 1994-1995

Em agosto de 1994, um peso mexicano valia 30 centavos de dólar. Um ano depois, valia apenas 16 centavos de dólar. O que explica essa enorme redução no valor da moeda mexicana? O risco país é responsável por uma parte significativa da história.

No início de 1994, o México era um país em ritmo de ascensão. A aprovação então recente do Acordo Norte-Americano de Livre Comércio (NAFTA – *North American Free Trade*

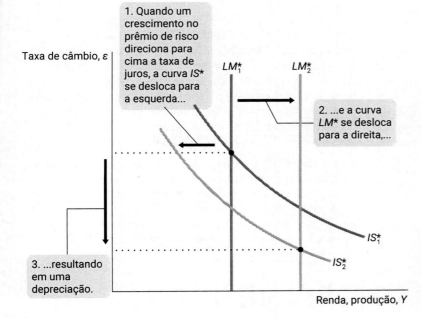

Figura 13.11 Aumento no prêmio de risco. O aumento no prêmio de risco associado a um país direciona para cima sua taxa de juros. Como a taxa de juros mais alta reduz o investimento, a curva IS^* se desloca para a esquerda. Como isso também reduz a demanda por moeda corrente, a curva LM^* se desloca para a direita. A renda aumenta e a moeda se deprecia.

Agreement), que reduziu as barreiras comerciais entre México, Estados Unidos e Canadá, fez com que muitas pessoas passassem a se sentir confiantes em relação ao futuro da economia mexicana. Investidores do mundo inteiro estavam ansiosos por conceder financiamentos ao governo mexicano e a empresas do país.

Desdobramentos políticos logo modificaram essa percepção. Um violento levante na região mexicana de Chiapas fez com que a situação política no país parecesse precária. Depois disso, Luis Donaldo Colosio, principal candidato à Presidência, foi assassinado. O futuro político parecia menos seguro, e muitos investidores começaram a atribuir aos ativos mexicanos um prêmio mais alto pelo risco.

A princípio, o crescimento do prêmio de risco não afetou o valor do peso, já que o México operava com taxa de câmbio fixa. Como já verificamos, sob o regime de taxa de câmbio fixa, o banco central concorda em trocar a moeda interna (pesos) por uma moeda estrangeira (dólares) a uma taxa predeterminada. Sendo assim, quando um aumento do prêmio pelo risco país pressionou o valor do peso para baixo, o banco central mexicano teve que aceitar pesos e pagar dólares. Essa intervenção automática no mercado de câmbio contraiu a oferta monetária mexicana (deslocando a curva LM^* para a esquerda), quando a moeda poderia, em vez disso, ter se depreciado.

No entanto, as reservas de moeda estrangeira do México eram demasiadamente pequenas para manter fixa sua taxa de câmbio. Quando se esgotaram os dólares do México, ao final de 1994, o governo mexicano anunciou uma desvalorização do peso. Entretanto, essa decisão trouxe repercussões, pois o governo prometera repetidas vezes que não desvalorizaria sua moeda. Os investidores perderam ainda mais a confiança nos decisores políticos mexicanos e passaram a temer desvalorizações ainda mais significativas no peso.

Investidores do mundo inteiro (inclusive do México) evitavam comprar ativos mexicanos. O prêmio pelo risco país subiu mais uma vez, fazendo crescer ainda mais a pressão ascendente sobre as taxas de juros e a pressão descendente sobre o peso mexicano. O mercado de ações mexicano caiu vertiginosamente. Quando o governo mexicano precisou rolar parte de suas dívidas que estavam próximas de vencer, os investidores não se mostraram dispostos a financiar o novo endividamento. Inadimplência parecia ser a única opção para o governo. Em poucos meses, o México passou de uma promissora economia emergente para uma economia de risco, com o governo à beira da falência.

Foi aí que os Estados Unidos entraram em cena. O governo norte-americano tinha três motivos para isso: ajudar o vizinho do sul; evitar a maciça imigração ilegal que poderia se seguir à inadimplência do governo e ao colapso econômico; e evitar que o pessimismo do investidor em relação ao México se espalhasse para outros países em desenvolvimento. O governo dos Estados Unidos, juntamente com o Fundo Monetário Internacional (FMI), liderou um esforço internacional para afiançar o governo mexicano. Em particular, os Estados Unidos ofereceram garantias de empréstimos para a dívida do governo mexicano, o que possibilitou a este refinanciar dívidas que estavam próximas de vencer. Essas garantias de financiamentos ajudaram a restabelecer a confiança na economia mexicana, reduzindo assim, até certo ponto, o prêmio pelo risco país.

Embora possam ter até impedido que uma situação ruim se tornasse ainda pior, as garantias de empréstimo concedidas pelos Estados Unidos não evitaram que o desmonte de 1994-1995 no México fosse uma experiência dolorosa para o povo desse país. Não somente a moeda corrente mexicana perdeu grande parte de seu valor, mas também o próprio México passou por uma profunda recessão. Felizmente, por volta do final da década de 1990, o pior havia sido superado e a renda agregada estava novamente em crescimento.

A lição extraída dessa experiência é clara: mudanças no risco país percebido, muitas vezes atribuíveis a instabilidades políticas, constituem um determinante importante para taxas de juros e taxas de câmbio nas economias abertas de pequeno porte.

ESTUDO DE CASO

CRISE FINANCEIRA INTERNACIONAL: ÁSIA, 1997-1998

Em 1997, enquanto a economia mexicana se recuperava de sua crise financeira, uma história semelhante começou a se desenrolar em várias economias asiáticas, como Tailândia, Coreia do Sul e, especialmente, Indonésia. Os sintomas eram já bastante conhecidos: altas taxas de juros, queda nos valores dos ativos e moeda em depreciação. Na Indonésia, por exemplo, as taxas de juros nominais de curto prazo aumentaram para mais de 50%; o mercado de ações perdeu aproximadamente 90% de seu valor (medido em dólares norte-americanos); e a rupia caiu mais de 80% em relação ao dólar. A crise acarretou inflação crescente nesses países (já que a desvalorização da moeda tornou mais caras as importações) e queda no PIB (pois as altas taxas de juros e a redução na confiança pressionaram o gasto para baixo). O PIB real na Indonésia caiu aproximadamente 13% em 1998.

O que desencadeou essa tempestade? O problema começou nos sistemas bancários asiáticos. Durante muitos anos, os governos das nações asiáticas estiveram mais envolvidos em administrar a distribuição de recursos – especialmente recursos financeiros – do que os governos dos Estados Unidos e outros países desenvolvidos. Alguns comentaristas chegaram a aplaudir essa "parceria" entre governo e iniciativa privada e chegaram até mesmo a sugerir que os Estados Unidos seguissem o exemplo. Ao longo do tempo, no entanto, começou a ficar evidente que muitos bancos asiáticos vinham concedendo empréstimos a quem tivesse maior influência política, não a quem apresentasse os projetos de investimentos mais lucrativos. Uma vez que as taxas de inadimplência cada vez mais altas começaram a desvendar esse "capitalismo de compadres",* como foi então chamado, investidores internacionais começaram a perder a confiança no futuro dessas economias. Os prêmios de risco para os ativos asiáticos aumentaram, fazendo com que as taxas de juros disparassem e as moedas entrassem em colapso.

Crises internacionais de confiança geralmente envolvem um círculo vicioso que pode vir a ampliar o problema. A seguir, um breve histórico do que aconteceu na Ásia:

1. Problemas no sistema bancário desgastaram a confiança internacional nessas economias.
2. A perda de confiança fez com que crescessem os prêmios de risco e as taxas de juros.
3. Taxas de juros cada vez mais altas, juntamente com a perda de confiança, pressionaram para baixo os preços das ações e de outros ativos.

---
* Do inglês *crony capitalism*. (N.R.)

4. A queda nos preços dos ativos reduziu o valor das garantias que estavam sendo oferecidas para os empréstimos bancários.
5. A redução no valor das garantias elevou as taxas de inadimplência dos empréstimos bancários.
6. O crescimento da inadimplência exacerbou os problemas do sistema bancário. Agora, retorne ao item 1 para completar e dar continuidade ao círculo vicioso.

Alguns economistas utilizaram o argumento desse círculo vicioso para sugerir que a crise asiática foi uma profecia autorrealizável: coisas ruins aconteceram meramente porque as pessoas esperavam que coisas ruins acontecessem. A maior parte dos economistas, no entanto, julgou que a corrupção política do sistema bancário era um problema real, que foi então agravado por esse círculo vicioso de redução na confiança.

O que exacerbou a situação foi uma *incompatibilidade de moedas* entre os ativos e os passivos das instituições financeiras. Os bancos dessas economias emergentes com frequência tomavam empréstimos do exterior em moedas estrangeiras, como o dólar norte-americano, e concediam empréstimos aos habitantes de seus próprios países em suas moedas locais, como a rupia. Resultado: eles tinham ativos estipulados na moeda local, mas passivos cotados em uma moeda estrangeira. Quando a moeda nacional se depreciou nos mercados de câmbio estrangeiros, o valor dos ativos dos bancos caiu em relação a seus passivos, tornando ainda piores os problemas do sistema bancário.

À medida que a crise asiática se desenvolvia, o FMI e os Estados Unidos tentavam restaurar a confiança, de modo bastante semelhante ao que haviam feito com o México poucos anos antes. Em particular, o FMI concedeu empréstimos aos países asiáticos para ajudá-los a superar a crise; em contrapartida por esses empréstimos, exigiu promessas de que os governos realizariam reformas em seus sistemas bancários e eliminariam o capitalismo de compadres. A esperança do FMI era que os empréstimos de curto prazo e as reformas de mais longo prazo pudessem vir a restaurar a confiança, diminuir o prêmio de risco e transformar o círculo vicioso em um círculo virtuoso. Essa política parece ter dado certo: as economias asiáticas se recuperaram rapidamente da crise.

13.5 TAXAS DE CÂMBIO DEVEM SER FLUTUANTES OU FIXAS?

Tendo visto como uma economia opera sob regimes de taxas de câmbio flutuantes e taxas de câmbio fixas, vamos avaliar qual regime é o melhor.

Prós e contras de diferentes sistemas de taxa de câmbio

O principal argumento em favor de uma taxa de câmbio flutuante é o fato de ela permitir que a política monetária seja utilizada para outros propósitos. Sob um sistema de taxas fixas, a política monetária fica comprometida com a meta única de manter a taxa de câmbio em seu respectivo nível anunciado. Contudo, a taxa de câmbio é apenas uma entre as inúmeras variáveis macroeconômicas que a política monetária consegue influenciar. Um sistema de taxas de câmbio flutuantes deixa os decisores econômicos livres para buscar outros objetivos, como a estabilização do nível de emprego ou de preços.

Defensores de taxas de câmbio fixas argumentam que a incerteza em relação à taxa de câmbio torna mais difícil o comércio internacional. Depois que o mundo abandonou o sistema de taxas de câmbio fixas de Bretton Woods, no início da década de 1970, as taxas de câmbio reais e as taxas de câmbio nominais passaram a ser (e têm permanecido) bem mais voláteis do que qualquer um poderia esperar. Alguns economistas atribuem essa volatilidade à especulação irracional e desestabilizadora dos investidores internacionais. Executivos de empresas alegam frequentemente que essa volatilidade é prejudicial, pois aumenta a incerteza que acompanha as transações de âmbito internacional entre empresas. Apesar dessa volatilidade da taxa de câmbio, no entanto, o volume do comércio internacional tem continuado a crescer sob regimes de taxas de câmbio flutuantes.

Defensores de taxas de câmbio fixas argumentam com frequência que o comprometimento com uma taxa de câmbio fixa representa uma maneira de disciplinar a autoridade monetária de uma nação e evitar o crescimento excessivo da oferta monetária. Contudo, existem muitas outras regras da política econômica com as quais o banco central pode estar comprometido. No Capítulo 16, por exemplo, abordaremos regras da política econômica tais como metas para o PIB nominal ou para a taxa de inflação. A fixação da taxa de câmbio traz consigo a vantagem de ser mais simples de implementar do que essas outras regras para a política econômica, uma vez que a oferta monetária se ajusta automaticamente. No entanto, esse tipo de política pode causar maior volatilidade na renda e no emprego.

Na prática, a opção entre taxa de câmbio flutuante e taxa fixa não é tão inflexível quanto possa a princípio parecer. Sob sistemas de taxas de câmbio fixas, os países podem mudar o valor de sua moeda se o fato de manter a taxa de câmbio vier a gerar graves conflitos com outros objetivos. Sob sistemas de taxas de câmbio flexíveis, os países geralmente utilizam metas formais ou informais para a taxa de câmbio quando estabelecem a política monetária. Raramente observamos taxas de câmbio que sejam completamente fixas ou completamente flutuantes. Em vez disso, sob ambos os sistemas, a estabilidade da taxa de câmbio geralmente representa um dos muitos objetivos do banco central.

ESTUDO DE CASO

O DEBATE SOBRE O EURO

Se você alguma vez percorreu de carro os quase 5.000 quilômetros entre as cidades de Nova York e São Francisco, deve lembrar que em momento algum teve a necessidade de trocar seu dinheiro pelo equivalente em outra moeda. Em todos os 50 estados norte-americanos, os habitantes locais ficam satisfeitos em aceitar o dólar norte-americano em troca dos artigos que você adquire. Esse tipo de *união monetária* é a forma mais extrema de taxa de câmbio fixa. A taxa de câmbio entre dólares de Nova York e dólares de São Francisco é tão irrevogavelmente fixa que você talvez nem saiba que existe uma diferença entre eles. (Qual é a diferença? Cada cédula de um dólar é emitida por um entre uma dúzia de Federal Reserve Banks locais. Embora o banco de origem possa ser identificado por meio da marcação existente na cédula, você não está preocupado com o tipo de dólar que tem em suas mãos, uma vez que todas as outras pessoas, inclusive o Federal Reserve System, estão dispostas a trocar qualquer dólar de um banco por um dólar de outro banco.)

No entanto, se alguma vez você percorreu a mesma distância na Europa durante a década de 1990, sua experiência talvez tenha sido bastante diferente. Você não teve que ir muito longe antes de precisar trocar seus francos franceses por marcos alemães, florins holandeses, pesetas espanholas ou liras italianas. O grande número de moedas correntes europeias fazia com que viajar fosse menos conveniente e mais dispendioso. Todas as vezes que você atravessava determinada fronteira, era necessário esperar na fila de um banco para conseguir a moeda local; e era necessário que você pagasse uma taxa ao banco pelo serviço.

Nos dias de hoje, no entanto, a situação na Europa está bem mais parecida com a dos Estados Unidos. Muitos países europeus abriram mão de ter sua própria moeda e constituíram uma união monetária que utiliza uma moeda corrente comum, conhecida como *euro*. Em consequência, a taxa de câmbio entre França e Alemanha é, atualmente, tão fixa quanto a taxa de câmbio entre Nova York e Califórnia.

A introdução de uma moeda comum tem seus custos. O mais importante é que as nações da Europa não mais são capazes de conduzir suas próprias políticas monetárias. Em vez disso, o Banco Central Europeu, com a participação de todos os países-membros, estabelece uma política monetária única para toda a Europa. Os bancos centrais de todos esses países desempenham papel semelhante àquele dos Federal Reserve Banks regionais nos Estados Unidos: monitoram as condições locais, mas não têm nenhum tipo de controle sobre a oferta monetária ou sobre as taxas de juros. Os críticos do movimento em prol de uma moeda comum argumentam que o custo inerente à perda da política monetária nacional é grande. Quando uma recessão atinge determinado país mas não outros países da Europa, esse país não dispõe de um instrumento de política monetária para combater o declínio na atividade econômica. Este argumento é uma das razões pelas quais algumas nações europeias, como é o caso do Reino Unido e da Suécia, optaram por não abrir mão de sua própria moeda corrente em favor do euro.

Recentemente, os problemas associados ao abandono da política monetária nacional tornaram-se bastante aparentes. De 2008 a 2013, várias economias do sul da Europa passaram por crises econômicas acentuadas. A taxa de desemprego cresceu de 6,7% para 12,2% na Itália; de 8,5% para 16,5% em Portugal; de 11,3% para 26,1% na Espanha; e de 7,7% para 27,3% na Grécia. Em contrapartida, na Alemanha, maior economia que utiliza o euro, a taxa de desemprego caiu de 7,5 para 5,3% durante esse período. Críticos do euro argumentam que, se esses países do sul europeu tivessem suas próprias moedas em vez de fazerem parte da área do euro juntamente com a Alemanha, eles poderiam ter buscado políticas monetárias mais expansionistas. Esse tipo de ação teria desvalorizado suas respectivas moedas e tornado suas exportações mais baratas nos mercados internacionais; o crescimento das exportações líquidas teria ajudado a manter a demanda agregada e a abrandar a recessão.

Por que, de acordo com críticos do euro, a união monetária é uma ideia ruim para a Europa, se funciona tão bem nos Estados Unidos? Esses economistas argumentam que os EUA são diferentes da Europa sob dois aspectos importantes. Em primeiro lugar, existe maior mobilidade da mão de obra entre os estados norte-americanos do que entre os países europeus. Isso se dá, em parte, pelo fato de os Estados Unidos terem um idioma comum e, em parte, porque a maioria dos norte-americanos descende de imigrantes, que sempre demonstraram disposição de se deslocar de um lugar para outro. Portanto, quando ocorre uma recessão regional, os trabalhadores norte-americanos estão mais propensos a se deslocar de estados com alto nível de desemprego para estados com pouco desemprego. Em segundo lugar, os EUA contam com um governo central forte, que é capaz fazer uso de políticas fiscais – como o imposto de renda federal – de modo a redistribuir recursos por entre as regiões. Uma vez que não conta com essas duas vantagens, a Europa tem custo maior quando adota uma política monetária única.

Os defensores de uma moeda corrente comum acreditam que a perda da política monetária nacional é mais do que compensada por outros tipos de ganho. Com uma moeda corrente única em toda a Europa, as pessoas que viajam, assim como as empresas, não precisam mais se preocupar com taxas de câmbio, e isso estimula maior volume de comércio internacional. Além disso, uma moeda comum pode oferecer a vantagem política de fazer os europeus se sentirem mais ligados uns aos outros. O século XX foi marcado por duas guerras mundiais, ambas desencadeadas por desavenças na Europa. Como argumentam os defensores do euro, se uma moeda comum proporciona maior harmonia entre as nações da Europa, isso pode beneficiar o mundo inteiro.

Ataques especulativos, caixas de conversão e dolarização

Imagine-se como presidente do banco central de um país de pequeno porte. Você e seus colegas formuladores de política econômica decidem estabelecer um valor fixo para a moeda de seu país – vamos chamá-la de peso – em relação ao dólar norte-americano. Desse momento em diante, uma unidade de peso será vendida por um dólar.

Conforme já discutimos, você precisa agora estar preparado para comprar e vender pesos a um dólar cada. A oferta monetária se ajustará automaticamente, de modo tal que a taxa de câmbio de equilíbrio seja igual à meta que você estabeleceu. Existe, no entanto, um problema potencial nesse plano: você pode vir a esgotar seus dólares. Se as pessoas vão ao banco central para vender grandes quantidades de pesos, as reservas de dólares do banco central podem ir se extinguindo até chegar a zero. Nesse caso, o banco central não conta com qualquer outra opção que não seja abandonar a taxa de câmbio fixa e deixar que o peso seja depreciado.

Esse fato suscita a possibilidade de um *ataque especulativo* – uma mudança nas percepções dos investidores que torne insustentável a taxa de câmbio fixa. Suponha que, sem qualquer bom motivo, se espalhe o rumor de que o banco central vai abandonar o sistema de paridade da taxa de câmbio. As pessoas reagiriam promovendo uma corrida ao banco central de modo a converter pesos em dólares, antes de o peso perder valor. Essa corrida esgotaria as reservas do banco central e poderia forçá-lo a abandonar a paridade. Nesse caso, o rumor se comprovaria como uma profecia autorrealizável.

Para se evitar essa possibilidade, alguns economistas argumentam que uma taxa de câmbio fixa deve ser lastreada por uma *caixa de conversão* (*currency board*), tal como aquela utilizada pela Argentina na década de 1990. Uma caixa de conversão corresponde a um arranjo por meio do qual o banco central detém uma quantidade de moeda estrangeira suficiente para lastrear cada unidade da moeda local. Em nosso exemplo, o banco central teria uma unidade de dólar norte-americano (ou uma unidade de dólar investida em um título do governo dos Estados Unidos) para cada peso. Qualquer que fosse a quantidade de pesos levada ao banco central para ser trocada, o banco central jamais esgotaria seu estoque de dólares.

Tendo adotado uma caixa de conversão, o banco central passaria a considerar a etapa subsequente natural: abandonar por completo o peso e deixar que seu país passe a utilizar o dólar norte-americano. Esse tipo de plano é chamado de *dolarização*. Acontece espontaneamente nas economias com inflação alta, nas quais as moedas estrangeiras oferecem uma reserva de valor mais confiável do que a moeda local. Entretanto, a dolarização pode ser também uma questão de política pública, como no caso no Panamá. Se um país realmente deseja que sua moeda corrente seja irrevogavelmente fixa em relação ao dólar, o método mais seguro é fazer com que ela seja efetivamente o dólar. A única perda decorrente da dolarização é a receita de senhoriagem da qual o governo abre mão pelo fato de renunciar ao controle sobre a emissão de moeda. O governo dos EUA fica, então, com a receita que é gerada pelo crescimento na oferta monetária.*

A trindade impossível

A análise dos regimes da taxa de câmbio leva a uma conclusão simples: não se pode ter tudo. Para sermos mais precisos, é impossível para uma nação ter fluxos livres de capital, uma taxa de câmbio fixa e políticas monetárias independentes. Esse fato, que costuma ser chamado de **trindade impossível** (ou, às vezes, *trilema das finanças internacionais*), é ilustrado na Figura 13.12. Uma nação deve optar por um dos lados desse triângulo, abrindo mão da característica institucional no ângulo oposto do triângulo.

A primeira opção consiste em permitir o livre fluxo de capital e conduzir uma política monetária independente, como os Estados Unidos têm feito nos últimos anos. Nesse caso, é impossível ter taxa de câmbio fixa. Em vez disso, a taxa de câmbio deve flutuar livremente, a fim de equilibrar o mercado de câmbio.

A segunda opção é permitir livres fluxos de capital e fixar a taxa de câmbio, como tem feito Hong Kong em tempos recentes. Nesse caso, o país perde a capacidade de conduzir uma política monetária independente. A oferta monetária deve necessariamente se ajustar de modo a manter a taxa de câmbio em seu nível predeterminado. Em certo sentido, quando um país fixa sua moeda em relação à de alguma outra nação, ele está adotando a política monetária desse outro país.

A terceira opção corresponde a restringir o fluxo internacional de capital para dentro e para fora do país, como tem feito a China. Nesse caso, a taxa de juros não é mais fixada com base nas taxas internacionais, passando a ser determinada pelas forças internas, como acontece em uma economia fechada. É possível, então, fixar a taxa de câmbio e ao mesmo tempo conduzir uma política monetária independente.

A história tem demonstrado que as nações podem escolher, e de fato escolhem, diferentes lados da trindade. Decisores políticos de uma nação devem fazer a si mesmos o seguinte questionamento: desejam conviver com uma volatilidade na taxa de câmbio (opção 1)? Desejam abrir mão do uso de políticas monetárias para propósitos de estabilização interna (opção 2)? Desejam restringir a participação de seus cidadãos nos mercados financeiros internacionais (opção 3)? Toda nação deve fazer uma dessas escolhas.

ESTUDO DE CASO

A CONTROVÉRSIA SOBRE A MOEDA CHINESA

De 1995 a 2005, a moeda corrente chinesa, o yuan, estava atrelada ao dólar, a uma taxa de câmbio de 8,28 yuans por unidade de dólar norte-americano. Em outras palavras, o banco central chinês propunha-se comprar e vender yuans a esse preço. A política de fixar a taxa de câmbio estava combinada com uma

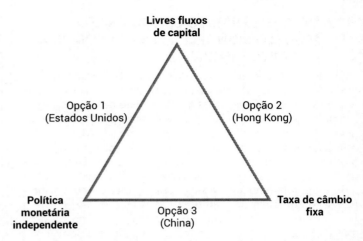

Figura 13.12 A trindade impossível. É impossível um país ter livres fluxos de capital, taxa de câmbio fixa e política monetária independente. O país precisa optar por um dos lados desse triângulo, abrindo mão do ângulo oposto.

política de restrição dos fluxos internacionais de capital. Não era permitido que os cidadãos chineses convertessem sua poupança pessoal em dólares ou euros e investissem no exterior.

Por volta do início dos anos 2000, muitos observadores acreditavam que o yuan estava significativamente desvalorizado. Sugeriam que, caso fosse permitida a flutuação do yuan, ele aumentaria o seu valor em relação ao dólar. A evidência em favor dessa hipótese era que a China estava acumulando grandes reservas em dólares, em seus esforços para manter fixa a taxa de câmbio. Ou seja, o banco central chinês tinha que ofertar yuans e demandar dólares em mercados de câmbio no exterior, com o objetivo de manter o yuan no nível prefixado. Caso esse tipo de intervenção no mercado de câmbio cessasse, o valor do yuan aumentaria em comparação ao dólar.

O yuan com câmbio atrelado ao dólar passou a ser uma questão política contenciosa nos Estados Unidos. Produtores norte-americanos que concorriam com as importações chinesas reclamavam que o yuan desvalorizado tornava as mercadorias chinesas mais baratas, colocando os produtores norte-americanos em posição de desvantagem. (Os consumidores norte-americanos se beneficiavam das importações baratas mas, na política do comércio internacional, os produtores geralmente falam mais alto do que os consumidores.) Em resposta a esses questionamentos, o Presidente George W. Bush apelou para que a China permitisse que sua moeda corrente flutuasse. Vários senadores propuseram uma medida ainda mais drástica – uma tarifa exagerada sobre as importações chinesas, até que a China ajustasse o valor de sua moeda.

A China não fixa mais completamente a taxa de câmbio. Em julho de 2005, foi anunciada nova política econômica: o país continuaria intervindo nos mercados de câmbio para evitar grandes e repentinos movimentos na taxa de câmbio, mas permitiria mudanças graduais. Além disso, julgaria o valor do yuan não somente em relação ao dólar, mas também em relação a uma cesta mais ampla de moedas. Ao longo da década subsequente, o yuan sofreu valorização de aproximadamente 25%. Críticos da China, entre os quais o Presidente Donald Trump, por vezes continuam a reclamar da intervenção daquele país nos mercados de câmbio, embora a política de taxa de câmbio na China seja atualmente uma questão menos premente na agenda econômica internacional do que era no passado.

---

* A dolarização pode também levar a uma perda do orgulho nacional, pelo fato de serem vistos retratos de personagens norte-americanos estampados nas notas em circulação. Caso desejado, o governo dos Estados Unidos poderia solucionar esse problema deixando em branco o espaço central que tem agora os retratos de George Washington, Abraham Lincoln e outros. Cada país que utilizasse o dólar poderia estampar o rosto de seus próprios heróis locais.

13.6 DO CURTO PARA O LONGO PRAZO: O MODELO MUNDELL-FLEMING COM NÍVEL DE PREÇOS VARIÁVEL

Até este ponto, adotamos o modelo Mundell-Fleming para estudar a economia aberta de pequeno porte no curto prazo, quando o nível de preços é fixo. Consideremos, agora, o que acontece quando o nível de preços se modifica. Ao fazermos isso, demonstraremos de que maneira o modelo Mundell-Fleming proporciona uma teoria para a curva da demanda agregada em uma economia aberta de pequeno porte. Demonstraremos, também, em que medida esse modelo de curto prazo se relaciona com o modelo de longo prazo para a economia aberta que examinamos no Capítulo 6.

Como desejamos agora considerar variações no nível de preços, a taxa de câmbio nominal e a taxa de câmbio real não mais estarão se movimentando em paralelo. Nesse sentido, precisamos fazer a distinção entre essas duas variáveis. A taxa de câmbio nominal é representada por e, enquanto a taxa de câmbio real é representada por ε, que é igual a eP/P^*, como você deve se lembrar do Capítulo 6. Podemos escrever o modelo Mundell-Fleming como

$$Y = C(Y - T) + I(r^*) + G + NX(\varepsilon) \quad IS^*,$$
$$M/P = L(r^*, Y) \quad LM^*.$$

Essas equações já devem, agora, ser bastante conhecidas. A primeira equação descreve a curva IS^*, enquanto a segunda descreve a curva LM^*. Observe que as exportações líquidas dependem da taxa de câmbio real.

A Figura 13.13 mostra o que acontece quando o nível de preços cai. Uma vez que um nível de preços mais baixo aumenta o nível de saldos monetários reais, a curva LM^* se desloca para a direita, como no painel (a). A taxa de câmbio real diminui, enquanto o nível de renda de equilíbrio aumenta. A curva da demanda agregada sintetiza essa relação negativa entre o nível de preços e o nível da renda, como mostra o painel (b).

Sendo assim, exatamente do mesmo modo que o modelo IS-LM explica a curva da demanda agregada em uma economia fechada, o modelo Mundell-Fleming explica a curva da demanda agregada para uma economia aberta de pequeno porte. Em ambos os casos, a curva da demanda agregada mostra o conjunto de pontos de equilíbrio no mercado de bens e no mercado monetário que surgem à medida que o nível de preços se modifica. E, em ambos os casos, qualquer coisa que modifique a renda de equilíbrio, que não seja uma variação no nível de preços, desloca a curva da demanda agregada. Políticas econômicas e eventos que aumentem a renda para determinado nível de preços deslocam a curva de demanda agregada para a direita; políticas econômicas e eventos que diminuam a renda para determinado nível de preços deslocam a curva da demanda agregada para a esquerda.

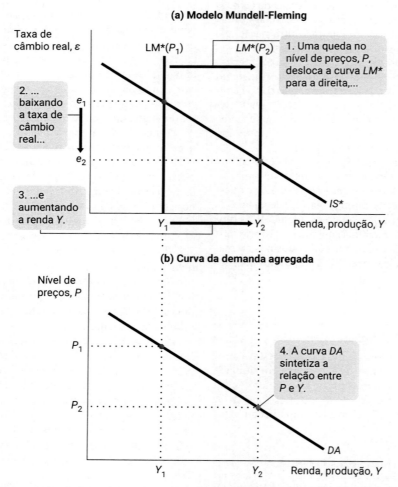

Figura 13.13 Mundell-Fleming como teoria da demanda agregada. O painel (a) mostra que, quando o nível de preço cai, a curva LM^* se desloca para a direita. O nível de equilíbrio para a renda se eleva. O painel (b) mostra que essa relação negativa entre P e Y é sintetizada pela curva da demanda agregada.

Podemos utilizar esse diagrama para mostrar como o modelo de curto prazo deste capítulo está relacionado com o modelo de longo prazo do Capítulo 6. A Figura 13.14 ilustra os equilíbrios de curto prazo e de longo prazo. Em ambos os painéis da figura, o ponto K descreve o equilíbrio de curto prazo, pois pressupõe um nível de preços fixo. Nesse ponto de equilíbrio, a demanda por bens e serviços é demasiadamente baixa para manter a economia produzindo em seu nível natural. Ao longo do tempo, a baixa demanda faz diminuir o nível de preços. A diminuição no nível de preços eleva os saldos monetários reais, deslocando a curva LM^* para a direita. A taxa de câmbio real se deprecia, de tal modo que as exportações líquidas crescem. Com o passar do tempo, a economia alcança o ponto C, o equilíbrio de longo prazo. A velocidade de transição entre o equilíbrio de curto prazo e o equilíbrio de longo prazo depende da rapidez com que o nível de preços se ajusta para trazer de volta a economia para o seu nível natural de produção.

Os níveis de renda no ponto K e no ponto C merecem, ambos, grande atenção. Nossa preocupação central neste capítulo foi a influência da política econômica no ponto K, o equilíbrio de curto prazo. No Capítulo 6, examinamos os determinantes do ponto C, o equilíbrio de longo prazo. Sempre que decisores políticos pensam em introduzir qualquer mudança na política econômica, eles precisam levar em consideração tanto os efeitos de curto prazo quanto os de longo prazo de suas decisões.

13.7 LEMBRETE A TÍTULO DE CONCLUSÃO

Neste capítulo, examinamos de que maneira uma economia aberta de pequeno porte funciona no curto prazo, quando os preços estão rígidos. Verificamos como a política monetária, a política fiscal e a política comercial influenciam a renda e a taxa de câmbio, além de como o comportamento da economia depende de ser taxa de câmbio flutuante ou fixa. Ao encerrar o capítulo, vale a pena repetir uma lição do Capítulo 6. Muitos países, incluindo os Estados Unidos, não se definem como economias fechadas ou economias abertas de pequeno porte: posicionam-se em algum ponto intermediário.

Uma economia aberta de grande porte, como os EUA, combina o comportamento de uma economia fechada com o comportamento de uma economia aberta de pequeno porte.

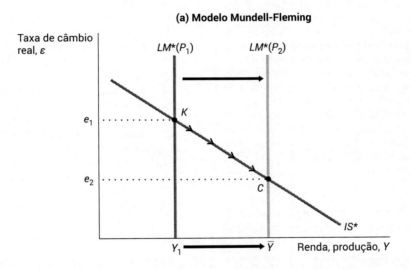

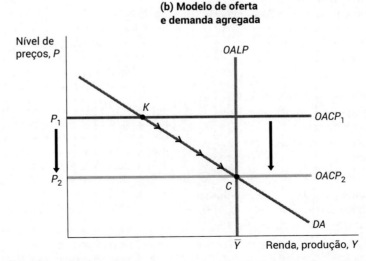

Figura 13.14 Equilíbrios de curto e de longo prazo em uma economia aberta de pequeno porte. O ponto K, em ambos os painéis, demonstra o equilíbrio sob a premissa keynesiana de que o nível de preços é fixado em P_1. O ponto C, em ambos os painéis, demonstra o equilíbrio de acordo com o pressuposto clássico de que o nível de preços se ajusta de maneira a manter a renda em seu nível natural, $\overline{Y}$.

Quando analisamos as políticas econômicas de uma economia aberta de grande porte, precisamos levar em conta tanto a lógica da economia fechada, apresentada no Capítulo 12, quanto a lógica da economia aberta desenvolvida neste capítulo. O apêndice deste capítulo apresenta um modelo para economia aberta de grande porte. Os resultados desse modelo, como se poderia prever, correspondem a uma combinação entre os dois casos extremos que já examinamos.

Para verificar como podemos abordar tanto a lógica da economia fechada quanto a da economia aberta de pequeno porte e aplicar esses critérios aos EUA, considere o efeito de uma contração na oferta monetária na economia no curto prazo. Em uma economia fechada, uma contração na oferta monetária eleva a taxa de juros, diminui o investimento e, consequentemente, diminui a renda agregada. Em uma economia aberta de pequeno porte, com taxa de câmbio flutuante, uma contração na oferta monetária aumenta a taxa de câmbio, diminui as exportações líquidas e, consequentemente, diminui a renda agregada. No entanto, a taxa de juros não é afetada, por ser determinada pelos mercados financeiros internacionais.

A economia dos Estados Unidos contém elementos de ambos os casos. Como os EUA apresentam uma dimensão grande o suficiente para afetar a taxa de juros internacional, e pelo fato de o capital não ter mobilidade perfeita entre os países, uma contração na oferta monetária efetivamente aumenta a taxa de juros e pressiona para baixo o investimento. Ao mesmo tempo, uma contração na oferta monetária também aumenta o valor do dólar, dessa maneira pressionando as exportações líquidas para baixo. Por conseguinte, embora não descreva precisamente uma economia como a dos Estados Unidos, o modelo Mundell-Fleming prevê, de fato, corretamente o que acontece com as variáveis internacionais, como a taxa de câmbio, e mostra como as interações internacionais alteram os efeitos decorrentes de políticas monetárias e fiscais.

Resumo

1. O modelo Mundell-Fleming corresponde ao modelo IS-LM para uma economia aberta de pequeno porte. Ele considera o nível de preços como predeterminado e mostra o que causa oscilações na renda e na taxa de câmbio.

2. O modelo Mundell-Fleming demonstra que a política fiscal não influencia a renda agregada sob sistemas de taxas de câmbio flutuantes. Uma expansão fiscal faz a moeda se valorizar, reduzindo as exportações líquidas e atenuando o impacto expansionista habitual sobre a renda agregada. A política fiscal efetivamente influencia a renda agregada sob sistemas de taxas de câmbio fixas.

3. O modelo Mundell-Fleming mostra que a política monetária não influencia a renda agregada sob sistemas de taxas de câmbio fixas. Qualquer tentativa de expandir a oferta monetária é inútil, uma vez que a oferta monetária deve necessariamente se ajustar de modo a garantir que a taxa de câmbio permaneça em seu nível anunciado. A política monetária, de fato, influencia a renda agregada sob sistemas de taxas de câmbio flutuantes.

4. Se os investidores sentem-se receosos em manter ativos em determinado país, a taxa de juros desse país pode ultrapassar a taxa de juros internacional, por meio de algum prêmio de risco. De acordo com o modelo Mundell-Fleming, se um país tem taxa de câmbio flutuante, um crescimento no prêmio de risco faz com que a taxa de juros se eleve e a moeda corrente do país se desvalorize.

5. Existem vantagens tanto nas taxas de câmbio flutuantes quanto nas taxas fixas. Taxas de câmbio flutuantes deixam os formuladores de política econômica livres para se empenharem em objetivos outros que não a estabilidade da taxa de câmbio. Taxas de câmbio fixas reduzem parte da incerteza nas transações internacionais realizadas pelas empresas, mas podem estar sujeitas a ataque especulativo se os investidores internacionais acreditarem que o banco central não tem reservas de moeda estrangeira suficientes para defender a taxa de câmbio fixa. Ao escolher um regime para a taxa de câmbio, os decisores ficam cerceados pelo fato de ser impossível os países terem livres fluxos de capital, taxa de câmbio fixa e política monetária independente.

Questionário rápido

1. No modelo Mundell-Fleming com taxa de câmbio flutuante, qual dos seguintes itens faz com que a renda aumente?
   a) um aumento na oferta monetária.
   b) uma diminuição na oferta monetária.
   c) um aumento nos impostos.
   d) uma diminuição nos impostos.

2. No modelo Mundell-Fleming com taxa de câmbio fixa, qual dos seguintes itens faz com que a renda aumente?
   a) um aumento na oferta monetária.
   b) uma diminuição na oferta monetária.
   c) um aumento nos impostos.
   d) uma diminuição nos impostos.

3. No modelo Mundell-Fleming com taxa de câmbio flutuante, se um país restringe as importações, o valor de sua moeda corrente _____ enquanto suas exportações líquidas _____.
   a) crescerá, diminuirão.
   b) crescerá, permanecerão inalteradas.
   c) diminuirá, aumentarão.
   d) diminuirá, permanecerão inalteradas.

4. Um país com taxa de câmbio fixa pode expandir a demanda agregada _____ sua moeda, o que _____ as exportações líquidas.
   a) valorizando, aumenta
   b) valorizando, diminui
   c) desvalorizando, aumenta
   d) desvalorizando, diminui

5. Se um país possui taxa de câmbio flutuante e algum evento leva as pessoas a acreditarem que sua moeda valerá menos no futuro, a taxa de juros nesse país _____ no presente e sua moeda _____ .
   a) aumentará, se valorizará
   b) aumentará, se desvalorizará
   c) diminuirá, se valorizará
   d) diminuirá, se desvalorizará

6. Se uma economia aberta tem política monetária independente, ela não pode ao mesmo tempo ter
   a) fluxos de capital restritos e taxa de câmbio flutuante.
   b) fluxos de capital restritos e taxa de câmbio fixa.
   c) fluxos de capital livres e taxa de câmbio flutuante.
   d) fluxos de capital livres e taxa de câmbio fixa.

CONCEITOS-CHAVE

Modelo Mundell-Fleming
Taxas de câmbio flutuantes
Taxas de câmbio fixas
Desvalorização
Valorização
Trindade impossível

Questões para revisão

1. No modelo Mundell-Fleming com taxas de câmbio flutuantes, explique o que acontece com a renda agregada, a taxa de câmbio e a balança comercial quando os impostos são aumentados. O que aconteceria se as taxas de câmbio fossem fixas, em vez de flutuantes?
2. No modelo Mundell-Fleming com taxas de câmbio flutuantes, explique o que acontece com a renda agregada, a taxa de câmbio e a balança comercial quando a oferta monetária é reduzida. O que aconteceria se as taxas de câmbio fossem fixas, em vez de flutuantes?
3. No modelo Mundell-Fleming com taxas de câmbio flutuantes, explique o que acontece com a renda agregada, a taxa de câmbio e a balança comercial quando se elimina uma quota sobre a importação de automóveis. O que aconteceria se as taxas de câmbio fossem fixas, em vez de flutuantes?
4. Quais são as vantagens de taxas de câmbio flutuantes e de taxas de câmbio fixas?
5. Descreva a trindade impossível.

Problemas e aplicações

1. Utilize o modelo Mundell-Fleming para prever o que aconteceria com a renda agregada, a taxa de câmbio e a balança comercial sob taxas de câmbio flutuantes e taxas de câmbio fixas, em reação a cada um dos choques descritos a seguir. Inclua um gráfico apropriado em sua resposta.
   a) Uma queda na confiança do consumidor em relação ao futuro induz os consumidores a gastar menos e poupar mais.
   b) O lançamento de uma linha moderna de Toyotas faz com que alguns consumidores prefiram carros estrangeiros em vez de carros nacionais.
   c) A introdução de caixas eletrônicos nos bancos reduz a demanda por moeda em espécie.

2. Uma economia aberta de pequeno porte é descrita pelas seguintes equações:

$$C = 50 + 0,75\,(Y - T)$$
$$I = 200 - 20r$$
$$NX = 200 - 50\varepsilon$$
$$M/P = Y - 40r$$
$$G = 200$$
$$T = 200$$
$$M = 3.000$$
$$P = 3$$
$$r^* = 5$$

   a) Derive e trace um gráfico para as curvas IS e LM.
   b) Calcule a taxa de câmbio, a renda e as exportações líquidas em situação de equilíbrio.
   c) Pressuponha uma taxa de câmbio flutuante. Calcule o que acontece com a taxa de câmbio, a renda, as exportações líquidas, e a oferta monetária se o governo aumenta seu gasto em 50. Utilize um gráfico para explicar o que encontrou.
   d) Pressuponha, agora, uma taxa de câmbio fixa. Calcule o que acontece com a taxa de câmbio, a renda, as exportações líquidas e a oferta monetária se o governo aumenta seu gasto em 50. Utilize um gráfico para explicar o que encontrou.

3. Uma economia aberta de pequeno porte com taxa de câmbio flutuante está em recessão, com a balança comercial equilibrada. Se os formuladores de políticas econômicas desejam alcançar o pleno emprego, mantendo ao mesmo tempo o equilíbrio da balança comercial, por qual combinação entre política monetária e política fiscal eles devem optar? Utilize um gráfico e identifique os efeitos de cada uma das políticas.

4. O modelo Mundell-Fleming considera exógena a variável relativa à taxa de juros internacional, r^*. Vamos considerar o que acontece quando essa variável se modifica.
   a) O que poderia fazer com que a taxa de juros internacional se elevasse? (*Dica*: o mundo é uma economia fechada.)
   b) Se a economia tem taxa de câmbio flutuante, o que acontece com a renda agregada, a taxa de câmbio e a balança comercial quando a taxa de juros internacional se eleva?
   c) Se a economia tem taxa de câmbio fixa, o que acontece com a renda agregada, a taxa de câmbio e a balança comercial quando a taxa de juros internacional se eleva?

5. Executivos de grandes empresas e formuladores de políticas econômicas dos Estados Unidos estão frequentemente preocupados com a "competitividade" da indústria norte-americana (a capacidade das indústrias norte-americanas de vender suas mercadorias de maneira lucrativa nos mercados internacionais).
   a) De que modo uma modificação na taxa de câmbio nominal afeta a competitividade no curto prazo quando os preços estão rígidos?
   b) Suponhamos que você desejasse tornar as indústrias nacionais mais competitivas, mas não quisesse alterar a

Problemas e aplicações

renda agregada. De acordo com o modelo Mundell-Fleming, qual combinação entre política monetária e política fiscal você buscaria? Utilize um gráfico e identifique os efeitos decorrentes de cada uma das políticas.

6. Suponhamos que um nível de renda mais alto implique mais importações e, consequentemente, menos exportações líquidas. Ou seja, a função para exportações líquidas é

$$NX = NX(e, Y).$$

Examine os efeitos decorrentes de uma expansão fiscal na renda e na balança comercial sobre uma economia aberta de pequeno porte nos seguintes regimes cambiais:
a) Taxa de câmbio flutuante.
b) Taxa de câmbio fixa.
De que modo sua resposta se compara aos resultados encontrados na Tabela 13.1?

7. Suponhamos que a demanda por moeda corrente dependa da renda disponível, de modo que a equação do mercado monetário passe a ser

$$M/P = L(r, Y - T).$$

Analise o impacto no curto prazo de uma redução nos impostos sobre a taxa de câmbio e a renda, em uma economia aberta de pequeno porte, sob regimes de taxa de câmbio flutuante e de taxa de câmbio fixa.

8. Suponhamos que o nível de preços apropriado para a demanda por moeda corrente inclua o preço dos bens importados, e que o preço dos bens importados dependa da taxa de câmbio. Ou seja, o mercado monetário pode ser descrito por meio de

$$M/P = L(r, Y),$$

em que

$$P = \lambda P_d + (1 - \lambda)P_f/e.$$

Neste caso, P_d corresponde ao preço dos bens internos, P_f corresponde ao preço dos bens externos medido em moeda corrente estrangeira e e corresponde à taxa de câmbio. Consequentemente, P_f/e representa o preço dos bens externos medidos na moeda nacional. O parâmetro λ representa a parcela correspondente a bens internos no cômputo do índice de preços, P. Suponhamos que o preço dos bens internos, P_d, e o preço dos bens externo medidos em moeda estrangeira, P_f, sejam fixos no curto prazo.
a) Suponha que elaboremos um gráfico da curva LM^* para valores determinados de P_d e P_f (em vez do P habitual). Essa curva LM^* permanece, ainda, vertical? Explique.
b) Qual o efeito da política fiscal expansionista sob regime de taxa de câmbio flutuante nesse modelo? Explique. Compare com o modelo Mundell-Fleming tradicional.
c) Suponhamos que a instabilidade política eleve o prêmio do risco país e, com isso, a taxa de juros. Quais são, nesse modelo, os efeitos sobre a taxa de câmbio, o nível de preços e a renda agregada? Compare com o modelo Mundell-Fleming tradicional.

9. Utilize o modelo Mundell-Fleming para responder às seguintes perguntas sobre o estado da Califórnia (uma economia aberta de pequeno porte).
a) Que espécie de sistema de taxa de câmbio a Califórnia adota junto a seus principais parceiros comerciais (Alabama, Alasca, Arizona,...)?
b) Se a Califórnia sofre recessão, o governo estadual deve fazer uso de uma política monetária ou uma política fiscal para estimular o emprego? Explique. (*Observação*: Para esta pergunta, suponha que o governo estadual seja capaz de emitir cédulas de dólar.)
c) Se a Califórnia proibisse a importação de vinhos do estado de Washington, o que aconteceria com a renda, a taxa de câmbio e a balança comercial? Considere os impactos de curto prazo e de longo prazo.
d) Você consegue pensar em alguma característica importante da economia californiana que seja diferente, por exemplo, da economia canadense e que poderia tornar o modelo Mundell-Fleming menos útil quando aplicado à Califórnia do que ao Canadá?

Respostas do questionário rápido

1. a
2. d
3. b
4. c
5. b
6. d

Um Modelo de Curto Prazo para a Economia Aberta de Grande Porte

APÊNDICE

Quando analisamos políticas em uma economia como a dos Estados Unidos, precisamos combinar a lógica da economia fechada do modelo IS-LM com a lógica da economia aberta de pequeno porte do modelo Mundell-Fleming. Este apêndice apresenta um modelo para o caso intermediário de uma economia aberta de grande porte.

Conforme ressaltamos no apêndice do Capítulo 6, uma economia aberta de grande porte difere de uma economia aberta de pequeno porte pelo fato de a sua taxa de juros não ser fixada pelos mercados financeiros internacionais. Em uma economia aberta de grande porte, precisamos considerar a relação entre a taxa de juros e o fluxo de capital para o exterior. O fluxo líquido de saída de capital corresponde ao montante que os investidores internos emprestam no exterior, subtraindo-se o montante que os investidores estrangeiros emprestam aqui. À medida que a taxa de juros interna cai, os investidores internos começam a achar que emprestar no exterior é mais atraente, e os investidores estrangeiros passam a achar o empréstimo aqui menos atraente. Sendo assim, o fluxo líquido de saída de capital é inversamente relacionado com a taxa de juros. Nesse caso, acrescentamos essa relação ao nosso modelo de curto prazo para a renda nacional.

As três equações para o modelo são

$$Y = C(Y - T) + I(r) + G + NX(e).$$

$$M/P = L(r, Y).$$

$$NX(e) = CF(r).$$

As duas primeiras equações são iguais às empregadas no modelo Mundell-Fleming apresentado neste capítulo. A terceira equação, extraída do apêndice para o Capítulo 6, estabelece que a balança comercial, NX, é equivalente ao fluxo líquido de saída de capital, CF, que por sua vez depende da taxa de juros interna.

Para verificar o que esse modelo implica, substitua os valores da terceira equação na primeira equação, de modo que o modelo passe a ser

$$Y = C(Y - T) + I(r) + G + CF(r) \quad IS,$$
$$M/P = L(r, Y), \quad LM.$$

Essas duas equações são bastante parecidas com as duas equações do modelo IS-LM para economias fechadas. A única diferença é que o gasto, agora, depende da taxa de juros, por duas razões. Do mesmo modo que antes, uma taxa de juros mais elevada reduz o investimento. No entanto, agora, uma taxa de juros mais elevada reduz também o fluxo líquido de saída de capital e, consequentemente, as exportações líquidas.

Para analisarmos esse modelo, podemos utilizar os três gráficos da Figura 13.15. O painel (a) mostra o diagrama IS-LM. Assim como no modelo da economia fechada apresentado nos Capítulos 11 e 12, a taxa de juros, r, está no eixo vertical, enquanto a renda, Y, está no eixo horizontal. Juntas, as curvas IS e LM determinam o nível de equilíbrio da renda e a taxa de juros de equilíbrio.

O novo termo para o fluxo líquido de saída de capital, $CF(r)$, na equação IS, torna essa curva IS mais aplainada do que no caso de uma economia fechada. Quanto maior a reação dos fluxos de capital internacional à taxa de juros, mais aplainada passa a ser a curva IS. Você deve se lembrar, desde o apêndice do Capítulo 6, que a economia aberta de pequeno porte representa o caso extremo em que o fluxo líquido de saída de capital é infinitamente elástico em relação à taxa de juros internacional. Nesse caso extremo, a curva IS é completamente plana. Consequentemente, uma economia aberta de pequeno porte seria descrita nessa figura com uma curva IS horizontal.

Os painéis (b) e (c) mostram como o equilíbrio especificado pelo modelo IS-LM determina o fluxo líquido de saída de capital, a balança comercial e a taxa de câmbio. No painel (b), verificamos que a taxa de juros determina o fluxo líquido de saída de capital. Essa curva apresenta inclinação descendente, uma vez que uma taxa de juros mais alta desestimula os investidores internos a emprestar no exterior e estimula os investidores externos a emprestar aqui, reduzindo desse modo o fluxo líquido de saída de capital. No painel (c), verificamos que a taxa de câmbio se ajusta de modo a garantir que as exportações líquidas de bens e serviços sejam iguais ao fluxo líquido de saída de capital.

Vamos, agora, utilizar esse modelo para examinar o impacto de várias políticas. Partimos do pressuposto de que a economia tenha uma taxa de câmbio flutuante, pois essa suposição é correta para a maioria das economias abertas de grande porte, como a dos Estados Unidos.

Política fiscal

A Figura 13.16 examina o impacto de uma expansão fiscal. Um crescimento nas compras do governo ou uma redução nos impostos desloca a curva IS para a direita. Como ilustra o painel (a), esse deslocamento na curva IS provoca aumento no nível da renda e aumento na taxa de juros. Esses dois efeitos são semelhantes aos que ocorrem em uma economia fechada.

Contudo, na economia aberta de grande porte a taxa de juros mais elevada reduz o fluxo líquido de saída de capital, como no painel (b). A queda do fluxo líquido de saída de capital reduz a oferta da moeda corrente interna no mercado de câmbio no exterior. A taxa de câmbio se valoriza, como no painel (c). Como os bens internos ficam mais caros em relação aos bens estrangeiros, as exportações líquidas caem.

244 Parte 4 • Teoria do Ciclo Econômico: A Economia no Curto Prazo

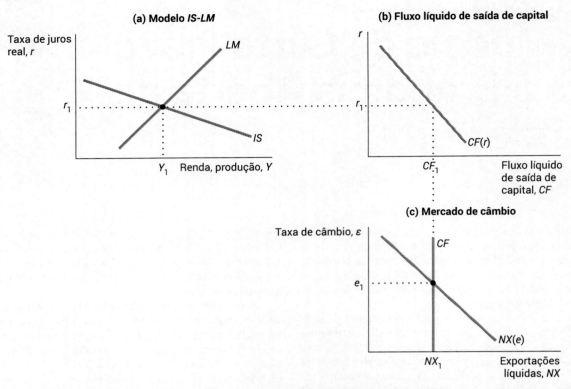

Figura 13.15 Modelo de curto prazo para uma economia aberta de grande porte. O painel (a) mostra que as curvas *IS* e *LM* determinam a taxa de juros, r_1, e a renda, Y_1. O painel (b) mostra que r_1 determina o fluxo líquido de saída de capital, CF_1. O painel (c) mostra que CF_1 e a curva para exportações líquidas determinam a taxa de câmbio, e_1.

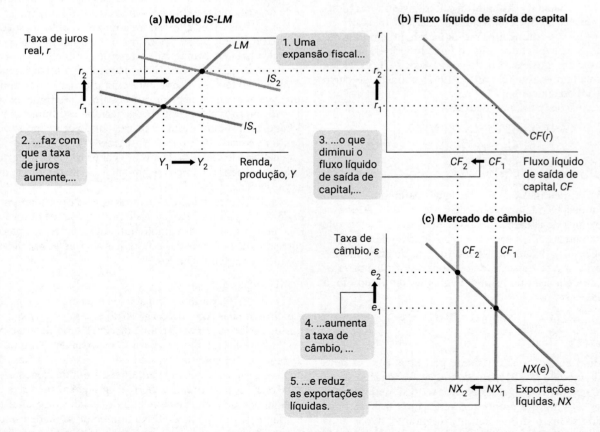

Figura 13.16 Expansão fiscal em uma economia aberta de grande porte. O painel (a) mostra que uma expansão fiscal desloca a curva *IS* para a direita. A renda cresce de Y_1 para Y_2 e a taxa de juros cresce de r_1 para r_2. O painel (b) mostra que o aumento na taxa de juros faz com que o fluxo líquido de saída de capital caia de CF_1 para CF_2. O painel (c) mostra que a queda no fluxo líquido de saída de capital reduz a oferta líquida de moeda corrente interna, fazendo com que a taxa de câmbio aumente de e_1 para e_2.

A Figura 13.16 mostra que uma expansão fiscal eleva a renda na economia aberta de grande porte, diferentemente do que ocorre em uma economia aberta de pequeno porte, sob regime de taxa de câmbio flutuante. O impacto sobre a renda, porém, é menor do que em uma economia fechada. Na economia fechada, o impacto expansionista da política fiscal é parcialmente atenuado pelo desestímulo ao investimento: à medida que a taxa de juros cresce, o investimento cai, reduzindo os multiplicadores da política fiscal. Em uma economia aberta de grande porte, existe ainda outro fator de compensação: à medida que a taxa de juros cresce, o fluxo líquido de saída de capital cai, a moeda corrente interna se valoriza no mercado de câmbio no exterior e as exportações líquidas caem. Isso reduz ainda mais o multiplicador da política fiscal. (Na figura, esse canal adicional é manifestado pela curva IS mais plana mencionada anteriormente: para qualquer deslocamento para a direita na curva IS, uma curva mais plana implica menor expansão na renda.) Em conjunto, esses efeitos não são grandes o suficiente para tornarem impotente a política fiscal, como acontece em uma economia aberta de pequeno porte, mas efetivamente reduzem o impacto da política fiscal.

Política monetária

A Figura 13.17 examina o efeito de uma expansão monetária. Um crescimento na oferta monetária desloca a curva LM para a direita, como no painel (a). O nível de renda cresce e a taxa de juros cai. Mais uma vez, esses efeitos são semelhantes aos que ocorrem em uma economia fechada.

Entretanto, conforme mostra o painel (b), uma taxa de juros mais baixa gera crescimento no fluxo líquido de saída de capital. O crescimento em CF faz crescer a oferta da moeda nacional no mercado de câmbio estrangeiro. A taxa de câmbio se desvaloriza, como no painel (c). Como os bens internos passam a ser mais baratos em relação aos bens estrangeiros, as exportações líquidas aumentam.

Podemos, agora, verificar que o mecanismo de transmissão monetária opera por meio de dois canais em uma economia aberta de grande porte. Do mesmo modo que em uma economia fechada, uma expansão monetária diminui a taxa de juros, o que estimula o investimento. Do mesmo modo que em uma economia aberta de pequeno porte, uma expansão monetária faz com que a moeda corrente interna se desvalorize no mercado de câmbio estrangeiro, o que estimula as exportações líquidas. Ambos os efeitos resultam em um nível mais elevado para a renda agregada. De fato, como a curva IS é mais plana aqui do que em uma economia fechada, qualquer mudança específica na curva LM terá impacto maior no nível da renda.

Uma regra prática

Esse modelo para economias abertas de grande porte descreve bem a economia dos Estados Unidos nos dias de hoje. Contudo, ele é, de certo modo, mais complicado e trabalhoso do que o modelo da economia fechada, que estudamos nos Capítulos 11 e 12, e do que o modelo para economias abertas de pequeno porte, que desenvolvemos neste capítulo. Felizmente, existe uma regra prática de grande utilidade que vai ajudar você a determinar de que modo as políticas influenciam uma economia aberta de grande porte, sem que seja necessário se lembrar de todos os detalhes do modelo: *A economia aberta de grande porte corresponde a uma média entre a economia fechada e a*

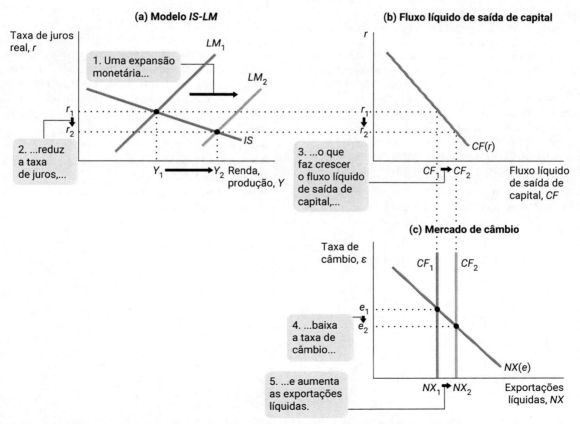

Figura 13.17 Expansão monetária em uma economia aberta de grande porte. O painel (a) mostra que uma expansão monetária desloca a curva LM para a direita. A renda cresce de Y_1 para Y_2 e a taxa de juros cai de r_1 para r_2. O painel (b) mostra que a redução na taxa de juros faz com que o fluxo líquido de saída de capital aumente de CF_1 para CF_2. O painel (c) mostra que o crescimento no fluxo líquido de saída de capital faz crescer a oferta líquida de moeda corrente interna, levando a taxa de câmbio a se depreciar de e_1 para e_2.

economia aberta de pequeno porte. Para descobrir como qualquer política afetará qualquer variável, encontre a resposta nos dois casos extremos e tire uma média.

Por exemplo, de que modo uma contração na oferta monetária afeta a taxa de juros e o investimento no curto prazo? Em uma economia fechada, a taxa de juros aumenta e o investimento cai. Em uma economia aberta de pequeno porte, nem a taxa de juros nem o investimento se modificam O efeito na economia aberta de grande porte corresponde a uma média entre esses dois casos: uma contração na oferta monetária eleva a taxa de juros e reduz o investimento – embora apenas de modo sutil. A queda no fluxo líquido de saída de capital ameniza o aumento na taxa de juros e a queda no investimento que ocorreriam em uma economia fechada. No entanto, diferentemente do que ocorre em uma economia aberta de pequeno porte, o fluxo internacional de capital não é tão forte a ponto de anular completamente esses efeitos.

Essa regra prática torna os modelos simples ainda mais valiosos. Embora não descrevam com perfeição o mundo em que vivemos, eles proporcionam uma orientação útil para os efeitos decorrentes de políticas econômicas.

Mais Problemas e aplicações

1. Imagine que você seja o dirigente do banco central de uma economia aberta de grande porte com taxa de câmbio flutuante. Seu objetivo é estabilizar a renda, e você ajusta a oferta de moeda corrente nesse sentido. Sob a égide de sua política econômica, o que acontece com a oferta monetária, a taxa de juros, a taxa de câmbio e a balança comercial em resposta a cada um dos seguintes choques?
   a) O presidente aumenta os impostos para reduzir o déficit orçamentário.
   b) O presidente restringe a importação de automóveis estrangeiros.

2. Ao longo das últimas décadas, as economias de todo o mundo tornaram-se financeiramente integradas. Ou seja, os investidores de todos os países se mostraram mais dispostos a aproveitar oportunidades financeiras em países estrangeiros. Considere como esse tipo de desenvolvimento afeta a capacidade da política monetária de influenciar a economia.
   a) Se os investidores se mostrarem mais dispostos e capazes de substituir ativos internos e ativos estrangeiros, o que acontece com a inclinação da função CF?
   b) Se a função CF se modifica dessa maneira, o que acontece com a inclinação da curva IS?
   c) De que modo essa mudança na curva IS afeta a capacidade do banco central de controlar a taxa de juros?
   d) De que modo essa mudança na curva IS afeta a capacidade do banco central de controlar a renda nacional?

3. Suponha que os formuladores de políticas econômicas, em uma economia aberta de grande porte, desejem elevar o nível de investimentos sem mudanças na renda agregada ou na taxa de câmbio.
   a) Existe alguma combinação entre política monetária interna e política fiscal interna que permitiria a concretização desse objetivo?
   b) Existe alguma combinação entre política monetária interna, política fiscal interna e política comercial interna que permitiria a concretização desse objetivo?
   c) Existe alguma combinação entre política monetária e política fiscal, em âmbito interno e no exterior, que permitiria a concretização desse objetivo?

4. Este apêndice considera o caso de uma economia aberta de grande porte com taxa de câmbio flutuante. Suponhamos, agora, que uma economia aberta de grande porte tenha taxa de câmbio fixa. Ou seja, o banco central anuncia uma meta para a taxa de câmbio e se compromete a ajustar a oferta monetária de modo a garantir que a taxa de câmbio de equilíbrio seja igual à meta definida.
   a) Descreva o que acontece com a renda, a taxa de juros e a balança comercial em resposta a uma expansão fiscal, tal como um aumento nas compras do governo. Compare sua resposta com o caso de uma economia aberta de pequeno porte com taxa de câmbio fixa.
   b) Descreva o que acontece com a renda, a taxa de juros e a balança comercial se o banco central expande a oferta monetária adquirindo títulos do público. Compare sua resposta com o caso de uma economia aberta de pequeno porte com taxa de câmbio fixa.

Oferta Agregada e o *Trade-off* entre Inflação e Desemprego no Curto Prazo

14

Provavelmente a mais importante relação macroeconômica seja a curva de Phillips.

– George Akerlof

Existe sempre um trade-off temporário entre inflação e desemprego; não existe um trade-off permanente. O trade-off temporário não tem origem na inflação propriamente dita, mas na inflação não prevista, o que geralmente significa uma taxa crescente de inflação.

– Milton Friedman

A maioria dos economistas analisa oscilações de curto prazo na renda nacional e no nível de preços utilizando o modelo de demanda agregada e oferta agregada. Nos três capítulos anteriores, examinamos a demanda agregada com certo nível de detalhamento. O modelo IS-LM – juntamente com seu primo-irmão para economias abertas, o modelo Mundell-Fleming – mostra como mudanças na política monetária e na política fiscal, assim como choques no mercado monetário e no mercado de bens, deslocam a curva da demanda agregada. Neste capítulo, consideramos o que determina o posicionamento e a inclinação da curva da oferta agregada.

Quando apresentamos a curva da oferta agregada, no Capítulo 10, afirmamos que a oferta agregada se comporta de maneiras diferentes no curto e no longo prazo. No longo prazo, os preços são flexíveis e a curva da oferta agregada é vertical. Quando a curva da oferta agregada é vertical, deslocamentos na curva da demanda agregada afetam o nível de preços, mas o total da produção da economia permanece em seu nível natural. Por outro lado, no curto prazo, os preços são rígidos e a curva da oferta agregada não é vertical. Nesse caso, deslocamentos na demanda agregada causam oscilações no total da produção. O Capítulo 10 apresentou uma visão simplificada para a rigidez dos preços: a curva da oferta agregada de curto prazo era uma linha horizontal, representando o caso extremo em que todos os preços são fixos. Nossa tarefa agora consiste em refinar esse entendimento sobre oferta agregada de curto prazo de modo tal que possa refletir melhor o mundo real, no qual alguns preços são rígidos enquanto outros não.

Depois de examinarmos a teoria da curva da oferta agregada de curto prazo, estabelecemos uma implicação fundamental. Demonstramos que essa curva implica um *trade-off*[*] entre dois indicadores de desempenho econômico – inflação e desemprego. Esse *trade-off*, conhecido como *curva de Phillips*, estabelece que, para reduzir a taxa de inflação, formuladores de política econômica precisam elevar temporariamente o nível de desemprego; e que para reduzir o desemprego eles precisam aceitar uma taxa de inflação mais elevada. Como sugere a citação de Milton Friedman no início do capítulo, o *trade-off* entre inflação e desemprego é apenas temporário. Um dos objetivos deste capítulo é explicar a razão pela qual os formuladores de política econômica enfrentam esse tipo de *trade-off* no curto prazo e, igualmente importante, por que não o enfrentam no longo prazo.

14.1 A TEORIA BÁSICA DA OFERTA AGREGADA

Quando estudantes de física analisam bolas rolando em planos inclinados, eles começam ignorando a existência de atrito. Essa simplificação é um bom ponto de partida, embora nenhum engenheiro competente possa jamais considerar a suposição de não atrito como uma descrição literal do funcionamento do mundo real. De modo semelhante, este livro começou com a teoria macroeconômica clássica, mas seria um equívoco pressupor que esse modelo seja sempre verdadeiro. Nossa tarefa, agora, corresponde a examinar com maior profundidade os "atritos" na macroeconomia.

Fazemos isso examinando dois modelos para a oferta agregada. Em ambos os modelos, alguma imperfeição de mercado (ou seja, algum tipo de atrito) faz com que o total da produção na economia se desvie de seu nível natural. Como resultado, a curva da oferta agregada de curto prazo apresenta ascensão inclinada em vez de vertical, e os deslocamentos na curva da demanda agregada fazem com que o nível de produção oscile. Esses desvios temporários do total da produção em relação a seu nível natural representam os altos e baixos do ciclo econômico.

---

[*] A palavra inglesa *trade-off* significa troca. Em economia se diz que há *trade-off* quando existe conflito entre dois objetivos: neste caso, não é possível reduzir a inflação e o desemprego ao mesmo tempo: ou se reduz a inflação à custa de maior desemprego (e assim se "troca" uma inflação menor por um desemprego maior), ou se reduz o desemprego à custa de maior inflação (e assim se "troca" um desemprego menor por uma inflação maior). (N.R.)

Embora cada um desses dois modelos nos conduza ao longo de um caminho teórico diferente, cada um desses caminhos termina no mesmo lugar. Esse destino final corresponde a uma equação para a oferta agregada de curto prazo que tem a forma

$$Y = \overline{Y} + \alpha(P - EP), a > 0,$$

em que Y corresponde ao total da produção, $\overline{Y}$ corresponde ao nível natural para a produção, P representa o nível de preços e EP corresponde ao nível de preços esperado. A equação apresentada estabelece que o total da produção se desvia de seu nível natural quando o nível de preços se desvia do nível esperado. O parâmetro α indica até que ponto o total da produção responde a variações inesperadas no nível de preços; $1/\alpha$ corresponde à inclinação da curva da oferta agregada.

Cada um dos modelos apresenta uma diferente narrativa sobre aquilo que está por trás dessa equação para a oferta agregada de curto prazo. Em outras palavras, cada um dos modelos enfatiza uma razão específica pela qual as variações inesperadas no nível de preços estão associadas às oscilações no total da produção agregada.

Modelo de preços rígidos

A explicação mais amplamente aceita para a curva da oferta agregada de curto prazo com inclinação ascendente é chamada de **modelo de preços rígidos**. Esse modelo enfatiza que as empresas não ajustam imediatamente os preços que cobram em resposta a variações na demanda. Algumas vezes, os preços são estabelecidos por meio de contratos de longo prazo entre empresas e clientes. Mesmo diante da inexistência de acordos formais, pode ser que as empresas mantenham constantes os preços para não incomodar seus clientes regulares com mudanças frequentes nos preços. Alguns preços são rígidos em razão da forma como certos mercados se estruturam: depois que uma empresa imprimiu e distribuiu seu catálogo ou lista de preços, fica caro alterar os preços. E, às vezes, alguns preços rígidos podem ser reflexo de salários rígidos: as empresas baseiam seus preços nos custos de produção e os salários podem depender de normas sociais e noções de justiça que evoluem lentamente ao longo do tempo.

Existem diversas maneiras de formalizar a ideia de preços rígidos como base para uma curva de oferta agregada com inclinação ascendente. Neste caso, examinamos um modelo especialmente simples. Vamos considerar, inicialmente, as decisões sobre determinação de preços em empresas individuais e, depois disso, consolidar as decisões de inúmeras empresas ao explicarmos o comportamento da economia como um todo. Para desenvolvermos o modelo, precisamos deixar um pouco de lado o pressuposto da concorrência perfeita, que adotamos desde o Capítulo 3. Empresas que operam com base na concorrência perfeita são tomadoras de preços, não fixadoras de preços. Ao considerarmos o modo como as empresas definem seus preços, adotaremos agora o pressuposto de que elas têm algum tipo de poder de mercado sobre os preços que cobram.

Consideremos a decisão sobre determinação de preços em uma empresa típica. O preço desejado da empresa, p, depende de duas variáveis macroeconômicas:

- O nível geral de preços, P. Um nível de preços mais elevado implica que os custos da empresa são mais elevados. Sendo assim, quanto mais alto o nível de preços, mais a empresa deseja cobrar por seu produto.
- O nível da renda agregada, Y. Um nível de renda mais elevado aumenta a demanda pelo produto da empresa. Uma vez que o custo marginal aumenta em níveis mais elevados de produção, quanto maior a demanda, maior o preço desejado pela empresa.

Escrevemos o preço desejado da empresa como

$$p = P + a(Y - \overline{Y}).$$

Essa equação estabelece que o preço desejado, p, depende do nível geral de preços, P, e do total nível da produção agregada em relação ao nível natural, $Y - \overline{Y}$. O parâmetro α (que é maior do que zero) mede o montante em que o preço desejado pela empresa reage ao nível de produção agregada.*

Suponhamos agora que existam dois tipos de empresa. Algumas têm preços flexíveis: definem sempre seus preços de acordo com essa equação. Outras têm preços rígidos: anunciam seus preços antecipadamente, com base nas condições econômicas que esperam. Empresas com preços rígidos estabelecem seus preços de acordo com

$$p = EP + a(EY - E\overline{Y}),$$

em que, do mesmo modo que antes, E representa o valor esperado para uma variável. Para simplificar, adotamos o pressuposto de que essas empresas esperam que o total da produção esteja em seu nível natural, de modo que o último termo, $a(EY - \overline{Y})$, seja igual a zero. Portanto, essas empresas estabelecem o preço

$$p = EP.$$

Ou seja, empresas com preços rígidos estabelecem os seus preços com base no que esperam as outras empresas venham a cobrar.

Podemos utilizar as regras para determinação de preços dos dois grupos de empresas para derivarmos a equação da oferta agregada. Para isso, encontramos o nível geral de preços na economia, que corresponde à média ponderada dos preços estabelecidos pelos dois grupos. Se s é a fração de empresas com preços rígidos e $1 - s$ é a fração com preços flexíveis, então o nível geral de preços é

$$P = sEP + (1-s)[P + a(Y - \overline{Y})].$$

O primeiro termo corresponde aos preços das empresas com preços rígidos ponderados por sua fração na economia; o segundo termo corresponde ao preço das empresas com preços flexíveis ponderados por sua fração. Agora, subtraia $(1 - s)P$ de ambos os lados da equação para obter

$$sP = sEP + (1-s)[a(Y - \overline{Y})].$$

Divida os dois lados por s para encontrar o nível geral de preços:

$$P = EP + [(1-s)a/s](Y - \overline{Y}).$$

---

* *Nota matemática*: a empresa é mais atenta ao preço relativo, que corresponde à proporção entre seu preço nominal e o nível geral de preços. Se interpretarmos p e P como os logaritmos para o preço da empresa e para o nível de preços, essa equação enuncia então que o preço relativo desejado depende do desvio do nível de produção em relação à sua taxa natural.

Os dois termos dessa equação podem ser explicados da seguinte forma:

- Quando as empresas esperam um nível de preços elevado, elas esperam custos altos. Empresas que fixam preços antecipadamente estabelecem seus preços em patamares elevados. Esses preços altos fazem com que outras empresas também estabeleçam preços elevados. Consequentemente, um nível alto de preços esperado, EP, provoca alto nível de preços efetivo, P. Esse efeito não depende da parcela de empresas com preços fixos.
- Quando o nível de produção é alto, a demanda por bens é alta. Empresas com preços flexíveis colocam seus preços em patamares elevados, o que resulta em um nível de preços alto. O efeito do nível de produção sobre o nível de preços depende da proporção de empresas com preços rígidos. Quanto maior o número de empresas com preços rígidos, menos o nível de preços responde ao nível de atividade econômica.

Portanto, o nível geral de preços depende do nível de preços esperado e do nível de produção.

Uma reordenação algébrica confere forma mais conhecida à equação para determinação de preços agregados:

$$Y = \bar{Y} + \alpha(P - EP),$$

em que $\alpha = s/[(1 - s)a]$. O modelo de preços rígidos afirma que o desvio do nível natural na produção está positivamente associado ao desvio do nível esperado nos preços.*

Uma teoria alternativa: o modelo da informação imperfeita

Outra explicação para a inclinação ascendente da curva da oferta agregada de curto prazo é chamada de **modelo da informação imperfeita**. Diferentemente do modelo de preços rígidos, esse pressupõe que os mercados se equilibram – ou seja, todos os salários e preços ajustam-se livremente para equilibrar oferta e demanda. Nesse modelo, as curvas de oferta agregada de curto prazo e de longo prazo diferem em virtude de temporárias percepções equivocadas dos preços.

O modelo da informação imperfeita pressupõe que cada fornecedor no âmbito da economia produz um único bem e consome muitos bens. Sendo tão grande o número de bens, os fornecedores não conseguem observar todos os preços durante todo o tempo. Monitoram atentamente os preços daquilo que produzem, mas menos atentamente os preços de todos os bens que consomem. Em razão da informação imperfeita, eles às vezes confundem variações no nível geral de preços com variações nos preços relativos. Esse tipo de confusão influencia decisões sobre quanto fornecer e estabelece uma relação positiva entre o nível de preços e o nível de produção no curto prazo.

Considere a decisão com a qual se defronta um único fornecedor – um agricultor que produz aspargos, por exemplo. Como esse agricultor aufere renda com a venda de aspargos e utiliza essa renda para adquirir bens e serviços, a quantidade de aspargos que ele opta por produzir depende do preço do aspargo em relação aos preços de outros bens e serviços no âmbito da economia. Se o preço relativo do aspargo é alto, o produtor fica motivado a trabalhar mais e a produzir mais aspargos, já que a recompensa será grande. Se o preço relativo do aspargo é baixo, ele prefere desfrutar de mais tempo de lazer e produzir menos aspargos.

Infelizmente, no momento em que toma a decisão sobre o volume de sua produção, o produtor não tem conhecimento sobre o preço relativo do aspargo. No papel de produtor de aspargos, ele monitora atentamente o mercado de aspargo e sempre tem conhecimento sobre o preço nominal do produto. Entretanto, ele não tem conhecimento sobre o preço de todos os outros bens que integram a economia. Precisa, portanto, estimar o preço relativo do aspargo, utilizando o preço nominal do aspargo e sua própria expectativa pessoal em relação ao nível geral de preços.

Considere a reação desse produtor caso todos os preços da economia, incluindo o do aspargo, aumentem. Uma possibilidade é já esperar por mudança de preços. Quando observa um aumento no preço do aspargo, sua estimativa em relação ao preço relativo do aspargo permanece inalterada. Ele não precisa fazer mais esforços.

Outra possibilidade é o produtor não esperar que o nível de preços aumente (ou que não aumente tanto). Quando observa um aumento no preço do aspargo, ele não tem certeza se os outros preços aumentaram (caso em que o preço relativo do aspargo permanece inalterado), ou se somente o preço do aspargo aumentou (caso em que o preço relativo do aspargo passa a ser mais alto). A inferência racional é que tenha acontecido um pouco de cada uma dessas situações. Em outras palavras, o produtor infere, a partir do crescimento no preço nominal do aspargo, que seu preço relativo tenha subido um pouco. Ele trabalha mais e produz mais.

Nosso produtor de aspargos não é um caso isolado. Suas decisões são semelhantes às de seus vizinhos que produzem brócolis, couve-flor, soja, chicória ou... abobrinha. Quando o nível de preços cresce inesperadamente, todos os fornecedores da economia observam aumento nos preços dos bens que produzem. Eles todos inferem, de modo racional porém equivocado, que tenham aumentado os preços relativos dos bens que produzem. Passam a trabalhar mais e produzir mais.

Resumindo, o modelo da informação imperfeita enuncia que, quando preços reais excedem preços esperados, os fornecedores aumentam sua produção. O modelo implica uma curva de oferta agregada com a forma conhecida:

$$Y = \bar{Y} + \alpha(P - EP).$$

O total da produção se desvia do nível natural quando o nível de preços se desvia do esperado.

A narrativa sobre a informação imperfeita que acabamos de escrever é a versão desenvolvida originalmente, na década de 1970, pelo economista vencedor do Prêmio Nobel Robert Lucas. Trabalhos recentes sobre modelos da oferta agregada com informação imperfeita têm adotado uma abordagem diferente. Em vez de enfatizar a confusão sobre preços relativos e o nível de preços absoluto, como fez Lucas, esse novo trabalho enfatiza a velocidade com que as informações sobre a economia são incorporadas na tomada de decisões. Nesse caso, o atrito que faz com que a curva da oferta agregada de curto prazo apresente inclinação ascendente não é disponibilidade limitada de informações, mas, em vez disso, da capacidade limitada das pessoas em absorver e processar informações que estão amplamente disponíveis. Essa restrição no processamento de informações faz com que os responsáveis pelo estabelecimento

---

* Para um desenvolvimento mais avançado sobre o modelo de preços rígidos, veja ROTEMBERG, Julio. Monopolistic price adjustment and aggregate output. *Review of Economic Studies*, v. 49, p. 517-531, 1982; CALVO, Guillermo. Staggered prices in a utility maximizing framework. *Journal of Monetary Economics*, v. 12, p. 383-398, 1983.

de preços respondam lentamente às notícias de natureza macroeconômica. A equação resultante para a oferta agregada de curto prazo é semelhante àquelas extraídas dos dois modelos que examinamos, embora as respectivas fundamentações microeconômicas sejam, de certo modo, diferentes.*

ESTUDO DE CASO

DIFERENÇAS INTERNACIONAIS NA CURVA DA OFERTA AGREGADA

Embora todos os países vivenciem oscilações econômicas, essas oscilações não são exatamente iguais em todos os lugares. As diferenças internacionais são, em si mesmas, enigmas intrigantes e muitas vezes proporcionam uma forma de testar teorias econômicas alternativas. O exame das diferenças internacionais tem sido especialmente proveitoso nas pesquisas sobre oferta agregada.

Quando propôs o modelo da informação imperfeita, o economista Robert Lucas deduziu uma surpreendente interação entre demanda agregada e oferta agregada: de acordo com seu modelo, a inclinação da curva da oferta agregada deve depender da volatilidade da demanda agregada. Em países cuja demanda agregada oscila amplamente, o nível de preços agregados também oscila amplamente. Como a maior parte das variações de preços nesses países não representa variações nos preços relativos, fornecedores já devem ter aprendido a não reagir demasiadamente a variações inesperadas no nível de preços. Portanto, a curva da demanda agregada deve ser relativamente íngreme (ou seja, α será pequeno). Inversamente, em países cuja demanda agregada é relativamente estável, os fornecedores já devem ter aprendido que a maior parte das variações de preços corresponde a variações nos preços relativos. Sendo assim, nesses países, fornecedores devem apresentar reações mais fortes a variações inesperadas nos preços, fazendo com que a curva da oferta agregada seja relativamente aplainada (ou seja, α será grande).

Lucas testou esse prognóstico ao examinar dados internacionais sobre volume de produção e preços. Ele descobriu que variações na demanda agregada exercem efeito maior sobre a produção nos países cuja demanda agregada e cujos preços são mais estáveis. Lucas concluiu que os indícios confirmam o modelo da informação imperfeita.**

O modelo de preços rígidos também faz prognósticos sobre a inclinação da curva da oferta agregada de curto prazo. Prevê especialmente que a taxa média de inflação deve influenciar a inclinação da curva da oferta agregada de curto prazo. Quando a taxa média de inflação é alta, torna-se muito dispendioso para as empresas manter os preços fixos por longos períodos. Por conseguinte, as empresas ajustam seus preços com mais frequência. O ajuste mais frequente nos preços, por sua vez, permite que o nível geral de preços reaja mais rapidamente a choques na demanda agregada. Consequentemente, uma alta taxa de inflação deve tornar mais íngreme a curva da oferta agregada de curto prazo.

Dados internacionais confirmam esse prognóstico do modelo de preços rígidos. Em países com média de inflação baixa, a curva da demanda agregada de curto prazo é relativamente plana: oscilações na demanda agregada exercem efeitos consideráveis sobre o nível de produção e apenas lentamente se refletem nos preços. Países com inflação alta apresentam curvas de oferta agregada de curto prazo bastante íngremes. Em outras palavras, a inflação alta parece causar erosão nos atritos que tornam os preços rígidos.***

Observe que o modelo de preços rígidos consegue, também, explicar a descoberta de Lucas de que países com demanda agregada variável apresentam curvas íngremes de oferta agregada. Se o nível de preços é altamente variável, poucas empresas desejarão se comprometer com preços antecipadamente (s será pequeno). Consequentemente, a curva da demanda agregada será íngreme (α será pequeno).

Implicações

Examinamos dois modelos para oferta agregada e a imperfeição de mercado que cada um deles utiliza para explicar por que a curva da oferta agregada de curto prazo apresenta inclinação ascendente. Um dos modelos pressupõe que os preços de alguns bens são fixos; o segundo pressupõe que as informações em relação aos preços são imperfeitas. Tenha em mente que esses modelos não são incompatíveis um com o outro. Não precisamos aceitar um dos modelos e rejeitar o outro. O mundo real pode conter essas duas imperfeições de mercado, assim como algumas outras, e todas elas podem contribuir para o comportamento da oferta agregada de curto prazo.

Os dois modelos de oferta agregada diferem em pressupostos e ênfases, embora suas implicações no total da produção sejam semelhantes. Ambos conduzem à equação

$$Y = \overline{Y} + \alpha(P - EP).$$

Essa equação enuncia que os desvios do nível de produção em relação ao nível natural têm relação com os desvios do nível de preços real em relação ao nível de preços esperado. *Se o nível de preços é mais alto do que o nível de preços esperado, a produção excede o seu nível natural. Se o nível de preços é mais baixo do que o nível de preços esperado, a produção fica aquém de seu nível natural.* A Figura 14.1 ilustra essa equação sob a forma de gráfico. Observe que a curva da oferta agregada de curto prazo é traçada para determinada expectativa EP e que uma mudança em EP deslocaria essa curva.

Agora que temos melhor entendimento sobre oferta agregada, tornemos a juntar a oferta agregada e a demanda agregada. A Figura 14.2 utiliza nossa equação da oferta agregada para demonstrar como a economia reage a um crescimento inesperado na demanda agregada, atribuível, digamos, a uma expansão monetária inesperada. No curto prazo, o equilíbrio se

---

* Para ler a descrição de Lucas para seu modelo, veja LUCAS, Robert E. Understanding business cycles. *Stabilization of the Domestic and International Economy*, v. 5 da Carnegie-Rochester Conference on Public Policy. Amsterdam: North-Holland, 1977. p. 7-29. Lucas estava se baseando no trabalho de Milton Friedman, também agraciado com o Prêmio Nobel. Veja FRIEDMAN, Milton. The role of monetary policy. *American Economic Review*, v. 58, p. 1-17, Mar. 1968. Para os trabalhos recentes que enfatizam o papel das restrições ao processamento de informações, veja WOODFORD, Michael. Imperfect common knowledge and the effects of monetary policy. In: AGHION, P.; FRYDMAN, R.; STIGLITZ, J.; WOODFORD, M. (ed.). *Knowledge, information, and expectations in modern macroeconomics*: in honor of Edmund S. Phelps. Princeton, N.J.: Princeton University Press, 2002; MANKIW, N. Gregory; REIS, Ricardo. Sticky information versus sticky prices: a proposal to replace the new Keynesian Phillips curve. *Quarterly Journal of Economics*, v. 117, p. 1295-1328, Nov. 2002.

** LUCAS JR., Robert E. Some international evidence on output-inflation tradeoffs. *American Economic Review*, v. 63, p. 326-334, June 1973.

*** BALL, Laurence; MANKIW, N. Gregory; ROMER, David. The new Keynesian economics and the output-inflation tradeoff. *Brookings Papers on Economic Activity*, v. 1, p. 1-65, 1988.

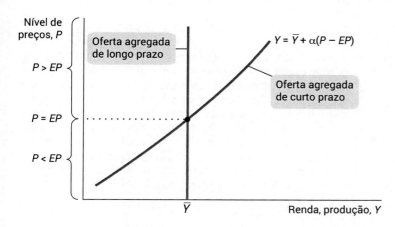

Figura 14.1 Curva da oferta agregada de curto prazo. A produção total se desvia de seu nível natural, $\bar{Y}$, caso o nível de preços, P, se desvie do nível de preços esperado, EP.

movimenta do ponto A para o ponto B. O crescimento na demanda agregada faz com que o nível de preços verdadeiro cresça de P_1 para P_2. Como as pessoas não esperavam por esse aumento no nível de preços, o nível de preços esperado permanece em EP_2 e o total da produção cresce de Y_1 para Y_2, que está acima do nível natural, $\bar{Y}$. Por conseguinte, a expansão inesperada na demanda agregada faz com que a economia passe por um hipercrescimento.

No entanto, esse hipercrescimento não dura para sempre. No longo prazo, o nível de preços esperado cresce de modo a se equiparar com a realidade, fazendo com que a curva da oferta agregada de curto prazo se desloque para cima. À medida que o nível de preços esperado cresce de EP_2 para EP_3, o equilíbrio da economia se desloca do ponto B para o ponto C. O nível de preços efetivo cresce de P_2 para P_3 e a produção cai de Y_2 para Y_3. Em outras palavras, a economia retorna para o nível natural de produção de longo prazo, porém com um nível de preços bem mais elevado.

Essa análise demonstra um princípio importante, que se mantém verdadeiro para os dois modelos de oferta agregada: a neutralidade monetária de longo prazo e a *não* neutralidade monetária de curto prazo são compatíveis. A não neutralidade monetária de curto prazo é aqui representada pelo deslocamento do ponto A para o ponto B, enquanto a neutralidade monetária de longo prazo é representada pelo deslocamento do ponto A para o ponto C. Conciliamos os efeitos de curto e de longo prazos da moeda enfatizando o ajuste das expectativas em relação ao nível de preços.

14.2 INFLAÇÃO, DESEMPREGO E A CURVA DE PHILLIPS

Dois objetivos dos decisores de política econômica são baixa inflação e baixo nível de desemprego, mas esses objetivos muitas vezes se conflitam. Suponhamos, por exemplo, que os decisores estivessem em vias de adotar uma política monetária ou fiscal para expandir a demanda agregada. Essa política movimentaria a economia ao longo da curva da oferta agregada de curto prazo até um ponto com nível de produção mais alto e nível de preços mais elevado. (A Figura 14.2 demonstra isso como o deslocamento do ponto A para o ponto B.) Um nível mais alto de produção significa menor índice de desemprego, pois as empresas empregam mais trabalhadores quando passam a produzir mais. Um nível de preços mais alto, considerando-se o nível do ano anterior, significa taxa de inflação mais alta. Por conseguinte, quando os decisores de política econômica movimentam a economia para cima ao longo da curva da oferta agregada de curto prazo, eles reduzem a taxa de desemprego e aumentam a taxa de inflação. Inversamente, quando contraem a demanda agregada e movimentam a economia para baixo ao longo da curva da oferta agregada de curto prazo, o desemprego cresce e a inflação cai.

Esse *trade-off* entre inflação e desemprego, conhecido como *curva de Phillips*, é o assunto desta seção. Como vimos antes (e estenderemos mais formalmente a seguir), a curva de Phillips reflete a curva da oferta agregada de curto prazo: à medida que os formuladores de política econômica passam a movimentar a

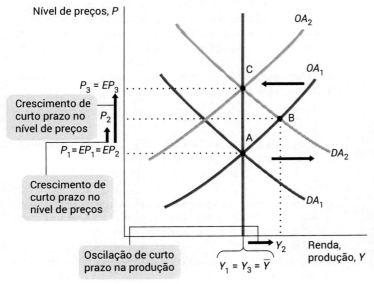

Figura 14.2 Como mudanças na demanda agregada causam oscilações de curto prazo. A economia começa em uma situação de equilíbrio de longo prazo, o ponto A. Quando a demanda agregada cresce de maneira inesperada, o nível de preços sobe de P_1 para P_2. Uma vez que o nível de preços, P_2, está acima do nível de preços esperado, EP_2, o total da produção cresce temporariamente acima de seu nível natural, à medida que a economia se movimenta do ponto A para o ponto B ao longo da curva da oferta agregada de curto prazo. No longo prazo, o nível de preços esperado cresce para EP_3, fazendo com que a curva da oferta agregada de curto prazo se desloque para cima. A economia retorna para um novo equilíbrio de longo prazo, o ponto C, no qual a produção está de volta ao seu nível natural.

economia ao longo da curva da oferta agregada de curto prazo, desemprego e inflação se movimentam em direções opostas. A curva de Phillips é útil para expressar a oferta agregada porque inflação e desemprego são indicadores muito importantes do desempenho econômico.

Derivando a curva de Phillips a partir da curva da oferta agregada

A **curva de Phillips**, em sua forma moderna, enuncia que a taxa de inflação depende de três forças:

- inflação esperada;
- desvio do desemprego em relação à taxa natural, chamado de *desemprego cíclico*; e
- choques na oferta.

Essas três forças são expressas na seguinte equação:

$$p = Ep - b(u - u^n) + v.$$

Inflação = Inflação Esperada − (β × Desemprego Cíclico) + Choque na Ofertaem que β representa um parâmetro que mede a reação da inflação ao desemprego cíclico. Observe que existe um sinal de subtração antes do termo correspondente ao desemprego cíclico: mantendo-se tudo o mais constante, um nível de desemprego mais elevado corresponde a uma inflação mais baixa.

De onde vem essa equação para a curva de Phillips? Embora possa não parecer familiar, podemos derivá-la de nossa equação para a oferta agregada. Para verificar como fazer isso, escreva a equação para a oferta agregada sob o formato

$$P = EP + (1/\alpha)(Y - \overline{Y}).$$

Por meio de uma adição, uma subtração e uma substituição, podemos transformar essa equação na relação entre inflação e desemprego correspondente à curva de Phillips.

Eis aqui as três etapas. Em primeiro lugar, acrescente ao lado direito da equação um choque de oferta, v, para representar eventos exógenos (como, por exemplo, uma mudança nos preços internacionais do petróleo) que alteram o nível de preços e deslocam a curva da oferta agregada de curto prazo:

$$P = EP + (1/\alpha)(Y - \overline{Y}) + v.$$

Em seguida, para partir do nível de preços e chegar até as taxas de inflação, subtraia o nível de preços do ano anterior, P_{-1}, de ambos os lados da equação, de maneira a obter

$$(P - P_{-1}) = (EP - P_{-1}) + (1/\alpha)(Y - \overline{Y}) + v.$$

O termo ao lado esquerdo, $P - P_{-1}$, corresponde à diferença entre o nível de preços corrente e o nível de preços do ano anterior, que corresponde à inflação, π.* O termo ao lado direito, $EP - P_{-1}$, corresponde à diferença entre o nível de preços esperado e o nível de preços referente ao ano anterior, que, por sua vez, corresponde à inflação esperada, $E\pi$. Portanto, podemos substituir $P - P_{-1}$ por π e $EP - P_{-1}$ por $E\pi$:

$$\pi = E\pi + (1/\alpha)(Y - \overline{Y}) + v.$$

Em terceiro lugar, para partir do nível de produção e chegar até o desemprego, lembre-se, pelo que discutimos no Capítulo 10, de que a Lei de Okun apresenta uma relação entre essas duas variáveis. Uma versão para a Lei de Okun enuncia que o desvio da produção em relação a seu respectivo nível natural é inversamente relacionado ao desvio do desemprego em relação a sua respectiva taxa natural; ou seja, quando o nível da produção passa a ser mais alto do que o nível natural de produção, o desemprego passa a ser mais baixo do que a taxa natural de desemprego. Podemos escrever isso sob o formato

$$(1/\alpha)(Y - \overline{Y}) = -\beta(u - u^n)$$

Utilizando essa relação da Lei de Okun, podemos colocar $\beta(u - u^n)$ em substituição a $(1/\alpha)(Y - \overline{Y})$, na equação anterior, de modo a obter

$$\pi = E\pi - \beta(u - u^n) + v.$$

Consequentemente, podemos derivar a equação para a curva de Phillips da equação para a oferta agregada.

Toda essa álgebra tem como objetivo demonstrar uma coisa: a equação para a curva de Phillips e a equação para a curva da oferta agregada de curto prazo representam, em sua essência, as mesmas ideias macroeconômicas. Ambas as equações apresentam uma ligação entre variáveis reais e variáveis nominais que faz a dicotomia clássica (a separação teórica entre variáveis reais e variáveis nominais) se desfazer no curto prazo. De acordo com a equação para a curva da oferta agregada de curto prazo, o nível de produção está relacionado a movimentações inesperadas no nível de preços. De acordo com a equação para a curva de Phillips, o desemprego correlaciona-se com movimentações inesperadas na taxa de inflação. A curva da oferta agregada é mais conveniente quando estamos estudando produção e nível de preços, enquanto a curva de Phillips é mais conveniente quando estudamos desemprego e inflação. Contudo, não devemos perder de vista que a curva de Phillips e a curva da oferta agregada são dois lados da mesma moeda.

Expectativas adaptativas e inércia inflacionária

Para fazermos com que a curva de Phillips seja útil na análise das escolhas enfrentadas pelos decisores políticos, precisamos especificar o que determina a inflação esperada. Um pressuposto simples, e muitas vezes plausível, é que as pessoas formam suas expectativas inflacionárias com base na inflação recentemente observada. Essa suposição é chamada de **expectativas adaptativas**. Por exemplo, suponha que as pessoas tenham a expectativa de que os preços aumentem no ano corrente à mesma taxa em que aumentaram no ano passado. Sendo assim, a inflação esperada, $E\pi$, é igual à inflação do ano passado, π_{-1}:

$$E\pi = \pi_{-1}.$$

Nesse caso, podemos escrever a curva de Phillips na equação

$$\pi = \pi_{-1} - \beta(u - u^n) + v,$$

a qual prescreve que a inflação depende da inflação passada, do desemprego cíclico e de um choque na oferta. Quando a curva de Phillips é escrita sob esse formato, a taxa natural de desemprego é às vezes conhecida como a taxa de desemprego que não acelera a inflação, ou *NAIRU* (*non-accelerating inflation rate of unemployment*).

---

* *Nota matemática:* Esse enunciado não é preciso já que a inflação, na realidade, corresponde à variação *percentual* no nível de preços. Para tornar mais preciso o enunciado, interprete P como o logaritmo para o nível de preços. Com base nas propriedades dos logaritmos, a variação em P corresponde aproximadamente à taxa de inflação. A razão para isso é que $dP = d$(logaritmo do nível de preços) = d(nível de preços)/nível de preços.

SAIBA MAIS

A história da curva de Phillips moderna

A curva de Phillips tem esse nome em homenagem ao economista A. W. Phillips, nascido na Nova Zelândia. Em 1958, Phillips observou uma relação negativa entre a taxa de desemprego e a taxa de inflação salarial em dados obtidos no Reino Unido.* A curva de Phillips que os economistas utilizam nos dias de hoje difere em três aspectos da relação que Phillips examinou.

Em primeiro lugar, a curva de Phillips moderna substitui inflação salarial por inflação de preços. Essa diferença não é crucial, uma vez que inflação de preços e inflação salarial têm relação estreita. Em períodos nos quais os salários aumentam rapidamente, os preços se elevam igualmente rápido.

Em segundo lugar, a curva de Phillips moderna inclui a inflação esperada. Esse acréscimo deve-se ao trabalho de Milton Friedman e Edmund Phelps. Ao desenvolverem as primeiras versões para o modelo da informação imperfeita, na década de 1960, esses dois economistas enfatizaram a importância das expectativas em relação à oferta agregada.

Em terceiro lugar, a curva de Phillips moderna inclui os choques na oferta. O crédito por esse acréscimo é da OPEP, a Organização dos Países Exportadores de Petróleo. Na década de 1970, a OPEP promoveu consideráveis aumentos no preço internacional do petróleo, razão pela qual os economistas passaram a ficar mais atentos à importância dos choques na oferta agregada.

---
* PHILLIPS, A. W. The relationship between unemployment and the rate of change of money wages in the United Kingdom, 1861-1957. *Economica*, v. 25, p. 283-299, Nov. 1958.

O primeiro termo nessa fórmula para a curva de Phillips, π_{-1}, implica que a inflação é inercial. Ou seja, tal como um objeto se movimentando pelo espaço, a inflação segue caminhando a menos que algo venha interrompê-la. Em particular, se o desemprego está no nível da NAIRU e se não existem choques na oferta, o crescimento continuado do nível de preços não se acelera nem se desacelera. Essa inércia ocorre porque a inflação passada influencia as expectativas de inflação futura, e porque essas expectativas influenciam os salários e os preços que as pessoas estabelecem. Robert Solow sintetizou muito bem o conceito de inflação inercial quando escreveu, durante o período de alta inflação na década de 1970: "Por que razão nossa moeda está cada vez valendo menos? Talvez simplesmente tenhamos inflação porque esperamos inflação, e esperamos inflação porque já a tivemos".

No modelo de oferta agregada e demanda agregada, a inflação inercial é interpretada como deslocamentos ascendentes persistentes, tanto na curva da oferta agregada quanto na curva da demanda agregada. Considere primeiro a oferta agregada. Se os preços têm subido rapidamente, as pessoas terão a expectativa de que eles continuarão a subir rapidamente. Como o posicionamento da curva da oferta agregada de curto prazo depende do nível de preços esperado, a curva da oferta agregada de curto prazo se deslocará em sentido ascendente ao longo do tempo. E continuará a se deslocar para cima até que algum evento, como uma recessão ou um choque na oferta, venha a mudar a inflação e, com isso, mude também as expectativas de inflação.

A curva da demanda agregada também deve, necessariamente, se deslocar para cima de modo a confirmar as expectativas de inflação. Na maioria das vezes, o crescimento contínuo na demanda agregada é causado pelo crescimento persistente na oferta monetária. Se o banco central interrompesse repentinamente a expansão monetária, a demanda agregada se estabilizaria e o deslocamento para cima na oferta agregada causaria recessão. O alto índice de desemprego durante a recessão reduziria a inflação e a inflação esperada, fazendo cessar a inércia inflacionária.

Duas causas para inflação crescente e inflação decrescente

O segundo e o terceiro termos da equação para a curva de Phillips mostram as duas forças que podem modificar a taxa de inflação.

O segundo termo, $\beta(u - u^n)$, ilustra que o desemprego cíclico – o desvio do desemprego em relação à sua taxa natural – exerce pressão ascendente ou descendente sobre a inflação. O índice reduzido de desemprego empurra para cima a taxa de inflação. Esse efeito é chamado **inflação de demanda**, pois o elevado nível de demanda agregada é responsável por esse tipo de inflação. Em contrapartida, o nível elevado de desemprego puxa a taxa de inflação para baixo. O parâmetro β mede o grau de sensibilidade da inflação em relação ao desemprego cíclico.

O terceiro termo, v, mostra que a inflação também cresce e diminui como resultado de choques na oferta. Um choque adverso na oferta implica valor positivo para v e eleva a inflação. Esse efeito é conhecido como **inflação de custos**, pois choques adversos na oferta são eventos que empurram para cima os custos de produção. Um choque benéfico na oferta diminui os custos de produção, faz com que v passe a ser negativo e causa a queda na inflação.

A história está cheia de exemplos de inflação de demanda e inflação de custos, como mostra o próximo estudo de caso.

ESTUDO DE CASO

INFLAÇÃO E DESEMPREGO NOS ESTADOS UNIDOS

Sendo a inflação e o desemprego indicadores tão importantes para o desempenho econômico, desenvolvimentos macroeconômicos são vistos muitas vezes pela ótica da curva de Phillips. A Figura 14.3 apresenta o histórico da inflação e do desemprego nos Estados Unidos de 1960 a 2016. Esses dados, que abrangem mais de meio século, ilustram algumas das causas da inflação crescente e da inflação decrescente.

A década de 1960 demonstrou como decisores políticos podem ser capazes de diminuir em curto prazo o desemprego ao custo de uma inflação de demanda. A redução dos impostos nos Estados Unidos, em 1964, juntamente com uma política monetária expansionista, elevou a demanda agregada e empurrou a taxa de desemprego para um patamar inferior a 5%. Essa expansão na demanda agregada se estendeu até o final da década de 1960, em grande parte como subproduto dos gastos do governo norte-americano com a Guerra do Vietnã. O desemprego caiu ainda mais, e a inflação subiu mais do que os decisores pretendiam.

A década de 1970 foi um período de reviravoltas na economia. A década teve início com os formuladores de política econômica tentando reduzir a inflação herdada da década anterior. O presidente Nixon impôs controles temporários sobre salários e preços, e o Federal Reserve planejou uma recessão por

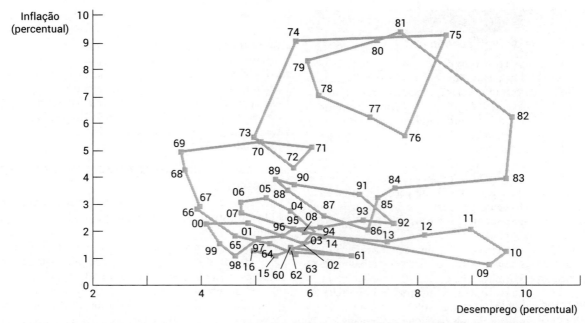

Figura 14.3 Inflação e desemprego nos Estados Unidos, 1960-2016. Esta figura utiliza dados anuais sobre taxa de desemprego e taxa de inflação (variação percentual no deflator do PIB) para ilustrar os acontecimentos macroeconômicos que abrangem meio século da história dos EUA.
Fontes: U.S. Department of Commerce e U.S. Department of Labor.

meio de uma política monetária contracionista, mas a taxa de inflação caiu apenas ligeiramente. Os efeitos dos controles sobre salários e preços acabaram quando tais controles foram suspensos e a recessão era pequena demais para neutralizar o impacto inflacionário decorrente do hipercrescimento que a precedera. Em 1972, a taxa de desemprego era a mesma de uma década antes, enquanto a inflação estava 3 pontos percentuais mais alta.

A partir de 1973, os decisores tiveram que lidar com os grandes choques na oferta e com uma inflação de custos. A OPEP aumentou pela primeira vez os preços do petróleo em meados da década de 1970, empurrando a taxa de inflação para mais de 9%. Esse choque adverso na oferta, juntamente com uma política monetária temporariamente restritiva, ocorreu em 1975. O elevado índice de desemprego durante o período da recessão reduziu um pouco a inflação, embora novas altas no preço do petróleo, determinadas pela OPEP, tenham empurrado a inflação mais uma vez para cima ao final da década.

A década de 1980 começou com inflação alta e expectativas de inflação elevadas. Sob a liderança de seu presidente, Paul Volcker, o Federal Reserve seguiu obstinadamente políticas monetárias destinadas a reduzir a inflação. Em 1982 e 1983, a taxa de desemprego alcançou seu patamar mais elevado em 40 anos. Um alto nível de desemprego, com a ajuda de uma queda nos preços do petróleo em 1986, baixou a taxa de inflação de aproximadamente 9% para cerca de 2%. Em 1987, a taxa de desemprego, de aproximadamente 6%, estava próxima da maior parte das estimativas para a taxa natural. No entanto, o desemprego continuou a cair ao longo da década de 1980, atingindo um de seus pontos mais baixos, 5,3% em 1989, e dando início a um novo ciclo de inflação causada pela demanda.

Em comparação com os 30 anos anteriores, a década de 1990 e o início dos anos 2000 foram relativamente tranquilos. A década de 1990 teve início com uma recessão causada por vários choques de contração na demanda agregada: políticas monetárias restritivas, crises associadas a poupança e financiamentos e uma queda na confiança por parte do consumidor coincidindo com a Guerra do Golfo. A taxa de desemprego cresceu para 7,5% em 1992 e a inflação sofreu leve queda. Diferentemente da recessão de 1982, o desemprego na recessão da década de 1990 jamais chegou a ficar muito acima da taxa natural, de modo que o efeito sobre a inflação foi pouco significativo. Da mesma forma, uma recessão em 2001 (discutida no Capítulo 12) fez crescer o desemprego, mas o declínio na atividade comercial foi brando sob padrões históricos e o impacto sobre a inflação foi, mais uma vez, pouco significativo.

Recessão mais grave teve início em 2008. Como discutimos no Capítulo 12, a causa dessa recessão foi uma crise financeira que trouxe declínio significativo na demanda agregada. O desemprego cresceu significativamente em 2009 e a inflação caiu para patamares baixos, de modo bastante parecido ao que prescreve a curva de Phillips convencional. Com a taxa de desemprego tão persistentemente elevada, alguns economistas temeram que a economia pudesse sofrer deflação (uma taxa de inflação negativa). Contudo, isso não ocorreu. Uma explicação possível é que as expectativas de inflação permaneceram ancoradas em aproximadamente 2%, e não variaram como indicaria o pressuposto das expectativas adaptativas. Ou seja, o histórico recente do Federal Reserve havia concedido ao banco central credibilidade suficiente a respeito da taxa de inflação almejada para que a inflação esperada não variasse com a mesma rapidez com que poderia ter variado em episódios anteriores.

Por conseguinte, o histórico macroeconômico dos Estados Unidos ilustra as muitas forças que atuam sobre a taxa de inflação, como descreve a equação para a curva de Phillips. As décadas de 1960 e 1980 ilustram os dois lados da inflação de demanda: na década de 1960 o baixo índice de desemprego empurrou a inflação para cima, enquanto na década de 1980 o alto índice de desemprego empurrou a inflação para baixo. As altas nos preços do petróleo na década de 1970 mostram os efeitos da inflação de custos. E os acontecimentos posteriores à recessão de 2008-2009 mostram que a inflação, por vezes, nos surpreende em parte porque nem sempre é fácil prever as mudanças de expectativas.*

Trade-off entre inflação e desemprego no curto prazo

Considere as opções que a curva de Phillips oferece a um formulador de política econômica que tenha a capacidade de influenciar a demanda agregada com políticas monetárias ou fiscais. A qualquer momento, uma inflação esperada ou choques na oferta podem sair da sua esfera de controle imediato. Entretanto, ao fazer alterações na demanda agregada, o decisor político pode alterar a produção, o desemprego e a inflação. Pode expandir a demanda agregada para diminuir o desemprego e aumentar a inflação. Ou, ainda, pode pressionar para baixo a demanda agregada, com o objetivo de aumentar o desemprego e diminuir a inflação.

A Figura 14.4 plota a equação para a curva de Phillips e mostra o *trade-off* entre inflação e desemprego no curto prazo. Quando o desemprego está em sua taxa natural ($u = u^n$), a inflação depende da inflação esperada e do choque na oferta ($\pi = E\pi + v$). O parâmetro β determina a inclinação do *trade-off* entre inflação e desemprego. No curto prazo, para determinado nível de inflação esperada, os decisores podem mexer com a demanda agregada de modo a escolher qualquer combinação entre inflação e desemprego ao longo dessa curva, conhecida como *curva de Phillips de curto prazo*.

Observe que o posicionamento da curva de Phillips no curto prazo depende da taxa de inflação esperada. Se a inflação esperada aumenta, a curva se desloca para cima e o *trade-off* para o decisor torna-se menos favorável: a inflação passa a ser mais alta para qualquer nível de desemprego. A Figura 14.5 mostra como esse *trade-off* depende da inflação esperada.

Como as pessoas ajustam suas expectativas de inflação ao longo do tempo, o *trade-off* entre inflação e desemprego prevalece somente no curto prazo. O decisor político não consegue manter para sempre a inflação acima da taxa esperada (e, consequentemente, o desemprego abaixo de sua taxa natural). Com o passar do tempo, as expectativas se adaptam a qualquer taxa de inflação que o decisor tenha escolhido. No longo prazo, a dicotomia clássica prevalece, o desemprego retorna à sua taxa natural e qualquer *trade-off* entre inflação e desemprego deixa de existir.

Desinflação** e taxa de sacrifício

Imagine uma economia em que o desemprego esteja em sua taxa natural e a inflação gire em torno de 6%. O que aconteceria com o desemprego e o nível de produção se o banco central adotasse uma política monetária para reduzir a inflação de 6 para 2%?

A curva de Phillips mostra que, na ausência de um choque benéfico na oferta, diminuir a inflação requer um período de elevado nível de desemprego e produção reduzida. Mas em que montante, e durante quanto tempo, seria necessário que o desemprego se elevasse acima da taxa natural? Antes de optarem por reduzir ou não reduzir a inflação, decisores políticos precisam conhecer o montante da produção que seria perdido duran-

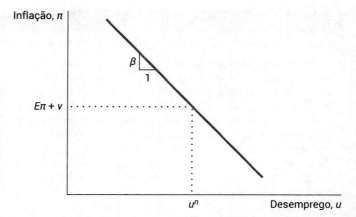

Figura 14.4 *Trade-off* entre inflação e desemprego no curto prazo. No curto prazo, inflação e desemprego apresentam correlação negativa. Em qualquer ponto no tempo, um formulador de política econômica que controle a demanda agregada pode escolher determinada combinação entre inflação e desemprego ao longo dessa curva de Phillips de curto prazo.

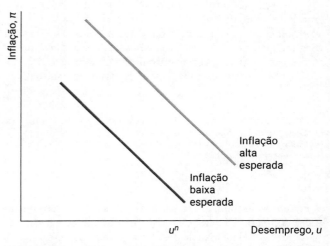

Figura 14.5 Deslocamentos no *trade-off* de curto prazo. O *trade-off* entre inflação e desemprego no curto prazo depende da inflação esperada. A curva passa a ser mais elevada quando a inflação esperada é mais elevada.

te a transição para uma inflação mais baixa. Esse custo pode, então, ser comparado com os benefícios da inflação mais baixa.

Uma grande quantidade de pesquisas tem feito uso dos dados disponíveis para examinar a curva de Phillips em termos quantitativos. Os resultados desses estudos são em geral sintetizados em um número conhecido como **taxa de sacrifício**, o percentual do PIB real correspondente a um ano, ao qual se deve necessariamente renunciar de modo que a inflação seja reduzida em 1 ponto percentual. Embora as estimativas relacionadas à taxa de sacrifício variem de maneira considerável, uma estimativa típica corresponde a aproximadamente 5: ou seja, para cada ponto percentual que a inflação precise diminuir, 5% do PIB correspondente a um ano devem necessariamente ser sacrificados.***

---

* Para ver um estudo sobre inflação durante a profunda recessão de 2008-2009, consulte BALL, Laurence; MAZUMDER, Sandeep. Inflation dynamics and the great recession. *Brookings Papers on Economic Activity*, v. 2, p. 337-381, 2011.
** Não se deve confundir desinflação, que é a redução no ritmo de elevação dos preços, com deflação, que é a redução dos preços, ou seja, inflação negativa. (N.R.)

*** Dois estudos clássicos sobre a taxa de sacrifício são: OKUN, Arthur M. Efficient disinflationary policies. *American Economic Review*, v. 68, p. 348-352, May 1978; e GORDON, Robert J.; KING, Stephen R. The output cost of disinflation in traditional and vector autoregressive models. *Brookings Papers on Economic Activity*, v. 1, p. 205-242, 1982.

SAIBA MAIS

Qual é o grau de precisão das estimativas para a taxa natural de desemprego?

Se você perguntar a um astrônomo qual é a distância entre certa estrela e o nosso Sol, ele lhe dará um número, mas não será um número preciso. A capacidade do homem de medir distâncias astronômicas ainda é limitada. O astrônomo pode até efetuar medições mais precisas e concluir que uma estrela está, na realidade, duas vezes mais distante ou na metade da distância que ele anteriormente imaginava.

As estimativas para a taxa natural de desemprego, ou NAIRU, também estão longe de ser precisas. Um dos problemas está nos choques de oferta. Choques na oferta de petróleo, nas colheitas agrícolas ou o progresso tecnológico podem fazer com que a inflação aumente ou diminua no curto prazo. Por conseguinte, quando observamos uma inflação aumentando, não conseguimos saber ao certo se isso seria uma evidência de que o índice de desemprego estaria abaixo do índice natural ou uma evidência de que a economia estaria passando por um choque adverso na oferta.

Um segundo problema é o fato de que a taxa natural se modifica ao longo do tempo. Mudanças demográficas (como o envelhecimento da geração *baby-boom*, nascida logo após a Segunda Guerra Mundial), mudanças na política econômica (como as leis para o salário-mínimo) e mudanças institucionais (como o poder cada vez mais fraco dos sindicatos), todas elas influenciam o nível normal de desemprego da economia. Estimar a taxa natural é como acertar um alvo em movimento.

Os economistas lidam com esses problemas fazendo uso de técnicas estatísticas que possibilitem uma conjectura melhor sobre a taxa natural e permitam que eles determinem a dimensão da incerteza associada às suas estimativas. Em um desses estudos, Douglas Staiger, James Stock e Mark Watson estimaram a taxa natural de 6,2% em 1990, com intervalo de confiança de 95% entre 5,1% e 7,7%. Um intervalo de confiança de 95% corresponde à amplitude na qual o estatístico está 95% confiante de que o valor verdadeiro cai nesse intervalo. Um estudo mais recente, realizado por economistas do Federal Reserve, colocou a taxa natural de 2013 em 5,8%, com intervalo de confiança de 95% entre 4,5% e 7%. Esses amplos intervalos de confiança mostram que as estimativas da taxa natural de desemprego não são nem um pouco precisas.

Essa conclusão tem implicações profundas. Os formuladores de política econômica podem desejar manter o desemprego próximo de sua taxa natural, embora a sua capacidade de fazê-lo seja limitada por não poderem ter certeza de qual seria essa taxa natural.*

---

* STAIGER, Douglas O.; STOCK, James H.; WATSON, Mark W. How precise are estimates of the natural rate of unemployment? *In*: ROMER, Christina D.; ROMER, David H. (ed.). *Reducing inflation*: motivation and strategy. Chicago: University of Chicago Press, 1997. p. 195-246. REIFSCHNEIDER, Dave; WASCHER, William; WILCOX, David. Aggregate supply in the United States: recent developments and implications for the conduct of monetary policy. *Federal Reserve Working Paper*, 2013.

Podemos também expressar a taxa de sacrifício em termos do desemprego. A Lei de Okun afirma que uma variação de 1 ponto percentual na taxa de desemprego se traduz em variação de 2 pontos percentuais no PIB. Portanto, reduzir a inflação em 1 ponto percentual requer aproximadamente 2,5 pontos percentuais de desemprego cíclico.

Podemos utilizar a taxa de sacrifício para estimar em que montante, e por quanto tempo, o desemprego deve aumentar para que a inflação seja reduzida. Se reduzir a inflação em 1 ponto percentual requer um sacrifício de 5% do PIB correspondente a um ano, reduzir a inflação em 4 pontos percentuais exige um sacrifício de 20% do PIB correspondente a um ano. De modo equivalente, essa redução na inflação requer sacrifício de 10 pontos percentuais do desemprego cíclico.

Essa desinflação pode assumir várias formas, cada uma delas totalizando o mesmo sacrifício de 20% do PIB de um ano. Por exemplo, uma desinflação rápida diminuiria a produção em 10% ao longo de 2 anos: essa solução às vezes é conhecida como *pisada no freio* da inflação. Uma desinflação moderada reduziria a produção em 5% ao longo de 4 anos. Uma desinflação ainda mais gradativa reduziria a produção em 2% ao longo de uma década.

Expectativas racionais e a possibilidade de desinflação indolor

Já que a expectativa de inflação interfere no *trade-off* entre inflação e desemprego no curto prazo, é crucial compreender como as pessoas formam suas expectativas. Até aqui, estivemos adotando o pressuposto de que a inflação esperada depende da inflação recentemente observada. Embora seja plausível, esse pressuposto sobre expectativas adaptativas pode ser demasiadamente simples para que possa ser aplicado em todas as circunstâncias.

Uma abordagem alternativa é pressupor que as pessoas têm **expectativas racionais**. Ou seja, podemos pressupor que as pessoas prefiram usar todas as informações disponíveis, inclusive informações sobre as atuais políticas do governo, a fim de realizar prognósticos sobre o futuro. Como a política monetária e a política fiscal interferem na inflação, a inflação esperada deve também depender da política monetária e da política fiscal vigentes. De acordo com a teoria das expectativas racionais, uma mudança na política monetária ou na política fiscal transformará as expectativas, e uma avaliação sobre qualquer mudança política deve necessariamente incorporar esse efeito às expectativas. Se as pessoas efetivamente constroem suas expectativas de maneira racional, pode ser então que a inflação tenha menos inércia do que a princípio possa parecer.

Eis a descrição de Thomas Sargent, renomado defensor das expectativas racionais, laureado com o Nobel de Economia, para as implicações dessas expectativas para a curva de Phillips:

Um ponto de vista alternativo para "expectativas racionais" nega que exista qualquer força cinética inerente ao processo de inflação corrente. Esse ponto de vista sustenta que as empresas e os trabalhadores passam, a partir de então, a esperar altas taxas de inflação no futuro, e que eles realizam negociações inflacionárias com base nessas expectativas. No entanto, argumenta-se que as pessoas esperam altas taxas de inflação no futuro, justamente porque a política monetária e a política fiscal do governo, atuais e prospectivas, justificam essas expectativas. [...] Por conseguinte, a inflação apenas aparenta ter uma cinética própria; na realidade, é a política de longo prazo do governo, persistentemente incorrendo em grandes déficits e emitindo moeda em ritmo acelerado, que é responsável pela cinética inerente à taxa de inflação. Uma implicação desse ponto de vista é que a inflação pode ser contida muito mais rapidamente do que apregoam os defensores da abordagem da "cinética", e que estão equivocadas as suas estimativas de prazos e de custos para deter a inflação, em termos do montante de produção do qual se deve abrir mão. [...] [Deter a inflação] exigiria uma mudança no regime de política econômica: deve haver uma mudança abrupta na política econômica ou na estratégia que o governo vem adotando a fim de estabelecer déficits agora e no futuro que seja suficientemente compulsória para conquistar ampla credibilidade [...] A dimensão do ônus inerente a esse tipo de mudança, de acordo com o montante de produção do qual se teria que abrir mão e do tempo em que essa mudança teria que vigorar, dependeria em parte de quão determinado e evidente seria o comprometimento do governo.*

Portanto, os defensores das expectativas racionais argumentam que a curva de Phillips de curto prazo não representa precisamente as opções que os decisores políticos têm à disposição. Eles acreditam que, se os formuladores de política econômica estiverem comprometidos em reduzir a inflação e desfrutarem de credibilidade para isso, as pessoas racionais compreenderão esse comprometimento e rapidamente baixarão suas expectativas de inflação. A inflação pode então ser reduzida sem crescimento no nível de desemprego e sem queda no nível de produção. De acordo com a teoria das expectativas racionais, estimativas tradicionais sobre taxa de sacrifício não são úteis para avaliar o impacto de políticas econômicas alternativas. Sob a égide de uma política econômica que tenha credibilidade, os custos inerentes a reduzir a inflação podem ser muito mais baixos do que sugerem as estimativas relacionadas à taxa de sacrifício.

No caso mais extremo, decisores podem reduzir a taxa de inflação sem que se cause qualquer recessão. Uma desinflação indolor apresenta dois requisitos. Em primeiro lugar, o plano para reduzir a inflação precisa ser anunciado antes que os trabalhadores e as empresas que estabelecem salários e preços tenham criado suas expectativas. Em segundo lugar, trabalhadores e empresas devem necessariamente acreditar nesse anúncio; caso contrário, não reduzirão suas expectativas de inflação. Se ambos os requisitos forem atendidos, o anúncio imediatamente deslocará para baixo o *trade-off* entre inflação e desemprego no curto prazo, permitindo uma taxa mais baixa de inflação sem um nível mais elevado de desemprego.

Embora a abordagem das expectativas racionais permaneça controversa, quase todos os economistas concordam que as expectativas de inflação influenciam o *trade-off* entre inflação e desemprego no curto prazo. A credibilidade de uma política para reduzir a inflação é, portanto, um determinante para quão onerosa será essa política econômica. Por ser difícil prever se a opinião pública considerará digno de crédito ou não o anúncio de uma nova política econômica, o papel central das expectativas dificulta bem mais as previsões sobre resultados de políticas econômicas alternativas.

---

* SARGENT, Thomas J. The ends of four big inflations. *In*: HALL, Robert E. (ed.). *Inflation*: causes and effects. Chicago: University of Chicago Press, 1982. p. 41-98.

ESTUDO DE CASO

A TAXA DE SACRIFÍCIO NA PRÁTICA

A curva de Phillips com expectativas adaptativas sugere que a redução da inflação exige um período com alto nível de desemprego e baixo nível de produção. Em contrapartida, a abordagem das expectativas racionais sugere que a redução da inflação pode ser muito menos dispendiosa. O que acontece durante desinflações efetivas?

Considere a desinflação dos Estados Unidos no início da década de 1980. A década teve início com algumas das taxas de inflação mais altas da história do país. Contudo, em decorrência das rígidas políticas monetárias adotadas pelo Fed sob a presidência de Paul Volcker, a taxa de inflação caiu substancialmente nos primeiros anos da década. Esse episódio representa um experimento do mundo real com o qual é possível estimar o montante de produção que é perdido durante o processo de desinflação.

A primeira pergunta é: em quanto caiu a inflação? Medida com base no deflator do PIB, a inflação alcançou um pico de 9,3% em 1981. É natural encerrar o episódio em 1985, uma vez que os preços do petróleo despencaram em 1986 – um choque de oferta significativo e benéfico, sem qualquer relação com a política do Fed. Em 1985, a inflação foi de 3,2%, de modo que podemos estimar que o Fed projetou uma redução de inflação correspondente a 6,1 pontos percentuais ao longo de quatro anos.

A segunda pergunta é: qual o montante de produção perdido durante esse período? A Tabela 14.1 apresenta a taxa de desemprego de 1982 a 1985. Considerando que a taxa natural de desemprego correspondia a 6%, podemos calcular o montante de desemprego cíclico a cada ano. No total, ao longo desse período, houve 10 pontos percentuais de desemprego cíclico. A Lei de Okun afirma que 1 ponto percentual de desemprego se traduz em 2 pontos percentuais do PIB. Portanto, 20,0 pontos percentuais do PIB anual foram perdidos durante a desinflação.

Agora, podemos calcular a taxa de sacrifício para esse episódio. Sabemos que 20,0 pontos percentuais do PIB foram perdidos e que a inflação diminuiu em 6,1 pontos percentuais. Consequentemente, 20,0/6,1, ou 3,3 pontos percentuais do PIB, foram perdidos para cada ponto percentual de redução na inflação. A estimativa para a taxa de sacrifício decorrente da política de desinflação de Volcker corresponde a 3,3.

Essa estimativa da taxa de sacrifício é mais baixa do que as estimativas feitas antes de Volcker ter sido nomeado presidente do Federal Reserve. Em outras palavras, Volcker reduziu a inflação a um custo muito mais baixo do que muitos economistas haviam previsto. Uma das explicações é que a posição inflexível de Volcker obteve credibilidade suficiente para influenciar diretamente as expectativas de inflação. Ainda assim, a mudança nas expectativas não foi grande o bastante para tornar a desinflação indolor: em 1982, o desemprego chegou a 10,8%, seu nível mais alto desde a Grande Depressão.

TABELA 14.1 Desemprego durante a desinflação de Volcker

Ano	Taxa de desemprego, u	Taxa natural, u^n	Desemprego cíclico, $u - u^n$
1982	9,7%	6%	3,7%
1983	9,6%	6%	3,6%
1984	7,5%	6%	1,5%
1985	7,2%	6%	1,2%
			Total: 10%

Embora a desinflação de Volcker seja apenas um episódio histórico, esse tipo de análise pode ser aplicado a outras desinflações. Um estudo de grande abrangência documentou os resultados de 65 desinflações em 19 países. Em quase todos os casos, a redução da inflação ocorreu à custa da diminuição temporária da produção. No entanto, a dimensão da perda em termos de produção variou de episódio para episódio. Desinflações rápidas em geral apresentaram taxas de sacrifício mais baixas do que as desinflações mais lentas. Ou seja, em contraposição ao que sugere a curva de Phillips com expectativas adaptativas, uma abordagem de pisada no freio parece menos onerosa do que uma abordagem gradativa. Além disso, países com práticas mais flexíveis de estabelecimento de salários, tais como contratos de trabalho com menor prazo de vigência, obtiveram taxas de sacrifício mais baixas. Essas descobertas indicam que reduzir a inflação sempre tem algum custo, mas que as políticas econômicas e algumas práticas podem afetar a magnitude desse custo.*

Histerese e o desafio à hipótese da taxa natural

Nossa discussão sobre o custo da desinflação – na realidade, toda a nossa discussão sobre oscilações econômicas nos últimos quatro capítulos – tem se baseado em um pressuposto chamado de **hipótese da taxa natural**. Essa hipótese é sintetizada na seguinte declaração:

Oscilações na demanda agregada afetam a produção e o emprego somente no curto prazo. No longo prazo, a economia retorna aos níveis de produção, emprego e desemprego descritos pelo modelo clássico.

A hipótese da taxa natural possibilita que os macroeconomistas estudem isoladamente os desenvolvimentos de curto e de longo prazo na economia. Trata-se de uma expressão da dicotomia clássica.

Alguns economistas, entretanto, têm contestado a hipótese da taxa natural, com base na proposição de que a demanda agregada pode vir a afetar a produção e o desemprego até mesmo no longo prazo. Eles têm destacado uma série de mecanismos por meio dos quais recessões podem deixar cicatrizes permanentes na economia, pelo fato de alterarem a taxa natural de desemprego. **Histerese** é o termo utilizado para descrever a influência de longa duração da história sobre a taxa natural.

Uma recessão pode exercer efeitos permanentes caso venha a modificar as pessoas que ficaram desempregadas. Por exemplo, trabalhadores podem perder habilidades valiosas quando estão desempregados, o que diminui a sua capacidade de encontrar emprego mesmo depois do fim da recessão. Um longo período de desemprego também pode modificar as atitudes de uma pessoa em relação ao trabalho e reduzir sua vontade de encontrar emprego. Em qualquer um dos casos, a recessão inibe permanentemente o processo de busca por emprego e faz crescer o volume de desemprego friccional.

Outro meio pelo qual uma recessão pode afetar permanentemente a economia é pela modificação no processo que determina os salários. Quem fica desempregado pode perder sua influência sobre o processo de estabelecimento de salários. Trabalhadores desempregados podem perder seu *status* como membros do sindicato, por exemplo. Em termos mais gerais, alguns dos *participantes* do processo de estabelecimento de salários passam a ser *não participantes* do processo. Se o grupo reduzido dos que são *participantes* do processo se preocupa mais com salários reais altos e menos com o alto índice de desemprego, a recessão pode empurrar indefinidamente os salários para um ponto acima do nível de equilíbrio e elevar o desemprego estrutural.

A histerese continua sendo uma teoria controvertida. Alguns economistas acreditam que a teoria ajuda a explicar o desemprego persistentemente alto na Europa. O crescimento no nível de desemprego europeu, que teve início nos primeiros anos da década de 1980, coincidiu com a desinflação mas continuou depois que a inflação se estabilizou. Além disso, o crescimento no nível de desemprego tendia a ser maior nos países que passavam pelas maiores reduções na inflação, como Irlanda, Itália e Espanha. Como sugerem esses episódios, a histerese pode aumentar a taxa de sacrifício uma vez que parte da produção é perdida até mesmo depois do período de inflação ter acabado. Contudo, ainda não existe qualquer consenso sobre ser ou não significativo o fenômeno da histerese, ou sobre a razão pela qual ele pode ser mais acentuado em alguns países do que em outros. (Outras explicações sobre os altos índices de desemprego na Europa, discutidas no Capítulo 7, apontam para forças outras que não a desinflação.) No entanto, caso seja verdadeira, a teoria da histerese é importante porque aumenta substancialmente o custo das recessões.**

14.3 CONCLUSÃO

Começamos este capítulo discutindo dois modelos para a oferta agregada, cada um deles enfocando uma razão diferente pela qual, no curto prazo, a produção cresce acima do nível natural quando o nível de preços cresce acima do nível esperado pelas pessoas. Ambos os modelos explicam por que a curva da oferta agregada de curto prazo apresenta inclinação ascendente, e ambos acarretam um *trade-off* entre inflação e desemprego no curto prazo. Uma forma conveniente de expressar e analisar esse *trade-off* é utilizar a equação da curva de Phillips, segundo a qual a inflação depende da inflação esperada, do desemprego cíclico e dos choques na oferta.

Nem todos os economistas endossam todas as ideias aqui discutidas. Existe divergência, por exemplo, em relação à importância prática das expectativas racionais e à relevância da histerese. Se você encontrar dificuldades para juntar todas as peças, saiba que não está sozinho. O estudo da oferta agregada continua a ser uma das mais irresolutas – e, consequentemente, mais excitantes – áreas de pesquisas e estudos na macroeconomia.

Resumo

1. As duas teorias para a oferta agregada – os modelos da rigidez de preços e da informação imperfeita – atribuem a várias imperfeições do mercado os desvios do nível da produção e do emprego em relação às suas respectivas taxas naturais. De acordo com ambas as teorias, a produção cresce acima de seu nível natural quando o nível de preços excede o esperado, e o montante da produção cai abaixo de seu nível natural quando o nível de preços é mais baixo do que o esperado.

---

* BALL, Laurence. What determines the sacrifice ratio? *In*: MANKIW, N. Gregory (ed.). *Monetary policy*. Chicago: University of Chicago Press, 1994. p. 155-193.

** BLANCHARD, Olivier J.; SUMMERS, Lawrence H. Beyond the natural rate hypothesis. *American Economic Review*, v. 78, p. 182-187, May 1988; BALL, Laurence. Disinflation and the NAIRU. *In*: ROMER, Christina D.; ROMER, David H. (ed.). *Reducing inflation*: motivation and strategy. Chicago: University of Chicago Press, 1997. p. 167-185. BALL, Laurence. Long-term damage from the great recession in OECD countries. *NBER Working Paper* n. 20185, 2014.

2. Economistas geralmente expressam a oferta agregada sob a forma de uma relação chamada de curva de Phillips. A curva de Phillips determina que a inflação depende da inflação esperada, do desvio do desemprego em relação à sua taxa natural e de choques na oferta. De acordo com a curva de Phillips, decisores políticos que controlam a demanda agregada enfrentam *trade-off* entre inflação e desemprego no curto prazo.

3. Se a inflação esperada depende da inflação observada recentemente, então a inflação é inercial. Reduzir a inflação exige um choque benéfico na oferta ou um período com alto índice de desemprego e redução na produção. No entanto, se as pessoas têm expectativas racionais, um anúncio que trate de mudança na política econômica e tenha credibilidade junto à opinião pública pode ser capaz de influenciar diretamente as expectativas e, por conseguinte, reduzir a inflação sem causar recessão.

4. A maior parte dos economistas aceita como verdadeira a hipótese da taxa natural, de acordo com a qual as oscilações na demanda agregada exercem efeitos, somente no curto prazo, sobre a produção e o desemprego. Alguns economistas, no entanto, têm sugerido meios pelos quais as recessões podem deixar cicatrizes permanentes na economia, pelo fato de elevarem a taxa natural de desemprego.

Questionário rápido

1. O modelo de preços rígidos para oferta agregada explica por que
    a) o nível de produção declina quando os preços ficam abaixo dos preços esperados.
    b) a inflação esperada reage lentamente a variações nas políticas econômicas.
    c) recessões deixam cicatrizes permanentes no nível de desemprego.
    d) a taxa natural de desemprego depende da inflação.

2. Um crescimento no nível de preços esperado desloca
    a) a curva da oferta agregada de longo prazo para a esquerda.
    b) a curva da oferta agregada de longo prazo para a direita.
    c) a curva da oferta agregada de curto prazo para a esquerda.
    d) a curva da oferta agregada de curto prazo para a direita.

3. Como resultado de uma contração na demanda agregada, o _____ declina, mas, ao longo do tempo, ele retorna ao seu patamar anterior à medida que o nível de preços passa a _____.
    a) nível de preços, crescer
    b) nível de preços, diminuir
    c) nível de produção, crescer
    d) nível de produção, diminuir

4. Um deslocamento para a direita na _____ agregada movimenta a economia ao longo da curva de Phillips de curto prazo até o ponto com inflação mais _____.
    a) oferta, alta
    b) oferta, baixa
    c) demanda, alta
    d) demanda, baixa

5. Um deslocamento para a direita na _____ agregada desloca a curva de Phillips de curto prazo de tal modo que a economia passa a ter inflação mais _____ para qualquer nível de desemprego.
    a) oferta, alta
    b) oferta, baixa
    c) demanda, alta
    d) demanda, baixa

6. Um banco central pode reduzir a inflação ao custo mais baixo se as expectativas da população em relação à inflação
    a) reagem rapidamente a novos regimes de políticas econômicas.
    b) se adaptam lentamente a variações na política econômica.
    c) tratam racionalmente anúncios sobre políticas econômicas como implausíveis.
    d) dependem de maneira adaptativa de fatos passados referentes a inflação.

CONCEITOS-CHAVE

Modelo de preços rígidos
Modelo da informação imperfeita
Curva de Phillips
Expectativas adaptativas

Inflação de demanda
Inflação de custos
Taxa de sacrifício

Expectativas racionais
Hipótese da taxa natural
Histerese

Questões para revisão

1. Explique as duas teorias para a oferta agregada. Em qual tipo de imperfeição de mercado se baseia cada uma das teorias? O que essas teorias têm em comum?
2. Como a curva de Phillips se relaciona com a oferta agregada?
3. Por que a inflação pode ser inercial?
4. Explique as diferenças entre inflação de demanda e inflação de custos.
5. Sob quais circunstâncias pode ser possível reduzir a inflação sem causar recessão?
6. Explique dois meios pelos quais uma recessão poderia elevar a taxa natural de desemprego.

Problemas e aplicações

1. No modelo de preços rígidos, descreva a curva da oferta agregada nos casos especiais apresentados a seguir. De que modo esses casos podem ser comparados com a curva da oferta agregada de curto prazo que examinamos no Capítulo 10?
   a) Todas as empresas têm preços rígidos ($s = 1$).
   b) O preço desejado não depende do produto agregado ($a = 0$).

2. Suponha que certa economia tenha a curva de Phillips

   $$\pi = \pi_{-1} - 0,5(u - 5).$$

   a) Qual é a taxa natural de desemprego?
   b) Elabore um gráfico para as relações entre inflação e desemprego no curto prazo e no longo prazo.
   c) Qual a quantidade de desemprego cíclico necessária para reduzir a inflação em 4 pontos percentuais? Utilizando a Lei de Okun, faça o cálculo para a taxa de sacrifício.
   d) A inflação está girando em torno de 6%. O banco central deseja reduzi-la para 2%. Apresente dois cenários nos quais seja possível alcançar esse objetivo.

3. Solucione • Uma economia tem a seguinte equação para a curva de Phillips:

   $$\pi = E\pi - 0,5(u - 6).$$

   As pessoas formam expectativas de inflação ao adotarem uma média ponderada entre os dois anos anteriores de inflação:

   $$E\pi = 0,7\pi_{-1} + 0,3\pi_{-2}.$$

   A Lei de Okun para esta economia é:

   $$(Y - Y_{-1})/Y_{-1} = 3,0 - 2,0(u - u_{-1}).$$

   A economia começa com sua taxa natural de desemprego apresentando uma taxa de inflação estável de 5%.
   a) Qual é a taxa natural de desemprego para a economia?
   b) Elabore o *trade-off* de curto prazo entre inflação e desemprego que a economia encontra. Chame de ponto A o ponto no qual a economia começa. Não deixe de atribuir valores numéricos ao ponto A.
   c) Uma queda na demanda agregada traz recessão, fazendo com que a taxa de desemprego cresça 4 pontos percentuais acima de sua respectiva taxa natural. No seu gráfico do item (b), chame de ponto B o ponto no qual a economia se posiciona naquele ano. Mais uma vez, não deixe de atribuir valores numéricos.
   d) O desemprego permanece em seu patamar elevado por dois anos [o ano inicial descrito no item (c) e um ano mais], depois dos quais retorna a seu nível natural. Crie uma tabela mostrando desemprego, inflação, inflação esperada e crescimento na produção durante 10 anos, começando dois anos antes da recessão. (Esses cálculos são mais bem elaborados em uma planilha eletrônica.)
   e) No mesmo gráfico utilizado no item (b), trace o *trade-off* de curto prazo que a economia enfrenta ao final desse período de 10 anos. Chame de ponto C o ponto no qual a economia se encontra, novamente utilizando valores numéricos.
   f) Compare o equilíbrio antes da recessão com o novo equilíbrio de longo prazo (período 10). Em que montante a inflação se modifica? Quantos pontos percentuais, em termos do total da produção, são perdidos durante a transição? Qual é a taxa de sacrifício da economia?

4. De acordo com a abordagem das expectativas racionais, se todas as pessoas acreditam que os decisores políticos estão comprometidos com a redução da inflação, o custo dessa redução – a taxa de sacrifício – será mais baixo do que se a opinião pública estiver cética em relação às intenções dos políticos. Por que isso pode ser verdadeiro? Como é possível alcançar credibilidade?

5. Suponha que a economia esteja inicialmente em equilíbrio de longo prazo. Com base nisso, o banco central aumenta a oferta monetária.
   a) Supondo que qualquer inflação resultante seja inesperada, explique quaisquer mudanças no PIB, no desemprego e na inflação que venham a ser causadas pela expansão monetária. Explique suas conclusões, utilizando três diagramas: um para o modelo *IS-LM*, um para o modelo *DA-OA* e um para a curva de Phillips.
   b) Supondo, em vez disso, que qualquer inflação resultante seja esperada, explique quaisquer mudanças no PIB, no desemprego e na inflação que venham a ser causadas pela expansão monetária. Mais uma vez, explique suas conclusões utilizando três diagramas: um para o modelo *IS-LM*, um para o modelo *DA-OA* e um para a curva de Phillips.

6. Suponha que as pessoas tenham expectativas racionais e que a economia seja descrita pelo modelo de preços rígidos. Explique a razão pela qual cada uma das seguintes proposições é verdadeira:
   a) Somente as variações imprevistas na oferta monetária afetam o PIB real. Variações na oferta monetária que tenham sido previstas no momento em que salários e preços foram estabelecidos não exercem quaisquer efeitos reais.
   b) Se o banco central determina a oferta monetária na mesma ocasião em que as pessoas estão estabelecendo preços, de modo tal que todas tenham as mesmas informações sobre o estado da economia, a política monetária não pode ser adotada de maneira sistemática de modo a estabilizar o volume de produção. Consequentemente, uma política que busque manter constante a oferta monetária terá os mesmos efeitos reais de uma política de ajuste na oferta monetária em resposta ao estado da economia. (Isso é chamado de *proposição da irrelevância da política*.)
   c) Se o banco central determina a oferta monetária bem depois de as pessoas terem estabelecido os preços, de tal modo que o banco central tenha coletado maior quantidade de informações sobre o estado da econo-

Problemas e aplicações

mia, a política monetária pode ser adotada de maneira sistemática para estabilizar o volume da produção.

7. Suponha que uma economia tenha a curva de Phillips

$$\pi = \pi_{-1} - 0,5\left(u - u^n\right).$$

e que a taxa natural de desemprego seja determinada por uma média entre o desemprego dos dois últimos anos:

$$u^n = 0,5\left(u_{-1} + u_{-2}\right).$$

a) Por que a taxa natural de desemprego pode depender do desemprego recente (como pressupõe a equação ora apresentada)?
b) Suponha que o banco central adote uma política econômica para reduzir, em caráter permanente, a taxa de inflação em 1 ponto percentual. Que tipo de efeito sobre a taxa de desemprego essa política econômica terá ao longo do tempo?
c) Qual é a taxa de sacrifício dessa economia? Explique.
d) Quais são as implicações dessas equações para o *trade-off* entre inflação e desemprego, no curto prazo e no longo prazo?

8. Alguns economistas acreditam que os impostos exercem efeito importante sobre a oferta de mão de obra. Eles argumentam que impostos mais altos fazem com que as pessoas desejem trabalhar menos, enquanto impostos mais baixos fazem as pessoas quererem trabalhar mais. Pense de que maneira esse efeito altera a análise macroeconômica que trata de mudanças na carga tributária.
a) Se esse ponto de vista está correto, de que modo uma redução nos impostos afeta a taxa natural de produção?
b) De que modo uma redução nos impostos afeta a curva da demanda agregada? E a curva da oferta agregada de longo prazo? E a curva da oferta agregada de curto prazo?
c) Qual é o impacto de uma redução nos impostos sobre o montante da produção e o nível de preços no curto prazo? Como sua resposta difere do caso em que não existe o efeito da oferta de mão de obra?
d) Qual é o impacto de uma redução nos impostos sobre o montante da produção e o nível de preços no longo prazo? Até que ponto sua resposta difere do caso em que não existe o efeito da oferta de mão de obra?

9. Visite o *site* do Bureau of Labor Statistics (www.bls.gov). Para cada um dos últimos cinco anos, encontre a taxa de inflação medida com base no índice de preços ao consumidor para todos os itens (chamada geralmente de *inflação oficial*) e medida pelo IPC, excluindo alimentos e energia elétrica (chamada de *núcleo da inflação*). Compare esses dois indicadores para a inflação. Por que eles podem ser diferentes? O que essa diferença pode nos revelar sobre deslocamentos na curva da oferta agregada e na curva de Phillips, no curto prazo?

Respostas do questionário rápido

1. a
2. c
3. d
4. c
5. b
6. a

APÊNDICE: A Mãe de Todos os Modelos

Nos capítulos anteriores, examinamos muitos modelos para o funcionamento da economia. Ao estudarmos esses modelos, pode ser difícil perceber a relação que eles estabelecem entre si. Agora que acabamos de desenvolver o modelo para demanda agregada e oferta agregada, eis uma boa oportunidade para fazer uma retrospectiva do que aprendemos. Este apêndice apresenta um esboço de modelo abrangente que incorpora grande parte da teoria que já estudamos, incluindo a teoria clássica, apresentada na Parte 2, e a teoria do ciclo econômico, apresentada na Parte 4. Você já deve estar lembrado das notações e equações apresentadas. O objetivo é colocar grande parte de nossa análise anterior em um arcabouço comum, de modo a esclarecer as relações entre os vários modelos.

Esse modelo abrangente tem sete equações:

$Y = C(Y - T) + I(r) + G + NX(\varepsilon)$ IS: Equilíbrio do Mercado de Bens

$M/P = L(i, Y)$ LM: Equilíbrio do Mercado Monetário

$NX(\varepsilon) = CF(r - r^*)$ Equilíbrio do Mercado de Câmbio

$i = r + E\pi$ Relação entre Taxa de Juros Real e Taxa de Juros Nominal

$\varepsilon = eP/P^*$ Relação entre Taxa de Câmbio Real e Taxa de Câmbio Nominal

$Y = \bar{Y} + \alpha(P - EP)$ Oferta Agregada

$\bar{Y} = F(\bar{K}, \bar{L})$ Nível Natural de Produção

Essas sete equações determinam os valores de equilíbrio para sete variáveis endógenas: produção, Y; nível natural de produção, $\bar{Y}$; taxa de juros real, r; taxa de juros nominal, i; taxa de câmbio real, ε; taxa de câmbio nominal, e; e nível de preços, P.

Diversas variáveis exógenas influenciam essas variáveis endógenas. Entre elas, a oferta monetária, M; compras do governo, G; impostos, T; estoque de capital, K; força de trabalho, L; nível de preços internacional, P^*; e taxa de juros real internacional, r^*. Além disso, existem duas variáveis relacionadas a expectativas: expectativa de inflação futura, $E\pi$, e expectativa para o nível atual de preços formado no passado, EP. Pelo modo como foi formulado, o modelo pressupõe como exógenas essas variáveis relacionadas a expectativas, embora se possam acrescentar outras equações de maneira a torná-las endógenas.

As técnicas matemáticas disponíveis para analisar esse modelo com sete equações estão além do escopo deste livro. Apesar disso, esse modelo amplo ainda pode ser útil por mostrar como os modelos menores que examinamos estão relacionados entre si. Em particular, *muitos dos modelos que estudamos representam casos especiais desse modelo abrangente*. Consideremos agora seis casos especiais. (Um problema, ao final desta seção, examina alguns casos a mais.)

CASO ESPECIAL 1: A ECONOMIA FECHADA CLÁSSICA

Suponhamos que $EP = P$, $L(i, Y) = (1/V)Y$ e $CF(r - r^*) = 0$. Colocando em palavras, isso significa que as expectativas sobre o nível de preços se ajustam de tal modo que as expectativas estejam corretas, a demanda monetária seja proporcional à renda e não exista nenhum fluxo internacional de capital. Nesse caso, a produção está sempre em seu nível natural, a taxa de juros real se ajusta de modo a equilibrar o mercado de bens, o nível de preços se movimenta paralelo com a oferta monetária e a taxa de juros nominal se ajusta em uma base de um para um em relação à inflação esperada. Esse caso especial corresponde à economia que analisamos nos Capítulos 3 e 5.

CASO ESPECIAL 2: A ECONOMIA ABERTA DE PEQUENO PORTE CLÁSSICA

Suponhamos que $EP = P$, $L(i, Y) = (1/V)Y$ e $CF(r - r^*)$ seja infinitamente elástico. Neste caso, os fluxos internacionais de capital reagem consideravelmente a quaisquer diferenças entre a taxa de juros interna e a taxa de juros internacional. Isso significa que $r = r^*$ e que a balança comercial, NX, equivale à diferença entre poupança e investimento no patamar da taxa de juros internacional. Esse caso especial corresponde à economia que analisamos no Capítulo 6.

CASO ESPECIAL 3: O MODELO BÁSICO PARA DEMANDA AGREGADA E OFERTA AGREGADA

Suponhamos que α seja infinito e $L(i, Y) = (1/V)Y$. Nesse caso, a curva da oferta agregada de curto prazo é horizontal e a curva da demanda agregada é determinada apenas pela equação quantitativa. Esse caso especial corresponde à economia que analisamos no Capítulo 10.

CASO ESPECIAL 4: O MODELO IS-LM

Suponhamos que a seja infinito e que $CF(r - r^*) = 0$. Nesse caso, a curva da oferta agregada de curto prazo é horizontal e não existe qualquer fluxo internacional de capital. Para qualquer nível determinado de inflação esperada, $E\pi$, o nível de renda e a taxa de juros devem necessariamente se ajustar de modo a equilibrar o mercado de bens e o mercado monetário. Esse caso especial corresponde à economia que analisamos nos Capítulos 11 e 12.

CASO ESPECIAL 5: O MODELO MUNDELL-FLEMING COM TAXA DE CÂMBIO FLUTUANTE

Suponha que α seja infinito e $CF(r - r^*)$ seja infinitamente elástico. Nesse caso, a curva da oferta agregada de curto prazo é horizontal e os fluxos internacionais de capital são grandes o suficiente para assegurar que $r = r^*$. A taxa de câmbio flutua livremente, no sentido de alcançar o seu nível de equilíbrio. Esse caso especial corresponde à primeira economia que analisamos no Capítulo 13.

CASO ESPECIAL 6: O MODELO MUNDELL-FLEMING COM TAXA DE CÂMBIO FIXA

Suponhamos que α seja igual a infinito, $CF(r - r^*)$ seja infinitamente elástico e a taxa de câmbio nominal, e, seja fixa. Nesse caso, a curva de oferta agregada de curto prazo é horizontal, fluxos internacionais de capital consideravelmente grandes garantem que $r = r^*$, mas a taxa de câmbio é determinada pelo banco central. A taxa de câmbio passa a ser agora uma variável exógena determinada por meio de políticas econômicas, embora a oferta monetária, M, seja uma variável endógena, que deve necessariamente se ajustar de modo a garantir que a taxa de câmbio alcance o nível fixado. Esse caso especial corresponde à segunda economia que analisamos no Capítulo 13.

Você deve, agora, verificar o valor desse modelo de maior dimensão. Embora esse modelo seja grande demais para ter utilidade no desenvolvimento de um entendimento intuitivo sobre o funcionamento da economia, ele mostra que os diferentes modelos que estivemos estudando têm estreita relação entre si. Em cada capítulo, estabelecemos alguns pressupostos simplificadores a fim de transformar o modelo grande em um modelo menor e de mais fácil compreensão.

A Figura 14.6 apresenta um diagrama sob forma de sistema que ilustra a relação de vários modelos entre si. Esse diagrama mostra como, iniciando com a mãe de todos os modelos na parte superior, você consegue chegar a alguns dos modelos examinados nos capítulos anteriores. Estas são as etapas:

1. *Clássico ou Keynesiano?* Você decide se deseja um caso especial clássico (que ocorre quando $EP = P$, ou quando α corresponde a zero, de tal modo que a produção esteja em seu nível natural) ou um caso especial keynesiano (que ocorre quando α é infinito, de modo tal que o nível de preços é completamente fixo).
2. *Fechada ou Aberta?* Você decide se deseja uma economia fechada (que ocorre quando o fluxo de capital, CF, é sempre igual a zero) ou uma economia aberta (que permite que CF seja diferente de zero).
3. *Pequeno Porte ou Grande Porte?* Caso deseje uma economia aberta, você decide se deseja uma economia de pequeno porte (na qual CF é infinitamente elástico, no patamar da taxa de juros internacional, r^*) ou uma economia de grande porte (na qual a taxa de juros interna não é estabelecida com base na taxa de juros internacional).

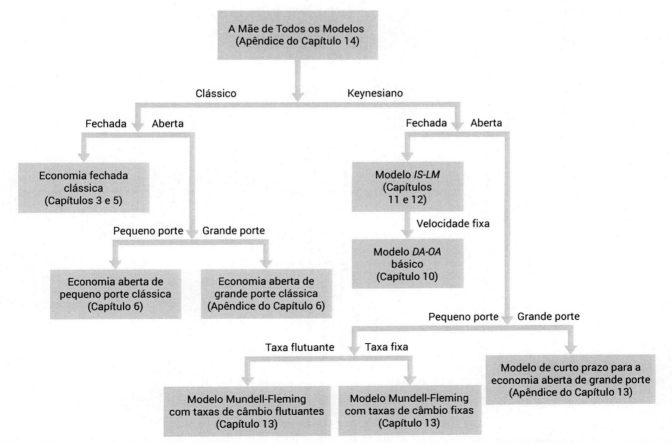

Figura 14.6 De que modo se relacionam os modelos. Esse diagrama, sob forma de esquema, ilustra como o modelo grande e abrangente apresentado neste apêndice se relaciona com os modelos menores e mais simples desenvolvidos em capítulos anteriores.

4. *Flutuante ou Fixa?* Se está examinando uma economia aberta de pequeno porte, você decide se a taxa de câmbio é flutuante (caso em que o banco central estabelece a oferta monetária) ou fixa (caso em que o banco central permite que a oferta monetária se ajuste).
5. *Velocidade Fixa?* Caso esteja analisando uma economia fechada com o pressuposto keynesiano de preços fixos, você decide se deseja centrar o foco no caso especial em que a velocidade é fixada de maneira exógena.

Ao tomar essa série de decisões em relação ao tipo de modelo, você pode se deslocar do modelo mais completo e mais complexo para um caso especial mais simples e mais estreitamente focado, que seja mais fácil de ser compreendido e utilizado.

Quando pensamos no mundo real, é importante termos em mente todos os modelos e todas as suas respectivas premissas simplificadoras. Cada um desses modelos proporciona critérios em relação a alguma faceta da economia.

Mais Problemas e aplicações

1. Consideremos alguns outros casos especiais para esse modelo mais amplo. Começando com o modelo mais amplo, que pressupostos adicionais seriam necessários de modo a gerar cada um dos modelos a seguir?

   a) O modelo da economia aberta de grande porte clássica do apêndice do Capítulo 6.
   b) A cruz keynesiana da primeira metade do Capítulo 11.
   c) O modelo *IS-LM* para a economia aberta de grande porte, do apêndice do Capítulo 13.

Parte 5

Tópicos sobre Teoria e Política Macroeconômica

Um Modelo Dinâmico para Flutuações Econômicas

15

O importante na ciência não é tanto obter fatos novos, mas descobrir novas maneiras de pensar sobre eles.

– William Bragg

A citação que abre este capítulo, de autoria de William Bragg (físico que viveu cerca de um século atrás), aplica-se na mesma medida à economia e às ciências naturais. Muitos dos fatos que os economistas estudam são relatados todos os dias pelos meios de comunicação – PIB, inflação, desemprego, a balança comercial e assim por diante. Os economistas desenvolvem modelos que proporcionem novas maneiras de pensar sobre esses fatos conhecidos. Um bom modelo é aquele que não apenas se ajusta aos fatos, mas também oferece novas linhas de raciocínio sobre eles.

Nos capítulos anteriores, desenvolvemos modelos que explicam a economia tanto no longo quanto no curto prazo. Poderia parecer que, em certo sentido, nosso estudo da macroeconomia está completo. No entanto, como todos os outros cientistas, os economistas jamais descansam. Existem sempre algumas perguntas a serem respondidas e mais aperfeiçoamentos a realizar. Neste capítulo e nos próximos quatro, analisamos alguns tópicos na teoria e nas políticas macroeconômicas que expandem nossa compreensão sobre a economia e as escolhas com que os formuladores de políticas econômicas se deparam.

Este capítulo apresenta um modelo que chamaremos de *modelo dinâmico para demanda agregada e oferta agregada*. Esse modelo proporciona uma nova lente por meio da qual podemos enxergar flutuações de curto prazo na produção e na inflação, bem como os efeitos da política monetária e da política fiscal sobre essas flutuações. Como sugere o próprio nome, esse novo modelo enfatiza a natureza dinâmica das oscilações econômicas. O dicionário define a palavra *dinâmico* como "relativo a energia ou objetos em movimento; caracterizado por mudanças contínuas ou atividades contínuas". Esta definição se aplica prontamente à atividade econômica. A economia é constantemente bombardeada por diversos choques. Esses choques não exercem apenas impacto imediato sobre o equilíbrio de curto prazo da economia, mas afetam também a trajetória subsequente da produção, da inflação e de muitas outras variáveis. O modelo dinâmico *DA-OA* concentra sua atenção no modo como produção e inflação reagem, ao longo do tempo, a modificações exógenas no ambiente econômico.

Além de dar maior ênfase à dinâmica, o modelo difere de nossos modelos anteriores em outro aspecto significativo: ele incorpora, explicitamente, a reação da política monetária às condições econômicas. Em capítulos anteriores, seguimos a simplificação convencional de que o banco central estabelece a oferta monetária que, por sua vez, é um determinante para a taxa de juros de equilíbrio. No mundo real, entretanto, muitos bancos centrais estabelecem uma meta para a taxa de juros e permitem que a oferta monetária se ajuste no nível necessário para alcançar essa meta. Além disso, a taxa de juros estabelecida como meta pelo banco central depende das condições econômicas, incluindo tanto a inflação quanto a produção. O modelo dinâmico *DA-OA* se baseia nessas características realistas da política monetária.

Muitos dos alicerces do modelo dinâmico *DA-OA* já são conhecidos de capítulos anteriores, embora algumas vezes venham a assumir formas ligeiramente diferentes. Mais importante, esses componentes são agregados de inúmeras maneiras. Você pode pensar nesse modelo como uma nova receita que combina ingredientes já conhecidos, de modo a criar uma refeição surpreendentemente original. Nesse caso, combinaremos seis relações econômicas já conhecidas de uma nova maneira, a fim de gerar linhas de raciocínio mais profundas sobre a natureza das flutuações econômicas de curto prazo.

Comparado aos modelos apresentados nos capítulos anteriores, o modelo dinâmico *DA-OA* está mais próximo daqueles estudados por economistas na fronteira da pesquisa científica. Além disso, os economistas envolvidos no estabelecimento de políticas macroeconômicas, como aqueles que trabalham nos bancos centrais de todo o mundo, costumam utilizar versões desse modelo quando analisam o impacto de eventos econômicos sobre o total da produção e a inflação.

15.1 ELEMENTOS DO MODELO

Antes de examinarmos os componentes do modelo dinâmico *DA-OA*, precisamos apresentar algumas notações: ao longo de todo este capítulo, a letra t subscrita em uma variável representa tempo. Por exemplo, Y continua a representar o total da produção e a renda nacional mas, agora, assume a forma Y_t, que representa a produção no período de tempo t. De modo semelhante, Y_{t-1} representa a produção no período $t-1$, enquanto Y_{t+1} representa a produção no período $t+1$. Essa nova notação nos permite acompanhar as variáveis à medida que elas vão se modificando ao longo do tempo.

Vamos, agora, analisar as cinco equações que compõem o modelo dinâmico *DA-OA*.

Produção: a demanda por bens e serviços

A demanda por bens e serviços é fornecida pela equação

$$Y_t = \overline{Y}_t - \alpha(r_t - \rho) + \varepsilon_t$$

em que Y_t corresponde à produção total de bens e serviços; $\overline{Y}_t$ corresponde ao nível natural de produção; r_t corresponde à taxa de juros real; ε_t corresponde a um choque de demanda aleatório; e α e ρ são parâmetros maiores do que zero (a serem explicados em breve). Essa equação é semelhante, em sua essência, à equação para a demanda de bens e serviços do Capítulo 3 e à equação IS do Capítulo 11. Uma vez que essa equação é tão crucial para o modelo dinâmico DA-OA, é importante examinar cada um dos termos com bastante cautela.

O primeiro termo no lado direito da equação, $\overline{Y}_t$, implica que a demanda por bens e serviços, Y_t, cresce com o nível natural de produção da economia. Na maioria dos casos, podemos simplificar a análise pressupondo que $\overline{Y}_t$ seja constante (isto é, o mesmo para cada período de tempo t). No entanto, posteriormente neste capítulo, examinaremos como este modelo consegue levar em conta o crescimento de longo prazo, representado por crescimentos exógenos em $\overline{Y}_t$, ao longo do tempo. Mantendo todas as outras coisas constantes, à medida que o crescimento de longo prazo aumenta a capacidade da economia de fornecer bens e serviços (medida pelo nível natural de produção, $\overline{Y}_t$), ele também torna a economia mais rica e faz crescer a demanda por bens e serviços.

O segundo termo no lado direito da equação expressa uma relação negativa entre a taxa de juros real, r_t, e a demanda por bens e serviços, Y_t. Quando a taxa de juros real cresce, a tomada de empréstimos fica mais cara e poupar gera maior recompensa. Como resultado, as firmas se envolvem em menor quantidade de projetos de investimento e os consumidores poupam mais e gastam menos. Esses dois efeitos reduzem a demanda por bens e serviços. O parâmetro α nos informa o grau de sensibilidade da demanda em relação a variações na taxa de juros real. Quanto maior o valor de α, mais forte a reação da demanda por bens e serviços com relação a uma variação na taxa de juros real. Observe que a taxa de juros entra nesta equação como $r_t - \rho$, o desvio em relação ao parâmetro ρ, que interpretaremos daqui a pouco.

O último termo na equação para a demanda, ε_t, representa deslocamentos exógenos na demanda. Pense em ε_t como uma *variável aleatória* – variável cujos valores são determinados ao acaso. É igual a zero, em média, embora oscile ao longo do tempo. Por exemplo, se (conforme a famosa sugestão de Keynes) os investidores fossem orientados em parte pelo "espírito animal" – ondas irracionais de otimismo e pessimismo –, essas oscilações de sentimento seriam capturadas por ε_t. Quando os investidores ficam otimistas, eles aumentam sua demanda por bens e serviços, representada aqui por um valor positivo de ε_t. Quando ficam pessimistas, voltam a reduzir seus gastos e ε_t passa a ser negativo.

Agora, considere o parâmetro ρ. Chamamos ρ de *taxa natural de juros* porque trata-se da taxa de juros real na qual, na ausência de qualquer choque, a demanda por bens e serviços se iguala ao nível natural de produção. Ou seja, se $\varepsilon_t = 0$, e $r_t = \rho$, então $Y_t = \overline{Y}_t$. Mais adiante neste capítulo, veremos que a taxa de juros real, r_t, tende a se mover em direção à taxa natural de juros, ρ, no longo prazo. Ao longo de todo este capítulo, pressupomos que a taxa natural de juros é constante (ou seja, a mesma em todos os períodos). O Problema 7, ao final do capítulo, examina o que acontece se ela se modificar.

Por fim, uma palavra sobre o grau de influência da política monetária e da política fiscal sobre a demanda por bens e serviços. Formuladores de política monetária afetam a demanda quando alteram a taxa de juros real, r_t. Consequentemente, suas ações operam por meio do segundo termo nessa equação.

Em contrapartida, quando formuladores de política fiscal alteram impostos ou os gastos do governo, eles alteram a demanda, qualquer que seja a taxa de juros. Como resultado, a variável ε_t captura variações na política fiscal. Um aumento nos gastos do governo ou uma redução de impostos que estimule o gasto dos consumidores significa valor positivo para ε_t. Uma diminuição nos gastos do governo ou um aumento nos impostos significa valor negativo para ε_t. Como veremos, um propósito desse modelo é examinar os efeitos dinâmicos de variações na política monetária e na política fiscal.

A Taxa de juros real: a equação de Fisher

A taxa de juros real, neste modelo, é definida do mesmo modo que tem sido nos capítulos anteriores. A taxa de juros real, r_t, corresponde à taxa de juros nominal, i_t, menos a taxa esperada de inflação futura $E_t\pi_{t+1}$. Ou seja,

$$r_t = i_t - E_t\pi_{t+1}$$

A equação de Fisher é semelhante àquela que vimos no Capítulo 5. Nesse caso, $E_t\pi_{t+1}$ representa a expectativa formada no período t em relação à inflação no período $t + 1$. A variável r_t corresponde à taxa de juros real *ex ante*: a taxa que as pessoas preveem com base em suas expectativas sobre a inflação.

Um esclarecimento sobre a notação e a convenção relacionadas ao tempo deve esclarecer o significado dessas variáveis. As variáveis r_t e i_t são as taxas de juros que prevalecem no tempo t e, por conseguinte, correspondem a uma taxa de retorno entre os períodos t e $t + 1$. A variável π_t representa a taxa de inflação corrente, que corresponde à variação percentual no nível de preços entre os períodos $t – 1$ e t. De maneira análoga, π_{t+1} corresponde à variação percentual no nível de preços que ocorrerá entre os períodos t e $t + 1$. No que diz respeito ao período de tempo t, π_{t+1} representa uma taxa de inflação futura e, consequentemente, não é conhecida. No período t, as pessoas podem formar uma expectativa para π_{t+1} (escrita na forma $E_t\pi_{t+1}$), mas terão que esperar até o período $t + 1$ para conhecer o valor real de π_{t+1} e saber se suas expectativas estavam corretas.

Observe que o subscrito em uma variável nos informa o período em que a variável é determinada. A taxa de juros nominal e a taxa de juros *ex ante* entre t e $t + 1$ são conhecidas no momento t, de tal modo que são escritas sob a forma i_t e r_t. Em contrapartida, a taxa de inflação entre t e $t + 1$ não é conhecida até o momento $t + 1$, de tal maneira que é escrita sob a forma π_{t+1}.

Essa regra para o subscrito também se aplica quando o operador para expectativas, E, antecede a variável, mas nesse caso é preciso ser especialmente cauteloso. Do mesmo modo que nos capítulos anteriores, o operador E em frente a uma variável representa a expectativa relacionada àquela variável antes de sua realização. O subscrito no operador para expectativas nos informa o momento em que essa expectativa foi formada. Sendo assim, $E_t\pi_{t+1}$ é a expectativa de qual será a taxa de inflação no período $t + 1$ (o subscrito em π) com base nas informações disponíveis no período t (o subscrito em E). Embora a taxa de inflação π_{t+1} não seja conhecida até o período $t + 1$, a expectativa da inflação futura, $E_t\pi_{t+1}$, é conhecida no período t. Como resultado, ainda que a taxa de juros real *ex post*, que é fornecida por $i_t - \pi_{t+1}$, não venha a ser conhecida até o momento $t + 1$, a taxa de juros real *ex ante*, $r_t = i_t - E_t\pi_{t+1}$ é conhecida no momento t.

Inflação: a curva de Phillips

A inflação, nesta economia, é determinada por uma curva de Phillips convencional, aumentada de modo a incluir funções para a inflação esperada e choques exógenos de oferta. A equação para a inflação é

$$\pi_t = E_{t-1}\pi_t + \phi\left(Y_t - \overline{Y}_t\right) + v_t$$

Essa parte do modelo é semelhante à curva de Phillips e à equação para a oferta agregada apresentadas no Capítulo 14. De acordo com essa equação, a inflação, π_t, depende da inflação anteriormente esperada, $E_{t-1}\pi_t$, do desvio da produção em relação a seu respectivo nível natural ($Y_t - \overline{Y}_t$) e de algum choque exógeno de oferta, v_t.

A inflação depende da inflação esperada, uma vez que algumas empresas estabelecem preços antecipadamente. Quando as empresas têm expectativa de inflação alta, elas preveem que seus custos crescerão rapidamente e que seus concorrentes implementarão altas substanciais nos preços. A expectativa de inflação alta induz essas empresas a anunciar crescimentos significativos nos preços de seus próprios produtos. Esses aumentos nos preços, por sua vez, provocam alta inflação no presente. Inversamente, quando as empresas têm expectativa de inflação baixa, elas preveem que os custos e os preços de seus concorrentes crescerão apenas moderadamente. Nesse caso, mantêm baixos os níveis de aumentos em seus próprios preços, causando inflação baixa no presente.

O parâmetro ϕ, que é maior do que zero, nos informa até que ponto a inflação reage quando a produção oscila em torno de seu nível natural. Mantendo-se constantes todos os demais fatores, quando a economia está passando por um ritmo acelerado de atividade e a produção cresce acima de seu nível natural ($Y_t > \overline{Y}_t$), as empresas passam a ter custos marginais crescentes e, assim, elevam seus preços. Quando a economia está em recessão e a produção está abaixo de seu nível natural ($Y_t < \overline{Y}_t$), os custos marginais caem e as empresas reduzem seus preços; essas reduções de preços reduzem a inflação, π_t. O parâmetro ϕ reflete até que ponto o custo marginal reage ao estado da atividade econômica e também a rapidez com que as empresas ajustam preços em reação a variações nos custos.

Nesse modelo, a situação do ciclo econômico é mensurada com base no desvio da produção em relação a seu nível natural ($Y_t - \overline{Y}_t$). As curvas de Phillips apresentadas no Capítulo 14, algumas vezes, enfatizaram o desvio do desemprego em relação a seu nível natural. No entanto, essa diferença não é significativa. Lembre-se da lei de Okun, apresentada no Capítulo 10: oscilações de curto prazo no nível da produção e no desemprego têm forte correlação negativa. Quando a produção está acima de seu nível natural, o desemprego está abaixo de seu nível natural, e vice-versa. À medida que continuarmos a desenvolver esse modelo, tenha em mente que o desemprego oscila juntamente com a produção, mas na direção oposta.

O choque de oferta, v_t, é uma variável aleatória cuja média gira em torno de zero, mas pode, em qualquer período determinado, ser positiva ou negativa. Essa variável captura todas as influências na inflação que não sejam expectativas de inflação (que são capturadas no primeiro termo, $E_{t-1}\pi_t$) e condições econômicas no curto prazo [que são capturadas no segundo termo $\phi(Y_t - \overline{Y}_t)$]. Por exemplo, se um cartel agressivo empurra para cima os preços internacionais do petróleo, causando assim um aumento na inflação em geral, esse evento pode ser representado por um valor positivo de v_t. Se as alianças no âmbito do cartel do petróleo se desmembram e os preços diminuem vertiginosamente, fazendo com que a inflação caia, v_t passa a ser negativo. Em resumo, v_t reflete todos os eventos exógenos que influenciam diretamente a inflação.

Inflação esperada: expectativas adaptativas

Como já verificamos, a inflação esperada desempenha papel fundamental, tanto na curva de Phillips para a inflação quanto na equação de Fisher, que relaciona a taxa de juros nominal e a taxa de juros real. Para manter a simplicidade do modelo dinâmico DA-OA, partimos do pressuposto de que as pessoas formam suas expectativas de inflação com base na inflação que têm observado recentemente. Ou seja, as pessoas mantêm a expectativa de que os preços continuarão a crescer no mesmo patamar em que vêm crescendo. Como observamos no Capítulo 14, por vezes isso é chamado de pressuposto de *expectativas adaptativas*. Pode ser escrito sob a forma

$$E_t \pi_{t+1} = \pi_t.$$

Quando realizam prognósticos no período t em relação à taxa de inflação que prevalecerá no período $t + 1$, as pessoas examinam a inflação no período t e fazem uma extrapolação dela para o futuro.

O mesmo pressuposto se aplica em cada um dos períodos. Por conseguinte, quando a inflação era observada no período $t - 1$, as pessoas esperavam que a mesma taxa prevalecesse. Isso implica que $E_{t-1}\pi_t = \pi_{t-1}$.

Esse pressuposto sobre expectativas de inflação é reconhecidamente rudimentar. Muitas pessoas, provavelmente, serão mais sofisticadas ao formarem suas expectativas. Conforme discutimos no Capítulo 14, alguns economistas defendem uma abordagem conhecida como *expectativas racionais*, de acordo com a qual as pessoas utilizam, do modo mais favorável possível, todas as informações disponíveis quando estão realizando prognósticos. A incorporação de expectativas racionais ao modelo está, no entanto, fora do escopo deste livro. (Além disso, a validade empírica das expectativas racionais está aberta a controvérsias.) O pressuposto de expectativas adaptativas simplifica consideravelmente a exposição da teoria, sem que se percam muitos dos critérios do modelo.

Taxa de juros nominal: a regra da política monetária

A última peça do modelo corresponde à equação para a política monetária. Partimos do pressuposto de que o banco central estabelece uma meta para a taxa de juros nominal, i_t, com base na inflação e na produção, utilizando a regra apresentada a seguir:

$$i_t = \pi_t + \rho + \theta_\pi\left(\pi_t - \pi_t^*\right) + \theta_Y\left(Y_t - \overline{Y}_t\right)$$

Nesta equação, π_t^* corresponde à meta do banco central para a taxa de inflação. (Para a maior parte dos propósitos, a meta para a inflação pode ser considerada constante, mas vamos manter um subscrito de tempo nessa variável para que possamos, mais adiante, examinar o que acontece quando o banco central modifica sua meta.) Dois parâmetros fundamentais de política econômica são θ_π e θ_Y, ambos considerados maiores do que zero. Eles indicam o montante em que o banco central ajusta sua meta para a taxa de juros em resposta a mudanças nas condições econômicas. Quanto maior o valor de θ_π, mais forte é a reação do banco central a desvios da inflação em relação à meta por ele estabelecida; quanto mais alto o valor para θ_Y, mais forte passa a ser a reação do banco central frente a desvios da renda em relação à meta por ele estabelecida. Lembre-se de que ρ, a constante nesta equação, corresponde à taxa natural de juros (a taxa de juros real na qual, diante da ausência de qualquer tipo de choque, a demanda por bens e serviços é igual ao nível natural da produção). Essa equação descreve como o banco central utiliza a política monetária para reagir a qualquer situação que possa vir a enfrentar. Em particular, ela nos informa como a inflação e o nível de produção determinam a meta do banco central para a taxa de juros nominal.

Para interpretarmos essa equação, é melhor nos concentrarmos não apenas na taxa de juros nominal i_t, mas também na taxa de juros real, r_t. Lembre-se de que a demanda por bens e serviços depende da taxa de juros real, não da taxa de juros nominal. Sendo assim, embora o banco central estabeleça uma meta para a taxa de juros nominal, i_t, a influência do banco sobre a economia opera por meio da taxa de juros real, r_t. Por definição, a taxa de juros real é $r_t = i_t - E_t\pi_{t+1}$, mas, com nossa equação relacionada à expectativa, $E_t\pi_{t+1} = \pi_t$, podemos também escrever a taxa de juros real sob a forma $r_t = i_t - \pi_t$. De acordo com a equação para política monetária, se a inflação está igual à sua meta ($\pi_t = \pi^*_t$) e a produção está em seu nível natural ($Y_t = \overline{Y}_t$), os dois últimos termos da equação são iguais a zero e, sendo assim, a taxa de juros real é igual à taxa de juros natural, ρ. À medida que a inflação cresce para um valor superior a sua meta, ($\pi_t > \pi^*_t$), ou a produção cresce acima de seu nível natural, ($Y_t > \overline{Y}_t$), a taxa de juros real cresce. E à medida que a inflação cai para um valor inferior à sua meta, ($\pi_t < \pi^*_t$), ou a produção cai para um valor inferior a seu nível natural, ($Y_t < \overline{Y}_t$), a taxa de juros real cai.

Nesse ponto, alguém poderia questionar: "E quanto à oferta monetária?" Em momentos anteriores, como os Capítulos 11 e 12, a oferta monetária era normalmente considerada como o instrumento de política do banco central, e a taxa de juros era ajustada de modo a trazer para o equilíbrio a oferta monetária e a demanda por moeda ocorrente. Neste capítulo, viramos essa lógica de cabeça para baixo. Presume-se que o banco central estabelece uma meta para a taxa de juros nominal. A partir de então, passa a ajustar a oferta monetária em qualquer que seja o nível necessário para assegurar que a taxa de equilíbrio (que equilibra a oferta e a demanda por moeda corrente) atinja sua meta.

A vantagem de usar a taxa de juros, em vez da oferta monetária, como instrumento de política no modelo dinâmico DA-OA é o fato de que ela é mais realista. Hoje em dia, a maior parte dos bancos centrais, inclusive o Federal Reserve, estabelece uma meta de curto prazo para a taxa de juros nominal. Tenha em mente, contudo, que atingir essa meta requer ajustes na oferta monetária. Para este modelo, não precisamos especificar a condição de equilíbrio para o mercado monetário, mas devemos lembrar que ela está sempre à espreita nos bastidores. Quando certo banco central decide modificar a taxa de juros, ele também está se comprometendo a ajustar a oferta monetária, em consonância com essa mudança.

ESTUDO DE CASO

A REGRA DE TAYLOR

Caso desejasse estabelecer taxas de juros de modo a alcançar inflação baixa e estável, evitando ao mesmo tempo grandes oscilações no nível da produção e no emprego, de que maneira você faria isso? É exatamente essa a pergunta que os dirigentes do Federal Reserve devem fazer a si mesmos todos os dias. O instrumento de política econômica de curto prazo, que o Fed utiliza atualmente, é a *taxa para fundos federais* – a taxa de juros de curto prazo, com base na qual os bancos concedem empréstimos uns aos outros. Sempre que se reúne, o Federal Open Market Committee escolhe uma meta para a taxa de fundos federais. A partir de então, os negociadores de títulos do Fed são instruídos a realizar operações de mercado aberto (*open-market*) para alcançar a meta desejada.

A parte difícil da tarefa do Fed consiste em escolher a meta de taxa para fundos federais. Duas diretrizes gerais ficam claras. Em primeiro lugar, quando a inflação se aquece, a taxa de fundos federais deve se elevar. Um crescimento na taxa de juros significará menor oferta monetária e, posteriormente, menor nível de investimento, menor produção, maior nível de desemprego e inflação reduzida. Em segundo lugar, quando a atividade econômica real desacelera – como percebido no PIB real ou no desemprego –, a taxa de fundos federais deve diminuir. Uma diminuição da taxa de juros significará maior oferta monetária e, com o passar do tempo, maior nível de investimento, maior produção e mais baixo nível de desemprego. Essas duas diretrizes são representadas pela equação para a política monetária no modelo dinâmico DA-OA.

No entanto, o Fed precisa ir além dessas diretrizes gerais e decidir até onde exatamente deve reagir a variações na inflação e na atividade econômica real. O economista John Taylor, da Universidade Stanford, propôs a seguinte regra para a taxa de fundos federais:*

Taxa Nominal para Fundos Federais = Inflação
+ 2,0 + 0,5 (Inflação – 2,0) + 0,5 (Hiato do PIB).

O *hiato do PIB* consiste no percentual em que o PIB real se desvia de uma estimativa para o seu nível natural. (Para fins de consistência com nosso modelo dinâmico DA-OA, o hiato do PIB, neste caso, é considerado positivo se o PIB ultrapassar seu nível natural e negativo se estiver aquém desse nível).

De acordo com a **regra de Taylor**, a taxa para fundos federais – a taxa nominal menos a inflação – deve reagir à inflação e ao hiato do PIB. Segundo essa regra, a taxa de fundos federais real é igual a 2% quando a inflação é de 2% e o PIB se encontra em seu nível natural. A primeira constante de 2% nessa equação pode ser interpretada como uma estimativa para a taxa natural de juros, ρ, enquanto a segunda constante de 2%, subtraída da inflação, pode ser interpretada como a meta de inflação do banco central, π^*_t. Para cada ponto percentual que a inflação cresce acima de 2%, a taxa real para fundos federais aumenta em 0,5%. Para cada ponto percentual de crescimento do PIB real acima de seu nível natural, a taxa real de fundos federais cresce 0,5%. Se a inflação cai para menos de 2% ou o PIB se movimenta para um valor inferior a seu nível natural, a taxa de fundos federais real cai em consonância com esses resultados.

Além de ser simples e coerente, a regra de Taylor para políticas monetárias também se assemelha ao real comportamento do Federal Reserve nos últimos anos. A Figura 15.1 mostra a taxa nominal real para fundos federais e a taxa estabelecida como meta, conforme determinado pela regra proposta por Taylor. Observe o modo como as duas séries históricas tendem a se deslocar conjuntamente. A regra monetária de John Taylor pode ser mais do que uma sugestão acadêmica. Até certo ponto, pode ser a regra que os dirigentes do Federal Reserve vêm seguindo inconscientemente.

Observe que, se inflação e produção são ambas suficientemente baixas, a regra de Taylor pode prescrever uma taxa de juros nominal negativa, como de fato ocorreu durante a Gran-

---

* TAYLOR, John B. Discretion versus policy rules in practice. *Carnegie-Rochester Conference Series on Public Policy* 39, 1993. p. 195-214.

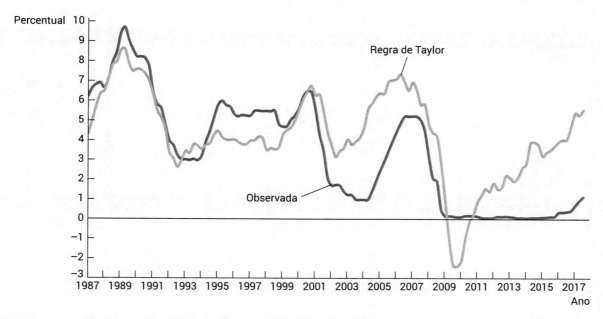

Figura 15.1 Taxa para fundos federais: real e sugerida. Esta figura mostra a taxa para fundos federais estabelecida pelo Federal Reserve e a taxa escolhida como meta, que recomendaria a regra de John Taylor para política monetária. Observe que as duas séries históricas se deslocam quase juntas. Fontes: Federal Reserve Board, U.S. Department of Commerce, U.S. Department of Labor e cálculos do autor. Para implementar a regra de Taylor, a taxa de inflação é medida como a variação percentual no deflator do PIB, ao longo dos quatro trimestres anteriores, e o hiato do PIB é medido como negativo duas vezes o desvio da taxa de desemprego em relação a seu nível natural (conforme mostrado na Figura 7.1).

de Recessão de 2008-2009. Tal política, porém, não é factível. Como discutimos no Capítulo 12, um banco central não consegue atribuir uma taxa de juros nominal negativa, pois as pessoas simplesmente guardariam dinheiro (que paga retorno nominal igual a zero) em vez de emprestar a uma taxa negativa. Nessas circunstâncias, a regra de Taylor não pode ser estritamente seguida. O mais perto que um banco central pode chegar, no que se refere a seguir essa regra, consiste em definir uma taxa de juros de aproximadamente zero, como o Fed de fato fez durante esse período.

A regra de Taylor começou a recomendar crescimento na taxa para fundos federais por volta de 2011. O Fed, no entanto, manteve as taxas de juros próximas de zero. A discrepância recente tem sido fonte de debates. Alguns economistas argumentam que a política do Fed foi apropriada no sentido de compensar o período em que as taxas de juros estavam acima dos níveis negativos recomendados pela regra. Ou seja, eles acreditavam que, para ajudar a economia a se recuperar da Grande Recessão, um período com taxas de juros abaixo da regra era necessário para compensar o período anterior de taxas de juros acima da regra. Outros economistas sugeriram que a taxa de juros natural havia diminuído, de modo que o termo constante na regra de Taylor precisava ser reduzido. Outros ainda argumentam que o Fed demorou muito tempo para elevar as taxas de juros enquanto a economia se recuperava da recessão. Eles temem que taxas de juros continuamente baixas possam vir a semear futuras pressões inflacionárias.

15.2 FAZENDO OS CÁLCULOS DO MODELO

Acabamos de analisar cada uma das peças do modelo dinâmico *DA-OA*. Para sintetizar, a Tabela 15.1 lista as equações, variáveis e parâmetros para o modelo. As variáveis são agrupadas em *endógenas* (a serem determinadas pelo modelo) ou exógenas (consideradas pelo modelo como predeterminadas).

As cinco equações do modelo determinam as trajetórias das cinco variáveis endógenas do modelo: produção, Y_t; a taxa de juros real, r_t; inflação, π_t; inflação esperada, $E_t\pi_{t+1}$; e a taxa de juros nominal, i_t. Em qualquer período, as cinco variáveis endógenas são influenciadas pelas quatro variáveis exógenas nas equações, assim como a taxa de inflação do período anterior. A inflação do período anterior, π_{t-1}, é chamada de *variável prede-*

TABELA 15.1 Equações, variáveis e parâmetros no modelo dinâmico *DA-OA*

Equações	
$Y_t = \overline{Y}_t - \alpha(r_t - \rho) + \varepsilon_t$	Demanda por bens e serviços
$r_t = i_t - E_t\pi_{t+1}$	Equação de Fisher
$\pi_t = E_{t-1}\pi_t + \phi(Y_t - \overline{Y}_t) + v_t$	Curva de Phillips
$E_t\pi_{t+1} = \pi_t$	Expectativas adaptativas
$i_t = \pi_t + \rho + \theta_\pi(\pi_t - \pi_t^*) + \theta_Y(Y_t - \overline{Y}_t)$	Regra da política monetária

TABELA 15.1 Equações, variáveis e parâmetros no modelo dinâmico DA-OA

Variáveis endógenas	
Y_t	Produção
π_t	Inflação
r_t	Taxa de juros real
i_t	Taxa de juros nominal
$E_t \pi_{t+1}$	Inflação esperada
Variáveis exógenas	
$\bar{Y}_t$	Nível natural de produção
π_t^*	Meta de inflação do banco central
ε_t	Choque na demanda por bens e serviços
v_t	Choque na curva de Phillips (choque de oferta)
Variável predeterminada	
π_{t-1}	Inflação do período anterior
Parâmetros	
α	Responsividade da demanda por bens e serviços em relação à taxa de juros real
ρ	Taxa de juros natural
Φ	Responsividade da inflação em relação à produção, na curva de Phillips
θ_π	Responsividade da taxa de juros nominal em relação à inflação, na regra da política monetária
θ_Y	Responsividade da taxa de juros nominal em relação à produção, na regra da política monetária

terminada. Ou seja, trata-se da variável que era endógena no passado mas, por ser fixa no momento em que chegamos ao período t, é essencialmente exógena para os propósitos de obtenção do equilíbrio corrente.

Estamos quase prontos para juntar essas peças a fim de verificar de que maneira os vários choques na economia podem influenciar as trajetórias dessas variáveis ao longo do tempo. Antes de fazê-lo, no entanto, precisamos estabelecer o ponto de partida para nossa análise: o equilíbrio de longo prazo da economia.

Equilíbrio de longo prazo

O equilíbrio de longo prazo representa o estado normal, em torno do qual a economia oscila. Ele ocorre quando não existe qualquer tipo de choque ($\varepsilon_t = v_t = 0$) e a inflação se estabilizou ($\pi_t = \pi_{t-1}$).

Álgebra simples e direta, aplicada às cinco equações apresentadas, pode ser utilizada de modo a determinar os valores das cinco variáveis endógenas no longo prazo:

$$Y_t = \bar{Y}_t,$$
$$r_t = \rho,$$
$$\pi_t = \pi_t^*,$$
$$E_t \pi_{t+1} = \pi_t^*,$$
$$i_t = \rho + \pi_t^*.$$

Traduzindo em palavras, o equilíbrio de longo prazo é descrito da seguinte maneira: nível de produção e taxa de juros real estão em seus valores naturais; inflação e inflação esperada estão no patamar da taxa de inflação estabelecida como meta; e a taxa de juros nominal é igual à taxa natural de juros somada à taxa de inflação estabelecida como meta.

O equilíbrio de longo prazo desse modelo reflete dois princípios relacionados entre si: dicotomia clássica e neutralidade monetária. Lembre-se de que dicotomia clássica consiste na separação entre variáveis reais e variáveis nominais, enquanto neutralidade monetária é a propriedade de acordo com a qual a política monetária não influencia variáveis reais. As equações que acabamos de descrever mostram que a taxa de inflação estabelecida como meta pelo banco central, π_t^*, influencia somente a inflação, π_t, a inflação esperada, $E_t \pi_{t+1}$, e a taxa de juros nominal, i_t. Se o banco central eleva a sua meta de inflação, então a inflação, a inflação esperada e a taxa de juros nominal aumentam no mesmo montante. A política monetária não influencia as variáveis reais – nível de produção, Y_t, e taxa de juros real, r_t. Desse modo, o equilíbrio de longo prazo para o modelo dinâmico DA-OA espelha os modelos clássicos que examinamos nos Capítulos 3 a 9.

Curva da oferta agregada dinâmica

Para estudar o comportamento dessa economia no curto prazo, é útil analisar graficamente o modelo. Como gráficos apresentam dois eixos, precisamos focar em duas variáveis. Utilizaremos o nível de produção, Y_t, e a inflação, π_t, por serem essas as variáveis de interesse fundamental. Do mesmo modo que no modelo convencional para DA-OA, a produção estará no eixo horizontal. No entanto, como o nível de preços foi, agora, retirado do foco para um segundo plano, o eixo vertical em nossos gráficos passará a representar a taxa de inflação.

Para gerar esse gráfico, precisamos de duas equações que sintetizem as relações entre produção, Y_t, e inflação, π_t. Essas equações são derivadas das cinco equações do modelo que já analisamos. Para isolar essas relações entre Y_t e π_t, entretanto, precisamos utilizar um pouco de álgebra para eliminar as três outras variáveis endógenas (r_t, i_t e $E_t\pi_{t+1}$).

A primeira relação entre produção e inflação decorre quase diretamente da equação para a curva de Phillips. Podemos nos livrar da única variável endógena na equação ($E_{t-1}\pi_1$), utilizando a equação para as expectativas ($E_{t-1}\pi_t = \pi_{t-1}$) de modo a fazer a substituição da inflação esperada $E_{t-1}\pi_t$ pela inflação passada π_{t-1}. Com essa substituição, a equação para a curva de Phillips passa a ser

$$\pi_t = \pi_{t-1} + \phi\left(Y_t - \overline{Y}_t\right) + v_t \qquad (OAD)$$

Essa equação relaciona inflação, π_t, e o nível de produção, Y_t, para valores de duas variáveis exógenas (nível de produção natural, $\overline{Y}_t$ e choque de oferta, v_t) e uma variável predeterminada (a taxa de inflação do período anterior, π_{t-1}).

A Figura 15.2 mostra em gráfico a relação entre inflação, π_t, e produção, Y_t, descrita por essa equação. Damos à curva com inclinação ascendente o nome de *curva da oferta agregada dinâmica*, ou OAD. A curva da oferta agregada dinâmica é semelhante à curva da oferta agregada que analisamos no Capítulo 14, exceto pelo fato de que a inflação, não o nível de preços, está no eixo vertical. A curva OAD mostra de que maneira a inflação se relaciona com a produção no curto prazo. Sua inclinação ascendente reflete a curva de Phillips: mantendo-se constantes todos os outros fatores, altos níveis de atividade econômica associam-se a custos marginais de produção mais altos e, portanto, inflação mais alta.

A curva OAD é desenhada para valores específicos da inflação passada, π_{t-1}, do nível natural de produção $\overline{Y}_t$, e do choque

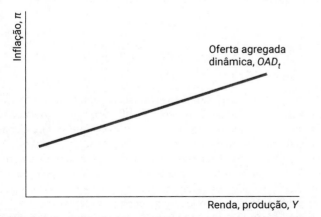

Figura 15.2 Curva da oferta agregada dinâmica. A curva da oferta agregada dinâmica, OAD_t, demonstra uma associação positiva entre o nível de produção, Y_t, e a inflação, π_t. Sua inclinação ascendente reflete a relação da curva de Phillips: mantendo-se constantes todos os demais fatores, níveis elevados de atividade econômica associam-se à inflação elevada. A curva da oferta agregada dinâmica é desenhada para valores específicos relacionados à inflação passada, π_{t-1}, para o nível natural de produção $\overline{Y}_t$ e para o choque de oferta, v_t. Quando essas variáveis se modificam, a curva se desloca.

de oferta, v_t. Se uma dessas três variáveis se modifica, a curva OAD se desloca. Uma de nossas tarefas mais adiante será acompanhar as implicações desses deslocamentos. Primeiro, no entanto, precisamos de outra curva.

Curva de demanda agregada dinâmica

A curva de oferta agregada dinâmica representa uma das duas relações entre produção e inflação que determinam o equilíbrio de curto prazo da economia. A outra relação é (não surpreendentemente) a curva da demanda agregada dinâmica. Derivamos essa curva por meio da combinação entre as quatro equações extraídas do modelo e, depois disso, pela eliminação de todas as outras variáveis endógenas que não sejam produção e inflação. Tendo uma equação com somente duas variáveis endógenas (Y_t e π_t), podemos plotar a relação em nosso gráfico bidimensional.

Começamos com a demanda por bens e serviços:

$$Y_t = \overline{Y}_t - \alpha\left(r_t - \rho\right) + \varepsilon_t,$$

Para eliminar a variável endógena r_t, a taxa de juros real, utilizamos a equação de Fisher de modo a substituir r_t por $i_t - E_t\pi_{t+1}$:

$$Y_t = \overline{Y}_t - \alpha\left(i_t - E_t\pi_{t+1} - \rho\right) + \varepsilon_t,$$

Para eliminar outra variável endógena, a taxa de juros nominal, i_t, utilizamos a equação da política monetária em substituição de i_t:

$$Y_t = \overline{Y}_t - \alpha\left[\pi_t + \rho + \theta_\pi\left(\pi_t - \pi^*_t\right) + \theta_Y\left(Y_t - \overline{Y}_t\right) - E_t\pi_{t+1} - \rho\right] + \varepsilon_t,$$

Em seguida, para eliminar a variável endógena relativa à inflação esperada, $E_t\pi_{t+1}$, utilizamos nossa equação para expectativas em relação à inflação, de modo a substituir $E_t\pi_{t+1}$ por π_t:

$$Y_t = \overline{Y}_t - \alpha\left[\pi_t + \rho + \theta_\pi\left(\pi_t - \pi^*_t\right) + \theta_Y\left(Y_t - \overline{Y}_t\right) - \pi_t - \rho\right] + \varepsilon_t.$$

Como era nosso objetivo, essa equação possui apenas duas variáveis endógenas: produção, Y_t, e inflação, π_t. Podemos, agora, simplificá-la. Observe que π_t e ρ positivos, dentro dos colchetes, cancelam os respectivos negativos. A equação passa a ser, então

$$Y_t = \overline{Y}_t - \alpha\left[\theta_\pi\left(\pi_t - \pi^*_t\right) + \theta_Y\left(Y_t - \overline{Y}_t\right)\right] + \varepsilon_t.$$

Se juntarmos, agora, os termos semelhantes e refizermos a equação para encontrar o valor de Y_t, obtemos

$$Y_t = \overline{Y}_t - \left[\alpha\theta_\pi / \left(1 + \alpha\theta_Y\right)\right]\left(\pi_t + \pi^*_t\right) + \left[1 / \left(1 + \alpha\theta_Y\right)\right]\varepsilon_t.$$
$$(OAD)$$

Essa equação relaciona a produção, Y_t, à inflação, π_t, para valores específicos das três variáveis exógenas ($\overline{Y}_t$, π^*_t e ε_t). Traduzindo em palavras, ela afirma que a produção se iguala ao nível natural de produção quando a inflação está no valor estabelecido como meta ($\pi_t = \pi^*_t$) e não existe qualquer choque de demanda ($\varepsilon_t = 0$). A produção aumentará para um valor superior ao seu nível natural se a inflação estiver abaixo da meta ($\pi_t < \pi^*_t$) ou se o choque de demanda for positivo ($\varepsilon_t > 0$). A produção se reduzirá para um valor inferior ao seu nível natural se a inflação estiver acima da meta ($\pi_t > \pi^*_t$) ou se o choque de demanda for negativo ($\varepsilon_t < 0$).

A Figura 15.3 coloca em gráfico a relação entre inflação, π_t, e nível de produção, Y_t, descrita por essa equação. Damos a essa curva com inclinação descendente o nome de *curva da demanda agregada dinâmica*, ou *DAD*. A curva *DAD* demonstra a relação entre a quantidade de produção demandada e a inflação no curto prazo. É traçada mantendo-se constantes as variáveis exógenas na equação: o nível natural da produção, $\overline{Y}_t$, a meta de inflação, π^*_t, e o choque de demanda, ε_t. Caso qualquer uma dessas três variáveis se modifique, a curva *DAD* se desloca. Examinaremos logo a seguir os efeitos desses deslocamentos.

É tentador pensar nessa curva de demanda agregada como nada mais do que a curva da demanda agregada convencional vista no Capítulo 12, com inflação, em vez do nível de preços, no eixo vertical. Em alguns sentidos, elas são semelhantes: ambas incorporam a ligação entre a taxa de juros e a demanda por bens e serviços. No entanto, existe uma diferença importante. A curva da demanda agregada convencional do Capítulo 12 é traçada para determinada oferta monetária. Em contrapartida, uma vez que a política monetária foi utilizada para derivar a equação para a demanda agregada dinâmica, a curva da demanda agregada dinâmica é traçada para determinada regra de política econômica. De acordo com essa regra, o banco central estabelece a taxa de juros com base em condições macroeconômicas, e permite que a oferta monetária se ajuste em consonância com isso.

A curva da demanda agregada dinâmica apresenta inclinação descendente em razão do seguinte mecanismo. Quando a inflação aumenta, o banco central reage seguindo sua regra e elevando a taxa de juros nominal. Como a regra especifica que o banco central eleve a taxa de juros nominal a um patamar maior do que o aumento da inflação, a taxa de juros real também aumenta. O aumento na taxa de juros real reduz a quantidade demandada de bens e serviços. Essa associação negativa entre inflação e quantidade demandada, operando por meio da política do banco central, faz com que a curva da demanda agregada dinâmica apresente inclinação descendente.

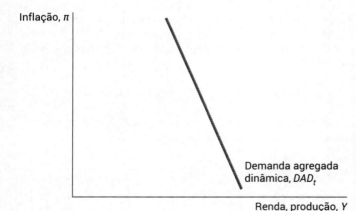

Figura 15.3 Curva da demanda agregada dinâmica. A curva da demanda agregada dinâmica ilustra uma associação negativa entre produção e inflação. Sua inclinação descendente reflete a política monetária e a demanda por bens e serviços: um nível de inflação elevado faz com que o banco central eleve a taxa de juros nominal e a taxa de juros real, o que, por sua vez, diminui a demanda por bens e serviços. A curva da demanda agregada dinâmica é desenhada para valores específicos do nível natural de produção, $\overline{Y}_t$, para a meta de inflação, π^*_t, e para o choque de demanda, ε_t. Quando essas variáveis exógenas se modificam, a curva se desloca.

A curva da demanda agregada dinâmica se desloca em resposta a modificações na política fiscal e na política monetária. Como observamos anteriormente, a variável relativa ao choque, ε_t, reflete mudanças nos gastos por parte do governo e nos impostos (entre outras coisas). Qualquer modificação na política fiscal que faça crescer a demanda por bens e serviços significa um valor positivo para ε_t, e um deslocamento para a direita na curva *DAD*. Qualquer modificação na política fiscal que diminua a demanda por bens e serviços significa um valor negativo para ε_t, e um deslocamento para a esquerda na curva *DAD*.

A política monetária se insere na curva da demanda agregada dinâmica por meio da taxa de inflação estabelecida como meta, π^*_t. A equação para *DAD* demonstra que, mantendo-se inalterados todos os demais fatores, um crescimento em π^*_t aumenta a quantidade demandada de produção. (Existem dois sinais negativos em frente a π^*_t, de modo que o efeito é positivo.) Eis o mecanismo por trás desse resultado matemático: quando eleva sua meta para a inflação, o banco central segue uma política monetária mais expansionista, reduzindo a taxa de juros nominal como prescreve a regra da política monetária. Para qualquer taxa específica de inflação, a taxa de juros nominal mais baixa resulta em uma taxa de juros real mais baixa, e uma taxa de juros real mais baixa estimula o gasto com bens e serviços. Assim, o nível de produção passa a ser mais alto para qualquer taxa de inflação estabelecida, de modo tal que a curva da demanda agregada dinâmica se desloca para a direita. Inversamente, quando reduz sua meta para inflação, o banco central eleva a taxa de juros nominal e a taxa de juros real, refreando com isso a demanda por bens e serviços e deslocando a curva da demanda agregada dinâmica para a esquerda.

Equilíbrio de curto prazo

O equilíbrio de curto prazo da economia é determinado pela interseção entre a curva da demanda agregada dinâmica e a curva da oferta agregada dinâmica. A economia pode ser representada algebricamente utilizando-se as duas equações que acabamos de derivar:

$$Y_t = \overline{Y}_t - \left[\alpha\theta_\pi / (1+\alpha\theta_Y)\right]\left(\pi_t - \pi^*_t\right) + \left[1/(1+\alpha\theta_Y)\right]\varepsilon_t,$$
$$(DAD)$$

$$\pi_t = \pi_{t-1} + \phi\left(Y_t - \overline{Y}_t\right) + v_t.$$
$$(OAD)$$

Em qualquer período *t*, essas equações, conjuntamente, determinam duas variáveis endógenas: inflação, π_t, e produção, Y_t. A solução depende de cinco outras variáveis que são exógenas (ou, pelo menos, determinadas antes do período *t*). Essas variáveis exógenas (e predeterminadas) são o nível natural da produção, $\overline{Y}_t$, a taxa de inflação estabelecida como meta pelo banco central, π^*_t, o choque de demanda, ε_t, o choque de oferta, v_t, e a taxa de inflação correspondente ao período anterior, π_{t-1}.

Considerando essas variáveis exógenas como preestabelecidas, podemos ilustrar o equilíbrio de curto prazo da economia sob a forma da interseção entre a curva da demanda agregada dinâmica e a curva da oferta agregada dinâmica, como na Figura 15.4. O nível de equilíbrio da produção no curto prazo, Y_t, pode ser menor do que seu respectivo nível natural, $\overline{Y}_t$, como é o caso nessa figura, maior do que seu respectivo nível natural ou igual a ele. Como verificamos, quando a economia está em situação de equilíbrio de longo prazo, a produção está em seu respectivo nível natural, ($Y_t = \overline{Y}_t$).

O equilíbrio de curto prazo determina não somente o nível de produção, Y_t, mas também a taxa de inflação, π_t. No período subsequente, ($t + 1$), essa taxa de inflação passará a ser a taxa do período anterior, que influencia a posição da curva da oferta agregada dinâmica. Essa ligação entre períodos gera os padrões dinâmicos que examinaremos na próxima seção. Ou seja, um período de tempo está ligado ao período subsequente por meio das expectativas sobre a inflação. Um choque no período t afeta a inflação no período t, que, por sua vez, afeta a inflação que as pessoas esperam para o período $t + 1$. Já a inflação esperada no período $t + 1$ afeta a posição da curva de oferta agregada dinâmica naquele período, que, por sua vez, afeta a produção e a inflação no período $t + 1$, que, consequentemente, afetam a inflação esperada no período $t + 2$, e assim sucessivamente.

Esses tipos de vínculos entre os efeitos da economia ao longo de períodos de tempo ficarão mais evidentes ao examinarmos uma série de exemplos.

15.3 UTILIZANDO O MODELO

Usaremos agora o modelo dinâmico DA-OA para analisar como a economia responde a mudanças nas variáveis exógenas. As quatro variáveis exógenas no modelo são o nível natural da produção, $\overline{Y}_t$, o choque de oferta, v_t, o choque de demanda, ε_t, e a taxa de inflação estabelecida como meta pelo banco central, π^*_t. Para simplificar, pressupomos que a economia sempre começa no ponto de equilíbrio de longo prazo e, depois disso, fica sujeita a algum tipo de mudança em uma das variáveis exógenas. Adotamos também o pressuposto de que as outras variáveis exógenas são constantes.

Crescimento de longo prazo

O nível natural de produção na economia, $\overline{Y}_t$, aumenta ao longo do tempo em decorrência do crescimento populacional, da acumulação de capital e do progresso tecnológico, como vimos nos Capítulos 8 e 9. Para nossos propósitos nesse caso, podemos considerar esse crescimento exógeno - ou seja, determinado fora do modelo. A Figura 15.5 ilustra o efeito de um crescimento exógeno em $\overline{Y}_t$. Uma vez que o nível natural de produção afeta tanto a curva da demanda agregada dinâmica quanto a curva da oferta agregada dinâmica, ambas as curvas se deslocam. De fato, ambas se deslocam para a direita, exatamente no mesmo montante em que $\overline{Y}_t$ aumentou.

Os deslocamentos nessas curvas movimentam do ponto A para o ponto B o equilíbrio da economia apresentado na figura. A produção, Y_t, cresce exatamente no mesmo montante que o nível natural, $\overline{Y}_t$. A inflação permanece inalterada.

A história por trás dessas conclusões é a seguinte: quando cresce o nível natural da produção, a economia consegue produzir maior quantidade de bens e serviços. Isso é representado pelo deslocamento para a direita na curva da oferta agregada. Ao mesmo tempo, o crescimento no nível natural de produção torna as pessoas mais ricas. Mantendo-se todos os demais fato-

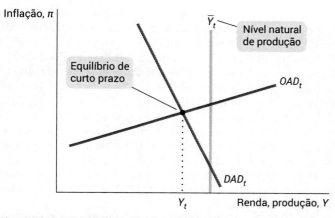

Figura 15.4 Equilíbrio de curto prazo. O equilíbrio de curto prazo é determinado pela interseção entre a curva da demanda agregada dinâmica e a curva da oferta agregada dinâmica. Esse equilíbrio determina a taxa de inflação e o nível de produção que prevalecem no período t. No equilíbrio ilustrado nesta figura, o nível de equilíbrio da produção no curto prazo, Y_t, fica aquém do nível natural de produção da economia, $\overline{Y}_t$.

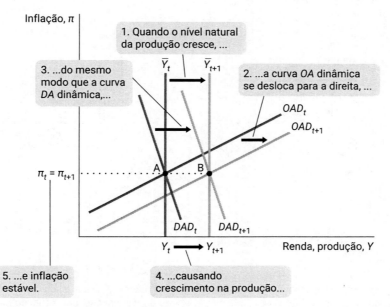

Figura 15.5 Crescimento no longo prazo. Quando o crescimento de longo prazo eleva o nível natural de produção, $\overline{Y}_t$, tanto a curva da demanda agregada dinâmica quanto a curva da oferta agregada dinâmica se deslocam para a direita, no mesmo montante. A produção, Y_t, cresce, mas a inflação, π_t, permanece inalterada.

res constantes, elas passam a desejar comprar uma quantidade maior de bens e serviços. Isso é representado pelo deslocamento para a direita na curva da demanda agregada dinâmica. Os deslocamentos simultâneos na oferta e na demanda fazem aumentar o total da produção na economia, sem que seja exercida qualquer pressão ascendente ou descendente sobre a inflação. Dessa maneira, a economia consegue desfrutar de crescimento no longo prazo e de uma taxa de inflação estável.

Choque na oferta agregada

Consideremos, agora, um choque na oferta agregada. Suponhamos que v_t cresça para 1%, por certo período e, subsequentemente, retorne a zero. Esse choque na curva de Phillips pode ocorrer, por exemplo, quando uma reviravolta no Oriente Médio empurra para cima os preços do petróleo ou quando uma estiagem eleva os preços dos alimentos. De modo geral, o choque na oferta, v_t, captura qualquer evento com influência sobre a inflação que não seja a inflação esperada, $E_{t-1}\pi_t$, e a atividade econômica corrente, conforme medido por $Y_t - \bar{Y}_t$.

A Figura 15.6 mostra o resultado. No período t, quando ocorre o choque, a curva da oferta agregada dinâmica se desloca para cima, de OAD_{t-1} para OAD_t. Para sermos precisos, a curva se desloca para cima exatamente na mesma dimensão do choque, que supomos como sendo 1 ponto percentual. Uma vez que o choque na oferta, v_t, não é uma variável na equação para a demanda agregada dinâmica, a curva DAD permanece inalterada. Por conseguinte, a economia se movimenta do ponto A para o ponto B ao longo da curva da demanda agregada dinâmica. Como ilustra a figura, o choque na oferta, no período t, faz com que a inflação cresça para π_t e a produção caia para Y_t.

Esses efeitos operam, em parte, por meio da reação da política monetária em relação ao choque. Quando o choque na oferta aumenta a inflação, o banco central responde seguindo sua própria política e elevando as taxas de juros nominal e real. A taxa de juros real mais alta provoca redução na quantidade demandada de bens e serviços, o que pressiona a produção para um patamar inferior ao seu respectivo nível natural. (Essa série de eventos é representada pelo deslocamento do ponto A para o ponto B ao longo da curva DAD.) O nível mais baixo de produção ameniza até certo ponto a pressão inflacionária, de modo tal que a inflação cresce um pouco menos do que o choque inicial.

Nos períodos subsequentes à ocorrência do choque, a inflação esperada é mais alta, já que as expectativas dependem da inflação passada. No período $t + 1$, por exemplo, a economia está no ponto C. Embora a variável correspondente ao choque, v_t, retorne a seu valor normal correspondente a zero, a curva da oferta agregada dinâmica não retorna imediatamente à sua posição inicial. Em vez disso, desloca-se lentamente para baixo, de volta à sua posição inicial, OAD_{t-1}, pois um nível mais baixo de atividade econômica reduz a inflação e, consequentemente, as expectativas de inflação futura. Com o passar do tempo, a economia retorna ao ponto A. Ao longo do processo de transição, a produção permanece abaixo de seu nível natural.

Pelo fato de a economia responder ao choque na oferta se deslocando, na Figura 15.6, do ponto A para o ponto B e para o ponto C, voltando depois gradualmente para o ponto A, todas as variáveis no modelo respondem em consonância com isso. A Figura 15.7 mostra as trajetórias no tempo para as variáveis essenciais do modelo, em reação ao choque. (Essas simulações são baseadas em valores de parâmetros realistas: consulte o próximo boxe **Saiba Mais** para ver a descrição desses parâmetros.) Conforme ilustra o painel (a), o choque v_t dispara 1 ponto percentual para cima no período t e retorna para zero nos períodos subsequentes. A inflação, ilustrada no painel (d), cresce 0,9 ponto percentual e gradualmente retorna para sua meta correspondente a 2%, depois de um longo período. A produção, ilustrada no painel (b), diminui em resposta ao choque de oferta, mas, também, gradualmente retorna para seu respectivo nível natural.

A Figura 15.7 ilustra também as trajetórias das taxas de juros nominal e real. No período correspondente ao choque na oferta, a taxa de juros nominal, ilustrada no painel (e), cresce 1,2 ponto percentual, enquanto a taxa de juros real, no painel (c), cresce 0,3 ponto percentual. Ambas as taxas retor-

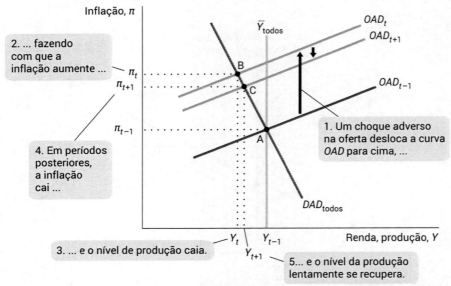

Figura 15.6 Choque na oferta. Um choque na oferta, no período t, desloca a curva da oferta agregada dinâmica para cima, de OAD_{t-1} para OAD_t. A curva da demanda agregada dinâmica permanece inalterada. O equilíbrio de curto prazo da economia se movimenta do ponto A para o ponto B. A inflação cresce e o nível de produção cai. No período subsequente ($t + 1$), a curva da oferta agregada dinâmica se desloca para OAD_{t+1}, e a economia se movimenta para o ponto C. O choque na oferta retorna para seu valor natural de zero, sendo que as expectativas de inflação permanecem altas. Como resultado, a economia retorna apenas gradualmente a seu equilíbrio inicial, o ponto A.

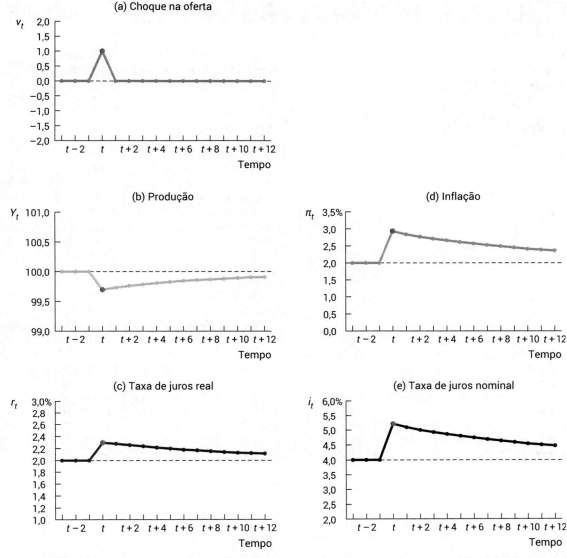

Figura 15.7 Reação dinâmica a um choque na oferta. Esta figura mostra as reações ao longo do tempo das principais variáveis a um único choque na oferta.

nam a seus valores normais à medida que a economia retorna para seu equilíbrio de longo prazo.

Esses valores ilustram o fenômeno da *estagflação* no modelo dinâmico DA-OA. Um choque na oferta faz com que a inflação cresça, o que, por sua vez, aumenta a inflação esperada. Conforme o banco central aplica sua regra para a política monetária e reage por meio da elevação nas taxas de juros, ele pressiona a inflação para fora do sistema, mas somente ao custo de um declínio prolongado na atividade econômica.

Choque na demanda agregada

Vamos considerar, agora, um choque na demanda agregada. Para sermos realistas, presumimos que o choque persiste ao longo de diversos períodos. Particularmente, suponhamos que $\varepsilon_t = 1$ ao longo de cinco períodos e, depois disso, retorne a seu valor normal de zero. Esse choque positivo, ε_t, poderia representar, por exemplo, uma guerra que faça crescer as compras do governo ou uma bolha do mercado de ações aumente a riqueza e, com isso, os gastos com consumo. Em geral, o choque na demanda captura qualquer evento que influencie a demanda por bens e serviços para determinados valores do nível natural de produção, $\overline{Y}_t$, e a taxa de juros real, r_t.

A Figura 15.8 ilustra o resultado. No período t, quando ocorre o choque, a curva da demanda agregada dinâmica se desloca para a direita, partindo de DAD_{t-1} para DAD_t. Como o choque na demanda, ε_t, não constitui uma variável na equação da oferta agregada dinâmica, a curva OAD permanece inalterada desde o período $t - 1$ até o período t. A economia se movimenta ao longo da curva da oferta agregada dinâmica, desde o ponto A até o ponto B. Tanto a produção quanto a inflação crescem.

Mais uma vez, esses efeitos operam, em parte, por meio da reação da política monetária ao choque. Quando o choque na demanda eleva o nível da produção e a inflação, o banco central responde por meio da elevação na taxa de juros nominal e na taxa de juros real. Uma vez que reduz a quantidade demandada de bens e serviços, uma taxa de juros real mais elevada contrabalança parcialmente os efeitos expansionistas de um choque na demanda.

Nos períodos posteriores à ocorrência do choque, a inflação esperada passa a ser mais alta, pois as expectativas dependem da inflação ocorrida no passado. Como resultado, a curva da oferta agregada dinâmica se desloca para cima repetidas

SAIBA MAIS

Calibragem numérica e simulações

Apresentamos aqui algumas simulações numéricas para o modelo dinâmico DA-OA. Para interpretar esses resultados, é mais fácil pensar em cada um dos períodos representando um ano. Examinamos o impacto da mudança no ano relativo ao choque (período t) e ao longo dos 12 anos subsequentes.

As simulações utilizam os seguintes valores como parâmetros:

$$\bar{Y}_t = 100,$$
$$\pi_t^* = 2,0,$$
$$\alpha = 1,0,$$
$$\rho = 2,0,$$
$$\Phi = 0,25,$$
$$\theta_\pi = 0,5,$$
$$\theta_Y = 0,5.$$

Vejamos o modo de interpretar esses valores. O nível natural de produção, $\bar{Y}$, corresponde a 100; ao escolher esse número conveniente, podemos interpretar as flutuações em $Y_t - \bar{Y}_t$ como desvios percentuais da produção em relação a seu respectivo nível natural. A meta de inflação estabelecida pelo banco central, π^*_t, é igual a 2%. O parâmetro $\alpha = 1,0$ sugere que um crescimento correspondente a 1 ponto percentual na taxa de juros real reduz a demanda pela produção em 1, que corresponde a 1% de seu nível natural. A taxa de juros natural da economia, ρ, corresponde a 2%. O parâmetro para a curva de Phillips, $\phi = 0,25$, sugere que, quando a produção está 1% acima de seu respectivo nível natural, a inflação cresce 0,25 ponto percentual. Os parâmetros para a regra da política monetária, $\theta_\pi = 0,5$ e $\theta_Y = 0,5$, são os sugeridos por John Taylor e representam aproximações razoáveis do comportamento do Federal Reserve.

Em todos os casos, as simulações pressupõem modificação de 1 ponto percentual na variável exógena de interesse. Choques de maiores dimensões teriam efeitos qualitativos semelhantes, mas as magnitudes seriam proporcionalmente maiores. Por exemplo, um choque de 3 pontos percentuais afetaria todas as variáveis do mesmo modo que um choque de 1 ponto percentual, porém as movimentações seriam três vezes maiores do que na simulação apresentada a título de ilustração.

Os gráficos das trajetórias temporais das variáveis, depois de um choque (mostrado nas Figuras 15.7, 15.9 e 15.11), são chamados de *funções de reações a impulsos*. A palavra *impulso* se refere ao choque, e *função de reações* se refere ao modo como as variáveis endógenas reagem ao choque ao longo do tempo. Essas funções de reações a impulsos, a título de simulação, constituem um meio de ilustrar como funciona o modelo. Elas mostram como as variáveis endógenas se movimentam quando um choque atinge a economia; como essas variáveis se ajustam em períodos subsequentes e como elas estão relacionadas umas com as outras ao longo do tempo.

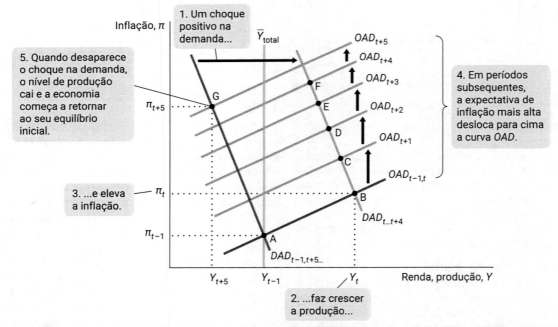

Figura 15.8 Choque na demanda. Essa figura demonstra os efeitos de um choque positivo na demanda no período t, que dura cinco períodos. O choque imediatamente desloca a curva da demanda agregada dinâmica para a direita, de DAD_{t-1} para DAD_t. A economia se movimenta do ponto A para o ponto B. Tanto a inflação quanto a produção crescem. No período subsequente, a curva da oferta agregada dinâmica se desloca para OAD_{t+1}, em razão da expectativa de maior inflação. A economia se desloca do ponto B para o ponto C e, nos períodos subsequentes, para os pontos D, E e F. Quando o choque na demanda desaparece depois de cinco períodos, a curva da demanda agregada dinâmica se desloca de volta para sua posição inicial, e a economia se movimenta do ponto F para o ponto G. A produção cai para um valor abaixo de seu nível natural e a inflação começa a cair. Ao longo do tempo, a curva da oferta agregada dinâmica começa a se deslocar em sentido descendente e a economia gradualmente retorna a sua posição inicial de equilíbrio, o ponto A.

vezes; assim, ela reduz continuamente a produção e aumenta a inflação. Na figura, a economia se desloca do ponto B, no período inicial do choque, para os pontos C, D, E e F, em períodos subsequentes.

No sexto período ($t + 5$), o choque na demanda desaparece. Nesse momento, a curva da demanda agregada dinâmica retorna a sua posição inicial. Entretanto, a economia não retorna imediatamente a sua posição de equilíbrio inicial, o ponto A. O período de alta demanda fez crescer a inflação e, consequentemente, a inflação esperada. A expectativa de inflação alta mantém a curva da oferta agregada dinâmica mais alta do que estava inicialmente. Em consequência, quando a demanda cai, o equilíbrio da economia se movimenta para o ponto G e a produção cai para Y_{t+5}, que está abaixo de seu nível natural. A economia, a partir de então, se recupera gradualmente conforme a inflação mais alta do que a meta é empurrada para fora do sistema. Ao longo do tempo, quando inflação e inflação esperada caem, a economia lentamente retorna para o ponto A.

A Figura 15.9 ilustra a trajetória no tempo para as variáveis essenciais no modelo, em resposta ao choque na demanda. Observe que o choque positivo na demanda faz crescer a taxa de juros real e a taxa de juros nominal. Quando desaparece o choque na demanda, ambas as taxas de juros caem. Essas reações ocorrem porque, quando estabelece a taxa de juros nominal, o banco central leva em conta tanto as taxas de inflação quanto os desvios da produção em relação a seu respectivo nível natural.

Um deslocamento na política monetária

Suponha que o banco central decida reduzir sua meta para a taxa de inflação. Especificamente, imagine que, no período t, π^*_t caia de 2% para 1%, e a seguir permaneça nesse nível mais baixo. Vamos considerar como a economia reagirá a essa mudança na política monetária.

Lembre-se de que a meta de inflação se insere no modelo como uma variável exógena na curva da demanda agregada dinâmica. Quando a meta de inflação diminui, a curva *DAD* se desloca para a esquerda, como ilustra a Figura 15.10. (Para sermos precisos, ela se desloca exatamente 1 ponto percentual para baixo.) Como a meta da inflação não se insere na equação da oferta agregada dinâmica, a princípio a curva *OAD* não se desloca. A economia se desloca de seu ponto de equilíbrio inicial, o ponto A, para um novo equilíbrio, o ponto B. A inflação também diminui, mas não no montante integral de 1 ponto percentual no qual o banco central reduziu sua meta de inflação.

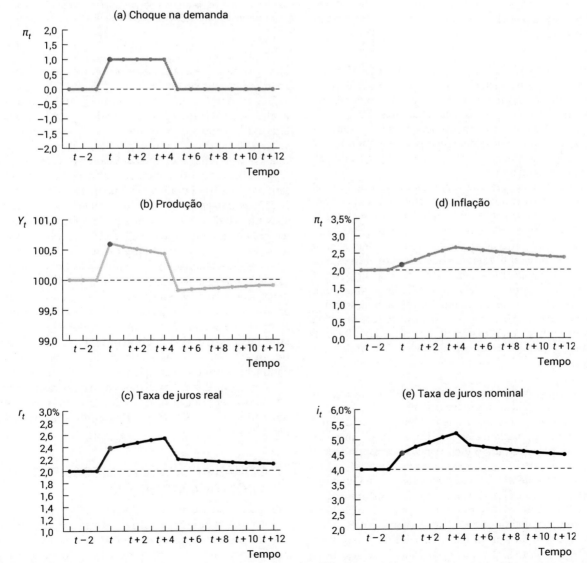

Figura 15.9 Resposta dinâmica a um choque na demanda. Esta figura mostra as respostas ao longo do tempo das principais variáveis para um choque positivo de 1% na demanda, que dura cinco períodos.

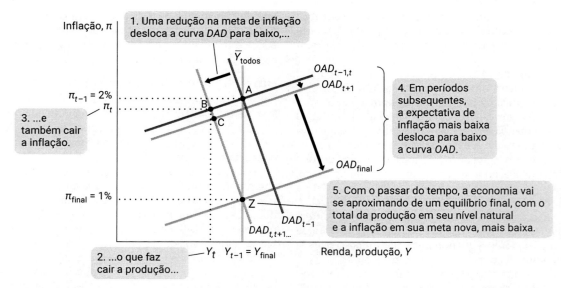

Figura 15.10 Redução na meta de inflação. Uma redução permanente na meta de inflação, no período t, desloca a curva da demanda agregada dinâmica para a esquerda, de DAD_{t-1} para DAD_t, onde então permanece. Inicialmente, a economia se movimenta do ponto A para o ponto B. Tanto a inflação quanto a produção diminuem. No período subsequente, uma vez que a inflação esperada cai, a curva da oferta agregada dinâmica se desloca para baixo. A economia se desloca do ponto B para o ponto C no período $t + 1$. Ao longo do tempo, à medida que a inflação esperada diminui e a curva da oferta agregada dinâmica se desloca para baixo repetidas vezes, a economia vai se aproximando de um novo equilíbrio no ponto Z. A produção retorna para o seu nível natural, $\overline{Y}_{todos}$, e a inflação termina em sua nova meta, mais baixa (1%).

A política monetária é essencial para a explicação desse resultado. Uma vez que o banco central acabou de diminuir a sua meta para a inflação, a inflação corrente nesse momento está acima da meta. O banco central reage seguindo sua regra política e elevando a taxa de juros real e a taxa de juros nominal. A taxa de juros mais alta reduz a demanda por bens e serviços. A curva de Phillips nos informa que, quando cai o nível de produção, a inflação também cai.

Inflação mais baixa, por sua vez, reduz a taxa de inflação que se espera prevalecer no período subsequente. No período $t + 1$, a expectativa de inflação mais baixa desloca a curva da oferta agregada dinâmica em sentido descendente, para OAD_{t+1}. (Para sermos precisos, a curva se desloca em sentido descendente, no montante exato da queda na inflação esperada.) Esse deslocamento movimenta a economia do ponto B para o ponto C, reduzindo ainda mais a inflação e expandindo a produção. Ao longo do tempo, à medida que a inflação continua a cair e a curva OAD continua a se deslocar em direção a OAD_{final}, a economia se aproxima de um novo equilíbrio de longo prazo, no ponto Z, onde a produção está de volta a seu nível natural ($Y_{final} = \overline{Y}_{todos}$) e a inflação está em sua nova meta, mais baixa ($\pi_{final} = 1\%$).

A Figura 15.11 mostra a reação das variáveis, ao longo do tempo, para uma redução na meta de inflação. Observe, no painel (e), a trajetória ao longo do tempo para a taxa de juros nominal, i_t. Antes da mudança na política, a taxa de juros nominal está em seu valor para o longo prazo, correspondente a 4,0% (que é igual à taxa de juros real natural, ρ, de 2%, acrescida da meta de inflação π^*_{t-1}, correspondente a 2%). Quando a meta de inflação diminui para 1%, a taxa de juros nominal se eleva para 4,2%. Ao longo do tempo, entretanto, a taxa de juros nominal diminui, à medida que a inflação e a inflação esperada vão caindo em direção à nova taxa estabelecida como meta; com o passar do tempo, i_t, vai se aproximando de seu novo valor para o longo prazo, correspondente a 3,0 %. Sendo assim, um deslocamento na direção de uma meta de inflação mais baixa faz com que a taxa de juros nominal cresça no curto prazo, mas diminua no longo prazo.

Concluímos com uma advertência. Ao longo de toda essa análise, mantivemos o pressuposto de expectativas adaptativas. Ou seja, partimos do pressuposto de que as pessoas formam suas expectativas sobre inflação com base na inflação com a qual conviveram recentemente. É possível, entretanto, que se o banco central fizer um anúncio plausível junto ao público tratando de sua nova política de uma meta mais baixa para a inflação, as pessoas venham a reagir alterando imediatamente suas expectativas. Ou seja, elas podem formar suas expectativas racionalmente, com base no anúncio sobre a política, e não de modo adaptativo, com base no que vivenciaram. (Discutimos essa possibilidade no Capítulo 14.) Se for esse o caso, a curva da oferta agregada dinâmica se desloca para baixo imediatamente depois da mudança na política, no momento exato em que a curva da demanda agregada dinâmica se desloca em sentido descendente. Nesse caso, a economia alcançará instantaneamente seu novo equilíbrio de longo prazo. Em contrapartida, se as pessoas não acreditarem em uma política de redução da inflação anunciada até que venham a constatar os seus efeitos, o pressuposto das expectativas adaptativas é apropriado, e a trajetória de transição para a inflação mais baixa envolverá um período de produção perdida, conforme demonstrado na Figura 15.11.

15.4 DUAS APLICAÇÕES: LIÇÕES PARA A POLÍTICA MONETÁRIA

Até agora neste capítulo, desenvolvemos um modelo dinâmico de inflação e produção, e utilizamos esse modelo para demonstrar como vários tipos de choque afetam as trajetórias da produção, da inflação e das taxas de juros ao longo do tempo. Utilizamos, agora, o modelo para ajudar a esclarecer o desenho da política monetária.

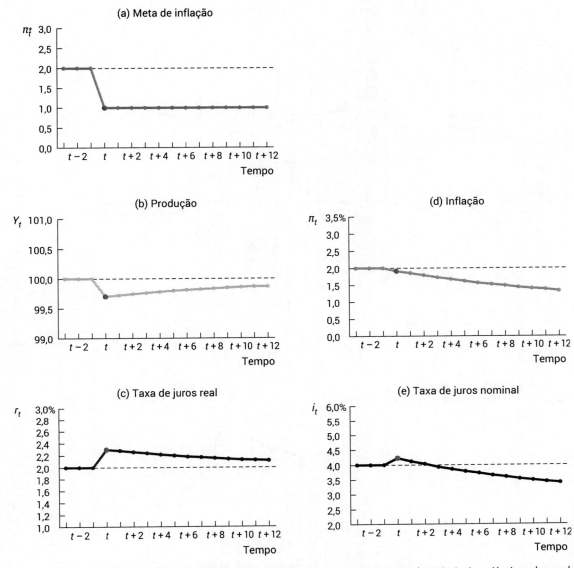

Figura 15.11 Reação dinâmica a uma redução na meta de inflação. Esta figura demonstra as reações das principais variáveis, ao longo do tempo, para uma redução na meta de inflação.

Vale a pena dar uma pausa neste ponto para considerar o que queremos dizer com "desenho da política monetária". Até então, nesta análise, o banco central vinha desempenhando uma única função: cabia a ele meramente ajustar a oferta monetária, de modo a garantir que a taxa de juros nominal atingisse o patamar estabelecido como meta pela regra para a política monetária. Os dois parâmetros fundamentais para essa regra para a política são θ_π (a intensidade da reação da taxa de juros estabelecida como meta em relação à inflação) e θ_Y (a intensidade da reação da taxa de juros estabelecida como meta em relação ao total da produção). Consideramos esses parâmetros como preestabelecidos, sem verificarmos de que maneira eles eram escolhidos. Agora que sabemos como o modelo funciona, podemos considerar uma questão mais profunda: quais devem ser os parâmetros da regra para a política monetária?

Trade-off entre variabilidade da produção e variabilidade da inflação

Considere o impacto de um choque na oferta sobre a produção e a inflação. De acordo com o modelo dinâmico DA-OA, o impacto desse choque depende fundamentalmente da inclinação da curva da demanda agregada dinâmica. A inclinação da curva DAD determina especialmente se o choque na oferta exerce impacto grande ou pequeno sobre a produção e a inflação.

Esse fenômeno é ilustrado na Figura 15.12. Nos dois painéis da figura, a economia passa pela experiência do mesmo choque na oferta. No painel (a), a curva da demanda agregada dinâmica apresenta-se praticamente plana, de tal modo que o choque exerce efeito pouco significativo sobre a inflação, mas bastante significativo sobre a produção. No painel (b), a curva da demanda agregada dinâmica tem formato íngreme, de modo que o choque exerce efeito bastante significativo sobre a inflação, mas pouco significativo sobre a produção.

Por que isso é importante para a política monetária? Porque o banco central tem capacidade de influenciar a inclinação da curva da demanda agregada dinâmica. Lembre-se da equação para a curva DAD:

$$Y_t = \overline{Y}_t - \left[\frac{\alpha\theta_\pi}{1+\alpha\theta_Y}\right]\left(\pi_t - \pi_t^*\right) + \left[\frac{1}{1+\alpha\theta_Y}\right]\varepsilon_t.$$

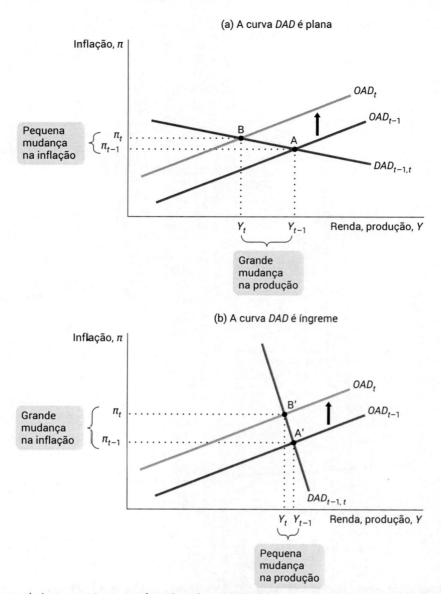

Figura 15.12 Duas reações possíveis para um choque na oferta. Quando a curva da demanda agregada dinâmica é relativamente plana, como no painel (a), um choque na oferta exerce efeito pouco significativo sobre a inflação, mas bastante significativo sobre a produção. Quando a curva da demanda agregada dinâmica é relativamente íngreme, como no painel (b), o mesmo choque na oferta exerce efeito bastante significativo sobre a inflação, mas pouco significativo sobre a produção. A inclinação na curva da demanda agregada dinâmica é baseada, em parte, nos parâmetros da política monetária (θ_π e θ_Y) que descrevem a intensidade da reação das taxas de juros em relação a mudanças na inflação e na produção. No momento em que escolhe esses parâmetros, o banco central se depara com um *trade-off* entre a variabilidade da inflação e a variabilidade da produção.

Dois parâmetros fundamentais, neste caso, são θ_π e θ_Y, que orientam a intensidade com que a meta do banco central para a taxa de juros reage a mudanças na inflação e na produção. Quando escolhe esses parâmetros para sua política, o banco central determina a inclinação para a curva *DAD* e, consequentemente, a reação da economia, no curto prazo, para choques na oferta.

Por um lado, suponhamos que o banco central reaja fortemente à inflação (θ_π é grande) e pouco significativamente à produção (θ_Y é pequeno). Nesse caso, o coeficiente relacionado à inflação, na equação apresentada, é grande. Ou seja, uma pequena variação na inflação exerce efeito bastante significativo sobre a produção. Em consequência, a curva da demanda agregada dinâmica é relativamente plana e choques na oferta exercem efeitos muito significativos sobre a produção, mas pouco significativos sobre a inflação. Eis o que ocorre: quando a economia passa pela experiência de um choque na oferta, que empurra para cima a inflação, a regra de política do banco central reage vigorosamente a isso com taxas de juros mais altas. Taxas de juros vertiginosamente mais elevadas reduzem significativamente a quantidade de bens e serviços demandada, acarretando com isso uma forte recessão que amortece o impacto inflacionário do choque (que era o propósito da reação da política monetária).

Por outro lado, suponhamos que o banco central reaja pouco significativamente à inflação (θ_π é pequeno), mas bastante significativamente à produção (θ_Y é grande). Nesse caso, o coeficiente relacionado à inflação na equação apresentada é pequeno, o que significa que até mesmo uma grande variação na inflação exerce um efeito pouco significativo sobre a produção. Em resultado, a curva da demanda agregada dinâmica é relativamente íngreme e choques na oferta exercem efeitos pouco significativos sobre a produção, mas bastante significativos sobre a inflação. Ocorre exatamente o oposto de antes: agora, quando a economia passa pela experiência de um choque de oferta que empurre para cima a inflação, a regra de política do banco central reage a isso com taxas de juros apenas ligeiramente mais altas. Essa reação pouco significativa da política econômica evita uma forte recessão, mas acomoda o choque inflacionário.

Em sua escolha de política monetária, o banco central determina qual dentre esses dois cenários irá se desenrolar. Ou seja, quando estabelece os parâmetros da política econômica, θ_π e θ_Y, o banco central escolhe se deseja fazer com que a economia se pareça mais com o painel (a) ou mais com o painel (b) da Figura 15.12. Ao fazer essa opção, o banco central encontra um *trade-off* entre a variabilidade da produção e a variabilidade da inflação. O banco central pode ser um árduo combatente da inflação, como mostra o painel (a), caso em que a inflação é estável, mas a produção é volátil. Por outro lado, ele pode assumir um papel mais acomodatício, como mostra o painel (b), caso em que a inflação é volátil, mas o nível de produção é mais estável. Ele pode, também, escolher alguma posição intermediária entre esses dois extremos.

Uma das tarefas do banco central consiste em promover a estabilidade econômica. Existem, entretanto, várias dimensões para esse encargo. Quando há conflitos de escolhas a serem realizados, o banco central precisa determinar que tipo de estabilidade deve buscar. O modelo dinâmico *DA-OA* mostra que um *trade-off* fundamental ocorre entre a variabilidade da inflação e a variabilidade da produção.

Observe que esse *trade-off* é bastante diferente de um *trade-off* simples entre inflação e produção. No longo prazo desse modelo, a inflação caminha em direção a sua meta enquanto a produção caminha rumo a seu nível natural. Coerentemente com a teoria macroeconômica clássica, os formuladores de políticas econômicas não se deparam com *trade-off* de longo prazo entre inflação e produção. Em vez disso, eles têm de escolher qual desses dois indicadores de desempenho macroeconômicos desejam estabilizar. Ao decidirem sobre os parâmetros da regra para política monetária, eles determinam se choques na oferta acarretam variabilidade na inflação, variabilidade na produção ou alguma combinação entre essas duas variabilidades.

ESTUDO DE CASO

DIFERENTES ATRIBUIÇÕES, DIFERENTES REALIDADES: FEDERAL RESERVE *VERSUS* BANCO CENTRAL EUROPEU

De acordo com o modelo dinâmico *DA-OA*, uma escolha fundamental de política econômica para qualquer banco central diz respeito aos parâmetros de sua regra de política. Os parâmetros θ_π e θ_Y determinam a intensidade da reação da taxa de juros às condições macroeconômicas. Conforme acabamos de ver, essas reações, por sua vez, determinam a volatilidade da inflação e da produção.

O Federal Reserve dos EUA e o Banco Central Europeu (BCE) aparentam ter diferentes abordagens para essa decisão. A legislação que criou o Fed enuncia explicitamente que sua meta é "promover efetivamente os objetivos de maximização do nível de emprego, preços estáveis e taxas de juros de longo prazo moderadas". Uma vez que cabe ao Fed estabilizar tanto o emprego quanto os preços, afirma-se que ele tem *dupla atribuição*. (O terceiro objetivo – taxas de juros de longo prazo moderadas – deve decorrer naturalmente da estabilidade de preços.) Em contrapartida, o BCE afirma, em seu portal eletrônico, que "o objetivo primordial do Sistema Europeu de Banco Centrais [...] é a manutenção da estabilidade dos preços". "O Conselho do BCE visa manter a inflação num nível abaixo, mas próximo, de 2%, no médio prazo." Todos os outros objetivos macroeconômicos, incluindo estabilidade na produção e estabilidade no nível de emprego, aparentam ser secundários.

Podemos interpretar essas diferenças à luz de nosso modelo. Ao se comparar com o Fed, o BCE aparenta atribuir maior peso à estabilidade da inflação e menor peso à estabilidade da produção. Essa diferença de objetivos deve se refletir nos parâmetros das regras da política monetária. Para cumprir essa dupla atribuição, o Fed deve responder mais pela produção do que pela inflação, comparado ao BCE.

A crise financeira de 2008-2009 ilustra essas diferenças. Em 2008, a economia mundial estava passando por uma alta nos preços do petróleo, uma crise financeira e uma desaceleração na atividade econômica. O Federal Reserve reagiu a esses eventos reduzindo a meta da taxa de juros, de 4,25% no início do ano, para uma faixa de 0 a 0,25% ao final do ano. O BCE, ao se deparar com uma situação semelhante, também reduziu as taxas de juros, mas em muito menos – de 3% para 2%. Reduziu a taxa de juros para 0,25% apenas em 2009, quando a gravidade da recessão era clara e as preocupações inflacionárias haviam diminuído. Ao longo de todo esse episódio, o BCE estava preocupado menos com a recessão e mais com manter a inflação sob controle.

Embora o modelo dinâmico *DA-OA* prescreva que, mantendo-se constantes todos os demais fatores, a política do BCE deve ao longo do tempo impor maior variabilidade na produção e inflação mais estável, testar esse prognóstico é difícil. Na prática, os demais fatores raramente se mantêm constantes. Europa e Estados Unidos são diferentes em diversos aspectos além das políticas de seus respectivos bancos centrais. Por exemplo, em 2010, várias nações europeias, mas notadamente a Grécia, quase declararam moratória em relação às suas dívidas públicas. Essa crise da zona do euro reduziu a confiança e a demanda agregada em todo o mundo, mas o impacto foi bem maior na Europa do que nos Estados Unidos. Consequentemente, Europa e Estados Unidos não somente têm diferentes políticas monetárias, mas também enfrentam diferentes tipos de choque.

O princípio de Taylor

Até que ponto a taxa de juros nominal estabelecida pelo banco central deve reagir a variações na inflação? O modelo dinâmico *DA-OA* não proporciona uma resposta em definitivo, embora efetivamente ofereça uma diretriz importante.

Lembre-se da equação para política monetária:

$$i_t = \pi_t + \rho + \theta_\pi \left(\pi_t - \pi_t^*\right) + \theta_Y \left(Y_t - \overline{Y}_t\right),$$

em que θ_π e θ_Y são parâmetros que medem a intensidade da reação da taxa de juros estabelecida pelo banco central à inflação e à produção. Particularmente, de acordo com essa equação, crescimento de 1 ponto percentual na inflação, π_t, induz crescimento de $1 + \theta_\pi$ pontos percentuais na taxa de juros nominal, i_t. Adotando-se o pressuposto de que θ_π é maior do que zero sempre que a inflação cresce, o banco central aumenta ainda mais a taxa de juros nominal.

O pressuposto de que $\theta_\pi > 0$ tem implicações para o comportamento da taxa de juros real. Lembre-se de que a taxa de juros real é $r_t = i_t - E_t\pi_{t+1}$. Com o nosso pressuposto de expectativas adaptativas, ela também pode ser escrita sob a forma $r_t = i_t - \pi_t$. Como resultado, se o crescimento na inflação, π_t, acarreta um crescimento ainda maior na taxa de juros nominal, i_t, provoca também crescimento na taxa de juros real, r_t. Como você deve se lembrar, pelo que foi dito anteriormente neste capítulo, tal fato é parte fundamental de nossa explicação para a inclinação da curva da demanda agregada dinâmica em sentido descendente.

Imagine, no entanto, que o banco central tivesse se comportado de modo diferente e, em vez disso, tivesse aumentado a taxa de juros nominal em um montante inferior ao crescimento da inflação. Nesse caso, o parâmetro para a política monetária, θ_π, seria menor do que zero. Essa mudança alteraria profundamente o modelo. Lembre-se de que a equação da demanda agregada dinâmica é

$$Y_t = \bar{Y}_t - \left[\frac{\alpha\theta_\pi}{1+\alpha\theta_Y}\right](\pi_t - \pi_t^*) + \left[\frac{1}{1+\alpha\theta_Y}\right]\varepsilon_t.$$

Se θ_π for negativo, um crescimento na inflação faz aumentar a quantidade de produção demandada. Para entender a razão disso, tenha em mente o que está acontecendo com a taxa de juros real. Se um crescimento na inflação provoca menor crescimento na taxa de juros nominal (uma vez que $\theta_\pi < 0$), a taxa de juros real diminui. A taxa de juros real mais baixa reduz o custo da tomada de empréstimos, o que, por sua vez, aumenta quantidade demandada de bens e serviços. Sendo assim, um valor negativo de θ_π significa que a curva da demanda agregada dinâmica apresenta inclinação ascendente.

Uma economia com $\theta_\pi < 0$ e curva DAD com inclinação ascendente pode incorrer em sérios problemas. Particularmente, a inflação pode se tornar instável. Suponhamos, por exemplo, que exista um choque positivo de demanda agregada com duração de um único período. Normalmente, esse tipo de evento teria efeito apenas temporário na economia e ao longo do tempo a taxa de inflação retornaria à sua meta (similarmente à análise ilustrada na Figura 15.9). No entanto, se $\theta_\pi < 0$, os eventos se desenrolam de modo bastante diferente:

1. O choque positivo na demanda eleva a produção e a inflação no período em que ocorre.
2. Como as expectativas são determinadas adaptativamente, a inflação mais alta aumenta a inflação esperada.
3. Uma vez que as empresas definem parte de seus preços com base na inflação esperada, expectativas de inflação mais elevadas levam a uma inflação efetiva mais elevada nos períodos subsequentes (mesmo depois que o choque na demanda tiver se dissipado).
4. A inflação mais elevada faz com que o banco central eleve a taxa de juros nominal. Entretanto, como $\theta_\pi < 0$, o banco central eleva menos a taxa de juros nominal do que o aumento da inflação, de tal modo que a taxa de juros real diminui.
5. A taxa de juros real mais baixa aumenta a quantidade de bens e serviços demandados para um patamar superior ao nível natural de produção.
6. Com a produção acima de seu nível natural, as empresas se deparam com custos marginais mais altos e a inflação volta a subir.
7. A economia retorna à etapa 2.

A economia se encontra em um círculo vicioso de inflação efetiva e inflação esperada cada vez mais elevadas. A inflação foge ao controle.

A Figura 15.13 ilustra esse processo. Suponhamos que no período t exista choque positivo na demanda agregada, com duração de um único período. Ou seja, por um único período somente, a curva da demanda agregada dinâmica se desloca para a direita, até DAD_t; no período subsequente, ela retorna à sua posição inicial. No período t, a economia se movimenta do ponto A para o ponto B. A produção e a inflação aumentam. No período seguinte, como a inflação mais alta fez crescer a inflação esperada, a curva da oferta agregada dinâmica se desloca em sentido ascendente, até OAD_{t+1}. A economia se movimenta do ponto B para o ponto C. No entanto, como agora a curva da demanda agregada dinâmica apresenta inclinação ascendente, a produção permanece acima de seu nível natural, ainda que o choque na demanda tenha desaparecido. Consequentemente, a inflação aumenta uma vez mais, deslocando a

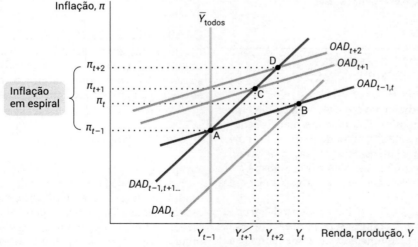

Figura 15.13 Importância do princípio de Taylor. Essa figura mostra o impacto de um choque de demanda em uma economia que não satisfaz o princípio de Taylor, assim a curva da demanda agregada dinâmica apresenta inclinação ascendente. Um choque na demanda movimenta a curva DAD para a direita, ao longo de um período, até DAD_t; e a economia se desloca do ponto A para o ponto B. Tanto a produção quanto a inflação crescem. O crescimento na inflação eleva a inflação esperada e, no período subsequente, desloca a curva da oferta agregada dinâmica em sentido ascendente, até OAD_{t+1}. Portanto, no período $t+1$ a economia se movimenta do ponto B para o ponto C. Com a curva DAD em inclinação ascendente, a produção ainda permanece acima do nível natural, de tal modo que a inflação continua a crescer. No período $t+2$, a economia se movimenta para o ponto D, onde o nível de produção e a inflação são ainda mais elevados. A inflação entra em movimento espiral, fugindo ao controle.

curva *OAD* ainda mais para cima no período subsequente, movimentando a economia para o ponto D, e assim sucessivamente. A inflação continua a crescer, sem qualquer perspectiva de fim.

O modelo dinâmico *DA-OA* nos leva a uma conclusão inequívoca: *para que a inflação se estabilize, o banco central precisa reagir a um aumento na inflação com aumento ainda maior na taxa de juros nominal.* Essa conclusão por vezes é chamada de **princípio de Taylor**, em homenagem ao economista John Taylor, que enfatizou sua importância no desenho da política monetária. (Como vimos anteriormente, Taylor sugeriu, na regra que propôs, que θ_π fosse igual a 0,5.) A maior parte de nossa análise neste capítulo pressupôs que o princípio de Taylor se aplica; ou seja, adotamos o pressuposto de que $\theta_\pi > 0$. Podemos ver, agora, que existe boa razão para um banco central adotar essa diretriz.

ESTUDO DE CASO

O QUE CAUSOU A GRANDE INFLAÇÃO?

Na década de 1970, a inflação nos Estados Unidos escapou ao controle. Conforme verificamos em capítulos anteriores, a taxa de inflação durante essa década alcançou patamares de dois dígitos. Preços em ascensão foram considerados o principal problema econômico do momento. Em 1979, Paul Volcker, então recentemente designado presidente do Federal Reserve, anunciou uma mudança na política monetária que, com o passar do tempo, colocou novamente a inflação sob controle. Volcker e seu sucessor, Alan Greenspan, exerceram a presidência sob a égide da meta de inflação baixa e estável ao longo do quarto de século subsequente.

O modelo dinâmico *DA-OA* oferece uma nova perspectiva para esses eventos. De acordo com pesquisas realizadas pelos economistas especializados em questões monetárias Richard Clarida, Jordi Galí e Mark Gertler, o elemento-chave é o princípio de Taylor. Clarida e seus colegas examinaram dados sobre taxas de juros, produção e inflação e estimaram os parâmetros para a regra de política monetária. Descobriram que a política monetária adotada por Volcker e Greenspan obedeceu ao princípio de Taylor, enquanto a política anterior não obedeceu. Em particular, o parâmetro θ_π (que mede a intensidade da resposta da taxa de juros para a inflação, na regra da política monetária) foi estimado como 0,72 durante o regime Volcker-Greenspan posterior a 1979; próximo ao valor de 0,5, proposto por Taylor, mas correspondia a − 0,14 durante a era pré-Volcker, de 1960 a 1978.* O valor negativo de θ_π durante a era pré-Volcker indica que a política monetária não atendia aos preceitos do princípio de Taylor. Em outras palavras, o Federal Reserve pré-Volcker não estava respondendo à inflação com força suficiente.

Essa descoberta sugere uma causa potencial para a grande inflação da década de 1970. Quando a economia dos EUA foi atingida por choques na demanda (como os gastos do governo com a Guerra do Vietnã) e choques na oferta (como os aumentos no preço do petróleo por parte da OPEP), o Fed aumentou as taxas de juros nominais em resposta ao crescimento na inflação, mas não o suficiente. Portanto, apesar do crescimento nas taxas de juros nominais, as taxas de juros reais caíram. A reação monetária insuficiente não foi capaz de anular a inflação que surgiu em razão desses choques. Na realidade, o declínio na taxa de juros real fez crescer a quantidade de bens e serviços demandados, exacerbando assim as pressões inflacionárias. O problema da inflação crescendo em espiral não foi solucionado até que a política monetária se modificou de modo a incluir uma reação mais vigorosa das taxas de juros à inflação.

Uma questão em aberto é por que os formuladores de políticas econômicas se mostraram tão passivos na era anterior. Eis algumas conjecturas de Clarida, Galí e Gertler:

> *Por que, durante o período anterior a 1979, o Federal Reserve seguiu uma regra que era evidentemente menos eficaz? Outro modo de ver a questão é indagar por que o Fed manteve taxas de juros reais persistentemente baixas no curto prazo, diante da inflação alta ou em ascensão. Uma possibilidade [...] é que o Fed tenha imaginado que a taxa natural e desemprego àquela época fosse bem mais baixa do que realmente era (ou, de modo equivalente, que o hiato da produção era bem menor) [...]*
>
> *Outra possibilidade de certa forma relacionada a essa questão é que, naquela época, nem o Fed nem a ciência econômica compreendiam muito bem a dinâmica da inflação. Na realidade, somente a partir da metade da década de 1970 os livros didáticos de nível intermediário começaram a enfatizar a ausência de trade-off entre inflação e produção no longo prazo. As ideias de que as expectativas pudessem ser importantes na geração da inflação e de que a credibilidade junto à população seria importante na formulação de políticas econômicas simplesmente não estavam bem estabelecidas naquela época. O que tudo isso sugere é que, ao tentar compreender o comportamento histórico da economia, é importante levarmos em consideração o estado do conhecimento da economia por parte dos formuladores de políticas econômicas, e como esse conhecimento pode ter evoluído ao longo do tempo.*

15.5 CONCLUSÃO: RUMO AOS MODELOS DEEG

Se você prosseguir cursando programas mais avançados em macroeconomia, provavelmente aprenderá sobre uma classe de modelos conhecidos como modelos dinâmicos, estocásticos e de equilíbrio geral, que costumam ser abreviados como modelos DEEG (ou DSGE, em inglês). Esses modelos são *dinâmicos*, pois acompanham a trajetória das variáveis ao longo do tempo. São *estocásticos* porque incorporam a aleatoriedade inerente à vida econômica. E são de *equilíbrio geral* pelo fato de levarem em consideração que todas as coisas dependem de todas as coisas. Em muitos aspectos, são os modelos mais avançados na análise das flutuações econômicas de curto prazo.

O modelo dinâmico *DA-OA* que apresentamos neste capítulo é uma versão simplificada desses modelos DEEG. Diferentemente de análises que utilizam modelos DEEG avançados, não começamos com as decisões de otimização para domicílios e empresas que permeiam as relações macroeconômicas. No entanto, as relações macroeconômicas postuladas neste capítulo são semelhantes às encontradas nos modelos DEEG mais sofisticados. O modelo dinâmico *DA-OA* é um elo eficiente entre o modelo básico de demanda agregada e oferta

---

* Essas estimativas são derivadas de CLARIDA, Richard; GALÍ, Jordi; GERTLER, Mark. Monetary policy rules and macroeconomic stability: evidence and some theory. *Quarterly Journal of Economics*, v. 115, n. 1, p. 147-180, Feb. 2000, Tabela VI.

agregada que examinamos em capítulos anteriores e os modelos mais complexos do tipo DEEG, que você pode encontrar em um curso mais avançado.*

O modelo dinâmico *DA-OA* também nos oferece lições importantes. Mostra de que maneira diversas variáveis econômicas – produção, inflação e taxas de juros reais e nominais – reagem a choques e interagem umas com as outras ao longo do tempo. Demonstra que, no desenho da política monetária, os bancos centrais se deparam com *trade-off* entre variabilidade na inflação e variabilidade na produção. Por fim, sugere que os bancos centrais precisam reagir vigorosamente à inflação para evitarem que ela fuja ao controle. Se algum dia você assumir um cargo na direção de um banco central, essas são boas lições para ter em mente.

Resumo

1. O modelo dinâmico para demanda agregada e oferta agregada combina cinco relações econômicas: uma equação para o mercado de bens, que relaciona a quantidade demandada com a taxa de juros real; a equação de Fisher, que relaciona a taxa de juros real e a taxa de juros nominal; a equação para a curva de Phillips, que determina a inflação; uma equação para a inflação esperada; e uma regra para a política monetária, de acordo com a qual o banco central estabelece a taxa de juros nominal como função da inflação e da produção.

2. O equilíbrio de longo prazo do modelo é clássico. Produção e a taxa de juros real estão em seus níveis naturais, independentemente da política monetária. A meta de inflação do banco central determina a inflação, a inflação esperada e a taxa de juros nominal.

3. O modelo dinâmico *DA-OA* pode ser utilizado para determinar o impacto imediato de qualquer choque sobre a economia; pode também ser utilizado para acompanhar de perto os efeitos do choque ao longo do tempo.

4. Considerando que os parâmetros da regra para a política monetária influenciam a inclinação da curva da demanda agregada dinâmica, eles indicam se determinado choque na oferta exerce um efeito mais significativo na produção ou na inflação. No momento em que escolhe os parâmetros para política monetária, um banco central vê-se diante de um *trade-off* entre variabilidade da produção e variabilidade da inflação.

5. O modelo dinâmico *DA-OA* normalmente pressupõe que o banco central reage a um crescimento de 1 ponto percentual na inflação elevando a taxa de juros nominal em mais de 1 ponto percentual, de modo que a taxa de juros real também aumente. Se o banco central reage à inflação com menos vigor, a economia fica instável. Um choque pode fazer com que a inflação fuja ao controle.

Questionário rápido

1. No modelo dinâmico de demanda agregada e oferta agregada apresentado neste capítulo, o banco central
   a) garante que a oferta monetária cresce a uma taxa constante.
   b) mantém a taxa de juros real no patamar da taxa de juros natural.
   c) ajusta a taxa de juros nominal conforme as condições se modificam.
   d) age de forma arbitrária e não usa uma regra para a política monetária.

2. No equilíbrio de longo prazo do modelo dinâmico, a taxa de juros natural é igual à
   a) taxa de inflação.
   b) taxa de inflação esperada.
   c) taxa de juros nominal.
   d) taxa de juros real.

3. Um aumento na meta de inflação estabelecida pelo banco central _____ a taxa de juros nominal no curto prazo, mas _____ a taxa de juros nominal no longo prazo.
   a) aumenta, diminui
   b) aumenta, deixa inalterada
   c) diminui, aumenta
   d) diminui, deixa inalterada

4. Se o banco central reage agressivamente ao hiato da produção, um choque de oferta terá
   a) maior impacto na inflação, mas menor impacto na produção.
   b) menor impacto na inflação, mas maior impacto na produção.
   c) maior impacto tanto na inflação quanto na produção.
   d) menor impacto tanto na inflação quanto na produção.

5. Ao estabelecer seus parâmetros de política no modelo dinâmico, o banco central escolhe entre
   a) uma meta baixa para a inflação e crescimento robusto no longo prazo.
   b) inflação estável e produção estável.
   c) inflação baixa e taxas de juros nominais baixas.
   d) uma curva de demanda íngreme e uma curva de oferta íngreme.

6. De acordo com o princípio de Taylor, para garantir a estabilidade da inflação, o banco central deve aumentar a taxa de juros nominal em _____ de um ponto percentual em resposta a um crescimento de 1 ponto percentual _____.
   a) mais, no hiato da produção
   b) mais, na taxa de inflação
   a) menos, no hiato da produção
   d) menos, na taxa de inflação

---

* Para uma breve introdução a esse tópico, veja SBORDONE, Argia; TAMBALOTTI, Andrea; RAO, Krishna; WALSH, Kieran. Policy analysis using DSGE models: an introduction. *Federal Reserve Bank of New York Economic Policy Review*, v. 16, n. 2, p. 23-43, 2010. Importante artigo inicial sobre o desenvolvimento dos modelos DEEG é ROTEMBERG, Julio; WOODFORD, Michael. An optimization-based econometric framework for the evaluation of monetary policy. *NBER Macroeconomics Annual*, v. 12, p. 297-346, 1997. Um bom livro-texto introdutório a essa literatura: GALÍ, Jordi. *Monetary policy, inflation, and the business cycle*. Princeton, NJ: Princeton University Press, 2008.

CONCEITOS-CHAVE

Regra de Taylor   Princípio de Taylor

Questões para revisão

1. Em um gráfico cuidadosamente legendado, desenhe a curva da oferta agregada dinâmica. Explique por que ela tem a inclinação apresentada no gráfico.
2. Em um gráfico cuidadosamente legendado, desenhe a curva da demanda agregada dinâmica. Explique por que ela tem a inclinação apresentada no gráfico.
3. Certo banco central tem um novo dirigente, que decide elevar de 2 para 3% a meta de inflação. Utilizando um gráfico do modelo dinâmico DA-OA, demonstre o efeito dessa mudança. O que acontece com a taxa de juros nominal imediatamente depois da mudança da política econômica e no longo prazo? Explique.
4. Certo banco central tem um novo dirigente, que decide intensificar a reação das taxas de juros à inflação. De que modo essa mudança na política altera a reação da economia a um choque na oferta? Apresente sua resposta sob forma de gráfico e uma explanação econômica mais intuitiva.

Problemas e aplicações

1. Derive o equilíbrio de longo prazo para o modelo dinâmico DA-OA. Adote o pressuposto de que não existem choques na demanda ou na oferta ($\varepsilon_t = v_t = 0$) e a inflação tenha se estabilizado ($\pi_t = \pi_{t-1}$); depois disso, utilize as cinco equações apresentadas na Tabela 5.1 para derivar o valor de cada uma das variáveis no modelo. Não deixe de mostrar cada uma das etapas que você seguir.

2. Suponha que a regra para a política monetária apresente uma taxa de juros natural equivocada, e que o banco central siga esta regra:

$$i_t = \pi_t + \rho' + \theta_\pi \left(\pi_t - \pi_t^*\right) + \theta_Y \left(Y_t - \overline{Y}_t\right),$$

onde ρ' não é igual a ρ, a taxa natural de juros na equação para demanda de bens. O restante do modelo DA-OA é o mesmo que foi apresentado neste capítulo. Solucione a equação de modo a encontrar o equilíbrio de longo prazo, com base nessa regra para a política. Explique com suas palavras a intuição por trás de sua solução.

3. Explique de que modo a seguinte afirmativa faz sentido: "Se um banco central deseja alcançar taxas de juros nominais mais baixas, ele tem que aumentar a taxa de juros nominal."

4. A *taxa de sacrifício* corresponde à perda acumulada de produção que resulta quando o banco central reduz a sua meta de inflação em 1 ponto percentual. Pelos parâmetros utilizados na simulação apresentada neste capítulo (veja o boxe **Saiba Mais**), qual é a taxa de sacrifício implícita? Explique.

5. Este capítulo analisa o caso de um choque temporário na demanda por bens e serviços. Suponha, no entanto, que ε_t passasse a crescer permanentemente. O que aconteceria com a economia ao longo do tempo? Em particular, a taxa de inflação retornaria para sua meta no longo prazo? Por que sim ou por que não? (*Dica:* pode ser útil solucionar o equilíbrio de longo prazo sem o pressuposto de que ε_t seja igual a zero.) De que modo o banco central poderia alterar sua regra para a política, de maneira a lidar com essa questão?

6. Suponha que certo banco central não satisfaça o princípio de Taylor; particularmente, suponha que θ_π seja ligeiramente menor do que zero, de modo que a taxa de juros nominal cresça menos do que a proporção de 1 para 1 com a inflação. Utilize um gráfico semelhante à Figura 15.13 para analisar o impacto de um choque na oferta. Essa análise contradiz ou reforça o princípio de Taylor como diretriz para o desenho da política monetária?

7. O enunciado do capítulo pressupõe que a taxa natural de juros, ρ, seja um parâmetro constante. Suponha, em vez disso, que ele varie ao longo do tempo, tendo agora que ser escrito sob a forma ρ_t.
   a) Em que medida essa mudança afetaria as equações para demanda agregada dinâmica e oferta agregada dinâmica?
   b) De que modo um choque em ρ_t afetaria a produção, a inflação, a taxa de juros nominal e a taxa de juros real?
   c) Você consegue identificar algum tipo de dificuldade prática que um banco central poderia enfrentar caso ρ_t variasse ao longo do tempo?

8. Suponha que as expectativas de inflação da população estejam sujeitas a choques aleatórios. Ou seja, em vez de ser meramente adaptativa, a inflação esperada no período t, conforme se verifica no período $t - 1$, é igual a $E_{t-1}\pi_t = \pi_{t-1} + \eta_{t-1}$, em que η_{t-1} corresponde a um choque aleatório. Esse choque é geralmente igual a zero, mas se desvia de zero quando algum evento que não seja a inflação passada modifica a inflação esperada. De maneira semelhante, $E_t\pi_{t+1} = \pi_t + \eta_t$.
   a) Derive tanto a equação da demanda agregada dinâmica (*DAD*) quanto a equação da oferta agregada dinâmica (*OAD*), nesse modelo ligeiramente mais geral.
   b) Suponha que a economia passe por um *pânico inflacionário*. Ou seja, no período t, por alguma razão, passa-se a acreditar que a inflação no período $t + 1$ vai ser mais alta, de modo que η_t seja maior do que zero (para esse período apenas). O que acontece com as curvas *DAD* e *OAD* no período t? O que acontece com a produção, a inflação, a taxa de juros nominal e a taxa de juros real nesse período? Explique.

Problemas e aplicações

c) O que acontece com as curvas *DAD* e *OAD* no período $t+1$? O que acontece com a produção, a inflação, a taxa de juros nominal e a taxa de juros real nesse período? Explique.

d) O que acontece com a economia em períodos subsequentes?

e) Em que sentido os pânicos inflacionários podem ser profecias autorrealizáveis?

9. Utilize o modelo dinâmico *DA-OA* com o objetivo de realizar o cálculo da inflação como função somente da inflação passada e de choques na oferta e na demanda. (Parta do pressuposto de que a meta de inflação seja uma constante.)

a) De acordo com a equação que você derivou, a inflação retorna para sua meta depois de um choque? (*Dica*: veja o coeficiente da inflação passada.)

b) Suponha que o banco central não responda a mudanças no nível de produção, mas tão somente a mudanças na inflação, de forma que $\theta_Y = 0$. De que modo, se é que isso ocorreria, esse fato modificaria a sua resposta para o item (a)?

c) Suponha que o banco central não reaja a mudanças na inflação, mas somente a mudanças no nível de produção, de forma que $\theta_\pi = 0$. De que modo, se é que isso ocorreria, esse fato modificaria a sua resposta para o item (a)?

d) Suponha que o banco central não siga o princípio de Taylor, mas, em vez disso, faça com que a taxa de juros cresça somente 0,8 ponto percentual para cada ponto percentual de crescimento na inflação. Nesse caso, o que representa θ_π? De que modo um choque na demanda ou um choque na oferta influenciaria a trajetória da inflação?

Respostas do questionário rápido

1. c
2. d
3. c
4. a
5. b
6. b

Perspectivas Alternativas nas Políticas de Estabilização

16

O trabalho do Federal Reserve é retirar a poncheira no exato momento em que a festa começa a ficar animada.

– William McChesney Martin

O que precisamos não é de um experiente piloto monetário do veículo econômico, girando continuamente o volante de modo a se ajustar às irregularidades inesperadas do percurso, mas sim de algum meio de evitar que o passageiro monetário, que se encontra no banco de trás servindo como lastro, ocasionalmente se debruce e dê um solavanco no volante, ameaçando jogar o carro para fora da estrada.

– Milton Friedman

De que modo os formuladores de políticas econômicas do governo devem reagir ao ciclo econômico? As duas citações apresentadas – a primeira de um ex-dirigente do Federal Reserve, a segunda de um renomado crítico do Fed – mostram a diversidade de opiniões sobre como essa pergunta pode ser mais bem respondida.

Alguns economistas, como William McChesney Martin, consideram que a economia é inerentemente instável. Eles argumentam que a economia passa por frequentes choques na demanda agregada e na oferta agregada. A menos que os formuladores de políticas econômicas façam uso de políticas monetárias e fiscais para estabilizar a economia, esses choques acarretarão oscilações desnecessárias e ineficientes na produção, no desemprego e na inflação. Segundo o dito popular, a política macroeconômica deve "remar contra a maré", estimulando a economia quando ela está desaquecida e desacelerando o ritmo da economia quando ela se encontra superaquecida.

Outros economistas, como Milton Friedman, consideram que a economia é naturalmente estável. Eles imputam a políticas econômicas mal formuladas a responsabilidade pelas oscilações significativas e ineficientes que às vezes ocorrem. Argumentam que a política econômica não deve tentar uma "sintonia fina" na economia. Em vez disso, os formuladores de políticas econômicas devem admitir a limitação de suas capacidades e dar-se por satisfeitos se não causarem nenhum mal.

Esse debate persiste há décadas, com inúmeros protagonistas apresentando vários argumentos em defesa de seus posicionamentos. A questão fundamental é como os formuladores de políticas econômicas devem utilizar a teoria das oscilações econômicas de curto prazo desenvolvida nos capítulos anteriores. Neste capítulo, formularemos duas perguntas que surgem nesse debate. Primeira: a política monetária e a política fiscal devem assumir um papel atuante na tentativa de estabilizar a economia ou a política econômica deve permanecer passiva? Segunda: os formuladores de políticas econômicas devem se sentir livres para usar seu poder discricionário em resposta a variações nas condições econômicas, ou devem permanecer comprometidos em seguir uma regra de política econômica fixa?

16.1 A POLÍTICA ECONÔMICA DEVE SER ATIVA OU PASSIVA?

Os formuladores de políticas econômicas no âmbito do governo federal dos EUA consideram a estabilização econômica uma de suas principais responsabilidades. A análise da política macroeconômica é atribuição regular do Federal Reserve, do Council of Economic Advisers (Conselho de Consultores em Economia), do Congressional Budget Office (Gabinete de Orçamento do Congresso) e de outros órgãos do governo norte-americano. Como verificamos nos capítulos anteriores, a política monetária e a política fiscal podem exercer um impacto considerável sobre a demanda agregada e, consequentemente, sobre a inflação e o desemprego. Quando o Congresso norte-americano delibera sobre alguma importante mudança na política fiscal, ou quando o Federal Reserve está conjecturando sobre alguma importante mudança na política monetária, em primeiro lugar na discussão está o modo como a mudança influenciará a inflação e o desemprego, e se a demanda agregada precisa ser estimulada ou restringida.

Embora o governo norte-americano já venha, há muito tempo, conduzindo a política monetária e a política fiscal, o argumento de que o governo deve fazer uso desses instrumentos de política econômica para tentar estabilizar a economia é mais recente. O Employment Act (Lei do Emprego) de 1946 foi um marco decisivo na legislação norte-americana: com base nessa lei, o governo passou a ser considerado, pela primeira vez, responsável pelo desempenho macroeconômico. A lei estabelece que "passam a ser orientação política e responsabilidade contínuas do governo federal [...] promover o pleno emprego e a produção". Essa lei foi redigida quando estava ainda bem viva a lembrança da Grande Depressão. Os legisladores responsáveis por sua redação acreditavam, tal como muitos economistas, que, na ausência de um papel atuante do governo na economia, eventos como a Grande Depressão poderiam ocorrer regularmente.

Para muitos economistas, a necessidade de uma política econômica governamental atuante é clara e simples. Recessões são períodos de altos índices de desemprego, baixa renda e dificuldades econômicas acentuadas. O modelo para demanda agregada e oferta agregada mostra como choques na economia podem causar recessões. Mostra, também, como a política monetária e a política fiscal podem reagir a esses choques e prevenir, ou pelo menos atenuar, recessões. Esses economistas consideram desperdício não fazer uso de tais instrumentos de política econômica para estabilizar a economia.

Outros economistas criticam as tentativas do governo de estabilizar a economia. Esses críticos argumentam que o governo deve assumir uma posição de não intervenção na política macroeconômica. Em um primeiro momento, tal ponto de vista poderia parecer surpreendente. Se nosso modelo mostra como prevenir ou reduzir a gravidade das recessões, por que esses críticos desejam que o governo se abstenha de utilizar a política monetária e a política fiscal para a estabilização da economia? Para descobrirmos o porquê, analisemos alguns dos argumentos desses críticos.

Hiatos entre a implementação das políticas econômicas e os seus efeitos

A estabilização econômica seria fácil se os efeitos das políticas econômicas fossem imediatos. Formular uma política econômica seria como dirigir um automóvel: os formuladores de políticas econômicas simplesmente ajustariam seus instrumentos de modo a manter a economia na trajetória desejada.

Formular políticas econômicas, no entanto, é menos parecido com dirigir um automóvel e mais semelhante a pilotar um grande navio. O automóvel muda de direção quase imediatamente depois que o volante é girado. O navio muda de curso muito depois de o piloto ter ajustado o leme; e, depois que o navio começa a mudar de direção, ele prossegue assim por muito tempo, mesmo após o leme ter sido colocado de volta em sua posição normal. Um piloto pouco experiente pode vir a girar demasiadamente o leme e, depois de perceber o equívoco, ter uma reação exagerada, girando demasiadamente na direção oposta. A trajetória do navio pode se tornar instável se o piloto pouco experiente responde a erros anteriores com tentativas cada vez maiores de correção.

Tal como o piloto de um navio, os formuladores de política econômica se deparam com o problema dos longos hiatos de tempo. Na realidade, o problema desses formuladores é ainda mais complicado, já que é difícil prever a extensão de tais intervalos. Esses intervalos de tempo longos e variáveis complicam consideravelmente a condução das políticas monetárias e fiscais.

Economistas fazem distinção entre dois tipos de hiatos de tempo que são importantes na condução das políticas de estabilização: o hiato interno e o externo. O **hiato interno** corresponde ao intervalo de tempo entre um choque na economia e a ação decorrente da política econômica em resposta a esse choque. Esse hiato ocorre porque é necessário um tempo para que os formuladores de políticas econômicas reconheçam que ocorreu um choque e, a partir de então, passem a pôr em prática as políticas apropriadas. O **hiato externo** corresponde ao intervalo entre uma ação decorrente da política econômica e sua respectiva influência sobre a economia. Esse hiato ocorre porque as políticas econômicas não influenciam de imediato o gasto, a renda e o emprego.

Um hiato interno longo é o problema fundamental inerente ao uso de políticas fiscais para a estabilização da economia. Isso vale especialmente para os Estados Unidos, onde mudanças nos gastos ou nos impostos requerem a aprovação do presidente e das duas Casas do Congresso. O processo legislativo moroso e complicado muitas vezes causa protelações, que fazem da política fiscal um instrumento impreciso para a estabilização da economia. Esse hiato interno é mais curto em países com sistema parlamentarista, como o Reino Unido, onde o partido no poder geralmente consegue obter mais rapidamente a aprovação de mudanças na política econômica.

A política monetária apresenta um hiato interno mais curto do que o inerente à política fiscal, porque um banco central pode decidir e implementar em menos de um dia uma mudança na política econômica, mas a política monetária apresenta hiato externo mais longo. A política monetária opera por meio de mudanças na oferta monetária e nas taxas de juros, o que, por sua vez, influencia o investimento e a demanda agregada. Como muitas empresas realizam seus planos de investimento com bastante antecedência, imagina-se que uma mudança na política monetária não venha a afetar a atividade econômica até aproximadamente seis meses depois de implementada.

Os hiatos longos e variáveis associados à política monetária e à política fiscal certamente tornam mais difícil a estabilização da economia. Defensores da política econômica passiva argumentam que, por causa desses intervalos, políticas de estabilização bem-sucedidas são quase impossíveis. Na realidade, as tentativas de estabilizar a economia podem ser desestabilizadoras. Suponhamos que as condições da economia se modifiquem entre o início de uma ação decorrente de uma política econômica e o seu respectivo impacto sobre a economia. Nesse caso, a política vigente pode acabar estimulando a economia quando ela está em fase de aquecimento, ou desestimulando a economia quando ela está em processo de esfriamento. Os defensores da política econômica ativa admitem que esses lapsos de tempo requerem que os formuladores de políticas econômicas sejam cautelosos. No entanto, argumentam eles, esses hiatos não significam necessariamente que a política deva ser completamente passiva, especialmente quando se depara com um grave e prolongado declínio na atividade econômica.

Algumas políticas, conhecidas como **estabilizadores automáticos**, são projetadas de modo a reduzir os lapsos de tempo associados a políticas de estabilização. Estabilizadores automáticos são políticas que estimulam ou retraem a economia quando necessário, sem qualquer tipo de mudança deliberada na política econômica. Por exemplo, o sistema do imposto de renda automaticamente reduz a arrecadação quando a economia entra em recessão: sem qualquer mudança na legislação tributária, as pessoas e as empresas passam a pagar menos imposto quando seus rendimentos diminuem. De modo semelhante, os sistemas de seguro-desemprego e assistência social aumentam automaticamente os pagamentos de transferências quando a economia se aproxima de uma recessão, já que maior quantidade de pessoas se candidata aos benefícios. É possível considerar esses estabilizadores automáticos como um tipo de política fiscal sem qualquer hiato interno.

A difícil tarefa da previsão econômica

Uma vez que a política econômica influencia a economia somente depois de um longo hiato de tempo, políticas de estabilização bem-sucedidas requerem capacidade de antever com precisão as condições econômicas do futuro. Se não conseguimos prever se a economia estará passando por superaquecimento ou recessão daqui a seis meses ou um ano, não conseguimos avaliar se a política monetária e a política fiscal devem agora tentar expandir ou contrair a demanda agregada. Infelizmente, os acontecimentos econômicos são muitas vezes imprevisíveis.

Uma das maneiras de os analistas tentarem enxergar o futuro é recorrer aos *principais indicadores*. Como discutimos no Capítulo 10, um indicador principal corresponde a uma série histórica de dados que oscila antecipadamente em relação aos fatos da economia. Uma queda grande em um desses principais indicadores sinaliza que é bastante provável a ocorrência de recessão nos meses subsequentes.

Outro método pelo qual os analistas tentam antever o futuro consiste nos *modelos macroeconométricos*, desenvolvidos tanto por órgãos do governo como por empresas privadas. Trata-se de um modelo que descreve a economia quantitativamente, não só qualitativamente. Muitos modelos macroeconométricos são versões mais complicadas e mais realistas do modelo dinâmico de demanda e oferta agregadas apresentado no Capítulo 15. Economistas que desenvolvem modelos macroeconométricos utilizam dados de séries históricas para estimar os parâmetros de um modelo. Uma vez construído o modelo, os economistas conseguem estimular efeitos de políticas alternativas. O modelo também pode ser utilizado para fins de previsão. Depois de o usuário do modelo fazer suposições sobre a trajetória das variáveis exógenas, como política monetária, política fiscal e preços do petróleo, o modelo gera previsões sobre desemprego, inflação e outras variáveis endógenas. Tenha em mente, no entanto, que a validação desses prognósticos será simplesmente tão genuína quanto forem os pressupostos do modelo em si e dos analistas que realizam previsões sobre as variáveis exógenas.

ESTUDO DE CASO
ERROS DE PREVISÃO

"Chuvas leves, períodos de sol e ventos moderados." Esta foi a previsão do tempo apresentada pelo renomado serviço de meteorologia britânico em 14 de outubro de 1987. No dia seguinte, a Grã-Bretanha foi atingida pela pior tempestade em mais de dois séculos.

Assim como as previsões meteorológicas, as previsões econômicas constituem um insumo fundamental nos processos decisórios públicos e privados. Executivos de empresas se baseiam em previsões econômicas quando decidem quanto será produzido e quanto será investido em instalações e equipamentos. Formuladores de políticas do governo também se baseiam em previsões quando desenvolvem as políticas econômicas. Infelizmente, do mesmo modo que na meteorologia, as previsões econômicas estão longe de ser precisas.

O mais drástico declínio na atividade econômica ao longo da história dos Estados Unidos, a Grande Depressão da década de 1930, pegou completamente de surpresa os responsáveis pelas previsões econômicas. Mesmo depois do colapso no mercado de ações, em 1929, eles permaneceram confiantes de que a economia não sofreria um retrocesso significativo. Ao final de 1931, quando a economia se encontrava claramente em má situação, o eminente economista Irving Fisher prognosticou que ela se recuperaria rapidamente. Os eventos subsequentes demonstraram que tais prognósticos foram demasiadamente otimistas: a taxa de desemprego continuou a se elevar até 1933, quando atingiu 25%, e permaneceu elevada ao longo de todo o restante da década.*

A Figura 16.1 mostra o desempenho dos responsáveis por precisões econômicas durante a recessão de 2008-2009, a mais grave recessão econômica nos Estados Unidos desde a Grande Depressão. A figura apresenta a taxa de desemprego efetiva (curvas escuras) e diversas tentativas de prevê-la para os cinco trimestres subsequentes (curvas mais claras). Podemos constatar que os analistas conseguiram se sair bem ao prever o desemprego um ou dois trimestres à frente. As previsões de mais longo alcance, no entanto, se mostraram geralmente imprecisas. A *Survey of Professional Forecasters*,** realizada em novembro de 2007, previu desaceleração, embora somente moderada: foi projetado um aumento na taxa de desemprego dos EUA de 4,7% no quarto trimestre de 2007 para 5,0% no quarto trimestre de 2008. Com base na pesquisa de maio de 2008, os analistas haviam aumentado suas previsões para o desemprego ao final daquele ano, mas somente para 5,5%. Na realidade, a taxa de desemprego foi de 6,9% no último trimestre de 2008. Os analistas responsáveis pelas previsões econômicas ficaram mais pessimistas com o desenrolar da recessão – mas ainda não suficientemente pessimistas. Em novembro de 2008, eles previram que a taxa de desemprego cresceria para 7,7% no quarto trimestre de 2009. Na realidade, cresceu para aproximadamente 10%.

A Grande Depressão da década de 1930 e a Grande Recessão de 2008-2009 mostram que os eventos econômicos mais dramáticos são, de modo geral, imprevisíveis. Embora os responsáveis pelos processos decisórios nas esferas privada e pública tenham pouca escolha além de confiar em previsões econômicas, eles precisam sempre ter em mente que essas previsões são acompanhadas por considerável margem de erro.

Falta de conhecimento, expectativas e a crítica de Lucas

O renomado economista Robert Lucas escreveu certa vez: "Por termos uma profissão tipicamente direcionada para aconselhamentos, costumamos ir além do que sabemos." Até mesmo muitos daqueles que assessoram formuladores de políticas econômicas concordariam com essa avaliação. A economia é uma ciência recente, existem muitas coisas que ainda são desconhecidas. Os economistas ainda não conseguem se sentir totalmente confiantes quando avaliam os efeitos decorrentes de políticas alternativas. Essa falta de um conhecimento mais profundo sugere que os economistas devam ser bastante cautelosos ao oferecer conselhos sobre política econômica.

Em seus escritos sobre a elaboração de políticas econômicas, Robert Lucas enfatiza que os economistas precisam prestar maior atenção à questão de como as pessoas criam expectativas em relação ao futuro. Expectativas desempenham papel crucial na economia, pois influenciam todos os tipos de comportamento. Por exemplo, as famílias decidem quanto devem consumir com base em suas expectativas de renda futura; as empresas, por sua vez, decidem quanto investir com base em expectativas de lucratividade futura. Essas expectativas dependem de inúmeras coisas, mas um fator, segundo Robert Lucas, é especialmente importante: as políticas econômicas que estão sendo seguidas pelo governo. Portanto, quando fazem estimativas sobre o efeito decorrente de qualquer mudança na política econômica, os formuladores dessas políticas precisam saber como as expectativas das pessoas reagirão a essa mudança. Lucas argumenta que métodos tradicionais de avaliação de políticas econômicas – como aqueles que se baseiam em modelos macroeconométricos tradicionais – não levam adequadamente em consideração esse impacto da política econômica sobre ex-

---

* DOMINGUEZ, Kathryn M.; FAIR, Ray C.; SHAPIRO, Matthew D. Forecasting the depression: Harvard versus Yale. *American Economic Review*, v. 78, p. 595-612, Sept. 1988. O artigo mostra quão mal se saíram os responsáveis pelas previsões econômicas durante a Grande Depressão, argumentando que eles não teriam conseguido se sair nada melhor com as modernas técnicas de previsão atualmente disponíveis.

** Publicação trimestral criada em 1968. Apresenta previsões para a economia norte-americana e, desde 1990, se encontra sob a responsabilidade do *Federal Reserve Bank of Philadelphia*. (N.R.)

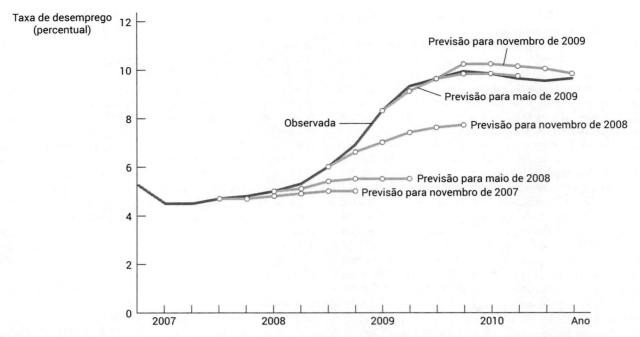

Figura 16.1 Fracasso na previsão durante a Grande Recessão. A curva mais escura mostra a taxa de desemprego observada de 2007 até 2010. As curvas mais claras mostram a taxa de desemprego prevista em vários pontos no tempo. Para cada uma das previsões, os símbolos marcam a taxa de desemprego no período apontado e a previsão para os cinco trimestres subsequentes. Observe que os responsáveis pelas previsões não conseguiram prever o rápido crescimento na taxa de desemprego.
Fonte: a taxa de desemprego tem como origem U.S. Department of Labor. A taxa de desemprego prevista corresponde à mediana da previsão na *Survey of Professional Forecasters*.

pectativas. Essa crítica da avaliação tradicional de políticas econômicas é conhecida como a **crítica de Lucas**.*

Um exemplo da crítica de Lucas surge na análise sobre desinflação. Como você deve se lembrar do Capítulo 14, o custo de reduzir a inflação é medido em geral pela taxa de sacrifício, que corresponde ao número de pontos percentuais do PIB dos quais se deve abrir mão para reduzir a inflação em 1 ponto percentual. Como algumas dessas estimativas para a taxa de sacrifício costumam ser bastante elevadas, certos economistas argumentam que os formuladores de políticas econômicas devem aprender a conviver com a inflação em vez de arcar com o custo expressivo de reduzi-la.

De acordo com os defensores da abordagem das expectativas racionais, no entanto, essas estimativas da taxa de sacrifício não são confiáveis, pelo fato de estarem sujeitas à crítica de Lucas. Estimativas tradicionais para a taxa de sacrifício são baseadas em expectativas adaptativas – ou seja, na premissa de que a inflação esperada depende da inflação passada. As expectativas adaptativas podem representar uma premissa razoável em algumas circunstâncias, mas, se os formuladores de políticas econômicas elaboram uma mudança na política econômica que tenha credibilidade junto à população, os trabalhadores e as empresas que estabelecem salários e preços reagirão de maneira racional, ajustando suas expectativas de inflação apropriadamente. Essa mudança nas expectativas de inflação vai rapidamente alterar o *trade-off* de curto prazo entre inflação e desemprego. Como resultado, a redução da inflação pode ser consideravelmente menos onerosa do que sugerem as estimativas tradicionais da taxa de sacrifício.

A crítica de Lucas nos deixa duas lições. A lição mais específica é que os economistas que avaliam políticas alternativas precisam levar em conta a maneira pela qual a política econômica afeta as expectativas e, consequentemente, o comportamento dos agentes. A lição mais geral é que avaliar a política econômica é uma tarefa difícil, de modo que os economistas nela envolvidos devem mostrar a devida humildade.

O registro histórico

Ao avaliarmos se a política do governo deve desempenhar um papel ativo ou passivo na economia, precisamos atribuir algum peso aos registros históricos. Se a economia passou por muitos choques significativos na oferta agregada e na demanda agregada, e se a política econômica tem tido êxito em isolar a economia desses choques, então a opção pela política econômica ativa deve ser clara. Por outro lado, se a economia passou por uma quantidade pouco significativa de choques, e se as oscilações observadas podem ser relacionadas a políticas econômicas ineficazes, a opção pela política econômica passiva deve ficar evidente. Em outras palavras, nossa abordagem da política de estabilização deve ser influenciada pelo fato de a política ter sido historicamente estabilizadora ou desestabilizadora. Por essa razão, o debate sobre política macroeconômica frequentemente se transforma em um debate sobre a história da macroeconomia.

No entanto, a história não coloca um ponto final no debate sobre políticas de estabilização. Surgem divergências em relação à história, por não ser fácil identificar as fontes das flutuações econômicas. O registro histórico, de modo geral, permite mais de uma interpretação.

A Grande Depressão é um desses casos. Os pontos de vista dos economistas sobre política macroeconômica costumam estar relacionados a suas opiniões sobre a causa da Depressão. Alguns economistas acreditam que um grande choque de con-

---

* LUCAS JR., Robert E. Econometric policy evaluation: a critique. *In*: *Carnegie-Rochester Conference on Public Policy* 1. Amsterdam: North-Holland, 1976, p. 19-46. Lucas ganhou, em 1995, o Prêmio Nobel por esse e outros trabalhos.

tração no gasto privado causou a Depressão. Argumentam que os formuladores de políticas econômicas deveriam ter respondido com o uso de ferramentas de políticas monetárias e fiscais para estimular a demanda agregada. Outros economistas acreditam que a grande queda na oferta monetária causou a Depressão. Eles afirmam que a Depressão teria sido evitada se o Fed tivesse adotado uma política monetária passiva voltada para o aumento da oferta monetária em ritmo constante. Por essa razão, dependendo da convicção que se tem sobre sua causa, a Grande Depressão pode ser considerada tanto um exemplo das razões para a necessidade de políticas monetárias e fiscais ativas quanto um exemplo das razões pelas quais elas são perigosas.

ESTUDO DE CASO

A ESTABILIZAÇÃO DA ECONOMIA É UMA FICÇÃO CRIADA PELOS DADOS?

Keynes escreveu *A teoria geral* na década de 1930; seguindo o caminho da revolução keynesiana, governos do mundo inteiro passaram a considerar a estabilização econômica uma responsabilidade primordial. Alguns economistas acreditam que o desenvolvimento da teoria keynesiana tem exercido profunda influência no comportamento da economia. Comparando dados anteriores à Primeira Guerra Mundial e posteriores à Segunda Guerra, eles constatam que o PIB real e o desemprego se tornaram muito mais estáveis. Esse, alegam alguns keynesianos, é o melhor argumento em favor da política de estabilização ativa: tem dado certo.

Em uma série de ensaios provocativos e influentes, a economista Christina Romer questiona essa avaliação sobre o registro histórico. Ela argumenta que a redução da volatilidade, medida por indicadores, não reflete uma melhora na política econômica e no desempenho da economia, mas um aperfeiçoamento nos dados sobre a economia. Os dados mais antigos são menos precisos que os dados mais recentes. Romer alega que a maior volatilidade no nível de desemprego e no PIB real registrada antes da Primeira Guerra Mundial é, em grande parte, uma ficção criada pelos dados.

Christina Romer utiliza várias técnicas para defender seus argumentos. Uma delas é a construção de dados mais precisos para o período anterior. Essa é uma tarefa difícil, já que não há fontes de dados prontamente disponíveis. Uma segunda maneira é construir dados *menos* exatos para o período recente – ou seja, dados que sejam comparáveis aos dados mais antigos e, por conseguinte, sofram as mesmas imperfeições. Depois de construir novos dados "de má qualidade", Romer constata que o período recente aparenta ser quase tão instável quanto o período anterior, sugerindo que a volatilidade do período anterior pode ser, em grande parte, produto do modo como os dados foram constituídos.

O trabalho de Romer é parte do debate incessante sobre ter ou não a política macroeconômica melhorado o desempenho da economia. Embora seu trabalho permaneça controverso, a maioria dos economistas atualmente acredita que a economia, na esteira da revolução keynesiana, tornou-se apenas ligeiramente mais estável do que era antes.*

---

* Para ler mais sobre este tópico: ROMER, Christina D. Spurious volatility in historical unemployment data. *Journal of Political Economy*, v. 94, p. 1-37, Feb. 1986; e ROMER, Christina D. Is the stabilization of the postwar economy a figment of the data? *American Economic Review*, v. 76, p. 314-334, June 1986.

ESTUDO DE CASO

COMO A INCERTEZA NA POLÍTICA AFETA A ECONOMIA?

Quando os formuladores de políticas econômicas monetária e fiscais tentam ativamente controlar a economia, o caminho futuro da política econômica é geralmente incerto. Os formuladores nem sempre deixam claras suas intenções. Além disso, como o resultado da política econômica pode decorrer de um processo político desagregador, contencioso e imprevisível, o público tem todas as razões para não se sentir seguro sobre quais decisões de política acabarão sendo tomadas.

Em pesquisas recentes, os economistas Scott Baker, Nicholas Bloom e Steve Davis estudaram os efeitos da incerteza na política. Baker, Bloom e Davis começaram construindo um índice que mede como a intensidade da incerteza política se modifica ao longo do tempo. O índice por eles elaborado apresenta três componentes.

O primeiro componente deriva da leitura de artigos de jornais. Começando em janeiro de 1985, eles examinaram dez importantes artigos na busca por termos relacionados a incerteza econômica e política. Em particular, buscaram artigos contendo o termo *incerteza* ou *incerto*, o termo *econômico* ou *economia* e pelo menos um dos seguintes termos: *congresso, legislação, casa branca, regulação, federal reserve*, ou *déficit*. Quanto mais artigos existissem contendo termos em todas as três categorias, maior o índice de incerteza política.

O segundo componente do índice é baseado no número de provisões temporárias do código tributário federal norte-americano. Baker, Bloom e Davis argumentaram que "medidas tributárias temporárias são uma fonte de incerteza para empresas e pessoas porque o Congresso norte-americano frequentemente apresenta essas medidas no último momento, abalando a estabilidade e a certeza relativas ao código tributário".

O terceiro componente do índice é baseado na quantidade de discordâncias entre formuladores de previsões econômicas do setor privado sobre diversas variáveis essenciais relacionadas à política macroeconômica. Baker, Bloom e Davis presumiram que, quanto mais esses formuladores de previsões do setor privado discordam sobre o nível futuro de preços e os níveis futuros de gastos do governo, mais incerteza existe sobre a política monetária e a política fiscal. Ou seja, quanto maior a dispersão nessas previsões do setor privado, maior o nível do índice de incerteza política.

A Figura 16.2 mostra o índice derivado desses três componentes. O índice dispara para cima, indicando crescimento na incerteza quanto à política, quando existe um evento político significativo no exterior (como uma guerra ou um ataque terrorista), quando há uma crise econômica (como o colapso do mercado de ações na Segunda-Feira Negra, ou a falência do grande banco de investimentos Lehman Brothers), ou quando existe um evento político importante (como a eleição de um novo presidente).

Com esse índice em mãos, Baker, Bloom e Davis investigaram, então, até que ponto a incerteza com a política econômica se correlaciona com o desempenho econômico. Descobriram que maior incerteza em relação à política econômica causa queda na atividade econômica. Em particular, quando a incerteza na política econômica aumenta, o investimento, a produção e o emprego tendem a diminuir ao longo do ano subsequente (em relação a seu crescimento normal).

Uma explicação possível para esse efeito é que a incerteza pode diminuir a demanda agregada por bens e serviços. Quando cresce a incerteza com relação à política econômica, pessoas

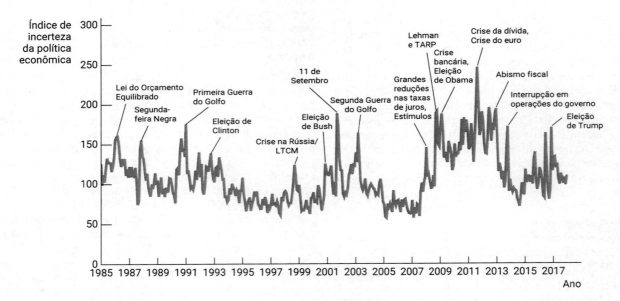

Figura 16.2 Um índice de incerteza da política. Vários tipos de evento fazem crescer a incerteza sobre a política econômica. Picos na incerteza da política podem reduzir a atividade econômica.
Fonte: http://www.policyuncertaintity.com/us_monthly.html.

e empresas podem vir a adiar grandes compras até que a incerteza seja solucionada. Por exemplo, se a empresa está considerando a eventual compra de novas instalações, e a rentabilidade do investimento depende da política econômica que venha a ser seguida, a empresa pode esperar até que a decisão política seja feita. Esse tipo de adiamento é racional para a empresa, mas contribui para o declínio na demanda agregada, reduzindo a produção da economia e fazendo crescer o desemprego.

De fato, alguma incerteza em relação à política econômica é inevitável. Mas os formuladores de políticas econômicas devem ter em mente que o montante de incerteza está, até certo ponto, sob o controle deles e que tal incerteza aparenta ter efeitos econômicos adversos.*

16.2 A POLÍTICA ECONÔMICA DEVE SER CONDUZIDA POR REGRAS OU POR PODER DISCRICIONÁRIO?

Um segundo tópico de debate entre os economistas é se a política econômica deve ser conduzida por regras ou por poder discricionário. Será conduzida por regras, caso seus formuladores anunciem antecipadamente o modo como a política reagirá a várias situações, e caso se comprometam a seguir aquilo que foi anunciado. A política econômica será conduzida por poder discricionário se seus formuladores estiverem livres para dimensionar os eventos à medida que estes venham a ocorrer, optando pela política que considerarem apropriada na ocasião necessária.

O debate entre regras e poder discricionário é diferente do debate entre política econômica ativa e política econômica passiva. A política econômica pode ser conduzida por regras e, ainda assim, ser passiva ou ativa. Por exemplo, uma regra de política econômica passiva pode estabelecer em 3% ao ano o crescimento estável para a oferta monetária. Uma regra de política econômica ativa pode especificar que

Expansão Monetária = 3% + (Taxa de Desemprego − 6%).

Com base nessa regra, a oferta monetária cresce a uma taxa de 3% se a taxa de desemprego é de 6%, mas para cada ponto percentual em que a taxa de desemprego excede 6% a expansão monetária cresce 1 ponto percentual adicional. Essa regra tenta estabilizar a economia por meio do aumento da expansão monetária quando a economia está passando por uma recessão.

Começamos esta seção discutindo por que a política econômica pode ser melhorada pelo comprometimento com determinada regra para a política. Examinaremos agora várias regras possíveis para políticas econômicas.

Falta de confiança nos formuladores de políticas econômicas e no processo político

Alguns economistas acreditam que a política econômica é demasiadamente importante para ser deixada ao poder discricionário dos formuladores de políticas econômicas. Embora esse ponto de vista seja mais de ordem política do que econômica, avaliá-lo é fundamental para a maneira como julgamos o papel da política econômica. Se os políticos são incompetentes ou oportunistas, talvez não desejemos conceder a eles o poder discricionário para fazer uso das poderosas ferramentas de política monetária e política fiscal.

A incompetência na política econômica surge por várias razões. Alguns economistas consideram o processo político errático, talvez porque reflita a inconstância do poder de grupos de interesses particulares. Além disso, a macroeconomia é complicada e os políticos, na maioria das vezes, não desfrutam de conhecimento suficiente sobre ela para que possam efetuar avaliações bem fundamentadas. Essa falta de conhecimento técnico permite que charlatães proponham soluções incorretas, embora superficialmente atraentes, para problemas complexos. O processo político em geral não consegue distinguir os conselhos apresentados por charlatães daqueles apresentados por economistas competentes.

O oportunismo na política econômica surge quando os objetivos de seus formuladores entram em conflito com o

---

* BAKER, Scott R.; BLOOM, Nicholas; DAVIS, Steven J. Measuring economic policy uncertainty., *The Quarterly Journal of Economics*, v. 131, p. 1593-1636, Nov. 2016.

bem-estar da população. Alguns economistas receiam que os políticos venham a fazer uso da política macroeconômica para fomentar seus interesses eleitoreiros pessoais. Se os cidadãos votam com base nas condições econômicas predominantes na ocasião da eleição, os políticos têm um incentivo para adotar políticas econômicas que farão com que a economia aparente estar bem durante os anos de eleição. Certo presidente pode causar uma recessão logo depois de tomar posse, com o objetivo de diminuir a inflação, e em seguida estimular a economia à medida que vai se aproximando a eleição subsequente, de modo a diminuir o nível de desemprego: isso garantiria que tanto a inflação quanto o desemprego estariam baixos no dia da eleição. A manipulação da economia para fins de ganhos eleitorais, conhecida como **ciclo econômico político,** tem sido objeto de extensas pesquisas e estudos por parte de economistas e cientistas políticos.*

A falta de confiança no processo político leva alguns economistas a defenderem que a política econômica seja conduzida fora dos domínios da política propriamente dita. Nos Estados Unidos, alguns deles têm proposto emendas constitucionais, como é o caso da emenda para o orçamento equilibrado, que atariam as mãos dos legisladores e isolariam a economia tanto da incompetência quanto do oportunismo. No próximo capítulo, vamos discutir alguns possíveis problemas de uma emenda para o orçamento equilibrado.

Inconsistência temporal da política econômica discricionária

Quando supomos que podemos confiar em nossos formuladores de políticas econômicas, a política econômica discricionária parece à primeira vista superior a uma regra de política econômica preestabelecida. A política econômica discricionária é, por sua própria natureza, flexível. Contanto que os seus formuladores sejam inteligentes e benevolentes, parecerá haver poucas razões para negar a eles a flexibilidade para responder a mudanças nas condições econômicas.

Contudo, um argumento que favorece as regras em detrimento do poder discricionário surge do problema da **inconsistência temporal** das políticas econômicas. Em algumas situações, pode acontecer que os formuladores de políticas econômicas desejem anunciar antecipadamente a política que será seguida, de modo a influenciar as expectativas dos tomadores de decisão da iniciativa privada. Mais tarde, entretanto, depois de os tomadores de decisão do setor privado terem agido com base em suas expectativas, os formuladores de políticas econômicas podem se sentir tentados a voltar atrás em seu pronunciamento. Ao compreenderem que esses formuladores podem vir a ser incoerentes ou inconstantes ao longo do tempo, os responsáveis pelo processo decisório do setor privado são levados a não confiar nos anúncios sobre políticas econômicas. Diante dessa situação, para tornar seus pronunciamentos dignos de credibilidade junto à população, pode ser desejável que os formuladores de políticas econômicas comprometam-se com uma regra fixa para políticas econômicas.

A inconsistência temporal pode ser ilustrada com mais simplicidade por um exemplo de natureza política do que por um exemplo de natureza econômica – especificamente, políticas públicas que tratam da negociação com terroristas para a libertação de reféns. A política anunciada por muitos países é de não negociar. Esse pronunciamento tem como objetivo dissuadir os terroristas: se não há o que ganhar com sequestro de reféns, terroristas mais racionais não realizarão sequestros. Em outras palavras, o propósito do anúncio é influenciar as expectativas dos terroristas e, com isso, o comportamento deles.

Entretanto, na realidade, a menos que os formuladores de políticas econômicas comprometam-se com essa política, e que tal compromisso desfrute de credibilidade, o anúncio terá pouco efeito significativo. Terroristas sabem que, uma vez capturados os reféns, os formuladores de políticas enfrentam a irresistível tentação de fazer algum tipo de concessão para obter a libertação dos reféns. A única maneira de dissuadir sequestradores mais racionais é tirar dessas autoridades o poder discricionário, submetendo-as à regra de jamais negociar. Se os formuladores de políticas estiverem de fato impossibilitados de fazer concessões, o incentivo para os terroristas de capturar reféns será, em grande parte, eliminado.

O mesmo problema surge, de maneira menos dramática, na condução da política monetária. Considere o dilema de um banco central que se importe, ao mesmo tempo, com a inflação e o desemprego. De acordo com a curva de Phillips, o *trade-off* entre inflação e desemprego depende da inflação esperada. O banco central preferiria que todos esperassem uma inflação baixa para que ele viesse a enfrentar um *trade-off* favorável. Para reduzir a inflação esperada, o banco central poderia anunciar a inflação baixa como o objetivo fundamental da política monetária.

Entretanto, o anúncio de uma política econômica de inflação baixa não é, por si mesmo, digno de crédito. Uma vez que os domicílios e as empresas tenham formado suas expectativas em relação à inflação, estabelecendo salários e preços de acordo com essas expectativas, o banco central passa a ter um incentivo para voltar atrás em seu pronunciamento e implementar políticas monetárias expansionistas com o objetivo de reduzir o desemprego. As pessoas compreendem o incentivo do banco central em voltar atrás e, por essa razão, não acreditam no anúncio desde o início. Do mesmo modo que o presidente de uma nação, diante de uma crise envolvendo reféns, se sente bastante tentado a negociar a libertação deles, um banco central com poder discricionário se sente tentado a adotar políticas inflacionárias com o objetivo de reduzir o desemprego. E, exatamente do mesmo modo que terroristas não levam a sério a política anunciada de jamais negociar, domicílios e empresas não levam em consideração as políticas econômicas anunciadas de baixa inflação.

O resultado surpreendente dessa análise é que os formuladores de políticas econômicas conseguem às vezes alcançar as suas metas de modo mais eficaz caso lhes seja retirado o poder discricionário. No caso de terroristas mais racionais, menor número de reféns será sequestrado e morto se os formuladores de políticas estiverem comprometidos em cumprir a norma aparentemente cruel de recusar a negociação da libertação de reféns. No caso da política monetária, haverá inflação mais baixa, sem um nível mais elevado de desemprego, se o banco central estiver comprometido com uma política econômica de inflação zero. (Essa conclusão sobre política monetária é modelada de maneira mais explícita no apêndice deste capítulo.)

A inconsistência temporal da política econômica surge em muitos outros contextos:

- Para estimular o investimento, o governo anuncia que não tributará o rendimento sobre o capital. No entanto, depois que fábricas são construídas, o governo se sente tentado a voltar atrás em sua promessa para elevar a arrecadação tributária.

---

* NORDHAUS, William. The political business cycle. *Review of Economic Studies*, v. 42, p. 169-190, 1975; TUFTE, Edward. *Political control of the economy.* Princeton, NJ: Princeton University Press, 1978.

- Para promover a pesquisa científica, o governo anuncia que concederá monopólio temporário às companhias que descobrirem novos medicamentos. Contudo, depois que determinado medicamento é desenvolvido, o governo se sente tentado a revogar a patente ou a regular o preço, de modo a tornar o medicamento mais acessível.
- Para incentivar o bom comportamento, os pais anunciam que vão punir o filho sempre que ele infringir certa regra. Entretanto, quando o filho se comporta mal, os pais se sentem tentados a perdoar a transgressão, já que a punição é desagradável tanto para os pais quanto para os filhos.
- Para estimular você a estudar mais, seu professor anuncia que haverá prova ao final do curso. Entretanto, depois de você ter estudado e aprendido toda a matéria, o professor se sente tentado a cancelar a prova final, para não ter o trabalho de corrigi-la e dar nota.

Em cada um desses casos, agentes racionais compreendem os incentivos que podem levar os responsáveis pela formulação da política a voltarem atrás, e tal expectativa afeta o comportamento desses agentes. A solução é tirar o poder discricionário do formulador da política por meio de um comprometimento crível com a regra de política fixa.

ESTUDO DE CASO

ALEXANDER HAMILTON *VERSUS* INCONSISTÊNCIA TEMPORAL

Há muito tempo a inconsistência temporal constitui um problema associado à política econômica discricionária. Na realidade, foi um dos primeiros problemas enfrentados por Alexander Hamilton, quando o Presidente George Washington o nomeou primeiro Secretário do Tesouro dos Estados Unidos, em 1789.

Hamilton enfrentava a questão de como tratar as dívidas que o país recém-constituído acumulara ao lutar para se tornar independente da Grã-Bretanha. Quando o governo revolucionário contraiu as dívidas, prometeu que elas seriam honradas tão logo a guerra acabasse. Depois da guerra, no entanto, muitos norte-americanos defendiam que a dívida não fosse paga, já que o pagamento aos credores exigiria maior tributação para a população, uma medida sempre onerosa, além de impopular.

Hamilton se opôs à política inconsistente de negar a dívida. Ele sabia que a nação possivelmente precisaria recorrer a novos empréstimos, em algum momento no futuro. Em seu relato intitulado *First Report on the Public Credit* (Primeiro Relatório sobre o Crédito Público), que apresentou ao Congresso norte-americano em 1790, Hamilton escreveu:

Se a manutenção do crédito público é de fato tão importante, a próxima indagação que se sugere é: por quais meios ele deve ser efetivado? A resposta imediata para essa pergunta é: pela boa-fé; pelo cumprimento pontual dos contratos. Os estados, tal como as pessoas, que honram os seus compromissos são respeitados e dignos de confiança, enquanto inverso é o destino daqueles que seguem conduta oposta.

Desse modo, Hamilton propôs que o país assumisse um compromisso com a norma de política econômica de honrar suas dívidas.

A regra política proposta por Hamilton persiste há mais de dois séculos. Hoje, diferentemente do que ocorria na época de Hamilton, quando o Congresso discute as prioridades de gasto, ninguém propõe seriamente o calote de dívidas públicas como meio de reduzir impostos. No caso da dívida pública, todos concordam atualmente que o governo esteja comprometido com uma regra de política econômica fixa.

Regras para a política monetária

Apesar de estarmos convencidos de que regras de política são melhores do que a política discricionária, o debate sobre política macroeconômica ainda não se esgotou. Se o banco central tivesse que se comprometer com certa regra de política monetária, que tipo de regra deveria escolher? Vamos discutir, de maneira sucinta, três regras de política econômica que vários economistas defendem.

Alguns economistas, chamados de **monetaristas**, defendem que o banco central deva manter a oferta monetária crescendo a um ritmo constante. A citação de Milton Friedman – o mais famoso monetarista – apresentada na abertura deste capítulo exemplifica esse ponto de vista da política monetária. Os monetaristas acreditam que flutuações na oferta monetária são responsáveis pela maioria das grandes flutuações na economia. Argumentam que o crescimento lento e constante da oferta monetária renderia produto, emprego e preços estáveis.

Embora regras políticas monetaristas pudessem ter evitado muitas das flutuações econômicas que atravessamos ao longo da história, a maioria dos economistas acredita que essa não é a melhor regra de política econômica possível. Crescimento constante da oferta monetária estabiliza a demanda agregada somente se a velocidade da moeda é estável. No entanto, às vezes, a economia passa por choques, tais como deslocamentos na demanda por moeda, que tornam instável a velocidade. A maioria dos economistas está convencida de que uma regra de política econômica precisa permitir que a oferta monetária se ajuste a vários choques na economia.

Uma segunda regra de política econômica que muitos economistas defendem é o estabelecimento de uma meta para o PIB nominal. Com essa norma, o banco central anuncia uma trajetória planejada para o PIB nominal. Se o PIB nominal cresce acima da meta, o banco central reduz a expansão monetária de modo a conter a demanda agregada. Se o PIB cai para menos do que a meta, o banco central aumenta a expansão monetária de modo a estimular a demanda agregada. Como uma meta para o PIB nominal possibilita que a política monetária se ajuste a variações na velocidade da moeda, a maioria dos economistas acredita que isso traria maior estabilidade à produção e aos preços do que uma regra política monetarista.

Uma terceira regra de política econômica defendida com frequência é o estabelecimento de **meta para a inflação**. Com base nessa regra, o banco central anuncia uma meta para a taxa de inflação (em geral, baixa) e, em seguida, ajusta a oferta monetária quando a taxa de inflação real se desvia da meta. Do mesmo modo que a meta para o PIB nominal, a meta para a inflação deixa a economia isenta de variações na velocidade da moeda. Além disso, uma meta para a inflação apresenta a vantagem política de ser fácil de explicar para a população em geral.

Observe que todas essas regras estão expressas em termos de alguma variável nominal – a oferta monetária, o PIB nominal ou o nível de preços. É possível, também, imaginar regras de política econômica expressas na forma de variáveis reais. Por exemplo, o banco central pode tentar estabelecer uma meta de 5% para a taxa de desemprego. O problema dessa regra é que ninguém sabe exatamente qual é a taxa natural de desemprego. Se o banco central escolher para a taxa de desemprego uma meta abaixo da taxa natural, o resultado será a aceleração da inflação. De maneira inversa, se o banco central escolher uma meta para a taxa de desemprego acima da taxa natural, o resultado será a aceleração da deflação. Por essa razão, economistas raramente defendem regras para políticas monetárias que estejam expressas exclusivamente na forma de variáveis reais, ainda que variáveis reais como desemprego e PIB real sejam os melhores indicadores do desempenho da economia.

ESTUDO DE CASO

META PARA A INFLAÇÃO: POLÍTICA ECONÔMICA POR REGRA OU PODER DISCRICIONÁRIO RESTRITO?

No final da década de 1980, muitos dos bancos centrais do mundo – Austrália, Canadá, Finlândia, Israel, Nova Zelândia, Espanha, Suécia e Reino Unido, entre outros – começaram a adotar alguma forma de meta para a inflação. Às vezes, a meta para a inflação assume forma de anúncio das intenções do banco central para a política econômica. Outras vezes, assume a forma de uma lei de âmbito nacional que define as metas para a política monetária. Por exemplo, a Lei do Reserve Bank da Nova Zelândia, de 1989, determinou ao banco central "formular e implementar políticas monetárias direcionadas para o objetivo econômico de alcançar e manter a estabilidade do nível geral de preços". A lei omitiu menção a qualquer outro objetivo concorrente, como estabilidade na produção, no emprego, nas taxas de juros ou nas taxas de câmbio.

Será que devemos interpretar o estabelecimento de metas para a inflação como um tipo de compromisso prévio para com uma regra de política econômica? Não completamente. Em todos os países que adotaram metas para a inflação, foi atribuída aos bancos centrais uma parcela considerável de poder discricionário. As metas para a inflação, de modo geral, são fixadas sob a forma de uma banda – uma taxa de inflação de 1 a 3%, por exemplo – e não sob a forma de um número específico. Portanto, o banco central pode escolher em que ponto da banda deseja se situar: pode estimular a economia e se posicionar próximo ao topo da banda, ou frear a economia e se posicionar perto da parte mais baixa da banda. Além disso, algumas vezes se permite que os bancos centrais ajustem suas metas de inflação, pelo menos temporariamente, caso algum evento exógeno (como um choque de oferta facilmente identificado) empurre a inflação para além dos limites da banda previamente anunciada.

À luz dessa flexibilidade, qual é o objetivo de definir metas para a inflação? Embora permita ao banco central algum poder discricionário, essa política efetivamente restringe o modo pelo qual esse poder pode ser utilizado. Quando um banco central é orientado a simplesmente "fazer a coisa certa", fica difícil responsabilizá-lo pelo resultado, uma vez que as pessoas podem sempre questionar qual seria a coisa certa em qualquer circunstância específica. Em contrapartida, quando um banco central anuncia uma meta para a inflação, ou até mesmo uma banda para a meta, a população pode julgar com mais facilidade se está cumprindo a meta. Assim, embora não deixe o banco central de mãos atadas, a definição de metas para a inflação efetivamente aumenta a transparência da política monetária e, assim, estimula as autoridades do banco central a serem mais responsáveis por suas ações.*

O Federal Reserve demorou a adotar uma política de definição de metas para a inflação, mas, em 2012, estabeleceu para si mesmo uma meta de 2%. Em seu *site*, o Fed apresenta esta explicação:

O Federal Open Market Committee (FOMC) avalia que a taxa de 2% (medida pela variação anual no índice de preços para gastos com consumo pessoal) é bastante coerente, no mais longo prazo, com a atribuição do Federal Reserve de manter a estabilidade de preços e o nível máximo de emprego. Ao longo do tempo, uma taxa de inflação mais elevada reduziria a capacidade das pessoas de tomar decisões econômicas e financeiras corretas no longo prazo. Por outro lado, uma taxa de inflação mais reduzida estaria associada a uma probabilidade elevada de incorrer em deflação, o que significa que os preços e talvez os salários, em média, estão diminuindo – fenômeno associado a condições econômicas bastante precárias. Ter, pelo menos, um patamar baixo de inflação faz com que seja menos provável a economia passar por uma deflação prejudicial se as condições econômicas se deteriorarem. O FOMC implementa políticas monetárias para ajudar a manter uma taxa de inflação de 2% no médio prazo.

Mais recentemente, começou-se a debater se 2% seriam ou não a meta correta para a inflação. Por um período de seis anos depois da Grande Recessão de 2008-2009, o Fed manteve a taxa de fundos federais em zero, sua meta mais baixa. (A banda inferior a zero foi discutida no Capítulo 12.) Mesmo no início de 2018, quando a edição norte-americana deste livro estava sendo impressa, essa taxa de juros estava em somente 1,4%. Alguns economistas se preocupam com o fato de que, caso a economia tivesse que passar por um choque de contração, o Fed não teria muito espaço para reduzir taxas de juros e estimular a demanda agregada. Eles argumentam que, se o Fed tivesse uma meta de inflação mais alta – digamos, 4% –, o nível normal de taxas de juros seria mais elevado (pelo efeito Fisher) e o Fed teria mais munição para combater desacelerações na economia, quando necessário. Defensores da política atual argumentam que o Fed sofreria uma perda demasiadamente grande de credibilidade caso alterasse para 4% a meta de inflação depois de convencer as pessoas de seu compromisso com uma meta de 2%. Pelo menos até agora, o Fed não demonstrou qualquer interesse em revisar essa meta.

ESTUDO DE CASO

INDEPENDÊNCIA DO BANCO CENTRAL

Suponha que você esteja incumbido de redigir a Constituição e as leis de certo país. Você concederia ao presidente do país autoridade sobre as políticas econômicas do banco central? Ou permitiria que o banco central tomasse essas decisões, livre de tal influência política? Em outras palavras, quando se parte do princípio de que a política monetária é estabelecida pelo poder discricionário, não por regras, quem deve exercer esse poder discricionário?

Respostas dadas pelos países a essas perguntas variam consideravelmente. Em alguns países, o banco central é um órgão subordinado ao governo; em outros, é basicamente independente. Nos Estados Unidos, os dirigentes do Fed são nomeados pelo presidente do país, para mandatos de 14 anos, e não podem ser afastados, ainda que o presidente fique insatisfeito com suas decisões. Essa estrutura institucional proporciona ao Fed um grau de independência semelhante ao da Suprema Corte dos Estados Unidos.

Muitos pesquisadores investigaram os efeitos do arcabouço constitucional sobre a política monetária. Eles examinaram as leis de diferentes países para formular um índice para a independência do banco central. O índice é baseado em várias características, como a duração do mandato dos dirigentes, a função dos representantes do governo no conselho do banco e a frequência do contato entre o governo e o banco central. Em seguida, os pesquisadores examinaram a correlação entre independência do banco central e desempenho macroeconômico.

Os resultados desses estudos são surpreendentes: bancos centrais mais independentes estão fortemente associados a

---
* Veja BERNANKE, Ben S.; MISHKIN, Frederic S. Inflation targeting: a new framework for monetary policy? *Journal of Economic Perspectives*, v. 11, p. 97-116, Spring 1977.

uma inflação mais baixa e mais estável. A Figura 16.3 mostra um gráfico de dispersão para a independência do banco central e a média da inflação para o período entre 1955 e 1988. Os países que tinham banco central independente, como Alemanha, Suíça e Estados Unidos, tenderam a apresentar uma média de inflação baixa. Países que tinham banco central com menos independência, como Nova Zelândia e Espanha, tenderam a apresentar uma média de inflação mais alta.

Os pesquisadores também descobriram que não existe qualquer relação entre a independência do banco central e a atividade econômica real. A independência do banco central não tem correlação com a média de desemprego, com a instabilidade do desemprego, com a média do crescimento do PIB real ou com a instabilidade do PIB real. A independência do banco central parece conferir aos países um bônus adicional: proporciona o benefício da inflação mais baixa sem qualquer custo aparente. Essa descoberta levou alguns países, como a Nova Zelândia, a reformularem suas leis no sentido de conferir maior independência ao banco central.*

16.3 CONCLUSÃO

Neste capítulo, examinamos se a política econômica deve assumir papel ativo ou passivo ao responder às flutuações econômicas, e se a política econômica deve ser conduzida por meio de regras ou de poder discricionário. Existem muitos argumentos em ambos os lados desses questionamentos. Talvez a única conclusão clara seja de que não existe argumentação simples e irrefutável em favor de qualquer um dos pontos de vista específicos da política macroeconômica. Em última análise, é preciso ponderar sobre os vários argumentos, de natureza tanto econômica quanto política, e decidir por si mesmo qual tipo de papel o governo deve desempenhar ao tentar estabilizar a economia.

Resumo

1. Os defensores da política econômica ativa consideram que a economia está sujeita a choques frequentes que acarretarão flutuações desnecessárias na produção e no emprego, a menos que haja reação da política monetária ou fiscal. Muitos acreditam que as políticas econômicas têm obtido sucesso na estabilização da economia.
2. Os defensores da política econômica passiva argumentam que, como a política monetária e a política fiscal trabalham com hiatos longos e variáveis, as tentativas de estabilizar a economia podem acabar sendo desestabilizadoras. Além disso, eles acreditam que nosso nível atual de conhecimento da economia é demasiadamente limitado para ser útil na formulação de uma política de estabilização bem-sucedida, e que uma política econômica inepta é fonte frequente de flutuações econômicas.
3. Os defensores da política econômica discricionária argumentam que o poder discricionário proporciona aos formuladores de políticas econômicas maior flexibilidade para responder a diversas situações imprevistas.
4. Os defensores de regras para políticas econômicas argumentam que não se pode confiar no processo político. Eles acreditam que políticos cometem equívocos frequentes na condução da política econômica e, algumas vezes, fazem uso dela para alcançar seus objetivos eleitorais. Além disso, os defensores de regras para a política econômica argumentam que é necessário comprometimento com uma regra fixa de política para solucionar o problema da inconsistência temporal.

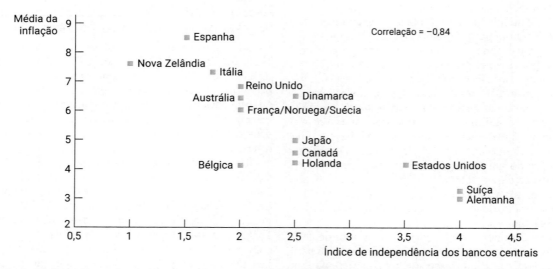

Figura 16.3 Inflação e independência dos bancos centrais. Este gráfico de dispersão apresenta a experiência internacional de independência dos bancos centrais. As evidências mostram que os bancos centrais mais independentes tendem a produzir taxas de inflação mais baixas.
Fonte: ALESINA, Alberto; SUMMERS, Lawrence H. Central bank independence and macroeconomic performance: some comparative evidence. *Journal of Money, Credit, and Banking*, v. 25, p. 151-162, May 1993, p. 155, fig. 1a. A média da inflação refere-se ao período de 1955 a 1988.

---

* Para consultar uma apresentação mais completa dessas descobertas e referências à vasta literatura sobre independência do banco central, veja ALESINA, Alberto; SUMMERS, Lawrence H. Central bank independence and macroeconomic performance: some comparative evidence. *Journal of Money, Credit, and Banking*, v. 25, p. 151-162, May 1993. Para um estudo que questiona o vínculo entre inflação e independência do banco central, veja CAPILLO, Marta; MIRON, Jeffrey A. Why does inflation differ across countries? *In*: ROMER, Christina D.; ROMER, David H. (org.). *Reducing inflation*: motivation and strategy. Chicago: University of Chicago Press, 1997, p. 335-362.

Questionário rápido

1. O hiato _____ é a defasagem de tempo entre o momento em que um choque atinge a economia e o momento em que uma política econômica reage a esse choque. Ele é particularmente longo para a política _____.
   a) interno, monetária
   b) interno, fiscal
   c) externo, monetária
   d) externo, fiscal

2. O hiato _____ é a defasagem de tempo entre o momento em que uma ação de política econômica é adotada e o momento em que essa ação influencia a economia. Ele é particularmente longo para a política _____.
   a) interno, monetária
   b) interno, fiscal
   c) externo, monetária
   d) externo, fiscal

3. De acordo com a crítica de Lucas, métodos tradicionais de avaliação de políticas macroeconômicas são ineficazes porque deixam de levar em conta
   a) o hiato inerente ao processo de formulação de políticas macroeconômicas.
   b) como mudanças na política econômica influenciam as expectativas.
   c) como os formuladores de políticas econômicas manipulam a economia para vantagens eleitorais.
   d) a tentação dos formuladores de políticas econômicas de serem inconstantes ao longo do tempo.

4. A inconsistência temporal da política discricionária surge porque os formuladores de políticas econômicas
   a) desejam abandonar os planos anunciados depois de as pessoas terem agido de acordo com as expectativas deles.
   b) acreditam serem mais eficazes do que realmente são ao preverem condições econômicas.
   c) não conseguem prever todos os choques na economia.
   d) pensam que as pessoas formam expectativas de modo adaptativo, não de modo racional.

5. Desde a década de 1980, muitos bancos centrais em todo o mundo vêm adotando uma política de estabelecimento de metas para
   a) o PIB nominal.
   b) o PIB real.
   c) a oferta monetária.
   d) a taxa de inflação.

6. Evidências internacionais indicam que países com bancos centrais mais independentes
   a) passam a ter médias de inflação mais baixas.
   b) apresentam mais instabilidade na taxa de desemprego.
   c) auferem mais receita com senhoriagem.
   d) pagam salários mais altos aos dirigentes dos bancos centrais.

CONCEITOS-CHAVE

Hiato interno
Hiato externo
Estabilizadores automáticos
Crítica de Lucas
Ciclo econômico político
Inconsistência temporal
Monetaristas
Metas para a inflação

Questões para revisão

1. O que significam hiato interno e hiato externo? Qual apresenta o hiato interno mais longo: a política monetária ou a política fiscal? Qual delas apresenta o hiato externo mais longo? Por quê?
2. Por que razão prognósticos econômicos mais precisos facilitariam a estabilização da economia para os formuladores de políticas econômicas? Descreva duas maneiras pelas quais os economistas tentam prever o desenvolvimento de fatos na economia.
3. Descreva a crítica de Lucas.
4. De que modo uma interpretação pessoal da história macroeconômica afeta a opinião da pessoa em relação à política macroeconômica?
5. O que quer dizer "inconsistência temporal" da política econômica? Por que os formuladores de políticas econômicas podem ser tentados a voltar atrás em relação a um pronunciamento que fizeram? Nesse tipo de situação, qual é a vantagem de uma regra para a política econômica?
6. Enumere três regras de política econômica que o banco central pode seguir. Qual delas você defenderia? Por quê?

Problemas e aplicações

1. Suponha que o *trade-off* entre desemprego e inflação seja determinado pela curva de Phillips:

   $$u = u^n - \alpha(\pi - E\pi),$$

   em que u representa a taxa de desemprego, u^n a taxa natural, π a taxa de inflação e $E\pi$ a taxa de inflação esperada. Além disso, suponha que o Partido de Esquerda siga sempre uma política econômica de expansão monetária elevada e o Partido de Direita siga sempre uma política econômica de baixa expansão monetária. Que padrão de "ciclo econômico político" para inflação e desemprego você poderia prever diante das condições apresentadas a seguir?

   a) A cada quatro anos, um dos partidos assume o controle com base em um sorteio do tipo cara ou coroa. (*Dica:* qual será a inflação esperada antes da eleição?)
   b) Os dois partidos se revezam.
   c) As respostas fornecidas por você nos itens anteriores sustentam a conclusão de que a política monetária deve ser definida por um banco central independente?

2. Nas cidades norte-americanas, quando são promulgadas leis limitando os aluguéis que os proprietários podem cobrar por seus apartamentos, essas leis geralmente se aplicam a prédios já existentes, isentando os que ainda não foram construídos. Defensores do controle sobre aluguéis argumentam que essa exceção não desestimulará a construção de novas unidades habitacionais. Avalie esse argumento à luz do problema da inconsistência temporal.

3. Certo banco central decidiu adotar metas de inflação e agora debate se deve propor 5% ou zero. A economia é descrita pela seguinte curva de Phillips:

   $$u = 5 - 0{,}5(\pi - E\pi),$$

   em que u e π correspondem à taxa de desemprego e à taxa de inflação, medidas em pontos percentuais. O custo social do desemprego e da inflação é descrito pela seguinte função de perda:

   $$L = u + 0{,}05\pi^2.$$

   O banco central gostaria de minimizar essa perda.

   a) Se o banco central propõe meta de 5% de inflação, qual é a inflação esperada? Se o banco central seguir em frente, qual será a taxa de desemprego? Qual a perda gerada pela inflação e pelo desemprego?
   b) Se o banco central se compromete com meta de inflação zero, qual a inflação esperada? Se o banco central seguir em frente, qual será a taxa de desemprego? Qual a perda gerada pela inflação e pelo desemprego?
   c) Com base em suas respostas para os itens (a) e (b), que meta de inflação você recomendaria?
   d) Suponha que o banco central opte por uma meta de inflação zero e a inflação esperada seja zero. No entanto, de uma hora para outra, o banco central surpreende com uma inflação de 5%. Qual será o desemprego nesse período de inflação inesperada? Qual a perda gerada pela inflação e pelo desemprego?
   e) Que problema a sua resposta ao item (d) ilustra?

4. Depois de cada reunião para discutir políticas econômicas, o Fed emite um pronunciamento (algumas vezes chamado de comunicado de imprensa), que você pode encontrar no *site* do Federal Reserve (http://www.federalreserve.gov/monetarypolicy/fomccalendars.htm).* Leia o pronunciamento mais recente. O que ele diz? O que o Fed está fazendo? Por quê? Qual é sua opinião sobre as decisões de política adotadas recentemente pelo Fed?

---

* No Brasil, o Comitê de Política Monetária (COPOM) do Banco Central possui atribuições semelhantes e se reúne mais ou menos com a mesma periodicidade. O leitor pode encontrar as atas do COPOM em: https://www.bcb.gov.br/publicacoes/atascopom/01112002. (N.R.)

Respostas do questionário rápido

1. b	3. b	5. d
2. c	4. a	6. a

Inconsistência Temporal e *Trade-off* entre Inflação e Desemprego

APÊNDICE

Neste apêndice, examinamos de maneira mais formal o argumento da inconsistência temporal em favor de regras e em detrimento da discricionariedade. Essa análise foi relegada a um apêndice porque requer a utilização de algum cálculo diferencial.*

Suponhamos que a curva de Phillips descreva a relação entre inflação e desemprego. Fazendo com que u represente a taxa de desemprego, u^n a taxa natural de desemprego, π a taxa de inflação e $E\pi$ a taxa de inflação esperada, o desemprego passa então a ser determinado por

$$u = u^n - \alpha(\pi - E\pi).$$

O desemprego é baixo quando a inflação supera a inflação esperada e é elevado quando a inflação se posiciona abaixo da esperada. O parâmetro α determina a intensidade em que o desemprego reage à inflação não esperada.

Suponhamos, também, que o banco central escolha a taxa de inflação. Na realidade, o banco central controla a inflação de modo imperfeito, fazendo uso de suas ferramentas de política monetária. No entanto, é uma simplificação bastante útil pressupor que o banco central seja capaz de controlar a inflação de modo perfeito.

O banco central aprecia baixos índices de desemprego e preços estáveis. Representamos o custo do desemprego e da inflação sob a forma

$$L(u, \pi) = u + \gamma\pi^2,$$

em que o parâmetro γ dimensiona o desapreço do banco central pela inflação relativa ao desemprego. $L(u, \pi)$ é conhecida como *função de perda*. O objetivo do banco central é fazer com que a perda seja a menor possível.

Tendo especificado o modo como a economia funciona e qual é o objetivo do banco central, vamos comparar a política monetária baseada em regras fixas e a baseada no poder discricionário.

Começamos considerando a política baseada em regra fixa. Uma regra compromete o banco central com um nível determinado de inflação. Enquanto os agentes privados perceberem que o banco central está comprometido com essa regra, o nível de inflação esperado será o nível que o banco central está comprometido em obter. Como a inflação esperada é igual à inflação real ($E\pi = \pi$), o desemprego estará em sua taxa natural ($u = u^n$).

Qual é a regra ideal? Estando o desemprego em sua taxa natural, independentemente do nível de inflação preestabelecido pela regra, não haverá qualquer benefício vinculado ao fato de não haver nenhuma inflação. Portanto, a regra fixa ideal exige que o banco central obtenha inflação zero.

Agora, consideremos a política monetária discricionária. Com base no poder discricionário, a economia funciona do seguinte modo:

1. Os agentes privados formam suas próprias expectativas de inflação, $E\pi$.
2. O banco central escolhe o nível real de inflação, π.
3. Com base na inflação esperada e na inflação real, o desemprego passa a ser determinado.

Nesse tipo de combinação, o banco central minimiza sua perda, $L(u, \pi)$, sujeito à restrição imposta pela curva de Phillips. Ao tomar sua decisão sobre a taxa de inflação, o banco central pressupõe que a inflação esperada já está determinada.

Para descobrirmos o resultado que obteríamos sob uma política discricionária, devemos examinar o nível de inflação que o banco central escolheria. Ao inserirmos a curva de Phillips na função de perda do banco central, obtemos

$$L(u, \pi) = u^n - \alpha(\pi - E\pi) + \gamma\pi^2.$$

Observe que a perda do banco central tem relação negativa com a inflação não esperada (o segundo termo na equação) e positiva com a inflação observada (o terceiro termo). Para descobrirmos o nível de inflação que minimiza essa perda, diferenciamos com relação a π, de modo a obter

$$dL/d\pi = -\alpha + 2\gamma\pi.$$

A perda é minimizada quando essa derivada é igual a zero.** Fazendo o cálculo para encontrar π, obtemos

$$\pi = \alpha/(2\gamma).$$

Seja qual for o nível de inflação esperado pelos agentes privados, esse é o nível "ideal" a ser escolhido pelo banco central. Agentes privados mais racionais compreendem o objetivo do banco central, bem como as restrições que a curva de Phillips impõe. Sendo assim, eles esperam que o banco central venha a optar por esse patamar para a inflação. A inflação esperada é

---

* O material deste apêndice foi extraído de KYDLAND, Finn E.; PRESCOTT, Edward C. Rules rather than discretion: the inconsistency of optimal plans. *Journal of Political Economy*, v. 85, p. 473-492, July 1977; e BARRO, Robert J.; GORDON, David. A positive theory of monetary policy in a natural rate model. *Journal of Political Economy*, v. 91, p. 589-610, Aug. 1983. Kydland e Prescott ganharam, em 2004, o Prêmio Nobel por esse e outros trabalhos.

***Nota matemática:* A segunda derivada, $d^2L/d\pi^2 = 2\gamma$, é positiva, garantindo que estamos encontrando um mínimo para a função de perda, e não um máximo!

igual à inflação observada [$E\pi = \pi = a/(2\gamma)$], e o desemprego é igual à sua respectiva taxa natural ($u = u^n$).

Agora, comparemos o resultado da política discricionária ótima com o resultado da política sob uma regra ideal. Em ambos os casos, o desemprego está em sua taxa natural. Ainda assim, a política discricionária provoca mais inflação do que a política que segue uma regra. *Por conseguinte, a política econômica discricionária ideal é pior do que a política econômica sob uma regra ideal.* Isso se aplica mesmo quando o banco central, por meio da política econômica discricionária, esteja tentando minimizar sua perda, $L(u, \pi)$.

Pode parecer estranho, a princípio, que o banco central consiga alcançar um resultado melhor por estar comprometido com uma regra fixa. Por que o banco central com poder discricionário não pode imitar o banco central comprometido com uma regra de inflação zero? A resposta é que o banco central está participando de um jogo cujos adversários são tomadores de decisão do setor privado, que têm expectativas racionais. A menos que esteja comprometido com uma regra fixa de inflação zero, o banco central não consegue fazer com que os agentes privados tenham expectativas de inflação zero.

Suponhamos, por exemplo, que o banco central simplesmente anuncie que vai seguir uma política econômica de inflação zero. Esse tipo de anúncio, por si só, não consegue obter credibilidade. Depois de os agentes privados terem formado suas expectativas de inflação, o banco central passará a ter o incentivo de voltar atrás em seu pronunciamento, com o objetivo de diminuir o desemprego. Como acabamos de constatar, uma vez que as expectativas estejam estabelecidas, a política ideal do banco central passa a ser o estabelecimento da inflação em $\pi = \alpha/(2\gamma)$, independentemente de $E\pi$. Os agentes privados percebem o incentivo de não cumprimento da política econômica e, por essa razão, não acreditam no anúncio feito no primeiro momento.

Essa teoria para a política monetária tem um importante corolário. Em determinada circunstância, o banco central com poder discricionário alcança o mesmo resultado que o banco central comprometido com regra fixa de inflação zero. Se o banco central tem desapreço pela inflação bem maior do que o desapreço pelo desemprego (de modo que γ seja muito grande), a inflação com base no poder discricionário está próxima de zero, uma vez que o banco central passa a ter poucos incentivos para fazer aumentar a inflação. Essa descoberta proporciona alguma orientação para quem tem a incumbência de indicar os dirigentes para o banco central. Uma alternativa para a imposição de regra fixa seria escolher alguém com profunda aversão pela inflação. Talvez seja essa a razão pela qual até mesmo políticos liberais (Jimmy Carter, Bill Clinton), mais preocupados com o desemprego do que com a inflação, às vezes indicam conservadores para o comando do banco central (Paul Volcker, Alan Greenspan), que se preocupam mais com a inflação.*

Mais Problemas e aplicações

1. Na década de 1970, nos Estados Unidos, a taxa de inflação e a taxa natural de desemprego aumentaram. Vamos utilizar esse modelo de inconsistência temporal para examinar o fenômeno. Suponhamos que a política seja discricionária.

   a) No modelo que foi desenvolvido até aqui, o que acontece com a taxa de inflação quando a taxa natural de desemprego cresce?

   b) Vamos, agora, modificar ligeiramente o modelo, supondo que a função de perda do banco central seja quadrática, tanto no que diz respeito à inflação quanto no que concerne ao desemprego. Ou seja,

   $$L(u, \pi) = u^2 + \gamma\pi^2.$$

   Siga etapas semelhantes àquelas que foram desenvolvidas no corpo do capítulo para encontrar a taxa de inflação no âmbito de uma política discricionária.

   c) Agora, o que acontece com a taxa de inflação quando a taxa natural de desemprego aumenta?

   d) Em 1979, o Presidente Jimmy Carter indicou o conservador Paul Volcker para a direção do Federal Reserve. Segundo esse modelo, o que deveria ter acontecido com a inflação e com o desemprego?

---

* Este corolário baseia-se em: ROGOFF, Kenneth. The optimal degree of commitment to an intermediate target. *Quarterly Journal of Economics*, v. 100, p. 1169-1190, 1985.

Endividamento do Governo e Déficits Orçamentários

17

Bem-aventurados os jovens, pois eles herdarão a dívida nacional.

– Herbert Hoover

Acho que deveríamos simplesmente seguir em frente e fazer de "zilhão" um número real. Gazilhão, também. Um zilhão poderia corresponder a dez milhões de milhões, e um gazilhão poderia corresponder a um trilhão de zilhões. Parece-me que já é tempo de fazer isso.

– George Carlin

Quando certo governo gasta mais do que arrecada em impostos, ele incorre em déficit orçamentário, o qual financia mediante a tomada de empréstimos buscados no setor privado ou em governos estrangeiros. O acúmulo de empréstimos do passado corresponde ao endividamento do governo (ou dívida pública).

O debate em torno do montante apropriado para endividamento do governo nos Estados Unidos é tão antigo quanto o próprio país. Alexander Hamilton acreditava que "uma dívida nacional, contanto que não seja excessiva, será para nós uma bênção nacional", ao mesmo tempo que James Madison argumentava que "uma dívida pública é uma maldição pública". Com efeito, a alocação do capital nacional foi escolhida como parte de uma negociação em que o governo federal assumiu as dívidas dos estados na Guerra da Revolução norte-americana: como os estados do Norte apresentavam as mais altas dívidas pendentes, o capital foi alocado para o Sul.

Este capítulo considera vários aspectos do debate em torno da dívida pública. Comecemos dando uma olhada nos números. A Seção 17.1 examina a dimensão da dívida pública dos Estados Unidos e compara essa dívida com os registros históricos e internacionais. Faz também uma breve análise sobre o que o futuro pode reservar. A Seção 17.2 discute a razão pela qual a mensuração das variações no endividamento do governo não é tão simples e tão objetiva quanto possa parecer.

Depois disso, examinamos como o endividamento do governo afeta a economia. A Seção 17.3 descreve a abordagem tradicional para a dívida pública, de acordo com a qual a tomada de empréstimos por parte do governo reduz a poupança nacional e restringe a acumulação de capital. Essa abordagem é aceita pela maior parte dos economistas, e esteve implícita na discussão sobre política fiscal ao longo de todo este livro. A Seção 17.4 trata de uma abordagem alternativa, chamada de *equivalência ricardiana*. De acordo com a abordagem ricardiana, o endividamento do governo não influencia a poupança nacional e a acumulação de capital. Conforme verificaremos, o debate entre a abordagem tradicional e a visão ricardiana para a dívida pública surge de divergências relativas à reação dos consumidores à política de endividamento do governo.

Depois, a Seção 17.5 trata de outras facetas do debate sobre a dívida pública. Começa argumentando se o governo deve ou não tentar sempre equilibrar o seu orçamento e, caso não o faça, em quais momentos um déficit ou um superávit orçamentário são desejáveis. Examina também os efeitos da dívida pública sobre a política monetária, o processo político e o papel de uma nação na economia internacional.

Embora este capítulo ofereça o alicerce para entendermos a dívida pública e os déficits orçamentários, a história somente estará completa no próximo capítulo. Nele, examinaremos o sistema financeiro de maneira mais abrangente, inclusive as causas das crises financeiras. Como veremos, a dívida governamental excessiva pode estar no cerne dessas crises – uma lição que vários países europeus aprenderam recentemente de maneira demasiadamente dolorosa.

17.1 O TAMANHO DA DÍVIDA DO GOVERNO

Vamos começar colocando em perspectiva a dívida do governo. Em 2016, a dívida do governo federal dos Estados Unidos correspondia a US$ 14,2 trilhões. Se dividirmos esse número por 323 milhões, o número de habitantes dos Estados Unidos, descobriremos que a parcela de cada pessoa na dívida do governo correspondia a cerca de US$ 44.000. Evidentemente, não se trata de um número trivial – poucas pessoas consideram US$ 44.000 um valor que possa ser desprezado. No entanto, se compararmos essa dívida com aproximadamente US$ 2,0 milhões que um cidadão comum vai auferir a título de renda ao longo de toda a sua vida produtiva, a dívida pública não parece ser a catástrofe que às vezes se faz parecer.

Uma das maneiras de julgar o tamanho da dívida de um governo é compará-la com a dívida que outros países acumularam. A Tabela 17.1 apresenta o montante da dívida pública em vários países importantes, expresso sob a forma de um percentual do PIB correspondente a cada país. O número apresentado aqui representa a dívida líquida: as obrigações financeiras do governo menos quaisquer ativos financeiros que ele possua. No topo da lista estão os países fortemente endividados, como Grécia, Itália e Japão, cuja dívida acumulada excede o PIB anual. Na parte inferior estão Suíça e Austrália, que acumularam dívidas relativamente pequenas. Os Estados Unidos estão perto do meio da tabela. Pelos padrões internacionais, o governo norte-americano não é especialmente esbanjador nem especialmente econômico.

TABELA 17.1 Qual o grau de endividamento dos governos no mundo?

País	Dívida pública como percentual do PIB
Grécia	149,1
Itália	129,9
Japão	125,5
Portugal	104,7
Bélgica	96,5
Reino Unido	91,8
Espanha	83
Estados Unidos	81,3
França	79
Holanda	40,6
Alemanha	39,9
Canadá	31
Suíça	5,5
Austrália	– 15,3

Fonte: Economic Outlook, da OCDE. Os dados são passivos financeiros líquidos sob a forma de percentuais do PIB para 2016.

Ao longo do curso da história dos Estados Unidos, o endividamento do governo federal variou substancialmente. A Figura 17.1 demonstra a proporção entre a dívida federal e o PIB desde 1791. A dívida pública, em relação ao tamanho da economia, varia desde próxima a zero, na década de 1830, até um máximo de 107% do PIB, em 1945.

Historicamente, a principal causa para aumentos da dívida pública é a guerra. A proporção entre dívida e PIB cresce acentuadamente ao longo de guerras importantes e diminui lentamente durante tempos de paz. Muitos economistas acreditam que esse padrão histórico é a maneira apropriada de administrar a política fiscal. Como discutiremos com maior detalhamento mais adiante neste capítulo, o financiamento de guerras com o déficit público parece ser o ideal para manter a estabilidade da arrecadação tributária e repassar parte da carga tributária das gerações atuais para gerações futuras.

Um exemplo de crescimento de grande vulto na dívida pública em tempos de paz ocorreu no início da década de 1980. Quando foi eleito presidente, em 1980, Ronald Reagan assumiu o compromisso de reduzir impostos e aumentar gastos militares. Essas políticas, combinadas com profunda recessão atribuída a uma política monetária rígida, deram início a um longo período de déficits orçamentários substanciais. A dívida do governo, expressa sob a forma de um percentual do PIB, praticamente duplicou, de 26% em 1980 para 47% em 1995. Nunca antes os Estados Unidos haviam passado pela experiência de crescimento tão grande do endividamento do governo durante um período de paz e prosperidade. Muitos economistas criticaram essas políticas por imputar uma carga injustificável às gerações futuras.

O crescimento na dívida pública durante a década de 1980 causou, também, preocupações significativas entre muitos formuladores de política. Em 1990, o Presidente George H. W. Bush aumentou impostos de modo a reduzir o déficit, rompendo com seu discurso de campanha "Leia meus lábios: nada de novos impostos", e, de acordo com alguns comentaristas políticos, isso lhe custou a reeleição. Em 1993, quando tomou posse, o Presidente Bill Clinton aumentou uma vez mais os impostos. Esses aumentos nos impostos, aliados a restrições nos gastos e a um rápido crescimento econômico decorrente do crescimento acelerado da tecnologia da informação, fizeram com que os déficits orçamentários se reduzissem e, com o passar do tempo, se transformassem em superávits orçamentários. A dívida pública foi reduzida de 47% do PIB em 1995 para 31% em 2001.

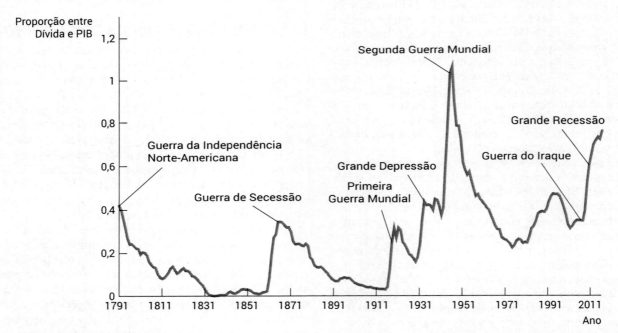

Figura 17.1 Proporção entre a dívida do governo e o PIB desde 1791. A dívida do governo federal dos Estados Unidos em poder do público, em relação ao tamanho da economia norte-americana, cresce acentuadamente durante as guerras, quando o governo financia os gastos em tempos de guerra mediante a tomada de empréstimos. Também cresce durante importantes períodos de queda na atividade econômica, com a Grande Depressão da década de 1930 e a Grande Recessão que sucedeu a crise financeira de 2008-2009. A proporção entre a dívida e o PIB geralmente declina durante períodos de paz e prosperidade.

Fonte: U.S. Department of the Treasury, U.S. Department of Commerce e BERRY, T. S. Production and population since 1789. Bostwick Paper n. 6, Richmond, 1988.

Em 2001, quando o Presidente George W. Bush tomou posse, o estrondoso crescimento no valor das ações em bolsa das empresas de alta tecnologia estava revertendo seu curso, e a economia caminhava rumo a uma recessão. Reduções no nível da atividade econômica automaticamente causaram queda na receita tributária e empurraram o orçamento na direção de um déficit. Além disso, reduções de impostos para combater a recessão, assim como o aumento de gastos com segurança nacional e com as guerras do Afeganistão e do Iraque, fizeram crescer ainda mais o déficit orçamentário. De 2001 a 2008, a dívida pública cresceu de 31% para 39% do PIB.

Quando o Presidente Barack Obama assumiu a Casa Branca em 2009, a economia estava no meio de uma profunda recessão. As receitas tributárias diminuíam à medida que a economia se retraía. Ademais, como discutimos no Capítulo 11, o Presidente Obama colocou sob forma de lei um estímulo fiscal visando impulsionar a demanda agregada. Como resultado, o governo incorreu em grandes déficits orçamentários, e a proporção entre dívida pública e PIB cresceu para 70% do PIB em 2012.

Essas tendências levaram a um evento significativo em agosto de 2011: a Standard & Poor's, agência privada que avalia a segurança de títulos, reduziu sua classificação de risco atribuída à dívida do governo dos EUA a um ponto abaixo do grau AAA, o grau máximo. Durante muitos anos, a dívida do governo dos EUA foi considerada a mais segura. Ou seja, compradores desses títulos poderiam ter total certeza de que seriam pagos integralmente por ocasião do vencimento. A Standard & Poor's, no entanto, estava suficientemente preocupada com a política fiscal recente a ponto de aumentar a possibilidade de o governo dos Estados Unidos um dia dar um calote na dívida.

À medida que a economia se recuperava da Grande Recessão, o déficit orçamentário se reduziu e o crescimento na proporção entre dívida pública e PIB desacelerou. Em 2016, quando o Presidente Donald Trump foi eleito, a dívida federal correspondia a 76% do PIB. A primeira iniciativa econômica importante do Presidente Trump foi uma redução nos impostos, especialmente nos tributos cobrados das empresas, que passou a vigorar em 2018. Apoiadores da política imaginaram que ela promoveria acumulação de capital e crescimento econômico, enquanto os opositores acreditaram que ela resultaria em um crescimento excessivo no endividamento do governo.

Quando a edição original norte-americana deste livro estava para ser impressa, a Standard & Poor's não havia alterado sua classificação da dívida do governo dos EUA. Explicando sua decisão, a agência citou, por um lado, a força econômica da nação e, por outro lado, seu "elevado patamar de endividamento e coesão política precária".

ESTUDO DE CASO

PERSPECTIVA PREOCUPANTE PARA A POLÍTICA FISCAL NO LONGO PRAZO

O que o futuro reserva para os déficits orçamentários e a dívida pública norte-americana? Quando economistas conduzem projeções de longo prazo para a trajetória da política fiscal dos Estados Unidos, eles esboçam um cenário preocupante.

Uma das razões é de natureza demográfica. Avanços tecnológicos no âmbito da medicina fizeram crescer a expectativa de vida, ao mesmo tempo que progressos nas técnicas de controle da natalidade e mudanças nos padrões sociais reduziram a quantidade de filhos da população. Em razão desses avanços, os idosos têm representado uma parcela cada vez maior da população. Em 1950, a população idosa (com 65 anos de idade ou mais) correspondia a 8% da população geral. Em 2016, a parcela de idosos havia crescido para 15%, e espera-se que cresça para aproximadamente 20% em 2050. Mais de um terço do orçamento federal dos Estados Unidos é atualmente reservado para prover aposentadoria aos idosos (por meio do programa de Seguridade Social daquele país) e para assistência à saúde (pelo Medicare). À medida que um número maior de pessoas passa a fazer jus a esses programas, os gastos do governo aumentam automaticamente.

Uma segunda razão relacionada ao preocupante cenário fiscal é o custo cada vez mais elevado da assistência médica. O governo norte-americano provê assistência médica aos idosos por meio do sistema Medicare e aos pobres pelo Medicaid; desde a aprovação do Affordable Care Act, em 2010, também subsidia o seguro-saúde privado para famílias de baixa renda. Conforme aumenta o custo com assistência à saúde, aumentam também os gastos do governo com esses programas. Formuladores de políticas econômicas vêm propondo diversas medidas no intuito de conter o crescimento nos custos com assistência à saúde, como, por exemplo, a redução dos ônus decorrentes de ações judiciais, estímulos ao aumento da concorrência entre os provedores de serviços de saúde, a promoção da utilização mais intensiva da tecnologia da informação e a redução de testes e tratamentos desnecessários, alterando a modalidade de pagamento dos médicos. No entanto, muitos economistas voltados à área de saúde acreditam que essas medidas terão impacto apenas limitado. A principal razão para o crescimento nos custos com assistência à saúde consiste em avanços na área médica, que proporcionam meios novos e mais eficazes, porém de modo geral dispendiosos, de prolongar e melhorar nossas vidas.

A combinação entre o envelhecimento da população e o aumento nos custos com assistência médica terá impacto significativo no orçamento federal. Os gastos do governo norte-americano com a Seguridade Social, o Medicare, o Medicaid e outros programas de assistência à saúde já aumentaram de menos de 1% do PIB, em 1950, para 10,4% em 2017. O Congressional Budget Office (Departamento de Orçamento do Congresso dos Estados Unidos) calcula que, caso não se empreendam mudanças, os gastos com esses programas crescerão para 15,5% do PIB até 2047.

O modo como os Estados Unidos irão lidar com essas pressões de gastos é uma questão que permanece em aberto. A questão principal é como o ajuste fiscal necessário será dividido entre aumentos de impostos e reduções de gastos. Alguns economistas acreditam que, para honrar esses compromissos, será preciso aumentar os impostos substancialmente acima dos patamares históricos, em termos de percentuais do PIB. Outros economistas acreditam que impostos assim tão elevados imporiam um custo demasiadamente alto aos trabalhadores mais jovens. Eles sugerem que os formuladores de políticas econômicas deveriam reduzir as promessas atualmente feitas aos idosos do futuro e que, ao mesmo tempo, as pessoas deveriam ser estimuladas a se precaver no presente, de modo a poder arcar com os custos inerentes aos próprios cuidados à medida que fossem envelhecendo. Por exemplo, isso poderia englobar o aumento da idade atualmente necessária para aposentadoria, proporcionando, ao mesmo tempo, maiores incentivos para que as pessoas poupem durante seus anos produtivos, arcando mais com seus próprios custos de aposentadoria e cuidados com a saúde.

A solução para esse debate provavelmente será um dos grandes desafios políticos nas décadas futuras. Nem aumentos substanciais nos impostos nem reduções substanciais nos gastos são populares politicamente, motivo pelo qual o problema ainda não foi abandonado. Entretanto, a única alternativa é a continuidade dos grandes déficits orçamentários e o aumento do endividamento do governo. Em algum momento, à medida que a dívida pública aumenta como proporção do PIB, a capacidade e a disposição do governo em pagar o serviço da dívida serão questionadas.

17.2 PROBLEMAS DE MEDIÇÃO

O déficit público orçamentário equivale ao gasto do governo menos a receita do governo, o que, por sua vez, é igual ao montante de novas dívidas nas quais o governo precisa incorrer de modo a financiar suas operações. Embora essa definição possa parecer bastante simples, às vezes surgem debates de política fiscal sobre a forma de medir o déficit orçamentário. Alguns economistas acreditam que o déficit, do modo como é atualmente mensurado, não é um bom indicador para a situação específica da política fiscal. Ou seja, eles acreditam que o déficit orçamentário não mede com precisão nem o impacto da política fiscal sobre a economia do momento presente nem o ônus imposto às futuras gerações de contribuintes. Nesta seção, discutiremos quatro problemas relacionados ao método usual de medição do déficit orçamentário.

Problema 1: Inflação

No que se refere à medição, o tema menos controverso é a correção pela inflação. Quase todos os economistas concordam que o endividamento do governo deva ser medido em termos reais, não em termos nominais. O déficit mensurado deve ser igual à variação da dívida real do governo, e não à variação da dívida nominal.

No entanto, o déficit orçamentário, como habitualmente mensurado, não é corrigido em função da inflação. Para constatar o tamanho do erro a que isso pode induzir, considere o seguinte exemplo: Suponha que a dívida real do governo não esteja sofrendo alteração; em outras palavras, em termos reais, o orçamento está em equilíbrio. Nesse caso, a dívida nominal deve necessariamente estar crescendo a uma taxa equivalente à taxa de inflação. Ou seja,

$$\Delta D/D = \pi,$$

em que π corresponde à taxa de inflação e D corresponde ao estoque da dívida pública. Isso implica

$$\Delta D/D = \pi D.$$

O governo verificaria a variação na dívida nominal, ΔD, e divulgaria um déficit orçamentário correspondente a πD. Logo, a maior parte dos economistas acredita que o déficit orçamentário informado está sendo superestimado em montante correspondente a πD.

Podemos apresentar o mesmo argumento de outra maneira. O déficit equivale ao gasto por parte do governo menos a receita do governo. Parte do gasto corresponde aos juros pagos sobre a dívida pública. O gasto deveria incluir apenas os juros reais pagos sobre a dívida, rD, e não os juros nominais pagos, iD. Considerando que a diferença entre a taxa de juros nominal, i, e a taxa de juros real, r, corresponde à taxa de inflação, π, o déficit orçamentário está superestimado em πD.

Essa correção pela inflação pode ser significativa quando a inflação é alta e também, com bastante frequência, pode modificar nossa avaliação da política fiscal. Por exemplo, em 1979, o governo federal norte-americano informou um déficit orçamentário de US$ 28 bilhões. A inflação foi de 8,6% e a dívida do governo em poder do público, no início do ano, correspondia a US$ 495 bilhões. O déficit estava, por conseguinte, superestimado em

$$\pi D = 0{,}086 \times US\$\ 495\ bilhões$$
$$= US\$\ 43\ bilhões.$$

Corrigido pela inflação, o déficit orçamentário informado de US$ 28 bilhões se transforma em um superávit orçamentário de US$ 15 bilhões! Em outras palavras, ainda que a dívida nominal do governo estivesse aumentando, a dívida pública real diminuía. Essa correção tem sido menos importante nos últimos anos, pois a inflação tem sido baixa.

Problema 2: Ativos de capital

Muitos economistas acreditam que uma avaliação precisa do déficit público orçamentário requer que se levem em conta os ativos do governo, do mesmo modo que o seu passivo. Em particular, ao mensurar o endividamento geral do governo, devemos subtrair os ativos do governo da dívida pública. Portanto, o déficit orçamentário deve ser mensurado como a variação na dívida menos a variação nos ativos.

Certamente, indivíduos e empresas tratam ativo e passivo de maneira simétrica. Quando uma pessoa toma empréstimo para comprar um imóvel residencial, não dizemos que ela está incorrendo em déficit orçamentário. Em vez disso, contrabalançamos o crescimento do ativo (o imóvel residencial) com o crescimento na dívida (a hipoteca) e registramos que não houve alteração no patrimônio líquido. Talvez devêssemos tratar as finanças do governo da mesma maneira.

Um procedimento orçamentário que leva em consideração tanto o ativo quanto o passivo é chamado de **orçamentação de capital**, pois contabiliza as variações do capital. Suponhamos, por exemplo, que o governo venda um de seus imóveis destinados a escritórios, ou uma parte de seus terrenos, e venha a utilizar o ingresso desses recursos para reduzir sua dívida. Seguindo-se os procedimentos atuais de orçamentação, o déficit informado seria mais baixo. Tomando-se como base a orçamentação de capital, a receita recebida por intermédio da venda não diminuiria o déficit, uma vez que a redução na dívida seria contrabalançada por uma redução nos ativos. De maneira análoga, no processo de orçamentação de capital, a tomada de empréstimos por parte do governo para financiar a aquisição de um bem de capital não ocasionaria aumento do déficit.

A principal dificuldade inerente à orçamentação de capital é o fato de ser difícil determinar quais gastos públicos devem ser contabilizados a título de gastos de capital. Por exemplo, o sistema de rodovias interestaduais deve ser contabilizado como um ativo do governo? Em caso afirmativo, qual seria o seu valor? E o que dizer do arsenal de armamento nuclear? O gasto com educação deve ser tratado como gasto com capital humano? Essas perguntas difíceis precisam ser respondidas caso o governo deseje adotar uma orçamentação de capital.

Pessoas sensatas divergem sobre o governo federal dever ou não utilizar a orçamentação de capital. (Muitos governos estaduais americanos já fazem uso dele.) Quem se opõe à orçamentação de capital argumenta que, embora esse sistema seja em princípio superior ao sistema corrente, sua implementação prática é muito difícil. Quem defende a orçamentação de capital argumenta que mesmo um tratamento imperfeito dos ativos de capital é melhor do que ignorá-los por completo.

Problema 3: Obrigações não contabilizadas

Certos economistas argumentam que o déficit orçamentário mensurado pode levar a conclusões equivocadas, já que exclui algumas importantes obrigações do governo. Por exemplo, considere as aposentadorias e pensões dos servidores públicos. Esses trabalhadores prestam serviços ao governo no presente, mas uma parcela de sua remuneração é postergada para o futuro. Na realidade, eles estão concedendo um empréstimo ao governo. Seus benefícios futuros, sob a forma de aposentadorias e pensões, representam um passivo para o governo, não significativamente diferente da dívida pública. No entanto, esse passivo não faz parte da dívida do governo, e sua acumulação não figura como parcela do déficit orçamentário. De acordo com algumas estimativas, esse passivo implícito é quase tão grande quanto a dívida oficial do governo.

De maneira análoga, considere o sistema de Seguridade Social norte-americano. Sob certos aspectos, o sistema é semelhante a um plano de aposentadorias e pensões. As pessoas contribuem com uma parcela de sua renda para o sistema, enquanto são jovens, na esperança de virem a receber benefícios quando tiverem mais idade. Talvez os benefícios futuros acumulados a serem pagos pela Seguridade Social devessem ser incluídos no passivo do governo. Estimativas sugerem que as obrigações futuras do governo relativas à Seguridade Social (deduzida a tributação futura sobre a Seguridade Social) correspondem a mais de três vezes a dívida do governo medida oficialmente.

Pode-se argumentar que as obrigações relativas à Seguridade Social são diferentes da dívida pública, já que o governo tem a capacidade de modificar as leis que determinam os benefícios da Seguridade Social. Ainda assim, em princípio, o governo tem sempre a opção de não pagar todas as suas dívidas: o governo honra as suas dívidas exclusivamente porque opta por assim fazer. As promessas de pagar aos detentores de dívidas do governo podem não ser fundamentalmente diferentes das promessas de pagar aos futuros beneficiários da Seguridade Social.

Uma forma de obrigação do governo particularmente difícil de mensurar é o *passivo contingencial* – as obrigações que são devidas exclusivamente diante da ocorrência de algum evento específico. Por exemplo, o governo garante muitas formas de crédito privado, como crédito estudantil, financiamento imobiliário para famílias de baixa e média renda, depósitos em bancos e em instituições de poupança e de empréstimos. Se quem se beneficiou do empréstimo paga o financiamento, o governo nada tem a pagar; se quem se beneficiou do empréstimo torna-se inadimplente, o governo passa a ser responsável pelo pagamento. Quando oferece esse tipo de garantia, o governo assume um passivo contingencial em relação à inadimplência do devedor. Contudo, esse passivo de contingência não se reflete no déficit orçamentário, em parte porque é difícil definir o valor monetário a ser atribuído a ele.

Problema 4: Ciclo econômico

Muitas variações no déficit orçamentário do governo ocorrem automaticamente, devido às oscilações da economia. Quando a economia entra em recessão, o nível de renda diminui, fazendo com que as pessoas paguem menos imposto de renda. Os lucros diminuem, de modo que as empresas pagam menos imposto de renda. Um número menor de pessoas se mantém no emprego, de modo que a receita arrecadada com a tributação da folha de pagamento de salários sofre um declínio. Quantidade maior de pessoas passa a ser elegível aos benefícios do governo, como assistência social e seguro-desemprego, o que eleva os gastos governamentais. Mesmo sem qualquer variação na legislação que trata da tributação e dos gastos públicos, o déficit orçamentário aumenta.

Essas variações automáticas do déficit não constituem erros de medição, porque o governo realmente recorre a mais empréstimos no momento em que uma recessão pressiona para baixo a receita tributária e impulsiona o gasto público. No entanto, essas variações tornam mais difícil a utilização do déficit para monitorar variações na política fiscal. Isto é, o déficit pode crescer ou diminuir, seja porque o governo modificou sua política, seja porque a economia mudou de direção. Para determinados propósitos, seria desejável saber qual dessas situações está de fato ocorrendo.

Para solucionar esse problema, o governo calcula um **déficit orçamentário ciclicamente ajustado** (geralmente conhecido como *déficit orçamentário do pleno emprego*). O déficit ciclicamente ajustado baseia-se em estimativas de quanto representariam o gasto do governo e a receita fiscal se a economia estivesse operando em seu nível natural de produção e emprego. O déficit ciclicamente ajustado é uma medida útil, porque reflete mudanças na política sem que reflita o estágio atual do ciclo econômico.

Recapitulando

Economistas divergem de opinião quanto à importância que atribuem a esses problemas de medição. Alguns acreditam que os problemas são tão graves que o déficit orçamentário, tal como habitualmente medido, passa a não ter quase qualquer tipo de significado. A maioria leva muito a sério esses problemas de medição mas, mesmo assim, considera o déficit orçamentário mensurado um indicador econômico útil para a política fiscal.

A lição irrefutável é que, para avaliarem integralmente a política fiscal, economistas e os formuladores de políticas econômicas precisam olhar além do déficit orçamentário medido. E, de fato, é o que eles fazem. Os relatórios orçamentários preparados anualmente pelo Office of Management and Budget (Departamento de Administração e Orçamento) dos Estados Unidos contêm muitas informações detalhadas sobre as finanças públicas, inclusive dados sobre despesas de capital e programas de crédito.

Nenhuma estatística econômica é perfeita. Sempre que deparamos com algum valor quantitativo noticiado na mídia, precisamos saber o que está sendo medido e o que está sendo deixado de fora. Isso vale particularmente para os dados sobre dívida pública e déficits orçamentários.

17.3 ABORDAGEM TRADICIONAL PARA O ENDIVIDAMENTO DO GOVERNO

Imagine que você seja um economista que trabalha para o Departamento de Orçamento do Congresso dos EUA (Congressional Budget Office – CBO). Você recebe uma carta do presidente do Comitê de Orçamento do Senado:

> *Prezado Economista do CBO:*
> *O Congresso está em vias de avaliar um pedido do Presidente para que todos os impostos sejam reduzidos em 20%, e meu comitê gostaria de contar com sua análise. Vislumbramos poucas esperanças de reduzir os gastos do governo, o que implica que a redução fiscal significa aumento do déficit orçamentário. Como a redução fiscal e o déficit orçamentário afetariam a economia e o bem-estar econômico do país?*
> *Atenciosamente,*
>
> Presidente do Comitê

Antes de responder ao senador, você abre seu livro didático predileto de teoria econômica – este livro, evidentemente – para verificar o que os modelos preveem.

Para analisar os efeitos de longo prazo dessa mudança na política fiscal, consulte os modelos apresentados nos Capítulos 3 a 9. O modelo do Capítulo 3 mostra que uma redução nos impostos estimula o gasto do consumidor e reduz a poupança nacional. Esta redução na poupança faz crescer a taxa de juros, o que inibe o investimento. O modelo de crescimento de Solow, apresentado no Capítulo 8, mostra que o nível de investimento mais baixo, com o passar do tempo, provoca maior estoque de capital de estado estacionário mais baixo, e nível também mais baixo de produção. Como concluímos, no Capítulo 9, que a economia dos Estados Unidos conta com quantidade de capital menor do que no estado estacionário da Regra de Ouro (o estado estacionário com o máximo de consumo), queda no capital do estado estacionário significa menor nível de consumo e redução na prosperidade econômica.

Para analisar os efeitos de curto prazo da mudança na política fiscal, recorra ao modelo *IS-LM* nos Capítulos 11 e 12. Esse modelo mostra que uma redução nos impostos estimula o gasto por parte do consumidor, o que implica deslocamento expansionista na curva *IS*. Se não há mudança na política monetária, o deslocamento na curva *IS* gera deslocamento expansionista na curva de demanda agregada. No curto prazo, quando os preços estão rígidos, a expansão na demanda agregada eleva o nível de produção e rebaixa o nível de desemprego. Com o passar do tempo, à medida que os preços vão se ajustando, a economia retorna para o seu nível natural de produção e a demanda agregada mais alta resulta em nível mais alto de preços.

Para ver como o comércio internacional afeta a sua análise, recorra aos modelos de economias abertas apresentados nos Capítulos 6 e 13. O modelo do Capítulo 6 mostra que, quando a poupança nacional decresce, as pessoas começam a financiar o investimento por meio da tomada de empréstimos no exterior, o que causa déficit na balança comercial. Embora o fluxo líquido de entrada de capital do exterior amenize o efeito da mudança na política fiscal sobre a acumulação de capital dos Estados Unidos, esse país passa a ficar em situação de endividamento com outras nações. A mudança na política fiscal também valoriza o dólar, o que torna os bens estrangeiros mais baratos dentro dos Estados Unidos e os bens de fabricação norte-americana mais caros no exterior. O modelo Mundell-Fleming, apresentado no Capítulo 13, demonstra que a valorização do dólar, assim como a redução subsequente nas exportações líquidas, reduz o impacto expansionista de curto prazo da mudança fiscal sobre a produção e o emprego.

Com todos esses modelos em mente, você esboça sua resposta:

> *Prezado Senador,*
> *Uma redução fiscal financiada com tomada de empréstimos pelo governo exerceria inúmeros efeitos sobre a economia. O impacto imediato da redução fiscal seria estimular o gasto do consumidor. Maior gasto por parte do consumidor afeta a economia tanto no curto quanto no longo prazo.*
> *No curto prazo, o gasto maior por parte do consumidor faria crescer a demanda por bens e serviços e, consequentemente, estimularia o crescimento dos níveis de produção e emprego. Entretanto, as taxas de juros também aumentariam, conforme os investidores passassem a concorrer*

> *por menor fluxo de poupança. Taxas de juros mais altas desestimulariam o investimento e incentivariam o fluxo de entrada de capital advindo do exterior. O dólar aumentaria seu valor em relação às moedas estrangeiras e as empresas nos Estados Unidos passariam a ser menos competitivas nos mercados internacionais.*
> *No longo prazo, o nível mais baixo de poupança nacional causado pela redução fiscal significaria menor estoque de capital e maior dívida externa. Portanto, seria menor o nível nacional de produção e maior parcela dessa produção seria devida aos estrangeiros.*
> *É difícil avaliar o efeito geral da redução fiscal sobre a prosperidade econômica. As gerações atuais se beneficiariam dos níveis mais altos de consumo e de emprego, embora a inflação provavelmente também viesse a ser mais alta. As gerações futuras arcariam com parcela significativa do ônus decorrente dos déficits orçamentários do presente: nasceriam em um país com menor estoque de capital e maior dívida externa.*
> *Seu fiel servidor,*
>
> Economista do CBO

O senador responde:

> *Prezado Economista do CBO,*
> *Obrigado por sua carta. Fez sentido para mim. No entanto, ontem, meu comitê escutou o depoimento de uma economista de renome, que se declarou "ricardiana" que chegou a uma conclusão bastante diferente. Afirmou que redução fiscal, por si só, não estimularia o gasto por parte do consumidor. Ela concluiu que o déficit orçamentário, portanto, não sofreria todos os efeitos que o senhor relacionou. O que acontece nesse caso?*
> *Atenciosamente,*
>
> Presidente do Comitê

Depois de estudar a próxima seção, você escreve de volta para o senador explicando, em detalhes, o debate sobre a equivalência ricardiana.

17.4 ABORDAGEM RICARDIANA PARA A DÍVIDA DO GOVERNO

A abordagem tradicional da dívida pública pressupõe que, quando o governo reduz impostos e incorre em déficit orçamentário, os consumidores reagem ao aumento de seus rendimentos líquidos gastando mais. Uma abordagem alternativa, chamada de **equivalência ricardiana**, questiona esse pressuposto. De acordo com a abordagem ricardiana, consumidores pensam no futuro e, por isso, baseiam seus gastos não exclusivamente em seus rendimentos atuais, mas também em sua renda esperada no futuro. Como exploramos mais detalhadamente no Capítulo 19, o consumidor preocupado com o futuro está no cerne de muitas teorias modernas que tratam do consumo. A abordagem ricardiana da dívida pública aplica a lógica do consumidor preocupado com o futuro para analisar os efeitos da política fiscal.

SAIBA MAIS

IMPOSTOS E INCENTIVOS

Ao longo de todo este livro, fizemos uma síntese do sistema tributário com uma única variável, T. Em nossos modelos, o instrumento de política econômica equivale ao nível de tributação que o governo escolhe; ignoramos a questão relacionada à forma como o governo arrecada essa receita tributária. Na prática, entretanto, os impostos não correspondem a um amontoado de pagamentos, mas são nivelados com base em algum tipo de atividade econômica. O governo federal dos Estados Unidos arrecada parte de sua receita por meio do imposto de renda cobrado da pessoa física (47% da receita tributária em 2016), da tributação sobre a folha de pagamento de salários (34%), da tributação sobre os lucros das empresas (9%) e de várias outras fontes (9%).

Cursos de finanças públicas dedicam bastante tempo ao estudo de prós e contras dos tipos alternativos de impostos. Uma das lições enfatizadas nesses cursos é que impostos afetam os incentivos. Quando são tributadas com base em seus rendimentos do trabalho, as pessoas passam a ter menos incentivo para trabalhar com afinco. Quando são tributadas pelos rendimentos sobre seu capital, as pessoas passam a ter menos incentivo para pouparem e investirem em capital. Em consequência, quando a tributação se modifica, os incentivos se modificam e isso pode exercer efeitos macroeconômicos. Se alíquotas mais baixas de impostos estimulam trabalho com mais afinco e maior investimento, a oferta agregada de bens e serviços cresce.

Certos economistas, conhecidos como *partidários da oferta (supply-siders)*, acreditam que os efeitos dos impostos em relação a incentivos são significativos. Alguns partidários da oferta chegam ao ponto de sugerir que reduções nos impostos se autofinanciam: uma redução nas alíquotas dos impostos induz um crescimento tão grande na oferta agregada que a receita tributária cresce, apesar da redução nas alíquotas dos impostos. Embora todos os economistas concordem que impostos afetam incentivos, e que os incentivos afetam, até determinado ponto, a oferta agregada, a maior parte deles acredita que os efeitos em termos de incentivos não são grandes o suficiente para fazer com que reduções nos impostos se autofinanciem na maioria das circunstâncias.*

---

* Para ler mais sobre como os impostos afetam a economia por meio de incentivos, o melhor ponto de partida é um livro adotado na graduação em finanças públicas, como ROSEN, Harvey; GAYER, Ted. *Public finance.* 8. ed. New York: McGraw-Hill, 2014.

Lógica básica da equivalência ricardiana

Considere a reação de um consumidor preocupado com o futuro diante da redução fiscal que o Comitê de Orçamento do Senado americano está avaliando. O consumidor pode raciocinar da seguinte maneira:

O governo está reduzindo impostos sem quaisquer planos para reduzir seu próprio gasto. Essa política econômica altera o meu conjunto de oportunidades? Estou mais rico por causa dessa redução de impostos? Devo consumir mais?

Talvez não. O governo está financiando a redução nos impostos com um déficit orçamentário. Em algum momento no futuro, vai ter que aumentar os impostos para pagar a dívida e os juros acumulados. Sendo assim, a política econômica, na verdade, representa uma redução de impostos no presente que será acompanhada por aumento de impostos no futuro. A redução nos impostos me dá só uma renda de caráter transitório que será tomada de volta no futuro. Não estou em melhor situação financeira, então vou manter inalterado meu padrão de consumo.

O consumidor preocupado com o futuro compreende que governo tomando emprestado hoje significa maiores impostos amanhã. Redução nos impostos financiada pela dívida pública não reduz o ônus fiscal; meramente reescalona essa dívida. Consequentemente, isso não deve estimular o consumidor a gastar mais.

Seria possível considerar esse argumento de outra maneira. Suponha que o governo peça emprestados US$ 1.000,00 de um cidadão comum para conceder a ele uma redução fiscal de US$ 1.000,00. Em essência, é o mesmo que dar de presente a esse cidadão um título do governo de US$ 1.000,00. Um dos lados do título diz: "O governo deve a você, portador do título, US$ 1.000,00 acrescidos de juros." O outro lado do título diz: "Você, contribuinte, deve ao governo US$ 1.000,00 acrescidos de juros." No final das contas, o título do governo concedido como presente para o cidadão comum não torna esse cidadão mais rico ou mais pobre, já que o valor do título é compensado pelo valor da obrigação fiscal futura.

O princípio geral é que a dívida pública equivale a impostos futuros e, se os consumidores estiverem suficientemente preocupados com o futuro, impostos futuros serão equivalentes a impostos no presente. Consequentemente, financiar o governo por meio de dívidas equivale a financiá-lo por meio de impostos. Essa abordagem é chamada de *equivalência ricardiana*, em homenagem a David Ricardo, famoso economista do século XIX, o primeiro a observar esse argumento teórico.

A consequência da equivalência ricardiana é que uma redução de impostos financiada por endividamento público deixa o consumo inalterado. Os domicílios poupam a renda disponível adicional de modo a pagar a obrigação fiscal futura que a redução fiscal acarreta. Esse aumento na poupança privada compensa o decréscimo na poupança pública. A poupança nacional – a soma entre poupança pública e poupança privada – permanece inalterada. A redução nos impostos, portanto, não exerce nenhum dos efeitos previstos pela análise tradicional.

A lógica da equivalência ricardiana não implica que todas as mudanças na política fiscal sejam irrelevantes. Mudanças de política fiscal efetivamente influenciam o gasto do consumidor, caso venham a influenciar as compras do governo no presente ou no futuro. Suponhamos, por exemplo, que o governo reduza impostos hoje, porque planeja reduzir as compras do governo no futuro. Se o consumidor percebe que essa redução de impostos não exige aumento de impostos no futuro, ele passa a se sentir mais rico e aumenta o seu consumo. Observe, porém, que é a redução nas compras do governo, não a redução de impostos, que estimula o consumo: o anúncio de uma redução futura nas compras do governo faria crescer o consumo hoje, ainda que os impostos no presente permanecessem inalterados, pois isso implicaria tributos mais baixos em algum momento no futuro.

Consumidores e impostos futuros

A essência da abordagem ricardiana é que, ao decidirem quanto consumir, as pessoas avaliam racionalmente os impostos futuros decorrentes da dívida pública. Mas até onde no futuro os consumidores olham? Defensores da abordagem tradicional para a dívida pública acreditam que a perspectiva de impostos futuros não exerce influência tão grande sobre o consumo no presente, como pressupõe a abordagem ricardiana. A seguir, alguns de seus argumentos.*

Miopia

Os defensores da abordagem ricardiana para a política fiscal pressupõem que as pessoas são racionais quando tomam decisões tais como o montante de sua renda a ser destinado ao consumo e o montante a ser poupado. Quando o governo recorre a empréstimos com o objetivo de pagar pelos gastos presentes, consumidores racionais fazem projeção dos impostos futuros necessários para dar lastro ao pagamento dessa dívida. Portanto, a abordagem ricardiana supõe que as pessoas tenham consideráveis conhecimento e percepção em relação ao futuro.

Um argumento a favor da abordagem tradicional de redução de impostos é que as pessoas carecem de percepção de longo prazo, talvez porque não compreendam plenamente as implicações dos déficits orçamentários do governo. É possível que algumas pessoas sigam regras práticas simples e não muito racionais ao decidirem sobre quanto poupar. Suponhamos, por exemplo, que alguém presuma que os impostos futuros serão iguais aos aplicados no presente. Essa pessoa deixará de levar em consideração as mudanças futuras nos impostos, exigidas pelas políticas atuais do governo. Uma redução de impostos financiada por endividamentos vai levá-la a acreditar que sua renda vitalícia aumentou, ainda que isso não tenha ocorrido. A redução de impostos, portanto, conduzirá a um nível mais alto o consumo e a um nível mais baixo a poupança nacional.

Restrições à obtenção de empréstimos

A abordagem ricardiana para a dívida pública pressupõe que consumidores não baseiam seus gastos na renda atual, mas em sua renda vitalícia, que inclui tanto a renda atual quanto a renda esperada no futuro. De acordo com a abordagem ricardiana, uma redução nos impostos financiada pelo endividamento eleva a renda no presente, mas não altera a renda ou o consumo vitalícios. Os defensores da abordagem tradicional para a dívida pública argumentam que a renda atual é mais importante do que a renda vitalícia para consumidores que enfrentam restrições aos empréstimos. *Restrição* à obtenção de *empréstimos* é um limite estabelecido para o montante que um indivíduo pode tomar emprestado de bancos ou de outras instituições financeiras.

Alguém que deseje consumir mais do que permite a sua renda atual – talvez pelo fato de esperar uma renda mais alta no futuro – precisa fazê-lo com dinheiro emprestado. Se não consegue tomar emprestado para financiar o consumo atual, ou se consegue apenas uma quantia limitada, a sua renda atual determina o seu patamar de gastos, independentemente de qual possa vir a ser sua renda vitalícia. Nesse caso, uma redução nos impostos financiada por endividamento eleva a renda atual e, consequentemente, o consumo ainda que a renda futura venha a ser mais baixa. Em resumo, quando reduz impostos no presente e os aumenta no futuro, o governo está concedendo um empréstimo para os contribuintes. Para quem queira obter um empréstimo mas encontre restrições para isso, a redução de impostos amplia suas oportunidades e estimula o consumo.

ESTUDO DE CASO

O EXPERIMENTO DE GEORGE BUSH DA RETENÇÃO NA FONTE

No início de 1992, o Presidente George Bush adotou uma política inovadora para lidar com a recessão persistente dos Estados Unidos. Por meio de um decreto executivo, ele diminuiu o montante correspondente à retenção do imposto de renda na fonte para os trabalhadores. A determinação não reduzia o imposto de renda devido pelo trabalhador; simplesmente postergava o pagamento. O salário mais elevado que os trabalhadores levavam para casa ao longo de 1992 deveria ser contrabalançado pelo maior pagamento de impostos, ou pela menor devolução de impostos, no momento em que o imposto de renda passasse a ser devido, no ajuste anual de abril de 1993.

Que efeito você preveria para essa política? De acordo com a lógica da equivalência ricardiana, os consumidores deveriam perceber que seus recursos vitalícios permaneciam inalterados e, por conseguinte, pouppariam a parte adicional do salário recebido para fazer face à obrigação fiscal iminente. George Bush, no entanto, alegou que sua medida proporcionaria "dinheiro que as pessoas poderão utilizar para ajudar a pagar por vestuário, educação ou a compra de um carro novo". Ou seja, ele acreditava que os consumidores gastariam a renda adicional, estimulando assim a demanda agregada e ajudando a economia a se recuperar da recessão. Bush parecia supor que os consumidores não tinham visão de futuro ou não conseguiam ter acesso a empréstimos.

É difícil mensurar os efeitos concretos dessa política por meio de dados agregados, uma vez que muitas outras coisas estavam ocorrendo na mesma ocasião. Contudo, surgem algumas evidências a partir de um levantamento conduzido por dois economistas pouco tempo depois de a política ter sido anunciada. A pesquisa perguntava às pessoas o que elas fariam com a renda adicional. Cinquenta e sete por cento dos entrevistados afirmaram que poupariam essa renda, fariam uso dela para pagar dívidas ou ajustariam suas retenções de imposto na fonte, no intuito de inverter o efeito do decreto executivo de Bush. Quarenta e três por cento afirmaram que gastariam a renda adicional. Por conseguinte, no que diz respeito a essa mudança na política econômica, a maioria da população estava planejando agir de acordo com os postulados da teoria ricardiana. Apesar disso, Bush estava parcialmente correto: muita gente planejava gastar a renda adicional embora tivesse a percepção de que a conta do imposto de renda, no ano seguinte, seria mais alta.*

Gerações futuras

Além da miopia e das restrições à obtenção de empréstimos, um terceiro argumento a favor da abordagem tradicional para a dívida pública é que os consumidores esperam que os impostos futuros implícitos não recaiam sobre eles, mas sobre as gerações futuras. Suponhamos, por exemplo, que o governo reduza impostos hoje, emita títulos com vencimento em 30 anos para financiar o déficit orçamentário e então aumente os im-

---

* Para ver um levantamento sobre o debate que trata da equivalência ricardiana, consulte BERNHEIM, Douglas. Ricardian equivalence: an evaluation of theory and evidence. *NBER Macroeconomics Annual*, p. 263-303, 1987. Veja também o simpósio sobre déficits orçamentários na edição da primavera de 1989 do *Journal of Economic Perspectives*.

* SHAPIRO, Matthew D.; SLEMROD, Joel. Consumer response to the timing of income: evidence from a change in tax withholding. *American Economic Review*, v. 85, p. 274-283, March 1995.

postos daqui a 30 anos para pagar o empréstimo. Nesse caso, a dívida pública representa uma transferência de riqueza da próxima geração de contribuintes (que vai enfrentar o aumento de impostos) para a atual (que obtém a redução nos impostos). Essa transferência aumenta os recursos vitalícios da geração presente, elevando seu patamar de consumo. Na realidade, uma redução nos impostos financiada por endividamento estimula o consumo, pois concede à geração presente a oportunidade de consumir à custa da geração seguinte.

O economista Robert Barro apresentou uma réplica inteligente para esse argumento para apoiar a abordagem ricardiana. Barro argumenta que, uma vez que as gerações futuras são filhos e netos da geração presente, não devemos enxergá-las como agentes econômicos independentes. Em vez disso, argumenta ele, o pressuposto apropriado é o de que as gerações do presente se importam com as gerações do futuro. Esse altruísmo entre gerações é evidenciado pelas doações que muitas pessoas fazem aos filhos, geralmente sob a forma de herança por ocasião de seu falecimento. A existência de heranças sugere que não há tanta gente ávida por tirar proveito da oportunidade de consumir à custa dos filhos.

De acordo com a análise de Barro, a unidade de interesse na tomada de decisão não é o indivíduo, cuja vida é finita, mas a família, que continua para sempre. Em outras palavras, um indivíduo decide sobre quanto consumir com base não apenas em sua própria renda, mas também na renda dos futuros membros de sua família. Uma redução de impostos financiada por endividamento pode fazer crescer a renda que o indivíduo recebe durante sua vida, mas não traz aumento aos recursos de toda a sua família. Em vez de consumir a renda adicional decorrente da redução nos impostos, o indivíduo poupa essa renda, deixando-a a título de herança para os seus filhos, que virão a arcar com a obrigação fiscal no futuro.

Podemos verificar, agora, que o debate sobre a dívida do governo é, na realidade, um debate sobre o comportamento do consumidor. A abordagem ricardiana pressupõe que os consumidores contam com um longo horizonte de tempo. A análise que Barro faz sobre a família implica que o horizonte de tempo do consumidor, assim como o do governo, é, na realidade, infinito. Contudo, é possível que os consumidores não venham a levar em conta as obrigações fiscais das gerações futuras. Talvez esperem que seus filhos venham a ser mais ricos do que eles e, por essa razão, acolham bem a oportunidade de consumir à custa dos filhos. O fato de que muitas pessoas deixam heranças mínimas ou nenhum tipo de herança para seus filhos é condizente com essa hipótese. Para essas famílias com herança zero, uma redução nos impostos financiada por dívidas altera o consumo, porque redistribui a riqueza entre as gerações.*

Fazendo uma escolha

Depois de ter tomado conhecimento da abordagem tradicional e da abordagem ricardiana sobre o endividamento do governo, você deve considerar dois conjuntos de perguntas.

Em primeiro lugar, com qual das abordagens você concorda? Se o governo reduz impostos hoje, incorre em déficit orçamentário e aumenta os impostos no futuro, de que modo essa política afetará a economia? Estimulará o consumo, como sustenta a abordagem tradicional? Ou será que os consumidores perceberão que sua renda vitalícia permanece inalterada e, consequentemente, passarão a compensar o déficit orçamentário com maior poupança privada?

Em segundo lugar, por que você apoia determinada posição? Se você concorda com a abordagem tradicional sobre a dívida pública, qual é a razão para isso? Consumidores não conseguem compreender que um volume maior de empréstimos tomados pelo governo hoje significa maior volume de impostos amanhã? Ou será que eles ignoram os impostos futuros, seja porque não conseguem ter acesso a empréstimos, seja porque os impostos futuros recairão sobre as gerações futuras, com as quais eles não sentem qualquer tipo de vínculo econômico? Se você é a favor da abordagem ricardiana, acredita que os consumidores têm visão de futuro de modo a perceber que o empréstimo do governo hoje resultará em impostos futuros cobrados de seus descendentes? Você acredita que os consumidores pouparão a renda adicional para compensar a obrigação fiscal futura?

Poderíamos esperar que as evidências nos ajudassem a decidir entre essas duas abordagens para a dívida pública. No entanto, quando os economistas examinam episódios históricos relativos a déficits orçamentários significativos, as evidências não são conclusivas.

Considere, por exemplo, a experiência da década de 1980. Os grandes déficits orçamentários causados em parte pela redução nos impostos promovida pelo governo Reagan em 1981 parecem oferecer um experimento natural para testar as duas abordagens da dívida pública. À primeira vista, esse episódio parece confirmar a abordagem tradicional. Grandes déficits orçamentários coincidiram com baixa poupança nacional, elevadas taxas de juros reais e um grande déficit na balança comercial. Com efeito, os defensores da abordagem tradicional costumam alegar que a experiência da década de 1980 confirma seu ponto de vista.

Contudo, os que defendem a abordagem ricardiana para o endividamento do governo interpretam esses eventos de maneira diferente. Talvez a poupança estivesse baixa na década de 1980 pelo fato de as pessoas se sentirem otimistas quanto ao crescimento econômico futuro – otimismo que também se refletia em um mercado de ações com crescimento acelerado. Ou, talvez, a poupança estivesse baixa porque as pessoas esperavam que a redução nos impostos pudesse acarretar, em última análise, não impostos mais altos, mas, como prometia Reagan, gastos menores por parte do governo. Por ser difícil descartar qualquer uma dessas interpretações, prevalecem até hoje ambas as abordagens para a dívida pública.

17.5 OUTRAS PERSPECTIVAS PARA O ENDIVIDAMENTO DO GOVERNO

Os debates políticos sobre endividamento do governo apresentam muitas facetas. Até agora, consideramos a abordagem tradicional e a abordagem ricardiana para essa dívida. De acordo com a abordagem tradicional, um déficit orçamentário no governo expande a demanda agregada e estimula a produção no curto prazo, mas cerceia o capital e pressiona para baixo o crescimento econômico no longo prazo. De acordo com a abordagem ricardiana, um déficit orçamentário no governo não exerce qualquer desses efeitos, pois os consumidores percebem que um déficit orçamentário representa meramente o adiamento de um ônus fiscal. Com essas duas teorias como pano de fundo, considere, agora, várias outras perspectivas da dívida pública.

Orçamentos equilibrados *versus* política fiscal ideal

Nos Estados Unidos, muitas constituições estaduais exigem que os governos mantenham orçamento equilibrado. Um de-

---

* BARRO, Robert J. Are government bonds net wealth? *Journal of Political Economy*, v. 81, p. 1095-1117, 1974.

SAIBA MAIS

Ricardo e a equivalência ricardiana

David Ricardo foi um milionário corretor de títulos mobiliários e um dos maiores economistas de todos os tempos. Sua contribuição mais importante para o campo da economia foi seu livro *Princípios de economia política e tributação*, de 1817, no qual ele desenvolveu a teoria da vantagem comparativa, que os economistas utilizam até hoje para explicar os ganhos decorrentes do comércio internacional. Ricardo foi, também, membro do Parlamento britânico, onde colocou em prática suas teorias e se opôs às leis de proteção ao trigo (*corn laws*), que restringiam o comércio internacional de grãos.

Ricardo estava interessado nos meios alternativos pelos quais um governo poderia pagar por seus gastos. Em um artigo publicado em 1820, intitulado "Essay on the funding system", ele teceu considerações sobre o exemplo de uma guerra que custa 20 milhões de libras. Observou que, se a taxa de juros fosse de 5%, a despesa poderia ser financiada por meio de um imposto único de 20 milhões de libras, de um imposto perpétuo de 1 milhão de libras ou de um imposto de 1,2 milhão de libras durante 45 anos. Ele escreveu:

> *Sob o ponto de vista da economia, não existe diferença real entre quaisquer dessas modalidades, uma vez que 20 milhões de libras em um único pagamento, 1 milhão de libras por ano ad aeternum ou 1,2 milhão de libras durante 45 anos representam precisamente o mesmo valor.*

David Ricardo tinha consciência de que a questão envolvia o vínculo entre as gerações:

> *Seria difícil convencer um homem que possuísse 20.000 libras, ou qualquer outra soma em dinheiro, de que um pagamento ad aeternum de 50 libras por ano seria tão oneroso quanto um único imposto de 1.000 libras. Ele teria uma vaga noção de que 50 libras por ano seriam pagas pela posteridade e não seriam pagas por ele; mas se ele deixa a fortuna para seu filho, e a deixa com o ônus desse imposto ad aeternum, onde estaria a diferença entre deixar 20.000 libras com o imposto ou 19.000 libras sem o imposto?*

Embora considerasse equivalentes esses métodos alternativos de financiamento público, Ricardo não imaginava que as outras pessoas raciocinariam da mesma maneira:

> *As pessoas que pagam impostos [...] não administram suas questões particulares em conformidade com tal fato. Somos propensos a pensar que a guerra é onerosa apenas na proporção em que somos chamados no momento a financiá-la por meio de impostos, sem que reflitamos sobre a provável duração da cobrança desses impostos.*

Nesse sentido, Ricardo duvidava que as pessoas fossem racionais e previdentes o suficiente para projetarem integralmente as suas obrigações fiscais no futuro.

No papel de formulador de políticas econômicas, Ricardo encarava com seriedade a questão do endividamento do governo. Em certa ocasião, ele declarou perante o Parlamento Britânico:

> *Este seria o país mais feliz do mundo e o seu progresso, em termos de prosperidade, se estenderia além dos limites que os poderes da imaginação pudessem conceber, se nos livrássemos de dois grandes males – a dívida nacional e as leis de proteção ao trigo.*

É uma das grandes ironias da história do pensamento econômico o fato de que Ricardo rejeitasse a teoria que hoje ostenta o seu próprio nome!

---

bate recorrente é se a Constituição Federal deve ou não exigir também um orçamento equilibrado para o governo federal. A maioria dos economistas se opõe a uma regra rigorosa exigindo que o governo equilibre o seu orçamento. Existem três razões pelas quais a política fiscal ideal pode às vezes demandar déficit ou superávit orçamentário.

Estabilização

Um déficit ou um superávit orçamentário podem ajudar a estabilizar a economia. Em síntese, uma regra de orçamento equilibrado revogaria os poderes automáticos de estabilização do sistema de impostos e transferências. Quando a economia entra em recessão, os impostos automaticamente se reduzem e as transferências automaticamente aumentam. Embora ajudem a estabilizar a economia, essas reações automáticas empurram o orçamento na direção do déficit. Uma regra rigorosa de orçamento equilibrado exigiria que o governo aumentasse os impostos ou reduzisse os gastos durante uma recessão, o que, por sua vez, diminuiria ainda mais a demanda agregada e aprofundaria a desaceleração na atividade econômica.

Estabilização de alíquotas

Um déficit ou um superávit orçamentário podem ser utilizados para reduzir a distorção de incentivos causada pelo sistema tributário. Como já discutimos, alíquotas elevadas nos tributos impõem um custo à sociedade pelo fato de desestimularem a atividade econômica. Um tributo sobre os rendimentos da mão de obra, por exemplo, reduz o incentivo para que as pessoas trabalhem muitas horas. Como esse desestímulo passa a ser particularmente alto quando existem alíquotas elevadas nos tributos, o custo social total dos tributos é minimizado pela manutenção de alíquotas relativamente estáveis, em vez de fazer com que elas sejam altas em alguns anos e baixas em outros. Os economistas chamam essa política de **estabilização de alíquotas**. Para se manterem estabilizadas as alíquotas de tributos, faz-se necessário um déficit em anos nos quais haja renda excepcionalmente baixa (recessões) ou gastos excepcionalmente altos (guerras).

Redistribuição entre gerações

Um déficit orçamentário pode ser utilizado para transferir um ônus fiscal da geração atual para as gerações futuras. Por exemplo, certos economistas argumentam que, se a geração atual trava uma guerra para manter a liberdade, as gerações futuras também se beneficiarão e devem arcar com uma parcela do ônus. Para passar adiante uma parcela dos custos da guerra, a geração atual pode financiá-la por meio de um déficit orçamentário. Posteriormente, o governo pode postergar a dívida, cobrando impostos das próximas gerações.

Essas considerações levam a maioria dos economistas a rejeitar uma exigência rigorosa para orçamentos equilibrados. Uma regra de política fiscal precisa, no mínimo, levar em consideração os episódios recorrentes, tais como recessões e guerras, durante os quais é razoável que o governo incorra em déficit orçamentário.

Efeitos fiscais sobre a política monetária

Em 1985, Paul Volcker declarou ao Congresso norte-americano que "o tamanho concreto e potencial do déficit orçamentário [...] aumenta o ceticismo em relação à nossa capacidade de controlar a oferta monetária e conter a inflação". Uma década mais tarde, Alan Greenspan alegou que "uma redução substancial no déficit potencial de longo prazo nos Estados Unidos fará diminuírem de modo significativo as expectativas de inflação no longuíssimo prazo". Esses dois dirigentes do Fed aparentemente enxergavam um vínculo entre política fiscal e política monetária.

Discutimos essa possibilidade, pela primeira vez, no Capítulo 5. Como verificamos, uma maneira de certo governo financiar um déficit orçamentário consiste em simplesmente emitir moeda corrente – política que provoca inflação mais elevada. De fato, quando alguns países passam por hiperinflação, a razão de modo geral é que os formuladores de políticas fiscais estão contando com o imposto inflacionário para pagar alguns de seus gastos. O final dos períodos de hiperinflação quase sempre coincide com reformas fiscais que incluem cortes significativos nos gastos públicos e, por conseguinte, menor necessidade de senhoriagem.

Além desse elo entre déficit orçamentário e inflação, alguns economistas sugerem que um nível elevado de endividamento pode vir a estimular o governo a criar inflação. Como a maior parte da dívida pública é especificada em termos nominais, o valor real da dívida cai quando o nível de preços aumenta. Essa é a redistribuição habitual entre credores e devedores causada pela inflação não esperada – nesse caso, o devedor é o governo e o credor é o setor privado. Entretanto, esse devedor, diferentemente dos outros, tem acesso à máquina de imprimir dinheiro. Um nível elevado de endividamento pode estimular o governo a emitir moeda corrente, aumentando com isso o nível de preços e reduzindo o valor real de suas dívidas.

Apesar dessas preocupações sobre a existência de um possível elo entre dívida pública e política monetária, existem poucos indícios de que esse elo seja importante na maior parte dos países desenvolvidos. Nos Estados Unidos, por exemplo, a inflação era alta na década de 1970, embora a dívida do governo fosse baixa em relação ao PIB. Os formuladores de política monetária colocaram a inflação sob controle no início da década de 1980, exatamente no momento em que os formuladores de política fiscal começaram a operar grandes déficits orçamentários, elevando o endividamento público. Em 2017, a proporção entre a dívida pública e o PIB era alta em termos de padrões históricos, mas a inflação estava um pouco abaixo da meta de 2% anunciada pelo Fed. Por conseguinte, embora a política monetária possa vir a ser impulsionada pela política fiscal em algumas situações, como durante períodos clássicos de hiperinflação, essa situação parece não ser a norma na maioria dos países hoje em dia. Existem várias razões para isso. Em primeiro lugar, a maior parte dos governos consegue financiar o déficit vendendo (financiando) a dívida, e não precisa depender da senhoriagem. Em segundo lugar, na maioria das vezes os bancos centrais desfrutam de independência suficiente para resistir às pressões políticas. Em terceiro lugar, e mais importante de tudo, a maioria dos decisores políticos sabe que a inflação é uma péssima solução para problemas fiscais.*

Endividamento e o processo político

A política fiscal não é feita por anjos, mas por um processo político imperfeito. Certos economistas preocupam-se com o fato de que a possibilidade de financiar o gasto do governo com a emissão de dívidas torne esse processo político ainda muito pior.

Essa ideia tem uma longa história. O economista sueco do século XIX Knut Wicksell alegou que, se o benefício de algum tipo de gasto público superasse o seu custo, deveria ser possível financiar esse gasto de maneira tal que recebesse apoio unânime de todos que participam do processo político. Ele concluiu que o gasto do governo deve ser realizado somente quando o apoio for, de fato, praticamente unânime. No caso do financiamento da dívida, todavia, Wicksell receava que "os interesses [dos futuros contribuintes] não estão representados em absoluto, ou estão representados de maneira inadequada na assembleia que aprova os impostos".

Muitos economistas têm dado voz a esse tema mais recentemente. Em seu livro *Democracy in deficit*, escrito em 1977, James Buchanan e Richard Wagner defenderam uma regra de política fiscal voltada para o orçamento equilibrado, com base no fundamento de que ela "terá o efeito de levar o custo real dos desembolsos públicos à consciência dos tomadores de decisões; tenderá a dissipar os aspectos ilusórios do tipo 'alguma coisa por nada' das decisões de política fiscal". De maneira análoga, Martin Feldstein (que foi assessor econômico de Ronald Reagan e é crítico de longa data dos déficits orçamentários) argumenta que "somente a 'restrição orçamentária mais rigorosa' de ter que manter equilibrado o orçamento" pode forçar os políticos a avaliar se "os benefícios do gasto realmente justificam os seus custos".

Tais argumentos levaram alguns economistas a defender uma emenda constitucional exigindo que o Congresso norte-americano aprovasse um orçamento equilibrado. De modo geral, essas propostas contêm cláusulas de exceção para ocasiões de emergência nacional, tais como guerras e depressões, momentos em que o déficit orçamentário é um tipo de resposta razoável em termos de política econômica. Alguns críticos que se opõem a essas propostas argumentam que, mesmo diante das cláusulas de exceção, tal tipo de emenda constitucional ataria as mãos dos formuladores de políticas econômicas de maneira demasiadamente rígida. Outros alegam que o Congresso se esquivaria com facilidade das exigências relacionadas ao orçamento equilibrado, fazendo uso de manobras contábeis. Conforme deixa claro a discussão ora apresentada, o debate sobre a conveniência de uma emenda exigindo orçamento equilibrado é, na mesma dimensão, de natureza política e de natureza econômica.

Dimensões internacionais

A dívida pública pode afetar o papel de um país na economia internacional. Como verificamos inicialmente no Capítulo 6, quando o déficit orçamentário de um governo reduz a poupança nacional, ele geralmente provoca déficit na balança comercial, o qual, por sua vez, é financiado pela tomada de emprésti-

---

* Literatura recente sobre a *teoria fiscal do nível de preços* volta a enfatizar os elos entre política monetária e política fiscal. Para uma introdução, veja SIMS, Christopher A. Paper money. *American Economic Review*, v. 103, p. 563-584, Apr. 2013.

mos contraídos no exterior. Por exemplo, muitos observadores culparam a política fiscal norte-americana pela recente mudança da situação dos Estados Unidos, que passou de grande credor para grande devedor no âmbito da economia internacional. Esse vínculo entre déficit orçamentário e déficit da balança comercial traz dois outros efeitos da dívida do governo.

Em primeiro lugar, elevados níveis de endividamento público podem elevar o risco de que uma economia venha a passar por fuga de capital – decréscimo abrupto na demanda dos ativos de um país nos mercados financeiros internacionais. Os investidores internacionais sabem que um governo sempre pode lidar com sua dívida recorrendo simplesmente à inadimplência. Esse método já foi usado nos idos de 1335, quando Eduardo III, rei da Inglaterra, deixou de honrar suas dívidas junto aos banqueiros italianos. Mais recentemente, a Rússia deixou de honrar suas dívidas em 1998 e a Argentina fez a mesma coisa em 2001. Quanto mais alto o grau de endividamento do governo, maior a tentação de optar pela inadimplência. Sendo assim, à medida que cresce o endividamento público, investidores internacionais podem passar a temer a inadimplência e cortam suas linhas de financiamento. Se essa perda de confiança ocorre de maneira repentina, pode resultar nos sintomas clássicos de fuga de capital: colapso no valor da moeda corrente e crescimento nas taxas de juros. Conforme vimos no Capítulo 13, foi exatamente isso que aconteceu no México, no início da década de 1990, quando a inadimplência aparentava ser bastante provável.

Em segundo lugar, níveis elevados de endividamento público, financiados pela tomada de empréstimos no exterior, podem reduzir o peso da influência política de uma nação nas relações internacionais. Esse receio foi enfatizado pelo economista Ben Friedman, em seu livro *Day of reckoning*, de 1988. Friedman escreveu: "O poder e a influência internacionais têm se destinado, historicamente, aos países credores. Não é coincidência que os Estados Unidos tenham se destacado como potência internacional na mesma ocasião da transição de país devedor [...] para a condição de país credor, fornecendo capital de investimento para o resto do mundo." Friedman sugere que, se os EUA continuarem a executar grandes déficits na balança comercial, acabarão perdendo parte da sua influência internacional. Até agora, os registros não têm sido favoráveis a essa hipótese: os EUA vêm incorrendo em déficits na balança comercial ao longo das décadas de 1980, 1990 e a primeira da década de 2000, e, ainda assim, continuam como uma das principais superpotências. Mas talvez outros eventos – como o colapso da União Soviética – tenham contrabalançado a diminuição da influência política que os Estados Unidos poderiam ter sofrido em decorrência de seu endividamento cada vez maior.

17.6 CONCLUSÃO

A política fiscal e dívida pública são fundamentais no debate político e econômico no mundo inteiro. Este capítulo examinou algumas das questões econômicas que se encontram por trás dessas decisões sobre política econômica. Como verificamos, economistas nem sempre conseguem chegar a um consenso completo no que se refere aos efeitos do endividamento do governo ou sobre qual política fiscal é a melhor. E, evidentemente, não compete aos economistas a elaboração e aprovação de políticas fiscais. Essa função fica a cargo de nossos líderes eleitos, que seguem o conselho dos economistas unicamente quando optam por fazê-lo.

Resumo

1. A atual dívida do governo federal dos Estados Unidos não é extraordinária ao se comparar com a dívida de outros países, mas é mais alta em comparação com a dívida que os EUA já tiveram ao longo da maior parte de sua história. A proporção da dívida em relação ao PIB aumentou acentuadamente durante a Grande Recessão que sucedeu a crise financeira de 2008-2009, pois os estabilizadores automáticos e ações fiscais discricionárias aumentaram o déficit orçamentário do governo.

2. As medições tradicionais do déficit orçamentário são medidas imperfeitas de política fiscal, já que não fazem as correções inerentes aos efeitos da inflação, não compensam as variações nas obrigações do governo com as variações nos ativos do governo, omitem por completo algumas das obrigações e não fazem as devidas correções dos efeitos do ciclo econômico.

3. De acordo com a abordagem tradicional para a dívida pública, uma redução nos impostos financiada por endividamento estimula os gastos por parte do consumidor e diminui a poupança nacional. Esse aumento do gasto do consumidor gera maior demanda agregada e uma renda mais elevada no curto prazo, mas acarreta um estoque de capital mais baixo e uma renda mais baixa no longo prazo.

4. De acordo com a abordagem ricardiana para a dívida pública, uma redução nos impostos financiada por endividamento não estimula o consumidor a gastar, pois não aumenta os recursos do consumidor em termos gerais – meramente posterga os pagamentos de impostos, do presente para o futuro. O debate entre a abordagem tradicional e a abordagem ricardiana da dívida pública é, em última análise, um debate sobre a maneira como os consumidores se comportam. Os consumidores se preocupam racionalmente com o futuro ou sofrem de miopia, olhando apenas o curto prazo? Eles enfrentam restrições em relação à tomada de empréstimos? Estão economicamente vinculados às gerações futuras por meio de heranças altruístas? Os pontos de vista dos economistas em relação ao endividamento do governo giram em torno das respostas para essas perguntas.

5. A maioria dos economistas se opõe a uma regra rigorosa que exija orçamento equilibrado. Um déficit orçamentário pode às vezes se justificar com base na estabilização em curto prazo, na estabilização de alíquotas de tributos ou na redistribuição do ônus fiscal entre as gerações.

6. O endividamento do governo pode, potencialmente, apresentar outros efeitos. Um grau elevado de endividamento por parte do governo ou grandes déficits orçamentários podem estimular a expansão monetária excessiva e, por conseguinte, provocar inflação ainda mais elevada. A possibilidade de incorrer em déficits orçamentários pode estimular os políticos a injustificadamente onerar as gerações futuras, no momento em que estabelecem os impostos e os gastos oficiais. Dívida pública alta pode elevar o risco de fuga de capital e diminuir a influência do país no mundo inteiro. Economistas divergem sobre qual entre esses efeitos considerarem mais importante.

Questionário rápido

1. Ao longo de toda a história dos EUA, a causa mais comum para grandes aumentos na dívida pública tem sido
   a) recessões, que causam declínios na receita fiscal.
   b) políticas direcionadas para a oferta, promovendo crescimento com redução de impostos.
   c) guerras, que causam grandes aumentos nos gastos do governo.
   d) programas de benefícios sociais, direcionados para ajudar os idosos.

2. Em tempos de inflação, o déficit orçamentário do governo é _____ porque o gasto público inclui pagamento de juros _____ sobre a dívida do governo.
   a) superestimado, nominais
   b) superestimado, reais
   c) subestimado, nominais
   d) subestimado, reais

3. De acordo com a abordagem tradicional para a dívida pública, uma redução de impostos financiada por dívidas
   a) aumenta a produção, no curto e no longo prazo.
   b) diminui a produção, no curto e no longo prazo.
   c) aumenta a produção no curto prazo, mas faz com que ela diminua no longo prazo.
   d) diminui a produção no curto prazo, mas faz com que ela aumente no longo prazo.

4. De acordo com a abordagem ricardiana para o endividamento do governo, uma redução de impostos financiada por dívidas
   a) aumenta a poupança privada, mas reduz a poupança nacional.
   b) aumenta a poupança privada, mas não exerce qualquer efeito sobre a poupança nacional.
   c) não exerce qualquer efeito sobre a poupança privada, mas reduz a poupança nacional.
   d) não afeta a poupança privada nem a poupança nacional.

5. A equivalência ricardiana pode não se mostrar verdadeira se
   a) o governo adotar a orçamentação de capital.
   b) as pessoas se preocuparem com o futuro em vez de terem apenas uma visão de curto prazo (miopia).
   c) os pais desejarem deixar heranças para seus filhos.
   d) os consumidores encontrarem restrições à obtenção de empréstimos.

6. Se os formuladores de políticas fiscais estão motivados pela estabilização de alíquotas de impostos, os superávits orçamentários são apropriados quando a renda é habitualmente _____ ou os gastos do governo são excepcionalmente _____.
   a) alta, altos
   b) alta, baixos
   c) baixa, altos
   d) baixa, baixos

CONCEITOS-CHAVE

Orçamentação de capital
Déficit orçamentário ciclicamente ajustado
Equivalência ricardiana
Estabilização de alíquotas de tributos

Questões para revisão

1. O que foi atípico em relação à política fiscal dos Estados Unidos, de 1980 a 1995?
2. Por que muitos economistas projetam déficits orçamentários crescentes e um endividamento cada vez maior do governo norte-americano ao longo das próximas décadas?
3. Descreva quatro problemas que afetam a mensuração do déficit orçamentário do governo.
4. De acordo com a abordagem tradicional para a dívida pública, de que modo uma redução nos impostos financiada por endividamento afeta a poupança pública, a poupança privada e a poupança nacional?
5. De acordo com a abordagem ricardiana para a dívida pública, de que modo uma redução nos impostos financiada por endividamento afeta a poupança pública, a poupança privada e a poupança nacional?
6. Qual você acredita que merece mais crédito: a abordagem tradicional ou a abordagem ricardiana para endividamento do governo? Por quê?
7. Apresente três razões pelas quais o déficit orçamentário pode ser uma boa opção de política econômica.
8. Por que o nível de endividamento público pode afetar os incentivos do governo visando à emissão de moeda?

Problemas e aplicações

1. Em 1º de abril de 1996, a rede de lanchonetes Taco Bell publicou um anúncio de página inteira no *New York Times* com o seguinte comunicado: "Em um esforço para ajudar a diminuir a dívida nacional, a Taco Bell tem a satisfação de anunciar que concordamos em adquirir o *Liberty Bell*, o Sino da Liberdade, um dos maiores tesouros históricos de nosso país. Ele será agora chamado de *Taco Liberty Bell*, e continuará disponível para visitação por parte do público norte-americano. Embora algumas pessoas possam achar isso polêmico, esperamos que nossa iniciativa venha a incentivar outras empresas a realizar ações semelhantes, de modo que possam fazer a sua parte na redução do endividamento do país." Ações desse tipo, por empresas dos Estados Unidos, reduziriam efetivamente a dívida nacional na forma como ela é mensurada atualmente? De que maneira a sua resposta se modificaria caso o governo dos EUA viesse a adotar a orçamentação de capital? Você acredita que essas ações representam uma redução verdadeira no grau de endividamento oficial? Acredita que a Taco Bell estava levando a sério esse plano? (*Dica:* Observe a data.) Não deixe de explicar suas respostas.

2. Elabore uma carta para o senador apresentado na Seção 17.3, explicando a abordagem ricardiana para a dívida pública e avaliando sua relevância na prática.

3. O sistema de Seguridade Social cobra um tributo dos trabalhadores e paga benefícios aos idosos. Suponha que o Congresso aumente tanto o tributo quanto os benefícios. Para simplificar, pressuponha que o Congresso anuncie que os aumentos vão durar apenas um ano.
   a) Em sua opinião, como essa mudança afetaria a economia? (*Dica:* Raciocine segundo as propensões marginais a consumir para os jovens e os idosos.)
   b) Sua resposta depende de as gerações estarem altruisticamente vinculadas?

4. Alguns economistas propuseram uma regra segundo a qual o déficit orçamentário ciclicamente ajustado esteja sempre equilibrado. Compare essa proposta com uma regra rígida que exija orçamento equilibrado. Qual delas é preferível? Que problemas você percebe em relação à regra que exige equilíbrio para o orçamento ciclicamente ajustado?

5. Encontre algumas projeções recentes para a trajetória futura da dívida pública dos EUA, sob a forma de um percentual do PIB. Que pressupostos são adotados em relação aos gastos públicos, aos impostos e ao crescimento econômico? Você acredita que esses pressupostos sejam razoáveis? Se os Estados Unidos experimentarem um declínio na produtividade, de que maneira a realidade vai diferir dessa projeção? (*Dica:* Uma boa fonte para pesquisas é o *site* www.cbo.gov.)

Respostas do questionário rápido

1. c
2. a
3. c
4. b
5. d
6. b

O Sistema Financeiro: Oportunidades e Perigos

18

> *Em chinês, a palavra crise é composta de dois caracteres. Um dos caracteres representa perigo e o outro, oportunidade.*
>
> – John F. Kennedy

Em 2008 e 2009, a economia norte-americana viveu uma crise histórica. Como discutimos em capítulos anteriores, uma queda no preço dos imóveis gerou problemas em muitas instituições financeiras, o que, por sua vez, levou à mais grave desaceleração da atividade econômica desde a Grande Depressão da década de 1930. Esse evento foi um lembrete bastante vívido da existência de elos inexoráveis entre o sistema financeiro e a economia como um todo. Quando o mercado financeiro espirra, a economia pega uma gripe.

Neste capítulo, examinamos mais detalhadamente os elos entre a economia e o sistema financeiro. Discutimos o que é e como funciona o sistema financeiro. Discutimos, também, os novos desafios impostos pelo sistema financeiro aos formuladores de políticas encarregados de promover a estabilidade econômica no curto prazo e o crescimento econômico no longo prazo.

O sistema financeiro esteve presente em grande parte da teoria macroeconômica que desenvolvemos ao longo deste livro. No Capítulo 3, discutimos um modelo do mercado de fundos para empréstimos. Vimos, também, que a taxa de juros se ajusta de modo a equilibrar a oferta de fundos para empréstimos (derivadas da poupança nacional) e a demanda por esses mesmos fundos (para fins de investimento). Nos Capítulos 8 e 9, utilizamos o modelo de Solow para examinar as fontes de crescimento econômico no longo prazo. No modelo, o sistema financeiro proporciona o contexto, garantindo que a poupança da economia seja direcionada a investimentos e à acumulação de capital.

O sistema financeiro esteve também presente em nossa análise do curto prazo. No modelo *IS-LM*, apresentado nos Capítulos 11 e 12, a taxa de juros é o elo entre o mercado de bens e o mercado monetário. No modelo apresentado, a taxa de juros determina tanto o custo de manter a moeda corrente em mãos quanto o custo de contrair empréstimos para financiar os gastos com investimento. O sistema financeiro, portanto, é a variável crucial por meio da qual a política monetária influencia a demanda agregada de bens e serviços.

Estudando mais detalhadamente o sistema financeiro, poderemos enriquecer de nuances nossa análise do crescimento econômico e das flutuações econômicas. O sistema financeiro é mais do que um mercado único para fundos de empréstimos e existem outros preços nesses sistemas além de uma única taxa de juros. Na verdade, a complexidade do sistema financeiro é tal que existe um subcampo inteiro da economia, conhecido como *finanças*, dedicado ao seu estudo. Este capítulo concentra-se em alguns tópicos de finanças que são essenciais à melhor compreensão da macroeconomia. Começamos examinando, em particular, o papel fundamental do sistema financeiro na economia. Em seguida, examinamos as causas das crises financeiras e as respostas das políticas econômicas para elas.

18.1 O QUE FAZ O SISTEMA FINANCEIRO?

Sam é um consumidor racional e antenado. Tem uma boa renda, cerca de $ 200.000,00 por ano, mas não pretende gastar tudo o que ganha no ano. Deseja guardar parte de sua renda, talvez para a aposentadoria, para uma futura viagem de férias, para a faculdade do filho que acabou de nascer ou apenas como precaução para futuras eventualidades. A parte da renda de Sam que ele não gasta contribui para a poupança nacional.

Ivy é uma empresária que acaba de montar um novo negócio. Teve a ideia de produzir uma boneca que, em sua opinião, encantará meninas do mundo todo, e, portanto, seria um negócio bastante lucrativo. Para colocar a ideia em prática, ela precisa de alguns recursos: plástico, moldes, tecido, máquinas de costura e instalações físicas para abrir sua operação fabril. A compra desses bens de capital por Ivy contribui para o investimento do país.

Resumindo, Sam dispõe de certa quantidade do capital que deseja poupar, e Ivy tem ideias de investimento mas talvez não disponha de recursos para arcar com os respectivos custos. A solução é óbvia: Sam pode financiar a empresa de Ivy. **Sistema financeiro** é o termo utilizado para designar as instituições na economia que facilitam o fluxo de fundos entre poupadores e investidores. Ou seja, o sistema financeiro une pessoas como Sam e Ivy.

Financiando o investimento

Em grande parte deste livro, o sistema financeiro foi representado por um único mercado – o mercado de fundos para empréstimos. Pessoas como Sam, que têm dinheiro mas não desejam consumir imediatamente, levam suas economias para esse mercado, a fim de emprestar a terceiros. Pessoas como Ivy, que têm projetos de investimentos, financiam esses investimentos contraindo empréstimos nesse mercado. Em tal modelo simples, uma única taxa de juros se ajusta de modo a equilibrar poupança e investimento.

O sistema financeiro real é mais complicado do que esta descrição. Como no modelo simples, o objetivo do sistema é canalizar recursos dos poupadores para diversas modalidades de investimento; mas o sistema inclui uma grande variedade de mecanismos destinados a facilitar essa transferência de recursos.

Parte do sistema financeiro consiste em um conjunto de **mercados financeiros** por meio dos quais as famílias podem fornecer diretamente recursos para investimento. Dois importantes mercados financeiros são o mercado de **títulos/obrigações** e o mercado de **ações**. Um título/obrigação representa um empréstimo do detentor do título para a empresa; uma ação representa um direito de propriedade por parte de um acionista da empresa. Ou seja, uma pessoa que compra um título, por exemplo, da Apple Inc. passa a ser credora da empresa, enquanto alguém que compra uma ação recentemente emitida pela Apple torna-se proprietário parcial da empresa. (A compra de uma ação na bolsa de valores, entretanto, representa uma transferência de participações acionárias de pessoa para pessoa e não proporciona novos fundos para projetos de investimentos.) O levantamento de fundos para investimento por meio da emissão de títulos é um processo conhecido como **financiamento por endividamento**, e o levantamento de recursos por meio da emissão de ações é conhecido como **financiamento por capital próprio**. Dívida e capital próprio são formas de financiamento *direto*, pois o poupador sabe de quem são os projetos de investimento que seus recursos estão financiando.

Outra parte do sistema financeiro consiste no conjunto de **intermediários financeiros** por meio dos quais as famílias podem fornecer indiretamente recursos para investimentos. Como sugere o termo, o intermediário financeiro fica entre os dois lados do mercado e ajuda a direcionar recursos financeiros para a melhor utilização. Bancos comerciais são o tipo mais conhecido de intermediário financeiro.* Utilizam os depósitos realizados por poupadores para conceder empréstimos a indivíduos com projetos de investimento e necessidades de financiamento. Outros exemplos de intermediários financeiros seriam os fundos mútuos, fundos de pensão e seguradoras. Quando há um intermediário financeiro envolvido, o financiamento é considerado *indireto*, pois o poupador muitas vezes não tem conhecimento dos investimentos que sua poupança está financiando.

Dando continuidade ao nosso exemplo, Sam e Ivy podem aproveitar qualquer uma dessas oportunidades. Se Sam e Ivy se conhecessem, ela poderia tomar dinheiro emprestado diretamente de Sam e pagar a ele os juros sobre a quantia emprestada. Nesse caso, Ivy, na realidade, estaria vendendo a Sam um título. Ou poderia, em troca pelo dinheiro de Sam, lhe oferecer participação em seu novo negócio, e, assim, ele teria participação nos lucros futuros do empreendimento. Nesse caso, ela estaria vendendo a Sam ações de sua empresa. Ou, ainda, Sam poderia depositar suas economias em um banco local, que, por sua vez, emprestaria os recursos a Ivy. Nesse caso, ele estaria financiando indiretamente o novo empreendimento de Ivy: os dois poderiam jamais se conhecer ou sequer saber da existência um do outro. Em todos esses casos, Sam e Ivy se envolvem em uma troca mutuamente vantajosa. Sam encontra uma maneira de obter retorno sobre sua poupança e Ivy encontra um meio de financiar seus projetos de investimento.

Divisão de riscos

Investimentos são inerentemente arriscados. A nova boneca idealizada por Ivy pode ser a próxima febre no mundo dos brinquedos, mas pode também se tornar um fracasso.

Uma das funções do sistema financeiro é alocar os riscos. Quando vende ações para Sam, Ivy está compartilhando com ele os riscos inerentes ao seu novo negócio. Se o negócio da boneca gerar lucro, ele desfrutará de parte dos ganhos. Se der prejuízo, ele compartilhará os prejuízos. Ivy pode estar ansiosa por compartilhar os riscos, em vez de assumi-los sozinha, porque é **avessa ao risco**. Ou seja, mantendo-se inalterados todos os demais fatores, ela não gosta de incertezas em relação a seus resultados econômicos futuros. Sam pode estar disposto a aceitar parte do risco caso o retorno que espera a partir desse empreendimento seja mais alto do que aquele que obteria colocando sua poupança em ativos mais seguros. Sendo assim, o financiamento por capital próprio é uma maneira de empresários e poupadores compartilharem os riscos e retornos associados às ideias de investimento do empresário.

Além disso, o sistema financeiro permite que poupadores reduzam seu risco ao diversificarem sua riqueza entre vários negócios diferentes. Sam sabe que o empreendimento de Ivy é arriscado e, sendo assim, seria prudente utilizar somente parte de sua poupança para comprar ações daquele negócio. Ele pode, também, comprar ações de seu amigo Steve, que está abrindo uma sorveteria; e pode adquirir ações de empresas sólidas como ExxonMobil, Apple e Facebook. Uma vez que o sucesso do empreendimento de Ivy com a boneca não está perfeitamente correlacionado com o sucesso da sorveteria de Steve ou com a rentabilidade da ExxonMobil, da Apple e do Facebook, Sam reduz o risco que enfrenta quando diversifica sua riqueza. Reduzir o risco por meio de vários ativos imperfeitamente relacionados é um processo conhecido como **diversificação**.

Distintas instituições financeiras facilitam a diversificação. Entre as mais importantes estão os fundos mútuos. **Fundos mútuos** são intermediários financeiros que vendem cotas aos poupadores e utilizam seus recursos para adquirir um grupo diversificado de ativos. Mesmo um pequeno poupador pode aplicar, por exemplo, $ 1.000,00 em um fundo mútuo e tornar-se proprietário de milhares de negócios. Uma vez que os patrimônios desses vários negócios não estão perfeitamente correlacionados entre si, aplicar $ 1.000,00 em um fundo mútuo é menos arriscado do que utilizar todo o recurso para comprar ações de uma única empresa.

Existem limites, no entanto, para a redução de risco que a diversificação produz. Alguns eventos macroeconômicos afetam muitas empresas ao mesmo tempo. Esse tipo de risco é conhecido como *risco sistêmico*.** Em particular, recessões tendem a reduzir a demanda para a maioria dos produtos e a rentabilidade da maior parte das empresas. A diversificação não consegue reduzir esse tipo de risco. Entretanto, consegue eliminar grande parte dos riscos associados a cada uma das empresas, o chamado *risco idiossincrático*,*** como a popularidade ou não da fábrica de bonecas de Ivy ou da sorveteria de Steve. Por essa razão, é aconselhável que poupadores como Sam limitem a quantidade de recursos que alocam para comprar ações de qualquer empresa individual.

Lidando com informações assimétricas

Quando Sam avalia se deve ou não financiar o negócio de Ivy, uma pergunta é de suma importância: será que o negócio dela vai dar certo? Se Sam lhe oferecer financiamento por capital próprio, ele obterá uma parcela dos lucros futuros, de modo

---

* Ao longo de todo este capítulo, o termo *banco* deve significar normalmente *banco comercial*, que é o tipo mais conhecido. Em contrapartida, um *banco de investimentos* é uma instituição financeira que atende empresas e o governo na emissão de ações e títulos, além de realizar várias outras funções, como assessoramento nas fusões e aquisições entre empresas. Bancos de investimentos não só realizam funções diferentes dos bancos comerciais, mas, pelo fato de não aceitarem depósitos com garantia, também estão sujeitos a menor grau de supervisão regulatória.

** Também chamado por alguns autores de *risco sistemático*. Aqui se preferiu o termo *risco sistêmico*, mais geralmente aceito. (N.R.)
*** Também conhecido como *risco específico*. (N.R.)

que o sucesso do negócio torna-se crucial. O financiamento por endividamento é mais seguro para Sam, já que os credores são remunerados antes dos responsáveis por financiamentos com capital próprio; ainda assim, o sucesso de Ivy continua sendo relevante. Se o negócio de bonecas fracassar, Ivy pode não ser capaz de pagar o empréstimo. Ou seja, ela pode dar um calote na dívida. Sam pode não só deixar de obter os juros que lhe foram prometidos, como também perder o principal (o valor do empréstimo).

Para piorar ainda mais as coisas, Ivy conhece muito mais sobre si e seu negócio. Os economistas usam a expressão **informações assimétricas** para descrever uma situação na qual uma das partes de uma transação econômica conta com mais informações sobre a transação do que a outra. Existem dois tipos clássicos de informações assimétricas, e ambos podem afetar a decisão de Sam sobre financiar o empreendimento de Ivy.

O primeiro tipo de informação assimétrica diz respeito ao *conhecimento oculto sobre os atributos*. Será que o modelo das bonecas de Ivy terá ampla aceitação? O mercado de bonecas está receptivo a um produto novo ou já está saturado? Ivy é uma empresária talentosa? Ela tem muito mais probabilidade do que Sam de obter respostas confiáveis a essas perguntas. Em geral, é isso que acontece: os empresários têm mais informações do que os investidores sobre a qualidade de seus projetos de investimentos.

Nessa situação, Sam deve se preocupar com o problema da **seleção adversa**. Como vimos no Capítulo 7, em um contexto diferente, o termo *seleção adversa* descreve a tendência de as pessoas que contam com mais informações (nesse caso, os empresários) se protegerem de uma forma que deixa em situação de desvantagem as pessoas com menos informações (nesse caso, quem está oferecendo o financiamento). Em nosso exemplo, Sam pode temer que lhe ofereçam oportunidades para financiar somente negócios menos desejáveis. Se Ivy estivesse realmente confiante em sua ideia, poderia se esforçar mais para tentar financiá-la por conta própria, utilizando mais recursos de sua poupança pessoal. O fato de estar pedindo a Sam que financie seu negócio e compartilhe parte do risco sugere que talvez Ivy esteja ciente de algum detalhe adverso sobre o qual Sam não tenha conhecimento. Como resultado, Sam tem motivos para estar preocupado.

O segundo tipo de informação assimétrica relaciona-se ao *conhecimento oculto sobre ações*. Uma vez que Ivy obtiver financiamento de Sam, ela terá muitas decisões a tomar. Vai trabalhar além de seu horário normal de expediente ou vai sair mais cedo para jogar uma partida de tênis com os amigos? Vai gastar o dinheiro que levantou da maneira mais lucrativa ou vai usá-lo para se instalar em um escritório luxuoso ou comprando um carro caro para a empresa? Ivy pode prometer agir atendendo aos melhores interesses do negócio, mas pode ser difícil para Sam verificar se ela realmente o fará, pois ele não está presente na fábrica de bonecas diariamente para observar todas as decisões tomadas por ela.

Nesse caso, o problema que surge é o **risco moral**, o risco que um agente monitorado imperfeitamente corre ao agir de maneira desonesta ou de alguma forma inapropriada. Em particular, empresários que investem o dinheiro de terceiros podem não cuidar de projetos de investimento com a mesma cautela com que cuidariam se estivessem investindo capital próprio. Assim que estiver de posse do dinheiro de Sam, Ivy pode ficar tentada a optar pela vida fácil. Se ela sucumbir ao risco moral, reduzirá a lucratividade futura da empresa e aumentará o risco de calote das dívidas da empresa.

O sistema financeiro desenvolveu várias instituições que mitigam os efeitos da seleção adversa e do risco moral. Os bancos estão entre as mais importantes. Quando alguém se candidata a um empréstimo bancário, preenche um formulário que contém perguntas detalhadas sobre seu plano de negócios, empregos anteriores, histórico de créditos, antecedentes criminais e outras características de natureza financeira e pessoal. Uma vez que o formulário é minuciosamente examinado por profissionais treinados para avaliar negócios, o banco tem boa chance de descobrir atributos ocultos que acarretem seleção adversa. Além disso, para reduzir o problema do risco moral, os empréstimos bancários podem conter restrições à aplicação do valor dos empréstimos e os profissionais responsáveis pela concessão do empréstimo podem monitorar o negócio depois de realizado o empréstimo. Como resultado, em vez de conceder um empréstimo diretamente a Ivy, talvez seja mais sensato para Sam depositar o dinheiro em um banco que, por sua vez, o emprestará a diversos empresários, como Ivy. O banco cobra por atuar como intermediário, o que se reflete na diferença (*spread*) entre a taxa de juros que cobra sobre os empréstimos e a taxa de juros que paga sobre os depósitos. O banco recebe esse *spread* pelo fato de reduzir o problema associado a informações assimétricas.

Estimulando o crescimento econômico

Nos Capítulos 8 e 9, utilizamos o Modelo de Solow para examinar as forças que governam o crescimento de longo prazo. Neste modelo, vimos que a poupança de um país determina os níveis de capital do estado estacionário e a renda *per capita*. Quanto maior for a poupança de um país, maior a quantidade de capital disponível para a sua força de trabalho, maior a sua produção e maior o nível de renda de seus cidadãos.

O Modelo de Solow adota o pressuposto simplificador de que existe um único tipo de capital, mas o mundo real inclui milhares de empresas com diferentes projetos de investimento concorrendo pelos recursos limitados da economia. A poupança de Sam pode financiar a fábrica de bonecas de Ivy, mas poderia, em vez disso, financiar a sorveteria de Steve, uma fábrica de aviões Boeing ou uma loja da Walmart. O sistema financeiro tem a atribuição de alocar a escassa poupança da economia por entre os investimentos alternativos.

Em uma situação ideal, para alocar poupança ao investimento, tudo o que o sistema financeiro precisa são as forças de mercado e a ação da mão invisível de Adam Smith. Empresas com oportunidades de investimento particularmente produtivas e rentáveis estarão dispostas a pagar taxas de juros mais altas para empréstimos do que empresas com projetos menos atrativos. Sendo assim, se a taxa de juros se ajustar de modo a equilibrar a oferta e a demanda por fundos de empréstimos, a poupança da economia será alocada ao melhor entre os muitos investimentos possíveis.

Entretanto, como vimos, por estar repleto de informações assimétricas, o sistema financeiro pode se desviar desse ideal clássico simples. Bancos mitigam a seleção adversa e o risco moral até certo ponto, mas não os eliminam por completo. Como resultado, alguns projetos de investimentos valiosos podem não se materializar porque os empresários não conseguem levantar os recursos para financiá-los. Se o sistema financeiro não conseguir alocar a poupança da economia aos seus melhores usos, o nível geral de produtividade da economia será mais baixo do que poderia ser.

A política do governo pode ajudar a garantir o bom funcionamento do sistema financeiro. Em primeiro lugar, consegue reduzir o problema do risco moral ao coibir fraudes e condutas ilegais semelhantes. A lei não tem como garantir que Ivy fará o melhor uso possível do dinheiro de Sam, mas, caso ela utilize o dinheiro para pagar suas despesas pessoais, pode muito bem acabar na cadeia. Em segundo lugar, o governo pode reduzir o problema da seleção adversa exigindo alguns tipos de divulgação. Se o negócio de bonecas de Ivy crescer a ponto de abrir o capital e passar a comercializar ações na bolsa de valores dos Estados Unidos, a Security and Exchange Commission (SEC), órgão governamental que regula as operações da bolsa no país, exigirá que ela publique relatórios regulares sobre os ganhos e ativos de sua empresa, e que esses relatórios sejam certificados por empresas ou profissionais de contabilidade devidamente qualificados.

Como a qualidade das instituições legais varia em todo o mundo, alguns países contam com sistemas financeiros mais qualificados, diferença essa que constitui uma das fontes de variação internacional nos padrões de vida. Países ricos tendem a ter mercados acionários maiores e sistemas bancários maiores (em relação ao tamanho de suas economias) do que países pobres. É difícil estabelecer uma relação de causa e efeito quando se examinam as diferenças de um país para outro. No entanto, muitos economistas acreditam que uma das razões pelas quais os países pobres continuam pobres é que seus respectivos sistemas financeiros não são capazes de direcionar sua poupança aos melhores investimentos possíveis. Esses países podem estimular o crescimento econômico reformando suas instituições legais, com o objetivo de melhorar o desempenho de seus sistemas financeiros. Se isso acontecer, empreendedores com boas ideias terão mais facilidade de montar um negócio.

18.2 CRISES FINANCEIRAS

Até agora, neste capítulo, discutimos o funcionamento do sistema financeiro. Voltaremos nossa atenção agora para os motivos pelos quais o sistema financeiro pode deixar de funcionar e quais seriam as ramificações macroeconômicas desse tipo de situação.

Quando estudamos a teoria do ciclo econômico, nos Capítulos 10 a 14, vimos que vários tipos de choque podem provocar flutuações no curto prazo. Uma mudança na confiança do consumidor ou do empresário, uma alta ou queda nos preços mundiais de petróleo ou uma mudança repentina na política monetária ou na política fiscal podem alterar a demanda agregada ou a oferta agregada (ou ambas). Quando isso ocorre, a produção e o nível de emprego são empurrados para fora de seus respectivos níveis naturais, e a inflação também cresce ou diminui.

Vamos nos concentrar agora em um tipo de choque específico. **Crise financeira** é uma perturbação importante no sistema financeiro que obstrui a capacidade da economia de atuar como intermediário entre quem deseja poupar e quem deseja tomar empréstimos e investir. Considerando-se o papel fundamental do sistema financeiro, não é de surpreender que as crises financeiras tenham impacto macroeconômico tão amplo. Ao longo de toda a história, muitas das mais profundas recessões surgiram após a ocorrência de problemas no sistema financeiro. Entre esses períodos de queda na atividade econômica estão a Grande Depressão da década de 1930 e a Grande Recessão de 2008-2009.

A anatomia de uma crise

Nem todas as crises financeiras são iguais, mas há características comuns entre algumas delas. Apresentamos aqui, resumidamente, os seis elementos fundamentais que constituem a maior parte das crises financeiras. A crise de 2008-2009 oferece bons exemplos de cada um dos elementos.

1. **Expansão e contração exageradas no preço dos ativos** Muitas vezes, um período de otimismo, que provoca elevação exagerada nos preços de ativos, antecede uma crise financeira. Às vezes, as pessoas elevam o preço de um ativo para um patamar superior a seu valor fundamental (ou seja, o verdadeiro valor baseado em uma análise objetiva dos fluxos de caixa que o ativo vai gerar). Nesse caso, diz-se que existe uma **bolha especulativa** dominando o mercado para esse ativo. Mais tarde, quando o sentimento de euforia se modifica e o otimismo se transforma em pessimismo, a bolha estoura e os preços começam a cair. O declínio no preço dos ativos é um agente catalisador da crise financeira.

    Em 2008 e 2009, imóveis residenciais foram o ativo crucial. O preço médio dos imóveis residenciais nos Estados Unidos havia se elevado exageradamente no início da década. Esse superaquecimento do mercado imobiliário devia-se, em parte, a negligentes padrões para concessão de empréstimos; grande número de *devedores duvidosos* – com perfis de crédito particularmente arriscados – conseguiu levantar empréstimos para aquisição de imóveis residenciais oferecendo apenas uma entrada mínima. Em essência, o sistema financeiro deixou de realizar seu trabalho de lidar com a informação assimétrica oferecendo empréstimos a muitas pessoas que, como se constatou mais tarde, teriam dificuldades de honrar o pagamento das prestações do financiamento. O superaquecimento do mercado imobiliário também foi estimulado por políticas governamentais que promoviam a compra da casa própria. Além disso, foi alimentado pelo otimismo excessivo por parte dos compradores de imóveis residenciais que acreditavam que os preços fossem subir eternamente. Entretanto, esse superaquecimento no mercado imobiliário provou ser insustentável. Com o passar do tempo, foi crescendo o número de tomadores de empréstimos que atrasavam o pagamento das prestações do financiamento, e a percepção do mercado entre os compradores de imóveis se modificou. Os preços de imóveis residenciais caíram aproximadamente 30% de 2006 a 2009. Desde a década de 1930, o país não via uma queda tão acentuada nos preços dos imóveis residenciais.

2. **Insolvências nas instituições financeiras** Um declínio acentuado nos preços dos ativos pode causar problemas em bancos e outras instituições financeiras. Para garantir que os tomadores de empréstimos paguem o empréstimo de volta, bancos costumam exigir deles algum tipo de garantia como contrapartida. Ou seja, o tomador do empréstimo precisa empenhar ativos que o banco possa tomar em caso de inadimplência. Entretanto, quando o preço dos ativos cai, o valor da garantia diminui, passando, às vezes, a valer menos do que o montante correspondente ao empréstimo. Nesse caso, se o tomador do empréstimo se tornar inadimplente, o banco pode não conseguir recuperar seu dinheiro.

    Como discutimos no Capítulo 4, bancos baseiam-se fortemente na **alavancagem**, o uso de recursos tomados emprestados para fins de investimento. A alavancagem amplia o efeito negativo e positivo dos retornos sobre os ativos na posição financeira de um banco. Um número importantíssimo aqui é o *índice de alavancagem*: a proporção de ativos bancários em relação ao capital bancário. Um índice de alavancagem de 20, por exemplo, significa que, para cada $ 1,00 em capital colocado no banco por seus proprietários, o banco tomou $ 19,00 emprestados (por meio de depósitos e

SAIBA MAIS

A hipótese dos mercados eficientes versus o concurso de beleza de Keynes

Depois que uma empresa abre o seu capital, suas ações são compradas e vendidas em mercados acionários, onde os preços são determinados por oferta e demanda. Fonte contínua de debates entre os economistas é serem ou não serem racionais as flutuações no mercado.

Alguns economistas são adeptos da *hipótese dos mercados eficientes*, segundo a qual o preço de mercado das ações de uma empresa corresponde à avaliação racional de seu valor, consideradas as informações atuais sobre as perspectivas de negócios da empresa. A hipótese se baseia em dois fundamentos:

1. Cada uma das empresas que faz parte de um importante mercado de ações é acompanhada de perto por muitos administradores profissionais de carteiras de opções de investimentos. Todos os dias, esses administradores monitoram o histórico dos noticiários para tentar determinar o valor da empresa. A função dos administradores é adquirir determinada ação quando seu preço cai abaixo de seu valor, e vendê-la quando o preço cresce além desse valor.
2. O preço de cada ação é estabelecido com base no equilíbrio entre oferta e demanda. Ao preço de mercado, o número de ações que estão sendo colocadas à venda é exatamente igual ao número de ações que as pessoas desejam comprar. Ou seja, ao preço de mercado, o número de pessoas que imaginam que a ação esteja supervalorizada se equilibra exatamente com o número das que imaginam a ação subvalorizada. De acordo com o julgamento de uma pessoa típica do mercado, a ação deve receber valor justo.

De acordo com essa teoria, o mercado de ações é *eficiente em termos de informação*: ele reflete todas as informações disponíveis sobre o valor do ativo. Os preços das ações se modificam quando as informações se modificam. Quando boas notícias sobre as perspectivas da empresa são divulgadas, o valor das ações aumenta. Quando as perspectivas da empresa se deterioram, o preço das ações cai. No entanto, em qualquer momento no tempo, o preço de mercado é o melhor palpite racional sobre o valor da empresa.

Uma das implicações da hipótese dos mercados eficientes é que o preço das ações deve seguir um *caminho aleatório*, o que significa que variações nos preços das ações devem ser impossíveis de prever a partir das informações disponíveis. Se alguém fosse capaz de prever seguramente que o preço de uma ação aumentaria 10% amanhã, o mercado de ações estaria então deixando de incorporar essas informações no dia de hoje. A única coisa que pode causar alterações nos preços das ações é a ocorrência de fatos novos que modifiquem as percepções do mercado em relação ao valor da empresa. No entanto, esses fatos novos devem necessariamente ser imprevisíveis; caso contrário, não seriam realmente fatos novos. Por essa mesma razão, alterações nos preços das ações devem também ser imprevisíveis.

Quais são as evidências para a hipótese dos mercados eficientes? Seus proponentes enfatizam que é difícil ganhar do mercado. Testes estatísticos demonstram que os preços das ações seguem caminhos aleatórios – ou, pelo menos, aproximadamente aleatórios. Além disso, fundos indexados (que compram ações de todas as empresas que fazem parte do índice da bolsa de valores) têm desempenho diligentemente melhor do que os fundos mútuos gerenciados por administradores profissionais de fundos (que tentam comprar ações vendidas abaixo de seu verdadeiro valor).

Entretanto, alguns economistas são céticos quanto à racionalidade do mercado de ações. Esses economistas destacam que muitas movimentações nos preços das ações são difíceis de serem atribuídas a fatos novos. Eles sugerem que, ao comprarem e venderem, os investidores no mercado de ações estão menos concentrados nos valores fundamentais das empresas e mais concentrados naquilo que esperam que os outros investidores venham a pagar posteriormente.

John Maynard Keynes propôs uma famosa analogia para explicar a especulação no mercado de ações. Em sua época, alguns jornais realizavam "concursos de beleza", nos quais o jornal imprimia a foto de 100 mulheres e os leitores eram convidados a sugerir uma lista com as cinco mais belas. O leitor cujas escolhas mais se aproximassem do consenso entre os outros participantes ganhava um prêmio. Participantes menos experientes simplesmente pegariam as cinco mulheres que considerariam as mais belas, segundo sua própria avaliação pessoal. Entretanto, uma estratégia ligeiramente mais sofisticada seria tentar adivinhar as cinco mulheres que as outras pessoas considerariam as mais bonitas. Outras pessoas, no entanto, estariam propensas a acompanhar a mesma linha de raciocínio. Assim, uma estratégia ainda mais sofisticada seria tentar adivinhar quem as outras pessoas imaginavam ser as mulheres mais bonitas escolhidas pelas outras pessoas. E assim sucessivamente. Ao final do processo, o julgamento sobre a verdadeira beleza seria menos importante para vencer a competição do que adivinhar as opiniões alheias sobre as opiniões também alheias.

De modo semelhante, Keynes argumentou que, como os investidores, por fim, acabariam vendendo suas cotas a terceiros, estariam mais preocupados com a avaliação dos outros em relação à empresa do que com o verdadeiro valor da empresa. Os melhores investidores no mercado de ações, em seu ponto de vista, seriam aqueles que eram bons em conseguir captar a psicologia da massa. Ele acreditava que movimentações no mercado de ações frequentemente refletiam surtos irracionais de otimismo e pessimismo, aos quais chamou "espírito animal" dos investidores.

Esses dois pontos de vista sobre o mercado de ações persistem até os dias de hoje. Alguns economistas enxergam o mercado de ações por meio das lentes da hipótese dos mercados eficientes. Outros acreditam que a especulação irracional é a norma. Sob o ponto de vista deles, o mercado de ações geralmente oscila sem que haja boa razão para isso, e como o mercado de ações influencia a demanda agregada, essas variações nos preços das ações representam uma fonte de oscilações de curto prazo na produção e no nível de emprego.*

---

* Uma referência clássica à hipótese dos mercados eficientes é FAMA, Eugene. Efficient capital markets: a review of theory and empirical work. *Journal of Finance*, v. 25, p. 383-417, 1970. Para o ponto de vista alternativo, veja SHILLER, Robert J. From efficient markets theory to behavioral finance. *Journal of Economic Perspectives*, v. 17, p. 83-104, Winter 2003.

outros tipos de financiamento), o que proporciona ao banco $ 20,00 em ativos. Nesse caso, se a inadimplência fizer com que o valor dos ativos do banco caia 2%, o capital bancário diminuirá 40%. Se o valor dos ativos cair mais de 5%, seus ativos terão valor inferior ao seu passivo, e o banco não terá recursos para pagar a todos os seus depositantes e outros credores. Diz-se que o banco está insolvente. A insolvência disseminada no âmbito do sistema financeiro é o segundo elemento de uma crise financeira.

Em 2008 e 2009, muitos bancos e outras instituições financeiras haviam, de fato, apostado nos preços dos imóveis, oferecendo hipotecas cujas garantias eram justamente os imóveis. Partiram do pressuposto de que os preços dos imóveis continuariam subindo ou pelo menos se estabilizariam, de modo que o aval oferecido para os financiamentos garantiria seu respectivo pagamento. Entretanto, quando os preços dos imóveis residenciais caíram, muitos proprietários se encontravam em uma situação na qual o valor dos imóveis adquiridos era inferior ao montante da dívida contraída junto aos bancos ou instituições financeiras. Quando muitos deles suspenderam o pagamento das prestações da hipoteca, os bancos poderiam ter retomado os imóveis, mas teriam recuperado apenas uma fração do que lhes era devido. Tais inadimplências levaram à falência diversas instituições financeiras. Entre essas instituições havia importantes bancos de investimentos (Bear Stearns e Lehman Brothers), empresas patrocinadas pelo governo envolvidas no mercado de hipotecas (Fannie Mae e Freddie Mac) e uma grande seguradora (AIG).

3. **Queda na confiança** O terceiro elemento de uma crise financeira é o declínio da confiança em instituições financeiras. Embora alguns depósitos sejam garantidos por políticas governamentais, nem todos o são. Com o aumento das insolvências, toda instituição financeira torna-se possível candidata à próxima falência. Indivíduos que efetuaram depósitos sem garantia nessas instituições sacam todo o seu dinheiro. Diante da onda de saques, os bancos reduzem a concessão de novos empréstimos e passam a se desfazer de ativos para aumentar suas reservas de caixa.

À medida que vendem alguns de seus ativos, os bancos reduzem os preços de mercado desses ativos. Como é difícil encontrar compradores para ativos arriscados em meio a uma crise, os preços dos ativos às vezes podem sofrer queda vertiginosa. Esse fenômeno é conhecido como **venda-relâmpago** (do inglês, *fire sale*); assemelha-se à venda a preços reduzidos promovida por uma loja para se livrar de mercadorias logo após um incêndio. Preços praticados nesse tipo de situação, entretanto, causam problemas em outros bancos. Contadores e reguladores podem exigir que os bancos revisem seu balancete e reduzam o valor relatado de suas próprias participações nesses ativos. Desse modo, os problemas em um banco podem se disseminar para outros.

Em 2008 e 2009, o sistema financeiro foi tomado de grande incerteza – não se sabia aonde iriam parar as falências. O colapso de gigantes como Bear Stearns e Lehman Brothers levou as pessoas a questionarem se outras instituições financeiras, como Morgan Stanley, Goldman Sachs e Citigroup, não teriam destino semelhante. O problema foi exacerbado pela interdependência entre as instituições. Como elas tinham muito contato umas com as outras, a extinção de quaisquer dessas instituições minaria todas as outras. Além disso, devido à complexidade dos arranjos, os depositantes não tinham como saber ao certo o grau de vulnerabilidade dessas empresas. A falta de transparência alimentou a crise de confiança.

4. **Aperto de crédito** O quarto elemento de uma crise financeira é o aperto de crédito. Com muitas instituições financeiras enfrentando dificuldades, candidatos a empréstimos têm dificuldade em obter esses financiamentos, ainda que apresentem projetos de investimentos potencialmente lucrativos. Em essência, o sistema financeiro tem dificuldade de executar sua função normal de direcionar os recursos dos poupadores para as mãos de tomadores de empréstimos com as melhores oportunidades de investimento.

O aperto do crédito ficou claro durante a crise financeira de 2008-2009. Como era de se esperar, quando constataram que os preços dos imóveis estavam despencando e que os padrões de concessão de empréstimos anteriores haviam sido demasiadamente negligentes, os bancos começaram a elevar os padrões para candidatos a hipotecas. Passaram a exigir maior valor para a entrada e examinar mais minuciosamente as informações financeiras dos candidatos. Mas a redução nos empréstimos não afetou apenas os compradores de imóveis. Pequenas empresas tiveram mais dificuldade de obter empréstimos para financiar a expansão de seus negócios ou para a aquisição de estoques. Consumidores passaram a ter mais dificuldade de se qualificar junto às administradoras de cartões de crédito ou obter financiamento para compra de um automóvel. Desse modo, os bancos reagiram aos problemas financeiros próprios tornando-se mais cautelosos na concessão de todos os tipos de empréstimo.

5. **Recessão** O quinto elemento de uma crise financeira é a desaceleração na atividade econômica. Com as pessoas incapazes de obter crédito ao consumidor e as empresas incapazes de obter financiamento para novos projetos de investimento, cai a demanda geral por bens e serviços. No contexto do modelo *IS-LM*, tal evento pode ser interpretado como uma mudança restritiva nas funções de investimento e consumo que, por sua vez, leva a deslocamentos semelhantes na curva *IS* e na curva de demanda agregada. Como resultado, a renda nacional cai e o desemprego aumenta.

De fato, a Grande Recessão de 2008-2009 foi profunda. O desemprego cresceu de aproximadamente 4,5% no início de 2007 para 10% ao final de 2009. Pior ainda, permaneceu em um patamar levado por longo tempo. Mesmo depois de a recuperação ter oficialmente começado em junho de 2009, o crescimento no PIB foi tão irrisório que houve apenas ligeira queda no desemprego. A taxa de desemprego permaneceu acima de 8% até o final de 2012.

6. **Círculo vicioso** O sexto e último elemento de uma crise financeira é o círculo vicioso. Desaceleração na atividade econômica reduz a lucratividade de muitas empresas e o valor de muitos ativos. Há uma queda no mercado de ações. Algumas empresas vão à falência e não honram o pagamento dos empréstimos bancários. Muitos trabalhadores ficam desempregados e deixam de honrar o pagamento de seus empréstimos pessoais. Sendo assim, retornamos à etapa 1 (explosão no preço dos ativos) e 2 (insolvência das instituições financeiras). Os problemas no sistema financeiro e na desaceleração da atividade econômica reforçam-se mutuamente. A Figura 18.2 ilustra o processo.

Em 2008 e 2009, o círculo vicioso estava aparente. Alguns temiam que a combinação do enfraquecimento do sistema financeiro com o enfraquecimento da economia provocaria descontrole da economia, lançando o país em outra Grande

SAIBA MAIS

TED Spread

Um indicador comum do risco de crédito percebido é a diferença entre duas taxas de juros com maturidade semelhante. Por exemplo, a Financially Shaky Corporation pode ter que pagar 7% por um empréstimo de um ano, enquanto a Safe and Solid Corporation tem apenas 3% a pagar. Essa diferença de quatro pontos percentuais ocorre porque os credores temem que a Financially Shaky possa ficar inadimplente; por isso, exigem alguma forma de compensação pelo risco que estão correndo. Se a Financially Shaky receber más notícias sobre sua posição financeira, a diferença entre as taxas de juros poderá subir para cinco ou seis pontos percentuais, ou até mais. Desse modo, uma maneira de monitorar as percepções de risco de crédito é monitorar as diferenças entre taxas de juros.

Uma diferença na taxa de juros que merece atenção é o chamado TED *spread* (e não só por causa da rima). TED *spread* é a diferença entre as taxas de juros de três meses sobre empréstimos interbancários e títulos do Tesouro norte-americano com vencimento em três meses. O T de TED vem de *T-bills* (letras do Tesouro), e o ED, de EuroDólares (pois, por motivos regulatórios, esses empréstimos interbancários geralmente ocorrem em Londres). O TED *spread* é medido em ponto base: um ponto base equivale a um centésimo de ponto percentual (0,01%). Normalmente, o TED *spread* varia entre 20 e 40 pontos base (0,2 a 0,4%). A diferença é pequena porque os bancos comerciais, ainda que um pouco mais arriscados do que o governo, continuam sendo bastante seguros. Credores não exigem grandes compensações adicionais para aceitar dívidas de bancos, ao contrário do que ocorre com dívidas do governo.

Em épocas de crise financeira, entretanto, a confiança no sistema bancário cai. Como resultado, bancos relutam em emprestar um para o outro e, por isso, o TED *spread* sobe substancialmente. A Figura 18.1 mostra o TED *spread* antes, durante e depois da crise financeira de 2008-2009. Com o desenrolar da crise, o TED *spread* subiu consideravelmente, chegando a 458 pontos base em outubro de 2008, pouco depois de o banco de investimentos Lehman Brothers ter declarado falência. O elevado TED *spread* é um indicador direto do grau de preocupação das pessoas com a solvência do sistema bancário.

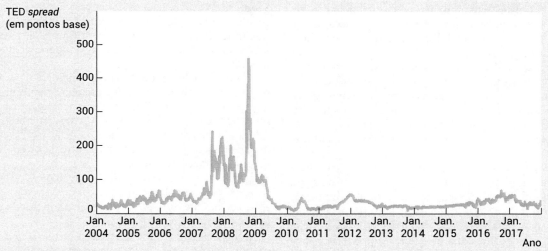

Figura 18.1 TED spread. O TED *spread* é a diferença entre a taxa de juros sobre os empréstimos interbancários com vencimento em três meses e a taxa de juros sobre títulos do Tesouro norte-americano de igual maturidade. Aumenta quando os empréstimos aos bancos são considerados particularmente arriscados.
Fonte: Federal Reserve Bank of St. Louis.

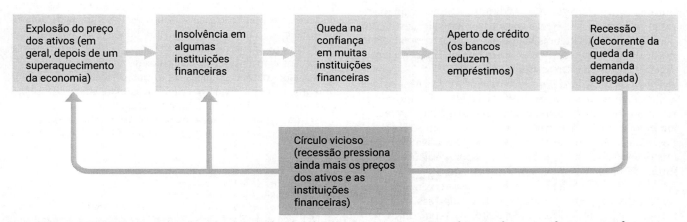

Figura 18.2 Anatomia de uma crise financeira. Esta figura é uma ilustração esquemática dos seis elementos de uma crise financeira.

Depressão. Felizmente, isso não aconteceu, em parte porque os formuladores de políticas econômicas estavam decididos a não deixar que acontecesse.

Isso nos leva à próxima pergunta: diante de uma crise financeira, o que os formuladores de políticas econômicas podem fazer?

ESTUDO DE CASO

A QUEM DEVEMOS ATRIBUIR A CULPA PELA CRISE FINANCEIRA DE 2008-2009?

"A vitória tem mil pais, mas a derrota é órfã." Essa famosa citação de John F. Kennedy contém uma verdade perene. Todos anseiam por levar o crédito pelo sucesso, mas ninguém quer aceitar a culpa pelo fracasso. Logo após a crise financeira de 2008-2009, muitos se perguntaram a quem caberia a culpa. Como era de se esperar, ninguém se apresentou para aceitar a responsabilidade.

Ainda assim, observadores econômicos apontaram para diversos culpados possíveis. Entre os acusados estão:

- *O Federal Reserve*. O banco central do país manteve as taxas de juros baixas após a recessão de 2001. A política de juros baixos ajudou a promover recuperação, mas também estimulou as famílias a contrair empréstimos e adquirir imóveis. Os economistas acreditam que, ao tentar manter baixas as taxas de juros durante um tempo longo demais, o Fed contribuiu para a bolha imobiliária que acabou levando à crise financeira.
- *Compradores de imóveis*. Muitos foram imprudentes, contraindo um montante de empréstimo muito superior ao que poderiam pagar. Outros adquiriram imóveis como quem faz uma aposta, na esperança de que os preços dos imóveis continuassem subindo em ritmo acelerado. Quando os preços, ao contrário do esperado, caíram, muitos ficaram inadimplentes.
- *Corretores hipotecários*. Muitos corretores hipotecários estimularam as famílias a contrair empréstimos excessivos. Muitas vezes, forçavam a aquisição de produtos hipotecários complicados, com pagamentos que eram inicialmente baixos mas que, posteriormente, explodiram. Alguns deles ofereciam o que se conhece como empréstimo NINJA (acrônimo para *"no income, no job and no assets"* – sem renda, sem emprego e sem ativos) a famílias que não se qualificariam a um financiamento imobiliário. Os corretores não mantinham esses empréstimos arriscados, mas os vendiam em troca de uma tarifa depois de sua aprovação.
- *Bancos de investimentos*. Muitas dessas instituições financeiras empacotavam hipotecas arriscadas em títulos lastreados por hipoteca, para depois vendê-los a compradores (como fundos de pensão) que não estavam totalmente conscientes dos riscos que estavam assumindo.
- *Agências de classificação de risco de crédito*. As agências que avaliavam o risco dos instrumentos de endividamento conferiam altas classificações de risco de crédito a títulos lastreados em hipotecas que mais tarde se revelaram altamente arriscados. Hoje, com o benefício da visão retrospectiva, fica claro que os modelos usados pelas agências para avaliar os riscos fundamentavam-se em pressupostos dúbios.
- *Reguladores*. Os reguladores de bancos e outras instituições financeiras deveriam garantir que tais empresas não assumissem riscos indevidos. Entretanto, os reguladores não previram a possibilidade de uma queda substancial nos preços de imóveis e que tal queda, caso de fato ocorresse, poderia ter implicações para todo o sistema financeiro.
- *Formuladores de políticas públicas*. Durante muitos anos, líderes políticos instituíram políticas que estimulavam a aquisição da casa própria, incluindo dedução fiscal relacionada aos juros do pagamento de hipotecas e a criação da Fannie Mae e da Freddie Mac (empresas patrocinadas pelo governo, destinadas ao financiamento imobiliário). Famílias com situação financeira pouco sólida, porém, poderiam estar em melhor situação se continuassem recorrendo ao aluguel.

No final, parece que a culpa cabe a cada um desses grupos (e, talvez, a alguns outros). Como disse a revista *The Economist*, o problema foi de "irresponsabilidade em diferentes níveis".

Por fim, tenha em mente que essa crise financeira não foi a primeira da história. Tais eventos, embora felizmente raros, ocorrem de tempos em tempos. Em vez de buscar um culpado para esse evento singular, talvez devêssemos ver o excesso especulativo e suas ramificações como uma característica inerente às economias de mercado. Formuladores de políticas econômicas podem reagir às crises financeiras à medida que elas ocorrem, e tomar as medidas necessárias para reduzir sua probabilidade e gravidade, mas impedi-las por completo pode ser demais para o nosso atual estágio de conhecimento.*

Respostas da política econômica às crises

Sendo as crises financeiras ao mesmo tempo graves e multifacetadas, os formuladores de políticas econômicas utilizam várias ferramentas, em geral simultaneamente, para limitar os danos. Discutimos aqui três categorias abrangentes de respostas políticas.

Política fiscal e monetária convencional Como vimos, crises financeiras aumentam o desemprego e reduzem a renda porque provocam contração na demanda agregada de bens e serviços. Os formuladores de políticas podem mitigar tais efeitos utilizando ferramentas de política monetária e fiscal para expandir a demanda agregada. O banco central pode aumentar a oferta monetária e reduzir as taxas de juros. O governo pode aumentar os seus gastos e reduzir impostos. Ou seja, a crise financeira pode ser vista como um choque na curva da demanda agregada que até certo ponto pode ser compensado por políticas fiscais e monetárias apropriadas.

Foi exatamente o que fizeram os formuladores de políticas econômicas durante a crise financeira de 2008-2009. Para expandir a demanda agregada, o Federal Reserve reduziu de 5,25%, em setembro de 2007, para aproximadamente zero, em dezembro de 2008, sua meta para a taxa de fundos federais. Nos seis anos que se seguiram, a taxa de fundos federais permaneceu nesse patamar baixo. Em fevereiro de 2008, o Presidente Bush aprovou como lei um pacote de estímulos de 168 bilhões de dólares que financiou reduções de impostos desde US$ 300 até US$ 1.200,00 para todos os contribuintes. Em 2009, o Presidente Obama aprovou uma lei de estímulos no montante de US$ 787 bilhões, que incluía reduções de impostos acompanhadas por aumentos nos gastos do governo. Todas essas medidas tinham como objetivo estimular a demanda agregada.

Existem limites, no entanto, para o que a política monetária e fiscal convencional pode fazer. Um banco central não conse-

---

* Para saber mais sobre a história das crises financeiras, veja KINDLEBERGER, Charles P.; ALIBER, Robert Z. *Manias, panics and crashes: a history of financial crises.* 6. ed. New York: Palgrave Macmillan, 2011; e REINHART, Carmen M.; ROGOFF, Kennet S. *This time is different: eight centuries of financial folly.* Princeton University Press, 2009.

gue reduzir sua meta da taxa de juros abaixo de zero. (Recorde a discussão sobre a *armadilha da liquidez* no Capítulo 12.) A política fiscal também é limitada. Pacotes de estímulos contribuem para o déficit orçamentário do governo, que já é maior porque a desaceleração econômica aumenta as despesas com o pagamento do seguro-desemprego e diminui a receita tributária. Aumentos na dívida pública, em si, são preocupantes porque sobrecarregam as futuras gerações de contribuintes e questionam a solvência do próprio governo. No rastro da crise financeira de 2008-2009, o déficit orçamentário do governo federal alcançou níveis inéditos desde a Segunda Guerra Mundial. Conforme você viu no Capítulo 17, em agosto de 2017 a Standard & Poor's reagiu ao desequilíbrio fiscal rebaixando, pela primeira vez na história do país, a classificação da dívida do governo dos Estados Unidos a um nível abaixo da classificação AAA, decisão que dificultou ainda mais a aplicação de estímulos fiscais adicionais.

Os limites da política monetária e fiscal durante a crise financeira podem fazer com que os formuladores de políticas econômicas considerem outras alternativas, às vezes até incomuns. Esses outros tipos de política têm natureza fundamentalmente diferente. Em vez de abordarem o sintoma de uma crise financeira (um declínio na demanda agregada), essas políticas têm como objetivo colocar em ordem o sistema financeiro em si. Se o processo normal de intermediação financeira puder ser restaurado, consumidores e empresas poderão voltar a contrair empréstimos e a demanda agregada da economia se recuperará. A economia pode, então, retornar ao pleno emprego e ao aumento da renda. As duas próximas categorias descrevem as principais políticas destinadas especificamente a "arrumar" o sistema financeiro.

Emprestador de última instância Quando perdem a confiança em um banco, as pessoas sacam o dinheiro que depositaram nele. Em um sistema de reserva bancária fracionária, retiradas de grande vulto e repentinas podem constituir um problema. Ainda que o banco tenha solvência (ou seja, que o valor de seus ativos supere o valor de seu passivo), talvez ele tenha dificuldade de atender às solicitações de saque de todos os seus depositantes. Muitos dos ativos bancários não têm liquidez – ou seja, não podem ser facilmente vendidos e vertidos para dinheiro em espécie. Empréstimo bancário concedido a um restaurante local, financiamento de um carro para uma família ou o empréstimo de um estudante a seu colega de quarto, por exemplo, podem ser ativos valiosos para o banco, mas não podem ser facilmente utilizados para satisfazer os depositantes que exigem seu dinheiro, em espécie, imediatamente. A situação na qual um banco solvente tem fundos insuficientes para arcar com os saques dos depositantes é chamada de **crise de liquidez**.

O banco central pode remediar o problema emprestando dinheiro diretamente ao banco. Como discutimos no Capítulo 4, o banco central pode criar dinheiro do nada, basta emitir moeda (ou, mais realisticamente em nossa era eletrônica, criar uma entrada contábil para si, que represente unidades monetárias). Ele pode, então, emprestar essa moeda recém-criada ao banco no qual estão ocorrendo os saques de dinheiro acima do normal, aceitando como garantia os ativos sem liquidez desse mesmo banco. Quando um banco central empresta para determinado banco em meio a uma crise de liquidez, diz-se que ele atua como **emprestador de última instância**.

O objetivo desse tipo de política é permitir a um banco que esteja enfrentando uma situação de saques acima do normal sobreviver à tempestade da confiança reduzida. Sem esse tipo de empréstimo, o banco poderia ser forçado a vender seus ativos sem liquidez a preço de banana. Se isso viesse a ocorrer, o valor dos ativos do banco declinaria e uma crise de liquidez poderia, então, ameaçar a solvência do banco. Ao agir como emprestador de última instância, o banco central resolve o problema da insolvência do banco e ajuda a restaurar a confiança do público no sistema bancário.

Durante 2008 e 2009, o Federal Reserve foi extraordinariamente atuante como emprestador de última instância. Como discutimos no Capítulo 4, essa atividade tradicionalmente ocorre na janela de redesconto do Fed, por meio da qual o Fed concede empréstimos aos bancos com base em sua taxa de desconto. Durante essa crise, no entanto, o Fed instituiu uma variedade de novas formas de conceder empréstimos a instituições financeiras. As instituições financeiras incluídas não foram apenas bancos convencionais; entraram também os chamados bancos-sombra. **Bancos-sombra** constituem um conjunto diversificado de instituições financeiras que realizam algumas funções semelhantes às dos bancos, mas o fazem fora do sistema regulatório que se aplica a bancos tradicionais. Como os bancos-sombra estavam enfrentando dificuldades semelhantes às dos bancos comerciais, o Fed também estava preocupado com essas instituições.

Por exemplo, de outubro de 2008 a outubro de 2009, o Fed dispôs-se a conceder empréstimos a fundos mútuos do mercado monetário. Fundos do mercado monetário não são bancos e não oferecem depósitos garantidos. Mas, em alguns aspectos, são semelhantes aos bancos: recebem depósitos, investem os recursos em empréstimos de curto prazo, tais como papéis comerciais emitidos por corporações, e garantem aos depositantes que eles obtenham seus depósitos à vista com juros. Em meio à crise financeira, depositantes estavam preocupados com o valor dos ativos que os fundos do mercado monetário haviam adquirido, de modo que esses fundos sofreram saques substanciais. A queda dos depósitos em fundos do mercado monetário significava que havia menos compradores de papéis comerciais, o que, por sua vez, dificultava a vida das empresas que precisavam desses empréstimos para financiar a continuidade de suas operações. Com a disposição de conceder empréstimos a fundos do mercado monetário, o Fed ajudou a manter essa forma específica de intermediação financeira.

Não há necessidade aqui de aprendermos os detalhes de todas as modalidades de concessão de empréstimos criadas pelo Fed durante a crise. Na verdade, por não serem mais necessários, muitos desses programas foram interrompidos quando a economia se recuperou. O importante é entender que esses programas, tanto os antigos quanto os novos, têm um único objetivo: garantir a liquidez do sistema financeiro. Ou seja, desde que a instituição financeira tivesse ativos que pudessem servir como garantia confiável, o Fed se prontificava a emprestar dinheiro a ela, de modo tal que seus depositantes fossem capazes de sacar os recursos nela depositados.

Injeções de fundos governamentais A categoria final de respostas políticas para uma crise financeira envolve o uso de recursos públicos pelo governo para apoiar o sistema financeiro.

A iniciativa mais direta desse tipo é a distribuição de fundos públicos aos que sofreram perdas. O seguro (garantia) de depósitos bancários é um exemplo. Por meio da Federal Deposit Insurance Corporation (FDIC), o governo federal promete compensar as perdas que acometem um depositante quando um banco se torna insolvente. Em 2008, a FDIC aumentou o depósito máximo que cobriria, de US$ 100.000,00, para US$ 250.000,00 a fim de garantir aos depositantes que seus recursos estariam a salvo.

A distribuição de fundos públicos pode, também, ocorrer em uma base mais discricionária. Por exemplo, em 1984, um grande banco chamado Continental Illinois encontrava-se à beira da insolvência. Como o Continental Illinois tinha muitos relacionamentos com outros bancos, os reguladores temiam que, se permitissem sua falência, o sistema financeiro como um todo ficasse ameaçado. Como resultado, o FDIC prometeu proteger todos os seus depositantes, não só aqueles que estavam dentro do limite assegurado. Acabou adquirindo o banco de seus acionistas, injetou capital e o vendeu ao Bank of America. A operação custou aos contribuintes cerca de US$ 1 bilhão. Foi durante esse episódio que um congressista cunhou a expressão "grande demais para falir" para descrever uma empresa tão fundamental para a economia que os formuladores de políticas não permitiriam que fosse à falência.

Outra maneira de o governo injetar recursos públicos é a concessão de empréstimos de risco. Normalmente, quando o Federal Reserve atua como emprestador de última instância, o faz concedendo empréstimos a uma instituição financeira capaz de oferecer boa garantia. No entanto, se o governo conceder um empréstimo cujo pagamento possa não ser honrado, estará colocando em risco recursos públicos. Se o empréstimo realmente não for pago, quem sai perdendo são os contribuintes.

Durante a crise financeira de 2008-2009, o Fed envolveu-se em uma série de empréstimos arriscados. Em março de 2008, concedeu um empréstimo de US$ 29 bilhões ao JPMorgan Chase para facilitar a compra do Bear Sterns, praticamente insolvente. A única garantia que o Fed recebeu foram os títulos lastreados em hipotecas do Bear, de valor duvidoso. Da mesma maneira, em setembro de 2008, o Fed emprestou US$ 85 bilhões à gigante dos seguros AIG, que enfrentava enormes prejuízos por ter segurado o valor de alguns títulos lastreados em hipotecas (por meio de um acordo chamado *credit default swap* – *swap* por inadimplência no crédito). O Fed adotou essas medidas para impedir que a Bear Stearns e a AIG começassem um longo processo de falência que poderia ter ameaçado ainda mais o sistema financeiro.

Uma última forma de o governo utilizar fundos públicos para abordar uma crise financeira é injetar, ele próprio, capital em instituições financeiras. Nesse caso, em vez de ser apenas credor, o governo adquire uma participação nas empresas. Os empréstimos concedidos à AIG em 2008 tiveram elementos significativos desse arranjo: como parte do acordo do empréstimo, o governo recebeu garantias (opções de compra de ações) e, com o passar do tempo, acabou sendo dono da maior parte da empresa. (As ações foram vendidas vários anos depois.) Outro exemplo vem das injeções de capital organizadas pelo Tesouro dos EUA em 2008 e 2009. Como parte do Troubled Asset Relief Program (TARP), o governo injetou centenas de bilhões de dólares em vários bancos em troca de participação no patrimônio desses bancos. O objetivo do programa era manter a solvência dos bancos e manter intacto o processo de intermediação financeira.

Não surpreende que o uso de fundos públicos para apoiar o sistema financeiro, seja por meio de doações, empréstimos arriscados ou por injeção de capital, se mostre controverso. Críticos afirmam que é injusto com os contribuintes utilizar seus recursos para resgatar participantes do mercado financeiro de seus próprios erros. Além disso, a perspectiva desses resgates financeiros pode aumentar o risco moral porque, se as pessoas acreditarem que o governo assumirá suas perdas, isso aumentará a probabilidade de que venham a assumir riscos excessivos. Assumir riscos financeiros poderia se tornar assim um jogo de cara ou coroa: "cara, eu ganho; coroa, os contribuintes perdem". Defensores dessa política reconhecem os problemas, mas observam que empréstimos arriscados e injeções de capital, na realidade, geram dinheiro para os contribuintes caso a economia se recupere. (De fato, em dezembro de 2014, o governo federal norte-americano estimou que o TARP obteria um lucro correspondente a US$ 15 bilhões.) Mais importante, acreditam que os custos dessas políticas são mais do que compensados pelos benefícios de evitar uma crise mais profunda e uma desaceleração ainda mais grave da atividade econômica.

Políticas para evitar a ocorrência de crises

Além da questão de como os formuladores de políticas devem reagir diante de uma crise financeira, existe outro debate fundamental relacionado à política econômica: como os formuladores de políticas devem evitar a ocorrência de futuras crises financeiras? Infelizmente, não há resposta fácil. Mas aqui estão cinco áreas nas quais os formuladores de políticas vêm considerando suas opções e, em alguns casos, reavaliando suas políticas.

Concentração nos bancos-sombra Bancos comerciais tradicionais são altamente regulados. Uma justificativa é que o governo garante alguns de seus depósitos por meio da FDIC. Os formuladores de políticas há muito entenderam que a garantia dada a depósitos cria um problema de risco moral. Por causa dessas garantias, os depositantes não têm incentivo algum para monitorar o risco dos bancos nos quais fazem seus depósitos; como resultado, banqueiros contam com incentivos para conceder empréstimos excessivamente arriscados, sabendo que colherão quaisquer ganhos enquanto o sistema de garantia de depósitos cobrir qualquer prejuízo. Como resposta a esse problema de risco moral, o governo regula os riscos assumidos pelos bancos.

Grande parte da crise de 2008-2009, no entanto, não girou em torno dos bancos tradicionais, mas dos *bancos-sombra* - instituições financeiras que (como os bancos) estão no centro da intermediação financeira, mas (ao contrário dos bancos) não aceitam depósitos segurados pela FDIC. Bear Sterns e Lehman Brothers, por exemplo, eram bancos de investimento e, portanto, sujeitos a menor regulação. De maneira análoga, fundos de *hedge*, seguradoras e empresas de financiamento por capital próprio podem ser considerados bancos-sombra. Essas instituições não sofrem do problema tradicional do risco moral decorrente da garantia dos depósitos, mas os riscos por elas assumidos podem, ainda assim, causar preocupação no âmbito das políticas púbicas, pois seu fracasso pode ter ramificações macroeconômicas.

Muitos formuladores de políticas econômicas sugeriram a necessidade de limitar os riscos que esses bancos-sombra assumem. Uma forma de fazer isso seria exigir que eles mantivessem mais capital, o que, por sua vez, limitaria a capacidade dessas empresas de utilizar a alavancagem. Defensores dessa ideia argumentam que isso aumentaria a estabilidade financeira. Aqueles que se opõem à ideia afirmam que isso limitaria a capacidade das instituições de desempenhar sua função de intermediação financeira.

Outra questão diz respeito ao que acontece quando um banco-sombra enfrenta problemas e beira a insolvência. A legislação aprovada em 2010, o chamado Dodd-Frank Act, deu à FDIC *autoridade de resolução* sobre os bancos-sombra, na mesma medida da que já exerce sobre os bancos comerciais tradicionais. Ou seja, a FDIC pode agora assumir e fechar uma instituição financeira não bancária se temer que a instituição esteja apresentando problemas e acreditar que isso possa criar risco sistêmico para a economia. Os defensores dessa nova lei acreditam que ela permitirá um processo mais disciplinado quando um banco-sombra falir, impedindo assim a perda de confiança generalizada no sistema financeiro. Críticos temem que a medida torne mais comum o resgate dessas instituições com dinheiro do contribuinte, exacerbando o risco moral.

Restrição ao tamanho A crise financeira de 2008-2009 concentrou-se em algumas instituições financeiras de grande porte. Alguns economistas sugeriram que o problema teria sido evitado, ou pelo menos amenizado, se o sistema financeiro tivesse sido menos concentrado. Quando uma instituição pequena fracassa, a lei da falência entra em cena, como normalmente faz, preservando os direitos dos diversos envolvidos sem provocar problemas na economia como um todo. Esses economistas argumentam que, quando uma instituição financeira é grande demais para falir, ela é realmente grande demais.

Várias ideias foram propostas para limitar o tamanho das firmas na área financeira. Uma delas seria restringir as fusões entre bancos. (Ao longo dos últimos 50 anos, o setor bancário tornou-se muito mais concentrado, em grande parte devido a fusões entre bancos.) Outra ideia seria impor exigências de maior volume de capital nos bancos de maior porte. Defensores dessas ideias afirmam que o sistema financeiro com instituições de menor porte seria mais estável. Opositores afirmam que esse tipo de política impediria que os bancos tirassem proveito de economias de escala e que os custos mais altos acabariam sendo transferidos para os clientes do banco.

Redução do risco excessivo A falência das instituições financeiras durante a crise financeira de 2008-2009 aconteceu porque essas instituições assumiram riscos que acabaram levando-as a perder somas altíssimas. Alguns observadores acreditam que uma das maneiras de reduzir o risco de crises futuras é limitar o excesso de riscos. Entretanto, uma vez que assumir riscos está no cerne das atividades de muitas instituições financeiras, traçar uma linha divisória entre riscos excessivos e riscos apropriados não é tarefa simples.

Mesmo assim, o Dodd-Frank Act incluiu vários dispositivos cujo objetivo é limitar os riscos. Talvez o mais conhecido entre esses dispositivos seja a chamada regra de Volcker, cujo nome vem de Paul Volcker, ex-presidente do conselho do Federal Reserve, primeiro autor da proposta. De acordo com a regra de Volcker, bancos comerciais estão impedidos de realizar determinados tipos de investimentos especulativos. Seus defensores afirmam que a regra ajudará a proteger os bancos. Críticos à regra afirmam que, ao restringir atividades de negociação dos bancos, a lei reduzirá a liquidez de mercado desses instrumentos financeiros especulativos.

Além disso, os técnicos reguladores dos bancos no Fed exigem, agora, que bancos de grande porte se submetam a *testes de estresse* regulares. Para conduzir tais testes, os reguladores impõem um cenário hipotético de instabilidade econômica, como, por exemplo, aumento para 10% na taxa de desemprego, queda de 20% no mercado acionário e queda abrupta de 30% nos preços dos imóveis. É solicitado, então, que cada banco estime o que aconteceria ao valor de seus ativos nesse cenário. O objetivo é garantir que o banco tenha capital suficiente para sobreviver a essa instabilidade. Caso não o faça, o banco precisa levantar mais capital ou reduzir o grau de risco de seus ativos. Embora os testes de estresse sejam um instrumento para medir se determinado banco assumiu riscos excessivos, já que são baseados em cenários hipotéticos, seu valor é limitado pela capacidade dos reguladores de imaginar os eventos adversos que possam vir a ocorrer.

Melhor eficácia na regulação O sistema financeiro é diversificado, com muitas instituições que realizam funções variadas e que se desenvolveram em diferentes estágios da história. Como resultado, o aparato regulatório que supervisiona essas instituições é fragmentado. Nos Estados Unidos, o Federal Reserve, o Office of the Comptroller of the Currency e a FDIC regulam bancos comerciais. A Securities and Exchange Commission regula os bancos de investimento e os fundos mútuos. Órgãos estaduais individuais regulam as seguradoras.

Depois da crise financeira de 2008-2009, formuladores de políticas econômicas tentaram melhorar o sistema de regulação. O Dodd-Frank Act criou o novo Financial Services Oversight Council, presidido pelo Secretário do Tesouro, para coordenar os vários órgãos reguladores. Criou também o novo Office of Credit Ratings para supervisionar agências privadas de classificação de risco de crédito, consideradas culpadas por não terem previsto o grande risco de muitos títulos lastreados em hipotecas. A lei também criou um novo Consumer Financial Protection Bureau com o objetivo de garantir justiça e transparência na comercialização de produtos aos consumidores pelas instituições financeiras. Só o tempo dirá se essa nova estrutura regulatória funciona melhor do que a antiga.

Uma visão macro da regulação Cada vez mais formuladores de políticas econômicas apoiam a ideia de que a regulação de instituições financeiras exige uma perspectiva mais macroeconômica. Tradicionalmente, a regulação financeira foi **microprudencial**; seu objetivo tem sido reduzir o risco de instabilidade em instituições financeiras individuais, protegendo com isso os depositantes e outros grupos de interesse de tais instituições. Atualmente, a regulação financeira é também **macroprudencial**: seu objetivo é também reduzir o risco de instabilidade no âmbito de todo o sistema, protegendo, assim, a economia em geral contra declínios na produção e no nível de emprego. A regulação microprudencial adota uma abordagem de baixo para cima, centrando o foco em instituições individuais e avaliando os riscos que cada uma delas enfrenta. Em contrapartida, a regulação macroprudencial adota uma abordagem de cima para baixo, centrando o foco no quadro geral e avaliando os riscos que possam afetar muitas instituições financeiras ao mesmo tempo.

Por exemplo, a regulação macroprudencial poderia ter abordado a explosão e a queda no mercado de imóveis imobiliários que catalisaram a crise financeira de 2008-2009. Defensores desse tipo de regulação argumentam que, conforme os preços começaram a crescer, os formuladores de políticas econômicas deveriam ter exigido uma entrada mais alta no momento em que o comprador adquiria um imóvel residencial mediante hipoteca. Essa política poderia ter desacelerado a bolha especulativa nos preços dos imóveis, além de provocar menor quantidade de inadimplências nas hipotecas quando os preços dos imóveis posteriormente declinaram. Menor volume de inadimplência nas hipotecas, por sua vez, teria ajudado a proteger muitas instituições financeiras que adquiriram participação acionária em títulos relacionados a hipotecas imobiliárias. Opositores desse tipo de política questionam se os agentes reguladores do governo são suficientemente competentes para identificar e remediar riscos no âmbito de toda a economia. Eles receiam que tais tentativas possam aumentar ainda mais o peso da regulamentação; um aumento no valor exigido para a entrada, por exemplo, torna mais difícil para pessoas de baixa renda comprar seus próprios imóveis residenciais.

Sem dúvida, à luz do que foi aprendido durante e depois da crise financeira, agências de regulação financeira terão como um de seus objetivos prestar mais atenção à estabilidade macroeconômica. Nesse sentido, a regulação macroprudencial assume sua função juntamente com as ferramentas tradicionais de política monetária e fiscal. O grau de diligência com que os formuladores de políticas econômicas devem utilizar essa ferramenta, no entanto, permanece aberto ao debate*

ESTUDO DE CASO
A CRISE DA DÍVIDA SOBERANA EUROPEIA

Enquanto os Estados Unidos começavam a se recuperar de sua crise financeira de 2008-2009, outra crise irrompeu na zona do euro, a parte da Europa que utiliza o euro como moeda corrente. O problema advinha da dívida emitida pelos governos, conhecida como *dívida soberana*. Durante muitos anos, os bancos e seus reguladores haviam tratado essa dívida como isenta de riscos. Os governos centrais da Europa, presumiam eles, sempre honrariam suas obrigações. Por causa de tal crença, essas obrigações pagavam uma taxa de juros baixa e conseguiam preço mais alto do que se tivessem sido vistas como riscos de crédito menos confiáveis.

Em 2010, no entanto, os participantes do mercado financeiro começaram a duvidar de que tal otimismo em relação aos governos europeus fosse garantido. O problema começou com a Grécia. A dívida grega (passivo líquido financeiro) havia aumentado para 116% de seu PIB em 2010, o dobro da média europeia. Além disso, ficou evidente que há anos a Grécia vinha ocultando, em seus relatórios, fatos sobre o estado das suas finanças e não tinha plano algum para controlar sua enorme dívida. Em abril de 2010, a Standard & Poor's reduziu a classificação de risco da dívida grega ao estado de grau especulativo (*junk*), indicando uma classificação de risco particularmente ruim. Como muitos temiam um calote, os preços da dívida grega caíram e a taxa de juros que o país teve de pagar para novos empréstimos aumentou acentuadamente. Em meados de 2011, a taxa de juros sobre a dívida grega era de 26%. Em novembro do mesmo ano, subiu para mais de 100%.

Formuladores europeus de políticas econômicas temiam que os problemas da Grécia repercutissem no restante da Europa. Muitos bancos europeus tinham, entre seus ativos, títulos da dívida grega. Quando o valor da dívida grega caiu, os bancos chegaram perto da insolvência. Um calote na dívida poderia levar muitos bancos à falência, acarretando uma crise de confiança mais ampla. Como resultado, os formuladores de políticas em economias europeias mais saudáveis, como Alemanha e França, ajudaram a conseguir empréstimos contínuos à Grécia para evitar a inadimplência imediata. Alguns desses empréstimos partiram do Banco Central Europeu, que controla a política monetária na zona do euro.

Essa medida política não foi popular. Eleitores na Alemanha e na França perguntavam-se por que as receitas dos impostos que pagavam deveriam ajudar a resgatar os gregos das consequências de suas extravagâncias. Enquanto isso, os eleitores gregos também estavam infelizes, pois os empréstimos impunham a condição de que a Grécia reduzisse drasticamente os gastos do governo e aumentasse os impostos. Tais medidas de austeridade levaram a protestos nas ruas gregas.

Para agravar ainda mais a situação, a Grécia não era o único país a apresentar esse tipo de problemas. Alguns temiam que, se a Grécia desse o calote na dívida em vez de ser resgatada por seus vizinhos mais ricos, Portugal, Irlanda, Espanha e Itália seriam os próximos a fazer o mesmo. Um declínio disseminado no valor da dívida soberana de todos esses países certamente causaria sérias tensões no sistema bancário europeu. Considerando-se que os sistemas bancários mundiais estão interligados, as tensões se acumulariam também no resto do mundo.

As ações políticas em resposta à crise foram bem-sucedidas em um sentido: apesar das previsões de que a Grécia e outros países problemáticos pudessem parar de usar o euro como moeda corrente, a união monetária foi mantida. Mas o sofrimento resultante da crise foi, ainda assim, substancial e duradouro. Em 2013, a taxa de desemprego foi de 27% na Grécia, 26% na Espanha e 16% em Portugal (mas somente 5% na Alemanha, a nação mais populosa na zona do euro). Como prevê uma curva de Phillips padrão, o fraco desempenho da economia puxou a taxa de inflação na Europa para bem abaixo da meta de 2%. De 2014 a 2016, a inflação na zona do euro ficou apenas um pouco acima de zero. Para expandir a demanda agregada e estimular a economia, o Banco Central Europeu (BCE) reduziu a taxa de juros para perto de zero, à medida que a crise se desenrolava. Além disso, no início de 2015, o BCE anunciou um programa de flexibilização quantitativa, sob o qual compraria grandes quantidades de títulos públicos para reduzir taxas de juros de mais longo prazo e expandir ainda mais a demanda agregada.

No início de 2018, quando a edição norte-americana deste livro estava para ser impressa, o final dessa história ainda estava para ser escrito, mas indícios preliminares sugeriam que as políticas do BCE estavam funcionando. A inflação na zona do euro se mantinha abaixo da meta, porém mais próxima de 2%. As taxas de desemprego permaneciam altas – 21% na Grécia, 16% na Espanha e 8% em Portugal –, mas permaneciam abaixo dos níveis alcançados cinco anos antes. Resumindo, as economias europeias aparentavam estar caminhando na direção certa.**

18.3 CONCLUSÃO

Ao longo de toda a história, crises financeiras têm sido importante fonte de flutuações econômicas e um dos maiores determinantes das políticas econômicas. Em 1873, Walter Bagehot publicou um aclamado livro intitulado *Lombard Street*, sobre como o Bank of England deveria administrar uma crise financeira. Sua recomendação de que o banco deve agir como emprestador de última instância tornou-se a sabedoria convencional. Em 1913, na esteira do pânico bancário de 1907, o Congresso norte-americano aprovou uma lei criando o Federal Reserve. O Congresso queria que o novo banco central supervisionasse o sistema bancário, a fim de garantir maior estabilidade financeira e macroeconômica.

Nem sempre o Fed conseguiu cumprir tal meta. Muitos economistas acreditam que a gravidade da Grande Depressão deveu-se ao fato de o Fed não ter seguido o conselho de Bagehot. Caso tivesse sido um emprestador de última instância mais atuante, a crise de confiança nos bancos e o consequente colapso da oferta monetária e da demanda poderiam ter sido evitados. Ciente dessa história, o Fed desempenhou um papel

---

* Para saber mais sobre política macroprudencial, veja CLAESSENS, Stijn. An overview of macroprudential policy tools. *Annual Review of Financial Economics*, v. 7, p. 397-422, 2015.

** Para aprender mais sobre esse tópico, veja LANE, Philip R. The European sovereign debt crisis. *Journal of Economic Perspectives*, v. 26, p. 49-68, Summer 2012.

muito mais atuante ao tentar mitigar o impacto da crise financeira de 2008-2009.

Passada a crise, é fácil lamentar os problemas causados pelo sistema financeiro, mas não podemos perder de vista os grandes benefícios que ele proporciona. O sistema financeiro confere aos poupadores capacidade de obter a melhor taxa de retorno possível, com o menor risco possível. Oferece aos empreendedores a possibilidade de financiar ideias para novos negócios. Ao unir quem deseja poupar com quem deseja investir, o sistema financeiro promove o crescimento econômico e a prosperidade geral.

Resumo

1. Um objetivo fundamental do sistema financeiro consiste em direcionar os recursos dos poupadores para as mãos de tomadores de empréstimos que tenham projetos de investimentos a financiar. Às vezes, essa tarefa é realizada diretamente por meio do mercado de ações e do mercado de títulos. Algumas vezes, é realizada indiretamente por meio de intermediários financeiros, como os bancos.
2. Outro objetivo do sistema financeiro consiste em alocar o risco entre os participantes do mercado. O sistema financeiro permite que indivíduos reduzam o risco que enfrentam por meio da diversificação.
3. Os arranjos financeiros estão repletos de informações assimétricas. Como os empresários sabem mais sobre a qualidade inerente aos seus empreendimentos do que quem proporciona o respectivo financiamento, existe um problema de seleção adversa. Se os empresários sabem mais sobre as decisões que tomam e as ações que conduzem, existe um problema de risco moral. Instituições financeiras, tal como os bancos, mitigam mas não resolvem completamente os problemas que surgem de informações assimétricas.
4. Uma vez que a acumulação e a alocação de capital são fontes de crescimento econômico, um sistema financeiro com bom funcionamento é elemento essencial para a prosperidade econômica de longo prazo.
5. Crises no sistema financeiro começam quando um declínio no preço dos ativos, geralmente depois de uma bolha especulativa, causa insolvência em algumas instituições financeiras altamente alavancadas. Essas insolvências, então, provocam queda de confiança no sistema geral, o que, por sua vez, faz com que os depositantes saquem fundos e induzam os bancos a reduzir os empréstimos. O subsequente aperto no crédito reduz a demanda agregada e acarreta recessão, que, em um círculo vicioso, exacerba o problema de crescimento na insolvência e queda na confiança.
6. Formuladores de políticas econômicas podem reagir de três maneiras a uma crise financeira. Em primeiro lugar, podem usar a política fiscal e monetária convencional para expandir a demanda agregada. Em segundo, o banco central pode proporcionar liquidez atuando como emprestador de última instância. Em terceiro lugar, os formuladores de políticas econômicas podem utilizar fundos públicos para oferecerem apoio ao sistema financeiro.
7. Não é fácil impedir a ocorrência de crises financeiras, mas os formuladores de políticas econômicas têm tentado reduzir a probabilidade de futuras crises concentrando-se mais em regular os bancos-sombra, restringindo o tamanho das instituições financeiras, tentando limitar os riscos excessivos, reformando as agências reguladoras que supervisionam o sistema financeiro e adotando uma perspectiva mais macroeconômica ao regularem instituições financeiras.

Questionário rápido

1. Forest está abrindo um negócio para manutenção de gramados, mas precisa comprar cortadores de grama. Ele obtém algum dinheiro de Jenny, a quem pagará de volta ao longo do tempo com uma taxa de juros de 6%, e algum dinheiro de Dan, a quem promete 10% de seus lucros futuros. Nesse caso,
   a) Jenny é acionista e Forest é detentor de títulos.
   b) Jenny é acionista e Dan é detentor de títulos.
   c) Dan é acionista e Forest é detentor de títulos.
   d) Dan é acionista e Jenny é detentora de títulos.

2. Aplicar sua poupança em um fundo mútuo para aposentadoria é melhor do que colocá-la integralmente em ações da Netflix, porque fazer isso elimina
   a) a seleção adversa.
   b) o risco moral.
   c) o risco sistêmico.
   d) o risco idiossincrático.

3. Depois de vender a investidores participação em sua nova produção de teatro, Max Bialystock sai de férias em vez de trabalhar com afinco para garantir que a peça seja um sucesso. Isso é exemplo de
   a) seleção adversa.
   b) risco moral.
   c) diversificação.
   d) alavancagem.

4. De acordo com a hipótese dos mercados eficientes,
   a) fundos mútuos diligentemente gerenciados devem proporcionar retornos mais elevados do que os fundos indexados.
   b) a diversificação excessiva pode reduzir o retorno de uma carteira de títulos e aumentar seu risco.
   c) variações nos preços das ações são impossíveis de prever a partir de informações públicas.
   d) os preços das ações são influenciados pela psicologia irracional dos investidores.

5. Considerando que os bancos se baseiam na alavancagem, uma variação no valor dos ativos de um banco acarreta variação proporcionalmente maior _____ do banco.
   a) no capital
   b) nos depósitos
   c) nas obrigações
   d) nas reservas

6. Um banco central tipicamente age como emprestador de última instância quando um banco
   a) relata que seu capital cai para abaixo de zero.
   b) possui menos em ativos líquidos do que os depositantes desejam retirar.
   c) para de emprestar porque o ambiente é considerado demasiadamente arriscado.
   d) decide aumentar seu estoque de reservas excedentes.

CONCEITOS-CHAVE

Sistema financeiro
Mercados financeiros
Títulos
Ações
Financiamento por endividamento
Financiamento por capital próprio
Intermediários financeiros
Aversão ao risco

Diversificação
Fundos mútuos
Informações assimétricas
Seleção adversa
Risco moral
Crise financeira
Bolha especulativa
Alavancagem

Venda-relâmpago
Crise de liquidez
Emprestador de última instância
Bancos-sombra
Microprudencial
Macroprudencial

Questões para revisão

1. Explique a diferença entre financiamento por endividamento e financiamento por capital próprio.
2. Qual é a principal vantagem de manter um fundo mútuo de ações em detrimento de uma ação individual?
3. O que são seleção adversa e risco moral? O que os bancos podem fazer para mitigar esses problemas?
4. Qual é a influência da taxa de alavancagem sobre a estabilidade de uma instituição financeira em resposta a más notícias econômicas?
5. Explique de que maneira uma crise financeira reduz a demanda agregada por bens e serviços.
6. O que significa para o banco central atuar como emprestador de última instância?
7. Quais são os prós e contras da utilização de fundos públicos para oferecer apoio a um sistema financeiro em crise?

Problemas e aplicações

1. Em cada um dos casos apresentados a seguir, identifique se o problema é seleção adversa ou risco moral e explique sua resposta. Como se pode lidar com o problema?
   a) Rick recebeu um bom adiantamento para escrever um livro-texto. Com o dinheiro na mão, ele prefere passar o tempo velejando em vez de se sentar diante do computador para escrever o livro.
   b) Justin está tentando conseguir um bom adiantamento para escrever um livro-texto. Ele sabe, mas os editores não, que se saiu mal em redação no vestibular.
   c) Mai está adquirindo uma apólice de seguro de vida. Ela sabe que os membros de sua família tendem a morrer cedo.
   d) Erich, que tem uma polpuda apólice de seguro de vida, passa suas férias praticando seus *hobbies* preferidos: pular de paraquedas, praticar *bungee jump* e participar de touradas.

2. O País A tem um sistema financeiro bem desenvolvido, no qual os recursos fluem para investimentos de capital com o produto marginal mais alto. O País B tem um sistema financeiro menos desenvolvido, do qual são excluídos alguns investidores em potencial.
   a) Que país você espera que tenha maior nível de produtividade total dos fatores? Explique. (*Dica*: Consulte, no apêndice do Capítulo 9, a definição de produtividade total dos fatores.)
   b) Suponha que os dois países tenham a mesma taxa de poupança, taxa de depreciação e taxa de progresso tecnológico. De acordo com o modelo de crescimento de Solow, como se comparam entre os dois países a produção por trabalhador, o capital por trabalhador e a proporção entre capital e produção?
   c) Pressuponha que a função produção seja Cobb-Douglas. Compare o salário real e o preço do aluguel do capital nos dois países.
   d) Quem se beneficia de ter um sistema financeiro mais bem desenvolvido?

3. Alguns comentaristas argumentam que, quando uma instituição financeira é resgatada pelo governo em meio a uma crise financeira, os detentores do capital da empresa devem ser excluídos, mas os credores da empresa devem ser protegidos. Isso resolve o problema do risco moral? Por que sim ou por que não?

4. Nos últimos anos, como descrevemos neste capítulo, tanto os Estados Unidos quanto a Grécia vivenciaram aumentos na dívida pública e significativa desaceleração da atividade econômica. De que maneira as duas situações foram semelhantes? De que maneira elas foram diferentes? Por que os dois países tinham à sua disposição diferentes opções políticas?

Respostas do questionário rápido

1. d
2. d
3. b
4. c
5. a
6. b

Os Microfundamentos do Consumo e do Investimento

19

O consumo é a única finalidade e o único propósito de toda a população.

– Adam Smith

O objetivo social de um bom investimento deve ser derrotar as forças obscuras do tempo e da ignorância que encobrem nosso futuro.

– John Maynard Keynes

De que modo as famílias decidem quanto de seus rendimentos elas devem consumir hoje e quanto devem poupar para o futuro? De que modo as empresas decidem quanto devem investir para expandir seu estoque de capital? Estas são perguntas de natureza microeconômica, pois abordam o comportamento dos tomadores de decisão em âmbito individual. No entanto, a resposta a essas perguntas apresenta consequências macroeconômicas. Como verificamos em capítulos anteriores, as decisões das famílias em relação ao consumo afetam o comportamento da economia como um todo.

Em capítulos anteriores, explicamos o consumo e o investimento com funções simples: $C = C(Y - T)$ e $I = I(r)$. Essas funções mostraram que o consumo depende da renda disponível e que o investimento depende da taxa de juros real, e ambas nos permitiram desenvolver modelos para análises de longo e de curto prazo. Mas elas são simples demais para proporcionar uma explicação completa para o comportamento do consumidor e o comportamento da empresa. Neste capítulo, examinamos as funções do consumo e do investimento em mais detalhes, e desenvolvemos uma explicação mais minuciosa sobre o que determina os gastos das famílias e das empresas.

Como discutimos no Capítulo 1, o campo da economia é dividido em dois subcampos abrangentes – microeconomia e macroeconomia. Contudo, algumas vezes é melhor quebrar a parede que divide esses dois subcampos. Neste capítulo, vemos como o estudo dos fundamentos microeconômicos das decisões sobre consumo e investimento pode reforçar nosso entendimento sobre eventos e políticas macroeconômicas.

19.1 O QUE DETERMINA O GASTO DO CONSUMIDOR?

Desde que a macroeconomia se tornou um campo de estudos, muitos economistas propuseram explicações para o comportamento do consumidor. Apresentamos aqui as perspectivas de cinco economistas importantes.

John Maynard Keynes e a função consumo

Começamos nosso estudo com a *Teoria Geral* de John Maynard Keynes, publicada em 1936. Keynes fez da função de consumo uma peça fundamental para sua teoria sobre as oscilações econômicas, e desde então ela passou a desempenhar papel fundamental na análise macroeconômica. Vamos considerar aquilo que Keynes teorizou em termos de função de consumo e, depois disso, verificaremos os enigmas que surgiram quando suas ideias foram confrontadas com os dados.

Conjecturas de Keynes Hoje, os economistas que estudam o consumo se baseiam em técnicas sofisticadas para análise de dados. Com a ajuda de computadores, analisam os dados agregados sobre o comportamento geral da economia, com base nas contas nacionais, e dados detalhados sobre o comportamento dos domicílios individualizados, obtidos com base em levantamentos. Entretanto, como escreveu na década de 1930, Keynes não dispunha da vantagem inerente a esses dados, tampouco dos computadores necessários para a análise de conjuntos de dados assim tão grandes. Em vez de se basear na análise estatística, Keynes fez conjecturas sobre a função do consumo, fundamentadas na introspecção e na observação casual.

Em primeiro lugar e mais importante, Keynes conjecturou que a **propensão marginal a consumir** – a quantidade consumida com unidade adicional de moeda corrente, a título de renda – se situa entre zero e um. Ele escreveu que "a lei fundamental da psicologia, na qual temos o direito de nos basear com grande confiança [...] é que os homens são predispostos, como regra geral e na média, a fazer crescer o seu consumo à medida que a renda aumenta, mas não em um montante equivalente ao crescimento de sua renda". Ou seja, quando uma pessoa ganha uma unidade adicional de dinheiro, ela geralmente gasta uma parte e poupa outra. Como verificamos no Capítulo 11, quando desenvolvemos a cruz keynesiana, a propensão marginal a consumir era fundamental para as recomendações de política econômica de Keynes em relação ao modo de reduzir o desemprego generalizado. O poder da política fiscal de influenciar a economia – tal como expresso pelos multiplicadores da política fiscal – tem origem no mecanismo de realimentação entre renda e consumo.

Em segundo lugar, Keynes postulou que a proporção entre consumo e renda, conhecida como **propensão média a consumir**, diminui à medida que a renda aumenta. Ele acreditava que a poupança era um luxo, de modo que esperava que os ricos poupassem uma proporção maior de suas rendas do que os pobres. Embora não fosse essencial para a análise do próprio Keynes, o postulado de que a propensão média a consumir diminui à medida que aumenta a renda passou a ser parte central do início da economia keynesiana.

Em terceiro lugar, Keynes imaginava que a renda seria o determinante primordial para o consumo e a taxa de juros não desempenhava papel importante. Essa conjectura era uma contraposição veemente às convicções dos economistas clássicos que o antecederam. Os economistas clássicos sustentavam que uma taxa de juros mais alta estimularia a poupança e desestimularia o consumo. Keynes admitia que em teoria a taxa de juros pudesse influenciar o consumo. Contudo, escreveu que "a principal conclusão sugerida pela experiência, penso eu, é que o curto período de influência da taxa de juros sobre o gasto individual, a partir de determinada renda, é secundário e relativamente sem importância".

Para expressar matematicamente essas ideias, a função de consumo keynesiana é escrita sob a forma

$$C = \overline{C} + cY, \qquad \overline{C} > 0, \ 0 < c < 1,$$

em que C corresponde ao consumo, Y corresponde à renda disponível, $\overline{C}$ é uma constante e c é a propensão marginal a consumir. Essa função de consumo, apresentada na Figura 19.1, é mostrada sob a forma de uma reta. $\overline{C}$ determina a interseção no eixo vertical e c determina a inclinação.

Observação: A propensão marginal a consumir, $PMgC$, corresponde à inclinação da função de consumo. A propensão média a consumir, $PMC = C/Y$, é igual à inclinação de uma reta traçada desde a origem até determinado ponto na função consumo.

Essa função consumo demonstra as três propriedades que Keynes postulou. Ela satisfaz a primeira propriedade de Keynes, uma vez que a propensão marginal a consumir, c, se situa entre zero e um, de modo que a renda mais elevada acarreta maior consumo, bem como maior poupança. Essa função de consumo satisfaz a segunda propriedade de Keynes, pois a propensão média a consumir, PMC, é

$$APC = C/Y = \overline{C}/Y + c.$$

À medida que Y aumenta, $\overline{C}/Y$ cai, e, com isso, a propensão média a consumir, C/Y, também cai. Por fim, essa função de consumo satisfaz a terceira propriedade de Keynes, pois a taxa de juros não está incluída nessa equação como determinante para o consumo.

Primeiros sucessos empíricos Logo depois de Keynes ter proposto a função de consumo, os economistas começaram a coletar e examinar dados para testar suas conjecturas. Os primeiros estudos indicaram que a função de consumo keynesiana é uma boa aproximação para o comportamento dos consumidores.

Em alguns desses estudos, os pesquisadores analisaram domicílios, coletando dados sobre consumo e renda. Eles descobriram que domicílios com renda mais alta consumiam mais, o que confirma que a propensão marginal a consumir é maior do que zero. Descobriram, também, que os domicílios com renda mais alta poupavam mais, o que confirma que a propensão marginal a consumir é menor do que um. Além disso, esses pesquisadores descobriram que os domicílios com renda mais alta poupavam uma fração maior de sua renda, o que confirma que a propensão média a consumir diminui à medida que a renda cresce. Por conseguinte, os dados confirmaram as conjecturas de Keynes sobre a propensão marginal e a propensão média a consumir.

Em outros estudos, pesquisadores examinaram dados agregados sobre consumo e renda para o período entre as duas guerras mundiais. Esses dados também confirmaram a função de consumo de Keynes. Em anos nos quais a renda era excepcionalmente baixa, conforme ocorreu no período mais profundo da Grande Depressão em 1932 e 1933, tanto o consumo quanto a poupança eram baixos, indicando que a propensão marginal a consumir situa-se entre zero e um. Além disso, durante aqueles anos com baixos níveis de renda, a proporção entre consumo e renda era alta, confirmando a segunda conjectura de Keynes. Por fim, uma vez que a correlação entre renda e consumo era assim tão forte, nenhuma outra variável parecia ser importante para explicar o consumo. Por conseguinte, os dados também confirmavam a terceira conjectura de Keynes, de que a renda é o determinante primordial para o montante que as pessoas optam por consumir, e que a taxa de juros desempenha papel pouco importante.

Enigma do consumo Embora a função de consumo keynesiana tenha alcançado sucesso em seus primórdios, duas anomalias logo se destacaram. Ambas dizem respeito à conjectura de Keynes de que a propensão média a consumir diminui à medida que a renda cresce.

A primeira anomalia tornou-se patente depois que alguns economistas fizeram uma previsão lúgubre – e, como se constatou depois, equivocada – durante a Segunda Guerra Mundial. Com base na função de consumo keynesiana, esses economistas argumentaram que, à medida que as rendas da economia passassem a aumentar com o decorrer do tempo, os domicílios passariam a consumir uma fração cada vez menor de sua renda e poupar uma fração cada vez maior. Eles receavam que poderia não existir uma quantidade de projetos de investimentos lucrativos suficiente para absorver toda essa poupança. Se isso viesse realmente a ocorrer, o baixo consumo levaria a uma demanda inadequada por bens e serviços, resultando em depressão, logo depois que cessasse a demanda do governo inerente a períodos de guerra. Em outras palavras, com base na função de consumo keynesiana, esses economistas previram que a economia passaria pelo que chamaram de *estagnação secular* – uma longa depressão, com duração indefinida – a menos que o governo fizesse uso da política fiscal para expandir a demanda agregada.

Felizmente para a economia, porém infelizmente para a função de consumo keynesiana, o final da Segunda Guerra Mundial não lançou os Estados Unidos em outra depressão. Embora os níveis de renda estivessem muito mais altos depois da guerra em comparação com antes, essas rendas mais altas não provocaram grandes aumentos na taxa de poupança. A conjectura de Keynes de que a propensão média a consumir diminuiria à medida que a renda passasse a crescer parecia não se mostrar verdadeira.

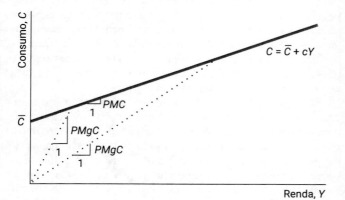

Figura 19.1 Função de consumo keynesiana. Esta figura mostra o gráfico para uma função de consumo, com as três propriedades sobre as quais Keynes conjecturou. Primeira: a propensão marginal a consumir, c, situa-se entre zero e um. Segunda: a propensão média a consumir cai à medida que a renda cresce. Terceira: o consumo é determinado pela renda corrente.

A segunda anomalia surgiu quando o economista Simon Kuznets construiu novos dados agregados sobre consumo e renda, que se reportavam a 1869. Kuznets consolidou tais dados na década de 1940 e, mais tarde, viria a ganhar o Prêmio Nobel por esse trabalho. Ele descobriu que a proporção entre consumo e renda era extraordinariamente estável de uma década para outra, apesar dos grandes aumentos de renda ao longo do período que havia estudado. Mais uma vez, a conjectura de Keynes, de que a propensão média a consumir diminuiria à medida que a renda subisse, parecia não se sustentar.

Tanto o fracasso da hipótese de estagnação secular quanto as descobertas de Kuznets indicavam que a propensão média a consumir era relativamente estável ao longo de extensos períodos de tempo. Esse fato apresentava um enigma, que motivou grande parte das pesquisas subsequentes sobre consumo. Os economistas desejavam conhecer a razão pela qual alguns estudos confirmavam as conjecturas de Keynes, enquanto outros as refutavam. Ou seja, por que razão as conjecturas de Keynes se mantinham bem nos estudos com dados oriundos de domicílios e nos estudos de séries históricas de curto prazo, mas fracassavam quando se examinavam séries históricas de longo prazo?

A Figura 19.2 ilustra o enigma. Os indícios sugeriam que existiam duas funções de consumo. Para os dados originários de domicílios ou para as séries históricas de curto prazo, a função de consumo keynesiana aparentava funcionar bem. No entanto, para as séries históricas de longo prazo, a função de consumo parecia apresentar uma propensão média a consumir constante. Na Figura 19.2, essas duas relações entre consumo e renda são chamadas de função para o consumo de curto prazo e função para o consumo de longo prazo. Os economistas precisavam explicar a maneira pela qual essas duas funções de consumo podiam ser coerentes uma com a outra.

Na década de 1950, Franco Modigliani e Milton Friedman propuseram, individualmente, explicações sobre essas descobertas aparentemente contraditórias. Mais tarde, ambos os economistas vieram a ganhar prêmios Nobel, em parte por causa de seus trabalhos sobre consumo. Modigliani e Friedman começaram com a mesma linha de raciocínio: *Se as pessoas preferem que o consumo seja estável de ano para ano, em vez de amplamente flutuante, elas devem ter uma visão prospectiva. O gasto delas deve depender não somente de sua renda corrente, mas também da renda que esperam receber no futuro.* Mas os dois economistas levaram essas linhas de raciocínio para diferentes direções.

Franco Modigliani e a hipótese do ciclo de vida

Em uma série de trabalhos escritos na década de 1950, Franco Modigliani e seus colaboradores tentaram solucionar o enigma do consumo – ou seja, explicar os sinais de evidências aparentemente conflitantes, que vieram à luz quando a função de consumo de Keynes foi confrontada com os dados. Modigliani argumentou que, se os consumidores têm uma visão prospectiva, o consumo deve depender da renda auferida por uma pessoa ao longo de toda a sua vida. No entanto, a renda varia sistematicamente ao longo da vida das pessoas. A poupança permite que consumidores transfiram a renda dos momentos em que a renda é alta para os momentos em que ela é baixa. Essa interpretação do comportamento do consumidor constituiu a base para a sua **hipótese do ciclo de vida**.*

Hipótese Uma razão importante pela qual a renda varia ao longo da vida de uma pessoa é a aposentadoria. A maioria das pessoas planeja parar de trabalhar por volta dos 65 anos de idade, e espera que sua renda caia quando se aposentam. Entretanto, as pessoas não desejam uma queda substancial em seu padrão de vida, medido com base em seu consumo. Com o objetivo de manter seus patamares de consumo depois de se aposentarem, as pessoas precisam poupar durante seus anos de vida economicamente ativa. Vamos verificar o que essa motivação para a poupança implica em termos da função de consumo.

Consideremos um consumidor que espere viver por mais T anos, tenha uma riqueza correspondente a W e espere receber a renda Y por ano até se aposentar, daqui a R anos. Que patamar de consumo o consumidor escolherá, caso deseje manter um padrão estável de consumo ao longo de toda a sua vida?

Os recursos vitalícios do consumidor são compostos pela riqueza inicial, W, e pelos rendimentos auferidos ao longo de toda a sua vida, correspondentes a $R \times Y$. (Para simplificar, estamos pressupondo uma taxa de juros igual a zero; se a taxa de juros fosse maior do que zero, precisaríamos levar também em consideração os juros auferidos sobre a poupança.) O consumidor pode dividir os recursos de toda a sua vida entre os T anos de vida que lhe restam. Para alcançar a trajetória de consumo mais estável possível ao longo de sua vida, ele divide esse total de $W + RY$, equitativamente, por entre os T anos e, a cada ano, consome

$$C = (W + RY) / T.$$

Podemos escrever a função de consumo dessa pessoa como

$$C = (1/T)W + (R/T)Y.$$

Por exemplo, se o consumidor tem a expectativa de viver mais 50 anos e trabalhar durante 30 desses anos, então $T = 50$ e $R = 30$, de tal modo que a função de consumo será

$$C = 0{,}02W + 0{,}6Y.$$

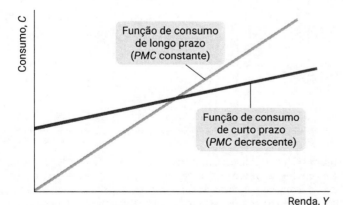

Figura 19.2 Enigma do consumo. Os estudos sobre dados de domicílios e séries históricas de curto prazo descobriram uma relação entre consumo e renda semelhante àquela que Keynes conjecturou. Na figura, essa relação é chamada de função de consumo de curto prazo. Entretanto, o estudo de séries temporais de longo prazo descobriu que a propensão média a consumir não varia sistematicamente com a renda. Essa relação é chamada de função de consumo de longo prazo. Observe que a função de consumo de curto prazo apresenta propensão média a consumir decrescente, enquanto a função de consumo de longo prazo apresenta propensão média a consumir constante.

---

* Para referências ao trabalho sobre a hipótese do ciclo de vida, comece com a palestra que Modigliani apresentou quando ganhou o Prêmio Nobel. MODIGLIANI, Franco. Life cycle, individual thrift, and the wealth of nations. *American Economic Review*, v. 76, p. 297-313, June 1986. Para um exemplo de pesquisas mais recentes sobre esses princípios, veja GOURINCHAS, Pierre-Olivier; PARKER, Jonathan A. Consumption over the life cycle. *Econometrica*, v. 70, p. 47-89, Jan. 2002.

Essa equação afirma que o consumo depende tanto da renda quanto da riqueza. Um adicional de renda correspondente a $ 1 por ano faz com que o consumo cresça $ 0,60 ao ano, e um adicional de riqueza correspondente a $ 1 faz o consumo crescer $ 0,02 por ano.

Se cada indivíduo que faz parte da economia planeja o consumo dessa maneira, a função para o consumo agregado é praticamente igual à função para o consumo individual: o consumo agregado depende tanto da riqueza quanto da renda. Ou seja, a função de consumo da economia é

$$C = \alpha W + \beta Y,$$

em que o parâmetro α representa a propensão marginal a consumir a riqueza e o parâmetro β corresponde à propensão marginal a consumir a renda.

Implicações A Figura 19.3 mostra, sob a forma de gráfico, a relação entre consumo e renda prevista pelo modelo do ciclo de vida. Para qualquer patamar determinado de riqueza, W, o modelo gera uma função de consumo convencional semelhante àquela que foi apresentada na Figura 19.1. Observe, no entanto, que o intercepto da função para o consumo, que mostra o que aconteceria com o consumo caso a renda viesse a cair até zero, não corresponde a um valor fixo, como ocorre na Figura 19.1. Em vez disso, o intercepto nesse caso corresponde a αW e, consequentemente, depende do nível de riqueza.

Esse modelo do ciclo de vida para o comportamento do consumidor pode solucionar o enigma do consumo. De acordo com a função de consumo do ciclo de vida, a propensão média a consumir é

$$C / Y = \alpha(W / Y) + \beta.$$

Como a riqueza não varia proporcionalmente à renda de pessoa para pessoa e de ano para ano, quando verificamos dados entre os indivíduos ou em períodos curtos de tempo devemos constatar que um alto patamar de renda corresponde a uma baixa propensão média a consumir. No entanto, ao longo de extensos períodos de tempo, a riqueza e a renda crescem juntas, resultando em uma proporção constante W/Y e, por conseguinte, em uma propensão média a consumir constante.

Para perceber o mesmo ponto de maneira um pouco diferente, considere de que modo a função consumo se modifica ao longo do tempo. Como demonstra a Figura 19.3, para qualquer nível de riqueza especificado, a função do consumo para o ciclo de vida se parece com aquela sugerida por Keynes. Mas essa função só se mantém verdadeira no curto prazo quando a riqueza é constante. No longo prazo, à medida que a riqueza passa a crescer, a função do consumo se desloca em sentido ascendente, como na Figura 19.4. Esse deslocamento ascendente evita que a propensão média a consumir caia conforme a renda passa a aumentar. Dessa maneira, Modigliani solucionou o enigma do consumo postulado pelos dados de Simon Kuznets.

O modelo do ciclo de vida também faz diversos outros prognósticos. Mais importante, ele prevê que a poupança varia ao longo da vida de uma pessoa. Se alguém começa a vida adulta sem qualquer riqueza, passa a acumular riqueza durante seus anos de vida economicamente ativa e, depois disso, exaure essa riqueza durante os anos de aposentadoria. A Figura 19.5 ilustra a renda, o consumo e a riqueza do consumidor ao longo de sua vida adulta. De acordo com a hipótese do ciclo de vida, uma vez que as pessoas desejam estabilizar o consumo ao longo de suas vidas, os jovens que estão trabalhando poupam, enquanto os idosos que se aposentam *despoupam*.

Motivados por esse modelo, muitos economistas têm estudado o consumo e a poupança dos idosos. Eles acabam descobrindo que os idosos não *despoupam* tanto quanto prediz o modelo. Em outras palavras, os idosos não esgotam sua riqueza tão rapidamente quanto era de se esperar caso estivessem estabilizando seu consumo ao longo dos anos remanescentes de vida. Uma das razões para isso pode ser a incerteza que os idosos enfrentam com relação a expectativa de vida e despesas médicas futuras. Outra razão pode ser que eles desejem deixar heranças para seus descendentes. Fazer provisões para a aposentadoria é um dos motivos para poupar, mas outros motivos também aparentam ser importantes.*

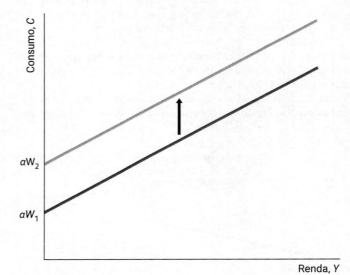

Figura 19.4 Como mudanças na riqueza deslocam a função do consumo. Se o consumo depende da riqueza, um aumento na riqueza desloca em sentido ascendente a função do consumo. Sendo assim, a função do consumo no curto prazo (que mantém constante a riqueza) não continuará se mantendo verdadeira no longo prazo (à medida que a riqueza vai crescendo ao longo do tempo).

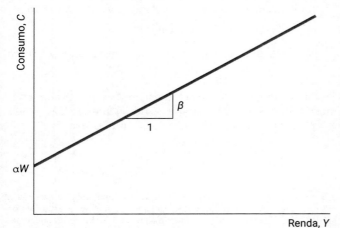

Figura 19.3 Função de consumo do ciclo de vida. O modelo do ciclo de vida afirma que o consumo depende tanto da riqueza quanto da renda. Como resultado, o intercepto da função para o consumo, aW, depende da riqueza.

---

* Para saber mais sobre consumo e poupança dos idosos, veja ANDO, Albert; KENNICKELL, Arthur. How much (or little) life cycle saving is there in micro data?. *In*: DORNBUSCH, Rudiger; FISCHER, Stanley; BOSSONS, John (ed.). *Macroeconomics and finance*: essays in honor of Franco Modigliani. Cambridge, Mass: MIT Press, 1986. p. 159–223; e HURD, Michael D. Research on the elderly: economic status, retirement, and consumption and saving. *Journal of Economic Literature*, v. 28, p. 565-637, June 1990.

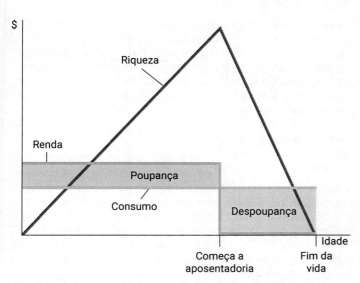

Figura 19.5 Consumo, renda e riqueza ao longo do ciclo de vida. Se o consumidor estabiliza o consumo ao longo de sua vida (conforme indicado pela linha de consumo horizontal), ele vai poupar e acumular riqueza durante seus anos de vida econômica ativa e, depois disso, *despoupar* e exaurir a sua riqueza ao longo do período de aposentadoria.

Milton Friedman e a hipótese da renda permanente

Em um livro publicado em 1957, Milton Friedman propôs a **hipótese da renda permanente** para explicar o comportamento do consumidor. A hipótese da renda permanente de Friedman complementa a hipótese do ciclo de vida de Modigliani: ambas argumentam que o consumo não deve depender exclusivamente da renda atual. Entretanto, diferentemente da hipótese do ciclo de vida, a qual enfatiza que a renda segue um padrão regular ao longo do tempo de vida de uma pessoa, a hipótese da renda permanente enfatiza que as pessoas passam por variações aleatórias e temporárias em sua renda de ano para ano.*

Hipótese Friedman sugeriu que considerássemos a renda atual, Y, como a soma entre dois componentes: **renda permanente**, Y^P, e **renda transitória**, Y^T. Ou seja,

$$Y = Y^P + Y^T.$$

Renda permanente corresponde à parcela da renda que as pessoas esperam que persista no futuro. Renda transitória corresponde à parcela que as pessoas não esperam que venha a persistir. Dito de outro modo, renda permanente corresponde à renda média e renda transitória corresponde ao desvio aleatório em relação a essa média.

Para ver como podemos separar a renda nessas duas parcelas, considere os seguintes exemplos:

- Maria, que é graduada em Direito, teve este ano rendimentos superiores a John, que abandonou os estudos no ensino médio. A renda mais alta de Maria resultou da renda permanente mais alta, uma vez que seu nível de instrução continuará a lhe proporcionar um salário mais alto.
- Sue, que cultiva laranjas na Flórida, ganhou menos do que o habitual este ano, porque uma geada destruiu sua colheita. Julio, cultivador de laranjas da Califórnia, ganhou mais do que o habitual porque a geada na Flórida fez subir o preço das laranjas. A renda mais alta de Julio resultou de uma renda transitória mais alta, pois ele e Sue contam com iguais probabilidades de serem favorecidos pelo clima no próximo ano.

Esses exemplos mostram que diferentes formas de renda apresentam diferentes graus de persistência. Um bom nível de instrução proporciona renda permanentemente mais alta, enquanto um clima favorável proporciona renda apenas transitoriamente mais alta. Embora seja possível imaginar casos intermediários, é útil manter as coisas simples, supondo que existem apenas dois tipos de renda: permanente e transitória.

Friedman ponderou que o consumo deve depender principalmente da renda permanente, pois os consumidores utilizam poupança e empréstimos para manter estável o seu padrão de consumo em resposta a variações transitórias na renda. Por exemplo, se uma pessoa recebesse aumento permanente de $ 10.000,00 por ano em seu salário, o seu consumo aumentaria em um montante próximo a esse. Contudo, se uma pessoa ganhasse $ 10.000,00 na loteria, ela não consumiria todo esse montante em um ano. Em vez disso, distribuiria o consumo adicional ao longo do restante de sua vida. Pressupondo uma taxa de juros correspondente a zero e uma expectativa de vida remanescente de 50 anos, o consumo aumentaria apenas $ 200,00 a cada ano, em resposta ao prêmio de $ 10.000,00. Sendo assim, os consumidores gastam as suas rendas permanentes, mas poupam a maior parte de renda transitória.

Friedman concluiu que devemos considerar a função de consumo como, aproximadamente,

$$C = \alpha Y^P,$$

em que α é uma constante que mede a fração da renda permanente consumida. A hipótese da renda permanente, expressa por essa equação, enuncia que o consumo é proporcional à renda permanente.

Implicações A hipótese da renda permanente soluciona o enigma do consumo ao sugerir que a função de consumo keynesiana tradicional utiliza as variáveis equivocadas. De acordo com a hipótese da renda permanente, o consumo depende da renda permanente, Y^P; entretanto, muitos estudos que tratam da função de consumo tentam estabelecer uma relação entre consumo e renda atual, Y. Friedman argumentou que esse *problema dos erros nas variáveis* explica as descobertas aparentemente contraditórias.

Examinemos o que a hipótese de Friedman implica quanto à propensão média a consumir. Divida ambos os lados de sua função de consumo por Y, de modo a obter

$$PMC = C/Y = \alpha YP/Y.$$

De acordo com a hipótese da renda permanente, a propensão média a consumir depende da proporção entre renda permanente e renda atual. Quando a renda atual cresce temporariamente para um valor acima da renda permanente, a propensão média a consumir temporariamente diminui; quando a renda corrente decresce temporariamente para um nível inferior à renda permanente, a propensão média a consumir temporariamente aumenta.

Considere, agora, os estudos com dados sobre as famílias. Friedman argumentou que esses dados refletem uma combinação entre renda permanente e renda transitória. Famílias com renda permanente alta apresentam, proporcionalmente, um patamar de consumo mais alto. Se toda a variação na renda atual fosse oriunda do componente permanente, a propensão média a consumir seria a mesma em todas as famílias. No entanto, uma parcela das variações na renda advém do componente transitó-

---

* FRIEDMAN, Milton. *A theory of the consumption function*. Princeton, N.J.: Princeton University Press, 1957.

rio, e as famílias com renda transitória alta não apresentam patamar de consumo mais elevado. Por conseguinte, os pesquisadores constataram que famílias com alta renda apresentam, em média, propensões médias a consumir mais baixas.

De modo semelhante, considere os estudos sobre dados originários de séries históricas. Friedman argumentou que as oscilações de ano para ano na renda são dominadas pela renda transitória. Portanto, anos de alta renda devem corresponder a anos de baixas propensões médias a consumir. Entretanto, ao longo de extensos períodos de tempo – digamos, de uma década para outra – a variação na renda é oriunda do componente permanente. Sendo assim, em séries históricas de longo prazo, deve-se observar uma propensão média a consumir constante, como, de fato, observou Kuznets.

ESTUDO DE CASO

A REDUÇÃO NA CARGA TRIBUTÁRIA DE 1964 E A SOBRECARGA TRIBUTÁRIA DE 1968 NOS ESTADOS UNIDOS

A hipótese da renda permanente pode nos ajudar a interpretar como a economia responde a mudanças na política fiscal. De acordo com o modelo IS-LM, apresentado nos Capítulos 11 e 12, reduções na carga tributária estimulam o consumo e aumentam a demanda agregada, enquanto aumentos na carga tributária pressionam para baixo o consumo e diminuem a demanda agregada. A hipótese da renda permanente, no entanto, prevê que o consumo responde apenas a variações na renda permanente. Por conseguinte, mudanças transitórias na carga tributária terão somente um efeito insignificante sobre o consumo e a demanda agregada.

É o que diz a teoria. Mas seria natural perguntarmos: será que essa previsão realmente se confirma nos dados?

Alguns economistas dizem que sim, destacando duas mudanças em termos de política fiscal – a redução na carga tributária de 1964 e a sobrecarga tributária de 1968, nos Estados Unidos – para ilustrar esse princípio. A redução na carga tributária de 1964 foi popular. Foi anunciada como uma grande e permanente redução nas alíquotas dos tributos. Como discutimos no Capítulo 11, essa mudança na política tributária obteve o efeito desejado no que diz respeito a estimular a economia norte-americana.

A sobrecarga tributária de 1968 ocorreu diante de um clima político bastante diferente. Foi transformada em lei porque os assessores econômicos do então presidente Lyndon Johnson acreditavam que o crescimento dos gastos públicos gerados pela Guerra do Vietnã teria estimulado excessivamente a demanda agregada. Para contrabalançar esse efeito, eles recomendaram um aumento na carga tributária. Mas o Presidente, consciente de que a guerra já era impopular, temia as repercussões políticas de uma carga tributária mais pesada. Concordou, enfim, com uma sobrecarga temporária nos impostos – na realidade, um aumento na carga tributária ao longo do período de um ano. A sobrecarga tributária não pareceu exercer o efeito desejado de reduzir a demanda agregada. O nível de desemprego continuou a diminuir e a inflação continuou a crescer. Isto é exatamente o que a hipótese da renda permanente nos levaria a prever: o crescimento na carga tributária afetou tão somente a renda transitória, de tal modo que o comportamento em relação ao consumo, assim como a demanda agregada, não foi significativamente afetado.

Embora esses dois exemplos sejam coerentes com a hipótese da renda permanente, não é possível extrair deles inferências conclusivas. Em qualquer momento específico, existem muitas influências sobre os gastos do consumidor, inclusive a confiança geral dos consumidores em suas próprias perspectivas econômicas. É difícil dissociar os efeitos da política fiscal dos efeitos de outros eventos que estejam ocorrendo ao mesmo tempo. Felizmente, algumas pesquisas recentes chegaram a conclusões mais confiáveis, como discute o Estudo de Caso apresentado a seguir.

ESTUDO DE CASO

O REEMBOLSO DE IMPOSTOS DE 2008

Na área da medicina, quando pesquisadores desejam conhecer o grau de eficácia de um novo tratamento, a melhor abordagem é a realização de um experimento controlado randomizado. Reúne-se um grupo de pacientes. Metade deles é submetida ao novo tratamento e ao restante é administrado um placebo. Os pesquisadores podem, então, acompanhar e comparar os dois grupos para avaliar os efeitos do tratamento.

Os macroeconomistas normalmente não conseguem conduzir experimentos randomizados, mas às vezes esses experimentos caem em nosso colo por obra e graça de acidentes da história. Um exemplo ocorreu em 2008. Como resultado de uma grave crise financeira naquele ano, a economia estava se encaminhando para uma recessão. Para combater as forças da recessão, o Congresso norte-americano aprovou o Economic Stimulus Act, que forneceu às famílias US$ 100 bilhões em reembolsos fiscais de pagamento único. Indivíduos solteiros receberam de US$ 300,00 a US$ 600,00; casais receberam de US$ 600,00 a US$ 1.200,00 e famílias com filhos, um adicional de US$ 300,00 por filho. Fato importante é que, como o envio de tantos milhões de cheques era um processo longo, os consumidores receberam seus reembolsos fiscais em momentos diferentes. A época do recebimento baseava-se nos dois últimos dígitos do número do cartão de Segurança Social da pessoa, que é basicamente aleatório. Ao comparar o comportamento de gastos dos consumidores que receberam os primeiros pagamentos com o comportamento dos que receberam mais tarde, os pesquisadores conseguiram utilizar essa variação aleatória para estimar o efeito de uma redução fiscal transitória.

Eis aqui os resultados, como relatado pelos pesquisadores que realizaram o estudo:

Descobrimos que, em média, as famílias gastavam aproximadamente 12 a 30% dos pagamentos a título de estímulo, dependendo da especificação, em serviços e bens de consumo não duráveis (como definido pela pesquisa sobre gastos do consumidor) durante o período de três meses nos quais os pagamentos foram recebidos. Essa resposta é estatística e economicamente significativa. Encontramos, também, um efeito significativo sobre a compra de bens duráveis e serviços correlatos, principalmente a compra de veículos, levando a resposta média em gastos totais com consumo para aproximadamente 50 a 90% dos pagamentos durante o período de três meses de recebimento.*

As descobertas desse estudo se contrapõem drasticamente ao previsto pela hipótese da renda permanente. Se os domicílios estavam ajustando seu consumo ao longo do tempo, como pressupõe a hipótese da renda permanente, eles teriam gastado somente uma pequena fração do reembolso fiscal em um período de três meses, mas os dados mostram um grande impacto do reembolso sobre o gasto. Além disso, se a hipótese da renda per-

---

* PARKER, Jonathan A.; SOULELES, Nicholas S.; JOHNSON, David S.; MCCLELLAND, Robert. Consumer spending and the economic stimulus payments of 2008. *American Economic Review*, v. 103, p. 2530-2553, Oct. 2013.

manente estivesse correta, as pessoas que receberam os primeiros cheques não teriam se comportado de modo diferente daqueles que receberam os cheques posteriores, já que a renda permanente desses dois grupos era a mesma. Entretanto, os dados mostram que o momento da chegada do cheque teve profundo impacto sobre o momento do gasto por parte da família.

Uma explicação possível para essas descobertas é que muitos domicílios enfrentam **restrições à tomada de empréstimos** – limites impostos ao montante que eles podem tomar emprestado em relação à renda futura esperada. A hipótese da renda permanente de Friedman é baseada na premissa de que os domicílios podem utilizar a poupança e tomar emprestado para estabilizar o consumo ao longo do tempo. Restrições à tomada de empréstimos impedem o ajuste do consumo e vinculam os gastos de um domicílio a sua renda corrente.

A teoria da renda permanente pode estar correta no sentido de que mudanças de caráter permanente nos impostos influenciam mais fortemente os gastos dos consumidores do que mudanças transitórias. Mas, com base nos indícios da experiência de 2008, parece ser errado concluir que os efeitos das mudanças fiscais transitórias sejam irrelevantemente pequenos. Mesmo mudanças de caráter bastante transitório na política fiscal podem influenciar o montante de gasto dos consumidores.

Robert Hall e a hipótese do passeio aleatório

A hipótese da renda permanente está fundamentada na percepção de que consumidores preocupados com o futuro fundamentam suas decisões sobre consumo não apenas em sua renda atual, mas também na renda que esperam receber no futuro. Consequentemente, a hipótese da renda permanente enfatiza que o consumo depende das expectativas das pessoas.

Pesquisas posteriores sobre consumo têm combinado esse ponto de vista do consumidor com o pressuposto das expectativas racionais. O pressuposto das expectativas racionais enuncia que as pessoas utilizam todas as informações disponíveis para realizar os melhores prognósticos possíveis em relação ao futuro. Como demonstramos no Capítulo 14, esse pressuposto pode ter profundas implicações nos custos para fazer cessar a inflação. Ele pode, também, ter implicações profundas para o estudo sobre o comportamento do consumidor.

Hipótese O economista Robert Hall foi o primeiro a projetar as implicações das expectativas racionais para o consumo. Ele demonstrou que, se a hipótese da renda permanente estiver correta, e se os consumidores tiverem expectativas racionais, as variações no consumo ao longo do tempo devem ser imprevisíveis. Quando as variações em uma variável são imprevisíveis, diz-se que essa variável segue um **passeio aleatório**. Segundo Robert Hall, a combinação entre a hipótese da renda permanente e as expectativas racionais implica que o consumo segue um passeio aleatório.

Hall raciocinou da seguinte maneira: de acordo com a hipótese da renda permanente, os consumidores se deparam com uma renda oscilante e tentam, da melhor maneira possível, manter seu patamar de consumo constante ao longo do tempo. A qualquer momento, os consumidores optam por um patamar de consumo com base em suas expectativas atuais sobre a renda vitalícia. Com o passar do tempo, eles vão modificando os patamares de consumo pelo fato de receberem notícias que fazem com que revejam as suas expectativas. Por exemplo, alguém que esteja recebendo uma promoção inesperada no emprego eleva o seu patamar de consumo, enquanto quem seja inesperadamente rebaixado de cargo diminui seu patamar de consumo. Em outras palavras, as variações no consumo refletem "surpresas" sobre a renda ao longo da vida. Se os consumidores utilizam todas as informações disponíveis da melhor maneira possível, eles só devem ser surpreendidos com eventos que sejam inteiramente imprevisíveis. Portanto, as variações em seus patamares de consumo devem ser, também, imprevisíveis.*

Implicações O método das expectativas racionais para o consumo tem implicações não apenas para fins de prognóstico, mas também para a análise das políticas econômicas. *Se os consumidores seguem a hipótese da renda permanente e têm expectativas racionais, então apenas as mudanças não esperadas na política econômica influenciam o consumo. Essas mudanças na política econômica passam a ter efeito quando modificam as expectativas.* Suponhamos, por exemplo, que o Congresso aprove hoje um aumento nos impostos que entrará em vigor no próximo ano. Nesse caso, os consumidores recebem a notícia sobre sua renda vitalícia no momento em que o Congresso aprova a lei (ou até mesmo antes, se a aprovação da lei tiver sido prevista). A chegada desse tipo de notícia faz com que os consumidores revejam suas expectativas e reduzam seus patamares de consumo. No ano seguinte, quando o aumento nos impostos entra em vigor, o consumo permanece inalterado, uma vez que não existe qualquer notícia.

Sendo assim, se os consumidores têm expectativas racionais, os formuladores de políticas econômicas influenciam a economia por meio não só de suas ações, mas também de expectativas da população relativas a suas ações. As expectativas, no entanto, não podem ser observadas de modo direto. Por essa razão, na maioria das vezes, é difícil saber como e quando mudanças na política fiscal alteram a demanda agregada.

ESTUDO DE CASO

VARIAÇÕES PREVISÍVEIS NA RENDA CAUSAM VARIAÇÕES PREVISÍVEIS NO CONSUMO?

Entre os muitos fatos relacionados ao comportamento do consumidor, um deles é impossível de ser contestado: renda e consumo oscilam conjuntamente ao longo do ciclo econômico. Quando a economia entra em recessão, renda e consumo caem; quando a economia passa por um crescimento extraordinário, tanto renda quanto consumo crescem rapidamente.

Por si só, esse fato não diz muito sobre a versão das expectativas racionais para a hipótese da renda permanente. A maior parte das oscilações de curto prazo é imprevisível. Consequentemente, quando a economia entra em recessão, o consumidor típico está recebendo más notícias sobre sua renda vitalícia, de modo que o consumo naturalmente cai. E, quando a economia passa por hipercrescimento, o consumidor típico está recebendo boas notícias sobre sua renda vitalícia, então o consumo aumenta. Esse tipo de comportamento não necessariamente viola a teoria do passeio aleatório, segundo a qual é impossível prever variações no consumo.

Suponhamos, no entanto, que pudéssemos identificar algumas variações *previsíveis* na renda. De acordo com a teoria do passeio aleatório, essas variações na renda não devem fazer com que os consumidores revejam seus planos de gasto. Se os consumidores esperam que sua renda cresça ou diminua, eles já devem antecipadamente ter ajustado o seu nível de consumo em resposta a esse tipo de informação. Sendo assim, variações previsíveis na renda não devem provocar variações previsíveis no consumo.

---

* HALL, Robert E. Stochastic implications of the life cycle-permanent income hypothesis: theory and evidence. *Journal of Political Economy*, v. 86, p. 971-987, Dec. 1978.

Dados sobre consumo e renda, porém, aparentemente não satisfazem essa implicação da teoria do passeio aleatório. Quando se espera que a renda caia $ 1,00, o consumo, ao mesmo tempo, cairá aproximadamente $ 0,50 em média. Em outras palavras, mudanças previsíveis na renda causam variações previsíveis no consumo, que terão aproximadamente metade da dimensão das mudanças na renda.

Por que razão é assim? Uma explicação possível para esse comportamento é que alguns consumidores podem não ter expectativas racionais. Em vez disso, eles podem basear excessivamente as suas expectativas de renda futura sobre a renda corrente. Sendo assim, quando a renda aumenta ou diminui (até mesmo de modo previsível), eles agem como se tivessem tido notícias sobre seus recursos vitalícios, modificando seus patamares de consumo em consonância com isso. Outra explicação possível é que alguns consumidores sofrem restrições em relação à obtenção de empréstimos e, portanto, baseiam seu consumo somente na renda atual. Independentemente de qual seja a explicação correta, a função de consumo original de Keynes começa a parecer mais atraente. Ou seja, a renda atual tem papel mais importante na determinação do gasto do consumidor do que sugere a hipótese do passeio aleatório.*

David Laibson e a pressão pela gratificação imediata

Keynes sustentou que a função consumo era uma "lei psicológica fundamental". Entretanto, a psicologia desempenha papel pouco significativo no estudo subsequente sobre consumo. A maioria dos economistas pressupõe que consumidores são maximizadores racionais da utilidade, que estão a todo tempo avaliando suas oportunidades e planos com o objetivo de obter o mais alto nível de satisfação ao longo de suas vidas. Modigliani, Friedman e Hall basearam-se, todos, nesse modelo de comportamento humano ao desenvolverem suas teorias sobre o consumo.

Mais recentemente, economistas começaram a retornar à psicologia. Eles sugeriram que as decisões sobre consumo não são tomadas pelo *Homo economicus* ultrarracional, mas por seres humanos reais, cujo comportamento é mais complexo. Esse novo subcampo de estudo, que introduz a psicologia na economia, é chamado de *economia comportamental*. O mais proeminente economista comportamental especializado no estudo sobre consumo é David Laibson.

Laibson observa que muitos consumidores se consideram tomadores de decisão imperfeitos. Em um levantamento realizado junto à população norte-americana, 76% afirmaram que não estavam poupando o suficiente para a aposentadoria. Em outro levantamento realizado junto à geração *baby-boom*, foi perguntado aos entrevistados qual o percentual de renda que eles efetivamente poupavam e o percentual que achavam que deveriam poupar. O hiato de poupança correspondeu, em média, a 11 pontos percentuais.

De acordo com Laibson, a insuficiência de poupança está relacionada a outro fenômeno: pressão da gratificação imediata. Considere as duas perguntas a seguir:

- Pergunta 1: você prefere (A) um bombom hoje ou (B) dois bombons amanhã?
- Pergunta 2: você prefere (A) um bombom em 100 dias ou (B) dois bombons em 101 dias?

Diante dessas opções, muitas pessoas responderão A à primeira questão e B à segunda. De certa maneira, elas são mais pacientes no longo prazo do que no curto prazo.

Isso faz com que cresça a possibilidade de que as pessoas possam ter **preferências com inconsistência temporal**: podem alterar suas decisões simplesmente porque o tempo passa. Alguém que se depara com a pergunta 2 pode escolher a opção B e esperar um dia a mais pelo bombom adicional. No entanto, depois que os 100 dias passam, essa pessoa se vê novamente no curto prazo diante da pergunta 1. A pressão pela gratificação imediata pode induzi-la a mudar de ideia.

Verificamos esse tipo de comportamento em muitas situações na vida. Quem está fazendo dieta pode se servir pela segunda vez ao jantar, ao mesmo tempo que promete que comerá menos no dia seguinte. Alguém pode fumar um cigarro a mais ao mesmo tempo que promete a si mesmo que será o último. E um consumidor pode se esbaldar em um *shopping center*, prometendo ao mesmo tempo que amanhã diminuirá seus gastos e passará a poupar mais para a aposentadoria. Mas, quando o amanhã chega, as promessas estão no passado e um novo eu assume o controle da tomada de decisão, com seu próprio desejo de gratificação imediata.

A possibilidade de que os consumidores possam se desviar da racionalidade convencional e demonstrar um comportamento com inconsistência temporal é potencialmente importante para a elaboração de políticas públicas, como discute o Estudo de Caso a seguir.**

ESTUDO DE CASO

COMO FAZER COM QUE AS PESSOAS POUPEM MAIS

Muitos economistas acreditam que seria desejável para os norte-americanos aumentar a fração do total da que destinam à poupança. Existem várias razões para essa conclusão. Partindo de uma perspectiva microeconômica, maior poupança significaria que as pessoas estariam mais bem preparadas para a aposentadoria; esse objetivo é especialmente importante porque a Seguridade Social, o programa do governo que provê os rendimentos para a aposentadoria, segundo projeções, virá a passar por dificuldades financeiras nos anos vindouros, à medida que a população passe a envelhecer. Partindo de uma perspectiva macroeconômica, maior poupança faria com que crescesse a oferta de fundos disponíveis para a concessão de empréstimos voltados ao financiamento de investimentos; o modelo de crescimento de Solow mostra que maior acumulação de capital acarreta um nível mais alto de renda. Partindo da perspectiva de uma economia aberta, o nível mais alto de poupança significaria que menor parcela do investimento interno seria financiada pela entrada de fluxos de capital oriundos do exterior; menor influxo de capital oriundo do exterior empurra a balança comercial de uma situação de déficit para uma de superávit. Por fim, o fato de muitos

---

* CAMPBELL, John Y.; MANKIW, N. Gregory. Consumption, income and interest rates: reinterpreting the time-series evidence. *NBER Macroeconomics Annual*, p. 185-216, 1989; PARKER, Jonathan A. The reaction of household consumption to predictable changes in social security taxes. *American Economic Review*, v. 89, p. 959-973, Sept. 1999; SOULELES, Nicholas S. The response of household consumption to income tax refunds. *American Economic Review*, v. 89, p. 947-958, Sept. 1999.

** Para saber mais sobre esse assunto, veja LAIBSON, David. Golden eggs and hyperbolic discounting. *Quarterly Journal of Economics*, v. 62, p. 443-477, May 1997; e ANGELETOS, George-Marios; LAIBSON, David; REPETTO, Andrea; TOBACMAN, Jeremy; WEINBERG, Stephen. The hyperbolic consumption model: calibration, simulation, and empirical evidence. *Journal of Economic Perspectives*, v. 15, p. 47-68, Summer 2001.

norte-americanos afirmarem que não estão poupando o bastante pode ser razão suficiente para pensar que aumento na poupança deva ser um objetivo de âmbito nacional.

A difícil questão é como fazer com que os norte-americanos passem a poupar mais. O florescente campo da economia comportamental oferece algumas respostas.

Uma das abordagens é fazer da poupança a trajetória de menor resistência. Por exemplo, considere os planos 401(k), contas de poupança para aposentadoria com vantagens fiscais, disponibilizadas para muitos trabalhadores norte-americanos por meio de seus empregadores. Na maior parte das empresas, a participação no plano é uma opção que os trabalhadores podem escolher, preenchendo um simples formulário. Em certas empresas, entretanto, os trabalhadores são automaticamente inscritos no plano, mas podem fazer a opção de saída preenchendo um simples formulário. Estudos demonstram que eles ficam muito mais propensos a participar no segundo caso do que no primeiro. Se os trabalhadores fossem maximizadores racionais, como é tão frequentemente suposto na teoria econômica, optariam pelo montante ideal de poupança para a aposentadoria, independentemente de terem que se inscrever ou de serem automaticamente inscritos. De fato, como o comportamento dos trabalhadores parece exibir uma parcela substancial de inércia, o padrão para inscrição no plano de aposentadoria exerce influência sobre o montante que eles poupam. Formuladores de políticas econômicas que desejem ver a poupança crescer podem tirar proveito dessa inércia, fazendo com que sejam mais comuns as inscrições automáticas nesse tipo de plano de poupança.

Uma segunda abordagem do crescimento da poupança consiste em proporcionar às pessoas a oportunidade de controlar seus desejos de gratificação imediata. Essa é a meta do programa norte-americano *Save More Tomorrow* (Poupe Mais Amanhã), proposto pelo economista Richard Thaler, que ganhou o Prêmio Nobel em 2017. A essência desse programa é que as pessoas se comprometam antecipadamente a depositar uma parcela de seus aumentos salariais futuros em uma conta de poupança para aposentadoria. Quando abre uma dessas contas, o trabalhador não passa por qualquer tipo de sacrifício relacionado a um patamar de consumo mais baixo no presente, mas, em vez disso, se compromete a reduzir o crescimento do consumo no futuro. Quando este plano foi implementado em várias empresas, houve grande impacto. Uma considerável proporção (78%) daqueles a quem o plano foi oferecido aderiu a ele. Além disso, entre os que aderiram ao plano, uma grande maioria (80%) permaneceu com ele pelo menos até o quarto aumento salarial anual. A média do nível de poupança para as pessoas que estavam inscritas no programa cresceu de 3,5% para 13,6% ao longo de 40 meses.

Até que ponto seriam bem-sucedidas as aplicações mais difundidas dessas ideias, no que diz respeito a elevar a taxa de poupança nacional? Impossível afirmar ao certo. Entretanto, considerando a importância da poupança tanto para a prosperidade econômica pessoal quanto para a prosperidade econômica nacional, muitos economistas acreditam que vale a pena experimentar novas propostas.*

---

* CHOI, James J.; LAIBSON, David L.; MADRIAN, Brigitte; METRICK, Andrew. Defined contribution pensions: plans, rules, participant decisions, and the path of least resistance. *Tax Policy and the Economy*, v. 16, p. 67-113, 2002; THALER, Richard H.; BENARTZI Shlomo. Save more tomorrow: using behavioral economics to increase employee saving. *Journal of Political Economy*, v. 112, p. 164-187, 2004.

Conclusão sobre o consumo

Na obra de cinco proeminentes economistas, apresentamos uma progressão dos pontos de vista sobre o comportamento do consumidor. Keynes propôs que o consumo depende em grande parte da renda atual. Ele sugeriu uma função consumo com a forma

$$Consumo = f(Renda\ Atual).$$

Mais recentemente, economistas têm argumentado que o consumidor tenta antecipar seus recursos e suas necessidades futuras, o que implica uma função de consumo mais complexa do que aquela proposta por Keynes. Esses trabalhos sugerem, em vez disso, que

$$Consumo = f\,(Renda\ Atual,\ Riqueza,\ Renda\ Futura\ Esperada,$$
$$Taxas\ de\ Juros,\ Mecanismos\ de\ Autocontrole).$$

Em outras palavras, a renda atual é somente um determinante para o consumo agregado.

Os economistas continuam a debater a importância desses determinantes do consumo. Permanece a divergência de opiniões a respeito, por exemplo, da influência das taxas de juros sobre o gasto do consumidor; da prevalência das restrições à obtenção de empréstimos; e da importância dos efeitos psicológicos. Por vezes os economistas divergem de opinião quanto à política econômica, pelo fato de pressuporem diferentes funções de consumo.

19.2 O QUE DETERMINA O GASTO COM INVESTIMENTOS?

Embora os gastos com bens de consumo proporcionem utilidade para os domicílios no presente, gastos com bens relacionados a investimentos têm como objetivo proporcionar um padrão de vida mais elevado em algum momento mais à frente. O investimento é o componente do PIB que vincula o presente ao futuro.

O gasto com investimentos é o mais volátil entre os componentes do PIB. Quando o gasto com bens e serviços cai durante um período de recessão, grande parte do declínio geralmente decorre de uma queda no gasto com investimento. Na Grande Recessão de 2008-2009, por exemplo, o PIB real norte-americano caiu US$ 636 bilhões desde o seu pico, no quarto trimestre de 2007, até seu ponto mais baixo, no segundo trimestre de 2009. O gasto com investimentos, ao longo do mesmo período, diminuiu US$ 785 bilhões, representando mais do que toda a queda em termos de gasto.

Como vimos no Capítulo 2, existem três tipos de gastos com investimento: o investimento em capital fixo privado, o investimento em imóveis residenciais e o investimento em estoques. Nesta seção, nos concentramos no investimento em capital fixo privado, que é responsável por aproximadamente três quartos dos gastos com investimentos nos Estados Unidos. O termo *privado* significa que tais bens de investimento são comprados por empresas para uso em produção futura. O termo *capital fixo* significa que esse tipo de despesa se destina ao capital que vai permanecer instalado durante algum tempo, caso oposto ao investimento em estoques, que será utilizado ou vendido dentro de um curto intervalo de tempo. O investimento em capital fixo privado inclui todas as coisas, desde mobiliário de escritório até fábricas, passando por computadores e até veículos para a empresa.

O modelo tradicional para o investimento em capital fixo privado é conhecido como **modelo neoclássico para o investi-**

mento. O modelo neoclássico examina benefícios e custos nos quais as empresas incorrem pelo fato de conservarem a propriedade de bens de capital. O modelo mostra de que maneira o nível de investimento – o incremento ao estoque de capital – se relaciona com o produto marginal do capital, com a taxa de juros e com a legislação tributária que afeta as empresas.

Para desenvolvermos o modelo, imaginemos que existam dois tipos de empresas no âmbito da economia. *Empresas de produção* produzem bens e serviços utilizando o capital que arrendam (exatamente como em nosso exemplo, no Capítulo 3). *Empresas de arrendamento* realizam todos os investimentos na economia; compram o capital e alugam esse capital para as empresas de produção. Na realidade, a maior parte das empresas no mundo real produz bens e serviços, e investe em capital para produção futura. No entanto, podemos tornar mais claro o nosso raciocínio se separarmos essas duas atividades, imaginando que elas ocorrem em diferentes empresas.

Preço do aluguel do capital

Consideremos em primeiro lugar a empresa de produção típica. Como examinamos no Capítulo 3, essa empresa decide sobre a quantidade de capital a ser alugado, comparando o custo e o benefício de cada unidade de capital. Ela aluga o capital a um custo de aluguel R e vende a sua produção a um preço P; o custo real de uma unidade de capital para a empresa de produção corresponde a R/P. O benefício real de uma unidade de capital corresponde ao produto marginal do capital, $PMgK$ – a unidade adicional de produto, gerada a partir de uma unidade a mais de capital. O produto marginal do capital declina à medida que passa a aumentar a quantidade de capital: quanto maior a quantidade de capital que a empresa possui, menos será acrescentado à sua produção por meio de uma unidade adicional de capital. O Capítulo 3 concluiu que, para maximizar o lucro, a empresa aluga capital até que o produto marginal do capital diminua, a ponto de se igualar ao preço real do aluguel.

A Figura 19.6 mostra o equilíbrio no mercado de arrendamento de capital. Pelas razões já discutidas, o produto marginal do capital determina a curva de demanda. A curva de demanda apresenta inclinação descendente, uma vez que o produto marginal do capital é baixo quando o nível de capital é alto. Em qualquer ponto no tempo, a quantidade de capital da economia é fixa e, por essa razão, a curva da oferta é vertical. O preço real de aluguel do capital se ajusta no sentido de equilibrar oferta e demanda.

Para verificarmos quais variáveis influem no preço de equilíbrio do aluguel, vamos considerar uma função de produção em particular. Como vimos no Capítulo 3, muitos economistas consideram a função de produção de Cobb-Douglas uma boa aproximação de como a economia real transforma capital e mão de obra em bens e serviços. A função de produção de Cobb-Douglas é

$$Y = AK^\alpha L^{1-\alpha},$$

em que Y corresponde à produção, K ao capital, L à mão de obra, A é um parâmetro que mede o nível de tecnologia e α é um parâmetro entre zero e um, que mede a participação do capital no total da produção. O produto marginal do capital para a função de produção de Cobb-Douglas é

$$PMgK = \alpha A(L/K)^{1-\alpha}.$$

Uma vez que o preço real do aluguel, R/P, é igual ao produto marginal do capital em situação de equilíbrio, podemos escrever

$$R/P = \alpha A(L/K)^{1-\alpha}.$$

Essa expressão identifica as variáveis que determinam o preço real de aluguel. Ela mostra o seguinte:

- Quanto mais baixo o estoque de capital, mais alto o preço real do aluguel do capital.
- Quanto maior a quantidade de mão de obra empregada, mais alto o preço real do aluguel do capital.
- Quanto melhor a tecnologia, mais alto o preço real do aluguel de capital.

Eventos que causam reduções no estoque de capital (um ciclone), que elevam o nível de emprego (uma expansão na demanda agregada) ou melhoram a tecnologia (uma descoberta científica) fazem crescer o preço real de equilíbrio para o aluguel de capital.

Custo do capital

Consideremos, a seguir, as empresas de arrendamento. Essas empresas, do mesmo modo que as locadoras de automóveis, meramente adquirem bens de capital e oferecem esses bens a título de aluguel para terceiros. Como o nosso objetivo consiste em explicar os investimentos realizados pelas empresas de arrendamento, começaremos considerando os benefícios e custos inerentes à propriedade do capital.

O benefício de ter a propriedade do capital corresponde à receita decorrente de alugar esse capital para as empresas de produção. A empresa de arrendamento recebe o preço real do aluguel do capital, R/P, para cada unidade de capital que possui e aluga para terceiros.

O custo de possuir capital é mais complexo. Para cada período durante o qual aluga uma unidade de capital, a empresa de arrendamento arca com três custos:

1. Quando uma empresa de arrendamento recorre a um empréstimo para adquirir uma unidade de capital, ela precisa necessariamente pagar juros sobre o financiamento. Se P_K corresponde ao preço de compra de uma unidade de capital e i representa a taxa de juros nominal, então iP_K é o custo correspondente aos juros. Observe que esse custo correspondente aos juros seria o mesmo, ainda que a empresa de locação não tivesse que recorrer a empréstimos: se a empresa

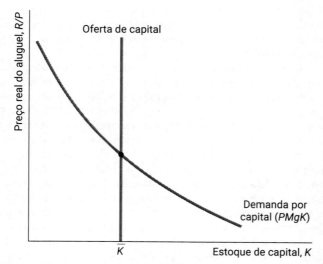

Figura 19.6 Preço de aluguel do capital. O preço real de aluguel do capital se ajusta no sentido de equilibrar a demanda por capital (determinada pelo produto marginal do capital) e a oferta fixa de capital.

de arrendamento adquire uma unidade de capital utilizando sua própria disponibilidade de caixa, ela incorre na perda dos juros que obteria caso tivesse aplicado esses recursos em algum banco. Em qualquer um dos casos, o custo referente aos juros corresponde a iP_K.

2. Enquanto a empresa de locação está alugando o capital, o preço do capital pode se modificar. Se o preço do capital diminui, a empresa perde, pois o seu ativo diminuiu em termos de valor. Se o preço do capital aumenta, a empresa ganha porque seu ativo aumentou em valor. O custo dessa perda ou desse ganho é $-\Delta P_K$. (O sinal de menos aparece aqui porque estamos medindo custos, não benefícios.)

3. Enquanto está sendo alugado, o capital sofre um desgaste chamado de **depreciação**. Se δ corresponde à taxa de depreciação – a fração do valor do capital perdida por período em decorrência do desgaste –, então o custo da depreciação, em unidades de moeda corrente, é δP_K.

O custo total do aluguel correspondente a uma unidade de capital por um período é, portanto,

$$\text{Custo do capital} = iP_k - \Delta P_k + \delta P_k$$
$$= PK\,(i - \Delta P_k / P_k + \delta).$$

O custo do capital depende do preço do capital, da taxa de juros, da taxa de variação dos preços do capital e da taxa de depreciação.

Por exemplo, considere o custo do capital para uma empresa de locação de automóveis. A empresa compra automóveis por $ 30.000 cada e aluga esses automóveis para outras empresas. Ela arca com uma taxa de juros, i, correspondente a 10% ao ano, de modo que o custo inerente aos juros, iP_K, é de $ 3.000 por ano para cada automóvel de propriedade da empresa. Os preços dos automóveis estão aumentando 6% ao ano, de modo que, excluindo a depreciação, a empresa aufere um ganho de capital, ΔP_K, de $ 1.800 por ano. Os automóveis se depreciam 20% ao ano e, sendo assim, a perda decorrente do desgaste, δP_K, corresponde a $ 6.000 por ano. Portanto, o custo do capital para a empresa é

$$\text{Custo do capital} = \$\,3.000 - \$\,1.800 + \$\,6.000$$
$$= \$\,7.200.$$

O custo para a empresa de locação de automóveis, relativo à manutenção de um automóvel em seu estoque de capital, é de $ 7.200 por ano.

Para tornar a expressão para o custo do capital mais simples e mais fácil de ser interpretada, pressupomos que o preço dos bens de capital cresce juntamente com os preços de outros bens. Nesse caso, $\Delta P_K/P_K$ é igual à taxa geral de inflação, π. Uma vez que $i - \pi$ é igual à taxa de juros real, r, podemos escrever o custo de capital sob a forma

$$\text{Custo do capital} = P_k(r + \delta).$$

Essa equação enuncia que o custo do capital depende do preço do capital, da taxa de juros real e da taxa de depreciação.

Por fim, desejamos expressar o custo de capital em relação a outros bens no âmbito da economia. O **custo real do capital** – custo inerente a comprar e alugar uma unidade de capital para terceiros, medido em unidades do produto da economia – é

$$\text{Custo real do capital} = (P_k/P)(r + \delta).$$

Essa equação enuncia que o custo real do capital depende do preço relativo de um bem de capital, P_K/P, da taxa de juros real, r, e da taxa de depreciação, δ.

Cálculo do custo-benefício para o investimento

Considere, agora, a decisão de uma empresa de arrendamento de aumentar ou diminuir seu estoque de capital. Para cada unidade de capital, a empresa aufere uma receita real, R/P, e arca com o custo real, $(P_K/P)(r + \delta)$. O lucro real por unidade de capital é

$$\text{Taxa de Lucro} = \text{Receita} = \text{Custo}$$
$$= R/P - (P_K/P)(r + \delta).$$

Uma vez que o preço real do aluguel, em situação de equilíbrio, é igual ao produto marginal do capital, podemos escrever a taxa de lucro sob a forma

$$\text{Taxa de Lucro} = PMgK - (P_K/P)(r + \delta).$$

A empresa que faz o arrendamento aufere lucro se o produto marginal do capital é maior que o custo do capital. Ela incorre em prejuízo se o produto marginal é menor do que o custo do capital.

Podemos, agora, verificar os incentivos econômicos que se encontram por trás das decisões da empresa de arrendamento, no que diz respeito a investimentos. A decisão da empresa em relação a seu estoque de capital – ou seja, incrementá-lo ou deixar que se deprecie – depende de ser ou não lucrativo ter a posse do capital e alugar esse capital para terceiros. A variação no estoque de capital, conhecida como **investimento líquido**, depende da diferença entre o produto marginal do capital e o custo do capital. *Se o produto marginal do capital excede o custo do capital, as empresas consideram lucrativo aumentar os seus estoques de capital. Se o produto marginal do capital fica abaixo do custo do capital, essas empresas deixam que o estoque de capital diminua.*

Podemos, agora, ver também que a separação da atividade econômica entre empresas de produção e empresas de arrendamento, embora útil para esclarecer nosso raciocínio, não é necessária para a conclusão sobre o modo como as empresas decidem a respeito de quanto investir. Para uma empresa que ao mesmo tempo utiliza e tem a propriedade do capital, o benefício decorrente de uma unidade adicional de capital corresponde ao produto marginal do capital, e o custo corresponde ao custo do capital. Do mesmo modo que uma empresa que tem a propriedade e aluga capital a terceiros, essa empresa aumenta o seu estoque de capital caso o produto marginal do capital exceda o custo do capital. Sendo assim, podemos escrever

$$\Delta K = I_n[PMgK - (P_K/P)(r + \delta)].$$

em que $I_n(\ )$ é a função que mostra quanto o investimento líquido reage ao incentivo para investir. A dimensão da resposta do estoque de capital (e, consequentemente, a forma precisa dessa função) depende de quão oneroso é o processo de ajuste.

Podemos, agora, derivar a função do investimento. O gasto total com investimento corresponde à soma entre investimento líquido e reposição do capital depreciado. A função do investimento é

$$I = I_n[PMgK - (P_K/P)(r + \delta)] + \delta K.$$

O investimento depende do produto marginal do capital, do custo do capital e do montante correspondente à depreciação.

Esse modelo demonstra a razão pela qual o investimento depende da taxa de juros. Uma diminuição na taxa de juros real faz com que o custo do capital diminua. Isso, portanto, eleva o montante de lucro decorrente da propriedade do capital e aumenta os incentivos para acumular mais capital. De maneira análoga, um aumento na taxa de juros real provoca o crescimento no custo do capital e faz com que as empresas diminuam os seus investimentos. Por essa razão, a curva do investimento, que relaciona o investimento com a taxa de juros, apresenta inclinação descendente, como no painel (a) da Figura 19.7.

O modelo mostra, também, o que causa o deslocamento na curva do investimento. Qualquer evento que aumente o produto marginal do capital faz crescer a lucratividade do investimento e leva a curva de investimento a se deslocar para fora, como no painel (b) da Figura 19.7. Por exemplo, uma inovação tecnológica que estimule o aumento do parâmetro A da função de produção provoca a elevação do produto marginal do capital e, para qualquer taxa de juros determinada, faz crescer também a quantidade de bens de capital que as empresas de arrendamento desejam adquirir.

Por fim, considere o que acontece à medida que esse ajuste no estoque de capital continua ao longo do tempo. Se o produto marginal começar acima do custo de capital, o estoque de capital aumentará e o produto marginal diminuirá. Se o produto marginal do capital começa abaixo do custo de capital, o estoque de capital diminui e o produto marginal aumenta. Com o passar do tempo, à medida que o estoque de capital vai se ajustando, o produto marginal do capital se aproxima do custo do capital. Quando o estoque de capital alcança um nível de estado estacionário, podemos escrever

$$PMgK = (P_k / P)(r + \delta).$$

Por conseguinte, no longo prazo, o produto marginal do capital se iguala ao custo real do capital. A velocidade do ajuste em direção ao estado estacionário depende da rapidez com que as empresas vão ajustando o seu estoque de capital, o que, por sua vez, depende do custo de construir, entregar e instalar capital novo.*

Impostos e investimento

As leis tributárias influenciam de muitas maneiras os incentivos para que as empresas acumulem capital. Às vezes, formuladores de políticas econômicas alteram o sistema tributário no sentido de deslocar a função de investimento e influenciar a demanda agregada. Nesta seção, consideramos dois entre os mais importantes dispositivos de tributação sobre as empresas: o imposto de renda da pessoa jurídica e o crédito fiscal para investimentos.

O **imposto de renda da pessoa jurídica** é um imposto cobrado sobre os lucros das empresas. Ao longo da maior parte de sua história, a alíquota do imposto de renda da pessoa jurídica cobrada pelo governo federal dos Estados Unidos correspondeu a 46%. A alíquota foi reduzida para 34% em 1986, depois aumentou para 35% em 1993 e permaneceu nesse patamar até 2017. Muitos estados norte-americanos impõem também um imposto sobre as empresas, o que leva a alíquota total do imposto cobrado das empresas, nos Estados Unidos, para aproximadamente 40%. Em contrapartida, a alíquota média do imposto de renda cobrado das empresas, em 2017, foi de 20% na Europa e 21% na Ásia. Ao final de 2017, para aproximar os Estados Unidos do padrão internacional, o Congresso norte-americano aprovou uma lei para reduzir a alíquota do imposto de renda da pessoa jurídica de 35 para 21%, começando em 2018.

O efeito de um imposto de renda cobrado das empresas sobre o investimento depende de como a lei define "lucro" para propósitos de tributação. Suponha, em primeiro lugar, que a lei defina lucro conforme fizemos anteriormente – o preço do aluguel do capital menos o custo do capital. Nesse caso, embora as empresas estivessem partilhando uma fração de seus lucros com o governo, ainda seria racional para elas investir se o preço do aluguel do capital ultrapassasse o custo do capital; ou reverter o investimento (desinvestir) se o preço do aluguel ficasse aquém do custo do capital. Um imposto sobre o lucro, medido dessa maneira, não alteraria os incentivos ao investimento.

Contudo, em decorrência da definição de lucro na legislação tributária, o imposto de renda sobre pessoa jurídica efetivamente afeta as decisões de investimentos. Existem muitas diferenças entre a definição de lucro por parte da legislação e a nossa definição. Por exemplo, uma diferença é o tratamento dado à depreciação. Nossa definição de lucro deduz o valor *corrente* da depreciação como custo. Ou seja, baseia a depreciação em quanto custaria, hoje, substituir o capital depreciado. Em contrapartida, com base na legislação tributária para pessoa jurídica, as empresas deduzem o valor da depreciação utilizando o custo

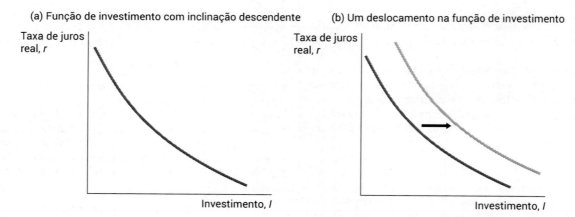

Figura 19.7 Função de investimento. O painel (a) mostra que o investimento aumenta quando a taxa de juros diminui. Isso acontece porque uma taxa de juros mais baixa reduz o custo do capital e, portanto, torna a propriedade do capital mais lucrativa. O painel (b) ilustra um deslocamento para fora na função de investimento, que pode decorrer de um crescimento no produto marginal do capital.

---

* Os economistas costumam medir os bens de capital em unidades, de tal maneira que o preço de 1 unidade de capital seja igual ao preço de 1 unidade de outros bens e serviços ($P_K = P$). Essa foi a abordagem adotada implicitamente nos Capítulos 8 e 9, por exemplo. Nesse caso, a condição de estado estacionário afirma que o produto marginal do capital líquido, depois da depreciação, $PMgK - \delta$, é igual à taxa de juros real, r.

histórico. Ou seja, a dedução da depreciação se fundamenta no preço do capital, no momento em que ele foi originalmente adquirido. Em períodos de inflação, o custo de reposição é maior do que o custo histórico, de modo tal que o imposto de renda da pessoa jurídica tende a subestimar o custo da depreciação e superestimar o lucro. Como resultado disso, a legislação tributária percebe um lucro e imputa uma tributação, mesmo quando o lucro econômico corresponde a zero, o que torna menos atraente ter a propriedade do capital. Por essa e por outras razões, muitos economistas acreditam que o imposto de renda da pessoa jurídica é um desestímulo para o investimento.

Formuladores de políticas econômicas frequentemente modificam as diretrizes que regulamentam o imposto de renda da pessoa jurídica para estimular o investimento ou, pelo menos, atenuar o desestímulo provocado pelo imposto. Um exemplo é o **crédito fiscal para investimentos**, dispositivo da legislação tributária que reduz os impostos cobrados de uma empresa em determinado montante para cada unidade de moeda corrente gasta com bens de capital. Como a empresa recupera uma parcela de seu gasto com novo capital por meio de impostos mais baixos, o crédito acaba por reduzir o preço efetivo de compra de uma unidade de capital, P_K. Por conseguinte, o crédito fiscal direcionado para o investimento reduz o custo relativo ao capital e estimula o crescimento do investimento.

Em 1985, o crédito fiscal voltado para investimentos era de 10% nos Estados Unidos. Mas a Lei de Reforma Fiscal de 1986, que reduziu o imposto de renda da pessoa jurídica, também eliminou o crédito fiscal voltado para o investimento. Quando Bill Clinton se candidatou à presidência, em 1992, baseou sua campanha em uma plataforma de restabelecimento do crédito fiscal voltado para o investimento, mas não conseguiu fazer com que sua proposta fosse aprovada pelo Congresso. A ideia de restabelecer o crédito fiscal para o investimento continua a vir à tona de tempos em tempos.

A legislação tributária que trata da depreciação é outro exemplo de como formuladores de políticas econômicas podem influenciar os incentivos para o investimento. Quando George W. Bush assumiu como presidente, a economia norte-americana estava caminhando para uma recessão atribuível, em grande parte, a um declínio significativo no investimento, por parte das empresas. As reduções fiscais que Bush transformou em lei, durante seu primeiro mandato, incluíram dispositivos para uma "depreciação por meio de bônus" de caráter temporário. Isso significava que, para propósitos de cálculo de seu passivo tributário, as empresas podiam deduzir o custo de depreciação em um momento anterior, na vigência de um projeto de investimentos. Esse bônus, entretanto, foi disponibilizado somente para investimentos feitos antes do final de 2004. O objetivo da política era encorajar o investimento, em um momento no qual a economia particularmente precisava de um impulso na demanda agregada. De acordo com um estudo recente, realizado pelos economistas Christopher House e Matthew Shapiro, o objetivo foi alcançado, até certo ponto. Eles escreveram: "Embora seus efeitos agregados provavelmente tenham sido modestos, as políticas de depreciação por meio de bônus, de 2002 e 2003, exerceram efeitos consideráveis sobre a economia. Para a economia dos Estados Unidos como um todo, essas políticas podem ter causado crescimento no PIB de cerca de US$ 10 a US$ 20 bilhões, e pode ter sido responsável pela criação de 100.000 a 200.000 empregos." Em 2011, quando a economia estava no meio da recessão seguinte, o Presidente Obama aprovou como lei uma medida semelhante para depreciação temporária de bônus.*

Mercado de ações e o *q* de Tobin

Muitos economistas identificam uma ligação entre as flutuações no investimento e as flutuações no mercado de ações. O termo *ações* refere-se às cotas de propriedade de empresas, e *mercado de ações* é o lugar em que essas cotas são negociadas. Os preços das ações tendem a ser altos quando as empresas possuem muitas oportunidades de investimento lucrativo, pois essas oportunidades de lucro significam uma renda futura mais alta para os acionistas. Portanto, os preços das ações refletem incentivos para investir.

O economista James Tobin, ganhador do Prêmio Nobel, propôs que as empresas fundamentassem suas decisões relacionadas a investimentos na seguinte proporção, atualmente conhecida como **q de Tobin**:

$$q = \frac{\text{Valor de mercado do capital instalado}}{\text{Custo de reposição do capital instalado}}$$

O numerador do *q* de Tobin é o valor do capital da economia, determinado pelo mercado de ações. O denominador é o preço desse capital, caso ele seja adquirido hoje.

Tobin argumentou que o investimento líquido deve depender de *q* ser maior ou menor do que 1. Se *q* for maior do que 1, então o mercado de ações valoriza o estoque de capital mais do que o seu custo de reposição. Nesse caso, os executivos podem fazer crescer o valor de mercado das ações de suas empresas, adquirindo maior quantidade de capital. Inversamente, se *q* é menor do que 1, o mercado de ações valoriza o capital aquém do seu custo de reposição. Nesse caso, os executivos não farão a reposição do capital à medida que ele for se desgastando.

Embora, à primeira vista, a teoria *q* para o investimento possa aparentar ser muito diferente do modelo neoclássico desenvolvido anteriormente, na realidade as duas teorias se relacionam estreitamente. Para verificar essa relação, observe que o *q* de Tobin depende dos lucros esperados no presente e no futuro, em razão do capital instalado. Se o produto marginal do capital excede o custo do capital, então as empresas estão auferindo lucros sobre o seu capital instalado. Esses lucros fazem com que seja mais desejável a propriedade do capital, o que estimula o crescimento do valor de mercado para as ações dessas empresas, implicando um valor elevado para *q*. De modo semelhante, se o produto marginal do capital fica aquém do custo do capital, então as empresas estão incorrendo em prejuízos em relação ao seu capital instalado, o que implica baixo valor de mercado para as ações e baixo valor para *q*.

A vantagem do *q* de Tobin como um indicador para o incentivo ao investimento é o fato de que ele reflete a lucratividade futura esperada do capital, assim como a lucratividade corrente. Suponhamos, por exemplo, que o Congresso dos EUA aprove uma lei visando à redução do imposto de renda da pessoa jurídica, a entrar em vigor no ano subsequente. Essa queda esperada no imposto de renda da pessoa jurídica signi-

---

* Um estudo clássico sobre como os impostos influenciam o investimento é HALL, Robert E.; JORGENSON, Dale W. Tax policy and investment behavior. *American Economic Review*, v. 57, p. 391-414, June 1967. Para o estudo de modificações recentes nos impostos cobrados das empresas, veja HOUSE, Christopher L.; SHAPIRO, Matthew D. Temporary investment tax incentives: theory with evidence from bonus depreciation. *American Economic Review*, v. 98, p. 737-768, June 2008.

fica maiores lucros para os proprietários do capital. Esses lucros mais altos que são esperados fazem elevar o valor para as ações em bolsa no presente, fazem com que o q de Tobin cresça e, consequentemente, estimulam o investimento no presente. Por conseguinte, a teoria do investimento do q de Tobin enfatiza que as decisões sobre investimentos dependem não somente das políticas econômicas no presente, mas também das políticas que se espera que prevaleçam no futuro.*

ESTUDO DE CASO

MERCADO DE AÇÕES COMO INDICADOR ECONÔMICO

"O mercado de ações previu nove dentre as últimas cinco recessões." Assim prossegue o famoso comentário irônico de Paul Samuelson sobre a confiabilidade do mercado de ações como indicador econômico. O mercado de ações, na realidade, é bastante instável e pode emitir sinais equivocados sobre o futuro da economia. Contudo, não se deve ignorar a ligação entre o mercado de ações e a economia real. A Figura 19.8 mostra que as variações no mercado de ações, muitas vezes, refletem variações do PIB real. Sempre que o mercado de ações passa por um declínio substancial, existem razões para temer que uma recessão possa estar se aproximando.

Por que os preços das ações e a atividade econômica tendem a oscilar conjuntamente? Uma razão é dada pela teoria do q de Tobin, juntamente com o modelo da demanda agregada e da oferta agregada. Suponhamos, por exemplo, que você observe uma queda nos preços das ações. Uma vez que o custo inerente à reposição do capital é relativamente estável, uma queda do mercado de ações geralmente está associada a uma queda no q de Tobin. Uma queda em q reflete o pessimismo dos investidores em relação à rentabilidade corrente ou futura do capital. Isso significa que a função de investimento se deslocou para dentro: o investimento é mais baixo no patamar de qualquer taxa de juros determinada. Como resultado, a demanda agregada por bens e serviços se contrai, refletindo em nível de produção mais baixo e menor nível de emprego.

Existem duas outras razões para que os preços das ações sejam associados à atividade econômica. Em primeiro lugar, como ações representam parte do patrimônio (riqueza) dos domicílios, uma queda nos preços das ações faz com que as pessoas percam parte desse patrimônio, o que, consequentemente, pressiona para baixo o gasto do consumidor, reduzindo também a demanda agregada. Em segundo lugar, uma queda nos preços das ações pode estar refletindo más notícias em relação ao progresso tecnológico e ao crescimento econômico no longo prazo. Se for esse o caso, significa que o nível natural de produção – e, por conseguinte, a oferta agregada – estará crescendo mais lentamente no futuro do que se esperava.

Essas relações entre o mercado de ações e a economia não passam despercebidas pelos formuladores de políticas econômicas, conforme ocorre com o Federal Reserve. Com efeito, uma vez que o mercado de ações muitas vezes antecipa variações no PIB real, e tendo em vista que os dados sobre o mercado de ações estão mais prontamente disponíveis do que os dados sobre o PIB, o mercado de ações é um indicador econômico observado com grande atenção.

Restrições ao financiamento

Quando uma empresa deseja investir em capital novo – digamos, construindo uma nova fábrica –, ela geralmente levanta os recursos necessários junto aos mercados financeiros. Como discutimos no Capítulo 18, esse financiamento pode assumir diversas formas: obtenção de empréstimo em bancos, venda de títulos ao público ou venda de cotas de participação nos lucros futuros

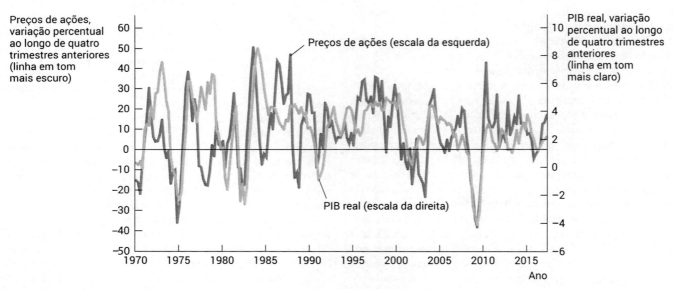

Figura 19.8 O mercado de ações e a economia. Esta figura mostra a associação entre o mercado de ações e a atividade econômica real. Utilizando dados trimestrais, de 1970 a 2017, a figura apresenta a variação percentual correspondente a um ano antes, com base na Média Industrial Dow Jones (um índice de preços para ações das principais empresas do setor industrial norte-americano) e no PIB real. A figura mostra que o mercado de ações e o PIB tendem a se deslocar conjuntamente, mas que a associação está longe de ser precisa.
Fonte: U.S. Department of Commerce e índices S&P Dow Jones.

---

* Para mais informação sobre a relação entre o modelo neoclássico de investimento e a teoria q, veja HAYASHI, Fumio. Tobin's marginal q and average q: a neoclassical interpretation. *Econometrica*, v. 50, p. 213-224, Jan. 1982; e SUMMERS, Lawrence H. Taxation and corporate investment: a q-Theory approach. *Brookings Papers on Economic Activity*, n. 1, p. 67-140, 1981.

no mercado de ações. O modelo neoclássico pressupõe que, se uma empresa está disposta a arcar com o custo do capital, os mercados financeiros tornarão disponíveis esses recursos.

No entanto, às vezes, as empresas enfrentam **restrições ao financiamento** – limitações ao montante que são capazes de levantar junto aos mercados financeiros. As restrições ao financiamento podem impedir que as empresas realizem investimentos lucrativos. Quando uma empresa fica incapacitada de levantar recursos junto ao mercado financeiro, o montante que ela é capaz de gastar em novos bens de capital fica limitado ao montante que ela está auferindo no momento. Restrições ao financiamento influenciam o comportamento das empresas no que diz respeito a investimentos, assim como as restrições à obtenção de empréstimos influenciam o comportamento das famílias no que diz respeito ao consumo. As restrições à obtenção de empréstimos fazem com que as famílias determinem seu patamar de consumo com base na renda atual e não na renda permanente; restrições ao financiamento fazem com que as empresas determinem seus investimentos com base em seus fluxos de caixa atuais e não na lucratividade esperada.

Para ver o impacto das restrições ao financiamento, considere o efeito de uma breve recessão sobre o gasto com investimentos. Uma recessão reduz o nível de emprego, o preço do arrendamento do capital e os lucros. No entanto, se as empresas tiverem esperança de que a recessão tenha curta duração, elas desejarão continuar a investir, sabendo que seus investimentos serão lucrativos no futuro. Ou seja, uma recessão de curta duração terá apenas um efeito pouco significativo sobre o q de Tobin. Para as empresas que têm a capacidade de levantar recursos junto aos mercados financeiros, a recessão deve ter somente um efeito pouco significativo sobre o investimento.

Exatamente o oposto se aplica às empresas que enfrentam restrições ao financiamento. A queda nos lucros do presente restringe o montante que essas empresas têm capacidade de gastar com novos bens de capital, podendo impedi-las de realizar investimentos lucrativos. Portanto, as restrições ao financiamento podem tornar o investimento mais sensível às condições econômicas atuais.*

A medida na qual as restrições ao financiamento impedem os gastos com investimento pode variar ao longo do tempo, dependendo da saúde do sistema financeiro, o que, por sua vez, pode se tornar uma fonte de flutuações no curto prazo. Como vimos no Capítulo 12, por exemplo, durante a Grande Depressão da década de 1930, muitos bancos ficaram insolventes quando o valor de seus ativos caiu para menos do que o valor de seu passivo. Esses bancos foram forçados a suspender suas atividades, fazendo com que seus clientes tivessem ainda mais dificuldade de obter financiamentos para possíveis projetos de investimentos. Muitos economistas acreditam que as falências bancárias disseminadas durante esse período ajudem a explicar a profundidade e a persistência da Depressão. De maneira análoga, como discutimos nos Capítulos 12 e 18, a Grande Recessão de 2008-2009 veio na esteira de uma crise financeira.

Conclusão sobre investimento

O propósito desta seção foi examinar os determinantes do investimento fixo em capital privado. Podemos chegar a três conclusões abrangentes.

Em primeiro lugar, o gasto com investimento é inversamente relacionado com a taxa de juros real, uma vez que uma taxa de juros mais elevada faz crescer o custo do capital. Portanto, o modelo neoclássico de investimento justifica a função de investimento que utilizamos ao longo de todo este livro.

Em segundo lugar, vários eventos podem deslocar a função de investimento. Um aperfeiçoamento na tecnologia disponível eleva o produto marginal do capital e aumenta o investimento em capital fixo privado. Várias políticas econômicas, tais como mudanças no imposto de renda da pessoa jurídica, alteram os incentivos para o investimento e, consequentemente, deslocam a função de investimento.

Em terceiro lugar, é natural esperar que o investimento seja volátil ao longo do ciclo econômico, já que o gasto com investimentos depende tanto do total da produção da economia como da taxa de juros. No modelo neoclássico de investimento em capital fixo privado, o nível de emprego mais elevado aumenta o produto marginal do capital e o incentivo ao investimento. Um nível de produção mais alto também aumenta os lucros da empresa e, desse modo, ameniza as restrições ao financiamento com que algumas empresas se deparam. Nossa análise prevê que um superaquecimento na atividade econômica deve estimular o investimento, enquanto uma recessão deve pressioná-lo para baixo. Isso é exatamente o que observamos.

19.3 CONCLUSÃO: O PAPEL FUNDAMENTAL DAS EXPECTATIVAS

Ao longo de toda a nossa análise sobre os fundamentos microeconômicos do consumo e do investimento, um tema fica evidente: como as famílias e as empresas têm visão prospectiva, suas expectativas sobre o futuro influenciam as decisões que tomam no presente. Pessoas decidem quanto consumir olhando para o futuro, para a renda que esperam ganhar e para o padrão de vida que aspiram alcançar. Administradores das empresas decidem quanto investir olhando para a frente, para os lucros que o novo capital pode vir a proporcionar.

Um corolário disso é que as políticas públicas influenciam o consumo e o investimento não só por meio de seu impacto direto, mas também por alterarem as expectativas. Quando decidem sobre a intensidade da resposta a um aumento ou uma redução nos impostos, consumidores ponderam se essa variação será temporária ou permanente. Ao tomarem decisões sobre alocação de capital, administradores das empresas consideram a legislação tributária que esperam ao longo da vigência do investimento. Como resultado, formuladores de políticas econômicas precisam levar em conta a influência que suas ações e palavras exercerão sobre as expectativas dessas pessoas que tomam decisões sobre consumo e investimento.

Em cursos mais avançados de macroeconomia, a modelagem de expectativas desempenha um papel importante. Alguns economistas defendem o pressuposto das expectativas racionais, de acordo com o qual os tomadores de decisões utilizam da melhor forma possível as informações disponíveis, inclusive sobre políticas públicas, quando estão tentando antever o futuro. Outros economistas sugerem que desvios da racionalidade convencional, como falta de atenção e inércia, podem ajudar a explicar como as pessoas se antecipam a eventos futuros. No entanto, existe amplo consenso de que as expectativas, seja qual for o modo em que sejam formadas, são essenciais para compreender o comportamento econômico e os efeitos das políticas econômicas.

---

* Para consultar trabalhos empíricos que respaldam a importância dessas restrições ao financiamento, veja FAZZARI, Steven M.; HUBBARD, R. Glenn; PETERSEN, Bruce C. Financing constraints and corporate investment. *Brookings Papers on Economic Activity*, 1988, n. 1: 141-195.

Resumo

1. Keynes conjecturou que a propensão marginal a consumir se posiciona entre zero e um; que a propensão média a consumir cai à medida que a renda cresce; e que a renda atual é o principal determinante do consumo. Estudos realizados com dados de domicílios e séries históricas de curto prazo confirmaram as conjecturas de Keynes. No entanto, estudos de séries históricas de longo prazo não apresentaram qualquer tendência de que a propensão média a consumir diminua à medida que a renda cresce ao longo do tempo.
2. A hipótese do ciclo de vida de Modigliani enfatiza que a renda varia de maneira um tanto previsível ao longo da vida de uma pessoa, e que os consumidores utilizam a poupança e a obtenção de empréstimos para manter o consumo estável ao longo de suas vidas. Segundo essa hipótese, o consumo depende tanto da renda quanto da riqueza.
3. A hipótese da renda permanente de Friedman enfatiza que as pessoas experimentam oscilações permanentes e oscilações transitórias em suas rendas. Uma vez que os consumidores têm capacidade de poupar e de recorrer a empréstimos, e uma vez que desejam manter estável o seu padrão de consumo, o consumo não reage significativamente à renda transitória. Em vez disso, o consumo depende principalmente da renda permanente.
4. A hipótese do passeio aleatório de Hall combina a hipótese da renda permanente com a suposição de que consumidores têm expectativas racionais sobre a renda futura. Isso implica que variações no consumo são imprevisíveis, pois os consumidores alteram seu padrão de consumo somente quando têm novidades sobre seus recursos vitalícios.
5. Laibson sugeriu que os efeitos psicológicos são importantes para que se compreenda o comportamento do consumidor. Em particular, como as pessoas têm forte desejo de gratificação imediata, elas podem apresentar comportamento com inconsistência temporal e acabar poupando menos do que gostariam.
6. O produto marginal do capital determina o preço real do arrendamento do capital. A taxa de juros real, a taxa de depreciação e o preço relativo dos bens de capital determinam o custo do capital. De acordo com o modelo neoclássico, as empresas investem caso o preço do aluguel venha a ser maior do que o custo do capital, e revertem seus investimentos (desinvestem) se o preço do aluguel é menor do que o custo do capital.
7. O código tributário federal norte-americano influencia o incentivo ao investimento. O imposto de renda da pessoa jurídica desestimula o investimento, e o crédito fiscal para investimentos – que foi recentemente revogado nos Estados Unidos – incentiva o investimento.
8. Uma maneira alternativa de expressar o modelo neoclássico é enunciar que o investimento depende do q de Tobin, a proporção entre o valor de mercado do capital instalado e o seu custo de reposição. Essa proporção reflete a lucratividade atual e a lucratividade futura esperada para o capital. Quanto mais alto for o valor de q, maior será o valor de mercado do capital instalado, em comparação com o seu custo de reposição, e maior será o incentivo ao investimento.
9. Em contraposição ao pressuposto do modelo clássico, as empresas nem sempre conseguem levantar fundos para financiar seus projetos de investimento. Restrições ao financiamento tornam o investimento sensível ao fluxo de caixa corrente da empresa.
10. Os modelos microeconômicos de consumo e investimento enfatizam que as famílias e os administradores de empresas têm visão de futuro. Como resultado, as expectativas são importantes e a política influencia a economia, em parte, pelo fato de modificar expectativas.

Questionário rápido

1. A função de consumo keynesiana previu que, à medida que a economia vai ficando mais rica ao longo do tempo, a taxa de poupança deveria _____, mas os dados coletados por Simon Kuznets mostraram que, diferentemente disso, a taxa de poupança _____ .
    a) aumentar, diminuiu
    b) aumentar, permaneceu estável
    c) diminuir, aumentou
    d) diminuir, permaneceu estável

2. Pessoas que preferem estabilizar o consumo ao longo do tempo
    a) baseiam seu consumo na renda atual e não nos recursos vitalícios.
    b) aumentam a poupança quando a renda corrente cai para menos do que a renda permanente.
    c) poupam mais em resposta a aumentos transitórios na renda.
    d) consomem mais em razão de uma redução fiscal temporária do que de reduções permanentes.

3. A hipótese do passeio aleatório de Robert Hall sugere que uma mudança na política fiscal tem seu maior efeito no consumo quando as pessoas
    a) ouvem um formulador de políticas propor a mudança.
    b) concluem que a política tem possibilidade de se efetivar.
    c) observam a política transformada em lei.
    d) constatam a mudança refletida em seus contracheques.

4. Segundo os modelos de famílias que mostram preferências com inconsistência temporal, as pessoas esperam se comprometer a _____ mais no futuro mas, quando o futuro chega, elas ficam tentadas a _____ mais do que planejaram.
    a) consumir, poupar
    b) consumir, trabalhar
    c) poupar, consumir
    d) poupar, trabalhar

5. Se, em uma recessão, tanto o nível de emprego quanto a taxa de juros declinam, o produto marginal do capital _____ e o custo do capital _____.
    a) aumenta, aumenta
    b) aumenta, diminui
    c) diminui, aumenta
    d) diminui, diminui

6. Se os investidores tiverem a expectativa de que o Congresso reduzirá no futuro os impostos cobrados sobre as empresas, o impacto hoje será
    a) um q de Tobin mais alto e mais investimentos.
    b) um q de Tobin mais alto e menos investimentos.
    c) um q de Tobin mais baixo e mais investimentos.
    d) um q de Tobin mais baixo e menos investimentos.

CONCEITOS-CHAVE

Propensão marginal a consumir
Propensão média a consumir
Hipótese do ciclo de vida
Hipótese da renda permanente
Renda permanente
Renda transitória

Restrição à obtenção de empréstimos
Passeio aleatório
Preferências com inconsistência temporal
Modelo neoclássico de investimento
Depreciação
Custo real do capital

Investimento líquido
Imposto de renda da pessoa jurídica
Crédito fiscal para investimentos
q de Tobin
Restrições ao financiamento

Questões para revisão

1. Quais foram as três conjecturas de Keynes sobre a função de consumo?
2. Descreva as evidências que foram coerentes com as conjecturas de Keynes, e as evidências que foram incoerentes.
3. De que modo as hipóteses do ciclo de vida e da renda permanente solucionam as evidências aparentemente contraditórias sobre o comportamento voltado para o consumo?
4. Explique por que as variações no consumo são imprevisíveis se os consumidores obedecerem à hipótese da renda permanente e tiverem expectativas racionais.
5. Apresente um exemplo no qual alguém pode expor preferências com inconsistência temporal.
6. No modelo neoclássico de investimento, sob quais condições as firmas acharão lucrativo aumentar seus estoques de capital?
7. O que significa o q de Tobin e o que ele tem a ver com o investimento?

Problemas e aplicações

1. Albert e Franco seguem a hipótese do ciclo de vida: estabilizam o consumo tanto quanto possível. Cada um deles vive cinco períodos, com os últimos dois correspondendo à aposentadoria. Apresentamos a seguir suas respectivas rendas auferidas durante cada um dos períodos.

Período	Albert	Franco
1	$ 100.000	$ 40.000
2	100.000	100.000
3	100.000	100.000
4	0	0
5	0	0

Para simplificar, pressuponha que a taxa de juros seja zero, tanto para a poupança quanto para a tomada de empréstimos, e que a expectativa de vida seja perfeitamente previsível.
a) Para cada um dos indivíduos, calcule o consumo e a poupança para cada período de vida.
b) Calcule a riqueza de cada um desses indivíduos (ou seja, a poupança acumulada de cada um deles) ao início de cada período, incluindo o período 6.
c) Trace um gráfico para o consumo, a renda e a riqueza de cada um deles, com o período no eixo horizontal. Compare seu gráfico com a Figura 19.5.
d) Suponha, agora, que os consumidores não consigam obter empréstimos, de modo que a riqueza não pode ser negativa. De que maneira isso modifica suas respostas? Trace um novo gráfico para o item (c), caso necessário.

2. Demógrafos preveem que a parcela de idosos no total da população aumentará ao longo dos próximos 20 anos. O que o modelo do ciclo de vida prevê no que diz respeito à influência dessa mudança demográfica sobre a taxa de poupança nacional?

3. Este capítulo indica que os idosos não *despoupam* tanto quanto prevê o modelo do ciclo de vida.
a) Descreva as duas explicações possíveis para esse fenômeno.
b) Um estudo descobriu que os idosos que não têm filhos *despoupam* na mesma proporção que os idosos com filhos. O que essa descoberta pode implicar sobre a validade das duas explicações? Por que isso pode ser inconclusivo?

4. Esclareça se as restrições à tomada de empréstimos aumentam ou diminuem o poder da política fiscal de influenciar a demanda agregada em cada um dos seguintes casos:
a) Redução temporária nos impostos.
b) Anúncio de futura redução de impostos.

5. Considere duas contas de poupança que remuneram com base na mesma taxa de juros. Uma das contas permite que você retire o dinheiro quando quiser. A segunda exige que você comunique a retirada com 30 dias de antecedência.
a) Qual dessas contas você preferiria? Por que razão?
b) Você conseguiria imaginar alguém capaz de fazer a escolha oposta? Explique.
c) O que essas escolhas afirmam sobre as teorias da função de consumo discutidas neste capítulo?

Problemas e aplicações

6. Este problema requer o uso de cálculo para comparar dois cenários de otimização do consumidor
   a) Nina tem a seguinte função de utilidade:
   $$U = \ln(C_1) + \ln(C_2) + \ln(C_3).$$
   Ela começa com uma riqueza de $ 120.000, não ganha qualquer renda adicional e tem uma taxa de juros zero. Quanto ela consome em cada um dos três períodos?
   b) David é exatamente como Nina, exceto pelo fato de que sempre obtém utilidade adicional a partir do consumo no presente. Com base na perspectiva do período 1, sua função de utilidade é
   $$U = 2\ln(C_1) + \ln(C_2) + \ln(C_3).$$
   No período 1, quanto David decide consumir em cada um dos três períodos? Quanta riqueza sobra para ele depois do período 1?
   c) Quando David entra no período 2, sua função de utilidade é
   $$U = \ln(C_1) + 2\ln(C_2) + \ln(C_3).$$
   Quanto ele consome nos períodos 2 e 3? Como se compara a sua resposta para este item com a decisão de David no item (b)?
   d) Se, no período 1, David fosse capaz de limitar as opções que pode fazer no período 2, o que ele deveria fazer? Compare esse exemplo com uma das teorias do consumo discutidas no capítulo.

7. Utilize o modelo neoclássico de investimento para explicar o impacto de cada um dos seguintes acontecimentos sobre o preço do arrendamento do capital, o custo do capital e o investimento:
   a) Uma política monetária anti-inflacionária eleva a taxa de juros real.
   b) Um terremoto destrói parte do estoque de capital.
   c) A imigração de trabalhadores estrangeiros eleva o volume da força de trabalho.
   d) Avanços na informática tornam a produção mais eficiente.

8. Suponha que o governo cobre das refinadoras de petróleo um imposto equivalente a uma proporção do valor das reservas de petróleo da empresa. (O governo garante às empresas que o imposto será cobrado uma única vez.) De acordo com o modelo neoclássico, que efeito o imposto terá sobre o investimento em capital fixo privado, por parte dessas empresas? E se essas empresas tiverem restrições ao financiamento?

9. O modelo *IS-LM* desenvolvido nos Capítulos 11 e 12 pressupõe que o investimento depende exclusivamente da taxa de juros. Entretanto, nossas teorias que tratam do investimento sugerem que o investimento também pode depender da renda nacional: renda mais alta pode induzir as empresas a investirem mais.
   a) Explique a razão pela qual o investimento pode depender da renda nacional.
   b) Suponha que o investimento seja determinado por
   $$I = \bar{I} + aY,$$
   em que *a* corresponde a um parâmetro entre zero e um, que mede a influência da renda nacional sobre o investimento. Com o investimento determinado dessa maneira, quais são os multiplicadores da política fiscal no modelo da cruz keynesiana? Explique.
   c) Suponha que o investimento depende tanto da renda quanto a taxa de juro. Ou seja, a função de investimento é
   $$I = \bar{I} + aY - br,$$
   em que *a* corresponde a um parâmetro entre zero e um, que mede a influência da renda nacional sobre o investimento, e *b* corresponde a um parâmetro maior do que zero, que mede a influência da taxa de juros sobre o investimento. Utilize o modelo *IS-LM* para considerar o impacto de curto prazo de um crescimento nas compras do governo sobre a renda nacional, *Y*, a taxa de juros, *r*, o consumo, *C*, e o investimento, *I*. De que modo essa função de investimento pode alterar as conclusões que o modelo básico *IS-LM* implica?

10. Quando o mercado de ações entra em colapso, que tipo de influência isso exerce sobre o investimento, o consumo e a demanda agregada? Por quê? Como o banco central deve reagir? Por quê?

11. Estamos em ano de eleições e a economia está em recessão. O candidato da oposição baseia sua campanha em uma plataforma de aprovação de crédito fiscal para investimentos, que entraria em vigor no ano seguinte à sua posse. Que impacto essa promessa de campanha teria sobre as condições econômicas durante o ano em curso?

Respostas do questionário rápido

1. b
2. c
3. b
4. c
5. d
6. a

O que sabemos, o que não sabemos

EPÍLOGO

> *Se todos os economistas fossem colocados em fila, lado a lado, eles não chegariam a uma conclusão.*
>
> — George Bernard Shaw

> *A teoria econômica não proporciona um corpo de conclusões estabelecidas, imediatamente aplicáveis à política econômica. Trata-se de um método, não de uma doutrina, um aparato da mente, uma técnica de raciocínio que ajuda quem o possui a extrair conclusões acertadas.*
>
> — John Maynard Keynes

O primeiro capítulo deste livro enuncia que o propósito da macroeconomia diz respeito a compreender os eventos econômicos e aperfeiçoar as políticas econômicas. Agora que estudamos muitos dos mais importantes modelos encontrados na caixa de ferramentas dos macroeconomistas, seremos capazes de avaliar se os macroeconomistas conseguiram alcançar esses objetivos.

Qualquer avaliação justa para a macroeconomia, nos dias de hoje, deve admitir que se trata de uma ciência incompleta. Existem alguns princípios que quase todos os macroeconomistas aceitam, e nos quais podem se basear quando analisam eventos ou formulam políticas econômicas. No entanto, existem também muitas questões relacionadas à economia que permanecem abertas a debates. Neste epílogo, revisamos as lições fundamentais da macroeconomia e as mais prementes perguntas ainda não respondidas.

AS QUATRO LIÇÕES MAIS IMPORTANTES DA MACROECONOMIA

Começamos com quatro lições que foram recorrentes ao longo de todo este livro, e que seriam endossadas pela maior parte dos economistas da atualidade. Cada uma das lições nos informa como a política econômica consegue influenciar uma variável econômica fundamental – produção, inflação ou desemprego – no longo ou no curto prazo.

Lição 1: No longo prazo, a capacidade de um país de produzir bens e serviços determina o padrão de vida de seus cidadãos

Entre todos os indicadores de desempenho econômico introduzidos no Capítulo 2 e utilizados ao longo do livro, aquele que melhor mede a prosperidade econômica é o PIB. O PIB real mede o total da produção de bens e serviços da economia e, portanto, a capacidade de um país de satisfazer as necessidades e os desejos de seus cidadãos. Nações com um PIB *per capita* mais elevado possuem maior quantidade de quase todas as coisas – residências maiores, maior quantidade de automóveis, índice de alfabetização mais alto, melhores padrões de assistência à saúde, expectativa de vida mais longa e maior número de conexões de internet. A questão mais importante na macroeconomia talvez seja aquilo que determina o patamar e o índice de crescimento do PIB.

Os modelos apresentados nos Capítulos 3, 8 e 9 identificam os determinantes de longo prazo para o PIB. No longo prazo, o PIB depende dos fatores de produção – capital e mão de obra – e da tecnologia para transformar capital e mão de obra em produção. O PIB cresce quando os fatores de produção aumentam ou quando a economia se torna mais eficiente na transformação desses insumos em bens e serviços.

Essa lição apresenta um corolário evidente, porém importante: políticas públicas só conseguem elevar o PIB no longo prazo se melhoram a capacidade produtiva da economia. Os formuladores de política econômica podem tentar fazer isso de diversas maneiras. Políticas econômicas que façam crescer a poupança nacional – seja com maior poupança pública, seja com maior poupança privada – acabam propiciando maior estoque de capital. Políticas que aumentem a eficiência da mão de obra – como aquelas que melhoram a educação ou promovem o progresso tecnológico – permitem uma utilização mais produtiva do capital e da mão de obra. Políticas que melhorem o nível das instituições de um país – com sanções severas aplicadas à corrupção oficial – promovem a acumulação de capital e o uso eficiente de recursos escassos. Ao fazer crescer a produção de bens e serviços da economia, essas políticas melhoram o padrão de vida.

Lição 2: No curto prazo, a demanda agregada influencia a quantidade de bens e serviços que um país produz

Embora a capacidade da economia de *ofertar* bens e serviços seja o único determinante do PIB em longo prazo, no curto prazo o PIB depende também da *demanda* agregada por bens e serviços. Demanda agregada é importante porque os preços são rígidos no curto prazo. O modelo *IS-LM*, desenvolvido nos Capítulos 11 e 12, juntamente com o modelo Mundell-Fleming no Capítulo 13, mostra o que causa mudanças na demanda agregada e, por conseguinte, oscilações de curto prazo no PIB.

Como a demanda agregada influencia o nível de produção no curto prazo, todas as variáveis que afetam a demanda agregada podem influenciar as oscilações econômicas. A política monetária, a política fiscal e choques no mercado monetário e no mercado de bens muitas vezes são responsáveis pelas mudanças no nível de produção e no emprego de um ano para outro. Considerando que mudanças na demanda agregada são fundamentais para as flutuações de curto prazo, os formuladores de políticas econômicas monitoram de perto a economia. Antes de realizar alterações na política monetária ou na política fiscal, eles desejam saber se a economia está passando por uma fase de superaquecimento ou se está caminhando rumo a uma recessão.

Lição 3: No longo prazo, a taxa de expansão monetária determina a taxa de inflação, mas não afeta a taxa de desemprego

Além do PIB, inflação e desemprego figuram entre os indicadores de desempenho econômico mais atentamente observados. O Capítulo 2 discutiu como essas duas variáveis são mensuradas, e os capítulos subsequentes desenvolveram modelos para explicar como elas são determinadas.

A análise de longo prazo, apresentada no Capítulo 5, ressalta que o crescimento na oferta monetária é o determinante conclusivo para a inflação. Ou seja, no longo prazo, uma moeda vai perdendo o seu valor real ao longo do tempo se, e somente se, o banco central emitir uma quantidade cada vez maior de moeda. Essa lição consegue explicar a variação na taxa de inflação, de década para década, que temos observado nos Estados Unidos, assim como as hiperinflações muito mais dramáticas que vários países têm atravessado de tempos em tempos.

Também discutimos muitos dos efeitos de longo prazo da inflação elevada. No Capítulo 5 constatamos que, de acordo com o efeito de Fisher, a inflação elevada faz crescer a taxa de juros nominal (de modo que a taxa de juros real permanece inalterada). No Capítulo 6, verificamos que a inflação elevada acarreta depreciação da moeda no mercado de câmbio.

Os determinantes de longo prazo para o desemprego são bastante diferentes. De acordo com a dicotomia clássica – irrelevância das variáveis nominais para a determinação das variáveis reais –, o crescimento na oferta monetária não afeta o desemprego no longo prazo. Como verificamos no Capítulo 7, a taxa natural de desemprego é determinada pelas taxas de perda de emprego e de obtenção de emprego, as quais, por sua vez, são determinadas pelo processo de busca de emprego e pela rigidez do salário real.

Consequentemente, concluímos que inflação e desemprego persistentes são problemas que não se relacionam um com o outro. Para combater a inflação no longo prazo, formuladores de políticas econômicas devem necessariamente reduzir o crescimento da oferta monetária. Para combater o desemprego, eles precisam modificar a estrutura dos mercados de mão de obra. No longo prazo, não existe qualquer conflito de escolha entre inflação e desemprego.

Lição 4: No curto prazo, os formuladores de políticas que controlam as políticas monetária e fiscal se deparam com *trade-off* entre inflação e desemprego

Embora inflação e desemprego não estejam relacionados entre si no longo prazo, existe no curto prazo um *trade-off* essas duas variáveis, ilustrado pela curva de Phillips para o curto prazo. Como discutimos no Capítulo 14, formuladores de políticas econômicas podem utilizar as políticas monetária e fiscal para expandir a demanda agregada, o que diminui o desemprego e faz aumentar a inflação. Podem também utilizar essas políticas para contrair a demanda agregada, o que faz aumentar o desemprego e diminuir a inflação.

Os formuladores de políticas econômicas enfrentam um conflito de escolha entre inflação e desemprego somente no curto prazo. Ao longo do tempo, a curva de Phillips de curto prazo passa a se deslocar por dois motivos. O primeiro deles é que choques na oferta, tais como variações no preço do petróleo, modificam o *trade-off* no curto prazo; um choque adverso na oferta proporciona a esses formuladores a difícil escolha entre inflação mais alta e índice de desemprego mais alto. O segundo deles é que, quando as pessoas modificam suas expectativas em relação à inflação, o *trade-off* de curto prazo entre inflação e desemprego se modifica. O ajuste das expectativas garante que o *trade-off* exista unicamente no curto prazo. Ou seja, somente no curto prazo o desemprego se desvia de sua taxa natural, e somente no curto prazo a política monetária exerce efeitos reais. No longo prazo, o modelo clássico apresentado nos Capítulos 3 a 9 descreve o mundo.

AS QUATRO PERGUNTAS MAIS IMPORTANTES DA MACROECONOMIA QUE AINDA NÃO FORAM RESPONDIDAS

Até aqui, discutimos algumas das lições gerais sobre as quais a maioria dos economistas concorda. Agora, voltamos nossa atenção para quatro perguntas em relação às quais existe controvérsia. Algumas divergências dizem respeito à validade das teorias econômicas alternativas; outras referem-se à maneira como a teoria econômica deve ser aplicada à política econômica.

Pergunta 1: Como os formuladores de políticas econômicas devem tentar promover o crescimento no nível natural de produção da economia?

Se o nível natural de produção da economia depende do montante de capital, da quantidade de mão de obra e do nível de tecnologia, qualquer política econômica desenvolvida para aumentar o total da produção no longo prazo deve necessariamente ter como objetivo o crescimento da acumulação de capital, melhor emprego da mão de obra ou o aperfeiçoamento na tecnologia disponível. Não existe, no entanto, uma forma simples e fácil de alcançar esses objetivos.

O modelo de crescimento de Solow, apresentado nos Capítulos 8 e 9, mostra que aumentar o montante de capital requer crescimento da taxa de poupança e do investimento da economia. Por essa razão, muitos economistas defendem políticas que façam crescer a poupança nacional. Contudo, o modelo de Solow também mostra que aumentar o estoque de capital requer um período de consumo reduzido para as gerações do presente. Alguns economistas argumentam que os formuladores de políticas econômicas não deveriam incentivar as gerações do presente a fazer esse tipo de sacrifício, pois o progresso tecnológico garante que as gerações futuras estarão em situação melhor do que as gerações do presente. (Um economista irônico perguntou: "O que a posteridade já fez por mim?") Mesmo os economistas que defendem aumentos na poupança e no investimento discordam em relação ao modo de incentivar a poupança e se o investimento deve ser aplicado em fábricas e equipamentos de propriedade privada ou em infraestrutura pública, como estradas e escolas.

Para aperfeiçoar o uso que a economia faz de sua força de trabalho, a maioria dos formuladores de política econômica desejaria diminuir a taxa natural de desemprego. Como ressaltamos no Capítulo 7, as grandes diferenças, em termos de desemprego que observamos de um país para outro e as grandes transformações que observamos no nível de desemprego, ao longo do tempo, dentro dos países sugerem que a taxa natural não é uma constante imutável, mas depende das políticas e das instituições de um país. Entretanto, a redução do desemprego é tarefa carregada de perigos. A taxa natural de desemprego poderia ser reduzida diminuindo-se os benefícios do seguro-desemprego (e, consequentemente, aumentando o esforço dos desempregados na busca por emprego), ou diminuindo o salário-mínimo (e, com isso, trazendo os salários para mais perto dos níveis de equilíbrio). Esse tipo de política, no entanto, também prejudicaria os membros mais necessitados da sociedade e, por essa razão, não consegue obter consenso entre os economistas. Durante a Grande Recessão de 2008-2009, o Congresso dos Estados Unidos estendeu temporariamente a elegibilidade ao seguro-desemprego para um prazo sem precedentes de 99 semanas, provocando debate entre os economistas sobre a adequação da medida – seria ela uma resposta a circunstâncias extraordinárias ou uma reação exagerada?

Em muitos países, o nível natural de produção é pressionado para baixo pela falta das instituições que as pessoas nos países desenvolvidos consideram óbvias.. Os cidadãos dos Estados Unidos, nos dias de hoje, não se preocupam com revoluções, golpes de Estado ou guerras civis. Em sua grande maioria, eles confiam na polícia e no sistema judiciário no que concerne ao respeito às leis, à manutenção da ordem, à proteção do direito de propriedade e ao cumprimento dos contratos no setor privado. Entretanto, nos países que não dispõem desse tipo de instituição, as pessoas se deparam com o tipo errado de incentivo: se a criação de alguma coisa de valor econômico é um caminho menos seguro para a riqueza do que roubar do vizinho, uma economia conta com poucas possibilidades de vir a prosperar. Todos os economistas concordam que o estabelecimento das instituições corretas constitui um pré-requisito para incentivar o desenvolvimento dos países pobres do mundo, mas que a transformação das instituições de uma nação requer superar difíceis obstáculos políticos.

Incentivar o crescimento da taxa de progresso tecnológico é, de acordo com alguns economistas, o objetivo mais importante para a política pública. O modelo de crescimento de Solow demonstra que somente o progresso tecnológico é capaz de produzir crescimento sustentável nos padrões de vida. Apesar da grande quantidade de trabalhos que tratam das teorias de crescimento endógeno, enfatizando as decisões da sociedade que influenciam o progresso tecnológico, economistas não são capazes de oferecer uma receita confiável para assegurar avanços rápidos na tecnologia. Eles continuam a debater até que ponto o governo deve assumir um papel atuante na promoção do desenvolvimento e na disseminação de determinados segmentos da economia e tecnologias.

Pergunta 2: Formuladores de políticas econômicas devem tentar estabilizar a economia?

O modelo de oferta agregada e demanda agregada, desenvolvido nos Capítulos 10 a 15, demonstra como alguns tipos de choque na economia causam flutuações econômicas, e como a política monetária e a política fiscal são capazes de influenciar essas flutuações. Certos economistas acreditam que os formuladores de política econômica devem utilizar essa análise em tentativa para estabilizar a economia. Eles acreditam que a política monetária e a política fiscal devem tentar contrabalançar choques com o objetivo de manter a produção e o emprego próximos de suas taxas naturais.

No entanto, como destacamos no Capítulo 16, outros economistas são céticos em relação à nossa capacidade de estabilizar a economia, mencionando os longos e variáveis hiatos inerentes à formulação de políticas econômicas, o histórico pouco eficiente dos prognósticos econômicos e nosso entendimento ainda limitado sobre o funcionamento da economia. Esses economistas concluem que a melhor política econômica é a política passiva. Além disso, muitos economistas acreditam que os formuladores de política econômica também são, com demasiada frequência, oportunistas ou são tentados a seguir políticas com inconsistência temporal. Eles terminam afirmando que tais formuladores de políticas não devem ter poder discricionário sobre a política monetária e a política fiscal, mas devem, em vez disso, estar comprometidos em seguir uma regra fixa de política econômica. Ou ainda, no mínimo, seu poder discricionário deveria ser restringido, como é o caso nas situações em que os bancos centrais adotam política relacionada a uma meta de inflação.

Existe também um debate entre os economistas sobre as ferramentas econômicas mais adequadas para a estabilização econômica. De modo geral, a política monetária é o carro-chefe da defesa contra o ciclo econômico. Na Grande Recessão de 2008-2009, entretanto, o Federal Reserve reduziu as taxas de juros ao seu limite mais baixo, correspondente a zero, e o foco de muitas discussões econômicas direcionou-se para a política fiscal. Os economistas em geral discordam no que se refere à intensidade do uso da política fiscal para estimular a economia em períodos de declínio, e se reduções nas alíquotas dos impostos ou crescimento no nível de gastos seriam preferíveis como instrumento de política econômica.

Um questionamento correlato é se os benefícios inerentes à estabilização econômica – supondo que a estabilização pudesse ser alcançada – seriam grandes ou pequenos. Sem qualquer tipo de mudança na taxa natural de desemprego, políticas de estabilização conseguem apenas reduzir a magnitude das flutuações em torno da taxa natural. Consequentemente, políticas de estabilização bem-sucedidas eliminariam tanto os surtos de superaquecimento na economia quanto as recessões. Alguns economistas sugeriram que o ganho médio decorrente da estabilização seria pouco significativo.

Por fim, na sequência da crise financeira e da Grande Recessão de 2008-2009, economistas questionaram se a economia poderia ser estabilizada evitando-se esses tipos de choques no futuro. Como discutimos no Capítulo 18, problemas no sistema financeiro podem provocar problemas na economia como um todo. De fato, ao longo da história, crises financeiras causaram algumas das desacelerações mais profundas na atividade econômica. Infelizmente, não se conhecem ao certo as maneiras mais eficientes de impedir a ocorrência dessas crises.

Um tema de discussão gira em torno da resposta da política monetária às bolhas especulativas nos preços dos ativos. Alguns economistas argumentam que os bancos centrais deveriam primeiro monitorar os mercados de ativos e tentar evitar o surgimento de bolhas especulativas. Isso poderia significar aumento das taxas de juros em um período anterior para deflacionar as bolhas assim que elas começassem a se formar. Outros economistas acreditam que os formuladores de políticas econômicas não conseguem ser mais eficazes do que os participantes do mercado no que concerne a afirmar quando o crescimento nos preços dos ativos reflete uma bolha especulativa irracional e não uma avaliação racional de mudanças em fatores fundamentais. Além disso, argumentam eles, os instrumentos de política monetária são primitivos demais para pinçar as bolhas, e a tentativa de fazê-lo poderia desviar a atenção dos bancos centrais de seus principais objetivos de baixar a inflação e manter estável o nível de emprego.

Outro ponto de debates gira em torno da regulação. Alguns economistas argumentam que uma regulação com mais vigilância junto às instituições financeiras pode reduzir a tomada de riscos inescrupulosa e a eventualidade de crises financeiras. Outros acreditam que a regulação financeira é difícil de ser bem executada, fácil de ser burlada e pode transmitir ao público a falsa esperança de que o sistema financeiro seja mais seguro do que realmente é. Além disso, eles argumentam que a regulamentação recessiva pode impedir que o sistema financeiro execute com eficiência sua tarefa fundamental que consiste em alocar capital e risco, o que, por sua vez, pode impedir o crescimento econômico no longo prazo.

Pergunta 3: Qual o custo da inflação e qual o custo inerente a reduzi-la?

Sempre que os preços estão crescendo, os formuladores de políticas econômicas se deparam com o questionamento em relação a adotar ou não políticas para reduzir a taxa de inflação. Para tomar essa decisão, eles precisam estabelecer uma comparação entre o custo inerente a permitir que a inflação continue em sua taxa atual e o custo de reduzi-la. Economistas, no entanto, não são capazes de oferecer estimativas precisas sobre quaisquer desses dois custos.

O custo da inflação é um tópico sobre o qual economistas e leigos costumam discordar. Quando a inflação nos EUA chegou a 10% ao ano, ao final da década de 1970, as pesquisas de opinião mostravam que a população norte-americana considerava a inflação um grande problema econômico. No entanto, como abordamos no Capítulo 4, quando tentam identificar o custo social da inflação, os economistas conseguem apontar apenas os custos de sola de sapato, custos de menu e custos de um sistema tributário não indexado. Esses custos se elevam quando o país passa por hiperinflação, mas aparentam ser relativamente insignificantes em relação às taxas moderadas de inflação apresentadas pela maioria das economias de grande porte. Alguns economistas acreditam que a população confunde inflação com outros problemas de natureza econômica que coincidem com a inflação. Por exemplo, quando o crescimento na produtividade e nos salários reais sofreu desaceleração na década de 1970, alguns cidadãos leigos podem ter visto a inflação como a causa da desaceleração nos salários reais. No entanto, é também possível que os economistas estejam equivocados: talvez a inflação seja de fato bastante onerosa, e tenhamos ainda que descobrir por quê.

É possível, também, que algum grau de inflação seja desejável. Se os trabalhadores resistem a reduções nos salários reais, a inflação torna mais fácil que os salários reais diminuam quando necessário, de modo a equilibrar a oferta e a demanda por mão de obra. Ou seja, a inflação pode "lubrificar as engrenagens" dos mercados de mão de obra. Além disso, uma inflação mais alta elevaria a taxa de juros nominal por meio do efeito Fisher, e uma taxa de juros nominal proporciona ao banco central mais espaço de manobra para reduzir as taxas de juros, quando necessário, para estimular a economia. Em outras palavras, inflação mais alta reduziria a probabilidade de o banco central atingir o limite inferior zero para as taxas de juros nominais, reduzindo o risco de a economia cair em uma armadilha da liquidez. Alguns economistas utilizaram tais argumentos para sugerir que o Federal Reserve tenha como meta de inflação 4%, em vez dos 2% que parece ser a meta de inflação atualmente estabelecida por ele.

O custo da redução da inflação é um tópico em relação ao qual os economistas geralmente discordam. Como verificamos no Capítulo 14, o ponto de vista tradicional – descrito pela curva de Phillips de curto prazo – é que a redução da inflação requer um período de baixo nível de produção e alto índice de desemprego. De acordo com esse ponto de vista, o custo da redução da inflação é medido pela taxa de sacrifício, que corresponde ao número de pontos percentuais correspondentes ao PIB de um ano, dos quais se deve abrir mão para reduzir a inflação em 1 ponto percentual. No entanto, alguns economistas acreditam que o custo inerente a reduzir a inflação pode ser bem menor do que indicam as estimativas tradicionais para a taxa de sacrifício. De acordo com a abordagem das expectativas racionais discutida no Capítulo 14, se uma política econômica desinflacionária for anunciada com antecedência, e se ela tiver credibilidade junto à população, as pessoas ajustarão rapidamente as suas expectativas de modo tal que a desinflação não precise necessariamente causar recessão.

Outros economistas acreditam que o custo inerente a reduzir a inflação é muito maior do que indicam as estimativas tradicionais para a taxa de sacrifício. As teorias que tratam da histerese, discutidas no Capítulo 14, sugerem que uma recessão causada por políticas econômicas desinflacionárias pode elevar a taxa natural de desemprego. Se for este o caso, o custo inerente a reduzir inflação não é meramente uma recessão temporária, mas um nível de desemprego persistentemente mais alto.

Permanecendo os custos da inflação e da desinflação abertos ao debate, economistas geralmente oferecem conselhos conflitantes aos formuladores de políticas econômicas. Mediante uma quantidade maior de pesquisas, talvez seja possível chegar a um consenso sobre os benefícios da inflação baixa e sobre a melhor maneira de chegar a ela.

Pergunta 4: Até que ponto os déficits orçamentários do governo representam um grande problema?

O endividamento do governo é tópico permanente de debates, particularmente nos últimos anos. Durante a Grande Recessão de 2008-2009, o déficit orçamentário nos Estados Unidos cresceu para US$ 1,4 trilhão, ou aproximadamente 10% do PIB, patamar sem precedentes desde a Segunda Guerra Mundial. Ainda mais preocupante é o panorama fiscal de longo prazo. Muitos economistas acreditam que será difícil controlar o déficit orçamentário, à medida que a grande geração do *baby-boom* alcançar a idade para a aposentadoria e começar a receber os benefícios da Seguridade Social e do Medicare que o governo oferece aos idosos.

A maior parte dos economistas adota a abordagem tradicional para o endividamento público. De acordo com essa abordagem, quando o governo incorre em déficit orçamentário e assume uma dívida, ele reduz a poupança nacional, o que, por sua vez, provoca menor nível de investimento e déficit comercial. No longo prazo, isso acarreta menor estoque de capital em estado estacionário e maior dívida externa. Quem defende a abordagem tradicional conclui que o endividamento do governo impõe ônus sobre as gerações futuras.

Entretanto, como discutimos no Capítulo 17, há economistas que são céticos quanto a essa avaliação. Defensores da abordagem ricardiana para o endividamento público ressaltam que o déficit orçamentário representa meramente uma substituição de impostos no presente por impostos no futuro. Considerando que os consumidores tenham visão prospectiva, como pressupõem as teorias de consumo apresentadas no Capítulo 19, eles pouparão hoje de modo a fazer face às obrigações fiscais futuras próprias ou de seus filhos. Esses economistas creem que o grau de endividamento do governo tem apenas efeito pouco significativo sobre a economia. Acreditam que as decisões sobre gastos do governo são importantes, mas o fato de esses gastos serem financiados por impostos ou pela venda de títulos públicos tem importância secundária.

Outros economistas acreditam que os indicadores tradicionais para políticas fiscais são imperfeitos demais para terem grande proveito. Embora as opções do governo em relação a impostos e gastos exerçam grande influência sobre o bem-estar de diferentes gerações, nem todas essas opções estão refletidas no tamanho da dívida pública. O nível dos benefícios da Seguridade Social e dos impostos, por exemplo, afeta o bem-estar dos beneficiários mais idosos, em contraposição aos contribuintes em idade produtiva, mas os indicadores do déficit orçamentário não refletem essa opção em termos de política. De acordo com alguns economistas, devemos parar de nos concentrar no tamanho do déficit orçamentário atual do governo e nos ater, em vez disso, aos impactos de mais longo prazo da política fiscal sobre as diversas gerações futuras.

Acontecimentos recentes fizeram com que as atenções voltassem a se concentrar na possibilidade de o governo se tornar inadimplente. No século XVIII, Alexander Hamilton argumentou, com sucesso, que o governo federal dos EUA deveria sempre honrar suas dívidas. Entretanto, ao longo dos últimos anos, a Grécia e diversos outros países europeus tiveram que se esforçar para obedecer a tal proposta. Em agosto de 2011, a Standard & Poor's reduziu sua avaliação de risco de crédito atribuída aos títulos do Tesouro dos EUA para um ponto abaixo do grau AAA, o grau máximo, no qual permanece até o presente, sugerindo que a regra de Hamilton pode, algum dia, vir a ser violada até mesmo pelos Estados Unidos. Enquanto o sistema político dos EUA enfrenta dificuldades com os déficits orçamentários, a opinião dos economistas e do público em geral continua dividida em relação ao que deveria ser feito para colocar a política fiscal de volta em um caminho sustentável. Pessoas sensatas discordam sobre a parcela do ajuste fiscal que deveria advir de receitas fiscais mais elevadas e a parcela que deveria resultar da redução dos gastos públicos.

Conclusão

Economistas e formuladores de políticas econômicas precisam lidar com a ambiguidade. O estado atual da macroeconomia oferece muitas linhas de raciocínio, embora também deixe muitas perguntas em aberto. O desafio para os economistas consiste em encontrar respostas para essas perguntas e expandir o nosso grau de conhecimento. O desafio dos formuladores de políticas econômicas consiste em utilizar o conhecimento de que dispomos atualmente, de modo a melhorar o desempenho econômico. Ambos os desafios são gigantescos, mas nenhum dos dois é insuperável.

Glossário

A

Ação: Quotas de participação na propriedade de uma empresa.

Acíclico: Aquilo que se movimenta sem qualquer direção consistente, ao longo do ciclo econômico. (Cf. Contracíclico; Pró-cíclico.)

Afastar o investimento: Redução no investimento, ação que resulta quando a política fiscal expansionista faz com que se eleve a taxa de juros.

Agregado: Total do conjunto da economia considerada como um todo.

Ajuste sazonal: Eliminação das flutuações periódicas em uma variável econômica, que ocorre em função da época do ano.

Alavancagem: Uso do dinheiro emprestado para suplementar recursos existentes destinados a investimentos.

Aperto no crédito: Modificação nas condições, de instituições financeiras, que dificulta a obtenção de crédito a potenciais tomadores de empréstimos.

Arbitragem: Ato de comprar um item em determinado mercado, e vendê-lo por um preço mais alto em outro mercado, com o objetivo de obter lucros a partir do diferencial de preços nos dois mercados.

Armadilha da liquidez: Situação em que a taxa de juros nominal caiu para seu limite inferior, correspondente a zero, o que coloca em cheque a eficácia da política monetária em estimular a economia.

Ataque especulativo: Venda maciça da moeda corrente de determinado país, geralmente em razão de uma modificação na percepção dos investidores, que faz com que a taxa de câmbio fixa seja insustentável.

Aversão ao risco: Não gostar de incertezas.

B

Balança comercial: Receitas decorrentes das exportações menos os pagamentos correspondentes às importações.

Balanço financeiro: Demonstração contábil, que apresenta ativos e passivos (obrigações).

Banco central: Instituição responsável pela condução da política monetária, como é o caso do Federal Reserve nos Estados Unidos.

Bancos-sombra: Instituições financeiras que, assim como os bancos, estão no centro da intermediação financeira, mas, ao contrário dos bancos, não recebem depósitos garantidos pelo FDIC.

Base monetária: Soma entre moeda corrente e reservas bancárias; conhecida também como moeda de alta potência.

Bolha especulativa: Aumento no preço de um ativo para patamares acima de seu valor fundamental.

C

Caixa de conversão: Sistema de taxa de câmbio fixa, no qual determinado banco central lastreia o total da moeda corrente da nação com a moeda corrente de outro país.

Capital: 1. Estoque de equipamentos e estruturas utilizados no processo de produção. 2. Recursos destinados a financiar a acumulação de equipamentos e estruturas.

Capital bancário: Recursos que os proprietários dos bancos investiram na instituição.

Capital humano: Acúmulo de investimentos em pessoas; por exemplo, em educação.

Choque: Mudança exógena em uma relação econômica, como é o caso da curva de demanda agregada ou da curva de oferta agregada.

Choques na demanda: Eventos exógenos que deslocam a curva da demanda agregada.

Choques na oferta: Eventos exógenos que deslocam a curva da oferta agregada.

Ciclo econômico: Flutuações no nível de produção, renda e emprego, no âmbito geral da economia como um todo.

Ciclo econômico político: Flutuações nos níveis de produção e de emprego, resultantes da manipulação da economia para fins eleitoreiros.

Comércio equilibrado: Situação na qual o valor das importações é equivalente ao valor das exportações, de tal modo que as exportações líquidas passam a ser iguais a zero.

Compras do governo: Bens e serviços comprados pelo governo. (Cf. Pagamentos de transferências.)

Concorrência: Situação na qual existem muitos indivíduos ou empresas, de tal modo tal que as ações, por parte de qualquer um deles, não influenciam os preços de mercado.

Consumo: Bens e serviços adquiridos pelos consumidores.

Contas nacionais: Sistema de contas que mensura o PIB e muitas outras estatísticas correlatas.

Contracíclico: Aquilo que se movimenta na direção oposta à da produção, dos rendimentos e do emprego, ao longo do ciclo econômico, aumentando durante os períodos de recessão e diminuindo durante os períodos de recuperação. (Cf. Acíclico, Procíclico.)

Convergência: Tendência de as economias com diferentes patamares iniciais de renda se tornarem cada vez mais semelhantes em termos de renda, ao longo do tempo.

Convergência condicional: Tendência de economias com diferentes patamares iniciais de renda, mas semelhantes políticas econômicas e instituições, se tornarem cada vez mais semelhantes em termos de renda, ao longo do tempo.

Crédito fiscal para investimentos: Dispositivo da legislação do imposto de renda da pessoa jurídica, nos EUA, que reduz o imposto a ser pago pela empresa quando ela adquire novos bens de capital.

Crescimento equilibrado: Condição sob a qual muitas variáveis econômicas, como a *renda per capita*, o capital *per capita* e o salário real, crescem, todas, com base na mesma taxa.

Crise de liquidez: Situação na qual um banco solvente não tem caixa suficiente disponível para atender às demandas de saques dos depositantes.

Crise financeira: Grande perturbação no sistema financeiro, que impede a capacidade da economia de intermediar entre os que desejam poupar e os que desejam tomar emprestado e investir.

Crítica de Lucas: Argumento de que a análise tradicional da política econômica não leva em consideração, de maneira adequada, o impacto das mudanças na política econômica sobre as expectativas das pessoas.

Cruz keynesiana: Modelo simples para determinação da renda, baseado nas ideias da *Teoria geral* de Keynes, que mostra o modo como variações no nível de gasto podem ter um efeito multiplicado na renda agregada.

Curva de Phillips: Relação negativa entre inflação e desemprego; em sua forma moderna, uma relação entre inflação, desemprego cíclico, inflação esperada e choques na oferta, derivada da curva de oferta agregada de curto prazo.

Curva IS: Relação negativa entre a taxa de juros e o nível de renda, que surge no mercado de bens e serviços. (Cf. Modelo *IS-LM*; Curva *LM*.)

Curva LM: Relação positiva entre a taxa de juros e o nível de renda (ao mesmo tempo que se mantém fixo o nível de preços), que surge no mercado de saldos monetários reais. (Cf. Modelo *IS-LM*; Curva *IS*.)

Custo da sola de sapato: Custo da inflação, em decorrência da redução nos saldos monetários reais, como a inconveniência de ter que ir ao banco mais vezes para realizar saques.

Custo de menu: Custo inerente à alteração de um preço.

Custo do capital: Montante do qual se abre mão ao longo do período em que se possui uma unidade de capital, durante determinado período, incluindo juros, depreciação e os ganhos ou as perdas decorrentes da variação no preço do capital.

Custo real do capital: Custo do capital ajustado em relação ao nível geral de preços.

D

Déficit comercial: Excesso de importações em relação a exportações.

Déficit orçamentário: Situação em que a receita é inferior ao total da despesa.

Déficit orçamentário ciclicamente ajustado: Déficit orçamentário ajustado em função da influência do ciclo econômico sobre o gasto do governo e a receita fiscal; o déficit orçamentário que ocorreria, caso a produção e o emprego da economia estivessem em seus respectivos níveis naturais. Conhecido, também, como déficit orçamentário do pleno emprego.

Déficit orçamentário do pleno emprego: *Veja* déficit orçamentário ciclicamente ajustado.

Deflação: Diminuição no nível geral de preços. (Cf. Desinflação; Inflação.)

Deflator: *Veja* Deflator do PIB ou Deflator DCP.

Deflator DCP: Proporção entre o gasto com consumo pessoal nominal e o gasto com consumo pessoal real; um indicador para o nível geral de preços, que mostra o custo da cesta de bens atualmente consumida em relação ao custo dessa mesma cesta em um ano-base.

Deflator do PIB: Proporção entre o PIB nominal e o PIB real; um indicador para o nível geral de preços, que mostra o custo da cesta de bens produzida em determinado momento presente, em relação ao custo dessa mesma cesta em um ano-base.

Demanda agregada: Relação negativa entre o nível de preços e a quantidade agregada de produto, que surge a partir da interação entre o mercado de bens e o mercado monetário.

Depósitos à vista: Ativos que são mantidos nos bancos, e podem ser utilizados, mediante demanda, para realizar transações comerciais, como ocorre com as contas-correntes bancárias.

Depreciação: 1. Redução no estoque de capital, que ocorre ao longo do tempo, em virtude do envelhecimento e do uso. 2. Queda no valor de determinada moeda corrente em relação a outras moedas correntes, no mercado de câmbio. (Cf. Valorização.)

Depressão: Recessão muito profunda.

Desempregados (aqueles que estão fora da empresa): Trabalhadores que não estão vinculados a empresas e, por conseguinte, não conseguem exercer qualquer tipo de influência nas negociações salariais. (Cf. Empregados.)

Desemprego cíclico: Desemprego associado às flutuações econômicas de curto prazo; o desvio da taxa de desemprego em relação à sua taxa natural.

Desemprego estrutural: Desemprego resultante da rigidez salarial e do racionamento do emprego. (Cf. Desemprego friccional.)

Desemprego friccional: Desemprego que ocorre em razão de ser necessário um tempo para que os trabalhadores procurem os empregos que melhor se adaptem a seus gostos e competências. (Cf. Desemprego estrutural.)

Desinflação: Redução na velocidade em que os preços estão subindo. (Cf. Deflação; Inflação.)

Destruição criativa: Processo por meio do qual empresários introduzem inovações que tornam pouco lucrativos alguns produtores atuais e, ao mesmo tempo, promovem o crescimento econômico geral.

Desvalorização: Medida do banco central para diminuir o valor de determinada moeda corrente, sob um sistema de taxas de câmbio fixas. (Cf. Valorização.)

Devedor duvidoso: Tomador de empréstimos com baixa renda e poucos ativos e, consequentemente, com risco mais elevado de inadimplência.

Dicotomia clássica: Separação teórica entre variáveis reais e variáveis nominais, no modelo clássico, que implicam que as variáveis nominais não influenciam as variáveis reais. (Cf. Neutralidade da moeda.)

Diversificação: Redução do risco por meio da manutenção de ativos com retornos imperfeitamente correlacionados.

Dolarização: Adoção do dólar norte-americano como moeda corrente, em algum outro país.

Dupla coincidência de desejos: Situação na qual dois indivíduos possuem, cada um deles, exatamente o bem que o outro deseja.

E

Economia aberta: Economia na qual as pessoas podem se envolver livremente no comércio internacional de bens e de capital. (Cf. Economia fechada.)

Economia aberta de grande porte: Economia aberta, que é capaz de influenciar a sua taxa de juros interna; uma economia que, em virtude de seu tamanho, consegue exercer um impacto substancial sobre os mercados internacionais e, em particular, sobre a taxa de juros internacional. (Cf. Economia aberta de pequeno porte.)

Economia aberta de pequeno porte: Economia aberta, que considera sua taxa de juros como preestabelecida pelos mercados financeiros internacionais; uma economia que, em virtude de seu tamanho, exerce um impacto muito pouco significativo sobre os mercados internacionais e, em particular, sobre a taxa de juros internacional. (Cf. Economia aberta de grande porte.)

Economia fechada: Economia que não está envolvida no comércio internacional. (Cf. Economia aberta.)

Economia informal: Transações econômicas que são mantidas ocultas, com o objetivo de sonegar impostos ou dissimular atividades ilícitas.

Efeito Fisher: Influência, do tipo um para um, da inflação esperada sobre a taxa de juros nominal.

Efeito multiplicador dos impostos: Variação na renda agregada, resultante da variação de uma unidade monetária nos tributos.

Efeito Pigou: Aumento nos gastos do consumidor, que ocorre quando uma redução no nível de preços faz com que cresçam os saldos monetários reais, e, consequentemente, a riqueza do consumidor.

Eficiência da mão de obra: Variável, no modelo de crescimento de Solow, que mensura a saúde, a formação educacional, as competências e os conhecimentos da força de trabalho.

Elasticidade: Variação percentual em determinada variável, causada por uma variação de 1% em alguma outra variável.

Empregados (aqueles que estão dentro da empresa): Trabalhadores que fazem parte do quadro da empresa e, assim, exercem uma influência sobre a negociação de salários. (Cf. Desempregados.)

Emprestador de última instância: Papel desempenhado por um banco central, quando concede um empréstimo a instituições financeiras em meio a uma crise de liquidez.

Equação de Fisher: Equação que enuncia que a taxa de juros nominal corresponde à soma entre a taxa de juros real e a inflação esperada ($i = r + Ep$).

Equação quantitativa: Identidade que enuncia que o produto entre oferta monetária e velocidade da moeda é igual ao gasto nominal ($MV = PY$); combinada com o pressuposto da velocidade constante, é uma explicação para o gasto nominal conhecida como teoria quantitativa da moeda.

Equilíbrio: Estado de igualdade entre forças opostas, como é o caso da igualdade entre oferta e demanda, em determinado mercado.

Equilíbrio geral: Equilíbrio simultâneo de todos os mercados no âmbito da economia.

Equivalência ricardiana: Teoria segundo a qual os consumidores que se preocupam com visão de futuro preveem plenamente os impostos futuros implicados pelo endividamento do governo, de modo tal que a tomada atual de empréstimos por parte do governo no presente, combinada com um aumento de tributos no futuro para pagar a dívida, exerce o mesmo efeito sobre a economia, igual ao aumento nos tributos no presente.

Espírito animal: Surtos exógenos e aparentemente autorrealizáveis de otimismo e pessimismo em relação ao estado da economia, de natureza exógena e passíveis de concretização, e que, segundo alguns economistas, influenciam o nível de investimentos.

Estabilização de alíquotas: Política fiscal que almeja manter estáveis as alíquotas de impostos, ao longo do tempo, incorrendo em déficits orçamentários quando o gasto do governo é temporariamente alto ou a renda nacional é temporariamente baixa.

Estabilizador automático: Política que reduz a amplitude das flutuações econômicas, sem alterações regulares e deliberadas na política econômica; por exemplo, um sistema de tributação sobre a renda que reduz automaticamente os impostos no momento em que a renda diminui.

Estado estacionário: Condição na qual variáveis fundamentais não estão sofrendo alteração.

Estagflação: Situação de queda no nível de produção e aumento nos preços; a combinação entre estagnação e inflação.

Estoque: Variável mensurada como uma quantidade em determinado ponto do tempo. (Cf. Fluxo.)

Excedente de reservas: Reservas mantidas pelo banco, que estão acima do montante determinado pelas exigências relacionadas a reservas.

Expectativas adaptativas: Abordagem que pressupõe que as pessoas formam suas expectativas de uma variável, com base nos valores recentemente observados para aquela variável. (Cf. Expectativas racionais.)

Expectativas racionais: Abordagem que pressupõe que as pessoas, preferencialmente, fazem uso de todas as informações disponíveis – inclusive informações sobre políticas econômicas vigentes e prospectivas – para realizar prognósticos sobre o futuro. (Cf. Expectativas adaptativas.)

Exportações: Bens e serviços vendidos a outros países.

Exportações líquidas: Exportações menos importações.

F

Fator de produção: Insumo utilizado para produzir bens e serviços; por exemplo, capital ou mão de obra.

Federal Reserve (o Fed): Banco Central dos Estados Unidos.

Financiamento por capital próprio: Processo de obtenção de recursos para um negócio por meio da emissão de cotas de participação societária, como, por exemplo, no mercado de ações.

Financiamento por endividamento: Processo de obtenção de recursos para um negócio por meio da obtenção de empréstimos; por exemplo, por meio do mercado de títulos.

Fluxo: Variável medida sob a forma de uma quantidade por unidade de tempo. (Cf. Estoque.)

Fluxo líquido de saída de capital: Fluxo líquido de recursos que estão sendo investidos no exterior; poupança interna menos investimento interno; conhecido também como investimento externo líquido.

Força de trabalho: Pessoas, na população, que estão empregadas, ou que estão procurando um emprego.

Função consumo: Relação que mostra os determinantes para o consumo; por exemplo, uma relação entre consumo e renda disponível, $C = C(Y - T)$.

Função da demanda por moeda: Função que mostra os determinantes da demanda por saldos monetários reais; por exemplo, $(M/P)^d = L(i, Y)$.

Função da produção: Relação matemática que mostra como as quantidades de fatores de produção determinam a quantidade de bens e serviços gerados; por exemplo, $Y = F(K,L)$.

Função de produção Cobb-Douglas: Função de produção com o formato $F(K,L) = AK^\alpha L^{1-\alpha}$, em que K corresponde ao capital, L à mão de obra, e A e α são parâmetros.

Fundo mútuo: Intermediário financeiro que possui um portfólio diversificado de ações ou títulos.

Fundos de empréstimos: Fluxo de recursos disponíveis para financiar a acumulação de capital.

H

Hiato externo: Intervalo de tempo entre uma ação de política econômica e sua influência sobre a economia. (Cf. Hiato interno.)

Hiato interno: Intervalo de tempo entre determinado choque que atinge a economia e a ação de política econômica adotada para responder a esse choque. (Cf. Hiato externo.)

Hiperinflação: Inflação extremamente alta.

Hipótese da renda permanente: Teoria para do consumo de acordo com a qual as pessoas fazem suas escolhas sobre consumo com base em suas rendas permanentes, e utilizam poupança e empréstimos para manter estável o nível de consumo, em resposta a variações transitórias na renda.

Hipótese da taxa natural: Premissa de que as flutuações na demanda agregada influenciam a produção, o emprego e o desemprego, unicamente no curto prazo, e, no longo prazo, essas variáveis retornam aos níveis implicados pelo modelo clássico.

Hipótese do ciclo de vida: Teoria para do consumo, que enfatiza o papel da poupança e da tomada de empréstimos como mecanismos de transferência de recursos dos momentos da vida em que a renda é alta para os momentos da vida em que a renda é baixa, como ocorre entre os anos de atividade profissional e os anos de aposentadoria.

Hipótese dos mercados eficientes: Teoria que postula que os preços dos ativos refletem todas as informações publicamente disponíveis sobre o valor de determinado ativo.

Histerese: Influência de longa duração da história, como ocorre com a taxa natural de desemprego.

I

Identidade das contas nacionais: Equação que demonstra que o PIB corresponde à soma entre consumo, investimento, compras do governo e exportações líquidas.

Importações: Bens e serviços comprados de outros países.

Imposto de renda da pessoa jurídica: Imposto cobrado sobre o lucro contábil das empresas.

Imposto inflacionário: Receita levantada pelo governo por meio da criação de moeda; também conhecida como senhoriagem.

Inconsistência temporal: Tendência dos formuladores de políticas econômicas de anunciar antecipadamente as políticas econômicas, com o objetivo de influenciar as expectativas dos responsáveis pela tomada de decisões do setor privado, e, a partir de então, adotar políticas econômicas diferentes depois que essas expectativas tiverem sido formadas e tiverem gerado ações consoantes com elas.

Índice de preços ao consumidor (IPC): Indicador para o nível geral de preços, que mostra o custo de uma cesta fixa de bens de consumo, em relação ao custo dessa mesma cesta em um ano-base.

Índice de preços de Laspeyres: Indicador para o nível de preços, baseado em uma cesta fixa de mercadorias. (Cf. Índice de preços de Paasche).

Índice de preços de Paasche: Indicador para o nível de preços, baseado em uma cesta de mercadorias que sofre variações constantes. (Cf. Índice de preços de Laspeyres.)

Índice dos principais indicadores: *Veja* Principais indicadores.

Inflação: Aumento do nível geral de preços. (Cf. Deflação; Desinflação.)

Inflação de custos: Inflação resultante dos choques na oferta agregada. (Cf. Inflação de demanda.)

Inflação de demanda: Inflação resultante de choques na demanda agregada. (CF. Inflação de custos.)

Informações assimétricas: Situação em que uma das partes em uma transação econômica possui algumas informações relevantes, não disponíveis para a outra parte.

Intermediação: *Veja* Intermediação financeira.

Intermediação financeira: Processo por meio do qual os recursos são redistribuídos, partindo dos indivíduos que desejam poupar uma parcela de suas rendas para fins de consumo futuro, destinando-se àqueles indivíduos e empresas que desejam obter empréstimos com o objetivo de adquirir bens de investimento para produção futura.

Intermediários financeiros: Instituições que facilitam a correspondência entre poupadores e entidades que concedem empréstimos, como bancos.

Investimento: Bens adquiridos por indivíduos e por empresas, com a finalidade de acrescentá-los a seus respectivos estoques de capital.

Investimento externo líquido: *Veja* Fluxo líquido de saída de capital.

Investimento líquido: Montante de investimento, depois da reposição do capital depreciado; a variação no estoque de capital.

IPC: *Veja* Índice de preços ao consumidor.

J

Juros sobre reservas: Política do banco central que consiste em pagar aos bancos uma taxa de juros sobre os depósitos que eles mantêm como reservas.

L

Lei de Okun: Relação negativa entre desemprego e PIB real, de acordo com a qual uma diminuição de 1 ponto percentual no desemprego é associada a um crescimento adicional de aproximadamente 2% no PIB real.

Líquido: Aquilo que é prontamente conversível em meio de troca; usado facilmente para realizar transações comerciais.

Lucro: Renda dos proprietários de empresas; a receita da empresa menos os seus respectivos custos. (Cf. Lucro contábil, Lucro econômico.)

Lucro contábil: Montante de receita que resta para os donos da empresa, depois de terem sido remunerados todos os fatores de produção, exceto o capital. (Cf. Lucro econômico; Lucro.)

Lucro econômico: Montante de receita que resta para os proprietários de uma empresa, depois de terem sido remunerados todos os fatores de produção. (Cf. Lucro contábil; Lucro.)

M

M1, M2: Diversas medidas correspondentes ao estoque de moeda, nas quais os números mais altos significam uma definição mais abrangente para a moeda.

Macroeconomia: Estudo da economia como um conjunto agregado. (Cf. Microeconomia)

Mecanismo de transmissão monetária: Processo por meio do qual as variações na oferta monetária influenciam o montante que as famílias e as empresas desejam gastar com bens e serviços.

Meio de troca: Item geralmente aceito em transações comerciais relacionadas a bens e serviços; uma das funções da moeda (Cf. Reserva de valor; Unidade de conta.)

Mercado de ações: Mercado no qual quotas da propriedade de uma empresa (ações) são compradas e vendidas.

Mercados financeiros: Mercados por meio dos quais os poupadores podem proporcionar diretamente recursos diretamente aos tomadores de empréstimos, como o mercado de ações e o mercado de obrigações.

Metas para a inflação: Política monetária na qual o banco central anuncia uma meta específica, ou uma banda de oscilação para da meta, para a taxa de inflação.

Microeconomia: Estudo que trata dos mercados individuais e dos responsáveis pela tomada de decisões. (Cf. macroeconomia.)

Modelo: Representação simplificada da realidade, geralmente com o uso de diagramas ou equações, que mostra como as variáveis interagem umas com as outras.

Modelo clássico: Modelo econômico derivado das ideias dos economistas clássicos, ou pré-keynesianos; modelo baseado nos pressupostos de que salários e preços se ajustam a fim de equilibrar os mercados e de que a política monetária não influencia as variáveis reais. (Cf. Modelo keynesiano.)

Modelo da informação imperfeita: Modelo de oferta agregada, que enfatiza que os indivíduos nem sempre têm conhecimento sobre o nível geral de preços, por não conseguirem observar os preços de todos os bens e serviços no âmbito da economia.

Modelo de ajuste do mercado: Modelo que pressupõe que os preços se ajustam livremente, a fim de equilibrar oferta e demanda.

Modelo de crescimento de Solow: Modelo que mostra como a poupança, o crescimento da população e o progresso tecnológico determinam o patamar para o padrão de vida e o seu respectivo crescimento.

Modelo de preços rígidos: Modelo para a oferta agregada, que enfatiza o vagaroso ajuste dos preços de bens e serviços.

Modelo *IS-LM*: Modelo para a demanda agregada, que mostra aquilo que determina a renda agregada, para determinado nível de preços, por meio da análise da interação entre o mercado de bens e o mercado monetário. (Cf. Curva *IS*; Curva *LM*.)

Modelo keynesiano: Modelo derivado das ideias apresentadas na *Teoria geral* de Keynes; um modelo fundamentado nos pressupostos de que salários e preços não se ajustam no sentido de equilibrar os mercados e de que a demanda agregada determina o patamar de produção e emprego no âmbito da economia. (Cf. modelo clássico.)

Modelo macroeconométrico: Modelo que utiliza dados e técnicas estatísticas para descrever a economia em termos quantitativos, e não apenas em termos qualitativos.

Modelo Mundell-Fleming: Modelo *IS-LM* para uma economia aberta de pequeno porte.

Modelo neoclássico de investimento: Teoria de acordo com a qual o investimento depende do desvio do produto marginal do capital em relação ao custo do capital.

Moeda: Estoque de ativos utilizados para transações. (Cf. Moeda-mercadoria; Moeda fiduciária.)

Moeda corrente (em circulação): Soma de todo o dinheiro em circulação na forma de cédulas e moedas cunhadas, em circulação.

Moeda de alta potência: Soma da moeda corrente e das reservas bancárias; conhecida também como base monetária.

Moeda fiduciária: Moeda que não apresenta utilidade intrínseca, valorizada simplesmente porque é utilizada como moeda. (Cf. Moeda-mercadoria; Moeda corrente.)

Moeda-mercadoria: Moeda que apresenta utilidade intrínseca, e que seria valorizada ainda que não tivesse a função de moeda. (Cf. Moeda fiduciária, Moeda corrente.)

Monetarismo: Doutrina segundo a qual variações na oferta monetária constituem a principal causa para as flutuações econômicas, implicando que uma oferta monetária estável acarretaria uma economia estável.

Mudança setorial: Mudança na composição da demanda, entre setores ou regiões.

Multiplicador: *Veja* Multiplicador das compras do governo, Multiplicador monetário, ou Efeito multiplicador dos impostos.

Multiplicador das compras do governo: Variação na renda agregada, resultante da variação de uma unidade de moeda nas compras do governo.

Multiplicador monetário: Crescimento na oferta monetária, que resulta de um crescimento correspondente a uma unidade de moeda corrente na base monetária.

N

NAIRU: Non-Accelerating Inflation Rate of Unemployment – Taxa de desemprego que não acelera a inflação.

Neutralidade da moeda: Propriedade de que uma variação na oferta monetária não influencia variáveis reais. (Cf. Dicotomia clássica.)

Neutralidade monetária: *Veja* Neutralidade da moeda.

Nominal: Medido em unidades de moeda corrente; não ajustado em função da inflação. (Cf. Real.)

O

Oferta agregada: Relação entre o nível de preços e a quantidade agregada de produto gerada pelas empresas.

Oferta monetária: Quantidade de moeda disponível, em geral determinada pelo banco central e pelo sistema bancário.

Operações de mercado aberto (open-market): Compra ou venda de títulos do governo, pelo banco central, com o propósito de aumentar ou diminuir a oferta monetária.

Orçamentação de capital: Procedimento contábil que mede tanto os ativos quanto os passivos.

Orçamento equilibrado: Orçamento no qual as receitas se equiparam às despesas.

Otimizar: Alcançar o melhor resultado possível, na dependência de um conjunto de restrições.

P

Padrão-ouro: Sistema monetário no qual o ouro serve como moeda, ou no qual toda moeda pode ser convertida em ouro, tendo como base uma taxa fixa.

Pagamentos de transferências: Pagamentos que partem do governo para os indivíduos, e que não são realizados por bens e serviços, como é o caso dos pagamentos da Seguridade Social. (Cf. Compras do governo.)

Paridade do poder de compra: Doutrina de acordo com a qual as mercadorias devem necessariamente ser vendidas pelo mesmo preço, em todos os países, o que implica que a taxa de câmbio nominal reflete as diferenças nos níveis de preços.

Participação do fator: Proporção da renda total que está sendo paga a determinado fator de produção.

Passeio aleatório: Trajetória seguida por uma variável cujas alterações ao longo do tempo são imprevisíveis.

PIB: *Veja* Produto interno bruto.

PNB: *Veja* Produto nacional bruto.

Política de acomodação: Política econômica que acomoda o efeito de um choque, e, com isso, impede que o choque cause rupturas; por exemplo, uma política econômica que faça crescer a demanda agregada em reação a um choque adverso na oferta, sustentando o efeito do choque sobre os preços e mantendo a produção em seu nível natural.

Política de contração: Política econômica que reduz a demanda agregada, a renda real e o emprego. (Cf. política expansionista.)

Política expansionista: Política econômica que faz com que se elevem a demanda agregada, a renda real e o emprego. (Cf. Política de contração.)

Política fiscal: Escolhas do governo, no que diz respeito aos níveis de gasto e tributação.

Política monetária: Escolhas do banco central no que diz respeito à oferta de moeda.

Políticas de estabilização: Políticas públicas que têm como objetivo reduzir a gravidade das flutuações econômicas de curto prazo.

Poupança nacional: Renda de uma nação, subtraindo-se o consumo e as compras do governo; a soma de poupança privada e poupança pública.

Poupança privada: Renda disponível menos consumo.

Poupança pública: Receitas do governo menos os gastos do governo; o superávit orçamentário.

Poupança: *Veja* Poupança nacional, Poupança privada e Poupança pública.

Preço de arrendamento do capital: Montante pago para alugar uma unidade de capital.

Preço do fator: Montante pago por uma unidade de determinado fator de produção.

Preços flexíveis: Preços que se ajustam rapidamente, a fim de equilibrar oferta e demanda. (Cf. Preços rígidos.)

Preços rígidos: Preços que se ajustam vagarosamente, e, por essa razão, nem sempre equilibram oferta e demanda. (Cf. Preços flexíveis.)

Preferência pela liquidez, teoria: *Veja* Teoria da preferência pela liquidez.

Preferências com inconsistência temporal: Possibilidade de os consumidores terem objetivos que se modifiquem com o passar do tempo, de modo que não venham a se ater aos planos previamente elaborados.

Principais indicadores: Variáveis econômicas que oscilam antecipadamente à produção da economia, e, consequentemente, sinalizam a direção das flutuações econômicas.

Princípio de Taylor: Proposição de que um banco central deva reagir a um aumento na inflação com um aumento ainda maior na taxa de juros nominal.

Pró-cíclico: Que se movimenta na mesma direção da produção, da renda e do emprego, ao longo do ciclo econômico, diminuindo durante os períodos de recessão e aumentando durante os períodos de recuperação da economia. (Cf. Acíclico, Contracíclico.)

Produtividade total dos fatores: Indicador para o nível de tecnologia; o montante de produção por unidade de insumo, no qual diferentes insumos são combinados com base em suas respectivas participações de fatores. (Cf. Resíduo de Solow.)

Produto interno bruto (PIB): Renda total gerada internamente, incluindo a renda gerada por fatores de produção de propriedade estrangeira; o gasto total com bens e serviços produzidos internamente.

Produto marginal da mão de obra ($PMgL$): Montante adicional de produto, gerado quando o insumo de mão de obra é aumentado em uma unidade.

Produto marginal decrescente: Característica de uma função de produção, por meio da qual o produto marginal de determinado fator cai, à medida que aumenta a quantidade desse mesmo fator, ao mesmo tempo que todos os outros fatores são mantidos constantes.

Produto marginal do capital ($PMgK$): Montante adicional de produto, gerado quando o insumo de capital é aumentado em uma unidade.

Produto nacional bruto (PNB): Renda total de todos os residentes de uma nação, incluindo a renda gerada por fatores de produção utilizados no exterior; o gasto total com a produção de bens e serviços da nação.

Progresso tecnológico ampliador da mão de obra: Avanços na capacidade produtiva, que fazem com que se eleve a eficiência da mão de obra.

Propensão marginal a consumir ($PMgC$): Aumento no consumo, que resulta de um aumento correspondente a uma unidade de moeda corrente na renda disponível.

Propensão média a consumir (PMC): Proporção entre o consumo e a renda (C/Y).

Proporção entre moeda corrente e depósitos: Proporção de moeda corrente que as pessoas optam por manter consigo em relação aos depósitos à vista que mantêm nos bancos.

Proporção entre reservas e depósitos: Proporção entre o volume de reservas que os bancos optam por manter em relação com o volume de depósitos à vista que possuem.

Q

q de Tobin: A proporção entre o valor de mercado do capital instalado e seu respectivo custo de reposição.

Quota de importação: Limite legal imposto sobre a quantidade de determinado bem que pode ser importada.

Quota: *Veja* quota de importação.

R

Real: Medido em unidades de moeda corrente com valor constante; ajustado em função da inflação. (Cf. Nominal.)

Recessão: Período prolongado de renda real decrescente.

Regra de ouro: Taxa de poupança, no modelo de crescimento de Solow, que conduz ao estado estacionário no qual o consumo por trabalhador (ou consumo por unidade de eficiência da mão de obra) é maximizado.

Regra de Taylor: Regra para a política monetária, de acordo com a qual o banco central estabelece a taxa de juros como uma função da inflação e do desvio da produção em relação a seu nível natural.

Regulação da proporção de capital: Quantidade mínima de capital bancário, imposta por lei.

Regulação da proporção de reservas: Regulamentações impostas aos bancos pelo banco central, que especificam uma proporção mínima entre reserva e depósitos.

Regulação macroprudencial: Regulação de instituições financeiras que enfoca os riscos no âmbito do sistema.

Regulação microprudencial: Regulação de instituições financeiras que enfoca os riscos com que se deparam, enfrentados pelas instituições individuais.

Renda disponível: Renda remanescente, depois de terem sido pagos todos os tributos.

Renda permanente: A renda que as pessoas esperam que permaneça no futuro; renda normal. (Cf. Renda transitória.)

Renda transitória: Renda que as pessoas não esperam que persista no futuro; a renda corrente menos a renda normal. (Cf. Renda permanente.)

Reserva bancária de 100%: Sistema no qual os bancos mantêm todos os depósitos sob a forma de reserva. (Cf. Reserva bancária fracionária.)

Reserva bancária fracionária: Sistema no qual os bancos mantêm somente parte de seus depósitos sob a forma de reserva. (Cf. Reserva bancária de 100%.)

Reserva de mão de obra: Fenômeno correspondente a empresas que empregam trabalhadores dos quais não necessitam, quando a demanda por seus produtos é baixa, de tal modo que ainda possam contar com esses trabalhadores no momento em que a demanda se recupere.

Reserva de valor: Forma de transferir o poder de compra do presente para o futuro; uma das funções da moeda. (Cf. Meio de troca, Unidade de conta.)

Reservas: Montante em termos de moeda, que os bancos receberam dos depositantes, mas do qual não fizeram uso para a concessão de empréstimos.

Resíduo de Solow: Crescimento na produtividade total de fatores, medido sob a forma da variação percentual da produção menos a variação percentual dos insumos, em que os insumos são ponderados com base em sua participação nos fatores. (Cf. Produtividade total dos fatores.)

Restrição à liquidez: Restrição ao montante que uma pessoa pode obter, a título de empréstimo, junto a uma instituição financeira, o que limita para essa pessoa a capacidade de gastar no presente a sua renda futura; conhecida, também, como restrição à obtenção de empréstimos.

Restrição à obtenção de empréstimos: Restrição em relação ao montante que uma pessoa pode obter, a título de empréstimo, a partir de instituições financeiras, limitando a capacidade de gastar sua renda futura no presente; também chamada de restrição à liquidez.

Restrição ao financiamento: Limite imposto ao montante de recursos que determinada empresa pode levantar – por meio de empréstimos, por exemplo – com o objetivo de adquirir capital.

Retornos constantes de escala: Propriedade de uma função de produção, por meio da qual um crescimento proporcional em todos os fatores de produção acarreta um crescimento de igual proporção no total da produção.

Rigidez salarial: Ineficácia dos salários em se ajustarem no sentido de equilibrar a oferta de mão de obra e a demanda por mão de obra.

Risco moral: Possibilidade de comportamento desonesto em situações nas quais o comportamento é monitorado de maneira imperfeita; por exemplo, na teoria do salário de eficiência, a possibilidade de que os trabalhadores com baixa remuneração se esquivem de suas responsabilidades, correndo o risco de serem descobertos e demitidos.

S

Salário: Montante pago por uma unidade de trabalho.

Saldos monetários reais: Quantidade de moeda, expressa em termos de quantidade de bens e de serviços que ela consegue adquirir; a quantidade de moeda dividida pelo nível de preços (M/P).

Seguro-desemprego: Programa de governo, por intermédio do qual os trabalhadores desempregados conseguem receber benefícios, por determinado período de tempo, depois da perda de seus empregos.

Seleção adversa: Categorização desfavorável de indivíduos, com base em suas próprias escolhas; por exemplo, na teoria do salário de eficiência, no momento em que uma redução nos salários induz os bons trabalhadores a abandonar o emprego e os maus trabalhadores a permanecer na empresa.

Senhoriagem: Receita levantada pelo governo por meio da criação de moeda; conhecida também como imposto inflacionário.

Sistema financeiro: Conjunto de instituições por meio das quais os recursos de indivíduos que desejam poupar são alocados a indivíduos que desejam contrair empréstimos.

Superávit comercial: Excesso de exportações em relação a importações.

Superávit orçamentário: Situação na qual as receitas excedem o total de despesas.

T

Tarifa: Tributo cobrado sobre bens importados.

Taxa de câmbio fixa: Taxa de câmbio estabelecida com base na disposição do banco central de comprar e vender a moeda corrente interna, em troca por moedas correntes estrangeiras, a um preço predeterminado. (Cf. Taxa de câmbio flutuante.)

Taxa de câmbio flutuante: Taxa de câmbio que o banco central permite que se modifique em resposta a mudanças nas condições econômicas e nas políticas econômicas. (Cf. Taxa de câmbio fixa.)

Taxa de câmbio nominal: Taxa com base na qual a moeda de determinado país é negociada pela moeda de algum outro país. (Cf. Taxa de câmbio; Taxa de câmbio real.)

Taxa de câmbio real: Taxa com base na qual os bens de determinado país são trocados pelos bens de algum outro país. (Cf. Taxa de câmbio; Taxa de câmbio nominal.)

Taxa de desemprego: Percentagem de pessoas que fazem parte da força de trabalho, e que não têm um emprego.

Taxa de fundos federais: Taxa de juros de um dia para o outro (*overnight*), com base na qual os bancos concedem empréstimos uns aos outros.

Taxa de inflação: Indicador da velocidade com que os preços estão aumentando.

Taxa de juros: Preço de mercado, com base no qual os recursos são transferidos entre o presente e o futuro; o rendimento da poupança e o custo inerente à obtenção de empréstimos.

Taxa de juros internacional: Taxa de juros que prevalece nos mercados financeiros internacionais.

Taxa de juros nominal: Rendimento da poupança e o custo inerente à obtenção de empréstimos, sem ajustes em função da inflação. (CF. Taxa de juros real.)

Taxa de juros real: Rendimento da poupança e o custo inerente à tomada de empréstimos, depois do ajuste feito em função da inflação. (Cf. Taxa de juros nominal.)

Taxa de juros real ex ante: Taxa de juros real prevista quando é concedido um empréstimo; a taxa de juros nominal menos a inflação esperada. (Cf. Taxa de juros real *ex post*.)

Taxa de juros real ex post: Taxa de juros real, efetivamente verificada; a taxa de juros nominal da qual é subtraída a inflação efetiva. (Cf. Taxa de juros real *ex ante*.)

Taxa de participação na força de trabalho: Percentual da população adulta que participa na força de trabalho.

Taxa de redesconto: Taxa de juros que o banco central cobra quando concede empréstimos aos bancos.

Taxa de sacrifício: Número de pontos percentuais do PIB real de um ano, dos quais se deve abrir mão para reduzir a inflação em 1 ponto percentual.

Taxa natural de desemprego: Taxa de desemprego do estado estacionário; a taxa de desemprego em direção à qual a economia gravita no longo prazo.

Teorema de Euler: Resultado matemático que os economistas utilizam para demonstrar que o lucro econômico deve ser igual a zero, caso a função da produção apresente retornos constantes de escala, e caso os fatores sejam remunerados com base no valor equivalente a seus respectivos produtos marginais.

Teoria da deflação de dívidas: Teoria de acordo com a qual uma queda inesperada no nível de preços redistribui a riqueza real, dos devedores para os credores, e, consequentemente, reduz o gasto total da economia.

Teoria da preferência pela liquidez: Modelo simples para a taxa de juros, baseado nas ideias apresentadas na *Teoria geral* de Keynes, que afirma que a taxa de juros se ajusta de modo a equilibrar a oferta e a demanda por saldos monetários reais.

Teoria do ciclo real de negócios: Teoria de acordo com a qual as oscilações econômicas podem ser explicadas por meio das mudanças reais na economia (tais como mudanças na tecnologia), e sem qualquer participação das variáveis nominais (como a oferta monetária).

Teoria do crescimento endógeno: Modelos de crescimento econômico que tentam explicar a taxa de mudança tecnológica.

Teoria q para o investimento: Teoria de acordo com a qual o dispêndio com bens de capital depende da proporção entre o valor de mercado do capital instalado e o custo correspondente à sua reposição.

Teoria quantitativa da moeda: Doutrina que enfatiza que variações na quantidade de moeda acarretam variações no gasto nominal.

Teorias sobre salário de eficiência: Teorias sobre a rigidez do salário real e sobre o desemprego, de acordo com as quais as empresas fazem com que cresça a produtividade da mão de obra e os lucros, ao manterem os salários reais acima do nível de equilíbrio.

Título: Documento que representa uma dívida por parte de seu emitente, geralmente uma empresa ou o próprio governo, e que é remunerado por meio de juros.

Trabalhadores desalentados: Indivíduos que abandonam a força de trabalho porque acreditarem que existem poucas esperanças de conseguir um emprego.

Trindade impossível: Fato de um país não poder ter, simultaneamente, livre fluxo de capital, uma taxa de câmbio fixa e política monetária independente. Conhecida, também, como trilema das finanças internacionais.

U

União monetária: Grupo de economias que decidem compartilhar uma moeda comum, e, consequentemente, uma política monetária comum.

Unidade de conta: Unidade de medida com base na qual preços e outros registros contábeis são registrados; uma das funções da moeda. (Cf. Meio de troca, Reserva de valor.)

Unidades de eficiência da mão de obra: Indicador para a força de trabalho, que incorpora tanto a quantidade de trabalhadores quanto a eficiência de cada um dos trabalhadores.

V

Valor agregado: Valor da produção de uma empresa, menos o valor dos bens intermediários que a empresa adquiriu.

Valor imputado: Estimativa do valor de determinado bem ou serviço, que não é vendido no mercado, e, por conseguinte, não apresenta um preço de mercado.

Valorização: Ação empreendida pelo banco central, com o objetivo de elevar o valor de determinada moeda, sob um sistema de taxa de câmbio fixa. (Cf. Desvalorização.). Crescimento no valor de uma moeda corrente, em relação a outras moedas no mercado de câmbio. (Cf. Depreciação.)

Valor presente: Montante, no presente, que é equivalente a determinada quantia a ser recebida no futuro, levando-se em consideração os juros que poderiam ser auferidos ao longo do intervalo de tempo.

Variável aleatória: Variável cujo valor é determinado ao acaso.

Variável endógena: Variável que é explicada por um modelo específico; variável cujo valor é determinado por meio da solução para o modelo. (Cf. Variável exógena.)

Variável exógena: Variável que determinado modelo considera como preestabelecida; variável cujo valor independe da solução para o modelo. (Cf. Variável endógena.)

Variável predeterminada: Variável cujo valor foi fixado em um período anterior de tempo.

Velocidade da moeda: Proporção entre gasto nominal e oferta monetária; a velocidade com que a moeda troca de mãos.

Velocidade de circulação da moeda: Proporção entre o valor de todas as transações, medido em unidades monetárias, em relação à oferta monetária.

Velocidade-renda da moeda: Proporção da renda nacional, conforme medida pelo PIB, em relação à oferta monetária.

Venda-relâmpago (fire sale): Queda repentina e acentuada no preço dos ativos, que ocorre quando instituições financeiras precisam vender seus ativos com rapidez, em meio a uma crise.

Índice Alfabético

A
Abordagem ricardiana para a dívida do governo, 308
Acíclico, 355
Acumulação
  de capital, 129
  de fatores, 150
Afrouxo
  monetário (*quantitative easing*), 59
  quantitativo, 59
Agências de classificação de risco de crédito, 324
Agregado, 355
Ajuste
  de mercado, 8
  sazonal, 21, 355
Akerlof, George, 10
Alavancagem, 56, 57, 320, 355
Alemanha, 77
Alocando o investimento na economia, 153
Ampliador da mão de obra, 148
Análise de barro, 311
Aperto de crédito, 322, 355
Apreciação do dólar, 92
Aprender fazendo, 153
Arbitragem, 355
Armadilha da liquidez, 218, 355
Ásia, 234
Ataques especulativos, 236, 355
Atividade econômica, 13
Ativos de capital, 306
Aumento
  das compras do governo, 44, 193
  do capital, 163
  do desemprego de longa duração, 116
  na demanda por investimentos, 45
  na mão de obra, 163
  no desemprego europeu, 120
  nos fatores de produção, 163
Aversão ao risco, 355

B
Balança comercial, 84, 88, 92, 355
  bilateral, 85
  equilibrada, 84
Balanço financeiro, 55, 355
Banco(s)
  central, 53
  e operações de mercado aberto (*open-market*), 58
  e proporção entre reserva e depósitos, 59
  europeu, 283
  influencia a oferta monetária, 57
  de investimentos, 324
  no sistema monetário, 54
  -sombra, 325, 326, 355
Barro, Robert, 311
Base monetária, 57, 355
Benefício da inflação, 75
Bens
  intermediários, 16
  usados, 15
Big Mac, 98
Bitcoin, 53
Boa administração e produtividade, 150
Bolha especulativa, 320, 355
Busca de emprego e desemprego friccional, 111
Bush, George W., 193, 310

C
Caixa de conversão, 236, 355
Cálculo(s)
  do custo-benefício para o investimento, 341
  do modelo, 271
Calibragem numérica e simulações, 278
Capital, 31, 355
  bancário, 56, 355
  e países pobres, 91
  fixo, 339
  humano, 91, 153, 355
Cartões
  de crédito, 55
  de débito, 55
China, 237
Choque(s), 355
  de demanda, 182, 355
    agregada, 182, 277
  de oferta, 182, 355
    agregada, 183, 276
  de preços, 183
  econômicos, 182
  na curva
    IS, 213
    LM, 214
  no modelo *IS-LM*, 209

Ciclo econômico, 171, 307, 355
  político, 295, 355
Ciência da macroeconomia, 3
Círculo vicioso, 322
Comércio equilibrado, 355
Componentes da despesa, 18
Compradores de imóveis, 324
Compras do governo, 19, 41, 191, 205, 355
Concentração nos bancos-sombra, 326
Concorrência, 355
Conhecimento oculto
  sobre ações, 319
  sobre os atributos, 319
Consumidores, 310
Consumo, 18, 40, 339, 355
  do capital fixo, 20
  no estado estacionário, 135
Contabilidade do crescimento, 163
Contas nacionais, 14, 355
Contracíclico, 355
Controle monetário, 60
Convergência, 149, 355
  condicional, 150, 356
Correlação, 68
Corretores hipotecários, 324
Covid-19, 185
Crédito fiscal
  para investimentos, 343, 356
  por rendimento recebido, 114
Crescimento
  alemão, 133
  da mão de obra, 163
  de longo prazo, 275
  do tempo de lazer, 121
  econômico, 129, 147, 156, 319
  equilibrado, 149, 356
  japonês, 133
  no estoque de capital, 131
  populacional, 129, 138
    ao redor do mundo, 140
    efeitos do, 139
Crise
  da dívida soberana europeia, 328
  de liquidez, 325, 356
  econômica de 2020, 185
  financeira, 216, 320, 356
    de 2008-2009, 324
    internacional, 233, 234
Crítica de Lucas, 291, 292, 356
Cruz keynesiana, 190, 356
Cultura pró-crescimento, 155
Curto prazo, 176, 180
  para o longo prazo, 180
Curva(s)
  da demanda agregada, 178
    dinâmica, 273, 274
  da oferta agregada
    dinâmica, 272
    no curto prazo, 181
  de Phillips, 251, 252, 268, 356
    de curto prazo, 255
    moderna, 253
  do produto marginal da mão de obra, 35
  horizontal da oferta agregada, 180
  IS, 189, 190, 195, 196, 205, 224, 356
  LM, 189, 196, 199, 207, 225, 356
  vertical da oferta agregada, 179
Custo(s)
  da hiperinflação, 76
  da inflação
    esperada, 73
    não esperada, 74
  da retenção da moeda, 71
  da sola de sapato, 74, 356
  de menu, 74
  de vida, 21
  do capital, 340, 356
  OACP, 185
  OALP, 185
  real do capital, 341, 356
  sociais da inflação, 73

D

Dados
  da macroeconomia, 13
  regionais para estimar multiplicadores, 194
Decisões enfrentadas por uma empresa competitiva, 33
Declínio na participação na força de trabalho de 2007 a 2017, 118
Déficit(s)
  comercial, 84
    dos Estados Unidos, 89
  gêmeos, 90
  orçamentário, 31, 42, 303, 356
    ciclicamente ajustado, 307, 356
    do pleno emprego, 356
Deflação, 5
Deflator, 356
  DCP, 356
  do PIB, 17, 21, 356
  PCE, 21, 22
Demanda(s)
  agregada, 177, 178, 189, 205, 356
    redução na, 181
  da empresa por fatores, 34
  por bens, 130
    e a função consumo, 130
  e serviços, 40, 267
  por capital, 35
  por investimentos, 88
  por moeda, 71, 199
Depósitos, 57
  à vista, 356
  moeda corrente e, 57
  reserva e, 57
Depreciação, 92, 131, 341, 356
Depressão, 5, 216, 356
Desaceleração no crescimento da produtividade, 165
Desempenho histórico da economia norte-americana, 4
Desempregado, 23, 356
Desemprego, 109, 251
  cíclico, 356
  duração do, 116

    e lei de Okun, 172
    estrutural, 112, 356
    friccional, 111, 356
  Desinflação, 255, 356
    indolor, 256
  Deslocamentos
    da demanda agregada no curto prazo, 181
    na curva da demanda agregada, 178
    na política monetária, 279
  Despesa, 18
  Destruição criativa, 159, 356
  Desvalorização, 231, 356
  Determinantes da taxa de câmbio
    nominal, 96
    real, 92
  Devedores duvidosos, 217, 320, 356
  Dicotomia clássica, 79, 176, 356
  Diferenças internacionais na curva da oferta agregada, 250
  Dimensões internacionais, 313
  Discrepância estatística, 20
  Diversificação, 318, 356
  Dívida soberana, 328
  Divisão
    da renda nacional, 36
    de riscos, 318
  Dolarização, 236, 357
  Dupla coincidência de desejos, 51, 357
  Duração do desemprego, 116

E
  Economia
    aberta, 40, 83, 224, 357
      de grande porte, 98, 357
      de pequeno porte, 86, 357
        clássica, 262
        com taxas de câmbio
          fixas, 228
          flutuantes, 226
        revisitada, 223
    em equilíbrio, 191
    fechada, 40, 357
      clássica, 262
    informal, 16, 357
    no curto prazo, 169
    no longuíssimo prazo, 127
    norte-americana, 4
  Economistas monetaristas, 296
  Efeito(s)
    da política fiscal, 44
    de crescimento, 134
    de nível, 134
    desestabilizadores da deflação, 215
    dos preços decrescentes, 215
    estabilizadores da deflação, 215
    fiscais sobre a política monetária, 313
    Fisher, 70, 357
    multiplicador dos impostos, 192, 357
    Pigou, 215, 357
  Eficiência
    da mão de obra, 147, 148, 357
    da produção, 150

  Elasticidade, 357
  Eleição de 1896 nos Estados Unidos, 75
  Elementos do modelo, 267
  Emissão de novas licenças para a construção de imóveis, 175
  Empregado, 23, 357
  Emprego(s)
    e desemprego, transições entre, 110
    friccional, 111
  Empresa(s)
    competitiva, 33
    e preços rígidos, 176
  Emprestador de última instância, 58, 61, 325, 357
  Endividamento
    do governo, 303, 307, 311
    e o processo político, 313
  Enfraquecimento da moeda corrente, 92
  Enigma do consumo, 332
  Equação
    de Fisher, 70, 268, 357
    quantitativa, 66, 357
      sob a forma de demanda agregada, 178
  Equilíbrio, 357
    de curto prazo, 199, 205, 207, 274
    de longo prazo, 181, 272
    geral, 357
    no(s) mercado(s)
      de bens e serviços, 42
      financeiros, 43
  Equivalência ricardiana, 303, 308, 309, 312, 357
  Erros de previsão, 291
  Esgotamento de ideias, 166
  Espírito animal, 357
  Estabilização, 312
    da economia, 293
    de alíquotas, 312, 357
  Estabilizadores automáticos, 290, 357
  Estado(s)
    do bem-estar social, 120
    estacionário(s), 110, 131, 357
      comparando, 134
      com crescimento populacional, 138
      com progresso tecnológico, 148
      consumo no, 135
      da regra de ouro, 136
      exemplo numérico, 132
  Estados Unidos, 115, 116
    como economia aberta de grande porte, 98
    déficit comercial dos, 89
  Estagflação, 183, 184
    secular, 332
  Estatísticas econômicas aos modelos econômicos, 25
  Estoques, 15, 357
  Euro, 235, 236
  Europa, 119, 120
  Excedente de reservas, 357
  Excesso de reservas, 59
  Expansão
    e contração exagerada no preço dos ativos, 320
    monetária, 68

Expectativas
  adaptativas, 252, 269, 357
  média dos consumidores, 175
  racionais, 256, 357
  sobre taxas de câmbio, 232
Explosão da base monetária, 59
Exportações, 83, 357
  líquidas, 19, 84, 357
Externalidade tecnológica, 153

F

Falências bancárias, 60
Falta
  de confiança nos formuladores de políticas econômicas e no processo político, 294
  de emprego, 23
Fator(es) de produção, 31, 33, 357
  remunerado, 33
Federal Reserve, 53, 54, 283, 324, 357
Financiamento
  por capital próprio, 357
  por endividamento, 318, 357
Flexibilização quantitativa, 218
Flutuações
  econômicas, 171
  por intermédio do modelo IS-LM, 205
Fluxo(s), 15, 357
  circular, 14
  de capital internacional, 84
  internacionais de capitais e de bens, 84, 85
  líquido
    de capital para o exterior, 84
    de saída de capital, 357
Fontes de crescimento, 165
Força de trabalho, 23, 358
Ford, Henry, 115
Formuladores de políticas públicas, 324
Fortalecimento da moeda corrente, 92
França, 182
Friedman, Milton, 10, 335
Função(ões)
  consumo, 40, 41, 331, 358
  da demanda por moeda, 66, 358
  da moeda, 51
  da produção, 358
    Cobb-Douglas, 358
    de empréstimo, 44, 358
  de reações a impulsos, 278
  investimento, 41
  mútuos, 318, 358
  para expressar relações entre variáveis, 8

G

Gasto(s), 14
  com investimentos, 339
  do consumidor, 331
  efetivo, 190
  planejado, 190
Gates, Bill, 85
Geração(ões)
  baby-boom, 119
  futuras, 310

Grande
  Depressão, 213, 231
  fechamento da economia em 2020, 185
  recessão de 2008 e 2009, 216
Gratificação imediata, 338

H

Hall, Robert, 337
Hamilton, Alexander, 296
Hiato
  externo, 290, 358
  interno, 290, 358
Hiperinflação, 65, 76, 78, 358
  causas da, 76
  custos da, 76
  na Alemanha do entreguerras, 77
Hipótese
  da renda permanente, 335, 358
  da taxa natural, 258, 358
  do ciclo de vida, 333, 358
  do gasto, 213
  do passeio aleatório, 337
  dos mercados eficientes, 321, 358
  monetária, 213, 215
Histerese, 358
  e hipótese da taxa natural, 258
Homens e participação na força de trabalho, 24
Horizontes de tempo na macroeconomia, 175

I

Identidade, 66
  das contas nacionais, 18, 40, 358
Implementação das políticas econômicas, 290
Importações, 83, 358
Imposto(s), 192, 206, 309
  de renda da pessoa jurídica, 342
  e investimento, 342
  futuros, 310
  inflacionário, 65, 69, 358
  sobre produção e importações, 20
Imputações de valor, 16
Incentivos, 309
Incerteza na política, 293
Inconsistência temporal, 295, 296, 338, 358
  e *trade-off* entre inflação e desemprego, 301
Independência do banco central, 297
Indicador(es)
  de renda, 20
  do PIB real ponderados em cadeia, 17, 18
  econômicos, 173, 344
Índice(s)
  de alavancagem, 320
  de Laspeyres, 22, 358
  de Paasche, 22, 358
  de preços
    ao consumidor (IPC), 21, 358
    ao produtor, 21
  de ações em bolsa, 175
  dos principais indicadores, 358
  ISM para novos pedidos, 175

Individual Retirement Arrangements (IRA), 152
Inércia inflacionária, 252
Inflação, 21, 65, 67, 251, 268, 285, 306, 358
  benefício da, 75
  crescente, 253
  custos sociais da, 73
  de custos, 253, 358
  de demanda, 253, 358
  decrescente, 253
  desemprego nos Estados Unidos e, 253
  esperada, 268
  expansão monetária e, 68
  taxa(s)
    de câmbio nominais e, 96
    de juros e, 69
      ao longo do tempo e, 70
      em diferentes países e, 71
      nominais e, 70
Informações assimétricas, 319, 358
Infraestrutura, 153
Injeções de fundos governamentais, 325
Insolvências nas instituições financeiras, 320
Instinto animal dos investidores, 209
Instituições corretas, 154
Instrumento(s) de política
  econômica do Banco Central, 210
  monetária, 58
Intermediação, 358
  financeira, 56, 358
Intermediários financeiros, 318, 358
Investimento(s), 18, 19, 131, 195, 317, 358
  ao redor do mundo, 140
  de equilíbrio, 139
  externo líquido, 84, 358
  líquido, 341, 358
Irrelevância das balanças comerciais bilaterais, 85

J
Janela de redesconto do Banco Central, 58
Juros
  líquidos, 20
  sobre as reservas, 59, 358

K
Keynes, John Maynard, 189, 193, 321, 331

L
Lacuna crescente entre ricos e pobres, 39
Laibson, David, 338
Lei(s)
  de auxílio, assistência e segurança econômica ao coronavírus (CARES), 186
  de Okun, 172, 174, 358
  do preço único, 96
  do salário mínimo, 113
Limite inferior zero, 218
Liquidez, 51
Líquido, 358
Livre-comércio, 156
Longo prazo, 176, 179

Lucas, Robert, 10, 291
Lucro(s), 34, 359
  contábil, 36, 359
  corporativos, 20
  econômico, 36, 359

M
$M1$, $M2$, 359
Macroeconomia, 3, 13, 359
  horizontes de tempo na, 175
Macroeconomistas, início de carreira de, 10
Mão de obra, 31
Mecanismo de transmissão monetária, 207, 359
Média semanal
  das solicitações iniciais de seguro-desemprego, 175
  de horas trabalhadas no setor manufatureiro, 175
Medidas para a moeda, 54
Meio de troca, 51, 359
Melhor eficácia na regulação, 327
Mercado(s)
  de ações, 318, 343, 344, 359
  de bens, 190, 224
  de mão de obra, 109, 115
  de trabalho, 119
  financeiros, 317, 359
  monetário, 196, 224
Meta para a inflação, 296, 297, 359
México, 233
Microeconomia, 9, 359
  em pesquisa e desenvolvimento, 158
Microfundamentos do consumo e do investimento, 331
Mobilidade do capital, 86
Modelando
  a origem do crescimento econômico, 163
  o fechamento total da economia, 185
Modelo(s), 5, 359
  básico, 157
    para demanda agregada e oferta agregada, 262
  clássico, 359
  com dois setores, 157
  da economia aberta de pequeno porte, 87
  da informação imperfeita, 249, 359
  da oferta agregada e da demanda agregada, 177
  de ajuste do mercado, 359
  de crescimento de Solow, 129, 359
  de curto prazo para a economia aberta de grande porte, 243
  de equilíbrio geral, 46
  de oferta e demanda, 7
  de preços rígidos, 248, 359
  de Solow, 134, 147, 157
    progresso tecnológico no, 147
  dinâmico
    para demanda agregada e oferta agregada, 267
    para flutuações econômicas, 267
  IS-LM, 179, 189, 205, 262, 359
    como teoria para a demanda agregada, 210
    e curva da demanda agregada, 210
    no curto e no longo prazo, 211
  keynesiano, 359
  kremeriano, 142
  macroeconométrico, 291, 359

macroeconômicos, 9
malthusiano, 141
Mundell-Fleming, 223, 224, 232, 359
  com nível de preços variável, 238
  com taxa de câmbio
    fixa, 263
    flutuante, 263
neoclássico de investimento, 339, 359
para a oferta monetária, 57
Modigliani, Franco, 10, 333
Moeda(s), 51, 67, 359
  chinesa, 237
  corrente, 57, 359
  de alta potência, 58, 359
  digital, 53
  e convenções sociais na ilha de Yap, 52
  em um campo de prisioneiros de guerra, 52
  fiduciária, 52, 359
  futura, 72
  mensuração, 54
  mercadoria, 52
  tipos de, 52
Moeda-mercadoria, 359
Monetarismo, 359
Movimento em favor da prata livre, 75
Mudança(s)
  na demanda por investimentos, 44, 88
  no equilíbrio, 7
  setorial, 359
  tecnológica baseada na qualificação, 39
Mulheres e participação na força de trabalho, 24
Multiplicador, 194, 359
  das compras do governo, 192, 359
  monetário, 58, 359

N

NAIRU (*non-accelerating inflation rate of unemployment*), 359
Negociação coletiva, 114
Neutralidade da moeda, 79, 176, 359
Nível
  de capital da regra de ouro, 134
  de pleno emprego, 179
  natural de produção, 179
Nominal, 359
Novos pedidos de compra de bens e materiais para consumo, 175
Núcleo da inflação, 21
Número de trabalhadores efetivos, 148

O

Obama, Barack, 193
Obrigações não contabilizadas, 307
Obtenção de emprego, 110
Oferta(s)
  agregada, 177, 179, 247, 359
  de bens
    e a função produção, 130
    e serviços, 32
  e demanda, 177
    de fundos de empréstimos, 43
    por bens e serviços ao equilíbrio, 42

monetária, 53, 57, 210, 359
  na década de 1930, 60
por bens, 130
OPEP, 184
Operações de mercado aberto (*open-market*), 54, 58, 360
Orçamentação de capital, 306, 360
Orçamento equilibrado, 42, 311, 360
Origem(ns)
  coloniais das instituições modernas, 155
  do crescimento econômico, 163
Otimizar, 360

P

Padrão-ouro, 52, 360
  internacional, 230
Pagamentos de transferências, 360
Pandemia do Covid-19, 185
Paridade do poder de compra, 96, 97, 360
Participação
  do fator, 360
  na força de trabalho, 24
    homens e, 24
    mulheres e, 24
Partidários da oferta, 193, 309
Passeio aleatório, 337, 360
Perda de emprego, 110
Perigo moral, 115
Perspectivas alternativas sobre crescimento populacional, 141
Pesquisa
  nos domicílios, 23
  nos estabelecimentos, 25
Peste negra, 36
Phelps, Edmund, 10
Plano de gastos de Obama, 193
Poder discricionário, 294
Política(s)
  comerciais, 228, 231
    efeitos das, 94
  de acomodação, 360
  de contração, 360
  de estabilização, 182, 289, 360
  de restrição monetária, 198
  econômica, 87, 294
    avaliação, 88
    deve ser ativa ou passiva, 289
    discricionária, 295
    e taxa de câmbio real, 93
    no modelo Mundell-Fleming, 231
    por regra ou poder discricionário restrito, 297
  expansionista, 360
  fiscal, 196, 205, 230, 243, 360
    e monetária convencional, 324
    e multiplicador
      compras do governo, 191
      impostos, 192
    ideal, 311
    interna, 88, 93
    no exterior, 88, 93
    no longo prazo, 305
  macroeconômica, 265
  monetária, 53, 199, 207, 227, 230, 245, 280, 360

e política fiscal, 207
para evitar crises, 326
para promover crescimento, 151
públicas e desemprego friccional, 111
setorial na prática, 154
Poupança, 43, 360
e crescimento, 133
e investimento em uma economia aberta de pequeno porte, 86
nacional, 43, 360
privada, 43, 360
pública, 31, 43, 360
Prazo, 42
Preço(s), 67
correntes, 72
de arrendamento do capital, 360
de uma cesta de bens, 21
do aluguel do capital, 340
do petróleo, 165
flexíveis, 8, 360
real do aluguel de capital, 36
rígidos, 8, 360
Preferência(s)
com inconsistência temporal, 338, 360
pela liquidez, teoria, 360
Premissa da velocidade constante, 67
Prescott, Edward, 10
Pressão pela gratificação imediata, 338
Previsão econômica, 290
Primeiros sucessos empíricos, 332
Principal(is)
indicadores, 174, 360
índice de crédito, 175
Princípio de Taylor, 283, 285, 360
Problemas
de medição, 306
de mensuração, 165
Processo de destruição criativa, 159
Procíclico, 360
Produção, 267
da economia, 42
Produtividade
boa administração e, 150
da mão de obra, 38
total dos fatores, 164, 360
Produto
interno bruto (PIB), 13, 31, 360
deflator do, 17
e seus componentes, 19, 171
nominal, 17
per capita, 31
real, 4, 17
regras para calcular o, 14
marginal
da mão de obra (PMGL), 34, 360
decrescente, 34, 360
do capital (PMGK), 35, 360
nacional
bruto (PNB), 20, 360
líquido (PNL), 20
Progresso tecnológico, 156, 164

ampliador da mão de obra, 360
efeitos do, 148
no modelo de Solow, 147
Propensão
marginal a consumir (PMGC), 40, 331, 360
média a consumir (PMC), 331, 360
Proporção
entre moeda corrente e depósitos, 57, 360
entre reservas e depósitos, 57, 360
Público leigo, 73

Q

q de Tobin, 343, 361
Qualidade dos trabalhadores, 165
Quantidade
de moeda, 53
demasiadamente grande de capital, 137
Queda na confiança, 322
Quota, 361
de importação, 361

R

Raciocínio microeconômico, 9
Reação clássica, 73
Real, 361
Receita da emissão de moeda, 68
Recessão, 5, 322, 361
dos Estados Unidos em 2001, 209
Redistribuição entre gerações, 312
Redução
da poupança, 44
de impostos para estimular a economia, 193
do risco excessivo, 327
na carga tributária, 336
na demanda agregada, 181
nos impostos, 44
Reembolso de impostos, 336
Regime
da taxa de câmbio, 223
fiscal, 42
Registro histórico, 292
Regra(s)
da política monetária, 269
de ouro, 136, 361
de Taylor, 270, 361
para a política monetária, 296
para calcular o PIB, 14
Regulação
da proporção
de capital, 56, 57, 361
de reservas, 59, 361
financeira
macroprudencial, 327, 361
microprudencial, 327, 361
Reguladores, 324
Remuneração dos empregados, 20
Renda, 14, 199
da mão de obra, 38
de aluguéis, 20
disponível, 40, 361

dos proprietários, 20
nacional, 20, 31, 33
permanente, 335, 361
pessoal disponível, 20
total, 38
transitória, 335, 361
Reserva(s), 55, 361
  bancária
    de 100%, 55, 361
    fracionária, 55, 56, 361
  de mão de obra, 166, 361
  de valor, 51, 361
  e depósitos, 57
    proporção entre, 56
Resíduo de Solow, 164, 361
  no curto prazo, 166
Resposta(s) da política
  à crise de 2020, 186
  econômica às crises, 324
Restrição(ões)
  à liquidez, 361
  à obtenção de empréstimos, 310, 337, 361
  ao financiamento, 344, 345, 361
Retenção na fonte, 310
Retornos constantes de escala, 32, 361
Revolução americana, 69
Ricardo, David, 312
Rigidez
  de preços, 177
  do salário real, 112
  salarial, 112, 361
Risco(s)
  de crédito, 42
  idiossincrático, 318
  moral, 319, 361
  país, 232
  sistêmico, 318

S

Salário(s), 361
  de eficiência, 114
  real, 35, 38
Saldos monetários reais, 66, 361
Securitização, 217
Seguro-desemprego, 111, 112, 116, 361
Seleção adversa, 115, 319, 361
Senhoriagem, 68, 361
Sims, Christopher, 10
Sindicatos trabalhistas, 114
Sistema(s)
  de taxa de câmbio, 235
    fixa, 229
  financeiro, 317, 361
  monetário, 51, 55
Smith, Adam, 156
Sobrecarga tributária, 336
Solow, Robert, 10
Superávit
  comercial, 84, 361
  orçamentário, 31, 42, 361

T

Tamanho da dívida do governo, 303
Tarifa, 361
Taxa(s)
  da experiência de 100 por cento, 112
  de alavancagem, 57
  de câmbio, 91
    fixas, 228, 235, 361
    flutuantes, 226, 235, 362
    nominal, 92, 229, 362
      determinantes da, 96
      inflação e, 96
    real, 92, 362
      determinantes da, 92
      políticas econômicas e, 93
  de desemprego, 4, 23, 362
  de experiência parcial, 112
  de fundos federais, 210, 362
  de inflação, 4, 21, 362
  de juros, 40, 42, 69, 175, 195, 198, 210, 232, 362
    internacional, 86, 362
    negativas, 219
    nominal, 41, 70, 269, 362
      e demanda por moeda, 71
    real, 41, 70, 268, 362
      ex ante, 71, 362
      ex post, 71, 362
  de obtenção de emprego, 110, 112
  de participação na força de trabalho, 24, 362
  de perda de emprego, 110
  de poupança
    alterando, 152
    avaliando, 151
  de progresso tecnológico ampliador da mão de obra, 148
  de redesconto, 58, 362
  de sacrifício, 255, 257, 362
  efetiva de investimento, 140
  natural
    de desemprego, 110, 256, 362
    de juros, 268
  para fundos federais, 270
Ted spread, 323
Teorema de Euler, 36, 362
Teoria
  básica da oferta agregada, 247
  como construção de modelo, 5
  da deflação das dívidas, 215, 362
  da preferência pela liquidez, 196, 362
  do ciclo
    econômico, 169
    real de negócios, 166, 362
  do crescimento, 127
    à prática do crescimento, 149
    endógeno, 147, 157, 362
  macroeconômica, 265
  neoclássica da distribuição, 33
  para a demanda agregada, 210
  q para o investimento, 362
  quantitativa da moeda, 65, 67, 362
  sobre a rigidez de preços, 177
  sobre o salário de eficiência, 362
Term auction facility, 59
Termos de troca, 92

Título(s), 318, 362
  municipais, 42
Tobin, James, 10
Trabalhadores desalentados, 23, 118, 362
Trade-off, 247
  entre inflação e desemprego, 251, 301
    no curto prazo, 247, 255
  entre variabilidade da produção e variabilidade da inflação, 281
Transações
  equação quantitativa e, 66
  para a renda, 66
Transbordamento de conhecimento, 153
Transição(ões)
  entre emprego e desemprego, 110
  para dentro e para fora da força de trabalho, 118
  para o estado estacionário da regra de ouro, 137
Tratamento de estoques, 15
Trilema das finanças internacionais, 237
Trindade impossível, 237, 362

U

União monetária, 235, 362
Unidade(s)
  de conta, 51, 362
  de eficiência da mão de obra, 362
Uso de vários modelos, 8
Utilidade, 9

V

Valor(es)
  agregado, 16, 362
  imputado, 362
  presente, 362
Valorização, 231, 362
Variação(ões)
  do desemprego na Europa, 120
  na demanda por investimentos, 94
  na poupança, 44
  na taxa de desemprego entre grupos demográficos, 117
  nas compras do governo, 205
  nos impostos, 206
  percentuais, 18
  previsíveis
    na renda, 37
    no consumo, 337
  setoriais, 111
Variável(is)
  aleatória, 362
  endógena, 6, 362
  exógenas, 6, 363
  nominais, 78
  predeterminada, 363
  reais, 78
Velocidade
  da moeda, 363
  de circulação da moeda, 66, 363
  renda da moeda, 66, 363
Venda-relâmpago (*fire sale*), 322, 363

Y

Yuan, 237

Z

Zimbábue, 78

Oito Variáveis-Chave de Macroeconomia

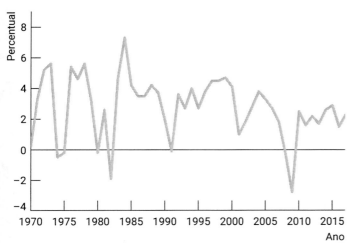

Crescimento do PIB Real

Fonte: U.S. Department of Commerce.

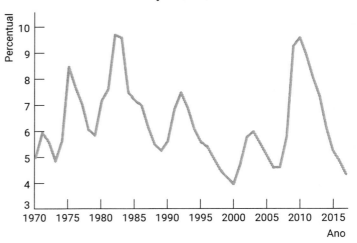

Taxa de Inflação (Deflator do PIB)

Fonte: U.S. Federal Reserve.

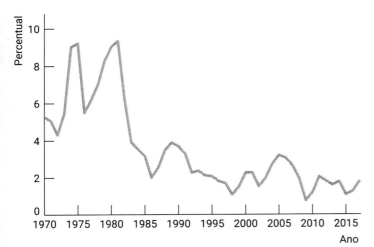

Taxa de Desemprego

Fonte: U.S. Department of Labor.

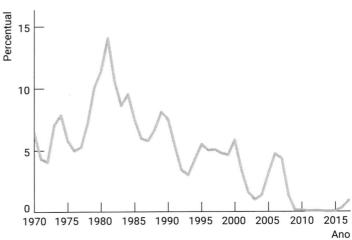

Taxa de Juros Nominal
(Títulos do Tesouro com Maturidade de Três Meses)

Fonte: U.S. Federal Reserve.

Déficit no Orçamento do Governo Federal dos EUA

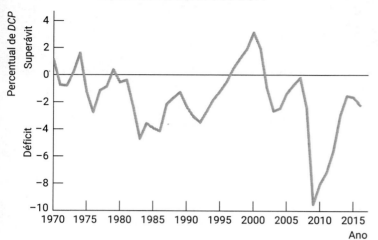

Fonte: Office of Management and Budget, U.S. Department of Commerce e cálculos do autor.

Exportações Líquidas de Bens e Serviços dos EUA

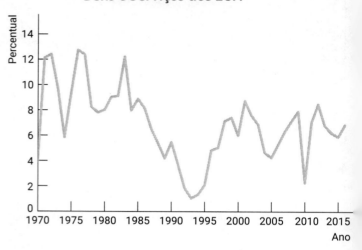

Fonte: U.S. Department of Commerce.

Expansão Monetária (M2)

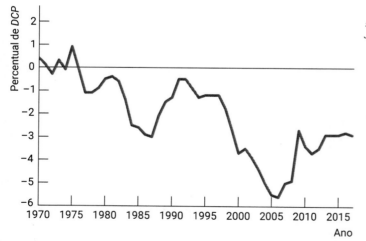

Fonte: U.S. Federal Reserve.

Taxa de Câmbio Real Ponderada pelo Comércio dos EUA

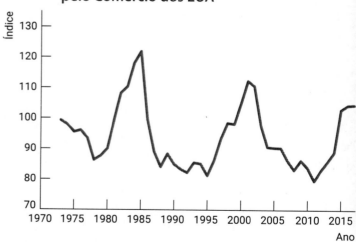

Fonte: U.S. Federal Reserve.